Far from the Tree
부모와 다른 아이들

부모와
다른
아이들

2

앤드루 솔로몬 지음 | 고기탁 옮김

FAR FROM THE TREE
by ANDREW SOLOMON

일러두기
· 원주는 미주로, 옮긴이주는 각주로 처리했다.
· 원주와 찾아보기는 각 권에 나누어 배치했으며, 참고문헌은 모두 2권에 실었다.
· 아이의 이례적인 특징을 지칭하는 용어들은 가급적 선입견을 주지 않도록 가려 사용했다. 그러나 사용된
  용어에 반대하는 사람들도 있을 것이며 그런 분들께 미리 양해를 구한다. 가령 〈난쟁이〉 대신 〈소인〉을, 〈벙
  어리〉나 〈귀머거리〉 대신 〈청각 장애인〉 혹은 〈농인(聾人)〉을 사용했다. 그러나 좀더 직관적으로 이해하기
  어려운 〈조현병(調絃病)〉 대신 〈정신분열증〉을 그대로 사용했다. 장애가 없는 사람들을 지칭하는 용어는 딱
  히 없다. 〈왜소증〉이 없는 사람은 단지 〈정상 키의 사람〉일 따름이다. 즉, 장애가 없는 사람은 모두 〈정상인〉
  이라 표현할 수 있다. 그러나 이 책에서는 가급적 이 표현을 피했으며, 따라서 가령 〈청각 장애가 없는 사람〉
  을 생소한 의학 용어인 〈건청인(健聽人)〉으로 표현했다.

이 책은 실로 꿰매어 제본하는 정통적인 사철 방식으로 만들어졌습니다.
사철 방식으로 제본된 책은 오랫동안 보관해도 손상되지 않습니다.

존을 위해,
남들과 다른 존의 특별함을 위해서,
이 세상이 내게 부여한 모든 동질성을 기꺼이 포기할 것이다.

불완전함은 우리의 낙원이다.
이 괴로움 속의 기쁨은,
우리가 불완전함에 너무나 익숙한 까닭에,
불완전한 말과 단호한 소리에 있음을 명심하라.

– 월리스 스티븐스,
「우리 풍조의 시The Poems of Our Climate」

차례

8장
신동

재능이 있는 것과 장애가 있는 것은 놀라울 정도로 비슷하다. 하나같이 외롭고, 혼란스럽고, 겁에 질리게 만들기 때문이다. 이 리서치를 하는 동안 발견한 가장 놀라운 패턴 중 하나는 많은 사람들이 표면상으로 바람직하지 않은 기형에 가치를 부여하게 된다는 사실이었다. 같은 맥락에서, 표면상 바람직한 차이들이 사람들을 겁먹게 만들기도 한다. 많은 예비 부모들이 장애아가 태어날지도 모른다는 생각에 불안해하면서도 한편으로는 재능 있는 아이가 태어나기를 열망한다. 재능 있는 아이들은 이 세상을 아름답게 만들 수 있을 것이다. 그리고 자신의 성취에서 극도의 기쁨을 얻을 수 있을 것이다. 또 부모의 삶에 경이롭고 새로운 지평을 열어 줄 수 있을 것이다. 흔히 똑똑한 사람이 똑똑한 아들딸을 낳지만 눈부신 재능도 일종의 기형이며 이 책에서 언급한 다른 장애와 마찬가지로 수평적 정체성이다. 지난 100년 동안 심리학과 신경 과학 분야가 획기적으로 발전했음에도 천재나 신동에 대해서는 자폐증과 마찬가지로 거의 알려진 것이 없다. 이해할 수 있는 범주를 뛰어넘은 아이의 보호자라는 점에서 장애 아동의 부모나 비정상적으로 뛰어난 재능을 가진 아동의 부모는 모두 같은 처지다.

〈신동〉은 12세 이전에 특정 영역에서 그 분야의 성인 고급 인력보다 뛰어난 능력을 발휘할 수 있다. 나는 설령 전형적인 신동보다 서서히 또는 덜 공개적으로 그런 재능을 개발했더라도, 어린 나이에 심오한 선천적 재능을 개발한 모든 아동을 포함해서 확장된 의미로 신동이라는 단어를 사용했다. 신동이라는 단어는 자연계의 질서를 훼손하는 괴물을 뜻하는 라틴어 〈프로디지움prodigium〉에서 나왔다. 이런 아이들의 차이는 너무나 명백해서 선천적인 장애와 닮아 있다. 기형을 둘러싼 불안은 단지 이 같은 어원 때문만이 아니다. 특히 천재성과 심신의 고갈, 천재성과 별종 등으로 짝지어지는 상호 연관성을 고려할 때 신동으로 분류되기를 바라는 사람은 거의 없다. 대다수 신동들이 바라보는 신동이란 사회적으로나 직업적으로 일평생 성공할 가능성이 거의 없으며, 예술보다는 파티용 속임수에나 어울리는 재주를 지닌 한심하고 기분 나쁜 괴짜에 불과하다.

〈천재〉라는 명칭이 인간의 의식에 가치가 있는 어떤 것을 보탤 수 있는 능력을 지칭한다면, 〈신동〉이라는 명칭은 시간적인 요소와 밀접한 관련이 있다. 조숙함이 없이도 천재성을 드러내거나, 뛰어난 재기가 없이도 신동에 가까운 능력을 보이는 사람들도 많다. 프랑스 시인 레몽 라디게는 〈비범한 어른이 존재하는 것처럼 어린 신동 역시 존재한다. 다만 그 둘은 좀처럼 같지 않다〉[1]고 주장했다. 하지만 이 장에서 나는 천재와 신동이라는 두 가지 현상을 모두 아우르는 연속체에 관심을 가졌고, 두 단어를 비교적 구분 없이 사용했다. 이 장의 소주제들은 불균형한 능력이 불시에 등장함으로써 가족의 역학 관계에 어떻게 변화를 초래하는지 보여 준다. 다시 말해서 어떤 과정을 거쳐서 정신분열증이나 그 밖의 장애가 불시에 등장할 때와 상당히 유사한 변화가 일어나는지 보여 준다. 그럼에도 정상적인 속도보다 훨씬 빠른 성취와 궁극적인 훌륭함은 지극히 다른 정체성이다.

장애 아동과 마찬가지로 신동은 부모에게 그들의 특별한 요구를 중심으로 부모의 삶을 재설계하도록 강요한다. 부모는 또다시 전문가를 불러야 한다. 그리고 또다시, 다름에 대처하기 위한 전문가의 초기 전략이 으레 그렇듯이 부모의 힘을 약화시킨다. 신동인 자녀의 재능은 부모에게 비슷한 경험을 가진 사람들이 모인 새로운 커뮤니티를 찾도록 요구한다. 즉 조만간 부모는 신동 자녀를 일반 학교에 보내는 문제로 딜레마에 직면할 것이다. 그리고 그들의 자녀를 똑똑하지만 친구로 지내기에는 나이가 너무 많은 아이들과 함께 공부하게 할 것인지, 아니면 나이로 치면 동년배지만 친구의 성취에 당황하고 이질감을 느끼게 될 아이들과 공부하게 할 것인지 결정해야 한다. 지나치게 뛰어난 재능은 발육 과정에서 나타나는 다른 모든 이상(異常)과 마찬가지로 친분을 쌓는 데 커다란 걸림돌이 될 수 있으며, 신동 자녀를 둔 가족의 건강과 행복이 이 책에서 언급된 다른 가족들의 그것보다 위에 있는 것도 아니다.

신동은 운동이나 수학, 체스, 음악 등의 분야에서 가장 빈번하게 등장한다. 그리고 여기에서는 음악 신동에게 집중한다. 나로서는 스포츠나 수학, 체스보다 음악에 대한 이해가 그나마 낫기 때문이다. 음악 신동의 발전은 부모의 협력 작업에 달려 있다. 부모의 지원 없이는 아무리 뛰어난 음악 천재라도 반드시 필요하기 마련인 악기를 접하거나, 적절한 교육을 받을 수 있는 기회가 없을 것이기 때문이다. 이 분야의 학자들인 데이비드 헨리 펠드먼David Henry Feldman과 린 골드스미스Lynn T. Goldsmith의 표현에 따르면 〈신동은 하나의 그룹 기업이다〉.[2]

부모는 자녀에게 그가 지금까지 어떤 사람이었고, 현재는 어떤 사람이며, 장차 어떤 사람이 될 수 있는지 설명하고, 자녀의 성취와 순수함을 조화시키면서 자녀의 행동을 상당 부분 결정하는 창시자다. 하지만 자녀에게 이런 이야기를 들려주는 과정에서 빨리 발전하는 변칙과 깊이 있게 발전하는 목표를 흔히 혼동한다. 자녀를 응원하는 행동과 압박하는 행동의 차이를, 또는 자녀를 전적으로 신뢰하는 것과 부모의 기대를 강요하는 행위 사이의 차이를 명확히 구분해 주는 설명 같은 것은 존재하지 않는다.

부모는 자녀의 개인적인 성장은 도외시한 채 재능만을 집중적으로 육성함으로써, 또는 어쩌면 자녀에게 깊은 만족감을 줄 수도 있는 특별한 능력을 희생시키고 전반적으로 고른 발전을 도모함으로써 신동 자녀에게 해를 끼칠 수 있다. 자녀의 입장에서는 부모의 사랑이 자신의 눈부신 성공 여하에 달렸다고, 또는 부모가 자신의 재능에 무관심하다고 느낄 수도 있다. 신동은 장차 예상되는 미래를 위해 현재를 희생한다. 대부분의 극심한 차이가 있는 아동들에 대한 사회의 기대치가 지나치게 낮다면, 일반적으로 신동들에 대한 기대치는 위태로울 정도로 높다.

음악성이 진화적인 이점을 제공하는 듯 보이지는 않지만 그럼에도 모든 인간 사회에는 하나같이 음악이 존재한다. 고고학자 스티븐 미슨Steven Mithen은 그의 저서 『노래하는 네안데르탈인The Singing Neanderthals』에서 음악이 인지 발달에 결정적인 역할을 한다고 주장한다.[3] 어른이 아기에게 하는 말―아기에게 이야기할 때 거의 모든 사람이 사용하는 과장된 조성(調聲)―에 관한 최근 연구에 따르면, 아기들은 이런 선율이 있는 말투를 더 좋아한다.[4] 이 연구를 진행한 학자 존 블래킹John Blacking은 음악이 〈자신을 끌어내서 개발해 주기를 기다리면서 우리 몸 안 어딘가에 존재한다〉[5]고 주장했다. 설령 문화가 다를지라도 각 문화의 구성원들은 다른 문화의 즐겁거나 슬픈 음악을 구별할 수 있다.[6] 음악을 이해하는 이러한 선천적인 능력에도 불구하고, 음감(音感)은 언어와 마찬가지로 노출을 통해 형성된다. 우리는 우리 문화 특유의 화음 진행을 터득하고, 자신의 몸에 익은 음악적 기대의 충족이나 반전을 느낀다. 사회학자 로버트 가피아스Robert Garfias는 음악과 구어가 초기 영아 시기에 동일한 단일 시스템에 의해서 습득되며, 음악이 어쩌면 인간의 〈사회화 과정을 지속시키는 주된 수단〉[7]일 수 있다고 주장한다.

청각 장애 아동이 몸짓으로 의사소통을 시작하듯이 음악적 신동은 처음에 악음(樂音)을 이용해서 정보를 전달하기도 한다. 그들에게 음악은 언어 그 자체다. 헨델은 말을 하기 이전부터 노래를 불렀다고 전해진다.[8] 폴란드 태생의 피아니스트 아르투어 루빈슈타인은 케이크를 먹고 싶을 때면 마주르카를 불렀다고 한다.[9] 우리가 특정한 패턴의 음과 리듬에 감정적으로 반응하는 이유를 연구하는 존 슬로보다John Sloboda의 글에 따르면, 〈음악을 통한 표현 방식은 언어가 아니며, 영어 같은 언어가 갖는 지시적인 의미도 없다. 그럼에도 구문론이나 문법과 닮은 복잡하고 다층적인 구조적 특징을 지녔다〉.[10] 언어학자 노암 촘스키의 관점에서 보았을 때, 이 같은 특징은 소리에 노출됨으로써 뇌의 음악적 심층 구조가 활성화될 수 있음을 의미한다. 바드 대학의 학장이자 한때는 신동이었던 레온 보트스타인 Leon Botstein은 〈위대한 음악가를 만드는 요소는 음악을 언어에 의한 소통의 대안으로 여기는 감정적인 이끌림이다〉[11]라고 말했다. 구어나 수화와 마찬가지로 이런 능력이 발현되기 위해서는 표현할 수 있는 수단뿐 아니라 들어 주고, 반응하고, 용기를 북돋아 줄 사람이 있어야 하며, 부모의 개입이 절대적으로 중요한 이유도 바로 그 때문이다.

하지만 음악이 제1언어라는 사실이 해당 언어의 눈부신 활용을 보장하는 것은 아니며, 이는 영어에 능통한 미국 아이들이 모두 시인이 되는 것은 아닌 것과 마찬가지다.

지인들에게 제냐로 불리는 세계적인 피아니스트 예프게니 키신에게 음악은 말할 것도 없이 제1언어였으며, 그의 부모가 이해해 주는 언어였다.[12] 1970년대 중반 모스크바에 살던 피아노 교사 에밀리아 키신의 집에는 지인들이 찾아와서 그녀의 어린 아들이 피아노 연주하는 것을 듣고는 했다. 그럼에도 에밀리아 키신은 아들을 영재학교에 보내는 것을 끔찍이 싫어했다. 그녀의 지론은 〈그런 학교에 다니는 아이들에게는 어린 시절이 없고 끔찍한 투쟁만 있을 뿐이다〉라는 것이었다. 그리고 이를 안타깝게 여기던 지인 중 한 사람이 제냐가 다섯 살이던 1976년에 유명한 그네신 음악

학교의 안나 파블로브나 칸토르와의 만남을 주선했다. 처음에는 칸토르 역시 그 자리가 달갑지 않았다. 그녀가 당시를 회상했다. 「그때가 9월이었다. 나는 입학시험은 이미 오래전에 끝났다고 설명했다. 그러자 이 친구가 〈이 어린 소년을 만나 보면 아무것도 끝나지 않았다는 사실을 이해하게 될 걸세〉라고 말했다. 일주일 뒤에 소년의 어머니가 마치 천사처럼 풍성한 곱슬머리를 가진 아들과 함께 나를 찾아왔다. 그 소년이 깊이를 헤아릴 수 없는 눈으로 나를 바라보았고 나는 그의 내면에 있는 빛을 보았다. 악보는 고사하고 음표 읽는 법도 모른 채 그 소년은 모든 곡을 연주했다. 그 소년에게 이야기를 듣고서 음악으로 옮겨 보라고 주문했다. 나는 우리가 어둡고, 온갖 야생동물이 가득하고, 매우 무서운 숲으로 들어왔으며, 서서히 태양이 떠오르면서 새들이 노래하기 시작한다는 식의 이야기를 들려주었다. 그는 피아노의 저음 부분에서 시작해 어둡고 위험한 장소를 묘사한 다음, 점점 더 가볍게 막 잠에서 깨어난 새들과 이른 아침의 햇살을, 그리고 마침내는 환희를 대체로 황홀한 선율로 표현했다. 건반 위에서는 그의 두 손이 정신없이 움직이고 있었다. 그럼에도 나는 그 소년을 가르치고 싶지 않았다. 그러한 상상력은 얼마든지 쉽게 망가질 수 있기 때문이다. 하지만 소년의 어머니가 〈현명하고 믿을 수 있는 협력자여, 걱정하지 말아요. 그는 새로운 것에 언제나 흥미를 느껴요. 그를 가르쳐 보세요〉라고 말했다.」

키신 부부는 소련에 거주하는 유대인으로서 지식인의 삶을 살았다. 정신적인 즐거움을 누렸고, 이를 통해 일상적인 육체적 불편과 이데올로기에 의한 지속적인 정신적 침해를 상쇄했다. 당초에 그들 부부는 제냐의 누나 알라가 어머니처럼 피아노를 연주하고, 제냐가 아버지 이고르처럼 기술자가 될 거라고 생각했다. 태어난 지 11개월 되었을 때 제냐는 누나가 연습하는 것을 듣고서 바흐의 푸가를 완창했다. 그 뒤로는 그가 듣는 모든 노래를 따라 부르기 시작했다. 에밀리아가 당시를 회상했다. 「그 아이를 데리고 외출하기가 오히려 난처했어요. 그런 행동이 끊임없이, 쉬지 않고 계속되면서 나는 더럭 겁이 났어요.」

생후 26개월이 된 제냐는 어느 날 피아노에 앉아서 그동안 자신이 불러온 노래의 선율 중 일부를 한 손가락으로 악보도 없이 천천히 연주했다. 다음날도 똑같이 했다. 그리고 사흘째가 되자 두 손으로, 모든 손가락을 이용해서 피아노를 연주했다. LP 음반을 듣고 그 자리에서 곧장 자신이 들은 음악을 그대로 연주했다. 그의 어머니가 내게 말했다. 「제냐는 그 작은 손으로 쇼팽의 발라드 곡들을 연주했고, 베토벤의 소나타와 리스트의 광시곡도 연주했어요.」 그는 세 살 때부터 즉흥 연주를 시작했다. 특히 음악으로 사람들의 초상화를 만들길 좋아했다. 제냐는 〈식구들에게 내가 누구를 생각하면서 연주하고 있는지 추측하게 하고는 했어요〉라고 회상했다.

칸토르는 연주자의 상상력과 정신이 작곡가의 그것과 같아져야 한다는 러시아의 전통에 따라 그를 가르쳤다. 에밀리아가 설명했다. 「안나 파블로브나의 가장 위대한 업적은 제냐의 재능을 보호했다는 점이에요. 그녀는 이미 거기에 있는 것을 대체하지 않으면서 보완하는 법을 알았어요.」 제냐에게 그토록 많은 신동들이 겪는 고갈 증상을 어떻게 피할 수 있었는지 묻자 그가 말했다. 「간단해요. 나를 잘 길러 주신 분들 덕분이죠.」 일곱 살에는 이미 직접 작곡을 하고 있었다. 그는 마치 도피처라도 되는 것처럼 연주에 몰두했다. 그가 말했다. 「학교에서 돌아오면 코트도 벗지 않은 채 곧장 피아노로 달려가서 연주를 했습니다. 내게 필요한 것은 단지 그뿐이라는 사실을 어머니도 결국에는 이해하게 되었습니다.」 제냐는 자신이 배우고 싶은 곡이 있으면 목록을 적어서 안나 파블로브나에게 제출했다. 「난이도가 있는 작품을 요청하는 경우에는 괄호 안에 〈어렵다고 꼭 불가능하다는 뜻은 아니다〉라는 레닌의 말을 써 놓았어요.」

그는 1983년 5월에 열한 살의 나이로 첫 독주회를 가졌다. 그는 당시를 회상하면서 〈일종의 안도감 비슷한 것을 느꼈어요. 중간의 휴식 시간에도 얼른 무대로 돌아가고 싶어서 안달이 날 지경이었죠〉라고 말했다. 연주회가 끝나자 남편이 작곡가 협회의 고위직에 있는 어떤 여성이 칸토르와 제냐에게 축하 인사를 건네면서 제냐를 초청해서 연주할 수 있도록 하겠다고 약속했다. 이러한 약속은 당시 박탈의 시대를 살던 소비에트에서는 명성과 안락함을 움켜쥘 수 있는 절호의 기회였다. 하지만 칸토르는 제냐가 걱정되었고 그래서 〈그는 아직 너무 어려요. 지나친 노출을 삼가야 할 때입니다〉라고 고사했다. 그러자 옆에 서 있던 낯선 사람이 끼어들어 자신을 의사라고 소개하면서 〈이 소년이 앙코르 공연을 위해 다시 무대로 돌아오면서 보여 준 흥분 상태로 판단하건대 그런 과도한 흥분이 분출구를 찾지 못하고 내부에 쌓이는 것이 훨씬 위험합니다. 그는 연주를 해야 합니다〉라고 말했다. 그로부터 한 달 뒤 제냐는 작곡가 협회 극장에서 피아노를 연주했다.

이듬해 1월에 모스크바를 방문한 세계적인 지휘자 대니얼 바렌보임은 제냐의 연주를 듣고서 그를 카네기홀로 초청하고자 했다. 소비에트 연방에서 연주는 다른 여러 예술 중에서도 특별한 지위를 누렸다. 예술 작품을 창조하는 행위보다 해석하는 행위가 이데올로기에 관련된 의심을 덜 샀기 때문이다. 그럼에도 소비에트 정부는 천재들을 자국 내에 묶어 두려고 했고, 따라서 제냐와 그의 선생님은 카네기홀 건에 관한 어떠한 이야기도 전달받지 못했다. 몇 달 뒤 제냐는 모스크바에서 쇼팽의 피아노 협주곡 두 곡을 모두 연주했다. 그리고 연주회가 끝나자 제냐의 부모가 그에게 깜짝 제안을 했다. 시골 마을에서 한동안 지내자는 것이었다. 몇 년이 지난 다음에야 그는 부모님이 그 연주회가 얼마나 큰 돌풍을 일으킬지 알았으며, 그가 지나친 찬사에 노출되지 않도록 하기 위해 그 여행을 준비했다는 사실을 알게 되었다.

순회공연을 시작하면서 제냐는 개인 교습을 통해 〈역사나 문학, 수학, 변증법적 유물론, 레닌주의, 군사학 같은 일반 과목들〉을 배웠다. 그는 그 나이 때의 다른 친구들과 전혀 다른 삶을 살고 있었기 때문에 일상적인 학교생활에서 벗어난다는 것은 일종의 구원이었다. 1985년에 그는 동베를 린에서 열린 국가평의회 의장 에리히 호네커의 경축 행사에서 연주를 하게 되었고 생전 처음으로 소련을 벗어났다. 그는 〈먼저 서커스 공연이 진행된 다음에, 내가 슈만-리스트의 「헌정Widmung」과 쇼팽의 E단조 왈츠를 연주 했고, 마술사의 마술 쇼가 그 뒤를 이었다〉고 당시를 회상했다. 2년 뒤 〈글 라스노스트〉라는 고르바초프의 새로운 개방 정책으로 여행 규제가 완화 되면서 제냐는 유명한 지휘자 헤르베르트 폰 카라얀의 앞에서 연주를 하 게 되었다. 연주를 들은 카라얀은 눈물을 흘리면서 그를 〈천재〉라고 극찬 했다. 대다수 신동들과 달리 그는 자신의 어린 시절을 애석하게 생각하지 않는다. 그가 내게 말했다. 「내 인생이 너무 이른 나이에 진로가 결정되었 다는 것이 가끔 안타까울 때도 있어요. 과정이야 어쨌든 내게는 달리 선 택의 여지가 없었거든요. 하지만 설령 음악가로서 경력이 늦게 시작되었 더라도 음악은 언제나 내게 중요하고 유일한 어떤 것이 되어 있었을 겁니 다.」 1990년에 그는 열여덟 살의 나이로 카네기홀에서 데뷔 무대를 가졌고 열렬한 찬사를 받았다.[13] 1991년에 제냐의 가족은 뉴욕으로 이주했으며 안나 파블로브나도 그들 가족과 함께였다.

　1995년에 제냐를 처음 만나기 전까지 나는 그에 대해서, 알레스터 크 로울러가 1917년에 쓴 소설에 등장하는 〈문차일드moonchild〉— 기이하고, 폐쇄적이며, 이해할 수 없는 인물 — 와 비슷할 거라는 인상을 갖고 있었으 며, 처음 만난 자리에서 그는 자신과 관련해 이미 알려진 사실 말고는 별로 할 말이 없다는 점을 분명히 해두었다. 그는 대화나 기자들을 좋아하지 않 았으며, 대다수 유명 인사들을 으쓱하게 만드는 대중의 관심도 좋아하지 않았다. 유명해질수록 연주할 기회가 더 많아진다는 점을 제외하면 자신 의 출세에도 무관심했다. 제냐는 키가 무척 크고 말랐으며, 어색할 정도로 큰 머리와 거대한 갈색 눈, 창백한 피부, 숱이 너무 많은 탓에 그 안에서 무 언가를 잃어버리면 절대로 찾을 수 없을 것 같은 부스스한 갈색 머리카락

을 가졌다. 전체적으로는 약간 껑충한 인상이었으며 그의 태도에서 긴장
감과 행복감이 동시에 느껴졌다. 피아노 앞에 앉아 있는 제냐의 모습은 플
러그가 연결된 램프를 보는 것 같았다. 불이 들어오지 않을 때는 장식품처
럼 보이다가도 불이 들어오면 램프 본연의 진정한 용도가 명백해진다. 그
는 자신의 에너지를 악기에 쏟아 붓는 것이 아니라 악기로부터 에너지를
받는 쪽에 가깝다. 그는 〈어느 날 갑자기 피아노를 칠 수 없게 되면 과연
살아갈 수 있을지 모르겠어요〉라고 말했다. 그는 마치 세상을 구원할 도
덕적 행위를 하듯이 피아노를 연주했다.

　90년대 전반에 제냐는 순회공연을 다닐 때마다 항상 어머니와 칸토
르와 동행했다. 이들 두 여성은 친밀한 관계를 유지하는 한편 서로의 역할
을 존중한다. 둘 중 어느 한 사람도 다른 한 사람과 상의하지 않고서는 제
냐의 연주를 평가하지 않았다. 새로운 연주회 장소에 도착하는 즉시 제냐
는 예행연습을 진행한다. 예행연습이 진행되는 동안에 칸토르는 가만히
앉아서 연주를 평가하고, 에밀리아는 연주회장 곳곳을 돌아다니면서 음향
시설을 확인한다. 제냐가 오만해질 수 있는 여지는 단 한순간도 허락되지
않았다. 그가 말했다. 「어머니와 선생님은 내가 스스로 뛰어난 신동이라고
생각하게 되는 것을 바라지 않았어요. 하지만 언제든 내게 자격이 있을 때
는 칭찬하는 것도 잊지 않았죠.」 아버지와 누이는 그림자 속에 몸을 숨겼
지만 그의 어머니와 피아노 선생님은 항상 제냐의 곁을 지켰다. 한 비평가
는 그들을 가리켜 〈머리가 셋 달린 야수〉라고 칭했다.

　제냐는 내가 말을 할 때처럼 유창하게 피아노를 연주하는 반면, 내가
피아노를 칠 때처럼 어색하게 말을 한다. 그의 심오한 지성과 복잡한 사고
가 드러나기는 하지만 대화를 통해서 표현되는 것은 아니다. 그는 약간의
언어장애가, 즉 풍선이 터지듯이 튀어나오는 파열음을 질질 끄는 문제가
있다. 그에 따라 말이 수시로 끊어진다. 단어와 단어가 전혀 유기적으로
연결되지 않는 것이다. 그가 어릴 때 칸토르는 어떤 내용을 설명한 다음

그에게서 반응이 없으면 더욱 공을 들여서 같은 내용을 다시 설명했다. 결국에는 그녀가 〈이해했니?〉라고 묻는다. 그럼 제냐는 〈네, 이미 오래전에 이해했어요〉라고 대답한다. 하지만 그가 먼저 그런 이야기를 하는 경우는 절대 없었다. 그가 20대일 때였다. 한번은 그와 협연하게 될 오케스트라의 악장이 그가 중간의 쉬는 시간에도 연습한다는 것을 알고는 그녀라면 가끔씩 쉬지 않고는 절대로 연주할 수 없을 거라고 말했다. 그러자 제냐는 〈그래서 당신이 독주자가 될 수 없는 겁니다〉라고 대답했다. 그는 단 하나의 실수도 하지 않기 위해 무척 열심이지만 대화를 할 때는 곳곳에서 이런 순진함이 묻어난다. 비평가 앤 미제트는 「워싱턴 포스트」에서 〈그의 연주는 기술적인 정통함에 수반된 어색한 날카로움이라는 바로 그 점 때문에 정말 존경하지 않을 수 없다〉[14]고 썼다.

나는 음악이 제1언어가 될 수 있다는 개념에 한동안 빠져 있었고, 우리가 만난 지 1년 정도 지난 어느 날 제냐에게 내 생각을 제시했다. 당시 우리는 맨해튼의 어퍼 웨스트사이드에 위치한 그의 아파트에 앉아 있었다. 즉흥적으로 이루어진 만남이었다. 나는 라흐마니노프 카덴차*의 구성에 관한 어떤 것을 알고 싶었다. 제냐가 〈이런 것 말인가요?〉라고 물으면서 여섯 마디를 연주했다. 그날 녹음한 테이프를 듣고 있으면 그는 놀랍게도 말로 설명될 수 없는 어떤 것을 감정적인 교감을 통해 음악으로 표현했다. 게다가 그 음들은 설명에서 빠진 모든 감정들을 담고 있었다. 나는 배의 갑판 위에서 팔딱이다가 물속으로 미끄러져 들어가 마침내 순수하게 우아한 자태를 보이는 물고기를 떠올렸다. 제냐의 연주를 아름답게 만드는 주된 요소, 즉 이해받고 싶은 열망이 그의 연주를 기술적인 능력과 차별되는 어떤 것으로 만들었다. 그는 내가 언급한 악절(樂節)에 대해 단지 예시를 들고자 연주를 했지만 나는 처음으로 우리가 완전한 대화를 하

---

* 흔히 고전 음악 작품 말미에서 연주가의 기교를 보여 주는 화려한 솔로 연주 부분.

고 있다는 느낌이 들었다. 그리고 그 느낌은 신뢰나 포옹처럼 친밀한 느낌이었다.

제냐가 내게 말했다. 「음악은 내가 느끼는 감정을 전달해요. 하지만 말로 전달하는 방법은 정말 모르겠어요. 나는 음악에 대해 이야기하는 것도 싫어해요. 음악 자체가 이미 대화잖아요.」 그가 음악을 통해서 세상을 이해하고, 청중이 그의 음악을 통해서 세상을 이해할 수 있는 이유도 바로 그 때문인 듯하다.

첫 만남을 가진 이후로 10년 이상의 세월이 흐른 뒤에 나는 그에게 자신만의 완전한 통찰력을 깨달았는지 물었다. 제냐는 간단히 〈아직입니다〉라고 대답했다. 그리고 나중에 가서 이렇게 보탰다. 「어렸을 때 나는 단순히 음악을 사랑했어요. 내가 음악을 느끼는 방식대로 연주했죠. 하지만 생각이 점점 더 깊어지고 명료해질수록, 생각한 대로 연주하는 것이 얼마나 어려운 일인지 깨닫고 있어요. 예전에는 지휘를 시작하고 싶은 마음도 있었지만 이제는 전혀 아닙니다. 피아노를 연주한다는 것이 얼마나 어려운 일인지 깨달았기 때문이죠. 그런 이유로 예전과 비교했을 때 요즘에 들어서 연주회를 앞두고 훨씬 더 긴장합니다.」 그의 이야기는 신동이 어떻게 성장해야 하는지와 관련해 그동안 내가 들었던 그 어떤 이야기보다 완벽한 설명이다.

제냐 키신에게 음악은 친밀감의 저장소다. 그와 달리 어떤 사람들이 음악을 활용하는 이유는 환경이나 기질 때문에 말로 하지 못하는 것을 표현하기 위해서다. 격정적인 천재의 전형을 보여 주면서 피마라고도 불리는 피아니스트 예핌 브론프만은 1958년에 우즈베키스탄의 수도 타슈켄트에서 태어났다.[15] 그의 아버지 나움 브론프만은 소비에트 군대에 징집되었고, 전쟁 중에 독일군의 포로가 되었다. 그 후 포로수용소를 탈출해서 장장 960킬로미터를 걸어서 간신히 모스크바로 돌아왔지만 스탈린 정권에 의해 다시 감금되었고, 고문까지 당했다. 피마의 어머니 폴리나 또한 폴란드의 나치 수용소에서 옥고를 치렀다. 나움은 바이올린 연주자로 타슈켄트 음악학교에서 학생들을 가르쳤다. 피아니스트인 폴리나는 집에서 학생들을 가르쳤다. 피마는 내게 〈우리 가족은 누군가가 우리 대화를 엿듣고 있을 거라는 불안에 항상 시달렸어요. 그러다 보니 우리에게는 음악이 자신을 표현할 수 있는 유일한 방법이었습니다. 우리가 음악에 열정을 쏟은 것도 바로 그 때문이었죠〉라고 말했다. 음악은 그들에게 자유의 영역이, 즉 도청 장치가 설치된 아파트에서 분명하게 의사 표현을 할 수 있는 매개체가 되었다. 피마의 원숙한 연주가 선사하는 아름다움 중 일부는 오랜 기간 지속된 그 같은 절박함에서 나온다고 할 수 있다. 뇌 구조가 구어에 적합하지 않아서 음악으로 대화를 나누는 음악가들이 있는가 하면, 피마—그는 결혼한 적이 없으며, 제냐 키신과 마찬가지로 어머니와 함께 산다—는 원래부터 대화가 억압된 상태에 있으며, 특히 어릴 때 대화에서 발화가 거부되면서 그로부터 야기된 긴박한 필요에 따라 음악을 만들어 낸다. 20세기의 러시아 음악은 모호함을, 요컨대 정부 관료가 찾아내서 〈체제 전복적〉이라는 딱지를 붙일 수 없는 어떤 것을 표현할 수 있는 능력을 표현상의 장점으로 이용했다. 음악은 거의 모든 유형의 침묵 속에 갇혀 지내는 사람들에게 자유를 제공할 수 있다.

천재성의 기원에 관한 문제는 적어도 2,500년 동안 철학적인 논쟁의 주제 중 하나였다. 플라톤은 천재성이 신에 의해서 수동적인 인간에게 부여된다고 믿었다.[16] 롱기누스는 천재성이란 인간이 행하는 어떤 것이라고, 다시 말해서 신성을 수용하는 것이 아니라 창조하는 행위라고 주장했다.[17] 존 로크는 (알려진 바로 자식이 없었는데) 부모가 천재를 만들 수 있다고 생각했다. 그는 〈어린아이의 지성은 흐르는 물처럼 이쪽이나 저쪽으로 쉽게 방향이 바뀔 수 있다〉[18]고 말했다. 〈천재〉라는 단어가 오늘날의 의미를 갖게 된 시기이자 이성의 시대에 등장한 이 개념은 신비에 싸인 기발한 재주를 둘러싼 낭만적인 이미지에 곧 자리를 내주었다. 이마누엘 칸트는 〈저술가가 자신의 천재성에 의지해서 작품을 만드는 경우 그 저술가 본인은 자신이 그 작품에 대한 아이디어를 어떻게 얻었는지 모를 것이다〉[19]라고 주장했다. 아르투어 쇼펜하우어의 설명에 따르면 〈재능이 있는 사람은 아무도 맞힐 수 없는 과녁을 맞히고, 천재는 아무도 볼 수 없는 과녁을 맞힌다〉.[20]

1869년에 그의 저서 『유전되는 천재*Hereditary Genius*』에서 영국인 과학자 프랜시스 골턴Francis Galton은 천재로 태어나지 않은 한 그 누구도 천재가 될 수 없다고 공언했다.[21] 우생학자이면서 골턴의 추종자인 루이스 터먼Lewis M. Terman은 1차 세계대전 중 군대에 입대하는 신병들을 IQ로 분류하기 위해 스탠퍼드 비네 지능검사를 개발했다. 그리고 휴전이 되자 이 검사를 미취학 아동에게 실시하여 장차 학업적인 성공을 가늠하는 예측 변수로 활용하도록 압력을 가했다.[22] 지능을 정량화하는 이런 검사에는 다양한 편견들이 내재되어 있는 까닭에 낮은 IQ 수치는 〈달갑지 않은〉 집단들의 열등함을 보여 주는 증거처럼 간주되었다.

지능검사가 도입된 이래로 계속해서 IQ가 얼마나 높아야 천재라고 할 수 있는지의 문제가 논란의 중심이 되었다.[23] 터먼은 무척 높은 IQ를 가진 약 1,500명의 아동을 대상으로 추적 조사를 실시했다. 70년이 지나서 그를 비판하는 사람들은 이들의 성취가 주어진 사회 경제적 지위에 의해 예측되는 수준을 벗어나지 못했다고 주장했다. 한편 터먼이 충분히 똑똑하지 않다고 배제했던 윌리엄 쇼클리라는 아이는 트랜지스터를 공동으로 발명해서 노벨 물리학상을 수상했다. 그럼에도 이러한 정신 측정학은 우생학자들의 지지를 받았다. 〈열등한〉 사람들에 대한 강제 불임화 수술을 옹호한 폴 포피노Paul Popenoe는 〈특별한 기술이 없는 노동자의 아들이 미국에서 탁월한 과학자가 된 전례가 없다〉[24]고 단언했다. 히틀러도 골턴과 포피노의 연구와 견해에 조예가 깊었다. 실제로 포피노는 우생학을 지지하는 나치 과학자들에게 열심히 협조했고, 그들을 옹호했으며 더 이상 아무런 이득이 없을 때까지 그들을 옹호했다.[25] 홀로코스트가 선천적인 우위 개념에 제동 효과를 가져왔고, 인류학자 앨프리드 크로버Alfred Kroeber는 1944년에 천재성이 환경과 관련이 있다는 견해를 제시했다.[26] 기원전 5세기경의 아테네나 문예 부흥기의 이탈리아, 송 왕조에서 많은 수의 천재들이 나타났던 이유는 무엇일까? 천재의 비율은 시대나 장소와 상관없이 일정해야 하는 것 아닐까?

만약 천재성이 유전학에 의해 만들어진다면 능력주의는 신이 부여한 왕권과 다를 바 없다. 요컨대 이 역시 선천적인 우월성을 신격화한다. 천재성이 노력에 의한 결과물이라면 똑똑한 사람들은 당연히 그들이 일군 부와 영예를 차지할 자격이 있다. 공산주의자의 관점에서 보면 누구나 노력만 하면 천재가 될 수 있다. 파시스트의 관점에서 보면 선천적인 천재들은 그들을 제외한 인간들과 다른 종(種)이다. 훈련이 부족해서 자신의 잠재력을 발휘하지 못하는 사람들도 많지만, 탄광에만 한 번 가보더라도 일만 열심히 한다고 해서 천재가 된다거나 부(富)가 보장되지 않는다는 사실을 충분히 알 수 있다. 높은 지능과 관련된 역사는 지적 장애나 정신 질환의 역사만큼이나 정치적이다.

세계적인 지휘자 레온 플라이셔는 1928년에 샌프란시스코에서 태어났다. 이민자인 그의 아버지는 여성용 모자를 제작해 판매했으며, 그가 모자를 만들어서 납품한 사람 중에는 영화배우 루실 볼도 있었다.[27] 피아노 레슨을 싫어했던 자신의 형과 달리, 레온은 그런 형이 레슨을 받을 때면 옆에서 귀담아 들었다. 레온은 〈형이 공놀이를 하러 밖으로 나가면 내가 피아노 앞에 가서 선생님이 원하는 대로 피아노를 연주했다〉고 당시를 회상했다. 그의 부모는 곧 형 대신 레온에게 피아노 레슨을 받도록 했고, 머지 않아서 레온은 레프 쇼르라는 러시아인에게 피아노를 배우게 되었는데,

〈그는 샌프란시스코의 신동 제조기로 유명한 사람이었다. 그는 나를 울리지 않는 한 훌륭한 수업이 아니라고 생각했다. 그렇지만 수업이 끝나면 나를 데리고 나가서 점심으로 양고기 요리를 사주었다〉.

　　1937년에 레온의 초기 연주회 중 하나를 참관한 샌프란시스코 교향악단의 지휘자는 이 소년을 이탈리아로 보내서 유명한 피아니스트 아르투어 슈나벨에게 배우도록 해야겠다고 결심했다. 하지만 슈나벨은 이를 정중하게 거절했다. 그에게는 아홉 살짜리 제자를 둘 마음이 전혀 없었기 때문이다. 몇 달 뒤 그 지휘자는 슈나벨을 저녁 식사에 초대하면서 몰래 레온을 불렀고 슈나벨에게 억지로 연주를 듣게 했다. 슈나벨은 즉석에서 레온을 자신의 학생으로 받아들였다. 단, 당분간은 더 이상 연주회를 하지 않는다는 조건이 따라붙었다. 슈나벨은 레온의 어머니가 단순히 명성을 원할 뿐이며, 따라서 자신이 그 소년을 음악에 집중하도록 만들어야 한다는 사실을 알았다. 레온과 그의 어머니는 1938년에 이탈리아 북부 도시 코모로 갔다. 슈나벨의 레슨은 레온이 그동안 알고 있던 그 어떤 레슨과도 달랐다. 레온이 말했다. 「소위 신동 제조기라고 불리는 사람들은 기술과 음악을 따로 떼어 놓습니다. 하지만 슈나벨 선생님은 기술이란 자신이 원하는 것을 표현할 수 있는 능력에 불과하다는 견해를 고수했어요. 그는 연주를 시작하기 전에 편안한 의자에 앉아서 연주할 음악을 공부해야 한다고, 자신이 어떤 소리를 내고 싶은지 알기 전까지는 건반을 두드리지 말아야 한다고 가르쳤습니다.」 슈나벨은 학생을 절대로 여섯 명 이상 받지 않았으며, 모든 학생에게 다른 학생의 레슨에도 참석하도록 지시했다. 레온이 회상했다. 「그는 12마디 전체에 대해 완전한 레슨을 진행했고, 방을 나설 때면 우리는 새로운 지식뿐 아니라 영감에 취해서 마치 술 취한 사람처럼 비틀거렸어요. 슈나벨 선생님은 정말 탁월한 분이었죠.」

　　2차 세계대전이 발발하기 직전의 이탈리아는 유대인 학생이 유대인 피아니스트와 공부할 장소가 전혀 못 되었고, 따라서 얼마 후 슈나벨은 레온을 집으로 돌려보냈다. 이후에 슈나벨 역시 곧 뉴욕으로 이주했고, 레온의 아버지는 이스트 코스트에 있는 공장에서 일자리를 구해야 했다. 레온이 말했다. 「그 같은 상황은 소년이 짊어지기에는 너무나 무거운 책임이었습니다.」 하지만 그의 어머니는 무척 단호했다. 그가 유감스럽다는 듯이 〈어머니는 최초의 유대인 대통령이 되든지, 훌륭한 피아니스트가 되든지 둘 중 하나를 선택하라고 했어요〉라고 덧붙였다.

레온 플라이셔는 1944년에 열여섯 살의 나이로 카네기홀에서 데뷔 무대를 가졌고, 음악가로서 빠르게 자리를 잡았다. 그는 단번에 성공을 거두었으며, 3년 뒤에는 슈나벨 또한 그에게 더 이상 가르칠 게 없다고 선언했다. 레온이 말했다. 「선생님이 나를 졸업시켰을 때 나는 무척 외로웠어요. 당시에 그가 연주한 베토벤의 소나타 중 하나를 듣고 그 연주의 이례적인 아름다움에 흠뻑 취했던 기억이 나요. 나는 내가 그 곡을 연주했더라도 그처럼 훌륭하게 곡을 소화했을지 확신이 없었어요.」

레온은 20년 동안 빛나는 영광을 누렸지만 서른여섯 살에 무의식적인 근육 수축을 유발하는 신경 질환인 국소성 근긴장 이상증이 찾아왔고 오른손의 셋째와 넷째 손가락을 사용할 수 없게 되었다. 국소성 근긴장 이상증은 이미 고통이 시작되고 난 이후에도 계속해서 소근육 운동을 혹독하게 반복하는 것과 관련이 있다. 레온의 아들이자 재즈 음악가인 줄리언 플라이셔의 설명이다. 「아버지는 오른손을 너무 혹사했어요. 할머니가 그렇게 시켰기 때문이죠. 심지어는 뼈가 부러질 정도로 손을 혹사했으니까요.」 레온은 우울증을 겪었다. 결혼 생활도 파경을 맞았다. 그가 말했다. 「2년 정도 절망을 겪고 난 후에야 나는 내가 지향하는 바가 양손을 모두 사용하는 피아노 연주자가 아니라, 음악이라는 사실을 깨달았습니다.」 그리고 그는 지휘자로, 교사로, 왼손만 사용하는 제한적이긴 하지만 화려한 피아노 곡을 연주하는 연주자로 거듭났다.

레온의 원숙함은 지극히 자각적인 성격에서 기인한다. 그가 말했다.

「당신은 작품을 연주할 때 자신이 실제로 일어나고 있는 어떤 일의 한가운데에 있는 것처럼 연주할 수도 있지만, 제3자의 입장에서 서술자처럼 연주할 수도 있어요. 예컨대 〈옛날 옛적에 어떤 사람이 있었어요……〉라고 이야기하듯이요. 그리고 서술자처럼 연주하면 표현이 훨씬 풍부해질 수도 있어요. 그렇게 함으로써 청중의 상상력을 보다 자유롭게 해줄 수 있거든요. 〈내가 이렇게 느끼고 있으니 당신들도 이렇게 느껴야 한다〉고 명령하는 게 아니에요. 신동은 그렇게 할 수 없지만, 충분히 실력을 갖춘 연주자는 할 수 있어요.」 그는 재능이 뛰어난 어린 학생들을 가리켜 장식품으로 둘러싸인 집을 지으려는 사람들로 묘사했다. 「나는 학생들에게 〈침실은 여기에, 부엌은 저기에, 거실은 저기에 있어야 합니다. 아름다운 물건으로 집을 채우려고 하기보다는 먼저 이 부분에 대해서 생각을 명확히 해야 합니다. 무엇보다 구조가 우선입니다〉라고 가르쳐요.」 그의 아들은 비꼬는 투로 아버지의 그처럼 지극히 사려 깊은 사고방식이 인간관계에 그대로 확대되지는 않는다고 지적했다. 「그건 친절의 문제가 아니라 자신이 사랑하는 사람들의 마음을 헤아리는 문제예요. 하지만 아버지의 경우에는 음악 안에만 그 모든 것들이 들어 있죠.」

나는 국소성 근긴장 이상증이 레온에게 긍정적으로 작용한 측면은 없는지 궁금했다. 「이 병 때문에 나는 어쩔 수 없이 옆길로 가야 했고, 또 그럴 수 있었어요. 본다는 뜻의 비전이라는 단어와 한 쌍이 〈듣는 능력 aurision〉이던가요? 아무튼 나는 사람들의 이야기를 듣고 헤아리는 능력을 기를 수 있었어요. 설령 내게 인생을 다시 살고, 국소성 근긴장 이상증에 걸리지 않을 기회가 주어진다고 하더라도 과연 지금의 이 삶에서 달라질 것이 있을지는 잘 모르겠어요.」 근긴장 이상증을 계기로 그는 자신이 슈나벨에게 배운 것을, 즉 음악적 기교는 겸손을 요한다는 사실을 증명했다. 레온이 말했다. 「슈나벨 선생님은 연주자를 알프스의 등산 가이드에 비유했어요. 가이드의 목표는 사람들을 산 정상으로 안내해서 그들이 경관을 즐길 수 있도록 하는 것입니다. 목표는 가이드가 아니에요. 산 정상에서 바라보는 경관이죠.」

레온은 70대 중반에 평생 경련을 일으키던 손의 근육을 보톡스로 풀어 주었고, 롤프식 마사지를 이용해서 연조직의 움직임이 수월해지도록 했다. 그리고 다시 양손으로 연주를 시작했고, 이후에 양손으로 연주한 앨범을 발표함으로써 많은 존경을 받았다. 줄리언은 〈기교적인 면에서는 예전만 못하지만 음악성만큼은 여전해요. 아버지는 대체로 음표를 연주하지 않아요. 그 음표들이 지닌 의미를 연주하죠〉라고 설명했다. 레온이 말했다.「병이 나은 것은 절대로 아니에요. 연주를 하면서 손을 움직이는 데 집중력과 의식의 80~90퍼센트를 집중할 뿐입니다. 나는 관절의 연골이 다닳아서 손가락을 움직일 때마다 뼈끼리 부대껴요. 약간은 〈인어 공주〉하고도 비슷해요. 그녀는 인간 남자와 사랑에 빠지고, 그녀의 소원이 이루어져서 마침내 인간이 되지만 그 대가로 한 걸음 한 걸음을 걸을 때마다 칼날 위를 걷는 것 같은 고통을 느꼈죠. 이 이야기는 정말로 내가 아주 분명하게 기억하는 동화 중 하나이기도 합니다.」

음악 신동이 가끔 아역 배우와 비교되기도 하지만 아역 배우는 아이를 연기할 뿐이다. 누구도 여섯 살짜리 꼬마가 연기하는 햄릿을 보려고 돈을 지불하려 하지는 않는다. 아이가 발견한 어떤 것으로 인해 완전히 바뀌어 버린 학문 분야도 없다. 레온 보트스타인의 주장에 따르면 〈신동은 전통적인 지식이 사실임을 보여 줄 뿐 그것을 바꾸지는 않는다〉. 음악 연주는 규칙을 따르고, 구조화되어 있으며, 형식적인 까닭에 기존의 지식으로 빠르게 통합될 수 있다. 연주의 심오함은 나중의 문제다. 모차르트는 전형적인 신동이었지만, 만약 그에게 스물다섯 살 이후의 삶이 존재하지 않았다면 우리는 작곡가로서의 그에 대해서는 전혀 몰랐을 것이다. 영국인 변호사 데인즈 배링턴은 1764년에 여덟 살이던 모차르트를 꼼꼼히 관찰하고

난 다음에, 〈그는 작곡의 근본 원칙과 관련해서 완벽한 지식을 갖고 있었다. 또한 전조(轉調)의 대가이기도 해서 원래의 조성을 다른 조성으로 바꾸어도 지극히 자연스럽고 적절했다〉[28]고 썼다. 그럼에도 모차르트 역시 어린아이는 어린아이였다. 「그는 내게 연주를 들려주다가 그가 좋아하는 고양이가 들어오자 곧장 하프시코드*를 떠났고, 한참 동안이나 그를 다시 데려올 수 없었다. 또한 마치 말을 타듯이 막대기를 가랑이 사이에 낀 채로 방 안에서 이리저리 뛰어다니기도 했다.」 신동은 하나같이 그런 정통함과 유치함을 동시에 지닌 키메라 같은 존재이며, 음악적인 교양과 개인적인 미숙함이 극명하게 대비될 수 있다. 내가 인터뷰한 어떤 신동은 일곱 살 때 바이올린에서 피아노로 바꾸었다. 그녀는 내가 어머니에게 이르지 않겠다고 약속하면 그 이유를 알려주겠다고 했다. 「그냥 앉고 싶었어요.」

일찍부터 강도 높은 훈련을 받는 사람들 중 대다수가 음악가로서 두각을 나타내지 못한다. 어린 학생들에게 피아노를 가르치면서 아마도 세상에서 가장 존경받는 줄리아드 음대의 베다 카플린스키 교수는 〈아이가 열여덟 살이나 열아홉 살이 되기 전까지는 그 아이에게 감성적인 표현 능력이 있는지 없는지 알 수 없다〉[29]고 설명했다. 조숙한 유년 시절이 미숙한 성년 시절을 초래할 수 있다. 이는 마이클 잭슨의 경우를 통해 대중에게 사실로 드러난 법칙이기도 하다. 일본 격언 중에는 열 살짜리 신동이 재능 있는 열다섯 살을 거쳐 평범한 스무 살이 된다는 말이 있다.[30]

단거리 육상 선수가 어리석게도 자신을 마라톤 선수와 비교하면서 오만에 빠지듯이, 자녀의 나르시시즘을 부추기는 부모의 행동은 자녀에게 호의를 베푸는 것이 아니다. 명성을 얻기에 앞서 무언가를 성취하는 것이 우선이다. 명성이 먼저 올 경우 성취가 불가능해지기 일쑤인 까닭이다. 수많은 뛰어난 음악가의 경력을 관리해 온 음악가 매니저 찰스 햄른이 지쳤

---

* 현을 뜯어 소리를 내던 피아노 비슷한 중세 악기.

다는 표정으로, 열두 살 먹은 자녀가 카네기홀에서 데뷔하기를 바라는 부모들에 대해 설명했다. 그가 말했다. 「카네기홀에서 연주한다고 해서 경력이 쌓이는 게 아니에요. 먼저 경력을 쌓아야지 그다음에 카네기홀에서 연주 초청을 하는 겁니다.」[31]

슈나벨은 레온 플라이셔에게서 아이에게 불편하게 딸려 있는 재능이 아니라 놀랄 만한 재능을 가진 한 아이를 보았다. 하지만 대다수 부모들은 그런 분별을 할 수 있는 교양이 부족하다. 신동들을 상담하는 정신과 의사 캐런 먼로Karen Monroe 박사는 〈재능이 지나치게 뒤덮기*된 자녀가 있는 경우 부모는 그 재능에 쉽게 주의를 빼앗기고, 자녀 본연의 모습을 보지 못하기 십상이다〉[32]라고 말했다. 피아니스트 반 클라이번은 20세기가 배출한 걸출한 신동들 중 한 명이었지만 스물세 살이 되어서야 마침내 명성을 얻었다. 그는 냉전이 한창이던 1958년에 스물세 살의 나이로 차이코프스키 국제 콩쿠르에서 우승했고, 고향에서는 색종이를 뿌려가며 퍼레이드를 준비해서 그를 환영했다. 피아노 선생님이던 그의 어머니는 그를 가르칠 때마다 〈잘 알겠지만 지금은 엄마가 아니야〉라고 말했다. 자신의 어린 시절에 대해 클라이번은 〈어릴 때 나는 피아노를 연습하는 것 말고도 다른 일들을 해보고 싶었다. 그럼에도 어머니가 시키는 일을 하는 것이 옳다고 생각했다〉[33]고 회상했다. 클라이번은 어머니와 함께 살았다. 하지만 그의 매니저이기도 했던 아버지가 세상을 떠난 후에는 압박감을 견딜 수 없어서 음악을 거의 그만두다시피 했고, 우울증과 알코올중독에 시달리면서도 텍사스 북부 도시 포트워스의 사교계에서 존경받는 터줏대감이 되었다. 그는 친절하고, 상냥하고, 신앙심 깊은 보수주의자였으며, 그가 우승했던 콩쿠르만큼이나 권위 있는, 그의 이름을 딴 콩쿠르의 명목상

---

* 음영화라고도 하며, 복합 자극의 일부인 어떤 자극이 다른 자극보다 우월하여 다른 자극이 효과적인 조건 자극이 되지 못하게 하는 것.

대표가 되었다.

1945년에는 전 세계를 통틀어서 피아노 콩쿠르가 오직 다섯 개밖에 없었다. 오늘날에는 750개가 있다.[34] 하버드 대학 음악과 교수 로버트 레빈의 주장에 따르면, 〈사람들은 비교적 최근인 30년 전까지만 하더라도 상위 1퍼센트 미만의 피아니스트들만 연주할 수 있었던 기술적으로 난이도가 높은 음악을 선호한다. 그런 까닭에 이제는 대략 80퍼센트 정도의 피아니스트들이 그런 음악을 연주한다. 이 같은 변화는 음악적 발전을 의미하는 것이 아니다. 전적으로 검투사의 몸놀림을 보여 줄 뿐이다. 어린 학생들에게 먼저 음표를 배우고, 그다음에 표현력을 추가하라고 가르치지 말아야 한다. 이는 요리사에게 《먼저 음식을 요리한 다음 나중에 맛을 보태라》고 요구하는 것이나 다름없다〉.[35]

수와 조이 패터슨 부부는 아들 드루의 개인적인 욕구를 그의 재능보다 항상 우선시하고자 했지만 그럼에도 그 두 가지는 대체로 일치하는 듯 보였다.[36] 드루는 세 살 반이 될 때까지 말을 하지 못했지만, 수는 아들이 더디다고 생각하지 않았다. 드루가 생후 18개월 때였다. 그녀가 책을 읽어 주면서 단어 하나를 건너뛰자 드루가 손을 뻗어 빠뜨린 단어를 가리켰다. 드루는 그 시기에 많은 소리를 내지는 않았지만 소리에 대해 이미 지대한 관심을 갖고 있었다. 수가 말했다. 「교회 종소리에 특히 큰 반응을 보이고는 했어요. 새소리가 들리면 곧장 하던 일을 멈추었죠.」

어릴 때 피아노를 배웠던 수는 낡은 직립형 피아노로 드루에게 기초를 가르쳤고, 그는 낱장으로 인쇄된 악보에 매료되었다. 수가 말했다. 「그는 악보를 읽고 싶어 했어요. 그래서 나는 얼마 남아 있지 않던 예전 기억을 더듬어야 했고, 고음부를 가르쳤죠.」 드루가 〈그런 상태로 악보를 읽으려고 하는 것은 26개의 알파벳 중 13개만 배운 사람이 책을 읽으려고 하는 것과 똑같았어요〉라고 말했다. 그는 스스로 저음부를 깨우쳤다. 그리고 다섯 살에 정식으로 레슨을 시작했을 때는 선생님이 첫 6개월 분량의 내용은 건너뛰어도 된다고 할 정도의 수준에 이르렀다. 그리고 그해가 저물기 전에 드루는 카네기홀의 연주회장에서 베토벤의 소나타를 연주했고, 이탈리아로 날아가서 그보다 열 살이 많은 참가자들과 함께 청소년 축제에서 연주했다. 수가 말했다. 「정말 기분이 좋았어요. 하지만 한편으로는 그런 일을 너무 진지하게 받아들이지 말자고 다짐했어요. 그는 겨우 어린 소년일 뿐이잖아요.」

그들 가족은 드루의 선생님과 약간의 입장 차이가 있었고, 수는 미요코 로토라는 선생님을 알아보라는 조언에 따라 그녀를 찾아갔다. 하지만 그녀는 드루를 직접 가르칠 시간이 없으니 일단 그가 연주하는 것을 들어보고 다른 선생님을 소개하든지 하겠다고 말했다. 그리고 드루가 연주를 끝내자 이렇게 말했다. 「화요일 네 시에 시간이 있어요.」 몇 년 뒤 그녀가 당시를 회상했다. 「그는 피아노 페달에 발이 겨우 닿는 상황에서도 우리가 기대하는 성숙한 감성을 모두 연주에 담아냈어요. 나는 〈맙소사, 이 아이는 정말 천재야. 단순히 흉내를 내고 있거나 누가 숟가락으로 일일이 떠먹여서 저렇게 연주하는 것이 아니야. 내면에서 음악성이 나오고 있어〉라고 생각했어요.」[37]

하지만 그녀의 열정이 전적으로 환영을 받은 것은 아니었다. 수가 말했다. 「그녀의 열정이 너무 지나쳐서 오싹한 느낌마저 들었어요.」 조이가 〈완전히 터무니없는 소리처럼 들렸죠〉라고 덧붙였다. 수가 드루를 매주 맨해튼까지 데려다 줄 수 없었기 때문에 로토는 뉴저지의 한 선생님을 추천해 주었다. 로토는 이메일로 2주에 한 번씩 수에게 어떻게 되어 가고 있는지 물었다. 그리고 두세 달에 한 번씩은 드루를 초대해서 그녀 앞에서 연주를 시켰다. 수가 말했다. 「지극히 가벼운 만남으로 여겼지만 돌이켜 보면 관리를 하기 위함이었고 목적이 분명했던 것 같아요.」

어느 날 유치원에 가는 길에 드루가 어머니에게 물었다. 「그냥 집에 있으면서 무언가를 배우면 안 돼요?」 수는 당황스러웠다. 「그는 이미 이 정도 수준의 교과서를 읽고 있었는데 유치원에서는 크게 확대한 알파벳 ⟨M⟩을 배우고 있었거든요.」 드루가 말했다. 「처음에는 외로웠어요. 그렇지만 받아들였어요. 그러니까 나는 남들과 다르지만 어쨌거나 그들은 내 친구가 될 거야라고 생각했죠.」 드루의 부모는 그를 몬테소리 유치원으로 전학시켰다가 다시 사립학교로 옮겼다. 또 그가 일곱 살 때 집에 있던 직립형 피아노는 동적 대비가 부족하다고 해서 피아노도 새로 들였다. 수의 설명이다. 「피아노를 사면서 주택 보증금을 지불할 때 다음으로 가장 많은 돈을 썼어요.」 중학교 때까지 그는 연주도 자주 했지만 일주일에 9시간씩 연습하는 수영 팀에 소속되어 수영 선수로도 활약했다. 드루가 열네 살 때 그의 어머니는 하버드 대학에 개설된 홈 스쿨링 프로그램을 찾아냈다. 내가 드루를 만났을 때 그는 열여섯 살이었고 이미 하버드의 학사 과정을 반쯤 이수한 상태였다.

패터슨 가족과 함께 시간을 보내면서 나는 서로에 대한 그들의 헌신뿐 아니라 클래식 음악에 기생하기 마련인 속물근성을 피해가는 그들의 소탈한 방식에 감명을 받았다. 수는 학교의 보건교사이며 조이는 폭스바겐 자동차 회사의 기술 부서에서 일한다. 그들은 드루가 그들을 이끈 것 같은 삶을 한 번도 기대한 적이 없었지만 그렇다고 그러한 삶을 겁내지도 않았고, 그러한 삶을 추구하는 과정에서 경솔하지도 않았다. 그들은 계속해서 근면한 삶과 예술적인 삶의 균형을 유지했다. 조이가 말했다. 「당신은 어떤 가정을 평범한 가정이라고 생각하나요? 내가 생각할 수 있는 평범한 가정이란 행복한 가정뿐입니다. 우리 아이들이 하는 일은 우리 가정에 커다란 기쁨을 가져다줍니다.」 드루의 재능이 그의 남동생을 양육하는 데 어떻게 영향을 끼쳤는지 묻는 말에 수는 ⟨우선 에릭에게 집중하기가 힘들고, 둘이 많이 달라요. 에릭에게 장애를 가졌거나 의족을 한 형이 있는 것과 비슷한 상황일 거예요⟩라고 대답했다.

드루에게 음악을 향한 중력과도 같은 이끌림은 변하지 않는 어떤 것이다. 그가 말했다. 「나는 하버드에서 진정으로, 어쩌면 음악보다 더 흥미를 느끼는 어떤 주제를 찾게 될 거라고 생각했습니다. 하지만 찾지 못했어요. 나 자신이 정말로 그런 것을 찾길 원하는지도 잘 모르겠어요.」 로토가 맨해튼 음대에 있었기 때문에 드루는 그곳에서 음악 공부를 계속했다. 수가 당시를 회상했다. 「드루는 〈지금 당장은 매니지먼트도, 언론의 관심도 원하지 않아요. 나는 어린 시절에만 음악을 하려는 것이 아니에요. 나는 평생 음악을 하고 싶어요〉라고 말했죠.」 그녀는 「오프라 윈프리 쇼」에 그를 출연시켜 달라는 여러 차례의 요청을 완곡하게 거절했다. 「그는 일곱 살이었고 이렇게 말했어요. 〈나는 서커스 공연단원이 아니에요.〉」 드루는 열여섯 살이 되어서도 여전히 매니지먼트를 원치 않았다. 그는 〈필요한 순간에는 자신의 주장을 강력하게 밀어붙일 줄도 알아야 합니다〉라고 설명했다.

드루에게 그토록 짧은 인생 경험에도 불구하고 어떻게 그렇게 많은 것을 음악으로 표현할 수 있는지 묻자 그가 말했다. 「나는 그런 것들을 오직 음악을 통해서만 표현할 수 있을 뿐이에요. 말로는 불가능하죠. 어쩌면 경험 자체도 음악을 통해서만 가능할지도 모르겠어요.」 우리는 대화를 통해서, 어떤 사람들은 섹스를 통해서, 또 어떤 사람들은 스포츠를 통해서 어느 정도의 친밀감을 구축할 수 있다고 생각한다. 하지만 음악이 친밀감을 쌓는 중심적인 역할을 하고, 대화가 형식적인 행위의 중심지가 되지 못할 이유는 무엇이겠는가? 우리가 만나고 일 년 뒤에 드루는 당시 스물여덟 살이던 중국인 피아니스트 랑랑과 함께하는 마스터클래스에 선발되었고, 나는 그들이 어떻게 교류하는지 보러 갔다. 랑랑은 대화를 편하게 여기는 타입이었고 여섯 명의 학생들을 지도하고 있었다. 그는 드루와 최소한의 이야기만 나누었고 드루 역시 그에게 최소한의 이야기만 했다. 그럼에도 드루는 다른 어떤 학생들보다 능수능란하게 랑랑의 통찰력을 수용하면서 연주에 변화를 주었다.

　수가 말했다. 「드루는 내가 할 일을 분명하게 알려 주는 확대경 같은 재능을 가졌어요. 솔직히 말해서 그에게 물어보지 않으면 내가 제대로 하고 있는지, 또는 잘못하고 있는지 알 도리가 없어요.」 드루가 그녀에게 말했다. 「엄마는 질문이 너무 많아요. 내가 일반적인 관행을 따르지 않는 사람이라면, 엄마는 질문하는 사람이에요.」 그러자 그녀가 대꾸했다. 「하지만 다행히도 너의 대답은 무척 설득력이 있단다.」

　음악적 재능은 세 가지 요소로 나뉠 수 있다. 운동 능력과 모방 능력, 그리고 해석 능력이다. 대부분의 악기들에 요구되는 정교함을 가지고 손이나 입술을 움직이려면 체력이 필요하다. 음악가가 되고자 하는 사람은 다른 사람의 기교를 재생산할 수 있는 모방 능력도 있어야 한다. 『뉴욕』잡지의 음악 평론가 저스틴 데이비슨의 설명에 따르면, 〈모방 능력을 단순한 복제 능력으로 치부하지 말아야 한다. 우리 또한 그러한 모방 능력을 통해서 말하고, 쓰고, 자신을 표현하는 법을 습득하기 때문이다. 흉내를 내는 데 탁월한 재능을 가진 음악가들은 매우 어린 나이에 지극히 세련된 해석을 내놓기도 한다. 그들이 그런 해석을 내놓는 것이 선생님에게, 또는 녹음된 음악이나 다른 피아니스트들의 연주를 들으면서 어떻게 곡을 해석해야 하는지 배웠기 때문일까? 아니면, 내면에서 우러난 영감 때문일까? 일반적으로 둘 다라고 할 수 있다〉.[38] 로버트 레빈은 〈단어를 발음하는 법을 배우지 않고서는 메시지를 전달할 수 없다. 놀라운 생각을 가졌지만 기교를 도외시하는 사람은 기교적인 면에서 완벽하지만 메시지가 없는 사람과 마찬가지로 실패할 게 분명하다. 음악가는 이처럼 겉보기에 양립할 수 없는 요소들을 수용해야 하며, 훈련과 경험을 통해 비네그레트소스*를 만들어

---

* 식초, 기름, 양념으로 만든 냉육(冷肉), 채소용 소스.

야 한다〉고 말했다. 프랑스 화가 피에르 오귀스트 르누아르가 말했듯이, 기교는 천재를 방해하는 요소가 절대로 아니다.[39]

음악 연주에서는 수화와 마찬가지로 손재주가 감정적이거나 지적인 의미 표현의 중심지가 되어야 한다. 그리고 그러한 의미들은 드루 패터슨의 경우처럼 처음부터 손재주에 내재된 경우도 있지만 나중에 가서 생기는 경우도 있다. 첼로 연주자이며 교사인 스티븐 이설리스는 음악을 경쟁적인 스포츠처럼 가르치는 경우가 너무 빈번하다고 내게 불만을 토로했다. 「종교와 과학의 혼합체처럼 음악을 가르쳐야 해요. 손가락을 매우 빠르게 움직일 수 있는 능력이 무척 인상적이기는 하겠지만 음악하고는 아무런 상관이 없어요. 음악이 우리에게 무언가를 베풀어 주는 것이지 우리가 음악에게 무언가를 베풀어 주는 것이 아니에요.」[40]

미하일과 내털리 파렘스키 부부는 소비에트 체제 안에서 비교적 안락한 지위를 누리고 있었다.[41] 미하일은 정부 기관인 러시아 원자력 기구에서, 내털리는 물리 공학 연구소에서 근무했다. 1987년에 태어난 딸 너태샤는 일찍부터 피아노에 관심을 보였다. 남동생인 미샤와는 달랐다. 내털리가 회상했다. 「부엌에 있었는데 〈누가 연주하는 거지?〉라는 생각이 들었고 그래서 나가 보았죠. 그랬더니 〈우리 아이가 자장가를 연주하고 있는 거예요〉. 남편은 음악가로 살아가는 것이 끔찍한 일이라면서 제발 레슨까지는 시키지 말라고 내게 사정했어요.」 하지만 내털리는 레슨을 몇 번 받는다고 해서 딸에게 해가 되지는 않을 거라고 생각했다. 6개월 뒤 너태샤는 유치부 대회에 참가해서 쇼팽의 마주르카를 연주했다. 내털리가 말했다. 「그녀는 네 살 때 〈나는 피아니스트가 될 거야〉라고 결심했죠.」 너태샤는 공부도 반에서 항상 일등이었다. 「우리 부부는 음악과 관련해서 그다지 걱정하지 않았어요. 그녀가 수학과 물리, 화학도 잘했기 때문이에요. 이 분야의 재능이 한계를 드러내면 얼마든지 다른 일을 할 수 있을 테니까요.」

소비에트 연방이 무너지자 소비에트 시대에 특권을 누렸던 사람들에게 수많은 의혹이 제기되었다. 그리고 1993년 어느 날 밤, 퇴근해서 집에 오던 미하일이 잔인하게 폭행을 당하는 일이 생겼다. 그날 밤 의사들은 내털리에게 〈남편을 잃을 수도 있으니 마음의 준비를 하십시오〉라고 말했다. 당시 미하일은 여러 해에 걸쳐 모 기업의 채용 담당자로부터 직장을 미국으로 옮기라는 권유를 받고 있었지만 파렘스키 부부는 러시아를 떠날 마음이 전혀 없었다. 하지만 남편이 막상 그런 일까지 겪게 되자 내털리는 곧바로 마음을 바꿨다. 「3일 후에 서류를 가지고 병원으로 갔어요. 미하일의 손을 잡은 채로 그이의 손을 움직여서 내가 직접 서명했죠. 거의 혼수상태였던 그가 깨어났을 때 내가 말했어요. 〈우리는 캘리포니아로 갈 거예요.〉」

미하일이 먼저 미국으로 건너갔고 1995년에 가족들이 그 뒤를 따랐다. 너태샤는 4학년에 편입했으며 동급생들은 모두 그녀보다 두 살이 더 많았다. 채 몇 개월도 되지 않아서 그녀는 영어 발음이 완벽해졌고 모든 학교 시험에서 일등을 차지했다. 그녀의 가족은 좋은 피아노를 살 형편이 못 되었다. 결국 그들은 너태샤의 표현에 따르면 〈양배추 소리가 나는〉 싸구려 피아노를 구입했다. 내털리는 학교 측을 설득해서 너태샤가 자습 시간을 가질 수 있도록, 그래서 연주를 할 수 있도록 했다. 그녀가 말했다. 「사람들은 하나같이 〈딸이 무척 자랑스럽겠어요〉라고 말했어요. 그러면 나는 〈자랑스러워해야 할 사람은 내가 아니라 당사자인 너태샤죠〉라고 대답했어요. 하지만 미국에서는 그렇게 말하는 것이 예의에 어긋난다는 사실을 배웠고 그래서 지금은 항상 〈내 딸이 정말 자랑스러워요〉라고 대답해요. 그렇게 말하니까 그제야 대화가 이어지더군요.」 너태샤도 자신의 욕구가 성공의 견인차 역할을 했다는 점에 동의했다. 그녀가 되물었다. 「내가 피아노를 연습하게 만들려고 부모님이 어떤 노력을 했냐고요? 그런 질문은 내가 음식을 먹거나 잠을 자게 만들려고 부모님이 어떤 노력을 했냐고 묻는 거나 마찬가지예요.」

열세 살에 너태샤는 이탈리아의 한 콩쿠르에 참가했고, 심사 위원들 중 한 명이 그녀가 프로코피예프의 6번 소나타를 연주하려 한다는 것을 알고 말했다. 「너는 이 작품을 연주할 수 없단다. 이 작품이 감옥에 관한 곡이고 너는 감옥에 가본 적이 없기 때문이야.」 너태샤는 분개해서 〈나는 내 연주 실력을 높이기 위해 감옥에 가지는 않을 거예요〉라고 대꾸했다. 자신이 경험하지 못한 감정을 표현하는 음악가의 능력에 대해 너태샤는 전혀 이상하게 생각하지 않는다. 「설령 내게 그러한 경험이 있더라도 내 음악에서 그런 부분을 보다 잘 표현하는 데 실질적인 경험이 반드시 도움이 될 거라는 보장도 없어요. 나는 배우일 뿐 등장인물이 아니에요. 내일은 어떤 존재를 표현하는 것이지, 그 존재로 사는 것이 아니에요. 쇼팽은 마주르카를 작곡했고, 청중석의 누군가는 쇼팽의 마주르카를 원하고, 나는 쇼팽이 쓴 악보를 해석해서 그 청중이 이해할 수 있도록 만들어요. 그건 정말 어려운 작업이에요. 그럼에도 나의 인생 경험과는 전혀 상관없는 일이기도 하죠. 우리는 음악과 더불어서 세상을 계속 살아가야 해요. 만약 당신이 그 세상에서 어떤 하나를 박탈한다면, 즉 그 세상에서 브람스의 두 번째 콘체르토를 빼앗는다면 무언가가 잘못될 거예요. 요컨대 브람스의 두 번째 콘체르토가 존재하는 세상은 나의 세상이에요. 그리고 나의 세상을 구성하는 것들 중 일부가 나를 통해서 세상 밖으로 나오는 거죠.」

너태샤는 열네 살에 수석으로 고등학교를 졸업했고, 뉴욕의 매니스 음대로부터 전액 장학금 제안을 받았다. 그녀는 매니지먼트 계약을 체결하고 동부로 가서 매니스 음대에서 정규 학업 과정을 시작했다. 주 중에는 뉴욕에 있는 민박 가정에서 지냈고, 주말에는 교외에서 매니저와 함께 지냈다. 그녀의 어머니는 뉴욕의 영혼 없는 생활을 걱정했다. 내털리가 말했다. 「비전에 대해 생각할 시간이 없잖아요! 그곳에서는 단지 생존하기 위해 발버둥 칠 뿐이에요. 모스크바와 다를 게 없어요.」이런 그녀의 걱정에 대해서 너태샤는 〈어떻게 살아남을 것인가 하는 것이 바로 비전이에요〉라는 반응을 보였다. 뉴욕 생활을 갓 시작한 이 시기에 너태샤와 그녀의 어머니는 자주 전화 통화를 했다. 내털리는 한편으로 딸을 걱정하면서도 〈뉴욕 생활은 내가 그녀에게 준 선물이었어요. 그녀에게 그녀 자신의 삶을 선물했죠〉라고 말했다.

나는 너태샤가 열다섯 살 때 그녀를 처음 만났고 처음 인터뷰한 것은 그녀가 열여섯 살 때였다. 일 년 뒤인 2004년에는 카네기홀에서 열린 그녀의 데뷔 무대를 보러 갔으며 그녀는 이 무대에서 라흐마니노프의 피아노 협주곡 2번을 연주했다.[42]

그녀는 풍성한 머리숱과 요정 같은 몸매를 가진 아름다운 젊은 숙녀였는데 소매가 없어서 팔을 움직이기 편한 검은색 벨벳 드레스를 입었고, 그녀의 설명에 따르면 페달을 밟을 때 지렛대 역할을 해주는 유별나게 높은 하이힐을 신고 있었다. 여성스러운 의상과 대조적으로 그녀의 연주는 매우 남성적이었고 청중은 박수로 그녀의 데뷔를 환영했다. 미하일과 내털리는 그 자리에 참석하지 않았다. 연주회가 시작되기 직전에 너태샤가 내게 말했다. 「부모님은 나를 응원하는 마음이 너무 커서 이 자리에 참석하지 못했어요.」내털리는 〈그 자리에 있었다면 그녀가 음표를 하나하나 칠 때마다 불안해서 가만히 앉아 있을 수가 없었을 거예요. 내가 그러고 있으면 너태샤에게도 도움이 될 리가 없잖아요〉라고 설명했다.

매니스 음대에서 너태샤는 유명 인사로 급부상했다. 스무 살이던 그녀가 내게 말했다. 「교수님은 내가 어떻게 연주하고 있는지 스스로 정확히 인지하기를 원해요. 하지만 그럴 경우 자연스러움이 파괴될 수 있어요. 만약 자신이 감수하려는 위험에 대해 알고 있다면, 그리고 그 위험이 이 정도 될 거라는 사실을 알고 있다면 그 위험은 더 이상 위험이 아니에요. 연주는 100퍼센트 직관적인 동시에 100퍼센트 논리적이에요.」우리와 함께 앉아 있던 그녀의 남동생이 〈정말 논리적인 설명이네!〉라고 꼬집듯이 말했다. 너태샤가 응수했다. 「하지만 동시에 매우 직관적이지. 연주를 할 때면 나는 자연스럽게 뇌를 사용하고, 자연스럽게 호흡을 해. 모든 게 그런 식이야. 하지만 나는……」 이례적으로 너태샤가 적당한 말을 찾지 못해서 당황했다.

「네 자신을 의식하지 않지.」 그녀의 어머니가 대신 말을 맺었다. 너태샤가 고개를 끄덕였다. 「내가 걱정하는 이유도 바로 그 때문이죠. 너태샤의 몸무게가 줄어들고 있기 때문이에요. 그녀는 밥 먹는 것도 잊은 채 피아노를 쳐요.」 너태샤가 고개를 저었다. 「음악을 제외한 인생의 모든 것들은 하나같이 마음을 너무 산만하게 만들어요.」

2005년에 그녀는 영국의 왕세자를 위한 자선 음악회에서 영국 가수 스팅과 함께 연주해 달라는 초청을 받았다. 그녀의 어머니가 〈그녀는 마돈나하고도 친구예요〉라고 말했다. 그러자 너태샤가 이의를 제기했다. 「그녀는 내 친구가 아니에요. 나에게 〈당신들 클래식 음악가들은 지나치게 거드름을 피워요. 당신은 핫팬츠를 입는 것에 대해 정말 진지하게 고려해 봐야 해요〉라고 이야기했단 말이에요.」 그녀의 데뷔 무대에 대한 논평을 거부했던 「뉴욕 타임스」였지만 그녀의 후속 공연에 대해서는 〈그녀의 경우에는 젊음이 신선함뿐 아니라 새로 벤 나무의 날것을 보여 준다. 그녀는 악보를 파고들어서 이전까지 한 번도 들어본 적 없는 것처럼 느껴지는 온갖 종류의 새로운 음과 악절을 들고 나타났다〉고 보도했다. 이러한 성공에도 불구하고 너태샤는 여전히 겸손하다. 내털리가 말했다. 「사람들마다 내게 전화해서 말해요. 〈당신의 딸은 정말 현실적이군요.〉 처음에는 〈딸이 무척 자랑스럽겠어요〉라고 했다가 이제는 〈당신의 딸은 정말 현실적이군요〉라고 해요. 이런 게 바로 지극히 미국적인 찬사죠.」

대다수 사람들이 색깔 이름을 맞추듯이 전혀 주의 깊게 듣지 않고서도 자신이 들은 음의 이름을 맞히는 사람들도 있다. 〈절대음감〉이라는 이 경이로운 현상은 오직 1,000명에서 10,000명 중 한 명꼴로 발견된다.[43] 그들을 제외한 나머지 우리 같은 사람은 상대음감—두 음의 음정 차이를 듣는 능력—이다. 따라서 거의 누구나 〈생일 축하 노래〉를 부를 수는 있지만 그 노래가 E플랫으로 불리고 있는지 알 수 있는 사람은 오직 소수에 불과하다. 절대음감을 가진 사람들 사이에서는 음을 정확히 구분하는 데 실수가 없다. 한 연구자는 세 살짜리 딸을 둔 어떤 여성이 그 딸에게 피아노로 음계를 들려주고 각각의 음 이름을 알려 주었다고 설명했다. 그리고 일주일 뒤 집에 있는 오븐에서 차임벨이 울리자 그 딸이 어머니에게 물었다. 「전자레인지는 항상 〈F〉로 노래해요?」 또 어떤 아이는 자신의 장난감 중 하나가 건전지가 닳아서 사분음만큼 낮은 소리를 낸다고 불평하기도 했다.[44]

절대음감을 타고나지는 않았지만 훈련을 통해 음을 인식할 수 있게 되는 사람들도 있다.[45] 학습을 통해서 이를테면 〈G〉를 내는 법을 배우고 해당 음을 기준으로 해서 다른 음들을 계산할 수 있게 되는 것이다. 어쩌면 절대음감은 훨씬 많은 사람들에게 잠재되어 있을 수 있다. 전통적으로 절대음감을 판단하는 척도가 음의 이름을 말하는 능력에 의존했기 때문에, 애초에 계이름을 배우지 못한 사람들로서는 자신에게 그런 능력이 있는지 알아낼 도리가 없었다. 예일 대학의 정신과 의사 데이비드 로스David Ross는 음을 구분하는 훈련을 받지 않은 사람들 중에서도 자신이 좋아하는 노래를 밴드가 반음 낮게 연주했을 때 그 차이를 구분할 수 있는 사람들이 있음을 알아냈다. 또 맥길 대학의 심리학자 대니얼 레비틴Daniel Levitin 교수가 알아낸 바에 따르면, 자신이 가장 좋아하는 팝송의 첫 음정을 낼 수 있는 사람도 놀라울 정도로 많다.[46] 또 다른 연구자는 전화의 신호음을 정확히 연주할 수 있는 사람이 많다는 사실을 증명했다.[47]

절대음감이 항상 음악적 능력을 높여 주는 것은 아니다. 한 가수는 그녀가 속한 합창단의 다른 단원들이 사분음 낮게 부를 때 자신이 겪는 어려움을 토로했다. 그녀는 다른 단원들과 불협화음을 내서라도 악보에 적힌 대로 노래를 부르고 싶은 어쩔 수 없는 충동을 느꼈다. 또 다른 음악가는 어린 시절 그가 속했던 청년 관현악단의 지휘자로부터 〈자네는 올림《F》음을 정확히 연주하는 데 너무 집중해서 다른 부분이 어떻게 되는지 주의를 기울이지 못해. D장조로 연주할 경우 올림《F》는 다른 음이 된다네. 세 번째 음이지. 여기에 더해서 《G》장조로 연주하는 경우에는 자네의 올림 《F》가 이끎음이 된다네〉라는 말을 들었다. 음악가가 되기 위해서 그 소년은 자신의 절대음감을 억누르는 법을 배워야 했다.[48]

다른 수많은 이상 증상과 마찬가지로 음악성 또한 생리학적인 방식으로 설명될 수 있다. 절대음감을 가진 사람은 뇌의 청각 연합 피질에 속하는 관자엽널판이 월등히 크다.[49] 바이올린 연주자들은 왼손의 움직임을 통제하는 뇌 영역이 발달해 있다.[50] 대다수 음악가들은 운동 협응(協應)과 언어능력을 통제하는 뇌 영역의 부피가 훨씬 크거나 신진대사가 훨씬 활발하며, 이는 음악이 운동인 동시에 언어라는 사실을 암시한다.[51] 그럼에도 이러한 특징이 음악적 능력을 발휘하기 위한 기본인지, 또는 반복적인 연습에 의한 결과인지는 확실치 않다.

로버트 그린버그는 언어학 교수이며 그의 아내 오나는 화가이다.[52] 그들 부부 중 누구도 특별한 음악적 재능은 없었지만 그들의 어린 아들 제이는 영국의 전승 동요집 「마더 구스」 음반을 들을 때마다 완전히 넋을 잃기 일쑤였다. 또한 음악이 멈출 때마다 울음을 터뜨렸기 때문에 매번 음반을 다시 틀어주어야 했다. 그는 두 살 때부터 첼로를 연주하기 시작했다. 세 살에는 자신만의 독특한 기보법을 개발했다. 그리고 불과 몇 년 만에 줄리아드 음대 장학생으로 선발되었다. 줄리아드 음대에서 작곡을 가르치는 새뮤얼 자이먼 교수는 〈작곡을 할 수 있음은 물론이고, 당신의 눈앞에서 피아노도 없이 베토벤 양식으로 된 장대한 피아노 소나타의 악장 중 반을 기보하는 데 한 시간도 걸리지 않는 여덟 살짜리 소년을 만난다면, 당신은 어떻게 하겠는가?〉[53]라고 썼다.

열네 살에 제이는 미국 TV 프로그램 「60분60 Minutes」에 출연해서 자신의 머릿속에는 항상 다수의 채널이 존재하며 자신은 귀에 들리는 것을 단순히 악보에 옮겨 적을 뿐이라고 설명했다.[54] 그가 말했다. 「내 두뇌는 일상생활과 그 밖의 다른 일을 처리하는 채널과 병행해서 2~3가지의 다른 음악을 동시에 통제할 수 있어요. 잠재의식이 빛과 같은 속도로 명령들을 내리는 거예요. 그럼 내게는 마치 이미 완성된 작품이 매끄럽게 연주되는 것처럼 들리죠.」 제이 같은 신동을 지원하는 것은 지극히 힘든 일이다. 로버트의 설명이다. 「우리는 빚을 져야 했고 직업적인 성공도 포기해야 했지만 아들을 유명 연주자로 만들고 싶은 욕심 때문에 그런 것은 아닙니다. 우리 아들이 행복해지고, 정신적인 건강과 자신감, 멘토와 친구를 찾는 능력 등을 갖추는 데 필요했기 때문이죠.」

신경 과학자 낸시 안드레아센Nancy Andreasen 교수는 〈고도로 직관적일 뿐 아니라, 뇌의 연합 피질에서 새로운 연결이 생성되는 잠재의식이나 꿈 같은 정신 상태에서 시작된다는 점에서 예술가와 과학자의 창의적인 프로세스는 서로 유사하다〉[55]고 주장했다. 자신이 작곡하는 과정에 대한 제이의 설명도 이러한 주장을 뒷받침한다. 어떻게 음악적인 아이디어를 얻는지 묻자 제이가 말했다. 「아이디어가 나를 찾아와요. 보통은 그런 작업을 하기에 가장 불편한 순간을 골라서 찾아오죠. 이를테면 가장 가까운 종이나 펜이 몇 킬로미터 밖에 있을 때처럼 말이에요. 작곡 프로그램이 깔린 컴퓨터는 두말할 필요도 없고요. 예를 들어, 산책을 하고 있을 때 두 개의 오보에와 하나의 바순, 하나의 디제리두로 연주되는 어떤 마침법*이 들

---

* 악곡이나 악장 끝 소절의 정형적 화음.

리는 식이에요. 그럼 집에 돌아와서 내가 들은 것에서 멜로디에 관한 아이디어를 추가로 이끌어 내죠. 그리고 마침내 그것들이 하나로 결합되어 하나의 완전한 작품이 되는 거예요.」

열네 살이 되자 제이는 음반 회사인 소니 클래시컬과 계약을 맺었다. 그의 교향곡 제5번과 현악 5중주곡 앨범에 실린 라이너 노트를 보면 그의 독특한 발상을 엿볼 수 있다. 「판타지아 악장은 피날레 악장에 대한 몇 가지 사소한 기술적 보정을 제외하면 가장 마지막에 완성되었다. 아울러 수학 함수 $\langle y=1/x^2 \rangle$를 따른다는 점에서 이 작품의 4악장 중 구조적으로 가장 완벽한 악장이기도 하다. 이 함수의 그래프는 x축과 y축을 점근선으로 한다. 제로에 매우 가깝지만 실제로 제로는 아닌 지점에서 시작해서 완만하지만 지속적으로, 그리고 x = 1과 x = 0인 정수의 사이에서 거의 y축에 닿을 정도로 그럼에도 역시 y축에 실제로 닿지는 않으면서 상승한다. 그리고 이 곡선은 중심축을 기준으로 대칭 형태를 이룬다.[56] 5중주곡은 프로이트 이론에 따르면 인간의 마음에 존재한다고 알려진 세 가지 측면을, 즉 작품의 나머지 전반을 억누르는 양심 또는 초자아superego(아다지오)와, 현실과 맞닿아 있으면서 〈느낄 줄 아는 사람들에게 삶은 한 편의 비극이며, 생각할 줄 아는 사람들에게 삶은 한 편의 희극이다〉라는 옛 속담을 충족시키는 자아ego(스케르초), 충동적이고 본능적이며 무의식적이고 궁극적으로 가장 큰 만족감을 선사하는 이드id를 묘사한다.」 이런 설명만으로는 그의 음악이 얼마나 아름다운지, 또는 얼마나 사람의 마음을 사로잡을 수 있는지 상상할 수 없을 것이다.

제이의 태도는 종종 무례하다고 생각될 정도로 조심스럽다. 말수가 적은 상대를 만나면 그는 지루한 표정을 짓는다. 반대로 말수가 많은 상대를 만나면 마치 상대방과 자신의 에너지가 다른 일에 보다 효과적으로 쓰일 수 있다고 이야기하듯이 무시하는 태도를 보인다. 어떤 기자는 내게 그와 인터뷰하는 내내 〈마치 우물에 돌을 떨어뜨리는 것 같았다〉고 하소연했다. 제이의 아버지가 말했다. 「제이는 현장에서 실제로 연주되는 음악을 매우 좋아합니다. 그런 음악들을 통해 영혼을 살찌웁니다. 하지만 자신이 직접 무대 위로 올라가는 것은 싫어해요. 슈베르트는 무대 위로 올라갈 필요가 없어요. 작곡가가 무대에 올라갈 이유는 없잖아요?」 그럼에도 인간에 대한 제이의 혐오에는 승리의 서광이 비추고 있다. 요컨대 그러한 혐오가 상대적으로 사교술에 능한 음악가들에게 부족할 거라고 짐작되는 진정성의 증거처럼 여겨지고 있는 것이다. 로버트가 말했다. 「제이는 어른들하고 보다 잘 지내지만 그의 조숙함을 겁내고, 위협이나 분노, 두려움을 느끼는 어른들도 많아요.」 제이는 그가 대중에게 보여 주는 것보다 훨씬 심오한 인간성을 지닌 게 분명하고, 개인적인 만남보다는 음악이나 그의 블로그를 통한 만남에서 더 많은 호감을 준다. 사색적인 기질과 무례한 순진함이 공존한다는 점에서 그는 자폐인이면서 뛰어난 재능을 타고났으며 장애인으로 분류되었던 아리 네이먼과 크게 다르지 않다. 제이가 말했다. 「내 음악은 내가 굳이 의식하지 않더라도 내 감정을 드러내요.」[57] 많은 사람들이 음악에 의지해서 자신의 감정을 다른 사람에게 전달한다. 여기에 더해서 제이는 음악에 의지해서 자신의 감정을 인식한다.

역사 전반에서 신동들은 미친 사람으로 취급되었다. 아리스토텔레스는 미치지 않고서는 천재가 될 수 없다고 믿었다.[58] 파가니니는 스스로 악마의 손에 몸을 맡겼다는 비난을 받았다.[59] 1891년에 이탈리아 범죄학자 체사레 롬브로소는 〈천재성이야말로 패덕광 분류군에 속하는 진정한 퇴행성 정신병이다〉[60]라고 주장했다. 오늘날의 신경 과학은 시상(視床)*에 있는 D2 도파민 수용기의 감소된 숫자에 따라 창의성과 정신병 프로세스가

---

* 다수의 신경핵군으로 구성되며, 후각 이외의 모든 수용기에서 대뇌피질로 전도되는 감각 임펄스를 중계한다.

나뉘는 까닭에 그 두 가지 작용이 뇌에서 발현되는 방식이 유사함을 보여준다.[61] 이 두 작용은 하나의 연속체로 이어져 있으며 둘 사이에는 뚜렷한 경계가 없다.

행동 신경학의 아버지 노먼 게슈윈드Norman Geschwind는 신동들이 능력과 더불어 독서 장애나 언어 습득 지연, 소위 〈우월한 자의 병〉[62]이라고 하는 천식 같은 문제들을 안고 태어난다고 주장했다. 이런 문제들이 심각할 수도 있다. 한 부부는 내게 그들의 아들이 두 살 때 50개 이상의 음악 작품을 구분할 수 있었다고 말했다. 그 아들은 〈말러의 교향곡 제5번!〉 또는 〈브람스의 5중주곡!〉이라고 외치고는 했다. 그리고 다섯 살이 되자 자폐증의 경계에 있다는 진단을 받았다. 소아과 의사는 음악을 완전히 차단해서 소년의 급증하는 집착을 깨라고 지시했고, 부모는 의사의 지시를 따랐다. 결국 자폐증 증상은 약해졌지만 소년은 음악에 대한 호감을 잃었다. 어떤 연구자들은 음악을 좋아하는 성향이 소리에 대한 자폐와 유사한 과민증에 의한 결과라고 주장한다. 이스라엘의 정신과 의사 핀커스 노이Pinchas Noy의 주장에 따르면, 음악은 그러한 증상을 가진 아동이 그들을 공격하는 소음에 대항해서 구축하는 방어막이다.[63] 그의 주장대로라면 이 장에서 소개된 음악가들 중 상당수가 자폐 범주의 장애 진단을 받을 수 있는 병리학적 기준에 부합할 터이다.

천재성과 광기가 밀접한 관계에 있는 까닭에 많은 부모들이 그들의 신동 자녀에 대해 신중한 태도를 취한다. 오스트레일리아의 영재 전문가 미라카 그로스Miraca Gross 교수는 신동이 다른 아동에 비해 강한 회복력을 가졌지만 〈극단적인〉 신동은 오히려 회복력이 떨어진다고 단언한다.[64] 뉴욕 필하모닉 오케스트라 사장 자린 메타는 그와 그의 아내가 〈우리 부부에게 그처럼 재능 있는 아이가 없다는 사실에 정말 신께 감사드린다〉[65]는 식으로 이야기한다고 고백했다. 신동 출신의 피아니스트 엘리샤 아바스는 열네 살에 자신의 재능을 모두 소진했다가 30대 중반에 다시 재기에 성공했는데, 〈때때로 어린아이의 어깨는 자신이 가진 천재성을 감당하기에 충분히 크지 않다〉[66]고 말했다.

신동과 일한 경험이 있는 사람이라면 지적, 감정적, 육체적 나이가 일치하지 않아 조화롭지 못한 상태에 있는 사람에게 일어날 수 있는 파멸을 목격한 적이 있을 것이다. 어린아이의 몸을 하고서 어른 같은 지능을 갖고 있다는 것은 성숙한 몸을 하고서 어린아이의 지능을 갖고 있는 것만큼이나 절대로 쉬운 일이 아니다. 줄리아드 음대 학장 조지프 폴리시는 〈평범한 어린아이가 바이올린을 집어 들거나 건반 앞으로 다가서는 순간 당신의 눈앞에서 완전히 다른 사람이 되는 겁니다. 정말 무서운 일이죠〉[67]라고 말했다. 동료인 베다 카플린스키 교수가 〈천재성은 일종의 이상 증상이고, 이상 증상은 절대로 한 번에 하나씩 나타나지 않습니다. 재능 있는 많은 아이들이 주의력 결핍증이나 강박 장애, 아스퍼거 증후군을 앓습니다. 부모들은 자녀의 그런 두 가지 측면에 직면했을 때 긍정적인 측면 즉 자녀의 재능이나 탁월함 등은 정말 쉽게 인정해요. 하지만 그 밖의 다른 것은 모두 부정합니다〉라고 덧붙였다. 연주는 감수성을 지속적으로 혹사시키는 행위이며, 감수성은 부서지기 쉬운 부싯깃 같은 것이다. 세상에는 정말 많은 특출한 아동이 있으며 그런 자녀를 둔 부모들은 인지된 질병의 범주 안에서 자녀의 정체성을 볼 줄 알아야 한다. 다시 말해서, 신동의 부모는 자녀의 정체성 안에 내재된 질병 가능성을 인지할 줄 알아야 한다. 부수적인 질병이 없는 영재일지라도 생명이 없는 대상과 주로 감정을 교류하는 데 따른 외로움을 완화할 필요는 있다. 정신과 의사 캐런 먼로는 〈만약 어떤 아이가 피아노를 연습하면서 하루에 다섯 시간을 보내고, 다른 아이는 밖에서 야구를 하면서 다섯 시간을 보낸다면 그들은 똑같은 활동을 하고 있는 것이 아니다. 연습을 좋아하고 다른 활동은 상상조차 못한다고 해서 그 사람이 외로움을 느끼지 않는 것은 아니다〉라고 설명했다. 레온 보트스타인은 직설적으로 〈외로움은 창조적인 행위의 핵심이다〉라고 역설했다.

자살은 항상 존재하는 위험이다. 브랜든 브레머는 신동에 가까운 음악적 재능이 있었고, 열 살의 나이로 고등학교를 졸업했으며, 대학 면접관에게 단호한 어조로 〈미국은 완벽을 요구하는 사회다〉라고 말했다. 그가 열네 살 때였다. 장을 보고 돌아온 그의 부모는 유서도 남기지 않은 채 스스로 머리에 총을 쏘고 자살한 아들을 발견했다. 어머니의 증언이다. 「그는 애초에 어른으로 태어났다. 우리는 그 아이의 몸이 점점 커지는 과정을 지켜보았을 뿐이다.」[68] 테런스 저드는 열두 살에 런던 필하모닉 오케스트라와 협연했고, 열여덟 살에는 리스트 피아노 콩쿠르에서 우승했지만 스물두 살에 절벽에서 몸을 던져 자살했다. 바이올린 연주자 마이클 라빈은 신경쇠약에 걸렸고 후에 〈회복〉되었으나 결국 투신자살했다. 그의 피에서는 다량의 신경안정제가 검출되었다.[69] 바이올린과 피아노, 지휘, 작곡 부문에서 세간의 이목을 끈 네덜란드의 신동 크리스티안 크린츠는 나이가 들자 자신이 더 이상 음악가의 삶을 유지할 수 없을 것 같다는 유서를 남긴 채 머리에 총을 쏴서 자살했다.[70]

　　줄리언 와이브라가 영재 아동의 감성적인 욕구를 다룬 그의 글에서 〈지적 재능을 타고난 아동들의 갈수록 심화되는 자살 문제〉를 언급했음에도, 사람들은 어떤 연구도 그러한 아이들이 다른 평범한 아이들보다 감성적으로 강인하지 못하다는 사실을 보여 주지 않는다고 주장한다.[71] 그렇다고 총명함이 자살과 무관하다고 주장하는 것은 아니다. 재능이 자살의 직접적인 원동력으로 작용하는 사람도 있는 반면에 유사한 재능 때문에 자살 충동을 극복하는 사람도 있다. 천재성은 천재를 보호하는 동시에 취약하게 만들며, 천재의 자살률은 높다라면 높고 낮다라면 낮다. 평균을 냈을 때 그 수치가 비슷하다고 해서 자살률이 실제로 동일하다는 의미는 아니다. 이런 변증법적 차이 ― 동일한 어떤 것이 경우에 따라서는 자살을 부추기기도 하고, 자살로부터 지켜 주기도 하는 것 ― 는 아직 충분히 탐구되지 않았다.

재능 있는 자녀가 자살하면 그 부모가 비난을 받기 마련이다. 실제로도 자녀를 한계까지 밀어붙이는 부모들이 있다. 전문 서적에는 어린 연기자의 어머니를 일컫는 스테이지 마더나, 자녀에 대한 요구가 많고 만족할 줄 모르는 아버지들의 사례가 넘쳐난다. 자식을 돕는 데 몰두하는 부모가 있는가 하면 자기 자신을 돌보는 데 집중하는 부모도 있다. 대다수 부모들은 이 두 가지 목표 사이의 괴리를 인지하지 못한다. 부모 자신의 꿈을 너무 생생하게 보느라 자식을 쳐다보지 못하는 부모들도 있다. 맨해튼 음대 학장 로버트 시로타는 〈르네상스 시대의 이탈리아에서는 어머니들이 어린 아들의 음악적 성공을 위해 그들을 거세했지만, 오늘날의 심리적 훼손도 그에 못지않을 정도로 무자비하다〉[72]고 말했다. 정신 건강과 사고의 독립성, 지능 등이 전혀 상관없는 예외적인 재능의 완충제로서 특히 중요해지는 순간이다. 실패한 신동들은 한때 전도유망했던 자신에 대한 기억을 영원히 안고 살아간다. 신동을 둘러싼 이야기는 대부분 승리와 비극 중간의 어느 지점에서 만족감을 찾아야 함에도 불구하고 끊임없이 그 둘 중 어느 하나를 향해 나아간다. 바이올린 연주자 야사 하이페츠는 신동의 재능을 〈일반적으로 치명적인 질병〉이라고, 자신을 포함해서 〈소수의 신동들만 운 좋게 살아남는〉 질병이라고 설명했다.[73]

가장 노골적이고 직접적인 형태의 착취는 금전적인 착취다. 이삭 바벨은 『코멘터리Commentary』에 기고한 〈각성〉이라는 글에서, 신동이 다른 가족 구성원들을 빈곤으로부터 구원해 줄 잠재적인 수단으로 여겨지던 전쟁 전 러시아의 신동 문화를 묘사한다. 「소년이 네댓 살이 되면 소년의 어머니는 그 작고 여린 생명체를 자구르스키 씨에게 데려갔다. 자구르스키 씨는 어린 신동들을 찍어내는 공장을 운영했으며, 레이스 깃이 달린 옷을 입고 에나멜 구두를 신은 유대인 꼬마들을 생산했다.」[74] 신동 피아니스트 루스 슬렌친스카는 『금지된 어린 시절Forbidden Childhood』에서 그녀가 견뎌내야 했던 매질에 대해 언급했다. 「내가 실수를 할 때마다 그는 몸을 숙여서 지극히 사무적으로, 아무런 말도 없이 뺨을 때렸다.」1931년에 네 살의 나이로 치러진 그녀의 데뷔 무대는 언론으로부터 많은 호평을 받았다. 그녀는 라흐마니노프가 그녀에게 〈1년 뒤에는 훌륭한 연주자가 되겠구나. 그리고 2년 뒤에는 믿을 수 없을 정도가 될 거야. 쿠키 좀 줄까?〉라고 말했던 것을 지금도 기억한다. 그러던 어느 날 그녀는 아버지가 〈루스에게 베토벤을 연주하도록 가르치는 이유는 그렇게 하는 것이 돈이 되기 때문이지〉라고 말하는 것을 우연히 듣게 되었다. 그녀는 견딜 수 없었다. 피아노를 포기했을 때 〈나는 열여섯 살이었지만 쉰 살처럼 느꼈고, 열두 살처럼 보였어요〉라고 말했다. 아버지는 그녀를 내쫓았다. 그는 결별 인사로 〈이 형편없는 천한 계집아! 내가 없으면 너는 두 번 다시 피아노 앞에 앉지도 못하게 될 거야〉[75]라고 저주를 퍼부었다.

헝가리 피아니스트 어빈 니레지하치의 어린 시절은 그의 어릴 적 삶을 세세하게 기록한 한 심리학자에 의해 면밀하게 연구되었다.[76] 어빈의 부모는 그에게 스스로 옷을 입거나 식사하는 법을 배우라고 하지 않았다. 그에게는 나머지 다른 식구들이 누리는 것보다 월등히 좋은 식단이 제공되었다. 그는 학교에 다니지도 않았다. 그의 부모는 자식의 천재성을 이용해서 특권을 누렸다. 그들은 그를 보려는 유럽 왕족들로부터 초대를 받았다. 어빈은 후에 이렇게 말했다. 「나는 명함 같은 존재였다. 다섯 살 때 나는 내가 낯선 사람들의 세상에 있다는 사실을 깨달았다.」 그의 아버지는 어빈의 후원자들과 수없이 바람을 피웠고, 그의 어머니는 아들이 번 돈을 흥청망청 써 버렸다.

어빈이 열두 살 때 아버지가 세상을 떠났고, 어머니는 어빈의 주된 즐거움을 끔찍한 것으로 바꾸어 놓았다. 어빈은 〈어머니는 나를 싫어했다〉고 말했다. 그 역시 어머니를 증오했고, 그녀를 〈박멸〉한 히틀러를 칭찬했다. 어린 시절의 재능에 대해 지나치게 칭찬을 받은 대다수 사람들이 그렇듯이 그 또한 오만과 될 대로 되라는 식의 불안정함이 뒤섞인, 상처 입은 나르시시스트의 모습을 보여 주었다. 그는 〈장애물이 나를 가로막으면 그 장애물이 무엇이든 간에 나는 그냥 포기했다〉고 고백했다.[77] 그는 10번의 결혼과 9번의 이혼을 했다. 한동안은 노숙자로 지내기도 했다. 그는 오래 살았지만 아주 가끔씩만 연주를 했고, 연주회 결과도 그때그때 달랐다. 어머니가 좋아서 연주했든 싫어서 연주했든, 어머니라는 존재가 사라지자 진정성 있는 표현을 가능하게 해주던 그의 동기도 사라졌다.

　　로린 홀랜더의 아버지는 전설적인 지휘자 아르투로 토스카니니가 이끄는 교향악단의 부악장이었고, 욱하는 성질마저도 그의 보스와 똑같았다.[78] 로린이 말했다. 「나는 학대받는 아이였습니다. 내가 연주한 어떤 부분이 아버지가 원하는 방식과 맞지 않으면 피아노 의자에서 나가떨어질 정도로 얻어맞았죠.」 열한 살이던 1955년에 성공적인 데뷔 무대를 가진 이후로 로린의 인생은 한층 더 바빠지기 시작했다. 「나는 열네 살에 이미 연 50회의 공연을 소화했고, 음반도 일 년에 한 장씩 냈어요. 하지만 열여섯 살이 되면서 심각한 우울증에 시달리기 시작했고, 오른손과 팔도 마음먹은 대로 움직이지 않기 시작했습니다.」 카네기홀에서 첫 공연을 한 지 52년이 지나서 그는 〈때로는 테러 수준의 무대 공포증이 심신을 갉아먹었다. 나는 내게 다른 선택권이 있음을, 인생에는 음악 외에도 다른 것들이 존재한다는 사실을 몰랐다. 내 연주의 어느 부분도 내가 생각하는 기준에 미치지 못했다. 나는 기술적인 완벽함은 물론이고 음 하나하나가 인간적인 감정과 영적인 의문, 심미적인 탐구 같은 색깔로 완벽하게 채색되기를 원했다〉고 말했다.

　　로린의 개인적인 삶도 혼란스러워졌다. 그가 말했다. 「사람들이 그런 것을 섹스 중독이라고 하는지는 모르겠습니다. 아무튼 나는 결혼 생활 내내 성적으로 아내에게 충실하지 않았어요. 변명의 여지가 없습니다. 정말 어리석었죠. 갈망이나 갈증, 욕구에 대해 상의할 사람이 아무도 없었습니다. 천재성에는 이런 지옥 같은 측면이 함께 따라옵니다. 하지만 누구도 당신에게 그런 이야기를 해주지 않아요. 음악적인 부분이 점점 더 빠르게, 빠르게 폭주하기 시작해서 결국에는 당신이 통제할 수 없는 상태에 이르게 되죠. 공연이 끝나면 나는 숨을 곳을 찾았어요. 콘서트가 끝나고 청중들이 기립해서 환호하는 사이에 조용히 무대를 빠져나와서 수치심에 휩싸인 채 뒷문으로 나갔어요.」로린은 천부적인 재능을 보유한 아동의 부모들을 도와 함께 일하고 있으며, 그들에게 그 같은 자녀를 키우는 데 수반되는 위험을 경고한다. 그의 설명이다. 「보통 아이들에 대한 이해의 폭을 그대로 확장한다고 해서 고도의 천재성을 가진 아이들을 이해할 수는 없습니다. 탁월한 천재에서 시작해서 보통의 아이로 이해의 폭을 넓혀 나갈 수는 있어요. 하지만 그 반대 방향으로는 불가능합니다.」요컨대 톨스토이가 우리를 가르쳐서 농부를 이해하도록 만들 수는 있지만, 일반적으로 농부가 『안나 카레니나』의 은유적인 복잡성을 이해할 수 있도록 우리에게 통찰력을 줄 수는 없다는 말이다.

부모의 무자비한 통제는 최근에 들어서 나타나는 현상이 아니다. 모차르트의 어린 시절 주문(呪文)은 〈아버지는 신 다음이다〉[79]였다. 파가니니는 자신의 아버지에 대해 〈아버지는 내가 충분히 성실하다고 생각되지 않으면 음식을 먹지 못하도록 해서 두 배로 노력하게 만들었다〉[80]고 말했다. 19세기 초에 클라라 비크의 아버지는 딸의 일기장을 매일 검사하고 그것도 모자라서 일기의 상당 부분을 자신이 직접 써넣기도 했다. 그녀에 대한 전기를 쓴 작가의 증언에 따르면, 〈그는 마치 클라라가 쓰는 것처럼 항상 1인칭 시점을 고집했다. 어느 부분에서는 자신이 말한 내용을 받아쓰게 했다. 그녀를 낭만주의 시대의 뛰어난 피아니스트 중 한 명으로 만들려고 훈련시키면서 그는 그녀의 개성까지 점령하고 있는 듯 보였다〉. 하지만 그의 딸은 작곡가 로베르트 슈만과 사랑에 빠졌고, 슈만은 그녀에게 〈아버지와 나, 둘 중 한 사람을 선택해요〉라고 말했다. 결국 그녀는 슈만과 결혼

했고 그녀의 아버지는 딸의 일기장을 돌려주길 거부했다.[81]

1960년대와 70년대의 클리블랜드에는 적당한 호텔이 없었기 때문에 유명한 클리블랜드 관현악단은 그들이 초청한 예술가들을 이사회 위원들의 집에 묵게 했다. 스콧 프랜켈의 부모도 이츠하크 펄먼, 핀커스 주커먼, 블라디미르 아슈케나지 같은 예술가들에게 자신의 집을 개방했다.[82] 스콧은 이미 다섯 살 때부터 피아노 레슨을 받았다. 그는 절대음감이었고 머지 않아 무슨 음조로든 즉흥적으로 변주할 수 있게 되었다. 그가 말했다. 「어머니는 예전에 광고 음악을 작곡했어요. 나를 그 분야에서 보다 크게 성공시키려는 계획이 있었죠. 한편 아버지의 직업은 아버지 자신의 관심이나 미적인 능력을 충족시키지 못했어요. 그래서 내가 스스로 흥미를 느끼는 어떤 일을 한다면 얼마나 멋질지 하는 부분에 보다 관심을 가졌죠.」

스콧의 첫 번째 피아노 선생님은 스콧이 놀라운 재능을 타고났음을 알았다. 스콧 자신도 알고 있었다. 그가 말했다. 「자신의 능력을 신성한 사명감으로 받아들이는 순간 손으로 만져질 듯 분명한 어떤 것을 느끼게 됩니다. 그리고 그 어떤 것은 당신을 학교 친구들로부터 즉각 분리시키고, 심지어는 멀어지게 만들죠.」 한편 부모를 위해 연주하는 것과 관련해서는 〈나는 어쩌면 있는 그대로의 내가 아니라 내가 보여 주는 능력 때문에 부모님이 나를 좋아한다고 생각하기 시작했습니다. 그 같은 압박감은 음악을 불편한 영역으로 만들었어요. 내 파트너와 나는 최근에 사람들과 점심 식사를 했고 동석했던 어떤 사람이 내게 연주를 부탁했는데 나는 무례하게 들릴 수 있을 정도로 《싫어요》라고 딱 잘라 말했어요. 예전의 분노가 다시 떠올랐기 때문이었죠. 예전의 그 분노를 떨쳐버릴 수가 없어요〉라고 말했다.

스콧은 어머니의 통제 욕구가 연주에만 국한되지 않았다고 생각한다. 「어머니는 내가 어떤 학교를 다닐 것인지, 어떤 친구를 사귈 것인지, 어떤 직업을 선택할 것인지, 어떤 사람과 결혼할 것인지, 어떤 옷을 입고 무슨 말을 할 것인지 등 사사건건 자신이 결정하려고 했어요. 그리고 어머니가 생각한 것에서 내가 벗어나기 시작하자 화를 냈죠. 어머니는 변덕스럽고, 공격적이고, 막무가내였으며, 나를 자신의 분신으로 생각했어요. 아버지는 나를 어머니로부터 지켜 줄 능력이 없었거나, 지켜 줄 마음이 없었거나, 둘 다였어요.」

스콧은 클리블랜드 음대에서 중서부를 업신여기는 경향이 있는 러시아 출신의 피아노 교수에게 배우기 시작했다. 그가 말했다. 「레슨은 지루한 동시에 포악했어요. 무언가를 틀렸을 때 그녀가 내뱉는 가장 모욕적인 말은 스페인어처럼 들린다는 표현이었어요. 그녀는 〈네가 바흐를 연주하는 방식 말이야. 왜 바흐의 연주가 스페인어처럼 들리지?〉 하지만 클리블랜드 관현악단에서 협주곡 콩쿠르를 개최했을 때 나는 콩쿠르에 참가했고, 최선을 다해 연주해서 우승했어요. 그녀는 내가 우승했다는 사실을 믿지 못했죠.」그는 우승을 함으로써 클리블랜드 관현악단과 함께 자신의 데뷔 무대를 가질 수 있었다. 얼마 지나지 않아서 스콧은 예일 대학으로 떠났고 그곳에서 자신의 사명 ― 뮤지컬 작곡 ― 을 깨달았다.

그의 부모는 그가 동성애자라고 밝히자 몹시 화를 냈다. 그가 말했다. 「나는 부모님의 편협한 애정에 화가 났습니다. 부모에게 자식이란 다양한 모습을 지닌 복합적인 존재입니다. 따라서 자식의 다른 부분은 제쳐 놓고 반짝이는 부분만 골라서 사랑할 수는 없는 거예요.」20대 때 스콧은 부모에게 너무 화가 나서 작곡을 그만두었다. 「부모님의 관심은 음악을 포기하고 싶게 만들었어요. 부모님한테서 당신들 자신의 목적을 위해 알선하고 광고하는 어떤 것을 뺏고 싶게 만들었어요. 물론 경력적인 측면과 윤리적인 측면에서 스스로 무덤을 파는 부작용도 있었어요. 나는 완전히 불안정한 상태가 되었고, 더 이상은 아무것도 이해가 되지 않았어요. 내게 남은 거라고는 마약과 섹스, 치료가 전부였죠.」스콧은 10년 동안 피아노를 치지 않았다. 「그럼에도 음악은 계속해서 나를 잠식해 들어왔어요. 내 근처에는 항상 피아노가 있었고, 스스로도 음악을 거부할 수 없을 거라고 느꼈죠.」 마침내 스콧은 뮤지컬을 작곡하기 시작했고 브로드웨이로 진출했다.

스콧은 적절한 가사를 찾기만 하면 순식간에 영감이 떠오른다고 설명했다. 내가 곡 작업이 즐거운 과정처럼 들린다고 이야기하자 그가 말했다. 「음악에는 믿기지 않을 정도로 기복이 있는 지형들이 존재해요. 하지만 내 작품들은 대체로 아픔을 토대로 합니다. 내 인생 경험에서 후회와 체념, 절망 등으로 윤기가 더해진 색깔들이 나오는 거죠.」 그가 자신의 아이폰에서 다섯 살 때 찍은 사진 한 장을 내게 보여 주었다. 사진 속의 그는 환하게 웃고 있었다. 「이게 증거물 A이고요.」 그리고 자신이 복용하는 항우울제 목록을 내밀었다. 「이것이 증거물 B입니다. 나는 사진 속에서 웃고 있는 그 소년이 나의 자연스러운 모습이라고 생각하는데 만약 그 소년이 나의 본성이고 아무런 상처 없이 자랄 수 있었다면 나는 질풍노도의 음악 대신 낙천적인 음악을 작곡했을 겁니다.」 그가 다소 과격하게 고개를 저었고 나는 그의 저항에서 분노보다는 슬픔을 느꼈다. 「그만큼 곡들도 더 만족스러웠겠죠.」

바이올린 연주가 바네사메이의 어머니는 바네사메이의 은행 계좌는 물론이고 그녀가 입을 의상과, 그녀가 열일곱 살에 발표한 앨범을 장식하고 있는 성적으로 도발적인 표지 사진 촬영에 이르기까지 모든 부분을 직접 통제했다.[83] 바네사메이에게는 자신이 직접 식빵을 잘라 먹는 것도 허락되지 않았다. 혹시라도 손을 베지 않기 위해서였다. 또한 그녀를 산만하게 만들 수 있다는 이유로 친구를 사귀는 것도 허용되지 않았다. 그녀의 어머니는 〈엄마는 널 사랑해, 네가 내 딸이기 때문이지. 하지만 바이올린을 연주하지 않는 한 너는 절대로 엄마에게 특별한 사람이 될 수 없을 거야〉라고 말했다. 바네사메이는 〈정상적인 모녀 관계를 바라는 간절한 마음에서〉 스물한 살 때 새로운 매니저를 구했다. 그녀는 통제가 아닌 동료 애를 원했다. 하지만 그녀의 어머니는 그 이후로 그녀와 말도 하지 않았다. BBC 영화 제작진이 바네사메이의 어머니에게 인터뷰를 요청하자 그녀는 〈내 딸도 거의 서른 살입니다. 내 인생에서 그녀와 관련된 부분은 이제 완전히 사라졌습니다〉라고 회신했다. 바네사메이는 큰 성공을 거두었고 개인 재산도 6천만 달러에 이르는 것으로 추정되지만 〈지금보다 오히려 열두 살 때 훨씬 나이가 든 것처럼 느꼈어요〉라고 말했다. 그녀는 〈나는 어머니가 우리 문제와 관련해서 BBC에 보낸 메일을 늘 가지고 다녀요. 그리고 우리 관계가 다르게 발전할 수 있었을지도 모른다는 생각으로 고통스러울 때마다 그 메일을 읽으면서 우리 관계가 절대로 바라는 대로 되지 않을 거라는 사실을 상기시키죠〉라고 설명했다.

니컬러스 호지스는 음악 집안에서 태어났다.[84] 코번트 가든 왕립 오페라 극장의 오페라 가수였던 그의 어머니는 가정을 위해 직업을 포기했다. 니컬러스는 여섯 살 때부터 피아노 레슨을 시작했고, 아홉 살에는 페르세우스를 주제로 오페라를 작곡하기 시작했다. 그리고 열여섯 살이 되자 부모에게 피아니스트가 아니라 작곡가가 되기로 결심했다고 밝혔다. 니컬러스가 말했다. 「부모님은 마치 내가 칼로 당신들을 찌른 것 같은 반응을 보였어요. 내가 나를 위해서 그리고 나 때문이라고 생각했던 모든 것들이 사실은 어머니를 위해서, 어머니 때문이었던 거죠. 내가 무엇을 원하든 어머니는 전혀 관심이 없다는 사실이 충격적일 정도로 분명해졌어요.」
점점 나이가 들고 음악적인 깊이가 더해짐에 따라 니컬러스는 작곡가와 피아니스트로서의 능력을 동시에 유지할 수 없으며, 피아니스트의 삶이 보수가 더 낫다는 사실을 깨달았다. 그는 〈이미 피아니스트였고 따라서 피아니스트로서의 삶에 집중하고 피아니스트로서 더욱 성공하기로〉 마음을 굳혔다. 어머니도 그 같은 결정을 반겼다. 하지만 그는 〈어머니에게 편지를 써서 두 번 다시 어머니와 이야기하고 싶지 않다고 말했고, 1년 동안 아예 연락을 끊었다〉. 요즘에도 그는 어머니가 싫어하는 현대 음악을 주로 연주한다. 25년이 지난 지금까지도 그는 이렇게 말했다. 「예컨대 바람을 피우는 것과 매우 비슷해요. 배우자는 자신의 신뢰가 깨졌던 일을 절대로 잊지 않아요. 내가 19세기 음악을 연주하면 어머니는 〈오, 정말 좋구나! 오, 너도 그 음악을 좋아하는구나! 오, 정말 그렇구나!〉라고 감탄해요. 한번은 어머니가 아파트에 왔을 때 내가 쇼팽의 CD를 틀자 어머니는 〈오, 아직도 쇼팽을 좋아하니?〉라고 묻더군요. 마치 〈오, 너는 남자애들을 좋아하잖아. 그런데 여자애들도 좋아하니?〉라고 말하는 것 같았죠. 어머니는 내가 어머니에게 맞추어 그녀를 만족시키는 어떤 것을 하길 바랐습니다.」

공연 쪽으로 선회한 니컬러스의 최종 결정은 반항과 묵인이라는 기묘한 조합의 결과였다. 그의 설명이다. 「나는 어머니가 애초에 원하던 것으로 돌아갔습니다. 하지만 그때는 내가 그렇게 하기로 선택한 것이었어요. 열여섯 살 때 어머니에게 너무도 갑작스럽게 많은 실망을 안겨 주었던 까닭에 오히려 내가 정말로 하고 싶은 일을 훨씬 쉽게 찾을 수 있었던 거죠.」

음악적인 삶을 개척해 가려면 엄청난 의지가 필요하다. 피아니스트 루돌프 제르킨이 어쩌면 세계적으로 가장 명성이 있는 음악학교인 커티스 음악원의 원장으로 있을 때였다. 한 학생이 〈과연 제가 피아니스트가 될 수 있을지, 아니면 의예과에 가야 하는지 결정을 못하고 있습니다〉라고 말했다. 제르킨이 〈나는 의사가 되라고 충고하겠네〉라고 대답했다. 그러자 그 학생이 〈하지만 아직 제가 연주하는 것도 듣지 않았잖아요〉라고 되물었다. 제르킨이 말했다. 「자네 스스로 의문이 든다면 자네는 절대로 피아니스트로 성공할 수 없을 것이네.」[85] 하지만 음악가의 길을 걷고자 하는 결정에 대해 의문을 품는 일은 꼭 필요한 과정일 수 있다. 불후의 천재 첼로 연주가 요요마 같은 사람도 신동으로 어린 시절을 보낸 이후에 다른 직업을 고려했다. 그는 〈마치 내 인생의 진로가 미리 결정된 듯 보였고 나는 스스로 선택하고 싶은 마음이 간절했다〉[86]고 썼다. 그는 〈음악적으로 건강한 목소리가 나오기 위해서는 어린 시절의 신체적 능력과 성숙한 감정적 발달이 조화롭게 결합되어야 한다〉는 점을 이해해 준 자신의 부모에게 고마움을 표시했다. 작곡가 구스타프 말러의 후손이면서 가수인 테레즈 말러도 자신이 음악을 강요받지 않은 것에 마찬가지로 고마움을 드러냈다. 그녀가 내게 말했다. 「음악을 강요당했더라면 지금보다 많은 음악적 성취를 이루었을지도 몰라요. 하지만 내게 음악이 얼마나 필요한 존재인지 깨닫지는 못했을 거예요. 강요받은 적이 없었기 때문에 나는 음악이 나의 선택임을 알아요.」[87]

신동으로 시작한 후에 더 이상 음악적인 삶을 발전시켜 나가지 않기로 하는 데도 의지가 필요하다. 베다 카플린스키가 말했다. 「어른이 되는 시기에 이르러서 신동들이 직업과 그들 자신을 구분 짓기란 무척 어려운 일입니다. 그들은 설령 진심으로 음악가가 되기를 원치 않더라도 음악 이외의 다른 일을 하는 자신을 상상하지 못해요.」 훌륭한 음악가임에도 연주자의 삶을 전혀 원치 않는 사람들도 있다. 피아노 신동 호앙 팜이 내게 말했듯이, 〈어릴 때는 성공이 보이지만 실제로 성공을 거머쥘 수는 없다. 나이가 들면서 자신이 잡고 싶은 것에 조금씩 가까이 헤엄쳐 가지만 곧 그것이 이전에 보았던 것과 실질적으로 상당한 차이가 있음을 깨닫는다. 바다에서는 문제가 생기기 마련이고, 모든 것이 이전에 생각했던 것보다 조금은 더 거칠기 마련이며, 멀리서 보면서 무척 아름답다고 생각했던 것은 실제로 상당히 들쭉날쭉하거나 살짝 부서져 있기 마련이다. 하지만 그때쯤 되면 이미 많은 거리를 헤엄쳐 왔기 때문에 계속 앞으로 나아갈 수밖에 없다〉.[88]

켄 노다의 어머니 타카요 노다는 주간지 「빌리지 보이스Village Voice」

에서 피아노 레슨 광고를 보고 다섯 살이던 켄을 등록했다.[89,90] 채 2년이 지나지 않아서 켄의 선생님이 그에게 줄리아드 음악학교의 오디션을 보게 하자고 제안했다. 타카요 자신은 한때 무용수가 되기를 원했지만 도쿄의 유명한 정치가 집안 출신이었고, 그녀의 아버지가 반대했기 때문에 꿈을 접어야 했었다. 이제 그녀는 아들에게만큼은 그녀에게 금지되었던 예술가로서 살아갈 기회를 주고 싶었다. 켄이 회상했다. 「어느 날부터 갑자기 어머니는 옆에 앉아서 내가 연습하는 모습을 지켜보았고, 연습 시간 2시간을 확실히 채우도록 강요했으며, 혹시라도 실수를 할라치면 벌을 주었습니다. 나는 음악이 무척 좋았지만 피아노가 몹시 싫어지기 시작했어요. 피아노가 전혀 울림이 없는 다루기 어렵고 까다로운 악기가 되었죠. 기본적으로 타자기와 유사했어요.」

부모의 결혼 생활이 파경에 이르면서 그의 연습 시간은 더욱 힘들어졌다. 켄이 말했다. 「험악한 고함 소리가 난무했어요. 마치 악몽 같았죠. 영재 아동의 부모로서 자격을 갖추는 것은 사법 고시에 합격하는 일만큼이나 어려운 일이에요. 나는 어머니가 전형적인 스테이지 마더가 아니라고 필사적으로 믿고 싶었어요. 어머니 본인의 입으로 다른 사람들에게 자신이 그런 사람이 아니라고 항상 말했기 때문이죠. 하지만 어머니는 결국 그런 사람이었어요. 내가 잘했을 때는 무척 다정다감했지만 내가 잘하지 못했을 때는 무시무시하게 돌변했어요.」 한편 켄의 아버지는 사실상 그를 저버렸다. 「아버지는 내가 하고 있던 일을 자주 무시했어요. 하지만 실제로는 나를 향한 무시가 아니었죠. 어머니를 향한 거였어요. 친구를 사귈 시간은 없고 그럼에도 나를 사랑해 줄 사람이 필요했기 때문에 나는 쉬지 않고 연습해서 적어도 가끔은 어머니의 사랑을 얻었어요. 당신도 알듯이 나는 두 개의 탯줄을 갖고 태어났어요. 모든 사람이 달고 태어나는 육체적인 탯줄 외에도 음악적으로 연결된 또 다른 탯줄이 있죠.」

열여섯 살 때부터 켄이 자신의 〈첫 번째 직업〉이라고 지칭하는 일이 시작되었다. 그는 1979년에 대니얼 바렌보임이 지휘하는 무대에서 순조로운 데뷔 콘서트를 마치고 컬럼비아 아티스트 매니지먼트 회사와 계약했다. 바렌보임이 타카요에게 말했다. 「켄의 내면에는 지극히 풍부한 감성과 많은 생각들이 있지만 연주할 때 육체적으로 너무 긴장하고 경직되어 혹시라도 그가 스스로를 망칠까 봐 걱정이 됩니다.」 켄은 바렌보임의 제자가 되었다. 그는 기술을 숙달하는 데 어려움을 겪었지만 날카로운 통찰력으로 피아노를 연주했다. 그가 〈나는 노인네였어요〉라고 말했다. 하지만 진짜 노인네라도 젊은이들과 어울릴 필요는 있었다. 「어릴 때부터 시작해서 다듬어지고, 일정한 궤도에 오르고, 열 번에 아홉 번은 당신을 자신이 만들고 싶어 하는 이미지대로 보는 매우 영향력 있고 중요한 어떤 사람과 함께 하는 것은 당신을 취하게 만들고, 겁나게 만들고, 궁극적으로 당신을 죽일 수 있어요.」 그가 열여덟 살 때 타카요는 그의 생부와 결별하고 이탈리아인 화가를 만났다. 「그 순간에 갑자기 모든 것이 이해되었어요. 나는 어머니 자신이 덫에 갇혀 있었으며, 내가 어머니 자신을 발산하는 수단이었음을 깨달았어요.」

그는 스물한 살에 벽장에서 나왔다. 그의 정신 건강과 음악을 위해서라도 꼭 필요한 일이었다. 그가 말했다. 「어린 연주가들은 그들의 정서적인 생활이 대체로 상상의 산물이고 또 그래야 하기 때문에, 그리고 그런 상상에 의한 감정을 그들의 연주에 이입하기 때문에 연애소설이나 전쟁소설, 선과 악이 대립하는 소설, 옛날 영화 등을 좋아하고, 그들의 연주는 매우 설득력이 있어요. 하지만 나이가 들어 갈수록 상상에 의한 감정은 본래의 신선함을 잃기 마련이에요. 한동안은 나도 상실감이나 실패한 연애, 죽음, 성적인 황홀경 등의 의미를 이해하는 데 이런 가상의 삶에 의지했어요. 그러한 감정들을 상상하는 데 놀라운 능력을 발휘했고, 그 또한 재능이라면 재능이었죠. 하지만 그런 능력은 결국 말라 없어지게 되어 있어요. 누구나 그렇죠. 그토록 많은 신동들이 10대 후반이나 20대 초반에 남들은 중년의 나이에나 찾아오는 위기를 느끼는 것도 바로 그런 이유 때문이에요. 이러한 상상력이 경험에 의해 보충되지 않는다면 연주에서 그러한 감정들을 재생산하는 능력은 결국 감소하게 됩니다.」

켄은 어마어마한 지휘자들과 연속해서 콘서트를 가졌다. 매니지먼트 회사에서 미리 잡아 놓은 그의 스케줄이 향후 몇 년치에 달했다. 스물일곱 살 때 그는 위기를 맞았고 그 위기는 그를 자살의 벼랑으로 몰고 갔다. 「나는 숨이 막혔어요. 연주하는 방식이 조심스러워지고, 약간은 지나치다 싶을 정도로 깔끔함을 추구하기 시작했습니다. 나는 절대로 음을 놓치지 않아요. 항상 매우 깔끔하게 연주하는 연주자였지만 그 깔끔함이 거의 심기증 환자 수준이 되었죠. 결국에는 아무것도 표현할 수 없을 것 같은 느낌이 들었어요.」 그는 컬럼비아 아티스트 매니지먼트 회사의 본사 사무실을 찾아가서 그만두겠다고 선언했다. 그의 매니저가 〈하지만 이미 예정된 향후 5년간 콘서트들이 있잖아요〉라고 말했다. 켄이 대답했다. 「내 인생을 송두리째 취소하고 싶어요.」 15년이 지난 시점에서 그가 내게 말했다. 「그 일은 이제껏 내가 경험했던 그 어떤 것보다 흥분되는 사건이었어요.」

켄은 한동안 일을 하지 않고도 편안하게 살 만큼 충분한 돈을 저축해 둔 상태였다. 「1년 동안은 뉴욕 여기저기를 무작정 걸었어요. 공원에 앉아 있기도 하고, 박물관도 가고, 도서관에도 갔어요. 그때까지 한 번도 해보지 못한 일들이었죠. 사람들이 〈다음에는 어디서 연주하나요?〉라고 물었고 나는 〈아무 데서도 하지 않아요〉라고 대답했어요. 그해는 내 인생에서 최고의 해였어요. 내 정체성과 자존감이 내가 가진 재능과 절대적으로 아무런 상관이 없었기 때문이죠.」 그때 메트로폴리탄 오페라단의 음악 감독 제임스 러바인이 켄에게 조감독 일을 제안했고 그로써 켄의 두 번째 음악 인생이 시작되었다. 켄은 오페라단에서 가수들을 지도했다. 러바인이 사회적으로 다소 단절되어 있었다면 켄의 재기와 온화함은 단원들에게 기운을 북돋아 주었다. 그가 말했다. 「지금 내가 누리고 있는 음악 인생이 꿈만 같아요. 나는 오페라도 마음에 들고, 가수들도 마음에 들고, 메트로폴리탄 오페라 하우스도 정말 좋아해요.」그는 가끔, 보통은 반주자로서 그리고 그가 선호하는 대로 조명을 받지 않는 자리에서 직접 공연을 하기도 한다. 그가 말했다. 「그렇게 하는 이유는 내가 무대 공포증 때문에 그만둔 것이 아니라는 사실을 스스로에게 증명하기 위함이에요.」

켄이 이전의 심히 고되었던 일과 새로운 직업이 여러모로 유사하다는 사실을 깨닫기까지는 몇 년이 걸렸다. 그는 매일 아침 5시 전에 일어나서 오페라를 공부했다. 그리고 6시에 메트로폴리탄 오페라 하우스로 출근해서 두세 시간 동안 연습하고, 리허설을 진행하고, 보완할 점을 지도한 다음, 밤 10시나 11시까지 공연장에 있다가 퇴근했다. 그러던 중 마흔다섯 살에 포도상구균에 감염되었다. 응급실 의사가 누구에게 비상 연락을 취해야 할지 물었을 때, 켄은 자신이 병원에 있음에도 그 사실을 알리고 싶은 사람이 없다는 사실을 깨닫고 우울증에 빠졌다. 그는 자신의 음악성이 다시 메말라 간다고 느꼈다. 그에게는 항상 음악성이 전조의 기준으로 늘 작용해 왔던 터였다. 즉 그는 음악성이 약해지는 경우에만 자신의 근원적인 심리적 부식을 인지했다. 「이 일을 하다 보면 자신이 모든 감정을 경험했다는 착각의 덫에 빠지기가 정말 쉽습니다. 하루 종일 그런 감정들을 재생산하고 있으니까요. 중년이 되면서 나는 삶을, 내가 늘 책에서 읽었거나 영화에서 봤거나 다른 사람의 집에서 목격했던 그런 삶을 갈망하기 시작했어요.」

켄은 마흔일곱 살의 나이에 처음으로 진지한 인간관계를 시작했다. 그가 말했다. 「나는 연애 경험이 많은데 하나같이 약간은 연극이나 유성처럼 덧없는 로맨스였어요. 그리고 마침내 진짜 사는 것처럼 살기 시작했을 때는 예술 작품을 만들어 내는 능력이 모두 소멸될지도 모른다는 터무니없는 두려움을 느꼈어요.」이 두려움이 그를 때마다 뒤로 물러나도록 부추겼다. 「처음 나와 헤어졌을 때 웨인은 무척 상심했어요. 하지만 헤어짐이 두 번째 반복되자 3주 뒤에 무작정 다시 나를 찾아왔더군요.」 켄은 또 고립된 생활의 유물인 사회적 무능에 대해서도 설명했다. 이를테면 게이 프라이드 파티 도중에 메트로폴리탄 오페라 하우스에 연습하러 가야 한다고 말하는 식이었다. 웨인은 그에게 〈당신은 내 파트너야. 나만 놔두고 훌쩍 가 버릴 수 없어. 메트로폴리탄 오페라 하우스로 돌아가서 그냥 연습실에 숨어 버리는 행동은 옳지 않아〉라고 말했다. 켄이 내게 말했다. 「나는 어릴 때 한 번도 다른 아이들과 함께 놀아본 적이 없었어요. 그런데 마흔일곱 살이나 되어 굳이 파트너와 외출해서 함께 놀 이유가 어디 있겠어요?」 그 후로 곧 그는 자신의 피아노와 악보를 자선단체에 기부했다. 「피아노가 없는 집에 돌아오면 놀라울 정도로 간소한 느낌이 들어요.」

한동안 소원한 시기가 있었지만 켄은 아버지와 다정한 관계를 회복했다. 타카요 역시 켄의 어린 시절에 대해서 깊은 유감을 피력했고 아들과 화해했다. 켄이 말했다. 「나는 어머니에게 압도적일 만큼 커다란 애정이 있어요. 절대로 어머니를 미워하지 않아요. 다만 우리 둘 사이의 유대가 너무 강력해서 나로서는 삶의 또 다른 측면에 집중하기 위해 어머니와의 유대에 저항해야 해요.」 그가 잠시 말을 끊었다. 「지금의 내가 가진 추진력과 집중력은 어머니가 나를 몰아붙인 방식에서 나왔어요. 그 덕분에 여기까지 올 수 있었던 거죠. 증오했던 나의 첫 번째 음악 인생과 관련해서 나는 어머니를 절대로 용서하지 않을 겁니다. 그럼에도 내가 사랑하는 두 번째 음악 인생과 관련해서는 어머니에 대한 고마움이 말로 다 표현할 수 없을 정도예요.」

박수를 좋아하는 사람은 박수에 대한 열정을 음악에 대한 열정으로 혼동하기 쉽다. 베다 카플린스키가 말했다. 「안타깝게도 그런 사람들은 결국 불행해집니다. 음악가는 대부분의 시간을 청중이 아닌 음악과 함께하기 때문이죠.」 음악 평론가 저스틴 데이비슨은 〈열네 살 때는 당신에게 기대가 쏟아지고, 당신이 잘하고, 보상이 뒤따르기 때문에 음악을 한다. 열일곱이나 열여덟 살이 되어서도 여전히 그런 이유 때문에 음악을 하고 있다면 당신은 추락할 가능성이 매우 높다. 음악이 표현에 관한 것이라면 그 시기에 이르러서 당신은 다른 누가 아닌 당신 자신을 표현하고 있어야 한다〉고 말했다.

신동이 기쁘게 해주려는 어른들끼리 때로는 서로 경쟁을 벌이기도 한다. 학교에서 수화를 배우는 청각 장애 아동과 마찬가지로 많은 음악가들이 그들의 부모는 결코 숙달할 수 없는 소중한 언어를 그들의 선생과 공유한다. 선생과 학생의 관계는 부모 자식 간의 유대와 더해져서 레온 플라이셔와 그의 어머니, 그리고 슈나벨이 그랬던 것처럼 흔히 삼각구도를 형성한다. 선생과 부모가 서로 다른 목적으로 서로 다른 지시를 내리면 아이는 그들 사이에 어설프게 끼게 되고 그들의 관계는 복잡하게 뒤얽힌 이혼처럼 될 수 있다. 한 교사가 내게 어떤 학생에 관한 이야기를 들려주었다. 그 학생은 그녀의 어머니와 선생님의 의견이 불일치하는 문제를 걱정하다가 결국 전도유망한 자신의 경력을 포기하고 수학으로 진로를 바꾸었다.

텍사스 주의 신동 캔디 바우컴과 그녀의 부모, 선생님은 모두 그녀의 잠재력을 알아보았고, 그녀의 잠재력을 실현하고자 노력하는 과정에서 하나같이 상처를 입었다.[91] 캔디는 여러 면에서 1960년대 텍사스 클리번의 여느 아이들과 달랐다. 그녀는 입양된 아이였다. 그녀를 입양한 부모는 미국 북부 출신의 양키였고 라디오에서 시카고 교향악단의 연주를 즐겨 들었다. 그들은 캔디에게 발레 수업을 듣게 했다. 그녀는 발레를 싫어했지만 레슨 시간에 연주를 해주던 피아니스트에게 매료되었다. 그녀가 부모에게 말했다. 「발레를 그만두게 해주면 피아노를 연습하고 절대로 그만두지 않을게요.」 마을 신부가 캔디의 아버지에게 이전 교구 주민이 포장마차에 실어 텍사스로 가져왔던 1893년식 스타인웨이 직립형 피아노를 빌려 주었다.

캔디의 선생님은 댈러스 남성 합창단과 함께 텍사스 순회공연을 다니고는 했었는데, 캔디가 일곱 살 때부터 그녀를 순회공연에 데리고 다니면서 연주를 시키기 시작했다. 캔디가 당시를 떠올렸다. 「미니올러에서 한 여자 분이 〈사인 좀 해주겠니?〉라고 물었어요. 나는 〈아직 필기체로 쓸 줄 몰라요〉라고 대답했죠. 그러자 그분이 말했어요. 〈아가, 그건 중요치 않아. 너는 장차 반 클라이번 같은 훌륭한 피아니스트가 될 거야.〉」 사람들은 자기들끼리 그들이 사는 지역의 이름을 따서 농담으로 그녀를 반 클라이번이라고 부르기 시작했다. 캔디는 〈내가 서커스 단원처럼 느껴지기 시작했어요. 결국에는 부모님에게 가서 《기분이 좋지 않아요. 배가 아파요》라고 말했죠〉라고 회상했다.

그녀의 부모는 여덟 살 때 그녀를 쇼에서 빼냈다. 그러자 어떤 사람이 그들을 클라이번 콩쿠르를 창시한 포트워스의 여성 1인자 그레이스 워드 랭크퍼드에게 소개했다. 랭크퍼드는 캔디를 포트워스에 있는 사립학교에 입학시키고 주 중에는 자신의 집에 머물게 하면서 그녀의 음악 교육을 책임지겠다고 제안했다. 캔디의 부모는 그녀의 제안을 거절하면서도 한편으로는 딸의 능력에 대한 평가를 진지하게 받아들였고, 랭크퍼드를 캔디의 선생님으로 받아들였다. 캔디의 어머니는 캔디에게 하루에 네 시간씩 연습해야 한다고 주장했고, 캔디 역시 자신이 그 정도는 연습해야 한다고 이미 스스로 결심한 상태였다. 그녀가 말했다. 「이미 네 살 때 〈나는 콘서트에서 연주하는 피아니스트가 될 거야〉라고 말했어요. 내게는 다른 선택권이 없었죠.」 그해에 그녀는 포트워스에서 개최된 콩쿠르에서 우승했다. 캔디가 열 살 때 랭크퍼드가 악성 대장암 진단과 함께 3개월 시한부 판정을 받았다. 아무도 캔디가 치명적인 질병을 바로 곁에서 지켜보길 원치 않았고 따라서 그녀는 자신의 멘토를 두 번 다시 볼 수 없었다. 그녀는 부모에게 랭크퍼드 없이는 연주를 할 수 없다고 말했다. 그 즈음에 그들에게 한 통의 전화가 걸려 왔다. 죽음을 맞이하기 직전에 랭크퍼드가 헝가리 출신의 유명한 피아니스트이자 텍사스 크리스천 대학의 전속 예술가 릴리 크라우스에게 캔디를 제자로 받아 달라고 부탁했다는 내용이었다.

　　캔디가 말했다. 「나는 그녀의 화려함에 압도되었어요. 릴리 크라우스는 유럽의 여왕 같았어요. 평소에도 늘 양단으로 된 드레스를 입고, 목에는 세 겹으로 된 진주 목걸이를 차고 있었죠. 바이올린 연주자 펠릭스 갈리미어가 나중에 내게 말하기를 〈유럽의 모든 남자들이 릴리 크라우스에게 반했다〉고 했어요.」 캔디는 이미 멘델스존 피아노 협주곡 1번까지 배운 상태였고 새로운 선생님도 그녀의 성취에 깊은 인상을 받을 거라고 생각했다. 「그녀는 내가 연주하는 것을 듣고 나서 〈자, 이제 나는 네게 피아노를 치는 법부터 가르쳐줄 거야〉라고 말했어요. 피아노 위에 있던 내 책들을 전부 바닥으로 던져 치워 버리고는 〈음계를 연주해 보거라〉라고 했죠. 나는 C장조를 연주했어요. 그러자 계속해서 〈G단조를 연주해 보거라. B플랫장조를 연주해 보거라. 거꾸로 쳐 보거라. 4옥타브를 쳐 보거라〉라고 주문했어요. 그녀는 내게 그때까지 내가 전혀 들어본 적 없는 것들을 시켰어요. 그동안의 내 모든 인생이 무너져 내리고 추락했죠.」

　　캔디의 어머니는 랭크퍼드도 약간 어려워하기는 했지만 릴리 크라우스에 대해서는 경외감을 가졌다. 그녀는 크라우스의 드레스들을 집으로 가져와서 수선했다. 그리고 어머니를 향했던 캔디의 감정은 상당 부분 새로운 선생님에게 옮겨갔다. 그녀가 말했다. 「만약 당신이 열한 살의 나이에 세계적으로 유명한 콘서트 예술가의 강한 개성을 접했다면 어떻겠어요? 당신의 어머니는 당연히 빛을 잃지 않겠어요? 나는 모든 면에서 크라우스를 닮고 싶었어요.」 캔디는 어머니의 손길이 미치지 않는 관계를 크라우스와 발전시켜 나갔지만 대신 그녀의 어머니는 훈련 담당 하사관이 되어 그녀에게 매일 몇 시간씩 피아노를 연습하게 했다. 캔디가 말했다. 「훈련보다 우선하는 것은 아무것도 없었어요. 어떤 경우에도 예외는 없었어요.」

　　1년 6개월 동안 캔디는 연주는 하지 못하고 오로지 아르페지오, 전음

(全音), 음계, 체르니, 3도 음계, 여러 옥타브의 음계 같은 것만 연습했다. 「미칠 것 같았어요. 도대체 협주곡은 언제 하죠?」 마침내 크라우스는 캔디가 모차르트의 소나타를 연주할 준비가 되었다고 판단했다. 그들은 정례적인 틀을 만들었다. 크라우스는 여름마다 유럽 순회공연을 다녔는데 그녀가 순회공연을 간 동안 캔디가 암보할 곡들을 주었다. 선생님이 9월에 돌아오면 캔디는 자신이 암보한 곡들을 〈제대로〉 다시 배웠다. 캔디의 아버지는 여러 번 승진 제안을 받았고 승진을 하려면 이사를 가야 했지만 캔디가 크라우스와 공부하는 한 이사는 생각도 할 수 없었다.

캔디를 〈릴리 크라우스의 제자이며 클라이번 콩쿠르의 차기 우승자〉로 소개하는 일은 일상적인 농담이 되었고, 캔디에게는 〈볼트와 나사를 더욱 단단히 죄는〉 계기가 되었다. 그녀는 줄리아드 음대에 가고 싶었지만 크라우스와 헤어지는 것을 견딜 수 없었다. 캔디가 말했다. 「나는 크라우스의 진정한 테크닉을 배운 유일한 제자예요. 그것을 얻기 위해 나는 장장 14년이라는 세월을 그녀와 함께 지냈어요.」 하지만 캔디는 슈베르트의 「방랑자 환상곡」을 연주해서 이름을 떨치고 싶었고, 크라우스는 〈그 작품을 연주할 수 있는 피아니스트는 나밖에 없어〉라고 주장했다. 문제는 그렇게 시작되었다. 캔디가 말했다. 「마담 크라우스는 자신의 경력을 가능한 한 오래 유지하려고 갖은 애를 썼어요. 그녀는 내가 가진 젊음을 부러워했지만 가질 수는 없었죠.」

캔디는 오로지 그녀밖에 모르는 어머니와, 그녀를 위해 승진 기회까지 포기한 아버지 때문에 심한 압박감에 시달렸다. 아울러 그녀가 성공해서 인지도를 높이길 바라지만 한편으로는 그녀의 성공이 자신의 명성을 가리지 않길 바라는 크라우스 때문에 압박감을 느꼈다. 또한 고인이 된 랭크퍼드의 기대와, 자신이 입양된 아이고 따라서 버림받지 않으려면 자신의 가치를 증명해야 한다는 강박에서 비롯된 오랜 부담도 있었다. 텍사스를 돌며 사이드 쇼를 할 때부터 이미 시작되었던 끔찍한 불안이 그녀를 덮쳤다. 그녀는 텍사스 크리스천 대학에 입학한 뒤로 일과 육체적인 건강 문제로 점점 더 사투를 벌이기 시작했다. 그리고 마침내 프로코피예프 피아노 협주곡 2번을 연습하면서 클라이번 콩쿠르에 참가하기 위한 준비에 돌입했다.

대회 직전에 그녀는 지독하게 아팠고 한 달 사이에 체중이 무려 13킬로그램이나 줄었다. 의사들의 진단에 따르면 그녀는 신경성 식욕 부진증이었고 이후로 5년 동안 그녀의 건강은 계속해서 악화되었다. 그녀는 키가 177센티미터였음에도 마지막에는 체중이 38킬로그램까지 줄었다. 신장이 기능을 멈추면서 생명유지장치까지 달게 되었다. 크라우스는 일기장에 캔디가 세상을 떠나기 전에 자신이 미리 작별 인사를 고했다고 썼다. 병상에서 캔디는 자신을 절망케 하는 것들을 곰곰이 생각했다. 「나는 〈어머니는 나를 사랑하지 않아. 내가 클라이번 콩쿠르에서 우승하지 못했기 때문이야〉라고 생각해서 어머니를 수없이 원망했다. 어머니는 나를 단지 피아노 신동으로만 본다는 생각이 들었다. 마담 크라우스는 그나마 나를 사랑했다. 나는 그녀에게 아기 같은 존재였고, 그녀는 나를 캔디 밴디라고 불렀다. 그렇지만 그녀에게도 나는 언제나 〈피아니스트 캔디 바우컴〉이었다. 어째서 나는 〈인간 캔디 바우컴〉이 될 수 없는 걸까?」 결국 그녀의 병은 만성 장염인 크론병으로 밝혀졌고 그녀가 다시 걸을 수 있게 되기까지 1년이라는 시간이 걸렸다.

거의 서른 즈음이 되어 그녀는 릴리 크라우스에게 〈마담 크라우스, 나는 당신을 떠나야 합니다. 포트워스와 부모님, 내가 알고 있는 세상을 떠나서 뉴욕으로 갈 필요가 있어요〉라고 편지를 썼다. 캔디는 줄리아드 음대를 다니는 데 필요한 비용을 지불하기 위해서 그녀가 가지고 있던 모든 것을 팔았다. 그녀가 당시를 회상했다. 「부모님이 눈물을 흘렸어요. 부모님은 내게 새로운 전환점이 필요하다는 사실을 알았지만 당신들을 떠날 줄은 전혀 몰랐던 거죠.」

그녀가 줄리아드에서 발견한 것은 사람이었다. 「나는 길을 다닐 때나, 일을 할 때나, 평소에도 항상 완전한 혼자인 것에 지쳐 있었어요.」 그녀는 줄리아드에 다니던 바이올린 연주자 앤드루 시스트와 로맨틱한 관계가 되었다. 그리고 앤드루가 댈러스 교향악단에서 일자리 제안을 받자 캔디는 그와 결혼해서 텍사스로 돌아갔다. 하지만 얼마 지나지 않아서 결혼 생활이 삐거덕거리기 시작했다. 캔디가 회상했다. 「남편은 존경받는 지휘자였고 나는 아무런 할 일이 없었어요.」 이전에는 그녀에 대한 크라우스의 경쟁심이 그들의 관계에 악영향을 끼쳤다면 이번에는 그녀가 남편에게 경쟁심을 갖지 않을 수 없게 되었다. 그녀가 말했다. 「나는 남편을 떠날 준비까지 되어 있었어요.」 바로 그때 그녀는 자신이 임신했다는 사실을 알게 되었다. 모성은 뜻밖에도 그들 부부를 다시 묶어 주었다. 그리고 캔디로 하여금 자신의 에너지를 그녀 자신이 아닌 다른 사람에게 집중하도록 만들었다. 그녀가 말했다. 「신동인 당신은 항상 그 자리에서 가장 중요한 사람이에요. 〈미스 퍼펙트〉는 늘 나를 지칭하는 표현이었지만 이제는 나와 상관없는 말이 되었어요. 내가 그동안 정말 간절하게 원했던 것이 바로 이런 것임을 깨달았어요.」

캔디는 결국 그 지역에 있는 성공회 교회의 오르간 연주자이자 음악 감독이 되었다. 그 교회의 예배에 참석했을 때 나는 신도들 중 몇 명에게 그녀의 음악에 대해서 어떻게 생각하는지 물었다. 그들은 하나같이 그녀를 훌륭한 음악가로 알고 있었지만 그럼에도 대다수가 교회 밖에서는 클래식 음악을 듣지 않는 사람들이었고, 개중에는 세인트 앤드루 교회에 다니기 전까지는 클래식 음악을 전혀 좋아하지 않던 사람들도 있었다. 교회에서 캔디의 연주를 듣다 보니, 신도들이 일어났다 앉았다를 반복하며 성가집을 더듬거리는 가운데 그들 주위로 완벽할 정도로 절묘한 하모니가 흐르면서 약간은 영화 「바베트의 만찬」을 보는 느낌도 들었다.

신동의 부모는 그들의 아이가 직업적인 음악가로서 충분한 능력을 갖추게 될지 알 수 없으며, 마찬가지로 과연 그 아이가 그런 삶을 원할지 역시 알 수 없다. 그 자녀는 어쩌면 극도의 압박감에 시달릴 수도 있고, 설령 연주를 좋아하더라도 그와는 별개로 끊임없이 돌아다녀야 하는 탓에 지속적인 인간관계가 거의 불가능한 삶을 원치 않을 수도 있다. 신동의 부모는 그들의 아이가 어른이 되어서도 실제로 즐길 수 있는 그런 삶을 준비시키고 있는 것일까? 대다수 음악 영재의 부모들은 오직 솔로 활동에만 집중하고, 이를테면 관현악이나 실내악 공연 같은 음악을 하면서 살아가는 다른 길은 모색하려 들지 않는다.

데이비드 워터먼의 숙모 패니는 한때 〈영국에서 가장 유명한 피아노 선생님〉으로 불렸으며 리즈 피아노 콩쿠르를 창설했다.[92] 데이비드의 누나 두 명은 모두 신동이었고 그의 부모는 셋째 아이에게까지 음악을 시키기에는 너무 지쳐 있었다. 대신에 그는 자신이 다재다능한 훌륭한 학생이 되어야 한다는 압박감을 느꼈고, 취미로 첼로를 배우면서 절대 신동으로는 살지 않겠다고 결심했다. 그는 10대 때 실내악과 실내악에 요구되는 사회성에 매료되었고 케임브리지 대학에서 학부생으로 철학을 전공하면서 아마추어 4중주단에 가입했다. 그리고 전문 첼로 연주자로 나아갈 것인지 고민하는 동안 학교 기숙생 자격을 유지하기 위해 동 대학에서 박사 과정을 시작했다.

1979년에 데이비드는 다른 세 명의 음악가들과 함께 엔델리온 현악 4중주단을 결성했다. 그를 제외한 나머지 세 명은 모두 신동 출신이었다. 대략 30년이 지난 시점에 오직 한 명의 멤버 교체만 있었을 뿐인 이 현악 4중주단은 지금도 쟁쟁한 실력을 과시한다. 데이비드는 폭넓은 교육을 받고, 자신이 다른 많은 분야에서도 자기 역할을 다할 수 있음을 안다는 사실이 얼마나 많은 자유를 주는지 설명했다. 그렇다고 늦은 나이에 음악을 시작한 데 따른 희생이 전혀 없었다는 뜻은 아니다. 「내 경우에는 4중주단이 일주일만 연습을 하지 않아도 그 사이에 실력이 퇴보하는 정도가 정말 놀라워요. 하지만 다른 멤버들은 전혀 그렇지 않습니다. 나는 그 이유가 연주할 때의 움직임이 얼마나 깊이 몸에 배어 있는가 하는 부분과 관련이 있다고 확신해요.」 그럼에도 그는 폭넓은 교육이 자신의 인간관계에 도움이 되었다고 인정한다. 그는 〈자신의 의사를 분명하게 표현할 줄 아는 것은 우리 연주단을 위해서도 매우 중요합니다〉라고 말했다.

나는 어릴 때부터 일찍 연습을 시작하지 않은 것을 데이비드가 후회하는지 궁금했다. 그가 대답했다. 「나는 실내악 음악가로서 성공하기보다는 십중팔구 실패한 독주자가 되었을 겁니다. 만약 10대 때 음악을 하기로 결정했다면 지금보다 훌륭한 첼로 연주자가 되었겠죠. 하지만 훨씬 덜 행복했을 거라고 생각하고, 그 결과 실제로는 지금보다 못한 첼로 연주자가 되었을 겁니다.」

켄 노다와 캔디 바우컴, 데이비드 워터먼 같은 음악가들은 부모가 그들에게 가졌던 환상보다 음악적으로 훨씬 조용한 삶을 살아간다. 또 연주는 계속하지만 다른 사람들에게 자신의 연주를 들려준다는 생각은 포기하는 음악가들도 있다. 대학에 다닐 때 나는 루이즈 매캐런이라는 사람을 알았다. 그녀는 피아니스트로서 탁월한 재능을 보였고 20대 초반에 케네디 센터에서 데뷔를 앞두고 있었다. 그녀의 부모는 친구들과 친척들을 공연장에 태워갈 버스까지 대절했다. 하지만 공연 이틀 전에 사람들은 그녀가 부상 때문에 연주를 못한다는 연락을 받았다. 나는 지나친 연습으로 반복성 스트레스 손상을 입었을 거라고 생각했지만 그녀는 단순히 새끼손가락을 다쳤을 뿐이었다. 이후로 25년이 지나도록 그녀는 공연 일정을 잡지도, 대중 앞에서 공연을 하지도 않았다. 자신의 아파트에 피아노를 두 대나 놓고 매일 여덟 시간씩 연습하면서 혼자 살았다. 예술에 〈자신의 모든 것을 쏟아 넣어야 하기 때문에〉데이트나 결혼은 생각하지도 못했다. 가끔은 파티에 참석하기도 했는데 그때마다 자신을 콘서트 피아니스트라고 소개했다. 물론 그녀가 콘서트를 한 적은 없었다.

　부(富)와 명예에 대한 탐욕으로 신동 자녀를 착취하는 부모들도 있지만 대부분의 부모는 그렇게 타산적이지 않다. 다만 자의식이 없고 그들 자신의 희망을 자녀의 그것과 구분하지 못할 뿐이다. 부모는 어린 자녀에게서 자신의 야망을 본다. 천재 자녀를 기대하는 부모는 자녀에게서 뛰어난 재능을 발견할 것이며, 명성이 자신의 모든 불행을 덜어줄 거라고 믿는 부모는 그들의 아들이나 딸의 얼굴에서 탁월한 인물이 되고자 하는 열망을 볼 것이다. 연주자들이 대체로 자신의 문제에만 관심을 갖는다는 점에서 가장 명백히 자기도취에 빠지는 사람은 오히려 신동의 부모인 경우가 많다. 그런 부모들은 그들 자신의 희망과 야망, 정체성을 있는 그대로의 자녀가 아닌 자녀의 능력에 투자한다. 자녀의 호기심을 길러 주기보다는 자신의 명성을 향해서 전력 질주한다. 내 기준에서 그런 부모들이 잔혹하게 보일 때도 있었지만 그렇다고 그들이 자녀에게 양심을 가진 것은 아니었다. 다만 부모와 자식 사이에 존재하는 삶의 경계선에 대한 비극적인 몰이해를 보여 줄 뿐이었다. 절대 권력은 부패하기 마련이고 부모의 권력만큼 절대적인 권력은 없다. 그런 부모를 둔 자녀는 이미 부모의 강박적인 관심에 종속되어 있음에도 자신이 부모의 관심을 받지 못한다는 생각에 괴로워한다. 그들의 비애는 엄격한 연습에서 기인한다기보다 자신의 불가시성에서, 즉 부모가 자신을 봐주지 않는 데서 기인한다. 성취는 앞으로 기대되는 승리를 위해 현재의 즐거움을 포기하도록 요구하며, 이 같은 사실은 자녀들이 반드시 배워야 할 자극이다. 하고 싶은 대로 내버려 두면 그들은 열 살 이전에 절대로 세계적인 수준의 연주가가 될 수 없다.

인터뷰 날짜를 정하기 위해 매리언 프라이스와 통화하면서 나는 바이올린 연주가인 그녀의 딸 솔랜다도 포함해서 다 같이 저녁 식사를 하자고 초대했지만 매리언은 〈우리 집 식구들은 하나같이 식성이 까다로워서 미리 식사를 하고 갈게요〉라고 말했다.[93] 약속한 날에 프라이스 가족은 코트를 입고 왔고 내가 그들의 코트를 받아 주려고 하자, 매리언은 남편과 딸을 대신해서 〈그러실 필요 없어요〉라고 사양했다. 그들은 인터뷰 내내 겉옷을 손에서 놓지 않았다. 내가 마실 것을 제안하자 이번에도 매리언이 〈우리는 정해진 시간에만 음식을 먹는 것이 몸에 배었고 지금 당장은 무엇을 마시는 시간이 아니에요〉라고 말했다. 세 시간이 지나도록 그들 중 누구도 물 한 모금 마시지 않았다. 내가 집에서 만든 쿠키를 내놓자 솔랜다는 쿠키에서 눈을 떼지 못했다. 하지만 그녀가 쿠키를 쳐다볼 때마다 매리언이 그녀에게 눈짓을 했다. 내가 솔랜다에게 질문하면 매번 어머니가 끼어들어 그녀를 대신해서 대답했다. 솔랜다는 직접 대답할 때도 자신이 올바른 대답을 했는지 불안해하면서 걱정스럽게 어머니의 눈치를 살폈다.

프라이스 가족의 생활은 음악적 재능을 중심으로 돌아간다. 솔랜다보다 열 살이 많은 손드라는 피아니스트이며 솔랜다보다 네 살이 많은 비크람은 첼로 연주자다. 솔랜다가 다섯 살 때 그녀의 부모는 이들 세 남매를 모두 어린이 교향악단에 넣었다. 그들은 이제 트리오로 연주한다. 매리언은 아프리카계 미국인이다. 솔랜다의 아버지 라비는 인도 출신이며 스무스 재즈를 작곡하고 연주한다. 매리언이 말했다. 「우리는 〈타고 났다〉는 말도 듣고, 〈음악에 재능이 있다〉는 소리도 자주 들어요. 세 아이가 함께 연습할 때면 마치 한 사람이 연주하는 것 같답니다.」 영어의 특성상 어린 아이들이 재미로 하는 놀이와 음악가들이 생업으로 하는 연주를 의미하는 말이 〈플레이play〉라는 단어로 동일하다. 하지만 이러한 동음이의어만 보고 연주나 연습이 곧 여가 활동이라고 추측하는 것은 잘못된 발상이다.

매리언은 〈솔랜다를 임신한 순간부터 음악은 이미 시작되었죠〉라고 말했다. 솔랜다는 네 살 때 피아노 레슨을 시작했다. 「하지만 그녀는 바이올린 연주가 이츠하크 펄먼과 바이올린에 매료되었어요. 솔랜다는 거의 다섯 살 무렵부터 바이올린을 잡았죠. 양육 방식은 집집마다 거의 다를 게 없어요. 하지만 바이올린을 받자마자 음악을 만들어 내는 아이를 보고 있으면 부모의 양육과는 별개로 타고나는 어떤 것이 있는 것 같아요.」 솔랜다가 〈바이올린을 선택한 이유는 바이올린 소리가 마치 내 목소리 같다는 생각이 들었기 때문이에요〉라고 설명했다. 그녀는 채 여섯 살이 되기 전부터 줄리아드에서 음악 공부를 시작했다. 그럼에도 매리언의 설명에 의하면 그녀의 지도 교수는 〈솔랜다에게 꼭 필요한 부분을 맞추어 주는 것만으로도 버거워하는 사람〉이었다. 「솔랜다는 모든 것을 즉석에서 소화했어요. 그녀는 베토벤의 협주곡 D장조와 브람스의 D장조, 멘델스존의 E단조 등을 연주하고 싶어 했죠. 그녀에게 음악 이론은 일상생활에서 호흡하는 공기나 마찬가지였어요.」

프라이스 부부의 세 자녀는 모두 학교에 가는 대신 집에서 교육을 받았다. 매리언이 커리큘럼을 개발하고 실질적인 교육은 라비가 맡았다. 내가 솔랜다에게 친구들에 대해 묻자 매리언이 솔랜다의 언니와 오빠가 그녀의 가장 절친한 친구라고 대답했다. 나는 다시 솔랜다에게 단순히 재미 삼아서 하는 일은 없는지 물었다. 솔랜다가 말했다. 「요컨대 줄리아드에 다니는 거죠.」

솔랜다는 워싱턴 DC에서 열리는 중요한 행사에 연주 요청을 받은 적이 있었다. 그녀가 말했다. 「나는 무척 긴장했어요. 그런 무대에 선다는 게 정말 너무 소름이 끼쳤지만 최선을 다해서 연주했고 공연을 망치지 않을 수 있었어요.」 매리언이 솔랜다와 남매들로 구성된 트리오가 전국 각지에서 연주 초청을 받았다고 설명했다. 「솔랜다는 〈미도리와 친구들〉* 재단

---

* 일본의 여류 바이올리니스트가 설립한 재단으로 어린이들이 일상생활에서 음악을 즐길

에서 주최하는 연주회에서 수차례나 연주했고, 그 자리에는 미도리도 있었어요. 증거도 있어요. 그때 찍은 사진도 있죠. 하지만 우리는 보다 많은 기회를 갈망해요.」 그러자 좀처럼 대화에 끼지 않던 라비가 입을 열었다. 「우리는 다음 단계로 나아갈 필요가 있는데 그래야만 연주가 필요한 만큼의 수익성이 있기 때문입니다.」 돈 이야기가 나오자 매리언은 당황하는 기색이 역력했다. 그녀는 돈을 받고 공연한 적이 있기는 하지만 대부분은 아이들이 좋아해서 공연을 한다고 말했다. 그녀의 설명이다. 「게다가 우리 아이들의 즐거움은 다른 사람들에게도 즐거움을 제공해요. 나는 우리가 극성스러운 부모라고 생각하지 않아요. 아이들에게 열심인 부모이고, 아이들을 적극적으로 지원하는 부모라고 생각해요. 우리가 강압적이라고는 생각하지 않아요. 나는 강압적인 부모가 어떤지 잘 알아요. 우리는 우리 아이들의 요구를 들어 주고 있을 뿐이라고 생각해요.」

나는 내가 인터뷰하는 음악가에게 일반적으로 연주를 부탁하지 않는다. 하지만 매리언이 바이올린 가방을 무릎에 올려놓고 있었기 때문에 솔랜다에게 그 자리에서 연주를 들려줄 의향이 있는지 물었다. 매리언이 곧장 〈솔랜다, 어떤 곡을 연주할 생각이니?〉라고 물었다. 솔랜다가 〈바흐의 「샤콘」을 연주할 생각이에요〉라고 대답하자 매리언이 〈림스키-코르사코프의 곡이 어떠니?〉라고 권했다. 솔랜다가 〈아니에요. 그보다는 「샤콘」이 나아요〉라고 대답했다. 솔랜다가 자신의 목소리와 닮았다는 이유로 바이올린이라는 악기를 선택했다고 말했을 때 나는 충격을 받았다. 하지만 이제 그 바이올린은 솔랜다에게 어머니의 목소리를 넘어서 자신의 목소리를 낼 수 있는 유일한 기회를 제공하고 있었다. 솔랜다는 결국 자신의 주장대로 「샤콘」을 연주했다. 하지만 그녀의 연주가 끝나자 매리언이 〈이제 림스키-코르사코프의 곡을 연주해 주겠니?〉라고 말했다. 솔랜다는 명연주자

수 있도록 돕고 있다.

로 인정받기 위한 일종의 필수곡인 「왕벌의 비행」을 연주하기 시작했다. 이내 매리언이 〈비발디도 해볼래?〉라고 제안했고 솔랜다는 「사계」 중 「여름」을 연주했다. 그녀의 연주는 명료하고 밝았지만 그럼에도 왜 이런 예술을 위해 어린 시절을 희생해야 할까라는 의문에 해답을 줄 정도로 탁월함이 느껴지지는 않았다. 나는 악기를 연주하는 솔랜다의 밝은 모습을 기대했지만 그녀는 바이올린에서 타는 듯한 비애감을 이끌어 낼 뿐이었다.

부모의 행동이 해를 끼칠 수도 있지만 자녀와 더불어 부모 자신이 클래식 음악 산업의 희생양이 되는 경우도 있다. 어린 음악가들을 끊임없이 시장에 내놓는 것이 유료 관객들을 붙잡는 유일한 방법이라고 믿는 매니저들이 많은 듯하다. 신동을 위한 시장은 그동안 늘 존재해 왔으며 이 시장 때문에 클래식 음악계는 지난 30년간 매주 새로운 신동을 발굴해야 했다. 자신이 이용하는 사람들과 단기적인 이해관계에 있는 사람들에 의해, 심지어 신동의 정신적인 건강도 돈을 벌기 위한 목적의 일환으로 생각하는 사람들에 의해 시스템이 구축된 것이다. 저스틴 데이비슨은 〈이러한 시스템은 화석 연료를 태우는 것과 다를 게 없다〉고 지적하면서 〈끊임없는 신동의 공급으로 시장에 홍수가 날 지경이다. 클래식 음악계의 매니저들은 협소한, 하지만 그마저도 대체로 더 이상 큰 관심을 받지 못하는 분야의 일만 할 수 있는 신동의 공급 과잉을 초래하고 있다. 그들은 이미 과거가 된 미래를 위해 신동을 준비시킨다〉라고 말했다.

피아니스트 미츠코 우치다가 내게 말했다. 「그런 행태는 당혹스러운 집착에 불과해요. 청중에게 혹시라도 법정에서 일곱 살 먹은 꼬마에게 자신의 변호를 맡길 의향이 있는지, 또는 무척 재능이 있는 여덟 살짜리에게 수술을 맡기고 싶은지 물어보세요.」[94] 평론가 재니스 니무라는 〈신동이란 서커스에 나오는 괴물처럼 생긴 배우의 고상한 버전일 뿐이다. 사람들은 서커스의 촌극에 등장하는 개처럼 생긴 소년을 신기하게 쳐다보는 행위는 착취라고 생각하면서도, 인간의 잠재력이 어느 정도인지 보여 준다는 점에서 「투데이」 쇼에 출연한 여섯 살짜리 전문 피아니스트를 신기하게 쳐다보는 행위는 상대적으로 괜찮다고, 심지어 고무적이라고 생각하는 듯하다〉[95]고 말했다. 난쟁이를 빤히 쳐다보는 것은 예의에 어긋나는 행동이지만 신동의 사생활과 관련해서는 그런 예의가 적용되지 않는 것이다.

선천적인 재능을 타고난 아동을 지나치게 밀어붙이면 부작용이 생길 수 있다. 또한 너무 밀어붙이지 않아도 부작용이 생길 수 있다. 아들이 직업적인 음악가가 되는 것에 반대했던 이유를 묻자 레너드 번스타인의 아버지는 〈그 아이가 지금의 레너드 번스타인이 될 줄 어떻게 알았겠습니까?〉[96]라고 대답했다. 나는 이 장(章)에 필요한 인터뷰를 진행하면서 신동 자녀를 둔 부모들 중 절반은 자녀가 마음에 들어 하지 않음에도 그들에게 음악적인 삶을 강요하고, 나머지 절반은 불합리하게 자녀의 앞길을 막는다는 생각이 들기 시작했다. 한편 호나단 플로릴은 이 전형적인 두 가지 경우 모두에 해당하는 삶을 살면서 둘 사이의 불확실한 경계를 보여 준다.

1990년대에 에콰도르에서 어린 시절을 보내면서 호나단은 음악 레슨을 갈망했지만 그의 어머니 엘리자베스는 음악 자체를 중요하게 생각하지 않았고, 호나단이 태어나기 전에 결혼 생활을 정리한 그의 아버지 하이메 이반 플로릴은 음악 학원을 운영했지만 그의 아들이 전문적인 훈련을 받을 정도로 재능이 있다고 생각하지 않았다.[97] 마침내 하이메가 한발 물러나서 열한 살이던 호나단에게 피아노 레슨을 받도록 허락했다. 그로부터 3개월이 채 지나기도 전에 호나단의 피아노 선생은 호나단이 에콰도르에서 썩히기에는 너무 출중한 재능을 가졌으며 유럽에서 교육을 받아야 한다고 하이메에게 조언했다.

호나단의 어머니는 그를 외국에 보내자는 의견에 몹시 화를 냈고, 양육권 싸움을 통해서 아들을 붙잡아 두려고 했다. 호나단이 당시 기억을 떠올렸다. 「어머니가 내 숨통을 조이고 있었어요. 내게는 음악을 향한 열정이 전부였기 때문이에요.」 두 달 후 하이메는 학원을 정리하고 아들을 유럽으로 데려갔다. 엘리자베스가 경찰에게 남편이 호나단을 납치했다고 신고했기 때문에 그들은 밤을 틈타 자동차를 몰고 안데스 산맥의 인적이 드문 국경을 넘어서 콜롬비아로 들어갔고, 그곳에서 마드리드행 비행기를 탔다. 호나단은 피아노를 배우기 시작한 지 6개월도 되지 않았지만 로돌포 할프테르 음악학교에 5학년으로 입학 허가를 받았다.

그의 어머니는 그를 다시 데려와야 한다고 계속해서 주장했고 그 때문에 호나단은 번번이 스페인 경찰에게 자신은 스페인에 머물고 싶다고 진술해야 했다. 호나단이 말했다. 「나를 낳아준 어머니라는 점에서 볼 때 나는 내가 한 행동의 옳고 그름을 판단할 수 없었고, 그 문제와 관련해선 아버지도 내게 아무런 조언을 해줄 수 없었어요.」 그는 도덕 지침서를 읽기 시작했다. 아리스토텔레스의 『윤리학』과 플라톤의 『국가론』, 토머스 아퀴나스, 호세 오르테가 이 가세트의 책을 읽었다. 그가 스무 살이 되었을 때 이제는 스페인으로 떠나온 일을 어떻게 생각하는지 물었다. 「어머니는 음악이 내게서 어린 시절을 빼앗아갈 거라고 말했어요. 하지만 당시에 나는 더 이상 어린애처럼 살고 싶지 않았어요.」 호나단은 열한 살 때부터 열여섯 살 때까지 다수의 콩쿠르에 참가해서 20회 이상 우승을 차지했다. 한편 음악 교사로서 직장을 구할 수 없었던 그의 아버지는 할 수 없이 사무직 일자리를 구했다. 호나단이 〈신동 시절에 나는 엄청나게 스트레스를 받았어요〉라고 말했다. 그는 열다섯 살이 되어 고향을 떠난 지 4년 만에 처음으로 대형 콘서트 연주를 위해 에콰도르를 방문했다. 어머니가 그를 반갑게 맞이해 주었지만 이미 그들 사이에는 메워질 수 없는 틈이 있었다.

이듬해에 그는 전액 장학금을 받고 맨해튼 음대에 들어갔다. 그리고 곧 발렌시아에서 데뷔 무대를 열었고, 〈연주하는 곡뿐 아니라 연주 방식에 있어서 단순한 신동 그 이상〉[98]이라는 평가를 받았다. 음악 공부는 그를 변화시켰다. 그가 말했다. 「나는 한 차원 높은 음악가로 성장하기 시작했어요. 아버지는 내가 보기엔 무의미한 곡들을 연습하라고 했어요. 음악적으로 나는 아버지와 의견이 엇갈렸고 그래서 아버지가 싫어졌어요. 나는 우승 횟수를 늘리는 일 외에 다른 일을 할 필요가 있었어요.」 에콰도르에서 어머니로부터 도망쳐야 했던 그는 이제 아버지로부터 벗어나야 했다. 「아버지는 내게 대중적인 곡을 배우고 CD 앨범도 제작하기를 원했어요. 하지만 그처럼 피상적으로 음악을 하다가는 길을 잃을 것 같았어요. 결국 아버지는 마드리드 집에서 나를 쫓아냈고, 나는 두 시간 뒤에 정말로 짐을 싸서 나왔어요. 그 정도로 상황이 극단적이었죠.」 그 두 번째 망명이 그에게 어떤 영향을 끼쳤는지 묻자 그는 〈내가 보기에는 거의 순례 여행 같아요. 음악가로서 내가 삶을 살아가는 방식이죠. 때로는 건반 위에서 손가락을 움직이는 것이 청각 장애인이 점자책을 읽는 방식과 비슷하다고 느낄 때도 있어요. 악기와 직접적으로 접촉했을 때만 비로소 의미가 이해되는 경우가 많거든요. 나는 이 세상에 숭고한 어떤 것을 보태고 싶어요. 예수의 수난만큼이나 숭고한 어떤 것을 말이에요. 그다지 종교적인 사람은 아니지만 나는 세상에 우리보다 더 중요한 어떤 것이, 음악을 음악답게 만드는 어떤 요소가 존재한다고 믿어요. 비록 눈으로 보거나 알 수는 없지만 그러한 요소를 위해 노력할 겁니다〉라고 대답했다.

스무 살이 된 호나단은 쇼팽의 마주르카에 영감을 준 민속적인 마주르카 곡들을 모르고는 그 곡을 연주하려고 하지 않았고, 벨칸토 시대를 연구하지 않고는 녹턴을 연주하려고 하지 않았다. 그가 말했다. 「최근에 나는 에콰도르 음악이 녹음된 1930년대 앨범들을 듣고 있어요. 내 사고방식과 정체성이 내 조국에 뿌리를 둔 이상 그 뿌리가 계속 살아 있게 하기 위함이죠.」 나는 그가 맨 처음 어머니와 이별하고, 다시 조국과 이별하고, 또다시 아버지와 이별한 충격적인 경험 때문에 여전히 괴로워하는지 궁금했다. 「당시에는 다른 방법이 없었다고 생각해요. 나는 부모님이 왜 내게 등을 돌렸는지 이해해요. 우리 모두는 자신이 이해하지 못하는 것을 경멸하기 때문이죠.」

소설가 고어 비달은 〈부모 중 어느 한쪽의 증오는 폭군 이반이나 헤밍웨이를 만들 수 있다. 반면에, 둘 다 헌신적인 부모의 지나치게 방어적인 사랑은 예술가를 철저히 망칠 수 있다〉[99]고 썼다. 유년 시절의 트라우마와 박탈감이 어떤 아이들에게는 창조성의 원동력이 되기도 한다. 일단의 유명 인사들을 조사한 한 연구자는 그들 중 절반 이상이 26세 이전에 부모 중 한 사람을 잃었다는 사실을 알아냈는데 이는 일반인의 경우보다 3배나 높은 비율이었다.[100] 어릴 적의 끔찍한 양육 환경은 재능을 죽이거나 살릴 수 있다. 요는 부모의 행동 방식과 특별한 자녀의 요구가 조화를 이루는 것이다. 이 문제와 관련해 로버트 시로타는 〈재능을 파괴하기는 매우 쉽다. 반대로, 양육을 통해 없던 재능을 창조하는 것은 불가능에 가깝다〉고 말했다.

흔히 세계적으로 가장 유명한 피아니스트로 묘사되는 랑랑은 혹독한 훈육 과정을 통해 재능을 갈고닦은 대표적인 인물이다.[101] 그의 아버지 랑 궈런은 음악가가 되고자 했지만 문화대혁명 기간 중에 공장에 배치되었다. 그리고 18개월 된 아들이 신동으로 자랄 가능성을 보이자 잠자던 그의 열망이 다시 고개를 쳐들었다. 세 살 때부터 랑랑은 연습을 위해 매일 새벽 5시에 일어났다. 그는 〈열정이 얼마나 엄청났던지 피아노를 통째로 먹고 싶을 정도였다〉고 말했다. 그를 가르치던 선생님은 그의 암기력에 깜짝 놀랐다. 그는 매주 네 편의 대편성 곡을 암기할 수 있었다. 그의 설명이다. 「선생님은 늘 학생들에게 더 많이 배우라고 말했어요. 하지만 나한테만은 속도를 늦추라고 했죠.」 일곱 살 때 그는 타이위안에서 열린 중국 최초의 전국 아동 콩쿠르에 참가했다. 그리고 그의 재능을 높이 사서 〈심사

위원 특별상〉이 수여되자 그는 무대 위로 뛰어 올라가서 〈나는 재능을 인정받고 싶은 게 아니에요. 그런 상은 원치 않아요〉라고 외쳤다. 다른 참가자가 달려와서 자신도 똑같은 상을 받았다며 그를 위로하자 랑랑은 〈네가 나하고 경쟁 상대가 된다고 생각해? 네 연주 따위는 안 봐도 뻔하다고!〉라고 말했다. 랑랑은 부상으로 강아지 모양의 인형을 받았다. 그는 이 인형을 진창에 내던지고 발로 짓밟아 버렸지만 그의 아버지가 주위 선양(瀋陽)에 있는 집으로 가져가서 피아노 위에 모셔두었다. 랑랑으로 하여금 자신이 얼마나 많은 노력을 해야 하는지 잊지 않도록 하기 위해서였다.

랑궈런은 권위 있는 직업인 특수 경찰의 일원이 되었다. 하지만 랑랑을 국립 음악원의 부설 초등학교에 입학시키기 위해 직업을 포기하고 아들과 함께 베이징으로 갔다. 한편 랑랑의 어머니 주 시올란은 아들과 남편을 부양하기 위해 선양에 남아서 돈을 벌어야 했다. 랑랑이 말했다. 「당시에 나는 아홉 살이었고 고향을 떠나게 되어 정말 마음이 아팠어요. 게다가 아버지가 나와 함께 있으려고 직장을 그만두었다는 사실도 깨달았죠. 엄청난 압박감을 느꼈어요.」 랑궈런은 랑랑에게 자신의 좌우명을 가르쳤다. 「다른 사람이 가진 것은 반드시 내 것이 될 것이며, 내가 가진 것은 아무도 갖지 못할 것이다.」

랑궈런은 자신이 직장을 그만둔 일을 〈일종의 절단〉이라고 묘사했다. 그는 그들이 찾을 수 있는 선에서 가장 저렴한, 난방도 되지 않고 수돗물도 나오지 않는 아파트를 구했고, 아들에게는 월세를 실제보다 훨씬 부풀려서 말했다. 랑랑이 깜짝 놀라며 대답했다. 「그렇게나 비싸요? 정말 열심히 연습해야겠네요.」 그는 어머니가 몹시 그리웠고 그래서 울기도 자주 울었다. 언제나 집안일을 우습게 생각했던 랑궈런 역시 손수 요리와 청소를 해야 했다. 그들이 베이징까지 와서 만나려고 했던 선생님의 랑랑에 대한 평가는 아주 야박했다. 랑랑이 당시를 회상했다. 「그녀는 내가 감자 농부처럼 연주한다고 했어요. 내게 먼저 코카콜라를 먹어 보라고, 코카콜라

맛이 나도록 모차르트를 연주해야 한다고 했죠. 내 연주가 맹물처럼 아무 맛이 없다고도 했어요. 그녀는 〈너 같은 북동쪽 출신 사람들은 하나같이 덩치만 크고, 거칠고, 멍청해〉라고 말했고 종국에는 〈고향으로 돌아가. 피아니스트가 되려는 희망 따위는 버려〉라고 했어요. 그러고는 내게 퇴짜를 놓았죠.」

그 일이 있은 지 얼마 지나지 않았을 때였다. 랑랑은 중화인민공화국 개국 기념일 행사에 대비해서 방과 후에 학교에 남아 피아노를 연습했고 평소보다 두 시간 늦게 귀가했다. 그가 현관에 들어서자 랑궈런이 다짜고짜 신발로 그를 때리고는 한 움큼의 알약을 내밀면서 말했다. 「너는 거짓말쟁이에다 게을러터졌어! 너 같은 녀석은 살 이유가 없어. 선양으로 돌아가는 것도 수치야! 죽는 수밖에 없어. 그러니 이 약을 먹고 죽어버려!」 랑궈런은 랑랑이 알약을 받지 않자 그 어린 소년을 아파트 발코니로 밀면서 뛰어내리라고 지시했다. 나중에 랑궈런이 중국 속담에 빗대어 자신의 행동을 해명했다. 「자식을 손에서 놓지 않고서는 늑대와 싸울 수 없는 법입니다.」 다시 말하면, 자식을 너무 애지중지해서는 가족 전체가 재앙을 피할 수 없다는 뜻이다. 한편 랑랑은 몹시 화가 났으며, 아버지가 자존심을 버리고 그에게 애원하기 전까지 몇 달 동안 피아노를 만지려고도 하지 않았다.

랑궈런은 아들에게 했던 것처럼 다른 선생님을 찾아가 아들을 가르쳐달라고 또 애원했고, 자신이 집에서 가르칠 때 참고하고자 레슨 시간 내내 랑랑과 함께 앉아 있었다. 랑랑이 말했다. 「아버지는 절대로 웃지 않았어요. 내게 겁을 주고, 때로는 매질도 서슴지 않았어요. 우리는 이를테면 수도자들 같았죠. 음악적 수도자요.」 가족의 지인 중 한 명의 증언에 따르면 랑궈런은 애정을 드러내지도 않았고, 아버지가 흡족해한다는 사실을 아들이 눈치 채지도 못하게 했다. 그 지인은 〈그는 오직 아들이 곤히 잠들었을 때만 아들 옆에 조용히 앉아서 그윽하게 바라보거나, 이불을 덮어 주거나,

아들의 작은 발을 어루만져 주었다〉고 썼다.

여름방학을 이용해서 선양으로 돌아갔을 때조차 랑궈런은 단지 피아노를 연습하는 장소가 바뀌었을 뿐이라는 입장을 고수했다. 주 시올란이 그와 다투면서 〈도대체 《명인》이 되고, 되지 않고가 뭐가 그렇게 중요해요? 대체 무슨 짓을 하고 있는 거예요? 하루하루 전쟁을 준비하는 사람처럼 살고 있잖아요. 이게 무슨 가족이죠?〉라고 외쳤다. 랑랑은 음악으로 부모님의 논쟁을 말리려고 했다. 한 친구의 증언에 따르면 〈그들 부부가 싸울 때마다 랑랑은 연주 실력이 늘었다〉. 그는 과도한 연습으로 쓰러지기 일쑤였고 허구한 날 정맥주사를 맞아야 했지만 연습 일정은 절대로 바뀌지 않았다. 랑랑이 말했다. 「아버지는 진정한 파시스트예요. 신동은 세상과 단절되어 매우 고독해질 수 있어요.」

랑랑은 마침내 중앙 음악원 부설 초등학교 입학 자격을 얻었고, 열한 살 때 독일에서 열리는 국제 청소년 피아니스트 콩쿠르에 중국 대표로 참가하기 위해 오디션을 치렀다. 그가 오디션에 떨어지자 랑궈런은 관례를 거스를 뿐 아니라 잠재적으로는 수치스러운 행동임에도, 아내에게 랑랑이 개인 자격으로 대회에 참가하는 데 필요한 돈을 마련해 달라고 요구했다. 랑궈런은 또한 대회가 시작되기 전에 일본 출신의 시각장애인 피아니스트가 랑랑의 최대 적수임을 간파하고, 랑랑에게 그 경쟁자와 기교적인 부분에 관해서 이야기를 나누어 보라고 조언했다. 그와 대화를 나눈 랑랑은 동일한 접근법을 자신의 연주에 접목하려고 노력했다. 마침내 랑랑이 우승을 거머쥐자 랑궈런은 기쁨의 눈물을 흘렸다. 한편 랑랑은 사람들이 아버지의 반응을 전하자 자신의 아버지는 울 줄 모르는 사람이라고 반박했다.

랑랑은 1995년 열세 살의 나이로 제2회 주니어 차이코프스키 국제 음악 콩쿠르에 참가했다. 그의 아버지는 다른 참가자들이 연습하는 것을 엿들으면서 혹시라도 랑랑과 동일한 작품을 준비하는 사람이 있으면 랑랑에게도 자신과 똑같이 하도록 요구했다. 랑궈런의 관점에 의하면, 만약 랑

랑의 앞에 있는 피아니스트가 강하게 연주하면 랑랑은 섬세하게 연주해야
했다. 그 사람이 부드럽게 연주하면 랑랑은 강렬하게 시작해야 했다. 이러
한 전략은 심사 위원들이 랑랑을 기억하기 쉽게 만들어 줄 뿐 아니라 관객
의 관심을 사로잡을 수 있을 터였다. 후에 어떤 사람이 랑궈런에게 어떻게
하면 열세 살짜리가 결승에서 쇼팽의 피아노 협주곡 2번 같은 애달픈 곡
을 연주할 수 있는지 묻자 그는 랑랑에게 사랑하는 어머니와 고향을 떠나
온 경험을 생각하도록 조언했다고 대답했다. 랑랑은 그 대회에서 우승을
차지했다.

　　몇 개월 뒤 랑궈런은 중앙 음악원에 다니던 아들을 자퇴시켰다. 그리
고 커티스 음악원의 게리 그래프먼에게 오디션을 받도록 했다. 랑랑의 회
상이다. 「아버지는 〈쇼팽은 바람처럼 가벼워야 한단다. 베토벤은 중후해
야 하지. 너의 폭발적인 힘을 사용할 때는 단호하되 너그럽고 자연스러워
야 해. 잉글랜드와 브라질 축구팀을 하나로 합쳐 놓은 것처럼 말이야〉라
고 말했어요.」 랑랑은 즉석에서 입학 허가를 받았고 그와 그의 아버지는
미국으로 이사했다. 커티스 음악원에서 첫 레슨을 받는 자리에서 랑랑은
〈세상에 존재하는 모든 콩쿠르에서 우승하고 싶어요〉라고 말했다. 그래프
먼이 물었다. 「왜?」「유명해지기 위해서요.」 그래프먼은 그냥 웃어넘겼지
만 다른 학생들은 랑랑에게 그보다는 최고의 음악가가 되는 데 집중해야
한다고 말했다. 랑랑은 그 둘의 차이가 무엇인지 이해할 수 없었다. 이후
로 그는 이런저런 요령들을 배웠지만 그럼에도 올림픽 메달을 완전히 포
기한 것은 아니었다. 그래프먼이 내게 말했다. 「지도자는 대다수 학생들을
가르칠 때 그들이 음악의 감성적인 부분에 흥을 느끼길 바랍니다. 하지만
랑랑의 경우에는 정반대예요. 나는 그를 충분히 진정시켜서 배울 수 있는
상태로 만들어야 했어요.」

　　열일곱 살이 되자 랑랑에게 매니저가 생겼고, 이 매니저는 랑랑에게
시카고 외곽에서 열린 라비니아 축제에서 첫 대형 공연의 기회를 제공했

다. 평론가들은 랑랑의 연주에 매료되었고, 향후 2년 동안 랑랑의 콘서트는 매번 매진 사례가 이어졌으며, 그는 여러 장의 앨범을 발표하고 고급 잡지의 표지를 장식했다. 그가 내게 말했다. 「나는 사람들의 기대가 높을수록 연주가 잘돼요. 카네기홀에서 공연할 때 최고의 연주가 나오죠.」

　　모든 정치가의 삶과 마찬가지로, 뛰어난 신동에 관한 이야기에는 주인공을 충격에 빠뜨리는 대중의 반발이 항상 존재한다. 청중은 유치한 열광과 성숙한 존경 사이에서 반항적인 사춘기를 겪기 마련이다. 그리고 남의 불행에서 느끼는 쾌감은 일반적으로 그 같은 반발을 더욱 의미 있게 만든다. 랑랑은 사교적인 측면에서 결점이 많고, 대체로 러시아의 피아니스트 스비아토슬라프 리히터보다는 비욘세를 떠올리게 만드는 특정 관객을 만족시키는 감수성을 지녔다. 이러한 특징이 음악적 깊이와는 아무 상관이 없음에도 통속적인 대중을 상대로 한 그의 연주는 일부 세련된 사람들을 불쾌하게 만든다. 상표 등록까지 마친 그의 이름을 보면 랑랑이 어느 정도로 자신을 상표화시켰는지 알 수 있다. 그는 공연할 때 〈랑랑™〉이라는 이름을 사용한다. 여기에 더해서 아우디와 몽블랑, 소니, 아디다스, 롤렉스, 스타인웨이 같은 회사와 광고 계약도 체결했다. 랑랑이 음악가로서의 삶을 시작할 수 있도록 도움을 준 인물인 「시카고 트리뷴」지의 음악 평론가 존 본 라인은 몇 년 후 이렇게 말했다. 「그 솔로 연주자의 묘기 때문에 음악은 장신구에 불과한 것이 되었다. 그에게 반짝이는 흰색 정장과 나뭇가지 모양의 촛대만 있었다면 라비니아는 그를 새로운 리버라치Liberace로 팔 수도 있었을 것이다.」[102] 「뉴욕 타임스」의 비평가 앤서니 토마지니는 랑랑이 2003년 카네기홀에서 가진 솔로 데뷔 무대에 대해 〈일관성이 없고, 제멋대로이며, 쿵쾅거릴 뿐 거칠기 짝이 없었다〉[103]고 평가했다.

　　작곡가들의 걸작과 그런 작품들에 관한 랑랑의 해석 사이에 존재하는 표현상의 갈등은 그의 성장 배경이 서구 문화가 아니라는 점 때문에 더욱 과장된다. 랑랑이 말했다. 「중국에서 서양의 클래식 음악은 일반적으로 서구 사회에서 먹는 중국 음식과 비슷해요. 익숙하지만 진짜하고는 상당한 차이가 있죠.」 그는 멘델스존의 협주곡을 흠 잡을 데 없이 연주한 다음, 모차르트의 소나타를 제멋대로 역동성을 강조하고 박자를 바꾸어서 연주할 수 있다. 그러고 나서 다시 우아한 연주를 들려주면 어떤 평론가라도 그의 정통한 솜씨를 인정할 수밖에 없다. 그토록 신랄한 비난을 가한 지 5년 만에 토마지니는 랑랑이 〈완벽한 구사력으로 관객을 무장해제시킬 정도로 즐겁게〉[104] 연주한다고 썼다. 콘서트홀에서 랑랑을 볼 때마다 연주를 무척 즐기는 듯한 그의 모습에서 나는 늘 감명을 받는다. 그가 내게 말했다. 「연주자로서 나는 주기만 하지 않아요. 받기도 해요. 아버지가 내성적이고 어머니가 외향적이라면 나는 둘 다예요. 규율을 중시하는 아버지의 성향과 행복을 지향하는 어머니의 성향 둘 다를 가졌죠.」

랑랑과 내가 처음 직접적으로 대면한 것은 2005년 시카고였고 당시 그는 스물세 살이었다. 그날 오후에 나는 특히 아름다운 공연을 감상했다. 랑랑은 그 공연에서 쇼팽의 피아노 소나타 3번 B단조를 연주했다. 공연이 끝나자 약 400명의 사람들은 그들이 가져온 CD에 랑랑의 사인을 받기 위해 줄을 선 채로 참을성 있게 기다렸고, 랑랑은 지친 기색이 없었다. 나중에 랑랑이 자신의 방으로 나를 초대했다. 우리가 방에 도착하자 랑궈런이 텔레비전을 보고 있었다. 그는 나와 악수를 하고 의례적인 인사말을 나눈 후에, 무뚝뚝함과 친밀함이 뒤섞인 특유의 태도로 옷을 벗고 누워서 낮잠을 청했다. 내 경험에 의하면, 사람들은 모두 랑랑을 좋아했지만 랑궈런을 좋아하는 사람은 아무도 없었다. 하지만 랑랑은 겉보기와 달리 마음이 따뜻한 사람은 아니고, 그의 아버지는 겉으로 보이는 것처럼 거친 사람이 아니다. 그들은 상호 보완적인 최고의 협력자들이다. 랑랑이 내게 말했다. 「스무 살이 넘어 큰 성공을 거두면서 나는 아버지를 사랑하기 시작했어요. 아버지는 이야기를 잘 들어 주고, 세탁을 하거나 짐 싸는 일을 도와줘요. 나는 아직도 응석받이예요. 대규모 연주회가 끝나면 공연에 관한 이야기를 나누면서 새벽 두 시까지 나를 마사지해 줄 사람이 또 누가 있겠어요?」

나는 언젠가 랑랑에게 미국 사람의 기준에 따르면 그의 아버지가 취했던 방법이 아동 학대로 여겨질 수 있으며, 그들의 유쾌한 현재 관계가 나로서는 매우 놀랍다고 말했다. 랑랑이 말했다. 「만약 아버지가 이 정도로 나를 압박했고 내가 잘해 내지 못했다면 아동 학대가 될 수도 있겠죠. 그 결과 내가 엄청난 충격을 받거나 어쩌면 회복 불가능한 상태가 될 수도 있었을 거예요. 어쩌면 아버지가 조금은 덜 극단적으로 나를 압박할 수도 있었을 테고, 그럼에도 어쩌면 지금처럼 성공했을지도 몰라요. 요컨대 음악가가 되려고 모든 것을 희생할 필요는 없었어요. 하지만 아버지와 내게는 동일한 목표가 있었어요. 그리고 그 모든 압박이 내가 세계적으로 유명한 음악가가 되는 데 도움을 주었고, 내가 지금의 상황에 만족하는 이상 적어도 내게는 아버지의 방법이 결과적으로 훌륭한 양육 방식이었다고 말하고 싶어요.」

최근의 몇몇 책들은 무언가를 숙달하는 데 필요한 업무량으로 1만 시간을 제시하면서 연습이 완벽함을 만든다는 속담을 강조한다.[105] 이 수치는 스웨덴 심리학자 안데르스 에릭손K. Anders Ericsson의 관찰을 토대로 추정된 결과다. 그의 주장에 따르면 20세 이하를 기준으로 베를린 음악원에서 최고 수준에 오른 바이올린 연주자들은 10년 동안, 그다음으로 높은 성취를 보인 집단보다 대략 2,500시간이 더 많은 평균 1만 시간을 연습했다.[106] 기능은 그리고 어쩌면 신경계는 훈련을 통해 발전한다. 재능을 기준으로 사람들의 순위를 매기고 다시 연습 시간을 기준으로 그들의 순위를 매긴 최근 조사에 의하면, 연습 시간이 재능보다 더 중요했다.[107] 칼럼니스트 데이비드 브룩스는 「뉴욕 타임스」에 기고한 글에서 〈무엇보다 중요한 특성은 신비에 싸인 약간의 천재성이 아니다. 계획적이고, 힘들고, 지루한 연습을 정례적인 일과로 발전시키는 능력이다. 우리는 행동을 통해 우리 자신을 가꾼다〉[108]고 주장했다.

　이런 생각은 의심할 여지없이 상당 부분 맞다. 만약 그렇지 않다면 교육은 소용없는 짓이 되고 경험은 시간 낭비가 될 터이다. 나는 단연코 처녀비행을 앞둔 조종사보다는 10년 경력 조종사의 비행기를 탈 것이며, 누군가가 생전 처음 만든 수플레를 먹으려는 사람은 아무도 없을 것이다. 하지만 1만 시간을 성취의 기준으로 삼아 신성시하는 행동은 성취에 대해 아동문학가 허레이쇼 앨저*의 감상벽을 갖는 것과 같다. 지난 세기가 배출한 위대한 바이올린 교사 레오폴드 아우어는 학생들에게 〈여러분이 약간이라도 재능이 있다고 생각되면 하루에 3시간씩 연습하세요. 약간 멍청하다면 4시간씩 연습하세요. 4시간보다 더 연습해야 한다면 당장 그만두세요. 다른 직업을 찾아요〉[109]라고 충고하고는 했다.

　부지런히 연습하는 성향은 그 자체로 선천적일 수 있으며, 그런 성향을 개발하는 일은 적어도 기초적인 재능을 개발하는 일만큼이나 중요할 수 있다. 1960년대에 스탠퍼드 대학의 심리학자 월터 미셸Walter Mischel 교수는 소위 마시멜로 실험이라는 것을 고안했다.[110] 그는 격리된 공간 안에서 네 살에서 여섯 살 사이의 아이 앞에 마시멜로 한 개를 놓아두고 그것을 당장 먹어도 되고, 15분을 기다리면 추가로 한 개를 더 주겠다고 설명했다. 15분을 기다린 아이들은 계속해서 SAT 점수에서도 평균 210점을 더 얻어서 기다리지 못한 아이들보다 높은 점수를 보여 주었다.[111] 보다 최근에는 펜실베이니아 대학의 심리학자 앤절라 리 덕워스Angela Lee Duckworth 교수가 고등학생들에게 지금 당장 1달러를 갖든지, 일주일 뒤에 2달러를 갖든지 선택하도록 했다. 그리고 IQ와 상관없이 희열을 유예할 수 있었던 학생들이 이번에도 훨씬 높은 학업 성취도를 보였다. 그녀는

---

* 가난한 소년이 근면, 절약, 정직 등의 미덕으로 성공한다는 내용의 성공담식 소설을 주로 씀.

〈지능은 실제로 중요하다. 그럼에도 자제력만큼 중요하진 않다〉[112]고 설명했다.

천재성을 연구하는 작가 엘렌 위너Ellen Winner는 재능이 선천적이라고 보는 〈상식적인 신화〉와 재능이 노동과 학습을 통해 개발된다고 보는 〈심리학자의 신화〉 사이에서 일어나는 싸움에 대해 기술했다.[113] 평론가 에드워드 로스슈타인Edward Rothstein은 〈천재성을 향한 오늘날의 공격은 그 자체로 하나의 신화이며, 이해할 수 없는 것을 이해하고자 천재성을 깎아내리고 축소하려는 시도다〉[114]라고 썼다. 그는 순수한 노동의 역할을 강조하는 사람들이 바흐와 베토벤의 음악을 들으면서 충분히 노력만 하면 그들 자신도 그런 음악을 작곡할 수 있었을 거라는 착각에 빠진다고 주장한다. 베다 카플린스키는 농담조로 이 문제를 부부의 성생활과 관련해 그녀가 정신과 의사에게 직접 들은 이야기에 비유했다. 「성생활이 원만한 경우에 결혼 생활에서 섹스의 비중은 기껏해야 10퍼센트에 불과해요. 반면 성생활이 원만치 못한 경우에는 섹스 문제가 90퍼센트가 되는 거죠.」 그녀의 설명이 이어졌다. 「원래부터 재능이 있는 경우 전체적으로 재능이 차지하는 비중은 10퍼센트예요. 재능이 없는 경우에는 수치가 90퍼센트로 상승하죠. 재능의 부재를 극복할 수 없기 때문이에요. 하지만 재능이 있다는 것은 음악가로서 성공하는 데 필요한 요소들 중에서 실제로 아주 작은 일부를 가진 것에 불과해요.」

음악가들은 종종 내게 뛰어난 바이올린 연주자가 되려면 매일같이 하루에 몇 시간씩 연습해야 한다고, 또는 셰익스피어를 읽고, 물리학을 배우고, 사랑을 경험해야 한다고 이야기했다. 바이올린 연주자 예후디 메뉴인은 〈음악이나 인생의 성숙함은 실질적인 삶을 통해서 얻어져야 한다〉[115]고 말했다. 작곡가이면서 연주자인 개브리엘 카한은 〈지하실에 갇힌 채 당신보다 훨씬 오랜 시간을 연습하는 한국인 소녀가 언제나 한 명은 존재한다. 당신은 그녀와의 시합에서 결코 승리할 수 없다〉[116]고 말했다. 그렇지만 조금 더 깊이 들어가면 이러한 환경에서의 〈평범한 삶〉이란 보다 풍요로운 삶을 지칭하는 완곡한 표현이다. 하나의 악기를 향한 외곬의 헌신은 능숙함을 만든다. 하지만 음악은 경험을 아우르는 어떤 것이다.

내가 신동에 관한 글을 쓰고 있다고 할 때마다 사람들은 제이 레노와 엘런 드제레너스, 오프라 등의 TV 프로그램에 출연했던 일곱 살의 마크 유라는 피아니스트를 자주 언급했다.[117] 나는 그의 뉴욕 데뷔 무대에 초대를 받았고 그 무대는 상하이 출신인 한 사교계 명사의 파크 애비뉴 아파트에서 열렸다. 당시 마크는 막 여덟 살이 넘었음에도 몸집이 작아서 여섯 살처럼 보였다. 그는 혀짤배기소리로 사뭇 진지하게 다음 연주할 곡명을 소개했고, 외모에 어울리지 않는 힘과 음악성을 겸비한 연주를 선보였으며, 연주가 끝나자 빙그르르 돌아서 아찔할 정도로 아름다운 그의 어머니 클로에를 쳐다보았다. 자신의 연주가 어땠는지 확인하기 위해서였다.

마크의 다리가 너무 짧았기 때문에 피아노에는 그가 페달을 통제할 수 있도록 보조 장치가 달린 작은 단이 설치되어 있었다. 그가 쇼팽의 녹턴을 연주할 때 그 장치가 잘못 움직이면서 페달이 더 이상 작동하지 않았다. 클로에가 바쁘게 움직이는 아들의 다리 아래 좁은 공간으로 기어들어가서 그 장치를 재조정하려고 낑낑대기 시작했다. 그 와중에도 마크는 단 한 음도 놓치지 않았다. 보조 장치를 고칠 수 없었던 클로에는 그 장치를 들어서 바닥에 내려치기만 반복했다. 내게는 그들의 모습이 지극히 이질적으로 비쳐졌다. 어린 소년은 손가락을 움직이는 데 집중했고, 드레스를 입은 아름다운 여성은 소년의 발치에서 몸을 웅크린 채 소란을 피우고 있었으며, 와중에도 멜로디가 사방으로 퍼져 나가고 있었다. 마치 마크와 클로에가 대화를 나누고 있고 나머지 다른 사람들이 우연히 그들의 대화를, 아이러니하게도 관객이 있을 때만 일어나는 사적인 대화를 우연히 목격한 것 같았다.

연주회가 끝난 한참 뒤에도 그리고 대부분의 여덟 살짜리가 잠자리에 드는 시간이 오래전에 지났음에도 마크는 자신이 베토벤의 「황제 협주곡」도 배웠다고 말하면서 두세 명밖에 남지 않은 우리를 위해 그 곡을 연주했다. 그는 자신이 연주를 시작해야 하는 정확한 지점을 놓치지 않기 위해 관현악단의 연주 부분에서 속으로 한참 숫자를 셌다. 조급하고 간절한 허세로 가득 찬 그의 모습은 여덟 살짜리 내 조카가 자신의 수영 실력을 뽐내고 싶어 할 때의 모습과 크게 다르지 않았다. 마크가 그에게 매료되긴 했지만 그가 하는 말에는 큰 관심이 없는 어른들과 이야기하는 모습을 보면서, 나는 그에게 비정상이 아닌 관계는 어머니와의 관계가 유일할지도 모른다고 생각했다.

클로에 유는 마카오에서 태어나서 열일곱 살 때 미국으로 유학을 왔다. 스물다섯 살에 결혼을 했으며 1년 뒤 패서디나에서 마크가 태어났다. 그날부터 클로에는 아들에게 피아노 연주를 들려주었다. 당시를 떠올리며 클로에가 말했다. 「마크는 두 살이 되고 나서도 말을 시작하지 않았어요. 몹시 걱정이 되었죠. 그런데 그때 마크가 말을 시작했어요. 나중에는 영어는 물론이고 광둥어와 표준 중국어, 약간의 상하이 방언까지도 구사했죠. 정말 큰 시름을 덜었어요!」 세 살 무렵부터 마크는 두 손가락을 이용해 피아노로 화성 몇 가지를 연주하기 시작했다. 1년 뒤에는 그를 가르치던 클로에의 실력을 넘어섰다. 그리고 다섯 살에는 자신의 식단에 첼로까지 추가했다. 클로에가 말했다. 「이내 마크는 더 많은 악기를 요구했어요. 나는 〈마크, 더 이상은 안 돼. 현실적으로 생각하렴. 두 가지면 충분해〉라고 그를 타일렀죠.」

클로에는 그전까지 박사 학위를 준비하고 있었지만 포기했다. 그녀는 마크의 친아버지와 이혼했지만 돈이 없었기 때문에 전남편의 부모와 함께 살았고, 그들은 모자에게 차고 위층에 있는 방을 내주었다. 마크의 조부모는 피아노에 대한 그의 〈과도한〉 전념을 인정하지 않았다. 클로에가 말했다. 「마크의 할머니는 그를 무척 사랑했어요. 하지만 그가 평범한 다섯 살짜리로 자라기를 원했어요.」 마크가 유치원에 다닐 때 클로에는 그가 공연할 준비가 되었다고 생각했고, 지역의 은퇴 시설과 병원 등과 접촉해서 마크가 스트레스 없이 연주할 수 있도록 무료 연주회를 제안했다. 머지않아 여러 신문사에서 이 어린 천재에 대한 기사를 다루었다. 클로에가 말했다. 「마크가 어느 정도의 재능을 가졌는지 깨닫기 시작하면서 나는 무척 흥분됐어요. 동시에 두렵기도 했죠.」

여섯 살 때 마크는 영재 장학금을 받았고 이 돈은 스타인웨이 피아노의 계약금으로 쓰였다. 마크가 여덟 살이 될 즈음에 클로에는 그가 민두오리 박사와 공부할 수 있도록 아들을 데리고 두 달에 한 번씩 중국으로 날아갔다. 클로에의 설명에 따르면 미국인 선생님들은 아들이 자유롭게 탐구할 수 있도록 폭넓은 해석상의 아이디어를 제공한 반면 리 박사는 마크에게 소절 단위로 음악을 가르쳤다. 그녀는 〈장차 마크는 사람들에게《나는 미국에서 태어났지만 중국에서 배웠다》고 말할 거예요. 중국은 그런 그를 사랑하겠죠〉라고 말했다. 마크에게 그렇게 멀리까지 레슨을 받으러 다니는 게 힘들지 않냐고 물었다. 그가 〈다행히도 졸음의 흔적이 남지는 않아요〉라고 대답했다. 내가 무슨 말인지 몰라 눈썹을 치켜들자 그가 〈있잖아요, 시차증 말이에요〉라고 말하며 사과했다.

마크는 공연과 연습 일정을 소화하기 위해 학교에 다니는 대신 집에서 공부했다. 클로에가 말했다. 「아침을 든든하게 먹고 나면 마크가 졸아요. 그래서 우리는 이를테면 테크닉을 익히거나 숙제를 하는 등 강도가 약한 일들을 그때 해치워요. 오전이 가기 전에 마크가 잠깐 낮잠을 자고, 그다음에는 머리가 필요한 일에 집중해요. 주로 새로운 곡을 배우죠. 시간관리가 무엇보다 중요해요. 마크는 겨우 초등학교 3학년 나이지만 전 과목에서 남들보다 앞서 있어요.」 당시 마크는 대입 준비를 하면서 SAT 수업을 듣고 있었다. 클로에는 마크의 매니저로 일하면서 의뢰가 들어온 공연들을 아들과 함께 검토한다.

클로에가 〈나는 우선적으로 내 보스와 상의해요〉라고 이야기하자 마크가 전혀 못 믿겠다는 표정으로 그녀를 쳐다보면서 〈내가 엄마의 보스예요?〉라고 물었다. 조금 후에 클로에가 말했다. 「마크가 마음이 바뀌어서 수학자가 되길 원한다면 나는 그의 의견에 따를 거예요. 아마도 처음에는 화가 나겠죠. 어쨌거나 우리는 이 일에 정말 많은 시간을 투자했으니까요. 남자 친구와 결별하는 심정이랑 비슷하겠죠. 쉽지는 않을 거예요, 그렇죠?」 그러자 마크가 걱정 말라는 투로 말했다. 「나는 피아노가 좋아요. 계속 피아노를 칠 거예요.」 클로에가 미소를 지었다. 「지금 당장은 그렇지. 하지만 절대로 단정할 수는 없어. 너는 이제 겨우 여덟 살이잖아.」

마크처럼 연주하려면 엄청난 수준의 집중력이 필요하다. 마크의 설명이다. 「내가 연습하는 시간은 그때그때 기분에 따라 달라요. 정말로 어떤 곡을 완전하게 익히고 싶거나 콘서트를 앞두고 있을 때는 하루에 6~8시간씩 연습해요. 하지만 연습이 정말 내키지 않을 때는 4~5시간 정도 연습해요. 나는 작곡에도 관심이 있지만 피아노에 집중하기로 했어요.」 마크가 연주자의 길을 선택함으로써 클로에에게도 그에 못지않은 절제력이 요구되었다. 나는 그녀에게 자신의 예전 야망이 생각나지는 않는지 물었다. 그녀는 대답 대신 웃으면서 마크를 향해 두 팔을 벌렸다. 그런 다음 〈이게 내 일이에요〉라고 말했다. 내가 LA에 있는 그들을 방문했을 때는 클로에가 막 재혼한 뒤였고, 마크는 피로연에서 피아노를 연주했다. 하지만 클로에는 마크의 연습에 방해가 될 거라고 생각해서 새 남편과 한집에 살기를 거부했다. 그녀는 남편과 몇 블록 떨어진 곳에서 아들과 함께 산다. 나는 장애인 자녀를 키우면서 자녀의 특별한 요구 때문에 이혼한 부부들이 생각났다.

아이들은 영웅을 좋아하고 마크의 영웅은 랑랑이다. 「LA 타임스Los Angeles Times」에서 마크가 그를 존경한다고 말한 기사를 읽고서 랑랑이 마크에게 연락을 해왔다. 클로에가 말했다. 「나는 랑궈린 씨를 무척 존경해요. 그렇다고 나에 대해서 〈지나치게 밀어붙인다〉는 말을 듣고 싶은 마음은 없어요. 하지만 마크가 랑랑을 생각하면서 힘을 냈던 것처럼 나 역시 마크를 위해 강해지고 싶어요.」 몇 년 뒤 랑랑이 마크를 위해 로열 앨버트 홀에서 그와 함께 공연할 기회를 마련했다. 나는 그들의 공연을 보러 갔고, 공연이 끝나고 다 같이 모인 자리에서 랑랑은 마치 조카를 대하는 삼촌 같은 온화함을 보여 주었다. 그처럼 무장해제된 랑랑의 모습은 그때가 처음이었다.

클로에에게 1만 시간의 법칙에 대해 어떻게 생각하는지 물었다. 그녀가 말했다. 「나는 선천적인 재능보다 후천적인 노력이 중요하다고 믿어요. 마크의 친아버지는 음악에 전혀 관심이 없었고 따라서 마크의 재능은 내 쪽에서 물려받았어요. 후천적인 노력 또한 내가 일궈 낸 거죠.」 한편 미국의 양육 방식에 대해서는 강경한 의견을 제시했다. 「미국에서는 아이들이 하나같이 모든 것을 다 잘해야 해요. 그들은 열 가지의 다양한 활동을 하지만 어느 것 하나도 빼어나게 잘하지 못해요. 미국 사람들은 모든 사람이 똑같은 삶을 누려야 한다고 생각해요. 보편성을 중시하기 때문이죠. 이러한 경향은 혹시라도 그렇지 않았더라면 절대로 누리지 못했을 어떤 것을 누릴 수 있다는 점에서 장애 아동에게는 더없이 좋은 일이지만, 영재 아동에게는 재앙이나 마찬가지예요. 마크가 그에게 충분히 많은 즐거움을 주는 이런 탁월한 재능을 가졌음에도 굳이 관심도 없는 스포츠를 배우면서 인생을 낭비할 필요가 있을까요?」

LA를 방문했을 때 나는 마크에게 평범한 어린 시절에 대해 어떻게 생각하는지 물었다. 그가 말했다. 「나는 이미 평범한 어린 시절을 보내고 있어요. 내 방을 보여 드릴까요? 좀 지저분하지만 보고 싶으면 같이 가요.」 그렇게 나는 그와 함께 위층으로 올라갔다. 그는 내게 친아버지가 중국에서 보내준 노란색 원격 조종 헬리콥터를 보여 주었다. 책꽂이에는 닥터 수

스의 만화책들을 비롯해『주만지』,『버드나무에 부는 바람』같은 책들이 빼곡했다. 한편에는『모비딕』같은 책도 보였으며「세사미 스트리트」비디오와 함께「프라하의 음악」과「베니스의 음악」같은 제목의 DVD 시리즈도 있었다. 우리는 바닥에 마주 앉았다. 그는 내게 자신이 가장 좋아하는 게리 라슨의 만화를 보여 주었으며, 함께 마우스 트랩이라는 보드게임도 했다. 그는 고무 재질로 제작되어 불이 들어오는 엄지손가락처럼 생긴 한 쌍의 장난감도 있었는데 이 장난감을 이용해서 입 속으로 넣은 불빛이 몸속을 관통해서 엉덩이로 나오는 것처럼 보이게 하는 마술을 시전하기도 했다.

다시 아래층으로 내려오자 마크는 피아노를 연주할 때 손이 편안한 높이가 되도록 피아노 의자 위에 전화번호부를 깔고 앉았다. 잠시 몸을 이리저리 움직여 본 그는 〈아냐, 이 높이가 아냐〉라고 중얼거리면서 전화번호부에서 한 장을 빼고 다시 앉았고, 그제야 쇼팽의「환상즉흥곡Fantasie-impromptu」을 치기 시작했다. 그는 책꽂이에「쿠키 몬스터」비디오가 있는 아이의 솜씨라고는 도저히 상상할 수 없을 정도로 자신의 연주에 미묘한 동경의 감정을 잘 담아내고 있었다. 클로에가 내게 말했다.「이제 알겠죠? 마크는 절대 평범한 아이가 아니에요. 이런 아이가 굳이 평범한 어린 시절을 보내야 할 이유가 있을까요?」

클래식 음악계는 대체로 능력주의 사회이며, 이 같은 특징 때문에 클래식 음악은 지리적 환경이나 국적, 빈곤 등의 문제로 고립되어 있는 근면한 사람들에게 적절한 사회이동 수단이 되기도 한다. 오랫동안 신동이라고 하면 동유럽 출신의 유대인들이 주를 이루었다. 이제는 동아시아 출신들이 이 분야를 장악했다. 유대계 신동 출신인 게리 그래프먼은 제자가 여섯 명밖에 없는데 하나같이 중국인이다. 아시아인들이 클래식 음악계를 장악한 현상에 대한 일반적인 설명은 이 같은 현상이 순전히 숫자 게임에 의한 결과라는 것이다. 그래프먼의 설명에 따르면 〈중국에는 악기를 배우는 아이들이 자그마치 30만 명이 넘는다. 청두(成都)에서 혹시라도 바이올린 가방을 들고 있지 않은 아이를 만난다면 그 아이는 피아노를 배우고 있는 게 분명하다〉. 중국어와 그 밖의 성조가 있는 언어는 영유아에게 청각적인 예민함을 길러 주고, 전형적인 중국인의 손은 손바닥이 넓고 손가락 사이의 공간도 넉넉해서 피아노를 치는 데 특히 유리하다.[118] 대다수 아시아권 문화에서는 훈육과 경쟁력이 무척 중시되고 계속해서 강화된다. 문화대혁명 기간 중에는 중국에서 서양 음악을 공부하는 것이 허용되지 않았기 때문에 중국인들은 일종의 금지된 놀이로서 서양 음악에 매료되었다.

그러는 사이 서양에서는 〈타이거 마더〉라는 정형화된 이미지를 경계하는 사람들이 늘어났다. 하지만 헝가리의 심리학자 미하이 칙센트미하이 Mihaly Csikszentmihalyi의 표현을 빌리자면 〈어떤 사람도 뛰어나면서 동시에 평범할 수는 없다〉.[119] 전문화 교육을 시작하는 적기에 대한 질문은 지역마다 제시되는 답이 다르다. 유럽의 학생들은 미국 학생들보다 훨씬 일찍부터 전문 분야를 공부하기 시작하고, 아시아의 학생들은 유럽 학생들보다도 일찍 전문 분야에 집중한다. 음악을 언어라고 한다면 해당 언어의 문법을 직관적으로 이해하고 유창하게 발음하기 위해서는 어릴 때부터 훈련을 해야 한다. 그래프먼은 〈열여섯 살에도 피아노나 바이올린을 시작할 수 있고, 그때부터 시작해도 상당한 연주 실력을 쌓을 수는 있지만 일류 독주자가 되기에는 너무 늦다〉라고 말했다. 요컨대 조기에 전문화 교육을 시작하려면 희생을 감수해야 한다. 예일 음대 학장 로버트 블로커 교수의 주장에 따르면 〈상류층 부모들은 자녀에게 예술과 운동, 지역 봉사 같은 활동을 골고루 시키고 싶어 한다. 하지만 진심으로 음악가가 되려는 열망을 품은 누군가에게는 그런 양육 방식이 큰 방해가 된다. 심오한 성취는 일반적으로 조기 발견과 특화에 의한 결과다〉.[120]

도박이 항상 성공한다면 희생을 감수하기가 훨씬 수월할 것이다. 랑랑에게 자신을 둘러싼 양육 방식과 화해했다는 이야기를 들었을 때, 나는 사지 연장 수술─그 당시에는 학대처럼 보이지만 일단 성공적으로 끝나고 나면 꼭 그렇게만 보이지는 않는 것─을 권유한 부모에게 오랜 세월이 지나고 나서야 고마워한 사람들이 생각났다. 다른 한편으로는, 피아노 연습을 싫어해서 스스로 그만두었음에도 어른이 되고 나서 그들에게 피아노 레슨을 그만두도록 허락한 부모를 원망하는 사람들이 얼마나 많을까? 어릴 때부터 전문화를 강조했을 때의 문제는 아이들이 성공하려면 오직 한 가지 길밖에 없다고 믿게 될 수 있다는 점이다. 캐런 먼로 박사는 〈대안을 준비해 두지 않는 것은 무책임한 짓이다〉라고 말했다. 성공을 거머쥐지 못한 신동들은 다른 종류의 인생을 살아가는 데 필요한 기술들은 도외시한 채 더 이상 그들을 지탱해 주지 못하는 어떤 것에만 계속 매달려서 미친 듯이 노력할 것이다. 블로커 교수는 한국에서 자녀를 유럽이나 북아메리카에 있는 음악학교에 보내기를 희망하는 부모들 모임에서 연설을 한 적이 있었다. 먼저 입학 절차에 관한 설명을 마친 그가 공책을 내려놓으면서 말했다. 「나는 여러분이 오늘 이 자리에 모인 것을 정말 안타깝게 생각합니다. 여러분 중 상당수는 열두 살이나 열세 살, 또는 열네 살 된 여러분의 자녀를 장차 다른 나라에 보낼 겁니다. 부모 중 한 명이 그 자녀를 따라갈 테고, 한국에 남는 가족과는 이별하게 되겠죠. 어릴 때 이런 일을 겪는 학생들은 멍한 상태로 우리에게 옵니다. 감정이나 열정이 부족하거나 내면의 지성이나 음악성이 부족해서가 아니에요. 가족의 손길이나 온 가족이 함께하는 식사가 부족하기 때문입니다.」 그 순간 회의장은 냉랭한 침묵에 휩싸였다.

클로에 유가 평범한 어린 시절에 관한 생각을 경멸했다면 메이 암스트롱은 1992년에 태어난 그녀의 아들 키트에게 그런 어린 시절이란 그야말로 불가능한 일이라는 현실을 받아들이는 수밖에 없었다.[121] 후천적인 양육의 중요성을 믿는 클로에는 실력을 쌓도록 그녀의 아들을 밀어붙였다는 이야기를 들을 수도 있다. 반면 메이는 그녀의 아들에 의해서 놀라운 필연성을 강요받았던 듯 보인다. 키트는 생후 15개월째부터 숫자를 셀 수 있었다. 게다가 덧셈과 뺄셈은 메이가 가르쳐 주었지만 곱셈과 나눗셈은 스스로 깨우쳤다. 심지어는 정원에서 땅을 파고 놀다가 어머니에게 지렛대의 원리를 설명하기도 했다. 세 살이 되자 상대성이론을 알아야 대답을 해줄 수 있는 질문들을 쏟아내기 시작했다. 경제학자인 메이도 솔직히 곤혹스러울 정도였다. 그녀가 말했다. 「그런 능력을 가진 아이는 스스로 배울 수 있어요. 어머니의 입장에서는 그를 보호하려고 하지만 그런 아이는 워낙 뛰어난 능력을 가졌기 때문에 보호 자체가 불필요해요. 어머니로서 그런 태도를 취하기란 결코 쉬운 일이 아니죠.」

메이는 미국에서 공부하기 위해 스물두 살에 타이완을 떠났고, 휴일마다 혼자 지냈다. 키트의 생부는 그들 모자의 삶과 전적으로 무관한 존재였다. 그녀가 말했다. 「나는 외로움에 대해서 잘 알아요. 그래서 키트에게도 스스로 즐길 수 있는 취미가 필요하다고 생각했죠.」 그런 이유로 비록 본인은 음악에 아무 관심이 없었음에도 메이는 키트에게 다섯 살 때부터 피아노 레슨을 받도록 했다. 첫 레슨 시간에 선생님이 악보를 읽는 모습을 본 키트는 집에 와서 직접 오선지를 만들고, 어떤 악기도 사용하지 않은 채로 작곡을 시작했다. 머지않아서 악보로 된 음악 언어는 그의 전부가 되었다. 메이가 중고 피아노를 사주자 키트는 피아노 앞을 떠날 줄 몰랐다. 그는 라디오에서 한 번 들은 음악을 그대로 연주할 수 있었다.

메이가 그를 유치원에 등록했다. 「다른 어머니들은 아이가 유치원에 다니면서 보다 어른스러워지기를 바란다고 말했어요. 내 경우에는 키트가 나이에 맞게 어려지기를 바랐죠. 유치원 선생님이 키트가 다른 아이들에게 괴롭힘을 당한다고 해서 유치원을 찾아갔는데 정말로 어떤 아이가 키트의 장난감을 빼앗더군요. 그래서 키트에게 스스로를 지킬 수 있어야 한다고 하자 키트가 말했어요. 〈그 아이는 2분만 지나면 금방 그 장난감에 싫증을 낼 테고, 그때 가서 내가 그 장난감을 가지고 놀면 돼요. 굳이 싸울 이유가 없잖아요?〉 그 정도로 그 아이는 진작부터 현명했어요. 그런 아이에게 내가 무엇을 가르칠 수 있겠어요? 그럼에도 그 아이는 언제나 행복해 보였고, 나로서는 그 이상 바랄 것이 없었어요. 키트는 거울을 보다가도 갑자기 웃음을 터뜨리고는 했어요.」

이미 초등학교 2학년 말 무렵에 키트는 고등학교 수학 과정을 끝냈다. 아홉 살 때 대학에 들어갈 준비가 된 것이다. 메이는 고심 끝에 아홉 살짜리 소년이 대학 생활을 시작하기에 유타 주(州)만큼 깨끗하고 안전한 장소도 없다고 생각해서 아들과 함께 유타로 이사했다. 메이가 말했다. 「다른 학생들은 그곳으로 가기로 한 키트의 결정에 대체로 의아해했지만 키트는 전혀 그렇게 생각하지 않았죠.」 그러는 사이 키트의 피아노 실력은 계속 발전해서 매니저까지 생겼다.

키트는 열 살 때 매니저 찰스 하플런과 함께 뉴멕시코 주 로스앨러모스에 있는 물리 연구소를 방문했다.[122] 하플런을 한쪽으로 데려간 한 물리학자는 일반적으로 박사 과정을 이수하고 그곳을 방문했던 물리학자들과 달리, 키트가 너무 똑똑해서 〈이 소년이 보유한 지식의 끝이 어디인지〉 도무지 모르겠다고 말했다. 몇 년 뒤 키트는 MIT에서 연수 기회를 얻었고 그곳에서 물리학과 화학, 수학 분야의 논문들을 편집하는 일을 거들었다. 메이가 거의 체념했다는 듯이 내게 말했다. 「그 아이는 모든 것을 그냥 이해해요. 기회가 된다면 나는 장애 아동의 부모들을 돕고 싶어요. 그들이 직면하는 당혹감이 나와 비슷하다는 사실을 알기 때문이에요. 나는 키트에게 어떻게 엄마 노릇을 해야 할지 전혀 몰랐고 마땅히 물어볼 곳도 없었어요.」

메이는 아들과 런던으로 이사했다. 외국인 신분으로 취업을 하려면 꼭 필요한 취업 서류가 없어서 그곳에서 직장을 구할 수도 없었지만 키트가 좋아하는 피아노 선생님이 그곳에 있었기 때문이었다. 메이가 말했다. 「나는 이사를 가는 게 정말 내키지 않았어요. 하지만 내게는 선택권이 없다는 생각이 들었어요.」 머지않아서 키트는 존경받는 피아니스트 알프레드 브렌델을 만났고, 한 번도 제자를 둔 적이 없었음에도 브렌델은 키트를 제자로 받아들였다. 그는 레슨비를 고사했을 뿐 아니라 메이가 제대로 된 피아노를 사줄 형편이 되지 않아서 키트가 피아노 전시장에서 연습한다는 사실을 알고는 그들의 아파트로 스타인웨이 피아노를 보내 주었다. 키트가 열세 살 때였다. 어린아이를 연주자로 내세워 판촉하는 것에 강력히 반대하던 한 영국 기자가 그의 콘서트장을 찾았다. 그 기자는 「가디언」 지에 다음과 같이 썼다. 「그는 연주가 너무 세련될 뿐 아니라 연주하는 내내 너무나 즐거워했으며, 낮은 음을 연주하기 위해 작은 몸을 늘려가면서 혼신의 힘을 다하는 모습에서 내가 갖고 있던 거부감이 오히려 비열하게 느껴졌다.」[123]

　　메이는 키트의 음악적 성취가 브렌델의 공이라고 믿는다. 그녀가 말했다. 「나는 아직도 음악을 감상할 줄 몰라서 키트에게 아무런 도움이 되지 못해요. 내가 할 수 있는 거라고는 지금의 위치에 오기까지 키트가 한 것이 아무것도 없다는 사실을 상기시키는 것뿐이에요.」 메이는 키트가 사춘기를 거치는 동안 그의 일정과 미디어 노출을 제한해서 일 년에 12번의 공연만 허락했다. 「하지만 이제는 브렌델 선생님도 그가 스케줄을 꽉 채워서 공연할 준비가 되었다고 말했고, 키트도 열여덟 살이 되었기 때문에 내가 결정할 문제가 아니에요. 나는 그가 수학 교수가 되기를 바라는 마음이 더 컸어요. 여행을 많이 할 필요도 없으니 더 낫잖아요. 어쨌든 키트는 수학을 취미로, 피아노를 직업으로 선택했죠.」 키트는 파리에서 이론 수학 석사 과정을 공부하고 있다. 그의 말에 따르면 〈긴장을 풀기 위해서〉라고 한다. 메이에게 놀라운 능력을 가진 다른 많은 젊은이들처럼 혹시라도 키트가 신경쇠약에 걸릴까 봐 걱정한 적은 없는지 물었다. 그녀가 웃음을 터뜨렸다. 「지금의 이런 상황에서 신경쇠약에 걸릴 만한 사람은 나밖에 없어요!」 특출한 자녀를 둔 대다수 부모들이 그렇듯이 메이도 자신의 야망을 축소하고 조정했다. 그녀는 경제학 박사 학위를 딴 후에 영향력 있는 직장에서 일하고 싶어 했었다. 하지만 키트가 생기는 바람에 박사 과정을 마치지도 못했다. 그녀가 말했다. 「편부모로서 그리고 중국인 어머니로서 희생은 게임의 일부예요. 나는 기쁜 마음으로 희생하는 법을 배우고 싶었지만 아직까지는 능력 부족이에요. 지금의 나는 중년이 되었고, 자전거를 타고 숨을 헐떡이면서 파리 시내를 돌아다니죠. 도대체 내게 무슨 일이 일어났던 걸까요? 그럼에도 나는 키트가 내게 매력적인 삶을 선사했다고 생각해요.」

　신동에게는 미국 장애인법이 적용되지 않는다. 영재교육에 관한 연방 정부의 공식 지침도 없다. 하지만 우리가 그다지 인정받지 못하는 차이로 나타나는 이례적인 머리를 가진 학생들을 위한 특별 프로그램의 중요성을 인지한다면, 놀라운 능력을 보여 주는 이례적인 머리를 가진 학생들을 위해서도 마찬가지로 특별 프로그램을 도입하는 문제를 생각해 보아야 한다. 대니얼 신갤Daniel Singal은 『애틀랜틱 먼슬리』에서 〈문제는 평등을 추구하는 행위 그 자체가 아니라 그 과정에 따라오는 우수성에 대한 편견이다〉[124]라고 썼다. 2007년 『타임』지에 쓴 글을 통해 교육가 존 클라우드John Cloud는 아동 낙오 방지법이 〈철저히 평등주의적인〉[125] 가치관에만 근거해서 영재 학생들에게는 어떤 지원도 제공하지 않는다고 비난했다. 2004년에 발표된 『전국 월반 현황에 관한 템플턴 보고서Templeton National Report on Acceleration』는 학교 제도가 뛰어난 능력을 지닌 아이들의 발목을 잡기 위해 설계되었다고 단언한다.[126] 적대적이거나 무관심한 교육제도에 직면해서 자녀의 요구를 지지하는 책임은 또다시 부모의 몫으로 떨어진다. 레온 보트스타인이 냉담한 어조로 말했다. 「만약 베토벤이 오늘날의 유치원에 다녔다면 사람들은 그에게 약물치료를 했을 테고, 그는 우체국 직원이 되었을 것이다.」

지난 30년 동안 미국적인 정치와 문화적 전쟁을 부채질한 반(反)엘리트주의라는 미사여구는 평범함을 뛰어넘은 비범한 사람들을 향한 편견을 반영한다. 이러한 편견은 민주적인 발상으로 묘사되지만 대체로 기만적인 경우가 많다. 이를테면 동성애자인 아이를 이성애자처럼 행동하게 만들려고 하는 잘못된 노력처럼 음울한 동화 정책의 냄새를 풍긴다. 재능을 가진 많은 아동들이 배척을 당하든지 지하로 숨든지 둘 중 하나를 선택해야 하며, 또래에게 친구로 인정받기 위해 영재가 아닌 것처럼 보이려고 노력하면서 자신의 정체성을 제거한다. IQ가 지극히 높은 학생들을 대상으로 실시된 한 조사에 따르면, 다섯 명 중 네 명은 재능이 상대적으로 부족한 아이들의 기준에 맞추려고 끊임없이 스스로를 모니터링했다. 또 다른 연구에 따르면, 그런 학생들 중 90퍼센트가 자신이 〈두뇌〉 집단으로 분류되는 것을 꺼렸다.[127]

한때는 영재를 학문적으로 육성하면, 사회적인 측면―그들이 가진 능력 때문에 이미 배척당하고 있음에도 불구하고―에서 그들에게 해가 된다는 믿음이 존재했다. 어떤 부모들은 자녀의 친구들이 70대인 것을 가지고 농담을 하기도 했다. 로버트 그린버그는 그의 아들 제이가 아무도 그의 나이를 모르는 온라인상에서 주로 사람들과 교류한다고 말했다. 인터넷은 다른 정체성 집단들에게도 그랬듯이 영재들에게도 하나의 사회를, 즉 그들이 비슷한 생각을 가진 사람들과 교류하고, 잠재적으로 소외감을 유발하는 차이들이 덜 부각되는 장소를 제공했다.

1990년대에 오스트레일리아의 작가 미라카 그로스는 파격적으로 월반해서 열두 살부터 열여섯 살 사이에 대학 생활을 시작한 아이들을 연구했다. 그들 중 누구도 월반한 것을 후회하지 않았고 대다수가 그들보다 나이가 많은 다른 학생들과 원만하고 지속적인 우정을 쌓았다. 반대로 또래 친구들 틈에서 발이 묶인 아이들은 분노와 우울, 자기비판을 경험했다.[128] 오늘날의 대다수 영재 프로그램은 영재들에게 한시적으로만 나이 위주의 환경을 제공하고, 나머지 시간에는 능력 위주의 환경을 제공한다. 둘 중 어느 하나로는 완벽하지 않기 때문이다. 수학 신동 노버트 위너는 신동들이 〈자신의 반은 어른 세계에 속하고, 나머지 반은 아이들 세계에 속한 데서 비롯되는 아픔을 안다〉고 썼다. 그는 자신을 가리켜 〈아이와 어른의 혼합체라고 하기보다는 친구를 사귀는 데 있어서는 완전히 아이였고, 공부하는 데 있어서는 완전한 어른에 가까웠다〉고 설명했다.[129]

뚜렷이 다른 두 유형의 젊은이들이 신동이라는 같은 이름으로 분류된다. 의욕적이고 외곬수인 어린 거장들과, 뼛속까지 음악을 사랑해서 음악가로서 경력을 계속 이어 나갈 확률이 높은 아동들이다. 후자는 지식과 호기심의 폭이 비교적 넓고, 대체로 자기표현이 분명하며, 유머 감각과 자아관이 있다. 그들은 사춘기에 외관상 평범한 인간관계를 추구하고, 나중에 가서도 음악원 대신 대학에 진학한다. 또한 음악적인 열정과 소질을 타고난 것에 더해서 기질적으로 실천적이고, 똑똑하며, 침착하고, 건강하다.

조슈아 벨은 못하는 게 없다. 그는 그가 속한 세대에서 가장 독보적인 바이올린 연주자다.[130] 열 살 때는 전국 테니스 대회에서 4등을 한 적도 있다. 몇몇 비디오 게임에서 항상 높은 점수를 기록하며, 루빅큐브를 가장 빨리 맞추는 사람 중 하나다. MIT 미디어랩에서 직책을 맡고 있기도 하다. 하물며 그가 출연하는 토크쇼조차 정말 재미있다. 그는 잘생겼고, 매력적이며, 누구든 대화를 나누는 그 사람을 매료시키는 듯하면서도 세간의 관심 속에서 사생활을 원하는 사람의 철저하게 단절된 면을 보이기도 한다. 그를 처음 만나는 사람들은 그가 지극히 사근사근한 사람이라는 데놀라고, 그를 평생 알던 사람들은 그가 지극히 알기 어려운 사람이라는 데놀란다.

조슈아의 부모는 누가 보더라도 딱히 어울리는 조합은 아니었다. 그들이 처음 만났을 때 셜리는 이스라엘의 키부츠에서 막 나온 상태였고, 앨런은 성공회 사제였다. 앨런은 사제직을 그만두고 심리학 박사 학위를 취득한 다음 인디애나 블루밍턴에 위치한 킨제이 성(性) 연구소에 간부로 취직했다. 셜리가 회상했다. 「그는 섣불리 판단하지 않는 성격이었어요. 나와는 사뭇 달랐죠. 나는 모든 해답을 안다고 생각하는 타입이었어요.」 셜리는 오지랖이 넓고 존재감이 강한 사람이다. 그녀는 상대방이 누구든 먹을 것을 챙겨주고, 함께 술도 마시고, 포커도 치고, 밤늦게까지 대화도 나누고 싶어 한다. 짙은 색 머리를 가진 나긋하고 아름다운 그녀는 굉장히 강해 보이는 한편으로 애처로울 정도로 허점이 많다. 그녀가 스스로에게 솔직한 만큼 기꺼이 다른 사람에게도 똑같이 솔직하려고 노력하는 까닭이다.

앨런은 성가대원을 한 적이 있었고 셜리는 피아노를 쳤다. 그들은 모든 자녀에게 음악을 가르치기로 했다. 1967년에 조슈아가 태어났다. 그는 두 살 때 여러 개의 서랍이 딸린 옷장의 손잡이들 사이를 고무 밴드로 연결하고, 각각의 고무 밴드마다 장력을 달리해서 튕기면 서로 다른 소리를 내도록 서랍의 깊이를 조정했다. 성인이 된 후에 그는 농담조로 자신이 〈서랍장credenza에서 카덴차로〉 발전했다고 말했다. 그는 네 살 때부터 바이올린을 시작했고, 빠르게 새로운 음악을 배워 나갔다. 셜리가 말했다. 「그는 한 번 들은 내용은 그대로 자기 것으로 만들었어요.」 음악은 그들 가족이 마음 깊은 곳에서 공유하는 하나의 세계가 되었지만 조슈아의 창조성에는 항상 슬픔의 기운이 어려 있었다. 계속해서 그녀가 말했다. 「조슈아는 한밤중에 깨어 울고는 했어요. 다른 아이들은 언제나 내가 안아 주고 달래 줄 수 있었지만 조슈아에게는 내가 해줄 수 있는 것이 없었어요.」

조슈아는 그의 선생님과 둘이서 블루밍턴 교향악단과 함께 바흐의 이중 협주곡을 연주하면서 일곱 살에 그 지역의 유명 인사가 되었다. 그의 연주는 애수를 자아냈지만 기교적인 완성도는 부족했다. 그가 말했다. 「비록 내게 많은 정성을 기울이고 연습도 같이 했지만 어머니는 엄격한 규율주의자가 아니었고 아버지도 마찬가지였어요. 나는 시험을 볼 때도 당일 아침에 벼락치기를 했고, 콘서트를 할 때도 바로 전날에 벼락치기를 했어요. 아슬아슬하게 살았죠. 때로는 며칠씩 바이올린을 건들지도 않았어요. 연습을 하고 있어야 할 시간에 몰래 건물을 빠져나가서 오후 내내 비디오 게임을 하다가 어머니가 데리러 올 시간에 맞춰 서둘러 돌아가고는 했죠.」 돌이켜 보건대 그는 소홀했던 감독이 오히려 도움이 되었다고 생각한다. 그가 말했다.「오로지 음악에만 몰두하는 것은 정신 건강에 좋지 않아요. 음악 자체를 위해서도 별로 좋지 않죠.」

열두 살이던 해 여름에 조슈아는 현악기 연주자들을 위한 여름철 집중 프로그램인 메도마운트 음악학교에 들어갔고, 20세기 들어서 가장 위대한 바이올린 선생 중 한 명인 조지프 긴골드에게 처음으로 레슨을 받았다. 벨 부부는 그에게 조슈아를 정식 제자로 받아 달라고 부탁했다. 조슈아가 말했다.「부모님은 내 교육을 위해서 항상 지원을 아끼지 않았어요. 어머니의 도움이 없었더라면 나는 음악가가 되지 못했을 겁니다. 적어도 지금 같은 음악가가 되지는 못했을 거예요.」

어느 날 셜리가 『세븐틴Seventeen』에서 후원하는 고등학생 대상 경연 대회에 관한 기사를 읽었다. 한 학년을 건너뛴 덕분에 조슈아도 간신히 자격이 되었다. 셜리는 너무 조마조마해서 경연장에 따라가지 않았다.「조슈아가 우승했다는 전화를 받고서 나는 비명을 질렀어요.」 그녀가 당시를 회상하다가 돌연 한숨을 지었다.「나는 내게 아이들이 생기는 것이 좋았어요. 그리고 그 아이들은 곧 내 삶이 되었죠. 그럼에도 막내딸은 항상 뒷전으로 밀렸어요. 그녀의 생일날 조슈아가 축하곡을 연주하면 생일 파티가 곧장 조슈아의 콘서트가 되어 버리기 일쑤였죠. 그녀가 한창 성장할 때 나는 조슈아의 순회공연을 따라다니느라 그녀 내면의 소리를 듣지 못했어요. 그렇지만 영재들도 그들 나름의 요구가 있어요. 그들의 요구는 누가 들어 주죠?」 그럼에도 문제는 시간 배분만이 아니었다. 셜리가 말했다.「나는 조슈아의 음악에서 엄청난 만족감을 얻었어요. 그가 성취를 보일 때마다 무척 기뻤죠. 다른 아이들도 그런 내 감정을 느낄 수 있었고 그래서 상처를 받았어요.」 조슈아도 자신의 음악 경력이 누이들에게 끼친 부정적인 영향에 대해 나름의 유감을 표시했지만, 자신도 어머니의 개입이 절실했던 상황에서 〈다른 방도가 없었다〉고 생각했다.

조슈아가 대규모 공연을 하기 시작하면서 그의 어머니는 어떻게 해야 그가 청중에게 탄력을 이어 갈 수 있을지 걱정했다. 그녀가 말했다. 「청중은 연주 실력이 훨씬 나아졌음에도 불구하고 열네 살인 그보다 열두 살 때의 그를 훨씬 경이롭게 생각해요.」 한편 학교에서도 조슈아의 상황은 점점더 불편해졌다. 그가 말했다. 「나는 키 큰 양귀비 증후군*을 겪었어요. 보통 이상의 능력을 가진 상대에게는 무조건 위협을 느끼는 선생님들이 있었는데 그들이 내 인생을 비참하게 만들었죠.」 조슈아는 열여섯 살에 고등학교를 졸업했다. 그는 〈고등학교를 졸업하고 나서도 부모님 댁에 얹혀산다는 것은 상상도 할 수 없었어요〉라고 말했다. 셜리의 역할도 변해야 한다는 뜻이었다.

그녀가 말했다. 「이런 유형의 공생 관계에는 두 사람이 필요하고, 이별에 직면해서도 그 두 사람의 손발이 맞아야 해요.」 그녀는 아들이 자신의 뒷바라지를 원치 않는다는 사실에 마음이 아팠다. 조슈아는 부모님이 사두었던 블루밍턴의 한 아파트로 이사했고, 셜리는 〈어떻게든 아들과 연결된 끈을 놓지 않으려고〉 빨래를 핑계로 그의 아파트에 찾아왔다. 조슈아가 회상했다. 「한때는 내 인생을 관리하는 일이 어머니의 전부가 된 적도 있었어요. 내가 독립한 뒤로 우리가 각기 다른 두 사람이라는 사실이 더욱 실감나기 시작하면서 나는 어머니와 보다 대등한 입장에서 내 성취에 관한 이야기를 나눌 수 있었고, 우리 두 사람 모두 보다 어른처럼 행동할 수 있었어요.」 스물두 살 때 그는 진지하게 사귄 첫 번째 여자 친구이면

---

* 성공한 사람을 깎아 내리고 공격하려는 성향.

서 바이올린 연주자인 리사 메트리카디의 집으로 들어갔다. 그가 말했다. 「동거는 7년간 지속되었죠. 나는 어머니에게 의존했듯이 약간은 리사에게 바람직하지 않은 방식으로 의존했어요.」

조슈아는 인디애나 대학에서 공연, 음악 이론, 피아노 기능, 독일어 등에 대한 아티스트 디플로마를 취득했다. 곧이어 카네기홀에서 데뷔 무대를 가졌고, 열여덟 살의 나이로 권위 있는 에이버리 피셔 커리어 그랜트상을 수상했다. 켄 노다 역시 그해의 공동 수상자였다. 조슈아는 이제 1년에 200회 이상의 공연에서 주 공연자로 이름을 올린다. 세인트폴 실내악단도 이끌고 있다. 장르의 크로스오버를 시도한 최초의 클래식 음악가이며, 케이블 방송사인 VH1과 합작해서 브람스 헝가리 무곡을 비디오로 제작하기도 했다. 블루그래스* 콘트라베이스 연주자 에드거 마이어와 함께 바이올린을 연주했으며, 재즈 연주가 칙 코리아, 윈튼 마살리스 등과 공동 작업을 하기도 했다. 또한 스팅, 레지나 스펙터, 싱어송라이터 조시 그로반 등과 앨범도 제작했다. 조슈아 벨이 발표한 앨범들은 전부 빌보드 차트 20위권 안에 들었다. 특히 「바이올린 로망스」 앨범은 오백만 장 이상이 판매되어 〈올해의 클래식 앨범〉으로 선정되었다. 그는 그래미상 후보로 수차례 지명되었고, 실제로 상을 수상한 적도 한 번 있으며, 4백만 달러짜리 스트라디바리우스 바이올린을 소장하고 있다. 그가 말했다. 「이 바이올린은 내가 연주하고 싶은 음악을 내가 상상했던 색깔로 표현할 수 있도록 도와줘요. 이 바이올린을 만난 것은 장차 결혼할 여자를 만나는 것과 비슷했어요.」 상류사회의 생활 방식을 좋아하는 그는 클래식 음악계의 록 스타 같은 존재다. 하지만 가까이서 보면 록 스타의 삶은 전혀 화려하지 않다. 그의 어머니가 마흔 살도 되지 않은 아들이 혈압으로 약물치료를 받기 시작한 것을 안쓰러워하면서 말했다. 「조슈아는 스트레스가 너무 심해서 어떤

---

* 기타와 밴조로 연주하는 미국의 컨츄리 음악.

일에도 관심을 보이지 않아요.」 혹시 그런 부정적인 측면이 그녀를 슬프게 만드는지 물었다. 「나는 조슈아가 내게 조언을 구하려고 전화할 때가 제일 행복해요. 그럴 때면 내가 여전히 그 아이의 엄마라고 느끼기 때문이에요. 우리의 음악적 유대는 진짜예요. 그럼에도 나는 타고난 나의 성격에도 불구하고 지나치게 간섭하지 않도록 조심해야 해요. 더 이상은 그를 예전만큼 잘 알지 못하기 때문이에요.」

내가 어머니와 이런 대화를 했었다고 언급하자 조슈아는 억울한 표정을 지었다. 그가 말했다. 「어머니는 나를 무척 잘 알아요. 지금도 나는 누구보다 어머니의 의견을 신뢰해요. 연주회 프로그램을 짤 때도 여전히 어머니와 의견을 교환하죠. 콘서트가 끝난 후에 어머니에게 인정받기를 바라는 마음은 예나 지금이나 변함이 없어요. 내 생각에는 최선의 연주를 했음에도 어머니로부터 지난 번 연주가 더 좋았다는 말을 들으면 정말 속상해요.」 조슈아는 예전 여자 친구 리사와의 사이에서 2007년에 낳은 아들이 있는데, 그는 리사와 아들이 〈근본적으로 하나이고 정상적인 모자 관계〉라고 말했다. 「하지만 자식이 열다섯 살이 되었음에도 어머니가 여전히 그 자식에게 목을 매고 있다면 그건 바람직하지 못한 관계예요. 나는 20대일 때도 어머니가 여전히 내 세금 업무를 맡고 있었어요.」 그럼에도 그는 한 아이의 아버지가 되기로 결정할 때 어머니에게 조언을 구하지 않았다. 그가 말했다. 「어머니가 인정하고 인정하지 않고는 여전히 큰 영향력을 가져요. 따라서 중요한 문제에 대해서는 아예 어머니가 개입하지 못하도록 하는 것이 최선이에요.」

수평적 정체성을 가진 자녀의 대다수 부모들과 마찬가지로 셜리는 아들이 외로워질까 봐 걱정이다. 그녀가 말했다. 「조슈아는 애정 표현에 문제가 있어요. 다른 사람이 자신의 등 뒤에 있는 것을 싫어하죠. 내가 등 뒤에 있어 봐서 잘 알아요. 사람들 앞에서 그는 전적으로 자유분방하고, 농담도 잘하고, 무척 재미있어요. 그렇지만 그와 있으면 겸손해져요. 예컨대 이런 거예요. 그가 무슨 말을 하려고 하지? 나는 그가 먼저 이야기할 때까지 항상 기다려요. 그의 내면은 약간 수수께끼 같아요. 나는 사람들이 바로 그런 점 때문에, 도무지 알 수 없는 사람이라서 그에게 끌린다고 생각해요. 그리고 그를 알 수 없기는 나도 마찬가지예요. 그가 어렸을 때 나는 그를 위로해 줄 수 없었고, 어떤 면에서는 지금도 달라진 것이 없어요. 이러한 부분이 그의 천재성에 내포된 특성 중 일부라고 생각하고 그래서 마음이 아파요.」

1877년에 등장한 녹음 기술은 스스로 연주할 수 없고, 연주할 사람을 고용할 수도 없는 사람들에게도 음악을 흔히 접할 수 있는 것으로 만들어 주면서 사회적으로 광범위한 파급효과를 불러왔다.[131] 오늘날에는 음악을 듣는 데 어떠한 제약도 없다. 아이팟을 켜는 능력만 있으면 다른 기술이 필요 없고, 라디오를 살 돈만 있으면 추가로 발생하는 지출도 없다. 한때는 궁정에서만 들을 수 있던 아름다운 연주를 이제는 슈퍼마켓이나 자동차, 집에서도 얼마든지 감상할 수 있다. 인공 와우 이식수술 등장 이후 수화나, 사진 등장 이후의 그림과 마찬가지로 축음기 등장 이후의 라이브 공연과 관련해서도 서로 다른 완강한 견해가 대립했다. 이를테면 라이브 공연을 선호하는 음악가들은 이러한 기술적 변화가 여러모로 제한적이라고 느낄 수 있고, 음악을 널리 보급하는 데 관심 있는 음악가들은 동일한 변화에 대해서 무척 신 나는 일로 느낄 수 있다. 인과관계가 보다 간접적이기는 하지만 새로운 과학기술은 청각 장애인과 동성애자 문화를 위협하고 자폐 스펙트럼을 신경학적 다양성으로 보는 관점을 위협하고 있듯이, 확실히 음악 신동들의 장래성에 먹구름을 드리우고 있다. 적응과 도태를 둘러싼 논쟁은 소위 장애라고 불리는 다른 많은 영역에서와 마찬가지로 여기에서도 매우 의미가 있다.

최고의 음악가들 숫자는 꾸준히 증가함에도 음악을 들을 줄 아는 관객의 숫자는 계속 감소하는 추세다. 대체로 20세기 후반에 발표된 음악들의 귀에 거슬리는 이질적인 특징과 반(反)엘리트주의의 급부상, 콘서트 티켓 가격의 상승, 아동을 대상으로 한 음악 교육 프로그램의 폐지, 기술 발달에 힘입어 미디어 사용자들이 작고 관심의 폭도 좁은 집단으로 세분화되는 현상 때문이다. 이처럼 반비례하는 관계는 의술의 말살 위협을 받게 된 다음에야 비로소 주류 문화에 편입할 기회를 얻게 된 다른 정체성 집단들의 경험과 일맥상통한다. 우리는 다른 많은 것들과 함께 음악을 현대 생활에서 도려냈다. 신동을 이용하는 행위는 음악을 다시 우리의 생활 속으로 되돌려 놓으려는 시도의 일환이다. 예컨대 마크 유의 공연을 볼 때 청중은 기적 같은 한 아이의 모습을 보게 되는데 이는 온라인상에서 단순히 그 아이의 연주를 듣는 것하고는 전혀 다른 경험을 제공한다. 저스틴 데이비슨의 주장에 따르면 〈콘서트홀에서 라이브로 무언가를 전달하는 여덟 살짜리는 그 순간에 자신이 가진 모든 능력을 보여 준다. 여기에는 그가 여덟 살이라는 사실도 상당 부분을 차지한다. 사람들에게 반응을 이끌어 내는 것도 바로 그런 부분이다. 연주자가 자신의 능력보다 그 이상을 보여 주는 추상적인 공연이란 존재하지 않는다. 어떻게 무용가와 그 무용가의 춤을 따로 분리할 수 있겠는가? 이는 불가능한 일이며, 아울러 지극히 인위적인 시도다〉.

흔히 중국인으로 묘사되는 콘래드 타오는 사실 미국에서 태어난 신동이며, 마크 유보다 나이가 많고 키트 암스트롱보다는 적다.[132] 둘 다 과학자인 그의 부모는 프린스턴 대학에서 대학원 과정을 공부하기 위해 1980년대 초에 중국에서 건너왔다. 딸이 태어나고 얼마 뒤인 1989년에 천안문 사건이 발생했을 때 그들은 미국에서 조금 더 머물기로 결정했다. 만약 그들이 그때 돌아갔더라면 자녀를 한 명으로 제한하는 규정에 따라야 했을 터였다. 콘래드의 어머니 밍팡 팅은 〈우리가 미국에 계속 머물렀기 때문에 콘래드를 낳을 수 있었어요〉라고 설명했다. 그녀는 연구원이 되어 일리노이 대학에서 기상 변화를 예측하는 컴퓨터 원형을 개발했고, 콘래드의 아버지 샘 타오는 세계적인 통신 회사 알카텔 루슨트에서 기술자로 일했다. 그들 두 사람은 재능이 필요한 전문직에 종사했지만 어느 한쪽도 예술적 재능은 없었다. 밍팡이 말했다. 「문화대혁명 기간 중에 자랐기 때문에 우리는 애국가 같은 노래들만 불렀고 우리가 아는 음악이란 그 정도가 전부였어요.」 그녀와 샘은 음악을 사치스러운 어떤 것으로, 그래서 그들 자녀에게 주고 싶은 어떤 것으로 생각했다. 콘래드가 생후 18개월이었을 때였다. 가족의 지인 중 한 명이 그를 피아노 의자에 나란히 앉혀 놓고 피아노를 연주하기 시작했다. 그러자 콘래드가 그를 옆으로 조금씩 계속 밀치더니 결국에는 자신이 직접 그 곡을 마무리했다. 그 친구는 〈이런 아이가 음악가로 성장하지 못한다면 그건 자네들 잘못일세〉라고 말했다. 콘래드가 정말 쉬지 않고 피아노를 쳤기 때문에 그의 부모는 혹시 아들의 손가락에 문제라도 생길까 봐 걱정했고, 급기야는 피아노 선생이 그들 부부에게 피아노를 잠가 놓으라고 조언하기에 이르렀다.

밍팡은 아들의 재능 때문에 겁을 먹진 않았지만 신동이라는 호칭에 따라올 수 있는 부작용이 걱정되었고 그래서 아들에게 금방 익힐 수 없는 다른 기술들을 배우게 했다. 그녀가 말했다. 「그 아이의 재능을 내 공으로 돌릴 순 없지만 겸손한 미덕만큼은 내 덕분이라고 할 수 있어요.」 콘래드가 음악적으로 성장하면서 그녀는 아들이 자신의 예술 분야에서 발전할 수 있는 최고의 기회들을 놓치고 있다는 점에 관심을 갖기 시작했다. 「일리노이 샘페인에서는 신동이지만 어쩌면 다른 곳에서는 신동이 아닐 수도 있었어요.」 그래서 콘래드가 다섯 살 무렵에 그녀는 장기 휴가를 냈고 온 가족이 시카고로 이사했다. 그리고 1년 뒤에는 다시 뉴욕으로 이사했다. 그곳에서 콘래드는 줄리아드 음대의 베다 카플린스키를 만났고 그의 제자가 되었다. 이후로는 줄리아드의 작은 방음실 안에서 피아노를 쳤다. 밍팡이 말했다. 「사람들은 콘래드가 연습실에서만 피아노를 치기 때문에 콘서트홀의 느낌을 잘 모른다고 말해요. 하지만 우리만 즐겁다면 그 자체로 충분하다고 생각해요.」

콘래드의 부모는 그에게 경연을 포기하도록 종용했다. 밍팡의 설명에 따르면 〈경연은 슬픈 것〉이기 때문이다. 「이긴 사람은 이긴 사람대로 진 다른 친구들에게 미안하고, 진 사람은 진 사람대로 자책을 하잖아요.」 콘래드의 설명은 어머니와 달랐지만 그럼에도 다른 사람을 배려하는 세심함은 비슷했다. 「나는 콘서트에서 연주할 기회가 이미 있어요. 하지만 그렇지 못한 사람들도 많아요. 그런데 나까지 경연에 참여한다면 그들의 연주 기회를 빼앗는 거잖아요.」 밍팡은 그들의 태도가 전형적인 중국인들의 태도는 아니라고 인정한다. 「만약 중국에서 계속 살았다면 나는 내 아들이 모든 경연에 참가하길 원했을 거예요. 그가 경연에서 지기라도 하면 그에 대한 사랑이 식기도 했을 거예요. 하지만 나는 미국적인 사고방식을 갖게 되었고, 지금은 마음의 평온이 없는 한 진정한 아름다움을 창조할 수 없다고 믿어요.」 그녀는 자신을 하이브리드 어머니라고 생각한다. 중국인의 기준에서 보면 지나치게 개방적이고, 미국인의 기준에서 보면 지나치게 완고하기 때문이다. 콘래드는 양면적인 태도를 보인다. 그가 말했다. 「나는 동양인이라는 꼬리표를 떼고 싶지 않아요. 꼬리표를 떼려고 애쓰는 것이 오히려 진짜 자기혐오처럼 느껴지기 때문이에요. 그럼에도 중국계 미국인 신동 피아니스트로 분류된다는 점에서 내게는 이미 너무나 많은 꼬리표가 달려 있어요. 부모님은 자유를 누리지 못하고 자랐기 때문에 내가 아는 몇몇 미국인들보다 자유의 소중함을 실제로 훨씬 잘 알아요. 음악을 모르고 자랐기 때문에 음악의 고마움도 잘 알죠. 그리고 나는 그 수혜자인 셈이에요.」

콘래드는 콘서트 일정이 너무 복잡해져서 규칙적인 학교생활을 할 수 없기 때문에 독학을 하고 있다. 그는 자신의 사교 생활이 그다지 활발하지 않음을 인정했다. 그렇지만 학교생활도 그다지 나을 것은 없었다.

그가 말했다. 「그들은 모두 내가 똑똑한 척한다고 생각했는데 그들의 생각이 딱히 틀렸다고 말할 수도 없을 것 같아요.」 베다 카플린스키는 그가 교양 과목까지 배우면 음악에 집중할 수 없을까 봐 우려했지만 밍팡은 줄리아드에서 공부를 계속하면서 컬럼비아 대학에도 등록하라고 그를 격려했다. 밍팡이 내게 말했다. 「음악은 기후와 비슷해요. 무수히 많은 변수가 존재하는 거대한 시스템이죠. 콘래드가 하는 일도 내가 하는 업무와 매우 비슷해요. 요컨대 혼돈처럼 보이는 어떤 것을 이해하기 위해서 구조를 파악해야 하죠.」

사람의 지성은 새로운 자극을 받을 때 참신한 가치를 갖고, 열다섯이던 콘래드는 그런 특별한 순수함 가운데 있었다. 그가 말했다. 「나는 베다 교수님에게 배우는 것만큼이나 세상에는 배울 게 많다고 생각하고, 심지어 모르는 사람들에게도 배울 점이 많을 거라고 생각해요. 책에도 배울 것이 많아요. 영화에도 많죠. 예술이나 인생, 과학, 수학 등 모든 것에는 나름의 배울 것이 많아요. 나는 일종의 스펀지 같은 사람이에요. 우리는 포스트모던 시대를 살아가고 있으며 이 시대의 아이들은 온갖 종류의 음악을 듣고 또 연주하고 싶어 해요. 문자를 보내면서 말이죠. 나도 그런 아이들 중 한 명이에요.」 그의 믿음에 따르면 새로운 관객은 육성되어야 한다. 「나는 인디 록커들이 클래식 음악계보다 실험적인 시도에 대해 훨씬 수용적인 현실을 늘 애석하게 여겨 왔어요.」 그가 한숨을 내쉬었다. 「나는 음악을 바라보는 관점이 이를테면 매주 변해요. 호르몬 분비가 불균형하기 쉬운 10대잖아요. 기회만 있으면 나 자신을 드러내고 싶어 하죠. 어떤 주장도 수용할 수 있고 다른 사람의 주장을 자기에게 유리하도록 바꿀 수 있는 사람이 정치가가 되는 거예요. 나로서는 절대 불가능한 일이죠. 나는 예술가이고 따라서 내 관점을 주장할 수 있을 뿐이에요.」

클래식 음악과 대중음악 사이의 틈이 계속 벌어지는 가운데 이 문제의 해결을 시도한 최초의 접근법은 클래식 음악 작곡가들이 양쪽 관객 모두에게 어필하는 음악을 가지고 그 틈으로 들어가려고 한 시도였다. 저스틴 데이비슨이 말했다. 「한쪽의 자만과 다른 한쪽의 미숙함 사이에는 항상 일종의 DMZ가 존재한다. 하지만 미적 감각이 어떻게 합병되든 간에, 예술가는 한편으로 자본주의적이고 상업적인 세계를 상대하면서 동시에 다른 한편으로는 비영리적인 세계를 상대한다. 그처럼 서로 다른 경제 모델을 동시에 만족시키는 작업은 결코 쉬운 일이 아니다.」

그들의 언어가 죽어 가는 듯 보이는 데 대한 두려움과, 광범위한 찬사와 그에 따른 금전적 보상에 대한 열망으로 작곡가들과 연주자들은 한때 그들이 무시했던 주류 문화로 뛰어들었다. 랑랑은 통속적인 광고에 출연하고, 조슈아 벨은 영화음악부터 블루그래스까지 크로스오버 음악을 연주하며, 콘래드 타오는 자기 음악의 관객을 만들어 내는 것 또한 음악가의 일이라고 생각한다. 크리스천 샌즈와 니코 멀리, 개브리엘 카한 같은 젊은 작곡가들과 연주자들은 클래식과 팝의 경계를 부드럽게 만들어서 폭넓게 어필할 수 있는 음악을 만들려고 노력한다. 그들은 자신의 정체성이 사라지는 것을 막기 위해 싸우고 있다.

크리스천 샌즈는 가스펠과 재즈, 팝을 들으면서 자랐다.[133] 그는 세 살 때, 피아노 레슨을 받기 시작한 지 겨우 1년 만에 교회 장기 자랑에서 일등을 차지했다. 그리고 네 살 때는 코네티컷 뉴 헤이븐에서 지역 작곡가상을 수상했다. 그의 아버지 실베스터가 거대 농산물 기업인 카길에서 야간 근무를 했기 때문에 크리스천은 밤마다 어머니 스테퍼니와 단둘이 집에 있어야 했다. 스테퍼니가 말했다. 「음악은 나를 안심시켜 주었고, 크리스천과 내가 강해질 수 있는 방법이었어요.」 크리스천이 유치원에 다니기 시작했을 때였다. 하루는 유치원 선생님이 스테퍼니에게 그녀의 아들이 가만히 앉아 있지 못하고 마치 다른 행성에 있는 듯 보인다고 걱정했다. 스테퍼니가 그녀에게 말했다. 「그는 다른 행성에 있는 것이 아니라 머릿속에서 음악을 만들고 있는 거예요. 낮잠 시간 전에 다른 아이들을 위해 자장가 같은 곡을 연주하게 해주면 꼼지락거리는 행동을 멈출 거예요.」크리스천은 안방에 바로 붙어 있는 옆방을 사용했는데 그의 부모는 그가 잠을 자러 방에 들어간 다음에, 요컨대 피아노를 치기에는 너무 늦은 시간임에도, 마치 책상이 건반이라도 되는 양 손가락으로 두드리는 소리를 듣고는 했다.

처음부터 크리스천의 연주는 즉흥적이었다. 실베스터가 말했다. 「그는 바흐의 곡을 연주하는 중간에도 쇼팽의 곡에 있는 부분을 조금씩 섞을 수 있었어요.」크리스천이 일곱 살 때 선생님은 그가 재즈 선생님을 구해야 한다고 말했다. 크리스천이 당시를 회상했다. 「나는 사물을 재구성하는 능력이 있었는데 아무도 내게 〈그렇게 하지 마!〉라고 강요하지 않았어요. 한때는 내 양손에 뇌가 있다고 생각했어요. 지금도 나는 내 손을 〈작은 사람〉이라고 불러요. 각각의 손가락이 그렇게 하고 싶을 때는 서로 다른 일을 할 수 있기 때문이죠.」

크리스천의 선생님이 그에게 예일 대학의 대형 콘서트장인 스프라그 홀에서 공연할 수 있는 기회를 만들어 주었다. 크리스천이 말했다. 「3중주곡이었어요. 베이스 연주자가 65세였고, 드럼 연주자가 대략 58세였으며, 나는 아홉 살이었는데 내가 리더였죠. 나는 관객을 신경 쓰지 않았어요. 이를테면 아이가 장난감을 가지고 노는데 부모님에게 손님이 찾아오는 상황과 비슷해요. 아이는 어른들이 같은 방에 있든 없든 상관하지 않아요. 단지 장난감 기차를 가게 하거나 블록 탑을 완성하는 데 열중하죠. 피아노는 내 장난감이었고 나는 내가 창조한 나만의 세계 속에 있었어요.」크리스천에게 기립 박수가 쏟아졌다. 그의 부모는 무대 뒤로 아들을 찾아갔고 턱시도를 입은 채로 바닥에 누워서 책을 읽고 있는 그를 발견했다.

연주 초청이 마구 쏟아져 들어오기 시작했다. 크리스천이 열한 살이 되었을 때는 이미 그의 음악이 라디오 전파를 타고 있었고, 그는 집에서 녹음한 CD 음반을 판매하고 있었다. 이듬해에는 뉴 헤이븐 학군의 총 1만 5천 명에 달하는 6학년 학생들을 위해서 특별 콘서트를 열었다. 예일 대학의 비밀 동아리 〈해골과 뼈〉의 칵테일파티에서 연주를 해달라는 요청도 받았다. 이 파티에는 데이브 브루벡의 주치의도 손님으로 참석했는데, 그는 나중에 크리스천이 브루벡에게 레슨을 받을 수 있도록 다리를 놓아 주었다. 열다섯 살 때는 닥터 빌리 테일러를 만났고 처음으로 메이저급 앨범을 제작했다. 고등학교에 들어가서는 이미 일주일에 네 차례씩 공연을 갖고 있었다.

크리스천의 겸손함은 은연중에 약간의 경외감을 불러온다. 그는 잘생겼고, 상냥하며, 아무리 힘들어도 내색하지 않기를 좋아한다. 그가 너무 바빠서 도대체 같이 어울릴 수가 없다고 불평하는 친구에게 크리스천은 〈너는 내 친구지만 음악은 내 연인이고 따라서 음악이 항상 제일 우선이야〉라고 대답했다. 스테퍼니의 설명이다. 「그는 심지어 우리한테서도 자신을 격리시킬 필요가 있어요. 그런 점 때문에 많이 힘들 거예요. 그럼에도 보트를 운전하는 사람은 언제나 그 아이였고, 우리는 다만 그 보트가 침몰하지 않도록 신경을 쓸 뿐이에요.」 실베스터가 말했다. 「우리는 크리스천에게 〈연주하기 전에 항상 기도하고, 너의 재능을 네 자신이 아닌 다른 사람들을 위해서 사용하거라〉라고 말했어요.」 스테퍼니는 어린 유명 인사들이 나오는 토크쇼를 보면서 크리스천에게 어떤 부모가 되어야 할지 유추했다고 설명했다. 「내가 영재성을 정말로 이해한 적이 있는지는 나 자신도 의심스럽지만 그에게 피아노를 주지 않을 바에는 차라리 공기를 빼앗는 편이 더 낫다는 사실은 알았어요.」 한편 크리스천의 부모는 아들이 청소년기의 일상적인 즐거움까지 몰수당하는 것을 원치 않았다. 그들은 늦은 밤까지 이어지는 콘서트의 중간 휴식 시간에 아들과 함께 몰래 무대 뒷문으로 빠져나가서 술래잡기도 하고 느긋함도 즐겼다.

열일곱 살이던 2006년에 크리스천은 그래미상 시상식에서 전설적인 재즈 피아니스트 오스카 피터슨을 위해 연주해 달라는 요청을 받았다. 피터슨이 휠체어를 타고 무대에 오를 거라는 이야기도 미리 들었다. 크리스천이 피터슨의 곡 「켈리의 블루스」를 연주하기 시작했다. 크리스천의 설명이다. 「두 번째 후렴구를 한창 연주하고 있을 때 몇몇 사람이 박수를 쳤어요. 당연히 나를 향한 박수일 거라고 생각했죠. 그런데 갑자기 어떤 화음이 들렸고, 나는 속으로 〈잠깐, 이 화음은 내가 치고 있는 게 아닌데?〉라고 생각하면서 고개를 들었어요.」 피터슨이 휠체어에서 일어나서 무대에 준비된 다른 피아노로 다가갔고, 그들은 피아노를 이용해서 대화와 결투의 중간쯤 되는 어떤 것을 시작했으며, 마침내 서로 크게 기뻐하면서 공연을 마쳤다.[134]

　실베스터의 표현에 따르면 계속해서 맨해튼 음대에 진학한 크리스천은 그곳에서 자신이 이미 하고 있던 일의 본질을 배웠다. 샌즈 부부에게 아들의 음악적 감수성을 길러 주기 위해서 두 사람이 각각 어떤 역할을 하는지 묻자 실베스터는 그가 선호하는 일정한 조화를 자신의 공으로 언급했고, 스테퍼니는 자신이 이야기를 만드는 법을 가르쳤다고 대답했다. 내가 샌즈 가족의 집을 방문했을 때 크리스천은 스물한 살이었고, 두바이 출신의 메조소프라노와 자신의 로맨스에 대략적으로 기초해서 재즈와 클래식을 반반씩 혼합한 오페라를 작곡하던 중이었다. 그가 말했다. 「그녀의 이야기는 내 이야기만큼이나 기이해요. 요컨대 지금 작곡하고 있는 오페라는 모두가 스포츠를 즐기고 있을 때 나는 재즈를 하고, 모두가 쇼핑과 이슬람에 빠져 있을 때 그녀는 오페라를 한다는 내용이에요.」 그가 소리 내어 웃었다. 「나는 오페라 음악을 만들고 싶은 걸까요? 아니면 치열하고 노골적인 재즈를 하고 싶은 걸까요? 아프리카계 쿠바 사람이 되고 싶은 걸까요? 아니면 이 새로운 라틴 형식을 사용해 보고 싶은 걸까요? 천지가 개벽한 이래로 인간은 나뭇가지와 열매를 따로따로 보관했어요. 아주 오랜 세월 동안 그렇게 해왔고, 그래서 지금도 인간은 모든 것을 분류하고, 그렇기 때문에 그토록 많은 장르와 하위 범주들이 존재하는 거예요. 그런 측면에서 본다면 내 음악은 새로운 짐승이고, 길들여지지 않았으며, 뉴욕의 거리를 맹렬하게 뛰어다니죠.」

대다수 학교에서는 음악 교육이 사라졌다. 이제 사람들은 클래식 음악에 대해 단순히 무지하기만 한 것이 아니다. 그들은 일반적으로 클래식 음악과 거리가 먼 교육을 받는다. 땅딸막하고 뚱한 표정의 폴 포츠가 2007년에 「브리튼스 갓 탤런트」에서 푸치니의 「공주는 잠 못 이루고」를 불렀고, 열광적인 박수 세례를 받았다. 유튜브에 공개된 그의 공연 동영상은 거의 1억 건의 조회수를 기록했다. 그의 팬들은 포츠의 비록 감동적이기는 했지만 명백히 비전문가적인 공연에도 불구하고 푸치니 음악의 아름다움에 반응했다. 불과 몇 년 뒤에 똑같은 일이 또 있었다. 여덟 살의 재키 에반코가 미국의 유사한 프로그램에서 푸치니의 오페라곡 「오 사랑하는 나의 아버지」를 불렀을 때였다. 의심할 여지없이 푸치니는 포퓰리스트였다. 그럼에도 이런 현상들은 클래식 음악을 들을 생각이 전혀 없던 사람들도 클래식 음악을 듣고서 한순간에 매료될 수 있다는 사실을 보여 준다.[135]

역설적이게도 클래식 음악에 대한 전반적인 교육이 사라져 가는 마당에도 실질적인 음악가들을 둘러싼 교육은 여전히 경직되어 있다. 로버트 시로타는 〈공포정치 시대 이래로 음악원은 근본적으로 변한 게 없다. 그들에게는 기꺼이 공연 레퍼토리를 재검토하고, 콘서트의 본질을 재검토하고, 사람들이 음악을 듣고 감상하는 방식을 재검토해 줄 인습 타파주의자가 필요하다〉고 주장했다.

버니 하비와 프랭크 멀리는 이를테면 부전승으로, 큰 힘을 들이지 않고 결혼에 골인했다.[136] 버니의 이전 남자 친구는 브라운 대학에서 퇴학을 당하면서 그의 고지식한 친구 프랭크에게 그녀를 돌봐 달라고 부탁했다.

고고 댄서로 시간제 일을 하던 버니는 한 여성과 깊은 관계였다. 버니가 말했다. 「하지만 내 안의 삐딱한 어떤 면이 하나의 프로젝트로서 그와 겨루게 했어요. 그리고 부작용이 생겼죠. 그와 사랑에 빠진 거예요.」 프랭크는 대학원을 중간에 그만두고 때때로 영화나 다른 프리랜서 일을 하면서 직업적인 야망과는 거리가 먼 삶을 살았다. 1974년에 버니가 회화 부문 로마상을 수상하면서 그들은 2년 예정으로 이탈리아로 이사했다.

다시 고향으로 돌아왔을 때 그녀와 프랭크는 아이를 갖기로 했다. 그녀가 말했다. 「나는 부모가 되려면 어떤 희생을 감수해야 하는지 몰랐어요. 지금에 와서 생각하면 예술과 비슷한 것 같아요. 둘 다 재료가 있어야 하고, 할 수 있는 한 최선을 다해 지극히 창조적으로 그리고 애정을 담아서 그 재료를 다루어야 하기 때문이에요.」 니코 멀리는 버몬트 주(州)에서 태어났다. 생후 9개월에 그는 새 울음소리를 흉내 내기 시작했고 이내 울음소리만 듣고도 붉은 꼬리 말똥가리를 구분했다. 겨울이 되면 그들 가족은 로드아일랜드의 프로비던스에서 지냈으며, 니코는 그 마을 성가대에서 노래하는 4학년 동급생 친구가 있었다. 어느 날 그 친구가 자기와 함께 성가대에 가자고 제안했다. 엘리자베스 시대의 합창 음악이 들리는 가운데 니코는 금방 편안함을 느꼈다. 그가 말했다. 「프로비던스 시내는 무척 단조로운 곳이었어요. 그리고 시내 한가운데에 오래되고 웅장한 하이 앵글리칸교회가 있었는데 교회를 운영하던 독특하고 알 수 없는 그 남자는 무척 흥미로운 음악 프로그램을 진행했어요.」 몇 달 뒤 버니가 니코를 보스턴에 있는 트리니티 교회에 데려갔고, 교회의 음악 감독이 그에게 오르간을 좋아하는지 물었다. 니코는 곧장 오르간 앞에 앉아서 기억에 의지해서 바흐의 서곡과 푸가를 연주했다. 버니는 눈물이 터져 나왔다. 그녀가 말했다. 「페달에 발이 닿기나 했는지 모르겠어요. 니코가 노래를 한다는 것은 알았지만 오르간까지 배운 줄은 전혀 몰랐어요. 그처럼 놀라운 재주를 내게 숨기고 있었던 거죠.」 그날 느지막에 니코는 하버드 광장의 한 카페에서 종이 냅킨에다 키리에를 작곡하기 시작했다. 그리고 불현듯 자신에게 중요한 게 무엇인지 깨달았다.

프랭크가 〈그것은 이를테면 새소리 같은 거였어요. 무언가가 그의 내면에 있는 어떤 것을 촉발했고 그 어떤 것이 순식간에 만개한 거죠〉라고 말했다. 버니가 웨슬리 도서관에서 빌린 CD와 악보를 집에 가져오기 시작했고, 니코는 그런 것들에 강한 집착을 보였다. 그가 말했다. 「하루는 메시앙이었다가 그다음날은 이를테면 〈마림바에 대해 모든 걸 알고 싶어〉라는 식이었죠. 19세기의 것을 원한 적은 한 번도 없었어요. 훨씬 이전이나 아예 현대적인 음악을 원했어요. 그런 음악들이 마치 마약처럼 나를 미치게도 만들고 행복하게도 만들었어요.」

니코가 열두 살 때 버니는 객원 예술가 자격으로 로마의 아메리칸 아카데미로 돌아갔다. 어머니를 따라간 니코는 이탈리아 학교에 들어갔다. 아카데미에 작곡가용 스튜디오가 하나 남게 되자 한 아카데미 회원이 니코를 자신의 피아노 학생으로 받아 주었다. 버니가 말했다. 「집에서는 평범한 환경에 있는 특이한 아이였지만 그곳에는 전부 특이한 사람밖에 없었고 니코는 그럭저럭 특이한 환경에 있는 평범한 아이가 될 수 있었어요.」 니코가 말했다. 「그 모든 것이 황홀하게 느껴졌어요. 사람들은 그들이 참을 수 있는 한 하나같이 내게 맞춰 주었죠. 게다가 나는 이제 음악가였어요.」

프로비던스에 돌아온 후로 니코는 그가 다니는 고등학교에서 모든 뮤지컬을 감독했고, 「바이 바이 버디」 같은 뮤지컬의 중간 중간에 스트라빈스키와 아바의 곡들을 삽입했다. 한편 그들 가족은 심각한 재정난을 겪었다. 니코에게 심한 우울증의 그림자와 더불어 강박 장애가 나타나기 시작했다. 열네 살 때 그는 탱글우드의 여름 음악 프로그램에 참가했고 그곳에서 다른 어린 작곡가들을 만났는데 그들 중 상당수는 이름만 대면 알 정도로 유명한 프로그램에 참가한 경험이 많은 학생들이었다. 니코는 생전 처음으로 완전히 음악적인 환경에 빠져들었다. 그는 다른 학생들처럼 화려한 교육 이력은 없었지만 대신 그들에게 꿀리지 않을 만큼의 다른 경험이 있었다. 「나는 세상 경험이 많았어요. 나폴리행 기차표를 예매할 수도 있었죠. 많은 아이들이 단단히 고삐가 채워진 채로 엄격한 통제를 받았어요. 한국에 있는 그들의 부모는 하루에 두 번씩 기숙사로 전화를 걸었어요.」 니코는 이어서 컬럼비아 대학과 줄리아드 음대를 동시에 다녔고, 컬럼비아 대학에서 영어와 아랍어를 복수 전공했다. 그가 말했다. 「나는 광란의 둔주 상태에 빠졌어요. 당신이 상상할 수 있는 모든 자기 파괴적인 행동을 했어요. 밖으로 나가서 낯선 사람들과 공원에서 그 짓만 하지 않았을 뿐이에요. 작곡 때문이었어요. 한밤중에 일어나 모니터 밝기를 낮춘 채 숨어서 작업을 하기도 했어요. 몰래 음식을 먹는 행동과 비슷했죠. 그때 문득 술을 진탕 마시면 집착에서 벗어날 수 있다는 것을 깨달았어요. 최악의 방법이었죠. 결국 나는 우스꽝스러운 정신과 의사를 찾아갔고, 겨우 정상으로 돌아왔어요.」

니코가 청각적이라면 버니는 시각적이지만 그들은 음식 언어를 공유한다. 버니는 굉장한 요리사다. 직접 채소도 재배할 뿐 아니라 가축을 도살하고 손질도 할 수 있다. 나를 만난 직후에 니코는 자신이 가장 좋아하는 사진이라며 그녀가 돼지의 몸통 반쪽을 들고 있는 사진을 보내왔다. 프랑스 사람인 그녀의 어머니는 오리 압축기가 두 개나 있고 직접 재배한 제비꽃으로 설탕 절임을 만드는 흠 잡을 데 없는 주부였다. 컬럼비아 대학 기숙사로 들어간 니코에게 그의 할머니는 채칼을 보내 주었다. 니코의 주장에 따르면 그는 대학에 들어가기 전까지 마요네즈를 상점에서 살 수 있다는 사실을 몰랐다. 버니가 말했다. 「니코가 나의 그런 면을 좋아한다는 사실이 정말 자랑스러워요. 나는 항상 그 아이가 무언가에서 행복을 찾길 바랐어요. 그게 바로 음악이었죠. 하지만 일을 벌이고 실수를 저지르는 것에 대해서도, 그리고 부엌에서 한가하게 시간을 보내는 것에 대해서도 재미와 안정감을 느끼도록 해주었고, 그렇게 한 것이 그와 그의 음악에도 도움이 된 것 같아요.」 그들 사이에 가끔 불화가 있어도 음식에 관한 이메일을 주고받음으로써 해결한다. 니코가 말했다. 「예컨대 어머니가 내게 식용 근대에 관한 20문단 정도 되는 장문의 이메일을 보내는 식이에요. 그럼 모든 게 오케이죠.」

버니의 이야기에서는 정직하고자 하는 거의 광적인 노력을 느낄 수 있는 반면에 니코는 진실을 시시하게 여기는 이야기꾼 같은 면이 있다. 그들은 서로를 좋아하고 그래서 삐걱거리기도 하지만 과정을 중시한다는 공통점이 있다. 니코가 말했다. 「비록 우리 귀에는 들리지 않지만 음악 안에는 애초 고안된 목적대로 일하는 작은 기계가 하나 있어요. 어떤 곡에서는 그 기계가 믿을 수 없을 정도로 표면에 드러나 있어요. 또 어떤 곡에서는 꼭꼭 숨어 있거나 아예 제거된 경우도 있죠.」 그의 두 번째 앨범 「모국어」는 단순하고 아기자기한 선율을 담고 있다. 「설령 포크송이라 할지라도 그 안에는 내가 알아내고, 내 작품을 구조화할 때 참고하고, 그 뒤로는 존재 자체를 완전히 잊어버리는 거대한 수학이 존재해요. 모든 창작 활동에는 겉으로 드러나지 않는 부분에 대한 헌신이 존재해요.」

니코는 아메리칸 발레 시어터의 발레곡과, 메트로폴리탄의 오페라곡, 가수 비욕의 편곡 작업 등을 의뢰받았다. 일부 평론가들이 느끼기에 그의 음악은 지나치게 고혹적이다. 니코에게 많은 영향을 끼친 작곡가 존 애덤스는 〈아직 어린 작곡가가 그처럼 소리의 고혹적인 측면에만 관심을 기울이는 것이 과연 옳은 일인지 나는 잘 모르겠다〉고 말했다. 니코의 관점에서 탁월한 것이 사랑스러울 수 없다는 통념은 조성(調性) 음악 시대 이후에 등장한 음악적 브루탈리즘의 잔존물이다. 그가 말했다. 「오늘날의 클래식 음악에는 무차별적으로 추한 국제 공용어가 존재해요. 「스픽스 볼륨스Speaks Volumes」 앨범은 일부러 듣기 좋게 만들었어요. 클래식 음악을 하는 사람들도 이런 음악을 할 수 있으며, 그럼에도 거기에 의미를 담고 감성적인 콘텐츠를 담을 수 있다고 주장하기 위해서예요. 만약 내 작품에 감성적인 깊이가 있다면 그건 청중에게 안도감을 주었다가 도로 빼앗길 반복함으로써 그들의 기대치를 낮추기 때문이에요. 또는 혹시 마녀의 사탕은 아닐지 의심이 들 정도로 지극히 매력적이고 달콤한 어떤 것이 존재하기 때문이죠.」

　니코는 보통 두 대의 컴퓨터를 켜 놓고, 따라서 스크래블 게임을 하거나 이메일을 쓰면서 작곡을 병행할 수 있다. 그가 말했다. 「나는 아무런 야망이 없어요. 집착만 있을 뿐이죠. 하지만 집착에는 전진 동력이 없어요.」 그는 그의 풍부한 재능이 아직 그만의 목소리를 찾지 못했다는 사람들의 평가를 인정했다. 「자신이 표절했다는 사실을 인정하기만 하면 모든 대화가 쉬워져요. 그래서 나는 사람들이 내 작품을 표절이라고 떠들면 〈내가 정확히 어떤 마디를 표절했는지 알려줄게요〉라는 식이에요.」 한편 그는 음악을 설명하는 언어의 역할에 대해서 양면적인 태도를 보인다. 「내가 알기로 사람들은 예술의 본질에 대해 떠벌리기를 절대로 그만두지 않을 거예요. 그들은 이를테면 〈당신의 음악은 듣기 나쁘다〉라는 식이죠. 콘서트장에 가서 공연을 굳이 이해하려고 애쓰지 말아야 해요. 솔직히 말해서 그런 행동의 이면에는 〈나는 멍청이가 아니다〉라고 보여 주려는 의도가 깃들어 있다고 생각해요. 나는 사람들을 즐겁게 해주고 싶어요. 음악은 일종의 음식이에요. 청중은 음악을 소비해야 해요. 나는 〈정적보다 낫다〉라는 말을 좋아해요. 예컨대 이런 거죠. 이 작품은 정적보다 나은 것 같아? 우리는 예술 분야에 종사하고 있을 뿐 아니라, 연예 사업인 동시에 영적이고 감성적인 요식 산업에 종사하고 있어요. 그 점을 늘 명심해야 해요.」

　신동을 양육하는 일에는 부모가 자신의 화려한 삶을 희생하는 부분도 포함되었지만 버니 하비는 다른 부모들에 비해 선뜻 그러한 희생을 받아들이지 못했다. 그녀가 니코의 재능이나 성공을 시기한다는 느낌은 전혀 없었다. 그녀는 니코의 성공을 자랑스러워하고 기뻐하는 게 분명하다.

하지만 니코의 성공은 재정적으로 아들을 뒷바라지하기 위해 예술가로서 그녀가 포기해야 했던 부분들을 더욱 두드러지게 했다. 문제는 그녀가 갖고 있는 페미니스트로서의 전형적인 굴레다. 만약 누군가의 어머니가 되지 않았더라면 그녀는 어쩌면 훨씬 화려한 경력을 갖게 되었을지도 모른다. 반면에 직업을 갖지 않았더라면 훨씬 좋은 어머니가 되었을 수도 있다. 니코는 어머니가 자신을 위해 희생했다는 사실에 죄책감을 느꼈고 그래서 분노했고, 그녀는 그녀대로 아들의 자립에 공허함을 느꼈다. 그녀는 아들을 둔 화가가 되기를 꿈꾸었지만 결과적으로는 그림도 그리는 어머니가 되었다. 그녀의 낙심은 니코에게 부담으로 작용했다. 그들은 트리스탄과 이졸데의 「사랑의 죽음」을 일종의 장기 공연처럼 연기하고 있으며, 이 공연에서 니코는 어머니의 가장 훌륭한 예술 작품이 되기 위해 끊임없이 그녀의 생명을 갉아먹어야 한다. 그가 말했다. 「어머니가 예술가가 될 수 있었음에도 내게 기회를 주려고 포기했다는 이야기는 더 이상 듣고 싶지 않아요. 정말 짜증나요. 한편으로 나는 어머니가 요리에서 느끼는 즐거움을 그대로 물려받았어요. 그리고 그 즐거움은 내가 무슨 생각을 하든 언제나 중심을 잡아주죠.」 버니는 니코의 성공에서 뒤로 살짝 물러나 있는 태도를 보인다. 그녀가 말했다. 「사람들은 〈축하해요, 니코가 정말 대단한 성공을 거두었군요〉라고 이야기해요. 니코의 성공과 관련해서 나는 아무것도 한 일이 없어요. 그럼에도 프랭크와 내가 축하를 받아야 할 일이 있다면 니코가 행복하게 사는 법을 아는 사람으로 자랐다는 점이에요. 현재까지는 통제된 비애를 선택한 상황이지만 그에게는 다른 대안도 있어요.」

니코는 자신의 일대기에 대해서는 관대한 태도를 보이면서도 내면의 영적인 부분에 대해서는 지독할 만큼 방어적이다. 관대한 측면은 자신을 감추기 위한 허세였다. 니코가 말했다. 「초기 영국 국교회의 음악을 보면 당신과 문제의 핵심 사이에는 여러 개의 장막이 있어요. 작곡가 벤저민 브리튼의 음악은 정말 활기가 넘치지만 그 안에도 항상 이런 유형의 완곡함이 존재해요. 그럼에도 청중은 그가 보여 주고자 하는 벌떡거리는 심장을, 유물을 볼 수 있죠.」 니코 멀리에 대한 대중적인 평가는 그가 즐거워 보이지만 실제로는 슬픈 사람이라는 것이다. 요컨대 벌떡거리는 심장은 슬프지만 그 앞에 있는 장막이 사랑스럽다는 것이다. 하지만 이러한 평가는 그를 끔찍하게 격하시킬 뿐이다. 그는 우리가 기쁨과 슬픔을 동시에 느낄 수 있도록 감정의 스펙트럼을 통합하면서도 절대로 각각의 감정을 평준화하지 않는다. 청중은 그의 기쁨에 닿고자 손을 내밀었다가 예상치 못한 슬픔을 한 움큼 꺼내게 되는데 자세히 살펴보면 그들이 꺼낸 슬픔 안에는 기쁨의 입자들이 가득하다.

대부분의 경우에 사회적인 환경에 의해 성과가 좌우된다는 점에서 천재성에 대한 편견을 바로잡는 일도 사회의 책임이다. 어떤 면에서 천재성은 최고의 수평적 정체성이다. 스키에 선천적인 소질이 있지만 과테말라에서 가난하게 태어난 사람은 절대로 자신의 소질을 발견하지 못할 가능성이 많다. 아무리 컴퓨터 프로그래머로서 가장 중요한 재능을 타고난 사람이라도 15세기에는 크게 성공하지 못했을 것이다. 만약 레오나르도 다 빈치가 이누이트족으로 태어났어도 그토록 바쁜 일생을 보냈을까? 갈릴레오가 1990년대에 살았더라면 끈 이론*을 발전시킬 수 있었을까? 이상적으로 말하면, 천재가 재능을 실현하기 위해서는 도구와 환경뿐 아니라 동료와 추종자로 이루어진 특정한 수용 집단이 필요하다. 미국의 인류학자 앨프리드 크로버가 1940년대에 주장했던 것처럼, 천재는 천재를 낳는다.[137] 아이작 뉴턴 경은 〈내가 조금 더 멀리 봤다면 그건 그대들 같은 거인의 어깨 위에 서 있었기 때문이오〉[138]라고 인정했다. 〈성인(聖人)〉과 마찬가지로 〈천재〉란 상당한 시간과 몇 번의 기적이 있어야 비로소 정당하게

---

* 만물의 최소 단위가 입자가 아닌 〈진동하는 끈〉이라고 보는 물리 이론.

붙을 수 있는 꼬리표다. 우리는 보다 인간적이고 나은 세상을 만들기 위해서 장애인을 돕는다. 비범함에 대해서도 동일한 마음가짐으로 접근할 수 있다. 동정은 장애인의 자존감을 저해한다. 탁월한 재능을 가진 사람들에게는 적의가 유사한 장애물이다. 동정과 적의는 하나같이 우리와 근본적으로 다른 사람들에게 두려움을 느낄 때 나타나는 징후다.

줄리아드 음대의 학장 조지프 폴리시는 클래식 음악에 대한 헌신이 〈후천적인 청취 방식〉에 근거한다고 주장했다. 미국의 팝 문화가 20세기 후반에 세계적인 거대 괴물이 되고, 다문화주의가 비영리 보조금을 신청하는 키워드가 되면서 클래식과 실험 음악계는 익히 알려진 엘리트주의로 인해 놀라운 속도로 청중을 잃었다. 클래식과 실험 음악이 배타적이라고 일축하는 주장이 유행처럼 되었음에도 이는 의미론적인 논쟁에 불과하다. 비(非)엘리트 집단이 클래식 음악의 성스러운 전당에 들어오는 것을 막을 사람은 없다. 그럼에도 클래식 음악은 대체로 유럽의 귀족적인 전통과 예배식 전통에 뿌리를 둔 후천적인 취향이고, 부유한 사람일수록 이러한 전통을 편하고 익숙하게 느낄 가능성이 많다. 진짜로 난해한 문제는 과연 클래식 음악에 그런 노력을 쏟을 가치가 있는가 하는 점이다. 로마의 철학자 루크레티우스는 숭고함이란 손쉬운 즐거움을 난해한 즐거움으로 대체하는 기술이라고 정의했고,[139] 거의 2000년의 세월이 지난 시점에 독일의 쇼펜하우어는 고통의 반대가 지루함이라고 선언했다.[140] 클래식 음악은 그에 대한 충분한 지식이 없는 사람들을 따분하게 만들 수도 있지만, 클래식 음악을 공부하는 사람들을 열광하게 만들 수도 있는 복잡성을 내포하고 있다. 익히 알려진 무수한 결함에도 사람들은 난해함 속에서 의미를 찾는 법을 배웠고, 청각 장애나 다운증후군 같은 장애가 프로코피예프에 매력을 느끼고자 하는 고된 노력을 무색하게 만들지도 모르지만, 노력을 통해 의미를 탐구하는 과정 자체는 둘 다 크게 다르지 않다. 둘 중 어느 경우든 노력을 통해 얻은 즐거움이 수동적인 즐거움보다 훨씬 크기 마련이다.

장애가 있거나 불리한 상황에 있는 사람들을 위한 보다 나은 복지 혜택은 그들이 보다 잘 기능하고, 그 결과 다방면에서 그들 자신을 스스로 부양할 수 있게 해준다. 영재를 교육하는 일도 마찬가지로 사회에 이익이다. 과학과 문화의 발전이 이들 정체성 집단 덕분이라고 여기면서도 그들을 인정하고 지원하길 거부한다면 사회 전체적으로 큰 손실일 것이다. 우리는 지식인에게 반감을 가진 사회에서, 즉 비범한 성취를 보이는 사람들이 영웅으로 칭송되는 것만큼이나 괴물로 간주되기 쉬운 사회에서 살고 있다. 인류학자 마거릿 미드는 1954년에 〈오늘날의 미국은 훌륭한 재능을 형편없이 낭비한다. 교사나 다른 아동의 부모, 친구 등 누구도 신동을 용인하지 않는다〉[141]고 주장했다. 유권자들은 그들에게 없는 자질을 갖춘 뛰어난 지도자보다 함께 편하게 맥주를 마실 수 있을 것 같은 사람이 대통령이 되길 원한다. 유명 인사들은 그들의 재능 덕분에 명성을 얻은 다음에는 곧바로 그 재능을 평가절하당한다. 사회 평론가 론다 가를릭은 아무짝에도 쓸모없는 이러한 현상을 〈감탄의 위기〉[142]라고 명명했다.

나는 부모가 자신을 양육한 방식에 대해 비판적인 태도를 보이던 수많은 신동 출신들이 정작 그들의 영재 자녀를 어떻게 키워야 할지 몰라서 갈팡질팡하는 인상을 받았다. 내가 캔디를 인터뷰했을 당시 곧 열여섯 살을 앞두고 있던 캔디 바우컴의 딸은 절대음감을 가졌는데 피아노를 연주하는 동시에 성악을 공부했다. 캔디가 말했다. 「케이티가 세 살에 처음 피아노를 시작했을 때 나는 무척 엄격해지려고 했어요. 매일 3시간 30분씩 연습하고 쭉 그렇게 가려고 했죠. 하지만 그 같은 방식은 엄청난 갈등을 초래했어요. 결국은 그냥 전부 다 포기해야 했죠.」 나는 이유가 궁금했다. 그동안 자기 어머니를 비난하지 않으려고 신중한 태도를 보였던 그녀가 대답했다. 「훗날 케이티가 자신이 원하지 않은 삶을 살면서 나를 비난하는 게 싫었기 때문이에요.」 닉 호지스도 비슷한 갈등을 겪었다. 그가 말했다. 「여섯 살에 피아노 레슨을 받는 것이 엄청난 스트레스라고 이야기하는 것은 정말 배은망덕한 소리일 수 있어요. 나는 음악가지만 만약 어머니가 다른 식이었다면 아마도 음악가가 될 수 없었을 겁니다. 지금과 다른 사람이 되거나 다른 사람이 되기를 바라는 것은 상상도 할 수 없어요.」 그리고 이제 그는 부모로서 진퇴양난에 직면해 있다. 닉이 말했다. 「만약 당신이 가업에 모든 삶을 헌신하는 사람이라면 당신의 자녀도 계속해서 가업에 헌신하기를 바랄 거예요. 당신의 자녀가 예술가가 되어 당신이 아는 모든 것을 배우고, 당신이 경험한 모든 것에서 이점을 취할 수 있길 바라죠. 모든 부모의 희망 사항이지만 그런 일은 좀처럼 일어나지 않아요.」

제프리 카한의 아버지는 방 두 칸에서 아홉 명이 같이 생활하는 가난한 이민자 가정에서 자랐다.[143] 그는 매우 존경받는 심리학자가 되었고, 그의 아들도 비슷한 길을 걸어야 한다는 생각이 단호했다. 제프리는 집에서 식구들에게 자주 연주 요청을 받았다. 「나는 피아노에서 진정한 위안과 기쁨을 얻었어요. 그렇지만 그 같은 순수함이 짓밟혔고 나는 음악에 대한 나의 애정이 아버지의 믿기지 않는 욕구를 충족시키는 데 이용되는 것이 싫었어요.」 제프리는 여름 캠프에서 마사라는 이름의 소녀를 만났다. 두 사람 모두 열 살 때였다. 그들은 오랫동안 편지를 주고받았고, 일찍 결혼하기로 약속했으며, 장차 두 명의 자녀를 갖기로 했다. 그리고 실제로 그렇게 했다. 마사는 버클리 음대 학생이었고 나중에는 심리 치료사가 되었다. 제프리는 널리 인정받는 피아니스트이자 지휘자가 되었다.

1981년에 그들에게 아들 개브리엘이 태어났다. 마사는 두 살이던 그가 노래를 완벽하게 한다는 사실을 알게 되었다. 네 살이 되자 그가 마사에게 물었다. 「엄마도 기차가 내는 재즈 같은 소리가 들려요?」 하지만 훈육은 그가 재능을 계발하는 데 도움이 되지 않았고, 결국 그를 가르치던 바이올린 선생님이 더 이상 레슨을 계속할 이유가 없다고 말하기에 이르렀다. 개브리엘이 당시를 회상했다. 「어머니는 규율이 엄격했고 연주회 때문에 자주 집을 비우던 아버지는 나의 음악 교육에 거의 상관하지 않았어요. 두 분의 방식은 둘 다 옳기도 하고 동시에 잘못되기도 했어요. 두 방식이 반반씩 섞였으면 정말 좋았을 거예요.」

개브리엘은 다양한 음악에서 영향을 받았다. 닥터 드레와 사이프러스 힐의 랩과 하우스 오브 페인의 음악을 들었으며, 폴 사이먼의 「그레이스랜드」 앨범을 비롯해서 조니 미첼의 「블루」, 비틀즈 같은 부모 세대의 음악도 좋아했다. 그는 재즈 피아노를 시작했고, 합창단에서 노래도 했으며, 뮤지컬에도 발을 담갔다. 개브리엘은 배우고 싶은 것이 있으면 반드시 배워야 했고, 마사의 증언에 따르면 〈10대 때 그가 피아노를 배우던 속도는 정말이지 믿을 수 없을 정도였다〉. 반면에 학교 공부는 개브리엘의 관심을 끌지 못했다. 마사는 그 부분이 항상 걱정이었지만 제프리는 전혀 아니었다. 마사가 말했다. 「나는 개브리엘이 숙제를 해야 한다고 생각했어요. 하지만 남편은 교육제도를 그다지 신뢰하지 않았어요. 한번은 제프리가 내게 〈개브리엘은 엄청난 재능을 타고났어〉라고 말했어요. 나도 어느 정도는 알고 있었지만 제프리만큼은 아니었어요.」

개브리엘은 성적 불량으로 결국 고등학교에서 퇴학당했다. 마사가 말했다. 「그 똑똑한 아이가 고등학교도 졸업하지 못하다니 정말 분통 터지는 일이었어요. 그런 생각을 했다는 것 자체가 내가 극성스러운 부모라는 뜻일까요?」 개브리엘은 우연한 기회에 뉴잉글랜드 음악원을 방문해서 청각 훈련 시험을 치렀고, 즉석에서 입학 허가를 받았다. 하지만 1년이 지나자 그곳이 너무 좁다는 생각이 재차 고개를 쳐들었다. 당시 그에게는 사귀던 여학생이 있었는데 그녀가 브라운 대학에 들어갔다. 결국 그도 브라운 대학에 지원했고 입학 자격을 얻었다. 그가 말했다. 「이번에는 내 자만심이 도움이 되었어요. 나는 학교생활을 망친 이유에 대해 꽤 설득력 있는 에세이를 썼죠.」 브라운 대학에서 그는 자신이 죽은 후에도 남아 있을 무언가를 성취해야겠다는 생각에 사로잡혔다. 「죽고 싶은 충동을 이겨 내려면 다른 사람이 만든 작품을 해석하기보다 새로운 작품을 창조하는 예술가가 되어야 했어요.」 그는 작곡을 시작했고 그가 쓴 첫 번째 뮤지컬 작품은 케네디 센터에서 수여하는 상을 받았다.

브라운 대학을 졸업한 개브리엘은 뉴욕으로 이사해서 온라인에 게재된 개인적인 광고를 대본으로 사용한 연작 가곡 「크레이그스리스트리트 Craigslistlieder」를 작곡하기 시작했다. 이 작품은 2006년에 초연되었다. 그는 자신의 설명에 따르면 〈유행에 민감하지만 클래식 음악은 전혀 모르는 브루클린의 아이들을 위해〉 지저분한 바에서 낡아빠진 피아노로 노래를 연주하곤 했으며, 〈아이들도 무척 열광했다〉. 그의 작품에 매료되기는 클래식 음악가들도 마찬가지였다. 2007년에 너태샤 파렘스키가 그에게 소나타 곡을 의뢰했고 이 곡이 그의 첫 번째 소나타가 되었다. 2008년에는 자신의 이름과 동일한 제목으로 앨범을 발표했고, 로스앤젤레스 교향악단으로부터 작품 의뢰를 받았다. 나는 링컨 센터에서 열린 개브리엘의 재즈 데뷔 콘서트에 갔다. 작품의 분위기가 약간 클래식하고 연주도 10여 명의 다른 음악가들과 함께 진행되었지만 그의 중추적인 역할 덕분에 공연이 무척 친근하게 느껴졌다.

그는 내게 자신이 할 줄 모르는 것이 너무 많아서 곡을 만들 때 자신의 강점을 최대한 살려서 써야 한다고 설명했다. 그에게 어릴 때 음악 교육을 제대로 받지 않은 것이 후회되는지 물었다. 그가 말했다. 「어릴 때 지나치게 강요받고 자란 사람들을 보면 하나같이 성장의 한계를 드러내거나 예술과 해로운 관계를 맺고 있어요. 나는 절대로 그럴 가치가 없다고 생각해요. 아버지와 나는 지극히 명확한 공통점이 있어요. 그리고 내가 아버지를 닮고자 계속해서 노력하는 부분이 있다면 우리가 현재의 이 일을 하는 본질적인 이유이기도 한 알고자 하는 욕구예요.」

개브리엘의 아버지는 다른 무엇보다도 그와 강압적인 부모 사이에 있었던 관계가 자신의 신동 아들에게도 똑같이 되풀이되지 않기를 바랐다.

제프리가 말했다. 「개브리엘의 성공에 무척 흥분되기는 나도 마찬가지였지만 그에게 간섭하지 않으려고 너무 애쓰는 바람에 약간은 도가 지나친 측면도 있었어요. 개브리엘이 내게 〈내가 더 열심히 연습하도록 아버지가 나를 조금만 더 밀어붙였으면 좋았을 텐데〉라고 하더군요. 그렇지만 나는 그가 자기 스스로 길을 찾아가는 과정에서 지극히 이례적인 음악성을 갖게 되었다고 생각합니다.」 마사가 말했다. 「개브리엘은 정말 상냥한 아이예요. 그 아이의 음악에도 그대로 묻어나죠. 곡을 쓸 때면 내가 음악에 반응하는 모습을 종종 떠올린다고 말하면서 그는 내게 그처럼 솔직한 감성을 물려주어서 고맙다고 한답니다.」

개브리엘은 첼로 연주자 앨리사 와일러슈타인, 바리톤 토머스 크바스토프 같은 클래식 음악계의 스타들뿐 아니라 루퍼스 웨인라이트, 마이 브라이티스트 다이아몬드, 수프얀 스티븐스 같은 대중음악가들하고도 함께 앨범을 녹음하거나 공연을 했다. 「뉴욕 타임스」는 개브리엘을 〈교양 있는 박식가〉[144]라고 칭했다. 그는 〈하나로 된 만국 공통의 언어에 도달하고 싶다〉고 말했다. 그의 설명이다. 「장르를 개척하는 연주자가 되겠다는 생각은 이미 진부하지만 나는 콘서트홀에 설 때마다 점점 더 압박감을 느껴요. 변화에 역행하는 협회의 엘리트주의가, 틀에 박힌 모습이 정말 싫어요. 클래식 음악계 사람들은 존 레논과 폴 매카트니가 슈베르트에 못지않은 하모니와 멜로디에 대한 감이 있었다는 사실을 이해하지 못해요.」

어른도 할 수 없는 일을 어린아이가 한다는 것은 더더욱 불가능한 일이다. 하지만 인류를 움직이는 거대한 계획에서 천재성은 인류의 발전보다 아주 조금 더 놀라울 뿐이다. 아기는 태어나서 2년이 지나면 말을 배우고, 다시 5년이 지나면 글을 읽는다. 그들은 동시에 몇 개 국어를 완벽하게 배울 수 있다. 글자의 형태가 소리와 의미에서 어떤 연관성을 갖는지 배운다. 숫자의 추상적인 개념과 그 숫자들이 우리 주변의 모든 것을 특징짓는 방식을 이해한다. 그들은 한편으로 걷거나 씹는 법을 배우면서, 어쩌면 공던지는 법을 배우면서, 또는 유머 감각을 개발하면서 이런 일들을 완벽하게 해낸다. 신동의 부모들은 자녀의 능력에 두려움과 함께 경이로움을 느낀다. 하지만 신동이 아닌 자녀를 둔 부모들도 어느 정도는 유사한 감정을 느낀다. 그 점을 기억하는 것이 부모와 완전히 다른 능력을 가졌거나 부모의 능력을 근본적으로 초월하는 아이를 키우면서 분별력을 유지하는 가장 확실한 방법이다.

신동을 자녀로 둔 모든 부모들은 위험 요소가 많고 결과 또한 미심쩍은 목표에 지극히 헌신적이다. 요컨대 그들은 자칫 도외시될 수 있는 사회적 발달과 주체할 수 없는 실망감, 고질적인 괴리감, 심지어 가족 관계의 영구적인 균열 등의 위험 요소에도 불구하고 좀처럼 성취하기 어려운, 그마저도 신동인 자녀가 어른이 되었을 때 정말로 원할지조차 확실치 않은 생활 방식을 갈구한다. 자녀를 지나치게 몰아붙여서 결국 자녀가 포기하도록 만드는 부모들이 있는 반면에, 재능을 개발하고자 하는 자녀의 열정을 받쳐 주지 못한 채 어쩌면 그 자녀가 향유했을 수 있는 유일한 삶을 박탈하는 부모들도 있다. 부모라면 누구나 어느 쪽으로든 실수를 범할 수 있다. 자녀를 지나치게 밀어붙이는 실수가 훨씬 확연하게 보이고 특히 우리 문화에서 빈번하게 나타나지만 나머지 다른 하나도 심각한 실수이기는 마찬가지다. 평범한 자녀를 양육하는 법에 관한 사회적 동의가 부재한다는 사실을 고려했을 때, 비범한 자녀를 양육하는 법에 관한 사회적 동의도 없으며, 행복을 가늠하는 내적인 잣대가 근본적으로 다른 자녀 때문에 신동 자녀를 둔 많은 부모들이 당황스러워한다는 사실 역시 놀라운 일은 아니다.

괴테의 어머니는 자신이 아들에게 들려준 이야기들에 대해 이렇게 술회했다. 「나는 그에게 공기와 불, 물과 흙이 아름다운 공주이며 세상 만물에는 하나같이 심오한 의미가 깃들어 있다고 설명했다. 우리는 하늘의 별과 우리가 만나는 위대한 인물들 사이를 이어 주는 길을 놓았다. 어느 순간 그가 집어삼킬 듯한 눈으로 나를 바라보았다. 그는 그가 좋아하는 대상 중 어느 하나의 운명이 자신의 바람대로 흘러가지 않아서 화가 날 때, 또는 울음을 터뜨리지 않으려고 애쓸 때 그런 표정을 지었다. 때로는 이야기 중간에 끼어들어서 〈엄마, 그 끔찍한 재단사가 거인을 죽이더라도 공주가 그와 결혼하는 것은 아니죠?〉라고 물었고, 그의 물음에 나는 하던 이야기를 멈추고 대단원을 다음날 아침으로 미루었다. 그의 상상력은 나의 상상력을 바꿔 놓기 일쑤였다. 그리고 다음날 아침이 되면 나는 그의 의견대로 운명을 조정해서 〈네가 상상한 그대로란다. 결국 네가 바라던 대로 되었지〉라고 말했고, 그는 너무나 흥분해서 심장 뛰는 소리가 곁에서도 들릴 지경이었다.」[145]

  〈그의 상상력은 나의 상상력을 바꿔 놓기 일쑤였다〉라는 한 문장은 비범한 자녀를 양육하는 부모가 보여 줄 수 있는 훌륭함의 극치를 보여 준다. 부모는 그처럼 자신의 상상력을 대체함으로써 자녀의 상상력 발달에 도움을 준다. 신동 자녀를 둔 부모로서 겉으로 드러나지 않는 그 같은 현명한 태도는 큰 대가를 요구하는 일이지만, 신동 자녀의 총명함을 등불 삼아서 자신의 길을 재설정할 수 있는 부모는 장차 자녀가 세상을 새롭게 바꿔 나가는 방식에서 엄청난 위안을 얻게 될 것이다.

9장
강간

강간에 의해 태어나는 아동은 왜소증이나 다운증후군 아동만큼이나 힘든 출발을 한다. 일반적으로 이러한 임신은 재앙으로 여겨지며, 어쩌면 이미 갈등으로 벌집이 된 가정생활을 완전히 뒤집어엎는다. 친모는 자신이 그 아이의 양육을 둘러싼 온갖 도전은 물론이고 그런 아이가 존재한다는 사실 그 자체를 극복할 수 있을지도 확신이 없다. 그 같은 상황에서 도움을 기대할 수 있는 믿음직한 파트너는 좀처럼 드물다. 초보 어머니들에게는 으레 모순된 감정이 병존하기 마련이지만 흔히 강간으로 잉태된 아이의 친모가 직면하는 적대감과 혐오감은 그 가족에 의해서 더욱 증폭될 수 있다. 또한 사회는 그런 어머니와 아이 모두에게 매정한 평가를 내릴 것이다.

　　대다수 장애에서 자신의 특정한 상황을 공유하지 않는 장애인들은 주어진 상황 안에서 인간적인 부분을 찾으려고 애쓰는 반면, 그들의 상황을 공유하는 장애인들은 지원과 인증, 집단적 정체성을 목표로 서로에게 이끌린다. 하지만 강간에 의해 태어난 아동의 경우 그들의 결함은 이방인에게도, 때로는 가족이나 친지에게도, 그리고 보통은 어쨌거나 그로 인한 정신적 그늘을 극복해야 하는 아동 본인에게도 보이지 않는다. 강간에 의해 태어난 아동의 수평적 정체성은 난해한 동시에 상궤를 벗어난다. 일반적으로 그런 아동의 정체성은 입양된 경우와 마찬가지로 가족의 비밀이 되고, 누가, 무엇을, 언제, 누구에게 이야기할 것인가 하는 문제는 잠재적인 위험을 내포한 거래가 된다. 자녀가 청각 장애이거나, 신동이거나, 자폐인 경우 부모는 그 사실을 오직 짧은 시간 동안만 비밀로 할 수 있다. 굳이 말하지 않아도 다른 사람들이 금방 알아차릴 것이 분명하기 때문이다. 당사자인 아동도 언젠가는 알게 될 것이다. 반면에, 강간에 의해 태어난 아이는 자신의 정체성을 모른 채 평생을 살아갈 수도 있다. 이는 아이의 눈으로 바라보는 어머니의 모습과 어머니의 눈으로 바라보는 아이의 모습이 각각의 사례별로 유동적일 수 있음을 의미한다. 하지만 아이가 입양의 완전한 의미를 이해할 수 없더라도 해당 사실을 일찍부터 아이와 공유해야 한다고 믿는 전문가들이 많은 입양의 경우와 달리, 강간은 이제 막 걸음마를 뗀 아이에게 설명해 주기에는 너무나 혼란스럽고 무서운 이야기다. 아이의 입장에서 자기 부모에게 약점이 있다고 생각하는 것은, 비록 그 약점에 자신이 연루되어 있다고 생각하지 않더라도 끔찍한 일이다.

수평적 정체성은 일반적으로 자녀로부터 시작되어 나중에 가서 부모에게 영향을 미친다. 하지만 강간에 의해 태어난 아이들은 친모가 트라우마를 겪음으로써 수평적 정체성을 갖게 된다. 그 과정에서 그들은 부산물에 불과하며, 따라서 유사한 예외성을 가진 다른 사람들을 찾아 그들과 함께 해당 정체성을 공고히 할 가능성이 매우 적다. 친모에게는 보다 강력한 수평적 정체성이 있고, 아이에게는 친모의 수평적 정체성에 따른 결과로 존재론적인 고독만이 남겨지는 셈이다. 정신분열증 자녀를 둔 어머니는 가입할 의사가 전혀 없었던 모임에 가입하지만 그녀가 가입하게 되는 모임은 그녀의 자녀에 의해서 결정된다. 반면, 강간에 의해 태어난 아동의 친모는 그녀가 극복해야 할 그녀만의, 별개의 심각한 상처가 있다. 어머니로서 그녀의 정체성이 강간 피해자라는 그녀의 정체성에서 직접적으로 비롯되었기 때문이다. 따라서 아이는 그녀에게 행해진 폭력을 상징하며, 그녀가 그토록 잊고자 노력하는 사건에 대해 명백한 영속성을 제공한다. 그녀는 자신의 아이에게서 예컨대 장애와 연관된 충격적인 어떤 발견을 해서 혼란스러운 것이 아니다. 심지어 그녀는 자신이 임신했다는 사실을 깨닫기 이전부터 무엇이 잘못되었는지 알고 있다. 그리고 이례적인 자녀를 둔 다른 대다수 부모들처럼, 자신이 상상하거나 원했던 모든 면에서 상반되는 그 아이를 과연 사랑할 수 있을지 서둘러 판단해야 한다.

　사람들은 대개 강간에 의해 태어난 아이들에게 본질적인 결함이 있다고 생각한다. 그리고 보통은 그들의 친모에 대해서도 똑같이 생각한다. 그럼에도 마찬가지로 결함이 있다고 인식되는 다른 파벌들과 달리, 이 집단은 그동안 하나의 정체성 집단으로 발전하지 못했다. 타인에게 거부되는 자신의 일부를 딱히 축복할 이유가 없는 까닭이다. 설령 자신이 어떻게 태어났는지 알게 되더라도 동일한 정체성을 공유할 다른 사람들을 찾아내는 문제도 결코 쉬운 일이 아니다. 눈에 보이는 장애에 대처하는 일도 어렵지만, 항상 모습을 감추고 있는 결정적인 차이에 대처하는 일 역시 적어도 그에 못지않게 어렵다. 이러한 고립 상태를 해소하고자 설립된 몇 안 되는 단체들 중 하나인 스티그마 주식회사는 〈강간 피해자는 희생자다. ……그들의 자녀는 잊힌 희생자다〉라는 말을 그들의 모토로 삼았다.[1]

　역사적으로 강간은 여성에 대한 침해보다는 그 여성이 속한 남편이나 아버지에 대한 도둑질로 간주되었고, 그들은 모욕감과 더불어 경제적 손실(예컨대 결혼 시장에서 여성의 상품성 훼손)을 겪었다.[2] 함무라비 법전은 대부분의 강간 피해자를 간통자로 묘사했다.[3] 그로부터 천 년 뒤 도시국가였던 아테네는 혈통 보호에 우선순위를 두면서 강간과 간통을 동일시했다.[4] 17세기의 영국법 역시 비슷한 입장을 취했다.[5]

고대 그리스 신화에는 간통이 자주 등장하며 대체로 음탕한 신에 의해서 저질러진다. 제우스는 에우로파와 레다를 범했으며, 디오니소스는 아우라를 강간했다. 포세이돈은 아이트라를, 아폴로는 에우아드네를 범했다. 이러한 강간을 통해 하나같이 아이들이 태어났으며, 그들이 수치심의 화신이 아닌 반신반인이 된다는 사실은 주목할 만한 대목이다. 마르스가 베스타 여신의 시중을 드는 처녀를 범해서 로물루스와 레무스가 태어났으며, 이들 쌍둥이 형제가 로마를 건설했다.[6] 후에 로물루스는 자신의 새로운 도시에 인구를 불리기 위해 대대적으로 사빈의 여인들을 겁탈하는 계획을 세웠다. 르네상스 시대에는 신부의 옷상자를 장식할 때 으레 이 사건을 모티브로 삼았다.[7] 그럼에도 그런 아이들의 태생이 불러일으킬 수 있는 적대감 또한 오래전부터 인지되어 왔다. 그래서 고대와 중세 사회에서 강간에 의해 잉태된 아이를 낳은 여성은 그 아이를 체온 저하로 죽게 내버려 둘 수 있었다.[8]

역사를 통틀어 강간 문제를 다룬 저술을 살펴보면 곳곳에서 여성 혐오증이 등장한다. 그리스 로마 시대의 위대한 의학자 갈레노스의 주장에 따르면, 여성은 쾌락과 합의에 의한 오르가슴을 느끼지 않는 한 강간으로 임신이 될 수 없었다.[9] 아우구스티누스는 여성들에게 〈여성에 대한 고질적이고 야만적인 욕정이 처벌받을 것〉이라고 약속하면서도, 한쪽에서는 〈이전에 자신이 처녀라고 거만하게 굴었거나 남자들의 칭송을 지나치게 좋아했던 여자든, 또는 강간을 당하지 않았더라면 오만했을 여자든〉 강간은 여성을 겸손하게 만든다고 주장했다.[10]

아메리카 식민지 시대의 여성들은 자신이 강간을 당했다고 주장할 수 없었다. 요컨대 그렇게 주장하는 여성의 남편이나 아버지, 만약 그녀가 하녀의 신분이라면 그녀의 고용주가 치안판사에게 소송을 제기해야 했다. 사회적 통념에 어긋나는 합의된 성관계를 가진 여성들이 해당 사실을 은폐하려고 그런 식으로 주장하는 경향이 있다고 생각되었기 때문이다. 그런 여성들은 스스로 자신의 결백을 입증하지 못할 경우 유죄로 간주되었다. 실제로 청교도적 성향이 짙은 매사추세츠에서는 강간에 의해 임신한 여성이 간음죄로 기소되기도 했다.[11] 여성을 비난하는 이러한 관행은 19세기 초 사회정의 운동이 일어나면서 비로소 변화를 맞이했다. 『킹스턴 브리티시 휘그*Kingston British Whig*』지는 1835년에 〈행실이 나쁜 여성이라고 해서 법적으로 보호받지 말아야 할 이유는 없다〉고 주장했다.[12] 이 당시 미국에서는 흑인 여성에 대한 강간은 인정되지 않았다. 자신의 소유물을 침해한다는 자체가 어불성설이었기 때문이며, 주인에 의한 강간으로 태어나는 아이들 역시 노예가 되었다. 강간죄로 기소되는 흑인 남성은 혹시라도 재판 없이 그 자리에서 죽임을 당하지 않았더라도 대체로 유죄 판결을 받았다. 한편 백인 남성은 기소를 피하기 위해 백인 피해자와 돈으로 합의하는 경우가 많았다. 1800년대의 법원은 어쩌면 억울하게 기소되었을지 모를 백인 남성을 보호하는 데 주로 관심을 기울였다.[13] 강간 혐의로 상대를 제소하고자 하는 여성은 일반적으로 육체적 상해를 증거로 제시해서 자신이 저항했다는 사실을 입증해야 했으며, 피의자 남성이 그녀의 질 내부에 사정했다는 사실을 어떻게든 〈입증〉해야 했다.[14]

20세기 중반까지도 강간 사건은 신고 비율이 낮았다. 여성들이 해당 사실을 공개적으로 밝힐 경우 뒤따라올 부정적인 파장을 겁냈기 때문이다. 1950년대에 강간을 당해서 임신한 경험이 있는 한 피해자의 증언이다. 「남자는 자신이 친부로 지목되는 것을 피하기 위해 5명 정도의 친구들을 매수해서 그들도 해당 여성과 잠자리를 했다고 증언하게 했다. 문란하게 낙인이 찍힌 여성은 그 남자의 친구들 증언을 반박하려고 해도 의지할 사람이 거의 전무했으며, 이미 혼외 자식을 낳는 과정에서 많은 수치심을 경험해야 했다.」[15] 정신분석학의 부흥도 강간 문제를 해결하는 데는 전혀 도움이 되지 않았다. 프로이트 본인은 강간 문제를 직접적으로 거론한 적이 없음에도 그의 추종자들은 강간범을 제어되지 않는 왜곡된 성욕에 시달리는 사람으로 간주했으며, 강간범의 존재가 여성들의 〈선천적인〉 피학성 변태 성욕에 영양분을 제공한다고 여겼다.[16] 비교적 최근인 1971년까지도 메나헴 아미르Menachem Amir 같은 범죄학자는 여성들에게 〈잠자리에서 남자가 난폭하게 자신을 취하고, 거칠게 다루어 주기를 바라는 보편적인 욕구가 있다〉고 설명하면서 〈강간 사건에서는 언제나 피해자가 곧 원인 제공자다〉라고 결론을 내렸다.[17]

메나헴의 주장에 깜짝 놀란 1970년대의 페미니스트들이 강간은 성행위가 아니라 폭력과 공격 행위라고 주장하기 시작했다. 수전 브라운밀러Susan Brownmiller는 1975년에 쓴 그녀의 대표적인 저서 『의지에 반해서 *Against Our Will*』에서 강간이 성욕하고는 거의 아무런 관련이 없으며 전적으로 지배와 관련이 있다고 주장했다.[18] 그녀는 강간이 세간에 알려진 것보다 훨씬 광범위하게 발생하고, 남성과 여성의 힘의 차이에서 비롯된 결과라는 입장을 제시했다. 또한 강간과 성적 뉘앙스를 완전히 분리함으로써 피해자와 가해자 양쪽 모두에게 책임이 있다는 의견을 제기하지 못하도록 〈성별에 구애받지 않고 행위를 특정하지도 않는〉 법률의 도입을 촉구했다.[19]

한때 미국의 법률은 강간을 〈아내가 아닌 여성에게, 그 여성의 의지에 반해서 강압적으로, 남자에 의해 이루어진 성교 행위〉[20]라고 규정했다. 페미니스트들은 이 같은 정의에 비난을 가하면서 연인이나 부부 사이에 일어나는 합의되지 않은 섹스를 포함하고, 실질적인 삽입 행위 말고도 비자발적인 모든 성적 접촉을 포함하도록, 여기에 더해서 해당 접촉이 저항할 수 없는 무력에 의해 이루어졌음을 증명해야 하는 피해자의 부담을 없애고, 성별에 따른 특이성도 없애도록 강간의 정의를 확장했다. 강간을 규정하는 이 새로운 관점은 지인에 의한 성적 약탈은 물론이고 구두 합의가 이루어진 이후에 발생할 수 있는 강요된 접촉까지 모두 망라했다. 미셸 푸코는 모든 성관계에 대해 〈누군가의 얼굴에 주먹을 내지르는 행위와 남성의 성기를 여성에게 들이대는 행위 사이에는 원칙적으로 아무런 차이가 없다〉[21]고 이야기한 것으로 유명하다. 얼굴에 내지른 주먹은 폭력적인 수단을 사용하는 폭력이다. 강간은 성애의 기관을 더럽히는 폭력이다. 강간은 외적이고 사회적인 자아뿐 아니라 은밀하고 사적인 자아까지 침해한다. 순전히 성적이지도 않고 그렇다고 순전히 폭력적이지도 않다. 그 두 가지 동기와 행동을 공격적으로 묶어서 힘의 차이를 과시하는 치욕스러운 행위다.

　오늘날 모든 전문 의료진과 법 집행관은 강간의 증거에 대응하는 폭넓은 훈련을 받는다. 하지만 미국에서는 법률적 정의가 여전히 주(州)마다 다르고, FBI나 다른 연방기관에서 적용하는 법률과 항상 일치하지도 않는다.[22] 게다가 국제적으로는 훨씬 더 커다란 차이를 보이고, 강요된 남색 행위를 강제에 의한 질내 삽입 행위보다 훨씬 덜 심각한 범죄로 분류하는 나라들도 많다.[23] 나는 강간으로 잉태된 아이를 기르는 여성들에게 집중한 까닭에 강간을 당한 남성들이나 아동들, 폐경기 이후의 여성들과는 직접적으로 이야기를 나누지 않았지만 강간이라는 힘의 차이를 과시하는 치욕스러운 행위에 면역성을 가진 사람은 아무도 없다.

　다양한 사회적 인식 운동이 장애 아동의 양육 경험을 완전히 다른 것으로 바꾸어 놓았듯이, 페미니즘은 강간으로 잉태된 자녀의 양육 경험을 완전히 바꾸어 놓았다. 이를테면 〈당당한 희생자〉라는 개념은 불과 몇 십 년 전만 하더라도 터무니없게 보였을 것이다. 모든 상처나 기형이 그렇듯이 강간을 당했다는 사실 자체가 수치스러운 일이었기 때문이다. 강간 사실이 인정되거나 그에 관한 논의가 이루어지는 경우가 매우 드문 까닭에 강간 사건은 대체로 기소까지 가지 않는다. 강간에 대한 페미니즘적인 정의는 희생자에게도 과실이 있을 수 있다는 암시를 불식하고자 노력해 왔다. 예컨대 〈성폭행〉이나 〈성폭력〉 같은 용어는 폭력성에 초점을 맞추면서 강간을 바라보는 우리의 생각을 여성이 당하는 어떤 것에서 남성이 저지르는 어떤 것으로 바꾸어 놓는다.

이런 획기적인 진전에도 불구하고 흔히 강간 사건은 세상에 잘 알려지지 않는다. 부모는 딸에게 낯선 사람의 차에 타지 말라고, 또는 술집에서 만난 남자와 집까지 가지 말라고 주의를 준다. 하지만 강간의 80퍼센트는 피해자가 아는 사람에 의해서 자행된다. 미국의 강간 피해자들은 과반수가 18세 이하이며, 그들 가운데 거의 4분의 1에 육박하는 숫자가, 전체적으로는 8분의 1에 달하는 숫자가 12세 이하이다. 흔히 강간은 학대 관계나 폭력적인 결혼 생활에서 상습적으로 발생한다. 생계를 남성에게 의존하는 가난한 여성일수록 자신의 몸에 대한 자유의지가 약하다. 미국의 질병 통제 센터는 강간이 〈신고율이 가장 낮은 범죄 중 하나〉라고 주장하면서 전체 성폭력 사건 중 겨우 10~20퍼센트만 신고가 이루어진다고 추정한다.[24]

　　강간으로 임신된 아이를 낳아 기르는 사례를 소개하는 자료는 그다지 많지 않다. 그나마도 집단 학살을 초래한 외국의 갈등 사례를 주로 다루거나, 낙태권에 반대하는 욕설로 가득한 책들뿐이다. 내가 인터뷰한 여성들은 다른 사람들에게 도움이 되고자 자신의 이야기를 들려주는 데 열정을 보였다. 그렇다 하더라도 그들의 행동은 엄청난 희생을 감수한 결정이었음이 매우 분명했다. 일례로 그들 중 상당수는 한적한 장소에서 나와 단둘이 있을 만큼 나를 믿지 못했고 그래서 지극히 공개된 환경에서만 만나기를 원했다. 이와는 반대로 어떤 사람들은 지극히 폐쇄된 장소를 고집하기도 했다. 너무 부담스러운 주제인 까닭에 다른 사람이 엿들을 수 있는 곳에서 이야기하는 것이 꺼려졌기 때문이다.

　　마리나 제임스는 그녀가 사는 볼티모어의 마을 도서관이 인터뷰를 하기에 적합하고 한적한 장소라고 장담했지만 막상 우리가 그곳에 도착했을 때는 문이 닫혀 있었다.[25] 3월 초라서 아직 쌀쌀한 날씨였지만 그녀는 나를 공원 벤치로 안내했고, 그곳이라면 사람들이 우리를 볼 수는 있지만 대화까지 들을 수는 없을 터였다. 스물여섯 살의 그녀는 자신의 놀라운 생각들을 〈명백히〉라는 말로 강조했고, 보통의 지능을 가진 사람이라면 누구라도 그녀가 했던 것과 똑같은 결정을 내렸을 거라고 생각하는 것 같았다.

마리나는 2000년에 안티오키 대학에 입학했다. 마리나의 설명이다. 「그 학교의 주된 철학은 타인을 위해 최선을 다하고 선행을 베푸는 거예요. 내가 평소에 중요하게 여기는 덕목들이기도 했죠.」1학년을 마치고 학교를 휴학한 그녀는 남자 친구와 뉴욕에서 살았고, 얼마 후 임신했지만 낙태를 하게 되면서 그 일을 계기로 남자 친구와 헤어졌다. 그녀는 다시 학교로 돌아갔다. 그녀가 스무 살 때였다. 교내 파티에서 같은 학교 학생이던 디제이가 그녀의 음료에 몰래 강력한 진정제를 넣은 다음 그녀를 겁탈했다. 그녀가 말했다. 「머리보다는 몸이 그 일을 기억해요. 지금도 내 머릿속에는 어떠한 그림도 남아 있지 않아요. 다만 몸이 그 느낌을 기억할 뿐이죠.」

그녀는 고발하지 않았다. 「나는 피고 측 변호사가 강간 피해자에게 하는 짓을 알아요. 당시에 나는 술도 마시고 마약도 하면서 신나게 즐겼어요. 그런 나에게 어떤 판결이 내려지겠어요? 공연히 마음만 더 아플 게 뻔했어요.」 그럼에도 그녀가 같은 학교의 다른 여학생들에게 자신이 겪은 일을 이야기하자 몇몇 여학생이 그들도 같은 남자에게 강간을 당했다고 털어놓았다. 그들 중 누구도 고발을 원치 않기는 마찬가지였다. 하지만 진술서를 작성해서 마리나에게 주었고, 그녀는 이를 모아서 학장에게 제출했으며, 강간범은 퇴학 조치를 당했다. 마리나는 자신이 경찰에게 알리지 않았기 때문에 그 남자가 그 이후에도 저질렀을 것으로 생각되는 강간에 대해 참담한 죄의식을 느꼈다.

자신이 임신했음을 알았을 때 마리나는 자신이 또 낙태 수술을 하게 될 거라고 생각했다. 하지만 임신 3개월째에 접어들면서 마음이 바뀌었다. 또다시 그런 수술을 받는 것이 싫었다. 그녀는 아기를 낳아서 입양을 보내기로 했다. 하지만 시간이 흐를수록 입양에 대해 환멸을 느끼게 되었다. 그녀는 자신의 임신 사실을 알아차리기 바로 직전까지 기분 전환용 약물을 사용하고 있었는데, 입양 관리자는 그녀에게 아이를 입양할 부모들이 싫어하지 않도록 입양 서류에 너무 자세한 내용까지는 언급하지 말라고 권유했다. 그녀는 그러한 속임수에 화가 났다. 그녀가 말했다. 「중간에서 중재하는 사람만 이득을 봤어요. 그 밖의 이해 당사자들은 전부 농락당했죠. 내 아이는 혼혈일 것이 분명했는데 입양을 원하는 가족들은 하나같이 백인이었고, 그들은 내가 고등교육을 받은 백인 여성이라는 점을 좋아했어요. 아이에게는 인종적인 정체성을 확립하는 부분이 중요할 터였지만 그들 중 누구도 그런 부분에서 아이에게 도움을 줄 수 없을 거라는 생각이 들었죠.」

결국 마리나는 아이를 직접 키우기로 결심했다. 「그렇게 해서 아뮬라가 태어났고 지금까지 엄마 노릇을 꽤 훌륭하게 해왔다는 점에서 확실히 옳은 결정이었다고 생각해요. 그럼에도 그 당시에는 그것이 옳은 결정인지 몰랐고, 그래서 정말 힘들었어요.」 마리나는 그해 말에 아기를 낳았고 〈부적amulet〉이라는 단어에서 유래한 이름을 지어 주었다. 그 아기가 자신에게 행운의 아이콘이 되어 주기를 바라는 마음에서, 그리고 그 아기가 태어나게 만든 악행으로부터 그녀를 보호해 주기를 바라는 마음에서였다. 마리나는 외상 후 스트레스 장애PTSD로 인해 무기력한 상태에 빠졌다. 어쩌면 여기에 산후 우울증까지 더해졌을 터였다. 그녀는 〈내 자신이 마치 다른 사람처럼 느껴졌고, 심지어 예전의 내가 어떤 사람인지조차 기억하지 못했다〉고 설명했다.

마리나는 공부를 계속했고 대학원에 진학해서 사회복지학을 전공했다. 그녀는 수업을 받을 때 딸을 데리고 다녔는데 어느 순간부터 잦은 악몽에 시달리기 시작했고 음식을 먹거나 잠을 자기도 힘들었다. 그래서 아뮬라를 유치원에 보내기 시작했고, 아뮬라는 다른 아이들이 아버지와 함께 유치원에 오고 가는 모습을 보게 되었다. 두 살도 되지 않던 그녀가 〈나는 왜 아빠가 없어요?〉라고 물었다. 마리나는 왈칵 눈물이 쏟아질 것 같았지만 딸아이 앞에서 울고 싶지 않았고 마침내 상담을 받기 시작했다. 그녀가 말했다. 「하지만 그들은 끊임없이 내게 강간에 관한 이야기를 하도록 부추겼어요.」

　　스물여섯 살의 마리나는 거의 여봐란 듯이 이상적인 기준에 맞춰 삶을 살아가는 이상가였다. 마치 나약함과 방종의 의표를 찌르려고 결심이라도 한 사람 같았다. 그녀는 매력적이고 침착하며 다소 엄격했다. 자신의 상처에 대해 쉽게 이야기하면서 좀처럼 상처를 드러내지 않았다. 과거의 그녀가 지금 모습과 얼마나 비슷한지, 강간 사건이 그녀를 어떻게 변화시켰는지 짐작하기 어려울 정도였다. 내가 만났던, 강간을 당해 아이를 낳은 대다수 여성들과 마찬가지로 마리나 제임스도 자신의 임신 과정에 혐오감을 느끼는 동시에 그렇게 태어난 아이에게서 커다란 희열을 얻는다고 인정했다. 「나는 지금의 내 아이가 있다는 것에 대해서 매일 하느님께 감사드려요. 하지만 그녀가 왜 이 세상에 있는지 생각하면 그녀의 존재가 정말 고통스럽다는 사실도 완전히 무시할 순 없어요.」

　　그녀는 아뮬라가 태어나기 직전까지 어머니에게 자신이 강간당한 사실을 알리지 않았다. 그럼에도 아뮬라를 데리고 볼티모어로 이사했다. 마리나의 부모가 그곳에 살았고 육아 문제와 관련해서 도움을 받을 수 있었기 때문이다. 그녀가 말했다. 「명백히, 현재 아뮬라가 처해 있는 상황이 바로 그래요.」 마리나의 언니 니나가 마리나와 아뮬라의 집에 들어와 살았다. 「어머니가 부재중일 때가 많았던 까닭에 언니는 내게 어머니 같은 존재였는데 지금은 언니가 철없이 사는 편이라서 내가 언니에게 어머니 노릇을 하고 있어요. 나는 아뮬라에게 〈아빠는 없지만 우리에게는 니나 이모가 있잖아〉라고 말해요. 안티오키에 다닐 때 동성애자 친구들이 많았어요. 그래서 아뮬라에게 엄마만 둘이거나 아빠만 둘인 아이들도 많다고 말해 주죠.

나는 아이에게 어떻게 설명할지 미리 대책을 마련해 두려고 노력해요.」

마리나는 마지못해 아뮬라에게 아버지를 만들어 주겠다고 약속했지만 정작 새로운 사람을 만나는 일에는 별로 관심을 보이지 않았다. 그녀가 말했다. 「내 생각에 나는 이제 그다지 성욕을 느끼지 않는 것 같아요. 이 모든 일을 겪기 전에는 그렇지 않았어요. 지금은 아뮬라에게 아버지가 없어서 마음이 아플 뿐이지, 나 자신은 남자가 필요 없어요.」 물론 아뮬라에게는 생물학적인 의미에서 아버지가 있으며 마리나는 그 남자의 이름도 안다. 「그 남자로부터 아뮬라를 보호하는 것은 내가 그녀를 위해서 해줄 수 있는 가장 훌륭한 일이에요. 친구들은 계속 〈그를 용서해야 그 사건을 받아들이고 앞으로 나아갈 수 있다〉고 말해요. 그렇게 이야기하는 모습을 보고 있으면 정말 주먹이라도 날려 주고 싶어요.」

비록 강간 사건과 그 후유증이 그녀의 믿음을 시험하기는 했지만 마리나는 보다 큰 깨달음을 얻고자 갈수록 더 종교에 의지했다. 그녀는 기독교인이었지만 어릴 때 친구들이 모두 유대교인이었고, 볼티모어로 돌아온 이후로 다시 그 친구들과 만나면서 유대교로 전향하기 시작했다. 그녀가 말했다. 「유대교를 공부하면서 오랫동안 느끼지 못했던 감정들을 느낄 수 있었어요. 희망을 느낄 수 있었고, 신뢰도 느낄 수 있었고, 무엇보다 마음의 상처를 치료하는 데 도움이 되었어요. 종교에 의지하는 건 세상으로부터 도피하지 않기 위한 나만의 방식이에요.」 사회복지사로서 마리나는 성폭력 사례들을 가지고 자주 씨름해야 한다. 「개인적인 나의 아픔은 고해(苦海)에서 아주 미미한 잔물결에 불과해요. 수많은 여자들이 그 거대한 고해에서 날마다 아픔을 겪고 있어요.」 다른 여성들에게 양육에 관한 교육을 하면서 그녀는 〈퇴근해서 내 아이를 한바탕 안아 준 다음에 함께 바닥에 앉아서 노는 시간이 훨씬 의미를 갖게 되었어요. 단순히 그 시간을 즐기기 때문이 아니라 내가 얼마나 유익한 일을 하고 있는지 확인할 수 있기 때문이에요〉라고 말했다.

마리나의 직장 상사와 몇몇 동료들은 그녀에게 직접 들어서 아뮬라를 어떻게 임신하게 되었는지 알았다. 그녀는 〈사람들이 내게 물었을 때 굳이 거짓말을 하고 싶지 않아요. 거짓말이라는 게 사람을 불편하게 만들잖아요〉라고 말했다. 거짓말을 싫어하는 그녀로서는 갈수록 복잡해지고 집요해지는 아뮬라의 질문을 받아넘기기가 그만큼 더 어려웠다. 마리나는 자신이 강간 피해자라는 사실에 더 이상 수치심을 느끼지 않았지만 아뮬라가 그에 관련된 부분을 자신의 정체성으로 어떻게 포용할지 늘 걱정이라고 말한다. 「내가 바라는 것은 그녀가 언제나 필요한 존재라는 사실을, 내가 그녀와 운명을 함께하기로 했고 그 결정이 올바른 선택이었다고 생각한다는 사실을 그녀가 알아주는 것뿐이에요. 심지어 강간을 당했다는 사실 때문에 하루하루 힘들어할 때조차 나는 절대로 〈이 아이가 차라리 없었으면 좋겠어〉라고 생각하지 않았어요.」 마리나는 아뮬라와 함께 있을 때 자신이 강간당했다는 사실을 떠올리지 않는다. 「나는 이를테면 〈오, 내일 수영을 해야 하는데 네 옷들은 깨끗하니?〉라는 생각을 해요. 엄마 노릇에 전념하는 거죠. 그때의 기억이 스멀스멀 떠오르는 것은 밤에 자려고 혼자 침대에 누웠을 때예요.」 그녀는 자신을 이라크에서 돌아온 참전 용사에 비유했다. 「그들은 말로 결코 표현할 수 없는 끔찍한 광경들을 목격했어요. 그런 상태로 고향에 돌아왔기 때문에 어떻게 처신해야 할지 몰라요. 이전과는 다른 사람이 된 거죠. 아무도 그들을 이해하지 못하는 상황에서 그들은 그들에게 더 이상 아무런 의미도 없는 이런저런 기대를 갖고 있는 지역 사회로 돌아가죠. 내가 받는 느낌이 바로 그래요.」

그녀는 강간을 당한 직후에 아이를 낳음으로써 회복에 걸린 시간이 단축된 것 같다고 생각한다. 그녀가 말했다. 「나는 어떻게든 살아남아야 했고, 앞으로 나아가야 했으며, 이 아이를 돌봐야 했어요.」 하지만 만약 아뮬라가 없었다면 자신에게 일어났던 일을 단순히 잊으려고 노력하는 데 그쳤을 거라고 인정했다. 「그리고 어느 시점에 가서는 한계에 부딪히고 말았겠죠.」 한편 그녀는 똑똑하고 애교 넘치는 자신의 딸이 혹시라도 강간범의 성격적 특성을 물려받았을까 봐 걱정했다. 「그녀의 유전자 중 절반은 악마에게서 왔어요. 나는 그녀를 다정하고, 착하고, 상냥한 사람으로 키우기 위해 엄마로서 내가 해야 할 일이 있다면 무슨 일이든 할 수 있어요. 하지만 그녀의 몸 안에는 굉장히 아픈 사람의 DNA가 있잖아요. 혹시라도 그 DNA가 내 능력보다 더 강하지는 않겠죠?」

강간과 임신의 연관성에 관한 기존의 통계학적 전쟁에 더해서, 임신 중절 합법화에 찬성하는 사람들과 반대하는 사람들의 대립된 행동 강령은 혼란을 더욱 가중시키고 있다. 어떤 사람들은 공포에 의한 생화학적 작용이 배란을 촉진한다고 주장하면서 강간 피해자 여성이 10명 중 한 명꼴로 임신에 이른다고 추정한다.[26] 또 어떤 사람들은 3퍼센트의 낮은 추정치를 내놓기도 한다.[27] 폭력성 학대로 인해 여성의 생식능력이 일시적이거나 때로는 영구적인 손상을 입기도 하지만 지속적인 학대를 겪는 여성들일수록 그 같은 학대로 인해 임신될 가능성이 특히 높다.[28] 물론 희생자가 가임기 여성이 아니거나, 피임약이나 자궁내피임기구를 사용하거나, 남자인 경우에는 임신으로 연결되지 않는다. 아울러 실질적인 성교가 이루어지지 않은 경우에도 임신은 불가능하다.

연구에 따르면 미국에서는 강간에 의한 임신이 매년 2만 5천에서 3만 2천 건 정도 발생한다.[29] 강간에 의한 임신 사례를 연구한 1996년 자료에 따르면 피해자들 중 절반이 낙태를 선택했다. 나머지 절반 가운데 3분의 2가 아이를 낳아 길렀고, 4분의 1은 유산했으며, 나머지는 입양을 보냈다.[30] 이 수치를 바탕으로 추론하면 매년 적어도 8,000명에 달하는 미국 여성들이 강간에 의해 임신한 아이를 낳아 기르는 것이다.

마음만 먹으면 손쉽고 안전하게 낙태할 수 있는 환경은 강간으로 임신된 아이를 낳아 기르는 여성으로 하여금 결정이 강요되는 것이 아니라 자신이 결정의 주체라고 느끼도록 도와준다. 심지어 임신에 관련된 각종 선택에 반대하는 사람들조차 일반적으로 〈강간의 예외성〉을 인정한다. 적어도 이 무대에서만큼은 강간 피해자 여성에게 무제한의 독립성이 보장되어야 한다. 요컨대 낙태를 하든, 꼬박 10개월을 기다려서 아이를 낳든, 또는 직접 아이를 키우든, 아니면 입양을 보내든, 당사자인 여성의 결정이 존중되어야 한다. 그러한 아이를 직접 키우기로 결정하는 여성은 장애 아동을 둔 부모들과 마찬가지로 아이의 도전적인 정체성에도 불구하고 그 아이를 선택하는 것이다. 그리고 그에 따른 결과로 아이와 함께 사회적인 비난에 직면하기도 한다.

낙태할 방법이 없어서, 또는 종교적인 신념 때문에, 또는 강압적인 파트너나 남편, 부모 때문에 강간에 의해 임신한 아이를 그대로 낳아 기르는 여성들도 많다. 나는 깊은 자기반성의 의미로 그 같은 결정을 내린 여성들도 만났다. 임신 상태를 계속 유지하는 것이 강간당할 때 경험했던 강요된 수동성을 침묵 속에서 똑같이 재연하는 행위라고 주장하는 여성들도 있었다. 어떤 이들은 그들의 아이를 증거처럼 느낀다고 밝혔다. 그들은 아이를 지우는 것이 그 아이가 존재하도록 만든 사건 자체를 부정하는 것처럼 느껴졌다고 설명했다. 어떤 경우든 낙태를 선택하는 행위는 페미니즘과 밀접한 관련이 있었기 때문에 이러한 여성들 중 상당수는 유일하게 낙태 반대 운동을 통해 도움을 받았고, 따라서 그들이 꼭 동의하는 것은 아닌 도덕적 담론의 짐을 짊어지게 되었다. 강간으로 생긴 아이를 낳아서 키우기로 선택한 많은 여성들이 낙태를 강요하는 극심한 사회적 압력을 느꼈다고 밝혔다.

강간에 이은 임신 사실은 상황을 두 배로 힘들게 만든다. 콜롬비아 보고타에서 일하는 심리학자 애나 밀레나 길Ana Milena Gil은 〈강간에 의한 임신은 폭행 사실을 기억나게 할 뿐 아니라 폭행이 피해 여성의 몸 안에서 생명을 갖게 되었다는 점에서 악몽이다. 정체성과 자율성의 공간인 여성의 몸을 침범함으로써 강간에 의한 임신은 고통의 순환 고리를 낳는다. 강간이 여성을 다치게 하고, 훼손하고, 파괴한다면, 강간에 의한 임신은 그들에게 올가미를 씌운다. 자궁 안에 폭력의 결과물을 잉태한 채로 살아야 한다는 것은 자신의 몸 안에 강간범을 품고 있는 것과 다를 게 없다〉[31]고 주장했다.

강간에 의해 잉태된 아기는 친모의 유전자와 강간범의 유전자를 나눠 갖는다. 따라서 어떤 여성들은 강간으로 잉태된 태아를, 외부 생명체가 자신의 육체를 부당하게 정복했다는 의미로 받아들인다. 반면에 어떤 여성들은 자신의 확장된 모습으로 받아들인다. 『유에스 뉴스 앤 월드 리포트 U.S. News & World Report』에 소개된 한 기사에 따르면, 사정이 달랐으면 아마도 낙태에 반대했을 한 여성이 강간을 당해서 임신한 여동생에게 〈만약 어떤 사람이 네게 총을 쐈다면 너는 그 총알을 계속 몸 안에 지니고 다니겠니?〉[32]라고 조언한다. 똑같은 상황의 다른 어떤 여성은 〈아기에게는 죄가 없다. 나처럼 희생자일 뿐이다〉[33]라고 말했다. 몸 안에 있는 〈총알〉을 제거하는 것은 매우 중요하다. 그리고 〈무고한 아기〉의 생명을 빼앗지 않는 것도 마찬가지로 중요하다. 이런 상황에서 화자가 사용하는 용어는 그 사람의 도덕적 가치관을 암시한다. 낙태에 반대하는 페미니스트 조앤 켐프Joan Kemp는 〈강간에 의해 태어난 아이를 《강간 피해자의 아이》라고 부르지 않고 대체로 《강간범의 아이》라고 부르는 것에 주목할 필요가 있다. 도대체 어떻게 강간범이 《아이의 아버지》로 간주될 수 있을까?〉라고 개탄한다. 용어의 선택은 〈합리적인〉 행동 방침을 좌우할 수 있다. 켐프는 초병에게 강간을 당한 한 여성이 〈그 아이는 내 아이이며, 그 아이를 거부하는 것은 가부장적인 사고방식에 굴복하는 행위라고 판단했다〉[34]고 말한다. 그 여성의 경우에 친모에게 박힌 상징적인 총알은 그녀에게 힘을 주는 원천이었다.

어떤 여성들은 애착과 혐오감 사이에서 잦은 감정의 변화를 겪기도

한다. 경우에 따라서는 처음의 증오가 사랑으로 변하기도 한다. 이러한 변화는 뱃속에서 아기의 움직임이 처음으로 느껴졌을 때 찾아올 수도 있고, 그 아이가 성인이 된 이후에 찾아올 수도 있다. 자신의 아이와 사랑에 빠진 여성들은 낙태를 비판하는 데 일반적으로 거침이 없다. 임신중절에 반대하는 〈폭행 이후의 삶 연맹〉의 설립자 카이 지볼스키는 자신이 열여섯 살 때 임신한 경험에 대해 〈아기는 내게 치료 과정의 일부였다. 딸아이가 뱃속에서 움직이기 시작했을 때 나는 그녀를 그 남자가 아닌 나 자신의 일부로 여겼다〉[35]고 설명했다. 마찬가지로 캐슬린 디지우 역시 폭행을 당한 뒤에 임신까지 하게 되자, 몸이 불어오는 것을 감추기 위해 거들을 입고 일부러 유산을 시도하면서 자신의 임신 사실을 부정하려고 애썼다. 그렇지만 뱃속에 있는 태아의 발길질과 태동이 시작되자, 그녀의 설명에 따르면, 〈나는 내 안의 이 작은 생명체도 발버둥치고 있음을 깨닫기 시작했다. 왜 그런지 모르겠지만 나는 마음이 바뀌었다. 더 이상 그 아기를 강간범의 아기라고 생각하지 않게 되었다〉.[36] 샤론 베일리가 말했다. 「기본적으로 내 감정은 〈아가야, 너하고 나 둘밖에 없어〉라는 식이었어요. 나는 우리 둘 다 피해자라고 생각했어요.」[37]

하지만 자신의 아이가 자신이 성폭행을 당했던 일과 전혀 무관하다고 인지하는 것과 그 아이가 더럽혀지지 않았다고 느끼는 것은 별개의 문제다. 캐슬린 디지우는 〈아들을 처음 안았을 때 갑자기 그 일이 기억났다. 아들에게 끔찍한 증오심을 느낀 적도 많았다. 가끔은 이 어린아이의 웃음소리를 들으면서 그 남자가 나를 강간할 때 흉측하게 웃던 모습을 떠올렸다. 그럴 때면 아들에게 화풀이를 하고는 했다〉[38]고 고백했다. 또 다른 여성이 참담한 표정으로 말했다. 「나는 애초에 강간을 당한 적이 없다고 나 자신을 세뇌시키려고 애썼어요. 그러다가 딸아이를 보면 〈맞아, 분명히 그런 일이 있었지〉라고 생각했죠.」[39] 강간을 당해서 임신한 여성들을 연구한 패드마사이 파피네니Padmasayee Papineni의 보고서에 따르면, 〈강간 피해자들은 누군가와 친해지는 것을 지극히 겁내고, 다른 사람의 친근한 행동이나 표현을 오히려 불편해하며, 버림받는 것에 대한 두려움도 크다. 유아기에 어머니에게 거부당하면서 느낀 감정은 그 아이가 아동기에 이르러서 광범위한 심리적 파장을 불러올 수 있다. 《아이들은 끔찍했던 강간 사건을 그들의 어머니에게 끊임없이 상기시켰고, 그 문제는 필연적으로 서로의 관계에 악영향을 주었다.》〉[40]

1975년 8월의 어느 날, 퀸즈의 공동주택 단지에 살던 브렌다 엔리케스는 시내의 여름 캠프에서 지도교사로 일한 급료를 받으러 집을 나섰다.[41] 햇볕에 멋지게 그을린 배를 자랑하고 싶어서 엄마 루르드의 경고를 무시하고 셔츠 앞자락을 질끈 동여맨 채였다. 그녀가 지하철에서 내려 주차된 택시 옆을 지나갈 때였다. 느닷없이 택시 문이 활짝 열리더니 한 남자가 다짜고짜 그녀를 택시 안으로 잡아당겼다. 「너무나 순식간에 나는 택시 바닥에 있었어요. 차 바닥 중간에 툭 솟아 오른 부분이 있었는데 골반이 그 부분에 걸쳤고 얼굴은 바닥을 향해 있었죠.」 택시 기사가 뒷자리로 넘어왔고 두 남자는 교대로 그녀를 강간했다. 그들은 그녀의 손에 바지를 쥐어 주고는 피가 다리를 타고 줄줄 흐르는 상태 그대로 그녀를 다시 길바닥에 내동댕이쳤다.

집으로 돌아온 그녀는 한참 동안 샤워를 했다. 하지만 그 일에 대해서는 입도 벙긋하지 않았다. 그녀가 말했다. 「어머니가 내 셔츠에 대해 경고를 했는데도 내가 무시한 거예요. 그래서 무슨 일이 생겼는지 보세요. 결국 나는 나 자신을 원망했어요. 모든 사람들이 알고 있는 것 같았어요. 마치 낙인이라도 찍힌 것 같았죠. 〈더 이상 처녀가 아님〉이나 〈강간 피해자, 당해도 쌈〉 같은 낙인이요.」 그 일을 겪은 뒤로 첫 월경이 없자 그녀는 가장 친한 친구에게 자신이 겪은 일을 털어놓았다. 그들은 휴식 시간을 이용해서 몰래 학교를 빠져나가 임신 검사를 위해 미국 가족계획 연맹을 찾았다.

며칠 뒤에 브렌다는 결과를 확인하기 위해 전화를 걸었고, 결과가 양성이라는 사실을 알고는 공중전화 박스 안에 주저앉아서 눈물을 흘렸다. 당시에는 열여섯 살이 넘으면 부모의 동의가 없어도 합법적으로 낙태 수술을 할 수 있었지만 그녀가 생각하기에도 〈낙태는 어떻게 대충 넘어갈 수 있는 그런 거짓말이 아니었다〉. 그녀는 남자 친구에게 먼저 그 사실을 알렸고 그로부터 두 번 다시 만나고 싶지 않다는 이야기를 들었다. 그리고 마침내 그녀의 부모님께 이 날벼락 같은 소식을 전했다. 아버지 빈센트는 〈정말 너에게 일어난 일이 맞는 거니? 왜 경찰서에 알리지 않았어?〉라고 물었다. 오랜 세월이 흘렀지만 그녀는 여전히 몸서리쳤다. 그녀가 말했다. 「왜, 왜, 왜냐는 질문이 계속 이어졌어요. 내가 〈엄마, 엄마가 입지 말라고 했던 그 셔츠를 입었기 때문이에요〉라고 설명하자 어머니는 〈네가 그 길모퉁이에서 발가벗고 서 있었다고 해도 누구도 네게 그런 짓을 할 권리는 없단다〉라고 말했어요. 나는 비로소 안도했고 울음을 터뜨렸죠.」

그럼에도 그들은 그녀의 임신 사실을 비밀로 하고 싶었다. 천주교도인 그녀의 아버지는 그녀가 푸에르토리코에 있는 친척 집에 머물면서 애를 낳고, 아기를 입양 보내길 원했다. 그녀의 할머니는 만나는 사람마다 브렌다가 비밀리에 결혼을 했으며 남편은 군대에 있다고 설명했다. 그녀가 다니던 예술 고등학교에서는 그녀에게 자퇴할 것을 종용했다. 이에 그녀의 친구들 중 한 명이 탄원서를 돌렸고, 학교 사무처는 곧바로 한발 물러났지만 그녀를 관현악단 내에서도 가장 눈에 띄지 않는 곳에 배치했다. 브렌다는 자신이 아기의 대변자가 되어야 한다고 생각했다.

브렌다는 고등학교 2학년 마지막 주에 딸을 낳았다. 그녀는 딸에게 친할머니의 이름을 따서 붙여 주고 싶었지만 아버지가 〈그 아이에게 내 어머니의 이름을 쓰게 하고 싶지 않다〉고 거부했다. 그녀가 말했다. 「나는 딸아이가 창피해하지 않을 최고의 이름을 지어 주고 싶었어요. 그래서 성경을 뒤졌는데 레베카라는 이름에 〈매혹적〉이라는 뜻이 있었고, 냉큼 그 이름으로 정했어요.」 브렌다의 아버지도 아기를 보고는 마음이 바뀌었고 브렌다에게 〈내게 첫 번째 손녀를 선물해 주어서 고맙다〉는 카드를 보냈다.

브렌다에게 서서히 산후 우울증이 찾아왔다. 그녀가 말했다. 「생물학적인 원인도 있었다고 생각해요. 하지만 친구들은 모두 여름방학을 즐기러 떠나는데 아기와 단둘이 집을 지키고 있어야 하는 상황도 원인 중 하나로 작용한 것 같아요.」 가족의 주치의가 그녀에게 상담을 받아 보라고 권했다. 정신과 의사가 여자였음에도 브렌다는 자신이 강간을 당했던 일에 대해 설명하기까지 거의 두 달이 걸렸고, 마침내 그녀가 그 사실을 털어놓자 여의사가 물었다. 「어느 한순간이라도 쾌감을 느끼지는 않았나요? 강간을 당하면서 즐기지는 않았나요?」 브렌다는 그대로 진찰실을 박차고 나가서 두 번 다시 그 정신과 의사를 만나지 않았다. 빈센트는 자동차 정비공이었고 루르드는 간호사였다. 브렌다는 의사가 되고 싶었지만 집에 돌봐야 할 아이가 있는 그녀로서는 그렇게까지 바랄 수가 없었다. 그녀가 말했다. 「그래서 야전 의무대에 지원했어요. 나는 딸을 데려가서 작은 유아용 놀이틀에 둔 채 강습을 들었고, 그렇게 해서 응급 구조 대원이 되었어요.」 브렌다는 구급대원으로 일하는 것을 무척 좋아했고 나중에는 응급 의료사 자격증까지 취득했다.

내가 브렌다에게 혹시 강간범에 대한 그녀의 분노가 레베카에게 향했던 적은 없었는지 물었다. 「전혀요. 나는 그녀를 보면서 또 다른 나 자신을 봐요. 절대로 다른 사람을 보지 않아요. 그녀가 태어나기 이전에도 나는 그녀를 지우려고 생각한 적이 없었고 그녀가 태어난 이후에도 마찬가지예요. 그 점은 확실히 말할 수 있어요.」 그럼에도 그녀는 강간당했던 기억을 희석시키기 위해 몸부림쳤다. 그녀는 이삼 년 동안 문란한 생활을 했고, 그러다가 마침내 퀸즈에서 생선가게를 운영하는 칩 호프스태터라는 남자를 만났다. 그들은 8개월 후에, 레베카가 네 살 때 결혼했다. 브렌다에게는 부모님의 아파트에서 벗어날 탈출구가 필요했고, 칩 또한 기꺼이 레베카의 아버지가 되어 주려고 했기 때문이다. 그들 사이에 두 명의 자녀가 새로 태어났고 세 아이들은 모두 칩을 그들의 친아버지로 믿고 자랐다.

레베카가 열다섯 살 때 브렌다와 칩은 이혼했고, 그 뒤에 사귄 브렌다의 남자 친구가 레베카를 겁탈했다. 브렌다는 자신이 강간당했던 일을 레베카에게 털어놓을 때라고 판단했다. 그녀가 내게 설명했다. 「사실을 감춘다고 해서 그녀에게 더 이상 좋을 것이 없었어요.」 레베카는 격분했고 갈수록 반항이 심해졌다. 그리고 그녀가 첫 남자 친구의 아기를 임신했고 브렌다는 서른다섯 살에 할머니가 되었다. 2년 뒤 레베카는 또 다른 남자의 아기를 임신했다. 그녀가 세 번째로 또 다른 남자의 아기를 임신하자 브렌다는 〈너는 지금 네 인생을 망치고 있고, 엄마는 너를 이대로 놔둘 수 없어. 어쩌면 나는 이런 짓을 한 대가로 지옥불에서 타게 되겠지. 그래도 이제는 내가 나설 수밖에 없어〉라고 말하면서 그녀에게 낙태 수술을 받도록 했다. 레베카는 결국 공군에 입대했다.

내가 처음 브렌다를 만났을 때 레베카는 이라크에 파병되어 있었고, 브렌다가 레베카의 두 아이를 키우고 있었다. 브렌다가 말했다. 「이 아이들은 내 활력의 근원이에요. 내가 이렇게까지 이 아이들을 사랑하게 될 줄은 정말 몰랐어요. 심지어 내가 낳은 자식들도 이 정도로 사랑하지는 않았어요. 어쩌면 내가 너무 어렸었거나, 어쩌면 그 사건 때문일지도 모르겠어요. 하지만 이 아이들을 사랑하게 되면서 마침내 그때의 악몽에서 벗어났어요. 나는 가끔 나 자신에게 이렇게 물어요. 〈혹시 길에서 그 강간범들을 만난다면 지금도 내가 그들을 알아볼 수 있을까?〉 내가 마음속에 그리는 어둡게 그늘진 그들의 얼굴은 누구든 될 수 있어요. 요컨대 그 일을 비인격화시킨 거예요. 강간을 당했다는 사실은 여전히 변함없지만 하나의 행위에 불과할 뿐 그에 관련된 사람이 존재하지 않는 거죠. 나는 내게 그들이 절대로 모를 어떤 것이 있다는 사실만 생각해요. 그들은 그들에게 아름다운 딸이 있다는 사실을 절대로 모를 거예요. 귀여운 손주들이 있다는 사실도 절대로 알 수 없죠. 영원히 모를 거예요. 나만 아는 거예요. 따라서 결과만 놓고 본다면 나는 운이 좋은 사람이에요.」

식민지 시대부터 19세기 중반까지 미국의 낙태법은 태아가 태동하는 순간—임신부가 몸 안에서 태아의 움직임을 느끼는 시점으로, 일반적으로 임신 4개월에서 5개월 사이—부터 생명이 시작된다고 간주하는 영국의 관습법에 기초했다. 1857년에 신설된 미국 의사 협회는 태동기 이전 단계의 낙태에 대해서도 반대하는 일종의 성전(聖戰)을 시작했고, 임신부의 생명이 위태롭지 않은 한 어떤 단계에서든 낙태를 불법으로 규정하는 법률이 1860년과 1880년에 의회를 통과했다.[42] 1904년에 미국 의사 협회의 학술지는 〈진짜 강간에 의해 임신되는 경우는 좀처럼 드물다〉고, 아울러 그런 경우에도 〈강간의 극악무도함이 살인을 정당화할 수는 없기〉 때문에 태아의 권리가 친모의 권리보다 우선한다고 결론을 내렸다.[43]

1930년대에 들어서는 대공황으로 대가족을 부양하기가 힘들어지면서 불법 낙태가 급증했다.[44] 많은 여성들이 밀실에서 무자격 시술자에게 수술을 받다가 목숨을 잃었다. 1936년에 영향력 있는 내과 의사 프레드릭 타우시그Frederick J. Taussig는 미혼 여성이나 미망인에게 낙태를 허용할 경우 〈윤리적 기강이 흔들릴 수 있다〉는 우려에서 권리를 〈남용〉할 수 있는 사람들에게는 낙태를 금지하되, 〈자격〉이 되는 여성들에 한해서는 낙태를 허용하는 방안을 주창했다. 그리고 강간 피해자와 지적 장애가 있는 여성, 16세 이하의 어린 소녀, 〈영양 상태가 불량하고, 이미 대가족이라서 외적인 여건상 임신은 물론이고 그에 따른 육아가 심각한 부담으로 작용할 여성〉에게 낙태를 허용하는, 실제로 시행되지는 않았지만 커다란 반향을 불러일으킨 법안을 제안했다.[45] 1938년에 영국에서는 한 내과 의사가 열네 살의 강간 피해자에게 낙태 수술을 해준 혐의로 기소되었지만 무죄 판결을 받았고, 이 사건은 특히 강간 피해자들의 낙태할 수 있는 권리를 강화하려는 포퓰리즘 운동을 불러왔다. 이 재판은 미국에서도 대대적으로 다루어졌으며 낙태를 둘러싼 열린 토론으로 이어졌다.[46]

1939년에 사례별로 낙태의 적격성을 판단하기 위해 최초로 미국 병원 낙태 위원회가 결성되었고 1950년대에 이르러서는 도처에 생겨났다.[47] 그들은 오직 〈치료 목적〉의 낙태만을 승인했다. 이를테면 임신부의 건강을 보호하거나 태어날 아이에게 중증 장애가 있는 경우에만 낙태를 허용했다. 점차적으로 그들은 환자가 임신으로 정신 건강에 위협을 받는다고 주장하는 의사들의 주장을 받아들였다. 하지만 집안이 좋은 여성들은 정신 질환 진단을 비교적 쉽게 받을 수 있었던 반면에, 자신의 정신적 취약성을 보증받기 위해 의사에게 돈을 낼 수 없는 강간 피해자들은 정신적으로 거의 정상이 아님을 스스로 증명해야 했다. 그들 중 일부는 태생이 음란하다는 진단을 받고 불임 수술에 동의해야 했다. 결과적으로 타우시그의 의도와는 반대로 낙태는 특권층의 영역이 되었다. 전후 시대에 강간을 당한 한 여성에 대한 당시 사회복지 활동원의 전형적인 보고서를 여기 소개한다. 「그녀는 수동적인 사람이 되었고 절대 〈싫다〉고 이야기할 줄 몰랐다. 이 대목에서 우리는 부모에게 애정을 받지 못해서 끊임없이 애정을 갈구하고, 자신의 의존적인 욕구를 충족하는 것이 주된 동기가 되어 버린 한 소녀를 발견한다.」[48] 이 보고서가 명백히 암시하는 바는 정신적으로 안정된 여성은 절대로 강간을 당하지 않는다는 것이다.

1959년에 미국 법률 협회는 강간이나 근친상간에 의해 임신하거나, 태아에게 심각한 기형이 있거나, 임신부의 건강이 위협받는 경우 낙태를 합법화하자고 제안했다.[49] 이어서 1960년에는 일리노이 주가 강간에 의한 경우에 한해서 낙태를 합법화했고, 이후로 10년에 걸쳐 10여 개의 주에서 미국 법률 협회의 제안에 기초한 법안들이 통과되었다. 그럼에도 여전히 대다수의 주에서는 강간에 의해 임신한 미혼 여성들을 조산 시설로 보내고, 그곳에서 입양을 통해 아기를 양도하도록 종용하는 것이 표준적인 절차였다. 그들은 아기를 위해서라도 미혼모와 함께 수치스러운 삶을 살아가는 것보다는 그렇게 하는 편이 낫다고 미혼모를 설득했다. 낙태를 원하는 여성들은 살인자처럼 여겨졌고, 자신이 아기를 키우고 싶어 하는 미혼모는 이기적인 사람으로 여겨졌다. 강압에 의해 친권을 양도하는 경우도 다반사였다.[50] 이러한 양도 사례들을 연구한 리키 솔린저Rickie Solinger가 소개한 사례에 따르면, 캐슬린 리아히 코츠라는 이 여성은 1969년에 데이트 상대에게 강간을 당했는데 자신이 범죄자 취급을 받았다고 분개하면서 〈나는 상대적으로 가치가 있는 가족에게 아기를 낳아 주어야 하는 존재에 불과했다. 그것은 완전히 인간성을 말살하는 행위였다〉[51]고 주장했다. 1971년에 강간을 당하고 임신까지 하게 된 카이 볼은 아기를 넘겨주고 결국 자살을 시도했다. 그녀는 〈너무 수치스러웠고, 감정적으로나 정신적으로 너무나 참담해서 모든 것을 끝내고 싶었다〉[52]고 밝혔다.

　　1973년에 대법원은 〈로우 대 웨이드〉 판결에서 여성의 낙태 권리를 확인했다. 하지만 1976년에 하이드 헌법 수정 조항이 신설되면서 산모의 건강이 위협받는 경우를 제외하고는 저소득층의 낙태와 관련된 의료보험금 지급이 중단되었고, 1993년까지 강간이나 근친상간에 의해 임신한 여성들에게 어떠한 추가적인 예외도 인정되지 않았다. 1973년 이후로, 〈로우 대 웨이드〉 판결을 통해 인정된 낙태권을 축소하거나 강화하려는 모든 입법 시도에서 강간에 관련된 부분이 쟁점으로 급부상했다. 태아에게 장애가 있어서 낙태하기로 하는 결정이 그 아이를 고통에서 구원하는 조치로 간주되었다면, 강간에 의한 경우까지 예외를 인정하기로 하는 결정은 그 아이의 어머니를 구제하는 조치로 여겨졌다. 1980년대 후반에 실시된 여론조사에 따르면, 미국인들 중 절반이 대다수 여성들의 낙태에 반대했지만 강간과 근친상간 희생자들의 낙태까지 반대하는 사람은 극히 낮은 비율에 불과한 것으로 나타났다.[53] 강간을 예외로 인정하지 않던 많은 낙태 금지법이 폐지되었다. 대부분의 상황에서 낙태를 반대했던 아이다호의 주지사 세실 앤드루스는 1990년에 〈낙태 금지법 하에서는 낙태를 원하는 강간 피해자가 더 이상 희생자가 아닌 범죄자가 된다〉[54]는 이유로 거부권을 행사했다. 이를테면 방종한 욕정 때문에 임신하게 된 여성들과 달리 강간에 의해 임신한 여성들은 〈무고〉하다는 이유로 강간 예외 조항에 동의하는 낙태 반대론자들도 있었다.[55]

낙태 반대 운동 단체는 설령 강간에 의해 잉태되었더라도 태아는 무고하다고 주장한다. 낙태 반대를 지지하는 한 옹호자의 글에 따르면 〈친부가 지은 죄 때문에 태아의 절대로 양도할 수 없는 생존권을 박탈하는 행위는 옳지 않다. 악을 악으로 갚아 봐야 좋을 것이 없다〉.[56] 강간에 의해 임신한 한 어머니가 말했다. 「내 딸아이는 막 버려도 되는 예외적인 존재가 아니에요. 그녀의 눈을 들여다본 사람이라면 우리가 심지어 알지도 못하는 어떤 남자의 잘못된 선택 때문에 그녀가 살 자격이 없다고 생각할 수 없을 거예요.」[57] 어떤 사람들은 〈내가 너를 모태에 짓기 전에 너를 알았고 네가 배에서 나오기 전에 너를 성별하였다〉라는 예레미아 1장 5절을 인용하면서 임신이 하느님의 뜻이라고 믿는다. 성경 구절대로라면 생명은 잉태되기 이전부터 존재한다. 낙태에 반대하는 많은 강경파 운동가들은 낙태를 결정하는 과정에서 임신부가 자율권을 갖지 못하는 것 같다면서 그들이 임신부 본인의 입장에서 최선인 선택을 지지한다고 주장한다. 국제 생존권 연합의 설립자 J. C. 윌크는 〈그 여성들은 이미 추악한 트라우마에 시달리고 있다. 이제 그들에게 두 번째 폭력 행위에, 즉 낙태에 동조하라고 강요하는 것이 과연 지당한 일일까?〉[58]라고 의문을 제기했다. 레베카 키슬링의 소논문 「강간에 의한 임신Conceived in Rape」에는 〈나는 강간의 결과물이 아니라 하느님의 자식이다〉라고 주장하는 대목이 나온다. 이러한 주장의 연장선상에서 한 블로거는 비꼬는 듯한 태도로 〈강간은 학대가 아니다! 또 다른 형태의 무원죄 잉태다!〉라고 썼다.[59]

논쟁을 초래하는 모든 대중적인 이슈가 그렇듯이, 낙태 문제를 둘러싼 이들 양쪽 진영은 각자의 입장을 견고하게 할 수 있는 선택된 통계와 과장된 개인적인 사례들을 제시한다. 그럼에도 두 진영 사이에는 결정적인 차이가 있다. 요컨대 낙태 합법화에 찬성하는 진영은 윌크의 주장과 달리 여성에게 낙태를 〈강요〉하지 않는 반면에, 〈생존권〉을 옹호하는 진영은 강간에 의해 임신한 모든 희생자에게 꿋꿋이 10개월을 버텨서 아기를 낳으라고 강요한다는 점이다. 영국인 정신분석가 조앤 라파엘-레프Joan Raphael-Leff는 강간으로 잉태된 태아가 〈좀처럼 그 존재를 인정받지 못하거나 지속적인 추방 위험에 처한 몸 안의 외국인이 될 수 있으며, 부분적인 이방인으로 태어나서 배척이나 응징을 당할 가능성이 매우 높다〉[60]고 썼다. 한 강간 피해자는 루이지애나 보건복지부 상원 위원회 앞에서 증언하면서 자신의 아들을 〈강간 사실을 내 마음속에 반복해서 재생하는 살아 숨 쉬는 고문 장치〉[61]에 비유했다. 또 어떤 여성은 강간으로 임신한 아이에게 엄마 노릇하는 것을 〈형용할 수 없을 정도로 덫에 빠진 상태〉[62]라고 설명했고, 〈그 아이에게 태어날 때부터 저주가 내려졌다〉고 느꼈다. 그녀의 아들은 정신적으로 심각한 문제를 보였고, 결국에는 사회복지 기관에 의해 가족과 분리되었다.

조앤 켐프는 낙태를 〈부계쪽 혈통을 지나치게 중시하고 개별적인 인간에게 충분한 가치를 두지 않는 사회에 의해서 제시된〉[63] 해법이라고 간주한다. 그런 측면에서 그녀는 낙태 합법화에 찬성하는 움직임을 페미니즘에 반대하는 사조로 분류한다. 강간에 의해 임신하게 된 여성들 중에는 임신에 이은 출산을 〈제2의 강간〉이라고 부르는 사람들도 있다. 반대로 낙태에 반대하는 페미니스트들은 그런 여성들이 선택하는 낙태를 〈제2의 강간〉이라고 부른다. 경우에 따라서는 강간에 의해 아이를 임신하게 되는 것보다 낙태가 여성에게 훨씬 커다란 충격을 줄 수 있다. 가명으로 데니스 칼라스키라는 이름을 쓰는 한 여성은 아버지에게 강간당해서 생긴 아이를 지우기 위해 본인의 의지와 상관없이 마취를 당했으며, 결과적으로 부모는 그렇게 함으로써 그들의 명성을 온전하게 지켰다고 증언한다.[64] 이 같은 경우에 낙태는 명백히 선택권의 부재로 특징지어지는 또 다른 폭행을 낳는다.

　강간 희생자의 선택권을 가로막고자 하는 사람들 중 엘리엇 연구소의 설립자 데이비드 리어든David Reardon처럼 굳은 결의를 보이는 사람도 드물다.[65] 엘리엇이라는 이름은 누군가의 이름을 딴 것이 아니다. 연구소의 웹페이지에는 그 이름이 공적이고 편견이 없는 것처럼 들려서 채택되었다고 설명되어 있다. 1980년대 초부터 시작해서 낙태 합법화에 반대하는 사람들은 낙태를 함으로써 그들이 〈낙태 증후군〉[66]이라고 명명한, 우울증과 후회, 자살 경향성을 특징으로 하는 병으로 이어질 수 있다는 이유로 심지어 강간 희생자에 대한 낙태 수술도 반대했다. 아울러 낙태 증후군이 〈로우 대 웨이드〉 판결에서 낙태가 안전한 수술이라고 단언한 대법원이 틀렸다는 증거라고 발표했다. 엘리엇 연구소의 궁극적인 목표는 여성들이 그들에게 불필요한 낙태 수술을 제공함으로써 〈그들의 정신 건강〉을 손상한 의사에게 피해 보상을 요구할 수 있는 법률을 제정하는 것이다. 리어든은 강간과 근친상간에 의해 임신한 피해자들을 주제로 한 그의 저서 『희생자와 승리자*Victims and Victors*』에서 〈낙태가 모멸적인 형태의 《의학적 강간》[67]처럼 느껴진다고 호소하는 여성들이 많다. 일반적으로 낙태 수술은 여성의 생식 기관에 대한 고통스러운 침입 과정을 포함하고 있으며, 마스크를 착용한 낯선 사람에 의해 행해진다〉고 기술한다. 리어든과 그 밖의 열렬한 낙태 반대자들이 자주 인용하는 샌드라 마콘의 에세이 『임신과 성폭력*Pregnancy and Sexual Assault*』은 강간으로 인한 임신에 따른 감정적, 심리적 부담이 〈적절한 지원을 받음으로써 덜어질 수 있다〉[68]고 제안한다. 또 다른 인권 운동가 조지 말루프는 〈근친상간에 의한 임신도 세상에 한 줄기 관대함의 빛을 즉 새로운 생명을 선사한다. 그 같은 선물을 낙태로 소멸시키는 행위는 성적인 아동 학대에 물리적인 아동 학대까지 보태는 짓이다. 어쩌면 우리는 개인적인 문제를 해결하는 빠르고 손쉬운 방법으로 낙태에 이어 자살을 기대하게 될지도 모른다〉[69]고 주장한다.

자신의 미래에 대한 분명한 생각이 없는 젊은 여성이나 어린 소녀는 강간에 의한 임신을 유지하거나 중단하기로 결정할 때 대체로 부모나 다른 연장자의 바람에 대한 반항심이나 복종심이 결정적인 역할을 한다. 임신 사실 자체를 부정하는 여성들도 있다. 강간이 원인이 된 임신 사례 중 3분의 1은 임신 중기(中期)가 되어서야 발견된다.[70] 임신 사실을 뒤늦게 발견하거나 그에 따른 대응이 늦어질 경우 여성의 선택권이 줄어드는 문제도 있지만, 아기를 낳을지 말지 결정해야 하는 순간에도 피해 여성이 여전히 회복되는 과정에 있는 경우가 많다. 궁극적으로 어떤 선택을 하든 상관없이 강간에 이은 임신은 우울증과 불안, 불면증, 외상 후 스트레스 장애로 이어질 수 있다. 강간은 영구적인 손상을 초래한다. 흉터를 남기지는 않지만 아물지 않는 상처를 남긴다. 내가 인터뷰한 어떤 여성이 말했듯이 〈아이를 지울 수는 있지만 경험까지 지울 수는 없다〉.

철학자인 동시에 강간 피해자이기도 한 수전 브라이슨Susan Brison은 〈트라우마는 피해 여성의 의식과 무의식을 점령하고 있을 뿐 아니라 계속해서 몸 안에, 모든 감각 기관에 남아서 트라우마를 초래한 사건을 되살릴 기회가 생기면 언제든 수면 위로 부상시킬 태세를 갖추고 있다〉[71]고 설명했다. 그리고 임신은 낙태나 출산이 이루어지기 전까지 몸 안에서 말 그대로 그 같은 상황을 연출한다. 강간 피해 여성들을 치료하는 과정에서 발생하는 문제를 설명하면서 크로아티아의 정신의학과 교수 베라 폴네고비츠-스멜크Vera Folnegović-Šmalc는 〈우리는 생명 유지에 꼭 필요한 본능을 잃어버렸거나 심지어 죽음을 동경하는 환자들과 자주 마주친다. 특히 자살 경향이 두드러지게 나타난다〉[72]고 말했다.

멜린다 스티븐슨은 어릴 때부터 장차 농교육(聾教育) 분야에 종사하기를 원했다.[73] 그녀의 아버지는 청각 장애인이었고 어머니는 건청인이었다. 건청인이면서 수화에도 능한 그녀는 아버지의 통역사 노릇을 했다. 그녀의 아버지는 초등학교 5학년까지 마쳤고 어머니는 고등학교를 졸업했다. 멜린다는 대학에 가기로 결심했다. 고향인 인디애나에서 농교육 분야의 학위를 받을 수 있는 대학은 볼 주립 대학교가 유일했기 때문에 그 대학에 들어갔다. 2학년이 되면서 그녀는 캠퍼스 밖에 거주하면서 학교에서 운영하는 셔틀버스로 통학했다. 셔틀버스를 운전하는 기사들 역시 학생이었고, 멜린다는 종종 그들과 잡담을 나누기도 했는데 그들 중에 리키라는 아동교육과 학생이 있었다.

어느 날 저녁 집으로 오는 길에 멜린다는 집 앞에 자동차 한 대가 시동을 켜고 정차해 있음을 알아차렸다. 그녀는 배구 연습을 마치고 보통 그 시간에 집에 오는 그녀의 룸메이트를 누군가가 데려다 주는 모양이라고 생각해서 현관문을 잠그지 않은 채로 놔두었다. 그리고 현관문이 닫히는 소리에 몸을 돌렸고 리키를 발견했다. 「그는 나를 침대로 거칠게 떠밀면서 〈비명을 지르면 죽여 버리겠다〉고 협박했어요. 나는 시계를 보고 있던 게 기억나요. 8시 47분이었죠.」 전화가 울렸고―나중에 알게 된 바로는 그녀의 어머니에게서 온 전화였다―그는 전화선을 잘라버렸다. 「나는 벽을 두드렸고, 그에게 발길질을 해댔어요. 그러자 그가 칼을 꺼내 들었고 나는 살고 싶었어요. 그는 11시 23분에 떠났죠.」

멜린다는 자신의 침대 위에서 꼼짝도 하지 않고 앉아 있다가 다음날 아침 5시 30분이 되어 마침내 친구에게 병원에 데려다 달라고 부탁했다. 간호사는 그녀가 진짜로 강간을 당한 것인지 의심했고 긴급 피임 조치를 제공하지 않았다. 하지만 멜린다는 경찰을 불러서 진술서를 작성했다. 경찰이 그녀에게 고발하길 원하는지 물었고 그녀는 자신이 감당할 수 없을 것 같다고 대답했다. 멜린다는 성적이 수직 하락한 채로 가을 학기를 마쳤고, 봄 학기 내내 학교를 거의 다니지 않았으며, 불안에 시달려 정상적인 생활이 불가능했다. 「아파트를 나서는 것조차 겁이 났어요.」

그녀는 부모님이 사는 집으로 돌아갔다. 그리고 농교육 프로그램이 없었음에도 아이비 테크 커뮤니티 칼리지에 등록했다. 자신이 임신했음을 깨닫고 어머니에게 그 사실을 알렸을 때는 이미 낙태를 하기에 너무 늦은 상태였다. 그녀는 아기를 포기해야 한다는 생각에 너무나 괴로웠다. 그녀의 설명이다. 「나는 변해야 했고, 적응해야 했어요. 아니면 평생 두려움에 갇혀 사는 수밖에 없었죠. 결국 나는 변했고 또 적응했어요.」 적응 과정은 대체로 고통의 연속이었다. 불안과 극심한 우울증에 시달리던 그녀는 두 번이나 병원 신세를 졌다. 그중에 한 번은 자살 예방을 위해 감시까지 받아야 했다. 다른 주(州)에서 농교육에 관련된 일자리도 제안받았지만 혼자 사는 것이 너무 무서웠다.

그녀의 아들 마커스가 태어났을 때 멜린다의 부모는 그를 손자로 받아들이길 거부했다. 멜린다가 〈우리 집 거실에는 우리 모자가 벗어나지 말아야 할 안전 지역이 있어요〉라고 설명했다. 그녀의 아버지가 집에 있을 때 마커스는 그녀로부터 반경 1미터 50센티미터 안에 머물어야 한다. 그녀가 말했다. 「며칠 전에도 마커스가 텔레비전을 만지려고 다가가자 아버지가 그에게 손찌검을 했어요. 나는 〈이 아이에게 또 손을 대면 두 번 다시 나를 볼 수 없을 거예요〉라고 소리를 질렀죠.」 그녀의 언니가 딸을 입양했을 때 멜린다의 부모는 그 아이를 데리고 공원에 다녔고, 조부모의 날에는 학교에 가기도 했다. 하지만 직장 동료가 멜린다의 어머니에게 손자에 대해 물으면 그녀는 〈무슨 손자요? 나는 손자가 없어요〉라고 말했다.

대학을 마친 후에 멜린다는 헤드 스타트*에 일자리를 얻었다. 당시까지도 그녀는 강박 행동을 보였고, 평소와 다른 음식은 아예 손대는 것조차

---

* 1965년에 미국 연방 정부에서 경제 문화적으로 불우한 아동을 위해 만든 유아교육 프로그램.

꺼렸으며, 자해를 하기 시작했고, 혼자서는 설령 그곳이 스타벅스라 할지라도 낯선 장소에 가지 못했다. 하루는 헤드 스타트에 다니던 어떤 아이가 리키가 썼던 것과 동일한 스타킹 캡을 쓰고 오자 그녀는 아이의 보관함에 있던 그 모자를 꺼내서 버려 버렸다. 그녀가 말했다. 「그 아이는 겨우 네 살이었어요! 나는 이런 부분을 정말 고쳐야 해요.」

멜린다는 치료 전문가를 만나기 시작했다. 그 치료 전문가 또한 강간 피해자였다. 처음에 그녀는 자신에게 일어났던 일을 거론하는 것조차 두려워했다. 그리고 마침내 그 일을 들춰내기로 결심했을 때는 먼저 문을 잠가 달라고 요구했다. 치료 전문가는 마음의 짐을 덜어내기 위한 한 방법으로 그녀의 원망을 담아 리키에게 무명으로 엽서를 보내 보라고 제안했다. 그녀는 이틀에 한 번씩 다른 동네에 가서 엽서를 보내기 시작했다. 때로는 컴퓨터로 출력해서 만든 엽서를 보냈고, 때로는 잡지에서 그녀가 직접 오려낸 단어들을 조합해서 풀로 붙이거나, 어린아이의 필체를 흉내 내서 쓴 엽서를 보내기도 했다. 또 어느 때는 직장으로 보냈다가 어느 때는 집으로 보내기도 했다.

엽서를 보내기 시작한 지 6개월이 지나자 리키가 스토킹 혐의로 그녀를 고발했고, 그녀는 범죄 수사의 피의자는 직원 신분을 유지할 수 없다는 이유로 헤드 스타트에서 해고되었다. 그녀가 말했다. 「나는 그곳에서 2년 동안 일했고 한 번도 문제를 일으킨 적이 없었어요. 지각한 적도 없었고, 결근한 적도 없었어요. 요컨대 꼬투리 잡힐 만한 짓을 한 적이 전혀 없었어요. 그런데도 그깟 엽서 때문에 나를 해고하겠다고요?」 곧이어 리키가 양육권 소송을 제기하겠다고 통보해 왔다. 멜린다는 결국 무너졌다. 마커스를 아동 보호 서비스 기관에 데려가서 그를 양도하겠다는 의사를 밝혔다. 그곳에서 일하던 예의 치료 전문가가 마커스를 데리고 집으로 돌아가라고 그녀를 설득했다. 하지만 멜린다의 어머니는 혹시라도 그녀가 마음이 다시 바뀌면 자신이 직접 그들 모자를 차에 태워 아동 보호 서비스 기관으로 데려가겠다고 말했다.

멜린다는 탁아소에서 다시 일자리를 구했다. 하지만 정신 상태가 매우 심약해졌으며 마커스와 리키를 분리해 주던 경계선이 점차 흐릿해지는 듯 보였다. 그녀가 말했다. 「나는 그들이 서로 연결된 것처럼, 마치 그들 두 사람이 같은 사람인 것처럼 느껴요. 마커스가 이야기를 하다가 나를 만지기라도 하면 나는 속으로 〈딱 네 아버지구나〉라고 생각해요. 내가 마커스에게 상처를 주고, 그를 그의 친부와 동일시하게 되면 어떻게 하죠? 정말 두려워요. 마커스는 나를 겁탈했던 그 사람과 너무나 닮았어요.」 그녀가 멍한 표정을 지었다. 「마커스가 어떤 일을 했을 때 나는 이를테면 〈오, 정말 대견하구나〉라고 생각해요. 그러나 다음 순간 그가 내게 말을 걸면 순식간에 그가 누구인지도 헷갈리죠. 마커스가 없다면 누가 아침에 나를 깨워 줄까요? 마커스가 곁에 있는 한 내가 자살하는 일은 절대로 없을 거예요.」

그로부터 채 1년이 지나지 않았을 때였다. 멜린다가 내게 편지를 보내서 8개월째 남자를 만나고 있으며 곧 아기도 태어날 거라는 소식을 알려 왔다. 「마커스는 형이 된다는 사실에 줄곧 흥분해 있어요. 나는 행복하고, 치료도 안정적인 궤도에 들어섰어요. 무엇보다 부모님이 우리에게 더 이상 어떻게 하라고 명령할 수 없어서 좋아요.」 2개월 뒤에 그녀에게서 또 편지가 왔다. 「내가 만났던 그 남자는 내가 그에게 어울리지 않는다고 판단했어요. 그는 지금 새 아내와 미시간 주(州)에서 살고 있어요. 나는 딸 이름을 엘리자라고 지었답니다. 안타까운 소식은 그녀가 사산아로 태어났다는 거예요. 그녀를 임신했을 때는 마커스를 임신했을 때와 사뭇 달랐어요. 뱃속에 있는 그녀에게 유익한 행동만 하려고 무척 조심했죠. 그러고 보면 참 희한한 일이죠? 마커스를 부정하고 싶었고 그가 없어지길 바랐지만 그는 내 곁에 있고, 나 자신과 엘리자를 보살피기 위해 내가 할 수 있는 모든 노력을 기울였지만 그녀를 잃었잖아요.」 6개월 뒤에 그녀는 마커스를 포기했다. 그는 수양가족에게 맡겨졌고 그들은 그를 정식으로 입양하려고 고려하는 중이다. 멜린다가 말했다. 「원하는 만큼 최대한 그를 봐 두고 있어요. 물론 평생 곁에 두고서 보는 만큼은 아니에요. 마커스는 내가 줄 수 없는 모든 것을 얻게 될 거예요. 내게는 이제 그와 단둘이 시간을 보낼 수 있는 권리가 없어요. 정말 현명한 조치라고 생각해요. 나는 엘리자를 잃고 굉장히 힘든 나날들을 보내고 있어요. 엘리자의 기일에 맞추어 친구들 몇 명과 야외 파티를 할 생각이에요. 그녀에게 〈겅크〉 케이크를 만들어 줄 생각에 한껏 들떠 있어요. 겅크 케이크란 가로 세로가 각각 22센티미터와 27센티미터 정도 되는 노란색 케이크를 말해요. 땅콩버터로 당의를 입히고 맨 위에는 새 모이를 이용해서 내가 원하는 구절을 집어넣죠. 이 케이크를 그녀의 묘에 갖다 놓아서 그녀를 아는 모든 사람이 매일 그렇게 하듯이 야생동물도 그녀의 존재와 생명을 만끽하도록 할 거예요.」 결과적으로 멜린다는 죽은 아이는 사랑하고 살아 있는 아이는 사랑하지 못함으로써 괴로워했다. 강간 사건은 분노와 비애를 초래했을 뿐 아니라 멜린다의 분노가 마커스를 향하도록 만들었으며, 그녀의 절망과 관련해서 엘리자를 보다 안전한 피난처로 느끼도록 만들었다.

최근 들어서 이론가들은 강간이 대체로 번식을 위한 하나의 전략이며, 따라서 유전자가 전략적으로 선택되는 경향이 있다고 추정하는 진화 이론을 제시하고 있다.[74] 워싱턴 앤 제퍼슨 칼리지에서 학생들을 가르치는 조너선과 티파니 고트셜 부부는 강간범들이 〈비단 나이뿐 아니라 희생자의 가임 능력을 암시하는 육체 및 행동 신호들—이 신호들 중 상당수는 강간과 상관없는 상황에서도 동일한 매력을 발산한다—을 포괄적으로 고려해서 희생자를 선정한다〉[75]고 제안한다. 『강간의 자연사 A Natural History of Rape』를 저술한 랜디 손힐과 크레이그 T. 팔머는 강간을 자행하는 남자들이 그들의 씨를 널리 퍼뜨리고, 그 결과 그들의 이기적인 유전자

가 저절로 대물림될 수 있는 추진력을 얻는다고 주장한다.[76]

　강간범의 마음속에 강압적인 번식 방식에 대한 환상이 있다는 개념은 페미니즘 이론과도 일치한다. 학자 캐서린 매키넌Catharine MacKinnon은 이러한 구조를 강조하면서 〈강요된 임신은 강간에서 시작되어 낙태 거부로 이어지는 익숙한 패턴을 보여 준다. 또한 이미 노예 시대에 시작되었고 낙태가 불가능한 여성들에게 여전히 일어나고 있다〉[77]고 주장했다. 수전 브라운밀러는 번식이 대다수 강간범들의 주된 동기라는 견해를 제시했다. 그녀는 〈성교가 임신으로 이어진다는 사실을 발견한 뒤로 남자들이 여자들을 강간하기 시작했다〉[78]고 말한다. 세상이 발전한 뒤로 강간은 학대 관계에서나 효율적인 번식 전략일 뿐 대부분의 경우에는 효율적이지 않다. 희생자가 임신까지 가는 경우가 좀처럼 드물기 때문이다. 또한 임신을 하게 되더라도 희생자들 중 대다수는 낙태 수술을 받는다. 또한 강간범은 강간범대로 교도소에 수감되어 번식 잠재력이 축소될 수 있다. 애리조나 공중 보건 대학의 임상 심리학자이면서 성폭력 문제를 연구하는 메리 P. 코스Mary P. Koss 교수는 강간을 둘러싼 진화론적인 해석과 사회적인 해석을 놓고 어느 하나를 선택하기보다 그 둘을 통합할 방법을 찾아야 한다고 주장했다.[79]

　강간범은 일반적으로 상습범이다. 한편 18세 이전에 강간을 당한 적이 있는 여성이 어른이 된 이후에 또 강간을 당할 확률이 다른 여성들에 비해 두 배나 높다는 것은 비교적 덜 알려진 사실이다.[80] 성폭력이 영원히 계속되는 것이다. 강간범과 강간 피해자에 관한 이 같은 두 가지 통계는 간담이 서늘할 정도로 완벽하게 서로 조화를 이룬다. 요컨대 강간범이 침해 행위를 통해 보상받는 만큼 강간 희생자의 자아는 파괴되고 취약해진다. 그리고 그 결과 세상이 안전하지 않다고 여기는 희생자의 생각은 자기 충족적인, 즉 예언대로 이루어지는 예언이 된다.

어려서부터 밀워키에서 자란 로리 마이클스는 길 건너편에서 아내와 세 자녀와 살던 프레드 휴스와 가까운 사이였다.[81] 로리가 열두 살이 되면서 프레드는 그녀에게 사탕을 사주거나 자동차로 드라이브를 시켜 주기 시작했다. 어느 정도 신뢰가 쌓이자 그는 로리를 자신의 차고로 데려갔고, 9밀리 권총을 그녀의 이마에 겨눈 채 구강성교를 시켰다. 두 달 사이에 그런 일이 네 번이나 반복되었다. 이후에 프레드와 그의 가족은 시카고로 이사했고 그녀는 아무에게도 그 사실을 말하지 않았다.

로리가 열아홉 살 때 프레드가 다시 밀워키로 돌아왔다. 로리는 그와 알고 지내는 어떤 사람의 집에 세 들어 살고 있었는데 가끔씩 밤에 잠에서 깨었다가 그녀의 방에서 권총을 들고 서 있는 프레드를 발견하고는 했다. 그는 예전의 그 차고로 그녀를 데려갔고 일 년이 넘도록 똑같은 일이 반복되었다. 로리는 그 일을 비밀에 부쳤다. 사실을 알게 될 경우 어머니인 클라라벨이 뭐라고 할지 두려웠기 때문이다. 어느 날 밤에 집주인의 누나가 그녀에게 〈로리, 프레드가 너하고 잤다고 자랑하던데 정말 원해서 그런 거니?〉라고 물었다. 로리가 아니라고 대답하자 〈나도 아닐 거라고 생각했어〉라는 반응이 돌아왔다. 「그 작자가 내 딸 진저에게도 똑같은 짓을 했더구나.」 진저는 당시 열네 살이었다. 진저의 어머니가 로리를 대신해서 경찰을 불렀고, 로리는 그들을 이끌고 차고로 갔다. 진저가 앞서 그들을 데려갔던 곳과 동일한 장소였다. 로리가 〈그 사람이 또 누구에게 그런 짓을 했을지 누가 알겠어요?〉라고 말했다.

얼마 뒤 로리는 자신이 임신했음을 깨달았다. 그녀는 남자 친구 버드에게 그와 프레드 중 한 명이 아버지일 거라고 설명했다. 프레드는 흑인이었고 로리와 버드는 백인이었기 때문에 그녀는 아이가 태어나면 저절로 알게 될 거라고 생각했다. 그녀의 어머니 클라라벨은 다른 사람의 입을 통해 로리에게 일어난 일을 들었지만 애초에 로리가 두려워했던 것 같은 혹독한 비난은 없었다. 클라라벨이 그녀에게 물었다. 「낙태를 할 생각이니? 아니면 입양을 보낼 거야? 아니면 직접 키울 생각이니? 그 아이를 키우더라도 절대로 그 아이에게 화풀이를 할 생각은 하지 마라. 혹시라도 그 아이를 키울 생각이 없다면 깨끗하게 손을 떼고, 지금 당장 정리하는 것이 최선이야.」 클라라벨은 프레드가 생부일 경우 뒤따라올 인종 차별 문제부터 시작해서 로리가 직면하게 될 문제들을 꼼꼼하게 짚어 주면서, 싱글맘으로 살아가는 것은 결코 녹록한 일이 아니라고 조언했다. 꼬박 하루를 고민하고 난 다음에 로리가 클라라벨에게 아이를 낳아 기르겠다는 의사를 전하자 클라라벨이 말했다. 「네가 그럴 줄 알았단다. 다만 그런 선택을 하기 전에 생각할 시간을 주고 싶었어.」

로리는 다시 집으로 들어갔지만 곧 우울증에 걸렸고 임신 8개월째에는 손목을 그었다. 버드가 그녀를 발견하고 911에 전화했다. 로리는 자신이 절망했던 이유가 임신이 아니라 강간 때문이며, 만약 임신한 상태가 아니었다면 자살 시도가 성공했을 거라고 주장했다. 그녀는 〈내 아들은 내가 계속해서 앞으로 나아갈 수 있게 도와주는 존재예요〉라고 말했다. 비슷한 상황의 어머니들에게 자주 듣는 이야기였다. 하지만 수년 동안 강간을 당하면서도 자살을 시도하지 않다가 임신한 상태에서 자살을 시도했다는 사실은 그녀의 논리를 의심스럽게 만들었다. 그녀의 아들은 갓 태어났을 때 백인처럼 보였다. 로리가 말했다. 「어느 날 기저귀를 갈아 주려고 하는데 고추가 검은색이었어요. 사람들이 내게 〈물라토 즉 흑인과 백인의 혼혈 1세대는 백인처럼 태어나지만 고추가 검다〉고 알려 주더군요.」 로리는 아들의 이름을 보비라고 지었고, 집으로 데려온 이후로는 클라라벨이 육아의 대부분을 맡았다.

프레드는 로리와 진저에 대한 강간 혐의로 기소되었다. 징역 2년 6개월 형을 선고받은 그는 모범수로 인정받아 2년 만에 풀려났다. 유전자 분석을 통해 보비가 그의 아들임이 드러나자 프레드가 양육권 소송을 제기했지만 기각되었다. 그럼에도 그의 아내는 반복해서 로리에게 위협적으로 말을 걸면서 보비를 만나게 해달라고 요구했다. 결국 로리와 클라라벨, 보비는 위스콘신을 떠나 남서부 지방에 새로운 보금자리를 꾸몄다. 몇 년 뒤 프레드는 다시 감옥에 수감되었고, 다섯 명의 소녀를 강간하고 다른 한 명을 거의 목숨이 위태로울 정도로 심하게 폭행한 혐의로 재판에 계류되었다. 지방 검사는 원래 그에게 두 번의 종신형에 15년을 더해서 구형할 계획이었지만 서류를 부정확하게 제출하는 바람에 소송이 취하되고 말았다. 프레드는 곧장 마을을 떠났고 정부 기관의 눈을 피해서 잠적했다. 로리가 말했다. 「그는 누군가를 강간할 때마다 점점 더 폭력적으로 변하고 있어요. 게다가 이제는 자유의 몸이에요.」

로리와 그녀의 가족을 그들이 생활하는 트레일러 파크에서 만났을 때 보비는 열두 살이었다. 로리는 보비를 볼 때 프레드를 거의 떠올리지 않는다고 말했다. 그녀가 말했다. 「언니는 프레드를 〈정자 기증자〉라고 불러요. 보비는 내게 기적이나 다름없는 아이예요.」 그녀의 다른 가족들도 모두 그를 받아들이고 있었다. 「우리 가족은 하나같이 인종 차별이 심한 구세대였어요. 하지만 보비를 무척 특별하게 대했죠. 한번은 증조할머니가 무심결에 보비를 깜둥이라고 불렀어요. 할머니는 나를 바라보면서 금방이라도 울 것 같은 표정을 지었고 두 번 다시 똑같은 실수를 하지 않았어요.」 로리의 연애사는 대체로 순탄하지 않았고 보비는 집 안에서 폭력적인 상황이 벌어질 때마다 어머니를 지켜 줄 정도로 성장했다. 로리는 직업 이력도 뒤죽박죽이었다. 그녀는 심리적 외상 후 스트레스 장애로 사회보장 연금을 받았는데 수입이 너무 많을 경우 연금 자격을 상실하게 되는 문제가 여기에 일조했다. 그녀는 버거킹이나 타코 벨 같은 곳에서 일을 했지만 금방 지치고, 근무 중에 사람들을 상대하는 일에 어려움을 느꼈다. 그들 가족은 클라라벨이 월마트에서 일하고 받는 수입에 주로 의존해서 생활했다.

보비가 이런저런 질문을 던지기 시작했을 때 클라라벨은 출생에 관한 이야기를 할 때가 되었다고 생각했다. 보비가 일곱 살 때 로리는 그의 친부가 그녀의 이마에 총을 겨누었으며 그녀를 강간했다고 알려 주었다. 보비는 내게 〈그 사람에 대해 아무것도 알고 싶지 않아요〉라고 말했다. 그는 잘생겼고, 다정했으며, 열두 살치고는 비교적 침착했지만 또한 예민하고 변덕스러웠다. 주의력결핍과잉행동장애와 더불어 학습 장애 진단도 받았는데 학습 장애는 문맹이던 프레드에게서 유전된 듯했다. 의사는 그가 조울증일 수 있다는 견해를 내비쳤다. 보비는 교사들하고도 마찰을 빚었고 그래서 이 학교 저 학교를 전전했다. 그럼에도 할머니에게는 눈에 넣어도 아프지 않을 만큼 소중한 존재였다. 클라라벨이 말했다. 「주말이나 이른 아침에 보비가 내 침대에 와서 앉아요. 그러면 우리는 함께 내셔널 지오그래픽이나 자연 다큐멘터리 프로그램을 시청하죠.」 그들 가족의 생활은 감정적으로 여전히 복잡했다. 로리가 말했다. 「나는 자주 언성을 높여요. 그래서 화요일 밤에는 분노 조절 프로그램에 참가해요. 우리는 가정 상담을 받고 있으며 나는 약도 먹어요. 정상적인 상태로 돌아갈 때까지 계속 복용할 거예요.」 보비는 친구들에게 화를 잘 냈으며 어머니와 말다툼을 하다가 텔레비전을 집어던진 적도 있었다. 로리가 말했다. 「상담사의 말에 따르면 보비가 나를 때리지는 않을 거라고 하더군요. 하지만 그 아이는 그동안 너무나 많은 폭력에 노출되어 왔어요.」

보비를 깜둥이라고 불렀다는 이유로 새벽 5시에 남자 친구를 내쫓은 지 3일 만에 로리는 온라인 채팅방에서 친구와 그 일에 대해 이야기하다가 링고 스마이스를 만났다. 링고는 채팅창에 〈그 남자를 다시는 집에 들이지 않겠다고 내게 약속해요〉라고 썼다. 그녀와 보비가 카니발 축제에서 링고를 만났다. 그는 카니발 축제에서 놀이 시설을 관리했다. 보비가 어머니에게 링고를 사귀어 보라고 부추겼다. 내가 로리를 만났을 때 그들은 거의 1년째 사귀고 있었고 그들 두 사람의 연애사를 통틀어서 최장 기록이었다.

로리는 링고의 배경을 고려할 때 여전히 걱정이 되었다. 링고가 말했다. 「나는 죄수 가정에서 태어났어요. 아버지는 사창가에서 어머니를 만났고 어머니는 마약 중독자였죠. 게다가 카니발 축제를 따라다니면서 훨씬 험한 꼴도 많이 보았기 때문에 웬만한 일에는 잘 놀라지도 않아요.」 그가 중간에 말을 멈추고 내게 자신을 힘껏 때려 보라고 했다. 「나는 팔에 아무런 통증도 느끼지 않아요. 어릴 때 아버지가 내 팔을 재떨이로 썼기 때문이죠.」 그가 소매를 걷어올리자 어깨에서부터 손목까지 하얗게 변색된 흉터들이 드러났다.

자신은 심리 치료를 믿지 않는다고 공언했음에도 링고는 가족 상담 시간에 동석하기로 했고, 그 시간을 이용해서 로리와 결혼하는 문제와 보비를 입양하는 문제 등을 상의했다. 그는 먼저 여전히 혼인 관계에 있는 여성을 찾아 이혼 신청을 해야 했다. 로리와 링고가 둘 다 빚이 엄청나게 많다는 사실도 부담으로 작용했다. 그럼에도 로리를 만난 이래로 링고는 많은 변화를 감수했다. 그가 말했다. 「나는 더위를 못 참아요. 트레일러에서 지내는 것도 싫어해요. 고양이도 싫어합니다. 하지만 지금은 여기 애리조나의 트레일러 파크에서 다섯 마리의 고양이와 함께 살고 있죠.」 그 모든 것이 로리 때문인지 묻자 그는 〈맞아요, 로리와 보비 두 사람을 위해서죠〉라고 대답했다. 내가 방문했을 때 그는 로리 모자와 떨어지기 싫어서 카니발 측에 휴가를 낸 상태로 대형 할인점인 타겟에서 야간 근무자로 일하고 있었다.

로리가 말했다. 「프레드가 자주 생각나는 것은 아니지만 링고가 성적으로 어떤 특정한 행위를 하면 갑자기 예전 기억이 생생하게 되살아날 때가 있어요. 나는 좋은 날도 있고 나쁜 날도 있어요. 때로는 나쁜 날이 일주일씩 지속되기도 하죠. 하지만 우리는 언제나 가족이에요. 과거로 돌아가서 어떤 부분을 바꾸고 싶은 생각은 전혀 없어요. 과거를 바꾸어도 아이는 낳았겠지만 지금의 보비는 아니겠죠. 나는 보비로 충분해요.」

〈나는 어떻게 태어났는가?〉라는 의문은 어린 시절에 가장 절박한 문제 중 하나다. 그리고 두려움과 무기력함이 담긴 부모의 반응은 자녀를 불안하게 만들 수 있다. 자녀를 낳아 기르는 대다수의 강간 피해자들은 그들이 안정적인 연애 기간도 없이, 또는 금전적으로나 감정적으로 자녀를 돌볼 능력이 없음에도 부적절한 나이에 아이를 낳은 이유를 설명해야 한다. 여성 자신이 평가받는다고 느끼는 정도에 따라 그들이 은폐하거나 부정하는 범위가 결정되기도 한다. 굳이 해답을 찾으려고 하지 않는 안정적인 아이에게는 자신의 잉태 과정에 대한 이야기를 듣는 것 자체가 일종의 폭력처럼 느껴질 수도 있다. 자기 자신을 보호할 수 없었던 어머니들은 이제 그들이 아이를 보호할 수 있다는 사실에 만족한다. 그리고 잉태 과정의 끔찍한 일을 아이 본인에게 비밀로 하는 것 역시 그런 보호 행동의 일부이다. 같은 이유로 한 어머니는 온라인상에 〈내 아들은 자신의 출생에 관련된 자세한 내막을 절대로 모를 것이다. 나는 그가 누구도 바라지 않았던 존재라거나 사랑이 결여된 채 잉태된 존재라고 생각하게 되는 것을 원하지 않는다〉[82]라는 다짐을 피력했다.

　지극히 충격적인 정보를 차단하는 행위는 그 사실을 알려 주는 행위만큼이나 위험한 일이다. 일반적으로 정보가 차단된 아이는 직접적으로 관련이 없는 사람에게 우연히 그 사실을 전해 듣고 일생일대의 비밀에 배신감을 느끼게 된다. 다시 말해 아이와 사실을 공유하기에 적당한 시기나 안전한 방법도 존재하지 않지만 사실을 감추기로 하는 결정도 재앙을 불러올 수 있다는 것이다. 입양 상담사 홀리 판 굴덴은 〈가족제도 안에서 특히 부모 자식 간에 비밀이 있다는 것은 그 비밀이 수치스러운 내용임을 암시한다〉[83]고 설명한다. 잉태 과정을 비밀로 해서 자식을 보호하려고 할 때 어디까지가 어머니의 선택이고, 어디까지가 위험한 형태의 부정(否定)일까? 심지어는 핵심 정보를 공유할지 또는 보류할지 심사숙고해서 결정한 경우에도 의도하지 않은 결과가 나오기도 한다. 어른이 되어 자신이 강간에 의해 잉태되었음을 알게 된 어떤 남자는 오히려 그 같은 사실을 알게 됨으로써 〈어머니를 이따금씩 미혼모의 전형적인 이미지로 그려지기도 하는 《행실이 나쁜 여자》나 《방종한 여자》로 보지 않게 되었다〉고 말했다.[84] 자신의 비밀을 숨겨서 부정하고자 했던 어머니의 시도가 아들이 어머니를 바라보는 관점에, 더 나아가서는 아들 자신을 바라보는 관점에도 손상을 입힌 경우였다. 아이들은 쉽게 모욕감을 인지하고 흡수하기 때문에 그들이 부모의 수치심과 관련된 경우 그로 인해 무거운 짐을 지게 된다.

자기가 대다수 어머니들이 상상도 하기 싫어하는 그런 존재라는 사실을 알게 되면 분노가 치밀면서 자기 회의에 빠질 수도 있다. 유전자 기형을 안고 태어난 사람들이 선택적 낙태 탓에 그들의 삶이 가치가 없어지고, 그들의 계승자마저 근절될 거라고 생각하면서 느끼는 자기 회의와 유사하다. 강간에 의해 태어난 사람들 중 일부는 그들이 태어났다는 사실을 알리기 위한 하나의 수단으로 낙태 반대론자가 되기도 했다. 열여덟 살에 직장 상사에게 겁탈당한 리 이젤은 딸 줄리를 낳자마자 입양을 보냈다. 그녀는 한 번도 줄리를 실제로 본 적이 없었다. 그리고 21년 후에 줄리가 그녀를 찾아왔고 그들은 서로 해후의 기쁨을 나누었다. 줄리가 말했다. 「1963년에 나의 친모가 낙태를 선택할 수 없었다는 사실이 얼마나 고마운지 몰라요. 그렇지 않았다면 그녀가 나를 쉽게 지울 수 있다는 강한 유혹에 굴복했을지도 모르잖아요.」 리를 만났을 때 그녀의 사위가 말했다. 「당신에게 악수를 청하고 싶어요. 줄리를 낙태하지 않아 주어서 정말 감사합니다.」[85]

어떤 사람들은 그들이 어떻게 낙태를 면했는지 설명하면서 마치 자궁 속에서 교활한 이중간첩 노릇이라도 한 것처럼 과장되게 이야기한다. 때때로 그런 사람들은 그들이 실제로 연결 고리의 역할을 하고 있는 트라우마를 공감하지 못한다. 강간에 의해 잉태되고 태어나자마자 입양된 세리 엘드리지는 47년 후에 자신의 생모와 재회했을 때 실망했다고 기술한다.[86] 생모를 방문해 열흘 동안 함께 있으면서 막 시작된 그들의 관계는 점차 껄끄럽게 변해 갔다. 생모는 그녀와의 재회로 무수한 고통이 수면으로 다시 떠올랐다고 말했다. 엘드리지는 《《그녀에게 고통을 초래할 만큼 내가 잘못한 것일까?》 나는 계속해서 자문했다. 당시 나는 생모가 입양과 재회 사실에서 느끼는 참혹한 고통에 대해 전혀 몰랐다. 나는 나대로 나 자신의 아픔과, 해결되지 않은 고뇌와 싸우고 있었다〉고 쓰고 있다. 엘드리지는 생모의 고뇌가 전적으로 자식과의 이별 때문이라고 여기면서 강간을 당한 이후로 지극히 고통스러웠을 생모의 삶에 대해서는 전혀 인식하지 못했다.

수년 동안 리사 보인턴은 그녀의 가장 중요한 비밀이 다섯 살 때부터 줄곧 할아버지에게 성적 학대를 당해 온 것이라고 생각했다.[87] 하지만 중학교 1학년 때 아버지가 그녀를 〈의붓딸〉이라고 인정한 국세 조사표를 발견했다. 어머니 루이즈가 나서서 그녀에게 해명했다. 리사가 자신을 더 이상 사랑하지 않게 될까 봐 두려웠던 아버지가 비밀로 하기를 원했다는 내용이었다. 그리고 자신이 열다섯 살 때 학교에서 만난 한 남학생의 아이를 갖게 되었다는 말도 했다. 리사가 말했다. 「나는 화가 났어요. 아직까지도 화가 나요. 그동안 내가 아버지라고 생각했던 사람이 진짜 아버지가 아니라는 사실을 온 가족이 다 알고 있었던 거예요. 나만 몰랐죠.」
이듬해에 리사와 몇몇 친구들은 〈지적 장애〉가 있는 그들의 친구 도니와 자주 어울렸다. 리사는 중학교 2학년이었고 도니는 스무 살이었다. 그들은 몇 차례 스킨십을 가졌지만 리사는 거기에서 더 나아갈 마음이 전혀 없었다. 어느 날 그녀가 확인할 것이 있어서 그와 함께 위층으로 올라가자 그는 강제로 그녀를 덮쳤다. 그녀가 비명을 질렀지만 아무도 도와주러 오지 않았다. 그녀가 몸을 떨면서 아래층으로 내려와 가장 친했던 친구에게 어째서 도와주러 오지 않았냐고 묻자 그 친구는 〈어머나, 나는 네가 마침내 섹스를 한다고 생각했어. 원래 처음에는 아프잖아〉라고 대답했다.
아이러니하게도 도니에게 강간—그녀는 그 사실을 비밀로 했다—을 당하고 나서야 할아버지가 상습적으로 그녀를 성적으로 학대한 사실이 알려졌다. 그녀가 친구와 이야기하는 것을 들은 어머니가 그녀에게 자초지종을 추궁했던 것이다. 리사는 의붓아버지에게 알리지 말아 달라고 어머니에게 사정했다. 「엄마는 〈가서 자거라. 다 괜찮을 거야〉라고 했어요. 그러고는 곧장 아래층으로 내려가서 아버지에게 알렸던 것 같아요. 아버지가 온갖 저주를 퍼부으면서 물건을 내던지는 소리가 들렸어요.」리사의 부모는 경찰에 신고했다. 의붓아버지의 아버지는 유죄를 인정하고 집행유예 5년을 선고받았다. 그에게서 사과 편지가 왔지만 리사는 그 편지에 대해 〈변호사가 쓴 것 같았어요〉라고 말했다. 「어쨌거나 내게는 아무런 의미가 없었어요.」리사의 의붓아버지는 그 사건을 계기로 자신의 아버지와 인연을 끊었다.

이처럼 강력한 지원에도 불구하고 리사와 루이즈의 사이는 어리둥절할 만큼 껄끄러웠다. 리사가 말했다. 「아버지는 내가 사랑받고 있으며 가족의 일원이라고 느끼도록 넘칠 정도로 배려해 주었어요. 문제는 어머니예요. 어머니는 무슨 일만 있으면 항상 나를 탓했어요. 언제나 언니는 잘못이 없다는 식이었어요.」강간 사건 이후로 리사는 이성 관계가 문란해졌다. 아동 성폭력의 희생자들 대다수가 그렇듯이 그녀는 육체관계에 대해 선을 그을 줄 몰랐다. 그녀가 말했다. 「나는 아무하고나 잤어요. 도니에게 강간을 당하고 난 뒤에도 고등학교 2학년 때까지 그와 자진해서 잠자리를 가졌어요.」그녀가 기가 차다는 듯이 〈나는 할아버지가 나를 범하기 시작한 이후로 섹스와 사랑을 혼동했던 것 같아요〉라고 덧붙였다.

리사가 스무 살이던 어느 날 루이즈가 자신도 강간을 당했으며 리사의 친부가 누구인지 모른다고 고백했다. 그녀의 이야기는 리사 자신의 이야기와 소름끼칠 정도로 비슷했다. 루이즈와 그녀의 절친한 한 친구는 그들보다 나이가 많은 남자들과 사귀었고 그 남자들이 사는 집에까지 놀러 가게 되었다. 먼저 그녀의 친구와 한 남자가 같이 사라지자 나머지 한 남자가 리사의 어머니를 다른 방으로 이끌었고 그곳에서 그녀를 겁탈했다. 뒤이어 예의 첫 번째 남자가 그 방으로 들어와서 그녀를 또 범했다. 자신이 임신했음을 알았을 때 그녀는 그들 두 사람 중 누가 아이의 아버지인지 알 수 없었다. 리사가 그들의 이름을 캐묻자 루이즈는 누가 보더라도 지어낸 것이 분명한 이름을 알려 주었다. 리사가 말했다. 「나는 어머니가 모든 사실을 이야기했다고 생각하지 않아요. 상대적으로 덜 중요한 부분에 대해서는 말을 하지 않았죠. 그럼에도 어머니에게 진작 이야기를 해주지 않았다고 화를 낼 수 없었어요. 어머니의 목소리에서 비애가 느껴졌거든요. 그리고 두 번 다시 그 일을 입에 올리지 않기로 했어요. 나는 풀리지 않은 나머지 수많은 의문들은 무덤까지 가져갈 작정이에요.」

그 모든 비밀과 거짓말은 리사에게 부정적인 영향을 끼쳤고 그 결과 30대에 들어선 리사는 여전히 자신의 가족에 대해 유대감이 없다. 그녀는 각종 온라인 토론회를 찾아다니면서 많은 시간을 보냈고 그렇게 외로움을 달랬다. 결국에는 사회복지학 학위를 취득했으며 이제는 집단요법 치료 전문가로서 비슷한 트라우마를 경험한 여성들을 상담하고 있다. 그녀의 개인적, 직업적인 삶은 그녀 자신의 회복에도 도움이 되었다. 그녀가 〈나는 걱정거리나 문제를 축소하는 편이에요. 하지만 사람들을 만나면 가장 먼저 《여러분의 문제를 축소하려고 하지 마세요》라고 조언하는 사람이기도 해요〉라고 말했다. 그녀는 현재 여자 파트너와 동거하고 있으며, 그 파트너를 만나기 전에 낳은 딸도 있는데 그녀에게 깊은 애정을 보인다. 「나는 항상 나 자신을 스스로 지켜야 한다고 생각했어요. 다른 사람이 나를 지켜 주지는 않을 테니까요. 내 딸이 나하고는 완전히 다른 삶을 살았으면 좋겠어요.」

우리가 만났을 때 리사는 의사에게 상담을 받고 있었다. 그녀는 그 의사를 좋아했지만 그럼에도 그 사람과 자신의 강간 사건에 관한 이야기를 나눈 적은 전혀 없었다. 그녀는 그 일련의 사건들이 서로 연결되어 있는 것이 아니라 터무니없을 만큼 우연이 겹친 결과라고 생각했다. 그녀가 내게 말했다. 「나는 아무도 내 이야기를 믿지 않을 거라고 생각했어요. 심지어 나 자신이 생각해도 내가 성적으로 학대당하고 또 강간까지 당했다는 사실이, 여기에 더해서 어머니도 강간의 희생자였다는 사실이 믿어지지가 않았어요. 이 모든 사정을 아는 사람은 어머니와 내 파트너가 유일해요. 이제는 당신도 포함되는군요. 나는 할아버지의 손아귀에서 경험한 트라우마를 비롯해 그 뒤에 따라온 모든 것에서 벗어나고 싶었어요. 하지만 이제는 그러한 부분들이 내 안에 영원히 남아 있을 어떤 것이며, 내가 결코 완전하게 극복할 수 없는 어떤 것임을 알아요. 내가 할 수 있는 일은 이 같은 경험을 이용해서 내게 상담받는 사람들에게 보다 나은 사회복지사가 되는 거예요. 나는 그들과 공감하고 인간적인 관계를 구축할 수 있어요. 물론 나 자신의 학대 경험을 노출하지 않으면서 그렇게 할 수 있다면 그 편이 더 건전한 방법이겠죠.」

강간 희생자와 그들의 아이를 둘러싼 편견은 그러한 편견이 불합리한 만큼이나 실재한다. 한 블로거는 〈근친상간과 강간을 통해 태어나는 아이들이 정말 많다. 하지만 아동복지 기관은 어찌할 바를 모르고 관련 대책도 부실하다. 그렇다면 나의 제안은 무엇일까? 《원치 않는 애완동물에게 하듯이 그들을 재워 버리라는 것이다》〉[88]라고 썼다. 비교적 덜 극단적인 관점을 가진 사람들 사이에서도 편견은 그 뿌리가 깊다. 대부분의 사람들은 강간범을 업신여기고 두려워하듯이 그 희생자도 너무나 쉽게 업신여기고 또 두려워한다. 청각 장애 정치학이나 신경 다양성을 지지하는 진보적인 사람들조차 〈그런 유전자〉를 가진 아이를 키우는 문제에 대해서는 우려를 표시했다. 이 영역에서 아동의 무고함은 상황에 따라서 달라진다. 이를테면 친모에게 그는 강간의 화신이며 세상에게는 강간범의 계승자다.
　　이러한 선입견에 직면해서도 친모는 부모와 자식 간의 관계를 통한 무한한 행복을 상상한다. 어쩌면 진정한 종교적 믿음 때문이거나, 어쩌면 자신의 모순된 감정을 인정하고 싶지 않기 때문일 것이다. 캐슬린 디지우는 리어든의 저서 『희생자와 승리자』에서 〈내게 용서하는 법을 가르쳐 준 사람은 내가 강간을 당해서 임신했고 한때는 지우려고도 했던 아들 패트릭이다. 그는 자신의 생물학적 아버지뿐 아니라, 그가 어릴 때 육체적인 학대와 언어폭력을 일삼은 나까지도 기꺼이 용서하고자 했다〉고 진술한다. 같은 책에서 자신의 믿음을 당당하게 밝힌 또 다른 어머니는 〈내 딸의 정체성은 하느님의 자식이라는 사실에 있다. 그녀는 신이 내린 선물이었고, 두려움과 어둠에서 벗어나 진정한 사랑의 빛살 속으로 나아가도록 나를 인도했다〉고 이야기했다.[89] 기적은 언제나 두 가지 요소가 맞물려서 일어난다. 즉 자신의 무시무시한 유전자를 극복하는 아이와, 처음의 두려움을 완전히 떨쳐 내는 어머니가 있어야 한다. 적극적인 표현은 어머니와 아이 모두에게 도움이 된다. 다음은 한 낙태 반대론자의 글이다. 〈나는 강간에 의한, 하지만 단순한 강간이 아닌 근친상간에 의한 산물이다. 나의 어머니는 나를 위해 당신의 욕구를 희생했고, 당신의 몫이 아닌 수치를 감내했으며, 어쩌면 지금 이 자리에 없었을지 모를 나를 낳았다. 하지만 어머니는 거기에서 멈추지 않았다. 안전한 울타리와 음식, 하늘을 가릴 지붕, 학교 교육 등 평범한 아이에게 필요한 것들을 줄 수 없었던 어머니는 나에 대한, 자기 자식에 대한 권리를 포기했다. 그녀는 내가 일곱 살 때 욕심을 버리고 나를 입양 보냈다.〉[90] 자신의 입양 사실을 헌신으로 받아들이려면 의지라는 요소가 필요하다.

세 살이던 티나 고든은 그녀의 어머니를 〈엄마〉라고 부르면 곧장 꾸지람을 들었다.[91] 도나는 〈두 번 다시 나를 그렇게 부르지 마. 나는 네 엄마가 아니야〉라고 그녀를 윽박질렀다. 「그럼 뭐라고 불러요?」「그냥 도나라고 불러.」 나중에 티나의 증조할머니가 그녀에게 〈네가 잘못해서 그런 게 아니란다. 엄마가 강간을 당해서 너를 가졌기 때문이야〉라고 일러 주었다. 티나는 증조할머니가 무슨 이야기를 하는지 전혀 이해할 수 없었다. 티나가 말했다. 「글을 배웠을 때 나는 사전을 찾아보았어요. 폭력에 관한 부분은 이해가 되었지만 섹스에 관한 부분은 여전히 이해가 되지 않았죠. 그럼에도 인생의 상당 기간 동안 나는 나 자신에게 흠이 있다고 느꼈어요.」 티나는 그녀의 언니 코리나가 연신 〈엄마〉라고 부르는 모습을 그저 지켜보아야 했고, 그녀가 적어도 가끔씩은 사랑과 관심의 조명을 받는 모습을 지켜보기만 해야 했다. 티나는 〈내가 이를테면 의붓딸이라는 사실을 항상 명심해야 했어요〉라고 술회했다. 그녀의 어머니가 티나에게 보여 준 다정한 행동이란 딱 한 번 잠자리에 들기 전에 그녀에게 설탕을 넣은 따뜻한 우유를 만들어 준 것이 전부였다. 그럼에도 티나가 도나의 파괴적인 성향으로부터 자신을 보호할 수 있었던 이유는 아이러니하게도 도나와 소원한 관계였기 때문인 듯하다.

도나는 대학에 다니면서 신경쇠약에 걸렸고 티나와 코리나가 아직 어릴 때 그들을 학대했다. 그녀는 플로리다에 사는 동안에 티나를 낳았는데 친구 중 한 명이 도나의 어머니에게 전화를 걸어서 그녀가 둘째 아이를 낳았다고 알렸다. 그 친구는 〈첫째 딸에게는 이미 너무 늦었을지 모르지만 어쨌든 여기로 와서 이 아이들을 데려가세요. 그래야 둘째라도 구할 수 있어요〉라고 말했다. 결국 티나의 할머니는 플로리다로 가서 두 손녀를 데려왔다. 그녀는 코리나의 손가락 끝 살집 중 일부가 없음을 알게 되었다. 도나가 벌을 준다고 그녀의 손을 난로에 지졌기 때문이었다.

티나와 코리나는 미시시피에서 그들을 보다 많은 애정을 갖고 보살폈던 할머니의 손에서 자랐고, 그들의 할머니는 생계를 꾸려 나가기 위해 낮에는 학교에서 학생들을 가르치고 밤에는 청소부로 일했다. 가끔씩 도나가 그들을 찾아왔는데 그녀는 다시 자립하는 즉시 코리나를 데려가겠다고 말했다. 하지만 티나에 대해서는 아무런 약속도 하지 않았다. 티나는 어떤 식으로든 어머니에게 인정받으려는 마음을 곧바로 접고 할머니와 이모들에게 집중했다. 그들이 훨씬 신뢰할 만하다고 판단했기 때문이다. 결과적으로 그녀는 어머니의 위선을 언니보다 명확히 간파했다. 그녀가 말했다. 「다 같이 텔레비전을 볼 때도 코리나는 도나의 무릎 위에 앉았고 나는 혼자 바닥에 앉았어요.」

　　티나가 여덟 살이고 코리나가 열 살 때 할머니가 58세의 나이로 세상을 떠났다. 마흔 살 가까운 나이가 되었지만 누가 보더라도 도나는 두 아이를 거둘 능력이 없었다. 그때 그들이 거의 알지도 못하던 종조부 한 분이 두 자매를 헤어지도록 놔둘 수 없다고 생각해서 그들을 맡기로 했고, 그렇게 그들 자매는 코네티컷으로 이사했다. 수전 이모할머니와 토머스 할아버지는 그들에게 물질적으로 안정감을 주었지만 소원하고 엄격하게 가정을 이끌었고 두 자매는 행복하지 않았다. 도나는 가끔씩 코리나에게 생필품 꾸러미와 크리스마스 선물을 보냈다. 물론 티나에게는 아무것도 없었다. 토머스 할아버지가 도나에게 두 아이 모두에게 선물을 보낼 수 없으면 차라리 아무것도 보내지 말라고 요구했다. 이후로는 편지만 왔다. 티나에게는 차갑고 형식적인 편지가 왔으며 코리나에게는 그녀를 다시 데려가겠다는 약속과 더불어 야단스러운 감정 표현을 담은 편지가 왔다. 코네티컷의 이모할머니 집에 화재가 발생한 지 2년 뒤에 코리나는 다시 그 집에 불을 지르려다 체포되었고 소년원에 들어갔다. 그녀가 소년원에서 나온 뒤로 다른 삼촌이 잠깐 그녀를 맡았지만 그녀는 도나와 함께 살기를 원했다. 그리고 도나가 그녀를 받아 주지 않자 완전히 충격에 휩싸였다. 게다가 수전 이모할머니와 토머스 할아버지도 그녀를 받아 줄 마음이 전혀 없었다. 결국 그녀는 열다섯 살에 미시시피의 길거리를 전전했다.

　　코리나가 이모할머니와 할아버지에게 거부당한 뒤로도 계속 그들 집에서 지내는 것이 너무 괴로웠던 티나는 기숙학교에 들어가기로 결심했다. 티나가 〈내게는 늘 약간의 생존 본능이 있었는지도 모르겠어요〉라고 말했다. 그녀는 여학교에 입학했고 전체 학생 160명 가운데 딱 일곱 명뿐인 흑인 학생 중 한 명이 되었다. 코네티컷의 이모할머니와 할아버지는 그녀가 대마초를 피워 학교에서 징계를 받은 뒤로 연락을 끊었다. 티나가 당시를 회상하며 〈나는 학교에서 《고아》로 알려지기 시작했어요〉라고 말했다. 한편 코리나는 매춘을 했으며 마약까지 손을 댔다. 여기에 더해서, 티나가 뉴욕 대학교에서 대학 생활을 시작할 즈음에는 에이즈에 걸렸다. 티나가 당시를 회상했다. 「도나가 내게 전화해서 코리나의 흉을 보더군요. 그래서 내가 말했어요. 〈나는 그녀가 왜 그 같은 선택을 했는지 알아요. 거기에는 다른 사람들이 아주 지대한 역할을 했죠.〉 도나가 〈다른 사람들이라니?〉라고 물었어요. 나는 〈당신과 그 밖의 다른 사람들요〉라고 말했어요. 그 통화를 마지막으로 그녀는 더 이상 내게 연락하지 않았어요.」 반면에 티나와 코리나는 계속 연락하며 지냈고, 코리나가 세상을 떠나던 해에 티나는 여러 차례 그녀를 방문했다. 코리나는 그해 스물세 살의 나이로 세상을 등졌다.

티나가 말했다. 「코리나는 도나가 무슨 이야기를 했든 또는 무슨 행동을 했든 간에 내가 먼저 손을 내밀고 그녀를 용서해야 한다고 했어요. 그렇게 하는 것이 코리나에게 무척 의미 있는 일임을 알았기에 나는 진짜로 도나에게 전화를 걸었고, 코리나에게 전화해서 그녀를 사랑하고 그녀를 위해 기도하는 중이라고 이야기해 달라고 부탁했어요. 그녀가 세상을 떠나기 전에 약간의 관심이라도 보여 주라고 부탁했어요. 도나는 〈그렇게는 못할 것 같구나〉라고 말했어요. 그러고는 또 이런 말도 했어요. 〈내가 항상 옳은 선택을 하지는 않았다는 사실을 나도 알아. 하지만 혹시라도 네게 만회를 하고자 한다면 내가 어떻게 하면 좋을지 말해 보렴.〉 나는 〈코리나에게 전화만 하면 그동안의 모든 잘못을 용서하고 잊어 줄게요〉라고 했어요. 〈내가 듣기로 그녀는 매춘을 한다고 하더구나. 마약에 빠졌다는 이야기도 들리고.〉 〈첫째, 당신은 그런 소문이 사실인지 아닌지도 모르잖아요. 둘째로, 그게 뭐가 중요하죠? 그녀는 죽어 가고 있어요. 그녀에게 전화해서 그녀의 삶이나 그동안 있었던 일을 들먹일 필요는 없어요. 그녀에게는 단지 당신이 먼저 전화해서 그녀를 위해 기도하고 있으며, 그녀를 많이 생각한다고 이야기하는 것 그 자체가 중요할 뿐이라고요. 어떤 이야기든, 무슨 이야기든 상관없어요.〉 그녀가 말했어요. 〈내가 그렇게 할 수 있을지 모르겠다.〉 그러고는 끝까지 전화를 하지 않더군요.」

티나는 컬럼비아 대학 로스쿨에 들어갔고 그녀가 성취를 보일수록 도나가 그녀를 찾기 시작했다. 그녀가 전화해서 딸이 우수한 성적으로 졸업하는 모습을 직접 볼 수 있도록 자신을 초대해 줄 수 있는지 물었다. 티나가 그녀에게 잘라 말했다. 「나는 당신과 말을 섞지 않은 지 이미 오래 되었어요. 마지막으로 당신에게 부탁을 했을 때 당신은 그마저도 들어 줄 수 없다고 했어요. 그런데 왜 이제 와서 내 인생에 끼어들려고 하나요?」

티나는 국선 변호사가 되었다. 태어난 순간부터 부당함을 받아들여야 했던 그녀는 다른 사람들을 변호하면서 위안을 얻었다. 내가 그녀를 만났을 때 그녀는 임신 7개월째였다. 그녀에게 혹시라도 어머니가 되는 것에 대한 두려움은 없는지 물었다. 그녀가 말했다. 「그동안 일어났던 그 모든 일에도 불구하고 나는 여러 가지 측면에서 무척 운이 좋았고 축복을 받았다고 생각해요. 할머니는 우리에게 정말 많은 사랑을 주셨어요. 함께 살았던 기간은 비록 8년에 불과하지만 할머니는 내게 정말 커다란 감명을 주셨죠.」 티나는 그녀의 표현을 빌리자면 〈우리 가족과 정반대로〉 따뜻하고 지원을 아끼지 않는 가족이 있는 남자와 약혼했다. 그녀의 약혼자는 천성적으로 다정했다. 「이를테면 내가 불현듯 〈이 방에 들어올 때마다 매번 나를 안아 줄 필요는 없어요〉라는 느낌을 받을 정도죠. 그는 내가 얼마나 상처가 많은 사람인지 알아요.」 티나는 과거의 아픔에서 벗어나서 새로운 삶을 가꾸어 나가려고 열심히 노력했다. 그녀가 말했다. 「나를 임신했을 때 도나에게 어떤 일이 있었는지 나는 몰라요. 그렇지만 그 저주는 이제 갈 데까지 갔고 여기에서 끝날 거예요.」줄곧 외면만 당했던 그녀의 사랑이 마침내 그 대상을 찾았음을 보여 주듯이 그녀는 임신한 자신의 배 위에 한 손을 올려놓았다.

강간으로 임신한 아이를 키우는 여성은 강간범과 영원한 연결 고리를 갖는 셈이다. 경우에 따라서는 증오와 두려움이 그 같은 연결을 유효하게 만들기도 한다. 하지만 강간범이나 그 강간범의 아이 중 어느 한쪽이 궁극적으로 다른 한쪽을 찾아낼 것이라고 강간 피해자인 어머니가 굳게 믿는 경우도 있다. 학대받은 아동이 이성보다는 생물학적 관계에 이끌려서 폭력적인 부모에게 매달리는 것처럼, 강간을 당한 여성들이 끔찍할 만큼 강력한 연결 고리를 끊지 못하고 그들을 폭행한 사람의 노예로 살아가는 것이다. 그들은 강간범을 무조건적으로 거부하는 행위가 그 결과로 태어난 아이를 거부하는 행위라도 되는 것처럼 느낀다. 요컨대 이러한 여성들은 자신이 강간당한 것에 걸맞은 분노를 느끼지 못할 경우 자신을 망치게 되고, 반대로 분노를 분명하게 드러낼 경우 아이를 망쳤다고 느끼게 될 것이다. 이 문제는 이혼한 사람들이 흔히 직면하는 문제의 보다 극단적인 버전이다. 이런 양면성을 극복하기까지 꼬박 한 세대가 소요되기도 한다. 한 여성은 내게 그녀의 딸이 자신을 강간했던 남자의 눈을 가지고 태어났다고 말했다. 그녀가 말했다.「그 딸이 자라서 다시 아름다운 딸을 낳았고 그녀의 딸도 〈그녀의 눈〉을 가졌더군요. 이제 그 눈은 우리 가족의 눈이 되었어요. 더 이상 나를 강간했던 남자의 눈이 아니죠.」

강간범 본인이나 그의 가족이 아이에게 접근하려고 할 때 이러한 여성들 대다수가 가장 암울하게 느끼는 문제가 찾아온다. 강간을 저지르고도 처벌을 교묘하게 모면한 남자들은 좀처럼 수치심을 느끼거나 뉘우치고 물러나지 않는다. 때로는 그들 자식에 대한 양육권을 주장하는 잔인한 뻔뻔함을 보여 주기도 한다. 특히 고발이 이루어지지 않은 경우에는 공동 양육권 위협이 현실이 된다. 강간을 당해 임신한 여성들을 위한 온라인 지원 단체 스티그마 주식회사는 홈페이지에 다음과 같은 내용을 게재했다. 「생부 즉 강간범은 미성년 자녀에 대한 방문권이나 양육권을 주장할 자격이 없는 것으로 간주된다. 하지만 대다수 강간 희생자의 사례에서 그렇듯이 일반적으로 강간 사실을 증명할 책임은 해당 범죄로 고통받는 여성에게 전가된다. 그리고 강간 사실을 증명하는 문제는 흔히 〈양쪽의 상반된 주장만 난무하는〉 논쟁으로 전락한다.」[92]

에밀리 바레트가 그녀의 어머니 플로라에게 안기려고 할 때면 플로라는 항상 그녀를 밀쳐 냈다.[93] 에밀리가 내게 말했다. 「하지만 자신이 밀쳐내길 원한다는 사실을 스스로 인지하기까지 내게는 약 1분 정도의 시간이 있었어요. 나는 어머니가 나를 밀쳐내기 직전까지의 그 짧은 순간들이 그리워요.」 플로라는 밝은 색 피부를 가진 자메이카 여성이었고 보다 나은 삶을 찾아서 뉴욕으로 이민 왔다. 에밀리가 열두 살 때 플로라는 네 번째 남편과 살고 있었다. 에밀리가 말했다. 「어머니는 카리스마가 넘치고, 아름답고, 재미있는 사람이었죠. 다른 사람들은 어머니를 좋아했어요. 어머니는 위선자였지만 그래도 과학 프로젝트를 대하듯이 보고 있으면 흥미로운 사람이었어요.」 다른 형제가 없었기 때문에 에밀리는 외로움을 탔다. 그녀의 아버지 필과 한 집에 살지는 않았지만 그녀는 열한 살 때까지 하루도 빠짐없이 그를 만나거나 그에게 전화를 걸었다. 그 뒤로는 그가 갑자기 자취를 감추었다. 무슨 일이 있었는지 아무도 그녀에게 알려 주지 않았고 그녀는 아버지가 죽었다고 생각했다. 열세 살 무렵에 그녀는 잘생긴 열아홉 살짜리 남학생 블레이크에게 연심을 품었다. 그는 등하교 길에 그녀를 자신의 차에 태워 주기 시작했고, 어느 날 차 안에서 그녀에게 몸을 기대 왔으며, 두 사람은 키스를 했다. 시간이 흐를수록 그에 대한 에밀리의 믿음은 커져 갔다. 결국 열다섯 살 때 에밀리는 블레이크에게 여자 친구가 있음을 알면서도 순결을 바쳤다.

같은 해 어느 날 에밀리가 전화를 받았는데 그녀의 아버지였다. 그는 4년이라는 오랜 시간 동안 어디서 무엇을 했는지 한마디 설명도 없었다. 그녀가 긁어모을 수 있는 돈을 몽땅 챙겨서 그랜드센트럴 역에서 만나자는 말뿐이었다. 에밀리는 200달러를 가지고 기차역으로 달려갔다. 불쑥 모습을 드러낸 필은 그녀를 기둥 뒤로 홱 잡아당겼고 그녀에게 돈을 건네받자 곧장 기차에 뛰어올랐다. 에밀리는 엄청난 충격을 받았고 자살을 시도했다. 그녀가 말했다. 「정신이 아득한 것이 마치 놀이기구를 탄 것 같았어요. 그리고 그 놀이기구의 끝에는 약상자가 통째로 놓여 있었죠.」 그녀의 어머니가 응급실로 그녀를 데려갔다. 「나는 〈죽은 아버지가 갑자기 그랜드센트럴 역에 나타났다〉는 말 외에 달리 그 상황을 설명할 방법이 없었어요. 사람들은 정말로 내가 미쳤다고 생각했어요.」 레지던트 정신과 의사는 그녀를 23일 동안 정신과 병동에 입원시켰고 플로라에게는 에밀리에게 치료가 필요하다고 조언했다. 에밀리가 퇴원한 지 3주 후에 플로라는 이사 가기 싫다고 우기는 딸을 데리고 버지니아로 이사했다. 에밀리가 말했다. 「어머니는 문제가 있을 때마다 그 문제로부터 도망쳐서 해결했어요. 그녀가 생각한 치료란 새로운 집을 사는 것이었죠.」

버지니아에서 에밀리의 어머니는 레스토랑을 소유한 친구들의 경리로 취직했다. 에밀리는 그들을 에릭 삼촌과 수제트 이모라고 불렀다. 하루는 에릭 삼촌이 에밀리에게 가게를 운영하는 남동생을 도와 달라고 부탁했고 그의 남동생은 그녀를 가게로 데려가서 강간했다. 에밀리가 말했다. 「텔레비전에서 보는 것하고 달라요. 눈에 멍이 들지도 않고, 칼이나 총도 없어요. 딱 5초예요. 그다음에는 완전히 기절했죠.」 그녀는 멍한 상태로 그다음 며칠을 보냈고 마침내 경찰에 신고했지만 그 남자는 이미 잠적한 뒤였다.

그 뒤로 몇 주에 걸쳐 에밀리는 심한 두통을 앓았고 가슴에 통증이 느껴지기 시작했다. 에밀리가 임신했다는 사실을 알았을 때 플로라는 문을 모두 걸어 잠그고 전화기 선도 뽑아 놓은 채 그 문제를 어떻게 처리할지 고심했다. 에밀리가 말했다. 「어머니는 학교에다 내가 맹장염에 걸렸다고 말했어요. 퇴근해서 집에 오면 매일 비명만 질렀어요. 그러고 나면 어머니 방에서 우는 소리가 들렸어요. 어머니는 샤워를 하는 중에도 흐느껴 울었죠. 나중에 에릭 삼촌과 수제트 이모가 찾아와서 내가 그들의 평판에 먹칠을 하고 있다고 하더군요. 당시 나는 열여섯 살이었고 내 의지대로 아이를 낳을 권리가 없었어요. 그 모든 일이 그냥 미친 짓의 연속이었죠.」

　마침내 플로라는 낙태 수술을 받기 위해 에밀리를 병원에 데려갔다. 에밀리는 천주교 학교에서 교육을 받았다. 천주교 집안은 아니었지만 플로라가 그렇게 함으로써 보다 나은 교육을 받을 수 있다고 생각했기 때문이다. 에밀리는 견진성사를 받은 상태였다. 그리고 이제 지옥불에 떨어질까 봐 겁이 났다. 그녀가 자신의 유감스러운 생각을 의사에게 내비쳤고 의사는 그녀를 집으로 돌려보냈다. 그녀는 〈어머니와 함께 집으로 돌아가는 길은 내 인생에서 최악의 경험 중 하나였다〉고 회상했다. 플로라는 진짜로 강간을 당한 것이 맞다면 아이를 지우는 것이 꺼려질 이유가 무엇이냐며 에밀리를 설득했고 집에 도착하자 곧바로 다른 병원을 예약했다. 물론 낙태 수술을 위해서였다. 그로부터 5일 뒤에 에밀리는 결국 수술을 받았다. 에밀리가 말했다. 「열여섯 살 때 이후로 오랫동안 나는 만약 그 아기가 태어났다면 몇 살일지 속으로 따져 보면서 어떤 모습일지 상상했어요. 다른 아기들을 볼 때마다 눈물이 났어요.」

　강간범이 해외로 도망쳤다고 수제트 이모가 안심시켰지만 에밀리는 어디를 가든지 그가 보이는 것 같았다. 에밀리가 말했다. 「나는 공황 상태였어요. 그러던 어느 날 화장실에서 나와 부엌으로 걸어가는데 어머니가 내 귀에다 대고 〈이 일은 없었던 거야〉라고 속삭였어요. 그것으로 끝이었어요. 마치 내 머릿속에 있는 스위치가 꺼진 것 같았죠. 나는 그 일을 두 번 다시 언급하지 않았어요. 아예 생각조차 하지 않으려고 노력했어요. 그 일은 머지않아 내 기억 속에서 이를테면 녹아 없어졌어요.」

버지니아로 이사할 때만큼이나 갑작스럽게 플로라는 다시 뉴욕으로 이사했다. 그리고 2~3년 동안 평범한 생활이 이어졌다. 에밀리는 블레이크와 다시 사귀기 시작했다. 다른 도시에서 대학을 다니던 그녀는 플로라가 진행성 대장암 진단을 받자 어머니를 돌보기 위해서 학교를 중퇴했다. 플로라는 에밀리에게 약간의 유산을 남겼다. 그리고 얼마 후 에밀리가 마지막으로 그녀의 아버지를 만났을 때와 섬뜩할 만큼 똑같은 일이 반복되었다. 그녀는 블레이크로부터 급하게 돈을 빌려 달라는 전화를 받았고 그에게 5,000달러를 빌려 주었는데 그가 종적을 감춘 것이다.

몇 년 후 에밀리는 블레이크를 찾아냈고 빌려 준 돈을 갚으라고 요구했다. 그는 당장 줄 수 있는 돈이 얼마 정도 있으니 와서 받아 가라고 했다. 에밀리가 말했다. 「그가 음료수를 내왔는데 그 안에 무언가를 탔던 것 같아요. 어느 순간 의식이 돌아왔는데 내 옷이 벗겨지는 느낌이 들었죠. 나는 강렬하게 반짝이는 불빛과 그림들을 보고 있었어요. 그는 내 몸을 특정한 자세로 만들어 놓고 계속해서 나를 압박했죠. 그 상황이 도무지 믿겨지지가 않았어요. 정신이 완전히 돌아왔을 때 그는 이미 샤워 중이었고 나는 몸을 떨고 있었어요.」 에밀리는 옷가지를 챙겨서 차를 몰고 집으로 왔다. 당시에 그녀는 경찰관을 사귀고 있었다. 자신에게 일어난 일을 남자 친구에게 이야기하자 그는 관할 경찰서로 그녀를 데려가서 신고하게 했다. 블레이크가 체포되었고 강간 혐의에 대한 기소 절차가 시작되었다. 「검사가 내게 그 남자와 접촉하지 말라고 했지만 나는 알아야 했어요. 왜 그랬는지 이유를 알고 싶었어요. 나는 블레이크를 오래 알았고 한때는 절친한 사이였어요!」 그녀가 블레이크에게 전화를 걸었지만 금지 명령 때문에 그는 대화를 거부했다. 하지만 얼마 뒤 그녀에게 다시 전화해서 기소하지 말아 달라고 애원했다.

에밀리는 자신이 임신했음을 직감했지만 그 사실을 받아들일 수 없었다. 제발 한 번만이라도 결과가 음성으로 나오기를 바라는 마음에서 임신 테스트를 일곱 번이나 했다. 그녀는 경찰관 남자 친구와도 헤어졌다. 그녀의 감정적인 삶이 온통 블레이크와 강간, 임신을 중심으로 돌아갔기 때문이다. 블레이크에 대한 소송을 심리하는 자리에서 그가 징역을 살 수도 있음을 알게 된 그녀는 휴회 시간을 이용해서 지방 검사보에게 자신이 블레이크의 아이를 가졌기 때문에 그 소송을 끝까지 갈 자신이 없다고 고백했다. 지방 검사보가 재판 연기를 요청했고 에밀리는 그대로 법원에서 나왔다. 「블레이크가 나를 쫓아와서 〈무슨 일이지?〉라고 묻더군요. 나는 그에게 사실대로 이야기한 다음 자동차를 타고 미친 사람처럼 난폭하게 유턴해서 집으로 왔어요.」

블레이크는 처음에 에밀리에게 낙태를 하지 말라고 설득했다. 그녀가 당시 기억을 떠올렸다. 「그는 내게 아버지가 교도소에 있는 아이를 낳고 싶지는 않을 거라고 말했어요. 〈아이가 태어나서 아버지는 어디 있냐고 물으면 그때 가서 뭐라고 할 거야?〉라고 물었어요.」 그 같은 질문은 에밀리에게 잠적한 아버지와 관련된 아픈 기억을 떠올리게 만들었다. 그녀가 내게 말했다. 「나는 잠을 잘 수도 없었고 음식을 먹을 수도 없었어요. 미치기 일보 직전이었죠.」 결국 그녀는 지방 검사보에게 재판을 포기하겠다고 통보했다. 한편 블레이크에게는 자신을 내버려 두라고 부탁했다. 「하지만 그는 계속해서 내 안부를 확인했어요. 혹시라도 내가 마음을 바꾸지 않도록 확실히 하고 싶었던 모양이에요. 그리고 내가 임신 5개월 1주차가 되었을 때였어요. 그가 전화를 해서 자기가 다른 여자를 사귀고 있는데 그 여자가 임신 5개월째이며 곧 그의 집으로 들어와 살 거라고 하더군요.」 에밀리는 그와 함께 삶을 꾸리려고 상상한 적도 없었지만 왠지 비참한 기분이 되었다.

당시 에밀리는 탁아소에서 일을 하고 있었다. 그녀가 말했다. 「나는 무척 행복하고 재미있는 사람이었어요. 항상 아이들에게 둘러싸여 있었고 그 아이들이 내 삶의 전부였죠. 하지만 집에 오면 불을 죄다 끈 채 침실로 올라가서 다음날 아침 6시 40분이 될 때까지 마냥 울기만 했어요. 그 시간부터는 다시 하루를 시작해야 했거든요.」마침내 델리아가 태어났다. 「그녀는 상처에 바르는 연고 같은, 만병통치약 같은 존재였어요. 그 자체로 신생아치고는 어깨에 너무 무거운 짐을 지고 태어난 셈이었죠.」에밀리는 델리아의 출생증명서에 아버지 이름을 공란으로 남겨 둔 것이 마음에 걸리기 시작했고, 결국 응급 상황에서 델리아와 비슷한 유전자를 가진 또 다른 사람이 필요할 경우에 대비하기 위해서라도 블레이크의 이름을 써 넣기로 했다. 하지만 에밀리가 미처 생각하지 못한 부분이 있었다. 델리아의 출생증명서에 블레이크의 이름을 기입함으로써 해당 사실이 그에게도 통보되었고, 그녀가 새로 수정된 출생증명서를 찾으러 법원에 가자 그 자리에 블레이크가 와 있었던 것이다. 판사가 그에게 방문권을 인정했다. 에밀리가 말했다. 「나는 〈앞으로 평생 그와 엮이게 되겠구나〉라고 생각했어요. 그의 첫 방문을 앞두고 나는 며칠 동안 잠을 잘 수가 없었어요.」그렇게 불편한 데탕트가 시작되었다. 블레이크는 양육비를 지급하면서 2년 동안 불규칙하게 델리아를 만났지만 이전에도 그랬듯이 다시 도망쳤다. 에밀리가 말했다. 「나는 델리아가 너무나 사랑스러워서 그녀를 내내 끼고 살았어요. 그녀는 갓난아이 때 정말 장난감 같았어요. 너무 귀여웠고 볼도 큼직했죠. 하지만 대략 네 살이 되면서 아버지에 대해, 자기가 어떻게 태어났는지에 대해 질문하기 시작했어요. 나는 망치로 얻어맞아 머리가 깨지고 방 안이 온통 피투성이로 변하는 듯한 기분이 들었어요.」

이 시기에 에밀리는 여러 개의 탁아소를 운영하고 있었다. 그녀가 말했다. 「그러던 어느 날 모든 것이 멈추었어요. 이를테면 잘 가던 시계가 갑자기 멈춘 것과 비슷했죠.」그녀는 공황 발작과 일시적인 의식 상실, 냄새 환각, 갑작스러운 방향감각 상실 같은 증상들을 보이기 시작했다. 머리카락도 빠졌다. 그녀의 주치의는 그런 증상들이 스트레스 때문이라고 설명하면서 정신과 상담을 권했다. 그녀가 말했다. 「그는 내게 상담을 받아 보라고 충고했어요. 추천해 줄 사람이 있다면서 그 사람의 명함을 가지러 잠깐 자신의 방으로 갔죠. 그 뒤로는 기억나는 것이 아무것도 없어요. 정신을 차렸을 때 나는 탁아소의 내 사무실에 있었고, 전화벨이 연신 울리고 있었고, 비서가 문을 쾅쾅 두드리고 있었어요. 그녀가 말했어요. 〈에밀리 선생님, 에밀리 선생님! 선생님 주치의가 한 시간째 전화하고 있어요. 그분 이야기가 선생님이 코트와 신발을 병원에 두고 갔대요. 선생님, 괜찮아요?〉」에밀리는 고개를 숙여 자신의 발을 살폈고 스타킹이 젖어 있음을 알았다. 밖에는 눈이 오고 있었다.

에밀리는 극심한 광장공포증 환자가 되었고 직장도 잃었다. 「델리아에게 어떻게 밥을 챙겨 주었는지조차 기억나지 않아요. 어쨌든 밥은 먹었어요. 치료를 받으러 외출하는 경우를 제외하고는 집 밖으로 나갈 수조차 없었어요. 나중에는 방을 나서지도 못했어요. 한 번에 며칠씩 잠을 설치기도 했어요. 나는 산산이 무너지고 있었죠.」 정신과 의사가 그녀에게 항우울제를 처방했고, 그녀는 그 정신과 의사에게 지속적인 대화 치료를 받으면서 서서히 나아지기 시작했다. 그녀는 〈그 의사가 나를 살렸다〉고 말했다. 그녀가 정신을 추스르자마자 블레이크가 현관에 불쑥 나타나서 델리아를 보고 싶다고 했다. 유사한 패턴이 계속 반복되었다. 그는 이따금씩 그들을 방문했다가 다시 사라지길 반복했다. 에밀리는 델리아를 위해 강해지기로 결심했다. 그녀를 아버지와 떼어 놓으려고 하지는 않았지만 블레이크의 동기는 늘 석연치 않았다. 에밀리가 말했다. 「어떻게 해야 할지 판단이 서지 않았어요. 어쨌거나 그는 델리아의 아버지였고 델리아도 그 사실을 알았어요. 게다가 내게 무슨 일이 생기면 그가 델리아를 데려갈 수도 있었어요. 나는 그가 델리아에게 해를 끼치지 못하도록 확실히 해두어야 했고, 그렇게 하려면 그가 그녀를 잘 알도록 해서 그녀를 소중하게 여기도록 하는 수밖에 없었어요.」

블레이크가 보이는 관심은 결코 신뢰할 만한 것이 못 되었다. 「그가 없을 때면 가끔씩 델리아가 〈아빠도 여기 있으면 좋을 텐데〉라고 말했어요. 그는 일 년씩 사라졌다가 갑자기 나타나고는 했어요. 혹시라도 델리아가 아빠가 어디 갔는지 물으면 〈일하고 있을 거야, 어쩌면 말이지〉라거나 〈시간이 나면 오겠지〉, 〈대신 다른 일을 하자꾸나〉라고 말했어요. 나는 수년에 걸쳐 그녀의 관심을 다른 곳으로 돌리려고 노력했고, 그녀가 아버지에 대해 물을 때마다 가슴이 철렁 내려앉았어요.」 델리아가 일곱 살 때였다. 다리가 부러진 그녀가 아버지를 찾으면서 울기 시작했고 에밀리는 하는 수 없이 블레이크에게 전화를 걸었다. 하지만 그는 다섯 달이 지나서야 에밀리에게 회신했고 다시 그들을 찾아오기 시작했다. 그 사이에 에밀리가 잠깐 다른 남자를 사귀면서 델리아보다 일곱 살 아래인 아들 기드온을 낳았다. 블레이크는 에밀리에게 그녀가 자신의 여자이며, 다른 남자의 아기를 낳은 것은 배신행위라고 주장했다. 그의 주장에 내포된 성적인 야만성에 기겁한 그녀는 그로부터 도망치기로 결심했고 결국 아이들을 데리고 다시 버지니아로 갔다.

내가 에밀리를 만났을 때 델리아는 열 살이었고, 바로 얼마 전에 전국 아카데미 어워드를 수상하고 막 영재학교에 다니기 시작한 뒤였다. 에밀리가 말했다. 「철이 들고 난 뒤로 그녀는 자신이 어떻게 세상에 나오게 되었는지 한 번도 묻지 않았어요. 그럼에도 나는 그녀가 궁금해한다는 사실을 알아요. 그녀와 나는 나의 까다로움에 대해서, 내가 그녀를 밀어내는 이유에 대해서 종종 이야기를 나눠요. 하지만 그 이유가 그녀와 관련이 있다는 이야기는 절대로, 절대로 하지 않아요. 그녀에게는 내 탓이라고, 항상 할머니가 예전에 나를 밀어냈기 때문이라고 이야기하죠. 말은 그렇게 해도 내가 그녀의 남동생을 대하는 태도는 완전히 달라요. 전혀 까다롭지 않죠.」 에밀리는 당시 막 약혼한 상태였는데 델리아에게 차갑게 구는 그녀의 행동에 약혼자 제이가 불만을 표시한다고 말했다. 그럼에도 에밀리는 도저히 그에게 델리아를 강간당해서 낳았다고 이야기할 용기가 나지 않았다.

「나를 고쳐 줄 사람이 어디 없을까요?」 인터뷰를 위해 밤늦은 시각에 그녀의 사무실 바닥에 마주 앉았을 때 에밀리가 내게 말했다. 「나는 왜 내 딸을 안아 줄 수 없을까요? 그녀를 사랑하지만 그녀가 나를 만지면 수백 개의 면도칼로 내 살을 긁어내는 느낌이 들어요. 마치 죽을 것 같아요. 그녀가 나를 만지도록 내버려 두어야 한다는 것도 알아요. 그녀는 아직 어리니까요. 실제로 그렇게 하도록 내버려 두기도 해요. 그럼에도 마음속에서는 다른 생각을 해요. 그녀도 그 사실을 알고 나도 그녀가 안다는 것을 알아요. 그래서 이제는 그녀가 먼저 허락을 구하고 나는 마음의 준비를 하죠. 다른 규칙도 있어요. 예컨대 내 뒤에서 몰래 다가오는 행동은 절대 금지예요. 가끔씩 그녀가 그 규칙을 까먹는 경우도 있는데 그러면 나는 마치 고양이에게 물을 뿌렸을 때처럼 소스라치게 놀라서 펄쩍 뛰죠. 그녀의 친부에게 그런 잠행 능력이 있었기 때문이에요. 그는 사람 앞에 불쑥 등장하는 재주가 있었고, 당한 사람은 그가 어디서 나왔는지도 몰랐어요. 그녀가 그 능력을 물려받았더군요.」

그처럼 큰 비밀을 감추기 위해서는 많은 노력이 필요했다. 에밀리가 말했다. 「델리아가 1년 6개월 전에 내게 정말 가슴 아픈 편지를 썼어요. 〈이 어린 소녀는 뉴욕이 그리워요. 이 어린 소녀는 아버지가 그리워요〉라는 내용이었어요.」 가족 친구의 장례식에 참석하는 에밀리와 두 아이를 따라 뉴욕에 온 제이가 델리아를 위해서라도 블레이크에게 연락해 보라고 에밀리를 설득했다. 결국 그녀는 블레이크에게 연락했고, 그들 부녀가 둘이서 오후 한때를 같이 보낼 수 있도록 약속을 잡았다. 델리아를 데려가려고 찾아온 블레이크와 제이가 만났다. 그리고 그 사건은 결과적으로 에밀리에게 전환점이 되었다. 「버지니아로 돌아오자마자 그녀를 임신했을 때의 일이, 그 사건이 내 머리와 몸 안에서 동시에 모두 생생하게 되살아났어요.」 마침내 그녀는 제이에게 비밀을 털어놓았고 그는 충격에 휩싸였다.

　　그녀가 덧붙여 말했다. 「어떻게 보면 그녀는 블레이크를 닮았어요. 하지만 어렸을 때와 비교하면 지금은 그나마 덜 닮은 거예요. 델리아는 내 모습을 떠올리게 만들고 나는 그런 부분에 집중하려고 노력해요. 나는 나 자신을 항상 사랑하는 것은 아니지만 그녀에게 있는 내 모습은 사랑할 수 있어요. 하지만 그녀는 친부에게서 물려받은 다른 부분을 지녔고 그런 부분이 나를 하루하루 힘들게 해요. 대부분의 어머니들은 그들의 자연스러운 본능을 받아들이면 되지만 내 본능은 그녀의 특정 부분에 대한 끔찍한 적의로 가득하기 때문이에요. 나는 내 본능이 나를 점령하지 못하도록 끊임없이 의식적으로 노력해요.」

　　부부 사이에도 강간이 성립할 수 있다는 개념을 1970년대 후반에 처음 소개한 사람은 다이애나 E. H. 러셀Diana E. H. Russell이었으며, 그녀는 기혼 여성들 중 14퍼센트가 남편에 의해 강간을 당한 적이 있다고 주장했다.[94] 미국에서는 강간 피해자 보호법에 있던 부부 예외 조항이 1980년대 후반과 1990년대 초를 거치면서 대부분의 주(州)에서 점차 사라졌다. 부부 사이의 강간을 인정할 경우 무고한 남편을 괴롭히려는 복수심에 불타는 아내들이 이를 악용할 거라고 주장하면서 식민지 시대의 여성 혐오증을 드러내는 사람들까지 포함해 우익 정치 세력의 거센 저항도 있었지만 변화를 막기에는 역부족이었다. 대신에 법정에서는 부부 간의 강간이 대부분의 경우 가정 내 폭력이라는 보다 큰 틀에서 다루어졌다. 하지만 아내가 자신을 70차례나 강간한 혐의로 남편을 고발한 1989년 번햄 사건 같은 사례들은 이러한 입장에 변화를 초래하는 중요한 계기가 되었다. 빅터 번햄은 오랜 기간에 걸쳐 아내 레베카를 상대로 〈매질을 가하고, 총의 개머리판으로 때리고, 총부리를 겨누고, 목숨을 위협하고, 밧줄로 묶은 채 강간하고, 스리섬 섹스를 위해 낯선 남자를 유혹하도록 강요하고, 외설스러운 자세로 사진을 찍게 하고, 소몰이 막대로 전기 충격을 가하고, 집에서 기르는 개와 섹스를 하도록 강요했다〉. 이 사건의 예심에서는 그림을 이용한 증거와, 그의 아내와 섹스를 하도록 번햄의 〈초대〉를 받았으나 레베카가 두려움에 떨고 있음을 깨닫고 거절했던 남자들의 진술이 모두 인정되었다.

『진정한 강간, 진정한 고통Real Rape, Real Pain』의 공동 저자이면서 강간 희생자이기도 한 루이즈 맥오몬드-플러머는 〈배우자에게 강간당한 여성은 관례적으로 비난을 받았고, 강간범이 배우자라는 이유로《진정한》강간이 아니라는 이야기를 들었다. 나 같은 여자들은 우리의 고통이 과잉 반응이라는 소리를 들었다. 요컨대 특정한 관계로 묶여 있다는 사실은 어떠한 성적인 권리도 무효임을 의미했다〉[95]고 썼다.

애슐리 그린은 금발이고 몸이 호리호리하며 갈대처럼 약하다.[96] 그녀는 보호받고자 하는 성향이 강했다. 하지만 그녀의 아버지는 서부 펜실베이니아에서 광부로 그마저도 가끔씩 일을 했으며, 그런 아버지가 벌어들이는 돈이 수입의 전부인 가난한 가정에서 자란 그녀의 생활은 보호받는 것과 거리가 멀었다. 그녀의 부모는 둘 다 게을렀고, 폭력적이었으며, 마약 복용자였다. 일자리를 구하는 데 지친 애슐리의 아버지는 가족들을 데리고 플로리다로 이사했다. 애슐리가 학교에서 돌아오면 우울증을 앓던 그녀의 어머니는 아침에 누워 있던 자리에 그대로 누워 있기 일쑤였다. 애슐리는 집에 먹을 음식이 있을 거라는 기대를 가져 본 적이 없었고 전기는 언제 다시 끊길지 몰랐다. 그녀가 한 파티에서 서른다섯 살의 마틴을 만난 것은 열여섯 살 때였다. 이듬해 내내 그는 교회에 갈 때마다 애슐리를 데리고 다녔고, 그녀가 배구 캠프에 갈 수 있도록 돈을 내주었으며, 자동차를 사주겠다는 제안도 했다. 당시 그녀는 이미 열아홉 살짜리 남자 친구가 있었지만 마틴의 우정을 굳이 거부하지 않았다. 게다가 먹잇감을 노리는 남자들의 특징대로 그들의 우정은 처음에 성적인 것과 거리가 멀었다.

얼마 안 있어 마틴이 자신의 아파트를 청소해 줄 사람을 고용해야 한다면서 애슐리에게 넌지시 그 일을 권했다. 「나는 두 시간에 걸쳐 청소를 했고 내 나름대로는 잘했다고 생각했는데 그는 〈다시 해야겠어. 충분히 깨끗하지 않아〉라고 말하면서 내게 무척 가혹하게 굴었어요.」 마틴은 그녀에게 술을 권했다. 그리고 그녀가 술에 취하자 두 차례에 걸쳐 그녀에게 항문 성교를 했다.

돌이켜 생각하자 애슐리는 그 상황이 너무나 명확했다. 그녀가 말했다. 「그는 자신에게 넘어온 여자아이에 대해 잘 알았어요. 그 여자아이는 부모의 감독도 소홀했고, 자신에게 지극히 적대적이고 예측 불가능한 집에서 몹시 벗어나고 싶어 하는 아이였죠. 그 사람에게는 음식과 자동차가 있었는데 하나같이 우리 부모님이 제공하지 않는 것들이었어요. 하물며 그는 훌륭한 아파트와 좋은 직장도 있었어요.」 이런 장점들이 도움이 될 거라고 생각한 그녀는 남자 친구와 헤어지고, 고등학교를 중퇴한 다음 마틴의 아파트로 들어갔다. 알고 보니 그 역시 그녀의 부모와 마찬가지로 마약 복용자였다.

열일곱 살이던 그녀에게 아기가 들어섰다. 그녀의 배가 불러올수록 마틴은 점점 더 폭력적으로 변했고, 구타를 견디다 못한 애슐리는 학대를 당하는 여성들의 쉼터로 두 차례나 도망쳤다. 한번은 그의 칼에 찔려서 가까스로 죽을 고비를 넘기기도 했다. 애슐리가 말했다. 「나는 내가 맞아서 혹시라도 우리 아기가 잘못되지는 않을지, 아기가 태어나면 그가 입양을 보내려고 하지는 않을지 겁이 났어요. 아기를 뱃속에서 꺼내 다른 곳에 숨겨 둘 수 있다면 그 아기가 살아서 태어날 수 있지 않을까라는 생각도 들었어요. 나는 〈하느님, 아기를 살려 주시면 좋은 엄마가 되겠습니다〉라고 기도했어요.」 신앙심이 깊은 할머니의 뜻에 따라서 애슐리는 딸이 태어나기 바로 전에 마틴과 결혼식을 올렸다. 그녀는 잦은 구타를 당하면서 스트레스가 원인으로 작용하기도 하는 위험한 증상인 조기 진통을 거듭해서

겨었다. 그럼에도 여러 차례의 위기를 이겨 내고 끝까지 아기를 지켜 냈으며 아기가 정말로 나올 것 같은 느낌이 들자 마틴에게 병원에 데려다 달라고 부탁했다. 그는 병원에 가는 길에 코카인을 사기 위해 길을 돌아서 갔고, 병원에 너무 늦게 도착하는 바람에 애슐리는 진통을 완화하는 합법적인 약물을 투여받을 시기를 놓쳤다.

애슐리는 갓 태어난 딸 실비아를 본능적으로 사랑했지만 어머니로서 무엇을 해야 할지 전혀 몰랐다. 「나는 딸아이가 무서웠어요. 그녀는 배앓이가 심한 편이었고, 매우 신경질적이었으며, 밤낮없이 울었어요.」 그녀가 회상했다. 그런 와중에도 마틴의 구타는 계속되었으며 때때로 애슐리는 몸을 거의 움직일 수 없을 정도로 맞았다. 애슐리의 숙모가 남편의 학대를 신고하도록 그녀를 설득하자 마틴은 그들을 데리고 플로리다의 법 효력이 미치지 않는 앨라배마로 이사했다. 실비아가 생후 5개월이 되었을 때였다. 마침내 애슐리는 딸을 데리고 플로리다에 있는 한 쉼터로 피신했다. 쉼터에서는 30일 동안 머무를 수 있었다. 그 동안에 애슐리는 운전면허증을 따고 자동차와 직장을 구했다. 그리고 아파트를 구할 때까지 전에 다니던 교회의 아는 사람 집에서 지내기로 했다. 이혼소송도 제기했다. 실비아가 잠들고 나면 애슐리는 감사의 기도를 드렸다. 「오늘 하루도 그녀와 함께할 수 있었어요. 하느님 감사해요.」

하지만 몇 개월이 지나면서 애슐리는 자신의 능력에 점점 더 회의가 들었고 혼자서 실비아를 보살필 자신이 없어졌다. 일을 할 경우에는 정부에서 저소득층에게 제공하는 식료품 할인 구매권을 받을 수가 없었다. 게다가 실비아가 자주 아팠기 때문에 그들에게는 보다 나은 건강보험도 필요했다. 애슐리는 생활 보조금 지급 대상자 신청을 했고 그 결과 보다 나은 의료보험 혜택을 받게 되었지만 보조금만으로 집세까지 내기에는 너무 빠듯했다. 필사적인 일 년을 보내고 그녀는 마틴에게 돌아가기로 했다. 그녀가 말했다. 「짐을 싸는 그날까지도 여전히 나는 그가 치료를 받으면 나아질 거라고 믿고 있었어요. 우리가 다시 한 가족이 될 거라고 생각했죠.」 애슐리의 기대와 달리 마틴은 그녀를 성폭행한 다음 실비아를 데려갔으며 곧바로 이혼소송을 제기했다. 애슐리는 3개월 반 동안 딸을 만날 수 없었다. 최종적으로 그녀는 앨라배마에 거주하는 조건으로 공동 양육권을 인정받았다. 그녀가 말했다. 「인질을 잡힌 것 같았어요.」 마틴은 노골적으로 실비아를 학대했다. 「하루는 그가 차를 세우는데 차 안에서 마리화나 연기가 뭉게뭉게 피어올랐어요. 실비아가 세 살 때는 내 눈앞에서 그녀에게 진짜로 프렌치 키스를 하려고도 했죠. 그녀가 커다란 멍이 들거나 머리에 혹이 난 채로 집에 올 때도 있었어요.」

실비아의 잠재적인 성격도 일을 쉽게 만들지 않았다. 애슐리가 말했다. 「그녀는 무척 불행한 작은 아이였고 나는 극심한 죄책감에 시달렸어요. 심지어 그녀를 씻기는 것도 무서웠어요. 그녀의 은밀한 부위를 보기가 겁이 났기 때문이에요. 학대를 받으면서 자란 내가 무슨 짓을 할지 몰라서 무섭기도 했어요. 그녀는 짜증을 부리고 내 머리카락을 잡아 뽑았어요. 내 코피를 터뜨린 적도 있었죠. 그녀가 두 살 때 나는 그녀에게 새끼 고양이를 선물했어요. 그녀는 그 고양이의 뒷다리를 잡아 소파에 던진 다음 그대로 깔고 앉아서 수염을 뽑았어요. 나는 그런 행동이 그녀가 그동안 목격한 폭력 때문인지, 그녀에게 지속적으로 가해지는 폭력 때문인지, 아직 뱃속에 있을 때 내가 폭행을 당했기 때문인지, 아니면 그냥 자기 아버지를 닮았기 때문인지 잘 모르겠어요.」

애슐리는 무력감을 느꼈다. 「그녀가 다섯 살 때 하루는 그녀를 데리고 같이 욕조에 들어가서 씻기고 있었는데 그녀가 아빠하고도 똑같이 했다고 하더군요. 심리치료 전문가에게 전화하자 그녀가 〈따님에게 더 이상 묻지 마시고 그냥 여기로 데려오세요〉라고 했어요. 상황은 내가 생각했던 것보다 더 심각했어요. 심리치료 전문가의 설명에 따르면 마틴은 그녀와 함께 목욕을 했을 뿐 아니라 그녀에게 자신의 생식기를 씻기도록 했으며 그녀의 은밀한 곳에 이런저런 짓들을 했어요.」 애슐리는 법원에 보호 명령을 청구했다. 마틴도 애슐리가 거짓말을 하고 있다면서 단독 양육권을 주장하는 맞소송을 제기했다. 애슐리는 전과가 전혀 없었다. 반면에 마틴은 마약 소지 혐의와 애슐리를 폭행한 혐의로 이전에도 유죄 판결을 받은 적이 있었고, 법원으로부터 폭력성을 치료하라는 명령을 받은 적도 있었다. 그럼에도 앨라배마 법정에서는 그가 승리했다. 법원의 판결이 난 뒤에 애슐리는 자살을 시도했다. 실비아는 후에 애슐리에게 그녀가 옷을 벗고 있을 때 마틴이 불쑥 들어왔고, 그녀와 함께 샤워를 했으며, 그녀에게 폭행을 가했고, 음식을 주지 않았고, 치료도 받지 못하게 했다고 토로했다. 애슐리는 다시 법정 싸움을 시작했다. 재차 양육권 소송을 제기했고, 동일한 판사에게 재판을 받았다. 「나는 실비아가 나와 통화하면서 학대 사실을 낱낱이 이야기할 때 그 내용을 녹음했지만 판사는 내게 녹음테이프를 틀지 못하게 했어요. 오히려 나에게 남편의 소송비용 1만 4천 달러를 지불하라고 명령했죠. 이제는 그들이 나를 감옥에 처넣을까 봐 겁이 났어요.」

그녀는 마침내 딸을 포기했다. 애슐리가 말했다. 「그 일은 내게 정신적으로 너무나 큰 충격을 주었어요. 내가 그녀를 사랑하지 않아서 그렇게 된 것이 아니에요. 내가 그녀를 그런 상황에서 구하려고 하지 않아서 그렇게 된 것도 아니에요. 무슨 이유인지는 모르지만 하느님께서 그녀가 그곳에 있는 것이 맞다고 생각하셨기 때문이에요. 하느님은 그녀와 내가 남남으로 사는 것이 맞다고 생각했어요. 나는 내가 할 수 있는 일을 다 했어요.」

스물여섯 살에 애슐리는 대학에 들어가기로 결심했다. 그리고 평점 3.8로 대학을 졸업했고 자격증을 소지한 지역사회 상담 전문가가 되었다. 마리나 제임스와 브렌다 엔리케스, 리사 보인턴, 티나 고든의 경우처럼 애슐리도 다른 사람들을 도와주면서 자신도 도움을 받았다. 다만 그녀는 피해자들뿐 아니라 가해자들을 위해서도 일했다. 「대체로 능력이 뛰어난 사람일수록 사교적인 능력도 뛰어났어요. 그들은 우리가 만나는 그 어떤 사람들보다 친절해 보였어요. 적어도 그들 중 몇몇 사람들은 그랬어요. 그들은 사교적인 능력이 정말 뛰어나고 사람을 편안하게 느끼도록 만드는데 그래서 현재의 그 같은 성취를 달성하고, 또 피해자들을 침묵하게 만들었을 거예요. 나는 그곳에서 일하면서 많은 것을 배웠고, 나 자신을 치유하는 데 많은 도움을 받았으며, 다른 사람들이 특히 가해자들이 치유되도록 도왔다고 생각해요.」

마침내 그녀는 한 남자를 만났고, 〈서로의 합의에 의해 아이를 원해서, 그리고 성인으로서 서로 사랑해서〉 또 다른 딸을 낳았다. 앨리샤는 왼쪽 귀에 극심한 청각 장애를 가지고 태어났다. 따라서 말을 배우는 것도 느렸고 발화도 부정확했다. 아이에게 또 다른 지체가 있다는 진단을 받자 아이의 아버지는 더 이상 견디지 못하고 그들을 버렸다. 애슐리가 말했다. 「그녀에게는 장애가 있고 때로는 그녀 때문에 힘들기도 하지만 실비아와 비교해서 나는 그녀에게 무척 각별한 감정을 느껴요. 나는 내가 대학을 졸업한 이유가 앨리샤 때문이라고 생각해요. 아울러 내가 살아 있는 이유라고 생각해요.」 그럼에도 실비아를 덮쳤던 암울한 그림자는 아직도 완전히 가시지 않은 듯했다. 특히 앨리샤의 나이가 실비아가 어머니를 빼앗겼을 즈음이 되면서 더욱 그랬다. 「어젯밤에 앨리샤를 보았어요. 그녀는 자고 있었죠. 그런데 그녀의 얼굴에서 실비아가 떠올랐고 나는 고개를 돌려야 했어요. 나는 혹시라도 앨리샤가 세상을 떠날까 봐, 아니면 그녀에 대한 양육권을 잃게 될까 봐 두려워요. 이제는 원조 교제에 대해 그리고 그것이 얼마나 많은 피해를 초래하는지 이야기할 때가 된 것 같아요. 법적 미성년자가 자기 나이의 두 배가 넘는 사람하고 아이를 낳는 일의 부당함을 이야기할 때라고 생각해요. 모르는 사람이 당신을 제압하고 물리력을 동원해서 강간하는 것에 비하면 원조 교제는 그다지 심각하지 않게 들릴 수 있다는 사실을 나도 알아요. 하지만 나와 내 아이에게는 정말 심각한 문제였고 그로부터 영원히 회복될 수 없을 거예요.」

원조 교제는 그동안 일반적으로 매도되어 왔던 범주다. 내가 인터뷰한 어떤 사람은 열여덟 살(법적 성인)이던 그보다 6개월 어린 여자 친구와 섹스를 한 것이 밝혀져서 체포되었다. 그 여자 친구의 부모가 그들의 관계를 인정했어도 소용이 없었다. 이런 상황에서는 18세 이상의 성인이 절대로 18세 이하의 미성년자와 육체적인 관계를 가질 수 없다는 원칙이 옹호되기 어려울 수 있다. 그럼에도 원조 교제가 명백히 강간인 경우가 많다. 부모에 의해서 방치되거나 학대를 당한 어린 소녀들에게 마틴 같은 남자들이 끼칠 수 있는 영향력은 무궁무진하다. 열네 살의 실비아는 어릴 때부터 당한 학대로 황폐해진 모습이었다. 애슐리가 말했다. 「그녀는 남자아이처럼 옷을 입어요. 여자아이인지 알아볼 수 없을 정도예요. 그녀는 씻지 않아서 무척 지저분하고 냄새도 고약하죠. 정신병 환자와 비슷한 증상을 보여요.」 그 이야기를 하면서 애슐리는 울먹이기 시작했고 말까지 더듬었다. 그녀가 사과하고 다시 말을 이었다. 「마지막으로 그녀를 방문했을 때 그녀는 환청이 들린다고 말했어요. 이런 이야기도 했어요. 자기가 옷을 갈아입거나 샤워를 할 때 아버지가 자꾸 들어온다고요. 그래서 이제는 샤워도 하지 않고 옷도 갈아입지 않는다고 하더군요.」

애슐리는 하루 종일 앨리샤를 돌보느라 일을 할 수 없다. 그녀는 서민 아파트에서 한 달에 300달러에 못 미치는 돈으로 생활한다. 또한 더 이상 실비아를 만나지 않지만 앨리샤 몫으로 받는 양육비에서 일부를 떼 한때 그녀를 강간했던 남자에게 여전히 양육비를 지불한다. 그녀는 실비아의 사진을 전부 치워 버렸다. 「내 몸에는 그가 폭행해서 생긴 흉터들이 있어요.」 애슐리가 말했다. 「그는 실비아에게도 흉터를 남겼어요. 나는 차마 그녀를 볼 자신이 없어요. 나는 기꺼이 그녀를 환영하고 치료를 받도록 도와주겠지만 아마도 집에 들이지는 않을 것 같아요. 그녀가 앨리샤를 학대할까 봐 노심초사하게 될 것 같아요. 나는 그녀를 낳지 말았어야 했다고 생각해요. 만일 과거로 돌아갈 수 있다면 낙태를 하거나 입양을 보냈을 거예요. 그녀를 낳은 것은 나를 위해서도 그녀를 위해서도 옳은 결정이 아니었어요.」

　최근의 한 연구는 〈강요된 출산을 지배력과 통제권이라는 무기고에 들어 있는 하나의 무기〉[97]로 간주했다. 남편에게 강간을 당한 수많은 여성들의 증언에 따르면 강간은 여성을 철저하게 자신의 지배하에 묶어 두려는 남자들이 사용하는 하나의 수단이며, 〈집에서 아이나 키우도록〉 함으로써 아내를 지배하려는 고전적인 수법이다. 조사에 응한 여성들은 다음과 같은 다양한 주장을 내놓았다. 「그는 내가 절대로 아이들을 버리지 않을 것을 알았기 때문에 항상 임신한 상태로 있도록 나를 강간했다.」「아이를 갖는 순간 당신은 그 남자의 소유물이 된다. 남자들이 아이를 만드는 목적 중 하나는 당신을 통제하기 위해서다.」[98] 이러한 어머니를 둔 아이들은 그들이 상습적인 성폭력의 증거인 까닭에 정신적으로 엄청난 충격을 받고, 그들 스스로 성폭력의 희생자인 동시에 가해자가 될 가능성이 매우 높다.

　강간을 당해도 마땅한 사람은 없다. 그렇지만 여성의 행동이 여성 자신의 안전에 지대한 영향을 끼칠 수는 있다. 그럼에도 되풀이해서 자신을 지극히 취약한 상황에 빠뜨리는 여성들도 있다. 보통 사람들은 잠재적으로 발생할 수 있는 나쁜 일을 대체로 미리 예상하지만 일이 이미 벌어진 다음에만 반응하는 사람들도 있다. 강간을 당해 아이를 낳은 수많은 여성들과 이야기를 나누면서 나는 그들이 자신의 선택에 내재된 위험성을 전혀 예상하지 못했다는 사실에 충격을 받았다. 그들은 나쁜 일이 닥칠 때마다 항상 새삼스레 놀라워했다. 심지어 동일한 가해자에 의해 똑같은 일이 저질러지는 경우에도 마찬가지였다. 신뢰할 수 있는 사람과 그렇지 않은 사람의 차이를 구분하지도 못했다. 사람에 대한 통찰력이 부족해서 당사자가 본색을 드러내기 전까지는 나쁜 사람임을 알아보지 못했다.

내가 만난 여성들 중 그러한 문제가 있는 여성들은 어릴 때 제대로 된 보살핌이나 보호를 받지 못하고 자란 경우가 많았다. 애초에 그들은 보살핌을 받는 것이 어떤 느낌인지 몰랐고 따라서 그 자체를 인지할 수 없었다. 어떤 이들은 사랑과 관심을 갈망했고 그래서 더욱 손쉬운 표적이 되었다. 또한 대다수가 방치되거나 학대받는 것에 익숙해서 그들에게 그런 순간들이 닥쳤을 때 순순히 받아들였다. 학대를 친밀함과 동일시하는 사람들도 많았으며, 주어진 상황을 개선하고자 적극적으로 노력했지만 똑같은 과거를 단순히 되풀이하는 데 그친 사람들도 있었다. 그들은 계속해서 그들에게 익숙한 오물 속으로 후퇴했다.

만약 열 살 때부터 자신의 삼촌에게 성추행을 당하지 않았더라면 민디 우즈는 어떤 사람이 되었을까?[99] 그녀의 삼촌은 미국 중서부의 작은 마을에서 민디의 옆집에 살았다. 그는 9년 동안 그녀의 언니를 성추행했으며, 7년 동안 매주 또는 그 비슷한 주기로 때로는 자신의 어린 친딸들이 함께 있는 방에서 민디를 성추행했다. 여기서 멈추지 않고 그는 민디 자매의 아직 어린 다른 사촌을 성추행하기 시작했다. 하지만 그 사촌이 열세 살 때 경찰에 신고했고 마침내 그 같은 짓에 제동이 걸렸다. 형사 한 명이 면담을 위해 민디를 찾아왔지만 그녀는 입을 꼭 다문 채 아무 말도 하지 않았다. 그녀의 삼촌은 양형 거래를 했고 지역 봉사 명령과 벌금형을 받았다. 민디가 당시를 회상했다. 「할머니가 삼촌의 성추행 사실을 알고는 언니와 나를 대놓고 매춘부라고 불렀어요. 열 살짜리 매춘부라니, 참 독특한 발상이었죠.」 초등학교 3학년 때 찍은 사진을 보면 민디는 약간 마른 편이었다. 하지만 삼촌의 성추행이 시작된 이듬해에는 체중이 두 배가 되었고, 고등학교 3학년에 이르러서는 체중이 124킬로그램까지 늘었다.

민디는 다른 도시에 있는 대학에 들어갔지만 3개월 만에 고향으로 돌아왔다. 그리고 스물한 살에 〈처음으로 나를 밤새도록 울게 놔두면서 가

만히 안아 주기만 한 남자〉와 결혼했다. 그녀는 아기를 가지려고 노력했지만 아기가 들어서지 않았고 남편에게 성적으로 만족을 느끼지도 못했다. 결국 스물다섯 살에 이혼하고 인터넷에서 만난 트럭 운전사와 전국을 여행했으며 나중에는 트럭 운전사 면허증까지 땄다. 강력한 〈마스터〉에게 지배받기를 원하던 그녀는 BDSM(구속과 길들이기, 가학피학성애의 줄임말)의 세계에 입문했다. 그녀가 말했다.「삼촌이 나를 그렇게 만들었어요. 성적으로 강한 영향을 끼쳤어요. 하지만 다시 희생자가 되고 싶어서 그 세계로 들어간 것은 아니라고 생각해요. 그보다는 분석을 위해서 그랬던 것 같아요. 나는 지금도 내가 어떤 감정 상태였는지, 속으로 무슨 생각을 하고 있었는지, 도대체 왜 그가 그런 짓을 하도록 그냥 놔두었는지 알고 싶어요.」

BDSM 관계는 흔히 상호성에 의해 유지된다. 노예는 마스터에게 지배당하는 데 동의하고, 마스터는 비록 노예에게 행동을 지시하기는 하지만 존중하는 마음으로 대한다고 한다. 그런 마스터를 찾던 민디는 온라인상에서 미시간에 사는 한 남자를 만났다. 나중에 드러난 바에 따르면 그는 사이코패스였다. 민디가 말했다.「당신은 다른 누군가에게 벌을 주고, 스스로 규칙을 정해서 그 규칙에 따르는, 그러면서도 다정한 사람이 될 수 있어요. 처벌과 학대 사이에는 차이가 있어요. 마스터는 피지배자에 대한 사랑과 존중이 있어야 해요. 복종에 따른 선물이라고 불리는 것이죠.」 미시간 남자는 당뇨 때문에 발기부전이었고 그녀와 성교를 할 수 없었다. 대신에 그는 기구를 이용해서 그녀를 강간했고 때로는 빗자루 막대를 이용하기도 했다. 그는 그녀를 집 안에 가두었고, 그녀가 혹시라도 탈출을 시도할 경우 그에게 알리도록 이웃을 매수해 두었다고 말했다. 그녀가 그 집을 탈출하기까지는 꼬박 3개월이 걸렸다. 그녀는 인터넷으로 〈도움이 필요한 피지배자들을 위한 장소〉를 찾아낼 수 있을 만큼 충분한 시간을 벌었고 그 단체에서 일하던 사람들이 그녀를 구해서 은신처로 데려갔다.

은신처에서 나온 그녀는 친구 마미의 집에서 지냈고 당시 결혼 준비를 하고 있던 마미는 민디에게 신부 들러리가 되어 달라고 부탁했다. 마미는 임신 중이었고 약혼자와 함께 살았는데 그 약혼자가 민디에게 추파를 던지자 민디는 단순한 호의로 받아들였다. 민디가 말했다. 「그는 자신의 예비 신부가 버젓이 앞에 있는 자리에서 그랬어요. 그녀가 웃어 넘겼기 때문에 나도 괜찮을 줄 알았죠.」 마미의 집에 들어간 직후에 민디는 독감에 걸렸고 진통제가 들어간 기침약을 복용하고 있었다. 어느 날 밤 그녀가 정신이 혼미한 상태로 잠이 깨었는데 마미의 약혼자가 그녀를 범하고 있었다. 그는 그녀의 귀에 대고 아기를 갖게 해주겠다고 속삭였다. 그녀가 말했다. 「나는 진통제 때문에 기이한 악몽을 꾸는 거라고 생각했어요.」 이미 삼촌의 경험으로부터 성폭력이 일어나지 않은 체하는 법을 배웠던 민디는 다음날 아침에 일어나서 평소처럼 자기 할 일을 했다. 그는 두 번째로 민디를 겁탈할 때 그녀가 소리를 지르지 못하도록 베개로 그녀의 입을 막았다. 세 번째에는 그가 막 일을 끝냈을 때 마미가 들어왔고 그 약혼자는 민디가 등이 아파서 마사지를 해주었다고 둘러댔다. 민디는 입도 뻥긋하지 않은 채 피지배자로서 자신의 본분에 충실했다. 민디가 말했다. 「나는 마냥 두려울 뿐이었어요. 그는 내가 지극히 허점이 많다는 사실을 알았고, 내가 삼촌과 미시간의 그 멍청이를 고발하지 않은 사실도 알았어요. 손을 떼고 도망치기에 급급했던 내 전력을 모두 알고 있었어요.」 민디는 계속 그 집에서 지냈고 그들의 결혼식에서 신부 들러리를 했다.

　　고향으로 돌아온 민디는 산부인과 의사를 만나 강간당한 사실을 알렸다. 그리고 자신이 임신했다는 사실을 알았다. 그녀가 말했다. 「나는 낙태 수술을 할 돈이 없었어요. 부모님이 그 사실을 알면 나를 다시는 보려고 하지 않을 것이 뻔했어요. 게다가 어머니는 거듭난 기독교인이었어요. 따라서 어떻게든 가족의 일원으로 남으려면 그 아이를 낳아야 했어요.」 민디는 극심한 우울증에 걸렸고 오래전부터 앓던 섬유근육통이 악화되기 시작하면서 고질적인 통증에 시달렸다. 「임신한 상태가 아니었다면 아마도 자살했을 거예요. 삼촌에게 그런 일을 당한 이래로 나는 줄곧 자살을 생각했어요.」

임신 4개월째에 민디는 래리 포스터를 만났고 후에 내가 그녀를 소개받았을 때까지도 그와 4년째 사귀고 있었다. 그녀가 내게 말했다. 「그는 나와 동거하기로 결정하기 전부터 이미 모든 사실을 알고 있었어요.」 그는 그녀가 그레텔을 낳을 때 분만실에 함께 있었고 그레텔의 출생증명서에도 자신의 이름을 넣었다. 민디는 딸을 낳고 나서 안도의 한숨을 내쉬었다. 그녀가 〈나는 남자 복이 없었거든요〉라고 말했다. 몸무게가 136킬로그램이 넘는 민디는 두 개의 목걸이를 하고 있는데 하나는 래리에 대한 복종을 의미하는 개 목걸이고 다른 하나는 그녀의 주술적인 믿음을 의미하는 별 모양의 목걸이다. 「나는 요리를 잘하는 베티 크로커나 손재주가 좋은 마사 스튜어트 같은 여자가 아니에요. 래리의 어머니나 할머니처럼 완벽하게 옷을 차려입고 빵을 굽는 깔끔쟁이도 아니죠. 그럼에도 그들은 비교적 흔쾌히 나를 받아 주었어요.」 지금도 그녀는 어머니 노릇을 힘겨워한다. 「아이에게 실질적인 권위를 행사하는 것도 어머니의 역할 중 일부예요. 하지만 나는 순종적인 사람이고 따라서 권위라는 것이 아예 없어요.」

자신의 어머니가 개 목걸이를 하고서 명령에 복종한다는 사실은 어린 소녀가 자존감을 기르는 데 그다지 도움이 되지 않는다. 민디는 가끔 집 안에서 래리를 〈주인님〉이라고 부른다. 그레텔은 그를 〈아빠〉라고 부른다. 민디가 말했다. 「그녀가 그를 〈래리〉라고 부르면 나는 그녀에게 화를 내요. 물론 〈주인님〉이라고 불러도 마찬가지로 화를 내죠. 내게는 그런 부분도 평범한 부모 노릇 중 일부예요.」 그녀는 조만간 그레텔에게 그녀의 생부에 관한 이야기를 해주어야 한다고 생각한다. 「하지만 지금 당장은 그레텔이 래리를 친아버지로 알았으면 좋겠어요.」

민디는 우울증과 당뇨, 섬유근육통 약을 복용한다. 「때로는 정신이 맑

지 못해서 한 문장을 완성하는 것조차 힘들어요. 그레텔을 들어서 안을 수 없을 때도 있어요. 내가 앉아 있으면 그녀가 내 무릎 위로 기어오르는데 혹시라도 그녀가 꼼지락거리면 아파서 참을 수가 없어요. 그런 부분들이 우리 사이를 어긋나게 하는 것 같아요.」 그레텔과 그녀의 관계에는 남자를 대하는 민디의 순종적인 태도에서 특징적으로 나타나는 체념과 동일한 측면이 존재한다. 민디가 말했다.「그녀는 끊임없이 강간당했던 사실을 상기시켜요. 그래서 짜증이 날 때도 많아요. 하지만 어떤 세 살짜리가 그렇지 않겠어요? 그녀를 길모퉁이 어디에 버려 놓고 그냥 도망치고 싶었던 적도 많았어요. 나는 내 인생에 그녀가 끼어들 자리조차 없다는 사실이 원망스러웠어요. 그래서 그 문제에 대해 곰곰이 생각해 보았고 엄연하게 그녀의 자리가 있음을 깨달았어요. 사실 그녀가 곧 나의 삶이었어요. 일단 그런 생각이 들자 그녀가 너무나 사랑스러웠죠.」 다음 순간 그녀가 이렇게 덧붙였다.「그렇지만 그녀를 유산해서 낳지 않았더라면 더 좋았을 거라는 생각에는 지금도 변함이 없어요.」

민디는 BDSM 세계를 소재로 해서 시와 소설을 쓰는데 거의 대부분이 나이 많은 남자에게 무자비하게 유린당하는 어린 소녀들에 관한 내용이다. 민디 우즈는 무자비함 속에 언제나 아름다운 어떤 것이 존재한다고 생각한다. 그리고 바로 그러한 아름다움이 그녀를 도망치거나 거역하지 못하게 만들고 그녀는 잔인함을 불운한 기쁨으로 묘사한다. 그녀가 말했다.「내가 쓴 작품을 보면서 울 때도 있어요.」 그녀의 작품에서 고문당하는 어린 소녀들을 보면서 민디와 그레텔 사이에 존재하는 어떤 요소들을 발견하기란 어렵지 않다. 요컨대 딸을 향한 민디의 분노와 이중적인 태도가 최초의 학대를 용납했던 어린 시절의 민디 자신에 대한 분노임을 어렵지 않게 알 수 있다.

민디는 능동적인 선택과 어쩔 수 없는 선택의 경계가 비현실적으로 불분명한 세상에 산다. 나는 강간당해서 임신한 아이를 키우는 많은 여성들을 인터뷰했고 그들 중 상당수가 적어도 피상적으로는 정상적인 생활을 하는 것처럼 보일 정도로 트라우마에서 벗어났다. 민디처럼 그렇지 않은 사람들도 있지만 이는 이례적인 경우에 해당한다. 그녀는 어릴 때 성적 학대를 당한 여성이 빠질 수 있는 기이한 상태를 보여 준다. 어떤 여성들은 스스로 그들 자신을 철저히 고립시키는 과정에서 또 상처를 입는다. 그들은 그들이 겪은 일만큼이나 추악하고 어지러운 지하 세계로 숨어듦으로써 그들의 흉터를 드러낸다. 한때의 상처가 영속적인 영향을 미치는 것이다.

나는 이례적인 차이에 뒤따라오는 장애물과 맞서 싸운 많은 부모들과 아이들을 만났고 그들은 다른 사람들을 위한 본보기로서 그들의 긍정적인 경험과 태도를 증언하고 싶었다.[100] 많은 사람이 난관을 극복하고 보다 훌륭한 사람으로 거듭났으며 그들의 승리를 공유하고 싶었다. 그에 반해서 강간의 결과로서 아이를 얻은 어머니들은 인정을 받으려고 애썼다. 심지어는 그들이 부모로서 자식과 만족스러운 유대 관계를 형성한 경우에도 자식의 정체성이 그들의 발목을 붙잡았다. 강간에 의해 태어난 아이들은 대부분 그들이 어떻게 태어났는지 안다. 그리고 세상으로 나가기 이전부터 그들을 뒤덮는 상실감의 지겨운 반영을 느낀다. 결정적인 어떤 사정을 알지 못하는 한, 사람들은 청각 장애나 왜소증에 붙는 오명을 주저 없이 부인할 것이다. 하지만 같은 사람들이 강간에 대해서도 혐오감을 느끼지 않을 거라고는 거의 상상할 수 없다. 그리고 그러한 오명은 강간을 당한 여성들과 강간에 의해 태어난 아이들을 끊임없이 괴롭힌다. 유전자가 모든 것을 결정한다고 믿는 오늘날 같은 시대를 살아가면서 자신의 아버지가 강간범이라고 공표하면서 뒤따라올 어느 정도의 동요를 예상하지 못할 사람이 있을까?

강간에 의해 태어난 아이라는 사실이 축하받을 정체성이 될 일은 아마도 절대로 없겠지만, 최근 수십 년 동안 강간 문제를 다루는 교육적, 법적, 심리학적 방법이 발전한 덕분에 사회적으로 좀더 수용되는 정체성이 될 수는 있을 것 같다. 강간이라는 주제가 덜 금기시될수록 강간 피해자들이 비슷한 상황의 다른 피해자들과 보다 쉽게 만날 수 있고, 그 결과 강간 피해자인 어머니들과 아이들이 그들에게 필요한 수평적 정체성 커뮤니티를 찾을 가능성도 더욱 높아질 것이다. 그 같은 지원이 없었음에도 자신의 트라우마를 동력원으로 삼아서 좋은 부모로 거듭나는 여성들도 있다. 몇 사람에 불과했지만, 심지어 상대적으로 덜 끔찍한 이력보다는 오히려 충격적인 폭력을 이겨냄으로써 보다 나은 부모가 될 수 있었다고 믿는 여성들도 있다.

바버라 슈미츠는 1970년대에 네브래스카 북부의 한 농장에서 자랐다. 그녀는 〈어린 시절과 관련해서는 대체로 무서웠고 아주 많이 외로웠던 기억밖에 없어요〉라고 말했다. 오빠 짐과 언니 일레인은 그녀보다 각각 다섯 살과 일곱 살이 많았고, 그녀가 다니던 학교는 전교생이 열 명에 불과했으며, 그들 중 겨우 한 명만 그녀와 같은 나이였다. 그녀의 어머니는 폭력적이고 종잡을 수 없는 사람이었다. 「어머니는 나무로 된 옷걸이로 종종 오빠를 때렸고 나는 무력감을 느끼면서 복도 끝에 서 있었죠. 내가 어머니보다 빨리 달릴 수 있는 나이가 되자 어머니는 나를 애써 붙잡으려고 하는 대신 내가 기르던 개와 고양이를 눈앞에서 고문했어요. 내가 동물들이 다치는 것보다 차라리 직접 맞는 쪽을 선택할 거라는 사실을 알았거든요. 내가 사랑한 동물들조차 내게 적대적으로 이용되었죠.」

그녀의 아버지는 성적 학대를 일삼았다. 그녀는 그가 발기된 성기를 그녀에게 노출했던 사건을 아직도 기억한다. 다른 기억들은 보다 흐릿하고 왠지 더 불길하다. 일레인과 짐이 고등학교에 들어간 뒤로 그녀는 오후에 아버지와 단둘이 집에 있는 경우가 잦았다. 「아버지는 지하실에 방이 하나 있었어요. 거기에는 낡아서 삐걱거리는 간이침대가 있었고 그 침대 위에 내가 누워 있던 기억이 나요. 문은 잠겨 있었고 아버지가 같이 있었어요. 내 머리 위쪽으로 창문이 하나 있었는데 나는 하얀 새가 되어서 그 창문을 통해 밖으로 날아가는 상상을 했어요.」그녀는 질 부위에 만성적으로 염증이 있었는데 그녀의 어머니는 그곳에 챕스틱을 바르라고 말했다. 바버라가 열세 살 때였다. 어머니가 지인의 결혼식에서 입을 가느다란 어깨끈이 달린 드레스를 그녀에게 만들어 주었고, 바버라는 그 옷을 입고 부엌 조리대에 앉아 어머니와 이야기를 하고 있었다. 「그때 아버지가 잠에서 깨어났고 복도 끝에 있는 화장실로 향했어요. 내가 그쪽을 바라보자 그는 발기된 성기를 드러낸 채 서 있었어요. 내가 어머니를 돌아보자 어머니가 말했어요. 〈겉에 옷을 더 입어라.〉결국에는 어머니도 이미 알고 있었던 거예요.」

바버라가 아홉 살이나 열 살 무렵에 어머니에게 특히 심하게 맞았을 때를 회상했다. 「내가 마룻바닥에 엎드리자 정형외과용 신발을 신고 있던 어머니는 발로 내 머리를 걷어찼어요. 나는 어머니의 발목을 물고 지하실로 달렸어요. 아버지가 권총을 어디에 보관하는지 알고 있었기 때문이죠. 그리고 어머니가 나를 쫓아왔어요. 두 주먹을 불끈 쥔 채 얼굴은 분노로 일그러졌죠. 하지만 그때 내 손에 들려 있는 총을 발견했고 분노에 차 있던 표정이 두려움으로 변했어요. 내가 〈한 발짝만 더 오면 정말 쏠 거야〉라고 말했던 것이 기억나요. 어머니는 곧장 뒤돌아서 위층으로 올라갔어요.」바버라의 어머니는 딸에게 매질을 한 다음에는 항상 초콜릿 케이크를 만들어 주었다. 「어머니가 사과하는 방식이었어요.」바버라가 회상했다. 「그 케이크를 먹지 않으면 어머니를 사랑하지 않는다는 의미였어요. 그렇게 나는 계속 뚱뚱해졌어요. 일레인은 무척 예쁘고 날씬하고 항상 새 옷을 입었어요. 나는 늘 물려받은 옷만 입었죠. 어머니는 그녀에게 옷을 잘 차려 입도록 했고 치어리더와 걸스카우트도 허락했어요. 그나마 일레인은 내게 잘 대해 주었어요. 내가 기억하기로 다른 사람이 내게 이불을 덮어 주고 안아 준 적이 몇 번 있었는데 그 사람이 바로 일레인이었어요.」

바버라의 가장 친한 친구는 그녀가 기르던 보더 콜리 종(種) 펌프킨이
었다. 그녀의 아버지는 그녀에게 채찍으로 그 개를 때리라고 시켰고, 그녀
가 아홉 살 때 펌프킨이 새끼들을 낳자 벽돌과 함께 새끼들을 자루에 담아
서 개울에 던져 버렸다. 바버라는 집 뒤의 언덕에 올라가서 고요함과 평화
를 얻고자 했다. 그녀가 말했다. 「하느님께 많은 이야기를 했어요. 대체로
〈왜 저에게 이런 시련을 주시나요?〉라는 식의 이야기였죠. 나는 오랫동안
하느님을 원망했어요.」

그녀는 인형의 머리를 떼어 내고 아무런 이유 없이 언니에게 발길질을
해대던 〈심술궂은 꼬마〉로 자신을 기억한다. 「우리 집에서는 성질을 부리
는 행동은 괜찮았어요. 하지만 우는 것은 용납되지 않았어요.」 그녀가 10
대 때 발목을 삐어서 울음을 터뜨리자 그녀의 아버지는 연신 따귀를 때리
면서 닥치라고 윽박질렀다. 바버라는 인정받기를 간절히 원했다. 「당신도
알다시피 개는 무시당하느니 차라리 맞더라도 그렇게 해서 주인의 관심을
끌려고 하잖아요?」 그녀는 22킬로그램이나 되는 종자용 옥수수 자루들을
들기 시작했다. 이외에도 다른 힘든 농장 일들을 거들었다. 그에 대한 보상
으로 그녀의 아버지는 포커와 낚시하는 법을 가르쳐 주었다.

바버라는 링컨에 있는 대학에 입학하면서 마침내 집에서 벗어났다. 남
학생 사교 클럽과 여학생 클럽의 가입 권유 주간에 바버라는 큰 파티에 갔
고 친절해 보이는 한 남학생이 남학생 사교 클럽 하우스를 보여 주겠다며
그녀를 초대했다. 그는 그녀가 취할 때까지 계속해서 맥주를 권했다. 그녀
가 말했다. 「어느 순간에 정신을 차리고 보니 내가 침대에 있었고 강간을
당하고 있었어요. 나는 〈싫어!〉라고 외치면서 그를 제지하려고 했어요. 하
지만 나는 여전히 술이 덜 깬 상태였고 그는 힘이 너무 셌어요. 그때까지
나는 숫처녀였고 그래서 피가 엄청나게 많이 났어요.」 마침내 그가 떨어지
자마자 그녀는 곧장 화장실로 기어들어가서 문을 걸어 잠갔다. 그녀가 화

장실에서 나왔을 때 그가 5달러를 건넸다. 기숙사로 돌아온 그녀는 뜨거운 물로 3시간에 걸쳐 샤워를 했고 이틀 동안 침대에서 일어나지 않았다.

강간 사건의 후유증으로 그녀의 새로운 대학 생활은 순식간에 망가지기 시작했다. 그녀는 어릴 때 배운 대로 아픔을 억누르기 위해 음식에 의지했고 과식증에 걸렸다. 술독에 빠져 지냈으며 수업도 들어가지 않았다. 몇 개월 후에 그녀는 룸메이트의 남자 친구 소개로 그 남자의 친구인 제프리를 만났다. 그녀가 말했다. 「우리의 관계는 너무나 빨리 섹스 그 자체가 되었어요. 애정이나 감정이 깃든 섹스도 아니었고 나는 그다지 즐겁지도 않았어요.」 그럼에도 그들의 관계는 그녀가 다시 정상적인 생활을 시작하는 데 도움이 되었고 그녀와 제프리는 함께 졸업했다. 그녀가 말했다. 「그때는 이를테면 〈좋아, 이제 어떻게 하고 싶은데?〉라는 식이었죠.」 그렇게 그들은 결혼했다. 「나는 제프리와 감정적으로 거리감이 있었기 때문에 그를 선택했어요.」

그들은 오마하로 이사했고 각자의 직장 생활에 전념했다. 바버라는 일주일에 75시간씩 근무했다. 그녀가 말했다. 「집에 가지 않아도 되는 훌륭한 방법이었어요. 굳이 집에 갈 이유가 없었기 때문이죠.」 그녀가 기운이 없다고 호소하자 의사가 그녀에게 항우울제를 처방했다. 항우울제는 보다 열심히 일하고 기운을 차리는 데 도움이 되었지만 복용 이후 그녀는 다시 폭음을 시작했고, 술을 마심으로써 격심한 불안을 누그러뜨렸다. 깊은 관계를 겁내기도 했지만 한편에는 애정에 대한 굶주림도 있었기 때문에 그녀는 불륜을 꿈꾸기 시작했다. 그리고 온라인 섹스 채팅에서 거듭난 기독교인을 만났다. 그녀가 회상했다. 「그는 내 입장에서 무척 참신한 주제와 사랑에 관한 이야기를 많이 했어요. 내가 그리스도를 영접하도록 문을 열어 주었죠. 섹스 채팅에서 생긴 일치고는 특이하죠. 그 뒤로 나는 저기 어딘가에 하느님이 늘 함께한다는 느낌이 들었어요.」 어느 날 저녁, 그녀가 화장실에서 울부짖기 시작했다. 「나는 무릎을 꿇고 〈제발 제가 죽기 전에 진정한 사랑이 무엇인지 알려 주세요〉라고 부르짖었어요.」

그로부터 얼마 뒤 댄 오브라이언이 그녀의 인생에 등장했을 때, 바버라는 그가 자신의 기도에 대한 응답이라고 생각했다. 그녀는 직장을 옮겨한 대규모 농업회사법인에서 태평양 연안 북서부에 있는 영업팀을 지원하는 업무를 담당했다. 시차를 맞추기 위해서 그녀는 한 시간씩 연장근무를 했고, 그녀의 장거리 고객 중 한 명이던 댄이 일과가 끝날 즈음이면 그녀에게 전화를 하기 시작했다. 그는 세 살배기 아들에 대한 양육권 싸움을 하던 중이었는데 가끔 바버라에게 아들 사진을 보내거나 조언을 구하기도 했다. 「그 사람은 굉장히 개인적인 질문도 많이 했어요. 이를테면 〈왜 이렇게 늦은 시간까지 회사에 있느냐? 남편이 기다릴 텐데 왜 얼른 퇴근하지 않느냐? 혹시 남편하고 더 이상 같이 안 자는 것 아니냐?〉 같은 질문이었죠.」

바버라는 자신이 마침내 왕자님을 만났다고 생각했다. 그녀는 제프리에게 그 남자에 대해 있는 그대로 이야기했고 제프리는 새로운 남자에게 애착을 보이는 그녀에게 분개했다. 하지만 당시 그들 부부가 이미 너무 동떨어진 생활을 하고 있었기 때문에 제프리는 남편으로서 많은 권한을 행사할 수 없었다. 바버라와 댄은 밤마다 몇 시간씩 통화를 했다. 바버라가 말했다. 「애초에 댄은 아버지와 근본적으로 비슷한 사람이었어요. 하지만 그는 내가 얼마나 똑똑한 사람인지 알려 주었고 내 자아를 살찌워 주었어요. 그 사람은 나를 사랑했어요. 나와 결혼하고 싶어 했고 우리 아이도 갖고 싶어 했어요. 내가 있는 오마하로 이사 오려고까지 했어요. 하지만 그에게는 어린 아들이 있었기 때문에 내가 캘리포니아로 가는 편이 더 나았죠. 여기서 당신이 알아야 할 문제가 하나 있는데 그때까지 우리가 한 번도 직접 만난 적이 없다는 사실이에요.」

마침내 그녀는 제프리에게 댄을 만나러 서부로 가겠다고 선언했고 제프리가 공항까지 그녀를 데려다 주었다. 그녀가 말했다. 「당연하지만 현실은 나의 거대한 환상과 달랐어요. 나는 나 자신이 그 자리에 어울리지 않는다는 사실을 절감했어요. 마치 이 연극에서 관객의 입장이 되어 나 자신을 바라보는 것 같았죠.」 그들은 만나자마자 곧바로 잠자리를 가졌고 콘돔을 사용했다. 그녀는 여전히 섹스에서 아무런 즐거움도 얻지 못했지만 모든 것이 비교적 순조로워 보였다. 하지만 그것도 그들 사이에 언쟁이 벌어지기 전까지였다. 「말다툼 중에 갑자기 그가 나를 붙잡아 쓰러뜨렸어요. 그러고는 말 그대로 내 옷을 찢어발겼고, 내가 미처 상황을 깨닫기도 전에 이미 내 안에 들어와 있었어요. 그가 행위를 하는 내내 고통을 느꼈죠. 일을 끝마치고 난 그는 〈좋았지?〉라고 묻더니 거실로 가서 텔레비전을 보더군요.」

처음에 바버라는 자신이 강간당했다는 사실을 인정하지 못했지만 자신을 둘러싼 세상이 해체되는 느낌이 들었다. 그녀는 제프리에게 전화해서 집으로 돌아가겠다고 말했다. 오마하에 돌아온 그녀는 아무 일도 없었던 체하려고 했으나 자신이 임신했다는 사실을 깨닫고 댄에게 전화로 알렸다. 어쩌면 그와 함께 새로운 삶을 시작할 수 있을지 모른다는 기대가 여전히 한쪽 구석에 남아 있었기 때문이다. 하지만 그는 자기와 결혼하려고 일부러 임신했다며 그녀를 비난했다. 그녀는 낙태를 진지하게 고려하지 않았다. 「낙태를 고려할 만큼 뱃속의 아기가 진짜라는 생각조차 들지 않았어요.」 대신 다짜고짜 남편에게 〈우리에게 아기가 생겼어〉라고 말했다. 그들은 6개월째 성관계를 갖지 않았지만 제프리도 그녀만큼이나 현실을 부인했고 그녀의 소설을 받아들였다.

바버라의 삶은 점점 더 비현실적으로 변해 갔다. 댄은 그녀를 협박했다. 혹시라도 그녀가 양육비를 요구하면서 자신을 괴롭힐까 봐 걱정했기 때문이다. 한편 제프리는 함께 라마즈 수업도 듣고, 그녀가 먹고 싶다고 하면 한밤중에도 아비스에서 감자빵을 사다 주면서 예비 아버지로서 자신의 역할에 충실했다. 바버라가 회상했다. 「하지만 거기에도 사랑은 없었어요. 나는 낮에는 일을 하면서 기계적인 삶을 살았고, 밤에는 욕실 바닥에 누운 채 흐느끼면서 하느님께 나를 죽여 달라고 부탁했어요.」 그녀는 분만실에 들어가기 직전까지도 자신이 아기를 낳을 것이라는 사실을 완전히 인식하지 못했다. 「그리고 폴린을 보았을 때 〈으악, 진짜 아기가 있잖아!〉라는 생각이 들었어요.」

도무지 모정이 일지 않았다. 바버라는 모유를 먹이면서 딸을 돌봤지만 사랑이 결여된 기계적인 행동에 불과했다. 「그녀는 사랑스러운 아기였지만 그녀를 보고 있으면 댄이 떠올랐어요. 나는 그저 죽고만 싶었어요.」 치료 전문가 사무실에서 일하던 그녀의 한 친구가 바버라의 끔찍한 상태를 알고 그녀를 대신해서 상담 약속을 잡았다. 바버라는 거부할 기운도 없었다. 치료를 시작한 지 3개월이 되었을 즈음에 바버라는 경계에 관한 책을 읽었다. 「바로 거기 여덟 번째 페이지에 내가 있었어요. 30대의 그 여성은 그녀의 아버지가 했던 행동들에 대해 이야기했어요. 그녀가 욕실에서 옷을 다 벗고 있을 때 아버지가 들어왔던 일이나, 그녀 앞에서 아버지가 소변을 보던 행동 등에 관한 이야기였죠. 그 책은 그러한 행동이 〈은밀한 성적 학대〉라고 말했어요. 나는 평생을 내게 심각한 어떤 문제가 있다고 느끼면서 살았어요. 하지만 내가 당했던 어떤 짓이 문제라는 사실을, 내가 어떻게 할 수 있는 일이 아니었다는 사실을, 그래서 내가 지금처럼 되었다는 사실을 불현듯 깨달았어요. 나는 곧장 제프리에게 가서 자고 있던 그를 깨웠어요. 그 부분을 읽어 보라고 했죠. 책을 읽고 나서 그가 나를 똑바로 쳐다보며 〈나는 항상 당신에게 과거에 어떤 일이 있었던 것이 틀림없다고 생각했어〉라고 말했어요.」

바버라와 그녀의 치료 전문가는 바버라의 어린 시절에 대한 이야기를 시작했고 그다음에는 댄에 관한 이야기를 시작했다. 바버라는 드디어 자신에게 일어났던 일이 강간임을 깨달았다. 마침내 댄에게 분노를 느끼기 시작했으며 그 분노가 커질수록 폴린에 대한 사랑은 더욱 뜨거워졌다. 「나는 그녀에게 젖을 먹이면서 그처럼 끔찍한 사건을 통해 그녀가 이 세상에 태어났다는 생각에 마냥 눈물을 흘렸지만 그녀는 정말 너무나 예뻤어요.」 다음 단계는 폴린을 제프리의 혈육으로 인정하는 문제였다. 제프리는 그녀에게 〈한편으로 당신을 내치고 두 번 다시 보고 싶지 않은 마음도 있지만 그렇게 하는 것은 내가 진심으로 원하는 해결책이 아니야. 그러니까 우리 둘이서 이 문제도 잘 풀어 나갔으면 좋겠어〉라고 대답했다. 그들은 결혼 생활 상담을 받았고 나중에는 제프리가 개별 치료를 받기 시작했다. 그는 이성적인 차원에서 그녀와 댄의 관계가 어떻게 일어날 수 있었는지 이해하고 나자 그 일과 관련해 마음의 평화를 얻었고 그들의 공허한 결혼 생활에 자신도 일조했다는 사실을 인정했다.

제프리는 내게 그 아기가 댄의 아이라는 사실을 자신이 처음부터 알았더라면 결과가 달라졌을 거라고 인정했다. 제프리가 말했다. 「그렇지만 내가 그 사실을 알았을 때 폴린은 이미 생후 6개월이었고 나는 그녀에게 푹 빠져 있었습니다. 생물학적으로 어떻든 간에 그녀는 내 딸이었고 나는 그녀를 포기할 수 없었어요. 그런 생각은 내가 진심으로 바버라를 사랑한다고 깨닫는 데도 도움이 되었습니다.」 한편 바버라는 폴린을 꼭 껴안고 있는 그를 보면서 〈제프리의 진정한 모습을 발견하기 시작했어요. 그는 내가 알고 있던 것보다 훨씬 좋은 사람이었죠. 비로소 댄의 실체도 알게 되었는데 내가 생각했던 것보다 훨씬 못한 사람이었죠〉라고 말했다.

댄이 여자 친구를 시켜 전화를 하는 바람에 바버라의 부모도 그가 폴린의 생부라는 사실을 알게 되었다. 부모님의 농장에서 크리스마스 휴가를 보낼 때였다. 하루는 바버라와 제프리가 밤에 폴린을 안고 거실에 앉아 있는데 바버라의 어머니가 뜬금없이 〈네가 어릴 때 나는 너에게 좋은 어머니였니?〉라고 물었다. 바버라가 〈아니요, 전혀요〉라고 대답하자 그녀가 발끈해서 말했다. 「나는 딱 한 번 너를 때렸고 그마저도 네가 맞을 짓을 했기 때문이었어.」 그러고는 곧장 농장에서 나가라고 그들에게 소리쳤고 특히 바버라에게는 두 번 다시 농장에 발을 들이면 머리에 총알을 박아 주겠다고 협박했다. 그로부터 일 년 뒤 바버라의 아버지가 그녀에게 카드와 함께 그녀가 그의 무릎에 앉아 있는 사진을 보내왔다. 그는 카드에 〈폴린이 어떻게 자라고 있는지 정말 보고 싶구나〉라고 썼다. 그리고 불과 얼마 뒤에는 그녀에게 전화해서 〈내가 성적으로 너를 학대했다고 계속해서 떠들고 다니면 죽여 버리겠어〉라고 말했다. 하지만 바버라는 이미 조용한 행동주의로 나선 뒤였고 행동주의는 비밀과 거리가 멀었다. 그녀는 지역 신문사와 인터뷰를 했고, 강간이나 학대를 당한 여성들을 위한 프로젝트에 참여하면서 그들과 함께 사진도 찍었다. 종국에는 네브래스카 입법부 의원들 앞에서 증언을 함으로써 성범죄자의 공소시효를 폐지하는 법안이 통과되는 데 일조했다.

내가 오마하에 거주하는 바버라와 제프리를 방문했을 때 폴린은 여섯 살이었다. 그녀는 명랑하고 싹싹한 소녀라는 인상을 주었고 바버라와 제프리 둘 다를 껴안고 있었다. 그녀는 그들의 관심을 끌고 싶어 했지만 눈치를 살피고는 다시 하던 일을 계속하는 데 만족하는 듯 보였다. 바버라가 말했다. 「나는 사랑이나 심지어 다정함의 윤곽도 잡지 못했어요. 이를테면 나이 마흔에 완전히 새로운 언어를 배우는 과정과 비슷했어요. 어릴 때부터 들어 온 언어를 배울 때보다 훨씬 힘들죠.」 그녀가 몸서리를 쳤다. 「한번은 찰싹 소리가 나도록 그녀를 세게 때린 적이 있었는데 그녀의 표정이 무척 충격이었어요. 표정만 봐도 알 수 있었죠. 그래서 그때 결심했어요. 〈그래, 다시는 그렇게 하지 말아야지.〉 나는 부모님의 전철을 밟고 싶지 않아요.」

바버라는 가족으로서의 기능이 정지된 폐허 속에서 일어나서 다시 행복한 가정을 꾸렸다. 첫 인터뷰를 시작했을 때 그녀와 제프리는 결혼 8년째였다. 그리고 그녀는 딸과 지내면서 새로운 사교 기술을 배우는 중이었다. 그녀가 〈나는 사람들이 내게 먼저 다가올 때까지 언제나 기다리는 편이었어요〉라고 말했다. 이제 그녀는 사람들에게 먼저 다가가기 시작했고 폴린에게도 똑같이 하도록 가르쳤다. 「나는 폴린에게 〈친구를 사귀기 좋은 방법이 무엇일까?〉라고 물어요. 그런 다음 실습을 위해서 그녀를 공원에 데려가죠. 그녀를 양육하면서 나는 나 자신도 함께 양육하고 있어요. 그리고 마침내 내 인생에서 진정 인간다운 삶을, 즉 과거에는 전혀 꿈도 꾸지 않았던 삶을 시작할 시점에 도착했어요. 내가 폴린을 낳았고 그 결과 그녀에게 생명을 준 셈이 되었지만 그녀도 정말 다양한 방식으로 내게 생명을 주었어요. 폴린에게는 스스로 생각할 수 있는 자유가 있어요. 내게도 약간의 자유가 있었고 선택권도 있었어요. 나는 내 어머니 같은 사람이 될 수도 있었지만 나 자신을 치료하기로 결심했어요. 아버지도 포함해서 우리 가족 전체를 생각하면 나는 마음이 무거워요. 그들은 결코 나쁜 사람들이 아니에요.」 그녀는 수년 전 화장실에서 무릎을 꿇고 하느님께 죽기 전에 사랑을 알게 해달라고 애원했던 일을 떠올렸다. 그녀가 말했다. 「나는 댄이 그 기도의 응답이라고 생각했어요. 그렇지만 이제는 폴린이 그 응답이라는 사실을 알아요. 폴린은 매개 역할도 했어요. 나는 처음으로 하느님께 마음을 열었고 그다음에 폴린에게, 그리고 제프리에게 마음을 열었어요. 그리고 이제는 〈좋아, 다음 대상은 누구지?〉라고 생각하죠.」

강간에서 파생된 임신은 특히 종족 말살적 맥락에서 철저한 조사를 받아 왔다. 종족을 말살하려는 목표를 가진 사람은 표적으로 삼은 종족을 강제로 불임화하는 방법이 어쩌면 가장 적절한 전술이라고 생각할지 모른다. 하지만 대다수 무력 분쟁에서 정복자는 정복당한 종족의 여성들을 임신시키고 억지로 정복자의 아이를 낳게 한다. 이런 만연한 현상을 〈강요된 임신〉이라고 부른다. 노르웨이의 비영리 단체 〈전쟁과 아동의 신원 프로젝트〉에서 발표한 보고서에 따르면, 오늘날 살아 있는 사람들 중 대략 50만 명 정도가 그렇게 임신된 것으로 추산된다.[101] 영국인 정신과 의사 루스 자이페르트Ruth Seifert는 〈여자를 강간하는 행위가 남자들 사이에서 의미하는 바는 그 여자의 주변에 있는 남자들이 《그들의》 여자를 보호할 능력이 없다는 것이다〉[102]라고 썼다. 수전 브라운밀러는 여성의 육체에 대한 이런 전면적인 침해 행위를 〈부도덕한 전쟁터〉[103]라고 묘사한다. 이러한 경우와, 선진화된 세계에서 평화로운 시기에 발생하는 강간에 의한 임신 사이에는 엄청난 차이가 있다. 후자의 경우에는 강간 피해자가 임신을 했다고 해서 죽임을 당하지도 않고, 지역사회에서 따돌림을 당하지도 않을 것이며, 나중에 결혼할 때도 그다지 지장을 받지 않을 것이다. 서양에서는 자식의 출신 배경을 감출 수 있다. 입양을 보내는 방법도 있다. 또한 그런 아이를 받아들이고 직접 키우는 여성들이 아이의 출생 배경을 상관하지 않는 남자를 만나는 경우도 빈번하다. 하지만 대다수 분쟁 지역의 종족 문제는 강간에 의해 임신한 여성들에게 그들이 겪은 일을 숨길 수 있는 어떠한 여지도 남겨 두지 않는다. 가족들이 알고, 온 동네 사람들이 알기 때문에 강간 이전의 삶과는 완전히 단절된 삶을 살게 된다.

　르완다의 종족 학살은 쥐베날 하브자리마나 대통령의 비행기가 피격된 직후인 1994년 4월 6일에 시작되었다.[104] 이후로 100일 동안 소수집단인 투치족 80만 명이 죽임을 당했다. 나치에 의해 임상적으로, 조직적으로 은밀하게 학살이 진행된 홀로코스트와 달리, 르완다의 대량 학살은 사람들의 손에 의해서 직접적으로 행해졌다. 살인은 다수집단인 후투족의 젊은이들로 구성된 민병대 성격의 인테라함웨와 농부들에 의해서 주로 농기구로 자행되었고, 투치족 군대가 수도인 키갈리를 되찾기 전까지 집요하게 계속되었다. 이제 다시 후투족은 대다수가 투치족으로 구성된 정권의 지배를 받으면서 그들이 끔찍하게 싫어했던 소수집단의 노예가 된 것처럼 느끼고 있으며, 투치족은 투치족대로 그들의 가족을 살해한 후투족을 증오한다. 공식적으로 인터뷰하는 자리에서 르완다인들은 〈절대로 다시는〉이라고 말하지만, 내가 만났던 대부분의 르완다인들은 비공식적인 자리에서 그 같은 비극이 재발하는 것은 단지 시간문제일 뿐이라고 말했다.

르완다 속담에는 〈구타를 당한 적이 없는 여자는 진짜 여자가 아니다〉[105]라는 말이 있다. 그들 문화의 저변을 흐르고 있는 여성 혐오증은 종족 간 선전 활동에 의해 너무나 쉽게 불타올랐다.[106] 일부 추산 자료에 따르면 이 테러 기간 동안에 무려 50만 명에 달하는 여성들이 강간을 당했으며 그 결과로 5천 명의 아이들이 태어났다.[107] 한 여성은 잔혹한 젊은 민병대원 하나가 그녀를 벽에 밀쳐놓고 칼로 그녀의 질 내벽 전체를 도려낸 다음 피가 뚝뚝 떨어지는 상태 그대로 도려낸 부위를 막대기에 꿰어서 그녀의 집 밖에 걸어 두었다고 진술했다. 대부분의 후투족은 투치족 여성들—대체로 키가 훤칠하고, 날씬하며, 위엄이 있다—을 오만하다고 생각했고, 그들에게 쓴맛을 보여 주겠다고 결심했다. 그들은 굴욕감과 창피를 주려고 희생자들을 강간했을 뿐 아니라 살인을 위한 수단으로도 강간을 일삼았다. 그들 중 상당수가 HIV 양성이었고 그들의 지도자는 가능한 많은 투치족 여성들을 감염시키라고 그들을 독려했다. 인종 학살에서 살아남은 투치족 여성들 중 거의 절반이 강간을 당했고 그들 중 대다수가 에이즈 바이러스에 감염되었다.

종족 학살을 노린 강간에 의해 태어난 르완다의 아이들은 〈나쁜 기억의 자식들〉[108]이라고 불린다. 어떤 작가는 그들을 가리켜 〈죽음의 시대가 남긴 살아 있는 유물〉[109]이라고 불렀다. 르완다 사회가 강간당한 여성들을 비난했기 때문에, 르완다의 강간 문제를 연구한 캐서린 보닛Catherine Bonnet 박사의 설명에 따르면, 이러한 여성들은 〈사회적으로 거부되고 은폐되었으며, 일반적으로 임신 사실을 부인하다가 나중에 가서 들통이 났다〉.[110] 그녀는 강간을 당해 임신한 르완다의 여성들이 대체로 자연 낙태를 하거나, 자살을 시도하거나, 영아 살해를 저지른다고 주장했다. 강간당해서 낳은 아기를 교회 계단에 두고 가는 여성들도 있었으며, 나라 전체가 고아원으로 넘쳐났다.

전시 강간에 의해 태어난 아이들이 상대적으로 덜 조직적인 강간에 의해 태어난 아이들과 어떻게 다른지 알아보기 위해서 나는 2004년에 종족 학살 10주년을 맞아 르완다를 방문했다. 나는 자식을 유기하거나 살해한 여성들을 찾을 수 없었다. 내가 만났던 여성들은 강간당해서 낳은 자식을 계속 데리고 살았다. 〈인테라함웨의 자식〉과 엮이는 것을 거부한 가족들에게 버림받은 여성들도 많았고, 자기 자신과 자식을 먹여 살리기 위해 고군분투하는 여성들도 많았다. 〈나쁜 기억의 자식들〉은 후투족과 투치족 모두로부터 거부당했고 르완다 병원들 중에는 그들에 대한 진료를 거부하는 곳도 있었다. 르완다 국립대학교 심리학과 학과장 장 다마신 느다얌바즈Jean Damascene Ndayambaje의 설명에 따르면, 이 여성들이 목숨을 걸고 정절을 지키지 못했다는 사실은 그 자체로 수치로 여겨졌다.[111]

AVEGA 즉 〈르완다 미망인들의 모임〉에서 일하는 에스페랑스 무카마나는 가족에게 버림받은 어머니들 대다수가 〈자식에게 진정한 사랑을 주지 못해요. 그들은 자식이 딱 생존할 수 있을 만큼만 사랑을 줍니다〉[112]라고 설명했다. 느다얌바즈에게서 들은 어떤 여성은 아기가 나오지 못하도록 마지막 순간까지 질 근육을 단단히 수축시켰고 그래서 의사들이 그녀를 꼼짝 못하게 묶어 놓고 제왕절개수술을 해야 했다. 수술이 끝나고 의사들이 아기를 보여 주자 그녀는 고함을 지르기 시작했고 결국 정신병원에 보내졌다. 아이의 이름을 〈전쟁〉이나 〈증오의 자식〉, 〈작은 살인자〉라고 짓는 어머니들도 있었다.[113] 무카마나가 말했다. 「그런 경우에 아이는 어머니가 자신을 사랑하지 않는다는 사실을 알지만 그 이유까지는 몰라요. 그들이 말을 걸어도 어머니는 듣지 않아요. 그들이 울어도 달래 주지 않죠. 그럼 아이들은 차츰 이상한 행동을 보이기 시작합니다. 그들 스스로 차갑고 불안정하게 변해 가는 겁니다.」

대다수 강간 희생자들과 달리 르완다의 강간 피해자 여성들은 자신이 사회적으로 인정된 집단의 일원이라는 수평적 정체성에서 위안과 유대감을 느낀다. AVEGA에서 전시 강간 피해자들과 그들의 자녀를 위해 일하는 알퐁신 나이라함비마나는 〈그들 중 자신이 겪은 일을 잊을 수 있는 사람은 아무도 없습니다. 따라서 다 같이 기억하는 편이 차라리 낫습니다〉[114]라고 말했다. 강간에 의해 아이를 임신한 여성들 중 일부는 이러한 집단적 정체성을 통해 용기를 얻고, 기존에 누리던 사회적 지위를 잃은 것에 대해서 보상을 요구하기도 했다. 르완다 국립대학교 역사학과 교수 셀레스틴 칼림바Célestin Kalimba는 새로운 르완다 식 페미니즘이 종족 학살 사건을 통해 얻은 가장 우연한 수확 중 하나라고 설명했다. 그는 〈상당수의 남자들이 죽거나 감옥에 수감되면서 여성들이 중요한 역할을 맡게 되었다〉[115]고 말했다. 강요된 임신을 견뎌 낸 어머니들은 전쟁의 희생자가 되었고, 그들을 한층 더 희생자로 만든 사회 안으로 들어갔으며, 이제는 새로운 사회로 나아가기 위해 싸워야 했다. 그들 자신을 위한 것이 아니더라도 손가락질을 받으며 살아갈 그들의 자식을 위한 일이었다.

서른네 살의 마리 로즈 마타무라가 완전히 체념한 듯한 태도로 담담하게 자신의 인생사를 들려주었다.[116] 종족 학살이 일어났을 때 그녀는 그녀가 다니던 교회로 도피했지만 곧 민병대가 들이닥쳤고, 그들은 목사의 묵인하에 교회에 모여 있던 거의 모든 사람들을 죽였다. 그녀는 탈출했지만 후투족 남자에게 잡혔고 그 남자는 그녀와 그녀의 여동생에게 그의 아내가 되라고 요구했다. 그런 요구는 이례적인 일이 아니었다. 많은 민병대원들이 여성을 성 노예로 삼으면서 그들의 비행을 완곡하게 표현하기 위해 냉소적으로 아내라는 단어를 사용했기 때문이다. 마리 로즈가 그녀를 포획한 사람과 합의했다고 해서 그에 대한 증오심까지 없는 것은 아니었다. 그녀가 말했다. 「길에 숨어 있다가 그런 남자를 만났다고 생각해 봐요. 그는 아녀자들을 강간하려고 근처를 어슬렁거리고 있었던 거예요. 이 남자는 시도 때도 없이 그의 친구들과 잠자리를 하도록 내게 강요했어요. 나는 다른 여러 사람들에게도 강간을 당했어요. 그는 자신이 내게 에이즈를 전염시켰기 때문에 나를 죽이려고 굳이 시간을 낭비할 필요가 없다고 말했어요.」

마리 로즈의 포획자는 투치족 군대가 몰려오자 도망쳤다. 무력하고 자포자기 상태에 있던 마리와 그녀의 여동생은 계속해서 그의 집에 머물렀다. 건강진단을 받고 난 다음에 그들 자매는 둘 다 실제로 에이즈에 걸렸고 또 둘 다 임신했음을 알게 되었다. 마리 로즈의 여동생은 2001년 크리스마스에 세상을 떠났다. 마리 로즈가 여동생의 아들을 맡았고 자신이 낳은 딸과 함께 지금까지 키우고 있다. 그녀가 내게 말했다. 「나는 지난 일을 잊고 그 아이들을 먹여 살리는 일에만 집중하려고 노력해요. 그 아이들이 태어나게 된 배경은 절대로 잊을 수 없겠지만 그럼에도 내 아이와 여동생의 아이를 미워할 수가 없어요. 가끔 아이들이 〈나는 아버지가 누구예요?〉라고 물어요. 그러면 나는 그들에게 아버지가 없다고, 애초부터 없었다고 대답하죠.」

마리 로즈는 피부 병변이 진행되고 있었고 자신이 에이즈에 걸렸다는 사실을 이웃들이 알아챌까 봐 두려워했다. 그녀가 말했다. 「내가 죽고 나면 누가 이 아이들을 보살필지 모르겠어요. 나는 이집 저집 다니면서 사람들에게 혹시 빨래할 옷들이 있는지 물어요. 남편이 있는 부유한 후투족 여성들의 머리를 땋아 주기도 하죠. 조만간 내가 죽는다고 생각하면 너무 가슴이 아파요. 나 때문이 아니에요. 아이들 때문이에요. 언젠가는 아이들에게 진실을 밝혀야 할 때가 오겠죠. 나는 아이들에게 어떻게 이야기할지, 뭐라고 이야기할지 항상 생각해요. 아울러 아이들에게 올바르게 행동하는 법과 만약 누군가가 강간하려고 할 때 대처하는 법을 알려 줄 작정이에요. 나는 그들이 나와 함께 있으면서 어떤 사람으로 성장할지 걱정이 돼요. 그리고 그 이후에, 내가 없어지고 나서 그들이 어떻게 될지도 걱정이에요.」

고대부터 시작해서 예컨대 방글라데시와 체첸 공화국, 과테말라, 몇몇 아프라카 국가들, 동티모르, 구 유고슬라비아 등의 사례를 포함한 최근의 적어도 36건의 분쟁에 이르기까지 강간은 전략적으로 이용되어 왔다.[117] 미국의 국제 인권 감시 단체 휴먼 라이츠 워치Human Rights Watch의 보고서에 따르면 〈이러한 강간 사건에는 무장 집단에 의해 강간당한 여성들과 소녀 들은 물론이고 지역사회 전체를 굴복시키고, 굴욕감을 주고, 겁에 질리도록 만들려는 분명한 목적이 있다〉.[118] 서양의 관찰자들은 1937년 중일전쟁 중에 발생한 난징 강간 사건의 결과로 임신하게 된 중국인 여성들이 집단 자살을 했으며 수많은 일본인 혼혈아들이 영아 살해의 표적이 되었다고 보고했다.[119] 인도와 방글라데시의 국경분쟁이 진정되자 방글라데시의 수상은 강간당해서 아이를 낳은 여성들에게 〈국가적 영웅〉이라는 칭호를 사용했지만 그 여성들 중 상당수는 그들이 낳은 아기를 쓰레기통에 버렸고, 혹시라도 아이를 데리고 사는 여성들은 사회로부터 배척을 당했다.[120] 코소보 전쟁이 끝나자 코소보 프리슈티나의 한 젊은 남자는 「옵서버Observer」와 가진 인터뷰에서 〈만약 내가 평범한 사람이라면 나는 그렇게 태어난 아이를 양육하고, 내 아내를 받아들일 것이다. 하지만 우리 문화에서는 강간을 당하느니 차라리 죽는 편이 낫다고 여긴다. 나는 내 아내를 받아 줄 수 없다. 그녀는 불결하고, 불쾌하며, 적에게 점령당한 성(城)이다. 지극히 분별 있는 여자들도 많았다. 그런 여자들은 침묵했고 집에서 몰래 아기를 낳았다. 하물며 그들보다 더 분별 있는 여자들도 있었는데 그들은 그들의 쓰레기 같은 아이를 죽였다〉[121]고 말했다. 사라예보의 전시 강간 피해자 중 한 여성은 〈난산이었고 무척 고통스러웠다. 하지만 체트니크*에게 당했던 일을 생각하면 그런 것쯤은 아무것도 아니었다〉[122]라고 증언했다. 그녀는 자신의 아기를 끝까지 한 번도 보지 않았다. 「그것이 태어났을 때 만약 누군가가 내게 그것을 보여 주려고 했다면 나는 그들을 그리고 그 아기를 목 졸라 죽였을 것이다.」

저널리스트 헬레나 스미스는 코소보에서 강간에 의해 생긴 아이를 낳

---

* 세르비아 민족 독립 운동 그룹의 일원.

은 미르베타라는 이름의 여성에 관한 글을 썼다.[123] 미르베타는 스무 살이었고 글을 읽을 줄 몰랐다. 그녀의 남편은 임신 사실을 알고 그녀를 버렸다. 「그는 작고 건강한 남자아이였고 미르베타가 낳은 아이였다. 하지만 어린 나이에도 불구하고 그녀의 다섯 번째였던 그 출산에 기쁨은 없었다. 오로지 두려움뿐이었다. 이 젊은 알바니아인 어머니는 아기를 넘겨받으면서 그 일을 행동에 옮길 준비를 했다. 그녀는 아기를 가슴에 안았고, 아기의 눈을 보았으며, 얼굴을 어루만졌고, 마침내 아기의 목을 부러뜨렸다.」 그녀는 눈물을 흘리면서 죽은 아기를 간호사에게 다시 넘겼다. 스미스는 〈정신병원에 구금된 뒤로 그녀는 계속 흐느껴 울고 있다〉고 언급했다.

인테라함웨가 남편을 죽이자 마리안 무카마나는 자기 발로 민병대 기지를 찾아가 스스로 몸을 바쳤다.[124] 그 방법이 그녀의 다섯 살짜리 딸을 보호할 수 있는 유일한 길이라고 믿었다. 뒤이어 몇 주 동안 수없이 강간을 당했고 종국에는 죽임을 당할 거라는 이야기도 들었다. 하지만 죽음 대신 투치족 군대에 의해 자유의 몸이 되었다. 종족 학살이 일어난 지 9개월 만에 마리안은 둘째 딸을 낳았다. 그녀에 대한 증오심이 물밀듯 밀려왔다. 마리안은 HIV 양성 판정을 받았다. 검사 결과 그녀의 둘째 딸도 양성이었다. 그녀가 회상했다. 「그녀를 갖다 버리고 싶었어요. 그런데 그때 또 다른 마음이 들었어요.」 그녀는 결국 두 딸을 똑같이 사랑하도록 노력하기로 결심했다. 그녀는 내게 두 딸에 대해 똑같이 느낀다고 말했지만 내가 여전히 둘째 딸을 갖다 버리고 싶은지 묻자 그렇다고 대답했다. 그녀의 첫째 딸은 순수 혈통의 투치족이며 외관상으로 보기에도 그렇다. 하지만 둘째 딸은 피부가 짙은 색이고 후투족의 특징을 지녔다. 동네 사람들은 그들이 완전한 자매일 리가 없다고 수군대지만 마리안은 딸들에게 길거리에서 하는 거짓말을 믿지 말라고 말한다. 「내가 죽음을 맞는 자리에서 딸들은 내가 그토록 젊은 나이에 죽는 이유를 물을 테고 그러면 나는 그들에게 모두 말해 줄 생각이에요.」

마리안의 두 딸은 어머니의 사랑을 차지하려고 서로 경쟁한다. 르완다에서는 전통적으로 막내가 가장 많은 사랑을 받지만 마리안으로서는 그런 문화적 기대대로 행동하기가 힘들었다. 그녀가 말했다. 「나는 에이즈로 죽을 테고 첫째 딸은 혼자 남겨지겠죠. 원인은 둘째 딸이 태어나게 된 강간에 있어요. 그런 사실을 알면서도 어떻게 화가 나지 않을 수 있겠어요? 나는 생각만 해도 무서워서 과거의 일을 생각하지 않으려고 노력해요. 마찬가지로 미래에 대해서도 생각하지 않으려고 해요. 꿈을 갖기에는 내가 너무나 많은 것을 알고 있기 때문이에요.」

분쟁 지역에서 강간에 의해 낳은 자녀를 데리고 살 때 뒤따르는 예컨대 사회적 지위의 상실이나 낮은 결혼 가능성 같은 부담을 고려하면, 그런 부분에 개의치 않고 자녀와 함께 살아가는 어머니들이 의외로 많다. 그렇지만 주로 그렇게 하는 것이 옳다는 신념에서 그 아이를 데리고 살더라도 모두가 아이에게 적절한 지원을 제공할 수 있는 것은 아니다. 동티모르의 한 강간 피해자가 말했다. 「나는 인도네시아 군인들에게 말처럼 이용당했어요. 그들은 번갈아 가면서 나를 강간했고 그래서 아이도 많이 낳았어요. 이제 나는 더 이상 보다 나은 미래를 위해 그 아이들을 지원해 줄 힘이 없어요.」[125]

최근의 어떤 보고서에 따르면 강간에 의해 태어난 아동은 〈국가 전체가 겪은 트라우마를 상징하고, 사회는 그들의 요구를 인정하려고 하지 않는다〉.[126] 일반적으로 이들은 법적인 문제에 직면한다. 아이의 국적은 보편적으로 아버지의 국적을 따라가고 따라서 아버지가 없는 아이는 국적도 없을 수 있다. 유러피언 대학 평화 연구 센터의 자흐라 이스마일Zahra Ismail은 〈이러한 현상은 필연적으로 아동의 본질적인 사회적 편익 문제를 초래하는데, 아동의 인권을 다루는 국제법이 국가의 책임을 전제로 하기 때문이다〉[127]라고 설명했다. 베트남에서는 종전 후 혼혈 아동을 〈굴욕적인 인생〉이라고 불렀고, 친부가 호적에 올리지 않았다는 이유로 그들에 대한 교육과 의료 서비스가 거부되었다. 그들 중 일부는 보다 미국인처럼 보이거나 보다 아시아인처럼 보이기 위해 자신의 몸을 훼손하기도 했다.[128] 크로아티아로 도피한 보스니아인 강간 희생자의 자녀들에게는 시민권이 인정되지 않았다.[129] 1990년 이라크의 점령 기간 중 강간당한 쿠웨이트 여성들이 낳은 아이들은 지금까지도 시민권이 없다.[130] 이스마일은 이러한 아동들이 〈비록 2차적이지만 강간의 또 다른 피해자이며 그들에게는 기본적인 인권마저 거부된다〉고 주장한다. 계속해서 그녀는 〈강요된 임신은 지금까지 오로지 여성의 문제로만 여겨졌고 전쟁 때문에 태어난 아동들은 전혀 고려되지 않았다. 그 결과 그들은 사회적으로 소외되었을 뿐 아니라 희생자로 여겨지지 않게 되었고, 왜 그런지 모르겠지만 나중에는 가해자 진영으로 떠밀리게 되었다〉[131]고 설명한다.

　유엔 아동 권리 협약은 아동들도 시민권을 가져야 한다는 입장이다.[132] 그럼에도 강간에 의해 태어난 아동의 권리에 대해서는 따로 언급하지 않고 있으며, 혼외로 태어난 아동에게 동일한 처우를 보장해야 한다는 내용도 포함하지 않고 있다. 외국인이 이런 아동을 입양하고자 하는 경우도 많지만 민족 정체성을 내세운 정부의 입양 금지 조치나 복잡한 입양 절차가 그들을 당혹하게 만든다. 입양을 원하는 부모들이 속한 나라에서 내놓는 정책도 수치스러운 경우가 많다. 예컨대 영국은 발칸반도에서 강간에 의해 태어난 아동들에 대한 입양 절차를 간소화하고자 노력하면서도 강간 희생자들이 영국으로 이민 올 수 있는 기회까지 허락하지는 않았다.[133]

　덩치가 작고, 순진한 눈망울을 가졌으며, 내성적이고, 우울한 마르셀린 니욘센가는 마치 계속 살아도 좋다는 누군가의 허락을 기다리는 사람처럼 불안한 시선으로 사람들을 바라보면서 성가시게 조르는 아이 같은 태도를 보인다.[134] 전쟁이 시작되었을 때 그녀는 열아홉 살이었고, 키갈리에 있는 가족을 방문하고 있었는데 그들의 집이 공격을 당했다. 얼마 뒤에 그녀는 또 다른 가족을 찾아갔고 그들과 함께 몸을 숨겼다. 그 집의 가장이던 늙은 남자는 자신의 아내를 버리고 마르셀린을 강제로 성 노예로 삼았다. 그로부터 2개월 반 뒤에 그 남자는 그녀에게 싫증이 났다고 선언했다. 그녀는 윤간을 당했고, 어쩔 수 없이 또 다른 강간범의 집으로 피신했으며, 사업가이던 그 남자는 그녀를 데리고 콩고로 이사했다. 종전 사실을 알았을 때 그녀가 집에 보내 달라고 애원했지만 그녀는 임신한 상태였고, 그녀의 남편은 그녀와 아이를 계속해서 데리고 살기로 결정했다. 마르셀린은 남편이 출장 갈 날을 몇 달 동안 기다렸다. 그리고 마침내 남편이 집을 비우자 원화로 약 5,200원에 해당하는 3,000콩고프랑을 들고 나와 택시기사를 설득해서 르완다로 데려다 달라고 부탁했다. 르완다에 도착하자 유엔 최고 난민 위원회에서 그녀를 받아 주었다. 그녀는 딸을 낳았지만 손상된 자궁을 적출해야 했고, 딸의 이름은 클레망스 투이젠게라고 지었다.

전쟁이 끝난 이후로 마르셀린은 홀아비인 그녀의 오빠 집에서 가정부로 일했는데 그 오빠는 클레망스가 에이즈에 걸렸다는 이유로 자신의 집에 들이기를 거부했다. 마르셀린은 자신이 강간당하고 에이즈에도 걸렸지만 오빠가 적어도 자기까지 버리지는 않았다고 설명했다. 클레망스는 마르셀린의 어머니와 함께 살았고 마르셀린이 일주일에 한 번씩 그녀를 방문했다. 마르셀린으로서는 클레망스에게 그녀의 출생에 관한 비밀을 털어놓는 문제보다 그들 모녀가 오래 살지 못할 거라는 사실을 장차 어떻게 설명해야 할지 그게 더 걱정이었다. 이미 클레망스의 몸에는 그녀의 어머니가 〈여드름〉이라고 부르는 수포들이 생긴 상태였다. 클레망스가 심하게 아플 때마다 할머니는 그녀를 마르셀린에게 데려갔고, 그러면 마르셀린이 그녀를 병원에 데려갔다. 둘 다 상태가 양호할 때 모녀는 함께 웃었다. 마르셀린이 아프면 클레망스가 그녀 옆에 웅크리고 누워서 그녀를 편안하게 해주었다. 마르셀린은 그녀보다 딸이 먼저 세상을 떠나는 편이 훨씬 나을 거라고 자주 생각했다. 모든 문제를 감안할 때 그 편이 훨씬 낫다고 생각했다. 그녀가 말했다. 「사람들은 나를 불쌍하게 생각해요. 내가 〈나쁜 기억의 자식〉을 낳았다는 것이 그 이유예요. 하지만 클레망스는 내 인생의 등불이에요. 그 아이가 주는 위안마저 없이 지금처럼 서서히 죽어 간다면 아마 1,000배는 더 끔찍할 거예요. 나는 죽어 가고 있지만 외롭지 않아요.」

르완다 제2의 도시 기타라마에서 만난 한 여성은 남편과 세 아이를 포함해 그녀의 가족들을 살해한 남자가 종족 학살이 지속되는 동안에 그녀를 성 노예로 삼았으며 후에 도망쳤다고 말했다. 그녀는 그 남자의 아들을 낳았고 에이즈에 걸렸다. 아들은 건강했다. 자신이 곧 죽을 거라는 사실을 안 그녀는 아들에게 그를 돌보아 줄 친척들이 아무도 없는 것이 마음에 걸렸다. 결국 그녀는 감옥에 있는 아들의 친부 ─ 그녀의 남편과 자식들을 살해했던 그 남자 ─ 를 찾아냈고 그와 인간적인 관계를 구축하기로 결심했다. 그녀는 집에서 만든 음식을 싸 가지고 감옥에 있는 그를 찾아갔다. 그녀는 자신의 행동에 대해 이야기하면서 시종일관 바닥을 뚫어져라 노려보았다.

1996년에 노벨 평화상을 수상한 동티모르의 카를로스 벨로 주교는 전시 강간 문제를 토론하면서 〈1999년에 대략 3천 명이 사망했고, 말로 다 할 수 없이 많은 여성들이 강간을 당했으며, 50만 명이 유랑자 신세가 되었다. 그들 중 10만 명은 아직도 고향으로 돌아오지 못하고 있다〉고 주장했다. 오스트레일리아 국립대학의 수전 해리스 림머Susan Harris Rimmer는 전시에 발생하는 다른 잔혹 행위들은 수치로 확인되는 반면에 강간이나 강요된 임신을 당한 여성들의 숫자는 단순한 추정치에 불과하다고 지적했다. 그녀의 관점에 따르면 〈말로 다 할 수 없이 많다〉는 표현은 말 그

대로의 의미와 은유를 동시에 내포한다.[135]

　　1869년 이래로 제네바 협정은 전시 부상자와 환자에게 치료받을 권리를 보장했고, 많은 사람들이 강간 희생자들의 낙태도 동일한 영역에 해당하는 문제라고 주장했다. 유엔 인권 이사회는 강간당해서 임신한 여성의 낙태를 거부하는 행위를 잔인하고 비인간적인 처사로 규정했다. 그럼에도 미국은 1973년 헬름스 개정안을 고수하며, 이 개정안은 〈미국의 해외 원조 자금은 어떤 경우에도 가족계획의 한 방편으로 행해지는 낙태 수술 비용으로 이용되거나, 낙태를 하도록 동기를 부여하거나 강제하는 데 사용될 수 없다〉고 명시한다.[136] 오늘날 미국의 원조를 받는 국가나 단체에서는 이 조항을 전시 강간에 의해 임신한 여성들의 낙태 문제를 논의하거나 그들에게 낙태 수술을 제공하는 행위도 금지하는 것으로 해석한다. 글로벌 저스티스 센터[137] 대표 재닛 벤슈프가 말했다. 「중요한 사실은 전시 강간에 의해 임신한 여성들 거의 대부분이 낙태를 선택하려고 할 거라는 점이에요. 콩고에서는 강간 희생자들 중 40퍼센트가 미성년자예요. 열세 살짜리가 어떻게 아이를 낳을 수 있겠어요? 그럴 경우 사망률이 믿을 수 없을 정도로 높아요. 유엔에서는 분쟁 지역에서 강간에 의해 임신한 다음 낙태를 거부당한 여성들 중 20퍼센트가 자가 낙태를 하는 것으로 추산하고 있어요. 하지만 여기에는 낙태를 선택하는 대신 스스로 목숨을 끊는 여성들은 포함되어 있지 않아요.」 벤슈프는 미국 정부가 자가 낙태를 하려다가 실패한 여성들을 치료함으로써 소위 뒤처리 비용을 대고 있다고 주장했다. 「따라서 우리는 상황이 어떻게 흘러가고 있는지 명확히 알아요. 강간에는 종족 학살이라는 동기가 존재하고 우리는 이 여성들에게 아이를 낳도록 강요함으로써 종족 학살을 돕고 있는 거예요.」[138]

　　키가 훤칠하고, 생동감이 넘치고, 표정이 풍부한 알퐁신 무카마쿠자는 투치족다운 품위와 조각 같은 미모를 지녔다.[139] 내가 인터뷰한 많은 여성들을 괴롭혔던 죽음의 그림자도 그녀와는 거리가 먼 이야기처럼 보였다. 하지만 그녀는 한참 웃다가도 어느 순간에는 금방 흐느껴 울었다. 키갈리 외곽에 위치한 그녀의 흙집에는 한쪽 구석에 생뚱맞게 괴어 놓은 비행기 의자 하나와 부서진 나무 의자 두 개가 있었다. 집 안의 조명이라고는 지붕과 벽 틈새로 들어오는 햇빛이 유일했다. 비록 가난했지만 그녀는 날염한 면 재질의 긴 드레스와 그에 어울리는 터번까지 완벽하게 갖추어 입고 있었다.

종족 학살이 일어났을 때 알퐁신은 스무 살이었다. 그녀는 자기 마을에서만 일어난 만행이라고 생각해서 이웃 마을에 있는 친척 집으로 몸을 피했다. 하지만 그곳에서도 살인이 시작되었고 그녀와 그녀의 친척은 국경을 넘어서 부룬디로 피하기로 했다. 그들이 목적지 근처에 도착했을 때 갑자기 총격이 시작되었다. 알퐁신은 계속해서 달렸다. 뒤에서는 그녀의 다른 가족들이 총에 맞아 쓰러지고 있었다. 그녀는 무작정 어느 집으로 뛰어들었고, 그 집에 살던 노부인이 그녀를 숨겨 주겠다고 약속했다. 밤이 되자 인테라함웨인 노부인의 아들이 돌아왔다. 그는 어머니가 보호하고 있던 우아한 여성을 발견하고는 그녀를 〈아내〉로 삼겠다고 선언했다. 3주 동안 그 남자는 그녀를 수없이 강간했고 그녀는 그의 욕구를 만족시키기 위해 최선을 다했다. 그의 보호가 없이는 생존 가능성이 거의 없었기 때문이다.

한 달 뒤에 알퐁신은 자신이 임신했음을 깨달았다. 그리고 아들 장-드-디유 능게본지자를 낳고 난 이후로 삶은 갈수록 더 팍팍해졌다. 그녀는 한 남자를 만났고 그의 집으로 들어갔으나 그는 아들을 〈처리〉하든지 떠나라고 요구했다. 알퐁신은 아들에게 그가 짐이라는 사실을 확실하게 인지시켜 주었다. 그에게 무자비하게 매질을 하거나 때로는 집에서 쫓아내기도 했다. 아들과 함께 공공장소로 외출할 일이 있으면 사전에 〈나를 숙모라고 불러〉라고 말했다. 그러는 사이에도 그녀의 배우자는 밤낮없이 그녀를 폭행했다. 마침내 그녀는 용기를 내서 집을 나왔고, 내가 그녀를 만난 그 빈민가로 이사했다. 그녀가 회상했다. 「바로 그때였어요. 내게는 아들밖에 없다는 사실을 깨달았죠. 때때로 그 아이는 어떤 일을 당해도 마냥 웃기만 했는데, 내가 그 아이를 사랑하기 시작했을 때도 그렇게 웃고 있었어요.」

국제형사재판소(보통은 전범 재판소라고 불림)의 설립 계기가 된 1998년 로마 규정은 〈특정 종족의 인구 구성에 영향을 미치거나, 국제법을 심각하게 위반하려는 의도로 여성을 강제로 임신시키고 불법 구금하는 행위〉[140]를 반인류적인 범죄로 간주한다. 이 규정은 강간이 피해자의 잘못이라고 말하지 않는다. 그보다는 가해자에 대한 처벌과 주로 관계가 있다. 특히 고위직에 있으면서 강간 작전을 주도한 가해자가 주된 표적이다. 르완다 국제형사재판소는 지역 시장으로 있으면서 경찰에게 투치족 여성들을 강간하도록 사주했던 장폴 아카예수에게 반인류적인 범죄와 고문에 대해 유죄를 선고함으로써 1998년에 새로운 돌파구를 마련했다.[141] 강요된 임신이 종족 학살의 한 형태로 기소되기는 이때가 처음이었다. 하지만 법규와 판례는 그 사건이 대대적인 강간보다는 종족 학살 의도가 있었다고 암시한다. 그리고 강간을 당하고 그 결과 임신까지 하게 된 여성들에게 동기 해석은 전혀 상관없는 일이다. 그들의 아이에게도 무의미한 일이다. 벤 슈프가 말했다. 「같은 고문 피해자라도 남자들은 영웅이 되어 원래의 사회로 돌아갔어요. 반면 여자들은 가족의 명예에 먹칠한 창녀로 간주되었죠.」 이라크에서는 미국의 침공이 일어난 해에 자신이 강간당했다고 신고한 여성들 중 절반 이상이 그들의 가족에 의해 살해되었다.[142]

그동안 법학자들은 전시에 강간당한 여성들을 보호하기 위한 제도를 마련하기 위해서 노력해 왔다. 하지만 전시 강간의 결과로 태어나서 대체로 학대받거나 버림받는 또는 학대와 버림을 모두 당하는 아이들을 위해서는 거의 아무런 노력도 하지 않았다. 림머는 그런 아이들이 참전 군인으로 재분류되어야 한다고, 즉 〈범죄나 죄악의 부산물로 여겨지는 대신 정부에게 정당한 권리를 갖는 존재로서 공개적으로 수용되어야 한다〉[143]고 주장했다. 이런 재분류를 통해 그들은 연금을 제공받게 될 것이다. 그리고 전시 강간을 당한 여성들의 용기와 그 결과로 태어난 아이들의 도전이 인정받게 될 것이다. 힐아프리카 병원의 지역 관리자이면서 어머니들이 그들의 아이와 관계를 구축하도록 돕고 있는 쟌느 물리리 카베카타요가 말했다. 「우리는 평화를 빚어 내는 공예가로 이 아이들을 키우고 싶어요.」[144]

크리스틴 우와마호로의 당당하고 도도한 자세는 내가 르완다에서 만난 다른 강간 피해자 여성들과 사뭇 다른 모습이었다.[145] 학살이 시작되었을 때 그녀는 열여덟 살이었고 키갈리에 살고 있었다. 한 인테라함웨 대원이 그녀 집에 난입해서 〈옷을 벗고 누워라. 말을 듣지 않으면 너와 네 가족들을 모두 죽이겠다〉고 말했다. 그는 계속해서 찾아왔고 그녀를 강간했으며 그녀의 아버지는 그들을 살려 주는 대가로 매번 그에게 돈을 주었다. 그녀의 가족은 도망쳤지만 얼마 못 가서 바리케이드가 설치된 다리를 만났다. 그들은 두 시간 동안 길가에 앉아 때를 기다렸다. 그 동안에도 바리케이드 앞에서는 사람들이 계속 학살을 당하고 있었다. 땅거미가 질 무렵 인테라함웨 대원이 살기등등한 모습으로 그들에게 다가오자 그들은 재빨리 뛰기 시작했다. 어머니가 비틀거렸다. 크리스틴의 오빠가 어머니를 도와주려고 나섰다. 크리스틴은 어깨 뒤로 어머니와 오빠가 벌채용 칼에 목이 잘리는 모습을 보았다. 크리스틴과 그녀의 아버지는 낮에는 숨고 밤에만 길을 따라 은밀하게 이동하면서 기세니까지 거의 100킬로미터를 걸어갔다. 그들이 기세니에 도착했을 즈음에는 이미 그곳에서도 학살이 자행되고 있었기 때문에 그들은 콩고까지 몇 킬로미터를 더 걸어갔고 그곳에 머물면서 전쟁이 끝나기를 기다렸다. 그리고 그곳에서 크리스틴은 자신의 임신 사실을 알게 되었다.

그녀는 자신이 HIV에 감염되었을까 봐 두려웠지만 결과를 확인하는 것이 더 두려웠고 끝내 검사를 받지 않았다. 그녀는 증오심에 불타서 젖먹이 딸을 마구 때렸고 그녀를 보지 않으려는 마음에 생부에게 보내 버렸다. 10년이 지나서도 그녀의 존재는 크리스틴을 우울하게 만들었다. 크리스틴은 유일하게 살아남은 언니를 하루가 멀다 하고 만나면서도 자신의 딸은 기껏해야 한 달에 한 번 정도 방문했다.

〈나쁜 기억의 자식들〉을 낳은 대부분의 여성들과 달리 크리스틴은 재혼에 성공했다. 그녀의 새로운 남편은 일부다처의 콩고 남자였고 그에게는 또 다른 부인이 있었다. 그녀가 말했다. 「나는 그 일을 겪고 난 뒤로 설령 그 사람이 투치족일지라도 르완다 사람하고는 결혼을 할 수가 없었어요. 처음에는 남편에게 내 과거사를 숨기려고 했어요. 그렇지만 결국에는 모든 사실을 이야기했고 그는 지금까지도 내게 무척 친절해요. 예컨대 내가 우울해하면 그는 나를 데리고 산책을 가요. 내가 과거 일을 떠올리거나 악몽을 꾸면, 사실 자주 그러는 편인데, 그는 내가 어쩌면 죽을 수도 있었다는 사실을 상기시키면서 위로해 줘요.」 심지어 그는 강간당해서 낳은 그녀의 딸까지 데려와서 함께 살자고 제안했지만 크리스틴이 그렇게 하고 싶지 않았다.

나는 때때로 내가 인터뷰하는 사람들에게, 특히 박탈감이 심해 보이는 사람들에게 혹시 내게 질문이 있는지 물었다. 역할을 바꾸도록 제안함으로써 그들이 실험 대상이라는 느낌을 덜 받도록 하기 위함이었다. 르완다에서는 질문하는 내용이 대체로 비슷했다. 예컨대, 르완다에 얼마나 오래 있을 예정인가? 얼마나 많은 사람들을 인터뷰할 생각인가? 연구 내용은 언제 책으로 나오는가? 어떤 사람들이 이런 이야기를 읽는가? 같은 내용이었다. 인터뷰를 끝내기에 앞서 크리스틴에게도 혹시 질문이 있는지 물었다. 그녀가 약간 머뭇거리면서 운을 뗐다. 「음, 당신이 이 분야의 심리학에 관련된 글을 쓴다고 했지요.」 내가 고개를 끄덕이자 그녀가 심호흡을 했다. 「내가 내 딸을 보다 사랑할 수 있는 방법이 있을까요? 나는 그녀를 훨씬 더 사랑하고 싶고 최선을 다해 그렇게 하려고 노력하지만 그녀를 볼 때마다 내가 겪었던 일이 떠오르고 그래서 마음대로 되지 않아요.」 눈물이 그녀의 뺨을 타고 흘러내리는 와중에도 재차 동일한 질문을 던지는 그녀의 말투는 거의 사납게 느껴질 만큼 도전적이었다. 「내가 내 딸을 지금보다 사랑할 수 있는 방법이 있을까요?」

나중에, 크리스틴에게 말해 주기에는 너무 늦은 시점이 되어서야 나는 그 질문 자체에 이미 얼마나 많은 사랑이 담겨 있는지 그녀가 미처 모르고 있다는 사실을 깨닫고서 놀라야 했다. 그러한 질문은 불명예스럽게 임신한 아이와 함께 사는 여성이라면, 그리고 자신의 이중적인 태도에서 벗어나길 바라는 여성이라면 누구나 자문하는 내용이다. 또한 어머니의 사랑, 즉 모성애 중 얼마나 많은 부분이 포유류의 DNA 속에 내재되어 있는지, 그리고 얼마나 많은 부분이 사회적 관습의 문제인지, 얼마나 많은 부분이 개인적인 결심에 의한 결과인지에 대한 의문을 불러일으킨다.

강간에 의해 임신한 아이를 낳아 기르는 여성들은 그들 내면의 어둠을 억눌러서 자식에게 빛을 보여 주기 위해, 이례적인 자식을 둔 다른 어떤 부모들보다 노력한다. 그럼에도 그들에 대한 지원은 다른 이례적인 가족들에 대한 지원보다 일관성이 없다. 이들 강간 피해자 여성들과 그들의 자식에게는 정체성 커뮤니티가 필요하다. 온라인 세계의 단편적인 지원을 통해 제공되는 것보다 더 많은 존엄성을 찾을 수 있는 장소가 필요하다. 이 책의 나머지 부분에서 언급되는 아이들에게는 모두 상처가 있다. 하지만 강간에 의해 태어난 아이들은 그들의 잘못이 아님에도 그들 자신이 곧 상처가 된다. 이 아이들을 태어나게 만든 혹된 시련은 일반적으로 그들의 어머니들이 두려워하는 만큼 심장을 움츠러들게 하지 못한다. 모성애는 설령 그 어머니들이 단단히 방어막을 치고 있더라도 그것을 뚫고 들어갈 수 있다.

10장

범죄

이 책에 언급된 대부분의 상황들과 달리 범죄는 아이의 잘못이다. 아이가 의도적으로 선택해서 저지르는 일이기 때문이다. 또한 부모의 잘못이기도 하다. 부모가 제대로 도덕을 가르치고 충분히 주의를 기울인다면 예방할 수 있었기 때문이다. 적어도 대중은 그렇게 생각한다. 그러므로 범죄자의 부모는 자녀와 자기 자신을 용서하기 위해 노력하면서 분노와 죄책감에 휩싸여 살아간다. 정신분열증이나 다운증후군을 앓거나 그런 증후군이 있는 자녀를 낳는 사람은 일반적으로 불행하다고 여겨진다. 반면에 범죄자가 되거나 범죄자 자녀를 낳은 사람은 대체로 실패자로 간주된다. 장애 아동의 부모가 국가로부터 재정 지원을 받는다면 범죄자의 부모는 자주 기소를 당한다.

　자녀가 왜소증을 앓는다고 해서 부모까지 왜소증은 아니다. 청각 장애인 자녀를 두었다고 해서 부모까지 듣지 못하는 것은 아니다. 그러나 도덕적으로 비난받는 아이는 그 어머니와 아버지의 잘못을 드러내는 듯하다. 자녀가 성공하면 부모가 그 공을 인정받지만 그런 부모들의 자화자찬을 뒤집으면 자녀의 행실이 나쁠 경우 분명히 부모에게도 잘못이 있다는 뜻이 된다. 불행하게도 도덕적인 양육은 자녀의 타락을 막을 수 있는 보증서가 아니다. 타락한 자녀를 둔 부모들은 자신이 도덕적으로 해이해졌다고 생각하며, 그렇게 자책하다 보면 중죄를 범한 자녀를 도와줄 능력을─때로는 사랑할 능력까지─잃어버린다.

신체적 또는 정신적 장애를 가진 자녀가 있다는 것은 일반적으로 사회적 경험이고, 그 부모는 같은 어려움을 겪고 있는 다른 가족들에게 받아들여진다. 하지만 감옥에 간 자녀가 있는 부모는 대개 고립된다. 면회일에 교도소에서 만난 부모들이 서로에게 친근하게 한탄을 늘어놓을 수도 있지만, 범죄를 저지른 자녀가 있는 것이 정상인 이런 공동체 외에는 동병상련을 느낄 수 없다. 범죄자의 부모가 참고할 수 있는 자료는 거의 없다. 법을 어긴 자녀가 있을 때의 긍정적인 면을 보여 주는 다채로운 안내서도 없으며, 이들의 상황에 맞게 개작된 「네덜란드에 오신 것을 환영합니다」 같은 우화도 없다. 이처럼 불리한 여건에도 이점은 있다. 이런 부모들이 겪고 있는 일을 하찮게 보이도록 만드는 사람들이 없다는 점이다. 예컨대 아무도 형형색색의 종이로 장식된 학습관 같은 곳에서 그들의 슬픔을 기쁨으로 바꾸려고 들지 않는다. 범죄를 저지른 자녀에게 보여 줄 수 있는 다정한 반응은 기쁨밖에 없다고 생각하도록 만들려는 사람이나, 슬퍼해야 할 일을 축하하도록 강요하는 사람이 없다는 것이다.

수평적 정체성에 관련된 다양한 문제들을 완화하기 위해서 수많은 기관들이 존재한다. 예컨대 청각 장애인 학교, 주류화 프로그램, 정신분열증 환자들을 위한 병원 등이 있다. 청소년 범죄자는 처벌보다 교화가 목적인 주립 시설에 주로 수감된다. 하지만 정작 교화되는 청소년의 숫자는 그다지 많지 않다. 정상에 가까운 재활이라는 개념이 환상에 불과한 까닭이다. 그럼에도 주변 상황에 의해 피해를 입은 어린 범죄자들이 많으며 그들 모두를 치료하는 것은 도덕적 명령이다. 종양학자는 자신이 살려 낸 환자 때문에 다른 대다수 환자들의 죽음을 견딜 수 있다. 잠재적인 상습 범죄자 중 10퍼센트만 구원할 수 있어도 범죄로 인한 인간의 고통은 줄어들고, 기소와 교도소 유지에 드는 비용도 절약될 것이다. 교도소를 유지하자는 논리는 더 많이 처벌할수록 더 안전한 나라가 되리라는 일반적인 믿음에 근거한다. 그리고 이러한 믿음은 자녀에게 엄하게 대할수록 그 자녀가 더 잘될 거라는 가정과도 상통한다.

수감의 세 가지 기본적인 원리는 제지, 무력화, 응징이다. 제지는 어느 정도 효과가 있다. 범죄를 계획하는 이들의 의욕이 감옥에 갈지도 모른다는 두려움 때문에 꺾일 수 있다. 그러나 이런 상황은 대다수 일반인들이 생각하는 것보다 훨씬 적게 일어난다.[1] 2,500명 이상의 경찰서장, 보안관, 검찰 및 그 밖의 법 집행 관련 종사자들이 이끄는 단체 〈파이트 크라임: 인베스트 인 키즈〉는 〈범죄와의 전쟁 최전선에 있는 사람들은 체포와 수감으로 범죄 문제에서 벗어나기는 불가능하다는 사실을 안다〉[2]고 말했다. 200여 건의 연구를 수집해서 분석한 결과에 따르면, 행동 치료나 가족 교육 프로그램, 최고의 재활 프로그램 등은 중범죄의 경우에도 재범률을 30~40퍼센트 감소시킨 반면, 징벌적인 요법을 실시한 경우에는 재범률의 변화가 없거나 오히려 증가했다.[3] 미국 국립 보건원은 〈겁을 주는 방법은 먹혀들지 않고 문제를 더 악화시킬 수 있다〉[4]고 조언했다.

무력화는 사람들이 감옥에 갇혀 있어서 쉽게 추가 범죄를 저지를 수 없는 경우에 한해서 효과가 있다. 하지만 범죄자를 평생 감옥에 가두어 둘 계획이 아니라면 그들이 출소한 이후 어떻게 행동할지에 대한 문제가 남아 있다. 종종 교도소는 초범자가 경험 많은 동료에게 범죄 기술을 배우는 부정적인 감화의 공간이 된다. 컬럼비아 대학 국립 약물중독 및 남용 센터 소장 조지프 캘리파노 주니어Joseph A. Califano Jr.는 최근에 〈청소년 사법 제도가 추가 범죄와 성인 교도소로 향하는 길을 닦아 준 범죄의 대학이 되었다〉[5]고 말했다. 18세 미만의 미성년 수감자들 중 80퍼센트 이상이 출감 후 3년 이내에 또다시 체포된다.[6] 아들이 자기 집처럼 교도소에 드나들기를 원치 않는다면 애초에 교도소를 가지 않게 해야 한다. 일단 한 번이라도 교도소에 발을 들이면 계속해서 드나들 확률이 높아지기 때문이다.

응징은 보복 즉 가해자가 징계받는 모습을 보면서 피해자가 느끼는 쾌감에 대한 완곡한 표현이다. 응징은 피해자를 만족시키는 한 방법이다. 무력감을 느끼던 피해자는 자신의 적이 투옥되거나 처형되는 광경을 지켜보면서 해방감을 느낄 수 있다. 그럼에도 응징의 장점은 제한적이다. 가해자의 처형을 주장하면서 싸운 사람들과 인터뷰를 해보면 사형이 막상 기대했던 것만큼 만족감을 주지 않았다는 사실을 알 수 있다.[7]

코라 넬슨은 어릴 때 미네소타 시골에 살면서 신체적, 언어적으로 학대를 당했다.[8] 그녀는 이른 나이에 결혼하여 두 딸 제니퍼와 맨디 스타일스를 낳았지만 결혼 생활은 불행했고 결국 실패로 끝났다. 20대 중반에 그녀는 자궁경부암에 걸렸고 다시는 임신하지 못할 거라는 선고를 받았다. 그 뒤로 비록 알코올중독 문제가 있기는 했지만 잘생긴 아메리카 인디언 루크 마카를 만나서 그녀는 다시 사랑에 빠졌고, 루크는 그들이 아이를 갖지 못해도 상관없다고 말했다. 그러던 중 그녀의 주치의마저 놀란 일이 일어났다. 코라가 임신을 했던 것이다. 그리고 마침내 〈기적의 아기〉라는 별명을 달고서 피터가 태어났다. 코라의 장녀 제니퍼가 보기에 그녀의 새 이복동생은 〈말하고 걷는 살아 있는 인형〉이었다. 하지만 루크는 알코올중독이 점점 더 심해졌고 더욱 포악해졌다. 제니퍼가 회상했다. 「그에게 무슨 문제가 있던 것이 분명해요. 어머니가 배우자로 선택했고 우리 모두가 사랑했던 멋진 남자는 더 이상 존재하지 않았어요.」

루크가 광폭하게 난동을 부릴 때면 제니퍼는 피터를 데리고 침대 뒤에 숨어서 아이를 지키려고 했다. 하지만 피터는 코라가 폭행당하고 목이 졸리는 광경을 고스란히 목격했고, 자신도 두들겨 맞았다. 피터가 회상했다. 「나쁜 날도 있었지만 좋을 때도 있었어요. 이를테면 처음으로 총을 쏘던 날처럼요. 아버지와 나는 물 위에 떠 있는 탄산음료 캔을 겨냥했고 내가 첫 발에 명중시켰어요. 아버지는 아주 자랑스럽다는 듯이 나를 번쩍 들어서 안아 주었어요.」 한번은 루크가 제니퍼의 침대로 기어들어가서 그녀의 허벅지에 손을 얹었다. 이미 여섯 살 때 남자 보모에게 성적 학대를 당한 적이 있던 제니퍼는 격렬하게 반항했고 그를 저지했다. 제니퍼가 말했다. 「이 남자에게 나쁜 기억보다는 좋은 기억이 더 많아요. 하지만 나쁜 기억들은 하나같이 너무 끔찍해요.」

어느 날 저녁, 술에 잔뜩 취한 루크가 피터를 심하게 때리고 나서 술집에 가려고 차를 몰고 나갔다. 코라는 이제 끝이라고 생각했다. 그녀는 가방을 싸서 당시 여섯 살이던 피터와 10대이던 맨디를 데리고 떠났다. 제니퍼는 이미 집에서 독립한 상태였다. 얼마 뒤 코라는 루크를 쫓아내고 다시 집으로 들어왔다. 하지만 루크가 집에 침입해서 코라의 옷가지를 갈가리 찢고 자신의 총을 가져갔다. 코라는 보호 명령을 받아 냈고 이혼소송을 제기했다. 그다음 달부터 피터는 가끔 주말에 아버지를 방문했지만 루크는 대개 술에 쩔어 있었다. 그 사이 코라는 버스 정비사인 에단 하인즈와 만나기 시작했다.

코라의 무과실 이혼이 성사되기 일주일 전이었다. 학교에서 돌아온 맨디가 부엌 테이블에 앉아 있는 루크를 발견했다. 맨디는 코라에게 전화했고 코라는 경찰에게 전화했다. 경찰이 도착했을 때 루크는 이미 도망친 뒤였다. 코라는 가족들을 데리고 에단의 집에 가서 지냈다. 며칠 후 집에 돌아왔을 때 코라 가족은 문이 열려 있는 것을 발견하고 다시 경찰에 신고했다. 경찰이 출동했지만 이번에도 이상한 점은 발견되지 않았다. 코라가 경찰에게 지하실을 확인해 달라고 부탁했다. 피터가 회상했다. 「경찰들이 지하실로 내려갔는데 아버지가 거기에 있었어요. 아버지는 엽총과 22구경 소총, 30구경 소총을 가지고 있었고 손에 소총을 들고 경찰을 겨눈 채 밖으로 나왔어요. 총알이 막혀 있어서 실제로는 총을 발사할 수 없는 상태였지만 경찰은 그 사실을 몰랐어요. 경찰이 아버지에게 세 발을 발사했고 아버지는 즉사했죠.」 당시 코라와 세 아이들은 위층에 있었다.

루크는 코라를 죽이고 자신도 죽을 작정이었다. 그는 아들 피터에게 어떤 일이 일어나든 피터의 잘못이 아니라는 쪽지를 남겼다. 쪽지에는 〈내가 보고 싶을 때면 오리온 별자리를 보렴. 그게 나란다. 사냥당하지 않는 영원한 사냥꾼이지〉라는 말도 적혀 있었다. 피터가 말했다. 「아버지는 우울증이 있었지만 도움을 받으려 하지 않았어요. 치료를 받으면 술을 끊어야 될 거라고 생각했기 때문이에요. 아버지는 그 무엇보다 술을 사랑했어요. 아버지가 술보다 나를 더 좋아해 주기를 얼마나 바랐는지 몰라요. 하지만 아버지는 그렇게 하지 않았어요.」

루크가 죽은 그날 이후로 코라는 며칠씩 주기적으로 상태가 괜찮았다가 그렇지 않기를 반복했다. 피터가 회상했다. 「어머니는 할 수 있는 일이 별로 없었어요. 내가 많이 보살펴야 했어요.」 아버지를 잃고 슬퍼하던 여섯 살짜리에게는 너무나 버거운 일이었다. 특히 자신이 〈다르게 행동했더라면 어쩌면 아버지가 어머니를 죽이려고 하지 않았을지 모른다고 생각하는〉 아이에게는 더욱 그랬을 것이다. 피터는 아버지의 죽음에 가슴 아파했다. 그가 내게 말했다. 「아버지는 나와 다르게 키가 크지 않았어요. 그래서 아버지가 입던 재킷 중에 나에게 꼭 맞는 것이 있어요. 외로울 때면 나는 그 재킷을 입어요.」

온 가족이 에단과 함께 살기로 했다. 제니퍼가 말했다. 「가전제품에 총알구멍이 있는 집에서 살고 싶은 사람이 누가 있겠어요?」 제니퍼는 고등학생 때 아이를 갖게 되었고 딸 손드라를 낳으면서 학교를 중퇴했다. 그리고 손드라의 생부인 남자 친구와 헤어지자 딸을 데리고 가족에게 돌아왔다. 제니퍼는 만성 편두통에 시달렸다. 그녀가 말했다. 「나는 아주 오랫동안 어두컴컴한 방 안에만 처박혀 있었어요. 손드라와 같은 방을 쓰지 않았다면 그 아이에게 어떤 것도 해주지 않았을 거예요.」 제니퍼가 피터의 어린 시절에 친구가 되어 주었던 것처럼 이제 손드라에게는 여섯 살의 피터가 있었다. 제니퍼가 말했다. 「피터는 내가 손드라에게 해주지 못하는 것들을 해주었고 손드라에게 관심을 가져 주었어요.」

하지만 피터는 종종 침울하게 입을 꾹 다물고 있을 때가 있었다. 그는 3학년 때 한 여자아이에게 화를 내면서 그 아이의 허벅지를 연필로 깊이 찔렀다. 피터는 주의력결핍과잉행동장애였고 똑똑하긴 했지만 학교에서 자주 문제를 일으켰다. 코라의 가족은 노동자 계층이 모여 사는 쾌적한 교외로 이사했다. 피터의 새 학교 상담 교사는 리탈린으로 피터의 주의력결핍을 없애려고 했다. 하지만 ADHD는 심각한 우울증과 결합되어 있었고 리탈린은 피터를 더욱 불안하게 만들었다. 게다가 항우울제는 피터에게 경조증을 일으켰다. 그 무렵 교사들은 피터를 이미 사고뭉치로 낙인 찍어 둔 상태였다.

피터는 에단을 아버지로 인정하지 않았다. 시간이 흐르면서 어머니에게도 반항하기 시작했다. 코라는 피터를 야단치기 힘들어 했다. 제니퍼가 말했다. 「어머니는 피터의 행동을 외면할 정도로 그를 사랑했어요.」 피터는 열세 살에 가게에 침입해서 담배를 훔쳤고 중대 경범죄로 기소되었다. 그리고 일 년 뒤에는 몰 오브 아메리카 쇼핑몰에서 스케이트보드를 슬쩍 가지고 나오려다 걸려서 잠깐 감옥에 갔다. 그 무렵 학교에서는 피터의 무단결석이 문제가 되고 있었다. 코라가 건강보험회사에 피터의 정신과 상담을 신청했지만 거부당했다.

그로부터 얼마 후 제니퍼의 가장 친한 친구 애니의 아홉 살짜리 딸 마르셀라가 피터가 강제로 키스를 했으며, 셔츠 위로 그녀의 가슴을 만졌다고 어머니에게 이야기하면서 그가 손드라에게는 그 이상의 짓도 했다는 암시를 내비쳤다. 애니가 즉시 제니퍼에게 전화했다. 제니퍼가 말했다. 「전화를 끊고 나서 곧바로 구토를 했던 기억이 나요.」 그날 밤 제니퍼는 손드라에게 피터와 무슨 일이 있었는지 물었다. 제니퍼가 말했다. 「손드라는 여섯 살 때부터 완전한 성폭행을 당하고 있었어요. 내가 그렇게 보살피고 목숨처럼 아끼던 막내 동생이 내 딸에게 그런 짓을 한 거예요.」 그녀는 즉시 경찰을 불렀다.

코라가 피터에게 말했다. 「이 일은 네가 할 수 있는 최악의 짓이야. 나는 이렇게 나쁜 일은 상상도 못했고, 이보다 더 나쁜 일이 있을 거라는 생각도 들지 않아. 지금 상황이 딱 그래. 하지만 나는 여전히 너의 엄마야. 여전히 너를 사랑해. 그래서 하는 말인데 너도 이제 내게 하지 못할 말은 없다는 것을 확실히 알았으면 좋겠어.」 또한 코라는 피터에게 최후통첩을 전달했다. 만약 집으로 돌아오고 싶다면 도움을 받고 행동을 교정해야 한다고. 제니퍼가 말했다. 「어머니는 자신이 할 수 있는 모든 일을 했어요. 결과적으로 피터는 자신이 필요한 것을 말하지 못했고, 우리는 피터의 마음을 읽을 수 없었어요.」

지방 검사는 피터가 열다섯 살임에도 불구하고 그를 성인 재판에 회부하려고 했다. 제니퍼가 피터의 편에서 편지를 썼다. 「동생은 처벌받아 마땅합니다. 하지만 그 이상으로 도움의 손길이 절실해요.」 피터는 거의 2년에 달하는 성범죄자 교정 프로그램 형을 선고받았고, 그 뒤로는 미성년 집중 보호관찰 대상자로 남게 되었다. 요컨대 이후에 또다시 어떤 범행이든 저지를 경우 12년의 징역형이 가중되어 처벌될 터였다. 소년원에 있는 동안 피터는 자신이 손드라를 건드리기 전부터 손드라의 아버지가 그녀를 성적으로 학대했다고 치료사에게 말했다. 아동 학대 전문가는 손드라를 인터뷰하고 나서 그녀의 진술 내용이 〈지어낼 수 없을 정도로 매우 자세했다〉고 설명했다. 제니퍼가 말했다. 「세상에 근친상간이라니요. 나는 마치 「제리 스프링거 쇼」에 나왔던, 트레일러에 살면서 사촌과 결혼한 사람이라도 된 것 같았어요. 참 이상하죠. 나는 보모와 루크에게 성폭행을 당했고, 손드라는 친아버지와 피터에게 당했잖아요. 번개는 같은 장소에 두 번 치지 않는다고 하지만 현실은 그렇지 않아요.」

피터는 완곡하게 〈헤네핀 카운티 홈 스쿨〉이라고 이름을 붙인, 미네소타 미네통카에 있는 소년원에서 열심히 노력했다. 피터는 그곳에 있는 동안 처음으로 아버지의 죽음을 울면서 애도했다. 에단에게도 사랑한다고 말했다. 코라가 말했다. 「강제성이 없었다면 피터는 그렇게까지 마음을 열지 않았을 거예요.」 피터는 창작 글쓰기에도 관심을 가지게 되었고 소네트 모음집을 썼다. ADHD를 가진 소년에게는 놀라운 성취였다. 피터는 신체적으로 위협을 받았지만 감옥에서 안정을 찾았다. 피터의 출감 날짜가 다가오자 제니퍼가 말했다. 「피터가 너무 보고 싶어요. 하지만 피터를 그리워하는 마음 때문에 한편으로는 죄책감이 들기도 해요. 내 딸을 배신하는 것 같기 때문이에요.」 그녀는 진심인 듯 보였다. 「나는 동생이 내 아이들 중 누구하고도 단둘이 있게 놔두지 않을 거예요. 하지만 그가 돌아오길 바라요. 진심이에요.」

홈 스쿨에서는 사죄의 시간을 마련해서 피터가 어머니와 제니퍼, 맨디를 만날 수 있도록 해주었다. 손드라와 마르셀라는 그를 만남으로써 다시 충격을 받을 수 있었기 때문에 피터는 그 아이들을 보지 못했고 애니도 가지 않기로 했다. 제니퍼가 내게 쓴 편지에서 이렇게 말했다. 「내 딸은 예수 그리스도가 함께 십자가에 못 박힌 죄인을 용서할 수 있다면 자기도 피터를 용서할 수 있다고 했어요. 나는 피터에게 말했어요. 〈너에 대한 내 믿음이 옳다는 것을 보여줘.〉 그리고 그는 내가 부탁한 모든 것을 그대로 지켰어요.」 그럼에도 제니퍼는 피터에게 받은 학대의 후유증이 어느 정도인지는 손드라가 사춘기가 된 다음에야 완전히 알 수 있을 거라고 걱정했다.

피터가 출소하고 몇 주 후에 가족들은 손드라의 제안으로 다 함께 코라의 집에서 크리스마스를 보냈다. 그리고 내가 이듬해 5월에 다시 미네소타를 방문했을 때는 새로운 역학 관계가 형성되어 있었다. 처음으로 진짜 봄 같은 날씨가 이어지던 어느 토요일이었다. 피터와 맨디의 약혼자, 손드라가 잔디밭에서 어울려 함께 축구를 했고 다른 사람들은 현관에서 응원을 하고 있었다. 피터는 이제 열일곱 살이었고 손드라는 열한 살이었다. 피터가 손드라에게 태클하는 모습을 보면서 나는 순간적으로 움찔했다. 하지만 두 사람 사이에는 불안을 느낄 만한 어떤 신체적인 거북함이나 감정적인 긴장감도 없었다. 피터가 긍정적으로 변했음이 명백했다. 제니퍼가 말했다. 「여기 살던 우울한 아이는 이제 없어요.」

피터는 이후에도 홈 스쿨을 수차례나 방문했고 나는 그 이유가 궁금했다. 피터가 말했다. 「그 안에서 정말 친해진 사람이 있었는데 그가 출소한 이후로는 한 번도 보지 못했어요. 그 사실이 가슴 아팠고 나는 다른 사람들에게는 그렇게 하지 않기로 결심했어요. 그래서 나를 도와준 사람들을 보러 한 달에 한 번씩 들르는 거예요.」 제니퍼가 말했다. 「피터는 우리가 줄 수 있었던 것보다 더 많은 게 필요했던 거예요. 손드라를 통해서 나름대로 도움을 청하고 있었던 거죠. 피터를 구하려면 어쩔 수 없이 일어나야 했던 일인 것 같아요. 불쌍한 손드라는 이를테면 희생양이었죠.」 일 년 후 제니퍼는 내게 이렇게 편지를 썼다. 「이번 주에 나는 마침내 피터에게 용서한다고 말할 수 있었어요. 피터가 변했다고 내 스스로 인정하기 전까지는 그를 용서할 수 없었어요. 이제 피터는 정말 생산적인 삶을 살기 위해서 최선을 다하고 있어요. 내 동생은 약점도 있지만 멋진 청년이랍니다. 그 사실을 알게 되어서 무척 감사해요.」

내가 피터를 처음 만난 지 2년 후에 제니퍼가 결혼했다. 결혼식 전날 리허설 만찬에서 제니퍼는 〈LET IT BE〉라고 적힌 티셔츠를 입고 있었다. 그 문구가 마치 가족의 분위기를 설명해 주는 듯했다. 우리는 식사를 마치고 피터의 야구 경기를 구경하러 갔다. 공수를 교대할 때 피터는 우리에게 와서 모두의 포옹을 받고 다시 야구장으로 돌아갔다. 코라가 나를 돌아보며 말했다. 「마침내 내가 항상 원했던 아들이 생겼어요.」

제니퍼의 신부 들러리 대표는 애니였고 마르셀라와 손드라가 신부 들러리였다. 마르셀라가 아직 피터를 불안해했기 때문에 그녀가 집에 가도 좋을 시간에 맞추어서 피터는 결혼식 피로연에 늦게 오기로 했다. 마르셀라는 일찍 떠나지 않았다. 마르셀라와 손드라는 진입로에 분필로 사방치기 판을 그리고 놀았다. 그리고 대부분의 손님들이 돌아간 후 핵심 멤버들이 남아서 결혼식 복장을 한 채 함께 사방치기를 했다. 피터도 함께였다. 피터는 성범죄를 저지르며 부적절한 친밀함을 표출했다. 하지만 가족들은 그 친밀함의 성격을 변화시켰다. 다만 친밀함의 강도는 그대로였다.

2백만 명이 넘는 미국의 10대들을 전면적으로 조사한 결과, 네 명 중 한 명이 지난 한 해 동안 총이나 칼을 사용 또는 소지하거나 총칼이 연관된 사건에 가담한 적이 있었다.[9] 다른 자료에 따르면 무려 열 명 중 한 명이 적어도 부모 중 한 명에게 육체적 폭력을 가했다.[10] 매년 3백만 명 정도의 미성년자가 구금되고―이는 시카고의 전체 인구보다 많은 숫자이다―그들 중 2백만 명 이상이 감옥에 간다.[11] 청소년 범죄자는 성인 범죄자에 비해 체포될 가능성이 더 높다.[12] 모든 초보자가 그렇듯 아직 능숙하지 못하기 때문이다. 청소년 범죄자 중 약 70퍼센트는 소년 법원에 회부되며, 대략 3분의 1은 보호관찰 처분을 받고, 7퍼센트는 수감되거나 집 이외의 장소에 유치된다.[13] 한 비평가가 말했듯이 체포되는 일은 〈교장실에 가는 일의 연장〉[14]이 되었다.

이처럼 높은 수치에도 불구하고 청소년 폭력 범죄의 비율은 1994년 이후로 비교적 꾸준히 감소하고 있다. 청소년 폭력 범죄로 구속되는 일인당 비율은 1994년에 비해 절반으로 줄어들었고, 그중 살인 사건으로 구속되는 비율은 약 75퍼센트나 감소했다.[15] 이러한 변화를 둘러싸고 여러 가지 다양한 해석들이 제기되고 있는데 예를 들면 새로운 밀레니엄 초반의 경제 성장, 크랙 코카인* 유행의 종식, 구속 범위의 확대 적용―그 결

---

* 정제된 코카인의 일종으로 값이 싸고 담배처럼 피울 수 있어 1980~90년대 초 미국에서

과 잠재적인 폭력 범죄자들이 길거리에서 사라졌다―치안 유지 방식의 변화 등이다. 범죄에 관한 신빙성 있는 통계자료를 모으는 방법은 이미 구속된 범죄자들을 상대로 통계를 내서 추론하는 수밖에 없다. 상대적으로 관용이 요구될 때도 있지만 경찰에게는 범죄자를 무조건 체포하라는 사회적 압력이 작용하기도 한다. 일반적으로 범죄가 많이 일어난다고 생각되면 고용되는 경찰의 숫자도 증가한다. 그 결과 체포 건수가 증가하고 덩달아 범죄 관련 통계 수치도 증가하므로 결국 범죄가 많이 일어나고 있다는 의혹이 확인되는 셈이다.

같이 범죄를 저지른 아이들이라도 가족의 약속에 따라 다른 선고를 받을 수 있다. 어떤 판사는 내게 말하기를 부모가 긍정적인 영향력을 가졌다고 판단되는 경우에는 가해 아동이 〈또다시 다른 사람의 삶을 파괴하는 대신 무언가를 배울 수 있기 때문에〉 상대적으로 항상 낮은 형량을 선고한다고 했다. 내가 만난 한 어린 범죄자는 징역 10개월 형을 선고받았다. 반면에 그의 공범자는 징역 5년 형을 선고받았는데 적어도 일정 부분은 그가 가족의 지원을 받을 수 없다는 점이 불리하게 작용했다. 이러한 생각이 건전하기는 하지만 그럼에도 아이러니는 피할 수 없다. 범죄를 부추긴 가난이 이제는 형량마저 더 길게 만들기 때문이다. 청소년 범죄는 해당 청소년의 유전적인 특징과 성격 및 성향, 가족의 행동과 태도, 해당 청소년을 둘러싼 사회적 환경 등이 복합적으로 작용한 결과이다. 씨가 나쁘다는 발상은 시대에 뒤떨어진 듯 보인다. 하지만 엄지손가락이 없는 상태로 태어나는 사람이 있듯이 윤리적인 판단력이 없는 상태로 태어나는 사람도 있는 것 같다. 윤리적인 측면이 유전되는지 확인하는 것은 우리의 원시적인 과학을 훨씬 넘어서는 영역이다. 무한한 사랑과 지원에도 불구하고 어떤 이들은 폭력적이고 파괴적인 성격으로 자라기도 하며 공감 능력이 부족하거

크게 유행했다.

나 현실감각이 흐릿한 경우도 있다. 그래도 대다수 사람들에게 잠재된 범죄성이 발현되려면 외부 자극이 필요하다. 영화에 등장하는 사이코패스처럼 강력한 내부적 요인을 가지고 있는 경우는 드물다.

하지만 법의 많은 부분은 청소년 범죄자가 다루기 힘든 악질이라는 관념을 중심으로 구성되어 있다. 예를 들어 검사나 판사가 미성년 사건을 소년 법원보다 더 무거운 형량을 선고할 수 있는 성인 형사 법원으로 이송할 수 있도록 하는 웨이버*가 점점 더 인기를 끌고 있다.[16] 아이러니하게도 형사 법원으로 이송되는 소년범들은 살인이나 폭행이 아니라 재산 범죄를 저질렀거나 마약 소지 혐의로 체포된 경우가 대부분이다. 일이 많은 성인 법원의 판사들이 이러한 사건을 자주 기각하기도 하지만 때로는 성인의 양형 기준을 적용하기도 한다. 그러므로 처벌은 아주 가볍거나 아니면 너무 무거운 경향이 있다. 게다가 소년범이 소수 인종이거나, 법정에 잘 출두하지 않거나, 도와주는 가족이 없을 경우 판사는 미성년자 사건을 곧바로 성인 법정으로 보낼 가능성이 크다. 하지만 이런 상황이 무거운 처벌을 정당화하는 것은 아니다. 1990년대에 네브래스카를 제외한 모든 주(州)는 미성년자가 성인 형사 법원에서 재판받는 것을 보다 용이하게 만드는 법률을 제정했다. 그에 따라 성인 감옥에 수감되는 미성년자의 숫자가 급증했다.[17] 18세 이전에 저지른 범죄에 대해 사형을 선고하는 행위가 위헌이라는 대법원의 판결이 있기 이전인 2001년에는 사형수의 12퍼센트가 19세 이하였다.[18]

웨이버 문제는 청소년 범죄의 처벌과 교화를 둘러싼 미국의 혼란스러운 태도를 극히 일부만 보여 줄 뿐이다. 미국 최초로 사형당한 소년범은 토머스 그레인저다. 그는 말과 소를 비롯해 여러 동물을 수간한 죄로 1642년에 처형되었다.[19] 이후로 300명 이상의 미성년자들이 사형되었고

---

* 소년 법원의 관할 포기.

최연소 사형수는 1850년에 처형된 10세 소년범이다. 빈곤 예방 협회의 1819년도 보고서에는 〈교도소는 완고하고 뉘우칠 줄 모르는 범죄자들이 있는 악덕하고 절망적인 하나의 커다란 학교이다. 이곳이 진정 《교화》를 위한 장소란 말인가?〉라는 통탄의 글이 실렸다. 1825년에 이 단체는 〈단순 노동〉을 통해 수감자들이 기술을 익히고, 사회 전체가 출소한 그들을 기꺼이 받아 줄 수 있는 이상적인 갱생 환경을 만들기 위해 노력했다.[20] 미성년자를 위한 특별 법원은 19세기 말 일리노이 주에 처음 설립되었고, 이 법원은 어린 범죄자의 성격을 주관적으로 판단하는 시스템에 의지했다. 시카고 소년 법원의 초창기 판사들 중 한 명이 말했다. 「판사가 판단해야 할 문제는 그 아이가 구체적으로 어떤 잘못을 저질렀는지가 아니다. 그 아이가 어떤 사람인지, 어떻게 그런 상태까지 오게 되었는지, 악화 일로의 상황으로부터 그를 구제하기 위해서 아이 자신과 주 정부가 어떻게 최선을 다했는지 등의 문제이다.」[21] 1910년에 벤저민 린지Benjamin Lindsey 판사는 〈미국의 형법은 백치에게 적용될 수 없는 것과 마찬가지로 미성년자에게 적용될 수 없다〉[22]고 말했다. 20세기 초까지 법원의 재량권은 국친사상─부모로서의 정부─의 한 형태를 취했으며, 여기에 근거해서 주 정부는 성인에게 적용되는 견제와 균형의 원칙을 초월하여 전능한 힘을 행사했다.

1960년대에 들어서 개혁가들이 일관성 없는 사법제도에 항의해서 들고일어나기 시작했다. 1967년에 연방 대법원은 〈골트 사건〉에서 열다섯 살짜리 소년이 이웃집에 성적으로 불쾌한 전화를 한 혐의로 체포된 사건을 재심사했다. 당초 소년 법원의 판사는 그에게 주립 교정 시설에 최대 6년까지 수감하라는 판결을 내렸다. 성인의 경우에 비슷한 사건으로 유죄 판결을 받더라도 최대 50달러의 벌금형이나 2개월의 징역형을 받았을 터였다. 연방 대법원은 골트 사건의 원심을 번복했고, 그 사건을 계기로 미성년자에게 죄과를 고지받을 권리, 변호사의 도움을 받을 권리, 증인과 대질하고 반대 심문을 할 권리, 자신에게 불리한 진술을 강요받지 않을 권리

등을 부여했다. 에이브 포타스Abe Fortas 대법관은 판결문에서 〈용의자가 미성년자라는 사실이 캥거루 재판*을 정당화할 수는 없다〉[23]고 선언했다. 「1974년 소년 사법 및 비행 방지법」은 미성년자를 재판 없이 구금할 수 있는 기간을 제한하고, 그들을 성인 범죄자 시야 밖에 그들의 목소리가 들리지 않는 곳에 분리 수감해야 한다고 명기했다.[24] 하지만 이후에 들어선 레이건 정부는 〈강경한〉 정책을 되살리고자 했다. 법무부의 소년 사법 및 비행 방지국 책임자도 법원이 〈심리학 용어를 지껄여 대는 사회복지사들의 말〉[25]에 귀 기울인다고 불평했다. 각 주(州)에서는 웨이버 제도를 이용하기 시작했다. 미성년자에게 사형이 집행되었고 감옥에 수감되는 미성년자의 숫자도 크게 증가했다. 1990년대 후반에는 범죄를 저지른 청소년의 절반 정도가 공동체나 교정 프로그램이 아닌 교도소에 수감되었다.[26]

그래도 소년 사법에는 온정이 남아 있다. 경찰은 구금된 청소년을 풀어 줄 수 있는 재량권을 가졌고, 많은 아이들이 훈방 조치와 함께 부모에게 방면된다. 지난 20년 동안 좌파는 미국 시민 자유 연맹ACLU을 비롯해 이와 유사한 조직들을 중심으로 청소년 범죄자가 보다 적법한 절차와 보다 나은 권리를 누릴 수 있도록 노력해 왔다. 하지만 그러한 노력의 결과로 형식화된 절차는 사법제도에서 관용을 앗아 갔다.[27] 한 최근 조사에 따르면 청소년 범죄자 중 3분의 1만이 자신의 변호사가 도움이 되었다고 느꼈다. 한편 우파는 보다 가혹한 처벌을 주장해 왔다. 요컨대 좌파는 미성년자들이 성인과 동일한 권리를 갖되 성인과 동일한 책임을 부담하지는 않기를 원한 반면, 우파는 정확히 그 반대를 요구했다. 사건의 진행 과정도 끔찍할 정도로 느려서 청소년은 공판이 열리기 전인 심리 기간 동안에 최대 일 년까지 구금될 수 있으며, 그로 인해 해당 청소년의 사회적, 학문적 발전은 커다란 차질을 빚게 된다. 또한 미란다 원칙이나 그 밖의 법적

* 정식 법적 절차를 따르지 않고 누군가를 처벌하는 부당한 재판.

권리가 고지되기는 하지만 청소년들 중 적어도 절반은 자신이 무슨 이야기를 듣고 있는지 실제로 전혀 이해하지 못한다.[28] 형량은 골트 사건 이전보다 더욱 가혹해졌다. 소년 사법학자인 토머스 그리소Thomas Grisso와 로버트 슈워츠Robert G. Schwartz는 『재판 받는 청소년Youth on Trial』에서 〈좌파에 의해 도입된 성인과 동등한 절차와 우파에 의해 도입된 처벌 조치가 나란히 작용하여 소년 법정을 꼴사납고 가혹하며 내적으로 모순된 형태로 만들었다〉[29]고 말했다.

사춘기가 되었다고 해서 성숙했다는 뜻은 아니다. 음주, 투표, 성관계, 운전을 할 수 있는 최소 연령은 오래전부터 법으로 규정되어 있다. 오늘날에는 생물학적 증거를 통해 사춘기의 뇌가 성인의 뇌와 구조적으로 다르다는 사실이 증명되었고, 이는 성인 범죄와 청소년 범죄를 구분하려는 움직임을 뒷받침한다. 예컨대 열다섯 살의 청소년은 전전두엽 피질에서 자기 통제를 관장하는 영역이 아직 발달하지 않은 상태이다. 이외에도 뇌의 많은 부분이 대략 스물네 살이 되어야 성숙해진다.[30] 이러한 일종의 골상학이 암시하는 바가 아직 완전하게 밝혀진 것은 아니지만 그럼에도 미성년자에게 성인의 기준을 따르게 하자는 주장은 생물학적으로 무지한 이야기다. 한편으로 생각하면 어릴 때 범죄를 저지른 청소년은 성인이 되어서도 범죄를 저지를 수 있다. 그러나 다른 한편으로 생각하면 아직 어려서 충동적으로 범죄를 저질렀을 수도 있다.

체포된 청소년의 절반 이상이 약물 검사에 양성 반응을 보이고 4분의 3 이상이 마약이나 술에 취한 상태로 범죄를 저지른다. 체포된 청소년이 술을 마셨을 가능성은 그렇지 않은 또래에 비해 두 배나 높다. 또한 마리화나를 피웠을 가능성은 세 배, 엑스터시를 복용했을 가능성은 일곱 배, 코카인을 흡입했을 가능성은 아홉 배, 헤로인을 맞았을 가능성은 이십 배가 높다. 이러한 통계는 실제로 약물이 청소년의 범죄 사실에 영향을 미치는지, 약물 남용과 범행이 동일한 성격장애에 의한 증상인지, 법으로 약물에 접근하지 못하게 막으면 약물 남용자가 범죄를 저지르게 되는지 등을 설명해 주지 않는다. 그렇지만 이들 통계는 범죄와 싸우는 데 청소년의 약물 중독 치료가 중요함을 보여 준다. 그러나 안타깝게도 체포되는 청소년 중 1퍼센트가 조금 넘는 숫자만이 약물 남용 치료를 받는다.[31]

소피아와 조시아 맥필리 부부는 열일곱 살짜리 아들 척이 코카인을 하기 위해 마약 거래로 돈을 벌고 있으며 총을 가지고 보스턴 남부지역을 배회하고 돌아다닌다는 사실을 전혀 몰랐다.[32] 그래서 그들은 어느 날 밤 척과 그의 친구들이 집에 있을 때 커다란 총소리가 나자 완전히 놀라 자빠질 뻔했다. 아이들 중 하나가 총을 휘두르며 장난스럽게 러시안 룰렛을 제안했던 것이다. 다른 아이들이 막으려고 했지만 그는 방아쇠를 당겼고 머리에 총이 발사되었다. 때마침 위층으로 달려온 조시아가 쓰러지고 있는 그 아이를 받아 안았다. 20년도 더 지난 시점에 척이 말했다. 「그때 일을 생각하면 나는 아직도 그 아이가 죽던 순간이 자꾸 떠올라요. 막을 수 있었는데 그러지 못했죠.」

대학에서 척은 술독에 빠져서 지냈다. 그는 모든 과목에서 낙제를 했고, 조시아는 공부를 하지 않을 거라면 학비도 내주지 않겠다고 말했다. 척은 다시 마약 거래에 가담하기 시작했고 곧 로런이라는 여자를 만났다. 그녀도 마약을 했다. 어느 날 밤 척과 로런은 약에 취한 상태로 복면을 쓰고 총을 들이대면서 매사추세츠 주 에버렛의 한 주유소를 털었다. 척은 타이어 레버로 주유소 주인을 때려눕혔다. 조시아가 유능한 변호사를 구해 준 덕분에 그는 집행유예로 풀려났다. 조시아가 말했다. 「척은 훔친 돈으로 마약을 했어요. 훔친 돈을 자신의 코앞에서 모두 날려 버렸죠.」 부상당한 피해자에게는 조시아와 소피아가 배상금을 물어 주었다. 그리고 이들 부부가 탐탁지 않게 여겼음에도 척과 로런은 스물한 살에 결혼했고 곧 첫째 딸 맥켄지를 낳았다. 척은 약에 취했을 때 로런을 때렸고 폭력으로 두 번이나 감옥에 갔다. 척과 로런은 심각한 약물중독이었다. 주로 코카인을 했지만 다른 약물에도 손을 댔다. 그러는 사이에도 그들은 두 명의 딸 매디슨과 케일라를 더 낳았지만 결국 이혼했다.

아이들은 로런이 맡았다. 그러나 로런은 마약 운반을 하기 위해 밤에 집을 비웠고 결국 사회복지국에서 아이들을 데려가겠다고 위협했다. 척은 세 딸을 부모님 집으로 데려갔고 아이들이 다른 가정에 위탁되는 것을 피하기 위해 임시방편으로 자신도 함께 살았다. 얼마 못 가서 척은 다시 마약에 손대기 시작했고 소피아와 조시아는 그에게 집에서 나가라고 말했다. 1년 뒤 그들은 손녀들에 대해 임시 양육권을 신청했다. 소피아는 일을 그만두어야 했고 화가 났다. 소피아가 내게 말했다. 「나는 나 자신에게 화가 났어요. 내 스스로를 다독여야 했어요. 〈제발, 그 아이들은 내 손녀들이야.〉 하지만 그런 상황은 내가 계획했던 것이 아니었어요.」

이후로 척은 성인 재활원에 14차례나 들어갔다 나왔을 뿐 아니라 다수의 알코올중독자 모임과 데이 프로그램에 참여했다. 그리고 사회 복귀 훈련 시설에 거주하면서 반복해서 중독 치료를 받았다. 그럼에도 그는 최대 9개월 이상을 버티지 못했다. 코카인과 술은 그에게 여전히 큰 비중을 차지했으며 헤로인과 옥시콘틴*도 상용했다. 척은 가석방 위반과 음주운전, 가정 폭력, 좀도둑질로 교도소를 드나들었다. 약을 하지 않았을 때 척은 전혀 다른 사람이다. 하지만 그런 다른 인격이 유의미할 정도로 오랫동안 멀쩡한 상태일 때가 거의 없었다. 내가 소피아와 조시아를 만났을 때 척은 거의 마흔 살이었고 그의 딸들은 10년째 조부모와 함께 살고 있었다. 척은 부모의 관대함에 의존하면서도 한편으로는 분노했다. 그는 소피아와 조시아가 아이들에게 자신의 헤로인 복용 사실에 대해 말했다고 화를 냈다. 척이 말했다. 「그런 말을 하면 아이들이 너무 속상해 할 거예요.」 헤로인을 복용하는 자체가 걱정할 문제라는 사실은 전혀 인식하지 못하

---

* 마약성 진통제.

는 듯했다.

조시아와 소피아가 세 손녀를 돌보면서 가련한 평화를 누린 지 9년째가 되었을 때였다. 그들은 척의 새 여자 친구 에바가 임신을 했으며 그 아이를 키우기로 했다는 소식을 듣고 충격에 휩싸였다. 조시아가 말했다. 「그 자식들 도대체 무슨 생각을 하는 거야? 그 여자도 마약쟁이고 척도 마약쟁이잖아. 겨우 석 달 동안 약을 끊어 놓고 아이를 가졌다고?」 아기가 태어났을 때 소피아는 아기의 침대에 에바의 이름만 적혀 있을 뿐 척의 이름이 없는 것을 알았다. 에바가 정부로부터 미혼모 지원을 받기 위해서 그랬다고 설명했다. 소피아가 말했다. 「나는 생각했어요. 〈이런 세상에, 결국 우리가 이 지경까지 되었나?〉 나는 아기를 안고 싶지도 않았어요. 속으로 〈불쌍한 것. 무엇을 기대한 거니?〉라고 생각했어요.」 하지만 맥켄지와 매디슨, 케일라는 희망을 놓지 않았다. 소피아가 말했다. 「척은 또 재활원에 들어갔어요. 이 사실을 알면 아이들은 화를 낼 거예요. 하지만 막상 아버지를 보면 순식간에 풀릴 거예요. 아이들이 아버지를 얼마나 따르는지 보고 있으면 정말 슬퍼요.」 그해 크리스마스 무렵에 에바는 다시 예전의 생활로 돌아갔고, 아기는 에바의 어머니와 함께 살게 되었다. 소피아가 회상했다. 「아이들이 계속 나를 졸랐어요. 〈할머니, 아기를 데려오실 거죠? 우리가 잘 돌볼게요.〉 하지만 내가 어떻게요? 더구나 지금 같은 상황에서요?」

조시아와 소피아는 그들과 함께 살고 있는 세 손녀와의 관계에서 사랑과 고뇌가 뒤섞인 복합적인 감정에 이끌리지 않을 수 없다. 나는 그들의 손녀 중 나이가 어린 두 명을 만났을 때 그들과 조부모의 훈훈한 관계에서 감명을 받았지만 그 훈훈함의 한꺼풀 아래에는 절망이 숨겨져 있었다. 조시아가 말했다. 「문제는 우리가 이번에는 척을 키울 때보다 잘하고 있느냐는 거예요.」 맥켄지가 이른 나이에 사춘기를 겪으면서 마약을 하기 시작했고 소피아는 그때마다 경찰을 부르기 시작했다. 몇 차례의 체포가 반복된 후에 소피아는 법원에 찾아가서 계속 이런 식으로 살 수는 없다고 말했다. 판사가 그녀에게 맥켄지를 집에 데려갈 것인지 묻자 소피아는 〈그럴 생각이 전혀 없다〉고 대답했다. 맥켄지가 말했다. 「아버지에게는 그러지 않았잖아요!」 소피아가 대답했다. 「내가 그때 더 많이 알았더라면 지금처럼 했을 거야. 만약 그랬다면 지금처럼 이 모든 혼란을 겪지 않아도 되었겠지.」 맥켄지는 야머스에 있는 임시 보호소에 있다가 주에 하나 밖에 없는 약물중독된 10대들을 치료하는 시설로 옮겨졌다. 현재 소피아와 조시아는 둘째인 매디슨이 약물에 중독된 상태로 태어났다고 생각한다. 가장 어린 케일라는 약간 나아 보이지만 아직 열한 살밖에 되지 않았기 때문에 확신하기는 어렵다.

조시아가 말했다. 「우리 어머니는 시간당 1달러 35센트를 받으면서 사무실 바닥을 청소하는 청소부였어요. 그래서 우리는 어려서 스스로 커야 했어요. 어른이 되어서는 자식들을 키웠죠. 이제는 손녀들을 키우고 있어요.」 소피아가 말했다. 「나는 아주 오랫동안 모든 것이 나아질 거라고 생각했고 아이들에게도 그렇게 말했어요. 하지만 내게는 이제 희망이 남아 있지 않아요. 우리 부부는 〈이 일이 언제 끝날까?〉라고 말하고는 했어요. 이제는 〈일이 일어나면 일어나는 대로 받아들이자〉라고 말합니다. 가족의 알코올중독 범위를 생각하면 어떤 면에서는 기분이 낫습니다. 나는 이제 알코올중독이 유전이라고 분명히 말할 수 있어요. 그 사실을 미리 알았더라면 아마도 아이를 갖지 않았을 거예요. 척은 지금보다 더 나은 사람이 될 수 있었지만 막상 재활원에서 나와서는 좋은 시간을 보낸 적이 없어요. 언젠가 척에게 이렇게 이야기한 적이 있어요. 〈척, 나는 내 인생을 되돌리고 싶구나.〉 그러자 척이 말했어요. 〈나도 그러고 싶을 거라는 생각은 들지 않아요?〉」

청소년 수감자 중 무려 4분의 3이 정신 건강진단을 받는다. 일반적인 9세에서 17세까지 청소년의 경우 대략 5분의 1 정도가 정신 건강진단을 받는 것과 대조적이다.[33] 투옥된 청소년 중 50~80퍼센트는 학습 장애가 있다.[34] 또한 청소년 범죄는 낮은 지능, 충동적인 성격, 미숙한 자기 통제, 부족한 사교 기술, 행동 장애, 정서적 미발달과도 연관이 있다. 이러한 소인(素因)적 특성들은 아주 어릴 때부터 분명하게 나타난다. 한 연구에서 걸음마를 하는 유아가 있는 부모들에게 그들의 아이를 묘사해 달라고 요청했다. 그리고 십 년 후에 그 부모들을 다시 인터뷰했다. 그 결과 어릴 때 〈힘들다〉고 묘사된 아이들이 〈수월하다〉고 묘사된 아이들보다 범죄를 저지를 가능성이 두 배나 높은 것으로 나타났다.[35] 소위 〈문제아〉로 분류된 8세에서 10세의 남자아이들을 추적 조사한 또 다른 연구에 따르면, 그들은 사춘기가 되었을 때 범죄자가 될 확률이 세 배나 높았다.[36] 물론 모든 단순한 등식에는 그에 대응하는 가능성이 존재한다. 즉 부모를 힘들게 하는 아이가 범법자가 된다는 말은 자녀를 힘들어 하는 어머니가 아이를 범죄자로 키운다는 말이 될 수도 있다.

열두 살 이전에 본격적인 비행을 저지르는 아이들은 상습적인 성인 범죄자가 될 가능성이 높으며, 나중에 이쪽으로 들어선 사람들보다 폭력 범죄를 저지를 가능성이 훨씬 높다.[37] 이러한 사실은 습관을 반영하는 것일 수 있다. 어릴 때 몸에 익힌 규범은 바꾸기가 특히 힘들다. 하지만 일찍부터 문제를 일으키는 아이들 중 일부는 원래부터 도덕적인 능력이 없고, 너무나 근본적이라서 개선이 거의 불가능한 어떤 성격적인 면을 드러내는 것일 수도 있다. 자녀의 비행이 습관에서 비롯된 경우라면 조기에 개입하여 그러한 습관을 없애려는 시도가 효과를 거둘 수 있다. 그렇지만 비행의 요인이 유전적인 경우에는 그러한 개입이 성공할 가능성은 매우 낮다. 물론 이런 가능성들이 상호 배타적이지는 않다.

정신분열증을 다룬 장(章)에서 얼마나 많은 정신분열증 환자가 감옥에 있는지 언급한 바 있다. 나는 이 사례를 조사하는 동안 감옥에 있는 사람들이 모호한 정신 건강진단으로 고통받고 있다는 사실을 깨달았다. 정신적으로 불안정한 사람을 다른 죄수들과 함께 두면 범죄자 자신과 다른 사람에 대한 파괴적인 행동을 악화시킬 수 있다. 전미 정신 질환자 협회 메인 주 지부의 캐럴 캐러더스 이사는 〈정신 질환으로 도움이 필요한 아동을 수용하는 곳으로 이보다 더 나쁜 장소를 상상하기 힘들다〉[38]고 말했다.

크랙 코카인 중독자인 어머니에게서 태어난 브리아나 간디는 태아기 알코올 증후군으로 태어났고 할머니의 손에 맡겨졌다.[39] 브리아나가 내게 말했다. 「나는 할머니를 〈엄마〉라고 불렀어요. 내가 자신의 보호 하에 있다는 사실을 할머니가 잊지 않도록 하기 위해서였죠.」 브리아나의 아버지는 늘 곁에 없었다. 브리아나가 말했다. 「아버지는 직업이 없었어요. 나를 보러온 적도 없었고 여기로 전화를 하거나 편지를 쓰지도 않았지요. 나도 아버지가 어디 사는지 몰랐기 때문에 편지를 쓸 수 없었어요.」

열다섯 살 때 브리아나는 이미 온갖 종류의 문제를 일으키고 있었는데 그 중에서도 특히 무단결석과 거짓말이 문제였다. 「나는 한밤중에 일어나 냉장고에서 음식을 훔치고는 했어요. 할머니한테는 항상 〈내가 그런 거 아니야. 나 아니야〉라고 말했어요. 나 말고는 그럴 사람이 없는데도 말이죠.」 열네 살 때부터 브리아나는 가출을 시작했다. 그녀는 누군가 다가와서 밥을 먹자고 집으로 초대할 때까지 공원에서 밤늦도록 앉아 있었다. 「대중없었어요. 개중에는 아이를 원했지만 가질 수 없었고 그래서 늘 아이가 있었으면 하고 바라던 사람들도 있었어요. 그런 사람들의 집에 있는 동안은 내가 그들의 아이가 되어 주었죠.」 브리아나는 마약 딜러와 노숙자들과도 어울렸다. 「나는 하고 싶지 않은 일을 하라는 말이 듣기 싫었을 뿐이에요.」

브리아나는 곧 폭행을 저질렀다. 그녀는 화가 나면 무섭게 돌변했다. 브리아나가 내게 말했다. 「여기 와서는 딱 한 번 폭행을 저질렀어요. 하버 보호소에 있을 때는 소장을 때렸고, 세인트 조스에 있을 때는 교도관을,

세인트 크루아에 있을 때는 소장과 교도관을 폭행했어요.」 자신의 폭행 사실을 열거하는 브리아나의 차분한 태도에는 섬뜩한 무언가가 있었다. 「나는 요리사나 배관공이 되고 싶어요.」 그녀는 마치 이 문장이 바로 앞의 문장과 연결되는 것인 양 말을 이어갔다. 「지금 당장 일자리를 찾지 못한다면 코바느질한 것들을 팔 거예요. 예전처럼 마약을 팔지는 않을 거예요. 그 일에는 극적인 사건들이 너무 많았어요. 나는 이미 셔츠 두 벌과 모자를 만들어 놓았고 지금은 지갑을 뜨고 있어요.」

브리아나의 할머니는 그녀를 어떻게 대해야 할지 몰랐다. 브리아나가 말했다. 「내가 감옥에 갇힌 이후로 할머니하고 개인적인 이야기를 많이 나누었어요. 평소라면 하지 않았을 이야기들까지 했어요. 이를테면 강간당했던 일처럼요. 나는 강간을 두 번 당했는데 세 살 때는 이웃에게, 열세 살 때는 헤어진 남자 친구에게 당했어요.」 할머니는 그녀에게 직업 부대*에 들어가라고 제안했다. 브리아나는 할머니와 함께 사는 것도 싫었지만 할머니의 제안에 마음이 상했다. 그녀가 말했다. 「어째서 할머니는 내가 여기를 나가면 집으로 돌아오길 바라지 않는지, 여전히 나를 사랑하기는 하는지 궁금해요.」 그리고 이렇게 덧붙였다. 「할머니가 지금처럼 너무 사랑하지도 않고 간섭하지도 않으면서 나를 그냥 내버려 두었으면 좋겠어요.」 부모의 사랑을 갈구하면서도 사랑을 갈구하는 자신의 욕구에 화를 내는 것은 사춘기 청소년에게서 익숙하게 나타나는 역설적인 모습이다. 하지만 브리아나는 자신의 말에 담긴 역설을 전혀 인지하지 못하는 듯 보였다.

현실의 혼란스러운 관계가 범죄행위를 유발할 수 있다는 것은 분명한 사실이지만 마찬가지로 우울증도 범죄행위를 유발할 수 있다.[40] 잭슨 심슨은 어머니의 우울한 성향을 그대로 물려받았다. 하지만 어머니의 우울한

---

* 직업 훈련 센터가 주관하는, 무직 청소년을 위한 기술 교육 기관.

성향은 집 안에 틀어박혀서 술을 마시는 행동으로 나타난 반면에 잭슨의 우울한 성향은 실패와 공격성으로 나타났다. 잭슨은 자신이 항상 〈우울한 사람들에게 관심을 가졌다〉고 내게 말했다. 그는 어머니가 받은 진단에 대해서는 많이 생각했지만 그 진단이 자신에게도 적용된다는 사실은 모르는 것 같았다.

잭슨은 5학년 때 갱단에 가입했고 〈결국 마약을 팔고, 약을 했으며, 총을 소지하고 다녔다〉. 잭슨이 말했다. 「절도나 강도짓을 비롯해서 이름을 댈 수 있는 모든 나쁜 짓은 거의 다 했어요. 원래부터 그렇게 자라지는 않았어요. 그런 일들이 잘못이라는 것을 압니다. 하지만 한동안 그런 일들을 계속하다 보면 실제로 좋아하게 돼요.」 잭슨은 단지 학교 농구부에 들어가지 못했다는 이유로 폭행을 저지르고 감옥에 갔다. 잭슨에게는 농구 스타가 되는 것이 일생일대의 꿈이었으나 학교에는 농구 선수에게 요구하는 최소한의 성적 기준이 있었고 잭슨의 성적은 너무 낮았다. 그는 너무 상심해서 학교를 그만두었다. 다른 학교에 들어갔지만 상실감은 다시 회복되지 않았다. 이전에 저지른 사건들은 집행유예를 받는 수준에서 끝났지만 농구부 사건 이후로는 문제가 심각해졌다. 「잭슨은 그 일이 자기 잘못이라는 것을 알았고 그래서 자신에게 화가 났어요.」 그의 어머니 알렉사가 말했다. 「자존감이 정말 낮아졌어요. 2개월에 한 번 꼴로 법원을 들락거리고, 잘못이라는 것을 알면서도 여전히 나쁜 짓을 일삼고 있다고요? 내가 보기에는 우울증의 한 형태예요.」

농구부 사건이 일어난 지 6개월 후에 폭행 혐의로 잭슨이 다시 체포되었다. 그는 열여덟 살이었고 성인 재판을 받을 예정이었다. 잭슨은 양형 거래를 위해 마침내 죄를 인정했고 홈 스쿨에서 일정 기간 복역하라는 선고를 받았다. 잭슨이 말했다. 「그 일로 어머니의 우울증이 더 악화되고 있다는 것을 알았어요. 법정에서 어머니는 그냥 울기만 했어요. 제대로 걷지도 못할 정도라서 아버지가 어머니를 도와야만 했습니다. 어머니의 얼굴만 봐도 부모님의 실망이 이만저만이 아니라는 사실을 알 수 있었어요.」

알렉사가 말했다. 「나는 술을 마시기 시작했어요. 지금은 항우울제를 복용하고 있죠.」 잭슨의 우울증도 마찬가지로 매우 심각했고 우울증에는 강한 불만이 동반되었다. 식사와 수면도 불규칙했다. 그는 앞으로의 계획을 생각할 수 없었다. 잭슨이 말했다. 「부모님을 사랑해요. 하지만 나는 항상 입양되었다고 생각했어요. 자라면서 누구와도 연결되었다는 느낌을 받지 못했어요. 나 자신조차 나를 이해하지 못해요. 그 정도로 나는 내가 남들과 다르다고 생각해요. 물론 지금도 그렇게 생각해요.」 잭슨의 잘못에는 그 나름의 처벌이 뒤따랐다. 자신이 어머니에게 무슨 짓을 했는지, 그리고 자기 자신에게 얼마나 실망했는지, 이러한 문제들이 잭슨에게 큰 고통을 안겨 주었다. 감방에 갇혀 있다는 것은 단지 부차적인 문제일 뿐이었다. 그는 물리적으로 구속받는 상황에서 느낄 수 있는 것 이상으로 내면 깊숙한 곳에서 혼자였다.

대중은 법을 어긴 아동과 청소년이 어떤 대접을 받거나 받지 말아야 하는지에 대해 끝없이 논쟁한다. 이를테면 약물중독 치료, 성인에 준하는 형량, 심리 치료 등을 적용해야 하는지에 대해 열띤 논쟁을 벌인다. 하지만 미국의 소년 사법은 대체로 심각한 학대의 역사라고 할 수 있다. 2003년에 「뉴욕 타임스」에는 미시시피의 한 소년원을 묘사하는 이런 기사가 실렸다. 「소년 소녀들은 일상적으로 행동의 자유를 빼앗겼다. 그들은 식당에서 말을 하거나 〈네, 알겠습니다〉라고 대답하지 않았다는 사소한 위반 사항 때문에 몇 시간씩 기둥이나 구속 의자에 묶여 있었다.」[41] 한 소년원 운영자에게 제기된 소송문에는 다음과 같이 적혀 있었다. 「화장실과 벽은 곰팡이, 녹, 배설물로 뒤덮여 있다. 벌레들이 들끓는다. 건물 전체에 인간의 배설물 냄새가 진동한다. 아이들은 흔히 소변과 곰팡이 냄새가 나는 얇은 매트 위에서 잠을 자야 한다.」[42] 많은 아이들이 간수에게 폭행당했다고 주장했으며 하루에 23시간씩 감방에 갇혀 지냈다. 불결한 환경으로 인한 감염도 만연했다. 미시시피 교도소에서는 자살을 기도한 소녀들이 발가벗겨진 채로 빛이나 창문이 없고 바닥에 배수구만 있는 독방에 감금되었다.[43]

『타임』에 실린 또 다른 기사는 캘리포니아의 청소년 시설에서 〈독방에 감금된 아이들에게 관계자들이 종종 〈믹서 식사〉라고 부르는 것을 먹인다〉고 폭로했다.[44] 「〈믹서 식사〉란 볼로냐 샌드위치, 사과, 우유 한 통을 분쇄해서 수감자들로 하여금 감방문의 구멍을 통해 빨대로 먹게 하는 것이다.」 주(州)에서 작성한 보고서에 따르면, 캘리포니아 소년교도소는 〈제 기능을 하지 못하며, 낡은 시설, 훈련되지 않은 직원, 고질적인 폭력 등이 뒤죽박죽 뒤섞인 곳으로 안전을 제공하는 가장 기본적인 임무에도 실패했다〉.[45] 미국 법무 장관실은 네바다 청소년 훈련 센터 교도관들이 〈아이들의 가슴에 주먹질을 하고, 다리를 발로 차고, 사물함이나 벽에 아이들을 밀치고, 얼굴을 때리고, 머리를 문에 찧었으며〉 그곳에 수감된 청소년들이 〈언어폭력에 시달렸고, 특히 인종이나 가족, 외모, 키, 지성, 성적 취향 등에 대해서 난폭한 공격을 받았다〉는 사실을 알아냈다.[46] 플로리다 감찰관이 쓴 보고서에는 한 청소년 시설의 직원들이 열일곱 살이던 수감자가 맹장이 터져서 도움을 청하는데도 그가 서서히 죽어 가도록 방관한 사실이 기록되어 있다.[47] 이러한 사례들을 나열하자면 끝이 없다. 조지프 캘리파노는 〈미국에는 서로 다른 51개의 부당한 소년 사법이 존재하지만 그에 대한 시행이나 책임을 규정하는 국가적 차원의 기준이 없다〉고 말했다.[48] 소년 사법제도에서 발생하는 학대는 절대 권력을 가진 제도의 부패한 측면을 보여 준다.

나는 청소년 수감자들의 세계관을 엿보기 위해서 헤네핀 카운티 홈 스쿨에서 행해지는 연극 프로젝트의 고문 역할을 맡았다. 이 학교의 운영 방침은 특정 단체의 영향을 받지 않았으며, 내가 이곳을 선택한 이유도 그 때문이었다. 미네소타는 갱생 프로그램에 매우 중점을 두는 것으로 유명하다. 수감자들 대부분이 상습 흉악범이고, 특히 청소년 성범죄자를 위한 강력한 프로그램도 준비되어 있지만 이 홈 스쿨에서는 수감자가 자유를 박탈당한 것으로 이미 처벌은 끝났다고 간주한다. 167에이커*의 부지 위에 잘 관리된 이곳 캠퍼스에서는 한 번에 120명가량의 청소년 범죄자들이 함께 생활한다. 이곳에는 수감자의 파괴적인 성향을 억제하기 위한 방법으로 수감자가 자신의 정서적인 삶을 이해하도록 도와주는 교도관이 따로 있다. 수감자에게 고등학교 전 과정을 제공하며 특히 예체능 관련 프로그램이 탄탄하다. 홈 스쿨이라는 이름을 선택한 이유는 장래의 고용주들이 이곳 졸업생들을 편견 없이 볼 수 있게 하기 위해서다. 또한 개인, 그룹, 가족별로 집중적인 치료 과정을 제공할 뿐 아니라 약물 남용자를 위한 특별 프로그램도 제공한다. 어떤 면에서 이곳은 교도소라기보다 규율이 엄격한 기숙학교처럼 느껴진다. 한 수감자는 이렇게 불평했다. 「이곳에서는 하루 종일 생각을 하라고 요구합니다. 나는 차라리 돌이나 깨고 싶어요.」[49] 일부 수감자들은 이곳을 나간 후에도 직원들과 친분을 유지한다. 또 어떤 아이들은 이곳을 다시 방문한다. 자신이 받은 처벌에 향수를 느끼는 졸업생들이다. 수감자들 중에는 대학에 가고 싶다는 포부를 밝히는 아이들도 많다. 끝까지 노력해서 정말로 대학에 진학하는 아이들은 별로 없지만 그러한 욕망을 갖는다는 것 자체가 그들이 낙관적인 시각을 가질 정도로 치료되었음을 보여 준다. 하지만 이곳에 대화 요법과 기술 교육만 있다고 생각하면 오산이다. 수감자는 마음대로 이동할 수 없으며, 화장실을 사용할 때도 허락을 받아야 한다. 필요할 경우에는 자신의 방에 감금된 채 엄격한 규제를 받는다. 금방 진압되기는 하지만 폭력 사건도 심심치 않게 발생한다.

내가 스무 명의 수감자와 그들을 감독하는 여러 명의 어른들과 함께 참여한 연극은 무언가를 성취할 수 있는 그들의 능력을 일깨우고, 그들에

---

* 약 67만 평방미터.

게 고통을 표출하는 보다 나은 방법을 가르치려는 의도로 계획되었다. 이러한 프로그램이 처벌과는 비교가 되지 않는다고 매도하면서 부정적인 태도를 보이는 사람들도 있었다. 하지만 다루기 힘든 아이들에게 보다 나은 삶을 건설할 수 있도록 통찰력을 심어 주는 것은 사회 전체에 유익한 일이다. 수감자들은 무자비한 습관 때문에 자신의 마음을 제대로 보지 못했다. 이 연극을 감독한 스티븐 디멘나는 부러진 의자를 위한 감동적인 독백을 썼고, 아이들에게 그가 표현한 감정이 어떤 것인지 질문했다. 아이들은 〈화남〉, 〈분개〉, 〈나약함〉, 〈분노〉 등이라고 답했다. 이들이 〈슬픔〉이라는 단어를 생각해 내기까지는 20분이 걸렸다. 그 방에 가득한 슬픈 사람들에게 〈슬픔〉은 낯선 개념이었던 것이다.[50]

홈 스쿨에서는 수감자와 부모 사이의 갈등을 해결하고, 수감자에게 가정에서 소통하는 법을 가르치고, 부모에게 보다 효과적으로 자녀를 통제하는 법을 가르치기 위한 가족 치료를 실시한다. 이러한 방법은 아이가 범죄자라는 정체성을 깨고 나오게 하고, 부모가 자녀의 문제를 고칠 수 있다고 여기도록 하는 데 매우 중요할 수 있다. 홈 스쿨의 상근 사례 관리자로 근무하는 테리 바흐가 말했다. 「나는 부모들이 어떻게 아이를 격려하는지 봅니다. 아이들은 단지 칭찬에 목말라 있을 뿐이에요. 아무리 거칠게 보여도 아이들은 칭찬이 필요하고 또 칭찬을 원해요.」

모든 결함이 가족 관계에서 비롯된다는 후기 프로이트 식의 견해를 지지하는 사람은 이제 거의 없다. 하지만 어린 시절의 폭력적인 환경이 청소년 범죄율을 좌우하는 원인이라는 생각은 아직 일반적이며, 단언컨대 범죄는 두려움이나 외로움, 증오, 무시의 결과일 수 있다. 내가 만난 범죄자의 부모들은 자신의 문제에 정신이 팔려 있거나 일반적인 사랑 방식에 익숙하지 않았고, 자녀의 고통을 지켜보면서도 전혀 공감하지 않았다. 부모 자신이 범죄자인 경우도 있었고, 부모가 다른 식의 삶을 상상하지 못하거나 가치 있게 여기지 않는 경우도 있었다. 어떤 부모는 약물중독이었고,

어떤 부모는 가난의 깊은 구렁텅이에 빠져서 살기 위해서라면 어떤 수단도 정당하다고 생각했다. 또 어떤 부모는 자녀에게 너무나 화가 나서 인연을 끊은 것처럼 보였고, 어떤 부모는 급성 우울증을 앓았다. 많은 부모들이 자식을 포기했고 자식을 돕기에는 그들이 무능력하다고 느꼈다.

내가 자신의 수감 사실에 대해 부모가 어떻게 생각하는지 묻자 몇몇 소년들이 냉소를 지었다. 한 재소자가 으르렁거리며 말했다. 「제기랄, 부모가 신경이나 쓰겠어요? 나는 여기에 처박혀 있고 그들은 이제 나 때문에 돈을 쓸 일도 없어졌잖아요.」 부모의 행방을 아예 모르는 아이들도 많았다. 그들 중 한 명이 말했다. 「여기 있는 모두가 불평하듯이 나를 미워하는 부모라도 있었으면 좋겠어요. 부모가 아예 없는 것보다는 그래도 낫잖아요.」 다른 재소자가 말했다. 「여기서 나가면 어머니를 찾아가서 내가 일으킨 모든 문제에 대해 미안하다고 말할 겁니다. 그러면 어머니가 나를 받아 줄지도 몰라요. 나 같은 사람을 받아 줄 사람이 있다면 말이에요.」 한 여성 교도관이 다정하게 〈아들〉이라고 부르자 아들이라고 불린 수감자가 신랄하게 대꾸했다. 「나는 어머니가 없어요. 나를 아들이라고 부른 여자는 여태까지도 없었고 그렇다고 당신이 첫 번째 여자가 되지도 않을 거예요.」 어떤 재소자는 이렇게 말했다. 「나는 항상 집을 그리워해요. 이상하죠? 나는 원래 집이 없어요.」

학대와 무시를 둘러싼 이야기들이 많기는 하지만 이런 이야기들이 가장 일반적인 경우는 아니었다. 이 장(章)에 관련된 조사를 하면서 만난 부모들 대부분은 비록 자기애에 빠져 있거나 자기밖에 생각할 줄 모르기도 했지만 그래도 자식을 사랑했다. 대다수 부모는 범죄를 피하는 것이, 적어도 처벌을 피하는 것이 자녀에게 도움이 된다는 사실을 알고 있었다. 자식을 두려워하는 부모들도 있었다. 하지만 자신을 탓하면서 과거에 부족했던 부분을 만회하고 싶다고 이야기하는 부모들도 많았다. 교도소 직원의 증언에 따르면, 어떤 부모들은 자식이 감옥에 있을 때는 신경 쓰는 것처럼 보이다가도 막상 아이가 출소하면 더 이상 관심을 보이지 않는다고 했다. 그런 부모들은 공식적으로 사랑을 표현할 수 있는 장치가 없으면 애정을 표출하지 못한다. 자녀를 사랑하는 부모들 중에서도 항상 통찰력을 가지고 애정을 표현하는 경우는 드물다. 그럼에도 사랑은 범죄 성향과 분노를 치료하는 좋은 약 중 하나이다. 깨진 가족도 여전히 가족이며 깨진 가정이라도 여전히 가정이다.

사법제도 안에 있는 아이들과 부모 사이의 관계는 대체로 다음 네 가지 가능성 중 하나를 따른다. 첫째로, 부모가 감옥에 간 자녀를 포기함으로써 아이가 외로움, 상실감, 고립감, 절망감에 사로잡힐 수 있다. 둘째로, 부모가 자녀를 포기함으로써 오히려 자녀가 자신의 일에 대해서 스스로 책임을 지게 될 수 있다. 셋째로, 부모가 자녀의 일에 그동안 깊이 관여해 왔거나 이제 그렇게 된 경우에 아이는 밝은 미래가 가능하다고 생각할 수 있다. 마지막으로, 부모가 자녀의 일에 깊이 관여해 왔거나 그렇게 되면서 자녀에게 부인(否認)을 허용하는 분위기를 만들어 주고, 그 결과 자녀의 반사회적 행동이 강화될 수 있다.

다숀테 말콤은 가족과 친구들에게 〈쿨Cool〉로 통했다.[51] 우리가 만났을 때 다숀테는 열여섯 살이었고, 잘생기고 언변도 좋은 아프리카계 미국인이었다. 그는 타고난 품성과 후천적인 교육 수준을 보여 주는 매너를 갖추었고, 자기 자신에 대한 유머 감각도 가지고 있었다. 그는 사람들이 수표책이나 여동생을 맡겨도 될 만큼 믿음직한 친구로 보였다. 그래서 그가 감옥에 있는 이유가 다른 사람의 나쁜 행동 때문이었다는 주장을 쉽게 믿을 수 있었다. 다숀테가 고개를 푹 숙이며 말했다. 「이번이 나의 첫 번째이자 마지막 범법 행위예요.」 홈 스쿨의 많은 아이들이 기본적인 자유가 박탈되는 굴욕에 직면해서 당혹감을 표시했고, 다숀테 역시 자신의 범죄를 진심으로 후회하는 듯 보였다.

버스기사로 일하던 다숀테의 아버지는 다숀테가 다섯 살 때 술 때문에 뇌졸중으로 사망했다. 어머니 오드리는 미니애폴리스 남부의 거친 동네에서 외아들을 키웠다. 오드리를 모든 면에서 후원해 준 그녀의 훌륭한 아버지는 오순절과 그리스도 안의 하느님 교회 미네소타 담당 감독이었고, 44개의 교회를 산하에 두고 있었다. 나는 그의 권위에서 풍기는 근엄한 분위기에 항상 약간의 경외감을 느꼈다. 오드리는 몸집이 크고, 아름다웠으며, 부드러운 눈과 조용한 품위가 아우라를 발산했다. 그녀는 주위 사람들을 즐거운 기운으로 감쌌다. 하지만 가까이에서 보면 외향적인 그녀의 태도 뒤에는 어느 정도 내성적인 면도 엿보인다. 오드리와 다숀테는 오드리 부모의 집에서 여섯 블록 떨어진 곳에 살았고, 그녀의 형제자매들도 모두 1.6킬로미터 이내의 거리에 살았다. 그들은 거의 매일 만났다. 다숀테는 어머니를 가장 친한 친구라고 표현했다. 그는 팔에 어머니의 얼굴을 문신으로 새길까 생각 중이라고 내게 말했다. 「그러면 어머니와 항상 같이 있을 수 있잖아요.」

오드리는 심각한 빈민가에서 벗어나기 위해 이사를 했다. 다숀테를 범죄에서 떼어 놓기 위해서였다. 다숀테가 말했다. 「하지만 문제가 있는 곳으로 돌아가도록 나를 잡아당기는 어떤 것이 항상 있었어요.」 그는 자신이 학교에서 〈거칠고 공격적이었다〉고 설명했다. 한편 오드리의 설명에 따르면 다숀테는 〈항상 다른 사람을 보호〉하려다가 싸움에 휘말렸다. 오드리가 덧붙였다. 「다숀테가 동정할 줄 아는 사람이 되길 바라는 이상 감수해야만 하는 부분들이 있어요.」

3학년 때 다숀테의 학교에 새로운 아이가 전학을 왔다. 텔러해시에서 온 다리우스 스튜어였다. 다숀테와 다리우스는 끔찍한 싸움을 벌였다. 다리우스가 자기보다 작은 아이를 괴롭혔다는 소문이 발단이었다. 「그들은 교실을 난장판으로 만들었어요. 의자가 날아가고 책상이 날아다녔죠.」 오드리가 회상했다. 다음날 다숀테와 다리우스는 둘도 없는 친한 친구가 되

었다. 오드리는 다숀테가 다리우스의 영향을 받는 것이 싫었고 두 사람을
떼어 놓고자 6학년 때 다숀테를 다른 학교로 전학시켰다. 2년 뒤에 다리우
스가 학교를 옮겨 다숀테를 따라왔다. 다숀테가 열여섯 살 때 오드리는 그
에게 자동차를 사주었다. 대중교통은 갱들이 새로운 단원을 영입하는 주
된 무대였기 때문이다. 다숀테는 자동차가 없는 다리우스를 태우고 다녔
다. 다숀테가 사고로 자동차를 박살내자 오드리는 그에게 버스를 타고 다
니라고 말했지만 자신이 주먹 세계로 들어가게 될 거라는 다숀테의 원망
에 하는 수 없이 두 번째 자동차를 사주었다.

　　오드리는 다숀테가 열여덟 살이 되기 전까지 자동차를 다섯 대나 사
주어야 했다. 다숀테는 그중 세 대를 박살냈는데 모든 사고를 다른 운전자
의 잘못이라고 주장했다. 나는 박살난 자동차들의 모습을 머릿속에 그리
면서 다숀테에 관한 이야기를 마저 들었다. 오드리가 설명했다. 「다리우스
는 우리 아들에게 점점 더 의존하기 시작했어요. 그래서 또다시 쿨의 학교
를 옮겼어요.」 새로 전학 간 학교의 오리엔테이션에 다리우스가 모습을 드
러냈다. 얼마 뒤부터 다숀테는 시내에서 다리우스와 어울리다가 집에 왔
고 그의 입에서는 술 냄새가 났다. 「아들에게 말했어요. 〈알코올중독이 아
니었다면 아버지는 바로 지금 네 곁에 살아 있었을 게다. 쿨, 너는 지금 나
쁜 길로 빠져들고 있어. 나는 절대 그렇게 놔두지 않을 거야. 필요하다면
너를 평생 집에 가두어 놓기라도 할 거야.〉」 하지만 다숀테에게 다리우스
와 헤어진다는 것은 상상도 못할 일이었다. 「우리는 형제나 다름없었어
요.」 다숀테가 말했다.

　　다숀테는 특수 폭행죄로 감옥에 들어갔다. 그와 다리우스는 버스 정
류장에서 한 여자아이를 꾀었고 내기 당구 대회에 참가하고 싶었지만 입
장료 7달러가 필요했다. 다리우스가 강도짓을 제안했다. 그들은 혼자 있
는 소년을 발견했고 다숀테가 가지고 있던 총으로 그 소년을 위협했다. 그
리고 그의 재킷과 운동화와 함께 현금 80달러를 빼앗았다. 다리우스가 훔

친 옷을 입고 다니자 학교와 주변에 소문이 퍼졌고, 다리우스와 다숀테는 결국 체포되었다. 오드리가 말했다. 「형사가 전화해서 〈특수 강도 및 폭행〉이라고 말하더군요. 나는 그게 무슨 뜻인지도 몰랐어요.」 그녀는 아들에게 총이 있었을 리가 없다고 주장했다. 수시로 아들의 방을 검사했기 때문에 잘 알고 있었다. 오드리가 청소년 구금 시설로 들어서자 다숀테가 울음을 터뜨렸다. 그녀가 회상했다. 「내가 말했어요. 〈쿨, 내일이면 너를 반쯤 죽여 놓고 있을지도 모르지만 오늘 밤에는 일단 어떻게 된 사정인지 듣고 싶구나.〉 그래서 아들은 내가 자신의 편이라는 것을 이해했어요.」

재판에서 다리우스와 다숀테는 책임을 떠넘기며 서로를 비난했다. 다숀테가 말했다. 「다리우스와 나는 평소에 〈불명예보다는 죽음을〉이라고 말했지만 막상 그런 상황이 되자 다리우스는 이기적이 되었어요.」 나는 그들 두 사람을 모두 만나면서 다리우스에 비하면 다숀테가 훨씬 호감형이라는 사실을 깨달았다. 하지만 총을 소지하고 있었던 쪽은 틀림없이 다숀테였다. 체포된 후 다숀테는 구금 시설에서 일주일을 보냈다. 그리고 재판이 진행되는 두 달 동안은 가택 연금되어 차고보다 멀리 나가면 경보를 발송하는 발찌를 차고 있어야 했다. 그와 오드리는 매일 밤늦게까지 대화를 나누었다. 오드리가 계속해서 범죄 동기를 물었지만 다숀테는 말할 수 없었다.

다리우스와 다숀테는 헤네핀 카운티 홈 스쿨에서 8개월 동안 복역하라는 선고를 받았다. 오드리가 이야기했다. 「나는 어머니로서 이미 면목을 잃었다고 느꼈어요. 어머니는 우리들에게 이렇게 이야기하고는 했어요. 〈너희가 누굴 죽였대도 상관없어. 나는 너희가 집에서만큼은 내게 솔직하게 털어놓길 바란단다〉라고요. 쿨에게도 바로 그런 이야기를 들려주고 싶었어요. 나는 아들에게 말했어요. 〈무슨 짓을 했든 너는 내 아들이야. 네가 설령 살인을 저질렀다고 하더라도 나는 절대로 돌아서지 않아. 절대로 말이야.〉」 홈 스쿨에서 오드리는 면회일마다 제일 일찍 도착해서 가장 나중에 떠나는 방문객으로 알려졌다. 그녀는 매일 다숀테에게 편지를 썼고 마지막에는 꼭 〈너를 목숨보다 사랑하는 엄마가〉라고 썼다. 오드리는 다숀테의 출소를 축하하는 파티를 계획하고 첫 주말을 함께 보내기 위해서 라스베이거스에 펜트하우스를 빌렸다. 어머니를 향한 다숀테의 애정도 그에 못지않았다. 내가 다숀테를 알고 지낸 지 한 달 정도 지났을 때였다. 그는 처음으로 홈 스쿨에서 외출을 허락받았고 사회복지사와 함께 네 시간 동안 외출을 하게 되었다. 내가 외출하면 무엇을 할 것인지 묻자 다숀테가 분명하게 대답했다. 「어머니 생일 선물을 사러 배스 앤 바디 웍스에 갈 생각이에요.」

용감한 사랑과 의도적인 맹목은 종이 한 장 차이다. 오드리는 양쪽을 모두 경험했다. 그녀가 말했다. 「쿨은 돈을 빼앗긴 아이가 정말로 기분이 나빴을 거라고는 생각지도 못했다고 했어요. 그 아이가 내내 그들을 비웃었기 때문이에요. 쿨은 사실 돈을 돌려주려고 했는데 다리우스가 쿨의 손에서 돈을 낚아챘다고 했어요.」 나는 그녀가 믿는 대로 믿고 싶었다. 하지만 교도관과 다른 수감자들의 한결같은 증언에 따르면 다숀테는 실제로 갱 조직인 블러즈에 소속되어 있었다. 미니애폴리스의 모든 갱 조직을 파악하고 그들이 서로 어떻게 겹쳐지는지 이해하려고 할 바에는 차라리 중국 왕조의 왕 이름을 외우는 편이 더 쉬울 것이다.[52] 다숀테가 말했다. 「내게는 사촌 형들이 있는데 그들은 작은 갱 조직을 갖고 있었어요.」 조직의 이름은 퍼거슨스였다. 내게는 그 이름이 계획적인 폭력을 일삼는 해로운 조직보다는 인디 밴드의 이름처럼 들렸다. 「퍼거슨스 가족은 모두 블러즈예요. 우리는 사소한 전쟁을 벌이고는 했어요. 점심을 먹고 나서 학교 복도에서 재미 삼아 진짜로 싸웠죠. 하지만 다 웃자고 하는 일이었어요.」 오드리에게 갱 문제에 대해서 언급하자 그녀는 다숀테가 항상 유명해지려고 했으며 존경을 받기 위해 갱단의 일원인 척했다고 말했다.

다숀테는 나쁜 행동을 통해 만족감을 얻었다는 사실을 인정했다. 그가 말했다. 「나는 아버지가 없다는 사실을 깨달은 이후에 화가 많이 났습니다.」 나는 다숀테가 갱단에 들어간 이유가 남성적인 관계에 대한 갈망의 해결책이었다는 사실을 이해하게 되었다. 기독교적인 유산을 물려받았고 어머니와 지극히 친밀한 관계였기 때문에 반대쪽의 균형이 필요했던 것이다. 다숀테는 갱단의 관계를 다음과 같이 설명했다. 「그들 중 상당수는 나와 직접적인 혈연관계에 있거나 내 사촌 누이의 남편이에요. 전혀 관련이 없는 사람들도 있지만 그들에게도 친척 같은 어떤 것을 느껴요. 파티를 하거나 공원에서 그냥 어울리기도 하고 아니면 단순히 농담을 주고받기도 하죠. 나는 그런 것들이 좋아요. 영역 싸움이나 경쟁의식 때문에 다투는 일은 그다음이에요.」

　다숀테가 출소하기 얼마 전 나는 오드리와 함께 이매뉴얼 타버나클 그리스도 안의 하느님 교회를 방문했다. 우리가 교회에 도착했을 때는 사람들이 막 줄지어서 들어가던 참이었다. 드레스와 핸드백에 어울리는 종 모양의 모자를 쓰고 모조 다이아몬드 나비와 실크 꽃으로 장식된 스틸레토 힐을 신은 여자들과, 잘 다린 정장에 넥타이를 매고서 한껏 멋을 부린 남자들이 있었다. 따뜻하고 우호적인 분위기였다. 나는 교회의 영부인 격인 다숀테의 할머니에게 인사를 건넸다. 교회 강단에는 벌써 한 남자가 서 있었고 곧 한 여자가 일어나서 노래를 시작했다. 곧이어 모두가 해먼드 오르간과 드럼의 반주에 맞춰 합창을 했다. 주기적으로 〈주님을 찬양하라!〉거나 〈당신이 필요해요. 예수님!〉이라는 소리가 섞여 들려왔다. 교회에 처음 온 방문자는 일어나서 자기소개를 해야 했다. 맨 먼저 한 여성이 일어나서 〈나는 트윈 시티에서 사업을 하고 있어요. 오늘은 일요일이고 축복된 이 날을 그냥 지나가게 두지 않으려고요. 예수님이 없으면 나는 아무 것도 아니기 때문이에요〉라고 말했다. 두 번째로 발표한 사람도 비슷한 내용의 이야기를 했고, 〈내가 오늘 이 자리에 온 것은 죄를 멀리하기 위해서입니다. 할렐루야!〉라고 끝을 맺었다. 그리고 마이크가 내게 전달되었다. 나는 온순하게 말했다. 「나는 오드리 말콤과 포브스 어머님의 초대로 여기에 왔습니다. 이곳에 모인 신도 여러분의 믿음에 정말 감동받았습니다.」 사람들의 박수 소리가 이어졌다.

감독이 그날의 축성을 하고 주일학교 지도자가 설교를 했다. 그는 자녀가 잘못된 길로 빠져들지 않기를 바라는 부모의 간절한 바람에 관한 이야기로 설교를 시작했으며, 사무엘하와 고린도전서에서 경계의 모델을 언급했다. 「여러분의 자녀가 친하게 지내는 친구를 살펴봐야 합니다.」 그가 말했다. 「자녀가 나쁜 무리와 어울리기 시작하면 나쁜 무리가 아이들을 타락시키고 결국 여러분의 자녀는 나쁜 짓을 저지르게 될 겁니다.」 나는 아이들의 타고난 순수성을 더럽히는 〈나쁜 무리〉에 대한 교회의 비난에 충격받았다. 설교자는 계속해서 악을 열거하기 시작했다. 그의 설명에 따르면 이 교회 사람들은 〈동성애 왕국〉에 반대해서 일어나야 했고, 현대판 고리대금업자는 거룩한 장소에서 추방되어야 했다. 미니애폴리스의 흑인 문제가 동성애자와 유대인, 은행의 잘못이라는 그 같은 발상은 내게 세 번의 차 사고에 대한 다숀테의 변명이나, 다리우스가 자신을 속여서 위법행위를 저지르게 했다는 그의 주장을 떠올리게 했다. 타인에 대한 신도들의 증오는 이상하게도 갱단의 정신을 연상시켰다. 그 공동체는 호전성과 뒤얽힌 관용을 보였고, 가혹함과 친절이 뒤섞인 설교자의 주장을 예수그리스도가 무한한 사랑과 최후의 심판에 있을 가혹한 판결을 예언했던 것과 동일 선상에서 이해했다.

6개월 후에 나는 다시 다숀테 가족을 방문했다. 다숀테가 홈 스쿨에서 나온 뒤였다. 마침 그의 할머니도 왔고 우리 네 명은 레모네이드와 당근 케이크를 먹었다. 오드리가 내게 말했다. 「이런 말을 하기는 정말 싫지만 그 일은 어쩌면 쿨이 겪지 않아도 될 일이었어요. 지나친 처벌이었죠. 그럼에도 쿨에게 제재가 필요했던 것은 맞아요.」 나는 다숀테가 여전히 블러즈의 일원이라는 걸 들어서 알고 있었다. 하지만 어머니와 함께 있는 그 자리에서 다숀테는 자신이 상상했던 건전한 삶에 대해서, 결혼을 하고 직장에도 다니는 그런 생활에 대해서 이야기했다. 내게는 그러한 이야기가 거짓말이라기보다는 가족에 대한 일종의 배려처럼 느껴졌다. 나중에 단둘이 있을 때 물어보자 다숀테도 이를 인정했다. 「마음속으로는 언제나 갱단 생활을 그리워할 거예요. 사무실 책상에 앉아 있어도 속으로는 이런 생각을 하겠죠. 〈길거리에 있었다면 지금쯤 무슨 일을 하고 있을까?〉 하지만 마약을 파는 사람은 항상 경계를 늦추지 말아야 해요. 때로는 자신의 사촌이나 어머니도 믿지 말아야 하죠. 나는 이제 그런 일에서 손을 뗐어요.」 갱을 그만둔다고 해서 성대한 졸업식 같은 것은 없다. 그저 조직과의 유대가 서서히 사라지기를 기다려야 하고, 종종 모호한 상태가 이어지기도 한다. 나는 다숀테의 결심을 믿고 싶었다. 하지만 그 시점에는 그의 순수한 마음이 유동적이며 하루 만에 바뀔 수 있는 결심처럼 느껴졌다.

믿음은 오드리의 큰 특징이었다. 인터뷰를 했던 대다수 사람들과 다르게 오드리는 우리의 대화가 항상 양방향으로 이루어지길 원했다. 마침내 그녀에게 내가 동성애자라고 말했을 때 그녀는 내게 편지를 썼고 이런 내용이 담겨 있었다. 「우리에게 마음을 열고 솔직하게 대해 주어서 정말 고마워요. 당신이 동성애자이고 애인이 있다고 해서 변하는 것은 없어요. 당신도 우리가 흑인이라고 해서, 쿨이 감옥에 다녀왔다고 해서, 내가 혼자 자식을 키우면서 도심의 빈민 지역에 산다고 해서 우리를 나쁘게 생각하지 않았잖아요. 사랑하고 행복할 기회조차 얻지 못하는 사람들이 있는 반면에 이제 나는 당신이 그런 기회를 얻었다는 사실을 알았고 그래서 기뻐요. 나는 친구를 사귈 때 그 사람의 마음을 봐요. 그리고 보다 커다란 어떤 목적을 위해서 하느님이 우리를 친구로 맺어 주었다고 믿어요.」

나는 다숀테 가족을 방문하는 일을 좋아하게 되었다. 다숀테는 그가 말하던 사무직을 얻지는 못했다. 하지만 심각한 문제를 피할 수 있었고 다시 감옥에 갈 일은 없었다. 그는 정말 좋아하는 여자를 만났고 그녀에 대한 이야기를 하면서 무척 기뻐했다. 곧 그들은 약혼했다. 따지고 보면 다 숀테의 어머니는 아들이 가끔 그런 척하던 그런 인물이 정말로 될 거라고 내내 믿고 있었다. 그녀의 타고난 믿음은 내세의 구원뿐 아니라 지금 이곳의 구원을 이루어 낼 정도로 강력했다.

나는 2002년 텔레비전에서 폴 반 호텐의 인터뷰를 본 뒤로 범죄자의 부모에 대해 글을 써야겠다고 결심했다.[53] 폴의 딸 레슬리는 맨슨 걸스*였다. 이 여성들은 1960년대 유사 공동체를 결성했고 카리스마적인 리더의 지시에 따라 사악한 범죄를 저질렀다. 1969년 8월, 레슬리는 식료품상 로즈마리 라비앙카를 뒤에서 열네 번이나 찔렀다. 그로부터 33년이 흘렀고 폴 반 호텐은 「래리 킹 라이브 쇼」에 출연해서 딸의 가석방을 호소하고 있었다. 폴이 말했다. 「레슬리가 첫 번째 마리화나를 피우지 않았다면 이런 일은 일어나지 않았을 겁니다.」 래리 킹이 황당하다는 표정으로 물었다. 「지금 마리화나를 탓하시는 겁니까?」 폴이 대답했다. 「맨슨 조직은 마리화나와 LSD를 이용해서 조직원들을 조종했습니다.」 킹이 반박했다. 「수백만 명이 마리화나를 피우지만 그렇다고 살인을 하지는 않습니다.」 프로그램에 출연한 전문가도 레슬리가 범죄를 저질렀을 당시 약에 취해 있지 않았다고 덧붙였다. 나는 딸이 자유의지로 살인을 저질렀다는 사실을 인정하지 못하는 폴의 맹목적인 모습에 관심을 느꼈다. 그 모습을 보고 있자니 자녀가 행복하게 또는 유창하게 구어를 사용하지 못할 거라는 사실을 이해하지 못하는 청각 장애 아동의 부모도 떠올랐고, 아이의 안에 다시 세상으로 나갈 때를 기다리는 또 다른 온전한 아이가 있다는 환상을 버리지 못하는 정신분열증 환자의 부모가 연상되었다.

그로부터 얼마 지나지 않아서 나는 9/11 테러의 가해자 중 한 명인 자

---

* 미국 희대의 살인마 〈찰스 맨슨〉을 추종하던 여성들.

카리아스 무사위의 어머니가 인터뷰한 기사를 읽었다.[54] 그녀는 아들이 이슬람 근본주의에 빠지면서 자신과 소원해졌다고 이야기했다. 무사위는 베일을 착용하지 않는다고 어머니를 비난했고, 사촌의 꼬임에 넘어가서 침대 정리 같은 일은 여자의 몫이라며 하길 거부했다. 무사위의 어머니는 9/11 테러와 관련해 TV에서 아들의 얼굴이 나오는 것을 볼 수 없었다. 그녀가 말했다. 「우리 아이가 어떻게 그런 일에 연루될 수 있을까요? 나는 음식을 먹을 수도, 잠을 잘 수도 없어요. 〈어떻게 이런 일이?〉라는 말만 되뇌고 있어요. 우리 아이들은 각자 자기 방이 있었어요. 용돈도 주었고 때가 되면 휴가도 갔어요. 그 아이가 불행하거나 가난하게 자랐다면 이해할 수도 있었을 거예요. 하지만 우리 아이들은 부족한 것이 전혀 없었어요.」 그녀의 이야기는 아들이 어떤 사람이 될지 전혀 몰랐던 어머니와 말을 섞고 싶지 않았던 아들 사이의 관계를 시사한다.

나는 소년교도소에 복역하던 중산층 가정 출신의 한 소년을 만났다.[55] 그는 자신이 〈그렇게 할 수 있었기 때문에〉 차를 훔치고 박살냈다고 내게 말했다. 댄 패터슨이라는 이름의 그 소년은 일단 손에 들어온 것은 그것이 무엇이든 더 이상 신경 쓰지 않았다. 심지어 300달러짜리 자동차 스테레오를 담배 한 갑에 자랑스럽게 거래하기도 했다. 내가 차주를 거론하자 그가 말했다. 「그들이 내게 해준 것이 도대체 뭐가 있다고요?」 열일곱 살이던 댄은 자동차 절도로 열 번째 체포되었다. 그는 부모와 소통하는 과정에서 절망감을 느꼈다고 말했다. 「부모님과 대화를 시도할 때마다 우리 사이에는 보이지 않는 유리창이 존재하는 듯했어요. 한 번은 경찰이 나를 체포했다가 풀어 주었는데 아버지는 그냥 〈가서 자거라. 나중에 이야기하자〉라는 식으로 말했어요. 나는 내 방으로 올라갔고 30분 정도 지나서 창문으로 빠져나갔어요. 다시 도망쳤죠. 나중에 아버지가 왜 그랬냐고 묻더군요. 나는 이렇게 말했어요. 〈아버지가 나와 이야기를 하려고 하지 않았으니까요.〉」 댄이 법정에 출두했을 때 그의 어머니가 증언대에서 말했다. 「우리 아들이 그런 일을 했을 리가 없어요. 댄은 그런 아이가 아니에요. 왜 댄을 그냥 집에 데려가면 안 되는 거죠?」 나는 댄에게 언제부터 부모에게 거짓말을 했는지 물었다. 댄이 말했다. 「부모님이 내가 어떤 아이인지 관심을 끊었을 때부터요.」

라이오넬 다머가 쓴 『한 아버지의 이야기*A Father's Story*』에는 1978년부터 1991년 사이에 밀워키에서 열일곱 명의 젊은이를 살해한 그의 아들 제프리와의 부자 관계가 묘사되어 있다.[56] 이 회고록은 유명인의 전기이자 속죄의 외침이다. 제프리는 분명 문제 가정에서 자란 불행한 아이였다. 하지만 문제 가정에서 자랐다고 모든 사람이 성적인 강박에 사로잡혀 살인을 저지르고, 시체를 토막 내고, 인육을 먹지는 않는다. 라이오넬은 이렇게 썼다. 「내 삶은 회피하고 부인하는 일이 전부가 되었다. 지금에 와서 그 마지막 며칠을 생각하면 나는 일종의 정신적으로 위축된 상태가 된다. 갑작스러운 불의의 사태를 반쯤 예상은 했지만 그런 일이 절대로 일어나지 않기를 끝까지 바랐다. 마치 아들을 방음 부스에 가두고 커튼으로 가려서 그가 어떻게 되든지 보지도 듣지도 않을 수 있는 것처럼 말이다.」[57]

정신분열에 가까울 정도의 이러한 부인은 드문 일이 아니다. 『사형의 결과*Capital Consequences*』에서 레이철 킹은 사형선고로 괴로워하는 아홉 가족의 이야기를 취재했다.[58] 그리고 그 가운데에 에스더 허먼의 이야기가 있다. 에스더의 아들 데이브는 끔찍한 살인을 저지른 후 크리스마스 때 집에 왔고 자신의 범죄 사실에 대한 언급을 피했다. 에스더가 말했다. 「나는 무척 분주한 두 가지 일에 매달렸고, 건강 문제도 약간 있었어요. 사람들을 돌보는 일에도 신경을 써야 했어요. 정말 과부하 상태였죠. 어머니와 오빠는 건강이 매우 나빴어요. 굉장히 힘든 시기였답니다. 데이브는 항상 아주 착한 아이였어요.[59] 나에게 짐이 되기를 원치 않았어요.」 데이브의 재판을 묘사하며 그녀는 이렇게 말했다. 「우리는 데이브를 건강하고 사랑이 넘치는 환경에서 키우지 못했어요. 우리는 많이 싸웠고 집에는 자주 긴장감이 흘렀죠. 그럼에도 데이브는 좋은 아이었어요.」 데이브 같은 아이의 심리적 문제는 자녀의 진정한 모습을 부인하는 부모 밑에서 극도로 소외된다는 것이다. 심지어 정신적 외상을 입는 경우도 있다. 자녀가 살인을 저지른 후에도 그를 〈아주 착한 아이〉나 〈좋은 아이〉라고 생각하는 어머니로 인해 자녀는 정부 기관에서 개입할 정도로 보다 거칠고 더 극적인 사건을 벌여야 한다고 느끼게 된다. 아이러니하게도 부모의 부인은 형언할 수 없는 끔찍한 범죄에 기여할 수 있고 자녀가 그런 범죄를 저질렀음에도 부모가 그것을 보지 못하게 한다.

노엘 마시는 어릴 때 아버지 타이론이 어머니 펠리시티를 폭행하는 광경을 자주 목격했다.[60] 펠리시티가 세쌍둥이를 임신했을 때 타이론이 그녀를 계단 아래로 밀어서 뱃속에 있던 아기 중 한 명이 죽기도 했다. 펠리시티의 지상 과제는 노엘을 보호하는 것이었다. 그녀에게 노엘은 사면초가에 몰린 피해자였고 그녀의 이러한 생각은 이후의 모자 관계에 불리하게 작용했다. 노엘이 여섯 살 때 펠리시티는 타이론과 헤어지고 스티브 톰킨스와 재혼했다. 재혼 당시 그녀에게는 다섯 명의 아이가 있었지만 노엘을 가장 아꼈다. 스티브는 새로운 상황이 무척 힘들었다. 그가 말했다. 「노엘이 원하는 것을 해줄 수 없을 때면 펠리시티는 자기 잘못이라고 생각했습니다.」 노엘은 펠리시티의 관심을 계속해서 악용했고, 자신에게 유리하다고 생각되면 펠리시티와 스티브 사이를 이간질하려고 했다.

노엘의 나쁜 짓이 쌓이기 시작했다. 스티브가 회상했다. 「늦게 귀가하고, 거짓말을 하고, 도둑질까지 했어요.」 펠리시티는 그녀의 지갑에서 돈을 훔쳐 가는 장본인이 노엘일 리가 없다고 주장했다. 그러면 스티브가 〈펠리시티, 그 아이 말고 또 누가 있겠어. 왜 눈을 뜨고 노엘이 더 이상 당신이 생각하는 노엘이 아니라는 사실을 보지 않는 거야?〉라고 말하고는 했다. 이런 상황은 불가피하게 결혼 생활에 갈등을 초래했다. 그때 스티브가 폐 질환 진단을 받았고 거의 두 달 동안 병원에 입원했다. 그가 퇴원한 뒤로 노엘의 변덕스러운 행동은 더욱 악화되었다. 펠리시티가 회상했다. 「노엘에게 물었어요. 〈노엘, 내가 그렇게 싫으니? 나는 네가 지금처럼 스트레스를 주고 이런 감정을 느끼게 할 줄은 상상도 못했단다.〉」노엘은 펠리시티에게 부탁해서 실제로는 집에 없지만 자기가 집에 있는 것처럼 경찰에게 이야기해 달라고 했다. 그녀가 말했다. 「노엘을 위해서 거짓말을 시작했을 때부터 나는 내가 아니었어요.」

노엘은 자신의 고통을 낙오자인 아버지의 탓으로 여겼다. 어쩌다 한 번씩 찾아오는 타이론이 한 번은 노엘에게 돈이 필요하냐고 물었다. 노엘이 내게 말했다. 「당연히 〈네〉라고 했죠. 그러자 아버지는 내게 마약을 주면서 〈여기 있다. 팔아서 써〉라고 했어요.」펠리시티는 노엘이 타이론을 꼭 닮았다고 말했다. 그녀가 말했다. 「핏줄은 속이지 못한다는 말이 진짜 맞더라고요.」노엘의 동생이 교통사고로 사망하면서 노엘과 펠리시티의 관계는 한층 더 악화되었다. 「어머니는 하루 종일 집에 앉아 있었어요. 나는 집을 나와서 돌아가지 않았죠. 우리는 둘 다 우울했습니다.」노엘이 말했다. 노엘은 열여섯 살 무렵에 학교를 그만두었다. 그는 상습적으로 절도를 했고 마약을 팔았다. 노엘의 여동생은 그에게 총이 있다고 부모에게 알렸다.

갱들이 밤늦게 집에 전화해서 펠리시티를 위협하기 시작했다. 펠리시티와 스티브가 처리할 수 있는 문제가 아니었다. 펠리시티가 회상했다. 「나는 노엘을 경찰에 신고할 수밖에 없었어요. 경찰을 부르는 것은 어머니로서 해야 할 일 중에 가장 치사하고 가장 어려운 일이에요. 하지만 아들을 정말 사랑한다면 꼭 신고해야 한다고 생각했어요.」체포 과정에서 경찰이 거칠게 구는 바람에 노엘은 결국 응급실 신세를 졌다. 하지만 여전히 펠리시티는 노엘이 체포에 저항하면서 유명해졌기 때문에 가벼운 처벌만 받을 거라고 생각했다. 펠리시티와 스티브는 재판 중에 노엘의 곁에 있었고, 가족이 함께 있는 모습은 판결에도 영향을 미쳤다. 그런 좋은 가정이 있는 노엘은 교화될 가능성이 있어 보였다. 노엘은 체포될 당시에 주머니에 3,000달러를 가지고 있었고 그는 그 돈이 스티브의 것이라고 주장했다. 스티브는 노엘이 총기 소지만으로도 충분히 복역할 거라고 생각했고 마지못해서 그 이야기에 이의를 제기하지 않았다.

노엘과 펠리시티 사이에 자리 잡았던 침묵은 복역 기간 동안에 치료되었다. 처음에는 서로에게 할 말이 많지 않았다. 펠리시티는 노엘을 면회하고 나면 울면서 떠나는 일이 많았다. 그녀가 말했다. 「노엘은 내가 나쁜 사람처럼 느끼게 만들어요.」 노엘이 말했다. 「어머니는 내게 보다 나은 사람이 되도록 노력하라고 말했어요. 어머니는 때때로 내가 귀담아 듣지 않는다고 생각해요. 하지만 듣는다고요. 다 기억해요.」 훔친 운동화를 100켤레 넘게 소유하고 있던 노엘은 빈민가의 진정한 이멜다*였다. 홈 스쿨의 규칙에는 수감자들이 신발을 두 켤레 이상 갖지 못하게 정해져 있었다. 그럼에도 가지고 있는 신발을 교환할 수는 있었다. 그리고 노엘의 사치스러운 습관을 바꾸지 못한 펠리시티는 매주 일요일에 두 켤레의 신발을 가져왔고 이전에 신던 신발을 가져갔다. 노엘은 감옥에서조차 멋을 부릴 수 있었다.

내가 알게 된 소년들은 그들이 실제로 매일 소통하는 다른 가족 구성원들보다 아버지의 빈자리에 더 많은 심리적 에너지를 소모하는 듯 보였다. 요컨대 누구도 부족한 부정(父情)을 대신 채워줄 수 없었다. 다숀테의 강한 할아버지나 피터와 노엘을 키워준 계부들은 이 소년들의 아픈 빈 곳을 채울 수 없었다. 죄책감에 휩싸인 그들의 어머니는 이러한 근원적인 슬픔을 보상해 주고자 했지만 그럴 수 없었다. 오히려 아들이 자신의 행동을 책임지지 않도록 만들었고 결국 정부가 개입해서 아이들이 책임을 지도록

---

* 필리핀 전 대통령 마르코스의 미망인으로 화려한 사치 생활을 했던 것으로 유명하다.

했다. 그럼에도 이러한 관계는 이 아이들에게 심각한 트라우마가 되었고, 그들이 잘못된 행동을 하도록 만든 주된 원인이었다. 나는 청소년 수감자들이 자신의 정서적 한계를 훌쩍 넘어선 감정을 추구한다는 사실에 몇 번이나 충격을 받았다. 그들의 이런 성향은 현실에서 최대한 일찍 아이를 갖는 것으로 흔히 나타났다. 아이를 갖는 청소년들은 부모가 되면 성숙해진다고 생각했고, 이미 성숙해진 사람이 부모가 된다는 사실을 알지 못했다. 아이를 갖는 것이 손상된 자아와 헤아릴 수 없는 절망감을 치료하는 방법이 될 수도 있지만 부모 노릇에 대한 이들의 개념은 형편없을 만큼 순진할 뿐 아니라 가슴 아플 정도로 낙관적이다.

노엘은 열여섯 살 때 감옥에 갇히기 전에 이미 두 명의 아이가 있었다. 노엘이 내게 자랑스럽게 말했다. 「나는 아들을 위해서 내 여자가 필요로 할 때마다 기저귀를 사주었습니다.」 그는 타이론이 기저귀 사주는 일에 무관심했다는 이야기를 반복해서 들으며 자랐다. 하지만 노엘은 자신의 새 가족에게 기저귀가 떨어지는 것보다, 그가 마약 거래를 하고 그래서 감옥에 가거나 은신처에 숨어 지내게 되는 것이 더 상처를 주리라는 생각은 하지 못했던 게 분명하다. 노엘은 어머니의 진정한 사랑과 계부의 의미 있는 지원을 받았음에도 머릿속에는 아버지가 아들에게 주어야 하는 것은 팸퍼스, 마약, 운동화라는 생각이 각인되어 있었다.

범죄성이 타고나는 것인지 학습되는 것인지에 대한 논쟁은 자폐증이나 천재성의 기원을 둘러싼 논쟁과 마찬가지로 끝날 줄을 모른다. 미국 국립 보건원의 마리베스 샴포Maribeth Champoux와 동료들은 극도로 공격적인 유전자를 가지고 태어난 원숭이들을 아주 온순한 어미 원숭이가 키웠을 경우 생물학적으로 공격적인 유전자가 여전히 활성화되어 있음에도 공격적으로 성장하지 않는다는 사실을 밝혀냈다.[61] 인간의 경우 범죄행위는 특정 세로토닌 운반체의 변화된 기능과 연결된 유전자 이상과 관련이 있다. 듀

크 대학의 신경 과학자 압살롬 캐스피Avshalom Caspi는 비폭력적인 어린 시절을 보낸 다형성*을 가진 사람들을 조사했고, 그들이 반사회적 행동을 할 가능성은 일반인과 똑같다는 것을 발견했다. 반면 조사된 이들 중 다형성을 지녔고 구타를 당했던 적이 있는 아이들은 85퍼센트가 반사회적인 행동을 보였다.[62] 그러므로 유전자는 범죄 행동 자체가 아니라 어떤 상황에서 범죄 행동으로 발현되기 쉬운 취약성을 부여하는 것으로 보인다. 가족은 부정적인 영향을 끼칠 수도 있지만 건설적인 영향을 끼칠 수도 있다. 한 연구 결과에 따르면 〈긍정적인 가정환경은 청소년이 비행이나 불건전한 행동에 빠져들지 않도록 하는 중요한 전제이다〉.[63] 친밀한 가족이 있는 경우 아이는 비행의 유혹을 느끼더라도 저항할 수 있다. 연구 논문들에 대한 독창적인 대조 조사를 벌인 질 로젠바움Jill L. Rosenbaum은 〈다른 어떤 요인보다 부모의 애착이 비행을 더 잘 설명한다〉[64]고 분명히 말했다.

가족 구성원들 간의 불행한 상호 관계가 아이에게 트라우마를 입히는 것처럼 보이지만 때로는 사실상 아이가 가족 구성원들 간의 불행한 관계를 유발했음이 드러나기도 한다. 편모슬하에서 자란 아이일수록 비행 청소년이 될 가능성이 높다. 하지만 이런 결과가 아버지 없이 자란 트라우마 때문인지, 혼자서 아이를 키우는 어머니들이 배우자를 잘못 선택했거나 부모로서 잘못된 선택을 하기 때문인지, 또는 편모 혼자서 가족을 재정적으로 부양하기 위해 초과근무를 해야 하고 그 결과 어쩔 수 없이 자식과 소원해지는 문제가 생기기 때문인지는 알 수 없다.

가족 관계에 문제가 있는 아이는 정서적으로 안정된 친구보다 부정적인 친구 집단을 찾아낼 가능성이 높으며, 이 문제와 관련해서 그 아이가 친구들에게 영향을 받는 쪽인지 아니면 영향을 주는 쪽인지 판단하기는 어려운 일이다. 어머니들은 종종 내게 〈지미는 원래 나쁜 아이가 아닌데 질

---

* 같은 종(種)의 생물이면서도 어떤 형태나 형질이 다양하게 나타나는 현상.

이 나쁜 아이들과 어울려서 그래요〉라고 말했다. 그러나 다른 어머니들은 그들의 아들이 어울린 나쁜 친구가 바로 지미라고 주장했다. 일부 예외가 있기는 하지만 내가 만난 범죄자들은 대체로 범죄를 즐기지 않았다. 그들은 때때로 피해자만큼이나 그들 자신도 비참하게 만드는 행동에 갇혀 있었다. 이 같은 사실은 주목할 만한 가치가 있다. 많은 경우에 범죄성은 내가 연구했던 대다수 〈질병〉보다 더욱 질병처럼 느껴졌다. 우리는 치료받지 않기를 원하는 장애인을 〈치료〉하면서, 정작 회복될 수 있고 또 회복되길 원하는 요컨대 범죄성을 지닌 사람들은 치료하지 않는다.

카리나 로페즈는 문제와 혼란의 한가운데서 세상에 태어났다.[65] 그녀는 마약 문제가 있는 10대 멕시코계 미국인 에마 로페즈의 셋째 딸이었다. 카리나는 미네소타 세인트폴에서 태어났고 태어난 지 한 달 만에 텍사스 러레이도로 이사했다. 카리나의 아버지는 진작 관계에서 사라졌고, 그녀가 아버지에 대해 아는 것이라고는 이름이 전부였다. 카리나를 낳은 지 얼마 지나지 않아서 에마는 감옥에서 갓 출소한 마약상 세자르 마렝고의 아이를 가졌고 샌안토니오에 가서 카리나의 여동생 앤절라를 낳았다. 세자르가 폭력을 휘두를 때마다 에마는 네 명의 아이들과 함께 미네소타로 돌아오곤 했다. 그러면 세자르가 와서 그들을 다시 텍사스로 데리고 갔다. 열두 살 무렵에 카리나는 이미 열세 번째로 옮긴 학교를 다니고 있었고 FBI가 그들의 집을 정기적으로 방문했다. 내가 카리나를 만났을 때 세자르는 연방 정부에서 10년형을 선고받고 교도소에서 복역 중이었다. 카리나가 내게 말했다. 「앤절라가 친부와 관계를 유지하고 있어서 기뻐요. 감옥에 갇힌 아버지라 하더라도 내 상황보다는 낫잖아요.」

세자르가 수감되자 가족의 주요 소득원이 사라졌다. 하지만 세자르는 체포되기 전에 에마가 약을 끊도록 도와주었다. 에마는 웨이트리스 자리를 구했고 앤절라를 돌보는 일은 카리나의 몫이 되었다. 카리나는 화가 낳고 열세 살 때부터 반항을 시작했다. 그녀가 말했다. 「사람들이 갱에 들어가는 이유는 대부분 아무도 그들을 사랑하지 않기 때문이에요. 하지만 내 경우에는 그게 문제가 아니었어요. 내게는 나를 많이 사랑하는 어머니가 있잖아요. 문제는 우리가 이사를 너무 많이 다녔다는 거였어요. 나는 어디에 속해 있다고 느껴본 적이 없어요. 갱단이 그에 대한 해결책처럼 보였죠.」

가난하고 혼란스러운 세월도 에마의 충실한 성격에 흠집을 내지는 못했으며 그녀는 도발적일 정도로 자신에 대한 확신이 있었다. 에마는 몇 년 동안 낮에는 청소 일을 하고 밤에는 웨이트리스 일을 하면서 돈을 모았다. 집을 사기 위해서였다. 그녀는 스스로 확신이 들기 전까지는 누구도 신뢰하지 않았고 어떤 사람을 좋아하기로 결정하기 전에는 그 사람을 싫어했다. 중간은 없었다. 카리나가 갱단에 들어갔다는 사실을 알았을 때 그녀는 갱들이 어디서 만나는지 알아냈다. 그리고 갱단이 모이는 시간에 맞춰 길 건너편에 있는 빈집에 숨어들어 갔다. 에마가 내게 말했다. 「길 건너편 빈집에서 지켜봤어요. 총을 가진 여자아이들이 둥그렇게 앉아 있더군요. 나는 길을 건너가 현관문을 쾅쾅 두드리면서 말했어요. 〈카리나, 지금 당장 집에 가자.〉 그곳에는 모든 조직원들이 모여 있었어요. 나를 죽일 수도 있었죠. 하지만 상관하지 않았어요. 나는 내 아이를 그 어떤 갱 조직에도 있게 할 수 없었어요.」

카리나가 말했다. 「나는 어머니 때문에 그곳을 나온 게 아니에요. 그럼에도 아주 이상한 상황이기는 했어요. 갱단은 내게 아무런 의미도 없었어요. 딱 거기까지였죠. 하지만 이곳 미네소타에서는 더욱 비참했어요. 이곳의 갱들은 버스를 타고 다녔어요. 심지어 마약을 살 돈도 없었죠.」 카리나는 마약 딜러와 어울리기 시작했고 마약은 충분했다. 곧 그녀는 정기적으로 마약을 했고 〈2년 동안 하루도 빠짐없이 줄곧 약에 취해 있었다〉. 마약을 하면서 점차 딜러들도 돕게 되었다. 그들의 권력 구조 안에서 확실한 자리를 맡지는 않으면서 이런저런 일들을 도왔다.

2002년 11월 22일에 카리나는 이모의 남자 친구 자비에와 함께 4파운드의 코카인이 채워진 말안장을 가지러 갔다. 마약이 담긴 꾸러미에 카리나의 이름은 쓰여 있지 않았다. 그녀는 단순하게 〈친구〉를 돕고 있었다. 자비에가 운전하는 동안 카리나는 그들이 쫓기고 있다는 사실을 눈치 챘다. 「나는 코카인을 흡입하고 또 흡입했어요. 약에 취하자 두려울 것이 없었어요. 우리는 고속도로를 탔고 우리 뒤에는 적어도 10대의 경찰차들이 조명 같은 것을 번쩍이면서 따라왔죠. 자비에는 〈단순한 속도위반일 거야〉라는 식으로 말했어요. 나는 점점 미쳐 갔어요. 마침내 우리는 당황하기 시작했어요.」 그들은 고속도로 출구로 나갔지만 그곳은 막다른 길이었다. 「그래서 결국 이렇게 되었죠.」 카리나가 말했다.

에마는 카리나를 찾아다니면서 마약 꾸러미에 주소가 적혀 있던 〈친구〉의 집을 맨 먼저 찾아갔다. 그 집에서 에마를 발견한 경찰은 그녀가 범죄와 연관이 있다고 판단하고 그녀를 체포했다. 경찰은 열다섯 살짜리 소녀가 이 정도로 독립적으로 행동했을 거라고 생각하지 않았다. 에마가 회상했다. 「경찰에게 말했어요. 〈나는 지난 십 년간 직업을 가지고 있었고, 세금을 냈으며, 아이들에게 좋은 삶을 누리도록 해주기 위해서 내가 아는 모든 것을 희생했어요. 당신 생각에는 그들을 위해서라도 내가 이런 식으로 일을 엉망으로 만들 것 같아요?〉」 에마는 자신이 잘못 체포된 것에 화가 났다. 하지만 무엇보다 딸이 걱정되었다. 에마가 내게 말했다. 「나는 〈그래, 나는 내가 하지 않은 일 때문에 곤경에 처했으니 풀려날 희망이 있지만 카리나는 자신이 한 짓 때문에 곤경에 처했으니 감옥에 가게 되겠지〉라고 생각했어요.」

경찰은 그 〈친구〉를 체포했다. 친구는 모든 책임을 카리나에게 돌렸다. 카리나가 말했다. 「나는 100퍼센트 진실만을 말했지만 경찰은 내 말을 믿지 않았어요. 그들은 〈어머니가 한 짓을 털어놓지 않으면 감방에서

45년 동안 갇혀 지내게 될 거야〉라고 말했어요. 그래서 내가 말했죠. 〈그렇다면 나는 45년 동안 징역을 사는 수밖에 없겠네요. 어머니는 그 일과 아무런 관련이 없어요.〉」에마와 카리나는 국선 변호사의 변호를 받을 수 있다는 사실을 모른 채 전화번호부에서 변호사를 구했다. 변호사 비용을 대느라 에마가 대출금을 갚지 못하자 은행은 그녀가 평생 일해서 산 집에 대해서 담보권을 행사했다.

변호사가 수완을 발휘해서 카리나의 재판은 소년 법원에서 진행되었다. 하지만 보호관찰 규칙을 위반할 경우에 카리나는 주 형무소에서 7년을 복역해야 했다. 카리나가 홈 스쿨에 들어갔을 때까지도 에마의 사건은 여전히 수사 중이었다. 「내가 여기에 들어온 것은 괜찮았어요. 내가 걱정한 것은 어머니였어요. 내 잘못이야. 여동생은 이제 어쩌지? 그러니까, 어머니는 장기 복역하게 될 상황에 처해 있었어요. 그것도 연방 교도소에서요.」

그 후 5월의 어느 비오는 날 홈 스쿨의 당직사관이 카리나를 부르더니 어머니에게 전화를 하라고 했다. 카리나가 말했다. 「어머니는 내게 재판 날짜조차 알려 주지 않았어요. 전화를 했더니 그제야 〈그래, 오늘 법정에 갔다 왔어⋯⋯〉라고 했죠. 나는 가슴이 덜컥 내려앉았어요. 어머니는 〈사건은 기각됐어〉라고 말했어요. 나는 울면서 동시에 웃기 시작했어요. 무릎을 꿇고 하느님께 감사드렸어요. 어머니 사건이 기각되길 매일 기도했거든요. 내게 일어난 일보다 그 문제가 천 배는 더 중요했어요. 이곳에 갇혀서 〈어머니에게 돌아갈 수 없을지도 모른다〉고 생각하는 것은 그야말로 내가 감당할 수 없는 벌이었어요. 지금은 정말 집에 가고 싶어요.」

홈 스쿨의 다른 수감자들을 방문할 때면 나는 권위에 의한 강압적인 대우와 슬픔이 드리운 억압적인 그림자를 느꼈다. 하지만 카리나는 즐겁게 놀자고 나를 초대한 사람처럼 굴었다. 카리나의 웃음소리가 암울한 교도소 건물에 울려 퍼졌다. 그녀는 걸핏하면 상스러운 말을 썼지만 곧바로 애교스럽게 사과했고 자신의 괴로움에서 희극적인 요소들을 들추어냈다.

카리나는 홈 스쿨에서 약물 남용자를 위한 오디세이 프로그램에 참가했다. 「솔직히 말해서 나는 남들과 약간 다른 사람이에요. 그리고 앞으로도 코카인과 대마초에 계속 끌릴 거예요. 원래도 그랬으니까요. 약이 아쉽겠죠. 그래도 약을 하지는 않을 거예요.」 가장 큰 변화는 자신이 판매를 도왔던 마약을 산 사람들에 대한 카리나의 인식 변화였다. 「젠장, 나는 마약을 소량으로 사 가는 사람들에 대해서 생각해 본 적이 없었어요. 이제는 몸을 팔거나 자녀를 방치하는 사람들, 망가진 삶을 사는 사람들을 만나지 않을 거예요.」

내가 처음 카리나를 만났을 당시 그녀는 사랑에 빠져 있었고 자신의 남자 친구에 대해 열광적으로 설명했다. 「남자 친구인 루이스는 내가 여기에 갇힌 이후로 매주 내게 편지를 써요. 내가 재판을 받을 때도 매번 와주었죠.」 카리나가 루이스 알베르토 아나야를 만났을 때 그녀는 열네 살, 그는 스물한 살이었다. 「우리 관계가 불법인 것은 알지만 정신적으로 나는 어린아이가 아니에요.」 우리는 몇 주 후에 다시 만나기로 했다. 하지만 그 다음에 홈 스쿨을 방문하자 당직사관이 그녀를 만날 수 없다고 설명했다. 나는 카리나가 어떤 규칙을 위반해서 감금되어 있나 보다고 생각했다. 그러나 사실 그녀는 한참 충격에 휩싸여 있었다.

카리나가 나중에 내게 말했다. 「10월 4일에 집에 갔었어요. 루이스가 일요일에 어머니와 함께 다시 나를 데려다 주었고요. 그가 돌아갈 때 나는 그가 앉아 있는 자동차 뒷좌석에 오를 수 없어서 그의 손에 키스를 했어요. 그리고 그날 밤 나는 〈그를 지켜 달라〉고 기도했어요.」 다음날 아침 공인된 시험장에서 고졸 검정고시GED를 보고 있던 카리나는 루이스가 일하러 가던 도중에 총에 맞았다는 소식을 접하게 되었다. 카리나는 내게 이 이야기를 하면서 두 손으로 얼굴을 감쌌다. 「그날은 루이스가 사무직으로 승진한 첫날이었어요. 그런데 라틴계 갱 조직인 수레노스가 그를 붙잡았죠. 남자 친구는 열다섯 살 때 갱단의 일원이었어요. 이후로 손을 뗐지만요.」

카리나의 상담사들은 그녀가 다시 악의 구렁텅이로 빠지게 될까 봐 걱정했다. 하지만 그녀는 루이스의 비극에도 영향을 받지 않았다. 카리나가 말했다. 「루이스의 이름을 걸고 나는 내 인생을 엉망으로 만들지 않을 거예요. 그건 그 사람에 대한 모욕이니까요.」 몇 주 후 카리나는 검정고시 시험을 마치기 위해 준비를 했고 시험에 통과했다. 홈 스쿨을 떠나는 날 그녀는 두 곳에서 면접을 봤고 양쪽 모두에서 일자리를 제의받았다. 그녀는 루이스의 가족과 계속해서 가깝게 지냈다. 그녀는 열심히 일했고 소변 검사 결과도 깨끗했다. 그런 모습에 감명 받은 보호관찰관은 몇 달 후 카리나가 루이스의 가족과 함께 멕시코로 가도 된다고 허락했다. 경찰은 루이스를 살해한 혐의로 일단의 갱 조직원들을 체포했다. 카리나는 그들의 재판이 열릴 때마다 빠짐없이 출석했다. 하지만 그들의 유죄를 입증하기에는 증거가 충분하지 않았다.[66]

카리나는 보수가 더 나은 은행으로 일자리를 옮겼다. 그리고 몇 가지 결심을 했다. 어머니에게 집을 사주자. 죽은 루이스에게 부끄럽지 않게 살자. 성공하자. 「나는 단지 행복하길 원해요. 혼자라고 해도 말이에요. 물질적으로 필요한 것들이 다 있었으면 좋겠고 존경받는 사람이 되고 싶어요. 신세를 망친 카리나로 남고 싶지 않아요.」 이후로 2년 동안, 일 년 이상 학교에 머문 적이 없었던 그 소녀는 은행에서 자신의 자리를 지켰고 승진도 했다. 그녀는 무면허 운전 같은 어리석은 모험을 저지르기도 했다. 하지만 마약과 술을 멀리했고 보호관찰관과 했던 약속을 한 번도 어기지 않았다. 홈 스쿨에서 출소한 지 일 년쯤 되었을 때 그녀는 자신의 등에 루이스의 이름이 문신되어 있는 것을 이해해 줄 수 있는 남자를 만났고 그와의 교제를 이어갔다.

우리는 이따금씩 연락을 하고 지냈다. 그녀가 출소 후 5년 뒤에 내게 이메일 한 통을 보내왔다. 「딸이 이제 막 두 살이 되었어요. 나는 스물두 살이 되었고요. 올해는 롤러코스터 같았어요. 아이 아버지와 헤어졌다가 다시 합쳤어요. 계부는, 그러니까 앤절라의 아버지는 10년을 복역하고 출소했는데 7개월 뒤에 다시 감옥에 갔어요. 이제는 63세까지 감옥에서 25년을 더 복역하게 되었죠. 정부는 범죄자가 자신의 삶을 되찾을 기회를 누릴 수 있도록 재활에 보다 많은 돈을 투자해야 해요. 우리들 대부분은 방법만 알 수 있다면 그런 기회를 얻기를 원하잖아요.」

타고난 성향에 더해서 범죄자를 만드는 데 압도적으로 중요한 역할을 하는 세 가지 위험 요인이 있다. 첫 번째는 편부모 가정이다. 미국에서 자라는 모든 아동 중 절반 이상이 어느 순간에는 편부모 가정을 경험한다. 미국 전체 가정 중 18퍼센트가 빈곤선 이하인 데 비해, 편모 가정의 경우에는 43퍼센트가 빈곤선 이하이다.[67] 편부모 가정의 아이들은 약물을 남용할 확률이 크고, 학교를 중퇴할 가능성이 높으며, 대학에 진학할 가능성은 낮다. 이들은 낮은 임금을 받으면서 형편없는 직장에서 일할 것이다. 일찍 결혼하고 일찍 이혼하는 경향이 있으며 본인도 편부모가 될 가능성이 높다. 또한 범죄자가 될 가능성도 훨씬 높다.

자말 카슨의 어머니 브리첼은 열네 살에 자말의 형을 낳았고 일 년 뒤에 이복형제 자말을 낳았다.[68] 자말은 조직 폭력으로 악명이 자자한 시카고의 사우스 사이드 지역에서 자랐다. 가족은 자말이 열 살 때 미네소타로 이사했다. 내가 자말을 만났을 때 그는 열다섯이었고 세 번째 수감 생활 중이었다. 팔 윗부분에 폭력배라는 뜻의 〈THUG〉라는 단어를 문신했음에도 자말의 태도는 철없는 짓을 벌이다가 딱 걸린 아이처럼 어설펐다. 브리첼은 미인이었고 모든 일에 나름의 의견을 개진했다. 그녀는 아이들의 연극 프로젝트를 보러 왔다가 즉흥적으로 직원들과 다른 부모들에게 연설을 했다. 아이들이 〈이미 실수를 저질렀지만 그들에게는 어디서도 찾을 수 없는 재능이 있으며, 우리가 줄 수 있는 모든 것을 받을 자격이 있는 존재라는 사실에는 변함이 없다〉는 내용이었다. 이 같은 훌륭한 연설에도 불구하고 자말은 어머니가 자신의 재판일에 한 번도 나타나지 않았다고 불만을 토로했다.

자말은 그가 처음으로 법정에 섰을 때는 어머니가 그를 조금 더 지지했다고 인정했다. 「어머니가 나를 진심으로 대해 준 점은 정말 고마워요. 나는 어머니의 입장을 이해해요. 어머니는 이제 겨우 서른두 살이잖아요. 나처럼 그냥 아이예요.」 아버지가 제각각 다른 네 명의 아이가 있었는데도 브리첼은 자신의 책임에 대해 아이처럼 혼란스러워 하는 듯했다. 브리첼은 다음과 같이 인정했다. 「나는 자말이 감옥에서 지내게 되어서 약간은 좋았어요. 감옥에서 지낸다는 말은 다른 누군가가 자말에게 먹을 음식과 지낼 곳을 제공해 준다는 뜻이잖아요. 자말은 절대로 스스로를 돌볼 수 없어요. 나는 알아요.」 자말이 시시한 마약상으로 성공했을 때 브리첼보다 자말 자신이 더욱 감동했다. 「진짜 힘든 일이에요.」 자말이 약간은 자부심을 내비치며 말했다. 「목숨을 노리는 사람이나, 물건을 강탈하고 총질도 서슴지 않는 마약쟁이를 걱정하면서 지내야 하기 때문이에요. 까부는 이들에게는 〈나한테는 어떤 수작도 통하지 않는다〉는 사실을 깨닫게 해주어야 하고요. 일주일에 7일, 하루에 24시간 내내 해야 하는 일이에요.」 나는 자말에게 다른 직업을 생각해 본 적이 있는지 물었다. 그가 대답했다. 「잘 모르겠어요. 아마도 펜대 굴리는 일을 할 거예요. 나 같은 사람을 도와주는 상담사가 될 수도 있겠죠. 요컨대 별로 힘들지 않은 일 말이에요. 아시죠?」

두 번째 위험 요인은 아동 학대 또는 방치이며 종종 첫 번째 요인과 동시에 일어나기도 한다. 매년 3만 명 이상의 미국 어린이들이 학대를 당하거나 방치된다. 애착 이론을 처음 제시한 정신과 의사 존 볼비John Bowlby는 학대받고 방치된 아이들이 세상을 〈편안하지 않고 예측할 수 없는 곳으로 여기고 세상으로부터 도피하거나 세상과 전쟁을 벌이는 식으로 대응한다〉고 설명했다. 즉 우울증과 자기 연민 혹은 공격성과 비행을

통해 세상에 반응하는 것이다. 이런 아이들은 다른 사람보다 거의 두 배나 많은 범죄를 저지른다.[69]

후아즈 규현의 어머니는 라오스에 전쟁이 일어나자 아들의 생명을 구하기 위해 탈출하는 다른 친척들과 함께 그를 타이어에 태워서 메콩 강으로 떠나보냈다.[70] 후아즈는 여섯 살 때 미국의 망명 허가를 받았다. 열두 살이 된 그는 위스콘신 교외에서 아시아 갱 조직의 일원으로 활동하고 있었다. 이듬해에 같은 동네의 열여덟 살 소녀와 밤새도록 함께 있으면서 그녀의 순결을 범했고 그녀와 불법적으로 〈결혼〉을 했다. 연인이면서 어머니 대신이기도 했던 그녀는 후아즈가 처음으로 가깝게 여긴 사람이었지만, 그는 그녀를 학대했고 그녀와 두 아이를 버려둔 채 밖에서 친구들과 어울렸다. 반복되는 구타를 견디지 못한 그녀가 후아즈를 떠났고 후아즈의 인생은 심각한 마약중독의 구렁텅이로 빠져들어 갔다. 그는 돈을 벌기 위해서 미성년 매춘 사업에 가담했으며 여자아이들에게 손님과 성관계를 갖는 대가로 마약을 주었다. 후아즈가 수감된 이유도 바로 이 때문이었다.

인터뷰당시 후아즈는 열다섯 살이었다. 그의 머릿속에는 아내를 학대한 것에 대한 후회와 아이들을 보고 싶다는 열망이 강박적으로 끈질기게 맴돌았다. 그는 〈마치 바늘로 심장을 점점 더 깊이 찌르는 것 같아요〉라고 설명했다. 그때까지 살아 오면서 그에게는 참고할 만한 롤모델이 없었고 그는 완전히 길을 잃은 듯 보였다. 얼마 전에 그의 어머니가 홀연히 나타났고 그들은 두 차례 전화 통화를 했다. 「어머니에게 무슨 말을 해야 할지 모르겠어요.」 후아즈의 어머니는 아들이 아마도 자신을 잊었을 거라며 통화 내내 눈물을 흘렸다. 후아즈가 말했다. 「나는 어머니를 잊지 않았어요. 단지 부모가 있다는 것이 어떤 느낌인지 모를 뿐이에요.」

종종 앞의 두 가지 요인에 함께 동반하기도 하는 세 번째 커다란 위험 요인은 폭력에 노출되는 것이다.[71] 신체적 학대를 겪고 부모 사이의 폭력을 목격하고 가족 내 폭력을 경험한 아동의 표본을 조사한 연구 결과에 따르면, 그들은 평화로운 가정에서 자란 아이들보다 폭력적인 비행 청소년이 될 확률이 두 배나 높았다.[72] 물론 학대받은 아이들은 부모의 유전적인 성향을 물려받기도 했을 것이다. 그러나 폭력적인 가족으로부터 아이들을 멀리 떼어 놓는 방법도 좀처럼 도움이 되지 않는다. 아동복지 제도 역시 높은 범죄 확률에 일조하기 때문이다. 일리노이 대학 사회복지 대학원의 제스 맥도널드Jess M. McDonald는 〈아동복지 제도는 소년 사법제도를 살찌우는 제도다〉라고 단언했다.[73]

홈 스쿨에서 만난 열세 살 백인 소년 라이언 노드스트롬은 내게 자신이 항상 법의 반대편에 있었다고 허세를 떨었다.[74] 그가 말했다. 「그들은 내게 약물치료를 받게 했고 그래서 내가 항상 다정하고 순수하게 보이는 거예요.」 처음에 어떤 위법행위를 저질렀는지 묻자 그가 진지하게 대답했다. 「나는 아홉 살에 담배를 피웠어요! 아홉 살짜리의 흡연은 완전한 불법이죠.」 라이언은 열 살 때 학교에서 다른 아이를 칼로 위협해서 퇴학당했다. 그리고 어린 여동생을 성폭행한 죄로 수감되었다. 「열한 살 때부터 거의 날마다 성폭행을 했는데 열세 살 때 어머니가 경찰에 신고하는 바람에 붙잡혔어요.」 그가 성폭행을 처음 시작했을 때 여동생은 겨우 여섯 살이었다. 그가 말했다. 「나는 내가 원하는 대로 했어요. 동생이 감히 거역하지 못할 거라고 생각했죠.」

심리 치료에도 불구하고 라이언은 자신이 질 찰과상으로 병원에 입원한 여동생에게 한 짓이 흡연—미성년자의 흡연이라고 해도—과 전혀 다른 범주의 일이라는 사실을 인식하지 못하는 듯했다. 그의 부모는 SM 포르노를 좋아했고 아이들이 지나다니는 방에서 정기적으로 그런 행위를 했다.[75] 그들은 여덟 살이던 라이언이 침대에 함께 있을 때도 섹스를 하고는 했다. 이러한 불안한 경험이 범죄행위로 표출된 것은 애초에 그가 타고난 기질 때문인지도 모른다. 그러나 분명한 사실은 그 기질이 양육 과정의 비도덕적 행동으로 악화되었다는 점이다.

문제가 있는 아이들은 자기 파괴적인 경향이 있다. 케임브리지 대학 범죄심리학 교수 데이비드 패링턴David P. Farrington의 지적에 따르면 미성년 재소자들은 맥주를 더 많이 소비했고, 더 자주 술을 마셨으며, 불법적인 약물을 더 많이 복용했다. 또한 이른 나이에 흡연을 시작하거나 도박에 빠질 가능성이 높았다. 그들은 어린 나이에 성관계를 갖는 편이며 파트너 또한 무척 다양했다. 그렇지만 피임을 하는 경우는 상대적으로 드물었다.[76] 이러한 행동들 대부분은 서투른 충동 조절과 관계가 있지만 낮은 자존감이나 심지어는 자기혐오의 표현인 경우도 빈번하다.

사회 평론가 주디스 해리스Judith Harris는 범죄성에서 사회적 환경이 가정환경보다 더 결정적인 역할을 한다고 주장했다. 성인과 달리 청소년들은 대부분 집단으로 범죄를 저지른다. 어린 범죄자가 단독으로 행동하는 경우는 5퍼센트 이하이다. 흔히 청소년 범죄의 특징으로 나타나는 집단성은 사람들과 어울리고 그들에게 깊은 인상을 주려는 청소년기의 충동에서 기인한다.[77] 또한 비행 가능성은 마약과 총에 대한 접근성, 빈곤 정도, 소원한 이웃 관계, 인구밀도와 연관이 있다.[78] 아직은 미성년 수감자 중 4분의 1에 불과하지만 여자 청소년의 범죄 비율은 그 어느 때보다 높다.[79] 여자 청소년은 충격적인 경험 때문에 범죄를 저지를 가능성이 남자 청소년보다 확실히 높다.[80] 한 연구에 따르면 미국 법원에서 미성년 범죄자로 확인된 여자 청소년 중 75퍼센트가 성적으로 학대당한 경험이 있었다.[81] 한편 상습적인 미성년 범죄자 중 대략 3분의 2는 갱단의 조직원이다.[82] 2009년에 미국에는 73만 1천 명의 갱들이 2만 8천 개 이상의 갱 조직에 속해 있었고 그들 중 절반가량이 청소년이었다.[83]

짧게 깎은 머리에 키가 크고 잘생겼으며 강인한 성격의 크리슈나 미라도르는 수감복도 최신 유행하는 옷처럼 보이게 만들었다.[84] 그는 가끔씩 알아듣지 못할 정도로 억양이 셌고, 수시로 단어를 더듬거리면서 내게 〈이 말을 영어로 뭐라고 하죠?〉라고 물었다. 남부 로스앤젤레스에서 태어난 그는 태어나자마자 라틴계 어머니에게 버림받았고 어머니의 이름을 한 번도 들어본 적이 없었다. 그래서 그가 태어났을 때 고작 열여덟 살이었던 아버지 라울의 손에서 자랐다. 라울은 수레노스 13의 조직원이었고 갱단은 크리슈나가 아는 유일한 가족이었다. 크리슈나가 열한 살 때 아버지는 과테말라로 강제 추방되었다. 하지만 크리슈나는 LA에 남아서 그의 첫 번째 비행 청소년 집단과 어울렸고 나중에는 다른 집단과 어울렸다. 그러다 사촌 한 명이 총을 맞고 그의 품 안에서 목숨을 잃는 사건을 겪었다. 그가 말했다.「그 사건으로 정신이 번쩍 들었어요. 목숨을 잃은 사람이 나였을 수도 있었으니까요.」라울은 아들에게 LA를 떠나라고 말했다. 라울은 미니애폴리스에 그에게 빚이 있는 한 여자를 알고 있었다. 내가 크리슈나를 만났을 때 그는 4년째 그녀의 집에서 살고 있었다. 크리슈나는 그녀가 아버지에게 무슨 빚을 졌는지 알지 못했고 알고 싶어 하지도 않았다.

내가 홈 스쿨에서 크리슈나를 만난 그 주의 주말에 40대 중반의 꽤 아름다운 아일랜드계 미국인 여성이 찾아와서 자신을 캐럴이라고 소개하며 말했다.「내 아들 크리슈나가 당신의 연구 프로젝트에 참여하고 싶어해요.」그리고 크리슈나가 방으로 들어왔다.「엄마, 그냥 그에게 서명을 해주세요.」그가 억양이 없는 영어로 말했다. 나는 너무 놀라서 그 자리에 멀뚱멀뚱 서 있었다. 크리슈나와 꼭 닮은 캐럴은 자신이 크리슈나를 얼마나 걱정하는지 이야기했고, 나는 크리슈나가 LA에서 힘든 어린 시절을 보낸 이후로 거칠게 살아온 것 같다고 말했다. 캐럴은 이상하다는 듯 나를 쳐다보았다. 그녀가 말했다.「크리슈나는 덜루스에서 태어났고 그곳에서 자랐어요.」나중에 크리슈나는 자신이 LA 외곽의 라틴계 빈민가인 캘리포니아 사우스 게이트에서 태어났다는 이야기를 아버지에게 직접 들었다고 주장했다. 하지만 몇 년 뒤 라울을 만나서 그 이야기를 꺼내자 그는 그저 웃기만 했다.

크리슈나는 내가 만난 사람들 중에서 가장 설득력 있고 뻔뻔한 거짓 말쟁이다. 그의 거짓말은 보통은 화가 나서 하는 말이었다. 분노에 차서 어머니의 존재를 쏙 빼놓고 이야기한 이번 경우처럼 말이다. 다음날 그 문제로 크리슈나에 전화하자 그가 말했다.「그 사람이 내 어머니라고 주장한다면 아마 그런가 보죠.」크리슈나의 부모는 서로에게 오랫동안 지속된 반감을 갖고 있었기 때문에 어느 쪽에서도 진실을 끌어내는 것은 불가능했다. 그들은 서로 내가 상대방을 미워하길 바랐다. 그러나 나는 어느 사이에 그들 모두를 좋아하게 되었다. 우리가 처음으로 대화를 나누었을 때 캐럴이 말했다.「정말 복잡해요, 앤드루. 너무 난해해서 당신이 우리 이야기를 제대로 쓸 수 없을까 봐 걱정될 정도예요.」

캐럴 말로이와 라울 미라도르는 1980년대 후반 아난다 마르가*를 통해 만났다. 아난다 마르가는 때로는 종교, 때로는 영적인 운동, 때로는 수련법으로 불린다. 이 집단은 화합과 사랑을 설파했지만 한편으로 무기를 밀수한다는 혐의도 받고 있다.[85] 아난다 마르가의 교리 중에는 〈혁명적 결혼〉이 있다. 원래는 인도의 카스트 제도에 반대해서 시작된 이 교리는 완전히 다른 계층의 사람들끼리 결혼해서 계급과 국적이라는 부르주아적 관념을 타파하기 위한 것이었다. 당시 라울은 비자 문제가 있었고 캐럴은 결혼 생활에 실패한 상태였다. 라울이 캐럴에게 자기와 결혼하면 그녀가 이혼하는 데 드는 비용을 지불하겠다고 제안했고 두 사람은 의견 일치를 보았다. 캐럴이 회상했다.「어려운 목표를 추구할수록 구루의 눈에 들 수 있었어요. 나는 앞날을 잘 내다보지 못해요. 보통은 한두 걸음씩 뒤처지죠. 불쌍한 크리슈나는 그렇게 태어났어요.」

그들은 캐럴이 첫 번째 결혼에서 낳은 두 아이와 함께 덜루스에서 살았다. 캐럴은 빵집을 운영했고 그곳에서 라울과 함께 일했다. 하지만 그녀

---

* 〈지복의 길〉이라는 뜻으로 1955년 인도에서 창설된 요가 단체.

는 결국 빵집 사업을 아난다 마르가에게 넘겨주었다. 라울은 크리슈나가 다섯 살 때 가족 모두를 데리고 과테말라로 갔다. 9개월 후에 캐럴의 두 아이는 그곳 생활을 견디지 못하고 미국으로 돌아와서 친부와 함께 살았다. 캐럴은 그녀의 표현에 따르자면 〈사랑보다 이념을 선택했고〉 그 아이들과 정말로 다시는 연락을 하지 않았다. 그녀가 과테말라의 언어와 문화를 배우기까지는 〈혼란의 5년〉이 걸렸다. 그동안 〈라울은 극단적으로 권위적인 마초가 되었어요. 아마도 원래부터 그런 사람이었을 거예요. 그럼에도 덜루스에서는 내 집에 살았고 내 사업을 도왔기 때문에 그런 성격을 드러내지 않았던 거예요〉. 캐럴은 라울에게 그녀와 함께 미국으로 돌아가지 않으면 이혼하겠다고 말했다. 그녀는 자신이 아이들의 양육권을 얻을 수 있을 거라고 확신했다. 한편 라울의 주장에 따르면, 캐럴은 아이들이 뻔히 듣는 자리에서 아이들 없이 혼자라도 떠날 용의가 있다고 말했고, 그는 아이들이 버림받지 않길 바라는 마음에서 미네소타로 돌아가는 데 동의했다.

당시 크리슈나는 열 살이었고 여동생 아쇼카는 여덟 살, 과테말라에서 태어난 남동생 바쇼는 네 살이었다. 캐럴과 라울은 미니애폴리스의 학교에서 라틴계 아이들을 가르치는 일을 했고 부부 상담을 받기 시작했다. 캐럴이 회상했다. 「아이들은 정말 행복해했어요. 크리슈나가 아홉 살 때 나는 그의 침대 옆 마룻바닥에 앉아 계속해서 책을 읽어 주었어요. 그러고 나서도 둘이서 시간 가는 줄 모르고 계속 이야기를 나누었죠. 우리는 『돈키호테』를 읽었어요. 시집도 읽었고, 이야기책도 읽었고, 역사책도 읽었어요. 크리슈나는 기억하지 못하겠지만 우리는 정말 가까웠어요.」

미국에 온 지 9개월이 지났을 때였다. 어느 날 캐럴이 퇴근해서 돌아와 보니 집에 아무도 없었다. 라울이 세 아이를 데리고 다시 과테말라로 돌아간 것이었다. 캐럴이 슬프게 말했다. 「나는 라울이 내게 맞서서 싸울 줄 알았어요. 그래도 소용이 없으면 이곳에서 이혼하고, 과거를 정리하고, 친구로 남게 될 줄 알았어요. 라울은 진짜 겁쟁이였어요.」 캐럴은 라울에게 화가 났지만 크리슈나에게도 화가 났다. 크리슈나가 충분히 선택을 할 수 있을 나이였기 때문이다. 크리슈나는 어머니가 과테말라에서 자신을 남겨 두고 떠나려고 했던 일을 절대로 용서할 수 없었고, 캐럴은 크리슈나가 미국에 그녀를 남겨 두고 떠난 것을 절대로 용서할 수 없었다. 나와 알고 지낸 처음 2년 동안 그는 자신의 어린 시절이 기억나지 않는다고 주장했다. 내가 라울에게 되풀이해서 이 문제를 거론하자 그가 한 말은 〈아이들은 캐럴에게 매우 화가 났습니다〉라는 것이 전부였다.

캐럴은 미국 대사관을 통해서 납치 혐의로 라울을 제소했다. 그녀는 과테말라에 가서 협상으로 문제를 해결하려고 노력했다. 그녀가 말했다. 「만남은 항상 문이 잠긴 방에서 이루어졌어요. 라울의 변호사 사무실이었는데 그곳에는 기관총을 든 경비원 두 명이 있었어요. 나는 그들이 나를 죽일지도 모른다고 생각했어요. 게다가 아이들은 완전히 세뇌를 당했더군요.」 마침내 캐럴은 과테말라와 미국 양쪽에서 양육권을 인정받았다. 라울은 인터폴에 체포되어 납치 혐의로 수감되었다. 캐럴이 말했다. 「라울의 부모에게 서류를 보여 주었어요. 우리가 안으로 들어갔을 때는 침대가 아직 따뜻했어요. 라울의 가족이 아이들을 재차 납치한 거였어요.」 캐럴은 절망한 채로 과테말라를 떠났다. 2주 후 라울의 부모는 누군가를 매수했고 라울은 풀려났다.

라울과 헤어진 것은 캐럴의 입장에서 어쩔 수 없는 선택이었지만 그 결과 두 번째 결혼으로 얻은 자식들하고도 헤어지게 되었다. 「나는 마침내 해방되었어요. 하지만 모든 것을 잃었죠.」 캐럴이 말했다. 「라울은 내게 벌을 주고 싶어 했어요. 내가 아난다 마르가를 탈퇴하길 원했고, 대학원에 가고 싶어 했고, 나 자신을 믿었기 때문이에요.」 몇 년 뒤 크리슈나가 내게 편지를 보내왔다. 「나는 아버지가 사랑한다고 자주 말하지는 않지만 나를 사랑한다는 것을 알아요. 어머니는 항상 사랑한다고 말하지만 실제로는 나를 사랑하지 않는다는 것도 알고 있어요. 아버지는 어머니 말고는 다른 여자를 사귄 적이 없어요. 아버지 본인은 시간이 없어서라고 말했지만 나는 알아요. 어머니가 아버지의 마음을 아프게 했기 때문이에요.」

캐럴은 우유팩 실종 아동 광고란에 아이들의 사진을 실었다. 그러나 크리슈나의 조부모는 그와 그의 사촌들을 일 년 가까이 LA에 숨겨 두었고 크리슈나는 수레노스에 들어갔다. 크리슈나의 설명에 따르면, 그의 첫 번째 임무는 차를 훔치는 일이었다. 그리고 그가 차를 훔치는 데 성공하자 갱단은 그에게 총알이 가득 장전된 우지 기관총을 주면서 그 차를 타고 가서 〈경쟁자들을 처리하라〉고 지시했다. 「나는 총알을 남김없이 다 쓰고 돌아왔어요. 심장에서 아드레날린이 솟구치는 것을 느끼면서 이런 생각이 들었어요. 〈그래, 바로 이거야. 내게는 이게 마약이야.〉」

9개월 후 라울은 크리슈나를 다시 과테말라로 불러들였다. 일 년 후 크리슈나는 열세 살이 되었고 캐럴을 보러 미니애폴리스에 갔다. 캐럴이 말했다. 「어떻게 된 일인지 영문을 몰랐어요. 다만 그때가 크리스마스였고 가끔은 크리스마스에 소원이 이루어지기도 하잖아요. 나는 아무 일도 없다는 듯이 크리슈나에게 들어오라고 했어요.」 크리슈나는 2주 동안 잘 지내다 돌아갔다. 캐럴은 아쇼카와 크리슈나가 부활절에 집에 올 수 있도록 라울과 협상해 달라고 아난다 마르가의 관계자를 설득했다. 그리고 아이들이 미네소타에 도착했을 때 캐럴은 그들에게 다시 돌아가지 않게 될 거라고 말했다. 크리슈나가 말했다. 「어머니는 우리를 사랑해서 그런 게 아니었어요. 아버지가 미워서 그랬던 거예요. 그건 복수였어요.」 크리슈나는 어머니에게 몹시 화가 났다. 하지만 그는 미국이 좋았고 과테말라로 돌아가고 싶지 않았다. 반면 아쇼카는 우울해했고 원래 집으로 돌아가고 싶어했다. 라울은 미칠 노릇이었지만 체포 영장이 발부되어 있는 마당에 미국에 올 수가 없었고, 그래서 친구에게 아쇼카를 되찾아 달라고 부탁했다.

대탈출의 날에 아쇼카는 캐럴의 남자 친구와 함께 집에 갇혀 있었다. 아쇼카는 아버지에게 전화를 걸어서 속삭이는 목소리로 집에서 빠져나갈 방법이 없다고 설명했다. 라울은 크리슈나에게 캐럴의 남자 친구를 집 밖으로 유인하라고 시켰다. 그들의 모습이 시야에서 사라지자 아쇼카는 그 즉시 달아났다. 크리슈나가 말했다. 「나는 동생이 불법으로 미국을 떠날 수 있도록 도와주었어요. 그 일은 좀 이상했죠. 대부분의 사람들은 불법으로 미국에 들어오려고 하잖아요.」 캐럴은 무척 충격을 받았지만 크리슈나가 남아 있었고 그녀는 이를 칭찬으로 받아들였다. 하지만 크리슈나는 보복 차원에서 남은 것이었다. 그가 내게 설명했다. 「어머니는 정말 간절히 아들을 원했어요. 나는 그것이 얼마나 불가능한 바람인지 보여 줄 작정이에요. 나는 어머니에게 잠깐이라도 지옥의 맛을 보여 주어야 했어요.」 채식주의자였던 캐럴은 크리슈나를 따라 닭고기를 먹기 시작했다고 말했다. 그녀가 말을 잠시 멈추고 절망적으로 손을 뻗었다. 「나는 유대를 쌓기 위해 무슨 일이든 할 거예요. 하지만 그 아이는 아무것도 공유하려고 하지 않고, 또 그렇게 할 수도 없어요. 크리슈나가 진심으로 마음을 여는 일은 없을 거예요. 그 아이의 머릿속에는 쓰레기가 가득해요. 온통 세뇌된 것들뿐이죠. 과테말라로 꽉 차 있어요.」

각자의 분노와 좌절로 점철된 이 뒤틀린 모자 관계는 크리슈나가 마리화나를 사러 나간 어느 날 저녁에 극적인 변화를 맞았다. 당시 그는 열다섯 살이었다. 그가 회상했다. 「우리가 블루밍턴과 레이크 스트리트 교차로에서 어울려 놀고 있는데 빨간색 링컨 한 대가 멈추더니 어떤 놈이 우리에게 욕을 퍼붓기 시작했어요.」 경찰이 그곳에 있던 모든 사람들을 상대로 심문을 실시했고, 한 달 전에 있었던 서른아홉 살 흑인 살해 사건의 용의자로 크리슈나를 체포했다. 그가 계속해서 말했다. 「나는 처음에 경찰이 나를 겁주려는 줄 알았어요. 흑인 갱은 흑인 갱들끼리 싸우고, 치카노* 갱은 치카노 갱들끼리 싸워요. 우리는 끼리끼리 죽이는 것을 선호해요. 적어도

---

* 맥시코계 미국인.

내 생각에는 그래요. 그러니까 내가 살인범일 리가 없는 거죠.」

하지만 경찰은 크리슈나를 곧바로 기소했다. 캐럴은 아들이 성인 재판을 받게 될 거라는 사실을 알고는 인맥을 동원해서 편지를 쓰고, 항의를 하고, 법정을 가득 채웠다. 그녀는 크리슈나가 이전에 납치된 적이 있어서 트라우마가 있다고 설명했다. 헤네핀 카운티에서는 처음으로 살인 사건이 소년 법정에 계류되었다. 크리슈나는 힘든 싸움에 직면했다.「변호사는 〈자, 그들이 우리에게 15년을 제시했습니다〉라고 했어요. 우리라고? 제기랄! 자기가 7년 반을 살고 내가 7년 반을 살기라도 한다는 말인가? 나는 〈내가 하지 않은 짓에 대해서 유죄를 인정하지 않겠어요〉라고 말했어요.」크리슈나의 결심은 확고했고 결국 사건은 기각되었다. 그때까지 크리슈나는 7개월 반을 감옥에서 지냈다.

캐럴이 말했다.「크리슈나가 풀려났을 때 사람들은 하나같이 〈이제는 그가 정말 새 삶을 살 거야〉라고 생각했어요. 하지만 그는 곧바로 예전의 삶으로 돌아갔어요.」이번만큼은 크리슈나도 어머니가 사건에 대해 설명한 내용에 동의했다. 크리슈나가 내게 말했다.「감옥에 갇혀 있으면서 〈모두 엿 먹으라고 해〉라는 생각이 들었어요.」집에서는 상황이 예전 같지 않았다. 캐럴은 수레노스의 상징인 파란 스카프를 하고서 집에 찾아오는 사람은 누구를 막론하고 쫓아냈다. 크리슈나가 말했다.「어머니라면 끝까지 같이해야 한다고 생각해요. 내가 감옥 생활을 하더라도 어머니라면 내 편이 되려고 노력해야죠. 나는 어머니를 시험하고 있어요.」캐럴이 말했다. 「크리슈나는 내 삶을 비참하게 만들기 위해서 미네소타에 남아 있는 거라고 말했어요. 그리고 계속 갱단 생활을 하는 이유도 그 때문이고요. 내가 정말 자기를 사랑하는지 확인하려는 거예요. 나는 절대로 그 아이 스스로 그런 계획을 세웠다고 생각하지 않아요. 갱과 종교 집단은 모두 똑같아요. 위계질서가 강하고 규칙이 존재하죠. 소수로 구성된 이런 무리들은 무의미하고 엄격한 조직에 헌신하고 조직을 위해서라면 죽을 준비가 되어 있어요. 크리슈나는 그가 증오하는 어린 시절을 재현하고 있어요.」

크리슈나의 혐의가 기각된 지 두 달 만에 그는 총기 소지죄로 한 달간 복역했다. 몇 달 후에는 가석방 조건 위반으로 체포되었다. 그리고 열여섯 살에 일 년형을 선고받아 홈 스쿨에 왔으며 그곳에서 나를 만났다. 크리슈나는 내게 멀쩡한 여자 친구가 임신했다고 거짓말하면서 이렇게 덧붙였다. 「나는 어머니가 그 아기를 보는 것조차 싫어요. 〈너도 아기 때는 정말 특별했단다〉라는 이야기도 듣기 싫어요.」 존재하지도 않는 아기에 대해 어머니가 하지도 않은 말 때문에 화를 내는 크리슈나의 재주는 인상적인 투사 능력이었다. 조금 뒤에 크리슈나는 〈내 아이가 커서 나처럼 되면 그것이 내 잘못일지 그냥 생각해 보았을 뿐이에요. 그런 생각을 하니 눈물이 날 것 같았어요. 울고 싶었죠. 눈이 부풀어 오르는 듯했지만 실제로 눈물이 나지는 않았어요〉라고 털어놓았다. 그에게는 분노 때문에 다른 감정이 들어설 자리가 없는 것이 분명했다.

캐럴이 말했다. 「크리슈나가 머리를 파랗게 물들이고, 피어싱을 하고, 온통 검은 옷을 입고 다니는 아이들 중 하나였다면 차라리 다루기 쉬웠을 거예요. 문신을 하더라도 갱과 연관된 것만 아니면 괜찮아요. 심지어 동성애자라도 괜찮지만 폭력은 정말이지 용납할 수 없어요. 어쩌면 그래서 그 아이가 갱단을 선택했는지도 모르겠네요. 지금은 그들이 크리슈나의 뒤를 봐주고 있는 상황이죠. 왜 그들이 그 아이의 뒤를 봐줘야 하죠? 당신에게도 그런 사람이 있나요? 내 경우에는 의료보험밖에 없어요. 크리슈나가 갱단에서 자랑스럽게 여기는 부분 중 하나는 자신이 다른 사람에게 해야 할 일을 지시한다는 점이에요. 그 아이는 항상 휴대전화에 대고 스페인어로 이래라저래라 소리쳐 말하죠. 그래서 내가 말했어요. 〈저기, 나도 항상 사람들에게 지시하거든. 1학년 아이들을 가르치니까 말이야. 너도 대안으로 이 일을 고려해 보겠니?〉」 한편 캐럴은 크리슈나가 지금처럼 된 것에 자신도 일정 부분 책임이 있음을 인정했다. 「당신은 지금의 내가 어떤 사람인지 알아요. 당신이 나를 좋아해 주는 것도 알아요.」캐럴이 슬픈 표정으로 말했다. 「하지만 당시의 나는 지금 같은 사람이 아니었어요. 정말이에요. 그리고 그때 만났더라면 당신도 나를 별로 좋아하지 않았을 거예요.」 또한 캐럴은 백인 혼혈이라는 크리슈나의 복잡성이 그가 감당하기에 너무 벅찰지도 모른다고 생각했다. 「크리슈나는 자신의 본모습을 그대로 보여 주길 너무 두려워해요. 혼혈인 아이가 일어나서 〈나는 여기도 저기도 속하지 않았어요. 나는 나예요〉라고 말하기는 힘들겠죠.」 크리슈나는 내게 편지로 이렇게 말했다. 「스스로는 자신에 대해 알지 못하더라도 다른 사람에게 내가 누구인지 설명하기는 쉬워요. 나의 언어와 문화, 외모, 행동을 보면 항상 〈스페인 놈〉으로 분류되죠. 하지만 〈혼혈〉이라서 라틴계 형제들에게도 항상 괴롭힘과 외면을 당하고 완전히 받아들여지지 않아요.」

크리슈나는 갱 생활에 대해 이야기하는 것을 좋아했다. 어느 날 저녁에 크리슈나가 내게 말했다. 「캘리포니아의 히스패닉 갱은 1900년대부터 활동해 왔어요. 흑인 갱을 깔보는 것은 아니에요. 하지만 의리와 명예는 우리가 더 강하죠. 사실 갱단이 처음부터 범죄 조직으로 시작한 것은 아니에요.[86] 그런 조직으로 전락한 거죠. 하지만 노인들 은퇴 자금까지 훔친 엔론* 사람들을 보세요. 친구들이나 나는 원칙이 있어요. 노인네를 등쳐 먹지는 않는다는 거죠. 그건 비열한 짓이에요.」 삼 년 뒤에 라울을 만났을 때 나는 크리슈나가 아버지의 훈계하는 듯한 진지한 어조를 그대로 흉내 내고 있음을 알았다. 이 장을 위해 인터뷰한 청소년들 대부분은 처음 만났을 때 정확한 영어를 사용하다가 나중에 편해지면 사투리를 썼다. 하지만 크리슈나는 처음에 문법에 어긋나는 갱들의 언어를 사용하고 상스러운 말을 늘어놓았지만 관계가 편해지자 문법적으로 완벽한 영어를 구사했다. 갱의 모습은 그가 실제로는 섬세한 사람이라는 사실을 위장하기 위한 방어 수

---

* 2001년 회계 부정 스캔들로 파산한 미국의 에너지 회사.

단이었을까? 아니면 그가 부드러운 면을 보여서 사람들을 조종할 수 있을 정도로 굉장한 악당이었을까? 크리슈나 자신도 이 질문의 답이 무엇인지 몰랐다.

형기 마지막 달이 되자 크리슈나는 홈 스쿨 밖으로 매일 일하러 나갔고 저녁에는 책임질 만한 어른과 외출도 할 수 있었다. 나는 그와 함께 외출해서 저녁을 먹기 위해 홈 스쿨 측에 허락을 구했다. 이전에 홈 스쿨에서 밤새 대화를 나눌 때 그는 대학에 가고 싶다는 열망을 내비쳤다. 하지만 이제 입 속에 등심을 밀어 넣고 있는 그의 최대 관심사는 갱이었다. 그가 말했다. 「그들은 내 사람이에요. 단지 어머니 집에 살기 위해서 그들과의 의리를 저버리지는 않을 거예요.」 내가 카리나 로페즈를 인터뷰했다고 말하자 그가 비웃었다. 「남자 친구가 죽었다는 이야기도 들었어요? 내 친구들이 그런 거예요.」 그는 실제로 자랑스럽다는 듯이 가슴을 두드렸다. 「그 사건이 있던 날 의무실에서 울고불고하는 카리나를 보았어요. 나는 웃음이 나왔죠.」 카리나가 나중에 그 일을 확인해 주었다. 「크리슈나는 그 살인 사건과 아무런 관련이 없었지만 그 상황을 즐기고 있었던 것만큼은 분명해요.」

나는 그 모든 일들이 불과 몇 주 전에 함께 스크래블을 하며 희망으로 가득했던 소년과 일치시키기 힘들다고 말했다. 크리슈나가 말했다. 「하지만 그것도 모두 나의 일부예요. 한번은 상담사가 내게 사이코패스에 대해 알아 오라는 숙제를 내 주었어요. 나는 20명의 이야기까지 읽다가 그만두었어요. 무서웠거든요. 나는 내 증오심이 좋아요. 그건 정말 강렬하고 어느 정도 순수하고 진짜예요. 사랑은 싫어요. 사랑은 항상 거짓이고 실망스럽다고 느꼈기 때문이죠. 모두들 그냥 나를 통제하고 싶을 때 사랑한다고 말해요. 나는 증오를 사랑하고 사랑을 증오해요. 이 정도면 내가 사이코패스라고 할 만한가요? 나는 내가 악마라고 생각하지 않아요. 그게 아니길 바라요.」

3일 후 크리슈나는 일하러 나갔다가 돌아오지 않았다. 사회 적응 시설 생활이 2주밖에 남지 않았는데 도망치는 것은 바보 같은 짓이다. 그렇지만 크리슈나는 깨끗한 이력으로 걸어 나가지 않고 도망쳤다. 3개월 후 그는 미니애폴리스 남쪽에서 체포되어 홈 스쿨로 돌아왔다. 나는 크리슈나를 홈 스쿨에서 다시 만났을 때 모든 경찰이 그의 얼굴을 아는데 그 도시에 계속 있었다는 것이 약간 의외였다고 말했다. 그가 대답했다. 「LA로 가는 티켓을 사려고 그레이하운드 역에 두 번이나 갔었어요. 하지만 나는 여기서 지내는 것이 너무 즐거워요.」 그는 자신이 집으로 돌아가는 것이 과연 옳은 일인지 캐럴이 확신을 갖지 못했다고 불평했다. 그가 물었다. 「어머니 때문에 실망했냐고요? 나는 처음부터 어머니에게 관심이 없었어요.」 캐럴은 슬퍼했다. 그녀가 내게 말했다. 「크리슈나는 만족을 유예하는 법을 배우지 못한 것 같아요. 당신이 대신 그 아이의 엄마가 되어 줄 수 있으면 좋겠어요.」

　　크리슈나는 내가 예측 가능한 주기로 파악한 것을 시작했다. 그는 수감되어 있는 한은 낙관적이고 희망을 가질 수 있었지만 풀려나면 곧장 그런 것들을 잃어버렸다. 그는 계속해서 갱으로 살길 원했지만 범죄를 저지르고 싶지는 않았다. 그래서 갱 조직원들이 연기할 각본을 씀으로써 그 생활을 계속하기로 했다. 그는 칼을 대본으로, 총을 프로덕션 밸류*로 삼았다. 내게 자신의 각본 중 하나를 설명하고 나서 그가 갑자기 깊은 생각에 잠겼다. 「나는 비행 청소년이에요. 그렇게 사는 편이 나에게도 맞고요. 내가 어디에 있는지도 잘 알죠. 반면 긍정적으로 살려고 하면 도대체 갈피를 잡을 수가 없어요. 과연 나 자신이 진심으로 긍정적이 되길 원하는지조차 정말 모르겠어요.」

　　나는 크리슈나의 아버지에 대한 이야기를 많이 들었고, 크리슈나가

---

* 영화나 연극에 깊이와 풍부함 등을 부여하는 아이디어나 아이템.

열광하듯이 라울이 정말 온화한 현자인지 아니면 캐럴이 이야기하듯이 교활한 악당인지 알고 싶었다. 우리가 만난 지 3년 후에 크리슈나는 풀려났고 과테말라에 가려고 계획 중이었다. 나는 라울에게 그때 나도 같이 방문하면 어떻겠냐고 제안했다. 라울이 답장했다. 「언제든 환영합니다. 그리고 호텔에 돈과 시간을 낭비할 필요 없습니다. 우리 집에 함께 머무세요. 그래야 편하게 만나서 이야기할 수도 있으니까요.」

　라울은 따뜻하고 공손하며 즉시 호감이 가는 사람이었다. 검고 두꺼운 곱슬머리에 키가 작은 그는 거의 아시아인같이 생겼으며 키가 큰 아들에 비하면 왜소하게 보였다. 그들이 공항으로 나를 마중 나왔다. 나는 구형 스테이션왜건의 트렁크에 가방을 던져 넣었고 우리는 크리슈나의 조부모 집으로 향했다. 크리슈나의 조부모는 내게 평소 손자들이 왔을 때 사용하는 방을 내주었다. 그 방의 서랍장 위에는 불이 켜진 산타클로스와 캐릭터 장난감인 커다란 미스터 포테이토 헤드, 교황의 초상화가 어울리지 않게 모여 있었다.

　라울은 그와 캐럴이 서로 사랑했다고 말했다. 「결혼하기 전에 나는 〈이혼으로 이어질 결혼은, 특히 아이들이 있다면 더더욱 할 수 없다〉고 말했어요. 결과적으로 그녀는 떠났고 아이들을 데려가고 싶어 했어요. 하지만 그녀는 그렇게 하지 못했고, 그 과정도 적절치 못했어요.」 우리는 그날 밤늦게까지 대화를 나누었다. 라울은 도덕성이라는 말을 반복해서 사용했다. 「나는 우리가 보는 저 아이가 진짜 크리슈나라고 생각하지 않아요. 진짜 크리슈나는 5년 전에 미국을 방문하러 갔던 다정한 아이예요. 결국에는 크리슈나의 선한 면이 승리할 겁니다. 하지만 평생 감옥살이를 하거나 총격전으로 목숨을 잃기 전에 그러한 순간이 올지는 미지수예요.」 잠시 뜸을 들였다가 그가 말했다. 「죽음을 불사하거나 기꺼이 감옥에 갈 수 있다고 생각해요. 하지만 갱단을 위해서는 아니에요. 크리슈나에게는 동기가 필요해요.」 라울이 갑자기 노골적인 시선으로 나를 바라보면서 물었다.

「당신이 크리슈나가 동기를 찾을 수 있도록 도와 줄 수 있을까요?」

다음날 아침에 우리는 〈라 리모나다〉라는 빈곤 지역에 있는 아난다 마르가 학교를 방문했다. 세 살에서 여섯 살까지의 아이들이 두 개의 교실에서 공부하고 있었다. 교실은 양철 지붕이 덮인 콘크리트 벙커에 위아래로 있었다. 아이들은 라울과 크리슈나를 약간의 율동을 곁들인 노래로 환영했고 크리슈나는 어색하게 환영 인사를 받았다. 교사가 크리슈나에게 아이들의 영어 수업을 맡아줄 수 있냐고 물었다. 그는 자신의 문신과 갱 같은 차림새가 동네에서 문제가 될 거라고 대답했다. 크리슈나의 변명에 라울은 화가 난 기색이 역력했다. 그러자 크리슈나가 급하게 갈 곳이 있다고 말했고, 라울과 나는 둘이서 도시 외곽에 위치한 작은 아파트로 차를 몰아 여러 나라에서 온 열두 명의 아난다 마르가 신도들을 만났다. 우리는 색 바랜 기도 매트 위에서 명상을 하고, 한 그릇에 담긴 렌즈 콩을 나눠 먹으면서 선과 악에 관한 이야기를 나누었다.

그날 밤 크리슈나는 허세를 부리면서 나를 그 도시의 갱들이 지배하는 지역으로 데려갔다. 그리고 그 지역의 수레노스 갱들에게 나를 소개했다. 그들은 모두 총을 가졌고 갱 문신을 하고 있었다. 어느 순간에 우리가 모여 있는 방 밖에서 총소리가 들렸다. 하지만 이상하게도 방 안의 분위기는 대학 캠퍼스에서 누군가의 친한 선후배들을 만나는 느낌이었다. 나는 수레노스가 아주 위험한 동시에 굉장히 안전하게도 느껴질 수 있다는 사실을 처음으로 이해했다. 갱 자체가 수평적 정체성이었다. 그리고 크리슈나의 삶에서 범죄의 역할은 내가 조사했던 다른 사람들의 삶에서 청각 장애나 왜소증이 차지하는 역할이나, 내 삶에서 동성애가 차지하는 역할과 다르지 않았다. 나는 편지에서 크리슈나가 자신이 어떤 사람인지 자기도 모르기 때문에 내게 이야기해 줄 수 없다고 했던 말을 내내 기억하고 있었다. 그의 어머니는 그러한 혼란이 혼혈 때문이라고 탓했다. 하지만 그의 혼란은 그가 어머니의 아들인지 아버지의 아들인지, 미국인인지 과테말라인인지, 선인지 악인지에 대한 의문을 반영한 것이기도 했다. 이러한 모순의 목록은 너무 길어서 일일이 나열할 수 없을 정도다. 위험한 동네의 그 험악한 방에서 크리슈나는 자신이 누군지 정확히 알고 있었다. 그러한 상태는 그를 안심시켰고 그가 그렇게 편하게 있는 모습을 나는 이전까지 한 번도 본 적이 없었다.

나는 청각 장애인의 세계에 이끌리는 나 자신에게 깜짝 놀란 적이 있었지만 갱단의 세계에 이끌린 것은 훨씬 이상한 경험이었다. 그 안에서 만난 갱단 아이들은 개방적이고 친절했다. 수레노스 갱들과 어울린 경험이 아침에 아난다 마르가 사람들과 렌즈콩을 먹으면서 어울렸던 일보다 더 좋지는 않더라도 딱히 더 나쁘지도 않았다. 나는 그 방에 있는 사람들 중 상당수가 살인을 저질렀다는 사실을 알고 있었다. 하지만 그들은 크리슈나를 대하듯이 내게도 친절했다. 크리슈나는 분명 그런 배려에 굶주려 있었다. 그들의 우정은 진짜였고 포용적이었다. 나는 크리슈나가 과테말라 시티의 슬럼가에서 갱들과 어울리면서 자신의 가장 거친 면을 보여 줄 거라고 생각했지만 정작 그는 자신의 가장 연약한 면을 보여 주었다. 범죄는 정체성이고, 다른 형태의 조직적 야만 행위—예컨대 축구, 전쟁, 각종 차익 거래 등—처럼 커다란 친밀감을 조성할 수 있다. 사회적으로 범죄행위는 반드시 억압되어야 하지만 그러한 억압이 정체성을 깨닫지 못하도록 막지는 말아야 한다. 나는 폭력에 반대하지만 호전적인 친밀함이 달리 기회가 없는 사람들을 결합시킨다고 인정한다. 실제로, 세계의 지도를 새롭게 그리는 정복 사업이 젊은이들의 의리와 공격성에서 비롯된다고 생각한다.

내가 과테말라를 떠나던 날, 라울은 크리슈나의 할아버지에게 공항까지 나를 태워다 달라고 부탁해 두었다. 그리고 크리슈나가 〈저기, 내가 같이 갈까요?〉라고 말했다. 그는 약간은 씩씩하게 내 가방을 들어 차에 실었다. 차를 타고 가는 동안 그는 과테말라인이 쓴 시에 대해서 이야기했고, 나는 엘리자베스 비숍이 브라질에서 쓴 시들을 언급했다. 비숍의 시는

312   부모와 다른 아이들

두 아메리카 대륙의 치환을 표현하고 있었다.[87] 나는 내가 좋아하는 몇몇 구절을 인용했고 크리슈나는 펜을 빌려서 그 구절들을 받아 적었다. 나를 내려 주고 곧바로 떠날 거라는 내 예상과 달리 크리슈나는 내 손에 들려 있던 가방을 자청해서 들고 공항 안까지 함께 들어간 다음 좋은 줄을 골라 주었다. 그가 그 줄이 좋다고 말한 이유는 카운터에 있던 여자에게 관심이 있었기 때문일 터였다. 그는 내가 체크인 할 때까지 기다렸다가 보안 구역까지 배웅해 주었다. 보안 구역으로 들어가며 돌아보자 그가 나를 향해 손을 흔들고 있었다. 「감사합니다.」 그가 외쳤다. 「뭐가?」 내가 물었다. 「와 주신 거요. 그리고 모든 것이요. 보고 싶을 거예요.」 그는 헛기침을 하며 쑥스러운 듯이 서둘러 가 버렸다. 크리슈나의 쓸쓸한 그 모습이 내 마음에 각인처럼 남았다. 빛나던 그 잠깐 동안 나는 라울과 캐럴이 모두 이야기했던 다정한 크리슈나를 보았다.

크리슈나는 미니애폴리스로 돌아와서 다시 어머니와 함께 살았다. 그 다음에 내가 소식을 들었을 때 그는 총에 맞아서 심각한 상태였다. 그는 한쪽 신장과 쓸개 중 일부를 잃었다. 간에는 열상이 있었고, 폐가 붕괴된 상태였으며 〈치명적인〉 출혈이 있었다. 크리슈나가 병원에서 나오자 캐럴은 그에게 다른 곳에 살 집을 구하라고 했다. 그녀는 건조한 음성으로 〈그 놈들이 일을 마무리 지으러 올지도 모르는데 내 집에서 그런 일이 벌어지는 것을 원치 않는다〉고 말했다. 그 후로 그는 거의 언제나 도망자 신세였다. 항상 바뀌는 전화번호 때문에 연락을 취할 수는 없었지만 나는 계속해서 그의 소식을 들을 수 있었다. 세탁과 다림질이 필요할 때마다 그가 어머니의 집에 돌아왔기 때문이다. 5개월 후 캐럴은 크리슈나를 다시 집으로 받아들였다. 얼마 뒤 그는 어떤 갱 조직원들에게 싸움을 걸었고 그들이 캐럴의 집에 총질을 해댔다. 미국에 오랫동안 머물고 있던 아쇼카는 그다음 날로 과테말라에 돌아갔다. 크리슈나에게 남긴 편지에는 〈나는 오빠에게 관심이 필요할 뿐이라고 생각했는데 이제 보니 느린 자살행위였어. 나는 그 일부분이 되고 싶지 않아〉라고 쓰여 있었다. 캐럴이 말했다. 「그래서 나는 또다시 아이들을 잃고 말았어요.」

한 달 후에 크리슈나는 폭행으로 16개월 형을 받았고 이번에는 성인 교도소로 들어갔다. 내가 면회를 가자 그가 그동안 내게 했던 거짓말들을 사과했다. 당시 그는 갱에게 실망한 상태였다. 사건에 개입된 수레노스 중 한 명이 검찰 측 증인으로 돌아섰기 때문이었다. 「내가 하고 싶은 조언은 무엇인지도 모르면서 갱에 가입하지 말라는 거예요. 우리에게는 원칙이 있고 규칙이 있어요. 해야 할 것들과 하지 말아야 할 것들이 있죠.」 내가 규칙을 따르는 것이 그렇게 매력적이면 미국 정부에서 정한 규칙을 따라 보는 것도 괜찮지 않겠냐고 제안하자 그가 웃음을 터뜨렸다. 크리슈나는 매주 캐럴에게 전화를 했다. 캐럴이 말했다. 「크리슈나가 내게 전화하는 것은 그래도 된다고 허락을 받았기 때문이에요. 나는 정말 바보 같았어요. 그래서 더 잘하겠다는 말들이 어떤 의미가 있다고 항상 생각했어요. 크리슈나에게 물었어요. 〈네가 쓰고 있는 각본에서 부르짖던 낙관론은 다 어쩌고?〉 그가 말했어요. 〈그냥 말일 뿐이에요.〉 도대체 진실은 어디 있죠? 나는 진실을 알 수 있다면 뭐든지 하겠어요. 진실이 아무리 추하더라도, 진짜 추하더라도 다만 몇 분만이라도 알 수 있다면 받아들일 수 있어요. 그것이 내 바람이에요.」 그녀가 슬픈 표정으로 나를 바라보았다. 「앤드루, 나는 이제 아들보다 당신을 더 잘 알아요.」

크리슈나는 감옥에서 출소하자 미국 대학 입학 학력고사를 치렀고 맨 처음 선택한 UCLA를 비롯해서 여러 대학에 시험 결과를 보냈다. 하지만 응시 원서가 처리되기도 전에 그는 네 명의 갱 동료와 차를 타고 나갔고, 결과적으로 바토스 로코스* 중 한 명이 총에 맞아 죽은 사건에 휘말렸다. 그는 갱단의 이익을 위해 범죄자를 도왔다는 혐의를 받았고 자신의 유죄

---

* 길거리 갱을 지칭하는 말.

를 인정했다. 그리고 경비가 삼엄한 미네소타 스틸워터 교도소에서 8년을 복역하라는 선고를 받았다.

시도하는 것을 겁내지 않았다면 크리슈나는 다른 곳에서 어울릴 사람들을 찾을 수 있었을 것이다. 그는 확실히 UCLA에 들어갈 수 있을 정도로 똑똑했다. 그는 허세 뒤에 숨어서 자신이 두려워하는 위험을 피했다. 그가 가지고 다니던 총은 단지 이행 대상 즉 보다 요란한 형태의 라이너스의 담요였다. 대학 신입생이 된 그의 모습이 꿈의 수평선 위에 어른거렸다. 그는 〈지금의 모습〉이 되지 않았더라면 될 수도 있었던 수많은 〈잠재적인 모습〉이 있었지만 지금의 모습에 갇혀 있었다. 수평적 정체성을 찾는 일은 삶에서 가장 큰 해방감을 줄 수도 있지만 동시에 치명적인 일이 될 수도 있다. 크리슈나의 경우에는 비유적인 감옥이 그를 실제 감옥에 들어가게 만들었다.

스틸워터 교도소는 온통 잿빛이었다. 크리슈나는 면회실에 올 때마다 말쑥한 차림이었다. 하지만 그의 이상주의적인 면은 희미해졌다. 어느 날 오후 크리슈나가 면회실에서 내게 말했다. 「이제는 어머니를 미워하지 않아요. 전에는 어머니가 나를 무력하게 만드는 장본인이라고 생각했어요. 지금은 어머니가 나름의 방식대로 나를 사랑한다고 생각해요. 나는 자라면서 너무 무력하다고 느꼈어요. 사는 곳도 선택할 수 없었죠. 그리고 깨달았어요. 갱단에 들어가면 정말 강하다고 느낄 수 있을 것 같았어요. 그런데 그 결과가 뭐죠? 나는 다시 완전히 무력해졌어요. 처음의 그 자리로 되돌아온 거예요. 이번에는 스스로 그렇게 되었다는 점이 다를 뿐이죠.」

몇 주 후 캐럴이 내게 말했다. 「크리슈나는 억압받는 사람들과 일하고 싶어 했어요. 자기 사람들 즉 권리를 박탈당한 라틴계 사람들과 말이에요. 하지만 그가 뭘 했게요? 그들이 서로를 죽이게 만들고 감옥에 가게 했죠. 그가 자기 사람들이라고 이야기하던 사람들을 말이에요. 그들에게는 크리슈나가 없는 편이 더 나았을 거예요.」 나는 혹시 그녀도 크리슈나가 없는 편이 자신에게 더 낫다고 생각하는지 물었다. 캐럴이 말했다. 「나는 항상 그 아이 없이 지냈어요. 지금의 크리슈나는 정말이지 전혀 그립지 않아요. 예전의 크리슈나가 너무 그리워요. 나는 그 아이의 예전 모습에 대해서는 내가 옳다고 확신해요. 그리고 그 예전의 아이가 자라서 되었을 사람도 진심으로 보고 싶어요.」

이제껏 청소년 범죄자보다 내게 혼란스러운 정보를 준 집단은 없었다. 그들은 어른을, 백인을 그리고 권력을 가진 남자를 신뢰하거나 좋아하지 않았으며, 그들의 무조건반사적인 가식은 애초에 그들이 감옥에 가게 만든 원인의 일부였다. 그러나 근본적으로 그들은 자신의 현실을 이해하지 못했다. 그들은 상황 파악이 더뎠고 항상 가정법으로 이야기했다.

감옥은 인간을 감정적으로 몰입하게 만든다. 감옥에서는 정상적인 인간 활동 중 상당 부분이 금지당하고, 수감자들은 일반적인 의사 결정 중 많은 부분—무엇을 먹을지, 언제 먹을지, 언제 샤워를 할지 등—을 스스로 할 수 없기 때문이다. 거리에서 스스로 살아가면서 이런저런 범죄에 가담하고 세상을 잊게 해주는 마약을 복용하다가 그러지 못하게 되면서 어쩔 수 없이 생각을 하게 되는 것이다. 생각에 잠긴 죄수들은 사랑과 증오, 화합과 복수를 곱씹는다. 자신을 감옥에 보낸 이들에게 복수할 방법을 고민한다. 내가 만난 죄수들은 거의 하나같이 자신이 다른 누군가 때문에 수감되었다고, 또는 범죄를 저지르게 되었다고 불평했다. 그들은 또한 남편이나 아내, 남자 친구나 여자 친구, 자식이나 부모처럼 자신을 도와줄 사람을 갈망하며, 가족의 비교적 한결같은 사랑은 순수했던 시절의 소중한 추억이 된다.

크리슈나에게는 그가 다른 사람들에게 행한 악행보다 자신이 감내해야 했던 악행이 훨씬 현실에 가까웠다.[88] 그럼에도 내가 만난 다른 아이들은 이전의 죄책감과 손상된 죄의식에 객관적인 무게를 부여하기 위해서 범죄자가 된 듯했다. 홈 스쿨에서 나와 친해진 틴들 윌키는 여섯 살 때 당시 유치원 교사였던 어머니와 싸운 뒤 학교 양호 선생님에게 어머니가 자신을 학대한다고 말했고, 이후에 학교의 사회복지사에게도 똑같이 이야기했다. 물론 어머니는 그를 학대하지 않았다. 그는 단지 어머니를 난처하게 만들고 싶었을 뿐이었다. 하지만 그 결과로 틴들과 여동생은 영구적으로 위탁 가정에 보내졌고 그의 어머니는 5년간 교사 일을 금지당했다. 그리고 틴들의 이 실수는 향후 그의 인생 전반에 걸쳐서 영향을 끼쳤다.

미트 에베츠는 다른 교도소에서 만난 청소년 갱이었다. 그가 여덟 살 때 어머니는 누가 와서 문을 두드려도 절대로 대답하지 말라는 경고와 함께 그에게 여동생을 맡기고 외출하고는 했다.[89] 그러던 어느 날이었다. 그가 도저히 무시할 수 없을 정도로 누군가가 집요하게 문을 두드렸다. 아이들만 집에 있다는 이웃의 신고를 받고 출동한 경찰이었다. 아이들은 어머니와 생이별한 채로 위탁 가정을 전전했다. 로드 짐*처럼 미트는 딱 한 번 저지른 실수 때문에 끊임없이 시달렸다. 그는 자신이 어머니와 여동생의 인생을 망쳤고 그래서 자신의 도덕적 중심이 사라졌다고 생각했다. 그가 나중에 범죄를 저지르고, 마약을 팔고, 폭력을 행사한 일들은 자신을 처벌하고자 하는 그의 욕구를 채워 주었다. 범죄를 둘러싼 통설은 자식에게 상처를 준 부모 때문에 범죄가 일어난다고 말한다. 그리고 범죄는 그 유산으로 부모에게 자식에 의한 상처를 남긴다. 흔히 그러한 범죄행위에 동반되는 아픔은 다른 모든 죄책감을 완전히 덮어 주기도 한다.

사랑은 순수 직관일 뿐만 아니라 기술이다. 홈 스쿨 같은 교도소의 치료 프로그램은 집단 활동과 일기나 편지 쓰기를 통해 반성할 수 있는 계기와 구조를 제공한다. 또한 자녀가 홈 스쿨에 들어가면 그 부모도 배움의

---

* J. 콘래드가 쓴 소설의 등장인물. 항해사 짐은 위험에 빠진 배에서 승객들을 버려두고 바다에 뛰어들었으나 배는 무사했고 짐은 평생 치욕감에서 벗어나지 못했다.

기회를 갖는다. 교도소에서는 애정의 한도가 정해지며, 사람에 따라서는 기준이 정해져 있지 않은 일상 세계보다 이편이 더 수월할 수 있다. 예컨대 면회일이 되면 교도소에 찾아가고, 그곳에서 하루 종일 머물고, 운동화를 가져가거나 수감된 아들의 여자 친구를 가족처럼 대해서 그녀가 아들과 헤어지지 않도록 도와주는 등의 명백하고 구체적인 행동은 꼭 기분이 좋아야 할 수 있는 일이 아니다. 그렇지 않았다면 성질이 급하고 감정이 변화무쌍한 많은 사람들이 그런 일을 힘들어했을 것이다. 수시로 감정 변화를 겪는 사람이라도 일주일에 한 번 정도는 일관된 감정을 유지할 수 있다. 대다수 수감자들에게 이를테면 〈부모님이 면회일에 오겠다고 했는데 정말 왔어요〉라는 식의 유효한 신뢰는 거의 계시에 가깝다. 이러한 부모의 지지가 자녀의 출소와 동시에 사라지는 경우도 있었지만 경우에 따라서는 계속해서 보조 바퀴처럼 작용했다. 요컨대 자녀의 형기가 끝날 즈음에는 부모 역시 새로운 자신감과 기술이 생기고 아무런 도움이 없어도 자신의 역할을 수행할 준비가 되었다.

　이론적으로 말하자면 문제 청소년과 가족의 재결합은 그 뒤에 이어질 사회 전체와의 잠재적인 재결합을 반영할 수 있다. 나는 헤네핀 카운티 교정 시설의 가족 면회일에 처음 방문했을 때 상황이 거의 비슷해 보이는 두 명의 소년과 이야기를 나누었다. 그들은 나이도 같았고, 형량도 비슷했으며, 출소 예정일도 거의 같았다. 곧 나는 두 아이 중 한 명의 부모가 모든 재판일과 가족 상담 시간 및 면회 시간에 참석하기 위해서 매번 자동차로 두 시간씩 걸리는 거리를 찾아왔음을 알게 되었다. 그 아이의 어머니는 그가 석방 후에 일할 수 있도록 벌써 건설업 쪽에 일자리도 마련해 둔 상태였다. 다른 아이의 가족은 고등교육을 받은 중산층이었고 시설에서 3킬로미터도 떨어지지 않은 곳에서 살았지만 한 번도 그를 찾아오지 않았고 그는 친구의 가족과 건성으로 어울렸다. 이후 두 소년은 서로 다른 세상으로 출소했다.

나는 잉글랜드 북쪽 뉴캐슬 근처의 감시가 엄중한 캐스팅턴 교도소를 방문했다. 그곳은 홈 스쿨보다 전통적이고 시설이 낡은 감옥이었다. 미네소타에서는 홈 스쿨 직원들이 항상 그곳 아이들에게 나하고 꼭 이야기할 의무는 없다고 알려 주고는 했다. 나는 캐스팅턴의 입소 절차를 참관하러 그곳에 갔고 이를테면 신입 수감자들이 알몸 수색받을 때도 그 자리에 있었다. 영국의 수감자들은 홈 스쿨 수감자들의 특징이던 자기 인식적인 태도를 보이지 않았고, 심지어 자기 인식에 관한 환상조차 갖지 않았다. 프랭크 버클랜드는 사촌의 남자 친구 얼굴을 칼로 그어서 감옥에 들어왔다. 그는 출소일이 다가옴에 따라 겁을 먹는 듯 보였다. 프랭크가 말했다. 「나는 이 안에서 폭력성을 꽤 잘 제어하고 있어요.」 실제로도 그는 모범수였다. 「하지만 다른 녀석들처럼 밖에 나가서 술도 마시고 여자도 만나고 싶어요. 다시 폭력을 휘두르게 될지 어떨지는 모르겠어요.」 그는 자신의 미래에 대해 그가 어찌할 수 없는 미지의 것인 양 말했다. 그의 어머니도 어쩔 수 없다는 듯이 동조했다. 「그냥 지켜보면서 기다리는 수밖에 없어요.」 홈 스쿨의 청소년들은 출소 후에 할 일을 생각하고 계획하라고 배운다. 반면 캐스팅턴에서 나는 출소 후에 어떻게 살 것인지 고민하는 수감자를 한 명도 만나지 못했다.[90]

　　감옥 안에서 미래를 생각하는 것은 별 볼 일 없는 환상에 불과하지만 특정한 환상을 지속적으로 품고 그것을 바라는 행위는 수감자들이 출소 후에 새 삶을 사는 능력과 밀접한 관련이 있다. 나와 함께 스테이크를 먹는 내내 개 생활의 미덕을 찬양하던 크리슈나의 행동은 불길한 신호였다. 남자 친구의 죽음을 검정고시를 끝마칠 이유로 삼은 카리나의 행동은 좋은 징조였다. 홈 스쿨은 수감자가 도움을 받아 천천히 바깥세상으로 돌아갈 수 있도록 단계적 프로그램을 제공한다. 테리 바흐가 말했다. 「내가 아는 부모들은 자녀가 출소하고 나서도 문제가 생기면 내게 편하게 전화합니다.」 카리나는 좋아하던 교도관과 계속 가깝게 지내며 수시로 조언을 구하기 위해 찾아갔다. 이러한 관계에 인간애가 더해지면 굉장히 생산적이 된다.

　대부분의 수평적 정체성에서 해당 정체성 집단의 원초적 잘못을 판단하는 문제는 매우 중요하다. 정말 가슴 아픈 주장은 이를테면 장애 아동이 자신의 장애 때문에 처벌받을 자격도 없다는 것이다. 이 장에서 우리는 범죄를 저지른 아이들을 살펴보았고 때로 부모가 심하게 잘못을 저지른 경우도 함께 보았다. 하지만 동시에 이러한 가족들 중 상당수는 사회적인 멸시와 잔혹한 일을 당했으며, 감정적·경제적으로 고립을 겪었고 낙담하고 좌절했다. 나는 자녀를 도와주고 싶지만 실질적으로 도움을 줄 수 있는 수단이나 지식이 없는 부모들을 많이 만났다. 장애 아동을 둔 부모와 마찬가지로 그들도 표면상 자격이 있었지만 실제로 사회복지 서비스를 받을 수는 없었다. 이러한 부모들에게 쏟아지는 비난은 우리가 해결할 수도 있는 문제들을 더욱 악화시킨다. 우리는 그들의 삶을 현실로 인정하길 거부함으로써 우리의 인류애를 훼손할 뿐 아니라 우리 스스로를 위험에 빠뜨리고 있는 것이다.
　다른 수많은 질환에 비하면 범죄성은 상대적으로 해결 가능한 대상처럼 보인다. 아무리 애를 써도 자신의 다운증후군에서 벗어날 수 있는 사람은 없다. 하지만 어떤 이들은 범죄를 저지르던 과거에서 빠져나오기도 한다. 그러기 위해서는 이들에게 일반적으로 방대한 지원이 필요하다. 범죄예방 연구를 통해서 효과적인 해결책들이 많이 만들어지기도 했다. 하지만 우리는 사회의 광대한 부문에서 부채를 탕감하느라 그런 해결책의 대부분을 무시한다. 비행 청소년 문제를 다루는 사람들 중 4분의 3가량은 범죄 문제를 해결할 수 있는 효과적인 치료법이 존재한다고 생각하지만, 소년 법원이 도움이 된다고 생각하는 이들은 3~6퍼센트에 불과하다.[91] 사회에서 천대받는 아이들이 우리의 공감 부족 때문에 성공적인 치료를 받지 못하고 있는 것이다. 그럼에도 당연하듯이 치료가 보류되는 이유는 치료 차원의 개입이 범죄자에게 지나치게 관대한 조치라는 일반적인 편견 외에도, 경우에 따라서는 치료가 비효율적이고 터무니없이 비싸다는 주장 때문이다. 하지만 비효율적이고 비싸다는 것은 정당한 이유가 될 수 없다. 미성년자 한 명을 교도소에 구금하기 위해서는 연간 약 2만에서 6만 5천 달러의 비용이 든다.[92] 교도소에서 갱생 프로그램을 보다 많이 운영하면 폭력을 줄일 수 있고 이는 비용 감소로 이어질 수 있다. 하지만 주된 재정적 이익은 재범행을 줄이는 데서 얻을 수 있다.[93] 범죄는 막대한 연쇄 비용을 발생시킨다. 여기에는 재산 피해를 물론이고 재판 비용, 상해 치료비 및 겁에 질린 피해자가 입는 심리적 부채 등도 포함된다. 국립 약물중독 및 남용 센터 소장 조지프 캘리파노는 〈치료와 책임은 서로 배타적인 목표가 아니라 상호 보완적인 목표다〉라고 말했다.[94]

머시드 캘리포니아 대학 심리학과 교수 윌리엄 셰디시William R. Shadish는 163개의 연구 결과에 대한 메타 분석을 통해 가족의 개입이 가장 유효한 방법임을 입증했다.[95] 또 다른 메타 분석의 결과에 따르면 〈가족이나 부모가 개입하면 청소년 범죄자들이 교도소나 구금 시설 같은 기관에서 보내는 시간이 상당히 줄어드는 결과를 가져올 수 있다〉.[96] 자폐증이나 다운증후군의 경우와 마찬가지로 효과가 가장 확실한 방법은 역시 조기 개입이다. 청소년 폭력 문제를 다룬 2001년도 미국 공중위생국 보고서에 따르면, 예비 부모를 방문해서 임신부에게 양육 기술을 가르치면 청소년 범죄가 줄어들 수 있다는 사실이 확인되었다.[97] 이런 프로그램은 후속 조치가 뒤따를 때 가장 효과적이다. 한 연구원은 이 같은 접근법을 치아 관리에 비유하면서, 건강한 치아를 위해서는 정기적인 유지 보수가 필요하며 어릴 때 한 번 예방접종을 했다고 해서 질병을 완전히 예방할 수 있는 것은 아니라고 설명했다.[98]

참을성이 없는 사회는 치료가 보다 분명한 목표에 집중되길 원한다. 그 결과 대부분의 가족 프로그램은 위기의 아이들이 나이가 든 다음에야 시작되고, 이미 범죄자로 알려진 사람의 가족들만 참여하게 된다. 이런 치료 프로그램은 대체로 약어로 알려져 있다. 이를테면 BPT, FFT, MST, SFT, BSFT, MFGI, Fast, FET, TFC 등이다. 이런 프로그램들 대부분은 인지 및 행동 모델을 활용한다. 부모들은 일관성 있고, 공정하며, 감정적으로 개방적이 되는 법을 배우고, 아이들은 자신의 감정을 이해하고, 분노를 조절하고, 보다 적절한 방식으로 의사소통하는 방법을 배운다. 부모와 아이가 다 함께 갈등 해결 능력을 배양하는 것이다. 어떤 치료 프로그램은 수감자 가족의 의식주가 적절히 해결될 수 있도록 도와주면서 실질적인 문제를 다루기도 한다. 또 어떤 프로그램은 수감자를 모범적인 위탁 가정에 보내고 그들을 다시 돌려보내기 전에 친가족들을 불러서 위탁 가정을 관찰하게 한다.

　　예일 대학 육아 센터의 앨런 카즈딘Alan Kazdin과 연구팀은 폭력이나 공포가 배제된 훈육 방식을 옹호한다. 가정 내의 교정 방식을 바꾼다면 청소년이 국가의 교정 시설과 멀어지게 할 수 있다는 것이다.[99] 한 연구는 행동 및 커뮤니케이션 접근법이 재범률을 반으로 줄일 수 있다고 주장했다.[100] 또 다른 연구에 따르면, 단순히 보호관찰만 받는 아이들은 보호관찰을 받으면서 가족 치료에 참여한 대조군보다 다시 범행을 저지를 가능성이 10배가량 높았다. 또 어떤 연구는 수감된 비행 청소년들이 감옥에서 가족 치료를 받았을 때 60퍼센트의 재범률을 보인 반면, 치료를 받지 않았을 때는 교정이 헛수고나 다름없는 93퍼센트의 재범률을 보였다고 보고했다.[101] 가족이 조기 치료를 받지 않은 위기의 아이들은 조기 치료를 받은 가족의 아이들에 비해서 열여덟 살 이전에 폭력 범죄로 체포될 가능성이 70퍼센트나 높았다.[102] 하지만 이러한 통계는 우리가 청소년 범죄를 다루는 방식에 정작 아무런 영향도 미치지 못했다. 요컨대 소년교도소 열 곳 중 한 곳만이 가족 치료를 활용하고 있으며 그들 중 약 4분의 1만이 지속적으로 치료를 실시한다.[103] 우리는 아이들이 저지른 잔혹 행위를 맹렬히 비난하지만 언제나 효과적인 예방보다는 만족스러운 징벌을 선택한다.

　기본적인 가족 치료 프로그램은 대략적으로 가족당 2천 달러에서 3만 달러의 비용이면 어디서나 실행될 수 있다. 〈하이스코프 페리 프리스쿨 프로젝트〉는 위험군으로 분류되는 신참 어머니들에게 치료를 실시하는 비용 1달러당 나중에 들여야 할 비용 7달러가 절약된다는 사실을 보여 주었다.[104] 이 수치는 치료의 결과로 법을 어기지 않은 이들의 긍정적인 경제적 기여는 아예 고려하지도 않은 것이다. 캘리포니아에서 강력 범죄를 예방하는 데 드는 비용을 따져 보면 〈삼진 아웃제〉의 경우 범죄 한 건당 대략 1만 6천 달러, 가석방의 경우 대략 1만 4천 달러가 드는 반면에 그 부모를 교육하는 경우에는 겨우 6,351달러가 들 뿐이다.[105] 아이들을 학교에 잡아 두기 위한 졸업 장려금은 비교적 적은 비용으로 아주 훌륭한 결과를 보여 준다. 페리 프로젝트에 따르면, 미국에서 위험한 환경에 처한 5세 미만의 자녀를 둔 저소득 가정에 개입하는 데 실패함으로써 4천억 달러의 비용이 들 수 있다.[106] 범죄를 억제하기 위해서 올해에 돈을 쓰면 10년 후에는 교도소에 드는 비용이 크게 줄어들 수 있지만 이런 등식을 품목별 예산에, 특히 정치 회기 내에 성과를 거두어야 하는 예산에 적용하기는 힘든 현실이다.

　치료에 관한 논의에서 도덕적인 문제는 불가피해 보인다. 폭력 범죄에 치료로써 대응하면 어떤 메시지를 줄 수 있을까? 우리가 형량을 줄이기로 하면 원래는 감옥에 갇혀 있었을 이들이 더 많은 범죄를 저지를 것이다. 캘리포니아의 삼진 아웃제는 성인 범죄를 25퍼센트 줄이기 위해 계획되었다. 이 목표는 달성되었다고 할 수도, 그렇지 않다고 할 수도 있다. 그 어떤 예방 프로그램이나 치료 프로그램도 이 같은 야심찬 목표를 성취한 적이 없었다. 하지만 한편으로 삼진 아웃제는 터무니없이 많은 비용이 들었고 그 결과 캘리포니아 주는 파산 직전에 놓였다. 사법제도를 해체하거나 친절하게만 굴어서는 범죄를 소탕할 수 없다. 화재를 진압하기 위해서 오히려 불을 질러야 할 때도 있는 법이다. 그러나 치료 프로그램으로 처벌적인 정의가 강화될 수 있다는 압도적 증거들도 있다. 치료적 개입을 위해 교도소 제도를 폐지하는 것은 미친 짓이지만 오늘날 미국의 많은 곳에서 볼 수 있듯이 치료적 개입이 배제된 교도소 제도 역시 미친 짓이다.

인간의 충동이 다양하다는 점을 인식하지 못하는 사람들과, 애초에 유혹을 느끼지도 않았던 행동에 빠지지 않았다는 이유로 우월감을 느끼는 사람들에게는 특유의 오만이 있다. 성범죄자를 혐오하는 사람들은 자신이 아동에게 성적으로 끌리지 않는다는 사실은 인정하지 않은 채 아동과의 성관계를 추구하지 않는 데 의기양양해한다. 약물에 의존하는 경향이 없는 사람들은 중독자를 경멸한다. 소식가들은 병적으로 비만인 사람들을 멸시하기 일쑤다. 아마도 100년 전이었다면 나는 동성애 때문에 감옥에 갔을 것이다. 다행히도 나 자신에 대해 솔직할 수 있는 장소와 시대에 살고 있을 뿐이다. 내가 동성애자로서의 내 욕구를 거부해야 했더라면 그것은 거부해야 할 욕구가 없는 이성애자의 경험과는 사뭇 다른 경험일 것이다. 나는 범죄자들과 시간을 보내면서 그들 중에는 충동을 조절하지 못하거나, 나약하거나, 어리석고 파괴적인 사람도 많지만 강박적인 충동에 이끌리는 사람도 많다는 것을 알았다. 어떤 이들은 자신의 내면에서 훔치고 싶은 욕망이 매 순간 불타오르고 있음에도 절도를 자제함으로써 엄청난 용기를 보여 준다. 그들이 스스로 없애 버릴 수 없는 악마를 억누르는 일은 절도를 달갑지 않게 생각하는 사람들이 법을 지키는 것과는 완전히 다르다.

대체로 범죄자의 가족들은 그들의 자녀가 파괴적인 짓을 했다는 점을 인정하기 위해, 그리고 어쨌거나 그를 계속 사랑하기 위해 애쓴다. 그럼에도 어떤 이들은 사랑하길 포기하거나 나쁜 행동을 모른 체하기도 한다. 포기나 외면 어느 쪽에도 해당하지 않는 이상적인 상태는 죄는 미워하되 죄인은 사랑하라는 개념에서 시작되지만 죄와 죄인은 그렇게 쉽게 분리될 수 없다. 인간이 죄인을 사랑한다면 그의 죄도 포함해서 사랑하는 것이다.

사랑하는 사람에게서 어두운 면을 발견하고, 하지만 그 어두운 면을 인정하고, 그래서 사랑이 더욱 강해질 때 마침내 우리는 눈이 침침할 때도 또렷하게 볼 수 있는 진실한 사랑을 얻는다. 나는 비극을 겪으면서 다른 누구보다 이러한 모순을 잘 끌어안을 줄 알게 된 가족을 만났고, 인생을 망친 사람들에게 한없이 깊은 사랑과 무한한 이해심을 보이던 어머니를 만났다. 그녀의 사랑은 마치 코델리아*의 사랑처럼 난해하면서도 진실했고, 포용적이었으며, 헌신적이었다.

1999년 4월 20일에 콜로라도 리틀턴의 콜럼바인 고등학교 졸업반이었던 에릭 해리스와 딜런 클리볼드는 첫 번째 점심시간인 오전 11시 17분에 터지도록 폭탄을 식당에 설치하고, 도망치는 학생들을 모두 총으로 쏘려고 계획하고 있었다.[107] 설치한 뇌관에 문제가 있어서 폭탄이 터지지 않자 그들은 학교 전체를 인질로 잡고 학생 열두 명과 교사 한 명을 쏴 죽인 뒤 가지고 있던 총으로 자살했다. 당시 이 일은 역사상 최악의 학교 폭력 사건이었다. 미국의 우파는 붕괴된 〈가족의 가치〉를 탓했고, 좌파는 영화의 폭력성을 공격하면서 총기 규제법을 강화하려고 했다. 이 불가해한 사건을 이해하려는 노력의 일환으로 문화 전반에 대한 대대적인 비판이 일어났다.

그날의 사망자 숫자는 보통 열세 명으로 기록되고, 콜럼바인 기념관도 클리볼드와 해리스는 그날 그 자리에서 죽지 않은 것처럼 열세 명의 죽음만을 추모한다. 사건 당시와 이후의 다양한 추측과 달리 이 두 소년은 결손가정 출신도 아니고 폭력 전과도 없었다. 이 끔찍한 사건을 목격한 사람들은 훌륭한 양육을 통해 자녀가 에릭 해리스나 딜런 클리볼드처럼 자

---

* 셰익스피어의 「리어왕」에 나오는 막내딸. 가식적인 두 언니와 달리 끝까지 아버지를 진실하게 사랑한다.

라는 것을 막을 수 있다고 믿고 싶어 한다. 그러나 악은 항상 예측이나 설명이 불가능한 방식으로 나타난다. 자폐증이나 정신분열증 환자의 가족들은 분명히 건강하다고 생각했던 자녀에게 무슨 일이 생긴 것인지 의아해한다. 마찬가지로 끔찍한 행동을 하기 시작한 자녀 문제로 씨름하는 가족들은 그들이 이해한다고 생각했던 순진한 자녀에게 무슨 일이 있었는지 의문을 갖는다.

나는 딜런의 부모를 만나면 그의 행동을 분명히 이해하는 데 도움이 될 거란 기대를 안고 톰과 수 부부를 인터뷰하기 시작했다. 하지만 클리볼드 가족을 더 알게 되면 될수록 더욱 혼란스러웠다. (딜런이 죽기 전까지 장애인을 보살피는 일을 했던) 수 클리볼드의 친절함은 방치되거나 학대받는 많은 아동들에게 기도의 응답이었을 터였고, 톰 클리볼드의 낙관적인 열정은 누군가의 지친 영혼을 이끌어 주었을 터였다. 클리볼드 가족은 이 책을 쓰면서 만난 많은 가족들 중에서 내가 가장 의욕적으로 만난 사람들이다. 그들은 자신만의 오레스테이아*에 빠졌지만 놀라운 용서와 공감을 배웠다. 그들은 가장 친밀한 인간관계를 통해서도 알 수 없었던 끔찍하고 심오한 불가지(不可知)의 피해자이다. 나쁜 사람보다는 선한 사람을 사랑하기가 더 쉽다. 하지만 선한 사람보다 사랑하는 나쁜 사람을 잃는 것이 어쩌면 더 힘든 일일 수 있다. 한번은 수가 내게 이렇게 말했다. 「요전 날 밤에 로만 폴란스키의 영화 「악마의 씨Rosemary's Baby」를 보면서 주인공 로즈메리에게 정말 마음이 쓰였어요.」 콜럼바인 사건 이후에 뉴스 프로그램 진행자인 바버라 월터스와 인터뷰하면서 딜런과 같은 반이었던 학생 중 한 명의 아버지는 클리볼드 가족에 대해 〈그들은 유리 감옥에 있었어요. 그들이라고 이 퍼즐에 대해 다른 사람들보다 더 많은 조각을 가지고 있지는 않아요〉[108]라고 말했다.

---

* 고대 그리스의 비극 시인 아이스킬로스가 쓴 비극.

딜런은 문제의 4월 20일에 학교에 가면서 현관문을 쾅 소리가 나도록 닫으면서 〈안녕〉이라고 말했고, 그것이 두 아이 중 막내인 딜런에게서 수가 마지막으로 들은 말이었다. 그날 낮에 톰은 학교에서 총기 난사 사건이 발생했으며 딜런이 용의자라는 전화를 받았다. 톰은 수에게 전화했다. 수가 말했다. 「나는 그 아이가 벌이고 있는 짓이 어떤 일인지 문득 깨달았어요. 그리고 리틀턴에 있는 다른 모든 어머니들이 자신의 아이가 안전하기를 기도할 때 나는 다른 아이들이 더 다치기 전에 우리 아이가 죽기를 기도해야 했어요. 만약 그 같은 일이 실제로 일어나고 있고 딜런이 살아남는다면 그는 형사법으로 체포되고 사형될 거라는 생각이 들었죠. 그것은 딜런을 두 번 잃는 일이었고 견딜 수 없을 것 같았어요. 나는 가장 힘든 기도를 드렸어요. 딜런이 자살하게 해달라고 빌었죠. 그러면 나는 적어도 그가 죽고 싶어 했다는 것을 알 수 있고 그가 경찰의 총에 맞아 체포되었을 때 내게 쏟아질 질문도 남지 않을 거잖아요. 내가 옳았는지 모르지만 어쨌거나 나는 그 뒤로 오랫동안 그렇게 기도한 것을 후회했어요. 나는 아들이 자살하길 바랐고 딜런은 그렇게 했어요.」

그날 밤에 경찰이 와서 그들 부부에게 집을 떠나라고 말했다. 집을 샅샅이 수색하기 위한 이유도 있었지만 그들의 안전을 위해서이기도 했다. 수가 말했다. 「나는 딜런의 죽음에 대해 생각했어요. 그리고 〈딜런은 어리고 건강했으니까 장기를 기증할 수도 있겠다〉고 생각했죠. 그런데 곧바로 〈누가 살인자의 장기를 원할까?〉라는 생각이 들었어요. 그제야 세상이 우리 아들을 어떻게 볼지 깨달았어요.」 클리볼드 부부는 톰의 여동생 집에서 나흘간 머물다가 딜런의 장례식 날에 맞춰 집으로 돌아왔다. 「우리는 무슨 일이 일어난 것인지 제대로 몰랐어요.」 수가 말했다. 「그저 딜런이 죽었다는 것만, 그 아이가 자살했고 그 사건에 연관되어 있다는 것만 알았죠.」

리틀턴에 애도의 시간이 시작되었고 일리노이의 한 목수가 학교 근처 언덕에 십자가 열다섯 개를 세웠다. 톰이 말했다. 「그 일로 기운이 났어요.

지역사회의 일부가 되고 싶었죠. 나는 우리가 다 함께 슬퍼할 수 있을 거라 생각했습니다.」 수가 회상했다. 「다른 희생자들만큼이나 딜런과 에릭의 십자가 밑에도 꽃들이 놓였어요.」 하지만 불과 얼마 뒤 일부 희생자들의 부모가 딜런과 에릭의 십자가를 없애 버렸다. 지역 교회의 청년회도 추모를 위해 열다섯 그루의 나무를 심었지만 일부 희생자의 부모가 기자들의 호위를 받으면서 딜런과 에릭의 나무를 베어 내기 위해 나타났다. 일주일 뒤에 열린 콜럼바인 고등학교 졸업식에서는 희생자에 대한 헌사가 있었는데, 교장은 딜런과 에릭의 친구들에게 그 자리에 오지 말라고 요구했다. 오래지 않아 콜럼바인 사건에 대한 기사들은 열다섯보다 열셋이라는 숫자를 사용하기 시작했다. 톰이 말했다. 「간단히 말하자면 이런 식이었죠. 열세 명이 죽었다. 두 명의 나치가 아이들을 죽였고 책임은 그들 부모에게 있다. 그들은 린치를 일삼는 무리였다.」 수가 생각에 잠긴 채 말했다. 「다른 부모들이 자신들은 자식을 잃어서 슬프지만 나는 아닐 거라고 생각하는 것 같아요. 그들의 아이는 소중하고 우리 아이는 그렇지 않으니까요. 하지만 우리 아이도 죽었어요. 딜런이 끔찍한 결심을 했고 죽기 전에 끔찍한 짓을 벌였지만 그는 여전히 우리 아이고 죽은 것도 사실이죠.」

클리볼드 부부의 변호사는 그들에게 언론과 이야기하지 말라고 충고했다. 그들의 침묵은 지역사회의 적대감을 악화시켰다. 톰이 말했다. 「무언가를 읽지만 반응할 수는 없었어요. 거짓이고, 오해의 소지가 있고, 선동적이라는 사실을 알면서도 말이에요.」 수가 말했다. 「끊임없이 얻어맞고 또 맞는 것 같았어요. 하지만 반격할 수는 없었죠.」 감정을 정화하기 위한 필사적인 노력의 일환으로 수는 그날 사건으로 죽거나 부상당한 아이들의 부모에게 손으로 직접 편지를 썼다. 그녀는 그날 벌어진 일에 대해서 책임을 느끼지는 않았지만 그로 인한 절망감을 덜어 주고 싶었다. 그녀는 나중에 〈내게는 이 지역사회의 치유를 돕는 유일한 방법이 각각의 희생자들과 일대일 관계를 맺으려고 노력하는 것이었어요. 《나와 대화를 나누고 싶다면 얼마든지 시간을 내드릴게요. 여러분 집이나 목사님의 사무실, 원한다면 중재자와 함께 나를 만날 수 있어요. 나와 이야기해서 도움이 된다면 나는 여기 있어요.》 그 사람들에게 이렇게 말할 수 있을 때까지 계속 노력할 거예요〉라고 설명했다. 그러나 실제로는 그렇게 하지 못했다. 상담사가 그녀에게 희생자의 부모들을 만나는 일이 그들에게 다시 상처를 줄 수도 있다고 경고했기 때문이다. 수가 말했다. 「하지만 나는 우리 아이를 위해 울었던 것처럼 그들의 아이를 위해 울었어요.」 클리볼드 부부는 거대한 적대감에 직면해야 했지만 이례적인 사랑의 순간도 있었다. 톰이 말했다. 「콜럼바인 사건이 일어난 지 이삼 주 지났을 때 홈디포의 계산대에서 일하는 한 직원이 나를 안아 주었습니다. 이웃들은 음식을 가져다주었죠. 구부러진 자동차 바퀴의 휠을 고치러 갔을 때는 정비사가 〈적어도 당신은 이름을 바꾸지 않았군요〉라고 말했어요. 그는 그 점을 높이 샀습니다.」

이후 몇 개월에 걸쳐 진행된 수사를 통해 콜럼바인 고등학교에 집단 괴롭힘이 있었음이 밝혀졌다. 톰이 말했다. 「괴롭히는 무리에 속해 있지 않거나 운동선수였던 이력이 없으면 설 자리가 없었어요. 그래서 딜런이 분개한 겁니다. 그 사건을 확실히 막을 수 있는 유일한 방법이 있었다면 그 같은 불만 거리를 제거하는 거였어요. 그리고 그 불만의 씨는 학교에 있었죠. 딜런과 에릭은 우리에게 총질을 하지 않았어요. K마트나 주유소를 쏜 것도 아닙니다. 그 아이들이 총을 난사한 곳은 학교였어요. 콜럼바인 고등학교 내의 전체적인 사회적 양상이 불공평했습니다. 딜런은 그에 대해 어떤 일도 할 수 없었죠. 예민한 아이에게는 보복을 결심하게 될 정도로 화가 나는 일이었을 겁니다.」

딜런은 195센티미터의 키에 괴롭히기 힘든 상대였음에도 부모가 모르는 사이에 학교에서 상당한 굴욕을 겪고 있었다. 어느 날 딜런이 셔츠에 온통 케첩이 묻은 채로 집에 오자 어머니가 무슨 일이 있었는지 물었고 그는 생애 최악의 하루를 보냈다고 말할 뿐 구체적으로 무슨 일이 있었는지에 대해서는 함구했다. 딜런이 죽은 지 몇 달 후 수는 그날의 사건에 대해 알게 되었다. 아이들이 딜런과 에릭을 동성애자라고 부르며 그들을 밀치고 케첩을 뿌렸던 것이다. 「그날 겪은 일의 흔적을 보고도 그를 도와주지 못했다는 사실이 너무 가슴 아파요.」 그녀가 말했다. 콜럼바인 사건이 발생한 지 몇 주 뒤에 톰이 경찰서에 딜런의 차를 가지러 갔을 때 한 경찰관이 그에게 말했다. 「그 학교에 다니는 아들이 어느 날 집에 돌아왔는데 아이들이 그것도 복도에서 아들의 머리카락에 불을 질렀더군요. 아들은 두피에 온통 화상을 입었죠. 나는 학교를 벽돌 하나하나 산산조각 내고 싶었지만 아들은 그러면 사태를 더욱 악화시킬 뿐이라고 말했어요.」

총기 난사 사건 1년 후에 경찰은 클리볼드 부부에게 그들도 모르고 있던 딜런의 일기를 돌려주었다. 수가 말했다. 「아들의 일기에는 〈나는 그 놈들보다 똑똑해〉라는 글이 유독 많았어요. 자신을 괴롭히는 사람들을 경멸하고 있었죠. 내 생각에 딜런은 스스로 완벽하다고 여겼고 그런 식의 당당함이 총기 난사로 나타난 것 같아요. 딜런은 고등학교에 다니던 마지막 2년간 점점 더 내성적이고 비밀스러운 아이가 되었지만 특별히 이상하지는 않았어요. 딜런과 에릭이 세상과 매우 단절되어 있었기 때문에 그런 음모를 꾸민 비참한 아이들이라는 고정관념은 잘못됐어요. 딜런은 밝은 아이였어요. 수줍음이 많았죠. 그에게는 친구들이 있었고 친구들도 그를 좋아했어요. 나는 아들이 따돌림을 당했다는 이야기를 듣고 그 아이가 총격 사건에 연루되었다는 말을 들었을 때만큼이나 충격을 받았어요. 그 아이는 사람들을 좋아했어요.」 톰이 이의를 제기했다. 「아니면 그렇게 보였던 거겠죠.」

수가 말했다. 「원래부터 그렇게 될 아이였고 부모가 할 수 있는 일은 아무 것도 없었다고 생각하는 것과, 원래는 착한 아이인데 무언가가 그 아이의 안에서 이런 일이 일어나도록 종용했다고 생각하는 것 중 어느 쪽이 더 나쁜지 잘 모르겠어요. 다만 그 비극적인 사건 이후로 우리 자신이 따돌림을 당하면서 배운 것을 통해 나는 아들이 무시를 당하면서 어떤 감정을 느꼈을지 알게 되었어요. 딜런은 우리에게 자신이 겪었던 것과 똑같은 현실을 만들어 주었어요. 요컨대 우리는 우리를 미워하는 사람들로부터 스스로 방어할 수단도 없이 마냥 따돌림을 당하는 인기 없는 사람이 되었어요.」변호사가 무더기로 쌓이는 편지를 사전에 걸러 주었기 때문에 그들은 최악의 편지는 보지 않을 수 있었다. 수가 말했다. 「〈당신을 위해 기도하고 있어요〉라거나 〈당신을 존경합니다〉라고 쓴 편지는 하루에 삼백 통도 읽을 수 있어요. 하지만 다만 한 통이라도 증오가 담긴 편지를 읽으면 완전히 무너지죠. 당신을 폄하하는 사람이 있다면 나머지 모든 사랑이 물거품이 되는 거예요.」

딜런과 마찬가지로 톰 역시 고등학교 때 수줍음이 무척 많았고 그런 유사성 때문에 톰은 자신이 본능적으로 딜런을 안다고 생각했다. 그는 딜런이 어떻게 느꼈을지에 대해서는 공감했지만 딜런이 한 짓에 대해서는 아니었다. 수는 우울증, 분노를 유발하는 학교생활, 심각한 문제가 있는 영향력 있는 친구 등의 상황이 끔찍하게 합쳐졌다고 보았다. 그녀가 말했다. 「딜런은 에릭을 약간 두려워하면서도 보호하려고 했고 어느 정도 그의 통제를 받기도 했어요. 딜런은 내가 이해할 수 없는 어떤 것에 사로잡혀 있었어요. 그 어떤 것이 딜런에게 그런 끔찍한 짓을 저지르게 만들었죠. 나는 그것이 그 아이의 본모습이라고 믿지 않고 믿을 수도 없어요. 맞아요, 그는 의식적으로 선택을 했고 끔찍한 짓을 저질렀어요. 하지만 그런 선택을 종용한 그의 의식 속에서는 무슨 일이 있었던 걸까요? 내면의 무언가가 고장 나 있었던 것이 틀림없어요. 다른 이들을 죽이고 다치게 한 그 병적인 이상이 아들도 죽인 거예요.」

나는 클리볼드 부부가 그렇게 많은 고통을 겪었으면서도 마을에서 아직 그대로 살고 있다는 것이 놀라웠다. 수가 말했다. 「우리가 이사를 하고 이름을 바꾸더라도 언론이 알아냈을 거예요. 그럼 그때까지 만난 모든 사람의 눈에는 내가 〈살인자의 어머니〉가 되었을 거예요. 이곳에는 적어도 나를 있는 그대로 좋아했던 사람들과 딜런을 좋아했던 사람들이 있어요. 나에게 필요한 것은 바로 그거예요. 특히 딜런을 좋아했던 사람들과 함께 있고 싶어요.」 톰이 보다 직설적으로 말했다. 「우리가 떠나면 그들이 이기는 겁니다. 여기를 지킴으로써 필요 이상으로 우리를 괴롭히려는 사람들에게 저항하는 것이죠.」 나는 조심스럽게 그 사건 이후로도 딜런을 계속해서 사랑하는 것이 힘들지는 않았는지 물었다. 수가 대답했다. 「아뇨, 전혀 그렇지 않았어요. 오히려 쉬운 일 축에 들었어요. 그를 이해하려고 노력하는 것이 힘들었고, 자식을 잃은 슬픔을 감당하는 것이 힘들었고, 아이가 한 일의 결과를 감수하는 것이 힘들었죠. 그 아이를 사랑하는 것은, 그것은 내게 항상 쉬운 일이었어요.」

나는 클리볼드 부부와 이야기를 나누면서 수는 독일, 톰은 일본처럼 느껴졌다. 수는 지극히 자기 성찰적이고 엄청난 죄책감으로 고민하는 반면에, 톰은 끔찍한 일이었다고 선언하고는 이제 그다음으로 넘어가려고 했다. 톰이 말했다. 「당신이라면 어떻게 하겠어요? 딜런은 자신에게 타당한 이유가 있다고 생각했어요. 그는 최악의 고통을 겪었고 이제는 여기에 없어요. 우리 아들이 사람들에게 고통을 겪게 만든 일은 유감이지만 우리도 그 때문에 우리 몫 이상의 고통을 겪었습니다. 우리는 아들을 잃었고 그를 추억할 때마다 그가 괴롭힘을 당하는 모습을 떠올리면서 살아야 해요.」 일본처럼 그는 원인도 외부로 돌렸지만 그것도 어느 정도까지만이었다. 나중에 그가 말했다. 「나는 에릭이 딜런에게 〈이 일을 하지 않으면 네 부모를 찾아가서 죽여 버릴 거야〉라고 협박했을 거라고 상상한 적도 있었어요. 하지만 딜런이 자진해서 가담했다는 것은 피할 수 없는 사실이에요.」 수는 에릭이 주동자였고 딜런에게 압박을 가했다면 딜런이 그를 말릴 수 있었을 거라고 믿는다. 그녀는 딜런에게 기폭제 역할을 한 트라우마가 있었는지, 혹시 강간이라도 당했는지 의심했다. 하지만 그러한 증거는 어디에서도 발견되지 않았다. 그가 2학년 때 쓴 일기를 보고 수가 말했다. 「딜런은 사려 깊고, 내성적이며, 우울한 아이처럼 글을 썼더군요. 주로 누군가에게 얼마나 반했으며 그 아이는 딜런이라는 사람이 있는지조차 모른다는 내용이었어요.」비극적인 사건이 일어나기 석 달 전에 쓴 일기에서 딜런은 정말 죽고 싶다고 말하고 있었다. 그는 〈에릭과 NBK를 할지도 모르겠다〉고 썼다. 수는 NBK가 〈타고난 킬러Natural Born Killers〉라는 뜻임을 알게 되었다.「그러니까 딜런은 적어도 1월까지는 그 일을 하기로 진짜 결심한 것은 아니었어요. 그 아이는 죽고 싶다는 생각뿐이었어요. 그런데 어째서 학교를 폭파할 생각을 했을까요? 나는 월요일 아침에 출근하려고 차에 타면 딜런에 대한 생각을 시작해요. 그리고 출근길 내내 눈물을 흘리죠. 나는 그에게 말을 하거나 노래를 불러요. 그런 슬픔을 계속해서 가져가야 하죠.」

　　그처럼 엄청난 사건은 한 사람의 현실감각을 완전히 혼란시킨다.「나는 내가 사람들을 이해할 수 있고 그들과 잘 어울리며 그들의 마음을 곧잘 읽는다고 생각했었어요.」수가 말했다.「그 사건 이후로 나는 다른 사람이 무슨 생각을 하는지 짐작조차 하지 못한다는 것을 깨달았습니다. 우리는 아이들에게 동화를 읽어 주면서 좋은 사람과 나쁜 사람이 있다고 가르쳐요. 나는 이제 절대로 그렇게 하지 못해요. 아마도 우리 모두는 착하게 살 수 있는 능력과 나쁜 선택을 할 수 있는 능력을 가졌다고 말하겠지요. 누군가를 사랑한다면 그 사람의 좋은 면과 나쁜 면을 모두 사랑해야 해요.」그녀는 보호관찰소가 있는 건물에서 일했다. 그리고 전과자와 함께 엘리베이터를 탈 때면 이질감과 두려움을 느꼈다. 하지만 콜럼바인 사건 이후로는 전과자들을 다르게 보았다.「나는 그들을 아들처럼 느껴요. 그들은 어떤 이유에서 끔찍한 선택을 했고, 지독하고 절망적인 상황에 내던져진 사람들이죠. 나는 뉴스에서 테러리스트에 관한 소식을 들으면 〈그들도 누군가의 자식일 텐데〉라고 생각합니다. 무엇보다 콜럼바인 사건은 내가 다른 사람들과 깊이 연결되어 있음을 느끼게 해주었어요.」

　　클리볼드 부부는 딜런을 이상화하는 아이들과 딜런에게 반한 소녀들로부터 편지를 받았다. 「딜런에게는 나름의 팬이 있어요.」 톰이 반쯤 역설적인 미소를 지으면서 말했다. 그들은 예기치 않은 친절에 용기를 얻었다. 몇 년 후 자살 문제를 다루는 콘퍼런스에서 한 남자가 수에게 다가와 무릎을 꿇고 말했다. 「당신을 얼마나 존경하는지 몰라요. 당신이 그동안 받아 온 대접을 믿을 수가 없습니다. 매일 신문을 집어 들 때마다 사람들이 쇠스랑을 들고 당신 집으로 쳐들어갔다는 기사를 보게 되지는 않을지 걱정했죠.」 수는 낯선 이들의 포옹을 받았다. 그러나 그들이 정상적인 삶으로 되돌아갈 수 있을지는 여전히 미지수다. 그녀가 최근에 슈퍼마켓에 갔다가 겪은 일을 들려주었다. 계산대 직원이 운전면허증에서 그녀의 이름을 알아본 것이다. 「그녀가 물었어요. 〈클리볼드…… 혹시 그 아이를 아세요?〉 나는 〈내 아들이에요〉라고 대답했어요. 그러자 그녀는 〈그 일은 사탄의 짓이었어요〉라며 떠들기 시작했죠. 나는 〈제발 장본 것 좀 여기 집어넣읍시다〉라고 생각했어요. 가게를 나서는데 그녀가 내 뒤에다 대고 나를 위해 기도하고 있다고 외쳤어요. 그런 일은 정말 사람을 지치게 하죠.」

내가 톰과 수 부부를 처음 만나러 가기 직전에 한 친구가 클리볼드 가족이 무섭지 않느냐고 물었다. 마치 내가 그들 집에 갔다가 전염성이 있는 악의 기운에 굴복하지는 않을까 걱정하는 태도였다. 하지만 정작 내가 인정하지 않을 수 없었던 것은 클리볼드 부부의 근원적인 정상성이었다. 딜런의 친구 중 한 명은 그들 부부가 너무나 유쾌하고 평범해서 「비버는 해결사Leave It to Beaver」에 등장하는 주인공의 명랑한 부모 이름을 따서 워드와 준이라고 불렀다고 설명했다. 클리볼드 부부는 내게 가족사진 앨범과 홈 비디오를 보여 주었다. 내게는 총기 난사 사건 사흘 전에 졸업 무도회에 가는 딜런의 모습이 담긴 비디오가 특히 인상적이었다. 그는 사춘기 소년 특유의 약간 버릇없는 구석도 있었지만 다정함도 있었다. 요컨대 그는 착한 아이처럼 보였다. 그때 그를 만났더라면 그가 곧 무자비한 살상을 저지를 거라고는 전혀 생각하지 못했을 것이다. 긴 머리를 뒤로 단정하게 묶은 그는 빌려 입은 턱시도의 매무새를 다듬으며 팔이 약간 짧다고 투덜 댔지만 그의 데이트 상대가 부토니에르*를 달아 주는 동안 미소 지었다. 딜런이 물었다. 「아버지, 이런 걸 왜 찍어요?」 그러고는 웃으면서 〈뭐 언젠가 이걸 다시 보는 날이 있겠죠. 그때는 지금 내가 무슨 생각을 하고 있는지 궁금해하겠죠〉라고 말했다. 인상적인 시치미였다. 턱시도를 차려입고 예쁜 여자아이와 함께 일생일대의 파티에 갔던 일을 자신이 언젠가는 추억할 것 같은 감정을 보여 주었기 때문이다. 비디오의 마지막 부분에서 딜런이 말했다. 「나는 절대로 아이를 갖지 않을 거야. 아이는 인생을 망치지.」 그는 돌연 뜬금없는 분노를 표출했고 그의 분노는 갑작스럽게 나타났던 것만큼이나 순식간에 사라졌다.

총기 난사 사건이 발생한 4월 20일부터 그해 10월까지 클리볼드 부부는 딜런이 총격 현장에 있었고 자살한 것으로 추정된다는 사실을 제외하면 사건의 자세한 내막을 거의 알지 못했다. 수가 말했다. 「우리는 그 아이가 정말 사람을 죽인 것이 아닐지도 모른다는 생각에 계속 집착했어요.」 그리고 마침내 경찰의 정식 수사 보고가 발표되었다. 「수사 보고를 듣고 모든 슬픔이 되살아났어요. 이제는 더 이상 부인을 할 수도 없었어요. 경찰은 딜런이 누구를 죽였는지도 알았어요. 아예 희생자들이 작게 표시된 학교 지도가 있었죠.」 그들은 딜런과 에릭이 계획적으로 남긴 〈지하실 테이프〉를 보았다. 화면 속의 딜런은 졸업 무도회 비디오에 찍힌 아이와 전혀 다른 사람이었다. 그는 거만한 분노가 가득했고 증오를 표출했다. 수가 말했다. 「나는 그 비디오를 보면서 처음에 사건을 접했을 때만큼이나 정신적인 충격을 받았어요. 우리가 계속해서 집착하던 방어적인 믿음이 모두 산산조각 났으니까요. 우리 집에서는 원래 그처럼 증오에 찬 말들이 통용되지 않았어요. 나는 유대인 혈통인데 비디오에는 반유대적인 표현들이

---

* 무도회나 결혼식 등에서 남자의 정장 좌측 상단에 다는 꽃 장식.

나왔어요. 그 아이들은 깜둥이, 유대인 놈처럼 하나같이 경멸적인 단어를 쓰더군요. 나는 내 인생을 바친 작품의 최종 결과물을 보았어요. 괴물을 만들어 냈던 거죠. 내가 믿기를 거부했던 모든 것이 사실이었습니다. 딜런은 자발적으로 범행에 가담했고, 학살은 우발적인 충동에 의해 저지른 것이 아니었어요. 그 아이는 가능한 많은 사람을 죽일 수 있도록 설계된 무기를 구입했고 또 직접 만들었어요. 사람들을 정말 죽일 마음에서 총을 쐈죠. 나는 딜런이 다른 사람들에게 어떻게 보일지 처음으로 이해했어요. 세상을 경멸하는 아들 모습을 보면서 그 아이가 너무 미웠습니다. 그가 뒤틀리고 무시무시한 실수를 저지르는 모습이 담긴 비디오테이프를 없애 버리고 싶었어요. 딜런을 아는 사람들이 그를 아무리 사랑스러운 아이로 기억하더라도 장차 그 비디오는 딜런의 성격과 관련해 내가 할 수 있는 모든 긍정적인 말들에 모순되는 모습을 영원히 보여 줄 거예요. 내게는 질식할 것 같은 공허함만 남았어요.」 판도라의 상자 맨 아래에 들어 있던 희망처럼 그 비디오테이프에는 다정한 순간도 있었다. 에릭이 자신의 부모에 대한 원망을 늘어놓자 딜런이 말했다. 「우리 부모님은 내게 잘해줘. 그 부분은 건드리고 싶지 않아.」

톰과 수에게 아들이 타락하기 이전의 추억을 다시 떠올리게 하면 목소리에 편안함이 묻어난다. 「딜런은 놀라운 아이였습니다.」 톰이 아들의 어린 시절을 회상했다. 「완전히 자발적이었고 호기심도 많았어요.」 매년 딜런의 생일 때마다 톰은 딜런과 둘이서 하이킹을 하던 산에 올라가서 닥터 페퍼를 마셨다. 딜런이 닥터 페퍼를 좋아했기 때문이다. 그는 닥터 페퍼 말고도 어릴 때부터 갖고 놀던 코알라 인형을 무척 좋아했다. 클리볼드 부부는 딜런의 방을 정리하는 데 꼬박 삼 년이 걸렸다. 그들은 그 방을 쾌적한 손님방으로 바꾸었고 그들을 방문할 때마다 나는 그 방에서 묵었다. 수가 말했다. 「딜런은 거의 완벽하고 멋지고 놀라운 아이였어요. 못하는 것이 없어서 우리가 좋은 부모처럼 느끼게 해주었죠. 딜런은 무언가를 계획하고 구성하는 데 탁월한 감각을 보였고, 실행력도 있었어요.」 딜런은 세 살 때 이미 110까지 셀 수 있었고 냉장고 자석을 이용해서 등식도 만들었다고 했다. 또한 1년 일찍 유치원에 입학했지만 높은 성적을 받았고 영재 프로그램에 들어갔다. 수가 나를 흘깃 쳐다보고는 조용한 어조로 말했다. 「그 아이는 아직 어릴 때도 한꺼번에 대여섯 개의 퍼즐을 쏟아 놓고 동시에 맞추는 것을 무척 좋아했어요. 미로와 단어 찾기 게임도 좋아했죠. 톰과 체스를 두기도 했어요. 그는 우리에게 커다란 기쁨이었어요. 당신은 내가 아들을 자랑해 본 지가 얼마나 오래되었는지 상상도 못할 거예요.」 나중에 그녀가 말했다. 「딜런은 남의 말에 잘 수긍하는 아이였어요. 논리적으로 설명한 다음에 〈내가 왜 네가 그 일을 해야 한다고 생각하는지 이것이 그 이유야〉라고 말하면 거의 언제나 마음을 바꾸도록 설득할 수 있었어요. 부모 입장에서 아이의 그 같은 면이 장점이라고 생각했어요. 하지만 이제 와서 생각하면 끔찍한 손해였을 수도 있었던 것 같아요.」

　총기 난사 사건이 발생하기 일 년 전에 있었던 단 하나의 사건만이 무언가 잘못될 수도 있음을 암시했다. 2학년 봄에 딜런이 친구 잭의 집에서 자고 와도 되겠냐고 허락을 구했다. 잭이 약속을 취소하자 딜런은 그 기회에 에릭과 차를 타고 나갔다. 폭죽을 터트리러 협곡 도로로 향하던 그들은 주차장에 차를 세웠고 앞좌석에 비디오 장비가 실린 밴을 발견했다. 그들은 돌을 집어서 차창을 깨고 장비를 훔쳤다. 그리고 그들의 차로 돌아와서 내부 조명을 켜고 훔친 물건을 살폈다. 지나가던 경찰이 와서 무슨 일인지 묻자 딜런은 거의 곧바로 물건을 훔쳤다고 실토했고, 두 소년은 조서를 꾸미기 위해 연행되었다. 수가 말했다. 「전화벨이 울렸어요. 보안관 사무실이었죠. 그때까지의 우리 인생에서 가장 우울한 밤이었어요.」 부부는 경찰서로 달려갔고 수갑을 찬 딜런과 에릭을 발견했다. 경찰은 두 아이를 부모에게 인계하면서 선도 조건부 훈방 조치를 했다. 선도 조건부 훈방 조치란 사회봉사와 교육 명령, 손해배상을 부과해서 청소년이 전과 기록을 남기지 않도록 도와주는 프로그램이다. 돌이켜 보면 이런 자비로운 처벌이 운명의 교활한 속임수였다고 수는 생각한다. 그들이 그때 감옥에 갔었다면 둘은 헤어졌을 테고 그들을 비참하게 만든 학교도 그만두었을 터였다.

그날 딜런의 가족은 새벽녘에 집에 돌아왔다. 수는 너무 화가 나서 딜런에게 아무 말도 할 수 없었다. 톰은 다음날 딜런과 함께 산책을 나갔고 자신이 체포되었다는 것에 아들이 분노를 느낀다는 사실에 깜짝 놀랐다. 그가 말했다. 「딜런은 제멋대로 생각했어요. 자신이 한 짓을 완전히 정당화하고 있었죠. 그는 모든 일에서 도덕성을 생각하지 못했습니다.」 수도 딜런에게서 비슷한 태도를 눈치 챘다. 선도 프로그램 기록에는 딜런이 자신이 한 짓을 잘못이라고 생각하지 않는다고 되어 있다. 수가 말했다. 「딜런에게 말했어요. 〈딜런, 나는 이해가 되지 않는구나. 어떻게 그렇게 나쁜 짓을 할 수가 있지?〉 그러자 딜런이 말했어요. 〈글쎄요, 나는 사람에게 그런 짓을 한 것이 아니라 회사를 상대로 한 거예요. 그들이 보험을 드는 이유도 그 때문이고요.〉 나는 〈딜런! 정말 무서운 소리를 하는구나!〉라고 나무랐어요. 그러자 그는 〈나도 무서워요. 내가 왜 그랬는지 나도 모르겠어요. 우리는 그냥 갑자기 그렇게 했어요〉라고 하더군요.」 수는 그 일이 10대의 충동 때문이라고 여기고 딜런에게 다시는 절대 그런 짓을 하지 않겠다는 약속을 받아 냈다. 「딜런이 말했어요. 〈약속해요. 하지만 나는 두려워요. 내가 이번처럼 그런 짓을 하게 될지 몰랐거든요.〉 그래서 나는 〈이제는 알았잖니〉라고 타일렀죠.」

수는 선도 프로그램 관계자들에게 혹시 딜런에게 상담이 필요한지 물었다. 그들은 표준 심리검사를 실시했으며 딜런에게서 자살이나 살인, 우울증 같은 징후는 발견되지 않았다고 설명했다. 「만약 내가 방을 가득 메운 부모들에게 지금 당장 한마디 할 수 있다면 〈절대로 보이는 대로 믿지 말라〉고 할 겁니다.」 수가 말했다. 「딜런이 착했냐고요? 사려 깊은 아이였냐고요? 그 아이가 죽기 얼마 전이었어요. 나는 산책을 나가면서 딜런에게 〈비가 오면 데리러 와줘〉라고 미리 부탁했죠. 그리고 딜런은 내가 부탁한 대로 했어요. 딜런은 그동안 내가 만난 그 누구보다 남의 말을 잘 들어주고 사람들의 곁을 지킬 줄 아는 아이였어요. 하지만 이제 나는 딜런이 말을 섞고 싶지 않아서 그랬다는 것을 깨달았어요. 그는 숨어 있었던 거예요. 딜런과 에릭은 피자 가게에서 함께 일했어요. 콜럼바인 사건이 일어나기 2주 전에 에릭이 사랑하던 개가 아팠어요. 다시 나아질 것 같지 않았죠. 그래서 딜런은 자신의 근무시간에 더해서 에릭의 근무시간까지 대신 일을 했어요. 에릭이 개와 함께 시간을 보낼 수 있도록 말이죠.」

딜런과 에릭이 남긴 글을 보면 에릭은 살인 성향을 보였다. 즉 그의 분노는 모두 외부를 향해 있었다. 반면 딜런은 자살 성향을 보였다. 그의 에너지는 자기희생과 자기비판을 부채질했다. 마치 딜런은 에릭을 위해 살인에 동조했고 에릭은 딜런을 위해 자살에 동조한 것처럼 보인다. 마지막을 향해 가면서 딜런은 그에게 남은 시간을 계산하고 있었다. 수는 〈어떻게 그런 고통을 겪으면서 비밀로 숨기고 있었을까요?〉라며 의아해했다.

클리볼드 부부에게 딜런이 우리와 함께 이 방에 있다면 무슨 말을 하고 싶은지 물어보자 톰이 말했다. 「도대체 무슨 생각이었고, 무슨 짓을 하려고 했는지 묻고 싶어요.」 수는 잠시 바닥을 내려다보다가 조용히 말했다. 「용서를 구할 거예요. 어머니였음에도 아들의 머릿속에서 무슨 일이 벌어지고 있었는지 전혀 몰랐으니까요. 그를 도와주지 못했다는 것과 비밀을 털어놓을 상대가 되어 주지 못한 것에 대해서도 용서를 구하고 싶어요.」 나중에 가서 그녀가 말했다. 「나는 딜런이 나오는 꿈을 〈수없이〉 꾸었어요. 딜런과 대화를 나누면서 그가 어떤 기분인지 내게 털어놓도록 이야기를 시키는 꿈을 꾸기도 하고, 딜런을 재울 준비를 시키면서 그의 셔츠를 들어 올렸는데 온몸이 상처투성이인 꿈을 꾸기도 했어요. 딜런이 그 모든 고통을 겪고 있었는데 나는 그의 고통을 보지 못했어요. 딜런이 셔츠 속에 감추고 있었던 거예요.」

희생자 가족들 중 일부가 클리볼드 부부에게 소송을 걸었다. 그 비극적인 사건 이후로 4년이 흐른 뒤에 클리볼드 부부는 희생자의 부모들 앞에서—짐작컨대 비공개로—증언을 했다. 다음날 덴버 지역의 신문은 그들이 무슨 이야기를 했는지 세상도 알 권리가 있다고 주장했다. 수가 말했다. 「기사가 암시하는 내용은 우리가 그 모든 일을 겪었음에도 그들은 여전히 우리에게 잘못이 있다고 믿는다는 거였어요. 예컨대 〈어떻게 모를 수 있습니까? 정말 어떻게 모를 수 있는 거죠?〉라고 물으면 〈그 질문에 대답할 수 없어요. 나는 몰랐습니다. 몰랐다고요. 정말 몰랐어요〉라고 대답하는 식이었죠. 당신은 이런 식의 대화를 몇 번이나 되풀이할 수 있을 것 같나요? 우리가 알았다면 왜 도움을 받지 않았고 왜 누군가에게 이야기하지 않았겠어요?」

엄청난 스트레스를 너무나 많이 겪은 결과로 수는 유방암 진단을 받았다. 그녀가 말했다. 「나는 차크라 같은 것을 믿지 않아요. 하지만 이 모든 가슴속의 고통과 양육 실패, 아이를 잃은 사실을 생각해 보세요. 마침내 나는 자녀를 자살로 잃은 여성들을 만날 기회를 얻었어요. 모두 여섯 명이 있었는데 그들 중 세 명이 유방암이었죠. 나는 웃으면서 유방암은 내 나름의 기분 전환 방식이라고 말하곤 했죠. 우리는 어쨌든 그 모든 일을 겪었기 때문에 유방암은 차라리 좋은 일처럼, 일상적인 일처럼 보였어요.」 콜럼바인 사건 이후로 2년 동안 수는 죽고 싶다는 생각뿐이었다. 하지만 이제는 새로운 목적의식에 가득 차 있다. 「그건 마치 〈잠깐! 먼저 해야 할 일이 있잖아. 나는 딜런이 누구였고 어떤 아이였는지 알려야 해〉라고 말하는 듯했어요. 내가 최근에 만난 한 여성은 아들 한 명은 자살했고 다른 아들은 감옥에 있었어요. 나는 그녀에게 말했어요. 〈지금은 이 일을 환영할 수도, 감사할 수도 없겠지만 그 안으로 조금 더 깊이 들어가 보면 깨달음을 얻게 될 거예요. 당신이 선택한 길은 아니지만 이 길은 당신을 보다 훌륭하고 강한 사람으로 만들어 줄 거예요.〉」

콜럼바인 사건 이후에 수는 시각장애인에 한쪽 손이 없고 막 일자리를 잃었으며 가정 문제까지 겪고 있는 한 고객을 만났다. 「그녀가 말하더군요. 〈나도 골치 아픈 일이 많지만 세상 그 무엇을 가져다준대도 당신과 입장을 바꾸지는 않을 거예요.〉 나는 웃었어요. 오랜 세월 장애인들을 위해 일하면서 비슷한 생각을 했었거든요. 〈내가 앞을 볼 수 있어서 다행이야. 걸을 수 있는 것도 감사할 일이지. 스스로 밥을 먹고 머리를 긁을 수 있으니 얼마나 고마운 일이야.〉 지금은 각자의 기분이 나아지기 위해 우리 모두가 서로를 이용한다는 것이 얼마나 재미있는 일인지 생각해요.」

수는 자신이 운이 좋은 사람이라고 말한다. 「나는 운이 좋았어요. 적어도 딜런이 우리를 공격하지는 않았잖아요. 딜런이 우리에게 한 최악의 행동은 자신을 우리에게서 멀리 앗아간 것입니다. 콜럼바인 사건 이후로 나는 딜런이 하느님까지 죽인 것은 아닐까 하고 생각했어요. 하느님이 그런 사건에 관여했을 리 없고, 그러니 신이 있을 리가 없는 거죠. 세상의 모든 것이 사라지면, 요컨대 당신의 믿음 체계와 자기 신념 — 당신 자신과 자식, 가족에 대한 믿음 — 이 모두 사라지고 나면, 자신을 재정립하려는 과정이 뒤따라오죠. 하지만 모든 것이 사라진 그곳에 과연 개인이 존재할까요? 최근에 한 여자 직장 동료가 내게 주말 잘 보냈는지 묻더군요. 마침 그때가 총격 사건이 일어났던 기념일이었어요. 그래서 나는 잘 지내지 못했고 왜 그런지 이유를 설명해 주었죠. 그러자 그녀는 〈당신이 그 일과 관련이 있다는 사실을 늘 까먹네요〉라고 말했어요. 나는 그녀를 안아 주면서 말했어요. 〈최근 몇 년 동안 내가 들었던 말 중에서 가장 듣기 좋은 말이군요.〉」 하지만 수 본인은 결코 잊지 않았다. 「얼마 전 기차에서 어떤 사람의 옆자리에 앉았는데 그 사람과 대화가 정말 잘 통했어요. 계속 그렇게 가다가는 〈그래서 아이는 몇 명이나 있어요?〉라는 질문이 나올 것 같았어요. 미리 막아야 했죠. 나는 그에게 내가 누구인지 말할 수밖에 없었어요. 나는 이제 영원히 딜런의 어머니라는 사람이에요.」

내가 클리볼드 부부에게 이 장을 위해 인터뷰했던 몇몇 다른 사람들과는 대조적으로 그들이 상황에 대해 아주 명확하게 이야기한다고 말하자 톰이 말했다. 「우리가 숨기지 않고 솔직하게 이야기할 수 있는 이유는 아들이 죽었기 때문입니다. 아들의 이야기는 이제 끝났어요. 우리는 그 아이가 다른 일을 하기를, 보다 나은 일을 하기를 바랄 수 없어요. 결말을 알고 있으면 이야기를 훨씬 잘 들려줄 수 있죠.」 우리가 처음 만난 지 몇 년이 지났을 때 수가 내게 말했다. 「오래 전에 우리는 캘리포니아에 집을 살 뻔했었어요. 우리가 제시한 가격이 거절당했고 리틀턴의 이 집이 매물로 나왔죠. 우리는 낮은 가격을 제시했고 그 가격이 받아들여져서 너무 신났어요. 당시 우리는 원래 사려고 했던 캘리포니아의 그 집 일이 잘 풀리지 않아서 정말 다행이라고 말했어요. 하지만 그 일이 잘 성사되었더라면 콜럼바인 사건은 일어나지 않았을 거예요. 처음에 그 사건이 일어났을 때 나는 애초에 우리에게 아이가 없었더라면, 결혼을 하지 않았더라면 하고 바라고는 했어요. 톰과 내가 오하이오 주립 대학에서 마주치지 않았더라면 딜런은 이 세상에 나오지 않았을 테고 그 끔찍한 사건도 일어나지 않았을 거라고 생각했죠. 하지만 시간이 지나면서 내게 아이가 있어서 기쁘고 그 아이가 바로 지금의 내 아들이라서 기쁘다는 사실을 깨달았어요. 그 아이에 대한 사랑은 비록 그 사랑의 대가로 이런 아픔을 겪었지만 그럼에도 내 삶에서 유일한 가장 큰 기쁨이었으니까요. 나는 다른 누군가의 아픔이 아니라 나 자신의 아픔에 대해서 말하는 거예요. 나는 아픔을 받아들여요. 인생은 아픔으로 가득 차 있으며 이것이 내 인생이에요. 딜런이 태어나지 않았더라면 세상엔 더 나았겠죠. 하지만 내게는 더 나은 일이 아니었을 거라고 생각해요.」

11장
트랜스젠더

서양 문화는 이분법을 선호한다. 선과 악이 깔끔하게 분리될 수 있을 때, 육체와 정신이 구분될 때, 남성은 남성답고 여성은 여성다울 때 삶은 덜 두렵게 느껴진다. 젠더에 대한 위협은 곧 사회질서에 대한 위협이다. 규칙이 지켜지지 않으면 모든 것을 원하는 대로 할 수 있을 것처럼 보인다. 따라서 잔 다르크는 화형대로 보내지는 것이 맞다. 자신의 성기와 가슴을 잘라 내고 싶어 하는 사람들을 묵인한다면 우리가 신체의 온전함을 지킬 가능성은 어느 정도일까? 저명한 정신분석학자 리처드 프리드먼이 한번은 이런 농담을 던졌다. 「그들이 하나같이 〈걱정하지 마세요. 당신에게 일어날 일이 아니에요〉라고 인쇄된 티셔츠를 입는다면 도움이 될지도 모르죠.」[1] 젠더는 다루기 난해한 개념이다. 작가 에이미 블룸은 〈남성은 동성애자도 아니고 이성애자도 아니다. 남성은 남성이다. 욕망의 대상이 되거나 맥주를 마시거나 주먹을 불끈 움켜쥔다고 해서 남성성이 생기는 것은 아니다. 우리는 무엇이 남성성을 만드는지 잘 모른다. 성전환한 남성이나 그들을 심리적, 외과적으로 치료하는 사람들도 무엇이 남성성을 만드는지 모르기는 마찬가지다〉라고 말했다.[2] 젠더를 정의하기는 어렵지만 알기 힘든 것은 아니다. 1970년대에 자신의 성전환—젠더를 바꾸는 행위—과정을 당당하게 책으로 펴낸 잔 모리스는 〈성전환증transsexualism은 성적인 존재 방식이나 기호가 아니다. 성행위도 전혀 아니다. 그것은 열정적이고 뿌리가 깊은 일생의 확신이다. 진정한 트랜스 섹슈얼은 절대로 이 범주를 벗어날 수 없다〉고 말했다. 그녀는 〈내 안의 불확실성은 나의 내면에 존재하는 안개와 색색의 구름과 소용돌이로 표현될 수 있었다. 나는 그런 것들이 정확히 어디 있는지, 예컨대 내 머릿속에 있는지, 가슴속에 있는지, 아니면 허리나 핏속에 있는지 몰랐다〉라고 설명했다.[3]

〈트랜스젠더〉는 포괄적인 용어로, 해부학적 구조상 선천적으로 정해진 성에서 확연하게 벗어난 행동을 하는 모든 사람을 지칭한다. 〈트랜스 섹슈얼〉은 일반적으로 정신적 성별에 자신의 신체를 일치시키기 위해 수술이나 호르몬 치료를 받은 사람을 가리킨다. 복장 도착자로 풀이되는 〈트랜스 베스타이트〉는 이성의 옷을 즐겨 입는 사람을 의미한다. 이러한 용어들이 다양하게 사용되고 있지만 트랜스젠더 사회에서는 〈트랜스젠더〉나 줄여서 〈트랜스〉라고 하는 용어가 가장 널리 사용된다. 〈트랜스 맨〉은 여성으로 태어나서 남성이 된 사람을, 〈트랜스 우먼〉은 남성으로 태어나서 여성이 된 사람을 말한다. 한편 〈인터섹스〉 즉 간성(間性)은 태어날 때부터 생식기가 모호하거나 그 밖의 신체적인 측면에서 남성과 여성의 특징을 모두 가진 사람을 의미한다.[4]

성별과 성행위를 가리키는 데 모두 성sex이라는 단어를 사용하는 것은 우리가 사용하는 언어의 빈곤함을 보여 준다. 그리고 트랜스젠더 아동을 둘러싼 혐오감의 대부분은 이 같은 불행한 언어적 결합에서 기인한다. 트랜스가 된다는 것은 일종의 타락으로 여겨지며 아이들의 타락은 비정상적이고 불온한 것이다. 그러나 트랜스인 아이들은 성적 취향이 아니라 성별을 드러내는 것이다. 이 문제는 그들이 누구와 함께하고 싶은지가 아니라 자신이 누가 되고 싶은지에 관한 것이다. 트랜스 인권 운동가인 에이든

키가 말했듯이 〈젠더는 내가 누구인가의 문제이고, 성적 취향은 내가 무엇에 반응하는 사람인가를 보여 준다〉.[5] 이것은 본질적인 차이다. 그럼에도 트랜스젠더라는 복잡한 정체성에 대해 알려고 하면 할수록 이러한 개념이 얼마나 자주 자녀와 부모, 보다 넓은 지역사회에서 혼동되고 있는지 드러난다. 〈게이〉와 〈트랜스젠더〉는 별도의 범주이지만 둘 사이에는 회색 지대가 존재한다. 아직 어린 아이들이 이러한 차이를 알기란 특히 어렵다. 남자 같은 여자아이나 여자 같은 남자아이는 지금 당장에 성별을 전환하고 싶어 할 수도 있지만, 나중에야 그런 바람을 갖게 되거나 아예 바라지 않을 수도 있다. 한 어머니는 그녀의 사내아이 같은 딸이 동성애자인지 묻는 남자 지인에게 말했다. 「그 아이는 네 살이야. 아직 성적인 욕망 같은 것이 없어.」[6] 그렇지만 그런 아이들은 장차 드러날 성적인 패턴의 특징을 미리 보여 주고 있는지도 모른다. 그들은 성애적인 면을 아직 개념화하지는 않았더라도 사실 예비 게이일 수는 있다.

　　리처드 그린은 1987년에 출판된 영향력 있는 책『〈시시 보이 신드롬〉과 동성애의 발전The "Sissy Boy Syndrome" and the Development of Homosexuality』에서 마흔네 명의 여성스러운 사내아이들을 15년 동안 추적 연구했다.[7] 결과적으로 그 소년들 중 오직 한 명만이 성전환을 했고 대다수는 그냥 게이로 밝혀졌다. 성적 취향과 젠더는 별개지만 서로 뒤얽힌 변수다. 성(性)의 경계가 모호한 크로스 젠더적인 표현은 이성애자보다 게이 사이에서 훨씬 더 일반적이기 때문에 그러한 표현을 둘러싼 편견은 게이의 문제이다. 잔 모리스의 주장에도 불구하고 게이도 정체성이다. 즉 당신이 무엇을 하는가가 아니라 당신이 누구인가에 대한 문제이다. 같은 성별의 사람과 육체적인 관계를 가진 적이 없더라도 게이일 수 있다. 선천적으로 부여받은 성별로만 살아가더라도 트랜스일 수 있다. 동성애와 트랜스젠더 문화에 무지한 사람들이 그 둘을 헷갈려하고, 같은 것으로 생각하는 것도 무리는 아니다. 동성애 혐오증 역시 일반적인 젠더의 관습에서 벗어난 사람들을 항상 그 대상으로 한다. 패션과 인테리어 잡지를 좋아하는 게이와 어쩌다 보니 남자와의 성관계를 선호하게 된 학교 풋볼 스타 사이에는 엄청난 차이가 있다. 그런 풋볼 선수도 남자와 결혼하려고 할 경우 법적인 문제에 부딪히고 동료들이 알게 되면 욕을 먹기도 하겠지만, 그와 성관계를 가진 동급생의 삶을 생지옥으로 만드는 것 같은 매일매일의 학대는 당하지 않을 것이다.

트랜스젠더의 정치적 자유는 게이와 레즈비언의 권리를 위한 싸움에 그 뿌리를 두고 있다. 트랜스보다 게이들이 훨씬 많고 트랜스젠더 운동에는 수적인 뒷받침이 필요하기 때문이다. 그러나 이 두 가지 문제의 융합은 혼동을 야기한다. 어떤 게이들은 트랜스젠더 동지들이 단지 정도만 심할 뿐 자신들과 같은 상황에 있다고 생각하고 그들을 위한 열정적인 지지자가 된다. 반면 어떤 게이들은 트랜스젠더 집단을 부끄러워하며 자신들을 트랜스젠더 집단과 분리하려고 한다. 이러한 양상은 특히 자신의 남성성을 주장하려는 게이들 사이에서 일반적으로 나타난다. 이들의 분열은 어떤 면에서 레즈비언 문제를 두고 초기 페미니스트들 사이에서 일어났던 분열을 떠올리게 한다. 어떤 페미니스트들은 여성의 동성애를 정체성의 궁극적인 표현으로 본 반면 어떤 이들은 게이 여성들이 자신들의 이상(理想)을 주류에 편입시키려는 싸움을 약화시킬 거라고 생각했다. 게이를 직장 내 차별로부터 보호하기 위한 고용 차별 금지 법안ENDA이 2008년에 국회에 제출되었을 때 젠더 표현에 대한 보호 조항은 포함되지 않았다. 이에 전미 게이 레즈비언 태스크포스 재단은 일반적인 젠더 유형을 따르지 않는다는 이유만으로 고용되지 못하거나 해고되는 경우를 방지하기 위한 젠더 표현 보호 조항을 마련하고자 투쟁했지만, 이 법안을 제안했던 바니 프랭크 의원은 그들이 국가에 너무 많은 것을 요구한다고 주장했다.[8]

젠더 불일치는 매우 어릴 때부터 나타날 수 있다. 서너 살이나 때로는 그보다 더 어린 나이의 아이들도 남들에게 자신이 누구인지 듣는 것과 스스로 느끼는 것이 일치하지 않음을 알 수 있다. 이러한 불일치를 성 정체성 장애GID라고 부른다.[9] 유아기에는 아이가 일반적인 젠더의 관습에서 벗어나더라도 용납되고는 하지만 일곱 살 정도가 되면 성 고정관념이 강요된다.[10] 그리고 트랜스젠더인 아이들은 그러한 압력에 의해 불안하고 우울해질 수 있다. 그들은 대개 부모에게 말하는 것을 무서워한다. 젠더 문제를 상담하는 단체 〈젠더 스펙트럼〉의 설립자이자 작가인 스테퍼니 브릴은 레이철 페퍼와 공동 집필한 책 『트랜스젠더 아동』에서 〈아이들을 성전환하지 못하게 하면 그들의 내부 에너지가 성 정체성에만 매달리게 되어서 발달 단계에 맞게 성장하지 못하게 된다. 한편 성전환을 함으로써 종종 학습 장애나 그 밖의 증상들이 저절로 사라지기도 하는데 이는 핵심적인 문제가 더 이상 그들의 정신과 마음을 사로잡지 않기 때문이다〉[11]라고 주장했다.

20년 전만 하더라도 대부분의 성전환자들은 한 성에서 다른 성으로 완전히 넘어가고자 했다. 하지만 요즘에는 성의 범주가 흐려지는 추세다. 일부 성전환자들은 은밀하게 살아가기 때문에 주위의 모든 사람들이 그가 태어날 때부터 지금의 그 성별이었다고 믿는다. 그들은 자신의 출생 성별이 밝혀지면 실패했다고 생각한다. 자신이 트랜스 맨이나 트랜스 우먼이라는 사실을 드러내 놓고 살아가는 사람들도 있다. 그럼에도 많은 이들이 일정 시간은 은밀하게, 일정 시간은 공개적인 트랜스로 살아간다. 성 정체성이 남성도 여성도 아닌 〈젠더퀴어genderqueer〉도 있으며, 어느 날은 남성, 어느 날은 여성, 또 어느 날은 어떤 성도 아니거나 둘 다이기도 한 〈젠더 플루이드gender fluid〉도 있다. 어떤 이들은 〈성별 불쾌감gender dysphoria〉—타고난 신체에 대한 깊은 괴로움—을 겪기도 하지만 이 용어의 어두운 면을 거부하는 사람들도 있다. 드러내 놓기를 좋아하는 사람도 있고 지극히 비공개적인 사람도 있다.

이러한 범주에 속한 사람들은 수술을 받거나 호르몬을 투여하거나 그 밖의 다양한 신체적 치료를 받았을 수도 있고 그렇지 않을 수도 있다. 통틀어서 이들은 어느 작가가 〈젠더의 명암〉이라고 부른 범주를 구성한다.[12] 정신장애 진단 및 통계 편람DSM에 따르면 유전적 남성 3만 명 중 한 명, 유전적 여성 10만 명 중 한 명이 일생 동안 실제로 성전환 수술을 한다고 한다. 이 통계에 따르면 미국에만 수술을 받은 트랜스 맨이 1,500명, 트랜스 우먼이 5,000명 있다는 뜻이다.[13] 그러나 이러한 수치는 예전 조사를 기반으로 하며, 성전환 수술에 대해서 극단적인 관점을 취한다. 이를테면 성기 수술은 하지 않고 가슴만 만들거나 제거하는 일도 성전환 수술이라는 사실은 인정하지 않는다. 컴퓨터 엔지니어 린 콘웨이는 보다 최근의 데이터 분석을 통해 미국에만 수술을 한 트랜스 우먼이 3만 2천에서 4만 명에 달한다고 추산하면서 하지만 타고난 성별에 강한 불만을 느끼는 사람들 중 열이나 다섯 중 한 명만 성기 수술을 한다고 덧붙였다.[14] 전미 트랜스젠더 평등 센터NCTE는 예컨대 바버라 월터스의 표현을 빌리자면 〈양쪽 다리 사이에 있는 것과 양쪽 귀 사이에 있는 것이 일치하지 않는〉[15] 미국인이 최대 3백만 명에 달한다고 추산했다.[16]

과학자, 심리학자, 성직자, 학자 등은 정신에 맞추어 몸을 바꾸어야 하는지, 몸에 맞추어 정신을 바꾸어야 하는지 논쟁을 벌인다. 어떤 사람들은 젠더 규범에서 벗어난 모든 이들이 정신과 치료를 통해 자신의 출생 성별에 만족하며 살 수 있다고 생각한다. 그들은 정신과 몸의 불일치를 해결하기 위해 광범위한 회복 치료를 처방한다. 어떤 사람들은 의학의 역할이 성전환을 용이하게 하는 일이라고 여기면서 성전환을 위해 호르몬이나 수술적인 방법을 사용하는 것이 옳다고 믿는다. 부모들은 이 책에 등장하는 다른 부모들과 사정이 비슷해서 치료와 수용 사이에서 곤경에 처해 있다. 회복 치료 지지자들은 훼손되지 않은 몸으로 사는 편이 더 좋으며 상당한 고통과 위험, 비용이 드는 의학적 교정은 최후의 수단이 되어야 한다고 주장한다. 반대자들은 엄격한 성 규범이 구식이며 징벌적이라고 주장한다. 그들은 트랜스젠더인 사람들을 진정한 자아로 살지 못하게 단념시키는 일은 절망으로 이끄는 처방이며 그러한 처방이 종종 자살로도 이어진다고 주장한다. 사회적 통념은 정신없이 빠른 속도로 변화하고 있다. 트랜스젠더 문제가 그들을 대하는 사회의 태도에서 주로 비롯된 결과라는 이른바 장애의 사회적 모델이 여기서는 특히 공격적으로 제기된다.

자녀의 성전환 ─ 출생 성별을 바꾸는 행위 ─ 을 지지하는 부모는 그들의 아이를 새로운 이름으로 불러야 한다. 새로운 대명사를 사용해야 하고 〈아들〉이나 〈딸〉이라는 단어를 바꾸어서 사용해야 한다. 언어의 혼란은 자주 발생한다. 한 어머니는 내게 자신의 트랜스젠더 아들을 소개하면서 〈그는 내 딸이에요〉라고 말했다. 또 한 어머니는 〈나는 그냥 《아이》라는 단어를 써요. 일레인이라고 부르는 것은 괜찮지만 《딸》이라는 단어에는 당최 적응할 수 없어서 그래요〉라고 말했다. 사회학자 홀리 데버Holly Devor는 이렇게 썼다. 「인터뷰당시에는 남성인 어떤 사람이 여성으로 살던 과거의 일을 언급할 경우 나는 여성 대명사를 사용했다. 예를 들면 〈그는 여자아이였을 때 그녀 자신이 선머슴이었다고 회상했다〉는 식이다.」[17] 어떤 대상을 지칭하는 방식은 우리가 그 대상을 인식하는 방식을 결정한다.

내가 만난 대다수 트랜스젠더들은 MTF(남성이 여성이 된 경우)와 FTM(여성이 남성이 된 경우)이라는 용어를 싫어했다. 자신이 해당되는 부류의 사람들을 비하하는 느낌이 든다고 했다. 많은 인권 운동가들은 태어날 때 남성이나 여성으로 〈선언〉되었다가 나중에 가서 여성이나 남성으로 〈확정〉된다고 말한다. 트랜스젠더들은 트랜스젠더가 아닌 사람들을 〈시스 젠더cisgender〉라고 부르기도 한다. 이 용어는 화학의 시스-트랜스 구분에서 가져온 개념이며, 라틴어에서 온 접두사 〈cis〉는 〈이쪽의, 같은 편에 있는〉이라는 뜻이다.[18] 나는 사람들을 성전환 이전에는 출생 성별로, 성전환 이후에는 확정된 성별로 지칭하기로 했고 가족들과 인터뷰할 때도 최대한 그렇게 하려고 노력했다. 한편 성전환 이전의 이름을 잊고 싶어 하는 사람들의 경우에는 계속해서 성전환 이후의 이름을 사용했다.

　　미혼모인 바네시아는 임신 27주째에 덴버 병원으로 급히 실려 갔고 출산 예정일보다 빨리 딸과 아들을 낳았다.[19] 딸은 꽤 건강해 보였지만 아들은 채 1킬로그램도 되지 않았으며, 온 몸은 솜털로 덮여 있었고, 아직 완전히 형성되지 않은 피부를 통해 장기가 보일 정도였다. 조산아에게는 호흡을 도와주는 폐 계면활성제가 투여된다. 딸이 더 건강했기 때문에 의료진은 딸을 먼저 치료했지만 아이는 계면활성제에 부작용 증세를 보이다가 결국 몇 분 만에 사망했다. 살아남은 쪽은 오히려 아들이었다.

　　그로부터 1년이 되기 전에 바네시아는 공군 하사관이던 조지프 로메로를 만나 결혼했다. 아이의 생부는 아들을 본 적도 없었다. 조지프가 그를 입양해서 이름을 조지프 로메로 주니어로 바꾸고 조이라 불렀다. 조이가 20개월이 되었을 때 조지프가 오키나와의 미 공군 기지로 배치되었고 가족도 그를 따라갔다. 조지프가 회상했다. 「아기가 내내 울었어요. 〈배고파요〉나 〈기저귀 갈아 주세요〉라고 우는 것이 아니었죠. 물리적인 어떤 필요에 의해서 우는 것이 아니었기 때문에 우리가 달래 줄 길이 없었어요. 아이는 짜증도 너무 심해서 공공장소에 데리고 나갈 수도 없었어요.」

　　이후 4년 간 조이는 ADHD, 우울증, 불안, 애착 장애, 천식 진단을 받았다. 세 살 때는 서로 다른 14가지의 약물치료를 받았다. 바네시아가 말했다. 「우리 아이는 절대로 웃는 법이 없었어요. 우리는 항상 〈정말 착하네, 우리 아들. 진짜 멋진 아들이야〉라고 다정하게 말을 걸었어요. 늘 아들, 아들이라고 불렀죠. 나는 아이에게 신발을 신길 때마다 언제나 남자아이 신발을 신겼어요. 남자아이 재킷을 입혔고요.」 이미 조이는 여자아이처럼 보이는 옷을 입는 데 흥미를 보이고 있었다. 바네시아는 조이가 동성애자가 아닐까 생각하면서 군인인 남편이 그 사실을 어떻게 받아들일지 걱정스러웠다.

로메로 가족은 군의관들밖에 만날 수 없었고 군의관들은 군대에서 환영하지 않는 진단을 내리는 데 무척 신중했지만 조이가 다섯 살 때 마침내 한 군의관이 바네시아에게 온라인에서 성 정체성 장애에 관해 찾아보라고 조언했다. 「그는 단순히 그 말을 하는 데도 마치 자신의 계급이 강등될 것처럼 불편해했어요. 나는 트랜스젠더라는 단어를 들어 본 적도 없었어요. 하지만 다른 사람들도 이런 일을 겪는다니 크게 안심이 되었죠.」 트랜스젠더와 그 가족들은 정보와 지원을 얻을 수 있는 즉각적인 네트워크를 인터넷에서 처음 접하게 되지만 인터넷은 그만큼 잘못된 정보도 제공한다. 요컨대 트랜스인 아이들을 보호하고 돕기 위해서 만들어진 온라인 공간은 음란한 생각을 품은 약탈자들과 살의에 가득 찬 트랜스 혐오자들의 서식처가 되기 십상이다. 다행히도 바네시아의 경우에는 킴 피어슨이 온라인에서 그녀를 발견했다. 자신도 트랜스젠더의 어머니인 킴은 젠더 관련 문제를 겪는 가족들을 지원하는 단체 〈트랜스 청소년 가족 연합TYFA〉[20]의 설립자 중 하나였다. 바네시아가 말했다. 「그녀는 나를 다른 부모들이 참여하는 포럼에 데려갔어요. 나는 너무 고마워서 눈물이 났어요.」

뜻밖의 사실에 조지프는 갑작스럽고 심한 우울증에 시달렸다. 바네시아는 아이를 〈조시〉라고 부르기 시작했다. 「조시는 여자아이 옷을 입지 못하게 하면 밖에 나가려고 하지 않았어요. 나는 결단을 내려야 했어요. 조시를 보호하기 위해서라도 자진해서 이 결혼 생활을 정리해야 하지 않을까? 조시를 남자아이로 살도록 하는 것은 자살하라는 요구예요. 나는 그런 부모가 아니에요.」 그 무렵 바네시아와 조지프는 중국에서 딸 제이드를 입양한 상태였다. 「나는 기꺼이 조지프를 포기할 수 있었어요. 제이드를 떠날 수도 있었고요. 물론 생각할 수 없을 만큼 힘들겠죠. 하지만 조시는 다섯 살에 이미 열 사람 분의 고통을 겪었어요.」 바네시아가 이처럼 심사숙고를 하는 동안 그녀의 남편이 점차 정신을 차렸다. 조지프가 말했다. 「그녀는 생기발랄했어요. 나는 그냥 결정했습니다. 조시를 곁에 두기로 했죠.」

처음 조시를 만났을 때 그녀는 여덟 살이었고 내게 이렇게 말했다. 「나는 여자아이고 페니스가 있어요. 사람들은 여섯 살 때까지 나를 남자아이라고 생각했죠. 나는 여자처럼 옷을 입었고 〈나는 여자예요〉라고 말했어요. 사람들은 아주 오랫동안 이해하지 못했어요.」 조시는 언제 어느 때나 여자이고 싶다는 바람을 점점 더 확실히 주장했다. 마침내 어느 날 조지프는 분홍색 토끼가 그려진 청치마를 입고 분홍색 레깅스를 신은 조시를 공군 기지 내의 학교에 데려다 주는 데 동의했다. 학교 아이들은 대부분 조시의 모습을 받아들였지만 부모들의 생각은 달랐다. 바네시아가 말했다. 「다음날 조시가 있는 교실 문밖에서 한 무리의 사람들이 큰 소리로 항의했어요. 나는 겁에 질렸죠.」 어떤 사람은 조시의 집 마당에서 그녀가 타던 자전거를 낚아채 숲 속에 던져 버렸다. 바네시아가 말했다. 「사람들이 집에 물건을 집어던지고 우리를 아동 성추행범이라고 불렀어요. 어린 여자아이들은 〈재수 없는 호모〉라고 소리를 질렀죠.」 부대의 법무감 부인이 조시를 학교에서 쫓아내라고 탄원하기 시작했다. 조시는 〈내가 여자라는 사실을 사람들이 알았을 때는 정말 끔찍했어요. 옆집에 살던 이자벨은 경찰에 신고해서 나를 감옥에 보내겠다고 위협했죠. 나는 슬펐어요. 이자벨이 내 친구라고 생각했었거든요.」

바네시아는 조시에게 자기가 입을 옷을 선택할 수 있게 해주었고 조시는 언제나 남자아이 옷은 피했다. 바네시아가 말했다. 「그 아이는 치마를 입지 않으면 밖에 나가려고 하지 않았어요. 하지만 이제는 얼굴에 미소가 가득해요. 그러니 나도 웃을 거예요. 실제로도 그렇게 했고요. 나는 평소보다 조시의 손을 꼭 붙잡고 있었지만 조시는 계속 전진해 나갔어요.」 얼마 뒤 바네시아와 조지프는 조시의 약물치료를 모두 중단했다. 조시의 천식, 우울증, 불안, 애착 장애가 모두 없어졌기 때문이다. 그러나 부대 측은 조시를 보호할 수 없다며 그들 가족에게 오키나와를 떠나라고 통보했다. 그들 가족은 애리조나 사막에 위치한 부대로 배치되었다.

바네시아는 조시가 다시 군부대 안에 있는 학교에 다니는 것을 원치 않았다. 그녀는 투손에서 자율적 교육 원칙을 가진 일반 학교를 찾아냈고 두 딸을 모두 그 학교에 등록했다. 그런데 조시의 선생님은 조시를 여자 이름으로 부르기를 거부했고, 누가 보더라도 남자가 분명한 조시를 여자로 살도록 강요하는 바네시아가 오히려 〈못된 어머니〉라고 조시를 설득하려 했다. 조시가 회상했다. 「무섭고 무례한 선생님이었어요. 그녀는 내가 그 학교에 다니는 것 자체를 싫어했어요.」 바네시아가 말했다. 「너무 화가 났어요. 나는 완전히 좌절했어요. 조시는 자존감에 상처를 입었고 예전의 우울한 상태로 돌아갔어요.」 조시는 복통과 두통을 호소했고 학교에 가기 싫다며 매일같이 투정을 부렸다. 학교에서는 무단결석 통지를 보내기 시작했다.

　　로메로 가족은 다른 마을로 이사했다. 조시의 안전이 염려되어 창문과 문에 경보 장치를 설치하고, 혹시라도 있을지 모를 침입자를 위협하기 위해서 그레이트 데인 종(種)의 큰 개도 샀다. 바네시아는 지역 학교의 교장에게 〈나는 여덟 살 먹은 트랜스젠더 딸을 자랑스러워하는 어머니입니다〉라고 시작하는 이메일을 보냈다. 학교의 인사 책임자가 회신을 보내왔다. 〈우리는 주(州) 법률을 준수하지만 여기에는 귀하의 자녀가 차별받지 않도록 보호해 줄 보호 장치가 없습니다〉라는 내용이었다. 그해 11월에 바네시아는 딸들을 슈타이너 스쿨에 보냈다. 하지만 공군에서 받는 급여로 연간 2만 달러에 달하는 학비를 감당하기는 불가능했다. 유일하게 남은 선택은 홈 스쿨링이었다. 조시는 〈외출이 그립다〉고 말했다. 조지프가 말했다. 「고립은 조시에게 해를 끼칠 수 있는 세상으로부터 그 아이를 보호하기 위해 지불해야 하는 대가입니다.」

　　고립이 유일한 어려움은 아니었다. 조시가 말했다. 「나는 페니스를 받아들일 수 없어요. 페니스를 없애고 싶지만 아플 것 같아요. 그것을 떼어 내려면 일정한 나이가 되어야 한대요. 열다섯 살 정도요.」 바네시아가 덧붙였다. 「열여덟이에요. 하지만 그보다 일찍이라도 에스트로겐을 복용하고 가슴이 나오게는 할 수 있어요.」 조시는 〈내가 엄마가 되면 아이들을 입양할 거예요. 그때가 되면 아기에게 젖을 먹일 가슴은 갖고 있겠죠. 나는 브라를 하고, 드레스랑 치마를 입고, 하이힐을 신을 거예요〉라고 말했다. 그녀는 내게 무지개 색으로 머리를 물들이고 내면과 외면이 모두 아름다운 사람과 결혼하고 싶다고 이야기할 때도 마찬가지로 확신을 보였다. 그녀가 말했다. 「우리는 여기 애리조나에서 아기를 가질 거예요. 그리고 어디든 제이드가 사는 주에서 살 거예요. 바로 옆집에 살 거예요. 우리는 나무 위에 있는 집에서 살 거예요. 나는 머리도 캘리포니아에 닿을 만큼 기를 거예요.」

나중에 바네시아가 내게 말했다. 「조시가 육체적인 고통을 견딜 만큼 감정적으로 준비가 되기 전에는 수술을 허락하지 않을 거예요. 하지만 분명히 조시가 준비되었다면 지금 당장이라도 수술을 시킬 겁니다.」 바네시아는 조시에게 테스토스테론과 에스트로겐의 분비를 막아 주는 사춘기 억제제를 투여할 계획도 세웠다. 그녀가 말했다. 「그렇게 하면 조시에게서는 그녀의 몸을 휩쓸어버릴 정도로 많은 테스토스테론이 생성되지 않을 거예요. 그럼 목젖이 나오거나 얼굴에 털이 자라지도 않겠죠. 드레스를 입은 남자처럼 보이는 일은 절대로 없을 거예요.」 바네시아는 투손에서 그녀의 계획을 실행해 줄 용의가 있는 의사를 발견했다. 조지프는 조시의 이름과 성별을 수정한 새로운 출생증명서를 발급해 달라고 기록 담당 부서를 설득했다. 한편으로 바네시아는 의도적으로 남자아이 장난감을 계속해서 집에 놔두었다. 「나는 조시가 늘 바비 인형만 가지고 놀면서 자신이 여자아이라는 사실을 증명하길 바라지 않아요.」

내가 만난 대부분의 트랜스 아이들은 남의 눈을 피하면서 살고 있었다. 나는 많은 아이들이 하나의 불일치에서 또 다른 불일치로 넘어갔다는 사실에 충격을 받았다. 요컨대 그들은 자신이 정말 증오하는 해부학상의 성별로 살다가 수술 후에는 그들의 예전 신체와 일치하지 않는 성별로 살았다. 조시는 공개적으로 살면서 비싼 대가를 치렀지만 다른 많은 트랜스 아이들보다 진정으로 자유롭게 보였다. 조시는 인권 운동가가 되었다. 아직도 나무 위에 지은 집에서 살 거라고 생각하는 여덟 살짜리 아이에게는 상상할 수 없을 만큼 어려운 역할이었지만 그녀의 내면에는 조숙함과 유치함이 절묘하게 뒤섞여 있었다. 나와 만났을 때 조시는 내셔널 지오그래픽에서 만드는 그녀의 두 번째 다큐멘터리 촬영을 막 끝낸 뒤였다.[21] 그녀는 국회의원과 애리조나 주지사를 만난 적도 있었다. 나는 조시의 이런 활동가적인 성향이 조지프와 바네시아를 얼마나 닮았는지, 실제로는 그들이 얼마나 부추겼는지 궁금했다. 하지만 딸이 트랜스라는 사실을 적어도 상황에 따라서는 숨기는 편이 현명하다고 생각했던 바네시아가 과장되게 반문했다. 「사람들을 만나면 조시가 맨 처음에 하는 말이 무엇인지 아세요? 그녀는 〈안녕하세요? 내 이름은 조시입니다. 나는 여덟 살이고 트랜스젠더예요. 당신은 누구세요?〉라고 말해요.」

가족의 친구로 지내던 킴 피어슨은 2009년에 사회봉사 상을 수상하게 되었을 때 사정이 생겨서 시상식에 참석할 수 없었다. 그녀가 조시에게 자신을 대신해서 상을 수상해 달라고 부탁했다. 시상식에는 700명에 달하는 청중까지 모여 있었다. 바네시아가 회상했다. 「조시가 연단에서 나를 돌아보면서 속삭였어요. 〈엄마, 나 지금 무대 공포증이 진짜 심각해요.〉 그런데 조시가 이미 켜져 있는 마이크에 대고 속삭였던 거예요. 모두가 웃는 바람에 조시의 긴장도 풀렸죠.」 조시는 즉흥적으로 소감을 발표했고 기립 박수를 받았다. 바네시아가 말했다. 「조시는 아주 섬세하고 매우 감성적인 아이인 데다가 세상을 바꾸고자 하는 마음이 있어요.」

바네시아는 특히 다음과 같이 말했다. 「남자아이가 이유 없이 자신이 여자아이라고 말하고 다니지는 않아요. 남들이 들어 줄 거라 믿고 있는 거예요. 우리는 방법을 몰랐어요. 어느 날 조시가 물었어요. 〈엄마, 엄마는 왜 내가 남자아이가 되길 원했어요?〉 그 말을 들으니 너무 가슴이 아팠어요. 나는 〈엄마가 이해를 못했어. 진짜 미안해〉라고 말했어요. 그러자 조시가 말했죠. 〈괜찮아요, 엄마. 나는 엄마를 사랑해요. 지금은 정말 모든 게 다 좋아요.〉」

젠더는 자기 이해에서 가장 중요한 요소 중 하나다. 자기 이해가 자아에 대한 내적인 인식뿐 아니라, 때로는 좋아하는 옷이나 놀이 유형 같은 외적인 행동에 영향을 주기 때문이다. 성 정체성 문제가 유전이나 자궁 내의 안드로겐 수치, 어린 시절의 사회적 영향에서 기인한다는 주장이 제기되고는 있지만 정확한 원인은 여전히 모호하다. 젠더 불일치를 전문적으로 연구하는 컬럼비아 대학 심리학과 교수 하이노 메이어-발부르그Heino Meyer-Bahlburg는 젠더 불일치를 유발하는 여러 가지 잠재적인 생물학적 메커니즘을 설명했다. 그는 400개에 달하는 희귀 유전자와 후생적 현상이 연관이 있을 수 있으며, 유전자가 직접적으로 호르몬을 조절하지는 않지만 성격 형성과 관련이 있다고 주장했다.[22] 하버드 대학 소아과 부교수이자 선도적인 소아 내분비학자인 노먼 스팩Norman Spack은 〈지금 우리가 가진 뇌 그림은 최초의 우주 비행사가 달에서 찍은 멋진 지구 사진과 같다. 우리는 이 사진에서 대륙과 대양, 기상 상황 등을 볼 수 있을 뿐이다. 그리고 젠더 불일치를 설명할 수 있기 위해서는 자동차 번호판까지 읽을 수 있는 보다 세밀한 사진이 필요하다〉[23]고 말했다. 자폐증과 마찬가지로 젠더 불일치 역시 역사적으로 그 어느 때보다 훨씬 만연한 듯 보인다. 하지만 해당 증상이 실제로 더 빈번하게 발생하는 것인지, 아니면 단지 더 인식되는 것인지는 불분명하다.

비유전적인 생물학적 현상에 관한 논쟁은 우리를 혼란스럽게 만든다. 1938년에 개발된 디에틸스틸베스트롤DES은 1970년대 초반까지 유산을 예방하기 위한 용도로 사용되었지만 자궁 내의 남녀 태아 모두에게 부작용을 유발했다.[24] 〈DES의 자식들 네트워크〉 회원들을 상대로 2002년에 실시된 조사는 그들 중 50퍼센트가 트랜스젠더라는 이례적인 확률을 보여 주었다. 이는 임신 중 호르몬 수치가 크로스 젠더 정체성을 유발할 수 있다는 가설을 뒷받침한다. 또한 과학자들은 식품부터 바닥 광택제, 포장재에 이르기까지 모든 물질에서 발견되는 화학 물질 중 하나인 내분비교란물질EDCs에 대한 우려를 표시하기도 했다. 내분비교란물질은 양서류의 생식 계통에 작용하여 기형 발생률을 높이는 원인으로 알려져 있다. 그들은 내분비교란물질이 인간의 생식기 기형 및 이례적인 성 정체성의 발생률 증가에도 일조했을 것으로 추측했다.[25]

돌연변이의 개념을 연구한 과학사학자 조르주 캉귈렘Georges Canguilhem은 1991년에 〈다양성은 질병이 아니다. 이례적이라고 해서 질병이 있다는 뜻은 아니다〉[26]라고 주장했다. 트랜스젠더라는 사실은 분명 비정상이다. 하지만 그것이 과연 질병인가 하는 문제는 끊임없이 논쟁을 유발한다. 성 정체성 장애는 1980년에 처음으로 의학적 범주에 포함되었다. 정신장애 진단 및 통계 편람 제4판DSM-IV을 보면 아이들에게 성 정체성 장애 진단을 내리기 위해서는 다음의 다섯 가지 증상 중 적어도 네 가지에 해당되어야 한다. 첫째로, 다른 성별이 되고자 하는 열망이나 자신이 다른 성별이라는 주장으로 확인되는 끈질기고 집요한 크로스 젠더적 정체성이다. 둘째로, 자신이 타고난 성별에 대한 지속적인 불만이나 해당 성별에 기대되는 젠더 역할이 부적절하다는 인식이며 흔히 이러한 불만이나 인식은 이성의 옷을 입는 행동으로 나타난다. 셋째로, 다른 성별이 되는 것에 대한 환상으로 역할 놀이에서 이성의 역할을 맡으려는 성향이다. 넷째로, 다른 성별의 전형적인 게임과 취미에 늘 참여하려고 한다. 마지막으로, 놀이 친구로 다른 성별의 아이를 선호한다.[27] 성 정체성 장애 진단을 받는 남자아이들은 일반적으로 여성스러운 옷과 헤어스타일을 선호하고, 소꿉놀이에서는 엄마 역할을 하며, 저돌적인 놀이나 운동을 기피하고, 백설공주 같은 여자 캐릭터에 관심을 보인다. 한편 성 정체성 장애 진단을 받는 여자 아이들은 드레스를 입으라고 하면 굉장히 부정적인 반응을 보이고, 짧은 머리를 선호하며, 종종 소년으로 오인받고, 저돌적인 놀이를 좋아하고, 스포츠를 즐기고, 배트맨 같은 캐릭터를 선택한다. 여성이 건축 일을 하고 남자끼리도 결혼을 할 수 있는 이 시대에 의학적으로 명시된 이러한 〈배트맨 대 백설공주〉식의 성 정체성 분류는 시대에 뒤떨어진 듯 보이지만, 그럼에도 해당 개념은 의학 논문에서 여전히 상당 부분 그대로 통용되고 있다. 요컨대 성 정체성 진단은 인터섹스인 사람에게 적용할 수 없다고 구체적으로 명시되어 있다.

대부분의 아이들이 어릴 때 자신의 성별에 적합한 장난감을 가지고 노는 반면에 트랜스인 아이들은 종종 자신의 출생 성별에 어울리는 장난감을 거부한다. 메이어-발부르그는 이런 아이들이 〈날 때부터 완연히 비정형적인 젠더〉라고 설명했다.[28] 극단의 남성성과 극단의 여성성을 스펙트럼의 양쪽 정점으로 정해 놓고 사람들의 성별에 따른 행동에 등급을 매겨 볼 수 있다. 일반적으로 전형적인 남자아이는 남성성 쪽으로 3.5에서 5의 표준편차를 보이고, 여자아이 역시 여성성 쪽으로 비슷한 수준의 표준편차를 보인다. 하지만 트랜스인 아이들은 자신의 타고난 성별을 기준으로 했을 때 대체로 이성(異性) 쪽으로 7에서 12의 편차를 보인다. 말하자면 그들은 남성으로 태어났지만 대부분의 여성보다 더 여성스러우며, 여성으로 태어났지만 대부분의 남성보다 더 남성적이다. 스팩은 〈그들의 놀이는 이를테면 정치적인 선언문이라고 할 수 있다〉고 말했다. 성 정체성 장애가 있는 성인은 임상적으로 상당한 고통을 겪거나, 사회적, 직업적인 기능을 수행하는 데 장애를 보인다. 성 정체성 장애 진단을 받지는 않았지만 사춘기나 그 이후에 관련 증상이 나타나는 아이들도 있으며, 성 정체성 진단을 받은 경우에도 사춘기까지 완전한 크로스 젠더 정체성을 보이는 아이들은 전체의 4분의 1에 불과하다.[29] 즉 아이들의 놀이는 그들의 향후 정체성과 관련해서 아무런 의미가 없을 수도 있고 전부를 의미할 수도 있다. 트랜스인 아이들을 어떻게 키울지 결정하기가 고민스러운 이유도 바로 이 때문이다.

트랜스 아동을 연구하는 다수의 전문가들은 사회 전반이 그들에게 도움을 주지 못하고 있다고 생각한다. 〈GID 개혁 옹호자〉의 설립자 퀠리 윈터스는 〈남자아이를 남자로, 여자아이를 여자로 보이게 하는 일반적이거나 심지어 전형적인 행동들이 젠더 불일치 문제를 겪는 아동의 정신이상을 암시하는 증거로 제시된다〉[30]고 주장했다. 이 말은 여자아이가 하면 건전하게 여겨지는 행동도 남자아이가 할 경우에는 정신 질환을 암시하는 증상으로 간주된다는 뜻이다. 인권 운동가들은 GID 진단이 남자로 태어난 아이가 자신을 소녀라고 인식하지 못하게 하거나 여자로 태어난 아이가 자신을 소년으로 동일시하지 못하도록 막는 데 이용될 뿐 아니라, 여자 같은 게이나 남자 같은 레즈비언이 되지 못하도록 차단하거나 그들을 비난하는 데 악용된다고 주장했다. 스테퍼니 브릴은 〈남자아이가 《여자아이들만 이런 것들을 하고 싶어 하니까 나는 여자가 분명해》라고 말한다고 해서 그 아이가 트랜스젠더라는 증거는 아니다. 그 아이는 차라리 성차별의 증거를 보여 준다고 할 수 있다〉고 덧붙였다. 이 분야의 베테랑 사회복지사 제럴드 말론과 테레사 드크레센조는 남자로 태어나면 무조건 〈스포츠 교육〉을, 여자로 태어나면 무조건 〈예절 교육〉을 받는다고 불만을 제기한다.[31] 2009년도 미국 정신의학회 회의장 앞에서는 〈GID를 당장 개혁하라!〉는 시위가 열리기도 했다. 캘리포니아 버클리에 있는 〈소아 청소년 젠더 센터〉의 다이앤 에렌사프트는 자신들이 성 정체성 문제를 겪는 아동을 전문적으로 다루고 있으며, 〈정신 건강 전문가라는 사람들이 《정상적인 젠더》가 아닌 아이들에게 지속적으로 해를 끼치고 있다. 전문가들에게 재교육이 필요하다〉[32]고 주장했다.

한편 다른 인권 운동가들은 진단 범주를 잃을 가능성에 대해 항의한다. 『젠더의 수수께끼The Riddle of Gender』에서 데버러 루다실은 〈성 정체성 장애 진단은 수천 명의 트랜스 섹슈얼과 트랜스젠더에게 고통을 덜어 주는 호르몬 및 수술적 치료의 범위를 합법화한다. 젠더 불일치에 대한 《의료적 모델》이 《인간의 다양성을 병리적으로 만든다》고 주장하는 인권 운동가들은 이 점을 간과하는 경향이 있다. 어떤 식으로든 진단을 받지 않은 채 이루어지는 성전환은 일종의 극단적인 성형수술이나 신체 가꾸기에 지나지 않으며, 이들을 비난하는 사람들의 눈에는 유행이나 패션, 《열풍》으로 비치게 된다〉[33]고 썼다. 정신장애 진단 및 통계 편람에 성 정체성 장애가 포함되어 있으면 트랜스젠더인 사람들이 필요할 수 있는 심리적 지원에 대한 의료보험 적용이 용이하다. 정신장애 진단 및 통계 편람 제5판의 책임 연구원 윌리엄 내로William Narrow는 〈성 정체성 항목이 유지될 때의 손해는 낙인이고 항목이 제거될 때의 손해는 치료적 접근에 대한 잠재적 손실이다〉[34]라고 말했다. 계속해서 그는 〈치료에 대한 접근이 가능할 뿐 아니라 그 기회도 증가하고 차별이 줄어들 수 있는 환경을 만드는 것〉이 당면한 과제라고 했다. 이러한 딜레마는 청각 장애나 왜소증을 가진 사람들이 그들에게 장애인이라는 꼬리표가 붙는 것을 싫어하지만 주거 혜택과 복지 혜택을 받으려면 그 같은 꼬리표가 필요한 상황과 비슷하다.

트랜스젠더를 위한 수술과 호르몬 치료는 상환이나 세금 공제를 거의 받지 못한다.[35] 이 같은 문제가 해결될 수 있도록 많은 트랜스젠더들은 그들의 병이 육체적인 질환으로 분류되길 바란다. 성 정체성 문제 치료 전문가 미셸 앤젤로Michele Angello 박사는 물리적인 변화로 치료될 수 있는 문제를 정신적인 질환으로 분류하지 말아야 한다고 지적했다.[36] 일부 인권 운동가들은 트랜스젠더라는 것이 임신과 마찬가지로 질병이 아니라 의료적인 도움이 필요한 상태라고 주장한다. 미국 의사 협회AMA는 〈의사의 권고를 받은 성 정체성 장애 치료에 대한 건강보험의 적용을 지지한다〉는 결의안을 발표했고, 이 결의안은 트랜스젠더에게 육체적, 심리적 치료를 위한 문을 열어 주었다.[37] 세계보건기구WHO의 국제 질병 분류ICD 목록을 새로 작성한다면 성 정체성 장애는 내분비나 신경 인지적 질환으로 재분류될 수 있을 것이다.

성 정체성 장애가 정신 질환으로 분류되는 이상, 전문가들은 이를 치료하려 할 것이고 부모들은 치료를 받아들이지 않을 것이다. 지금은 꼬리표보다 아이에게 집중할 때다. 미국 아동 국립 의료 센터의 정신과 의사 에드가르도 멘비엘Edgardo Menvielle은 말했다. 「목표는 아이들이 잘 적응하고, 건강하며, 건강한 자존감을 갖도록 하는 것이다. 아이들의 젠더 형성은 중요한 문제가 아니다.」[38] 행복의 구성 요소와 건강의 가치를 보편적으로 예측하는 제도보다는 아동의 정신 건강을 우선순위에 두는 편이 옳을 듯하다. 멘비엘은 트랜스 아동을 무조건 장애가 있는 상태로 보는 대신에 위험한 상태에 있다고 본다. 암스테르담에서 젠더 발달 문제를 연구하는 페기 코언-케테니스Peggy Cohen-Kettenis 교수도 〈예컨대 분리 불안이나 체계적이지 못한 육아, 우울증 등 기능적인 문제를 진단하고 치료〉하고자 했으며, 〈그런 경우에 아이가 최종적으로 보여 주는 성별에 관계없이 가족들은 괜찮았다〉[39]고 설명한다. 다시 말해서 성 정체성 때문에 근원적인 문제가 흐려지지 말아야 하고, 마찬가지로 근원적인 문제 때문에 성 정체성을 다루는 일이 방해를 받지 말아야 한다는 것이다.

대다수 청각 장애인은 그들이 〈청각 장애〉라고 불리는 데 이의를 제기하지 않으며, 지적 장애를 가진 대부분의 사람들 또한 그들이 〈다운증후군〉이라는 용어로 불리는 것에 반대하지 않는다. 하지만 〈성 정체성 장애〉는 이 용어가 표면적으로 묘사하는 사람들로 하여금 언어적인 의미를 초월하는 정도와 범위까지 격노케 한다. 이 책에 나오는 대부분의 질환에는 긍정적인 정체성 모델과 부정적인 장애 모델이 공존한다. 낙인을 찍는 진단 범주에 포함되고 싶은 사람은 아무도 없다. 그럼에도 대부분의 사람들은 진단 범주 그 자체보다는 낙인에 맞서 싸운다. 청각 장애나 자폐증을 정체성으로 생각하는 사람들은 다른 사람들이 아무리 그들을 장애인이라고 불러도 낙인에 맞서 싸울 수 있다. 하지만 성 정체성 장애는 트랜스젠더인 사람들이 장애가 있을 뿐 아니라 정체성 자체도 장애임을 암시한다. 이는 위험한 관점이다. 우리 모두는 다양한 정체성을 가지고 있으며 대다수가 어떤 정체성에 대해서는 유감스럽게 생각하기도 하지만 정체성이란 우리가 누구인지를 말해주는 것이기 때문이다. 철학의 첫 번째 원리 중 하나인 동일률은 모든 것이 그 자체로 동일하다고 주장한다. 아리스토텔레스는 〈사람이 사람이거나 음악가가 음악에 재능이 있는 이유〉에 대한 〈단일 원인〉은 〈각각의 존재가 그 자체와 분리될 수 없기 때문〉이라고 설명했다.[40] 로크는 〈사람은 사람이다〉[41]라는 것이 우리의 가장 근본적인 지식이라고 단언했다. 누군가에게 그 사람 자신이 되지 말라고 강요함으로써 〈사람은 사람이다〉라는 등식을 깨뜨리는 행위는 그 사람의 모든 가능성을 파괴한다. 성 정체성 장애라는 용어는 그 자체로 정체성을 부정한다. 정체성을 표출하는 보다 나은 방법을 찾으려고 할 수는 있지만 그 누구에게도 정체성 자체를 버리라고 강요할 수는 없다. 유대인의 정체성, 투치족의 정체성, 공산주의가 억압한 여러 정체성 등을 사람들이 지구상에서 없애려고 했을 때 20세기는 최악의 순간을 맞이했다. 정체성을 제거하려는 이 같은 거시적인 수준의 시도들은 성공하지 못했으며 이는 미시적인 수준의 시도도 마찬가지다.

베티나와 그렉 베르디는 둘 다 미국 동북부 지역의 이탈리아계 가톨릭 집안 출신이다.[42] 그렉은 항공사에서 지상 정비사로 일하고 베티나는 유치원 교사로 일한다. 그렉이 록히드마틴에 고용되면서 그들 가족은 애틀랜타 남쪽 지역으로 이사했다. 그들의 둘째 아들인 폴은 생후 3개월째부터 분홍색 장난감을 선호했으며, 두 살 때는 여자의 긴 머리를 흉내 내려고 머리에 셔츠를 써서 길게 늘어뜨리고 베티나의 탱크톱을 원피스처럼 입고는 했다. 폴이 두 살 반이 되었을 때 마침내 베티나는 차고 세일에서 노란색 꽃무늬 원피스를 사주는 데 동의했다. 베티나가 말했다. 「나는 집에서 노는데 〈뭐 어때?〉라고 생각했어요.」 그렉은 원피스 산 것을 완전히 이해해 주지는 않았지만 베티나와 마찬가지로 아이들이 으레 거쳐 가는 한 단계라고 생각했다. 큰 아들 에릭이 네 살 때였다. 에릭의 유치원에 형제 초대의 날이 있었고 베티나는 폴을 데려갔다. 베티나가 회상했다. 「다른 가족들과 온 여자아이들이 프릴이 달린 원피스를 입고 있었어요. 폴은 헉 소리를 내며 놀라서 말했죠. 〈엄마, 나도 원피스를 입고 싶어요.〉 모든 어머니들이 키득거렸어요.」 베티나는 소아과 의사에게 폴이 장난감 가게에 갈 때마다 여자아이 코너에 간다고 설명했다. 의사는 〈글쎄요. 그럼, 《안 돼》라고 하세요〉라고 대답했다. 그렉이 말했다. 「폴은 〈여자 장난감을 살 수 없다면 그냥 가요〉라고 할 거예요.」

다섯 살 때 폴이 베티나에게 말했다. 「엄마, 나는 여자아이로 학교에 다니고 싶어요. 여자 같이 옷을 입고, 여자 이름을 가지고, 여자아이들이 가지고 노는 장난감을 갖고 싶어요. 나는 여자가 되고 싶어요.」 베티나는 두려웠다. 그들은 다시 소아과 의사를 찾아가서 혹시 성 정체성 장애가 아닐지 물었다. 의사는 〈그런 아이들〉이 대부분 자살을 한다고 설명하면서 그들에게 기독교 서점에 가서 그 문제에 관한 책들을 많이 읽고 기도를 하라고 조언했다. 베티나는 애틀랜타에서 한 치료 전문가를 찾아냈고 그렉과 함께 가기로 약속을 잡았다. 「그렉이 가지 않으면 혼자서라도 갈 각오를 하고 있었어요.」 베티나가 말했다. 그러나 그렉은 집으로 돌아오는 길에 베티나에게 〈좋아, 그렇게 하자〉고 말했다. 베티나는 그녀의 아이들과 같은 나이의 아이들을 키우는 한 친한 친구에게 전화해서 아이들과 함께 만나자고 했다. 「나는 그녀에게 〈그 아이를 폴라라고 불러주면 좋겠어〉라고 말했어요. 그녀가 말했죠. 〈베티나, 나는 잘 모르겠어. 아이들이 폴을 놀릴 거야.〉 내가 말했죠. 〈시도라도 해보면 안 될까?〉」 그래서 그들은 만났다. 친구의 큰 아들이 에릭에게 물었다. 「어, 네 동생은 왜 여자처럼 옷을 입고 있어?」 에릭이 대답했다. 「그건 트랜스젠더라고 하는 거야. 남자아이가 여자가 되고 싶거나 여자아이가 남자가 되고 싶어 하는 거래. 그 문제에 대해서는 별로 이야기하고 싶지 않아.」 친구의 아들이 말했다. 「그래, 놀자.」 그 아이의 동생은 이상한 점을 전혀 알아차리지도 못했다. 아마도 폴이 항상 여자아이처럼 행동했기 때문일 것이다.

베티나는 그녀가 다니는 성당의 종교 교육 담당자를 만나러 갔다. 「나는 그에게 정말로 감동을 받았어요. 그 담당자가 말했어요. ⟨좋아요, 그 아이를 폴라라는 이름으로 다니게 하고 싶은 거죠? 그냥 서류만 바꾸면 돼요.⟩ 그렇게 우리는 성당에서 아이의 성별을 바꾸었어요.」 다음으로 베티나는 학교에다 이야기를 했다. 교장이 말했다. 「우리 학교는 모든 아이들에게 안전하고 우호적인 환경을 제공합니다. 어머님의 자녀에게도 다르지 않아요.」 폴라는 양호실에 있는 화장실을 사용해야 했지만 그 점을 제외하고는 그저 폴라였다. 베티나의 가족은 처음부터 전적으로 그녀를 지원했다. 이미 80대이던 그렉의 부모도 폴라를 처음 보고서 곧바로 그 사실을 받아들였다.

하지만 그렉과 베티나는 지역사회 사람들을 무시할 수 없었다. 그렉이 말했다. 「우리가 바이블 벨트*에 있다는 사실을 불현듯 깨달았습니다.」 베티나는 이웃들에게 폴라의 일을 알렸다. 그녀가 말했다. 「2년 동안 매일 아침 버스 정류장에 같이 가던 한 남자가 있었어요. 그를 친구처럼 느꼈죠. 하지만 학기가 시작된 첫 주에 그는 자신의 집 진입로 끝에서 나를 만날 때마다 그 일이 얼마나 사악한지 보여 주기 위해서 인터넷에서 다운로드한 자료들을 가지고 오더군요.」 스쿨버스에서 폴라의 머리에 손을 얹고 그녀가 다시 남자아이로 돌아가게 해달라고 기도를 하는 남매도 있었다. 폴라가 집에 와서 말했다. 「나는 정말 괜찮아요. 그런데 그 아이들이랑은

---

* 기독교가 강한 보수적 성향의 미국 중남부와 동남부 지역.

이제 친구가 되지 못하는 거예요?」 베티나가 기도를 했던 아이들의 어머니를 만나러 갔다. 「그녀가 내게 말했어요. 〈하느님은 절대로 실수를 하는 법이 없어요.〉 내가 말했죠. 〈이봐요, 하느님이 실수를 하지 않는다면 당신 아들도 눈이 나쁘지 않아야 하고 따라서 안경을 쓸 필요도 없어야 하는 것 아닌가요?〉 〈글쎄요, 그건 같은 문제가 아니에요.〉 〈왜 같은 문제가 아니죠? 이것도 신체적인 문제라고요. 도대체 무슨 차이가 있는 거죠?〉 그리고 나는 그냥 이렇게 말했어요. 〈저기요, 당신은 정말 좋은 엄마예요. 나는 진심으로 그렇게 생각해요. 당신이 내 입장이었다면 나와 똑같이 했을 거예요. 아이의 말을 들어 주고 그 아이를 행복하게 해주었을 거예요.〉」

베티나는 그녀의 아이들이 들어간 유치원에서 일했고 그곳의 모든 이들에게 폴라의 상황에 대해 이야기했다. 그녀는 반발이 있을지도 모른다고 상사에게 미리 알렸다. 한 달 후에 상사가 그녀에게 말했다. 「한 학부모가 선생님의 교사 자질에 의문을 제기했어요. 그래서 내가 말했죠. 〈베티나 선생님보다 더 나은 교사를 찾을 수는 없을 겁니다. 그녀의 가정사는 직장에서 하는 일에 영향을 미치지 않습니다. 댁의 자녀가 베티나 선생님 반에 있다는 것이 행운이죠. 베티나 선생님은 기꺼이 학부모들과 마주 앉아서 어떤 질문에도 대답해 드릴 겁니다. 그러니 이만 전화를 끊겠습니다. 그래도 걱정되는 부분이 있으면 정리해서 다시 전화 주시겠어요?〉」 그 학부모는 다시 전화하지 않았고 그 딸은 계속 그 유치원에 다녔다.

나는 필라델피아의 트랜스젠더 콘퍼런스에서 그렉과 베티나를 처음 만났다. 곧 예쁜 어린 소녀가 그렉의 정중한 부모와 함께 다가왔다. 그렉의 부모는 수십 년간 트랜스젠더 콘퍼런스에 참석해 온 듯한 분위기를 풍겼다. 폴라는 약간 침울하게 나와 악수하고는 복도로 뛰어갔고 할아버지와 할머니가 뒤쫓아 갔다. 베티나가 말했다. 「이 콘퍼런스는 폴라보다 우리를 위한 거예요. 폴라는 자신이 무엇을 하고 있는지 알아요. 하지만 우리는 전혀 모르죠.」 나는 그들에게 시간이 흐르면 폴라의 정체성이 트랜스젠더가 될 거라고 생각하는지, 그냥 여성이 될 거라고 생각하는지 물었다. 베티나가 말했다. 「그렉은 폴라를 더 이상 트랜스젠더로 보지 않아요. 하지만 그건 남편이 폴라를 매일 씻기지 않아서이기도 해요.」

베티나와 그렉은 내게 그들이 항상 가지고 다니는 〈안심 폴더〉를 보여 주었다. 많은 트랜스 아이들의 부모가 그런 것을 가지고 다닌다. 안심 폴더란 바로 법 집행이나 의료 시스템이 젠더 불일치에 대해 적대적이거나 익숙하지 않아서 문제가 발생하는 경우 보여 주는 서류들이다. 폴더에는 예컨대 다음과 같은 내용들이 포함될 수 있다. 아이의 성 정체성을 확인해 주는 소아과 의사와 치료 전문가의 편지, 적어도 세 명 이상의 친구나 가족 구성원이 부모의 양육 방식이 건전하다고 증언하는 편지 그리고 가능하다면 목사나 성직자의 편지, 아이가 일생 동안 전형적이지 않은 젠더 행동을 보였다고 증명하는 동영상이나 스냅 사진, 성별이나 이름을 변경했다고 보여 주는 출생증명서나 여권, 사회보장 카드 등의 사본, 가능하다면 가족의 안정성을 증명하는 가정 조사 기록, 부모가 아동 학대자가 아니라는 범죄 정보국의 보고서 등이다.

나는 베티나가 그녀의 옹호적인 관점 덕분에 그렉보다 이 일을 더 쉽게 받아들이는지 아니면 그 반대인지 궁금했다. 그렉이 울기 시작했다. 「나는 몸부림을 치고 있습니다.」 그가 흐느꼈다. 「그 모든 것이 우리의 어린 아들에게 일어난 일이기 때문입니다. 나는 우리 아이가 행복하길 원해요. 하지만 이 모든 일이 있기 전에 찍은 우리 가족사진을 발견하면 그때의 어린 아들이 그리워요. 아직은 가끔 한 번씩 마음이 아플 뿐이에요.」 나는 베티나에게 그녀도 그렇게 느낀 적이 있는지 물었다. 잠깐 동안 생각을 정리하고 나서 그녀가 말했다. 「없어요. 내가 후회하는 것은 폴라와 함께 보내지 못한 시간이에요. 나는 딸아이의 유아 시절을 놓쳤어요. 존재하지도 않는 다른 누군가에게 내가 가진 모든 에너지를 쏟았던 거죠.」

많은 트랜스젠더의 부모들은 내게 그들이 비록 다른 아이를 얻었지만 그 과정에서 잃게 된 원래의 아이에 대한 슬픔을 설명해 주었다.[43] 한 트랜스 맨의 어머니가 말했다. 「그 자녀와 동성인 부모는 이성인 부모와 달리 일종의 거절을 경험해요. 같은 종족의 구성원인 자녀에게 거절을 당하는 거예요.」 트랜스젠더 콘퍼런스에서 만난 한 아버지는 〈머리로는 받아들이지만 아직도 내 아들에 대한 감정적인 편견이 있습니다. 사실 아들이라는 말도 잘 나오지 않아요〉라고 말했다. 그에게는 자폐증인 딸과 청각 장애인 아내가 있었다. 「자폐증과 청각 장애는 수월합니다. 그 문제로 나를 비난하는 사람은 아무도 없어요. 하지만 이 문제와 관련해서는…… 사람들이 나를 조롱합니다. 사람들은 왜 내 아들이 자신의 장애를 지극히 개인적인 사안으로 받아들이도록 내버려 두지 않을까요? 우리는 모두 장애가 있고, 또 장애를 안고 살아가는 법을 배웁니다.」 그의 아들이 내게 말했다. 「나는 아주 어렸을 때부터 내게 숨겨야 할 무언가가 있다는 사실을 알고 있었어요. 오랫동안 그것이 무엇인지조차 몰랐습니다. 하지만 내가 어떤 사람이 아니라는 사실은 금방 알 수 있었고, 그런 부분들을 제외하고 나자 진정한 내가 남았어요.」

한 아버지는 트랜스인 딸에게 여성 대명사를 사용하는 것에 거부감을 느꼈고 결국 상담까지 받았다. 「결정적으로 의사가 그 아이를 남자로 지칭하는 것이 그 아이를 보다 행복하게 하는지 묻더군요. 물론 대답은 〈아니오〉였습니다. 반면에 아들을 〈그녀〉라고 지칭하면 아들이 더 행복해하는가라는 질문의 대답은 분명히 〈예〉였어요. 그리고 그는 아이의 행복보다 더 중요한 게 무엇인지 물었습니다. 나는 울기 시작했어요. 나는 아들이 겪을 조롱이 두려웠고, 그래서 나까지 조롱을 받게 될까 봐 두려워서 아들의 진정한 행복을 거부하고 있었던 겁니다.」

아이의 젠더 부적합 행동은 부모가 젠더에 어긋나게 행동했다는 증거라는 베텔하임 식의 생각이 20세기 전반에 걸쳐 치료를 결정지었다. 1940년대와 1950년대에 심리학자 존 머니는 젠더가 학습되는 일련의 행동과 태도라고 생각했다. 그는 강한 성 정체성을 보여야 건강하다고 믿었으며, 여자아이에게는 소녀답도록 격려하고 남자아이에게는 남성성을 장려하도록 부추겼다. 머니의 이론은 데이비드 라이머라는 한 소년에게 노골적으로 실험되었다. 일란성 쌍둥이로 태어난 데이비드는 포경수술 중에 성기를 잃고 말았다. 머니는 데이비드의 부모에게 그를 여자아이로 키우라고 제안했다. 그리고 아이의 성전환 수술을 감독하고 부모에게는 아이에게 여자아이의 옷과 장난감만 주도록 지시했다. 부모는 데이비드에게 무슨 일이 있었는지 절대로 이야기하지 말라는 주의를 받았다. 수년 동안 머니는 이 실험이 크게 성공했다는 사기성 논문들을 발표하면서 다른 사람들에게도 비슷한 치료를 시도하라고 부추겼다. 하지만 이 때문에 수천 명의 사람들이 피해를 입었다.[44] 1990년대 후반에 마침내 데이비드 라이머는 『롤링스톤*Rolling Stone*』지와 인터뷰를 했고 이 인터뷰는 결국 『자연이만들어 준 대로: 소녀로 키워진 소년*As Nature Made Him: The Boy Who Was Raised as a Girl*』이라는 책으로 발간되었다.[45] 데이비드의 어린 시절은 머니가 묘사한 내용과 정반대였고 분노와 고통으로 가득 차 있었다. 그는 서서소변을 보겠다고 주장했고, 그에게 강요된 프릴 달린 원피스와 인형을 싫어했으며, 머니를 경멸했다. 학교에서 데이비드의 행동이 너무 과격해지자부모는 결국 항복하고 그가 열네 살 때 진실을 이야기해 주었다. 데이비드는 음경 재건 수술을 하고 이후로는 남자로서의 삶을 살았다. 하지만 그가입은 피해는 막심했고 결국 서른여덟 살에 자살했다.

최근의 과학은 유전적으로 프로그램된 소년을 소녀로 성공적으로 키우기란 거의 불가능하다고 말한다. 존스 홉킨스 대학의 한 연구에서는 XY(남성) 염색체와 고환을 가졌지만 페니스는 없는 배설강외번증인 아이들 중 태어났을 때부터 여성으로 정해지고 거세된 이들을 관찰했다. 해당 연구에 따르면 그들 중 상당수가 자라면서 남성으로 사는 것을 선택했고 모두가 〈적당한 수준부터 뚜렷한 수준에 이르기까지 남성의 전형으로 간주되는 관심과 태도를〉 보였다.[46] 이 연구 논문을 저술한 윌리엄 라이너 William G. Reiner가 말했다. 「이 아이들은 정상적인 남성의 성 정체성이 페니스가 없어도 발달할 수 있으며, 심지어 출생 시에 고환을 제거하거나 거세하고 확실한 여성으로 양육된 후에도 그럴 수 있음을 보여 준다. 이들은 그들을 여성이라고 말하는 모든 주변 환경에도 불구하고 원래의 정체성과 성 역할을 개발하는 듯 보인다.」[47]

커크 머피는 1970년대에 UCLA에서 이바 로바스의 지원 하에 아동기의 여성스러움을 치료받았다. 이바 로바스는 일부 자폐인들이 강력하게 반대하는 상벌 행동을 통한 자폐증 치료법을 개발한 이론가이다.[48] 커크의 치료를 위해 그의 어머니는 아들이 남성적인 행동을 하면 보상을 해주고, 여성스러운 행동을 하면 무시하라고 한쪽 방향에서만 투명하게 보이는 유리를 통해 지시를 받았다. 치료 시간 동안 커크가 너무 화가 나서 악을 써댔지만 전문가는 어머니에게 잘하고 있다면서 그녀를 안심시켰다. 집에서도 자폐 아동에게 사용되는 것과 아주 유사한 토큰법이 놀이에 적용되었다. 요컨대 커크는 남성적인 행동을 하면 파란색 칩을 받았고 일정 개수의 파란색 칩을 모으면 선물을 받았다. 반면 여성적인 행동을 하면 빨간색 칩을 받았고 빨간색 칩이 너무 많이 쌓이게 되면 아버지에게 벨트로 맞았다. 마침내 커크의 여자 같은 행동은 중단되었고 수년 간 이 연구는 성공으로 기록되었다.

실험자들은 연구 결과를 출판하면서 커크의 이름을 크레이그로 바꾸고 행동의 유연성을 구현한 인물로 묘사했다. 커크를 직접 치료한 치료 전문가 조지 레커스는 동성애자의 권리에 반대하는 종교 단체인 〈가족 연구 위원회〉의 창립 멤버가 되었으나 결국에는 그 자신도 동성애자로 밝혀졌다.[49] 커크는 공군에 들어갔고 남자다운 남성으로 살았지만 2003년에 서른여덟 살의 나이로 스스로 목을 맸다. 커크의 어머니와 형제들은 2011년에 대중 앞에 나서서 그 치료가 커크를 얼마나 피폐하게 만들었는지 이야기했다. 커크의 여동생이 말했다. 「그 연구에는 추가되어야 할 후기가 있습니다. 커크 앤드루 머피가 바로 크레이그예요. 그는 동성애자였고 자살했습니다. 나는 사람들이 그가 보호와 존중, 무조건적인 사랑을 받을 가치가 있던 한 어린 소년이었다는 점을 기억하길 바랍니다. 우리는 그가 과학 실험의 대상으로 기억되는 것을 원하지 않아요.」[50] 1996년에 출판된 필리스 버크의 『젠더 쇼크Gender Shock』에는 커크 머피를 망친 치료법들이 아직도 널리 사용되고 있으며, 여전히 정부의 지원을 받고 있다는 상당히 충격적인 사실이 기록되어 있다.[51] 실제로 몇몇 방법들은 내가 이 책을 쓰고 있는 이 순간에도 사용되고 있다.

토니 페라이올로는 평생에 걸쳐 확연한 남성성을 보였다.[52] 그래서 그가 아직 앤이라는 이름으로 불릴 때 그를 검사한 의사는 그가 틀림없는 인터섹스일 거라고 생각했다. 내가 토니를 만났을 때 그는 40대였다. 토니의 아버지는 5년째 그와 말을 하지 않는 상태였고 가끔씩 만나는 어머니는 그를 계속해서 앤이라고 불렀다. 토니가 내게 말했다. 「부모님은 당신들에게 정말 멋진 아들이 있음에도 이를 보지 못하고 있습니다.」

다섯 살 때 앤은 그녀의 쌍둥이 누이인 미셸과 남자 형제인 프랭크, 펠릭스와 축구를 하고 있었다. 앤이 셔츠를 벗자 그녀의 어머니가 〈여자아이는 셔츠를 벗으면 안 돼〉라고 말렸다. 앤은 울기 시작했고 자신이 남자라고 말했다. 똑같이 이름이 앤인 토니의 어머니가 회상했다. 「그녀는 인형을 가지고 논 적이 없어요. 원피스를 입지도 않았고 핸드백을 들지도 않았어요. 나는 그 아이가 레즈비언이 될 거라고 생각했어요.」 흔히 고정된 정체성의 지표로 여겨지는 어린 시절의 행동에는 세 가지가 있는데 아이가 어떤 속옷을 선택하는지, 어떤 수영복을 좋아하는지, 어떻게 소변을 보는지 하는 것이다. 토니가 말했다. 「어렸을 때 서서 소변을 보려고 했던 기억이 납니다. 절대로 여자 속옷이나 수영복을 입지 않았어요. 성행위에 대해 아직 아무것도 모를 때였지만 내가 남성이라는 것은 알았습니다.」앤이 뉴헤이븐 초등학교 5학년이었을 때 선생님이 학생들에게 커서 어떤 사람이 되고 싶은지 물었고 앤은 남자가 되고 싶다고 말했다. 교실은 웃음바다가 되었다. 열한 살 때 앤은 자해를 했다.「어린 아이가 쉬는 시간에 밖에 나가서 유리 조각으로 자신의 살을 그은 거예요. 나는 살을 베고 또 베었고, 흙을 묻혀서 상처를 감염시키려고 했어요. 나 자신을 최대한 해치기 위해서였죠. 부모님도 그 사실을 알고 있었습니다. 하지만 그 일에 대해서 어떤 행동을 취한 사람은 아무도 없었어요.」앤의 쌍둥이 여동생 미셸은 일찍부터 레즈비언으로 밝혀졌지만 운동선수였고 앤이 소외되는 만큼 유명해졌다.

앤의 아버지 앤서니는 폭력적이었고 어머니 앤은 신경안정제인 발륨 중독이었다. 이들 부부는 아이들의 문제에 소극적이었다. 청소년기는 대부분의 트랜스젠더에게 충격적인 경험이지만 특히 앤에게는 두 배로 그랬다. 앤은 해부학적으로나 유전적으로 인터섹스라는 징후는 없었지만 남성호르몬과 여성호르몬이 자연적으로 모두 넘쳐났다.「수염과 가슴이 동시에 자라고 있잖아. 도대체 지금 내게 무슨 일이 벌어지고 있는 거지?」열세 살 무렵부터 앤은 매일 면도를 했다.「나는 마약을 하고 술을 마셨습니다. 등교한 날보다 정학당한 날이 더 많았어요.」앤은 열세 살 때부터 아버지의 친구이기도 했던 한 이웃에게 성폭행을 당하고 있었다. 그는 앤을 불러 잠깐 도와달라고 요청하고는 했다.「가지 않으면 벌을 받았고, 가면 강간을 당했어요.」마침내 그녀는 다른 이웃에게 자신이 겪고 있는 일을 말했고 그 이웃이 그녀의 부모에게 알렸다. 토니가 말했다.「이틀 후에 아버지가 그 남자를 불러서 같이 맥주를 마시더군요. 나는 그날 이후로 누구도 신뢰하지 않았습니다.」아버지는 그녀와 말하는 것을 자주 거부했다. 그녀가 열여섯 살 때 아버지는 그녀를 집에서 쫓아냈다. 그녀는 뉴 헤이븐까지 24킬로미터를 걸어가서 한 여자 친구의 집에서 살았다. 그 집에서 사는 것이 여의치 않게 되면서 그녀는 한 달 동안 노숙을 했다. 「그렇게 한 달을 살고 나서 어머니에게 전화를 걸어 집에 돌아가게 해달라고 했어요.」 토니가 고개를 푹 숙이면서 말했다. 「나는 그 망할 집으로 돌아갔습니다.」

앤은 이삼십대 동안 클럽에서 프로모터로 일하면서 수백 명의 레즈비언이 모이는 대규모 파티들을 기획했다. 〈버티칼 스마일〉이라는 밴드도 시작했다. 그러나 자신이 레즈비언이라고 느낀 적은 한 번도 없었다. 그녀는 〈토니Tony〉라는 이름을 사용하기 시작했고 가족들에게는 한발 양보해서 철자를 〈Toni〉라고 썼다. 토니가 말했다. 「나는 내가 남자 같은 레즈비언이기를 하느님께 빌었어요. 하지만 현실의 남자 같은 레즈비언들은 가슴과 질을 원하더군요. 페니스를 원하면 트랜스젠더였어요.」 토니는 삼십대 중반에 자동차 사고를 당했고 보험금을 받았다. 가족들은 집을 사라고 제안했지만 토니는 그 돈을 유방 절제 수술을 받는 데 사용했다.

토니는 아래쪽 수술에는 관심이 없었다. 「그 부분은 몸에서 공개되는 부분이 아니니까 전혀 문제가 되지 않았어요. 가슴은 드러나잖아요. 의사가 붕대를 풀자 다리에 힘이 풀리더군요. 여자 친구인 커스틴을 해변에 데려갔을 때 나는 이렇게 말했어요. 〈나는 지금의 이 모든 상황이 첫 경험이야.〉 수술을 받은 뒤로는 면도를 하지 않았어요. 나는 내 수염이 진짜 좋아요. 이제는 거울을 보면 원래부터 항상 거기에 있어야 했던 사람이 보입니다. 나는 수면제를 복용하기도 했어요. 그러면 인생의 많은 부분을 살지 않아도 되니까요. 하지만 지금은 항상 깨어 있고 싶어요.」 내가 토니를 만났을 때 그는 몸무게가 27킬로그램 이상 빠진 상태였다. 「자신의 몸이 싫으면 그 몸을 사랑할 수 없는 건 당연해요. 하지만 이제는 건강식까지 먹어요. 운동도 하고요.」 토니는 자신의 정신적인 변화가 대부분 치료 전문가인 짐 콜린스 덕분이라고 했다. 그가 말했다. 「나는 한때 분노에 찬 레즈비언이었지만 남자가 되어서도 분노에 사로잡히고 싶지 않았습니다.」

토니의 동생 펠릭스가 말했다. 「이제 누나는 내게 형이에요. 내 평생에 형이 지금처럼 행복해하는 모습을 본 적이 없었어요.」펠릭스의 아이들은 자연스럽게 〈토니 고모〉를 〈토니 삼촌〉이라고 바꾸어 불렀다. 그러나 토니의 아버지와 동생 프랭크는 토니를 지지하지 않았다. 어머니는 마음의 갈피를 잡지 못했고 그들은 수술 후 일 년 동안 전혀 만나지 않았다. 토니가 말했다.「그러던 어느 날 어머니가 〈그래, 내가 한 번 들를게〉라고 했어요. 나는 어머니가 문을 열었다가 그대로 기절하는 것은 아니겠지라는 생각이 들었습니다. 마침내 어머니가 찾아왔고 이렇게 말했어요. 〈어머나 세상에. 너 정말 내 치과 의사랑 닮았구나.〉」토니가 수술을 받고 난 이후로 미셸은 자신을 닉이라고 부르기 시작했다. 토니가 말했다.「처음에는 정말 짜증났어요. 쌍둥이로 태어나서 나 혼자 벌이는 최초의 일인데 그 녀석이 그냥 무임승차하는 꼴이잖아요. 그럼에도 나는 그 녀석에게서 아직 지금의 나처럼 되지 못한 데 따른 슬픔을 엿볼 수 있어요. 그는 아직 가슴이 있어요. 그 상태에서 더 나아가지 않아요. 사람들은 〈그가 너를 따라 하지 않을 거라고 확신해?〉라는 식으로 말했어요. 그럼 나는 〈그가 어떤 선택을 하든지 나는 그를 지지할 거야〉라고 말했어요.」

　토니의 어머니에게 앤이 토니가 되었다는 사실을 받아들이는지 묻자 그녀가 대답했다.「가끔씩은 〈토니〉라고 하지만 대부분은 그냥 〈앤〉이라는 이름이 튀어 나와요. 저 아래 정말 깊은 곳에서는 아직도 딸인 거죠. 〈그〉를 보고 있으면 아직도 그녀가 보여요.」그녀가 토니 쪽으로 몸을 돌렸다.「네 안에 너를 괴롭히는 성난 무언가가 항상 있었구나. 그렇지만 그 당시에 나는 이런 문제에 대해선 아무것도 몰랐단다. 어떻게 보면 바보였지.」토니가 그녀의 팔에 손을 얹으면서 〈나는 어머니가 바보라고 생각하지 않아요〉라고 말했다. 토니의 어머니가 말했다.「이런 문제를 다룬 텔레비전 프로그램들을 보았단다. 네가 이렇게 되고 싶어서 된 것이 아니라는 사실을 조금 더 이해하기 시작했지.」그녀가 나를 돌아보았다.「이 아이가 자연의 법칙에 어긋나 가서 처음에는 속상했어요. 하지만 나는 이 아이 같

은 사람들이 내면에서 어떻게 느끼는지 보다 많이 알게 되었어요. 이제 그
녀는 적극적으로 행동하고 있어요. 아주 좋은 일이죠.」 그녀가 토니와 나
를 번갈아 돌아보면서 토니에게는 〈너는 영원한 내 자식이란다〉라고, 내
게는 〈나는 여전히 그녀를 사랑해요〉라고 말했다. 「무슨 말인지 아시죠?
〈그〉를 사랑한다고요.」 토니에게 〈앤〉이나 〈그녀〉라고 불리는 것이 괜찮
은지 물었다. 그가 말했다. 「앤드루, 어머니는 여전히 내가 어떤 단계를 거
치고 있는 이성애자 여자라고 생각해요. 그래도 나는 지금의 어머니가 바
로 나의 어머니라는 사실을 깨달아야 했어요. 어머니가 나를 〈그들〉이라
고 불러도 상관하지 않아요. 나는 괜찮아요. 내가 괴로운 이유는 아직도
어머니를 일 년에 서너 차례밖에 볼 수 없다는 사실 때문입니다.」

　토니의 어머니는 토니를 조용히 받아들이고 명백히 사랑했지만 그녀
의 마음속에서 이것은 토니의 성전환 이후로 분열된 가족에 비하면 부수
적인 일이었다. 그녀는 내가 그녀 자신의 문제에 대해 묻는 질문에 대부분
남편에 대한 이야기로 대답했다. 그녀는 토니를 잊고 지냈었듯이 그녀 자
신에 대해서도 잊은 듯 보였다. 내가 앤이 동성애자인 것을 어떻게 생각했
었는지 묻자 그녀가 말했다. 「남편도 그녀가 레즈비언이라는 사실은 받
아들였어요.」 그녀가 토니를 돌아보았다. 「아버지도 네가 남자여야 한다
는 것을 알고 있단다. 하지만 여전히 〈토니는 왜 그냥 다른 사람들처럼 레
즈비언으로 살 수 없었을까?〉라고 말하더구나.」 토니가 어머니에게 말했
다. 「어머니는 어려운 상황에서 잘 대처했어요. 결국에는 나를 보러 왔잖
아요. 우리끼리 이야기도 나누고요.」 토니의 어머니가 한숨을 쉬면서 나를
돌아보았다. 「남편이 아흔 살이던 이모님을 방문했는데 이모님이 울기 시
작했어요. 〈그녀는 여전히 네 아이야. 가서 그녀를 만나렴. 거기에 익숙해
질 게다.〉 신부님도 말했어요. 〈가서 그를 만나세요. 그는 당신의 아들입니
다. 그녀가 당신의 아들이라는 사실이 당신을 괴롭힌다고 말해요. 단, 그
에게 직접 말하세요.〉 하지만 남편은 끝까지 그렇게 하지 않았어요. 명절

이 다가오고 있는데 나는 우리 아이들이 전부 모였으면 좋겠어요. 그렇지만 남편이 허락하지 않을 거예요. 남편은 자신이 굴복했다고 사람들이 생각할까 봐 두려워해요.」 나는 토니의 어머니가 나와 이야기하겠다고 동의해서 놀랐었다. 토니는 어머니에게 트랜스 아동 문제를 다룬 「오프라 윈프리 쇼」 특집을 보라고 권했다. 쇼를 보고 난 그녀가 토니에게 전화해서 말했다.「네가 좋다면 앤드루를 만나마. 네 이야기더구나. 미안하다. 나는 몰랐단다.」 토니가 이야기했다.「빌어먹을 70년대에는 이런 문제에 대해서 아는 사람이 없었어요. 어머니는 좋은 분이에요. 착한 심성을 지녔죠. 하지만 당신의 유일한 두 딸이 딸이 아니었다는 것은 정말 큰 문제예요.」 나는 토니의 어머니에게 집에 돌아가면 남편이 뭐라고 할 것 같은지 물어보았다. 그녀가 말했다.「남편은 앤이 어떻게 지내는지 물어 볼 거예요. 그는 앤을 그리워해요.」

토니의 자연적인 호르몬 균형─그것이 무엇이든 토니의 얼굴에서 수염이 자라게 해주었다─은 충분했고 그는 테스토스테론을 복용하지 않았다. 다른 트랜스젠더들처럼 토니도 종종 자신의 성기에 관한 질문을 받았다. 토니는 그런 질문을 남근 모양의 섹스 장난감에 대한 질문으로 간주했다.「많은 사람들이 물어봅니다. 〈당신은 페니스가 있나요?〉 나는 〈다섯 개가 있어요〉라고 대답해요. 그러고 나면 그냥 다음 질문으로 넘어가죠. 〈여자 친구가 당신이 트랜스젠더라는 사실을 아나요?〉 그럼 나는 〈사랑은 정직입니다. 나는 나의 정체성을 수치스럽게 여기지 않아요〉라고 대답합니다.」 토니가 예전에 〈스톱 앤 숍〉에서 같이 일했던 여자에 관한 이야기를 들려주었다.「그녀가 〈어머나 세상에! 앤 당신이에요?〉라고 물었습니다. 내가 말했죠. 〈사실 지금은 토니예요.〉 그녀가 내 손을 꼭 잡으면서 말했어요. 〈당신이 변태인 것이 하느님 잘못은 아니에요.〉 나는 〈여태껏 살면서 지금보다 더 행복한 적은 없었어요〉라고만 대꾸했죠. 내가 참지 않으면 〈저 트랜스젠더 좀 봐. 개자식이잖아〉라는 상황이 벌어질 거라는 사실을 알고 있었기 때문이에요. 트랜스인 나와 긍정적인 관계를 맺은 사람은 트랜스젠더를 조롱하거나 증오 범죄를 저지르려다가도 한 번 더 생각하게 될 겁니다. 각각의 삶에는 나름의 목적이 있습니다. 내 삶의 목적은 바로 그거예요. 나는 일 년에 두 사람에게 유방 절제 수술을 지원하는 비영리 단체를 시작하고 싶어요. 스타벅스 기프트 카드 따위는 버려요. 누군가에게 선물을 하고 싶은가요? 트랜스들에게 남자의 가슴을 주고 페니스를 주세요.」

몇 달 후 토니는 정확히 그런 일을 하는 재단을 설립했다. 재단의 이름은 그가 사랑했고 재단을 설립하기 몇 개월 전에 세상을 떠난 치료 전문가 짐 콜린스의 이름을 따서 붙였다.[53] 토니가 말했다. 「그는 내가 인권 운동가가 될 수 있도록 영감을 주었어요. 마찬가지로 나도 내 뒤를 따르는 사람들에게 인권 운동가가 될 수 있도록 영감을 주고 싶어요. 그리고 그들 뒤를 따르는 사람들에게는 이런 일이 더 이상 빌어먹을 문제가 아니어서 운동가가 될 필요가 없길 바랍니다.」 토니의 어머니는 내가 토니와 대화를 나눌 때 여전히 이 모든 것이 자신의 잘못 같아서 불안하다고 고백했다. 토니가 그녀를 위로했다. 「이 일은 누구의 잘못도 아니에요. 그럼에도 내가 꼭 하고 싶은 말은 만약 그것이 어머니의 잘못이라면 나는 오히려 감사한다는 거예요. 성전환을 한 것은 내 인생에서 최고의 일이니까요.」 이 말을 하면서 토니는 웃음을 지었다. 그가 말했다. 「인생은 자아를 찾아가는 것이 아니에요. 자아를 만들어 가는 것이죠.」

여자가 된 남성은 키가 크고 뼈가 굵기 때문에 여자 옷을 입어도 그다지 여성스럽게 보이지 않을 수 있다. 하지만 수술한 성기, 성적 반응, 배뇨 패턴은 유전적인 여성과 거의 동일할 수 있다. 반면에 남성으로 성전환한 여성은 일단 얼굴과 몸에 털이 자라고, 목소리가 굵어지고, 많은 경우에 남성 탈모까지 겪게 되면서 대외적으로 쉽게 남성으로 여겨질 수 있다. 하지만 남성으로 성전환한 여성의 생식기는 원래부터 남자였던 사람의 성기와 확연히 다르다. 그들 대부분은 선 채로 소변을 볼 수 없을뿐더러 하나같이 남성으로서 오르가슴에 도달할 수 없다. 내가 만난 한 트랜스 우먼은 수술을 받기 전에 이렇게 말했다. 「이런 신체 기관들이 멋지기는 하지만 내 것은 아니에요. 그런 기관들을 영원히 갖고 있을 필요가 없다고 생각하면 기분이 나아져요.」 나에게 이 이야기를 전해 들은 한 트랜스 맨이 말했다. 「나는 내가 이케아의 조립식 가구처럼 느껴져요. 그런 가구는 부속이 몇 가지 빠졌다는 사실을 깨닫기 전까지만 멋지게 보이잖아요.」

유전적인 여성의 에스트로겐을 압도하기 위해서는 약간의 테스토스테론을 주입할 필요가 있으며, 테스토스테론을 스스로 생성하지 못하는 남성에게 투여할 때와 같은 양이다. 하지만 유전적인 남성의 테스토스테론을 압도하는 작업은 훨씬 큰 프로젝트다. 몸에서 에스트로겐이 생성되지 않는 여성은 폐경 이전과 동일한 상태를 유지하기 위해서 일주일에 1~2밀리그램의 에스트라디올이 필요하다. 한편 유전적인 남성의 몸을 여성화하려면 일주일에 28~56밀리그램의 에스트라디올이 필요하다.[54] 이렇게 높은 에스트라디올 수치는 건강에 위협이 될 수 있기 때문에 대다수 내분비학자들은 가능한 일찍 생식선 제거 수술을 받으라고 권고한다. 생식선을 제거하면 훨씬 적은 양의 에스트라디올을 사용해도 같은 효과를 발휘한다.

트랜스젠더 문제를 다루는 대부분의 전문가들은 대체로 〈해리 벤저민 기준Harry Benjamin Standards〉을 준수한다. 이 기준에 따르면 환자는 수술이나 호르몬 치료를 받기 전에 적어도 1년 동안 자신이 원하는 성별로 살아 보고, 만 1년 동안 심리 치료를 받아야 한다. 또한 두 명의 임상의, 한 명의 의사가 의료적 시술을 권고해야 한다.[55] 절망에 빠진 사람들이 빠른 성전환으로 하루라도 일찍 행복해질 수 있는데 이러한 기준이 시간을 잡아먹는다고 불평하는 사람들도 많지만, 이러한 안전장치는 수술 후에 후회할 위험성이 있는 사람들을 걸러 내기 위한 조치다. 아울러 이 기준은 의료인들을 법적 책임으로부터 보호하기도 한다.

선천적 남성이 여성으로 성을 전환하기 위해서 필요한 시술에는 거세와 질 성형뿐 아니라 전기 분해 요법*이 포함될 수 있으며 이러한 시술에는 최대 5천 시간과 10만 달러의 비용이 든다. 또한 얼굴을 여성스럽게 만들기 위한 이마와 턱 축소 수술, 코 성형, 목젖 제거 수술, 유방 확대 수술, 대머리를 감추기 위한 머리카락 이식, 성대 축소 수술 등이 필요할 수 있다. 질 성형은 대개 음경 조직을 이용해서 진행된다. 항문과 요도 사이에 공간을 만든 다음에 음경의 외피를 뒤집어서 질을 만들고, 복부나 엉덩이, 허벅지의 피부를 이식하여 보충한다. 직장을 이식하는 두 번째 방법은 대장의 일부를 이용해서 질의 내벽을 만드는 방법이다. 이 방법을 사용하면 자연적인 윤활 작용을 기대할 수 있고 질 깊이에 제한을 받지 않을 수 있다. 그러나 보다 복잡한 외과적인 수술과 보다 많은 비용이 필요하고 점액질이 질 안으로 흘러들 수 있다. 이 두 가지 수술법 모두 음낭 피부를 사용해 음순을 만들고 귀두의 일부로 클리토리스를 만든다.

대부분의 트랜스 맨에게 정기적인 부인과 검사는 끔찍한 일이기 때문에 남성으로 성전환하는 선천적인 여성은 대체로 가슴(양쪽 유방 절제술)과 자궁(자궁 적출술), 난소(난소 절제술), 난관(나팔관 절제술), 질(질 절제술) 등을 제거해야 한다.[56] 외과 수술로 음경을 만드는 일은 비용이 많이 들뿐더러 종종 결과도 만족스럽지 못하기 때문에 페니스를 원치 않는 트랜스 맨들도 많지만 음경을 원하는 경우에는 기본적으로 두 가지 방법이 있다. 생식기관 성형술은 호르몬으로 확대한 음핵 주위를 피부로 감싸서 엄지손가락 크기 정도의 음경을 만드는 방법이다. 이렇게 만들어진 음경은 오르가슴을 느낄 수 있지만 일반적으로 성관계를 가질 수 있는 크기가 아니다. 음

---

* 전기로 종양이나 모근 등을 파괴하는 성형법.

경 성형술은 사타구니나 복부의 중간에 피부를 튜브 형태로 만들어서 치골에 고정하는 시술로 시작된다. 이 단계에서는 튜브 형태로 만들어진 피부가 여행 가방의 손잡이처럼 보인다. 2차 시술을 통해서 이 조직에 혈액 공급을 증가시킨 다음에 2~4개월 후에 고정시킨 것을 풀어서 음경의 형태를 잡아 준다. 이렇게 하면 성적인 감각은 부족하지만 삽입된 실리콘 막대나 수동식 펌프를 통해서 발기가 가능하다. 최소 10만 달러가 소요되는 가장 복잡한 수술도 있다. 팔뚝에서 살과 혈관 및 신경을 채취해서 음경 모양으로 만들고 현미경 수술을 통해 혈관과 신경을 치골의 혈관과 신경에 연결하는 방법이다. 이렇게 만들어진 페니스는 가장 자연스럽게 보이고 감각도 느껴진다. 어떤 수술이건 음낭은 대음순을 꿰매어서 만든다. 새로 만든 귀두의 끝까지 요도를 확장하는 요도 성형술은 추가적인 수술이다. 노먼 스팩은 〈얼마나 복잡한 기관인지 생각해 보세요. 이 기관이 작동하는 방식은 정말 놀라워요. 인류의 존망이 이 기관에 달려 있는 셈이죠.〉

　　가족의 지지를 받는 사춘기 이전의 트랜스젠더 아이들은 사춘기가 오는 것을 막아 주는 호르몬 차단제를 이용해서 육체적인 성전환의 어려움을 어느 정도 피할 수 있다.[57] 이 치료는 여자아이의 경우 열 살, 남자아이의 경우에는 열두 살 때부터 시작할 수 있다. 가장 보편적인 성선자극호르몬GnRH 억제제인 루프론은 안드로겐 의존성 종양을 치료하는 과정에서 수술에 의한 거세를 대체하기 위해서 30년 전에 개발되었다. 그럼에도 루프론은 골밀도 감소와 기억력 감퇴를 수반하므로 투약 전 신중한 관찰이 필요하다. 호르몬 치료는 가족들에게 효과적으로 시간을 벌어 준다. 요컨대 정말로 트랜스젠더라면 사춘기 차단제를 복용한 아이는 〈잘못된 사춘기〉를 겪지 않아도 되고, 나중에 많은 수술을 받지 않아도 된다. 루프론을 투약한 소녀는 가슴이 발달하거나 엉덩이가 커지지 않으며 지방이 여성적으로 자리를 잡거나 난소가 활성화되지 않는다. 사춘기에 접어들면 에스트로겐이 급증해서 여성의 키가 자라지 못하게 되는데 호르몬 치료를 받는 소녀들은 키가 크게 성장한다. 루프론을 투약하는 소년은 얼굴이나 몸에 털이 자라지 않으며 목소리가 굵어지거나 목젖이 발달하지 않는다. 뼈가 굵어지거나 어깨가 넓어지지도 않고 손과 발이 커지지도 않는다. 또한 에스트로겐 보충제가 성장판을 닫히게 하므로 키가 더 이상 자라지 않을 수 있다.

어린 시절의 원인이 불분명한 양성구유 상태는 그대로 놔두고 좀 더 지켜보는 편이 낫다. 루프론을 복용하다가 다른 성별의 호르몬을 투약하지 않은 채 약을 끊으면 지연되어 있던 출생 시 성별의 사춘기가 몇 개월 이내에 곧바로 시작되고 이후로는 자연스럽게 해당 사춘기 과정이 진행된다. 하지만 루프론을 복용하다가 다른 성별의 호르몬을 투약하면 해당 성별로 확정되는 사춘기가 시작된다. 이러한 과정을 연구한 〈네덜란드의 치료 계획서〉 원문에 따르면 루프론을 투약하다가 출생 당시의 성별로 되돌아가기를 원한 아이는 아무도 없었으며, 대부분은 계속해서 GnRH 억제제를 복용했고 열여덟에서 스물한 살에 이르러 성전환 수술을 받았다.[58] 루프론은 어떠한 현상을 지연시키는 약물이지만 동시에 엄청난 변화를 예고하는 사건 자체이기도 하다. 여기에는 우려의 목소리도 있다. 단순히 거쳐가는 단계에 있는 일부 아이들이 사춘기 억제제를 사용함으로써 영구적인 변화를 초래할 수 있기 때문이다. 그들은 자신이 실수했다고 생각하면서도 너무 부끄럽거나, 두렵거나, 혼란스러워서 돌이킬 엄두를 내지 못할 수 있다.

영국의 경우에 성전환 수술이 국민 보건 서비스의 적용을 받기는 하지만 호르몬 차단제에 대해서는 특히 보수적인 정책들이 팽배하다.[59] 타비스톡 병원의 〈성 정체성 개발 센터〉는 환자의 자연적인 사춘기가 대부분 진행되고 난 다음에 비로소 성전환 수술을 허용한다. 이 센터의 소아 및 청소년 정신과 의사 도메니코 디 첼리에Domenico Di Ceglie는 해당 병원에서 치료받은 청소년 중 20퍼센트가 사춘기를 겪고 나면 의료적 개입을 포기한다고 설명한다.[60] 여기에는 아무것도 하지 않는 행동은 행동이 아니라고 여기는 현대인의 오류가 깔려 있다. 요컨대 성전환을 늦게 하면 신중한 행동이고 서두르면 무모한 행동이라는 뜻이다. 남은 평생 동안 그 아이를 정신적으로나 의학적으로 구속하게 될 성전환을 서두르는 행동은 끔찍한 실수일 수 있다. 하지만 자신의 정체성이 확고한 아이에게, 심지어 많은 비용이 들고 정신적인 외상을 초래하기도 하는 수차례의 수술을 받은 다음에도 자신이 생각하는 자신의 몸과 일치하지 않는 몸으로 자라도록 강요하는 행위는 마찬가지로 끔찍한 실수일 수 있다. 타비스톡 모델은 비록 신중하지만 명백히 잔인한 구석이 있다.

미국에서는 국가의 정책보다 가족이 더 문제다. 스테퍼니 브릴이 말했다. 「부모들은 〈아직 이 문제에 대처할 준비가 되어 있지 않다〉고 말해요. 하지만 그들은 실질적으로 그 문제에 대처하고 있어요. 단 서투른 방식으로요.」 스팩은 〈사춘기 차단제 사용을 반대하는 사람들은 차단제를 사용하는 〈개입〉이 너무 이른 나이에 행해진다고 불만을 제기합니다. 하지만 나는 사춘기야말로 가장 해로운 개입일 수 있다고 주장해요〉라고 말했다. 성별 불쾌감 때문에 루프론을 사용하는 경우에 미국에서는 의료보험이 적용되지 않는다. 그 결과 엄청난 약값 때문에 부모가 비용을 감당할 능력이 있고 기꺼이 비용을 대주는 트랜스젠더 청소년들과 그렇지 않은 청소년들 사이에는 계급적 차이가 있다. 마찬가지로 세대 간에도 차이가 있다. 내가 참석했던 트랜스젠더 콘퍼런스에서 나이가 많은 트랜스젠더들은 누군가의 표현대로 〈자신이 타고난 성별로 이 땅을 걸어 다닐 필요가 전혀 없는〉 청소년들을 만나면 대놓고 눈물을 흘렸다. 〈레즈비언 인권 센터〉의 법률 책임자인 인권 변호사 섀넌 민터는 자신도 루프론의 혜택을 받지 못했던 트랜스 맨으로서 이러한 젊은이들을 가리켜 〈일종의 슈퍼 클래스〉라고 말했다.[61]

자신의 정체성과 신체를 조화시킬 수 없었던 과거의 트랜스젠더들은 어떤 경험을 했을까? 수술이 더욱 정교해질 미래의 트랜스젠더들은 어떤 경험을 하게 될까? 이러한 의문은 기술적인 측면과 합목적적인 측면을 모두 지적하는 것이다. 민터는 〈트랜스 아동이 자신의 진정한 정체성을 표출할 수 있으려면 극적인 생리학적 개입이 있어야 한다고 여기는 것은 자기 확신과 정체성을 둘러싼 인간의 가장 근본적인 생각에 대한 도전입니다. 일종의 기술적인 광기라고 할 수 있어요〉라고 인정했다. 하지만 이러한 생리학적 개입이 과연 인공 와우보다 더 기술적인 광기인지는 의문을 가져야 한다. 수평적 정체성 집단을 외부에서 바라보는 사람들 중 상당수는 인공 와우가 비정상을 정상으로 만드는 방법이라면, 성전환은 비정상을 충족시키는 방법이라고 분류한다. 하지만 우리는 인공 와우 수술이 해당 비주류 정체성 집단의 〈반대〉에 부딪히는 반면에 성전환 수술은 해당 비주류 정체성 집단으로부터 〈요구〉되고 있다는 사실에 주목할 필요가 있다.

제니퍼 피니 보일런은 자신의 성전환 사실을 다루는 두 권의 책을 발표했으며 「올 마이 칠드런」과 「오프라 윈프리 쇼」에 나와서 성 정체성에 대해 열변을 토했다.[62] 자신이 여성으로 여겨지고 싶은지 아니면 트랜스젠더로 여겨지고 싶은지 묻는 나의 질문에 그녀가 말했다. 「2천만의 대중을 앞에 둔 전국 무대에서는 트랜스젠더인 것이 행복하고요, 상점이나 식당, 주유소 등에 가는 일상적인 상황에서는 여자로 보이고 싶어요. 나는 나 자신을 여성으로 지칭해요. 브리트니 스피어스와 바버라 부시같은 여성 말이에요. 줄리아 차일드*를 보세요! 나는 확실히 줄리아 차일드만큼이나 여성스러워요.」

나는 필라델피아 메인라인에 위치한 제니퍼의 어머니 집에서 당시 마흔아홉 살이던 제니퍼를 만났다. 그녀가 예전에 사용하던 방은 남자아이

---

* 미국의 전설적인 요리사이며 프랑스 요리의 대모라 불린다.

가 쓰던 방처럼 보였다. 가구에는 여기저기 생채기가 있었고 벽에는 로큰롤 포스터가 붙어 있었다. 제니퍼가 내게 옆에 붙어 있는 창고 방을 보여 주었다. 「예전에는 여기에 여자 옷들이 있었는데 어머니와 여자 형제들의 것이었죠. 이 문 뒤에 있는 것들은 무엇이든 내 차지였어요.」 짐 보일런은 자신이 여자라는 사실을 항상 알고 있었다. 또한 자신이 성전환을 하면 다른 이들을 아프게 하리라는 것도 알았다. 제니퍼가 말했다. 「그래서 생각했어요. 남자처럼 살 수 있다면 그렇게 해보자고요. 거의 마흔 살이 되어 내가 할 만큼 했다는 생각이 들었어요. 그리고 마흔네 살에 마침내 수술을 받았죠. 보다 일찍 성전환을 했더라면 하고 바라지는 않아요. 그런 식으로 그냥 바라기만 할 거라면 아예 여자로 태어났기를 바랄 거예요. 지금은 성인 여자지만 어린 시절에는 소년이었어요. 혹시라도 내가 상실감에 빠지거나 우울해진다면 그건 내 인생 전체를 하나로 놓고 볼 수 없기 때문이에요. 내가 어떻게 거기에서 여기로 넘어왔는지 모르겠어요.」

제니퍼가 되기까지는 질 성형과 목젖 제거술을 비롯한 통상적인 수술들이 기다리고 있었지만 그녀는 트랜스젠더의 경험에서 수술이 가장 중요한 측면은 아니라고 곧바로 지적했다. 그녀가 말했다. 「인생은 병원으로 가는 편도 여행보다 중요한 어떤 것이에요. 나중에 보니 수술은 차라리 쉬운 일이었어요. 몸에서 잘라 낸 것도 없어요. 새로 만든 질은 진짜 질처럼 보이고, 원래의 기능을 모두 수행해요. 배뇨 기능도 하고 흥분도 돼요. 질이 인공적으로 만들어졌다는 사실을 전혀 모르는, 또는 전혀 알아차리지 못하는 의사들에게 진료를 받은 적도 있어요.」

짐 보일런은 결혼을 한 상태였다. 그의 아내 디디는 〈당신이 여자로서 성공할 때마다 내게는 실패일 뿐이에요〉라고 원망하면서도 결혼 생활은 계속 유지하는 쪽을 선택했다. 그들 부부에게는 두 명의 아들이 있었고 제니퍼가 남자였을 때 낳은 아이들이었다. 제니퍼가 말했다. 「디디는 이성애자이고 내 인생의 중심에 있는 여자지만 그녀에게 끌리지는 않아요. 항상 사람들은 하나같이 디디가 훌륭한 성자라고 이야기해요. 하지만 내가 좋은 사람이고, 그녀를 사랑하며, 아이들의 좋은 아버지라는 점에서 나 같은 사람과 결혼한 것이 오히려 그녀에게 행운이라고 한다면 완전히 겸손하지 않은 발언일까요? 가족에게는 온갖 일들이 일어날 수 있어요. 자식이 암에 걸리기도 하고, 부모가 교통사고를 당하기도 하죠. 온 가족이 텍사스로 이사를 해야 하는 경우도 있고요. 하나같이 가슴 아픈 일이지만 인생이란 원래 그런 것이잖아요.」 여섯 살과 여덟 살인 제니퍼의 두 아들은 그녀를 더이상 진심으로 〈아빠〉라고 부를 수 없다고 판단했다. 하지만 그들에게는 어머니가 이미 있었다. 결국 그들은 제니퍼를 〈매디〉로 부르기로 했다고 선언했다. 제니퍼는 최근에 「오프라 윈프리 쇼」에 나가서 큰 아들이 그에게 쓴 편지를 읽었다. 편지의 일부분은 이랬다. 「때로는 나도 평범한 아버지가 있었으면 좋겠다고 생각하는 것도 사실이에요. 하지만 그것 말고는 대체로 내가 지구상에서 가장 운이 좋은 아이라고 생각해요. 이보다 더 좋은 삶은 생각할 수 없어요.」

성전환은 당사자뿐 아니라 주위에 있는 모든 사람의 정체성을 변화시킨다. 제니퍼가 말했다. 「나는 내 이야기가 모두 잘 해결되었다는 식의 통속적인 결말로 끝나서 기뻐요. 예컨대 소년이 소녀를 만났는데 그 소년이 소녀라거나, 소녀가 소녀를 만나서 함께 사는 이야기들이 있잖아요. 오래전부터 있어 온 이야기들이죠. 나에게 일어난 가장 큰 변화는 남자에서 여자가 된 것이 아니에요. 비밀을 숨기고 있던 사람에서 더 이상 비밀이 없는 사람이 된 것이죠. 당신이 간절히 바라는 꿈과 가장 깊은 슬픔을 다른 사람들이 이해할 수 없는 것, 우스운 것으로 여긴다는 사실을 아는 것은 상상할 수 없을 만큼 힘든 일이에요. 이중생활은 고단하고 궁극적으로는 비극이죠. 자신의 진정한 모습을 보여 줄 수 없다면 사랑받을 수도 없기 때문이에요.」 사람들은 종종 트랜스젠더에게 그들이 선택한 성별에 대해 확신하는지 묻는다. 제니퍼가 말했다. 「나는 스스로를 젠더 이민자라고 불러요. 요컨대 나는 여성 나라의 시민이에요. 하지만 다른 곳에서 태어난 것도 사실이죠. 나는 여기로 왔고 귀화했어요.」 그녀가 장난스럽게 웃었다. 「경우에 따라서는 어쩌면 귀화하지 않은 것일 수도 있고요.」

2000년 여름에 제니퍼는 당시 여든네 살이던 그녀의 어머니에게 말하기로 결심했다. 제니퍼가 말했다. 「나는 어머니가 금방 회복할 거라고 생각했어요. 하지만 회복하려면 먼저 충격을 받아야 하죠. 나는 충격이 클 거라는 사실을 알았습니다. 어리둥절해하는 어머니에게 설명을 시작했고 눈물이 나기 시작했어요.」 나와 만났을 때 힐데가르드 보일런은 아흔한 살이었다. 우리가 모두 모여 앉은 자리에서 그녀가 제니퍼에게 말했다. 「너는 나와 함께 진토닉을 마시면서 다섯 시까지 기다렸지. 그러고는 그냥 말했어. 〈나는 항상 여자가 되고 싶었어요. 하지만 어떻게 말을 꺼내야 할지 몰랐어요. 어머니가 나를 더 이상 사랑하지 않을지도 모른다고 생각했거든요.〉 나는 세상이 무너지는 것 같았지만 〈영원히 너를 사랑할 거란다〉라고 말했지.」 그 사실을 받아들이기까지 힐데가르드는 처음에 상당한 어려움을 겪었다. 그녀가 〈아들은 완벽하게 정상적인 생활을 하고 있었어요〉라고 단언했다. 그러자 제니퍼가 〈나는 한 번도 완벽하게 정상이었던 적이 없었어요〉라며 반론을 제기했다. 힐데가르드가 아랑곳하지 않고 말했다. 「나는 스카우트 리더였고 저 아이도 스카우트였어요.」 힐데가르드가 친구들에게 제니퍼에 대한 이야기를 할 준비가 되기까지는 시간이 걸렸다. 하지만 그들이 대화를 나눈 지 일 년 정도 지났을 때 그녀는 파티를 열어서 자신의 딸을 소개했다. 그녀가 제니퍼를 바라보았다. 「너는 〈너의〉 가까운 친구들이 하나같이 이 문제를 너무 쉽게 받아들여서 놀랐지. 그래서 나도 〈나의〉 친구들에게 시도해 볼 만하다고 생각했어. 〈트랜스젠더〉라는 단어조차 들어 본 적이 없어서 나는 그냥 〈제니퍼〉라고 설명했었지. 누구든 사정을 알고 나면 절대로 그 사람을 미워할 수 없는 법이란다.」 힐데가르드는 마치 내게 큰 비밀을 이야기할 것처럼 몸을 앞으로 기울여서, 어깨까지 내려오는 제니퍼의 금발 머리가 유일한 불만 거리라고 말했다. 그녀가 제니퍼를 돌아보면서 말했다. 「내가 이렇게까지 말했으니 오늘 밤 잠자리에 들기 전에 머리를 자르겠지. 정치 평론가 앤 코울터랑 똑같은 머리를 하고 있잖아.」 제니퍼가 발끈해서 말했다. 「로라 던도 이런 머리를 하고 있어요. 그녀는 영화배우라고요!」

어머니에게 고백한 뒤 6개월 후에 제니퍼는 영국에서 사는 그녀의 여동생에게도 커밍아웃을 했다. 제니퍼가 말했다. 「그녀는 내 인생에서 중대하고 또 중요한 인물 중 내가 가장 나중에 커밍아웃을 한 사람이었습니다. 나는 그녀에게 장문의 편지를 보냈고, 그녀는 결론적으로 말해서 〈나는 이 편지에서 이야기하는 제니퍼에 대해 알고 싶지 않아〉라는 내용의 답장을 보내왔죠. 그리고 일 년 뒤에 당시 열 살이던 그녀의 딸 엘리자로부터 〈나는 이 상황이 도무지 이해되지 않아요. 이 상황이 무서워요〉라는 편지를 받았어요. 나는 〈무섭게 해서 미안하구나. 이런 상황이 혼란스럽다는 것을 안단다. 하지만 너를 사랑하는 마음에는 변함이 없어. 조만간 네가 나에게 익숙해지기를 바랄게〉라고 답장을 썼죠. 일주일 후에 동생이 전화해서 화를 냈어요. 어떻게 자기 딸에게 그런 편지를 쓸 수 있냐고 따졌어요. 마지막으로 그녀는 〈우리가 원하는 것은 우리를 그냥 내버려 두는 거야〉라고 말했어요. 나는 〈언제나 너를 사랑할 거야〉라고 말했죠. 벌써 7년이나 지난 일이에요. 나는 이런 생각이 들었어요. 〈이제 신디는 내가 예전에 힘들었던 만큼 힘들겠구나.〉 그녀를 비롯해서 내가 사랑하던 모든 사람들은 이 문제를 어떻게 대해야 할지 수년에 걸쳐 배워야 했답니다. 내가 어머니와 여동생에게 준 것은 오랜 세월 내가 지니고 있던 두려움─수치심, 비밀, 다른 사람에게 말할 수 없는 괴로움─이었어요.」

짐으로 살던 시절 제니퍼는 여자와 사랑에 빠질 수 있기를 바랐고 남자로서 행복할 수 있는 법을 알고 싶었다. 제니퍼가 말했다. 「우리가 사랑하는 사람이 우리가 누구인지를 결정하죠.」 그녀가 밝게 미소를 지었다.

「나는 나를 구원해 줄 사랑을 위해 항상 기도했어요. 이상한 방식이었지만 나를 구원해 준 것은 사랑이었어요. 내가 기대했던 방식은 아니었죠. 디디의 사랑뿐 아니라 가족의 사랑도 내가 남자가 되게 하지는 못했어요. 하지만 커밍아웃을 해도 괜찮을 거라는 용기를 주었죠. 요컨대 사랑은 내가 남자로 있을 수 있게 해주지는 못했지만 마침내 진실을 말할 수 있게 해주었습니다.」

성별 불쾌감을 지속적으로 느끼는 아동에게 성전환을 허용하자는 주장에 대해 생명윤리학자 앨리스 도무랫 드레거Alice Domurat Dreger는 이렇게 썼다. 「대여섯 살에 불과한 아이의 이름과 성 정체성을 변경한다? 이는 터무니없을 만큼 엄격한 젠더 개념에 누가 될 정도로 어린 아이의 주장을 너무 심각하게 받아들이는 접근법이다. 자신의 젠더가 타고난 성별과 어울리지 않는다고 주장하는 어린아이들 중 상당수가 자라면서 불일치 상태에서 벗어난다. 어린 여자아이들은 말이나 행동으로 자신이 남자라고 단언하지만 결국에는 뒤죽박죽으로 끝이 난다. 그들 중 대다수는 실제로 〈여성〉이며 나는 이 점에 대해서 어느 정도 〈확신〉이 있다. 성전환 치료는 간단한 문제가 아니다. 여기에는 성적인 감각을 잃을 수 있는 중대한 위험도 포함해서 육체적으로 상당한 위험과, 일평생 호르몬 대체재를 관리해야 하는 노력이 수반된다. 문제는 우리다. 그들에게 성별에 대한 확실성을 요구하는 우리 방식이 문제이며, 가능한 빨리 두 성별 중 하나를 선택하도록 강요하는 우리 방식이 문제다.」[63]

조시 로메로와 토니 페라이올로는 거의 유아기 때부터 자신의 정체성에 대해 단호했다. 제니퍼 보일런은 자신의 정체성을 알았지만 애써 외면하려고 했다. 하지만 이러한 정체성과 관련해 격심한 혼란을 겪는 아이들도 많다. 부모는 그러한 아이들이 일시적인 강박상태인지, 근본적인 정체성을 표현하는 것인지 파악해야 한다. 그리고 자녀가 자랐을 때 어느 쪽이 그들을 행복하게 할지, 그러한 행복을 성취하는 최선의 방법이 무엇인지 추측해야 한다. 부모의 입장에서 균형을 유지하면서 감독은 하지만 참견하지 않고, 주의는 주지만 요구하지 않고, 강요는 하지만 우기지 않고, 보호는 하지만 옥죄지 않는다는 것은 결코 쉬운 일이 아니다. 부모는 자녀의 정체성을 억압하지 않도록 조심해야 하고, 아울러 정체성을 너무 강조해서 그에 응답하기 위해 자녀가 진실을 만들어 내지 않도록 조심해야 한다. 저스트 에블린은 『엄마, 나는 여자가 되어야 해요Mom, I Need to Be a Girl』에서 그녀의 아이에 대해 〈나는 그 아이의 삶이 힘들고 슬플 것을 알고 있었다. 어머니로서 나는 어떻게 그 아이를 도울 수 있을까? 어머니의 사랑이면 충분할까?〉라고 썼다.[64] 대다수의 부모들은 자녀의 행복을 위해서라면 무슨 일이든 서슴지 않지만 행복을 위해서 무엇이 필요한지 항상 알 수는 없는 법이다.

동화나 판타지 소설, 만화에는 한순간의 명확한 변신이 자주 등장하지만 대부분의 실제 삶에서는 그런 일이 일어나지 않으며, 점진적이고 불완전하게 변화가 진행된다. 트랜스 우먼 알레샤 브레바드는 자신의 회고록 『나는 여자가 될 운명이었다The Woman I Was Born to Be』에서 이렇게 기록했다. 「나는 사랑받을 가치가 있는 남자아이가 되기 위해서 의식적으로 노력했다. 주변 남자들의 용인되는 특징들을 모방하려고 무던히 애썼다. 그 흉내가 가짜라는 사실은 나도 알았고 아버지도 알았다.」[65] 크리스 빔은 그녀의 감동적인 책 『트랜스패런트Transparent』에서 한 라틴계 트랜스 소녀에 대해 썼다. 그 소녀는 『인어공주』의 주인공 이름을 따서 자신의 이름을 애리얼로 지었다. 「애리얼은 아버지에게 이야기해야 했고 그녀의 아버지는 애리얼을 진짜 인간이 되게 해주었어요.」 그녀가 설명했다. 「나도 그 동화와 같은 경험을 하고 싶어요. 애리얼처럼 진짜 여자가 되어서 남자를 만나고 싶어요.」[66] 그러나 자신이 늘 바라던 사람이 되고 그럼에도 사랑받는 사람이 되고자 하는 몸부림은 부단한 과정이며, 대개는 모순된 감정으로 얼룩진다.

　헨드릭과 알렉시아 쿠스는 남아프리카공화국에서 자랐고 아파르트 헤이트가 끝나기 직전에 캐나다로 이주했다.[67] 그들은 지역 보건의로서 헨드릭의 능력이 분명 가치가 있을 만한 비교적 작은 동네를 선택했다. 두 사람은 그들의 큰 딸 사리가 행복하지 않다는 것을 알고 있었다. 사리는 주의력 결핍 장애, 학습 장애, 불안 장애 진단을 받은 상태였다. 그녀는 열네 살 때 자신이 〈잘못된 몸〉을 가졌다고 선언했고 헨드릭은 너무나 속상했다. 마치 어둠 속에서 또 한차례 칼에 찔린 심정이었다.

　우리가 대화를 나눈 것은 사리가 빌이 된 지 일 년이 조금 넘었을 때였다. 헨드릭은 자신의 감정을 그냥 억누르고 있는 듯했다. 그가 말했다. 「우리는 자료들을 찾아서 읽기 시작했고 지도 지침과 연령 기준이 있다는 것을 알게 되었어요. 빌은 기준 연령보다 어렸지만 우리를 너무나 압박했어요. 부모로서 무력함을 느낄 정도였어요. 내가 어떻게 해야 했을까요? 어쩌면 〈너는 아직 너무 어려. 참고 기다려야 해〉라고 말할 수 있었겠죠. 아니면 아이의 말을 들어 줄 수도 있었을 테고요. 아이를 압박하고 싶은 마음은 전혀 없었어요. 내가 우리 아이들에게 바라는 최선은 그들이 진정한 자신의 모습으로 사는 것입니다. 하지만 나는 너무 걱정이 되었고 그래서 너무 지쳤어요.」 빌 자신도 불안해했고, 모순적인 감정을 가지고 있었으며, 그 때문에 모든 것이 더 힘들어졌다. 나는 헨드릭이 성인 트랜스젠더들로 구성된 전문가 집단에게 자문을 구했다는 이야기를 듣고 그와의 인터뷰에 더욱 흥미를 갖게 되었다. 헨드릭이 내게 말했다. 「그 사람들은 자신감이 넘쳤고 〈지금의 이 모습이 바로 나다〉라는 생각이 충만했어요. 그들은 〈당신의 아이가 진정한 자신의 모습을 찾는다면 당신은 완전히 새로운 사람을 발견하게 될 겁니다〉라고 말했어요.」 그가 소리 내어 웃었다. 「하지만 아니에요. 그것은 몇 발짝 앞으로 나아갔다가 뒤로 몇 발짝 물러서는 것과 같았어요. 전체적으로 보면 조금 전진하기는 하겠지만 어느 한쪽이 유리한 고지를 확보하기 위한 끊임없는 싸움이죠.」

헨드릭은 자신이 의사이기 때문에 충격에서 회복될 수 있었다고 말했다. 「의학을 통해 삶에는 어디서 기인하는지 알 수는 없는 도전들이 늘 존재한다는 사실을 배웠어요. 〈나는 내 아이의 정신을 치료하려 들지 않을 거야〉라고 생각했어요.」 그가 기운을 낼 수 있었던 두 번째 원인은 보다 인상적이었다. 「아파르트헤이트를 겪으면서 어른이 된 백인으로서 나는 내 인생에서만큼은 인종 차별을 없애고 싶었어요. 성차별과 젠더 차별도 마찬가지고요. 남아공에서의 경험 덕분에 〈당신의 모든 면을 인정합니다〉라고 말할 줄 알게 된 거죠.」

헨드릭 쿠스는 온화한 개방성을 보여 주고 렉스와 캐런 버트 부부는 본능적인 열정을 보여 주었다는 점에서 트랜스젠더 문제를 대하는 그들의 태도는 서로 달랐지만 그들의 자녀는 모두 유사한 모순된 감정을 경험했다.[68] 렉스와 캐런 버트 부부는 어린 시절의 젠더화를 믿지 않았다. 그들은 두 명의 아들을 키우면서 장난감 부엌을 가지고 놀게 했으며, 레티 코틴 포그레빈의 『자유로운 어린이를 위한 이야기*Stories for Free Children*』를 읽어 주었다. 캐런이 말했다. 「아기 용품 선물을 받을 때도 나는 파란색이나 분홍색을 원하지 않았어요. 노란색이나 녹색을 원했죠.」 그들은 두 아들에게 여자도 남자가 할 수 있는 모든 일을 똑같이 할 수 있다고 가르쳤다.

렉스와 캐런 버트 부부의 아들 재러드에게 초등학교는 외로운 곳이었다. 고등학교는 험난했으며, 하버포드 대학 시절 또한 그가 바라던 대로 되지 않았다. 친구 중 한 명이 재러드에게 브린모어 대학에 다니는 여학생과 소개팅을 시켜 주었다. 재러드는 그녀와 이성과의 첫 키스를 했고 처음으로 여자 친구를 사귀게 되었다. 그들 사이에는 성적인 요구도 있었지만 재러드는 그런 요구를 이질적으로 느꼈다. 어느 날 밤 여자 친구가 방에서 그녀의 옷을 입고 있는 재러드를 발견했다. 재러드가 말했다. 「만약 내가 여자였다면 내 인생이 훨씬 쉬웠을 것 같아.」 그녀가 대답했다. 「오, 자기야. 자기는 여자가 될 수 없어. 더구나 그 코를 하고서는 말이야.」 여자 친구는 농담으로 한 말이었지만 재러드는 무척 우울해졌다. 고등학교 때 그는 학업 우수상을 한 번도 놓친 적이 없었고 졸업생 대표도 맡았지만 이제는 낙제생이었다. 그는 성관계도 갖지 않았고 사회생활도 거의 하지 않았다. 마침내 그는 학교를 그만두고 집으로 돌아갔다.

석 달 후 재러드는 부모에게 〈나는 게이인 것 같아요〉라고 고백했다. 그리고 남자와 첫 데이트를 하고 나서는 곧바로 자신이 게이가 아니라는 사실을 깨달았다. 그럼에도 그는 고등학생을 위한 성 소수자LGBT 콘퍼런스에 참석하기로 결심했다. 부분적으로는 스물두 살이라는 나이에도 불구하고 마치 자신이 성장이 멈추어서 실제로는 아직 고등학생인 것처럼 느껴졌기 때문이다. 콘퍼런스에서 그는 초보자를 위한 트랜스젠더 패널 토론에 참가했다. 이틀 후 어머니와 쇼핑을 하러 나갔을 때 재러드가 할 말이 있다며 어머니에게 차를 한쪽에 세워 달라고 부탁했다. 어머니가 물었다. 「심각한 일이구나. 그렇지?」 그는 자신이 트랜스이며 그 길이 자신이 가야 할 길이라고 설명했다. 어머니가 말했다. 「세상에 누가, 왜 여자가 되고 싶겠니? 여자로 산다는 것은 굉장히 힘든 일이야.」 그날 늦게 재러드가 할 말이 있다면서 가족들에게 모여 달라고 요구했다. 그는 이 문제로 자기 인생에서 중요한 사람들을 잃게 되더라도 기꺼이 감수하겠다고 선언했다. 그러자 남동생 채드가 말했다. 「멍청한 소리 좀 그만 해. 그런 문제 때문에 형을 떠나는 사람이라면 애초부터 정말로 형의 인생에 있었던 사람이 아닌 거야.」 렉스가 말했다. 「나는 네가 우울해서 너무 걱정이었단다. 그놈의 〈트랜스〉가 뭔지는 잘 모르겠다만 적어도 나는 네가 무슨 선택을 하더라도 절대로 너를 포기하지 않아.」 재러드는 케이던스 케이스라는 이름으로 거듭났다. 그녀가 설명했다. 「부모님이 얼마나 나를 지지했는지는 아버지의 첫 번째 질문에서도 알 수 있어요. 아버지는 〈우리가 돈을 저축해서 그 비용을 지불해도 괜찮겠니?〉라고 물으셨죠.」

내가 케이던스를 만난 것은 그녀가 성전환 치료를 시작한 지 8년이 지났을 때였다. 그녀는 서른 살이었고 남자와 여자의 중간 지대에 머물러 있었다. 긴 머리와 남성적인 지방 분포, 큰 키, 마른 몸집을 가지고 있었고 가슴은 없었다. 그녀는 귀걸이를 하고 중성적인 옷을 입었다. 몇 달 동안 전기로 모근을 파괴하는 치료를 견뎌 왔지만 아직도 갈 길이 멀었다. 그녀가 유일하게 수술한 부위는 코였다. 그녀에게 성전환을 하기 전에는 어떤 사람이었는지 물었다. 그녀가 말했다. 「나는 똑똑하고 열정적이었지만 남자다운 척 으스대지는 않았습니다. 하지만 여성스러운 것도 잘 하지는 못했어요. 앞으로는 그럴 수 있을까 의심스럽기도 하고요. 하지만 그 부분에 대해서는 정말 아무런 문제도 없어요. 나 자신을 미워하지 않을 정도의 합의점에는 도달했거든요. 만약 젠더 스펙트럼이 있다면 나는 60퍼센트나 아마 65퍼센트 여성일 거예요.」

외부인들은 생식기 수술이 긴급한 문제라고 생각하는 경향이 있지만 트랜스젠더들은 대개 그렇게 생각하지 않는다. 케이던스는 〈온전히 다른 성별로 살기 위한 결정적인 관문은 얼굴 수술〉이라고 말했다. 렉스와 캐런이 생식기 수술을 해줄 의사들을 찾아 주었지만 막상 케이던스는 그들에게 연락도 하지 않았다. 부모는 그녀가 생식기 수술을 유보하는 이유가 망설임 때문이 아니라 불행해서라고 해석했다. 그녀의 어머니가 설명했다. 「순식간에 해치우기 어려울 정도로 그녀는 그 문제로 너무나 오랫동안 우울하게 살아 왔어요.」 렉스가 약간 비꼬듯이 거들었다. 「때로는 그녀보다 우리가 더 서두르죠.」

캐런은 그녀가 교편을 잡고 있던 학교의 교장에게 징계를 받았다. 공개적인 장소에서 케이던스의 성전환에 관한 이야기를 했다는 것이 그 이유였다. 그녀는 화가 났다. 그녀가 말했다. 「누구도 내게 내 아이에 대해

함구시킬 권리는 없어요.」렉스가 말했다. 「나는 그 무엇보다 이 문제에 있어서 가장 적극적인 인권 운동가입니다. 이것이 나의 진짜 정체성이죠.」렉스와 캐런은 PFLAG―지금은 트랜스젠더의 가족까지 포함하는 단체가 된 〈레즈비언과 게이의 부모, 가족, 친구의 모임〉―의 지역 지부를 공동 설립했다. 내가 가장 최근에 그들을 만났을 때는 그들이 2009년 미드 허드슨 게이 프라이드 퍼레이드의 그랜드 마셜*로 막 초대된 뒤였다. 렉스는 그들에게 그런 자리를 맡기기로 한 이유가 무엇인지 게이 프라이드 퍼레이드의 조직위 위원장에게 물었다. 위원장은 〈여러분이 여러분의 자녀를 사랑하기 때문이죠〉라고 답장했다. 케이던스가 말했다. 「부모님은 지금 내가 트랜스라는 사실을 당사자인 나보다 더 편하게 생각하는 것 같아요. 부모님은 당신들이 극좌파라고 주장하지만 나는 그보다 훨씬 더 급진적인 좌파예요. 그럼에도 당신들처럼 그렇게 많은 활동을 하지는 못하죠.」

렉스와 캐런 같은 부모는 자녀에게 심리치료를 통해 젠더 문제를 탐구해 보도록 장려한다. 하지만 다른 부모들은 그러한 탐구를 그만두길 바라면서 심리치료에만 의지한다. 어떤 접근법을 선택하느냐는 자녀의 필요뿐만 아니라 부모의 필요에 따라서도 달라진다. 성적 지향 전환 치료―심리적인 또는 종교적인, 때로는 생물학적인 치료―는 아직 어디에서나 흔히 행해진다. 자녀를 위해 이런 치료를 추구하는 부모들은 보통 진심으로 확신에 차서 그렇게 한다. 스테퍼니 브릴은 〈사람들은 하나같이 자기 자식을 사랑하지만 자식을 돕는 방법에 있어서는 생각이 모두 제각각이다〉라고 말했다. 그녀는 부모들에게 다른 부모를 만나서 서로의 경험을 나누고 새로운 기준을 찾으라고 권유한다. 「매니큐어를 바르는 자녀의 행동을 부모가 꼭 용납하지 않아도 됩니다. 어떤 행동이 적절한지를 두고 교회 안에

---

* 축제 등의 행사를 대표하도록 초청되는 덕망 있고 상징적인 인물.

서 논쟁을 벌이자는 말이 아니에요. 요컨대 사랑을 표현하자는 겁니다. 그것이 아이를 안심시키는 길이고 또한 실제로 부모도 안심할 수 있는 길입니다.」하지만 젠더에 대해 강한 사회적 통념을 가지고 살아 온 사람들은 사회적 규범을 따름으로써 자녀를 세상에서 학대받지 않도록 보호할 수 있다고 믿는다. 그리고 바로 그 같은 생각이 가족 안에서 학대가 된다.

조나와 릴리 마르크스 부부는 뉴욕으로 출퇴근할 수 있는 거리의 뉴저지에 산다. 그들은 아는 사람들 중에 게이도 없고 트랜스인 사람은 더더구나 없다고 말했다.[69] 그들은 아들 케일럽이 여자가 되고 싶어 한다는 사실을 눈치 챌 만한 어떤 징후도 없었다고 말했다. 케일럽은 원피스를 입겠다고 주장하지도 않았고, 자신의 몸을 싫어하지도 않았으며, 자신이 여자라고 말한 적도 없었다. 내가 케일럽이 자아를 찾도록 도와줄 치료 전문가를 추천하자 릴리가 말했다. 「나는 케일럽이 성전환 수술을 포기하도록 설득해 줄 사람이 필요해요. 나는 오로지 그 생각밖에 없어요. 그 아이는 이제 초등학교 3학년이에요. 남자아이는 더 거칠어지고, 여자아이는 남자아이와 더 이상 놀고 싶어 하지 않을 때죠.」하지만 곧바로 이렇게 덧붙였다. 「어떤 어머니가 이렇게 말했어요. 〈우리 딸은 반 아이들 명단을 보면서 케일럽만 빼고 다른 모든 남자아이들에게 엄지를 아래로 내려요.〉케일럽이 아무도 그를 좋아하지 않을 만큼 이상한 것만은 아니라는 말이에요.」

가끔 괴롭힘을 당해도 케일럽은 그다지 신경 쓰지 않는 듯했다. 하지만 자신이 누리는 것과 매우 다른 식의 행복은 상상도 하지 못하는 부모의 입장에서는 사뭇 신경 쓰이는 일이었다. 릴리가 말했다. 「우리 아이는 팀 스포츠를 싫어해요. 하지만 누워서 타는 부기보드나 아이스스케이트, 수영을 좋아하고 다이빙은 누구에게도 뒤지지 않아요.」조나가 말했다. 「그 아이는 지금의 자기 모습에 아주 만족하는 행복한 아이예요. 그는 도자기와 사진도 좋아해요. 하지만 어린이 야구단에 가입하거나 소변기를 사용하지는 않을 거예요.」 릴리가 덧붙였다. 「그 아이에게는 남자 친구가 거의 없어요. 중학교에 가면 상황이 더 안 좋아지겠죠. 딸아이마저도 케일럽을 괴롭혀요. 〈너는 여자아이처럼 굴잖아.〉 〈이상하게 굴지 마.〉 계속 그런 말들을 하죠.」 릴리와 조나는 그들이 아이들에게 강아지를 사주기로 했을 때 케일럽이 신이 나서 〈여성스럽게〉 폴짝폴짝 뛰었다고 설명했다. 조나가 말했다. 「그 아이는 신이 났을 때 표현하는 법에 익숙하지 않아요. 다른 남자아이들과 함께 경기를 해서 이겨 본 경험이 없기 때문이에요.」

케일럽은 잠까지 그곳에서 자는 캠프에 참가했고 그 캠프를 마음에 들어 했다. 그리고 그해 여름에 캠프에서 진행된 두 편의 뮤지컬 프로그램에서 모두 주역을 맡았다. 그는 뮤지컬을 연출한 캠프 지도교사를 무척 좋아했다. 릴리가 말했다. 「지도교사를 만났는데 그는 꽉 끼는 보라색 티셔츠에 스키니진을 입고, 보라색 컨버스 운동화를 신고 있었어요. 확실히 특별한 사람이었어요. 집에 온 케일럽은 자기도 그런 옷을 사달라고 했어요. 나는 보라색 운동화까지는 사주지 않았어요. 그 아이를 보호해야 하니까요.」 케일럽을 지역 극장 프로그램에 등록시켜 보면 어떻겠냐고 묻자 릴리는 〈나는 그런 꼬임에 넘어가지 않을 거예요〉라고 대답했다. 조나가 덧붙였다. 「케일럽은 좋은 체격 조건을 가졌어요. 어떤 스포츠를 하든 뛰어나게 잘할 수 있는데 단지 관심을 갖지 않을 뿐이에요. 릴리와 내가 할 수 있는 일은 케일럽이 자신의 행동 때문에 노골적인 조롱을 당하지 않도록 보호하는 것 정도예요.」

두 사람은 불가피해 보이는 미래에 대해 상당한 불안을 내비쳤다. 릴리는 내게 케일럽의 친구들이 다 여자아이들이라고 이야기하고 나서 곧바로 〈그러니까 그 아이는 한 남자아이를 좋아해요〉라고 덧붙였다. 「그 아이를 보면 풋볼 선수인가 하는 생각이 들 거예요. 그 정도로 몸집과 키가 크죠. 하지만 케일럽과 무척 비슷하고 운동을 하지 않아요. 케일럽과 친한 남자아이가 또 있어요. 이름은 칼이고 아주 활동적이에요. 그렇지만 언젠가는 칼이 케일럽을 차버릴 날이 오겠죠? 칼은 정말 멋진 아이거든요. 우리도 그 아이를 좋아해요. 그래서 그냥 궁금해요. 그 아이가 이상한 아이와 친구로 지내는 것을 괜찮지 않게 여길 때가 언제가 될지 말이에요.」 릴리는 케일럽이 아버지하고 캐치볼이나 농구를 하려고 하지 않는 이유에 대해서 자신이 아버지의 기대에 부응하지 못한다는 사실을 케일럽이 알기 때문일 거라고 의심했다. 그녀가 말했다. 「나는 케일럽이 자기가 조나에게 실망을 준다는 사실을 안다고 내심 생각해요. 만약 내가 캐치볼을 하러 가자고 하면 케일럽은 그러자고 할 거예요. 내가 농구를 하자고 해도 마찬가지고요.」 조나가 〈그런데 왜 그렇게 하지 않아?〉라고 물었다. 그러자 릴리가 자신의 성 정체성을 과시하듯이 정색하면서 대꾸했다. 「나는 원래부터 캐치볼이나 농구 같은 것을 하지 않아요.」

케일럽은 트랜스인 적이 없었다. 그는 일반적인 젠더의 관습에서 약간 벗어난 정도였다. 그는 열세 살 때 게이로 커밍아웃한 직후에 자살을 시도했다. 때로는 재앙을 통해서만 그 사람의 모습을 완전하게 볼 수 있게 되기도 한다. 케일럽이 청소년기에 접어들어 절망에 빠지자 그의 부모는 어린 시절 그의 비정상을 해결하기 위해 기울였던 노력들을 서둘러 포기했다. 그들은 아들이 언제나 사랑스러웠고 사랑받았다는 것을 확실하게 인정했고, 아들의 학대받은 자아와 그들 자신의 자아를 재건하기 위해 가파른 길을 오르기 시작했다.

이제는 대부분의 전문가들이 게이에 대한 전환 치료를 비윤리적인 행위로 간주한다. 하지만 트랜스젠더에 대한 전환 치료도 그렇게 간주해야 하는지에 대해서는 논의가 한창 진행 중이다.[70] 케네스 주커Kenneth J. Zucker는 이 분야의 가장 논쟁적인 인물 중 하나이다. 그는 캐나다 토론토에 있는 〈중독 및 정신 건강 센터〉의 성 정체성 분과 책임자인 동시에 최고의 심리학자이며 여전히 상당한 영향력을 가지고 있다. 또한 2008년에는 정신장애 진단 및 통계 편람 제5판의 성 정체성 장애 항목을 작성하기 위한 전담반을 이끌도록 임명되었다.[71] 주커의 주장에 따르면 트랜스인 소녀는 어머니가 자격을 박탈당했다고 보기 때문에 남자가 되고 싶어 하고, 트랜스인 소년은 분리된 어머니와 보다 가까워지려고 여자가 되고 싶어 한다. 인권 운동가들은 성전환할 권리를 거부당한 아동에게서 우울증 비율이 높게 나타나는 이유가 관습에 순응하기 위해서 몸부림친 결과라고 생각한다. 반면에 주커는 성별을 바꾸고자 하는 바람 자체가 기저에 있는 우울증의 한 증상이라고 생각한다. 성 정체성 장애가 때때로 사회적, 가족적인 원인에서 발생한다는 가설은 충분한 설득력이 있다. 하지만 그 치료법을 둘러싼 주커의 견해에는 그만큼의 설득력이 없다. 보수적인 〈가톨릭 교육 자원 센터〉와 〈전미 동성애 연구 및 치료 협회〉는 모두 주커의 연구에 그 뿌리를 두고 있지만 이를 그들 나름의 기독교적 이데올로기로 포장하고 있다.[72]

필리스 버크가 그의 저서 『젠더 쇼크』에서 비판하는 사례로부터 얻은 테크닉을 이용해서 주커는 부모들에게 자녀의 성 역할 모델이 되라고 요구한다. 아울러 어머니들과 아버지들에게 20세기 중반의 성 고정관념에 일치하는 행동을 하라고 강요한다. 또한 부모들에게 다른 성별의 장난감을 압수하고 이성의 옷을 입지 못하게 하라고 요구한다. 그의 주장에 따르면, 동성 친구와 어울리는 것은 장려되고 이성과의 우정은 차단되어야 했다. 한 어머니는 아들이 트럭 장난감을 받고도 갖고 놀려고 하지 않아서 바비 인형과 유니콘을 압수했다고 말했다. 아들이 그림으로 선회하자 그들 부부는 분홍색과 보라색 크레용을 빼앗고 남자를 그리라고 요구했다. 결국에 가서 그 어머니는 아들이 〈이중생활〉을 한다고, 즉 자기가 앞에 있으면 남자아이처럼 행동하지만 기회만 생기면 여자아이의 세계로 탈출한다고 털어놓았다.[73]

주커는 여섯 살 이전에 자신에게 진료받기 시작한 환자들은 아무도 성전환을 하지 않았다고 주장한다. 그의 최근 발표에 따르면, 어릴 때 그를 처음 만난 25명의 여성들에 대한 후속 연구를 진행한 결과 어른이 되어서도 지속적인 성별 불쾌감을 보이는 사람은 오직 세 명에 불과했다.[74] 청소년이 되면 어릴 때만큼 변화를 유연하게 받아들이지 못하기 때문에 그는 시기적으로 늦게 그를 찾아오는 이들에게 때때로 호르몬 치료와 수술을 권하기도 한다. 마지못해서 그렇게 하는 것이다. 주커의 환자들 대부분은 치료가 끝나면 타고난 성별 그대로 사는 쪽을 선택했다. 하지만 「애틀랜틱 먼슬리」의 최근 기사에 따르면, 주커에게 치료받은 딸을 둔 한 어머니는 성인이 된 그녀의 딸이 알코올중독에 빠졌을 뿐 아니라 자해까지 한다면서 그녀가 자신보다 더 오래 살 수 있을지 의문이라고 우려를 나타냈다.[75] 이러한 사례를 성공이라고 하기에는 무리가 있을 듯 보인다. 스테퍼니 브릴은 〈주커에게 치료를 받다가 우리를 찾아오는 많은 사람들을 지켜본 경험에 의하면, 그의 치료는 젠더의 표현 방식을 바꿀 수 있지만 성 정체성까지 어쩌지는 못하는 것 같다〉고 말했다.

문제는 이렇다. 트랜스젠더가 대부분의 동성애자처럼 고정된 정체성을 갖고 있다는 점에서 그들의 정체성을 바꾸려는 시도가 오히려 바보 같은 짓일까? 아니면 남성으로 태어났는데 여성이라고 주장하는 아이는 주커의 비유처럼 흑인으로 태어났는데 백인이라고 주장하는 아이와 비슷할 뿐이며, 그들이 자신을 받아들이는 데 보다 익숙해질 필요가 있는 것일까? 주커는 대다수 트랜스 아동이 반대 성별에 대한 정형화된 이미지를 융통성 없이 받아들인다고 지적한다. 그가 말했다. 「그들은 놀이에서 즐거움을 느끼지 못한다.[76] 그들은 자신과 같은 성별의 아이들과 우정을 쌓는 데 어려움을 느끼고 사회적으로 외면을 당하기 때문에 발버둥을 치는 것이다.」 그는 성 정체성 장애가 선천적인 문제이며 치료할 대상이 아니라는 생각을 〈어리석은 생물학적 환원주의〉라고 여겼다. 또한 조기 성전환을 지지하는 의사들을 가리켜 〈자유주의적 실재론자〉라고 불렀다.[77] 그가 말했다.

「자유주의자들은 늘 생물학적 환원주의를 비판했지만 이 문제에 대해서만 큼은 예외인 듯 보인다. 나는 그러한 개념적 접근방식이 놀라울 정도로 순진하고, 지나치게 단순화되었으며, 틀렸다고 생각한다.」

뉴욕 루스벨트 병원 〈소아 성 정체성 프로젝트〉의 책임자였던 수전 코츠Susan Coates도 주커의 견해에 동의한다. 그녀가 말했다. 「나는 젠더 문제가 있는 대략 350명 정도의 아이들을 보았다. 그들은 기본적으로 창의적이었고, 부분적으로는 그래서 성을 전환함으로써 문제를 해결하려는 상상을 했다. 경험에 의하면 조기에 치료를 받은 아이들은 하나같이 트랜스젠더가 되지 않았다. 분리 불안과 공격성을 치료하는 경우 젠더 문제도 해결되기 시작한다. 불안이 성별 불쾌감을 유발하는 것이다.」[78] 주커와 코츠는 개인적으로 성실하고 뛰어난 학자이지만 지극히 다양한 사연들이 가득한 분야에 보편적인 행동 양식이 존재한다고 암시하는 듯하며, 이는 그들을 공격하는 일부 인권 운동가들도 마찬가지다.

트랜스젠더에게 자신의 진정한 성별로 살지 못하게 막는 행위는 그들을 망칠 수 있다. 반대로 성 정체성 장애가 있지만 트랜스는 아닌 사람들을 그들과 맞지 않는 이성의 성 정체성으로 묶어 두는 행위 또한 그들을 망칠 수 있다. 트랜스젠더 문제에 익숙한 치료 전문가 미셸 앤절로가 말했다. 「흔히 부모들은 내게 그들의 아이가 하자는 대로 따라야 한다고, 그렇게 하는 편이 정치적으로도 옳다고 말해요. 하지만 보통은 일곱 살짜리 아이에게 저녁으로 무엇을 먹을지 스스로 선택하게 놔두지는 않잖아요. 다른 성으로 전환하는 문제는 고사하고 말이에요. 지극히 드문 일이기는 하지만 부모가 정신적으로 문제가 있고 아이가 엄청나게 남자다운 아들이 아니라서 부모가 그들의 아이를 트랜스라고 결론 내리는 경우가 있어요. 실제로는 트랜스젠더가 아닌데 트랜스젠더라고 설득되는 경우죠.」 스테퍼니 브릴이 말했다. 「아이들을 트랜스젠더라고 과잉 진단하지 않는 것이 중요합니다. 젠더의 관습에 맞지 않는 사람들 중에서도 진짜 트랜스젠더는 아주 소수에 불과해요.」

　돌로레스 마르티네즈는 열네 살 때 아직 디에고라는 이름의 소년이었고 매사추세츠에 살고 있었다.[79] 그가 자신의 첫 번째 남자 친구와 함께 있는 광경을 어머니가 본 것도 그 무렵이었다. 돌로레스가 말했다. 「나는 미니스커트를 입고 야한 짓을 하고 있었어요. 다시 남자 옷으로 갈아입고 아래층으로 내려갔더니 어머니가 말했어요. 〈네 아버지가 집에서 나가란다. 아니면 너를 죽일 거래.〉 나는 4년 동안 거리에서 살았고 심각한 폭력 범죄로 유죄 판결을 받아 감옥에 갔습니다. 그 덕분에 내 인생을 구원받았죠. 나는 감옥에서 지낸 4년이 그 어느 때보다 행복했어요. 감옥에 가면 진짜 남자가 되거나, 다른 사람들이 여자로 만들어 주거나 둘 중 하나예요. 나는 여자가 되었죠. 백 퍼센트 나 자신의 모습으로 지냈던 첫 경험이었어요.」 감옥에서 출소한 돌로레스는 어머니가 거짓말했다는 사실을 알게 되었다. 「어머니는 아버지에게 내가 가출했다고 말했더군요. 아버지는 어머니가 한 짓을 알고서 곧장 이혼했어요. 성전환에 대해 이야기하자 아버지는 〈오, 하느님 감사합니다〉라고 말했어요.」 돌로레스는 첫 호르몬 주사를 맞기까지 심리치료로 10년의 세월을 보냈다. 마침내 그녀는 평생을 함께할 트랜스 맨 구스타프 프렐을 만났고 합법적으로 결혼했다. 법적으로는 돌로레스가 남성이었고 구스타프가 여성이었다.

　타일러 홈스는 세레나라는 이름의 혼란스러운 어린 소녀였을 때 〈남자의 신체 부위를 원했지만 정말로 남자가 되고 싶지는 않았다〉. 그녀는 열여섯 살이던 프레디 존슨과 짧은 연애를 했고 임신을 했다. 아들 루이가 태어났을 때 생부인 프레디는 거의 아무런 관심을 보이지 않았다. 루이가 두 살 때 프레디의 어머니가 사회복지국에 세레나에 대한 불만을 늘어놓기 시작했다. 루이의 권익을 돌보아 주도록 파견된 소송 후견인이 세레나에게 어딘가에 서명을 요구했다. 타일러가 말했다. 「그 서류가 무슨 내

용인지도 몰랐어요. 서명만 했어요. 나중에 보니 그 서류는 양육권에 관한 것이었어요. 그렇게 아이를 빼앗겼죠.」 그 뒤에 곧 구스타프 프렐과 돌로레스 마르티네즈 부부와 친구가 되면서 세레나는 자신의 젠더 충성도에 의문을 품기 시작했다. 그리고 자궁 내막증으로 병원에 입원했을 때 에스트로겐 기반 약물로 치료할 수 있다는 의사의 말에 자신은 테스토스테론을 이용한 치료를 원한다고, 수염과 낮은 목소리를 정말 갖고 싶다고 말했다. 그녀는 스스로를 타일러라고 부르기 시작했다.

2008년의 어느 목요일, 항상 우울했던 구스타프가 자살을 시도했고 지역 병원의 응급실로 실려 갔다. 하지만 막상 입원을 하려고 하자 병원 측에서 트랜스젠더가 사용할 수 있는 침대는 없다고 했다. 이틀 후 구스타프는 스물일곱 살의 나이에 스스로 목을 매달았다. 돌로레스가 고소장을 제출했지만 〈정신 건강 위원회〉는 병원 측의 잘못이 없다고 판결했다. 판결문에 따르면 트랜스젠더는 보호를 받아야 할 계층이 아니기 때문에 그들의 존재가 다른 환자들에게 방해될 수 있다면 병원 측에는 그들의 입원을 거부할 재량권이 있었다.

구스타프가 세상을 떠난 후 타일러와 돌로레스는 자연스럽게 함께하게 되었다. 나는 두 사람 다 성전환 수술을 하지 않았다는 사실이 서로에게 끌린 이유와 관련이 있는지 궁금했다. 타일러가 말했다. 「사랑과 인간관계는 옷 안에 있는 몸이 어떠한지, 어떤 대명사로 불리는지, 어떤 이름을 사용하는지에 기초하지 않습니다. 돌로레스와 나와의 관계는 그녀가 어떤 사람인지, 내가 그녀에게 어떻게 느끼는지, 내가 누구인지, 그녀가 나를 어떻게 느끼는지를 바탕으로 해요. 돌로레스는 언젠가 어떤 식으로든 수술을 하고 싶다고 말했지만 언제 무엇을 원할지는 그녀가 선택할 일이죠.」 돌로레스가 말했다. 「나는 타일러에게서 남자로서의 장점을 봐요. 예컨대 그가 허리에 착용한 것 덕분에 나는 크기를 마음대로 선택할 수 있죠.」

타일러가 양육권을 내어준 지 5년이 지난 지금 루이는 일곱 살이 되었고 생부의 어머니와 함께 산다. 타일러와 돌로레스는 감독관의 입회 아래 일주일에 한 번씩만 루이를 만날 수 있었다. 타일러는 자신의 성전환 사실을 루이가 모를 거라고 말했다. 하지만 내 생각에는, 타일러를 남성 대명사로 지칭하는 돌로레스의 습관은 말할 것도 없고 타일러의 풍성한 수염만 보고도 루이가 이미 눈치를 챘을 것 같았다. 타일러와 돌로레스는 루이의 젠더를 암시하는 특유의 행동들에 관심을 가졌다. 돌로레스가 말했다. 「루이는 지금의 내 남편처럼 어느 날은 여자이고 어느 날은 남자일 수 있어요. 그는 〈마이 리틀 포니〉 장난감을 좋아해요. 우리가 몰래 갖다 주었지요. 그 집에서는 어떤 여자아이 장난감도 허락되지 않거든요. 내가 의사는 아니지만 지금의 루이는 젠더퀴어 상태라고 생각해요.」 타일러가 〈그 아이는 자신이 트랜스라거나 여자가 되고 싶다는 말은 전혀 하지 않아요. 하지만 어렸을 때는 나도 그런 말을 한 적이 없었어요〉라고 말했다. 내가 보기에는 루이의 입에서 여자가 되고 싶다는 그 어떤 말도 나오지 않았다면 아마도 그는 트랜스젠더가 아닐 것이다. 그럼에도 루이는 남성의 정형화된 이미지에도 그다지 잘 맞지 않았다. 그는 두려운 무성(無性)의 세계와 억압적인 젠더화된 세계로 양극화된 세계에서 살고 있었다. 타일러가 말했다. 「루이는 자신이 여자라는 확신이 없을지도 몰라요. 남자라는 확신도 없을 수 있죠. 그날그날 이리저리 흔들릴 수도 있고 그것도 괜찮아요. 하지만 나는 그 아이가 나처럼 인생에서 25년 세월을 그냥 허비하지 않길 바랍니다.」

자녀가 원하든 말든 그들에게 부모 자신이 원하는 것을 주는 행위는 아마도 부모가 저지르는 불변의 실수일 것이다. 우리는 우리가 그토록 갈구하던 사랑으로 자신의 상처를 치유하지만 우리가 입힌 상처는 종종 보지 못하는 경우가 있다. 돌로레스가 말했다. 「루이가 스스로를 편안하게 여겼으면 좋겠어요. 그런 지점이 남성이나 여성, 또는 그 중간의 어디든 말이에요. 어린 사람에 비하면 나는 바로잡아야 할 지난 세월이 훨씬 많아요. 루이는 나처럼 살지 않았으면 좋겠어요.」 아이들은 진정한 자신의 모습으로 살 수 있어야 한다. 그들은 또한 규칙과 경계도 원한다. 나는 돌로레스와 타일러가 보여 주는 한없이 관대한 개념의 사랑이 도리어 아이를 겁먹게 할까 봐 염려되었다. 아이들은 다른 누군가가 자신을 보아 주길 원하고 일단 그 사람이 자신을 보아 주면 자신의 진정한 모습까지 사랑해 주길 바란다. 돌로레스와 타일러는 루이의 진정한 모습을 보기보다는 사랑만으로 가득했다. 타일러가 말했다. 「루이는 여태껏 본 중에서 가장 아름다운 소년이에요. 어쩌면 지구상에서 가장 아름다운 아이일지도 몰라요. 끝내주지 않아요? 아들과 함께 성전환을 하는 셈이잖아요. 루이에게는 트랜스젠더 부모가 두 명이나 있으니 대부분의 트랜스 아이들보다 조금 더 운이 좋은 편이에요. 우리는 우리의 부모가 그랬듯이 루이가 혼자서 성전환하도록 놔두지 않을 거예요. 그에게는 병원에 함께 가 줄 사람이 있어요.」 돌로레스가 말했다. 「루이의 성전환은 계속 진행되어야 해요. 나는 그 아이가 어제의 나로 살고 있다는 것을 알아요. 그가 내일의 나에게 배울 수 있으면 좋겠어요.」

성 정체성을 둘러싼 논쟁은 한때 천성 대 양육이라는 틀로 나뉘었지만 요즘에는 다루기 쉬운 문제와 다루기 힘든 문제로 나뉜다. 어떻게 나뉘든 상관없이 딱히 어느 쪽이라고 단정하기가 어렵기는 매한가지다. 천성이 연관된 것은 분명한 사실이다. 하지만 천성이 양육 방식에 의해 발현되는 것일까? 아니면 양육을 통해 천성이 기능하지 못하도록 할 수 있고, 또 그렇게 해야 하는 것일까? 실망스럽게도 답은 모호하다. 정신역학에서는 크로스 젠더 정체성에 대해 서로 모순되는 다양한 설명들을 제시한다. 에이미 블룸이 그녀의 저서 『노멀Normal』에서 냉담하게 지적했듯이, 그들은 아버지가 곁에 없고 어머니가 과도하게 개입하기 때문이라고 설명하기도 하고, 아버지가 지배적이고 어머니가 순종적이기 때문이라고 설명하기도

한다. 또한 어느 때는 부모가 크로스 젠더 정체성과 놀이를 부추기기 때문이라고 주장하고, 어느 때는 부모가 그런 정체성과 놀이를 금지함으로써 오히려 호기심을 유발하기 때문이라고 주장한다.[80] 남자아이들이 여자 옷을 입고 싶어 하는 이유는 난폭한 아버지를 무서워하고 사랑하는 어머니와 자신을 동일시하기 때문일 수 있다. 하지만 유전이나 뇌 발달, 임신 중 자궁 내의 환경 등에 영향을 받아서 그러한 성향이 생길 수도 있다.

성전환은 여전히 의료계와 치료 단체에 의존한다. 최상의 경우에 이런 현실이 의미하는 바는 책임 있는 전문가들이 부모의 두려움과 욕망을 자녀들의 그것들과 분리하고, 불변의 명령과 일시적인 노이로제를 구별할 수 있다는 것이다. 하지만 이는 벅찬 임무일 수 있다. 정신의학과 내분비학, 신경 인지학을 분리하는 것은 한심할 정도로 구식이다. 요컨대 현대 정신의학은 정서장애 및 사고장애의 화학적 경로를 찾고 있지만 정신과 뇌를 구분하려는 이 같은 시도는 아직 원시적인 수준에 머물고 있으며, 성 정체성 장애처럼 복잡한 질환은 동시에 여러 각도에서 설명되어야 한다. 정신장애 진단 및 통계 편람 위원회에서 일하는 하이노 메이어-발부르그는 성 정체성 장애에 대해서 〈순전히 과학적인 근거로만 설명될 수 없다〉고 인정했다.[81]

메이어-발부르그는 실제로 환자들을 상대할 때 가능하면 성전환을 하지 않는 것이 가장 좋다고 믿는다. 그는 〈건강한 신체를 절단하고 불임으로 만드는 것이 끔찍하다〉고 말했다. 「수술이 아주 성공적인 경우에도 성기능은 신통치 않으며, 최악의 경우에는 정말 끔찍해집니다. 치료한다기보다 장애를 더욱 악화시킨다는 느낌이 들 때도 있습니다.」 그는 중도적 치료를 추구한다. 그가 말했다. 「우리는 그들에게 최대한 동성 친구들을 많이 소개하려고 합니다. 동성애 혐오증에 걸린 이 나라의 아버지들은 대체로 여자 같은 남자를 싫어하고 다정하지 않아요. 그들의 아버지가 이미 그런 사람인 경우에 우리는 그들이 아버지와 다시 긍정적인 관계를 구축하고 발전시키도록 애씁니다. 그러면 많은 아이들이 자신의 타고난 성별을 보다 편안하게 느끼게 돼요. 설령 그렇게까지 되지는 않더라도 아이들은 보다 많은 친구들과 폭넓은 경험을 공유할 수 있죠.」 그럼에도 메이어-발부르그는 아이들에게 이르면 열한 살부터 사춘기 차단제를 처방한다. 「나는 때때로 환자의 성전환을 돕습니다. 그리고 때로는 비강압적인 방식으로 그들의 성전환을 말리려고 하죠. 어떻게 할지는 그때그때의 직관에 따를 뿐입니다. 정해진 공식 같은 것은 없어요.」 에드가르도 멘비엘이 말했다. 「여기에 오는 아이들 대부분은 자신의 정체성을 주장하지 않습니다. 그들의 젠더 표현이 달라서 다른 누군가가 그들을 데려오는 겁니다. 과연 그들은 성전환을 해야 할까요? 하지 말아야 할까요? 자신이 지금 옳은 일을 하고 있는지 누구도 확신할 수 없어요.」[82]

트랜스젠더 커뮤니티의 구성원들은 치료 전문가들이 아이들을 그들의 진정한 자아로부터 떼어 놓을까 봐 우려를 나타낸다. 한편 부모들은 자녀가 수술을 하고 나서 수술한 것을 후회할까 봐 더 걱정이다. 사회적인 성전환을 했지만 신체적인 성전환을 하지 않은 사람들 중 얼마나 많은 사람들이 성전환을 다시 돌이키는지는 알 수 없다. 하지만 성전환 수술을 받은 사람들의 경우에는 확인이 가능하며 백 명 중 한 명이 수술받은 것을 후회하는 것으로 추산된다.[83]

댄 번튼으로 태어난 대니얼 베리는 마흔세 살이던 1992년에 성전환 수술을 받았고, 나중에 수술받은 일을 가리켜 〈중년의 위기〉였다고 설명했다. 이후에 그녀가 말했다. 「이제와 보니 내가 젠더 기능장애라고 생각했던 것의 많은 부분이 사실은 신경증적인 성적 강박관념에 불과했을지도 모른다는 생각이 들어요. 나는 성생활에서 늘 여장을 했고 여자가 된다는 환상은 궁극적으로 항상 성적인 흥분을 주었습니다. 벼랑에서 뛰어 내리기 전에 선택 가능한 보다 많은 방법을 시도해 봤으면 좋았을 거라고 생각해요.」[84]

이라크에서 태어난 샘 하시미는 1997년에 아내가 그를 떠난 후에 영국에서 성전환 수술을 받았다. 샘이 말했다. 「트루디는 평생 동안 단 하루도 일한 적이 없었습니다. 그녀는 옷을 사는 데 몇 천 파운드씩 쓰는 것을 예사로 여겼어요. 나는 내가 짊어지고 있는 책임이 모두 사라지면 어떨지 늘 궁금했습니다. 나를 위한 인생의 문을 열고 여자가 갖는 특권을 모두 누릴 수 있다면 어떨지 궁금했죠.」 그렇게 해서 그는 사만다 케인이 되었다. 하지만 그녀는 〈여자로 산다는 것이 다소 피상적이고 제한적〉이라는 사실을 깨닫고 자신이 끔찍한 실수를 저질렀다는 결론을 내렸다. 그녀는 성기 수술을 〈번복〉하는 고통스럽고 불만족스러운 수술을 받았고, 찰스라고 새롭게 개명한 후에 최초에 성전환 수술을 지지했던 정신과 의사를 고소했다.[85]

이러한 사례들은 불행하게도 전체 트랜스젠더 운동의 신빙성을 떨어뜨리는 데 이용된다. 수술 후에 크게 후회하는 사례는 신문의 헤드라인을 장식하는 반면에 수술을 통해 완전히 성전환하는 편이 훨씬 행복하지만 수술할 수 없는 사람들의 이야기는 신문 한쪽 구석을 차지할 뿐이다. 수술을 하든 하지 않든 간에 실수는 일어나고 어느 쪽이든 삶을 엉망으로 만들 수 있다. 자신이 선택한 성 정체성을 따르도록 지원을 받았지만 나중에 가서 자신의 선택에 옭매인다고 느끼는 아이들도 있다. 그런 아이들의 부모와 의사들은 호르몬 차단제나 호르몬 치료, 수술 등에 대해 잘못된 결정을 내린 것인지도 모른다. 그러나 성전환을 지지받지 못하는 다른 아이들은 절망 속에서 살아가다가 죽음을 맞는다. 건강한 신체에 행해지는 불필요한 수술도 끔찍한 잘못이지만, 자신의 정체성을 확신하는 사람에게 도움을 주길 거부하는 것도 끔찍한 잘못이다.

여자아이들보다 훨씬 더 많은 남자아이들이 성 정체성 장애 치료를 받는다. 그러나 이러한 사실은 선천적인 소년들이 선천적인 소녀들보다 전형적인 젠더에서 벗어나는 행동을 더 많이 한다는 의미가 아니라, 단지 그런 소년들이 부모를 보다 불안하게 만든다는 뜻이다. 여성들은 페미니즘을 통해 예전에는 남성에게만 주어지던 많은 권리를 쟁취했다. 굉장히 적극적이고 주도적인 소녀는 종종 찬사를 받는다. 〈말괄량이〉라는 단어에는 적극적인 여성을 향한 공격적인 의미가 전혀 없다고 할 수는 없지만 어느 정도의 호의적인 뜻도 담겨 있다. 이와는 대조적으로 남성에게 나타나는 전형적인 여성의 특징을 정당화하는 움직임은 전무하다. 여자아이는 남자다울 수 있지만 남자아이는 사내답지 못할 뿐이다. 티셔츠에 청바지를 입은 여자아이는 〈유니섹스 스타일〉이지만 치마를 입은 남자아이는 〈여장〉을 한 것이다. 킴 피어슨은 자신의 경험을 설명하면서 어떤 부모들 모임에서 어릴 때 말괄량이였던 사람을 묻는 질문에는 여기저기서 손을 들었지만, 계집애 같은 남자아이였던 사람을 묻는 질문에는 아무도 손을 들지 않았다고 했다.[86]

스콧 얼은 앤-마리라는 이름의 말괄량이였고 부모는 그녀의 억센 성격을 강인함의 표시라고 생각했다.[87] 그들은 진보적인 분위기의 버몬트에서 살았고 그녀의 부모는 둘 다 소아과 의사였다. 스콧의 어머니 린 루긴불이 말했다. 「나는 여성의 한계에 제약을 받지 않는다는 생각을 좋아했어요.」 스콧은 어릴 때 젠더의 틀에 맞지 않는 행동을 숱하게 많이 했다. 스콧의 아버지 모리스가 말했다. 「앤-마리는 어렸을 때 곱슬곱슬한 아름다운 금발 머리를 갖고 있었습니다. 하루는 아침에 일어났는데 그녀가 오빠인 벤의 방에 있더군요. 당시 그녀는 생후 18개월이었습니다. 그런데 다섯 살이던 벤이 그녀의 머리를 싹둑 잘라 놓은 거예요. 우리는 당연히 벤을 혼냈죠. 하지만 시간이 흐르면서 앤-마리가 그렇게 해달라고 어떤 식으로 부탁했던 것이 아닐까 하는 생각이 들었습니다.」 다시 린이 말했다. 「앤-마리에게는 분홍색 다운 방한복이 있었어요. 외할머니가 네 살이던 그녀에게 〈그 옷을 입으니 예쁜 핑크레이디로구나〉라고 말했죠. 그러자 앤-마리는 그 옷을 입지 않겠다고 거부했어요. 우리가 그 옷을 검은 색으로 염색하고 나서야 비로소 입었죠.」

앤-마리는 열네 살 때 처음으로 온라인에서 다른 트랜스젠더들과 대화를 나누었고 〈스콧〉이라는 이름이 등장하자 자신이 불리길 바라는 이름이 바로 그것이라는 사실을 깨달았다. 몇 개월 뒤 파티에서 돌아온 그녀의 부모는 옷장에 놓여 있는 편지를 발견했다. 〈사랑하는 엄마 아빠, 나는 남자가 되어야 해요. 나는 트랜스젠더예요〉라는 내용이었다. 모리스가 당시를 회상했다. 「나는 그 단어가 무슨 의미인지도 몰랐습니다. 우리 부부는 스콧이 텔레비전을 보고 있던 지하실로 내려갔어요. 내가 말했죠. 〈우리가 너를 그동안 만났던 최고의 사람들 중 하나라고 생각하지 말아야 할 이유가 있니?〉」

린은 조언을 구하기 위해서 게이 친구들에게 전화했지만 그들도 그녀만큼이나 트랜스젠더에 대해 알지 못했다. 린이 말했다. 「나는 육체적인 성전환을 하는 쪽으로 마음이 기울어지지 않도록 도와주는 치료 전문가를 찾아냈어요. 하지만 스콧은 그녀를 싫어했어요. 나는 남자로 살려는 그아이의 결심이 진심이라는 사실을 받아들여야 했죠. 얼마 뒤 우리는 트랜스젠더를 70명이나 상담했던 치료 전문가를 찾았어요. 그녀는 스콧이 그녀를 만날 필요가 없을 정도로 명료한 정체성을 가졌다고 느꼈어요. 나는 강한 여자를 키운다고 생각했지만 대부분의 여덟 살짜리 여자아이들은 남자용 속옷을 입지 않더군요.」 모리스에게 스콧의 새로운 정체성을 받아들이는 문제는 남성성과 여성성 사이에는 허물 수 없는 벽이 존재한다는 보수적인 믿음이 아니라, 성별에는 본질적인 차이가 존재하지 않는다는 즉 성전환이 무의미하다는 유토피아적인 믿음에 연관된 일이었다. 그럼에도 그는 스콧이 원하는 것에 맞서지 않았다. 그가 말했다. 「눈보라가 불어닥칠 때는 그에 맞서면서 시간을 허비하지 않잖아요.」

그들은 자신들이 위탁 의사로 있는 버몬트 대학UVM의 내분비학자에게 전화했다. 그 교수는 자신이 이런 케이스를 다루지 않는다고 말했다. 린은 충격을 받았다. 그녀가 말했다. 「소아과 의사로서 우리는 사람들을 치료할 때 개인적인 입장은 문간에 내려놓고 임해야 합니다. 환자를 대할 때 그 환자의 입장이 되는 것이 우리 직업이에요. 이 문제도 다를 게 없었어요.」 결국 필라델피아에서 한 트랜스 건강 모임을 찾아낸 그녀는 스콧을 데리고 7시간 동안 차를 몰고 가서 모임에 참가한 다음에 또 그 거리를 운전해서 곧장 돌아왔다. 몇 년 뒤에 버몬트 주 상원에서 트랜스젠더의 권리에 대해 증언하면서 린은 〈무엇을 해야 할지 모를 때 그리고 아무것도 할 수 없을 때 힘든 것 같아요. 하지만 할 수 있는 일은 분명히 아주 많았습니다. 우리는 그런 일들을 그냥 했을 뿐이에요〉라고 말했다.

공부를 잘했던 스콧은 세인트폴에 있는 뉴잉글랜드 사립 고등학교에서 기숙사 생활을 했다. 크리스마스 방학이 끝나고 린이 그를 차로 다시 데려다 줄 때였다. 그들이 주유소에 들렀을 때 스콧이 남자 화장실에 가는 모습을 보면서 린은 그가 얼마나 남자가 되었는지 깨달았다. 학교로 돌아간 지 얼마 되지 않아 그는 조회 시간에 자신이 트랜스라고 밝혔고, 다른 학생들과 많은 교사들로부터 지지를 받았지만 겉보기에 마음이 넓은 성공회 주교가 이끄는 학교의 경영진으로부터는 아니었다. 그 주교는 린에게 그녀의 딸이 이 문제를 극복해야 한다고 이야기하면서 스콧이 새로운 곳에서 새롭게 시작하는 편이 더 낫지 않겠냐고 제안했다. 스콧이 말했다. 「나는 그가 단지 학교에서 나를 쫓아내고 싶을 뿐이라는 사실을 알았어요.」 그렇게 그는 학교를 떠났다.

그는 인터넷상에서 트랜스젠더들을 만났고 나중에는 실제로도 만났다. 머리를 파란색으로 염색하고 모히칸 스타일로 밀었다. 그는 학교 공부에 신경 쓰지 않았고 학업을 끝마치지 않을 수도 있다고 말했다. 린이 그에게 말했다. 「얘야, 우리는 너를 존중하고, 네가 진정한 네 자신이 될 수 있도록 정말 열심히 노력했어. 그러니 우리도 부탁할게. 우리는 네가 고등학교를 마치고 대학에도 갔으면 좋겠어.」 스콧은 이 부탁이 정당하다고 수긍했다. 린은 그에게 대학에 조기 입학하되 남자로 등록하면 어떻겠냐고 제안했다. 버몬트 대학에서 그의 입학을 원했고 그는 고등학교 2학년이 되는 대신 대학 신입생이 되었다.

모리스가 스콧을 신입생 오리엔테이션에 데려갔다. 그가 말했다. 「스콧은 트랜스젠더 이벤트에서 받은 티셔츠를 입고 있었습니다. 나는 〈남자가 되고 싶다면 차라리 남자로 살아. 이상해 보이는 그런 트랜스젠더 셔츠는 제발 입지 말라고〉라고 생각했죠. 그런데 오리엔테이션 장소에 도착하자 많은 자원봉사자들이 〈안녕, 나도 그 콘퍼런스 갔었어〉라거나 〈티셔츠 멋지다〉라는 반응을 보였습니다.」 스콧은 남자기숙사에서 개인 화장실이 딸린 1인실을 배정받았다. 하지만 맥주를 마셔 대는 아이들과 미식축구 선수들이 싫었고 그래서 다양한 게이 학생들이 모여 있는 UVM 프라이드 스위트에 들어갔다. 이듬해에 그는 트랜스젠더를 위한 7인용 특별실을 꾸몄다. 그다음에는 학교에서 트랜스 콘퍼런스를 시작했고, 학생들이 학생증에 원하는 이름을 기입할 수 있도록 학교를 설득했으며, 기숙사 신청서에 〈트랜스젠더〉 항목을 추가했다.

내가 스콧의 가족을 처음 만난 것은 그가 신입생이 된 지 얼마 되지 않았을 때였다. 그리고 2년 후에 다시 그들을 방문했을 때 스콧은 트랜스젠더 정체성에서 벗어나서 완전한 남성의 정체성을 갖고 있었다. 말하자면 게이 남성이 되어 있었다. 모리스가 말했다. 「나는 딸로 태어난 우리 아이가 남자를 좋아한다고 해서 게이라고 불리는 현실이 아직도 이해가 되지 않습니다.」 일반인 중 어떤 남자들은 남자에게 끌리고 그래서 게이라고 불리는데 그들은 여자가 된 뒤에도 남자에게 끌린다. 그러나 어떤 남자들은 같은 성에 끌리기 때문에 게이로 분류되고 그런 남자들이 여자가 되면 여자에게 끌린다. 이러한 사실은 독립적인 변수라기보다 자신의 젠더와 타인의 젠더 사이에 복잡성을 부여하는 요소이다. 일부 추산에 따르면 트랜

스 우먼 중 절반과 트랜스 맨 중 삼분의 일 정도가 게이이거나 양성애자인 것으로 나타난다.[88]

린이 말했다. 「나는 스콧에게 사람들이 어떻게 섹스를 하는지 자주 물었어요. 그 아이는 상냥했고 내가 알고 싶어 했기 때문에 그에 대해 자세히 설명해 주었죠. 스콧은 아래쪽 수술을 원하지 않고 남자와 여자는 해부학적으로 다른 부분들이 있기 때문에 걱정이 됩니다. 스콧은 그런 문제에 신경 쓰지 않는 정말 좋은 남자를 만나야 하죠. 하지만 사람들은 취향이 굉장히 다양하잖아요. 나는 스콧이 성전환 과정을 거치던 몇 년 동안 자주 UVM에 들러서 그와 함께 점심을 먹었고, 전화로도 꽤 많은 대화를 나누었습니다. 하지만 작년부터는 자신의 이야기를 솔직하게 털어놓지 않아요. 평범한 10대들이 하는 행동을 하는 거죠.」 스콧이 말했다. 「내가 게이로 알려져 있는 것은 괜찮아요. 하지만 트랜스라는 사실은 아주 가까운 친구들 외에는 밝히지 않았어요. 한동안 나의 모든 생각과 행동은 성전환 문제를 중심으로 움직였어요. 그렇지만 이제는 내 인생을 견본처럼 만드는 일에 관심이 없어요. 아마도 나는 의대에 갈 거예요. 내가 트랜스라고 커밍아웃한 사실이 비슷한 문제를 겪는 다른 의대생들에게는 더 중요할 수도 있겠죠. 하지만 이건 내 인생이에요.」

스콧의 동생 찰리는 이전부터 알던 친구들이 자신의 누나가 지금은 형이라는 사실을 알게 되는 것에 힘들어 하지 않았다. 하지만 새롭게 사귀는 친구들에게는 자신의 형이 예전에 누나였다고 밝히는 데 어려움을 느꼈다. 그래서 지금도 새로운 친구들이 집에 찾아오면 소녀 시절의 스콧 사진이 들어 있는 액자들을 치워 놓는다. 한편 스콧은 부모가 그런 사진들을 꺼내 놓는 것에도 개의치 않고 찰리가 사진을 치우는 것에도 신경을 쓰지 않는다. 린이 말했다. 「그런 사진들을 없애는 것은 그 아이의 어린 시절을 지우는 거잖아요. 스콧이 열네 살이 되기 전까지 내게는 딸이 있었어요. 물론 스콧은 내내 스콧이었으니까 진짜로 딸이 있었던 것은 아니지만 딸이 있었던 것도 사실이에요.」

　나는 트랜스젠더들 사이에서 두 가지 정치 참여 모델을 발견했다. 먼저 어떤 행동가들은 젠더를 새롭게 규정하고 트랜스라는 정체성을 강력하게 주장하고자 했다. 시간이 흐르면서 그들은 성전환하는 것을 편안하게 받아들이게 되었고, 자신의 실제 젠더라고 내내 생각하던 젠더로 살아가길 원했다. 그들에게는 행동주의가 카타르시스의 한 형태였다. 이와 달리 어떤 행동가들은 조용하고 은밀하게 성전환을 했으며, 때로는 그들이 사랑하던 모든 지인들과 거리를 두기도 했다. 그들은 시간이 흐르면서 자기 자신에게 편안해졌고, 자신이 경험했던 어려움을 다른 사람들이 겪지 않도록 하기 위해서 행동에 나섰다. 이들에게 행동주의는 감사의 마음을 표현하는 한 방편이었다. 많은 인권 운동가들이 다양한 조직으로 연합했다. 예를 들면 트랜스 청소년 가족 연합TYFA, 젠더 스펙트럼, 인어들(영국), PFLAG 트랜스젠더 네트워크, 클리블랜드 트랜스 패밀리, 트랜스 액티브, 젠더 포크, 전국 트랜스젠더 평등 센터, 트랜스젠더 법적 보호 교육 재단TLDEF, 트랜스 키즈 퍼플 레인보우 재단 등이 있다. 인권 운동가들 중에는 트랜스젠더가 아니지만 트랜스젠더 사회와 간접적으로 관계가 있는 사람들도 있다. 나는 트랜스 아동의 지원과 관련하여 서로 다른 모델을 제시하는 두 개의 단체에 특히 관심이 갔다. 바로 젠더 스펙트럼과 TYFA이다.

　2007년에 젠더 스펙트럼을 설립한 스테퍼니 브릴은 사람들을 대할 때 뉘앙스에 집중한다. 그래서 때로는 확실성을 희생하기도 하지만 인간의 경험 가운데 젠더 문제가 복잡성의 정점에 있다는 사실을 항상 염두에 둔다. 그녀는 젠더 이론과 퀴어 이론에 정통하고, 추상적인 철학의 모호한 어휘들에서 부모나 자녀가 선택 가능한 명쾌한 대안을 도출한다. 그녀는 공정한 사회가 되기 위해서는 예컨대 인형을 좋아하는 소년이나 집에서 이성의 옷을 입는 이성애자, 일할 때는 드세지만 친밀한 관계에서는 애교를 부리는 여자, 머리를 길게 기르고 발레를 배우고 싶어 하는 남자아이, 야구와 나무를 오르는 일에만 관심이 있는 여자아이 같은 사람들을 포용할 수 있는 여지가 있어야 한다고 생각한다. 2006년에 설립된 TYFA의 운영자 킴 피어슨과 섀넌 가르시아도 마찬가지로 지적인 여성들이지만 무엇보다 그들은 트랜스 자녀를 둔 어머니다. 스테퍼니 브릴이 지적인 매력을 발산한다면 그들은 중서부의 모든 어머니들에게서 볼 수 있는 온기를 발산한다. 킴과 섀넌은 몸집과 목소리가 모두 큰 여성들이고 서로의 농담을 대신해서 마무리할 정도로 서로를 잘 안다. 그들은 한밤중에 걸려오는 전화도 마다하지 않으며 그런 경우에 그들은 재빨리 일어나서 문제를 해결하는 데 집중할 것이다. 그들은 젠더 불일치가 일반적인 현상이며 지극히 명백한 지원을 필요로 한다는 사실을 알림으로써 미국 중서부의 보수적인 작은 마을에 있는 고등학교 교장의 마음을 움직이기도 했다. 그들의 용기는 다른 사람들까지 용감하게 만든다.

스테퍼니 브릴은 샌프란시스코 베이 지역에 거점을 두고 있으며, 젠더 스펙트럼은 자율적인 가족들이 치밀함과 자기 확신을 가지고 성전환에 따른 문제들을 헤쳐 나가도록 돕는다. 브릴은 부모와 환자들이 한쪽에서 다른 한쪽으로 넘어가기 전에 중간 지점에서 보다 많은 가능성을 탐구하도록 장려한다. 실현 가능한 경우에 이는 아주 훌륭한 접근법이지만 앞에서 언급된 것 같은 작은 마을에서는 가능하지 않다. 그런 환경에서 남성에서 여성으로 (또는 그 반대로) 성전환을 하려면 당사자와 그 주변 사람들의 준비에 더해서 보다 많은 것들이 전제되어야 하기 때문이다. 젠더 스펙트럼이 가족을 위한 단체로서 정체성의 본질을 숙고하고자 한다면, TYFA는 타고난 성별로 하루라도 더 살 바에야 자살을 선택할지도 모를 자녀를 둔 가족을 위한 곳이다.

킴 피어슨과 섀넌 가르시아는 2006년에 온라인에서 만났고 2007년

1월에 TYFA를 설립했다. 조직의 재무담당자인 또 다른 어머니 에이미 구아르와 후에 트랜스 액티브를 설립한 트랜스 우먼 젠 벌리턴과 함께였다. 그리고 10개월 뒤 에이미의 트랜스젠더 아들 이언 벤슨이 자살을 했다. 킴이 말했다. 「그 사건을 계기로 우리가 일하는 방식이 정해졌습니다. 전적으로 지지받는 아이라 하더라도 여전히 아주 위험한 상태라는 것이 명백했기 때문이죠. 사춘기에 커밍아웃하는 아이들은 자신이 그렇게 함으로써 부모나 형제자매, 친구를 잃을 수 있다는 사실을 알고 있습니다. 그럼에도 커밍아웃을 한다는 것은 그들이 이미 한계에 도달했다는 의미예요. 따라서 부모는 자신을 동정할 겨를이 없어요. 최악의 경우 자식이 다른 성으로 전환해서 슬퍼하거나 그 아이가 자살해서 슬퍼하게 될 겁니다.」 내가 참석했던 킴과 섀넌의 첫 번째 워크숍이 끝나고 두 사람은 걱정에 사로잡힌 한 아버지와 이야기를 나누었다. 그가 말했다. 「하지만 우리 아이가 마음을 바꾸면 어떻게 하죠?」 섀넌이 말했다. 「아들이 두 살 때 기저귀 갈이대에서 자신이 여자라고 말했다고 방금 이야기하셨잖아요. 그리고 그 생각은 13년 동안 변하지 않았다고요. 당신은 미래의 일에 대해 걱정하고 있어요. 아이와 오늘 일에 대해 이야기하세요. 지금 당장이요.」 그들은 그 아버지가 10년이 넘도록 받아들이지 못했던 일을 불과 10분 만에 받아들이게 만들었다.

킴 피어슨의 일은 대부분 트랜스젠더의 부모들을 만나는 것이지만 자신이 생각하는 가장 힘든 일은 트랜스젠더들이 자신의 품위를 유지하도록 돕는 일이라고 내게 말했다. 그녀가 트랜스 우먼 재니스를 만났던 일에 대해 들려주었다. 재니스는 자신을 〈수술한 트랜스 섹슈얼〉이라고 소개했다. 킴이 대답했다. 「너는 자신이 여자라고 생각하니?」 재니스가 그렇다고 했다. 킴이 말했다. 「나도 나를 여자라고 여긴단다. 그리고 나는 절대로 나 자신을 성기로 소개하지 않아. 나는 지금 너에게 자신을 여자로 소개하든지 아니면 트랜스젠더로 소개하라고, 다시는 낯선 사람에게

수술 사실에 대해 이야기하지 말라고 요구하는 거란다. 흔히 성인 트랜스
젠더들은 자신의 옷 아래 있는 것으로 판단되고 싶지 않다고 말해. 그러
니 너도 옷 아래에 무엇이 있는지를 가지고 네 자신을 소개하는 일을 그
만두렴.」

    어떤 가족에게는 성전환이 괴로운 일이고 어떤 가족에게는 쉬운 일이
다.[89] 그리고 피어슨 가족 같은 사람들에게는 축하할 일이다. 애리조나의
한 작은 마을에 사는 숀-데드릭 피어슨은 2006년 6월에 공식적으로 커밍아
웃을 했다. 그리고 몇 달 뒤에 그의 어머니가 트랜스 청소년 가족 연합TYFA
을 설립하면서 그들은 세상을 바꾸고자 하는 공동의 시류에 합류했다.
    킴이 말했다. 「나는 장차 어떤 사람이 될 것인지, 자라면서 많은 기대
와 부딪혔어요. 우리 아이들에게는 그렇게 하고 싶지 않았죠. 숀은 세 살
때부터 〈원피스 안 입어!〉라며 도망을 다녔습니다. 그래서 우리는 〈그것이
그렇게 중요한 문제라면 바지로 바꿔 줄게〉라고 말했죠.」 그럼에도 그녀
의 딸은 항상 불행했다. 숀은 열두 살 때 부모에게 편지를 써서 자신이 레
즈비언이라고 말했다. 잠깐 동안 상황은 나아지는 듯 보였지만 다시 이전
보다 악화되었다. 숀은 학교에서 낙제를 했고 고질적인 복통과 두통에 시
달렸다. 킴이 말했다. 「숀은 이불을 뒤집어쓰고 어두운 방에 틀어박혀 지
냈어요. 아예 아무것도 먹지 않거나 끊임없이 먹었고, 계속해서 깨어 있거
나 계속해서 잠을 잤죠. 무언가가 끔찍하게 잘못되었음이 분명했지만 숀
본인을 포함해서 우리 모두는 그것이 무엇인지 알 수 없었어요.」
    피어슨 가족은 가족 치료를 받기 시작했다. 몇 달 후 그들은 우연한
기회에 영화 「트랜스 아메리카Transamerica」를 보게 되었고 당시 열네 살이
던 숀은 답을 찾았다. 그로부터 몇 주 뒤에 킴과 숀은 평소처럼 치료사를
방문했지만 판도가 바뀌었다. 킴이 말했다. 「나는 우울한 딸과 함께 들어
갔다가 행복한 아들과 함께 나왔습니다. 숀이 말했어요. 〈나는 레즈비언

이 아니에요. 트랜스젠더죠. 나는 완전히 남자예요. 그게 나예요.〉 내가 말했어요. 〈나는 네 인생의 그림 퍼즐을 맞추고 있는 기분이었단다. 그런데 절대로 맞지 않는 조각들이 있었지. 오늘 그 조각들이 딱 들어맞는다는 것을 알았어. 하지만 이제 우리가 어떻게 해야 하는지 눈곱만큼도 아는 것이 없구나.〉 그 아이는 마냥 쾌활하게 대답했어요. 〈괜찮아요, 엄마. 내가 해야 할 일의 목록은 이미 있어요. 법적으로 이름을 바꾸고, 학교에 남자아이로 입학하고, 가슴을 싸맬 띠가 있으면 돼요.〉」 킴은 그런 일 중 어느 것도 정말로 하고 싶지는 않았고 두려웠다. 그녀가 회상했다. 「그런 말을 하던 와중에 손이 남자용 샴푸와 데오드란트, 양말이 갖고 싶다고 말했습니다. 그래서 내가 말했죠. 〈네가 말하는 것들이 하나같이 어떻게 사용되는 것인지는 모르겠지만 나는 쇼핑을 정말 잘하니까 우리 거기서부터 시작해 볼까?〉 손은 생기가 넘쳤고 얼굴이 밝아졌어요. 그렇게 활기찬 손의 모습은 몇 년 만에 처음 보았어요.」

그들이 집에 돌아왔을 때 존은 홈디포에서 하루 종일 일하고 돌아와서 쉬고 있었다. 손이 아버지에게 새로 산 물건들을 자랑하기 시작했다. 킴이 존을 침실로 살짝 불러내서 사정을 설명했다. 존은 그 자리에 주저앉은 채 허공만 바라보았다. 킴이 말했다. 「자, 무슨 말이라도 해봐요.」 존이 대답했다. 「무슨 말을 해야 할지 모르겠어.」 존이 내게 말했다. 「나는 26일 동안 동굴 속에 틀어박혀 있었습니다. 내 스스로도 변화를 겪고 있었죠.」 그리고 26일 후에 존은 마침내 그 문제를 받아들였다.

손은 6월 초에 커밍아웃을 했다. 한여름이 되자 치료사는 가족들을 놓아 주었다. 손은 테스토스테론을 투약하고 새로운 이름으로 학교로 돌아갔다. 킴이 말했다. 「성전환은 눈 깜짝할 사이에 진행되었어요.」 손은 킴에게 학교에 이야기해 달라고 부탁했다. 「나는 의학적인 문제로 접근했습니다. 만약 아이가 당뇨병에 걸렸다면 학교는 그 아이가 혼자 주사를 맞을 수 있도록 프라이버시를 제공할 거라고 말이죠. 우리는 손이 어떤 화장실을 사용할지도 생각해야 했습니다.」 학교 측은 양호실에 딸린 화장실을 쓸 수 있게 해주었다. 손의 이름을 변경하는 문제가 법적으로 아직 마무리되지 않은 상태라서 교장은 학교 기록을 변경해 줄 수 없다는 입장을 보였다. 킴이 말했다. 「나는 그를 설득했어요. 아는 사람이 적을수록 손이 자녀와 같은 반이라는 이유로 화가 나서 학교를 찾아올 부모가 적어질 거라고 했죠.」

가족들은 모든 주변 사람들에게 새로운 소식을 알리는 편지를 돌렸다. 동네 사람들 중 처음으로 그들에게 전화한 사람은 킴이 비난을 받을 거라고 예상했던 인물이었다. 킴이 회상했다. 「그는 〈손이 우리 집에 오는 것은 언제나 환영입니다. 우리하고 있을 때는 언제고 안심해도 돼요〉라고 말했어요. 눈물이 터져 나오기 시작했어요. 우리는 부정적인 반응이 나올 거라고 예상했거든요. 긍정적인 반응이 나올 거라고는 정말 생각지도 못했어요.」 킴은 컴퓨터 업계에서 일했는데 그 일이 갈수록 무의미하게 느껴졌고, 손의 근육 염증 때문에 육체적으로도 힘들었다. 킴이 말했다. 「내가 다니는 교회는 〈유니티 교회〉 소속이에요. 이 교회에서는 일은 반드시 원래 되어야 하는 대로 된다는 믿음을 강조하죠. 나는 내면의 나 자신과 이야기를 나눴어요. 내게 꼭 맞는 직업은 여행과 대중 연설에 관련된 일이고, 사람들을 가르치는 능력과 교육과정을 설계하는 기술을 활용할 수 있는 일이며, 글을 쓰는 일임을 알았어요. 2주 뒤에 손이 커밍아웃을 했고 3개월 뒤에 나는 TYFA를 설립했어요. 내가 원하던 바로 그런 일을 찾은 거예요.」

그로부터 얼마 뒤 손과 킴은 샌디에이고 주립 대학에서 프레젠테이션을 하기 위해 길을 나섰다. 자동차의 연료가 떨어져 갈 때쯤에 손이 주유소가 있는 인디언 카지노를 발견했다. 킴이 회상했다. 「마침 나는 화장실에도 가야 했어요. 그래서 〈20달러만 가지고 갔다 올게. 5분 안에 올 거야〉라고 말했죠. 슬롯머신에 20달러를 넣었는데 1만 달러의 잭팟이 터졌어요. 그 돈으로 설립 자금을 대고 비영리 단체를 등록했죠.」 손에게는 형이 있었고 그 형이 부모의 침실에서 두 대의 오래된 컴퓨터로 웹사이트를 만들고 관리했다.

존이 말했다. 「나는 내가 인권 운동가와 결혼한 줄은 전혀 몰랐습니다. 한 달 전쯤에 그녀의 강연을 들으러 라스베이거스에 간 적이 있었어요. 나는 킴이 말을 잘 한다는 것은 늘 알고 있었지만 그날 정말 감명을 받았습니다.」 나중에 킴이 내게 편지를 보내왔다. 「나는 나의 소명을 찾았어요. 내 삶의 목적을 발견했죠. 하느님이 주신 재능을 스스로도 만족하고 다른 사람들에게도 도움이 되는 방식으로 사용하고 있어요.」 그녀는 일주일에 다섯 개의 학교에서 교육하느라 전국을 종횡해야 하는 스케줄에 대해서도 언급했다. 그녀는 대부분 자동차로 움직였으며 특히 오하이오에 있는 한 학교에 가려면 꼬박 이틀을 운전해야 했다. 나는 스케줄을 재조정할 수는 없는지 궁금했다. 킴이 말했다. 「열여섯 살짜리 아이들에게 어떻게 못 간다고 말해요? 사람들은 〈어떻게 그렇게 많은 일을 하세요?〉라고 물어요. 그럼 나는 〈못할 건 또 뭐죠?〉라고 말해요.」

섀넌과 존 가르시아 부부에게는 여섯 명의 아들이 있었다.[90] 적어도 그들 생각에는 그랬다. 그들은 인디애나에 살았고 섀넌은 그들이 사는 곳을 〈평범한 주의 평범한 도시에 있는 평범한 동네〉라고 묘사했다. 그들의 막내아들은 말을 빨리 배웠고 생후 15개월이 되자 〈나는 남자가 아니에요. 여자예요〉라고 말했다. 섀넌은 〈아무렴, 그렇지〉라고 대꾸하면서 기저귀를 마저 갈아 주는 데 집중했다. 두 살이 되자 막내아들은 바비 인형을 갖고 싶다고 했다. 그리고 그가 세 살 무렵이 되었을 때 섀넌은 막내아들이 게이라고 생각했다. 네 살이 된 그 아들은 다섯 명의 형들이 다녔던 교회 유치원에 들어갔다. 처음 열린 사친회 모임에서 막내아들의 선생님이 말했다. 「아드님에게 옷 입기 놀이를 금지할 생각이에요. 남자아이가 치마를 입으면 안 되잖아요.」 섀넌은 무척 화가 났다. 「자신이 느끼는 방식이 세상 사람들에게 용납되지 않는다는 사실을 우리 아이가 처음으로 깨닫게 된 사건이었어요. 그리고 불과 며칠 만에 그 아이는 불안 증세를 보이기 시작했죠.」

하지만 존은 오히려 아내에게 화를 냈다. 섀넌이 말했다. 「내 탓이에요. 내가 응석을 마냥 받아 주었거든요. 남편은 막내아들을 바꾸려고 했어요.」 존은 여아용 장난감을 모두 압수했다. 그런 다음 막내아들을 마당으로 데리고 나가서 이렇게 말했다. 「내가 너를 남자답게 만들어 주마.」 그리고 아이에게 야구방망이를 쥐어 주었다. 존은 계속해서 공을 던졌다. 「공을 치란 말이야.」 아들은 야구방망이를 든 채 그 자리에 서서 눈물을 줄줄 흘렸다. 섀넌이 말했다. 「그 사건은 우리 집에서도 흔치 않은 아주 추한 일이었습니다. 나도 아들을 바꾸고 싶었어요. 하지만 존이 시도한 방법을 보면서 아들에게 수치심을 준다고 해서 고쳐질 문제가 아니라는 것을 알았어요. 남편의 방법은 그 아이가 자라면서 아버지를 미워하게 되는 결과만 가져왔죠.」

이듬해 9월에 섀넌의 아들은 유치원에 가지 않겠다고 울면서 애원했다. 그는 〈하루 종일 남자인 척하는 것이 너무 힘들어요〉라고 말했다. 섀넌은 이 문제와 관련해서 마음을 단단히 먹기로 했다. 그리고 아들이 1학년이 되면서부터는 뇌물 작전을 쓰기 시작했다. 아들에게 〈일주일 동안 우는 소리를 하지 않으면 이번 주말에는 바비 인형을 사줄게〉라고 말했다. 그들은 주말마다 존에게 들키지 않도록 조심하면서 인형을 골랐다. 그러던 어느 주에 아들이 〈인형 대신 25센트를 가져도 돼요?〉라고 물었다. 섀넌이 이유를 물어보자 아들이 말했다. 「등굣길에 스쿨버스가 어떤 집을 지나는데 그 집에 소원을 비는 우물이 있거든요. 버스 아저씨에게 차를 잠깐 세워 달라고 부탁해서 여자가 되게 해달라고 소원을 빌고 싶어요.」

존은 계속해서 〈너는 페니스가 있어. 그 말은 네가 남자라는 뜻이야〉라고 말했다. 어느 날 섀넌은 아들이 화장실에 너무 오래 있다는 것을 눈치 채고 문을 강제로 밀어서 열었다. 「아들이 제일 날카로운 재봉 가위를 가지고 자를 태세를 취하고 있었어요. 가위 사이에 페니스가 있었죠. 내가 말했습니다. 〈뭐하는 거야?〉 그랬더니 아들이 말했어요. 〈이건 여기 있을 게 아니에요. 잘라버릴 거예요.〉 〈그러면 안 돼.〉 〈왜 안 돼요?〉 〈네가 나중에 여자 것을 가지고 싶다면 그것이 있어야 만들 수 있어.〉 나는 되는대로 말을 막 지어냈죠. 아들은 내게 가위를 건네주었고 〈알았어요〉라고 말했어요.」

추수감사절을 보내기 위해 가족들이 테네시에 갈 준비를 하고 있었을 때 새넌은 그 여행이 막내아들의 실험을 위한 절호의 기회라고 판단했다. 남편은 반대했고 다른 다섯 아이들도 그녀의 생각에 불만을 표시했다. 막내아들은 자신의 새로운 이름이 킬리라고 선언했다. 가족들이 출발할 때 킬리는 머리부터 발끝까지 분홍색으로 차려 입고 짧은 머리에는 테이프로 머리핀을 고정시켰다. 새넌이 말했다. 「우리는 몇 시간 동안 차를 몰고 가다가 밥을 먹기 위해 멈추었습니다. 그리고 식당에 들어가 테이블에 앉았죠. 막내아들은 낯선 사람과 말을 해본 적이 없었어요. 한 번도요. 그런데 웨이트리스가 킬리에게 다가와서 〈그리고 너는 무엇을 먹을 거니, 예쁜 아가씨?〉라고 묻자 킬리가 〈초코 우유 주세요〉라고 말했어요. 나는 화장실로 달려가서 펑펑 울었어요. 정말 공중화장실 바닥에 눈물로 웅덩이가 생길 정도였죠. 그 뒤로 48시간 동안의 변화는 말로 다 표현할 수 없을 정도였어요. 남편이 〈당신이 홈 스쿨링에 대해 알아 봐. 저 아이가 다시 남자로 학교에 가지 않을 수 있도록 말이야〉라고 이야기할 정도로 커다란 변화였죠.」

그들은 새로운 학교로 킬리를 전학시켰고 학교 기록에서 이름과 성별을 변경했다. 이전까지 킬리는 미국 초중등교육법 제1장에 의거해서 연방 정부의 보조금 지원 프로그램 혜택을 받는 학습 장애 아동이었다. 하지만 새로운 학교로 전학한 지 6개월 만에 그녀는 읽기에서 두 학년을 앞섰고 수학에서는 그 학년에 맞는 수준이 되었다. 섀넌이 말했다. 「12개월 후에 우리는 검진을 위해 병원을 찾았습니다. 의사가 검사실로 들어오자 킬리가 말을 하기 시작했어요. 그곳에 있는 내내 쉴 새 없이 조잘댔던 것 같아요. 의사도 놀라서 입을 다물지 못했어요. 〈내가 6년 동안 보아 왔던 그 아이가 이 아이와 절대로 같은 아이일 리가 없어요.〉킬리는 그 정도로 엄청나게 달라졌어요.」

내가 킬리를 만났을 때 그녀는 일곱 살이었다. 예쁘고 수다스럽고 나이보다 침착했으며 짓궂게 반짝이는 유머 감각을 가지고 있었다. 이후에 섀넌이 내게 편지했다. 「하느님이 계획하신 게 분명하다고 생각해요. 내게는 간단한 선택이었어요. 산송장 같은 아들이냐 살아 있는 딸이냐라는 문제였으니까요. 트랜스 자녀를 둔 부모라면 대다수가 직면하는 선택입니다. 킬리는 그녀가 원하는 사람이라면 누구하고도 결혼할 수 있다는 이야기를 늘 들으면서 자랐어요. 그녀는 그 〈사람〉에게 자신의 상태를 밝히지 않겠다고 내게 말하더군요. 나는 그런 정보를 숨기는 행동은 옳지 않다고 타일렀어요. 그녀에게 말했습니다. 〈그 사람이 진심으로 너를 사랑한다면……〉킬리가 대신 말을 끝맺었어요. 〈그럼 그들은 상관하지 않을 거예요.〉나는 〈바로 그거야〉라고 말했죠.」

많은 부모들이 이 정도 수준까지 받아들이지는 못한다. 트랜스젠더들 중 절반 이상이 가족에게 거부되며, 설령 받아들이더라도 부모 중 어느 한쪽만 그런 경우가 빈번하다.[91] 브릴은 〈어머니와 아버지가 모두 있더라도 그들 중 한 명은 겁을 내고, 다른 한 명은 받아들이는 경우가 심심치 않게 발생한다〉고 말했다. 크리스 빔은 불우한 트랜스 아동을 치료했던 자신의 경험을 회고록으로 쓰면서 한 트랜스 소녀의 어머니에 대해 언급했다. 「그녀는 크리스티나에게 계속 이런 식으로 행동하려면 차라리 에이즈에 걸려 죽으라고 말했다.」[92] 겉으로 보기에 아주 세련된 한 어머니는 트랜스인 딸에게 이런 편지를 썼다. 「여자로서 살아가야 하는 평생의 〈과정〉과 〈현실〉 사이에 여장 남자인 자기 자신을 교묘하게 끼워 넣는 너의 행동은 오만하고 모욕적인 짓이야. 너는 여자로서 나의 경험뿐 아니라 여성 사회 전체를 무시하고 우리의 명예를 실추시키고 있어.」[93]

2009년 5월에, 새크라멘토에서 방송되는 인기 라디오 프로그램 「롭, 아니 & 돈 인 더 모닝Rob, Arnie & Dawn in the Morning」에서는 트랜스 아동에 관한 특집 코너를 마련했다. 그 자리에서 롭 윌리엄스와 아니 스테이츠는 트랜스 아동들을 〈바보〉 또는 〈괴물〉이라고 지칭하면서 그들이 〈관심〉을 얻고자 할 뿐이며 〈어떻게든 무조건 버려야 할 정신병〉을 가졌다고 말했다. 그들은 이렇게 덧붙였다. 「정말 역겹지 않나요? 〈엄마, 나는 소년의 몸에 갇힌 여자예요. 원피스를 입고 싶어요.〉」 나중에 가서는 〈트랜스젠더의 존재를 허용하면 동물과 사랑에 빠지는 일도 조만간 정상이 될 것〉이라고 비꼬기도 했다. 두 사람 중 한 명은 혹시라도 자기 아들이 하이힐을 신으면 자신의 신발로 호되게 패 주겠다고 호언장담했다.

이 방송분에 대한 항의는 곧바로 광고 거부 움직임으로 번졌다. 킴 피어슨과 샌디에이고의 트랜스젠더 인권 운동가 오텀 샌딘이 이 문제의 논의를 위해 쇼에 초대되었다. 킴은 트랜스 경향이 있는 아이들이 만약 어머니의 차를 타고 학교에 가다가 그 방송을 들었다면 이제 절대로 이 주제와 관련해 입을 열려고 하지 않을 것이라고 설명했다. 쇼에서 청취자와 전화 연결을 하자 트랜스 맨 형제를 둔 어떤 사람이 전화해서 방송을 듣고 그가 자살했다고 밝혔다. 킴은 윌리엄스와 스테이츠에게 그 사람의 죽음에 책임이 있다고 경고했다. 쇼가 시작될 때 그들은 그들의 사과가 단지 광고주를 달래기 위한 것임을 분명히 했다. 하지만 쇼가 막바지를 향해 갈수록 그들은 비참해졌다.[94]

물질적인 풍요와 교육이 트랜스 아동의 가족들을 곤란에 빠지지 않도록 보장하는 것은 아니지만, 끔찍하게 일이 잘못될 수 있는 가능성이 가난 때문에 더욱 높아지기는 한다.[95] 헤일리 크리거와 제인 리터의 경우에도 빈곤 때문에 어려움이 더욱 가중되었다. 그들은 오랫동안 비밀을 간직한 채 살았다. 두 사람 모두 어머니에게 자신이 레즈비언이라고 고백하길 원치 않았고 남자와 결혼도 했다. 빈껍데기 같은 그들의 결혼 생활은 거짓말과 학대로 점철되었고 삐거덕거렸다. 캔자스에서 중학교를 다니던 헤일리는 3학년 때 학교를 중퇴했다. 제인은 미주리에서 고등학교까지 졸업했으나 직장을 구할 정도로 전문적인 능력은 없었다. 제인에게는 사춘기의 딸도 있었지만 두 사람은 공통적으로 어린 아들이 있었다. 헤일리는 여성적이었고 제인은 남성적이었으며 그들은 위치타의 노숙자 쉼터에서 만났다.

헤일리의 남편은 여장을 하곤 했으나 집에서만 은밀하게 했다. 결혼 후 곧 그들은 아들을 낳았고 제이든이라고 이름을 지었다. 헤일리가 말했다. 「제이든은 항상 아래쪽 거기를 부끄러워했어요. 아기였을 때조차 그 부분을 숨기려고 했고 여자처럼 앉아서 소변을 보고 닦았어요.」 다섯 살 때 제이든은 자신의 이름을 해나라고 선언했다. 낮에는 평범한 10대로 지내다가 밤이 되면 록 스타로 사는 디즈니 드라마의 캐릭터 해나 몬타나에서 따온 것이었다. 이 드라마는 내가 만난 이중생활을 하던 많은 트랜스 아이들 사이에서 반향을 일으켰다.

제인이 말했다. 「쉼터에서 처음 제이든을 만났을 때 그는 여섯 살이었고 솔직히 말해서 나는 그 아이가 여자라고 생각했어요.」 몇 개월 후 헤일리와 제인은 제이든과 제인의 아이들인 브라이언과 릴리안을 데리고 나와 트레일러에서 살았다. 헤일리가 말했다. 「제이든은 이제 숨기는 일에 신물을 냈어요. 우리가 트레일러에 정착하자 〈엄마, 나 브래지어 해도 돼요?〉라고 묻더군요. 내가 말했어요. 〈그래. 아무도 못 볼 거야.〉」 제이든은 제인에게 할 말이 있다고 말했다. 제인의 설명이다. 「제이든이 〈나 브래지어 했어요〉라고 하더군요. 내가 〈그렇구나〉라고 대꾸하니까 그가 다시 물었어요. 〈화내지 않아요?〉 내가 말했어요. 〈그래, 아가. 이 제인 엄마는 모든 사람이 자기 자신의 모습으로 살아갈 필요가 있다고 생각한단다.〉 그 아이는 얼굴이 밝아지더니 매우 행복해했어요.」 제인은 브라이언과 릴리안에게 〈절대로 제이든을 놀리면 안 돼〉라고 말했다. 얼마 지나지 않아 제이든은 다른 아이들에게 자신을 해나라고 소개하기 시작했다. 제이든의 생부는 경악했다.

제인은 맥도널드에서, 헤일리는 달러 제너럴*에서 일자리를 구했다. 그들은 위치타의 빈민가로 이사했다. 일곱 살이던 제이든이 학교에서 자신의 손톱 매니큐어를 자랑했다. 헤일리가 말했다. 「학교 측에서 그 일을 거론해서 내가 말했어요. 〈아이들은 어디까지나 아이들일 뿐이에요.〉 얼마 뒤부터 제이든은 머리를 기르고 싶어 하기 시작했어요. 타이즈와 화장품도 원했죠. 여자로 학교에 가고 싶어서 많이 울었어요.」 제이든은 집에 오자마자 여자 옷을 입었다. 어느 날 밤에 그가 제인에게 말했다. 「나는 제인 엄마에게 너무 화가 나요.」 제인이 물었다. 「왜 그러니, 아가?」 제이든이 대답했다. 「제인 엄마는 엄마 자신이 될 수 있잖아요. 나는 못하는데요.」 제인이 내게 말했다. 「제이든의 이야기는 내 가슴을 찢는 듯했어요.」

학교 측에서는 제이든의 심리치료를 원했지만 헤일리와 제인은 제이든이 제인의 표현대로 그를 〈재교육〉시킬 사람을 만나길 원치 않았다. 그들은 〈트랜스젠더〉라는 단어를 들어본 적도 없었고 해나와 비슷한 아이들이 있다는 사실도 몰랐다. 그들은 한 지원 단체를 운영하던 예순다섯 살의 트랜스 우먼 레오나 램버트에 대해 알게 되었다. 레오나는 그녀가 다니는 메트로폴리탄 커뮤니티 교회MCC와 그 교회의 크리스티나 콜 목사에게 그들을 소개시켜 주었다. 그곳은 LGBT 즉 성적 소수자에 대해 긍정적인 교단이었다. MCC는 해나가 자신을 여자로 소개할 수 있었던 최초

---

* 미국 편의점 체인.

의 공공장소였다.

  해나가 1학년이 된 순간부터 소년처럼 행동하라는 학교의 압력이 점점 쌓여 갔다. 한편 해나의 내면에서는 여자아이로 학교에 가고 싶다는 압력이 쌓여 갔다. 레오나가 해나에게 말했다. 「지금은 너의 안전을 위해 이중생활을 하는 것이 최선이란다. 사람들이 너를 때리고 괴롭힐 거야. 그냥 그들의 기준에 맞게 행동하렴. 그리고 집에 돌아가서 원피스를 입고 텔레비전을 봐. 이 주(州)에는 너를 보호해 줄 만한 법이 없단다.」 크리스티나 콜 목사가 말했다. 「그녀는 평생토록 양보를 해야 할 거예요. 우리 모두가 그렇습니다.」 헤일리와 제인은 해나 문제를 논의하기 위해 학교에서 세 번의 미팅을 가졌다. 헤일리가 말했다. 「나는 제이든에게 말했습니다. 〈네가 보라색이라면 이 세상에서 유일한 보라색 사람이란다. 나는 너를 죽을 만큼 사랑해. 그렇지만 학교에서는 해나가 될 수 없단다.〉」 제인이 말했다. 「해나는 스스로를 괴물이라고 불렀어요. 나는 너무 속상했고 그래서 〈해나, 제발 그 단어를 쓰지 말아 주겠니? 너는 괴물이 아니야〉라고 말했어요.」

  제인의 딸은 독립해서 집을 나갔지만 아들 브라이언은 계속 그녀와 함께 살았다. 그는 이후에 반항성 장애―권위 있는 사람과의 관계에서 나타나는 기능 이상―와 중증 우울증 진단을 받았다. 열세 살이 되면서는 어머니를 상습적으로 공격하는 습관이 생겼다. 그는 마침내 자살까지 시도했고, 제인은 그의 치료를 위해 사회복지국에 연락했다. 브라이언은 사회복지사에게 어머니에 대한 불만을 털어놓았고 주 정부의 보호를 받게 되었다. 그는 어머니를 비난하면서 그녀가 남동생에게 원피스를 입으라고 부추겼다고 주장했다.

  2009년 2월 24일, 제인은 해나에게 학교 갈 준비를 시키고 있었다. 「나는 해나를 안아 주고 뽀뽀를 해준 뒤에 말했습니다. 〈학교를 마치고 나오면 깜짝 선물이 있어. 피자를 먹고 볼링을 치러 가는 거야.〉」 앞서 브라이언을 데려갔던 사회복지사가 한 시 반에 헤일리에게 전화했다. 사회복지사가 말했다. 「당신의 아이는 내가 데리고 있습니다. 재판은 화요일 아침 8시 반이에요.」 사회복지사는 학교에서 제이든을 인터뷰했고 그에게 세 가지 소원이 있다면 무슨 소원을 빌고 싶은지 물었다. 제이든이 말했다. 「내게 있는 남자 옷이 전부 여자 옷으로 변하는 것이랑, 내가 여자가 되는 것, 내 몸에서 남자인 부위가 여자의 것이 되는 거요.」 사회복지사는 헤일리와 제인이 아이를 여성이라고 〈확신하게 만든〉 증거로 이 인터뷰 내용을 제시했다. 그 서류에는 헤일리에게 여성 파트너가 있고 따라서 그녀의 아이는 〈다른 아이들보다 더 많은 혼란과 사회적 어려움에 시달리고 있다〉고 기록되어 있었다. 판사는 해나를 〈건강한 부모〉가 있는 위탁 가정에 보내라고 판결했다.

일주일이 조금 넘는 기간 동안에 헤일리와 제인은 두 아이를 잃었다. 크리스티나는 그들의 주된 조언자였다. 그녀가 내게 말했다. 「헤일리와 제인은 제대로 된 교육을 받지 못했어요. 대대로 가난한 집안 출신이죠. 아이들은 치과나 병원에 간 적도 없었고 사이즈가 맞는 신발을 신지도 못했어요. 간단한 문제가 아니에요. 하지만 그들은 자녀를 사랑하고 해나도 절대적으로 그녀의 집을 좋아해요.」 해나의 위탁 가족은 해나에게 여자 이름을 사용하거나, 여자 옷을 입는 것을 허락하지 않았고 남성적인 규범에서 벗어나는 다른 어떤 행동도 금지했다. 헤일리와 제인이 감독관과 함께 처음 해나를 방문했을 때 그녀가 말했다. 「집에 돌아가기 위해서 남자아이가 되어야 한다면 그렇게 할게요. 집에 돌아갈 수만 있다면 뭐든지 하겠어요.」

이제 해나의 문제는 캔자스 사회복지 및 재활 부서SRS에서 담당하고 있었다. 크리스티나가 내게 말했다. 「SRS는 이성 복장을 즐기는 사람과 관련해서 1950년대의 정신의학 저널을 파헤친 것 같았어요. 나는 〈그 문제는 우리가 여기에서 논의하는 상황과 아무런 관계가 없습니다〉라고 말했어요. 하지만 내게는 그다지 강한 영향력이 없어요. 그런 상황에서 그것이 얼마나 불행한 일인지 당신이 이해할 수 있을지 모르겠네요.」트랜스 혐오증은 동성애 혐오증과 영원한 불가분의 관계일 수 있다. SRS는 법정에서 계속해서 〈우리는 이 아이를 레즈비언에게 다시 돌려주지 않을 것이다〉라고 주장했다. 마침내 그들은 해나와 두 어머니에게 치료 전문가인 미아 헌츠맨을 붙여 주었다. 그들은 모두 미아를 사랑했다. 헤일리가 말했다. 「우리는 치료 시간에 해나에게 원피스를 가져다주었어요. 미아가 해나에게 그런 옷을 입어도 된다고 허락했거든요. 해나는 〈양부모가 알게 되는 거라면 입고 싶지 않아요〉라고 했어요. 그러자 미아가 말했어요. 〈내가 치료 전문가이고 지침을 정하는 것도 나란다. 네 자신의 안전을 위해서 너는 내 사무실과 집, 교회에서만 이렇게 할 수 있어. 이 세 곳에서만 네 자신이 될 수 있는 거야.〉또 다른 치료 시간에 미아가 말했다. 「네가 엄마랑 이야기하고 싶다는 거 알아. 나는 나갈 테니 엄마랑 이야기하렴.」그러자 해나가 말했다. 「싫어요, 그러지 마세요. 나는 SRS와 문제를 일으키고 싶지 않아요.」헤일리는 눈물을 감추지 못했다. 「해나는 그 정도로 겁에 질려 있어요.」그녀는 해나가 내성적으로 변했다고 자책하면서 내게 이렇게 말했다. 「해나는 날 수 있는 새와 같았어요. 아시겠어요? 자유로웠다고요. 이제는 우리하고 있을 때조차 새장에 갇혀 있는 것 같아요.」

레오나 램버트가 헤일리와 제인을 해나와의 치료 시간에 태워다 주었고 결국에는 그 자리에 참여해도 좋다는 허락을 받았다. 그녀가 말했다. 「세상에, 나도 그 나이에 그 정도로 용기가 있었으면 좋았을 거라는 생각이 들었어요. 그녀가 어머니와 떨어져 지내고 그 작은 가슴이 무너져 버린 모습을 보면서도 나는 해나와 내 입장을 바꿀 수 있었으면 하고 바랐어요.」그녀가 내게 자신의 명함을 보여 주었다. 명함에는 〈여장 남우〉라고 적혀 있었다. 그녀에게 스스로를 그렇게 생각하는 것인지 물었다. 그녀가 대답했다. 「그 정도가 내가 할 수 있는 최선이었어요. 해나는 나보다 더 잘할 수 있기를 바랍니다.」

헤일리와 제인은 해나가 야구를 하는 경기장에 가도 된다는 허락을 받았다. 헤일리가 말했다. 「야구장에 신고 갔던 내 분홍색 샌들을 해나는 무척 마음에 들어했어요. 그녀가 물었죠. 〈엄마, 피크닉 테이블까지 내가 그 신발을 신고 가도 돼요?〉 나는 그 자리에 주저앉아서 소리치고 싶었습니다. 〈어차피 신발을 신어야 하는데 우리 아이가 자기 신발 대신 내 샌들을 신는다고 해서 도대체 무엇이 해롭다는 거예요?〉 그럼에도 그들은 내게 안 된다고 했어요. 나는 그들의 말을 따라야 했고요.」 이러한 규칙들을 따르는 것이 해나가 다시 집으로 돌아올 수 있는 최선의 방법처럼 보였고 후에 그녀가 위치타에서 살아가는 데 도움이 될 수도 있었다. 하지만 그 결과는 참담했다. 헤일리가 말했다. 「치료 시간에 해나는 이중생활을 하는 데 진절머리가 난다고 했습니다. 그리고 곧바로 이렇게 말했어요. 〈하지만 내가 나쁜 사람이니까 그렇게 해야만 해요.〉」 미아 헌츠맨은 해나에게 상황에 따른 우울증 진단을 내렸다. 그 지경이 되자 헤일리는 자신이 포기할 준비가 되었으며, 어쩌면 자신과 제인이 브라이언과 해나를 다시 데려오려는 노력을 포기하고 그냥 다른 아이를 가져야 할 것 같다고 말했다. 절망감에서 나온 말이었지만 주위의 모든 사람이 충격을 받았다.

내가 헤일리와 제인을 만났을 때 해나는 7개월째 그들과 떨어져 살고 있었다. 그들은 매주 한 시간의 치료와 감독자가 입회한 두 시간의 가정 방문 동안에만 아이를 볼 수 있었다. 해나에게 전화하거나 해나가 그들에게 전화하는 일은 모두 허락되지 않았다. 마침 그날은 해나의 여덟 번째 생일이었고, 헤일리와 제인은 해나를 즐겁게 해주려고 최선을 다했다. 헤일리가 말했다. 「나는 작은 선물을 준비했어요. 그 선물을 주면서 말했어요. 〈여기 있어, 우리 아들.〉 그러자 해나가 〈엄마, 더 이상 나를 받아들이지 않는 거예요?〉라는 눈빛으로 나를 쳐다보았어요. 그리고 사회복지사가 잠깐 밖으로 나간 사이에 재빨리 내게 말했어요. 〈〈우리 딸〉〉이라는 뜻이죠?〉 나는 〈저 사람들이 주위에 있을 때는 그렇게 말할 수 없잖아〉라고 말했어요. 나 자신이 정말 무기력하게 느껴졌습니다.」 제인이 그녀에게 따졌다. 「자식에게 어떻게 그렇게 말할 수 있어? 〈그래, 여기 여기서는 네 자신이 될 수 있지만 다른 곳에서는 네 자신이 될 수 없어〉라는 말이잖아. 자식에게 어떻게 이런 혼란스러운 메시지를 보낼 수 있어?」 헤일리가 말했다. 「나는 내가 무슨 말을 해야 되고 무슨 말을 하지 말아야 할지 모르겠어요. 나에게 가장 두려운 일은 해나를 데려왔다가 다시 빼앗기는 거예요. 해나가 그녀 자신이 되면 틀림없이 해나에게나 우리에게 매우 위험할 거예요.」

부모로서 트랜스젠더 자녀를 염려하는 건 당연한 일이다. 트랜스젠더에 대한 편견은 직접 겪어보지 않는 이상 상상도 할 수 없는 수준이다. 2009년에 전국 트랜스젠더 평등 센터와 전미 게이 레즈비언 태스크포스 재단은 미국의 모든 주와 영토에서 일반인의 인구 분포와 대체로 비슷한 분포를 보이는 트랜스젠더들에 대해 광범위한 설문 조사를 벌이고 그 결과를 발표했다.[96] 설문지가 온라인으로 배포되었다는 점에서 조사가 상대적으로 특권층에게 치우친 감은 있다. 조사에 참여한 사람들 가운데 다섯 명 중 네 명은 학교에서 괴롭힘을 당하거나 육체적 또는 성적으로 폭행을 당했고, 그런 사례 중 대략 절반은 교사에 의한 것이었다. 일반인 가운데 대학 이상의 교육을 받는 사람들 숫자가 절반에도 미치지 못하는 데 반해 트랜스젠더는 90퍼센트 정도가 적어도 대학을 졸업했지만 실업률은 일반인의 두 배였다. 10명 중 한 명은 직장에서 성폭행을 당했으며, 비슷한 비율로 육체적인 폭행을 당했다. 4분의 1이 젠더 불일치로 해고된 적이 있었다. 트랜스젠더가 빈곤을 겪는 비율은 미국 전체 비율의 두 배이다. 5명 중 한 명은 집이 없었으며 그들 중 3분의 1은 쉼터에 들어가고자 했지만 그들의 젠더 문제 때문에 거부당한 적이 있었다. 3분의 1은 무례나 차별 때문에 병원 진료를 연기하거나 회피했다. 일반인의 2퍼센트가 자살을 시도하는 데 반해 트랜스 청소년은 절반 이상이 자살을 시도했다. 약물 남용과 우울증의 비율은 충격적인 수준이다. 집 없는 청소년들의 20~40퍼센트가 동성애자나 트랜스이고, 유색 인종 트랜스젠더들의 절반 이상이 길거리에서 매춘으로 생계를 유지한다.[97] 성매매를 하다가 뉴욕 퀸즈의 트랜스 아동 쉼터에서 지내는 한 청소년이 말했다. 「나는 주목받는 것이 좋아요. 사랑받는 느낌이 들거든요.」[98]

앨버트 캐논과 록산느 그린은 아들 모세가 남자답지 않다는 점을 일찍부터 인지하고 있었다.[99] 두 살 때부터 모세는 인형을 원했고 자신을 위한 장난감보다 누나 샤코나에게 어울릴 듯한 옷을 고르는 데 훨씬 관심이 많았다. 그들이 사는 시러큐스 도심 지역의 길거리는 위험할 수 있었다. 앨버트는 아들이 걱정되었지만 절대로 그를 바꾸려고 하지는 않았다. 그가 〈하느님은 내 아이들을 헷갈리셨어요. 샤코나가 모세보다 더 남자답죠〉라고 말했다. 모세는 매일 고집을 부려서 학교에 에나멜 가죽 구두를 신고 갔고 그 결과 항상 호모라고 놀림을 당하며 두들겨 맞았다. 앨버트가 말했다. 「모세는 미식축구 공을 던지고 운동장을 달릴 수 있습니다. 제발 한 번이라도 그런 모습을 보여 주면 좋겠어요! 하지만 그 아이는 그런 데 관심이 없었어요.」 모세가 열네 살이 되자 앨버트는 마침내 모세의 상태를 명확히 파악하게 되었다. 「나는 거실에서 자고 있었고 모세는 집 뒤쪽에서 여자 친구들에게 그것을 사타구니 밑으로 감추는 법을 배우고 여자처럼 보이는지 확인하고 있었어요.」

열여섯 살 때 모세는 부모에게 편지를 썼다. 「나는 이제 여자 옷만 살 거고 여자가 될래요. 이러한 현실을 인정해 줄 수 없다면 나는 죽는 수밖에 없어요.」 록산느가 모세의 방문을 두드렸다. 「내가 물었어요. 〈그것이 네가 바라는 거니? 확실한 거니? 세상에는 동성애자를 혐오하는 사람들이 많단다.〉 그가 말했어요. 〈엄마, 내가 부끄러운 거라면 내가 집을 나갈게요.〉 나는 〈절대로 너를 부끄럽게 여기지 않아〉라고 말했어요.」 앨버트는 달가워하지 않았지만 며칠 뒤에 마음이 누그러졌다. 앨버트가 설명했다. 「자신의 내면에 여성스러운 면이 없다고 말할 수 있는 사람은 아무도 없을 겁니다. 그런 사람이 있다면 그들은 자기 자신을 속이고 있는 거예요. 그럼에도 나는 아들에게 〈세상의 반응에 대응할 준비가 된 것이 확실하니?〉라고 물었어요. 모세가 대답했죠. 〈문제는 세상이 나에 대한 준비가 되었냐는 거죠.〉 나는 〈얘야, 아버지인 나부터도 너를 받아들일 준비가 되어 있지 않구나〉라고 말했습니다.」

모세는 자신의 이름을 라테이샤 라토야 케샤 그린이라고 짓고 줄여서 테이시라고 했다. 학교의 여학생들은 테이시의 옷 스타일을 몹시 좋아했다. 그녀는 갑자기 인기가 많아졌다. 여자 옷을 입기 시작한 지 일주일 만에 그녀는 공격을 당했고 심하게 두들겨 맞았다. 그러나 그녀의 결심은 시들해지지 않았다. 선도부원 중 하나는 성경에 그렇게 나와 있기 때문에 테이시가 곧장 지옥에 떨어질 거라고 주장했다. 록산느는 교장에게 전화해서 학교에서는 종교를 설파할 수 없다는 사실을 상기시켰다. 하지만 테이시는 갈수록 너무 힘들어졌고 결국 학교를 그만두었다. 그녀는 미용사로 일하면서 동시에 〈모텔 세븐〉에서 객실 청소부로도 일했다. 그녀는 활발하고 유쾌했지만 한 가지를 갈망하고 있었다. 그녀가 앨버트에게 말했다. 「아버지, 나는 완전한 여자가 되기 전까지는 절대로 행복해지지 못할 거예요.」 앨버트가 말했다. 「너는 완벽하게 여자가 되지는 못할 거야. 하지만 네가 성전환을 원하는 거라면 내가 할 수 있는 한 도와주마.」 앨버트는 따로 돈을 모으기 시작했고 유언장에도 그녀의 수술을 위한 돈이라고 명시해 두었다. 언니의 결혼식에서 신부 들러리로 서게 된 테이시는 붉은색 호박단 드레스를 입었다. 앨버트가 말했다. 「내 여동생이 신부 들러리인 자기 딸들에게 경고했습니다. 〈너희 다 큰일 났어. 테이시가 너희 모두보다 훨씬 멋진 드레스를 입고 등장할 거야.〉」

열일곱 살이 된 테이시는 비밀스러운 한 남자와 (록산느의 완곡한 표현으로) 〈이야기〉하는 것을 좋아했다. 그 남자는 테이시가 그들의 관계를 자랑했다는 이야기를 듣고 그녀의 얼굴을 칼로 그었다. 앨버트가 말했다. 「와, 테이시는 진짜 강인했어요. 겁을 먹기보다는 그를 죽이고 싶어 했죠.」 테이시는 안방 침대에서 어머니와 아버지 사이에 끼어 잠을 자고는 했다. 록산느가 말했다. 「나는 계속 그 아이를 지켜볼 수 있었고 얼굴에 부상을 입힌 그 놈과 어울리지 않는다는 것을 알 수 있었어요.」 록산느와 테이시는 끊임없이 논쟁을 벌였지만 서로를 위해서는 치열하게 싸웠다. 캐논 가족의 집은 그 지역의 트랜스 청소년을 위한 비공식적인 모임 장소가 되었다. 앨버트가 말했다. 「그 아이들은 내게 고통을 잊기 위해서 마약을 한다고 설명했어요. 그래서 내가 말했죠. 〈고통은 아무데도 가지 않는단다.〉 테이시가 마약을 하지 않은 것은 아니지만 현실을 탈출하기 위해서 마약을 사용하지는 않았습니다. 테이시의 친구들은 이 집에서 살 수도 있어요. 나는 절대로 그들을 외면하지 않을 겁니다. 그들이 앉아서 대화를 하고 싶어 한다면 내가 그들의 말을 들어 줄 겁니다.」

테이시는 그동안 몇 명의 남자들과 엮였지만 열아홉 살이 되어 무척 잘생긴 갱단원 단테 헤인즈를 만나 마침내 사랑에 빠졌다. 그녀는 곧 그를 자신의 약혼자라고 부르기 시작했다. 단테와 테이시는 2년 반 동안 사귀었다. 앨버트가 말했다. 「그렇게 해서 그는 여자로서 사랑을 경험했습니다. 적어도 당사자는 그렇게 생각했어요.」 록산느가 말했다. 「이번에는 쉬쉬하는 은밀한 연애가 아니었죠. 그들은 어디든 함께 다녔어요. 단테도 테이시를 항상 〈그녀〉라고 지칭했죠.」 테이시는 단테와 함께하는 꿈을 꾸었다. 단테가 내게 말했다. 「그녀는 내가 바보 같은 일에서 벗어나도록 해주었습니다. 그 일을 계속했다면 아마도 감옥에 갔을 겁니다. 평생 마약을 팔면서 그럭저럭 살아갈 수 있을 거라고 생각했으니까요. 그녀는 내가 얼마나 중요한 사람인지 느낄 수 있게 해주었죠.」 테이시와 단테는 헤어졌고 그녀는 부모의 집에서 지냈다. 그러다가 2008년 11월 14일 금요일에 그들은 다시 함께 살기로 결정했다. 록산느가 말했다.「그날 그녀는 너무 행복해했어요. 이번에는 관계가 오래 갈 것 같았어요.」

그날 저녁 테이시의 친구 알리사 데이비스가 마을 반대편에서 열린 파티에 그녀를 초대했다. 전에 알리사는 자신이 임신을 했지만 그 아이를 원하지 않는다고 말했었다. 그녀가 테이시에게 아이를 데려가도 된다고 했고 테이시는 그 계획이 이행되길 기대하고 있었다. 록산느에게 아기 키우는 것을 도와달라고 이미 부탁까지 해둔 상태였다. 초대를 받은 테이시는 그녀의 오빠 마크와 함께 아버지의 밴을 타고 파티 장소로 향했다. 그들은 파티에 참석한 사람들과 대체로 안면이 없었다. 테이시, 마크와 함께 학교를 다녔던 드와이트 드릴라는 젊은 남자가 밴으로 다가와 말했다.「우리는 동성애자가 여기를 얼쩡거리는 것이 싫어.」말을 마친 그는 아직 밴에 앉아 있던 마크와 테이시의 바로 앞에서 총을 발사했다. 마크는 어깨에 총을 맞았고, 테이시를 향한 총알은 가슴으로 들어가서 대동맥을 건드렸다.

마크가 내게 설명했다.「우리는 그냥 재빨리 도망쳤어요. 테이시는 가슴이 아프다고, 가슴이 아프다고 말했죠. 그녀는 〈사랑해〉라고 말하면서 자기를 병원에 데려가지 말고 집으로 데려가 달라고 했습니다.」밴이 집 앞에 도착했을 때 앨버트는 현관에 나와 있었다. 마크가 그에게 말했다.「모세가 총에 맞았어요.」그는 자동차로 뛰어가면서 911에 연락했다. 테이시의 셔츠를 열어젖히자 총알이 빠져나간 흔적이 없었다. 그는 그것이 좋지 않은 징조임을 알았다. 앨버트가 말했다.「그녀가 내게 미소를 지었어요. 나는 그녀가 살지 못할 거라는 사실을 직감했죠.」록산느가 뛰어나왔다. 그녀가 말했다.「그녀가 나를 보면서 눈빛으로 말했어요. 〈미안해, 엄마. 나 갈게.〉」

단테는 직장에서 전화로 소식을 들었다. 우리가 대화를 나눈 시점은 그 일이 일어난 지 거의 일 년이 지난 뒤였지만 단테는 자신의 손에 커다란 머리를 파묻고 어깨를 웅크리면서 여전히 괴로워했다. 그가 말했다.「나는 그날도 그녀를 보았지만 잘 가라는 인사도 하지 못했어요. 괜찮아질 거라는 사람들의 말은 거짓이었습니다.」 앨버트가 그의 어깨에 손을 얹자 단테가 고개를 들면서 말을 이어갔다. 「그녀는 솔직한 사람이었어요. 자신의 정체성을 사랑했고 자기 자신으로 살았어요.」 그는 그 사건 이후로도 계속해서 앨버트와 록산느하고 가깝게 지냈다. 「그녀를 영원히 잊지 못할 거예요. 그녀는 내가 잘되는 모습을 보고 싶어 할 겁니다. 직장에 다니고 학교에 다니길 바라겠죠. 그녀는 내가 지금 실제로 느끼는 것처럼 느끼지 않기를 바랄 겁니다. 내가 총을 맞거나 칼에 찔릴 수도 있겠죠. 나는 상관하지 않습니다. 저 위에 가면 천국에서 그녀와 함께 있을 수 있잖아요. 그녀를 다시 만날 수 있겠죠.」 앨버트가 마치 무언가를 움켜쥔 듯한 모양으로 자신의 거친 손을 내밀었다. 그가 말했다. 「그리고 내게는 아직도 그녀의 수술을 위해 모아둔 돈이 있습니다.」

드리에 대한 살인 사건 재판은 모두를 감정적으로 피폐하게 만들었다.[100] 사건의 개략적인 사실은 명확했지만 목격자들의 진술이 엇갈렸다. 증언 내용들이 서로 모순되었고 일부는 주변의 압력으로 보이는 영향력 때문에 철회되었다. 이 재판에 관여했던 트랜스젠더 법적 보호 교육 재단 TLDEF의 상임이사 마이클 실버맨은 〈금방이라도 심장마비를 일으킬 것처럼 보이는 증인들이 있었습니다. 그들은 과도한 부담과 스트레스에 시달렸죠〉라고 말했다.[101] 테이시를 죽이려고 했던 드리의 고의성이 입증되지 못하면서 그는 살인이 아닌 1급 과실치사로 유죄 선고를 받았다. 그래도 증오 범죄가 인정되어 과실치사의 최대 형량인 25년을 구형받았다. 이는 미국 전체로는 두 번째이고 뉴욕 주에서는 처음으로 트랜스젠더에 대한 살인을 증오 범죄로 처리한 사건이었다.

몇 달이 지난 뒤에도 지역의 트랜스 아이들은 여전히 앨버트와 록산느를 만나러 그들의 집을 찾았다. 내가 시러큐스에 머물던 날에도 두 명이 들러서 몇 시간 동안 있다가 돌아갔다. 앨버트가 말했다. 「나는 다른 아이들을 도울 겁니다. 테이시의 인생은 어쩌면 헛된 것이었을지도 모르지만 그녀의 죽음은 그렇지 않을 거예요.」 그들의 수수한 거실 한쪽에는 테이시의 유해가 담긴 항아리가 제단에 놓여 있었다. 항아리에는 그녀의 생몰년인 1986년 7월 4일~2008년 11월 14일이 새겨져 있었고, 제단에는 언니의 결혼식에서 붉은색 호박단 드레스를 입고 찍은 모습이, 그녀가 생전에 가장 좋아했던 사진이 함께 있었다. 록산느는 날마다 두 개의 촛불을 밝히고 초가 다 탈 때까지 놔두었다. 앨버트가 말했다. 「테이시는 집으로 와서 우리의 품 안에서 죽고 싶어 했어요. 집에서 계속 머물 수 있도록요.」 록산느가 말했다. 「나는 테이시의 유해를 가지러 갔을 때 화장된 상태 그대로 볼 수 있게 해달라고 부탁했어요. 그녀가 자신의 부츠와 함께 화장되었는지 확인하고 싶었어요. 만약 그렇게 했다면 그 자리에 금색 물질이 조금은 남아 있을 터였어요. 테이시는 아마도 자신의 부츠와 함께 화장되기를 원했을 거예요.」

테이시가 죽었을 때 샤코나는 임신 중이었고 테이시의 이름을 따서 아기의 이름을 라테이샤라고 지었다.

중도 장애 아동이나 자폐 아동, 정신분열증을 겪는 아동, 범죄를 저지르는 아이 중 상당수는 일반적인 의미에서 건강한 아이에 비해 사망할 위험이 훨씬 높다. 하지만 트랜스 자녀를 둔 부모의 경우는 독특하다. 그들은 똑같이 무서운 두 가지 가능성 사이를 오간다. 성전환을 할 수 없는 아이는 자살할 수 있는 반면 성전환한 아이는 그 때문에 살해될 수 있는 것이다. 트랜스젠더에 대한 살인 사건이 매번 대중에게 알려지는 것은 아니다. 설령 알려지더라도 그 사건이 증오 범죄였다는 상황까지 알려지지 않는 경우도 많다. 1999년 이후로 미국에서는 400명 이상의 트랜스젠더가 살해되었고, 〈트랜스젠더 추모의 날〉 단체는 살인에 관련된 증오 범죄의 발생률이 한 달에 한 건 이상이라고 설명했다. 전 세계적으로는 3일에 한 명

꼴로 트랜스젠더가 살해된다.[102]

시사 해설가들은 이 문제가 도처에 만연해 있다고 주장하고 있다. 독일의 트랜스 인권 운동가 카르슈텐 발처는 이러한 살인이 〈브라질이나 콜롬비아, 이라크처럼 일반적으로 살인율이 높은 나라들뿐만 아니라, 호주나 독일, 포르투갈, 뉴질랜드, 싱가포르, 스페인 같이 살인율이 낮은 국가에서도 발생한다〉고 썼다. 유럽연합 인권위 소속 위원 토머스 함마베르그도 포르투갈에서 살해 당한 트랜스 우먼에 대해 가슴 뭉클한 글을 썼다. 지스베르타 살세 주니어라는 그 소녀는 갱에게 강간당하고 우물에 버려져서 목숨을 잃었다.[103] 2009년 상반기 결산 자료에 따르면 그해 상반기 중 전 세계적으로 살해 당한 트랜스젠더의 7퍼센트가 미성년자였다. 성전환을 지지하는 전문가들도 공격을 받기는 마찬가지다. 노먼 스팩은 내게 자신도 살해 위협을 받은 적이 있다고 설명했다.

2011년 한 해 동안 미국만 놓고 보더라도, 그리고 트랜스에 대한 증오 범죄로 특별히 보고된 공격 사례만 고려하더라도, 트랜스에게 자행된 다음의 살인 사건 목록은 우려를 자아내기에 충분하다. 45세의 크리시 베이츠는 1월 10일 미니애폴리스에서 칼에 찔려 죽었다. 25세의 타이라 트렌트는 2월 19일 볼티모어에서 목이 졸려 사망했다. 25세의 마르칼 카메로 타이는 3월 8일에 아칸소 포레스트 시티에서 총에 맞은 뒤 숨을 거두기 직전까지 질질 끌려 다녔다. 44세의 미스 네이트 네이트(또는 네이 유진 데이비스)는 6월 13일에 휴스턴에서 총에 맞았다. 23세의 라샤이 매클린은 7월 20일 워싱턴 DC에서 총에 맞았다. 38세의 카밀라 구즈먼은 8월 1일 뉴욕 시에서 등과 목이 수차례 칼에 찔렸다. 35세의 고라브 고팔란은 9월 10일 워싱턴 DC에서 둔기에 맞아 두부 외상에 의한 지주막하 출혈로 사망했다. 19세의 셸리 힐리어드는 11월 10일 디트로이트에서 목과 사지가 절단된 채 불에 태워졌다. 참고로 그녀의 어머니는 검시실에서 까맣게 탄 시신을 살펴보면서 자신의 딸이 맞는지 확인해야 했다.[104]

앤 오하라는 미시시피의 한 작은 마을에서 자랐다.[105] 그녀의 부모는 모두 중독자였고 앤은 동생들에게 먹일 음식을 훔쳐야 했다. 앤이 당시를 회상했다. 「우리는 무척 지저분했어요. 사람들은 아예 우리에게 말을 걸려고도 하지 않았어요.」 친가와 외가를 통틀어 처음으로 고등학교를 끝까지 마친 그녀는 반에서 차석으로 졸업했고 미시시피 주립 대학 스타크빌 캠퍼스에 다녔다. 그녀는 1년 동안 자신의 차 안에서 생활했으며 패스트 푸드 가게인 서브웨이에서 일하면서 그곳 화장실에서 몸을 씻었다. 대학을 졸업하기까지 꼬박 8년이라는 세월이 걸렸지만 어쨌든 그녀는 해냈고 특수교육 자격증을 취득했다. 앤은 집으로 돌아와서 주 경계 바로 건너편에 위치한 테네시의 한 학교에서 일자리를 구했으며, 그 지역 플라스틱 공장에서 일하고 어릴 때부터 그녀와 알고 지내던 클레이와 결혼했다. 그녀가 내게 집 사진을 보여 주며 말했다. 「대단한 집은 아니지만 그래도 아버지가 손수 지은 거예요. 오직 나를 위해서 지어 주셨죠.」 앤은 테네시 시골에서 특수교육이 이루어지는 방식을 바꾸기 시작했다. 10년이 지나자 그녀는 자신이 가르치던 2학년에서 4학년까지의 모든 학생들을 과학과 사회 과목에 한해서 보통 학급에 편입시키는 데 성공했다. 일부 학생들은 비장애 학생들에게 파티 초대를 받기도 했다.

앤과 클레이는 아이를 가질 수 없었기 때문에 입양 기관에 입양을 신청했다. 앤의 아버지가 세상을 떠나던 날, 그들로부터 수백 킬로미터 떨어진 곳에서는 그녀가 존재도 모르던 세 소년이 주 정부의 보호를 받게 되었다. 마샬 카마초, 글렌 스티븐스, 케리 아다히 삼 형제는 그들의 어머니가 아동 학대로 체포될 때까지 그녀와 함께 살았다. 경찰이 발견했을 당시 세 살, 네 살, 다섯 살이던 그 아이들은 어머니의 항정신병 약물에 취해 있었다. 어머니라는 사람은 자신보다 아이들을 진정시키는 데 그 약을 이용했다. 그녀는 아이들을 기둥에 묶어 두고 오로지 시리얼만 먹였다. 주 정부는 아이들을 위탁 가정에 보내고 첫째인 마샬을 앤이 교사로 있던 학교에 입학시켰다. 앤이 말했다. 「마샬은 우리 반에 온 지 6주 만에 처음으로 자신의 가능성을 보여 주었어요. 그가 내게 알파벳 한 글자의 이름과 발음을 말한 거예요. 그래서 우리는 팝콘과 콜라로 파티를 했죠.」 팝콘 파티를 한 지 일주일 뒤에 마샬은 세 개의 알파벳 이름을 말했고 처음으로 논리적인 문장을 만들었다. 그러고는 〈파티 안 해요?〉라고 물었다. 앤은 마샬의 문제가 생물학적인 원인도 있지만 대부분은 학대의 결과라고 여겼으며 그러한 문제를 해결하기로 결심했다. 그녀는 행동 관리 전략을 모두 시도해 보기 전까지는 약물치료를 하는 것에 반대했다. 그녀가 말했다. 「마샬은 처음에 아이큐가 55에 매우 폭력적이고 말수도 적은 아이였지만 나중에는 보통의 아이큐에 읽고 쓸 줄 아는 1학년 소년이 되었습니다. 그렇지만 정서적으로는 여전히 끔찍했어요. 그래서 조울증과 ADHD 진단을 받았고 지금은 그 두 가지에 대해 약물치료를 받고 있죠.」

마샬이 앤의 반에 온 지 몇 주 되지 않았을 때였다. 그녀는 마샬의 사건을 담당하던 사회복지사로부터 그들 삼 형제가 뿔뿔이 흩어지게 될 거라는 말을 들었다. 백인 가정에서는 짙은 피부색이 두드러지는 멕시코계 혼혈 마샬과 체로키 인디언 혼혈 케리에게 관심을 보이지 않을 터였기 때문이다. 앤은 〈내가 그 아이들을 모두 데리고 있으려면 어떻게 해야 하죠?〉라고 물었다. 이튿날인 금요일에 앤은 자신이 테네시로 이사해야 된다는 사실을 알았다. 가정 위탁 보호 제도 때문에 아이들이 주(州) 밖으로 벗어날 수 없었기 때문이다. 사회복지사는 앤이 주저할 거라고 예상했지만 앤과 클레이는 월요일 오후에 곧바로 새 집을 찾았다. 2주 후에는 이사를 마쳤고 아이들을 데려와서 입양 절차를 밟기 시작했다. 앤이 말했다. 「두 살짜리 아이는 손에 잡히는 대로 반으로 찢거나 떨어뜨리거나 굴렸어요. 성하게 남아나는 것이 없었죠. 여섯 살로 나이는 많지만 화가 난 상태이던 마샬도 똑같은 행동을 했어요. 따라서 화가 모두 풀릴 때까지 그가 핥고, 만지고, 떨어뜨리고, 찢도록 놔두어야 하는 문제였어요. 꼬박 일 년이 걸렸죠. 둘째인 글렌은 자신의 몸에 있는 모든 구멍이란 구멍에 물건을 집어넣는 일에 심취해 있었고요.」 막내인 케리가 여성스러운 태도를 보였지만 그 정도는 앤에게 하찮은 걱정거리였다. 「음식 문제도 있었고, 훈육 문제도 있었고, 위생 문제도 있었어요. 나는 케리의 문제도 단순히 그런 문제들 중 하나라고 생각했죠. 하지만 다른 문제들은 해결이 되었지만 그 문제는 전혀 아니었어요. 그래서 그냥 〈케리는 게이가 되겠구나〉라고 생각했죠. 케리가 말했어요. 〈나는 여자의 목소리, 여자의 발, 여자의 손을 가졌어요. 엄마, 내 미소가 다른 여자아이들만큼 예쁘지 않아요?〉」

아이들은 각자 자신의 침대와 매트리스 아래에 무언가를 숨기고는 했다. 프라이드치킨이나 마카로니 치즈 같은 것이 없어지면 앤은 아이들의 방에 가서 찾아왔다. 하지만 없어진 것이 음식이 아닌 경우에는 그냥 놔두었다. 앤은 케리가 종종 사촌들 집에서 여자 물건을 훔쳐 와서 숨겨 두는 것을 눈치로 알고 있었다. 그녀가 말했다. 「그런 물건들을 가져온다고 아이를 비난할 수는 없었어요. 그래서 이렇게 말했죠. 〈알리시아가 이러이러한 물건을 잃어버렸는데 그 물건들을 다시 찾으면 정말 좋겠다고 하더구나.〉 그리고 며칠 뒤면 알리시아의 집에 물건이 돌아가 있었어요. 케리는 다른 사람들을 슬프게 하고 싶지 않았어요. 단지 예쁜 물건을 원했을 뿐이죠.」 학교에서는 다른 아이들이 케리를 괴롭혔다. 그는 2학년 때부터 숙제를 하지 않았다. 앤이 말했다. 「내가 해줄 수 있는 일이 없었어요. 작년에 학기가 끝나기 한 달 전쯤 케리가 작은 무릎을 세워 턱을 괴고는 현관에 앉아서 들판을 내다보고 있었어요. 〈내가 여자였으면 좋겠어〉라고 혼잣말을 하더군요.」

앤은 지역의 몇몇 심리학자들에게 전화를 해본 뒤에 녹스빌에 있는 트랜스젠더 인권 운동가이자 치료 전문가인 달린 핑크를 찾아갔다. 달린이 케리가 성 정체성 장애라고 진단하자 앤은 꼬박 이틀 동안 이 주제에 대해 조사했다. 앤이 말했다. 「조사를 마친 뒤에 우리는 월마트에 가서 옷, 가방, 가짜 액세서리, 바비 인형, 여러 색깔의 립글로스를 샀어요. 그녀는 무척 신이 났죠. 그다음 문제는 〈나는 이름을 바꾸고 싶어요〉였어요. 맨 처음에 후보로 나온 이름은 펄이었어요. 〈스펀지 밥〉에 나오는 이름이었죠. 내가 그 이름은 안 된다고 했어요. 결국 우리는 켈리로 합의를 보았죠.」변화는 뚜렷했다. 「그녀는 내가 그토록 키우고 싶어 하던 아이였어요. 자신의 모습에 편안해하는 행복한 아이요.」

클레이는 화가 났다. 그는 2주 가까이 켈리의 포옹을 거부했다. 그리고 여든 살이던 아버지에게 자신의 상황을 설명했다. 클레이의 아버지는 〈켈리나 앤, 네 자신을 탓하지 말거라. 그런 일들이 일어나더구나. TV에서 본 적 있다〉고 그를 타일렀다. 그날 밤 클레이는 켈리를 안아 주었다. 그러나 앤의 어머니는 그 아이를 미시시피로 다시 데려올 생각은 하지도 말라고 했고 앤의 여동생은 그녀와 더 이상 말을 하지 않았다. 「하지만 그 부분에는 보다 복잡한 문제가 있었어요.」앤이 말했다. 「동생은 동네에서 존중받기 위해 정말 열심히 노력해야 했어요. 사람들에게 〈네가 그 더럽고 가난한 아이였지〉라는 말을 듣지 않기 위해서요. 켈리의 존재는 그녀를 가십과 조롱거리로 만들 수 있었죠.」

앤은 자신의 상황을 설명하기 위해 교장에게 갔다. 앤이 말했다. 「나는 이미 두 명의 선생님들과 이야기를 했었어요. 내가 30분 동안 설명하자 그들도 수긍했죠.」그녀는 자신감이 생겼고 사랑받는다고 느꼈다. 「우리 동네에서는 사람들이 우리 집에 모여 함께 저녁을 먹기도 하고, 우리 아이들을 생일 파티에 초대하기도 했습니다. 나는 같은 블록에 살던 사람들과 친했고 교회도 다녔어요. 진심으로 우리가 이 지역사회의 일원이라고 생각했어요. 그런데 알고 보니 나는 이 사회의 진정한 모습을 전혀 몰랐더군요.」

앤이 학교에서 교장을 만난 바로 다음날부터 전화가 걸려오기 시작했다. 그녀가 말했다. 「내가 모르는 목소리들이었어요. 그들은 켈리의 내장을 뽑아 버리겠다고 했어요. 또 그녀의 성기를 잘라서 그녀가 그토록 되고 싶어 하는 여자로 만들어 주겠다고 했어요. 학교나 주차장에서 그녀를 납치할 거라며 다시는 그녀를 볼 수 없을 거라고 협박했죠. 어떤 사람들은 그녀를 똑바로 키우라고 했고 어떤 사람들은 그녀를 죽이겠다고 했습니다.」 그녀는 어찌해야 할 바를 몰랐다. 앤이 말했다. 「퀼리는 여덟 살이었어요. 반에서 키가 가장 작은 아이였죠.」 그녀는 KKK단에 대해서 그다지 생각해 본 적이 없었다. 그들은 일 년에 한 번씩 마을의 주 광장에서 대규모 퍼레이드 같은 집회를 열었다. 「나는 그들이 독특한 옷차림을 한 바보 무리라고 생각했습니다. 하지만 그들이 그런 일들을 조종하고 있다는 것이 밝혀졌어요.」 다음날 앤이 학교에 들어가려고 하자 10년 동안 알고 지내던 관리인이 그녀를 저지했다. 그녀의 소아과 주치의가 자신의 사무실에서 잠깐 보자고 했다. 앤이 말했다. 「그는 침례교회에서 온 다른 사람들과 함께 컨트리클럽 수영장 주위에 앉아 있었어요. 그가 말하더군요. 〈사람들은 당신과 퀼리를 해칠지, 말지에 대해 이야기하는 게 아닙니다. 그들은 언제, 어떻게, 무엇을 사용해서 그렇게 할지를 계획하고 있어요. 아이를 다른 위탁 가정으로 보내야 해요. 그렇게 하지 않으면 그 아이는 다음 학기까지 살아남지 못할 겁니다.〉」 그녀는 크게 동요했다. 집에 가서 엽총을 장전하고 잠도 문 앞에서 잤다. 「이웃 사람들이 내 휴대전화로 상황을 알려줬어요. 〈앤, 당신 집 앞에 어떤 사람들이 차를 세웠어요. 그 사람들이 울타리 너머로 당신 집을 기웃거리고 있어요.〉 물론 이웃들은 아직 모르고 있었죠. 하지만 소문을 듣고 난 뒤로는 그런 전화도 오지 않았습니다.」

앤은 온라인으로 모린이라는 한 어머니를 만났다. 그녀는 자신이 사는 남부의 큰 도시에서는 상황이 보다 낫다고 말했다. 앤은 그곳이 다른 어느 곳 못지않게 좋은 목적지라고 판단했다. 그녀는 온라인으로 팔 수 있는 집기들을 최대한 처분했다. 모린이 그녀에게 트레일러를 임대할 수 있도록 보증금을 내주겠다고 제안했다. 앤이 말했다. 「나는 내가 무장했다는 사실을 알렸습니다. 그리고 우리 집 현관에 발을 디디면 누구를 막론하고 죽이겠다고 했어요. 그 와중에도 협박 전화는 계속되었고 나는 그들에게 말했어요. 〈우리는 당신들에게 위협적인 존재가 아니에요. 우리는 곧 떠날 거예요.〉 나는 차에 최대한 많은 짐을 싣고서 아이들을 태워 그곳을 떠났어요. 짐은 모두 잘 실었지만 개를 데리고 가기에는 자리가 부족했어요.」 클레이는 계속 직장에 다녀야 했기 때문에 집에 남았다. 며칠 뒤 퇴근해서 집에 온 그는 사람들이 내장을 꺼내고 울타리에 못으로 박아 걸어둔 개를 발견했다. 앤이 말했다. 「그들이 한 짓은 우리에게 다시는 돌아오지 말라는 메시지였어요. 우리는 절대로 돌아가지 않을 겁니다. 내가 자랐던 마을을 다시는 볼 수 없겠죠. 어머니나 여동생도 다시는 볼 수 없을 겁니다.」

앤이 이 모든 이야기를 하면서 흐느끼기 시작했다. 약간 몸을 떨면서 그녀가 말했다. 「나는 열네 살 때 내가 레즈비언이라는 사실을 알았어요. 그리고 21년 동안 그 사실을 혼자서만 알고 있었죠. 나는 집과 가족, 교회를 비롯해서 내게 중요한 모든 것을 지키고, 그들과 어울리고, 그들이 원하는 사람이 되기 위해서 결혼까지 했어요. 진정한 나 자신의 모습으로 사는 문제는 그 모든 것을 포기할 정도로 가치 있는 일이 아니었어요. 나는 거짓으로 사는 편이 더 좋았어요. 하지만 켈리를 위해 그 모든 것을 한 달 만에 포기했죠. 내게는 그녀가 그 정도로 중요했어요. 나는 이틀 전에 클레이에게 커밍아웃을 했습니다.」 그녀는 혹시라도 클레이가 그녀와 그녀의 레즈비언스러운 방식이 켈리에게 이런 상황을 초래했다고 비난할까 봐 두려웠다. 하지만 정작 클레이는 앤이 그가 좋은 아버지가 아니라서 이런 일이 생겼다고 생각할까 봐 걱정하고 있었다. 앤이 말했다. 「결국 우리 두 사람 중 누구의 잘못도 아니라는 것이 핵심이었어요. 그는 이렇게만 말했어요. 〈그래, 이제야 많은 것이 설명되는군.〉 우리는 그 어느 때보다 좋은 친구가 되었습니다.」 앤이 창밖을 바라보았다. 「사람에 대한 우선순위가 이렇게 변하다니 참 우습죠. 나는 이 행복한 작은 소녀를 얻었어요. 순식간에 아버지가 내게 지어 준 집은 하나도 중요하지 않게 되었죠. 오해하지는 마세요. 나는 지금도 그 집이 그리워요. 하지만 아이가 스쿨버스에서 내릴 때 그 행복한 작은 얼굴을 보면 바로 그 순간에 온 세상을 다 가질 수 있답니다. 나는 딱 한 가지를 포기하지 않았고 그 한 가지는 그만한 가치가 있었어요.」

일상생활은 여전히 힘들었다. 처음 일주일 동안 앤은 아이들을 밖에 나가지 못하게 했다. 혹시라도 그들을 미행한 사람이 있을지 몰랐기 때문이다. 그녀는 우리가 만났을 때도 아이들에게 그녀가 볼 수 있는 곳에 있으라고 했다. 교사직을 구하려면 추천서가 필요했지만 그녀는 새로운 동네의 어느 누구도 이전에 살던 동네 사람들과 접촉하는 것을 원치 않았기 때문에 교육 분야에 계속 종사할 수 없었다. 한편으로는 아이들이 켈리의 정체를 밝히지 않도록 조치를 취해야만 했다. 마샬과 글렌은 그 모든 비밀을 어떻게 다 지킬 수 있을지 모르겠다고, 사람들이 물어 보면 어떻게 하냐고 투덜거렸다. 그러자 앤은 연습을 하자고 제안했다. 그녀는 아이들에게 트레일러 문 쪽에 바짝 붙어 앉아서 대기하라고 이야기한 다음에 밖으로 나갔다. 그리고 몇 분 뒤에 문을 활짝 열고 들어와서는 이렇게 말했다. 「안녕, 얘들아. 나는 앤 오하라야. 나는 질이 있단다.」 아이들이 하나같이 비명을 지르면서 도망쳤다. 그녀의 예상대로였다. 그녀가 아이들에게 말했다. 「아무도 그런 이야기를 듣고 싶어 하지 않아. 그런 이야기는 비밀이 아니야. 지극히 개인적인 거지. 켈리의 신체 구조도 마찬가지야.」

클레이가 계속 공장에서 근무하는 한 그들은 아이들의 약물치료에 드는 비용을 보험료로 충당할 수 있었다. 하지만 보험료를 제외한 그의 월급은 모두 그가 테네시에서 생활하는 데 사용되었다. 앤은 잔디 깎는 기계와 사륜차 세일즈로 버는 돈과 특별한 도움이 필요한 아이를 입양함으로써 받는 지원금으로 생활했다. 그녀가 말했다. 「우리는 한 달에 약 1,900달러를 받아요. 트레일러에서 사는 데 드는 돈이 임대료와 각종 공공요금을 포함해서 한 달에 900달러예요. 일주일에 식료품 사는 데 100달러, 연료비로 25달러 정도를 사용하죠. 우리는 튜나 헬퍼, 완두콩 수프, 베이글, 요구르트를 많이 먹어요. 처음에 나는 아침에 일어나서 아이들에게 학교 갈 준비를 시켜 스쿨버스에 태워 보낸 다음 다시 잠을 잤어요. 아이들이 집에 도착하기 전에 시간 맞춰 일어나서 샤워를 했죠. 나는 아이들이 잘 때까지 놀아주고 숙제를 봐준 다음에 잠자리에 들었어요. 지금은 예전보다 깨어 있는 시간이 더 많기는 하지만 아직 커튼을 달거나 집을 꾸미지는 않았어요. 그럴 기운이 없어요.」

앤은 지금 사는 곳에서 일이 어그러질 경우를 대비해서 또 다른 안전한 장소를 물색해 두었다. 어떻게 이동하고, 무엇을 할지 꼼꼼하게 계획도 세워 놓고 있었다. 그녀에게 교사로 일하는 데 필요한 추천서를 제출하지 못하는 이유를 학교 관리자에게 설명해 보라고 제안했다. 그녀가 말했다. 「나는 우리 아이가 누군가에게 자신이 트랜스젠더라고 스스로 말하기 전까지는 주유소에서 일할 거예요.」 스쿨버스가 올 시간이 되어 그녀와 나는 트레일러 공원을 통과해 걸어 올라갔다. 활기찬 세 명의 아이들이 버스에서 폴짝 뛰어내려 앤에게 달려와 안겼다. 방금 전까지 눈물을 자아내는 긴 이야기를 들려주었던 앤은 그대로 그곳에 서서 아이들의 팔에 둘러싸였다. 그녀의 얼굴에 웃음이 번졌다.

그날 저녁에 그녀가 말했다. 「나는 이 문제를 슬퍼하느라 내 딸을 덜 사랑하거나 하지는 않습니다. 하지만 어머니와 여동생이 그리워요. 아버지의 묘소도 그곳에 있고요. 나로서는 다른 사람들이 아버지 묘소에 꽃을 가져다 두길 바랄 수밖에 없죠. 내가 기르던 개와 학생들도 보고 싶어요. 그곳에 남겨 두고 온 이 모든 것들에 아직도 구애되는 데 정말 죄책감을 느껴요. 그냥 잊는 게 상책이죠. 그렇지만 우리 삶을 앗아 가 버린 사람들에게 너무 화가 나요.」 그때 앤이 도저히 참을 수 없다는 듯이 다시 미소를 지었다. 「자녀가 있는 부모는 마냥 슬퍼하고 있을 수가 없어요. 부모는 그 아이들이 자신에게 어떤 의미인지 깨닫고 아이들은 부모의 가슴 속으로 들어오죠. 아이들이 스쿨버스에서 내리는 그 순간이 내게는 최고의 순간 중 하나예요. 아이들이 아침에 일어나서 내게 뛰어들 때도 그런 순간 중 하나죠. 그래서 후회하냐고요? 아니에요. 물론 예전의 삶에 있던 것들이 그리워요. 하지만 이런 일이 일어날 줄 미리 알았더라도 여전히 켈리를 입양했을 거예요. 나는 운이 좋은 사람입니다. 솔직히 켈리가 내 인생에 들어오지 않았더라면 나 역시 이렇게 크고 아름다운 세상에 들어오지 못했을 테니까요. 당신과 그 밖의 멋진 사람들을 많이 만난 바로 이 세상에 말이에요. 그리고 앞으로 족히 20년은 더 남자와 결혼한 상태였겠죠. 요컨대 당신도 지금 보고 있듯이 켈리는 내 인생에 내가 그녀에게 되돌려 줄 수 있는 것보다 훨씬 커다란 축복을 안겨 주었습니다.」

1990년에 주디스 버틀러는 젠더에 두 가지 성별만이 존재한다는 생각을 뒤흔든 책 『젠더 트러블 Gender Trouble』을 출간했다. 1999년에 다시 쓴 서문에서 그녀는 이렇게 말했다. 「〈가능성을 여는 행동〉이 궁극적으로 무슨 소용이냐고 의문을 제기할 수 있다. 하지만 〈불가능〉한 것, 즉 명료하지 않고 이해할 수 없으며 비현실적이고 불법적인 존재로 세상을 산다는 것이 어떤 것인지 이해하는 사람들은 누구도 그와 같은 질문을 하지 않는다.」[106] 책이 출간된 지 20년이 지난 지금, 이러한 가능성은 버틀러가 희망했던 것보다도 넓게 열려 있다. 미국 중서부 지역의 대학 교수인 친구가 가르치던 학생 중 한 명은 자신의 첫 아이 이름을 에이버리라고 지을 계획이라고 자진해서 말했다. 「나는 에이버리가 좋은 것 같아요. 중성적인 이름이니까 아이가 나중에 타고난 성별과 다른 성별을 갖게 되더라도 계속해서 그 이름을 쓸 수 있잖아요.」 노먼 스팩도 비슷한 대화를 언급하면서 이를 바탕으로 《《남들과 다른 사람들이 뒤처지지 않는》 새로운 시대〉라고 칭했다. 젠더에 관한 가벼운 대화는 예전보다 훨씬 더 흔한 일이 되었다.

메이어-발부르그는 〈트랜스젠더리즘이 어느 정도는 유행처럼 되었다〉고 주장했다. 메이어-발부르그의 주장은 나의 경험과도 일치한다. 내가 대학 캠퍼스에서 만난 학생들은 혁명적인 감정을 표현하거나 자신의 개성을 어필하기 위해서 스스로를 젠더퀴어라고 정의했다. 그들은 자신의 젠더에 대해 유동적인 입장이었지만 성별 불쾌감은 보이지 않았다. 문화적인 측면에서는 이런 현상이 중요할 수 있다. 하지만 자신의 출생 성별에서 진정한 자아를 찾지 못하는 사람들의 상황과는 공통점이 매우 적었다.

미셸 앤절로는 그녀의 열 살짜리 환자가 〈나는 내가 남자라는 사실을 알아요. 하지만 남자아이들이 갖고 노는 장난감이 싫어요. 학교에 갈 때를 제외하고는 남자 옷도 싫고요〉라고 말했다고 했다. 그 아이의 친구들은 대부분 여자아이였다. 앤절로가 그 아이에게 〈어른이 되면 너는 어떤 모습이 될 거 같니?〉라고 물었다. 그는 〈아마도 때로는 여자인 것이 좋고 때로는 남자인 것이 좋은 아버지가 되겠죠〉라고 대답했다. 앤절로의 설명이다. 「그 아이의 경우는 아홉 살짜리 소년이 들어와서 〈커서 엄마가 되고 싶어요〉라고 이야기하는 것과는 엄청나게 달라요.」 앤절로의 환자 같은 아이들은 관습을 초월해서 자신의 모습을 상상한다. 한때는 그 같은 상상에 문제가 제기되었지만 이제는 관습이 재평가되고 있다.

소속감은 삶을 견딜 수 있게 해주는 요소 중 하나이고, 이분법적인 세상에서 양쪽을 모두 거부하는 선택은 그 같은 선택을 한 당사자를 힘들게 만들 수 있다. 다양한 문제를 가진 아이들을 만나는 한 치료 전문가는 내게 왼손잡이보다 양손잡이가 훨씬 더 힘들다고 말했다. 때로는 별스러움이 하나의 태도가 될 수 있고, 그로 인해 반대 집단 속에 존재하는 보다 작은 집단의 일원이 될 수 있다. 하지만 대체로 젠더퀴어가 멋져 보여서 별스럽게 행동하는 것이 아니라 양분된 기준이나 스펙트럼에 맞지 않기 때문에 그렇게 되는 것이다. 그리고 이러한 경험은 소속감을 초월하여 보다 넓은 시야를 제공한다.

2009년에 브리짓 맥코트를 만났을 때 그녀의 아들 맷은 일곱 살 반이었고 3년째 여자아이처럼 옷을 입고 있었다.[107] 길고 아름다운 금발을 가진 맷은 명백하게 소년다운 태도를 보였다. 굿윌 아울렛에서 처음으로 그가 원하는 원피스를 사주면서 브리짓은 단순히 분장을 위한 것이겠거니 생각했다. 하지만 맷의 생각은 달랐다. 그리고 몇 주 뒤에 가을 옷을 살 시기가 되었다. 브리짓이 말했다. 「나는 맷에게 어떤 옷을 살지 결정하도록 했어요. 그는 초지일관 여아복 코너에 가서 여자 옷을 원했죠. 나는 속으로 생각했어요. 〈앞으로도 매번 이런 옷을 사겠구나.〉 맷은 비교적 분명하게 자신을 남자라고 말해요. 자신의 몸을 편안해하지만 여자 옷이나 물건들을 좋아하는 거예요. 그 아이는 그 때문에 자신에게 어떤 꼬리표가 붙는 것을 싫어해요. 나는 그에게 〈맷, 누군가가 내게 바지를 입지 못하게 한다면 나는 무척 불편하게 느낄 거야. 너도 원피스에 대해 그와 똑같이 느낄 거라고 생각하고 그래서 엄마는 너의 행동을 이해할 수 있어〉.」

자신의 성별에 대한 고정관념에는 부합하지 않지만 그럼에도 성 정체성은 자신의 성별과 일치하는 사람에게는 명확한 행로가 없다. 내가 맷을 만났을 때 그는 원피스를 입은 머리가 긴 소년처럼 보였다. 나이 든 트랜스젠더들이 자신의 젠더로 융화되지 못한 모습을 보면 슬퍼 보인다. 예컨대 나는 원피스를 입었지만 중년 남자처럼 보이는 사람을 볼 때마다 마음이 아팠다. 하지만 어린아이의 경우에는 마치 자신이 상상하던 모습 그대로의 존재가 되듯이 신기할 정도로 완벽하게 융화되었다. 브리짓이 말했다. 「한동안 맷에게는 사람들이 그가 남자라는 사실을 알도록 하는 것이 중요한 문제였어요. 공원이라도 가면 맷은 다른 아이들을 내게 데려와서 이렇게 말하고는 했어요. 〈엄마, 이 아이들에게 이야기 좀 해줘요.〉 이제는 단순히 5분 정도 만나는 사람이 그를 〈그녀〉라고 지칭하는 정도는 그냥 내버려 두는 편이 더 편하다는 것을 알게 되었죠.」 나는 혹시 브리짓이 맷의 육체적인 안전에 대해 걱정하는지 궁금했다. 그러자 그녀는 〈그가 자기 자신의 모습으로 살아갈 수 있다는 자신감을 잃게 될까 봐 더 걱정이에요. 내게는 그 아이가 움츠러드는 모습을 지켜보는 것이 더 고통스러울 거예요〉라고 말했다.

트랜스 아동이 세상의 규범과 이루는 타협과 세상이 트랜스 아동의 규범과 이루는 타협 사이에는 불변에 가까운 긴장이 존재한다.[108] 니콜 오스만은 그녀의 딸 안네케를 데리고 그 지역 쇼핑몰에 산타클로스를 보러 가면서 걱정이 앞섰다. 산타가 안네케를 남자아이로 불러도 속상할 테지만, 그가 그녀의 이름을 보고서 여자아이 장난감을 약속하면 상황이 더 나빠질 터였기 때문이다. 니콜은 안네케에게 어떤 문제가 있을 수 있는지 설명하려고 했지만 안네케가 말했다. 「산타 할아버지는 내가 누구인지, 내가 무엇을 좋아하는지 다 알아요.」 니콜은 벌써부터 엉망이 될 크리스마스가 눈에 선했다. 그때 사람들이 기다리는 동안 그들을 즐겁게 해주는 요정을 발견했다. 그녀는 그 요정을 한쪽으로 데려가서 산타에게 메시지를 전해 달라고 부탁했다. 안네케가 여자아이고 남자아이 장난감을 원한다고 설명했다. 니콜이 씁쓸하게 웃으며 내게 말했다. 「당신이 인터뷰한 사람들 중에 요정에게 뇌물을 주어야 했던 사람이 또 있었나요?」

네 살이 되자 안네케는 머리를 짧게 자르고 싶어 했다. 니콜이 보브 단발을 제안했지만 안네케는 아버지와 같은 스포츠머리를 원했다. 사람들이 그녀를 남자아이로 착각하기 시작했다. 니콜은 사람들의 착각이 안네케를 속상하게 만들까 봐 걱정했지만 안네케는 니콜이 사람들의 착각을 정정해 주는 것이 속상했다. 학교에서 안네케는 여자아이들에게 따돌림을 당했다. 그녀가 트럭 장난감을 가지고 놀고 축구에 관심이 많았기 때문이다. 동시에 여자라는 이유로 남자아이들에게도 따돌림을 당했다. 아버지 벤은 그녀가 걱정이 되었다. 그가 말했다. 「아무도 그녀와 함께 놀려고 하지 않았기 때문에 나는 축구공을 가지고 쉬는 시간에 그녀를 찾아가고는 했어요. 우리가 축구를 시작하면 아이들이 하나둘씩 게임에 동참했죠. 내가 은 근슬쩍 빠져도 곧 모두가 안네케와 놀고 싶어 했죠.」 니콜이 말했다. 「안 네케에게 말했어요. 〈엄마는 다리를 면도하지 않고 화장도 하지 않아. 나 는 그런 공주 같은 여자가 아니란다. 세상에는 운동을 잘하는 정말 놀랍고 멋진 여자들이 있어. 그들은 축구를 좋아하지. 그럼에도 진짜로 큰 실수가 있었고 자신이 사실은 남자로 태어났어야 했다고 느끼는 여자는 별로 없 단다.〉 긴 침묵이 이어졌습니다. 나는 안네케가 〈나도 그런 멋진 여자 중 하나예요〉라고 말해 주기를 완전히 기대하고 있었어요. 그리고 마침내 안 네케가 말했죠. 〈나는 큰 실수가 있었다고 생각해요.〉」

내가 안네케를 만났을 때 그녀는 열두 살 반이었다. 외양은 남성적이 었지만 스스로를 여성이라고 여기고 있었다. 안네케는 아이스하키에서 자 신의 재능을 발견했다. 그녀가 말했다. 「나는 하키를 할 때 나 자신이 더 남성적으로 느껴져요. 하지만 학교에서는 여자로 느껴질 때가 더 많아요. 남자아이들은 이상하거든요. 나는 남자와 여자의 특징을 마음대로 골라 서 갖고 싶어요. 요즘에는 테스토스테론을 복용하는 문제를 고민해요. 여 자아이들과 하키를 하고 여자로 남고 싶은 마음에는 변함이 없지만 지금 보다 낮은 목소리를 갖고 싶어요. 그냥 생각 중이에요.」 안네케는 성전환 을 한다거나 남자로 살고 싶어 하지는 않았지만 마찬가지로 가슴이 나오 는 것도 바라지 않았고 그래서 루프론을 투약하고 있었다. 「나는 주사를 맞는다고 친구들에게 아주 솔직하게 이야기해요. 따라서 사춘기나 그 비 슷한 어떤 방황도 겪지 않을 거예요.」

니콜과 벤은 늘 어느 정도 비정통적인 방식을 고수했다. 예컨대 니콜 이 풀타임으로 일하는 동안 벤이 집에서 안네케와 그녀의 여동생을 돌보 는 식이다. 니콜이 말했다. 「우리는 그런 식의 역할 분담을 많이 해왔습니 다. 그러나 유동성을 유지하는 데는 어려움도 많아요. 안네케는 때로는 여 자 화장실에 가고 때로는 남자 화장실에 갑니다. 그런 행동은 규범에서 아주 벗어난 일이죠.」안네케가 말했다. 「사람은 모두 제각각이에요, 그렇지 않아요? 어떤 사람은 스케이트보드를 타고 미국을 횡단할 수 있고, 또 어떤 사람은 쉬지 않고 30분씩 수영을 할 수 있어요. 그들이 남들과 다른 점이에요. 나는 성별이 유동적이라서 다른 것이고요. 인생이 축구라면 나는 골키퍼가 아니에요. 미드필더죠. 나는 나이고 그것이 바로 나예요.」

비키와 쳇 피어설 부부가 아들을 데리고 외출하면 사람들은 보통 그를 여자아이라고 생각했다.[109] 비키가 말했다. 「아이의 아버지는 전미 대표 축구선수이자 전문적인 스키 선수예요. 하지만 휴는 공을 좋아한 적이 없어요. 두 살 때는 내 빨간색 하이힐을 신고, 수건을 머리카락처럼 머리에 얹고, 인도 여성들이 입는 사리처럼 걸칠 수 있는 것들을 가장 좋아했어요.」 휴가 자라면서 쳇은 한계를 정하고자 했다. 휴에게 여자아이처럼 옷을 입고는 외출할 수 없다고 말했다. 휴가 이유를 묻자 쳇은 〈너한테는 페니스가 있잖아〉라고 설명했다. 그러자 휴가 〈그럼, 그것을 없애 버릴래요〉라고 말했다. 쳇은 기겁했다. 비키는 성별을 바꾸고 싶어 하는 아이들 대부분이 자신의 몸을 좋아하지 않는다는 글을 읽었고 그렇게 알고 있었다. 하지만 휴는 그렇지 않았다. 비키가 말했다. 「휴는 자신이 누구보다 스타일리시한 사람이라고 생각했어요.」 비키와 쳇은 매월 모임을 갖는 지원 단체에 등록했다. 「어떤 아버지는 완전히 무너져서 울음을 터뜨렸고 아들의 손에서 바비 인형을 빼앗아 머리를 떼어 버렸다고 말했어요. 모임에 참가한 사람들은 하나같이 자녀 때문에 정말 독특한 경험을 했다고 생각했지만 그들이 겪은 일들은 아주 교과서적인 사례였어요. 아이들이 정확히 똑같은 행동 패턴을 보였거든요.」 비키의 관심은 아들이 트라우마를 겪지 않도록 예방하는 데 있었다. 「나는 모임에 나와 이야기하는 트랜스젠더들에게 항상 이렇게 물었어요. 〈부모님에게 어떤 말을 듣고 싶었나요?〉 그러면 그들은 흐느끼기 시작했어요. 그들이 겪은 잔인함은 정말 놀라웠어요.」

휴는 여덟 살이 되자 자신을 바라보는 다른 사람들의 시선을 의식하기 시작했다. 비키가 말했다. 「휴는 자신의 행동을 아주 많이 수정하기 시작했어요. 그는 행복한 아이였지만 지극히 외로움을 느꼈던 시기도 있었어요. 특히 4학년에서 6학년 때까지요.」 휴는 열 살 때 보석 가게를 차렸다. 준보석을 취급했고 자신의 작품을 판매할 수 있는 온라인 시장도 금방 찾아냈다. 그리고 채 2년도 되지 않아서 핸드백 디자인 사업도 시작했다. 비키가 말했다. 「열두 살 무렵 이후로 휴는 내면의 자신이 그에게 보내는 신호를 명확히 알아요. 그 신호는 〈한번 해보자〉라고 말하는 대신 〈나는 지금 내가 무슨 일을 하고 있는지 알아〉라고 이야기하죠. 남편은 휴가 사람들에게 맞을까 봐 걱정했어요. 그래서 그 아이가 열 살 때 태권도 학원에 등록시켰고 올해 5월에는 검은 띠를 딸 예정이에요.」 휴는 중학교 3학년 때 학교를 옮기려고 여러 곳에 지원서를 제출했고 면접을 보러 갈 때마다 서류를 어떤 가방에 가져갈지 어머니와 상의했다. 서류 가방처럼 보이는 가방을 가져갈 때도 있었고 보다 캐주얼한 가방을 가져갈 때도 있었다. 한번은 핑크색 프라다 서류 가방을 고른 적도 있었다. 그리고 그 학교로부터 입학 허가를 받았다.

내가 비키를 만났을 때 휴는 열네 살이었고 키가 180센티미터 정도였다. 그는 여전히 여자라고 오해받고 있었다. 그의 몸짓 언어와 비스듬한 머리의 기울기 때문이었다. 비키는 성전환 수술 자체가 달갑지 않았지만 아들이 수술을 하겠다고 하면 지지할 생각이었다. 하지만 휴는 수술에 전혀 관심을 보이지 않았다. 부모가 같이 공놀이를 해주었다고 해서 휴가 운동을 좋아하는 남자아이로 바뀌지 않았던 것과 마찬가지로, 전통적인 성 역할에서 벗어난 휴를 부모가 인정했다고 해서 그것이 성전환에 대한 강요로 이어지지는 않았다. 비키가 말했다. 「휴가 어렸을 때 나는 그런 부분을 알지 못했어요. 우리가 정말로 알아야 했던 것은 우리 아이의 정체성이 더이상 우리가 누구인지 말해 주지 않는다는 것이었어요.」

긍정 심리학 분야의 창시자 중 한 명인 에미 워너Emmy Werner는 성 역할 및 회복탄력성과 성 역할의 관계에 대해 많은 글을 썼으며, 회복탄력성을 가진 아이들이 하나같이 전통적인 성 역할에 구애받지 않는다는 사실을 발견했다. 「회복탄력성이 있는 남자아이들은 자기주장이 무척 강하기도 하지만 울어야 할 때는 기꺼이 눈물을 흘린다. 또한 회복탄력성이 있는 여자아이들은 다른 사람을 보살피고 배려하기도 하지만 동시에 매우 독립적이고 자율적이다. 전통적인 성 역할에 충실한 양육은 인생의 돌발 사태에 직면했을 때 그다지 도움이 되지 않을 수 있다.」[110]

젠더 세계에서는 2년 전까지도 진보적이었던 정책이 오늘날에는 보수적이 된다. 브릴이 오클랜드의 한 어머니를 예로 들었다. 그 어머니는 트랜스젠더 학생들을 포용하려는 학교의 정책이 젠더가 유동적인 아이들에 대한 우려를 명확하게 반영하지 않는다면서 불만을 제기했다. 실제로 이런 식의 진전을 불편하게 여기는 트랜스젠더들도 있다. 르네 리처즈는 1970년대에 성전환을 한 이후로 여자 프로 테니스 경기에 출전할 권리를 획득하기 위해 투쟁을 벌여 왔다. 그녀는 〈하느님은 우리를 이 땅에 보내면서 성별 다양성을 갖도록 하지 않았다. 나는 자신의 젠더를 실험하는 아이들이 마음에 들지 않는다〉고 말한 다음 〈나는 트랜스젠더가 중간에 있는 존재, 예컨대 제3의 성 혹은 비현실적인 별난 미치광이가 되는 것을 바라지 않는다〉고 덧붙였다.[111] 리처즈는 다른 사람들이 트랜스가 되길 원하는 방식이 아닌 그녀가 트랜스가 된 방식으로만 트랜스가 되도록 하느님이 허락했다고 확신하면서 창조주와의 믿기 어려운 친밀감을 보여 준다. 2011년에 배우 저스틴 비비안 본드는 자신이 수술 없이 성전환을 하고 있다고 설명했다. 「나는 내게 있는 페니스가 좋고 앞으로도 계속 가지고 있을 것입니다. 그럼에도 몸을 트랜스젠더화시키고 있어요. 내 몸에 대한 신체검사 기록과 더불어 내가 트랜스젠더라는 의료 기록을 만들어 가고 있죠. 이일은 천성 대 양육의 문제가 아닙니다. 천성을 양육하는 문제이지요.」[112]

엘리엇 루드는 그가 아직 에마이던 시절에도 여성인 자신의 몸을 싫어하지 않았고, 호르몬 치료와 수술을 받지 못하면 자살하려고 생각한 적도 없었다.[113] 요컨대 당시에도 남성적인 레즈비언으로 행복하게 살았다. 이후에 남자가 되었지만 특별히 더 남자답게 변하지도 않았다. 엘리엇은 남성과 여성의 장점을 두루 지녔고 성전환으로 그러한 장점이 크게 달라지지도 않았다. 그냥 성전환을 하는 편이 더 논리적이라고 생각해서 성전환을 한 듯 보였다. 성 정체성 장애라는 정신병 진단에도 불구하고 그는 자신의 성전환을 명확한 정체성을 찾는 기회로 받아들였다.

에마와 그녀의 이란성 쌍둥이 케이트는 오리건 주 포틀랜드에서 자랐다. 어머니 조애나는 가벼운 관계에서 그들 자매를 임신했지만 아기를 낳아서 기르기로 했다. 에마는 자신이 레즈비언이라고 커밍아웃을 했다. 그녀는 넥타이를 좋아했고 짧은 머리를 고수했다. 160센티미터의 키에 단단하게는 아니지만 적당하게 가슴을 동여맨 그녀는 대개 남자로 여겨졌다. 그녀는 열다섯 살에 대학에 입학했다. 어머니 조애나가 말했다. 「그녀가 자신의 동족을 찾고 있다는 것을 알았지만 나는 여자이던 그녀가 그리웠어요. 어떤 면에서는 젠더가 불일치하는 아이보다 재능이 너무 많은 아이를 키우는 것이 더 힘들었어요.」

대학 졸업식에서 에마는 어머니와 여동생에게 자신이 트랜스라고 밝혔다. 가족들이 모두 모인 자리에서 조애나가 당시의 일을 회상하며 말했다. 「너는 〈혹시 내가 괴물이 아닐까〉라는 생각으로 괴로워하는 것 같았단다. 너는 정말 멋진 레즈비언이었어. 잘하고 있었지. 네가 그 문제로 매우 슬퍼해서 나는 무척 걱정했단다.」 엘리엇이 회상했다. 「나는 〈내가 정말 트랜스일까?〉라고 계속해서 자문했어요. 보통 이런 경우에 사람들은 자신을 마냥 비참하게 느낀다고 했어요. 하지만 나는 그렇지 않았죠. 마지막으로 치료사는 〈행복해지기 위한 선택을 하면서 마냥 비참해야 할 필요는 없어요〉라고 말했어요.」 2005년 여름에 스무 살의 엘리엇은 뉴욕으로 이사했고 사람들에게 자신의 새로운 이름과 대명사를 써 달라고 부탁했다. 그는 자신을 남성으로 소개하고 컬럼비아 대학교 사회복지대학 도서관에서 일자리를 구했다. 2006년 4월에 그는 가슴 수술을 원했다. 그의 어머니는 비용의 절반을 대주겠다고 했고 이를 위해 자동차를 담보로 재융자를 받았다. 대부분의 트랜스 맨이 성별 논란을 잠재우기 위해 수염을 기르듯 엘리엇도 수염을 길렀다. 그가 말했다. 「테스토스테론을 복용하면서 감정적, 정신적인 변화가 생겼지만 어떤 변화가 전적으로 호르몬 때문인지, 아니면 심리적인 원인 때문인지 판단하기 어려웠어요. 나는 인내심이 약간 줄었고 그래서 포기가 빨라졌어요. 집중력도 조금 떨어졌고 언어능력도 감소했죠. 성전환을 함으로써 내가 이전에 내 몸을 얼마나 좋아하지 않았는지 깨달았습니다. 성전환은 정말로 두 번째 사춘기였어요. 나는 첫 번째 사춘기의 끝에서 바로 두 번째 사춘기를 맞이해서 매우 운이 좋았다고 생각해요. 첫 번째 사춘기를 후회하지 않아요. 그 경험이 나를 풍요롭게 해주었으니까요.」 그가 잠시 생각에 잠겼다. 「내가 훨씬 예전에 살았고 그래서 성전환을 고려하는 것 자체가 굉장히 어려운 일이었다면 나는 성전환을 하지 않았을 거예요. 변하고자 하는 욕망은 내가 선택한 것이 아니에요. 나는 그 욕망에 따라 행동하기로 선택했을 뿐이죠. 사람들은 암에 걸렸을 때 화학요법을 받을지 말지 결정해요. 우울증에 걸렸을 때 항우울제를 복용할지 말지 선택하죠. 어떤 선택을 하든 그들이 암이나 극단적인 슬픔을 아파하지 않는다는 뜻은 아니잖아요.」

엘리엇은 이름을 바꾸기 위해 뉴욕 시 민사 법원을 찾았다. 원래는 간단한 개명 절차였지만 〈젠더를 판결〉하고 싶지 않았던 판사가 그의 요청을 기각했다. 법적으로는 채권자를 피하거나 전과 기록에서 벗어나려는 경우에만 개명이 거부될 수 있다. 엘리엇이 말했다. 「사람들은 아무 때나 법원에 가서 〈버니 슈퍼스타〉 같은 이름으로도 개명을 해요. 나도 에마에서 엘리엇으로 이름을 바꾸고자 했을 뿐이에요.」 판사는 엘리엇에게 성별을 변경했다는 의학적 증거를 요구했다. 자료는 제출할 수 있었지만 엘리엇은 그 같은 요구를 받은 것에 화가 났다. 마침내 미국 자유 인권 협회ACLU에서 이 사건을 맡았고 그 판사는 엘리엇으로 이름을 변경해 주었다.

엘리엇이 자랄 때 곁에 없었던 아버지는 항상 여자보다 남자들과 잘 어울렸고 엘리엇의 눈에는 딸보다 아들을 선호하는 듯 보였다. 엘리엇이 말했다. 「아버지는 자신이 여느 아버지들처럼 아들에게 〈밖에 나가서 아무나 임신시키지 말거라〉라는 식의 조언을 늘어놓을 자격이 있다고 생각해요. 실제로도 그렇게 말했고요. 물론 농담이었죠. 그렇다고 해도 약간 이상했어요.」 조애나가 말했다. 「부모님은 내게 그다지 많은 도움을 주지 않았어요. 스스로 알아서 했죠. 어쨌거나 내게 나 자신으로 살아갈 능력이 있었다는 건 행운이었어요. 마찬가지로 자신의 모습으로 살아갈 능력을 가진 아이를 낳은 것도 운이 좋았죠.」 엘리엇은 자신의 정체성이 트랜스인지 그냥 남자인지를 두고 고민했다. 「어떤 사람들은 자신을 소개할 때 〈나는 남자이고 성전환을 한 이력이 있습니다〉라고 말해요. 반전의 매력이 있는 멋진 표현이죠. 내게는 2년째 사귀는 여자 친구가 있습니다. 그녀는 과거에 남자를 사귄 적도 있지만 여자를 사귄 적도 있어요. 우리 사이에는 그녀가 〈레즈비언 식〉이라고 부르는 요소들이 존재하는데, 그녀는 레즈비언 방식에 익숙한 남자 친구를 사귀는 자기가 무척 운이 좋은 것 같다고 말합니다. 우리 두 사람은 자신이 이성애자가 아니라는 생각이 강해요. 그래서 비록 내가 남자고 그녀가 여자지만 우리 관계는 보통의 이성애자들과 같지 않습니다.」 나중에 그는 내게 보낸 편지에서 〈성전환을 함으로써 내 성별이 많이 변했다고 생각하지 않아요. 나는 이전부터 오랫동안 그래 왔듯이 약간 남자답지 못한 남자일 뿐입니다〉라고 말했다.

그들 모두가 유일하게 후회하는 것은 엘리엇이 아이를 낳을 수 없게 된 사실이다. 조애나는 해마를 가족의 상징으로 삼았다. 수컷 해마는 육아낭에서 새끼가 충분히 자라도록 품고 있다가 며칠 동안 지속되기도 하는 산고 끝에 출산을 하기 때문이다. 엘리엇의 쌍둥이 형제 케이트가 내게 편지를 보냈다. 「엘리엇은 자신이 아버지가 되는 상상을 가능하게 해준 바로 그 치료 때문에 불임이 되었어요. 그래서 우리는 과학이 그를 해마처럼 만들어 줄 날을 기다립니다.」[114] 불임은 성전환에 수반되는 가장 비싼 대가일 것이다. 내가 만난 트랜스젠더들 중 상당수는 아이를 갖고 싶다는 소망을 내비쳤다. 그러나 대부분의 트랜스 맨은 자신이 임신한다는 생각 자체를 혐오했고 대부분의 트랜스 우먼은 임신이 불가능한 그들의 몸을 한탄했다. 그들은 확정된 자신의 성별로 아이를 갖고 싶어 했지만 그런 일이 가능하기에는 현재의 과학기술이 한참 부족하다. 다른 문제들만큼이나 불임 문제도 성전환의 한계를 실감케 했다.

성전환 초기에 엘리엇은 자신의 블로그에 이런 글을 올렸다. 「나는 때때로 나인 남자 — 엘리엇 — 가 저 바깥 어딘가에서 내가 그를 찾아 주기를, 내가 나 자신이 되는 법을 알아내기를 기다리고 있다는 생각이 든다. 모든 것이 불안정하게 느껴져서 불안하다. 어디에서 이정표를 찾아야 할지 모르겠다. 그를 절대 찾아내지 못할까 봐 걱정된다. 하지만 내게 정말 소중한 어떤 이가 언젠가 말했다. 〈괜찮아. 너는 강해. 그리고 엘리엇이라고? 그가 너를 찾을 거야.〉」[115]

국제올림픽위원회IOC는 오랫동안 운동선수들에게 성별 검사를 받도록 요구하고 있다. 처음에 사용된 방법은 신체검사였고 이후에 호르몬 수치 측정, 그다음으로 염색체 검사가 도입되었다. 이러한 검사를 뒷받침하는 논리는 분명하다. 테스토스테론이 육체를 강화하는 까닭에 남성과 여성이 운동 경기에서 따로 경쟁을 펼치지 않으면 우승은 거의 남성들의 차지가 될 것이다. 그럼에도 검사 자체에는 모순과 문제가 많다.

2009년 남아프리카공화국의 육상 선수 카스터 세메냐는 세계 육상 선수권대회IAAF 여자 800m 경기에서 우승한 뒤에 성별 검사를 받았다.

국제 육상경기 연맹IAAF은 그녀가 〈희귀한 의학적 상태〉이며 불공평한 이점을 가졌을 수 있다고 주장했다. 검사 결과 세메냐는 자궁과 난소 대신 몸 안에 고환을 가지고 있었으며 테스토스테론 수치가 유전적인 여성의 평균 수치보다 세 배나 높았다.[116] 이 논쟁의 여파로 IOC는 남성호르몬이 과다한 여성이 경기에서 실격될 수 있다고 밝혔다. 그러나 수치가 개인마다 매우 상이하기 때문에 여성에게 정상적인 남성호르몬 수치가 있다는 발상은 허구에 불과하다. 따라서 IOC에서는 전문가 집단이 모든 의혹을 검토하되 엄격하게 비밀을 유지한 채 각각의 사례별로 재결하도록 규정하고 있다. 이 같은 최근의 논쟁이 있기 이전에도 IOC 의무 분과 위원장 아르네 융크비스트는 〈남성과 여성을 구별 수 있는 과학적으로 타당하며 실험을 통해 증명된 기술은 없다〉[117]고 주장했다. 세메냐는 자신의 굴욕적인 시련에 대해 〈하느님은 지금 내가 존재하는 방식으로 나를 만드셨다. 나는 그런 나 자신을 받아들인다〉고 말했다.[118]

인권변호사 섀넌 민터는 법정에서 보내는 대부분의 시간을 존재론적인 질문은 피하면서 그가 변호하는 사람들의 인간적인 이야기에 초점을 맞춘다.[119] 〈칸타라스 대 칸타라스〉 사건에서 민터는 아내와 이혼소송을 하던 한 트랜스 맨의 변호를 맡았다. 그의 부인은 남자로서 남편의 합법성과 그에 따른 결혼의 적법성을 공격하면서 그의 합법적인 부모 자격에 이의를 제기했다. 플로리다 주 정부는 동성 결혼이나 입양을 허용하지 않는다. 남성으로 완전히 동화된 삶을 살던 마이클 칸타라스는 사건이 법정 TV 채널을 통해 방송되면서 잔인하게 노출되었다. 이성애자이며 공화당에서 임명된 고령의 판사가 사건 심리를 위해 은퇴 생활 중에 불려 왔다. 민터는 마이클의 부모를 증인으로 불렀고 판사의 생각이 하루하루 변해 가는 과정을 지켜보았다. 민터가 회상했다. 「마이클의 어머니는 〈과거에도 그랬지만 누가 마이클을 《그녀》라고 부르면 나는 너무 가슴이 아픕니다〉라고 말했어요. 그녀는 판사가 전적으로 공감할 만한 여성이었죠. 그래서 그는 마이클을 다시는 그녀라고 부르지 않았습니다.」 마침내 판사는 다음과 같이 판결했다. 「성전환증은 최고의 존중과 연민을 받을 만한 엄청나게 복잡하고 어려운 문제이다. 법원이 가장 기본적인 결혼할 권리를 더 이상 거부하는 것은 헌법상의 권리를 침해하고 인간으로서의 그들을 비하하는 행위다.」[120]

민터는 젠더가 법률적인 개념으로서 무의미한 사회를 건설하는 것이 젠더 인권 운동가들의 공통된 과제라고 생각한다. 그가 말했다. 「이 문제가 해결되지 않는 한 이외의 모든 것이 가능해지더라도 상당한 모순이 뒤따를 것입니다. 인종으로 사람을 분류하는 합리적인 방식이란 존재하지 않습니다. 하물며 과학적으로 타당한 방식은 더더욱 존재하지 않죠. 대법원도 인정한 사실이에요. 우리는 출생증명서에 인종을 기입하지 않아요. 인종은 자기 인식 행동에서나 의미가 있을 뿐 더 이상 법적으로 유의미한 범주가 아닙니다. 젠더도 그렇게 되어야 합니다.」 민터는 아예 성 구분 자체를 폐지하려던 구시대적인 페미니스트의 이상과 이 문제를 혼동하지 말아야 한다고 덧붙였다. 「사람들은 자신의 성에 매우 애착을 느낍니다. 나도 그렇고요. 그리고 이러한 애착은 종교와 매우 흡사합니다. 정부가 사람들의 종교를 규정할 수 있다고 생각하면 충격적일 것입니다. 정부가 누군가의 젠더를 규정할 수 있다는 발상도 마찬가지로 충격적으로 받아들여져야 합니다.」 이 문제에 대한 민터의 투지는 개인사에서 비롯되었다. 50대 남성으로 탁월한 성취를 이루었고 폭넓은 인간관계를 유지했음에도 그는 이렇게 말했다. 「아버지는 세상을 떠나기 일주일 전에 사람들에게 나를 처음으로 자신의 〈아들〉이라고 소개했습니다. 그 일은 지금까지 내가 겪었던 다른 어떤 일보다 의미가 있었어요.」

장애에 대해 살펴보면서 나는 모든 인류가 다 사람은 아니라는 피터 싱어의 우생학적인 발상과 반복해서 부닥쳤다. 트랜스 연구에서는 모든 남성이 남성의 신체를 가진 것은 아니라는 진보적인 발상과 맞닥뜨렸다. 싱어와 트랜스 지지자들은 스펙트럼의 양 극단에 위치한 것처럼 보이지만 어떤 차원에서는 동일한 주장을 펼친다. 즉 사회적 관습의 변화와 과학의 발전으로 우리가 인간 사회의 기본적인 구성 원칙에 의문을 제기하게 된다는 것이다. 창세기는 세상이 범주별로 창조되었다고 설명한다. 하느님은 풀과 나무를 맨 먼저 만들고 다음으로 고래와 물고기, 그다음에 가금류와 새, 그리고 가축과 기어 다니는 생명체와 짐승, 마지막으로 그 모든 것들을 다스릴 인간을 만들었다. 성경은 〈하느님이 남자와 여자를 창조하셨다〉[121]고 말한다. 위대한 창조 이야기에서 인간과 동물은 절대로 서로 침범할 수 없는 범주를 차지하고 남자와 여자도 마찬가지다. 21세기에는 새로운 주장들이 만연해 있다. 어떤 인간은 사람이 아니고, 어떤 사람은 인간이 아니며, 어떤 남자는 여자이고, 어떤 여자는 남자이고, 어떤 인간은 사람이지만 남자도 여자도 아니다. 세계화는 민족적 정체성을 흐릿하게 만들었으며 서로 다른 인종 간의 결혼은 인종적 정체성을 위태롭게 하고 있다. 우리는 그동안 늘 그래 왔듯이 범주와 집단으로 분류하기를 좋아한다. 그리고 이제 그러한 범주와 집단이 우리가 절대로 침범할 수 없다고 여겼던 것과 다르다고 밝혀지고, 우리가 절대로 상상하지 못했던 새로운 범주나 집단이 등장하고 있을 뿐이다.

캐럴과 로런 맥케로 부부가 서로를 처음 만난 것은 캐럴이 미스 텍사스 2위로 선발되고 로런이 포트워스 외곽 지역에서 안과 전문의 훈련 과정을 마쳤을 때였다.[122] 결혼 후에 그들은 로런의 고향인 몬태나 주 헬레나에 보금자리를 꾸몄다. 그들은 아이를 갖지 못할 거라고 생각했기 때문에 아들 마크를 입양했다. 그러나 마크를 집으로 데려올 즈음에 캐럴이 나중에 킴이 된 폴을 임신했다. 그리고 이후 2년 정도 지나서 또 다른 아들 토드를 낳았다. 마크는 행동에 문제가 있었다. 캐럴이 회상했다. 「학교에서 전화가 오면 항상 둘 중 하나였어요. 폴이 학업이나 운동으로 상을 받거나 마크가 정학을 당했다는 이야기였죠.」 모든 걱정이 마크에게 쏠린 사이에 폴은 젠더 문제로 남모르는 고민에 빠져 있었다. 킴이 그때를 떠올렸다. 「열 살 때였어요. 나는 신문 배달을 했죠. 아주 이른 시간이었고 나를 보는 사람이 아무도 없을 거라고 생각해서 종종 여자 옷을 입은 채로 신문을 배달했어요. 하지만 얼마 뒤에 여자 옷을 모두 버리고, 어떤 초자연적인 힘으로 나를 내가 아는 어떤 누구하고도 다르게 만들려고 하는 이 욕구를 없애 달라고 기도했습니다.」

폴은 뛰어난 운동선수로 성장했고 고등학교 미식축구 팀에서 쿼터백을 맡았다. 킴이 말했다. 「정상인이 되고, 다른 생각을 하지 못하도록 뇌를 차단하려면 그 방법밖에 없었어요. 자신의 몸을 불편하게 느낄 경우 그 몸을 통제하길 원하게 되고 스포츠는 그렇게 할 수 있는 정말 좋은 방법입니다.」 폴은 헬레나 고등학교에서 반장과 졸업생 대표를 맡았고 투표에서도 가장 성공할 것 같은 학생으로 뽑혔다. 킴이 말했다. 「나는 프랑스어로 〈되다 만 예술가〉라고 말할 때의 〈되다 만manqué〉이라는 표현을 알고 있었어요. 〈네가 잘 알기만 했더라면〉이라는 뜻이니까 딱 나를 위한 표현이었죠.」

폴은 버클리로 진학했고 3학년이던 1988년은 해외에서 보냈다. 킴이 말했다. 「다른 사람들은 모두 피렌체나 파리로 가지만 나는 노르웨이로 갔습니다. 길고 어두운 겨울에 숨어서 사무엘 베케트을 읽고, 블랙베리 차를 마셨지만 밥은 먹지 않으려고 했어요. 나는 계속 생각했어요. 〈이 짓을 멈춰야지.〉 두어 달 그런 생각을 하다 보니 오히려 〈멈출 수 없어〉가 되더군요.」 어떤 사람들은 자신이 성전환한 정확한 날짜를 대기도 한다. 하지만 킴은 자신의 성전환이 1989년부터 1996년 사이에 이루어졌다고 말했다. 그녀는 샌프란시스코로 이사했고 되도록이면 예전 친구와 가족을 만나지 않았다. 동생 토드만이 그녀가 이전의 삶에서부터 아는 유일한 사람이었다. 토드는 커밍아웃한 게이였다. 그는 성격이 털털하고 이렇다 할 극적인 사건 없이 커밍아웃을 했다. 그러나 킴은 그런 그와도 적당한 거리를 유지했다. 〈킴〉은 그녀가 생각할 수 있는 가장 일반적인 이름이었고 새 출발을 위해 성도 예전의 중간 이름이었던 리드로 바꾸었다. 그럼에도 킴은 자신이 어색하고 인위적인 느낌이 들었다. 그녀는 5년이 지난 시점부터 호르몬 치료를 시작했다. 「내가 누구인지 확신이 들지 않았어요.」 킴이 말했다. 「심지어 젠더가 맞는 출구인지도 확실하지가 않았어요. 수술은 몹시 복잡하고, 비용도 정말 많이 들고, 끔찍할 정도로 고독한 과정이에요. 실제로 소요되는 시간만으로도 힘이 들죠.」 오늘날 킴은 무척 자연스러운 여성성을 보여 준다. 한번은 그녀와 만나고 있을 때 어떤 사람이 다가와 물었다. 「친구가 성전환을 고민하고 있거든요. 당신은 정말 편안해 보이는데 어떻게 지금 같은 여성스러운 행동을 익혔나요?」 킴이 대답했다. 「성전환을 하고 있을 때 나는 내가 행동하는 방식을 지나치게 의식했어요. 하지만 그런 부분을 의식하지 않으면서 비로소 진정한 내가 되기 시작했죠.」

1995년 겨울에 캐럴의 여동생 낸이 대장암 진단을 받았다. 가족에게는 여전히 폴이었던 킴은 이모에게 가끔 전화를 했고, 어머니와 통화를 하기도 했지만 거의 5년 동안 서로를 만나지 않고 있었다. 하지만 낸이 죽었을 때 캐럴은 폴이 장례식에 참석하길 바랐다. 킴은 운구를 맡았다. 그녀는 일 년 이상 호르몬을 투여하고 있었고 가족의 요구를 들어 줄 만한 일이라고는 머리를 묶는 것뿐이었다. 캐럴이 말했다. 「물론 장례식이기는 했지만 그는 〈너무〉 슬퍼 보였어요. 나는 그때까지도 몰랐어요. 한 달 후에 폴이 전화해서 물었어요. 〈엄마는 어릴 때 내가 내 성 정체성을 편안하게 생각하는지 한 번이라도 궁금하게 여긴 적이 있어요?〉 나는 〈네가 특별한 아이라고 생각했지〉라고 말했어요. 그러자 폴이 말했어요. 〈나는 여자처럼 옷을 입고 있었어요.〉」 캐럴은 혼란스러웠다. 「너무 슬펐어요. 그가 겪고 있던 그 모든 고통을 나는 짐작조차 못했어요.」 킴이 그녀에게 한 무더기의 의학 자료를 보내 주었다. 캐럴이 말했다. 「하지만 나는 어떤 팸플릿도 읽을 필요가 없었어요. 이미 이런 생각이 있었거든요. 〈나는 내 아이를 사랑해. 그 아이가 똑똑하고 배려심이 많고 유머 감각이 넘치는 사람이라는 사실에는 변함이 없어.〉 내가 알고 싶은 것은 〈그래서 이제 행복하니? 편안하니?〉가 전부였어요.」 그럼에도 그녀는 남편인 로런에게 이야기할 것이 걱정이었다.

언젠가 킴이 말했다. 「성전환 수술을 하고 나자 평생을 입고 있던 잠수복에서 빠져나온 느낌이 들었어요. 마치 방금 몸이 깨어난 듯한 그 엄청난 흥분과 촉감을 상상해 보세요. 하지만 나는 이처럼 새로워진 모습으로는 집에 갈 수 없다는 생각이 들었어요. 그래서 몬태나와 연관된 모든 것을 없애기 시작했어요. 당시에는 그렇게 함으로써 내가 얼마나 처참하게 슬퍼질지 몰랐어요. 그런 슬픔을 상쇄하기 위해서 나는 고향을 정말로 돌아갈 필요가 없는 곳으로 만들기 시작했어요.」 로런이 킴의 소식을 알게 된 이후에도 킴의 타지 생활은 계속되었고, 로런을 제외한 다른 가족들은 계속 모른 채로 지냈다. 킴의 오빠인 마크는 교통사고를 당해서 외상성 뇌손상을 입은 상태였고 그 때문에 이전에 그랬던 것보다 한층 더 이상한 행동을 보였다. 킴은 마크의 반응이 두려웠다. 그녀가 말했다. 「마크에게 말해야 한다고 생각했지만 그가 내게 상처를 줄 것만 같았어요. 스스로가 너무나 나약하게 느껴졌어요.」 캐럴이 말했다. 「마크는 〈폴의 소식을 다시 들을 수 있기나 한 건가요?〉라고 물었고 그의 궁금증은 갈수록 더해 갔어요. 상황이 점점 더 악화되었죠. 하지만 킴은 〈마크가 알게 되면 몬태나의 모든 사람들이 알게 될 거예요. 나는 아직 그럴 준비가 되어 있지 않아요〉 라고 말했어요. 킴이 옳았습니다. 마크는 폴에게 원하는 것이 있었거든요. 예컨대 그는 이렇게 말하고 싶어 했어요. 〈그러게, 알고 보니 적어도 너보다는 내가 정상이구나.〉」

로런은 의대에 다닐 때 간염에 걸렸었다. 그리고 킴이 자신의 모습을 찾아가는 동안 로런은 병세가 악화되고 있었다. 간이식 대기자 명단에 이름을 올려 두었지만 62세인 그에게 우선순위가 주어지지는 않았다. 2003

년 여름에 그는 자녀들을 한 명씩 방문하기로 결심했다. 킴은 뉴욕에서 살고 있었고, 부모에게 자신이 레즈비언이며 클레어 존스라는 여자와 교제를 시작했다고 말했다. 캐럴과 로런은 뉴욕에 도착한 그날 저녁에 킴과 클레어와 함께 저녁 식사를 했다. 캐럴이 말했다. 「모든 일에서 행복감을 느끼기 시작했어요. 클레어를 처음 만난 순간부터 그녀가 마음에 들었어요. 킴이 계속 혼자일까 봐 무척 걱정했었거든요. 클레어가 모퉁이를 돌아서 사라지는 모습을 보면서 나는 안도의 한숨을 내쉬었습니다.」

몇 개월 뒤에 로런이 쓰러졌고 치료를 위해 항공 편으로 긴급하게 덴버로 이송되었다. 킴은 즉시 비행기를 타고 부모에게 갔다. 그녀가 병원에 도착한 지 몇 시간 만에 아버지는 세상을 떠났다. 그녀의 다른 형제들은 아직 콜로라도로 오는 교통편을 알아보는 중이었다. 킴은 막 비행기에 탑승하려던 마크와 전화 통화를 할 수 있었다. 「내가 그동안 연락이 없었지? 이 문제를 어떻게 해야 할지 몰랐어. 하지만 이제 아버지가 돌아가셔서 우리가 다 같이 만나야 되잖아. 그 전에 나에 대해 알아야 할 것이 있어.」 덴버 공항에서 킴은 마크에게 자신의 명함을 주면서 말했다. 「여기 내 전화번호야. 언제든 전화해.」 그때 캐럴이 울기 시작했다. 로런 때문이 아니라 킴과 마크가 다시 이야기를 하고 있었기 때문이다. 그들 가족이 모두 그곳에 모여 있었다. 낯선 도시에 와 있었지만 그곳에 온 이유도 잃어버린 채 수년 만에 가장 화목한 모습이었다. 그날 늦게 캐럴과 킴, 마크, 토드는 자동차를 이용해서 몬태나로 출발했다. 그 긴 여정 동안 킴은 마크와의 관계를 다시 확인했고 쉴 새 없이 쏟아지는 그의 질문에 대답했다. 마크는 당황스러워했지만 모질게 굴지는 않았다. 와이오밍의 평원을 가로지르는 동안 휴대전화가 터질 때마다 킴은 친척 어른들과 사촌들에게 전화를 했다. 킴이 회상했다. 「아버지가 돌아가셨다는 소식에 그들은 크게 동요했어요. 나는 뒤이어 내 소식을 전했고 그들은 〈네가 돌아와서 기쁘구나〉라고 말했어요.」

캐럴은 헬레나의 지인들을 초대해서 다과회를 열기로 했다. 그들이 킴에 대한 이야기를 퍼뜨리면 장례식에서 따로 그 문제를 언급할 필요가 없을 터였다. 킴이 말했다. 「어머니는, 오 배려심 깊은 어머니에게 축복을, 그냥 그렇게 해야 한다고 생각했어요. 사람들도 그다지 충격을 받지는 않았어요. 아버지가 돌아가신 일 때문에 마음이 너그러워져서 다들 친절한 상태였거든요.」 다과회를 하는 동안 킴은 클레어를 마중하러 공항에 나가 있었다. 캐럴은 교회의 남자 목사와 19명의 여자들을 초대했고 킴의 성전환에 대해 간략하게 설명한 다음 이렇게 말했다. 「나는 예전의 그 아이와 지금의 그 아이에게 어떠한 도움도 주지 못했습니다. 하지만 그 아이는 내 책임이에요. 그리고 그 아이는 훌륭한 사람입니다. 나는 그녀를 사랑해요. 여러분이 어떤 부분을 더 알아야 할지 모르겠지만 내가 알아야할 것은 그것이 전부예요.」 손님들이 그녀의 이야기를 이해하는 사이 잠깐의 침묵이 흘렀고 잠시 후에 누군가가 〈아멘〉이라고 말했다. 그러자 캐럴이 말했다. 「여러분에게 지금 이야기하고 나면 남은 주말 동안 다시는 이 이야기를 꺼내지 않을 생각이에요. 로런을 위한 예배와 그의 삶을 추모하는 데 집중할 겁니다.」 내가 만났던 다른 많은 가족들과 달리 캐럴은 지역사회의 증오와 맞닥뜨리지 않았다. 그럴 수 있었던 이유를 묻자 그녀가 말했다. 「그때까지 우리가 살아 온 방식 덕분인 것 같아요.」 그러자 킴이 덧붙였다. 「아버지였다면 어머니가 한 것처럼 정면으로 돌파하지 않았을 거예요. 아버지라면 절대로 다과회 같은 것을 하지 않았을 거예요. 하지만 아버지도 다과회를 했을 때처럼 일이 해결되도록 어떻게든 했을 거예요. 아버지는 자신이 조금씩 움직여서 모든 것이 제자리를 찾게 했을 터이고 자신의 방식에 만족했을 거예요.」

다과회에 초대된 손님들 중에는 슈 오리어리도 있었다. 그녀의 아들 팀은 어릴 때 폴과 가장 가까운 친구였고 장례식에 참석하고자 마을에 와 있었다. 킴이 말했다. 「장례식장에서 고인과 대면하는 시간이 있었는데 내 소식을 전해 들은 친구들도 모두 그 자리에 참석할 터였어요. 나는 그 시간을 온전히 아버지를 위한 시간으로 만들고 싶다는 이유로 장례식장에 가지 않겠다고 말했어요. 사실은 겁을 먹고 있었죠. 그런데 내가 알아채기도 전에 팀과 고등학교 때, 특히 풋볼 팀에서 내가 알고 지내던 녀석들이 우리 집 현관문을 열고 들어왔어요. 그들은 겨드랑이에 맥주 상자를 끼고 있었죠. 그들 틈에서 프랭크 메이요라는 녀석이 말했어요. 〈맞아, 예전에 꿈에서 이런 장면을 본 적이 있어. 우리가 전부 살찌고 머리가 벗겨지고 나이를 먹었었지. 그때도 너는 여자였어.〉 그곳은 내가 자랐던 거실이었고 소파에 앉아 있던 클레어가 싸구려 맥주를 급하게 마셨는데 집 밖에는 차갑게 보관하려고 눈 속에 둔 맥주가 몇 박스 더 있었어요. 프랭크 이 녀석이 클레어에게 팔을 둘렀고 친구들이 웃음을 터뜨렸죠. 나는 속으로 〈이 문제가 잘 해결되겠네〉라는 생각을 했습니다.」

이튿날 장례식이 열렸다. 캐럴이 회상했다. 「나는 성경 학교를 전혀 다니지 않았어요. 그래도 누구나 아는 성경 구절이 있죠. 〈하느님이 세상을 이처럼 사랑하사 그를 믿는 자마다 누구든지 멸망하지 않고 영생을 얻으리라〉라는 요한복음 3장 16절이요. 〈누구든지〉라는 구절이 정말 마음에 와 닿았습니다. 장례식 당일에도 그 구절에 의지했죠. 그리고 사람들이 〈토드랑 마크는 보이는데 폴이 보이지 않는군요〉라고 물으면 그들에게 다과회에 왔던 친구들 이름을 알려 주면서 그들에게 가 보라고 했어요.」

며칠 후 클레어와 함께 집으로 돌아가는 동안 킴은 그해 가을에 열리는 제20회 고등학교 동창회부터 시작되는 다큐멘터리를 제작하기로 결심했다. 초등학교 때 한 학년을 유급해서 같은 반으로 졸업한 마크도 동창회에 참석하기로 했다. 그렇게 만들어진 「돌아온 탕아들Prodigal Sons」은 킴이 지리학적인 사회에서 정체성의 사회로 떠나는 여정과 마크의 뇌 손상 악화, 그리고 그 과정에서 가족들이 받은 엄청난 압박감, 형제들에 대한 킴의 복잡하고 양면적인 사랑에 대한 기록이다. 이 다큐멘터리 영화에는 마크와 토드와 함께 지낸 킴의 어린 시절이 담겨 있고, 그녀가 아직 폴이고 쿼터백이었을 때 그의 아버지가 촬영한 영상도 포함되어 있다. 영화 도입부에 등장하는 마크의 머리 부상은 그 때문에 감각이 과거에 고착된 그가 뒤만 돌아본다는 사실을, 반대로 킴의 성전환은 그녀가 앞만 바라본다는 사실을 의미했다. 킴의 변화하는 정체성과 마크의 변하지 않는 정체성이 충돌하는 과정을 통해 그녀는 자신이 오랫동안 없애고 싶어 했던 바로 그 역사를 소중하게 기록했다. 영화 홍보를 위해 킴이 그녀의 어머니와 「오프라 윈프리 쇼」에 출연했을 때 오프라는 영화의 일부분을 공개했다. 마크가 어머니를 비난하는 장면이었는데 그는 캐럴이 킴을 받아들임으로써 성경을 짓밟았다고 주장했다. 오프라가 물었다. 「글쎄요, 성경을 믿으세요?」캐럴이 말했다. 「나는 내 아이를 믿어요.」

　킴을 만난 지 6개월 정도가 지난 어느 날 밤이었다. 킴이 흥분해서 내게 전화를 했고 나를 초대했다. 헬레나에서 그녀가 다니던 교회의 목사가 「돌아온 탕아들」을 위한 주말 축제를 마련했다는 내용이었다. 금요일 밤에 영화를 상영하고, 토요일에 영화에서 제기된 문제들을 세미나에서 토론한 뒤, 일요일에는 킴이 직접 강연을 한다고 했다. 마침 그 주말에는 캐럴의 생일도 있었다. 나는 며칠 일찍 몬태나로 향했다. 캐럴은 이미 일 년 전에 집으로 26명을 초대해서 다 같이 「돌아온 탕아들」을 본 적이 있었다. 그녀의 설명이다. 「나는 그들 중 몇 사람이 걱정되었어요. 그래서 그들의 배우자에게 그들이 걱정된다고 알렸죠. 하지만 그들은 그날 저녁이 끝날 무렵에 〈봤죠? 아무 문제 없어요, 캐럴. 괜한 걱정을 한 거라고요〉라고 자랑스럽게 말했어요. 마치 예전의 내 모습을 보는 것 같았어요.」 그때 온 사람들 중에는 아내를 잃은 지 얼마 되지 않은 한 오랜 친구도 있었다. 영화 상영이 끝나자 그는 무척 불편해 보였다. 캐럴이 그에게 괜찮은지 묻자 그는 괜찮지 않다고 대답했다. 캐럴이 내게 말했다. 「나는 가슴이 덜컥 내려앉았어요. 그런데 그는 마크가 그렇게 심각한 상태인지, 내가 얼마나 큰 짐을 지고 있었는지 전혀 몰랐다고 말했습니다.」그 대화를 계기로 캐럴과 돈은 돈독한 관계가 되었고 내가 헬레나를 찾았을 때 그들은 이미 커플이 되어 있었다. 그리고 2년 뒤 나는 그들의 결혼식에 초대를 받았다.

생일날 아침에 함께 식사를 하면서 나는 캐럴이 화가 났으며 슬픔에 잠겨 있음을 알았다. 그녀가 내게 「헬레나 인디펜던트 레코드Helena Independent Record」신문을 건네주었다. 〈헬레나의 탕아, 여자로 돌아오다〉라는 대문짝만한 머리기사가 1면을 장식하고 있었고, 그 밑에는 〈HHS의 전 쿼터백이 성전환 이야기를 담은 영화를 공개한다〉는 소제목이 달려 있었다.[123] 킴은 아이슬란드에서 열린 한 축제에 참석 중이었고 다음날이 되어야 도착할 예정이었다. 캐럴과 내가 축제 장식을 도우려고 교회를 방문하자 목사가 혹시 있을지 모를 폭동이나 공격에 대비해서 경찰과 연계해 안전장치를 마련하고 있다고 설명했다. 캐럴이 체념하듯이 두 손을 들어 보였다. 그녀가 말했다. 「그 영화는 언제고 이 마을에서 개봉될 터였지만 나는 동네에 있는 마이어나 로이센터 같은 극장에서 무의미하게 상영되는 것을 원치 않았어요. 우리가 아무런 영향력도 행사할 수 없는 그런 곳에서 말이에요. 사랑이 존재하는 우리 교회에서 상영되는 것이 그 영화를 이 동네에 선보이는 가장 적절한 방법이라고 생각했죠. 그런데 그 신문의 머리기사가 우리 계획을 망쳐버렸군요.」성인이 된 이후로 자신의 평생을 보낸 작은 마을에서 발가벗겨진다는 것은 그 자체로 스트레스를 주기 마련이다. 캐럴은 과시형 인간도 아니고 외롭거나 타고난 활동가도 아니었기 때문에 수많은 사람들에게 동기를 부여하려는 목적에서 굳이 자신의 이야기를 들춰낼 필요가 없었다. 그녀가 말했다. 「나는 아동 포르노나 횡령 혐의로 아들이 체포되었다는 기사를 읽어야 했던 사람들을 알고 있습니다. 하지만 킴은 아무에게도 해를 입히지 않았어요. 실제로는 많은 사람들을 도왔죠.」그녀는 동요하는 기색이 역력했다.

영화가 상영되던 날 밤 플리머스 회중 교회는 사람들로 가득 찼고 티켓을 구매하려고 기다리는 사람들로 긴 줄이 만들어졌다. 나는 캐럴과 나란히 뒷자리에 앉았다. 그녀는 영화가 상영되는 내내 거의 눈물을 흘렸고 자리를 두 번이나 떠야 했다. 영화가 끝나고 킴이 교회 앞쪽에서 일어나자 관객들이 박수를 보내기 시작했다. 몇 사람이 일어났고 이어서 몇몇 사람이 더 일어났으며 결국에는 기립 박수로 이어졌다. 박수가 잦아들자 킴이 그녀의 어머니를 앞으로 모셨다. 그 즈음엔 캐럴도 얼굴을 가다듬고 미소를 짓고 있었다. 그녀는 씩씩하게 통로로 걸어 나갔다. 관객들이 다시 일어났고, 캐럴이 단상에 도착해서 킴과 함께 서로의 어깨에 팔을 두르고 나란히 설 때까지 환호가 계속되었다. 영화를 상영한 것은 캐럴의 만용이었지만 그들은 이 기회를 승리로 바꾸었다. 이제는 킴이 울고 있었다. 이후에 열린 축하연에서 나는 교회의 한 여성에게 영화가 불러일으킬 논의에 대해 킴이 걱정했다고 설명했다. 그 여성이 말했다. 「다른 누구도 아닌 자기 자신과 대화하는 것이 가장 힘든 일이에요. 일단 그녀가 자신의 정체성을 스스로 정리하고 나면 우리는 이곳이 그녀의 고향이라는 사실을 그녀가 확실히 깨닫도록 하는 데 필요한 어떤 대화도 나눌 준비가 되어 있어요.」

일요일 예배에서 목사는 크리스마스와 부활절을 제외하고 이렇게 많은 회중을 본 적이 없다고 언급했다. 맥케로 일가 전체가 그 자리에 참석했다. 그들 중 몇몇은 자신들의 농장에서 몇 시간이나 차를 운전하고 왔다. 예배가 시작되었다. 「오늘 우리는 자신의 정체성 때문에 학대당한 이들과 그들을 학대한 이들에게 축복이 있길 기도합니다.」 찬송가를 부르고 성경의 돌아온 탕자 비유가 낭독된 뒤에 킴이 앞으로 나갔다. 탕자 비유는 대개 아버지에 대한 이야기로 해석되지만 킴의 주장에 따르면 감히 기대할 수 없었던 환대를 받은 아들에 관한 이야기이기도 했다. 그녀가 말했다. 「그저께 밤 이곳에서 영화가 상영되고 있을 때 나는 나가서 아버지의 유해가 안치된 납골당을 찾았습니다. 그리고 내가 개인적으로 〈아버지의 자리〉라고 부르는 곳 옆에서 무릎을 꿇었어요. 나는 아버지가 풋볼 경기를 하는 내 모습을 애정을 담아 찍은 몇 시간 분량의 비디오테이프를 떠올렸고, 그 영상 중 얼마만큼이 그 시각 교회 안에서 상영되고 있는지 생각했습니다. 그 영상이 그렇게 사용되리라는 것은 우리 중 그 누구도 예상하지 못한 전개였습니다. 하지만 나는 아버지가 자랑스러워하실 거라고 생각했어요. 그리고 바로 그때 황혼녘의 미풍에 실려서 어떤 소리가 들려왔습니다. 이상하게도 익숙한 소리였어요. 마을 반대편 경기장에서 들려오는 풋볼 경기 소리였습니다. 밴드의 연주와 아나운서의 외침 소리도 들렸어요. 교회 안의 스크린 위에 상영되고 있는 낡은 비디오 영상에도 그런 모습들이 담겨 있었죠. 나는 불과 몇 블록 떨어진 그곳에서 새로운 영상들이 녹화되고 있으리라는 것을 알았습니다. 그리고 새로운 추억을 영상에 담고 있는 그 사람들은 운이 좋을 거라고 생각했습니다. 사랑하는 사람한테서 전혀 뜻밖의 소식을 듣고 놀라더라도 본질적인 사랑으로 그 사람을 다시 집으로 맞아들일 정도로 운이 좋을 거라고 생각했어요. 나는 이러한 삶의 모든 사이클이 어떻게 계속될지 생각했고, 그 한순간에 내 인생의 수많은 측면들이 하나로 합쳐졌습니다. 아름답고, 놀랍고, 축복된 바로 그 순간에 과거와 현재, 부모와 자식, 남성과 여성 같은 문제들이 하나로 합쳐졌고, 때때로 삶이 초래하는 고통과 먼 나라로 고단한 여행을 하고 돌아온 사람을 두 팔 벌려서 환영해 주는 기분 좋은 사랑이 하나로 합쳐졌어요.」

예배가 끝나고 그날 오후에 캐럴과 나는 오랫동안 산책을 했다. 내가 물었다. 「만일 폴이 그냥 폴로서 행복했다면, 그리고 그렇게 살았더라면 더 좋았을 거라고 생각하나요?」 캐럴이 말했다. 「음, 물론 그렇게 생각해요. 그 편이 폴과 우리에게도 더 편했을 겁니다. 하지만 여기서 중요한 것은 〈폴로서 행복했다면〉이라는 부분입니다. 하지만 폴은 그렇지 않았어요. 나는 그가 그 문제와 관련해서 행동을 취할 정도로 용기가 있었다는 사실이 너무 기쁩니다. 그가 폴로서 행복했다면 같은 가정은 아무 소용이 없어요. 누구나 그렇기를 원했지만 폴은 행복하지 않았으니까요. 그가 얼마나 용기가 필요했을지는 상상도 할 수 없어요. 지난 주말에 누군가 이런 말을 하더군요. 〈캐럴, 폴은 죽었어요. 나는 그 사실을 아직 애도하지도 못했습니다.〉 나는 그렇게 생각하지 않아요. 킴은 폴보다 훨씬 더 사람들 앞에 실재합니다. 폴은 결코 무례하지 않았어요. 자신이 완전히 실재하는 존재가 아니었기 때문이죠. 오히려 우리가 그의 관심을 받지 못했던 겁니다.」 그녀가 미소를 지었고 감탄한 표정으로 이렇게 강조했다. 「그리고 우리가 얻은 것을 보세요! 킴 말이에요!」 그녀의 단호한 진술에서 나타나는 우아함이야말로 그녀가 행복할 수 있는 원인인 동시에 결과처럼 보였다.

나는 이 장을 쓰면서 앨프리드 테니슨이 그의 절친한 친구 아서 헨리 핼럼을 추모하기 위해 쓴 아름다운 시가 계속해서 생각났다. 거기에는 이런 구절이 있다. 「청하지 않아도, 어린아이가 그대의 손에 / 신뢰를 의미하는 깍지를 끼고 / 그대의 얼굴에서 위안을 찾는, / 여성적인 우아함이 융합된 남성다움.」[124] 남성다움과 여성다움에 대한 일반적인 관념은 현대에 이르러 등장한 발상이다. 핼럼은 트랜스도 게이도 아니었지만 강함과 부드러움, 대담함과 연민이 공존하는 매력을 보여 주었다. 십대 때 처음으로 테니슨의 시를 읽었던 기억이 난다. 당시에 나는 그가 나를 괴롭히는 것과 비슷한 특징을 지닌 친구를 추모한다는 생각이 들었다. 나는 고귀한 뭔가가 되고 싶었다. 진짜 남자다워지는 데 실패하고 그럭저럭 살아가는 남자아이가 되고 싶지 않았다. 어머니와 아버지의 가장 좋은 면, 즉 이성적인 세계에서는 종종 우위에 있는 남성, 감성적인 세계에서는 보통 우세한 여성을 닮고 싶었다. 나는 기운을 북돋우는 테니슨의 글에서 중성적인 얼굴이 아니라 아름다움의 복잡한 본성에 대한 찬사를 보았다. 그가 이야기하는 남성다움과 여성다움은 양분되어 경쟁하지 않고 하나로 융합되어 협력한다. 열린 마음을 가진 사람이라면 젠더의 치열한 경계를 초월하여 남성적인 의미와 여성적인 의미를 전달하는 통역사가 없었다면 이 세상이 오래

전에 끝장났을 거라는 사실을 알 것이다. 그러한 통역사가 정체성이 된 것은 비교적 최근 현상일 수 있다. 하지만 이는 그들의 영속적인 가치가 변했기 때문도 아니고, 그들의 불가사의하고 필연적인 탁월함이 변했기 때문도 아니다. 그들을 규정하는 방식이 변했기 때문이다.

나는 남자로서 멋진 인생을 누리면서 아무 문제 없이 살고 있다. 하지만 쉽고 완전하게 성전환을 할 수 있었다면 이미 열두 살 때 여자가 되기로 선택했을 것이다. 하지만 내가 그런 선택을 한 이유는 아마도 게이 남자보다 여자가 되는 편이 더 존중받는 것처럼 보이고, 열두 살이라는 나이가 사회에 순응하는 시기인 까닭일 것이다. 나는 거칠고 느긋한 성격의 풋볼 선수가 되거나 영국 왕실에서 태어나지 못한 것을 후회하지 않는 것과 마찬가지로 여자가 되지 않은 것을 후회하지 않는다. 대개 트랜스인 아이들은 자신이 이미 다른 성별에 속해 있다고 믿지만 나는 전혀 그렇지 않았다. 게이인 것이 결과적으로 내게는 행복하게 잘된 일이다. 인간은 어제에서 이어지는 오늘을 살아가기 때문에 나는 (지난번 책이 우울증에 관한 이야기였고 내 인생에는 항상 우울증의 위험이 도사리고 있음에도) 이미 영구적인 손실이라고 체념한 문제에 대해서는 더 이상 고통을 느끼지 않는다.

그렇지만 나는 성전환이 수술과 호르몬 주사, 사회적 반감을 수반하지 않는 공상 과학적인 미래를 상상하고, 모든 사람이 언제든지 자신의 성별을 선택할 수 있는 사회가 올 거라고 믿고 싶다. 그런 사람들이 신체적인 외상 없이 자신의 확정된 젠더로서 완전해지기를, 요컨대 완전하게 기능하는 생식기관과 마땅히 자신의 것이라고 믿는 마음과 정신을 가질 수 있기를 바란다. 젠더 스펙트럼의 중간 지대―육체적으로나 정신적으로 또는 둘 다―에 머물고 싶을 경우 그것도 가능하길 바란다. 그런 꿈같은 시대에는 많은 사람들이 다른 성을 경험하려는 선택을 할 것이다. 나는 여행을 항상 좋아했으며 혹시라도 누가 달 여행을 시켜준다면 냉큼 따라나설 것이다. 자신의 반대 성(性)이 되는 것이 진정 어떤 것인지 탐험할 수 있는 여행보다 더 매력적이고 이국적인 여행이 또 있을까? 아니면 아예 반대 성이 존재하지 않는 애매한 영역에서 살아 보는 것은 어떨까? 그런 여행을 할 수 있는 왕복 티켓이 있다면 나는 기꺼이 전 재산이라도 내놓을 것이다.

한편으로 나는 선택이, 특히 일상적이지 않은 선택이 부담스럽고 고단하며 두려울 수 있다는 사실을 안다. 내가 처음으로 쓴 책은 소련의 예술가 집단에 관한 내용이었다.[125] 그들이 서구 사회로 넘어왔을 때 나는 그들과 함께 있었다. 그들 중 한 사람이 서로 다른 상표의 20가지 버터가 진열되어 있던 독일 슈퍼마켓에서 서구 사회가 그에게 요구하는 수많은 선택을 견딜 수 없어서 울음을 터트렸던 일은 아직도 기억에 생생하다. 내 안의 또 다른 나는 사람들이 선택하는 데 능숙하지 않다고 생각한다. 예컨대 선거 민주주의에서 자신의 투표권을 제대로 행사하지 못하거나, 사상 최고의 이혼율을 보이거나, 가족계획 없이 태어난 아이에게 애정을 주지 못하는 그런 사람들은 자신의 성별을 선택할 수 있는 재량이 주어지면 오히려 스스로 무너질 거라고 생각한다. 여기에 더해서 선택은 우리가 누릴 수 있는 단 하나뿐인 진정한 호사이며 의사 결정 과정에 내재된 노력이야말로 결정을 가치 있게 만든다고 믿는다. 오늘날의 미국에서 선택은 열망의 가치를 보여 준다. 나는 피곤한 선택이 수반될 것을 알면서도 우리가 모든 것을 선택할 수 있는 미래를 상상하고자 한다. 그리고 그런 미래가 온다면 아마도 나는 내가 지금 가진 것들을 선택할 것이다. 그럼에도 스스로 선택했기 때문에 그것들을 더욱 사랑할 것이다.

12장
아버지

나는 부모님을 용서하기 위해 이 책을 시작했고 작업을 끝냈을 때는 나 자신이 부모가 되어 있었다. 시간을 거슬러 이해함으로써 나의 삶은 앞으로 나아갈 수 있었다. 나는 왜 내가 어린 시절에 그토록 많은 아픔을 겪었는지 알고 싶었다. 어릴 적 나와 부모님의 행동, 당시의 세상을 이해하고 싶었다. 그리고 우리 사이의 문제는 진짜 문제에 비하면 아무것도 아니라고 증명하는 것이 부모님과 나에 대한 의무처럼 느껴졌다. 돌이켜 보면 양육을 주제로 한 이 연구는 내가 부모가 되기로 결심하면서 느낀 불안감을 가라앉히기 위한 한 방편이기도 했던 것 같다. 하지만 인간의 마음이 불가사의하게 작동하는 까닭에 설령 나에게 그런 은밀한 의도가 있었다고 하더라도 스스로 그러한 목표를 깨닫기까지 꽤 시간이 걸렸다.

나는 질병과 장애를 두려워하면서 자랐고, 내가 남들과 다르다는 사실을 뼈저리게 알면서도 보통 사람과 너무 다른 사람들을 보면 그들을 외면하는 경향이 있었다. 이 책은 스스로도 늘 추하다고 생각했던 그런 편협한 감정을 없애는 데 도움이 되었다. 내가 들었던 명백히 우울한 이야기들이 어쩌면 나로 하여금 아버지가 되길 꺼리게 만들었을지도 모르지만 정반대의 효과도 가져왔다. 양육은 이들 가족에게 지난한 도전이었다. 그럼에도 후회하는 사람은 거의 없었다. 그들은 감정적으로 충분한 절제력과 정신적인 의지만 있으면 어떤 대상도 사랑할 수 있음을 보여 주었다. 나는 자녀를 받아들이는 과정에서 나타나는 부모의 보호적인 태도에서 위안을 얻었고 힘든 사랑이 손쉬운 사랑에 결코 못지않다는 확신을 가졌다.

오랫동안 자식 문제는 나를 슬프게 했다. 그 슬픔의 근원지가 어디인지는 스스로도 약간 불분명했지만, 대체로 자식이 없는 삶이 게이인 나의 비극적인 숙명이라는 생각에서 벗어나지 못했기 때문인 것 같다. 자식은 세상에서 가장 중요한 존재였고 따라서 내가 실패했음을 상징하는 마스코트였다. 부모님은 내게 이성과 결혼해서 가족을 만들라고 종용했고 세상도 똑같이 명령했다. 나는 남자 파트너와 여자 파트너 사이를 오가면서 몇 년을 보냈다. 한때 나와 가까웠던 여성 중에는 내가 진심으로 사랑한 여성도 있었지만 아이를 갖고자 하는 마음이 전혀 없었다면 나는 굳이 내 안의 또 다른 반쪽을 괴롭히지 않았을 것이다. 그리고 동성애가 행동이 아닌 정체성의 문제라는 사실을 이해했을 때 비로소 내가 정말 게이라고 인정하게 되었다.

내가 막 성년이 되었을 당시는 동성애자로서의 정체성과 아버지로서의 삶이 서로 양립할 수 없는 명제처럼 보였다. 게이 아버지를 둔 미래의 내 아이들이 놀림감이 될 거라고 생각했기 때문에 나는 게이 아버지가 될 수 없다고 생각했고 그래서 괴로웠다. 이러한 인식은 내면화된 동성애 혐오증의 요소들을 보여 주는 동시에 당시의 사회적 현실과도 관련이 있었다. 나는 게이로서 자신의 권익을 스스로 지킬 줄 아는 투사가 되어 가고 있었지만 내 선택의 결과가 다른 사람에게 영향을 미치는 부분에 대해서는 두려움이 있었다. 나 자신이 어릴 때 남들과 다르다는 이유로 무자비하게 괴롭힘을 당했기 때문에 다른 누군가에게 똑같은 경험을 떠안기고 싶지 않았다. 하지만 그 뒤로 20년 동안 사회가 크게 변화했고 2세를 갖는 문제로 나는 더 이상 죄책감을 느끼지 않아도 되었다. 내가 미처 준비가 되기 전에 2세를 갖기로 앞서 결단을 내린 다른 동성애자들의 공이 컸다. 그럼에도 보다 최근에 내가 친자식을 갖고 싶다는 바람을 내비치자, 사람들은 대체로 훌륭한 가정이 절실하게 필요한 버려진 아이들도 많다는 사실을 진지하게 상기시키면서 내 바람을 거듭 평가절하했다. 이미 친자식이 있고 본인이 직접 입양하는 문제는 한 번도 고려한 적 없는 사람들이 그런 주장을 밥 먹듯 내세우는 행태가 충격적이었다. 친자식을 갖길 원하는 동성애자의 바람은 사람들에게 유별나거나 방종한 욕심처럼 비쳐졌다.

동성애가 유전되는 형질이 아닌 까닭에 나는 미래의 내 아이들을 이상한 사람으로 만드는 대신 이상한 환경에 처하게 해서 그들에게 잠재적인 불편을 초래할 터였고, 일부 비평가들은 그 편이 차라리 문제가 덜 심각하다고 생각했다. 하지만 나는 앞으로 태어날 내 아이가 이성애자일 가능성이 높기 때문에 낳아도 괜찮다는 암시가 싫다. 수직적 정체성으로 발전하지 않는 한 수평적 정체성을 수용한다는 이런 식의 태도는 극단적인 우월주의다. 미래의 내 아이가 게이가 될 확률이 높다고 알았다면 나는 친자식에 대한 욕심을 그토록 일찌감치 포기하지 않았을 것이다. 물론 그 아이가 이성애자가 될 확률이 높다고 해서 단념한 것도 아니지만 말이다. 내 아이가 난독증이나 우울증을 겪을 가능성이 높다거나, 내게서 어머니와 할아버지를 빼앗은 암 같은 것에 걸릴 확률이 높다는 등의 우려 때문도 아니었다. 요컨대 게이 아버지가 되는 데 따른 나 자신의 불안감이 크게 작용했을 뿐이다.

자식을 낳는 권리는 절대로 빼앗을 수 없는 권리 중 하나이다. 그럼에도 이례적인 사람들을 둘러싼 편견은 비정상적인 특징을 물려줄 가능성이 높은 수평적 정체성 집단에 속한 구성원들이 2세를 갖기로 결정할 때 극명하게 드러난다. 장애 어른이 장애 아이를 낳는 경우 많은 사람들이 분노를 감추지 못한다.

뉴스 프로 진행자이자 배우인 브리 워커는 이지기형(二指畸形)증이라고도 하는 손발가락결손증을 가지고 태어나서 손과 발이 기형이다. 동일한 증후군을 앓는 첫째가 이미 있는 상태에서 그녀는 1990년에 둘째를 임신했고, 그 아이도 동일한 질병을 물려받게 될지 모른다는 사실을 알게 되었다. 그럼에도 그녀는 그 아이를 낳기로 결정했고 사람들의 공분을 샀다. 워커는 나중에 〈사람들이 아직 태어나지도 않은 아이에 대해, 그리고 손이나 발의 모양과 상관없이 세상을 헤쳐 나갈 그 아이의 능력에 대해 그처럼 공공연하게 부정적인 가정을 늘어놓는 모습에 충격을 받았다〉고 말했다. 그녀로 말할 것 같으면 일과 결혼에서 모두 성공했고, 텔레비전에도 출연하고 있으며, 자식에게 물려줄 만한 장점도 많다. 한 토크쇼 진행자가 그녀에게 물었다. 「2세에게 유전적으로 기형을 유발하는 질환을 물려주는 행위가 과연 옳을까요? 사람들은 외모로 당신을 평가합니다. 당신이 사용하는 어휘로 당신을 평가하죠. 사람들이 당신을 손 모양으로, 외모로, 얼굴로 평가한다는 사실을 신은 알 겁니다. 사람들은 원래 그래요.」[1] 대다수의 이런 비판들은 워커에게 임신할 권리가 없으며 심지어 도의적인 측면에서 낙태를 해야 한다고 암시했다. 그녀가 얼마나 간절하게 아이를 원하든 또는 아이를 키우는 일에 얼마나 능숙하든 그것은 중요하지 않았다. 나중에 워커는 〈사람들이 내 뱃속의 아기를 위협한다는 생각이 들었다〉[2]고 술회했다.

그 토크쇼는 워커의 아이들을 그들이 가진 장애로 한정 지었다. 소아마비를 앓은 장애 인권 운동가 빌 홀트는 〈한 가지 신체적 특징 때문에 브리 워커가 아이를 낳지 말아야 한다는 주장은 그녀의 다른 장점들을 모두 무시하는 처사다. 텔레비전에 등장하는 가장 활발한 지식인 중 한 명이고 또 화면발이 가장 잘 받는 사람 중 한 명이라는 점에서 그녀가 《의무적으로라도》 더 많은 아이를 낳아야 한다고 주장하는 편이 낫지 않을까?〉[3]라고 말했다. 대중매체의 비난은 워커 같은 사람들이 그들의 2세가 물려받게 될지 모를 질환의 전문가이며, 해당 질환을 안고 살아가는 데 따르는 위험과 보상을 그 누구보다 잘 안다는 사실을 대체로 인정하지 않는다. 그들의 선택은 그에 대한 우리의 평가보다 훨씬 많은 정보를 바탕으로 이루어진다.

그렇지만 부모 자신의 삶을 증명하기 위한 수단으로 아이를 갖는 사람들도 있다. 영국의 장애 인권 운동가 조애나 쿼파시아-존스는 친자식을 다섯 명이나 가지려 했다.[4] 한편으로는 장애와 관련한 사회적 모델을 제시하려는 의도였고, 그녀의 집에서는 장애impairment가 장애disibility가 아니라는 사실을 세상에 알리려는 의도도 있었다. 그녀와 남편은 다른 대다수 부모들과 마찬가지로 친자식을 원했다. 그녀는 〈입양도 선택 사항이 아닌 듯 보였다. 당시로서 나는 임신이나 출산이 불가능할 터였다. 그 생각만 하면 가슴이 미어졌다〉고 썼다. 쿼파시아-존스는 조산아로 태어나면서 뇌성마비를 앓았다. 뇌성마비는 유전이 아니다. 그녀의 남편은 근육 손실과 골격계의 심각한 변형을 초래하는 유전성 운동 및 감각 신경 장애가 있다. 그들이 2세를 낳을 경우 그 아이가 동종 질환을 물려받을 확률은 반반이었다. 쿼파시아-존스는 〈어쨌거나 우리 가족은 거의 모두 장애가 있었다. 나와 내 남편, 남편의 형제와 아버지를 비롯해 나의 숙모와 숙부도 장애가 있었다. 설령 우리 아이가 장애를 가지고 태어나더라도 혼자만 이상하다는 생각은 하지 않을 게 분명했다. 정상이란 주관적인 상태다. 그리고 우리한테는 장애가 정상이다〉라고 썼다.

소인이나 청각 장애인 가족처럼 그녀의 가족 내에서는 수직적 정체성이 틀림없이 일종의 소속감을 보장할 것이다. 그럼에도 처참한 몸 상태로 태어난 자녀의 잠재적 현실에 대한 그녀의 교감 부족은 우려를 자아낸다. 다수의 글을 통해서 그녀는 그녀와 남편의 질환이 자식들에게 많은 육체적 고통을 유발했다고 인정했으며 그 점에 대해서만큼은 일관되게 명백한 태도를 보여 준 듯하다. 이를테면 그녀는 사회적 장애 모델을 제시하고자 자식의 건강을 희생시킨 셈이다. 나는 자신의 특별한 도전을 자랑스러워하는 부모들을 많이 만났고 행복해하는 그들의 가족들을 만났다. 아울러 꼭 외부적인 환경 때문이라고 할 수 없는, 구석구석에 스며 있는 그들의 아픔도 목격했다. 실제로 쿼파시아-존스의 결정은 가족들에게도 그다지 환영받지 못했다. 그녀는 다음과 같이 썼다. 「어머니는 우리 부부가 그러한 위험을 감수하는 것 자체가 무책임하다고 설명하면서 내게 아기를 지우라고 요구했다. 한편 남편의 어머니는 내가 달이 찰 때까지 아기를 배고 있지 못할 거라고 말했다. 그리고 특별한 큰 통증 없이 출산일이 11일이나 지났음을 알았을 때 나는 흐뭇했다. 그 사실만으로도 그들에게 많은 설명이 될 거라고 생각했기 때문이다.」 부모와 자식 간의 자아 혼동은 인구통계학 전반에서 광범위하게 나타난다. 자녀에게 나름의 꿈을 키우도록 도와주는 행위와 자녀를 부모의 틀 안에 가두는 행위의 차이를 구별하는 일은 결코 쉽지 않다. 쿼파시아-존스의 아이들은 그들이 세상에 존재한다는 사실 자체로 괴로워하지는 않겠지만, 그들의 어머니가 어떤 특정한 목적에서 그들을 낳았다고 판단할 경우 무척 분개할 것이다. 그럼에도 자신만의 생각에 빠져 있는 부모들은 예컨대 축구장이나 체스 클럽, 피아노 공연장 등 어디에서나 자녀를 그들 자신의 후광으로 이용한다. 나르시시즘은 장애 인권 운동가조차 피해갈 수 없는 근시안적인 소견이다.

　의심스러운 유전적 특징을 지닌 사람들에게는 아이를 낳을지 말지 결정하는 것이 항상 부담스러운 문제일 수밖에 없다. 장애학자 에이드리언 애시Adrienne Asch는 1999년에 발표한 한 에세이에서 〈만성질환과 장애는 급성 질환이나 갑작스러운 부상과 다르다. 이분 척추증이나 연골 형성 부전증, 다운증후군 그리고 그 밖의 수많은 운동 및 감각 장애를 가진 부모들 대다수는 자신이 아프지 않다고, 건강하다고 생각하며 그들의 질환을 삶의 기정사실로 묘사한다. 즉 그들이 가진 질환을 그들이 함께 세상과 직면할 장비처럼 설명한다〉고 썼다. 애시의 주장이 맞는 부분도 있지만 전적으로 옳은 것은 아니다.[5] 2003년에 나는 낭포성 섬유증에 관한 인터뷰를 위해 로라 로센버그라는 한 젊은 여성을 방문했고 그녀의 병 때문에 우리는 짧은 우정을 나누었다.[6] 부모가 모두 보균자였음에도(낭포성 섬유증은 열성 유전자 질환이다) 그녀는 해당 질환으로 수평적 경험을 하고 있었다. 부모에게는 그 질환이 발현되지 않은 까닭이다. 그녀는 자신의 애절한 회고록 『생존을 위한 숨쉬기Breathing for a Living』에서 낭포성 섬유증이 그녀에게 준 많은 정체성 요소들을 찬양했으며, 그녀가 자신의 삶에서 얼마나 많은 것들을 소중히 여기는지 그리고 실제로 그랬는지 추억했다. 하지만 그녀는 자신이 건강하다고 생각하지 않았고 아마도 치료법이 있었다면 기꺼이 받아들였을 것이다. 자신의 정체성 중 일부를 거부했기 때문이 아니라 건강하게 오래 살기를 원했기 때문이다. 병세가 악화되어 스물두 살에 세상을 떠난 그녀의 삶은 건강한 연골 형성 부전증 소인의 삶과 또 달랐다. 딸의 죽음으로 비통해하던 그녀의 아버지가 내게 말했다. 「로라를 임신했을 때는 낭포성 섬유증을 검사할 수 있는 양수 천자 검사가 없었습니다. 나중에 개발되었죠. 만약 우리가 로라에게 그런 병이 있다는 사실을 알았다면 로라는 태어나지 않았을 겁니다. 나는 지금도 그런 생각을 합니다. 〈하느님 맙소사, 그녀가 아예 태어나지도 못했을 수 있었구나.〉 정말로 그랬다면 얼마나 비극이었을까요?」

자신이 짊어졌던 특별한 짐을 또 다른 누군가에게 지도록 하거나 하지 않는 것은 개인의 도덕성 문제다. 그럼에도 모든 부모는 나름의 기준에 근거해서 결정을 내린다. 그리고 대다수가 자식을 낳는 쪽으로 선택한다. 부자들은 어쩌면 기증받은 슈퍼맨 정자와 원더우먼 난자로 체외수정을 시도할 것이다. 어리석은 사람들은 그들의 어리석음 때문에 삶이 끔찍하게 힘들어도, 용감하게도 또 어리석은 자식을 낳는 데 주저함이 없을 것이다. 병적으로 비만인 사람들은 흔히 몸무게 때문에 따돌림을 당할 수 있는 비만 체질의 아이를 낳을 것이다. 우울증이 있는 부모는 고질적인 슬픔에 시달리게 될 아이를 낳을 가능성이 높을 것이다. 가난한 사람들은 가난이라는 명백히 불리한 약점에도 불구하고 또 자식을 낳을 것이다.

　부모들의 선택이 출산 전 이상 진단에도 불구하고 아이를 낳는 선택에서 차이를 선별적으로 선택하는 방향으로 나아간다고 해서 비약적인 변화는 아니다. 「LA 타임스」에 소개된 한 기사는 〈유전적 결함을 맞춤 제작해서 2세를 갖는 행위가 윤리적인 관점에서는 지뢰밭을 걷는 행동처럼 보일 수도 있을 것이다. 하지만 이를테면 청각 장애나 왜소증 같은 장애를 가진 일부 부모들의 입장에서는 자신과 비슷한 아기를 갖는다는 의미에 불과하다〉[7]라고 지적했다. 도입된 지 20년이 지난 사전 이식 유전자 진단법PGD을 시술하는 미국의 병원 중 거의 200곳을 대상으로 실시된 어느 조사에 따르면 이들 병원 중 3퍼센트가 특정한 장애가 있는 배아를 선별하기 위해 해당 검사를 이용했다고 인정했다.[8] 메릴랜드와 버지니아, 펜실베이니아에 각각 사업소를 두고 있는 셰이디 그로브 퍼틸러티 센터의 로버트 J. 스틸먼 박사는 자신이 청각 장애나 소인증이 있는 배아를 선택해 달라는 요구를 거부해 왔다고 말했다. 그는 〈양육과 관련한 지상 과제 중 하나는 우리 아이들을 위해 보다 나은 세상을 만드는 것이다. 하지만 소인증이나 청각 장애가 보다 나은 세상을 가늠하는 기준은 아니다〉라고 주장했다.[9]
　기준에 부합하는 것이 보다 나은 세상을 만드는 일과 관련이 있다는 시각은 도대체 어떤 논리일까? 다운증후군 아들이 있는 마이클 베루베는 〈문제는 의외성과 차이, 상충하는 도덕적 의무, 난해한 결정, 개인적인 결정, 심지어 삐딱한 결정까지도 모두 용인하는 사회제도가 유지될 수 있는가 하는 점이다〉라고 말한다.[10] 배아 선택을 둘러싼 논쟁은 가장 난해하고 가장 사회적으로 결정되는 인권, 즉 인간의 존엄성과 관련이 있다. 2008

년에 영국은 인간 배아 및 수정에 관한 법률을 개정해서 장애를 의도적으로 선택하는 행위를 불법으로 규정했다.[11] 그에 따라 이를테면 다운증후군을 피하고자 사전 이식 유전자 진단법을 선택하는 부모들은 배아에 대한 완전한 유전자 프로파일을 얻을 수 있게 되었고, 장애가 있다고 확인된 배아는 이식이 금지되었다. 농인 인권 운동가들은 충격에 휩싸였다. 한 블로거는 〈이 조치는 반론의 여지가 없다. 우리는 평가절하되고 있으며 우리가 불완전하다는 이유로 인간으로서 가치를 인정받지 못하고 있다〉는 글을 올렸다.

레즈비언 청각 장애인 여성들인 섀런 더시스노와 캔디스 맥컬로는 자식을 원했으며 2002년에 5대째 청각 장애로 태어난 친구에게 정자 기증자가 되어 달라고 부탁했다.[12] 그리고 두 아이, 고빈과 쟌느를 낳았다. 그들은 자신의 경험을 「워싱턴 포스트」 기자와 공유하기로 하면서 브리 워커에게 쏟아졌던 것과 흡사한 맹공격을 자초했다. 폭스 뉴스는 〈희생자로 태어나는 아이들: 무력한 아동들에 대한 장애 조작, 선을 넘다〉라는 제목으로 기사를 냈다.[13] 「워싱턴 포스트」에 투고된 독자들의 편지도 하나같이 적대적이었다. 한 독자는 〈그들 세 사람(정자 기증자까지 포함해서)이 계획적으로 다른 사람의 자연스러운 능력을 박탈했다는 사실은 정말 소름 끼치고, 잔인하며, 건청인들을 향한 그들의 근본적인 분노를 보여 준다. 부모가 종교적인 이유로 치료를 거부해도 그들의 아이가 치료받을 수 있도록 규정하는 법이 존재한다. 마찬가지로 잘못된 생각을 가진 부모들의 장애를 그대로 물려받도록 유전학적으로 프로그램되어 학대받는 아이들을 위해서도 비슷한 보호 장치가 마련되어야 한다〉[14]고 썼다.

법학자 존 코르비노John Corvino는 대중의 분노가 근본적인 형이상학적 오류에 근거한다고 지적했다. 그는 〈그들은 다른 기증자를 선택할 수도 있었다. 아니면 직접 아이를 낳는 대신 입양을 선택할 수도 있었다. 하지만 그 두 가지 선택 중 어느 것도 고빈을 건청인으로 만들 수는 없었을 것이다. 그리고 그들이 그런 선택을 했더라면 고빈은 아예 태어나지도 못했을 것이다〉[15]라고 주장했다. 농인 인권 운동가 패트릭 부드로는 〈우리는 건청 인으로 태어난 아이를 일부러 청각 장애아로 만드는 행위에 대해 이야기 하고 있는 것이 아니다〉[16]라고 설명했다.

청각 장애인 부부는 청각 장애 아동을 낳을 가능성이 다분하므로 자식을 낳지 말아야 한다고 딱 잘라서 이야기할 사람은 거의 없을 것이다. 그럼에도 어떤 사람들은 청각 장애가 있는 이성애자 부모 밑에서 청각 장애 아동이 태어날 때 〈자연스러운〉 흐름이며 부모는 자신이 받아들인 것과 추구하는 것 사이에 경계를 확실히 그어야 한다고 주장할 것이다. 하지만 사랑과 규칙은 잘 융합되지 않고, 〈자연스럽다〉는 개념은 끊임없이 변화하는 인위적인 개념으로서 일반적으로 편견을 그럴 듯하게 포장할 때 이용된다. 더시스노와 맥컬로의 선택에 반대하는 사람들은 어쩌면 두 여성이 어떤 삶을 살아 왔는지 전혀 몰랐을 수 있다. 즉 그들이 대학 교육을 받았고, 직업적으로 성공했으며, 명백히 행복하고, 사회적으로 왕성하게 활동하고, 원만한 관계를 유지하고 있다는 사실을 어쩌면 전혀 몰랐을 수 있다. 최초 기사는 〈많은 예비 부모들은 그들이 원하지 않는 특징은 걸러 내면서 원하는 특징만을 선택한다. 대부분의 경우에 그들의 목표는 특정한 아이를 낳는 것이다. 우등한 아이를 낳는 것이 아니다. 예컨대 그 아이는 백인이나 흑인, 아들이나 딸일 수 있으며, 훨씬 구체적으로 상상된 아이일 수도 있다. 미국 생식 의학회 대변인 숀 팁턴Sean Tipton은《대체로 부모는 신체적으로 그들과 비슷한 외모를 가진 아이에게 흥미를 느낀다》고 설명한다. 이런 점에서 캔디스와 섀런은 다른 많은 부모들과 차이가 없으며 그들과 닮은 아이를 원하고 있을 뿐이다〉[17]라고 설명했다.

이는 단호하게 반박하기 어려운 주장이다. 섀런은 〈우리와 똑같은 아이를 갖는다면 정말 좋을 것 같다〉고 말했다. 캔디스는 〈내 아이와 똑같은 사람이고 싶다. 우리가 누리는 것을 그 아이도 누렸으면 좋겠다〉고 말했다. 여기까지는 그다지 과격한 진술처럼 들리지 않는다. 하지만 그것은 이 이야기가 청각 장애인한테서 나왔다는 사실을 알기 전까지다. 『네이처 *Nature*』에 기고한 글을 통해 카리나 데니스는 그들 두 여성의 동기와 관련해서 한층 더 심오한 통찰력을 제시한다. 「소통과 친밀함을 추구하는 행위는 인간에게 가장 중요한 일이다. 만약 자식이 청각을 잃음으로써 적어도 정서적으로 풍요로운 삶을 살게 될 거라고 진심으로 믿는다면, 그리고 그 결과 부모 입장에서 그들과 훨씬 원활하게 소통할 수 있을 거라고 믿는다면 그런 선택을 마다할 이유가 무엇이겠는가?」[18] 캔디스는 청각 장애인 가정에서 자랐으며 그녀의 부모는 제대로 교육을 받지 못한 노동자계급이었다. 건청인 부모 밑에서 자란 섀런은 갈로뎃 대학의 수화 세계로 들어선 다음에야 비로소 자신의 본모습을 찾았다. 이들 두 여성은 청각 장애인 부모를 둔 학식 있는 청각 장애인을 존경했다. 그리고 그들 자신에게 어울리는 행복을 찾고자 충분히 노력했고 이제 그 행복을 다음 세대에게 물려줄 수 있겠다고 생각했다. 부모는 그들에게 물려받은 유산을 자신이 성장하는 발판으로 삼을 줄 아는 자식을 원하기 마련이다.

『슬레이트』의 내신 기자 윌리엄 살레탄은 〈예전의 공포: 디자이너 베이비*. 새로운 공포: 디포머 베이비**〉라고 썼다.[19] 물론 〈의도적으로 기형화된〉 아기도 디자이너 베이비라고 할 수 있다. 다만 가장 인기 있는 디자인을 따르지 않을 뿐이다. 디자이너 베이비는 결코 사라지지 않을 것이다. 오히려 기술의 발달과 더불어 갈수록 보편화될 것이 틀림없다. 〈디자이너 베이비〉라는 표현 자체에 이미 경멸적인 뜻이 있기는 하지만, 체외수정이 나이 든 중산층을 위한 표준적인 시술 절차가 되기 전까지는 〈시험관 아기〉라는 표현이 경멸적으로 사용되었다. 2006년에 존스 홉킨스 대학의 유

---

* designer babies. 특별한 목적을 위해 체외수정을 통해 태어난 아기.

** deformer babies. 의도적으로 기형화된 아기.

전학 및 공공 정책 센터가 사전 이식 유전자 진단법을 시행하는 병원들을 대상으로 조사한 바에 따르면 거의 절반에 달하는 병원들이 태아 성 감별 서비스를 제공하고 있었다.[20] 2007년에는 런던의 브리지 센터 인공수정 병원이 배아를 검사해서 장차 태어날 아기가 친부를 괴롭힌 중증 사시로 고통받지 않게 했으며,[21] 최근에 유니버시티 칼리지 런던은 유방암에 취약한 유전적 소인을 선택적으로 제거한 아기가 최초로 태어났다고 발표했다.[22] 한편 로스앤젤레스 불임 연구소는 후에 전방위적인 공격을 받고서 해당 프로그램을 전면 중단하기는 했지만, 부모가 아기의 성별이나 머리카락과 눈동자 색을 선택할 수 있도록 할 계획이라고 공표했다.[23] 이러한 선택은 불가피한 미래다. 이 선택들과 정자와 난자 기증자를 선별하는 표준 규약은 과연 얼마나 다를까? 기증자에게 혹시 매력적이지 않은 유전적 특징이 있는지 검사하고, 육체적인 매력과 피부색, 키, 몸무게, 대학 입학시험 점수 등에 관한 정보를 제공하는 표준 규약과는 또 얼마나 다를까? 대부분의 사람들은 매력적인 특징을 가진 사람에게 호감을 느낀다. 즉 우리가 어떤 사람과 자고 싶다는 충동을 느끼는 현상 그 자체가 주관적인 심사 과정의 일부인 셈이다.

2004년에 존스 홉킨스 대학에서 실시한 한 연구는 태아의 유전자 검사를 둘러싸고 점점 더 확산되는 논쟁이 대체로 서로 상반된 두 가지 관점으로 이루어졌다고 설명한다. 유전자 검사를 〈고통을 예방할 수 있는 하나의 기회로 간주하면서 그에 관련된 연구와 과학기술의 발전, 2세에 대한 선택권 등을 제한하는 것에 반대〉하는 사람들과, 〈태아의 유전자 검사가 부정적인 윤리적, 사회적 영향을 초래할 수 있다고 생각해서 유전자 검사의 개발과 활용을 제한하는 것에 찬성〉하는 사람들이다.[24]『생명의 윤리를 말하다The Case Against Perfection』에서 하버드 대학 철학과 교수 마이클 샌델Michael Sandel은 〈예비 부모에게는 태아기 검사를 할 것인지 말 것인지, 그리고 그 결과에 따라 어떤 행동을 할 것인지 말 것인지 선택할 자유가 있다. 하지만 이 새로운 과학기술이 초래한 선택이라는 짐에서 벗어날 자유는 없다〉[25]고 말한다.

　인간은 이런저런 것들을 고치길 좋아한다. 인간이 날씨를 마음대로 조종할 줄 알게 된다면 아마도 얼마 못 가서 우리는 허리케인의 장엄함도 보려고 하지 않을뿐더러 눈보라에 뒤따라오는 정적도 용납하지 않을 것이다. 독물학자 마르크 라페Marc Lappé는 이미 40년 전에 〈유전적인 장애를 《정복》하는 일에만 너무 집착해서 우리가 검사를 통해 낙태시키는 《불량품들》이 우리보다 훨씬 인간적임을 인지하지 못한다면 정말 생각하기도 싫고 비윤리적인 처사가 될 것이다〉[26]라고 경고했다. 그럼에도 2005년에 저널리스트 패트리샤 E. 바우어Patricia E. Bauer는 「워싱턴 포스트」에 태아기 검사에서 다운증후군 진단을 받은 딸을 그녀가 그대로 낳기로 하면서 견뎌야 했던 압박감을 설명했다. 그녀는 〈태아에게 장애가 있을 경우 낙태할 수 있는 권리를 태아기 검사는 그 아이를 낙태하는 것이 마치 부모의 의무인 양 만들고 있다〉[27]고 주장했다. 어떤 여성도 당사자가 두려워하는 임신을 강요받지 말아야 하고, 또 어떤 여성도 당사자의 의지에 반해서 낙태를 강요받지 말아야 한다. 수평적 특징을 가진 자녀를 사랑할 준비가 되어 있는 사람들은 태아기 검사를 했든 하지 않았든 간에 그들의 아이에게 존엄성을 부여한다. 우리는 생식에 관련된 과학기술에 손쉽게 접근할 수 있게 되면서 어떤 아이가 우리를 행복하게 만들지, 우리가 어떤 아이를 행복하게 해줄 수 있을지 추측한다. 이러한 추측을 기피하는 것도 무책임한 행동일 수 있지만 추측에 필요 이상의 의미를 부여하는 것도 무지한 행동이다. 가정에 근거한 사랑은 실질적인 사랑과 아무런 공통점이 없는 까닭이다.

　어떤 부모가 자식을 낳아야 하고, 어떤 아이가 태어나야 하는지의 문제는 항상 논쟁거리다. 우리는 에이즈에 걸린 사람들이 자식을 키울 정도로 오래 살지 못할 수 있음에도 자식을 낳기로 할 때 그들의 결정에 이의를 제기하고, 10대들의 임신을 막으려고 노력하며, 장애를 가진 사람들이 과연 그들의 차이를 대물림해도 되는지 잣대를 들이려고 한다. 사람들에게 비난에 더해 직접 메스를 들이대서 불임 시술을 하는 것은 불가능한 동시에 잔인한 처사다. 자녀로 상징되는 도전에 직면한 사람들을 보다 나은 길로 인도하는 행위가 합리적이기는 하지만 그렇다고 우리가 그런 삶의 가치를 안다고 생각하면서 그들에게 아이를 낳지 못하도록 강요하는 행위는 파시즘이나 다를 것이 없다. 결혼에는 자격이 필요해도 아이를 낳는 일에는 자격이 필요하지 않다는 사실은 결코 우연이 아니다.

미국은 상향적 유동성이 전에 없이 주춤한 상태이며 산업화된 다른 나라들에 비해서도 적은 편이다. 브루킹스 연구소는 2011년에 발표한 보고서를 통해 〈미국의 사회적 유동성은 극히 이례적인 국면을 맞고 있다. 우리의 두드러진 문제는 밑바닥에서부터 제한된 사회적 유동성이다〉[28]라고 주장했다. 내가 만났던 거의 모든 가족들은 이 사회적 유동성의 위기를 초래한 믿음에 희생된 사람들이다. 즉 개선이란 개개인이 단독으로 임하는 프로젝트인 까닭에 당사자가 아닌 다른 사람들은 그 사람의 프로젝트에 연루되지 말아야 한다는 전제의 희생자다. 그럼에도 만약 50년 전이었다면 이 책에서 살펴본 범주의 그 누구도 보다 나은 삶을 영위하지 못했을 것이다. 다행한 사실은 그들 대다수의 정체성을 위협하는 과학기술의 아찔한 발전이 보다 관대한 세상을 추구하는 정체성 정치학과 병행해서 일어났다는 것이다. 우리가 사는 세상은 갈수록 더 다양해지고 있으며, 이 다양성에 따라오는 관용의 교훈은 지나친 박탈감으로 자신의 요구를 주장하지 못하는 사람들에게도 확대되었다. 그리고 이러한 변화는 여성 참정권 운동가들이나 시민 평등권 운동가들이 상상했던 그 어떤 것보다 광범위한 변화였다. 그 결과 이제는 장애인들이 텔레비전에 출연하고, 트랜스젠더가 공무원으로 일하며, 자원봉사자들이 범죄자와 신동, 강간에 의해 태어난 사람들을 위해 일하는 세상이 되었다. 또한 정신분열증이나 자폐증을 앓는 사람들을 위한 직업 훈련 프로그램이 존재하는 세상이 되었다.

우리가 수치심을 모르는 시대에서 산다고 생각하면서 애석해하는 사람들이 많다. 그토록 많은 사람들이 텔레비전에 출연해서 그들의 저능함과 정념(情念), 심지어 잔인함에 대해 이야기하면서 자신의 치부를 드러내는 이유가 무엇일까? 우리가 도둑질로 부를 이룬 부자들을 묵인하는 이유는 무엇일까? 맞다. 어쩌면 우리는 진정 비난받아 마땅한 일을 부끄러워할 줄 모르게 되었는지도 모른다. 하지만 같은 맥락에서 우리는 애초에 우리가 혼란스러워할 필요가 없었던 일에 대해서도 점점 더 부끄러워하지 않게 되었다. 정체성 정치학의 반대는 당혹이다. 우리는 그 어느 때보다 생명이나 자유, 행복 추구와 관련된 권리에 가까이 있다. 자신의 진정한 정체성을 부끄럽게 여기는 사람들이 점점 줄어들고 있다는 뜻이다.

〈특별함〉은 숫자로 결정되는 숫자 게임이다. 우리는 특별한 어떤 것이 좋거나 나쁘다고 주장할 수 있지만 어떤 것이 특별하다고 또는 그렇지 않다고 실효성 있는 주장을 할 수는 없다. 그럼에도 〈특별함〉이라는 단어는 잘못된 주장에 의해 끊임없이 휘둘린다. 평범한 사람은 자신이 유일무이한 존재라고 주장하는 반면, 특별한 사람은 자신이 다른 사람과 전혀 다르지 않다는 태도를 고수한다. 우둔한 사람이 놀라운 존재로 여겨지길 좋아한다면 뛰어난 사람은 다른 사람들과 자연스럽게 어울리면서 소박한 위안을 얻고자 한다. 평범한 자녀를 둔 부모들은 자녀가 보여 주는 믿기지 않을 정도로 특별한 행동을 부각시켜 이야기하고, 명백히 특별한 자녀를 둔 부모들은 그들의 자녀가 심각한 질병이나 놀라운 재능에도 불구하고 다른 아이들과 크게 다르지 않은 이유를 설명한다. 이런 엇갈린 태도는 우리가 차이를 갈망하는 동시에 거부한다는 보다 큰 이중성을 보여 준다. 요컨대 우리는 개성을 열망하는 동시에 두려워한다. 자녀가 부모에게 물려받는 가장 도전적인 차이는 그들의 부모에게 익숙하지 않은 영역에서 드러나기 마련이다. 따라서 자녀의 실제 모습을 어느 정도 부풀리거나 축소해서 이야기하려는 부모의 성향은 개성과 행복의 상관관계에 대한 그들의 불안한 심리를 반영한다.

2008년에 AP 통신은 인도 북부에 있는 한 마을에서 두 개의 얼굴을 가진 아기가 태어났다고 보도했다.[29] 라리 싱은 이안체(二顏體) 또는 이중 안면이라고도 하는 하나의 머리에 두 개의 코와 두 개의 입, 두 쌍의 입술, 두 쌍의 눈을 가지고 태어나는 희귀한 질환을 앓았다. 그녀가 태어난 병원의 원장은 〈그녀가 호흡곤란도 없고 정상적인 생활을 하고 있다〉고 설명했다. 사이니 선푸라 마을에서는 〈정상적인 생활〉이 어떤 상태를 의미하는지 몰라도, 적어도 〈건강하거나, 힌두교에서 전통적으로 세 개의 눈과 다수의 팔을 가진 모습으로 그려지고 성질이 불같은 전쟁 여신 두르가의 환생으로 숭배되는 상태〉가 아닌 것만은 거의 확실했다. 매일 100여 명씩 되는 사람들이 라리의 발을 만지고, 헌금하고, 축복을 받기 위해서 그녀의 집으로 몰려들었다. 마을 지도자는 그녀에게 사원을 지어 주겠다며 주 정부에 재정 지원까지 요구했다. AP 통신의 기사에는 이안체가 일반적으로 심각한 건강 합병증과 관련이 있다는 사실이 아주 짤막하게만 언급되어 있었다.

라리가 태어난 곳이 미네소타의 델루스나 캔자스의 위치타, 베이징이나 파리였다면 그녀의 탄생은 축하할 일은 고사하고 걱정스러운 사건이 되었을 것이다. 라리의 친모 수시마는 〈내 딸은 아무 문제도 없다. 다른 아이들과 다를 게 없다〉고 말했다. 그녀의 아버지 비노드는 라리를 데리고 뉴델리 병원을 찾았지만 CT 촬영을 해서 그녀의 내부 장기가 정상인지 검사하자는 제안을 거절했다. 심지어 그녀가 구개 파열로 취식에 어려움을 겪고 있었음에도 그마저도 치료하려고 하지 않았다. 그는 〈딸이 정상적인 아이와 똑같이 행동하고 있기 때문에 지금 단계에서는 치료할 필요가 없다고 생각한다〉고 설명했다. 그리고 불과 2개월 뒤 라리는 세상을 떠났다. 그녀가 조기에 적절한 의료 서비스를 받았더라면 완화될 수도 있었던 문

제들이 주된 사인(死因)이었다.[30]

라리의 짧은 생애를 보도한 그 신문 기사는 내게 그다지 충격적이지 않았다. 10년 전이었다면 아마도 충격이 훨씬 컸을 것이다. 지난 10년 동안 연구를 하면서 비슷한 사건들과 수없이 조우했던 까닭이다. 이 이야기의 매력적인 요소―부모가 이례적인 자녀를 명백히 즉각적으로 수용한 대목―는 부모가 딸의 본모습을 정상적인 상태와 혼동하면서 비극으로 바뀌었다. 그들은 부모의 사랑과 관대함으로 딸의 본모습을 명확히 보여 줄 수 있다고 믿었지만 그런 부분들이 보여 준 것은 그들이 딸을 사랑한 부모라는 사실뿐이었다. 부모가 관대함을 쫓느라 눈이 멀어서 자식의 요구를 보지 못하는 경우 그들의 사랑은 현실을 부정하는 수단이 될 뿐이다. 차이를 인정한다고 해서 사랑이 약해지는 법은 없으며 오히려 더욱 깊어질 수 있다.

이상적으로는 부모가 수용의 깊이를 더할수록 자식은 보다 진정한 자아에 가까워질 수 있다. 그런 가족 내에서는 가족 중 누가 왜소증이나 자폐증, 신동, 트랜스젠더라는 사실이 부차적인 문제에 불과할 수 있다. 이런 경우에 해당 장애 아동은 그 부모에게 다른 누구보다 이상적인 자식이며, 가족이라는 소국의 시민으로 오롯이 인정받는다. 부모라는 이유만으로 자식에게 장애가 있어도 무조건 사랑해야 하는 법은 없다. 하지만 장애가 있는 자식을 둔 부모는 어쩌면 자식의 불완전함 속에서 놀라운 진실을 발견하게 될지도 모른다. 현명한 어떤 정신과 의사는 내게 〈사람들이 점점 더 나아지길 바라면서 변화는 싫어한다〉고 불만을 토로했다. 하지만 나는 수평적 정체성을 가지고 태어난 사람들에게 변하지 않아도 되는 환경을 제공하는 것이 그들을 나아지게 만드는 유일한 방법이라고 주장하고 싶다. 우리는 누구나 보다 행복한 자신이 될 수 있지만 완전히 다른 누군가가 될 수는 없다.

주류화와 포용, 탈시설화, 장애 인권 운동, 정체성 정치학 등은 하나같이 차이를 강조하는 동시에 평준화한다. 이런 운동을 옹호하는 사람들은 인간의 기본적인 요구가 대체로 모두 똑같다고 단언하면서 이례적인 요구도 수용되도록 확실히 하는 데 집중한다. 그리고 세상을 변화시켜서 보다 많은 사람들이 평범하게 느끼면서 살아갈 수 있게 되기를 열망한다. 내가 인터뷰한 부모들 대다수는 그들의 가정 내에서 이룩한 최선의 상태를 보다 큰 집단으로 확대하기 위해 헌신했고 그래서 장애 인권 운동가가 되었다. 그들 중에는 장애 인권 운동을 일생의 사명으로 여기는 사람들도 있었고 단순히 공식회견에 동조하는 수준에서 가담하는 사람들도 있었다. 부모들이 인권 운동가로 나선 저변에는 그들의 자녀가 평생을 살아가면서 한결 친절해진 사회의 도움을 받길 바라는 마음이 있었다. 특수교육과 일반교육이 통합된 교육제도는 수평적 정체성을 가진 많은 아이들에게 유익하다. 여기에 더해서 그들과 같은 교실을 사용하는 평범한 아이들에게도 도움이 된다. 마찬가지로, 공감하는 사회를 건설하는 것은 그로 인해 새롭게 용인되는 사람들뿐 아니라 새롭게 용인할 줄 알게 된 사람들에게도 이로운 일이다. 이례적인 사람들을 포용하기 위해서는 사회적으로 비용과 시간이 든다. 감정적인 부분과 물리적 지원 문제가 뒤섞이면서 사회 구성원들의 진을 빼놓을 수도 있다. 그럼에도 부모들이 문제의 자녀에게 감사하면서 그들의 무용담을 끝맺는 사례가 늘어난다면, 우리 모두는 그들이 보여 준 용기와 우리에게 가르친 관대함, 심지어 그들이 세상을 복잡하게 만든 방식에도 결과적으로 감사하게 될 것이다.

〈다양성〉이란 속된 말로 나이트클럽에서 소수 민족의 입장을 허용해야 하고 대학이 동성애자의 입학을 허가해야 한다는 의미다. 이 용어가 균형 잡힌 투자 전략을 의미하거나 숲이나 바다, 늪지 등의 종(種) 다양성을 의미하는 경우에서 분명히 알 수 있듯이 이타적인 마음이 다양성을 유효하게 만드는 유일한 수단은 아니다. 내가 대학을 다닌 마을에는 오랫동안 그 마을의 명물로 내려오는 느릅나무들이 있었다. 실제로 그 마을은 네덜란드 느릅나무 병이 북아메리카를 덮쳐서 마을의 길거리와 공원을 온통 벌거숭이로 만들기 전까지 느릅나무 도시로 불렸다.[31] 변화에 직면할 때 단일 문화는 걸림돌이 된다. 사회적 가치가 극적으로 변하고, 물리적 환경이 정신없이 빠른 속도로 달라지는 가속화된 대 변화의 시대에 무엇이 적응해서 끝까지 남을지 예측하기란 불가능하다. 나는 왜소증이나 청각 장애, 범죄 성향, 동성애 등을 어떤 중요한 문제의 해답으로서 옹호하는 것이 아니다. 우리 모두를 느릅나무로 만들려는 발상이 바람직하지 않다고 생각할 뿐이다. 비록 그렇게 할 경우 느릅나무와 조화를 이루어 길게 이어진 골목들이며, 대칭 형태로 줄을 맞춰 늘어선 고상한 느릅나무 몸통이 보기 좋을 수는 있지만 도시 전체의 조경을 계획하는 측면에서는 무책임한 방식이다.

이제는 남편이 된 존을 처음 만났을 무렵에 나는 막 이 책을 쓰려고 준비하고 있었다.[32] 그동안 나는 계속해서 아이를 원했다. 오랫동안 알고 지내던 친구에게 도움을 받는 방법도 고려했으며 체외수정을 이용한 방법을 알아보기도 했다. 하지만 가능성은 늘 불투명하기만 했다. 존은 내게 특별한 사람이 되도록 용기를 주었고 보통 사람처럼 살 수 있다는 확신을 주었다. 하지만 이례적인 가족들 수백 명의 이야기를 접하면서 차츰 나는 특별한 사람이 되는 동시에 평범한 삶을 살아가는 것이 공존할 수 없는 목표가 아니며, 이례적인 사람이라고 해서 평범하게 살 권리나 능력을 포기할 필요가 없음을 깨달았다. 에밀리 펄 킹슬리는 다른 사람들이 그녀처럼 외로움을 겪지 않도록 하기 위해 다운증후군 아이들이 텔레비전에 출연할 수 있도록 거들었다. 신경 다양성과 농인의 인권을 주장하는 운동가들은 일탈을 받아들이는 선택이 그들에게는 세금 같은 것이라고 주장했다. 루스 섹터는 〈우리 아이들 같은 장애 아동은 애초에 부모에게 선물이 될 운명으로 태어나지 않는다. 그럼에도 그 아이들이 선물인 이유는 우리가 그들을 선택했기 때문이다〉라고 말했다. 수 클리볼드는 〈그 어떤 것보다 콜럼바인 사건은 내가 인간과 깊이 연결되어 있다고 느끼게 해주었다〉고 회고했다. 앤 오하라는 트랜스젠더인 딸을 도와주면서 〈나는 그녀에게 되돌려 줄 수 있는 것보다 훨씬 많은 것을 받았다〉고 말했다. 그들의 설득력 있고 경이로운 행보는 하나같이 내게 깊은 울림을 주었다.

　　나는 아이가 없다는 사실 때문에 몇 년 동안 괴로워했으며 마침내 슬픔에 적응하고 나서야 반대로 희망이 보이기 시작했다. 그런 다음에는 어떻게 하면 2세를 가질 수 있을지 방법을 모색하기 시작했다. 다만 그때까지도 내가 진심으로 아이를 원하는지, 아니면 나의 성적인 성향에 유감을 표시했던 사람들에게 그들이 틀렸다고 증명하고 싶을 뿐인지 확신이 없었다. 예컨대 우리가 그토록 달을 갈망했다가도 막상 달이 휘황찬란한 은빛 자태를 드러내는 순간 애초에 왜 달을 갈망했는지 그 이유를 잊어버리는 것과 비슷한 이치였다. 나는 과거에 우울증을 앓았다. 2세를 갖기로 함으로써 나는 새로운 행복을 위해 생기 없는 자아를 포기하려고 한 것일까? 어쩌면 또 다른 환경을 만들어서 그 안에서 장차 수많은 슬픔을 직면하려고 했던 것은 아닐까? 내가 절망에 빠져서 감행했던 모험으로부터 내 아이를 지킬 수 없다면 나는 영원히 아이를 갖지 말아야 할 터였다. 하지만 양육이 완벽주의자들만의 스포츠가 아님을 알기에 나는 내가 인터뷰했던 가족들에게 겸손을 배우려고 노력했다. 또 불안이 엄습할 때마다 내가 운전면허 시험을 보려고 집을 나설 때 어머니가 들려주었던 조언을 떠올렸다. 인생에는 우리를 주눅 들게 만드는 일 두 가지가 있으며 주눅을 이겨 내기 위해서는 그 두 가지가 거의 누구나 하는 일이라는 사실을 상기해야 한다는 것이다. 바로 운전과 자식을 낳는 일이다.

　　나는 인기 없는 아이였고 아이들은 늘 내게 겁을 주었다. 그들의 눈에는 내가 여전히 걸음걸이가 우스꽝스럽고, 감정적으로 서투르며, 피구를 못하는 아이처럼 보일 것 같았다. 여기에 더해서 어릴 때 다른 아이들이 나를 기피하게 만들었던 특징들과, 궁극적으로 나의 성적 정체성에서 기인했음을 납득하게 된 특징들이 그대로 남아 있는 것처럼 느껴졌다. 나는 여전히 어린아이들에게 게이라고 불리는 것이 두려웠다. 아이들의 입을 통해서 그런 말을 들으면 나의 확실한 정체성이 모욕처럼 들렸다. 그래서 나는 아이들을 피했다. 그들이 내게 너무나 〈많은 것〉을 느끼게 했기 때문이다. 강렬한 감정이 으레 그렇듯이 그것이 어떤 감정인지 이해하기 어려웠다. 분명한 것은 그 감정의 본질보다 그 감정이 주는 강렬함이었다. 나는 다른 사람의 아이를 두 시간만 봐 주어도 그 집을 나오면서 안도감을 느끼기 일쑤였다. 친자식이라고 해서 느낌이 달라질까? 나한테는 좀처럼 뿌리칠 수 없는 우울한 환상이 있었다. 드디어 내 아이가 생겼음에도 내가 그 아이를 좋아하지 않을뿐더러 여생을 마지못해 그 아이에게 매여 사는 것이었다. 나와 부모님의 유대는 나뿐만 아니라 부모님에게도 늘 커다란 기쁨의 원천이었고 나는 부모님과의 유대를 계속 유지해 나가고 싶었다. 하지만 내가 느꼈던 고독감 중 상당 부분 또한 우리 가족의 역학 관계에서 기인했으며, 우리 가족은 감정적인 유대가 너무 강해서 내게 일어난 일과 부모님에게 일어난 일이 구별되기 어려울 정도였다. 한때 나는 아들 역할에 푹 빠져 있었다. 최근 들어서야 그 고래의 입에서 탈출했는데 이제 다시 아버지 역할에 삼켜질까 봐 두려웠다. 또한 예전의 내가 종종 억압받는다는 느낌을 받았던 것처럼 이질적인 아이에게 나 역시 똑같이 억압하는 사람이 될까 봐 두려웠다.

나를 만났을 당시 존에게는 이미 친아들이 있었다. 존과 그 아들의 친모 로라는 직장 동료였고, 로라는 존을 몇 년 동안 유심히 지켜본 다음에 그에게 그녀와 그녀의 파트너 태미가 아이를 갖도록 도와 달라고 부탁했다. 그들과 특별히 가까운 사이는 아니었지만 존이 이를 수락했고, 그들은 각각 존이 부권을 포기하고 그들 커플이 양육청구권을 포기한다는 법률 서류에 서명했다. 존은 아이와 그들 두 어머니가 간절히 원할 경우에는 자신의 능력이 미치는 한도 내에서 아이의 삶에 적극적으로 개입하겠다고 제안했다. 그렇지만 양어머니인 태미의 입장을 존중해서 그들 가족과 대체로 거리를 유지했다. 존이 당장 나를 태미와 로라에게 소개하려고 애쓰지 않았음에도 우리는 교제를 시작한 지 몇 달 뒤에 우연히 2001년 미네소타 주 박람회에서 그들과 당시에 갓 걸음마를 시작한 올리버를 만났다. 올리버는 〈기증자 아빠donor dad〉라는 말을 이해하지 못하고 존을 〈도넛 아빠donut dad〉라고 불러서 모두를 웃게 만들었다. 그들에게 나는 누구일까? 18개월 뒤에 그들은 존에게 한 번 더 기증자가 되어 달라고 부탁했고 다시 10개월 뒤에 로라가 루시를 낳았다. 나는 존과 이들 가족의 관계에서 경계심과 매력을 동시에 느꼈다. 존에게는 그의 유전자를 물려받은 자식들이 있었고 나는 그 아이들을 보면서 존의 진정한 모습과 연결된 고리를 찾고 싶었다. 당시에는 아직 그 아이들을 좋아하지 않았지만 그런 감정과 피의 이끌림은 전혀 다른 문제였다.

나는 여러 해에 걸쳐 친자식을 갖는 문제를 고민했다. 그러던 중 1999년에 텍사스로 출장을 갔을 때 한 저녁 모임에 참석하게 되었고 그 자리에서 대학 동창인 블레인을 만났다. 내게는 그녀가 언제나 마법 같은 존재였다. 블레인은 무의식적인 친절함이 배어 있고, 그녀가 한 번도 자랑한 적은 없었지만 명석한 두뇌를 가졌으며, 세월이 흘러도 변치 않는 우아함을 지녔다. 최근에 이혼하고 불과 얼마 전에 어머니와 사별한 그녀는 행복했던 어린 시절에 대해 그녀가 할 수 있는 최고의 헌사는 자신이 어머니가 되는 것이라고 말했다. 나는 다른 사람들도 모두 함께 있는 식탁에서 가벼운 마음으로 그녀가 아이를 낳겠다면 내가 아버지가 되어 줄 의사가 있다고 제안했다. 그녀가 밝은 표정으로 나의 제안을 정말 액면 그대로 받아들일지도 모른다고 되받았다. 하지만 그녀가 실제로 내 아기를 갖길 원할 거라고는 상상도 할 수 없는 일이었다. 나는 이를테면 외딴 곳에서 새로 알게 된 사람에게 나중에 혹시 뉴욕의 그리니치 빌리지를 방문하게 되면 같이 술이나 한 잔 하자고 권할 때처럼 겉치레로 제안했던 것이다. 나는 집에 돌아와서 그녀에게 편지를 썼다. 어쩌면 농담이었을지도 모르지만 그녀가 세상에서 가장 훌륭한 어머니가 될 거라고 생각하며 누군가와 꼭 아기를 갖게 되길 바란다고 적었다.

4년 뒤 2003년에 나의 마흔 번째 깜짝 생일 파티에 맞춰 블레인이 뉴욕으로 날아왔다. 다음날 저녁 우리는 함께 저녁 식사를 하러 나갔고 우리 둘 다 4년 전의 계획을 완수하고 싶어 한다는 걸 알게 되었다. 그때까지 나는 그처럼 영광스럽고 놀랐던 적이 한 번도 없었다. 우리의 협의 내용은 존이 태미와 로라와 맺은 협의 내용과 비슷한 부분도 있었지만 다른 부분도 있었다. 나는 아이의 법적인 아버지가 되기로 했고 아이는 나의 성을 물려받기로 했다. 아이는 블레인과 텍사스에서 살겠지만 그 아이와 나의 관계는 명백히 부모와 자식이 될 터였다.

나는 존에게 알리기 전에 마음의 준비가 필요했고 마침내 그에게 털어놓았을 때 그는 내가 걱정했던 대로 화를 냈다. 그는 단지 정자 기증자였지만 블레인과 나는 지속적이고 깊은 관계로 발전할 터였고, 존은 우리가 치명적인 삼각관계로 발전하는 것을 두려워했다. 그렇게 우리 관계가 시작된 이래로 가장 고난의 시기가 찾아왔다. 우리―존과 나, 블레인과 나―는 그 문제를 몇 개월에 걸쳐 논의했고 협상 과정은 발칸반도를 연상시킬 만큼 격렬했다. 세부적인 사항들을 해결하기까지 무려 3년이라는 시간이 걸렸지만 늘 자비심으로 져주는 존이 마침내 동의했고, 블레인과 나는 체외수정 클리닉을 통해 수정에 성공했다. 한편 블레인이 그녀의 파트너 리처드를 만나면서 우리 관계에도 특이하지만 적절한 균형이 생겼다.

우리의 협의 내용은 갈수록 흥미로워졌고, 그럴수록 전통적인 느낌을 풍기기 시작했다. 존은 이전에 내게 청혼을 했었는데 나는 비록 동성애자 간의 결혼에 여전히 조심스러운 전향자였음에도 그의 생각을 존중하기로 했다. 결혼은 우리가 블레인과의 계획을 실행하는 과정에서 존이 얼마나 중요한 사람인지 그에게 확신을 주려는 나만의 방식이기도 했다. 하지만 곧 보다 심오한 의미에서 내가 그의 근사한 외모와 재치, 도덕적 목적의식에 탄복하는 계기가 되었다. 또한 내 가족들과 친구들이 그를 더욱 좋아하는 계기가 되었다. 그리고 그가 그들의 가슴 속에서 내가 보았던 것들과 똑같은 것들을 발견하는 계기가 되었다. 우리는 2007년 6월 30일 한적한 시골에서 진행된 결혼식을 통해 부부의 인연을 맺었다. 나는 만약 그동안 겪었던 그 모든 충격적인 일들이 이 날의 자리로 나를 인도한 것이라면, 그 일들이 당시 내가 생각했던 것만큼 꼭 나쁘지는 않았다는 생각이 들었다. 결혼식 건배를 제의하면서 나는 〈감히 사랑이라는 이름으로 부를 수도 없었던 그 사랑이 이제 사방으로 퍼져 나가고 있다〉고 말했다. 태미와 로라 그리고 그들의 아이들도 모두 결혼식에 참석했다. 올리버가 존에게 반지를 전달하는 임무를 맡았다. 우리가 잉태시킨 아이를 임신한 지 4개월째이던 블레인도 리처드와 함께 왔다. 존은 농담조로 우리가 임신 때문에 서둘러서 결혼하는 최초의 게이 커플이 되었다고 발표했다.

그해 10월에 블레인이 임신 합병증에 걸렸다. 그래서 예정일보다 한 달이나 이른 2007년 11월 5일에 제왕절개수술을 해야 했기 때문에 존과 나는 급하게 포트워스로 달려갔다. 나는 산부인과 의사가 볼록하게 부풀어 오른 블레인의 뱃속에서 작은 블레인을 꺼내는 과정을 지켜보았고 처음으로 그녀를 안았다. 이제 아버지가 되었다는 사실을 계속 되새겼지만 좀처럼 실감이 나지 않았고 아버지로서 무엇을 어떻게 해야 할지도 몰랐다. 마치 하루아침에 내가 최고의 스타가 되었다는 이야기를 듣는 것 같았다. 내가 갓 태어난 그녀를 안은 후에 블레인도, 리처드도, 존도 그녀를 안았다. 우리 모두는 이 황홀한 존재에게 누구일까? 그녀는 우리에게 어떤 존재일까? 그녀의 존재로 인해 우리 어른들의 관계에 어떤 변화가 일어날까? 이미 연구를 한창 진행 중이던 나는 모든 아이가 수평적인 특징을 조금씩 갖고 있으며, 부모의 특징을 재구성한다는 사실을 알고 있었다. 그녀가 어떤 사람인지 단서를 찾고자, 그리고 그녀가 나를 어떤 사람으로 바꿀 것인지 힌트를 얻고자 나는 그녀의 작은 얼굴을 유심히 살폈다.

존과 나는 열흘 뒤에 뉴욕으로 돌아왔다. 집에 돌아와서도 새로 태어난 딸 생각에 여념이 없었지만 나는 내가 행한 어떤 일에 관여하는 것이 아닌 블레인이 행한 경이로운 어떤 일에 지원을 해주는 것이라는 사실을 계속 되뇌었다. 아직은 이제 막 시작된 부모로서의 생물학적 황홀감이 진정한 부모로서 겪게 될 걱정을 보여 주는 단지 흐릿한 암시일 뿐임을 알지 못했다. 나는 부모님이 나를 규정하기 위해 그토록 많은 시간을 쏟았던 결정적인 비극에서 마침내 탈출했다는 안도감을 내가 책임져야 할 갓 태어난 아기의 보다 거대한 현실과 분리시켜야 했다. 요컨대 작은 블레인에게 너무 집착해서 그녀가 나와 떨어져서 텍사스에 사는 것을 견디기 힘들게 만들고 싶지 않았다. 그렇다고 너무 애착을 보이지 않아서 그녀가 관심을 받지 못한다고 느끼게 하고 싶지도 않았다. 나는 내가 감정적으로 어떤 대가를 바라든 그건 중요치 않다는 사실을 알아야 했다.

결혼하고 아이를 낳는 행위는 모두 대중적인 일이다. 그리고 많은 대중적인 일들이 그렇듯이 결혼과 아이를 낳는 일도 직접적인 체험을 통해 구체화된다. 나는 우리의 삶에 대한 비전이 있었고 갑자기 다른 사람들도 우리의 삶에 대해서 비전을 갖게 되었다. 우리의 현실은 다른 사람들과 연루됨으로써 강화된다. 그리고 우리는 가족과 많은 친구들을 어떤 과정으로 이끌었고, 그 과정을 통해서 사랑이 가족이라는 결실을 맺었으며, 내면의 진실에 그 진실을 보호하고 지탱해 줄 껍질이 생겼다. 나는 우리의 결혼을 축복해 준 친구들에게 고마움을 느꼈다. 한때는 겁을 내기도 했지만 내 딸을 기꺼이 받아 준 존에게도 고마움을 느꼈다. 존과 블레인이 서로를 신뢰하기 시작한 것도 고마웠다. 마침내 나는 블레인이 내 어머니와 공통점이 얼마나 많은지도 깨달았다. 예컨대 그들은 일상생활에서 유머를 찾아내는 능력이 똑같았고, 감정을 절제하는 신중한 태도도 닮았으며, 품위 있는 우아함과 완고한 겸손으로 무장한 사람들이 흔히 뒤에 감추고 있는 엉뚱한 상상력도 똑같았고, 슬픔을 갈무리한 넓은 이해심도 똑같았다. 나는 자식이 생기면서 다른 많은 남자들처럼 어머니를 떠올렸다. 한편 우리 합의가 당신들의 가치관을 거스를지 모른다는 나의 우려에도 불구하고 86세이던 블레인의 아버지도 무척 기뻐해 주었고 나의 아버지도 매우 황홀해했다.

이내 나는 우리 집에서 존과 함께 아이를 키우고 싶다는 욕구가 꿈틀대는 것을 느꼈다. 그 아이는 우리 관계의 징표가 될 터였다. 존이 태미와 로라와 맺은 최초의 합의는 이 문제에 해법을 제시했다. 블레인과 내가 맺은 합의는 보다 밀접한 모델을 제시했다. 그리고 이제 우리 두 사람과 언제나 함께할 아이를 갖겠다는 생각은 그동안 게이 남자로서의 삶에서 우리가 기대하도록 배운 모든 세속적인 통념들을 완전히 깨뜨렸다. 나는 당초 결혼할 마음이 없었다. 그럼에도 결혼이라는 현실은 나를 황홀하게 만들었다. 나는 공정한 거래로서 아이를 요구했고 결국에는 존 역시 황홀해할 거라고 믿었다. 내가 그렇게 하자고 주장한 데 반해서 존은 자신이 그런 아이를 원하는지 확신이 부족했고, 나는 이 계획을 관철시키기 위해 치어리더처럼 나서야 했다. 나는 아직 존재하지 않는 누군가에 대한 희망으로 완전히 도취되어 있었고 아버지가 됨으로써 존에 대한 나의 모든 감정이 격상될 것이라고 확신했지만 논의는 계속해서 제자리를 맴돌았다. 서로에 대한 사랑은 2세를 갖기 위한 전제 조건이었지만 그 사랑이 아이를 갖기 위한 이유는 될 수 없었다. 우리는 사회적 실험이나 정치적인 목소리를 내기 위해서 또는 우리 둘만의 이기심에서 아이를 낳을 생각이 없었고, 나 혼자만 열을 올린다고 해서 합의에 도달할 수 있는 문제도 아니었다. 그러던 어느 날이었다. 존이 내 생일에 나비 모양의 리본을 매단 낡은 요람을 선물하면서 〈만약 아들이면 할아버지의 이름을 따서 조지라고 지어도 될까?〉라고 물었다.

변호사가 한 여성에게 난자를 제공받고 또 다른 여성에게 자궁을 제공받아서 그들 중 누구도 어머니로서 완전한 권리를 갖지 않도록 할 때의 법률적인 이점들을 설명했다. 존은 내가 이 아이의 생물학적 아버지가 되어야 한다고 제안했고 혹시라도 다음 기회가 있으면 그때 아버지가 되겠다고 말했다. 체외수정을 고려하는 대다수 중년 커플들처럼 우리는 난자 사냥을 위한 소개팅을 시작했다. 우리는 우리가 선호하는 기증자를 보유한 대행사의 비위를 맞추기 위해 샌디에이고까지 날아가기도 했다. 마침내 결단을 내렸다는 사실은 기뻤지만 존과 나의 유전자가 합쳐졌을 때 어떤 아이가 태어날지 알 수 없다는 것은 섭섭했다. 우리가 난자를 구할 수 있다는 사실은 고마웠지만 우리 중 누구도 직접 난자를 생산할 수 없다는 현실은 유감스러웠다. 또한 우리가 아이를 가질 수 있다는 사실에 무척 행복했지만 아기를 갖기 위한 우리의 모험 전반에서 풍기는 제조하는 듯한 분위기가 슬펐다. 보조 생식 기술이 없었다면 지금의 우리 아이들을 가질 수 없었겠지만 진이 빠지는 관료주의를 통해서가 아니라 육체적인 사랑이 선사하는 황홀한 순간에 아이를 잉태하는 편이 재미있을 것 같았다. 많은 비용이 들었고 꼭 필요한 곳에 사용한 것이었음에도 우리 두 사람은 사랑의 행위라고 생각하고자 했던 일이 경제적 특권이 있어야만 가능하다는 사실이 유감스러웠다.

연구를 한창 진행 중이던 나는 기증자를 찾는 과정에서 유사 우생학적인 측면을 민감하게 의식할 수밖에 없었다. 지능과 성격, 건강과 외모 등이 기준에 부합하는 기증자를 선택하는 방식에 민감할 수밖에 없었다. 이런 개인적인 선택들이 내게는 걱정스럽고 정치적으로 함축된 의미가 있었기 때문이다. 나는 내가 존경하게 된 이례적인 삶들을 평가절하하고 싶지 않았다. 그럼에도 우리의 아이가 우리와 친숙한 모습으로 태어나서 서로의 유사성으로 그 아이를 달래 줄 수 있기를 원한다는 사실도 부정할 수 없었다. 한편으로는 유전적인 혈통이 어떤 것도 보장할 수 없음을 이해했다. 각각의 기증자들을 홍보하는 일련의 매력적인 특징들을 살펴면서 우리는 마치 인터넷에서 앞으로 평생에 걸쳐 운전할 자동차를 고른다는 느낌이 들었다. 선루프는 어떻게 할 것인가? 고속도로에서 연비는 좋은가? 머리카락은 붉은색으로 할 것인가? SAT 점수는 높은가? 조부모는 80세를 넘겨 살았는가? 기증자를 선택하는 과정 전체가 터무니없고 우울했으며 도덕적인 죄책감이 들었다. 그럼에도 난자 기증자를 선택하는 과정의 신중한 태도는 추상적인 개념이 구체화되는 이 시대에 우리가 할 수 있는 하나의 구체적인 몸짓처럼, 요컨대 이 방대한 미스터리에서 우리가 보여 줄 수 있는 최소한의 지적인 행동처럼 보였다.

　로라와 태미에게 우리 계획을 알리자 로라가 존에게 말했다. 「당신의 도움이 없었다면 우리는 올리버와 루시를 가질 수 없었을 거예요. 정말 얼마나 고마운지 몰라요. 그래서 나는 당신의 대리모가 되어 주고 싶어요. 당신과 앤드루가 우리에게 얼마나 의미 있는 사람인지 보여 주고 싶어요.」 그녀의 제안은 정말 극적이고 관대했으며 우리는 그녀의 제안을 받아들였다. 난자 기증자인 로라와 나에 대한 의료 검사가 뒤따랐다. 샘플 채취(이를 위해 병원 직원이 나를 밝은 병실로 안내했고, 오래된 누드 잡지가 들어 있는 인조 가죽으로 된 서류 가방을 가져다주었다)와 로라에 대한 임신 촉진 치료, 배 이식, 초음파 검사 등이 이어졌다. 내가 만난 수많은 가족들처럼 우리 가족도 사회적 규범과 과학기술의 변화에 의해 도움을 받았다. 다행하게도 이러한 변화들이 동시에 일어났기 때문에 우리가 아이를 가질 수 있었던 것이다.

　임신은 두 번의 시도 만에 성공했다. 우리는 난자를 선택하는 과정에서 극도로 신중한 태도를 견지했지만 결과적으로 양수 천자 검사를 하지 않기로 했다. 존과 로라와 상의하다가 나는 불현듯 그렇게 결정을 내렸다. 장애아를 낳을 위험성(비교적 덜 외과적이고 그만큼 덜 확실한 검사들에 따르면 우리 아이에게 장애가 있을 가능성은 아주 낮았다)이 유산의 위험을 감수할 만큼 더 이상 두렵지 않았기 때문이다. 양수 천자 검사 결과가 나쁠 경우 어쩌면 낙태를 고려할 수도 있겠지만 이제는 이 책을 쓰기 이전에 나를 이끌었을 논리로 더 이상 그렇게 할 수 없었을 것 같았다. 연구는 내가 가졌던 명확성을 산산조각 내었고 나는 검사를 하지 않기로 했다.

자신의 아이를 임신하고 있는 여자만큼 남자에게 감탄을 자아내는 존재도 없다. 나는 로라가 그녀의 삶에서 우리를 위한 부분과 그녀 자신을 위한 부분을 조화롭게 엮어 나가는 방식에 감탄했다. 우리는 그녀와 태미 그리고 그들의 아이들과 급속도로 가까워졌다. 올리버와 루시는 아직 태어나지 않은 아기에게 동생이라는 호칭을 사용했다. 처음에 나는 그들의 열광적인 태도에 수줍음을 느꼈다. 하지만 출산일이 다가오자 존과 미니애폴리스로 갔고, 그곳에서 한 달 이상 머물면서 그들 네 사람을 거의 매일같이 만났으며, 그 덕분에 올리버와 루시가 존의 위트와 상냥함을 얼마나 닮았는지 관찰할 기회를 얻었다. 그들은 작은 블레인이 우리를 대디Daddy와 존 파파Papa라고 부른다는 사실을 알고는 그들의 어머니들에게 그들도 우리를 똑같이 부르고 싶다고 말했다.

나는 이 아이들이 모두 다양한 차원의 내 자식들이라는 개념을 받아들일 준비가 되어 있지 않았다. 그렇지만 존이 블레인 모녀에게 보여 준 다정함을 지켜보면서 내가 그들을 어떻게 받아들여야 할지 힌트를 얻었다. 두 자녀를 가지려고 계획했다가 갑자기 네 명을 고려해야 하는 상황이 되었지만 비로소 나는 사랑하는 방식은 달라도 내가 그들 모두를 깊이 사랑할 수 있다는 믿음이 생겼다. 로라가 우리 부부를 도와준 데는 우리 모두를 보다 가까워지게 만들려는 목적도 있었고 그녀의 계획은 효과가 있었다. 또한 우리가 한 가족이라는 존의 주장이 있었기에 가능한 일이었다. 나의 적극적인 행동이 없었다면 작은 블레인이나 새로 태어날 아이도 없었겠지만 마찬가지로 존의 낙천주의가 없었다면 우리와 로라 가족은 서로에게 어떤 영향도 주지 않으면서 분리된 채로 남았을 것이다. 그렇게 사는 방식이 어쩌면 단지 손쉬운 길에 불과할 수 있었음에도 나는 보다 나은 길이라고 오해하고 있었다. 결과적으로 나는 단순히 상상하는 대신 직접 행동에 옮기는 부분에서 존에게 많은 가르침을 주었고, 존은 일을 벌이고 난 다음에 그 결과를 직접 체험하는 부분에서 내게 많은 가르침을 주었다. 작은 블레인과 곧 태어날 아기, 올리버와 루시, 그리고 내가 알게 된 수많은 이례적인 가족들 덕분에 나는 바뀌었고 아이들 때문에 더 이상 슬퍼하지 않았다.

조지가 태어나던 날—2009년 4월 9일—에는 출산이 본격적으로 시작되기 전부터 감정이 북받쳤다. 나는 로라나 존보다 출산 과정에 존재하는 위험에 대해서 잘 알았다. 〈임신은 순조로워 보였다. 그런데 그녀가 아기를 낳으려고 할 때 갑자기……〉라고 시작하는 이야기들을 수없이 많이 들은 터였다. 불안한 마음을 가라앉히려고 애썼지만 조지의 머리가 보이기 시작하자 손바닥이 축축해질 정도로 겁이 났다. 로라는 진통제의 도움을 받지 않고 분만하겠다고 말해서 새삼 경외감을 자아냈다. 지난 9개월 동안 나는 그녀가 우리에게 베푼 호의를 이를테면 엄청나게 무거운 식료품 가방을 깎아지른 듯한 가파른 계단 위까지 대신 들어 주겠다는 제안처럼 느꼈고, 그녀가 우리에게 새로운 〈생명체〉를 만들어 주었다는 사실을 돌연 실감했다. 나는 그녀가 출산하는 광경을 지켜보았다. 마지막 팽창이 진행되고 그녀가 힘을 주면서 느끼는 고통을 생생하게 목격했으며, 금방이라도 그녀의 몸 밖으로 나올 것 같은 근본적으로 새로운 생명체의 탄생을 감지했다. 그때 처음으로 나는 그녀에게서 야생의 영웅적인 어떤 면을, 남성적인 경험이 그동안 내게 가르쳤던 그 모든 것을 뛰어넘는 심장과 용기의 크기를 똑똑히 보았다. 그녀가 두 차례 힘을 더 주자 조지가 모습을 드러냈고, 그는 곧장 우렁찬 울음소리로 자신의 폐가 얼마나 건강한지 과시하며 팔과 다리를 씰룩거렸다. 조지가 건강하게 태어났다는 산부인과 의사의 공식적인 선언이 이어졌다. 그리고 그때 우리는 조지의 탯줄에 울퉁불퉁한 마디가 있음을 알아차렸다.

조지는 딱 제때에 태어났다. 분만이 조금만 오래 지연되었거나 분만을 유도하기 위해 며칠을 더 기다렸더라면 탯줄에 생긴 마디가 단단하게 굳어지고, 그 결과 태아에게 산소 공급이 차단되어 뇌에 손상을 유발하고, 치명적인 태반 출혈이 발생할 수도 있었다. 나는 사람들이 흔히 운명─간발의 차이로 비껴간 어떤 것─을 바라보듯이 그 마디를 쳐다보았고, 위험이 우리의 기적적인 아기로부터 멀리 떨어져 나가기를 바라는 마음에서 마디 앞에서 탯줄을 잘랐다. 나는 조지를 안고 마냥 바라보았다. 그의 작고 꼼지락거리는 몸을 보면서 그가 장차 우리의 남은 인생에 희열만을 가져다 줄 거라는 덧없는 환상을 얻고자 했다.

우리는 건강한 출산 뒤에 이어지는 준의료적인 절차와 개인적인 의식을 치렀다. 수많은 기념 촬영이 있었고, 존과 나는 조지와 맨살 접촉을 위해 셔츠를 벗었으며, 그의 체중과 치수를 재는 모습을 지켜보았고, 그의 눈에 연고를 바르는 모습을 바라보았고, 올리버와 루시에게 그를 소개했다. 나는 샴페인 대신 블레인의 동생이 런던에서 보내준 트뤼플 초콜릿을 한 상자씩 돌렸으며(분만실에 진짜 샴페인을 가지고 들어가는 것은 금지되어 있다), 아버지와 새어머니, 남동생, 블레인, 그리고 우리에게 관심을 가져 주는 몇몇 지인들에게 전화를 걸었다. 존은 내가 예상했던 대로 곧장 황홀감에 도취되었다. 생명의 탄생은 마법이나 우주 전쟁보다 훨씬 신비롭고 불가사의하고, 따라서 우리를 순식간에 겸손하게 만들기 때문이다. 나는 이전에 작은 블레인이 태어났을 때도 그와 같은 감정을 느꼈고 이번에도 느꼈다. 이 아이는 이전까지 존재하지 않았다. 그렇지만 이제 존재한다. 나는 모든 사람들이 항상 생각하는 것을, 즉 그가 이 세상에 태어남으로써 이전까지의 모든 상실감을 보상받았다고 생각했다.

존과 내가 병실에서 잠잘 준비를 마치고 간호사가 조지에게 생애 첫 목욕을 시켜 주고 나자 새벽 2시 30분이었고 우리 모두는 더없이 행복한 상태로 잠자리에 들었다. 나는 가족들 중에서도 잠이 많은 편이었고 그래서 내가 평화롭게 잠들어 있는 동안에 존이 2~3시간마다 일어나서 조지의 상태를 확인하고 수유를 했다. 내가 일어났을 때는 존이 복도 끝에 있는 로라의 방에 이미 조지를 데려다 놓은 뒤였다. 태미와 그녀의 아이들이 시나몬 롤을 먹고 있었고 방 안은 축제 분위기였다. 존이 자신은 잠깐 눈을 붙여야 하므로 내게 소아과 의사와 이야기하라고 말했다. 나는 이전부터 가족 내에서 의료 서비스에 관한 문제를 전담하는 역할을 맡고 있었고, 그날은 생애 첫날을 맞은 조지에게 청력검사와 HB 백신 접종 문제 등 예측 가능한 일들이 이어질 것이라고 생각했다. 한껏 들뜬 기분으로 병실에 앉아 음식을 먹으면서 올리버와 루시가 아기를 안전하게 안도록 도와주고 있을 때였다. 산부인과 의사가 들어와서 걱정스러운 부분이 있다고 말을 꺼냈다.

조지는 다른 아기들처럼 다리를 오므리는 대신 빳빳하게 편 상태였고 한 번에 3분 정도씩 곧게 편 상태를 유지했다. 그 의사는 〈부적절하게 높은 근긴장〉이 원인일 수 있다고 설명하면서 혹시 뇌 손상 때문일지 모르니 CT 촬영을 해보고 싶다고 말했다. 조지의 상태가 이례적인 경우인지 묻자 그녀는 이 단계에서 자주 나타나는 증상은 아니라고만 간단히 대답했다. 로라가 해맑은 표정으로 끼어들어서 조지에게 아무 문제 없을 거라고 위로했고 사람들은 시나몬 롤을 먹는 데 다시 집중했다. 나는 내 몸 안에 있던 평상시에는 따뜻한 어떤 것이 차갑게 식어버리는, 그럼에도 공기 중에 노출된 부분에서는 갑자기 불이 나는 듯한 느낌이 들었다. 소아과 의사가 조지의 독특한 행동이 뇌에 출혈이 있다는 신호일 수 있으며 출혈이 저절로 멈출 가능성도 있지만 어쩌면 외과적인 수술을 통한 치료가 필요할 수 있다고 침착하게 설명했다. 그녀는 탯줄에 생겼던 예의 그 마디를 언급하면서 그로 인한 후유증이 없는지 확실히 해둘 필요가 있다고 조언했다. 그러면서 조지의 머리가 이례적으로 큰 원인이 뇌수종이나 뇌종양과 관련이 있을 수 있다고 말했다. 여기에 더해서 조지가 한쪽에 비해 다른 한쪽 다리가 더 뻣뻣한 것은 뇌의 비대칭 발달이나 뇌에 혹이 있을 수 있다는 의미라고 덧붙였다. 그녀는 젊은 의사였고 사람들에게 정직하려고 노력하면서 자연스럽게 몸에 익은 침착하고 능숙한 태도로 이야기하고 있었다.

조지가 잉태된 순간부터 그날까지 나는 이례적인 아이들에 관한 글을 쓰는 중간에 실제로 그런 자식이 생긴다면 얼마나 아이러니할까라는 생각을 계속했다. 하지만 자연의 섭리만큼 이상한 것도 없을 터였다. 이제 나는 얼마나 빨리 CT 촬영을 할 수 있는지 물었고, 소아과 의사는 가능한 빨리 준비하도록 조치하겠다고 말하면서 서둘러 병실을 떠났다. 나는 조지를 바라보며 문득 내가 그를 사랑하지 않으려고 무척 애쓰고 있음을 알았고 그로부터 그를 얼마나 사랑하는지 깨달았다. 황홀한 아기가 태어났다는 소식을 전했다가 불과 하루나 이틀 만에 전혀 다른 소식을 전하기 위해 전화기를 들어야 했다고 설명하던 부모들이 생각났다. 내 안의 이성적인 부분은 어떤 용감한 조치가 필요하더라도 절대적으로 조지를 지원할 것이라고 결심하고 있었다. 하지만 잔뜩 겁을 먹은 나의 또 다른 부분은 그를 단념하고 보호시설에 맡기는 가능성을 고려하고 있었다. 무엇보다 그를 꼭 끌어안은 채 어떤 검사도 받지 않도록 하고 싶은 강렬한 충동에 휩싸였다. 나는 그가 행복하길 원했지만 나 역시 행복하고 싶었고 그 둘 사이에 명확한 경계를 두었음에도 이제 그 경계가 무너졌고 나는 어느 한쪽이 불행해지면 다른 한쪽도 결코 행복해질 수 없다는 사실을 깨달았다.

나는 아버지에게 전화를 했고 동생하고도 이야기를 나누었으며 몇몇 친구들에게 이메일을 보냈다. 동생은 즉시 뉴욕에 있는 소아 신경과 의사들을 수소문했다. 아버지는 내게 가족의 친구인 한 내과 의사를 연결시켜 주었고 그 의사와 나는 전반적인 상황을 논의했다. 그토록 많은 부모들이 실제로 그런 상황이 닥치면 그 상황을 해결해야 하는 당위성 때문에 감정을 느낄 겨를조차 없다고 말했었다. 그리고 나 역시 문제를 해결하기 위한 태세로 돌입하면서 감정을 추스렸다. 적절한 모든 조치를 취하고자 노력했고 그렇게 함으로써 잠시나마 괴로움을 내려놓았다. 의사들은 처음부터 아이에게 30여 차례의 대대적인 의료 개입이 필요하다고 알려 주지 않는다던 부모들의 이야기가 떠올랐다. 이를테면 의사들은 아이에게 일차로 어떤 한 가지 수술이 필요하다고 설명하고, 그 수술이 끝나면 다시 또 다른 수술이 필요하다고, 또 얼마 후에 또 다른 수술이 필요하다고 이야기한다. 그러한 점진적인 접근법은 결과적으로 부모들의 자유의지를 박탈하는 행위다. 나는 매번 선택 상황에 직면할 때마다 그다음에 따라올지 모를 어떤 것에 대비해서 정신을 똑바로 차리기로 마음을 다잡았다.

간호사실에 전화를 걸어서 언제 CT 촬영을 하는지 확인한 나는 컴퓨터 오류로 검사 의뢰가 누락되었다는 사실을 알게 되었다. 소아과 간호사는 먼저 동맥혈을 채취해야 한다고 설명했다. 그러고는 조지의 팔목에 바늘을 깊숙이 찔러 넣었다. 세상에 동맥혈 채취라니? 마침내 CT 촬영 준비가 완료되었다는 연락이 왔다. 하지만 맙소사, 앞서 우리를 담당했던 간호사는 퇴근했고, 이제 우리에게는 비행기 승무원 같은 태도로 환자를 대하고 짜증 섞인 지루함이 거의 그대로 묻어날 정도로 지극히 의례적인 호의를 보이는 곱상한 어린 간호사가 배정되었다. 그녀에게 이전에도 비슷한 절차를 보조한 경험이 있는지 물었다. 그녀가 대답했다. 「신생아에게 CT 촬영을 하는 거요? 아니요, 신생아에게 이런 검사를 하는 사람들이 있다는 이야기조차 들어본 적이 없어요.」 나는 두 가지 상반된 죄책감을 느꼈다. 첫째는 내게 어쩌면 고통스러운 삶을 살아야 할지도 모를 아이가 태어났다는 사실이었다. 둘째는 이례적인 자녀를 키움으로써 심오한 의미를 깨달은 부모들에게 들은 그 모든 사례에도 불구하고 정작 나 자신은 그들의 일원이 되고 싶어 하지 않는다는 사실이었다. 물론 자신이 직면한 상황을 받아들이지 못한 부모들도 많았다. 나는 그들을 생각하면서 용기라는 것이 필요한 시점에 제때 발휘되지 않는다는 사실도 상기했다.

CT 촬영실은 발랄하고 친근한 분위기를 연출하려는 노력의 흔적들이 보였음에도 음산했다. 실제로는 그러한 흔적들 때문에 오히려 더 음산해 보이는 측면도 있었다. 그곳이 덜 무시무시한 장소였다면 그 같은 축제 장식이 불필요할 터였다. 우리는 조지가 기계 안에서 자리 잡는 모습을 무기력하게 지켜보았다. 그는 반쯤 잠든 상태였으며, 그의 머리 둘레로 담요들을 괴고 이마에 띠를 가로질러 고정시키는 동안에도 아무런 움직임이 없었다. 촬영실 직원이 우리에게 납으로 된 커다란 앞치마를 두르게 했고 우리는 조지를 안심시키려고 애썼다. 불현듯 나는 아직 안정감을 얻을 정도로 나를 전적으로 신뢰하지 못하는 누군가에게 내가 얼마나 불편한 존재인지 깨달았다.

우리는 그제야 안락하게 느끼게 된 우리 병실로 돌아와서 대기했다. 새로운 간호사가 교대되어 왔고 나는 그녀에게 검사 결과를 알려 달라고 사정했다. 대기 중이던 소아과 의사가 방사선과로 전화를 넣었고 결과가 나오지 않았다는 대답이 돌아왔다. 우리는 조금 더 기다렸다. 드디어 나는 곤란을 무릅쓰고 분연히 일어났다. 간호사실을 곧장 지나쳐서 막 교대하고 대기 중이던 소아과 의사를 붙잡고 몰아세웠다. 그는 이미 한 시간 전에 결과가 나왔다고 말했다. 그가 차분한 태도로 〈남편 분도 이 이야기를 들어야 할 것 같습니다〉라고 말했다. 우리는 함께 존이 기다리는 병실로 걸어갔고, 나는 땀에 젖어서 무심결에 〈아이에게 뇌출혈이 있나요?〉라고 물었으며, 소아과 의사가 아니라고 대답했다. 그가 검사된 내용과 각각의 사진들이 암시하는 결과를 설명하기 시작했고, 종국에는 촬영 결과가 완전히 깨끗하다는 소견을 밝혔다. 조지는 건강했다. 그렇게 모든 사태가 진정되었다.

나는 모든 사랑의 3분의 1이 추정이고, 다른 3분의 1이 수용이며, 지식과 통찰력은 나머지 3분의 1을 넘지 않을 거라고 생각한다. 내 아이들이 태어나면서 나는 순식간에 정말 많은 가능성을 추정했고 또 수용했다. 나는 세라 해든을 떠올렸다. 그녀는 아들의 장애가 얼마나 심각한지 알게 되자마자 아들에게 세례를 시켜 주고자 했다. 그녀는 그렇게 함으로써 비록 아들에게 장애가 있기는 하지만 그가 인간이라는 사실에는 변함이 없다는 자신의 믿음을 공고히 했다. 나는 울거나 젖을 먹는 기특한 행동 외에는 아무것도 할 줄 모르는 조지가 내게는 마땅히 그리고 영원히 인간이고, 영혼을 지닌 존재이며, 상황이 어떻게 변하더라도 그 사실만큼은 절대로 변하지 않을 것임을 깨달았다. 핏줄은 속일 수 없는 법이다.

게이의 양육 문제가 짜릿할 만큼 새로운 발전 국면을 맞고 있던 시점에 존과 나는 아버지가 되었다. 나는 조지가 건강하다고 선언되던 날 희망이란 깃털이 달린 어떤 것이 아니라 빽빽거리며 울면서 분홍색을 띤 채 새롭게 다가온 어떤 존재임을 깨달았다. 또한 아기를 낳는 일이야말로 그 어떤 행동보다 낙관적인 행동임을 알았다. 자식에 대한 사랑은 거의 전적으로 상황에 따라 좌우되기는 하지만 그럼에도 우리가 아는 한 가장 강력한 감정이라고 할 수 있다. 우화가 신념에 영향을 주듯이 이 책의 이야기들은, 요컨대 지극히 추상적인 개념들이 현실화되는 사실에 근거한 이 이야기들은 내 아이들을 향한 나의 사랑에 영향을 주었다. 회복탄력성에 관한 이 책의 서사적인 이야기들이 있었기에 나는 지금의 부모가 되었다.

내가 태어났을 때는 양육이 거의 모든 것을 결정한다는 관점이 보편적이었다. 그 뒤로 수십 년이 지나면서 양육에 대한 강조는 천성으로 옮겨 갔다. 그리고 최근 20년 동안 사람들은 천성과 양육이 유기적으로 서로를 이끄는 복잡한 방식에 대해서 광범위한 이야기를 나누었다. 이성적으로는 이 같은 함축적인 통합론에 수긍하면서도, 자식을 낳은 경험을 통해 나는 혹시 제3의 요소가 관련되어 있는 것은 아닌지, 영혼이나 신성의 알 수 없는 변형이 연관되어 있는 것은 아닌지 의문이 들었다. 부모에게 자식은 하나같이 모두 특별하다. 따라서 아이가 잉태된 바로 그 시점에 부모가 그 아이를 잉태하지 않았다면 그 아이는 존재하지 않았을 거라는 개념은 설득력이 떨어진다. 이 책에서 인터뷰한 대부분의 부모들은 절대로 현재의 그 아이 대신 다른 아이를 원치 않는다고 주장했다. 그리고 그들의 자녀가 상징하는 어려움을 고려했을 때 처음에 나는 그 같은 태도가 놀라웠다. 왜 우리는 현실이나 상상속의 다른 아이들을 제쳐 놓고 하나같이 어떤 면에서 결함이 있는 우리 자신의 아이를 선호할까? 만약 어떤 위엄 있는 천사가 우리 집 거실로 내려와서 지금의 내 아이들을 보다 나은 다른 아이들―훨씬 똑똑하고, 친절하고, 재미있고, 사랑스럽고, 훈련도 잘 되어 있고, 높은 성취를 보이는 아이들―과 바꾸자고 한다면, 다른 대부분의 부모들과 마찬가지로 나는 내 아이들을 꼭 끌어안은 채 제발 극악무도한 유령을 쫓아 달라고 기도할 것이다.

영국의 수리물리학자 로저 펜로즈Roger Penrose는 우리가 사는 물리적인 세계와 플라톤이 주장한 이데아의 세계가 하나의 동일한 영역일지도 모른다는 의문을 제기했다.[33] 그의 주장에 따르면 인본 원리는 우주에 구조적으로 정신 작용이 필요하다는 사실을, 모든 존재는 그 존재의 필연성을 스스로 증명한다는 사실을 보여 준다. 코페르니쿠스적 전환에 역행해서 인본 원리는 인간이 우연한 존재가 아니고, 우리의 존재 그 자체가 우리가 존재해야 하는 증거이며, 사물을 이해하는 행위는 우리의 이해력이 작용한 결과인 동시에 그 반대 작용에 의한 결과라고 주장한다. 어쩌면 주관성이 객관성보다 진실에 가까울 수 있다. 이런 생각은 양육과도 어느 정도 공명한다. 우리들 대다수는 우리가 지금의 자식을 가질 수밖에 없었다고 믿는다. 애초에 다른 아이를 가질 수 없었다고 믿는다. 그렇게 태어난 자식이 우리에게 절대로 우연처럼 보일 리 없을 것이다. 결론적으로 우리는 지금의 자식을 운명이라고 생각하고 사랑한다. 설령 장애가 있어도, 잘못을 저질러도, 상처를 주어도, 심지어 먼저 세상을 떠나도 자식은 우리가 우리 자신의 삶을 평가하는 진실의 일부가 된다. 실제로 자식은 진실이고 우리는 그 진실을 통해 우리 삶을 평가한다. 여기에 더해서 그들은 우리가 그들에게 하듯이 심오한 방식으로 우리에게 삶을 선물한다.

　조지가 태어난 뒤로 나는 복잡하게 얽힌 우리 모두의 관계가 어떻게 제자리를 찾아갈지 의문이었다. 존과 나는 조지를 전적으로 책임진다. 블레인과 나는 작은 블레인과 관련되어 중요한 결정을 내려야 할 때는 함께 결정한다는 조건에 진작 합의했다. 로라와 태미는 독립된 친권을 가졌고, 우리는 올리버와 루시의 삶에 대해 아무런 결정권이 없으며, 마찬가지로 로라와 태미도 조지에 대해 아무런 권한이 없다. 이 세 건의 합의 내용은 모두 제각각이고 우리는 서로의 상황을 비교하지 않으려고 노력한다. 이를테면 대부분의 부모들이 형제끼리 서로 시기하지 못하게 하는 것과 비슷하다. 때로는 우선순위와 경계의 상충, 전혀 다른 가정환경, 무수히 많은 양육 방식에 의해 갈등이 촉발되기도 한다. 하지만 그런 문제들은 그 모든 문제들이 약간씩 작용하기 마련인 현실에 가려서 작아진다. 다른 사람들이 우연하게 얻기도 하는 가족을 구축하기 위해 우리는 정말 열심히 노력했고 그 덕분에 서로에게 헌신적인 우리 가족에게는 일종의 베테랑만이 누릴 수 있는 평화로움이 존재한다.

　제각각 고유한 의무가 뒤따르는 수많은 역할을 계속해서 새로 만들어 내지 않는 한 우리는 틀림없이 보다 수월한 삶을 살 수 있을 것이다. 우리는 비정상적인 사랑이라는 대륙의 해안선에 처음 상륙한 크리스토퍼 콜럼버스가 된 듯한 느낌을 자주 받는다. 개척자가 된다는 것은 물론 신나는 일이지만 가끔씩 인간은 이미 도로망이 갖춰져 있고 와이파이로 인터넷을 할 수 있는 장소를 선호하기도 한다. 대부분의 사람들은 자식을 갖고자 하며 때로는 자식을 갖는 일에 특별한 감정을 입히기도 한다. 나는 당초 자식을 갖지 않으려고 생각했지만 그 반전으로 이례적인 아이들이 생겼다. 우리는 조심스럽고 신중하게 수많은 결정을 내렸지만 우리가 해답을 낸 방식 중 상당 부분은 실질적으로 선택과 관련이 없었다. 다른 부모들처럼 나는 하루하루 나의 삶을 살았을 뿐이고 결국에는 이례적인 일들이 일상적인 일들이 되었다. 나는 부모가 자식을 재생산하는 것이 아니라 창조한다고 이야기한 적이 있다. 하지만 실제로는 자식을 발견하기도 한다. 나는 지난 40년의 인생을 돌아보면서 내가 가파른 언덕을 힘들게 올라왔고, 존과 처음으로 손을 잡았으며, 그다음에 블레인과, 그다음에는 태미와 로라와 손을 잡았으며, 비록 방식은 다르지만 이 책에 기록된 다른 모든 사람들하고도 손을 잡았다고 생각한다. 아무튼 우리는 모두 정상까지 올라왔고 주위를 둘러보자 어느새 세상 만물이 발밑에 펼쳐져 있었다. 나는 하이킹을 하면서도 내가 오르고 있는 곳이 이런 곳이라는 생각을 전혀 하지 못했다. 40년을 황야에서만 살았다면 이런 경치를 감상할 자격을 얻지 못했을 것이다.

존과 나는 지인들에게 우리와 조지의 사진을 담은 출생 알림 카드를 보냈다. 존의 한 사촌은 〈당신의 생활 방식은 우리의 기독교적 가치관에 반합니다〉라고 시작해서 〈앞으로 서로 연락할 일이 없었으면 좋겠습니다〉라고 끝을 맺은 간단한 메모와 함께 우리가 보낸 카드를 반송했다. 세 개의 주에 흩어져서 따로따로 사는 다섯 명의 부모와 네 명의 자녀를 한 가족으로 칭한다는 개념 자체를 비꼬는 사람들도 있었다. 우리 가족이 존재함으로써 그들 가족의 기반이 흔들릴까 봐 두려워하는 사람들도 있었다. 한 오랜 친구가 어느 날 점심을 먹으면서 내게 말했다. 「너의 아버지가 그 아이들을 인정하다니 정말 놀랍지 않아?」 내가 우리 아이들이 아버지의 손주라는 점을 지적하자 그녀가 말했다. 「그래, 하지만 그래도 그렇지.」 추정에 근거한 그 같은 부정적인 대망막(大網膜, 태아가 종종 머리에 뒤집어쓰고 나오는 얇은 막)은 정말 짐스럽다. 어떤 사람들은 사랑의 총량이 한정되어 있어서 우리 같은 사람들이 그들에게 공급되어야 할 사랑을 고갈시킨다는 믿음에 갇혀 있다. 나는 사랑의 경쟁 모델을 인정하지 않는다. 오직 가산 모델만 인정한다. 가족과 이 책을 둘러싼 여정을 통해서 나는 사랑이 확대되는 현상이라는 사실을 배웠다. 즉 어떤 사랑이든 늘어난다면 세상의 다른 사랑도 그만큼 강해진다는 사실을 배웠다. 또 자기 가족을 사랑하는 행동이 하느님을 사랑하는 한 방법이 될 수 있으며, 따라서 어떤 가족이든 그들의 사랑으로 다른 모든 가족들의 사랑을 강화할 수 있음을 배웠다. 나는 생식 과정의 자유의지론을 신봉한다. 모든 사람들에게 다양한 선택권이 있을 때 사랑 그 자체가 확대될 수 있기 때문이다. 우리 가족이 서로에게서 찾은 사랑은 보다 나은 사랑이 아니라 다른 식의 사랑이고, 이 행성이 지속하기 위해 종 다양성을 유지가 필수적인 것처럼 사랑의 다양성은 배려의 생태계를 강화한다. 사람들이 잘 다니지 않는 길이라도 종국에는 동일한 곳으로 이어지기 마련이다.

인간은 어떤 것을 변화시키기에 너무 늦은 경우 자신을 그것에 동화시킴으로써 인지부조화를 해결한다. 같은 맥락에서 나는 만약 내가 결혼과 자식을 손쉽게 얻었더라면 과연 그에 대해 지금처럼 많은 기쁨을 얻었을지 의문이 들었다. 어쩌면 그럴 수도 있을 것이다. 또 어쩌면 그 모든 복잡한 생각들을 하느라 소모한 에너지를 보다 광범위한 다른 일에 사용할 수도 있었을 것이다. 하지만 나는 그러한 싸움이 내게 부모로서의 비전을, 그런 싸움이 없었다면 절대로 가질 수 없었던 비전을 주었다고 믿는다. 나는 인생의 대부분을 외로움에 시달렸지만 이제는 더 이상 외롭지 않다. 이제는 아이들이 나를 행복하게 한다. 한 세대 전만 하더라도 우리 사랑은 휴면 상태에 있었을 터이고 실현 불가능했을 것이다. 하지만 이 책에서 묘사된 대부분의 사랑도, 즉 한때는 일찍 목숨을 잃거나, 버려졌거나, 완전한 인간으로 인정받지 못했을 자식들에 대한 이들 부모의 사랑도 하나같이 그랬을 것이다. 내 가족은 내가 이 책에 기술한 대부분의 가족들과 다른 이유로 급진적이지만 우리 모두는 불평등에 맞선 획기적인 사랑의 주창자들이다.

고통은 친밀함의 문턱이고 재앙은 헌신에 빛을 더한다. 나도 안다. 그 럼에도 매번 그 사실을 깨달을 때마다 새삼스레 놀란다. 우리는 취약성에 화가 나고 우울해지기도 하지만 취약성이 지닌 유혹에 이끌린다. 내가 좋 아하는 친구들은 대체로 현명하고, 친절하고, 관대하고, 재미있으며 그래 서 그들을 더욱 좋아하지만, 나는 그들이나 내가 가장 슬픔에 빠져 있을 때 그들을 가장 열렬히 사랑했다. 행복과 전혀 거리가 먼 지극히 외로운 시 기에 정신적인 공감대가 존재하기 때문이다. 우울증은 내게 그 싸움 내내 미처 깨닫지 못했지만 도움을 주었던 아버지와의 친밀함을 낳았다. 부모 로서 나는 행복한 순간을 즐기면서도 상황이 암울해질 때 애착이 더욱 강 해진다는 사실을 안다. 양육은 안전을 도모하는 행위이며, 끊임없는 위험 의 협박은 부모의 사랑을 애정보다 한 차원 높은 어떤 것으로 격상시킨다. 다시 말해 밤에 대한 공포나 고열, 상처와 비애 등의 요소가 없는 삶은 2류 오락거리에 불과하다. 자식의 요구에 대한 관심이 희열의 정수라는 사실 을 이해하기까지 나는 시간이 걸렸다. 그리고 마침내 그 사실을 이해했을 때 이 책에 소개된 지난한 사랑들이 그토록 깊이가 있는 이유를 이해하게 되었다. 나는 무엇보다 내 아이들이 행복하길 바라고, 그들이 슬퍼하기 때 문에 그들을 사랑하며, 그들의 슬픔을 반죽해서 즐거움으로 바꾸는 변화 무쌍한 과제는 아버지로서, 아들로서 친구로서 그리고 작가로서 내 삶의 원동력이다.

수년 동안 나의 주된 정체성은 슬픔의 역사가였다. 절망의 이미지는 여러 사람들에게 존경을 받았고, 완전한 암울함은 흔히 작가의 진실성으 로 여겨졌다. 하지만 행복에 관한 책을 쓰려고 했을 때 나는 그것이 얄팍 해 보일 수밖에 없다는 정반대의 사실을 발견했다. 그러나 누군가 하늘 이 파란색이라고 말한다면 비록 땅이 갈색이라는 말이 없더라도 그는 정 직한 것이다. 마찬가지로 누군가 비애 혹은 기쁨 한쪽만을 강조하더라도 그 순간 그는 정직하다. 내가 만난 가족들 대부분은 긍정적으로 생각하는 기술을 강조했으며 진심으로 그렇게 행동했다. 나는 이 책이 가끔씩 황홀감의 향기를 풍긴다고 해서 부끄럽지 않으며, 아름다움은 진실을 담아 낼 수 없다는, 또는 고통은 패자일 수 없고 기쁨은 승자일 수 없다는 생각에 반대한다.

사실주의 작가 윌리엄 딘 하우얼스는 언젠가 이디스 워튼에게 쓴 편지에서 〈미국의 대중들은 항상 해피엔드로 끝나는 비극을 원한다〉[34]고 말했다. 그의 발언은 우리가 구원받을 가망이 없어 보이는 황야의 미친 리어왕을 읽으려 하지 않는다고 암시했다. 나는 그의 이야기를 다르게 해석하고자 했다. 변화를 추구하는 성향이 점점 더 우리의 특징이 되어 가고 있다고 말하고 싶었다. 초기 정신분석 모델은 삶의 문제들을 수용하는 부분에 집중한다. 현대의 치료법은 그 문제들을 해결하거나, 제거하거나, 문제가 아닌 다른 어떤 것으로 재정의하는 데 집중한다.[35] 이런 뻔뻔한 승리주의에는 어떤 계략들이 작용할까? 사람들은 종종 그들이 실제로는 느끼지 않는 행복을 가장한다. 신경증이 비극으로 발전한 사람들은 스스로를 비참하다고 느낄 뿐 아니라 그들이 인생에서 실패했다고 믿는다. 하지만 행복을 지향하는 이러한 성향에는 치명적인 요소가 잠재되어 있는데 결국에는 모든 재앙이 적당히 해결된 상태로 마무리될 거라는, 또는 비극이 대체로 게임의 끝이 아니라 과정의 일부라는 완고한 믿음이다.

이 책은 하우얼스의 비난 속에 감춰진 고귀함을 찾아내고자 한다. 그 고귀함은 비극에서의 해피엔드가 희극에서의 해피엔드보다 품위가 있다는 개념에 근거한다. 즉 비극의 해피엔드는 하우얼스가 암시하는 심약함을 초월할 뿐 아니라, 고통으로 단련되지 않았을 때보다 훨씬 지속적인 만족감을 낳는다는 낙천적인 개념에 근거한다. 때때로 사람들은 마지막에 가서 그들이 비애를 느꼈던 대상에게 감사한다. 이러한 상태는 단순히 비극을 추구한다고 해서 도달할 수 있는 상태가 아니라 직접적인 절망보다는 비애의 풍요로움에 마음을 엶으로써 도달할 수 있다. 해피엔드로 끝나는 비극은 감상적인 허튼소리이거나 아니면 진정한 사랑의 의미일 수 있다. 자기 구원을 위한 안내서로서 이 책은 수용에 관한 설명서다. 즉 치료될 수 없는 것을 용인하는 법을 기술하고 있으며, 치료가 가능한 상황에서도 치료가 항상 적절한 것은 아니라고 주장한다. 들쭉날쭉한 알프스가 낭만적인 숭고함이듯이 이례적인 기쁨은 이들 가족의 특징, 즉 거의 불가능하고, 끔찍하고, 끔찍하게 아름다운 특징이다.

50년 전에는 우리 같은 가족을 상상도 할 수 없었다는 점을 고려하면 나는 진보를 옹호할 수밖에 없다. 내 입장에서 변화는 늘 좋은 것이었고 도움도 많이 받았다. 나는 지금의 이런 이야기들이 세상의 거친 표면을 매끄럽게 연마하는 격류에 일조하길 희망한다. 이 세상이 매끄러워질 때까지 사랑은 계속되는 포위 공격에도 더욱 단단해질 것이다. 주변의 위협이 사랑을 아무리 고통스러운 것으로 만들지라도 사랑은 위협 속에서 오히려 더욱 강해질 것이다. 이 책의 주제인 냉혹한 상실의 순간에 직면해서 사랑은 자칫 흔들릴 수 있는 마음을 단단히 붙잡아 준다. 나는 조지가 「스타트랙」에 등장하는 소품처럼 생긴 CT 촬영 기계에 누워 있을 때 그에게 아주 선명하고 무서운 어떤 감정을 느꼈다. 아직 그런 불행한 일을 맞닥뜨린 적이 없는 작은 블레인이나, 나와 알게 되었을 때는 이미 자아가 완성되어 있던 올리버나 루시에게는 느끼지 못했던 감정이었다. 그리고 그 감정은 그들 모두와 나의 관계에 변화를 가져왔다. 아이들은 내가 아버지로서 상실감에 빠질 뻔했던 바로 그 순간에 나를 붙잡아 주었다. 하지만 내가 이 연구를 하고 있지 않았더라도 과연 그 사실을 인지했을지는 알 수 없다. 그토록 많은 이례적인 사랑을 접하면서 나는 그런 사랑의 황홀한 방식에 매료되었고 아무리 비참한 취약성도 얼마나 아름다울 수 있는지 목격했다. 나는 감당할 수 없을 정도로 무거운 책임이 주는 놀라운 기쁨을 보고 배웠으며, 그 기쁨이 어떻게 삶의 다른 모든 영역에 영향을 끼치는지 알게 되었다. 이례적인 아이들과 함께하는 인생행로에서 스스로 노예가 되길 자청하고, 고통을 정체성으로 승화시키고자 애쓰는 모습을 보면서 한편으로는 이 책의 영웅적인 부모들이 바보 같다는 생각이 들기도 했다. 이 연구를 통해 내게도 삶의 강령이 생겼으며, 마침내 내가 그들과 같은 배에 탈 준비가 되었음을 깨닫고 놀라지 않을 수 없었다.

감사의 글

이런 책은 절대로 혼자 해낼 수 없는 대규모 작업이고, 나는 무엇보다 인터뷰를 허락하고 상당한 개인적인 희생을 감수하면서 고통스러운 경험담을 들려준 분들과 그들의 가족들에게 감사한다. 그들이 없었다면 이 책은 세상에 나오지 못했을 것이며, 이 책에서 보여 주고자 하는 세상도 존재하지 못했을 것이다. 그들의 투지와 지혜, 관대함과 진실함은 나를 겸손하게 만든다.

이 연구를 시작한 최초의 계기는 『뉴욕 타임스 매거진』에서 농문화에 관한 기사를 쓰게 되면서였고 해당 주제에 관한 글을 쓰도록 내게 제안해 준 애덤 모스와 잭 로즌솔에게 감사한다. 또한 『뉴요커』에서 예프게니 키신에 관한 글을 써 달라는 의뢰를 받으면서 신동 문제에 관심을 갖게 되었으며 내가 그 일을 맡도록 용기를 준 티나 브라운과 헨리 파인더, 찰스 미시너에게도 고마움을 전한다. 2001년 어느 날 밤에 레슬리 호크가 리사 헤들리의 놀라운 영화 「소인들의 진솔한 이야기」 팸플릿을 가지고 우리 집을 방문했다. 그리고 그날 밤의 대화를 통해 이 책의 구체적인 틀이 완성되었다. 2007년에 애덤 모스는 내게 『뉴욕New York』 지에 실을 신경 다양성 운동에 관한 글을 써 달라고 제안했고, 그 의뢰는 내 글의 주인공들에 대한 이해의 폭을 넓히는 결정적인 계기가 되었다. 그 기사의 편집은 에밀리 누스바움이 맡았고 그들 두 사람에게 감사한다.

나한테는 운 좋게도 내가 기록하길 원한 수많은 커뮤니티 안으로 들어갈 수 있도록 도와준 안내자들이 있었다. 재키 로스는 1994년부터 농문화로 들어가는 문을 열어 주었고 이 책에 포함된 다수의 인터뷰를 주선했다. 아이 게데 마사야와 아이 게데 프리만테라는 농인 마을인 데사 콜록에서 나의 안내자 역할을 해주었다. 베티 아델슨은 왜소증에 관한 나의 주된 조언자였으며 해당 장(章)의 원고를 읽고 수정해 준 것에 그녀에게 감사한다. 수재나 엘리엇 암스트롱과 베치 굿윈은 다운증후군과 관련된 작업에 많은 도움을 주었다. 대니얼 게슈윈드, 토머스 인셀, 제임스 왓슨, 브루스 스틸먼은 자폐증과 관련해 내게 말로 다 할 수 없을 만큼 커다란 도움을 주었다. 제프리 리버먼은 정신분열증에 관한 지칠 줄 모르는 안내자였으며, 데이비드 네이션은 친절하게도 해당 질환을 논의하고 내가 환자들을 만날 수 있게 도와주면서 귀한 시간을 할애해 주었다. 정신분열증을 조사하는 데 막대한 도움을 준 맥린 병원의 콜린 마리 베렛과 브루스 M 코언, 캐시 쿡, 스코트 로츠에게도 감사한다. 캐슬린 자이델은 장애를 둘러싼 수많은 이슈들을 알려 주었고 내가 장애 인권에 관련된 소양을 쌓도록 도와주었다. 특히 신동에 관한 부분을 작업할 때 지원을 아끼지 않은 저스틴 데이비슨, 시우 리 고그월트, 찰스 햄른, 새라 두리 솔로몬, 셜리 영에게 감사하며, 내게 맨해튼 음대 학생들을 소개해 준 수전 에버솔과 로버트 시로타에게도 고마운 마음을 전한다. 위앙주 리의 『아빠의 열망은 그만큼 높다*Dad's Aspirations Are That High*』(2001)를 번역해 준 제시 더들리에게도 감사한다. 나를 르완다에 초청하고 그곳의 강간 피해자들과 인터뷰를 할 수 있게 도와준 디나 템플 래스톤과 생식권에 평생을 헌신하면서 얻은 통찰력을 나와 공유해 준 재닛 벤슈프에게도 고마움을 전한다. 범죄 장(章)

과 관련해서 영감을 준 스티븐 디멘나에게 감사한다. 그는 내게 헤네핀 카운티 홈 스쿨에 동행하도록 해주었고, 그곳의 톰 베젝과 델머 프리크, 샐리 웰런, 테리 와이즈는 내가 수감자와 수감자의 가족들과 원활히 인터뷰를 할 수 있도록 친절하게 도와주었다. 미국 교도소 안전과 학대 위원회의 알렉스 부잔스키와 제니퍼 트론은 내게 엄청나게 많은 배경 지식을 제공했다. 트랜스젠더 커뮤니티에 대한 나의 작업은 맷 포먼과 리사 모텟, 킴 피어슨과 트랜스 청소년 가족 연합 팀, 레이철 페퍼의 도움과 지원이 큰 몫을 차지했다.

　다행히도 나는 훌륭한 리서치 팀을 만났고 그들은 방대한 양의 정보를 수집하고 체계화했다. 10년이 넘는 세월 동안 똑똑하고 충실한 일꾼이었던 이언 베일린과 재치 있고 눈을 뗄 수 없게 만드는 스티븐 비터롤프, 철저하고 성실한 수전 치암포, 꼼꼼한 조나 앵글, 자유로운 사고를 가진 에드릭 메스머, 세심하고 기민한 카리 밀츠먼, 우아하고 아름다운 데버러 퍼츠, 결단력 있는 제이컵 샘버그, 상상력이 뛰어난 레이철 트로키오가 각자의 방식으로 나의 리서치에 지식과 일관성, 안목을 보탰다. 팻 타워스가 샘플 장(章)의 편집을 담당했다. 엄청나게 길고 복잡한 초벌 원고였음도 불구하고 훌륭하게 편집을 끝내 준 수전 키튼 플레인에게 깊이 감사한다. 초기의 인터뷰 내용을 문서화한 유진 코리와 후반부를 담당했던 샌드라 아로요, 소니아 휴미스, 캐슬린 바흐, 그 밖의 트루트랜스크립트 팀원들에게 고마움을 전한다.

　이 책을 작업하면서 나는 소위 상습적인 방문 연구원이 되었고 록펠러 재단 벨라지오 센터에 한 번, 유크로스 재단에 한 번, 맥도웰 콜로니에 두 번, 야도에 네 번 머물렀다. 이들 연구소에서 얻은 평온함은 이 책의 완성에 결정적인 도움을 주었다. 특히 록펠러 재단의 필러 팔레시아와 데런 워커, 유크로스 재단의 섀런 디낙과 루시 살바토르, 맥도웰의 미첼 엘드리지, 낸시 드바인, 데이비드 메이시, 브랜든 태플리, 키릴 영, 야도의 캐시 클라크, 일레나 리차드슨, 캔디 웨이트에게 감사하고 싶다.

지혜롭고 충실한 에이전트이자 친구인 앤드루 와일리에게도 항상 깊이 감사한다. 그는 지금까지 거의 25년 동안 나를 위해 일해 주었고 내가 지금의 작가가 되도록 도와주었다. 또 그의 유능한 대리인들 특히 새라 챌펀트와 알렉산드라 레벤버그, 제프리 포스터낙에게도 감사한다. 스크라이브너의 사랑하는 편집자 낸 그레햄에게도 헌사를 바친다. 그녀는 단호한 가슴과 친절한 연필로 내 원고를 읽어 주었다. 공감과 열정, 인내심, 통찰력이 함축된 그녀의 흔적은 이 책을 단순히 구상하던 시점부터 마침내 완성하는 순간까지 지대한 영향을 주었다. 아울러 스크라이브너의 브라이언 벨피글리오, 스티브 볼츠, 렉스 보노멜리, 대니얼 버지스, 로즈 리펠, 케이트 로이드, 수전 몰도, 그렉 모티머, 캐럴린 리지, 캐슬리 리조, 카라 와트슨, 폴 위트라츠에게도 감사한다. 이 책을 구매해 준 체토앤윈두스 출판사의 앨리슨 새뮤얼과 원고가 책이 되어 나올 수 있도록 전 과정을 꼼꼼하게 챙겨준 클라라 파머에게도 고마움을 전한다. 출판에 관련된 그 밖의 여러 측면에서 도움을 준 앤드루 에섹스, 벤 프리다, 조녀선 힐스, 트리니티 레이, 에릭 레이먼, 안드레스 사아베드라, 에릭 슈윈에게도 감사한다.

이 책의 표지 이미지 작업을 한 셰럴 핸슨과 에드 핀, 그리고 이를 표지로 만들어준 애덤 퍼스에게 감사한다. 저자 사진 작업을 맡아준 애니 리보비츠에게도 감사한다.

그동안 내가 쓴 모든 책의 교정은 대학 1학년 때 나의 개인 작문 지도 교사였던 캐서린 키넘이 맡아 주었다. 그녀의 헌신은 많은 용기를 주었고 꼼꼼한 읽어 주기는 가치를 매길 수 없을 정도다.

캐슬린 지젤이 참고 문헌 작업을 정리해서 편집하고 사실관계를 확인했다. 그녀는 정체성과 장애, 의학, 법률 분야의 편견에 적극적으로 의문을 제기했다. 그녀는 훌륭한 교정 요원이며, 그녀의 꼼꼼한 사고력과 사람을 긴장시키는 신중함, 정확성과 정의감에 대한 열정이 없었다면 이 책은 전혀 다른 책이 되었을 것이다.

앨리스 트록스는 원고가 책이 되기까지 수차례에 걸쳐 철저한 교정을 봤다. 그녀가 나의 의도를 얼마나 깊이 이해했는지 나는 그녀가 나의 마음 속까지 들여다보면서 수정하는 느낌을 받았다. 나는 결합적인 접근 방식을 취했고 그녀는 논리적인 접근 방식을 따랐다. 끝이 보이지 않는 인내심과 실력으로 그녀는 혼돈의 상당 부분을 잘라 내고 혼돈 속에 갇혀 있던 핵심을 밖으로 드러냈다.

이 책을 쓰는 동안 내가 생활을 유지할 수 있도록 많은 사람들이 도움을 주었고 나는 세르지오 아빌라, 로릴린 바워, 후안과 아멜리아 페르난데즈, 일디코 펠럽, 주디 구토, 크리스티나 하퍼, 브랜다 헤르난데즈-레이노조, 마샤 존슨, 첼소와 미구엘라 그리고 올가 맨콜, 타티애나 마투셰프, 헤더 네드웰, 젝 나윈스키, 민디 폴락, 카일리 살릭, 에두아르도와 엘피 드 로스 산토스, 마리 탈렌토스키, 이스터 톨릿, 다누지아 트래비노, 비커 주웨이에게 감사한다.

이 책에 관련된 작업에 참여한 사람에게 일일이 고마움을 전하는 것은 불가능하다. 거의 날마다 누군가가 내가 정체성과 사랑이라는 근본적인 주제를 보다 분명하게 이해하는 데 도움이 되는 이야기를 들려주었다. 유용한 정보를 제공하거나, 토론을 통해 이 책의 중심적인 아이디어를 나누거나, 그에 관련된 글을 읽고 의견을 준 영광스러운 사람들 중에는 코델리아 앤더슨, 로라 앤더슨, 앤 애플바움, 루시 암스트롱, 도로시 안스텐, 잭 바처스, 네슬리 바스고즈, 프랭크 베일리, 크리스 빔, 빌과 버니 비크먼, 미카와 미구엘 드 바이스티커, 에리카 벨시와 알렉시 워스, 메리 비스비-빅, 리처드 브래들리, 수전 브로디, 휴고 버넌드, 엘리자베스 번즈, 엘리자베스와 블레이크 카봇, 마리오와 애리아드니 칼보-플래테로, S. 탈콧 캠프, 토머스 캐플런, 크리스틴 캐럴, 에이미 파인 콜린스, 캐스런 콜린스, 로베르 쿠튀리에, 다나 B. 코윈과 바클리 팔머, 레베카 컬리와 피터 K. 리, 메리 달튼, 메리 나나-에마 댄쿠아, 세실 데이비드-웨일, 저스틴 베이비드슨과 아리엘라 버딕, 닉 데이비스와 제인 멘델슨, 롤랜드 데이비스와 마고 노리스, 미라즈 데사이, 프레디 에버스타트와 알리스터 브루턴, 니컬러스 롤로 데이비드 에번스, 멜리사 펠트먼, 로레인 퍼거슨, 수재나 핀스, 애덤과 올리비아 플래토, 빌 포먼과 레그 바튼, 코넬리아 포스, 리처드 A. 프리드먼과 밥 휴이스, 리처드 C. 프리드먼, 프랜 갈라커, 아를린 가드너, 론다 가를릭, 케슬린 재러드, 버나드 거스틴과 코라 카한, 아이시 고든, 앤 가틀라이브, 필립 가우르비츠와 라리사 맥파쿼, 조디와 캐슬린 그레이그, 구오 팡, 멜리니와 마틴 할, 한 팽, 에이미 하먼, 존 하트, 애시튼 호킨스와 조니 모어, 데이비드 헥트와 제니퍼 이건, 길리 홀름과 카밀 마시, 리처드 허버드, 애나 조아니스, 메라 칼먼, 윌리엄 켄트리지와 안느 스탠웍스, 테리 커크, 래리 크레머, 새런 크로, 메리 크루거와 안드레아스 사아베드라, 로저와 네롤리 레이시, 점파 라히리와 알베르토 부블레-부시, 캐서린 랜퍼, 폴 르클러크, 마이클 리와 아스토시 켄디커, 저스틴 라이츠, 제프리와 로즈메리 리버먼, 제니 리빙스턴, 베츠 드 로트비니에르, 케인 루카스와 크리스티나 릭, 이바나 로웰과 하워드 블룸, 수 메카트니-스네프, 존 맥퍼, 제이미 마크스, 메리 E. 마크스, 클레오파트라 메티스, 테이 메도, 제임스 메이어, 줄리엣 미첼, 아이작 미즈라히, R. 클레이튼 멀포드, 프리다와 크리스틴 머크, 존과 낸시 노보그로드, 루츠 오켈리 3세와 존 하스킨즈, 안 올슨, 베아트릭스 오스트와 루드빅 쿠트너, 메리 앨리스 팔머, 헤리엇 피터슨과 릭 카켓, 줄리 피터스, 앨리스 플레이튼, 프랜신 뒤 플레식스 그레이, 찰스와 바버라 프리도, 디에리 프루덩과 마리자 스코츠, 데버러와 데이비드 퍼츠, 에밀리 K. 라퍼티, 킴 리드와 클레어 존스, 매기 로빈스, 폴과 수재나 로빈슨, 메리언 리그나나 로젠버그, 로버트 로젠크란츠와 알렉산드라 K. 먼로, 스티븐 로조프와 테니스 알렌, 아이라 사스, 에릭 솔츠먼, 필립과 도나 사토, 크리스티나 슈미츠, 리사 슈미츠, 존 슈니만, 질 슈커, 알렉스 산드, 줄리 시한, 니콜라 셜만, 폴리 셜만, 마이클 실버먼, 디 스미스, 더그 스미스, 고든 스미스, 칼뱅과 에미와 아비게일 솔로몬, 데이비드와 새라 롱 솔로몬, 신디 스피겔, 문호크 리버 스톤, 케리 J. 셀코비츠와 산드라 리옹, 에즈라 섯서, 클로디아 스완, 딘 스완슨, 안드라스 스잔토와 알라나 스탕, 디나 템플 라스톤, 필리스 투헤이, 타라 투크, 칼리 터커와 제인 브라이언트 퀸, 수전 와즈워스, 캐슬린 워커, 짐과 리츠 와트슨, 케롤라인 웨버, 헬렌 휘트니, 수전 윌러드, 호프와 그랜트 윈스럽, 제이미 울프, 미키 울프슨, 더그 라이트와 데이브 클레망, 라리사 스베스도체토바 등이 있다.

이 책을 집필하는 내내 나를 응원해 주고 나의 삶에 수많은 기쁨을 선사한 로라 셔와 태미 워드에게도 고마움을 전한다.

내게 지극한 연민과 관대함, 지혜를 보여 준 블레인 스미스에게 영원히 빚을 졌다. 그녀는 이 책의 디자인에 대해서도 조언을 주었다.

나의 새어머니 새라 두리 솔로몬은 끊임없이 나와 이 책에 관한 대화를 나누면서 방대한 통찰력을 보여 주었고 격려를 아끼지 않았다. 아울러 내가 글쓰는 그 오랜 시간 동안 당신들과 함께 지내도록 나를 설득했다. 우리가 함께 지낸 그 시간은 정말 마법 같았고 그 시간이 없었다면 이 책도 존재하지 않았을 것이다.

나의 가장 충직한 독자인 아버지 하워드 솔로몬은 망연자실할 정도로 많은 초기의 미완성 원고들과 나중에 퇴고를 거친 원고들까지 전부 세세히 읽어 주었다. 우리는 모든 인터뷰 내용과 아이디어에 대해 이야기를 나누었고, 아버지는 이 프로젝트가 성공할 것이라는 사실을 절대로 의심하지 않았다. 아버지의 평생에 걸친 헌신은 이 책에 기술된 것 같은 아낌없이 주는 부모 자식 관계에 대한 나의 첫 번째 경험이었다.

내가 일을 하느라 함께 놀이나 게임을 하지 못할 때 인내심을 발휘해 준 올리버 셔와 루시 셔, 블레인 솔로몬, 조지 솔로몬에게 감사한다. 이 책은 그들에게 바치는 헌사지만 그들의 관용이 없이는 불가능했다.

끝으로 남편 존 하비흐 솔로몬에게 고마운 마음을 전한다. 내가 일할 때 그는 내 곁을 지켜 주었지만 나는 일한다는 핑계로 그의 곁을 지켜 주지 못하기 일쑤였다. 그는 나의 초고에 정확함을 더해 주었고 정말 큰 선물이 되었다. 더불어 나의 인생에 행복을 더해 줌으로써 내가 아는 그 무엇보다 큰 선물을 주었다.

주

이 주(註)들은 인쇄본에는 압축된 형태로 되어있고 보다 상세한 온라인 본은 http://www.andrewsolomon.com/far-from-the-tree/footnotes 에서 볼 수 있다.

주(註)에 대한 몇 가지 주(註)가 있다. 먼저, 나는 내가 인터뷰한 모든 사람들에게 실명과 가명 중에 어느 쪽을 사용할 것인지 선택하도록 했다. 가명인 경우 주에 명시해 놓았다. 가명으로 인용된 경우에도 사람들의 신원을 최대한 진실하게 전달하려고 노력했지만, 사생활을 보호받길 원하는 사람들의 바람대로 몇몇 개인 정보를 변경했다.

인쇄물에서 인용한 경우에는 모든 출처를 밝혀 놓았고, 그 외의 것들은 모두 내가 1994년에서 2012년 사이에 진행한 개인적인 인터뷰에서 인용한 것이다.

이 책이 훨씬 더 길어지지 않게 하기 위해, 그리고 생략 부호들로 범벅을 만들지 않기 위해, 나는 인쇄물에서 가져온 몇몇 인용문을 요약했다. 요약을 한 부분은 온라인 주에 전문을 실었다.

제사(題辭)

Wallace Stevens, *The Collected Poems of Wallace Stevens* (1990), 193~194쪽을 보라.

8장 신동

1   Raymond Radiguet, *Count d'Orgel's Ball* (1989), viii~ix쪽에서 인용함.

2   David Henry Feldman and Lynn T. Goldsmith, *Nature's Gambit: Child Prodigies and the Development of Human Potential* (1991), 121쪽에서 인용함.

3   Steven Mithen, *The Singing Neanderthals: The Origins of Music, Language, Mind and Body* (2006) 참조.

4   스탠퍼드 대학의 심리학자 앤 퍼널드는 아기에게 노래하듯 말을 거는 행동이 아이의 발달에서 행하는 역할에 관한 선구적인 연구를 했다. Anne Fernald, "Four month olds prefer to listen to motherese," *Infant Behaviour & Development* 8 (1985)와 Anne Fernald and P. Kuhl, "Acoustic determinants of infant preference for motherese speech," *Infant Behaviour and Development* 10 (1987) 참조.

5   John Blacking, *How Musical Is Man?* (1973), 100쪽에서 인용함.

6   음악을 통한 감정 교류에 관한 비교문화 연구를 보려면 Thomas Fritz et al., "Universal recognition of three basic emotions in music," *Current Biology* 19, no. 7 (April 2009) 참조.

7   로버트 가피아스의 말은 F. Wilson과 R. Roehmann이 편집한 *Music and Child Development: Proceedings of the 1987 Biology of Music Making Conference* (1989)에 들어 있는 Robert Garfias, "Thoughts on the process of language and music acquisition" 100쪽에서 인용함.

8   Géza Révész, *The Psychology of a Musical Prodigy* (1925), 7쪽 참조. 하지만 이 이야기는 거짓일 수 있다. 최초로 헨델의 자서전을 쓴 존 메인웨어링은 헨델의 유아기를 언급하지 않는다.

9   Arthur Rubinstein, *My Young Years* (1973), 4쪽 참조.

10 *Ciba Foundation Symposium 178: The Origins and Development of High Ability* (1993)에 들어 있는 John Sloboda, "Musical ability," 106쪽에서 인용함.

11 레온 보트스타인을 인용한 부분은 모두 2010년에 그와 가진 인터뷰와 그 후의 대화에서 가져왔다.

12 이 구절은 1996년에 예프게니 키신, 에밀리아 키신, 안나 파블로브나 칸토르와 가진 인터뷰, 2008년에 예프게니 키신과 가진 후속 인터뷰, 그리고 다른 대화를 바탕으로 했다.

13 예프게니 키신의 카네기홀 데뷔는 압도적으로 긍정적인 평가를 얻었다. Allan

Kozinn, "Recital by Yevgeny Kissin, a young Soviet pianist," *New York Times* (2 October 1990)와 Peter Goodman, "Sparks fly from his fingertips," *Newsday* (2 October 1990)와 Harold C. Schonberg, "Russian soul gets a new voice at the keyboard," *New York Times* (7 October 1990)와 Michael Walsh and Elizabeth Rudulph, "Evgeny Kissin, new kid," *Time* (29 October 1990) 참조.

14 Anne Midgette, "Kissin is dexterous but lacking in emotion," *Washington Post* (2 March 2009)에서 인용함.

15 이 구절은 2010년에 예핌 브로프만과 가진 인터뷰를 바탕으로 했다. 브로프만에 대한 인물 소개로 Anne Midgette, "A star who plays second fiddle to music," *New York Times* (15 December 2007) 도 보라. 브로프만은 필립 로스의 소설 *The Human Stain* (2000) (한국어 판은 『휴먼 스테인』, 박범수 역, 문학동네, 2010)에 그려진다.

16 천재성에 대한 플라톤의 개념은 Peter Kivy, *The Possessor and the Possessed: Handel, Mozart, Beethoven, and the Idea of Musical Genius* (2001), 1~13쪽 참조.

17 Thomas R. R. Stebbing이 번역한 *Longinus, On the Sublime* (1867), 4쪽 참조.

18 John Locke, *Some Thoughts Concerning Education* (1695), 2쪽에서 인용함(한국어 판은 『교육론』, 박혜원 역, 비봉출판사, 2011).

19 Kant, *Critique of Judgment* (1987), 175쪽에서 인용함(한국어 판은 『판단력 비판』, 김상현 역, 책세상, 2005).

20 쇼펜하우어의 말은 E. F. J. Payne이 번역한 *The World as Will and Representation* (1966), 391쪽 참조. 인용문은 요약되었다.

21 Francis Galton, *Hereditary Genius* (1869) 참조.

22 루이스 터먼의 연구 보고서들로 "A new approach to the study of genius," *Psychological Review* 29, no. 4 (1922)와 *Genetic Studies of Genius*, vol. 1, *Mental and Physical Traits of a Thousand Gifted Children* (1925)와 *The Gifted Group at Mid-Life: Thirty-Five Years Follow-Up of the Superior Child* (1959)을 참조하라.

23 터먼의 작업을 비판한 스콧 배리 코프먼의 논문 "The truth about the Termites," *Psychology Today* (September 2009) 참조.

24 Paul Popenoe, *The Child's Heredity* (1929), 134쪽 참조.

25 영국과 미국의 우생학 운동이 나치의 인종정책 발달에 준 도움에 대한 심도 깊은 조사를 보려면 Henry P. David, Jochen Fleischhacker and Charlotte Hohn,

"Abortion and eugenics in Nazi Germany," *Population & Development Review*
13, no. 1 (March 1988)와 Timothy Ryback, *Hitler's Private Library* (2010)와
Edwin Black, *War Against the Weak: Eugenics and America's Campaign to Cre-
ate a Master Race* (2004)를 참조하라.

26 Alfred Kroeber, *Configurations of Culture Growth* (1944) 참조.

27 이 구절은 2010년에 레온 플라이셔, 줄리언 플라이셔와 가진 인터뷰와 그 후의 교
류를 바탕으로 했다.

28 인용문은 미국 모차르트 학회에서 2008년에 재발간한 Daines Barrington , "Ac-
count of a very remarkable young musician" (1780), 285쪽과 286쪽에 나온다.

29 베다 카플린스키를 인용한 부분은 모두 2010년에 그녀와 가진 인터뷰에서 가져
왔다.

30 일본 격언은 "Music: Prodigies' progress," *Time* (4 June 1973)에 인용되어 있다.

31 찰스 햄른을 인용한 부분은 모두 1996년과 2007년에 그와 가진 인터뷰와 다른 대
화에서 가져왔다.

32 캐런 먼로를 인용한 부분은 모두 2007년에 그녀와 가진 인터뷰에서 가져왔다.

33 반 클라이번을 인용한 부분과 그와 관련해 인용한 부분은 Claude Kenneson, *Mu-
sical Prodigies: Perilous Journeys, Remarkable Lives* (1993), 182~183쪽에서
가져왔다.

34 피아노 콩쿠르의 수적 증가는 Michael Johnson, "The dark side of piano compe-
titions," *New York Times* (8 August 2009) 에 연대순으로 기록되어 있다.

35 로버트 레빈을 인용한 부분은 모두 2010년에 그와 가진 인터뷰에서 가져왔다.

36 이 구절은 2010년에 수, 조, 드루 페터슨과 가진 인터뷰와 그 후의 교류를 바탕으
로 했다.

37 미요코 로토를 인용한 부분은 모두 Roberta Hershenson, "Playing piano recitals
and skipping fifth grade," *New York Times* (9 July 2009)에서 가져왔다.

38 저스틴 데이비슨을 인용한 부분은 모두 2010년과 2012년에 그와 가진 인터뷰와
그 후의 교류에서 가져왔다.

39 피에르-오귀스트 르느와르가 자주 표현하던 감상을 영어로 바꾼 문장이다. Jean
Renoir, *Renoir: My Father* (2001), 415~416쪽에 따르면 그는 1910년 경에 화가
앙리 모테즈에게 보낸 편지에도 이 말을 사용했다.

40 2010년에 이설리스와 가진 인터뷰에서 인용함.

41 이 구절은 2007년에 미하일, 내털리, 미샤, 너태샤 파렘스키와 가진 인터뷰와 인터

뷰 이전과 이후의 대화를 바탕으로 했다.

42 너태샤 파렘스키의 라흐마니노프 피아노 협주곡 2번 연주는 평론가 앤 미젯으로 부터 〈신선〉하고 〈가공되지 않았다〉는 평가를 받았다. Anne Midgette, "Pinchhitting at Caramoor: Young pianist and Rachmaninoff," *New York Times* (25 June 2007) 참조.

43 절대음감에 관해 더 많은 정보를 보려면 Daniel J. Levitin and Susan E. Rogers, "Absolute pitch: Perception, coding, and controversies," *Trends in Cognitive Sciences* 9, no.1 (January 2005)와 A. Bachem, "Absolute pitch," *Journal of the Acoustical Society of America* 27, no. 6 (1955) 참조.

44 아이들이 절대음감을 표현한 일화는 2010년에 데이비드 A. 로스와 가진 인터뷰에 서 가져왔다. 로스를 인용한 부분도 마찬가지다.

45 절대음감의 후천적 습득에 관한 논고는 Annie H. Takeuchi and Stewart H. Hulse, "Absolute pitch," *Psychological Bulletin* 113, no. 2 (1993)와 Diana Deutsch et al., "Absolute pitch among American and Chinese conservatory students," *Journal of the Acoustical Society of America* 199, no. 2 (February 2006) 참조.

46 Daniel J. Levitin , "Absolute memory for musical pitch: Evidence from the production of learned melodies," *Perception & Psychophysics* 56, no. 4 (1994) 참조.

47 Nicholas A. Smith and Mark A. Schmuckler, "Dial A440 for absolute pitch: Absolute pitch memory by non-absolute pitch possessors," *Journal of the Acoustical Society of America* 123, no. 4 (April 2008)을 보라.

48 절대음감을 지닌 음악가들이 단체 연주에서 맞닥뜨리는 어려움에 관한 두 일화 모 두 데이비드 A. 로스와 가진 인터뷰에서 가져왔다.

49 절대음감과 관자엽 널판에 관한 중대한 연구로 Gottfried Schlaug et al., "In vivo evidence of structural brain asymmetry in musicians," *Science*, n.s., 267, no. 5198 (February 3, 1995) 참조. 또한 Julian Paul Keenan, "Absolute pitch and planum temporale," *Neuroimage* 14, no. 6 (December 2001)도 보라.

50 바이올린 연주자들의 뇌 확장을 발견한 연구로 Thomas Elbert et al., "Increased cortical representation of the fingers of the left hand in string players," *Science* 270, no. 5234 (13 October 1995) 참조.

51 음악가의 강화된 운동 협응에 관한 신경 영상 증거는 Burkhard Maess et al., "Musical syntax is processed in Broca's area: An MEG study," *Nature Neuroscience* 4, no. 5 (May 2001)와 Vanessa Sluming et al., "Broca's area supports

enhanced visuospatial cognition in orchestral musicians," *Journal of Neuroscience* 27, no. 14 (4 April 2007) 참조.

52 이 구절은 2007년과 2008년에 로버트, 오마, 제이 그린버그와 가진 인터뷰와 대화, 그리고 그 후의 교류를 바탕으로 했다.

53 Samuel Zyman, "New music from a very new composer," *Juilliard Journal* (May 2003)에서 인용함.

54 Rebecca Leung, "Prodigy, 12, compared to Mozart," *CBS News* (18 February 2009)에서 인용함.

55 Nancy Andreasen, *The Creating Brain: The Neuroscience of Genius* (2005), 78 쪽에서 인용함.

56 제이가 자신의 작품의 수학적 기반에 대해 설명한 부분은 *Symphony No. 5; Quintet for Strings* (2006)의 음반 해설지에서 가져왔다.

57 Matthew Gurewitsch, "Early works of a new composer (very early, in fact)," *New York Times* (13 August 2006)에서 인용함.

58 Jonathan Barnes가 편집하고 E. S. Forster가 번역한 *The Complete Works of Aristotle*, vol. 2 (1984), *Problemata* xxx 1, 953a10-14 참조.

59 파가니니에 관한 수많은 악마적 전설은 1957년에 발간된 전기 G. I. C. De Courcy, *Paganini the Genoese* (1977년 재간행)와 "Fiddler Paganini's ways: Stories and facts in the great man's life," *New York Times* (27 July 1891) 참조. 위대한 바이올린 연주자에 대한 보다 현대적인 시각을 보려면 Maiko Kawabata, "Virtuosity, the violin, the devil ⋯⋯ what really made Paganini 'demonic'?," *Current Musicology* (22 March 2007)을 참조하라.

60 Cesare Lombroso, *The Man of Genius* (1888), 333쪽에서 인용함.

61 창의적인 프로세스에서 도파민 수용기가 하는 역할에 관한 탐구는 Örjan de Manzano et al., "Thinking outside a less intact box: Thalamic dopamine D2 receptor densities are negatively related to psychometric creativity in healthy individuals," *PLoS One* 5, no. 5 (17 May 2010) 참조.

62 〈우월한 자의 병〉은 Norman Geschwind, "The biology of cerebral dominance: Implications for cognition," *Cognition* 17, no. 3 (August 1984)에서 인용함. Geschwind와 Albert M. Galaburda는 *Cerebral Lateralization* (1987)을 저술했고, 두 사람의 연구를 보도한 기사로 Daniel Goleman , "Left vs. right: Brain function tied to hormone in the womb," *New York Times* (24 September 1985)를 참

조하라.

63   Pinchas Noy, "The development of musical ability," *Psychoanalytic Study of the Child* 23 (1968) 참조.

64   Maureen Neihart et al., *The Social and Emotional Development of Gifted Children: What Do We Know?* (2002)에 들어 있는 Miraca Gross, "Social and emotional issues for exceptional and intellectually gifted students," 19~30쪽 참조.

65   2010년에 자란 메타와 가진 인터뷰에서 인용함.

66   엘리샤 아바스의 말은 Daniel J. Wakin, "Burned out at 14, Israeli concert pianist is back where he 〉really belongs〉," *New York Times* (2 November 2007)에서 가져왔다.

67   조지프 폴리시를 인용한 부분은 모두 2010년에 그와 가진 인터뷰에서 가져왔다.

68   브랜든 브레머의 말은 Alissa Quart, *Hothouse Kids: The Dilemma of the Gifted Child* (2006), 142쪽에서 인용함. 그의 부모의 말은 "Child prodigy's time to 'do something great', Mom says," *Washington Post* (20 March 2005)에서 인용함.

69   테런스 저드와 마이클 라빈에 관한 논의는 Richard Morrison, "The prodigy trap," *Sunday Times* (15 April 2005) 참조.

70   크리스티안 크린츠에 관한 언급은 Joyce Maynard, "Prodigy, at 13," *New York Times* (4 March 1973) 참조.

71   줄리언 와이브라를 인용한 부분은 Michael J. Stopper가 편집한 *Meeting the Social and Emotional Needs of Gifted and Talented Children* (2000)에 들어 있는 "Extension and enrichment programmes," 50쪽 참조. 낸시 로빈슨은 Maureen Neihart et al., *The Social and Emotional Development of Gifted Children: What Do We Know?* (2002)의 서문 xiv쪽에서 영재들이 다른 아이들보다 덜 강인하다는 와이브라의 주장에 이견을 제시한다.

72   로버트 시로타를 인용한 부분은 모두 2010년에 그와 가진 인터뷰와 그 후의 교류에서 가져왔다.

73   신동이 되는 것의 위험에 대한 야샤 하이페츠의 재담은 그의 1959년 시벨리우스의 *Violing Concerto* (RCA Victor Red Seal/BMG Classics) 음반 해설지 참조.

74   Cynthia Ozick가 번역한 Isaac Babel, *The Complete Works of Isaac Babel* (2002), 628쪽에서 인용함. 인용문은 요약되었다.

75   루스 슬렌친스카를 인용한 부분은 그녀가 쓴 자서전 *Forbidden Childhood* (1957), 31쪽, 137쪽, 237쪽에서 가져왔다.

76 어빈 니레지하치에 대한 조사를 바탕으로 출간된 책은 Géza Révész, *The Psychology of a Musical Prodigy* (1925)이다.

77 어빈 니레지하치를 인용한 부분은 Kevin Bazzana, *Lost Genius: The Curious and Tragic Story of an Extraordinary Musical Prodigy* (2007)에서 가져왔다. 각각 44쪽 〈나는 이를 테면 명함 같은 존재였다〉, 53쪽 〈다섯 살 때 나는 ……〉, 37쪽 〈어머니는 나를 싫어했다〉, 41쪽 〈장애물이 나를 가로막으면 ……〉 참조. 니레지하치가 히틀러를 칭찬한 부분은 같은 책 40쪽 〈스스로를 감정적으로 불우하다고 느끼고, 젊은이 특유의 모순되는 감정과 싸우면서, 그는 자기방어적으로 자신의 걱정거리에 대한 모든 비난을 어머니에게 표출했고, 그녀를 자신이 애착을 갖는 모든 것의 적으로 규정한 듯하다. 그의 어머니는 홀로코스트로 인해 사망했고 그가 한번은 (취중에) 자기 어머니를 죽였기 때문에 히틀러는 위대한 사람이라고 말했다고 한다〉 참조.

78 이 구절은 2007년에 로린 홀랜더와 가진 인터뷰를 바탕으로 했다.

79 모차르트는 원래 1778년 3월에 쓴 편지에서 이 말을 했다. *The Letters of Wolfgang Amadeus Mozart* (1866), 183쪽 참조. 또한 Maynard Solomon, *Mozart: A Life* (1996)도 보라.

80 G. I. C. 드쿠르시가 1957년에 쓴 파가니니 전기, *Paganini the Genoese* (1977년 재간행), 13쪽에서 인용함. 드쿠르시는 Julius Max Schottky, *Paganini's Leben und Treiben als Kunstler und als Mensch* (1830)을 인용했다.

81 클라라 비크의 아버지가 그녀의 일기장을 검사하고 내용을 기입한 일화에 관한 인용문은 Nancy B. Reich, *Clara Schumann: The Artist and the Woman* (1985), 18~20쪽에서 가져왔다. 로베르트 슈만을 인용한 부분은 같은 책 64쪽 참조.

82 이 구절은 2010년에 스콧 프랜켈과 가진 인터뷰와 그 이전과 이후의 교류를 바탕으로 했다.

83 이 구절에 나오는 인용문은 모두 Nikki Murfitt, "The heart-breaking moment I realised my mother had cut me off forever, by violin virtuoso Vanessa-Mae," *Daily Mail* (7 August 2008)에서 가져왔다.

84 이 구절은 2010년에 니컬러스 호지스와 가진 인터뷰와 그 후의 교류를 바탕으로 했다.

85 루돌프 제르킨에 관한 일화는 커티스 음악원 원장을 역임한 게리 그래프먼이 2009년에 내게 들려준 것이다. 이 말을 할 때 제르킨도 그 자리에 있었다.

86 Samuel and Sada Applebaum, *The Way They Play*, vol. 13 (1984), 256쪽에서 인용함.

87 2010년에 테레즈 말러와 가진 인터뷰에서 인용함.

88 2010년에 호앙 팜과 가진 인터뷰에서 인용함.

89 이 구절은 2009년에 켄 노다와 가진 인터뷰와 그 후의 교류를 바탕으로 했다.

90 타카요 노다는 뛰어난 예술가이자 시인이다. http://www.takayonoda .com 참조.

91 이 구절은 2010년에 캔디 바우컴과 가진 인터뷰를 바탕으로 했다.

92 이 구절은 2010년에 데이비드 워터먼과 가진 인터뷰와 그 후의 교류를 바탕으로 했다.

93 이 구절은 2010년에 매리온, 비크람, 솔랜다 프라이스와 가진 인터뷰를 바탕으로 했다. 사용된 이름은 가명이고 신원을 알 수 있는 세부 사항은 변경되었다.

94 2012년에 미츠코 우치다와 나눈 사적인 대화에서 인용함.

95 Janice Nimura, "Prodigies have problems too," *Los Angeles Times* (21 August 2006)에서 인용함.

96 레너드 번스타인에 관한 일화는 Clifton Fadiman, *The Little, Brown Book of Anecdotes* (1985) 참조. 전문은 다음과 같다. 「번스타인의 아버지는 그의 재능 있는 아들에게 더 많은 격려를 주지 않았다는 비난을 받았다. 〈그가 자라서 레너드 번스타인이 될 거라고 내가 어찌 알 도리가 있었겠소?〉 라고 그는 항의했다.」 책에 사용한 문장은 번스타인 가족의 다른 구성원으로부터 내가 들은 대로 적은 것이다.

97 이 구절은 2010년에 호나단 플로릴과 가진 인터뷰를 바탕으로 했다.

98 Alfredo Brotons Muñoz, "Más que un prodigio," *Levante EMV* (7 May 2007)에서 인용함 원문은 다음과 같다. 「Aunque, como luego se explicará, va más allá de eso, de momento no puede escapar a la calificación de prodigio. No sólo por cómo toca, sino por lo que toca.」

99 Gore Vidal, *Matters of Fact and Fiction* (1977), 34쪽에서 인용함.

100 Catherine Cox, *The Early Mental Traits of Three Hundred Geniuses* (1926) 참조. 83년 후에 출간된 후속 연구 Dean Keith Simonton and Anna V. Song, "Eminence, IQ, physical and mental health, and achievement domain: Cox's 282 geniuses revisited," *Psychological Science* 20, no. 4 (April 2009) 참조.

101 이 구절은 2005년과 2009년에 랑랑, 랑궈런과 가진 인터뷰와 여타 대화를 바탕으로 했다. 나는 랑랑의 웹사이트(http://www.langlang.com)와 그가 출간한 두 권의 자서전 *Lang Lang: Playing with Flying Keys* (2008)(with Michael French)와 *Journey of a Thousand Miles: My Story* (2008)(with David Ritz)을 참조했

다. 나는 또한 David Remnick, "The Olympian: How China's greatest musician will win the Beijing Games," *New Yorker* (4 August 2008)도 참고했다. 그리고 Yuanju Li, *Dad's Aspirations Are That High* (2001) (미국에는 미출간된 중국 도서의 영어 번역본)도 이용했다.

102 John von Rhein, "Bend the rules, but don't break the bond," *Chicago Tribune* (18 August 2002)에서 인용함.

103 Anthony Tommasini, "A showman revs up the classical genre," *New York Times* (10 November 2003) 참조.

104 Anthony Tommasini, "Views back (and forward) on an outdoor stage," *New York Times* (17 July 2008)에서 인용함.

105 일만 시간 가설을 지지하는 대중적인 책으로 Malcolm Gladwell, *Outliers: The Story of Success* (2008)와 Daniel Coyle, *The Talent Code: Greatness Isn't Born, It's Grown* (2009)와 Geoff Colvin, *Talent Is Overrated: What Really Separates World-Class Performers from Everybody Else* (2010) 참조.

106 일만 시간에 관한 연구와 그 후속 연구를 보려면 K. Anders Ericsson, R. T. Krampe andC.Tesch-Romer, "The roleof deliberate practice in the acquisition of expert performance," *Psychological Review* 100 (1993)와 K. Anders Ericsson, Michael J. Prietula and Edward T. Cokel, "The making of an expert," *Harvard Business Review*, (July~August 2007)와 K. Anders Ericsson, Roy W. Roring and Kiruthiga Nandagopal, "Giftedness and evidence for reproducibly superior performance," *High Ability Studies* 18, no. 1 (June 2007)를 참조하라.

107 연습 시간이 재능보다 중요하다는 결과를 얻은 연구를 보려면 Michael J. A. Howe, Jane W. Davidson and John A. Sloboda, "Innate talents: Reality or myth?," *Behavioural & Brain Sciences* 21, no. 3 (June 1998) 참조.

108 David Brooks, "Genius: The modern view," *New York Times* (1 May 2009)에서 인용함.

109 레오폴드 아워의 제자 조지프 시게티가 쓴 *Szigeti on the Violin* (1979), 4쪽에서 인용함.

110 최초의 마시멜로 연구와 후속 보고서들을 보려면 Walter Mischel, E. B. Ebbesen and A. R. Zeiss, "Cognitive and attentional mechanisms in delay of gratification," *Journal of Personality & Social Psychology* 21, no. 2 (February 1972)와 Yuichi Shoda, Walter Mischel and Philip K. Peake, "The nature of adolescent

competencies predicted by preschool delay of gratification," *Journal of Personality & Social Psychology* 54, no. 4 (1988)와 Yuichi Shoda, Walter Mischel and Philip K. Peake, "Predicting adolescent cognitive and self-regulatory competencies from preschool delay of gratification: Identifying diagnostic conditions," *Developmental Psychology* 26, no. 6 (1990)를 참조하라.

111 SAT점수의 커다란 차이를 보고한 논문으로 Yuichi Shoda, Walter Mischel and Philip K. Peake, "Predicting adolescent cognitive and self-regulatory competencies from preschool delay of gratification: Identifying diagnostic conditions," *Developmental Psychology* 26, no. 6 (1990) 참조. 이 내용을 주목한 기사로 Jonah Lehrer, "Don't! The secret of self-control," *New Yorker* (18 May 2009) 참조.

112 앤절라 덕워스의 말은 Jonah Lehrer, "Don't! The secret of self-control," *New Yorker* (18 May 2009)에 나온다. 또한 Angela L. Duckworth and Martin E. P. Seligman, "Self-discipline outdoes IQ in predicting academic performance of adolescents," *Psychological Science* 16, no. 12 (December 2005)도 참조하라.

113 Ellen Winner, *Gifted Children: Myths and Realities* (1996), 308쪽 참조.

114 Edward Rothstein, "Connections: myths about genius," *New York Times* (5 January 2002)에서 인용함.

115 예후디 메뉴인의 전기 *Unfinished Journey* (1977), 22쪽에 나온다. Claude Kenneson, *Musical Prodigies: Perilous Journeys, Remarkable Lives* (1993), 44쪽에 인용되어 있다.

116 2010년에 개브리엘 카한과 가진 인터뷰에서 인용함.

117 이 구절은 2007년에 마크 유의 뉴욕 데뷔에 참석한 경험과 같은 해에 클로에와 마크 유와 가진 인터뷰와 그 후의 대화를 바탕으로 했다.

118 중국어처럼 성조가 있는 언어가 어린이의 음악성을 강화한다는 가설을 뒷받침하는 실재적인 연구를 보려면 Diana Deutsch et al., "Absolute pitch among students in an American music conservatory: Association with tone language fluency," *Journal of the Acoustical Society of America* 125, no. 4 (April 2009)와 Ryan J. Giuliano et al., "Native experience with a tone language enhances pitch discrimination and the timing of neural responses to pitch change," *Frontiers in Psychology* 2, no. 146 (August 2011)를 참조하라. 중국인의 전형적인 손 모양에 대한 언급은 베다 카플린스키와 가진 인터뷰에서 가져왔다.

119 Mihaly Csikszentmihalyi, *Creativity: Flow and the Psychology of Discovery*

and Invention (1996), 177쪽에서 인용함.

120 2010년에 로버트 블로커와 가진 인터뷰에서 인용함.

121 이 구절은 2010년에 메이 암스트롱과 가진 인터뷰를 바탕으로 했다.

122 찰스 햄른은 로스앨러모스 여행에 대한 이야기를 2007년에 나에게 들려줬다.

123 Stephen Moss, "At three he was reading the Wall Street Journal," *Guardian* (10 November 2005)에서 인용함.

124 Daniel Singal, "The other crisis in American education," *Atlantic Monthly* (November 1991)에서 인용함.

125 John Cloud, "Are we failing our geniuses?," *Time* (16 August 2007)에서 인용함.

126 템플턴 보고서에 대해서는 Nicolas Colangelo, *A Nation Deceived: How Schools Hold Back America's Brightest Students* (2004) 참조.

127 재능 있는 피실험자의 80퍼센트가 덜 재능 있는 아이들의 기준에 맞추기 위해 자신의 행동을 모니터했다는 조사 결과는 Maureen Neihart et al., *The Social and Emotional Development of Gifted Children* (2002), 14쪽 참조. 피실험자의 90퍼센트가 〈두뇌〉로 간주되길 원하지 않는다는 조사 결과는 B. Bradford Brown and Laurence Steinberg, "Academic achievement and social acceptance: Skirting the 'brain-nerd' connection," *Education Digest* 55, no. 7 (1990) 참조.

128 미라카 그로스는 호주에 사는 영재 60명을 연구한 결과를 *Exceptionally Gifted Children* (1993)에서 보여준다. 피실험자들이 파격적인 월반에 만족한 내용은 같은 책 26~27쪽에서 논의된다.

129 Norbert Wiener, *Ex-Prodigy: My Childhood and Youth* (1953), 117~118쪽, 106~107쪽에서 인용함. 또한 그가 쓴 속편 *I Am a Mathematician: The Later Life of a Prodigy* (1956)도 보라.

130 이 구절은 2007년에 조슈아 벨, 셜리 벨과 가진 인터뷰와 그 후의 교류를 바탕으로 했다.

131 녹음 기술에 관한 포괄적인 역사를 보려면 David L. Morton Jr, *Sound Recording: The Life Story of a Technology* (2006) 참조. 토머스 에디슨이 축음기의 발명에 대해 기록한 문서의 디지털 복원물은 러트거스 대학의 웹사이트(http://edison.rutgers.edu/docsamp.htm) 참조.

132 이 구절은 2010년에 콘래드 타오, 밍팡과 가진 인터뷰를 바탕으로 했다.

133 이 구절은 2010년에 실베스터, 스테퍼니, 크리스천 샌즈와 가진 인터뷰와 그 후의 교류를 바탕으로 했다.

134 재즈 연주자들은 이런 종류의 교환을 네 마디 변주라고 부른다. 오스카 피터슨과 크리스천의 공연 동영상은 http://www.youtube.com/watch?v=fYpoWD1qmEA 참조.

135 폴 포츠의 공연 동영상은 http://www.youtube.com/ watch?v=1k08yxu57NA 참조. 제키 에반코의 동영상은 http://www.youtube.com/watch?v=6ar0r02FZng 참조.

136 이 구절은 2010~2012년에 니코 멀리, 버니 하비, 프랭크 멀리와 가진 인터뷰와 그 후의 대화를 바탕으로 했다. 또한 Rebecca Mead, "Eerily composed: Nico Muhly's sonic magic," *New Yorker*, (11 February 2008) 참조.

137 Alfred Louis Kroeber, *Configurations of Culture Growth* (1944), 9쪽 참조.

138 뉴턴이 1676년 2월에 로버트 후크에게 보낸 편지에 쓴 말. *The Correspondence of Isaac Newton*, vol. 3 (1961), 231쪽에서 인용함.

139 Lucretius, *On the Nature of Things* (1851) 참조(한국어 판은 『사물의 본성에 관하여』, 강대진 역, 아카넷, 2012).

140 *Essays of Schopenhauer* (1897), 153쪽 참조(한국어 판은 『쇼펜하우어 수상록』, 최혁순 역, 범우사, 1997).

141 Margaret Mead, "The gifted child in the American culture of today," *Journal of Teacher Education* 5, no. 3 (1954), 213쪽에 있는 한 문단을 요약한 것으로 Jan Davidson, Bob Davidson and Laura Vanderkam, *Genius Denied: How to Stop Wasting Our Brightest Young Minds* (2004), 51쪽에 인용되어 있다.

142 2011년에 론다 가를릭과 나눈 사담에서 인용함.

143 이 구절은 2009년과 2010년에 제프리, 마사, 개브리엘 카한과 가진 인터뷰를 바탕으로 했다.

144 Nate Chinen, "Gabriel Kahane, Where Are the Arms," *New York Times* (19 September 2011)에서 인용함.

145 괴테의 어머니를 인용한 부분은 Bruno Bettelheim, *The Uses of Enchantment* (1976), 153쪽에 나온다. 인용문은 요약되었다.

9장 강간

1 스티그마 주식회사 웹사이트(http://www.stigmatized.org) 는 더 이상 온라인에 존재하지 않는다. 아카이브 버전을 http://web.archive.org/web/20070901030454

/www.stigmatized.org/about.htm에서 볼 수 있다.

2   Merrill D. Smith가 편집한 *Encyclopedia of Rape* (2004)에 들어 있는 "Sexual assault," 224~225쪽 참조.

3   Merrill D. Smith가 편집한 *Encyclopedia of Rape* (2004), xiii~xvii쪽에 따르면 함무라비 법전(기원전 1780년 경)은 〈처녀가 강간당했다면 그녀는 무죄이고 강간범은 처형되어야 한다. 결혼한 여자가 강간당한 경우 그녀는 간통으로 유죄 판결을 받고 강간범과 함께 처형될 수 있다고 선포했다.〉

4   Susan Deacy와 Karen F. Pierce가 편집한 *Rape in Antiquity* (1997)에 들어 있는 Daniel Ogden, "Rape, adultery and the protection of bloodlines in classical Athens," 25~41쪽 참조.

5   고대 법과 17세기 법에서 강간을 다룬 정보를 더 보려면 Merrill D. Smith가 편집한 *Encyclopedia of Rape* (2004)에 들어 있는 "Ancient law codes," 14~15쪽과 Else L. Hambleton, *Daughters of Eve: Pregnant Brides and Unwed Mothers in Seventeenth-Century Massachusetts* (2004) 참조.

6   고대 그리스 신화에 나오는 강간은 *Encyclopedia of Rape* (2004)에 들어 있는 "Art," 15쪽과 Susan Deacy와 Karen F. Pierce가 편집한 *Rape in Antiquity* (1997)에 들어 있는 James A. Arieti, "Rape and Livy's view of Roman history," 209~229쪽 참조.

7   *Encyclopedia of Rape* (2004)에 들어 있는 "Rape of the Sabine women," 196~197쪽을 보라. 또한 Sylvana Tomaselli와 Roy Porter가 편집한 *Rape: An Historical and Cultural Enquiry* (1986)에 들어 있는 Norman Bryson, "Two narratives of rape in the visual arts: Lucretia and the Sabine women," 152~173쪽을 보라..

8   John Boswell, *The Kindness of Strangers: The Abandonment of Children in Western Europe from Late Antiquity to the Renaissance* (1998), 200쪽 참조. 또한 *Encyclopedia of Rape* (2004)에 들어 있는 "Pregnancy," 154~155쪽 참조.

9   강간과 생식력에 대한 갈레노스의 개념에 관해 더 많은 정보를 보려면 *Encyclopedia of Rape* (2004)에 들어 있는 "'Blaming the victim' syndrome" (26~28쪽)과 "Pregnancy" (154~155쪽)을 보라.

10   아우구스티누스의 강간과 겸손함에 대한 논의는 Susan Deacy와 Karen F. Pierce가 편집한 *Rape in Antiquity* (1997)에 들어 있는 Corinne Saunder, "Classical paradigms of rape in the Middle Ages: Chaucer's Lucretia and Philomenia," 251

쪽에 인용되어 있다. 코린 손더는 이 말을 George E. McCracken이 편집하고 번역한 *Augustine, City of God Against the Pagan*, vol. 1, (1957)로부터 인용했다.

11 17~18세기 아메리카의 강간은 "Rape in the United States: Eighteenth century," *Encyclopedia of Rape* (2004), 179~181쪽과 Else L. Hambleton, *Daughters of Eve: Pregnant Brides and Unwed Mothers in Seventeenth-Century Massachu-setts* (2004) 참조.

12 『킹스턴 브리티시 휘그』의 인용은 Merrill D. Smith가 편집한 *Sex Without Con-sent: Rape and Sexual Coercion in America* (2001), 103~135쪽에 들어 있는 Patrick J. Connor, "The law should be her protector: The criminal prosecution of rape in upper Canada, 1791~1850," 115쪽에 나온다.

13 아프리카 노예에 대한 강간과 흑인과 백인 용의자에 대한 이질적 대우에 관해 더 많은 정보를 보려면 Susan Brownmiller, *Against Our Will: Men, Women, and Rape* (1975), 153~169쪽에 들어 있는 장 "Slavery"와 *Encyclopedia of Rape* (2004)에 들어 있는 항목들 "African-Americans" (5~7쪽)과 "Slavery" (234~236쪽)과 Merrill D. Smith가 편집한 *Sex Without Consent: Rape and Sex-ual Coercion in America* (2001)에 들어 있는 Diane Miller Sommerville, "'I was very much wounded': Rape law, children, and the antebellum South," 136~177쪽과 Diana Miller Sommerville, *Rape and Race in the Nineteenth-Century South* (2004)을 참조하라.

14 *Encyclopedia of Rape*의 "Rape in the United States: Nineteenth century," 181~183쪽 참조.

15 20세기 중반의 강간–임신에 대한 경험은 Rickie Solinger, *Wake Up Little Susie: Single Pregnancy and Race before Roe v. Wade* (2000) 참조. 피해자를 인용한 부분은 같은 책 73쪽에서 가져왔다.

16 *Encyclopedia of Rape*의 "Freud, Sigmund/Freudian theory," 82~83쪽을 보라.

17 메나헴 아미르의 인용은 각각 Menachem Amir, *Patterns in Forcible Rape* (1971), 254쪽과 258쪽에서 가져왔다.

18 Susan Brownmiller, *Against Our Will* (1975)을 보라.

19 Susan Brownmiller, *Against Our Will* (1975), 378쪽 참조.

20 *Encyclopedia of Rape*의 "Rape law," 186쪽에서 인용함. 결혼 내 강간과 결혼관계는 예외로 하는 점에 관한 논의는 Diana E. H. Russell, *Rape in Marriage* (1990)와 David Finkelhor and Kersti Yllö, *License to Rape: Sexual Abuse of Wives*

(1985)와 Jacquelyn C. Campbell and Peggy Alford, "The dark consequences of marital rape," *American Journal of Nursing* 89, no. 7 (July 1989)와 *Encyclopedia of Rape*의 "Hale, Sir Matthew (1609~1676)" (94~95쪽)과 "Marital rape" (122~124쪽) 참조.

21 Michel Foucault, *Politics, Philosophy, Culture: Interviews and Other Writings*, 1977~1984 (1988)에 들어 있는 "Confinement, psychiatry, prison," 200쪽에서 인용함.

22 성폭행에 관한 미국의 주와 연방법에 관한 논의를 보려면 *Encyclopedia of Rape* (2004)의 "Rape law," 186~189쪽 참조.

23 성폭력에 대한 처벌 강도의 차이에 관해서는 *Encyclopedia of Rape* (2004)의 "Rape law," 186~189쪽과 Diane E. H. Russell and Rebecca M. Bolen, *The Epidemic of Rape and Child Sexual Abuse in the United States* (2000) 참조.

24 성폭행에 관한 통계 수치는 Patricia Tjaden and Nancy Thoennes, *Full Report of the Prevalence, Incidence, and Consequences of Violence Against Women: Findings from the National Violence against Women Survey* (2000), 35~36쪽 참조. 질병 통제 센터가 강간을 〈신고율이 가장 낮은 범죄 중 하나〉로 인정한 내용은 "Sexual Assault Awareness Month, April 2005," *Morbidity & Mortality Weekly Report* 54, no. 12 (1 April 2005), 311쪽 참조.

25 이 구절은 2008년에 마리나 제임스와 가진 인터뷰를 바탕으로 했다. 사용된 이름 은 모두 가명이다.

26 공포가 배란을 촉진한다고 주장한 논문으로 Wolfgang Jöchle, "Coitus-induced ovulation," *Contraception* 7, no. 6 (1973)와 Mary M. Krueger, "Pregnancy as a result of rape," *Journal of Sex Education & Therapy* 14, no. 1 (1988) 참조. 이 주제에 대한 최근 리뷰를 보려면 Juan J. Tarín, Toshio Hamatani and Antonio Cano, "Acute stress may induce ovulation in women," *Reproductive Biology & Endocrinology* 8, no. 53 (2010), 1~13쪽을 보라.

27 3퍼센트 추정치는 Allen J. Wilcox et al., "Likelihood of conception with a single act of intercourse: Providing benchmark rates for assessment of post-coital contraceptives," *Contraception* 63, no. 4 (April 2001), 211~215 참조.

28 Melissa M. Holmes et al. "Rape-related pregnancy: Estimates and descriptive characteristics from a national sample of women," *American Journal of Obstetrics & Gynecology* 175, no. 2 (August 1996) 참조.

29 추정치 25,000은 Felicia H. Stewart and James Trussell, "Prevention of pregnancy resulting from rape: A neglected preventive health measure," *American Journal of Preventive Medicine* 19 (November 2000)에서 가져왔다. 추정치 32,000은 Melissa M. Holmes et al., "Rape-related pregnancy: Estimates and descriptive characteristics from a national sample of women," *American Journal of Obstetrics & Gynecology* 175, no. 2 (August 1996)에서 가져왔다.

30 강간 피해자들의 분만 결정에 관한 1996년 연구 자료를 보려면 Melissa M. Holmes et al., "Rape-related pregnancy: Estimates and descriptive characteristics from a national sample of women," *American Journal of Obstetrics & Gynecology* 175, no. 2 (August 1996) 참조.

31 Ana Milena Gil (with Ana Maria Jaramillo and Bertha Ortiz), "Pregnancy resulting from rape: Breaking the silence of multiple crises," *Women's Health Collection* (1 January 2001)에서 인용함.

32 Natela Cutter, "'Anne Smith': A rape victim found relief in the abortion," *U.S. News & World Report* 124, no. 2 (19 January 1998)에서 가져왔다.

33 Amy Engeler, "I can't hate this baby," *Redbook* 192, no. 4 (February 1999)에서 가져왔다.

34 조앤 쳄프를 인용한 부분은 모두 그녀가 쓴 기사 "Abortion: The second rape," *Sisterlife* (Winter 1990)에서 가져왔다.

35 카이 지볼스키의 말은 Marie McCullough, "Abortion, rape debate," *Chicago Tribune* (26 September 1995)에서 인용함.

36 캐슬린 디지우의 말은 영화 *Children of Rape* (1994)에서 인용함.

37 샤론 베일리의 말은 David C. Reardon, Julie Makimaa, Amy Sobie가 편집한 *Victims and Victors: Speaking Out about Their Pregnancies, Abortions, and Children Resulting from Sexual Assault* (2000), 86쪽에서 인용함.

38 캐슬린 디지우의 말은 영화 *Children of Rape* (1994)에서 인용함.

39 David C. Reardon, Julie Makimaa, Amy Sobie가 편집한 *Victims and Victors: Speaking Out about Their Pregnancies, Abortions, and Children Resulting from Sexual Assault* (2000), 87쪽에서 인용함.

40 Padmasayee Papineni, "Children of bad memories," *Lancet* 362, no. 9386 (6 September 2003)에서 인용함. 인용문은 요약되었다.

41 이 구절은 2007년에 브렌다 엔리케스와 가진 인터뷰를 바탕으로 했다. 사용된 이

름은 모두 가명이다.

42 낙태법의 역사에 관한 기본 자료는 Leslie J. Reagan, *When Abortion Was a Crime: Women, Medicine, and Law in the United States, 1867~1973* (1997)와 *Encyclopedia of Rape*의 "Abortion," 2~4쪽 참조.

43 미국 의사 협회를 인용한 부분은 협회의 공식 견해 "Pregnancy from rape does not justify abortion," *Journal of the American Medical Association* 43 (6 August 1904), 413쪽에서 가져왔다.

44 Leslie J. Reagan, *When Abortion Was a Crime: Women, Medicine, and Law in the United States, 1867~1973* (1997), 5장, 132~159쪽 참조.

45 미혼 여성과 미망인에게 낙태 시술을 해주는 것이 〈윤리적 기강을 흔든다〉는 제안은 A. J. Rongy가 쓴 *Abortion: Legal or Illegal?*에 대한 Frederick J. Taussig 의 평론(*Birth Control Review*, 17 June 1933), 153쪽에 나오고 Leslie J. Reagan, *When Abortion Was a Crime: Women, Medicine, and Law in the United States, 1867~1973* (1997), 142쪽에 인용되어 있다. 타우시그가 묘사한 낙태 허용을 합리화 할 수 있는 사회적 경제적 조건은 Taussig, *The Prevention and Treatment of Abortion* (1910), 443~444쪽에 나오고, Leslie J. Reagan, *When Abortion Was a Crime: Women, Medicine, and Law in the United States, 1867~1973* (1997), 142쪽에 인용되어 있다. 본서에 실린 인용문은 요약되었다.

46 1938년에 있었던 알렉 본의 낙태 수술 재판은 Leslie J. Reagan, *When Abortion Was a Crime: Women, Medicine, and Law in the United States, 1867~1973* (1997), 175쪽 참조.

47 낙태 위원회에 대해서 Leslie J. Reagan, *When Abortion Was a Crime: Women, Medicine, and Law in the United States, 1867~1973* (1997), 174~175쪽 참조.

48 이 인용문은 Rickie Solinger, *Wake Up Little Susie: Single Pregnancy and Race before Roe vs. Wade* (2000), 133쪽에 나오고. Marion K. Sanders, "Social work: A profession chases its tail," *Harper's* (March 1957)로부터 가져온 것이다.

49 낙태 합법화에 대한 초기 제안들에 대해 Leslie J. Reagan, *When Abortion Was a Crime: Women, Medicine, and Law in the United States, 1867~1973* (1997), 220~221쪽 참조.

50 강요된 양도와 조산 시설에 관해서는 Rickie Solinger, *Wake Up Little Susie: Single Pregnancy and Rape before Roe v. Wade* (2000)와 *Beggars and Choosers: How the Politics of Choice Shapes Adoption, Abortion, and Welfare in the*

United States (2001) 참조.

51   Rickie Solinger, *Beggars and Choosers: How the Politics of Choice Shapes Adoption, Abortion, and Welfare in the United States* (2001), 73쪽에서 인용함.

52   Rickie Solinger, *Beggars and Choosers: How the Politics of Choice Shapes Adoption, Abortion, and Welfare in the United States* (2001), 75쪽에서 인용함.

53   로우 판결 이후의 낙태 정치학은 Rickie Solinger가 편집한 *Abortion Wars: A Half Century of Struggle, 1950~2000* (1998)에 들어 있는 William Saletan, "Electoral politics and abortion: Narrowing the message"와 William Saletan, *Bearing Right: How Conservatives Won the Abortion War* (2003) (여론 조사 결과는 163쪽) 참조.

54   세실 앤드루스의 말은 Timothy Egan, "Idaho governor vetoes measure intended to test abortion ruling," *New York Times* (31 March 1990)에서 인용함.

55   William Saletan, *Bearing Right: How Conservatives Won the Abortion War* (2003), 168, 172~173 쪽 참조. 또한 Michael Baruzzini, "Justice or comfort?: Conservatives and the rape exceptions," *Catholic Lane* (16 June 2011) (http://catholiclane.com/justice-or-comfort-conservatives-and-the-rape-exception)와 The Church of Jesus Christ of Latter Day Saints, "The law of chastity," *Gospel Principles* (2012) (http://www.lds.org/library/display/0,4945,11-1-13-49,00.html) 을 보라.

56   Bob Ellis, "South Dakota abortion task force studies rape exceptions," *Dakota Voice*, (20 January 2006)에서 인용함.

57   메건 바넷이 영화 *I Love My Baby Who Was Conceived by Rape* (2006)에서 한 말.

58   존 윌크스 말은 Bob Ellis, "South Dakota abortion task force studies rape exceptions," *Dakota Voice* (20 January 2006)에서 인용함.

59   Rebecca Kiessling, "Conceived in Rape: A Story of Hope" 참조. 비꼬는 반응은 *First World Problems* 블로그의 2009년 1월 26일 항목(http://ivytheadventure.livejournal.com/2009/01/26/) 참조.

60   Joan Raphael-Leff, "Psychotherapy and pregnancy," *Journal of Reproductive & Infant Psychology* 8, no. 2 (April 1990), 129쪽에서 인용함. 인용문은 요약되었다.

61   강간 피해자의 증언은 William Saletan, *Bearing Right* (2003), 183쪽에 나오고, 1991년 5월 29일자 루이지애나 보건복지부 상원 위원회 의사록으로부터 인용되었다.

62   David Finkelhor and Kersti Yllö, *License to Rape* (1985), 133쪽에서 인용함.

63   Joan Kemp, "Abortion: The second rape," *Sisterlife* (Winter 1990)에서 인용함.

64   Denise Kalasky, "Accomplices in incest," *Post-Abortion Review* 2, no. 1 (Winter 1993) 참조.

65   데이비드 리어든은 "Rape, incest and abortion: Searching beyond the myths," *Post-Abortion Review* 2, no. 1 (Winter 1994)을 저술했고 *Victims and Victors: Speaking Out about Their Pregnancies, Abortions, and Children Resulting from Sexual Assault* (2000)을 Julie Makimaa와 Amy Sobie와 공동 편집했다. 엘리엇 연구소의 웹사이트 주소는 http://www.afterabortion.info.

66   〈낙태 증후군〉의 존재를 최초로 상정한 David Mall and Walter F. Watts, *The Psychological Aspects of Abortion* (1979) 참조. 이 개념을 보다 활성화한 Joyce Arthur, "Psychological aftereffects of abortion: The rest of the story," *Humanist* 57, no. 2 (March~April 1997) 참조. 낙태 증후군의 합법성에 대한 논쟁을 다룬 기사 Emily Bazelon, "Is there a post-abortion syndrome?," *New York Times Magazine* (21 January 2007)을 참조하라.

67   David Reardon, "Rape, incest and abortion: Searching beyond the myths," *Post-Abortion Review* 2, no. 1 (Winter 1994) 참조.

68   David Mall and Walter F. Watts, *The Psychological Aspects of Abortion* (1979)에 들어 있는 Sandra Mahkorn, "Pregnancy and sexual assault," 67쪽에서 인용함.

69   David Mall and Walter F. Watts, *The Psychological Aspects of Abortion* (1979)에 들어 있는 George E. Maloof, "The consequences of incest: Giving and taking life," 98쪽에서 인용함.

70   통계 수치는 Melissa M. Holmes et al., "Rape-related pregnancy: Estimates and descriptive characteristics from a national sample of women," *American Journal of Obstetrics & Gynecology* 175, no. 2 (August 1996) 참조.

71   Susan Brison, *Aftermath: Violence and the Remaking of a Self* (2002), x쪽에서 인용함.

72   Andrea Stiglmayer가 편집하고 Marion Faber가 번역한 *Mass Rape: The War against Women in Bosnia-Herzegovina* (1994)에 들어 있는Vera Folnegović-Šmalc, "Psychiatric aspects of the rapes in the war against the republics of Croatia and Bosnia-Herzegovina," 174~179쪽에서 인용함.

73   이 구절은 2007년에 멜린다 스티븐슨과 가진 인터뷰와 그 후의 교류를 바탕으로

했다. 사용된 이름은 모두 가명이다.

74　강간의 진화 이론에 대한 언론의 논고를 보려면 Erica Goode, "What provokes a rapist to rape?," *New York Times* (15 January 2000) 참조.

75　Jonathan A. Gottschall and Tiffani A. Gottschall, "Are per-incident rape-pregnancy rates higher than per-incident consensual pregnancy rates?," *Human Nature: An Interdisciplinary Biosocial Perspective* 14, no. 1 (1 March 2003), 10쪽에서 인용함.

76　Randy Thornhill and Craig T. Palmer, *A Natural History of Rape: Biological Bases of Sexual Coercion* (2000) 참조.

77　Andrea Stiglmayer가 편집하고 Marion Faber가 번역한 *Mass Rape: The War against Women in Bosnia-Herzegovina* (1994)에 들어 있는 Catharine MacKinnon, "Turning rape into pornography: Postmodern genocide," 74쪽에서 인용함. 인용문은 요약되었다.

78　Susan Brownmiller, *Against Our Will* (1975), 314쪽에서 인용함.

79　메리 P. 코스의 주장은 Erica Goode, "What provokes a rapist to rape? Scientists debate notion of an evolutionary drive," *New York Times* (15 January 2000)에 인용되어 있다.

80　Patricia Tjaden and Nancy Thoennes, *Full Report of the Prevalence, Incidence, and Consequences of Violence against Women: Findings from the National Violence against Women Survey* (2000), 39쪽 참조.

81　이 구절은 2007년에 로리 마이클스, 클라라벨 마이클스, 링고 스마이스, 보비 마이클스와 가진 인터뷰를 바탕으로 했다. 이 구절에 사용된 이름은 가명이다.

82　Adoption.com Forums에 있는 공개 토론 〈Children born of rape〉 (http://web.archive.org/web/20070508215233/http://forums.adoption.com/single-parenting/128755-children-born-rape.html)에서 인용함.

83　홀리 판 굴덴의 1998년 글 "Talking with children about difficult history" (http://www.family-source.com/cache/731451/idx/0)에서 인용함.

84　David C. Reardon, Julie Makimaa, Amy Sobie가 편집한 *Victims and Victors: Speaking Out about Their Pregnancies, Abortions, and Children Resulting from Sexual Assault* (2000), 103쪽에서 인용함.

85　리 이젤의 이야기와 그녀를 인용한 부분은 영화 *Children of Rape* (1994)에서 가져왔다.

86   Sherrie Eldridge, "Unexpected rejection: The subject no one wants to talk about," *Jewel Among Jewels Adoption News* (Winter 1999)을 보라.

87   이 구절은 2007년에 리사 보인턴과 가진 인터뷰를 바탕으로 했다. 이 구절에 사용된 이름은 가명이다.

88   블로그 게시물 Jenifer Ann Cazado, "Lost souls of polygamy central," *The Wrecking Machine* (April 2008) [http://the-wrecking-machine.blogspot. com/2008/04/lost-souls-of-polygamy-central.html(과거 주소)]에서 인용함.

89   캐슬린 디지우를 인용한 부분은 *Victims and Victors* (2000)의 79쪽에, 신디 스펠츠를 인용한 부분은 같은 책 97~98쪽에서 가져왔다. 두 번째 인용문은 요약되었다.

90   *Victims and Victors* (2000), 148~149쪽에서 인용함.

91   이 구절은 2007년에 티나 고든과 가진 인터뷰를 바탕으로 했다. 사용된 이름은 모두 가명이다.

92   Stigma Inc., "Information" (http://web.archive.org/web/20060221101659/www. stigmatized.org/information.htm) 참조.

93   이 구절은 2007년에 에밀리 바레트와 가진 인터뷰를 바탕으로 했다. 사용된 이름은 모두 가명이다.

94   이 문단은 Diana E. H. Russell, *Rape in Marriage* (1990)에 의거한다. 14퍼센트라는 통계 수치는 xxxii쪽에, 번햄 부부의 이야기는 xvii~xviii쪽에 나온다.

95   Louise McOrmond-Plummer, "My story of partner rape" (2006) (http://www. aphroditewounded.org/loustory.html)에서 인용함. 또한 Patricia Weiser Easteal and Louise McOrmond-Plummer, *Real Rape, Real Pain: Help for Women Sexually Assaulted by Male Partners* (2006) 참조.

96   이 구절은 2007년에 애슐리 그린과 가진 인터뷰를 바탕으로 했다. 사용된 이름은 모두 가명이다.

97   Anthony Lathrop, "Pregnancy resulting from rape," *Journal of Obstetric, Gynecologic & Neonatal Nursing* 27, no. 1 (January 1998), 27쪽에서 인용함.

98   첫 번째 여성의 말은 Raquel Kennedy Bergen, *Wife Rape: Understanding the Response of Survivors and Service Providers* (1996), 23쪽에서 인용함. 두 번째 여성의 말은 Jacquelyn C. Campbell et al., "The influence of abuse on pregnancy intention," *Women's Health Issues* 5, no. 4 (Winter 1995), 219쪽에서 인용함.

99   이 구절은 2007년에 민디 우즈, 래리 포스터와 가진 인터뷰를 바탕으로 했다. 사용된 이름은 모두 가명이다.

100 이 구절은 2007년에 바버라, 제프리, 폴린 슈미츠와 가진 인터뷰를 바탕으로 했다. 사용된 이름은 모두 가명이다.

101 통계 수치는 Kai Grieg, *The War Children of the World* (2001), 7쪽 참조.

102 Andrea Stiglmayer가 편집하고 Marion Faber가 번역한 *Mass Rape: The War against Women in Bosnia-Herzegovina* (1994)에 들어 있는 Ruth Seifert , "War and rape: A preliminary analysis," 59쪽에서 인용함. 인용문은 요약되었다.

103 Andrea Stiglmayer가 편집하고 Marion Faber가 번역한 *Mass Rape: The War against Women in Bosnia-Herzegovina* (1994)에 들어 있는 Susan Brownmiller, "Making female bodies the battlefield," 182쪽에서 인용함.

104 르완다의 종족 학살에 관한 책들로 Alison Liebhafsky Des Forges, "Leave None to Tell the Story," *Genocide in Rwanda* (1999)와 Jean Hatzfeld, *Machete Season: The Killers in Rwanda Speak* (2005)와 Elizabeth Neuffer, *The Key to My Neighbour's House: Seeking Justice in Bosnia and Rwanda* (2002)와 Binaifer Nowrojee, *Shattered Lives: Sexual Violence during the Rwandan Genocide and Its Aftermath* (1996)와 Philip Gourevitch, *We Wish to Inform You That Tomorrow We Will Be Killed with Our Families: Stories from Rwanda* (1999)와 Jonathan Torgovnik, *Intended Consequences: Rwandan Children Born of Rape* (2009)를 참조하라. 언론 기사를 보려면 Donatella Lorch, "Rape used as a weapon in Rwanda: Future grim for genocide orphans," *Houston Chronicle* (15 May 1995)와 Elizabeth Royte, "The outcasts," *New York Times Magazine* (19 January 1997)와 Lindsey Hilsum, "Rwanda's time of rape returns to haunt thousands," *Guardian* (26 February 1995)와 Lindsey Hilsum, "Don't abandon Rwandan women again," *New York Times* (11 April 2004)와 Emily Wax, "Rwandans are struggling to love children of hate," *Washington Post* (28 March 2004)를 참조하라.

105 Binaifer Nowrojee가 Human Rights Watch, *Shattered Lives: Sexual Violence during the Rwandan Genocide and Its Aftermath* (1996)에 쓴 보고서, 20쪽 참조.

106 종족 학살 선동에 르완다의 대중매체가 한 역할에 대한 논의는 Dina Temple-Raston의 주목할 만한 책 *Justice on the Grass* (Free Press, 2005) 참조. 또한 Russell Smith, "The impact of hate media in Rwanda," *BBC News* (3 December 2003)을 보라.

107 르완다의 전시 강간 통계 수치는 유엔 인도 지원 조정국 뉴스 보도 "Our bodies,

their battle ground: Gender-based violence in conflict zones," *IRIN News* (1 September 2004) 참조. 전시 강간과 출생 추산치는 Jonathan Torgovnik의 사진 수필 *Intended Consequences: Rwandan Children Born of Rape* (2009)의 서문 Marie Consolée Mukagendo, "The struggles of Rwandan women raising children born of rape" 참조.

108 Padmasayee Papineni, "Children of bad memories," *Lancet* 362, no. 9386 (6 September 2003) 참조.

109 Emily Wax, "Rwandans are struggling to love children of hate," *Washington Post* (28 March 2004)에서 인용함.

110 캐서린 보닛를 인용한 부분은 Binaifer Nowrojee, *Shattered Lives: Sexual Violence during the Rwandan Genocide and Its Aftermath* (1996), 79쪽에 나오는데, Raymond Verdier, Emmanuel Decaux, Jean-Pierre Chrétien이 편집한 *Rwanda: Un génocide du XXe siècle* (1995)에 들어 있는 보닛가 쓴 논문 "Le viol des femmes survivantes du génocide du Rwanda," 18쪽에서 가져온 것이다.

111 장 다마신 느다얌바즈를 인용한 부분은 모두 내가 2004년에 그와 가진 인터뷰에서 가져왔다.

112 에스페랑스 무카마나를 인용한 부분은 모두 2004년에 그녀와 가진 인터뷰에서 가져왔다.

113 Emily Wax, "Rwandans are struggling to love children of hate," *Washington Post* (28 March 2004) 참조.

114 알퐁신 나이라함비마나를 인용한 부분은 모두 2004년에 그녀와 가진 인터뷰에서 가져왔다.

115 셀레스탄 칼림바를 인용한 부분은 모두 2004년에 그녀와 가진 인터뷰에서 가져왔다.

116 마리 로즈 마타무라를 인용한 부분은 모두 2004년에 그녀와 가진 인터뷰에서 가져왔다.

117 전쟁의 도구로 이용되는 강간에 대한 일반적인 정보를 보려면 Susan Brownmiller, *Against Our Will* (1975)와 Maria de Bruyn, *Violence, Pregnancy and Abortion: Issues of Women's Rights and Public Health* (2003)와 The Global Justice Centre 보고서 *The Right to an Abortion for Girls and Women Raped in Armed Conflict* (2011) 참조. 이 구절에 언급된 구체적인 분쟁에서 일어난 강간에 대해 보다 자세한 정보를 보려면 Nayanika Mookherjee, "'Remembering to forget': Public se-

crecy and memory of sexual violence in the Bangladesh war of 1971," *Journal of the Royal Anthropological Institute* 12, no. 2 (June 2006)와 Martina Vandenburg and Kelly Askin, "Chechnya: Another battleground for the perpetration of gender based crimes," *Human Rights Review* 2, no. 3 (2001)와 Michele L. Leiby, "Wartime sexual violence in Guatemala and Peru," *International Studies Quarterly* 53, no. 2 (June 2009)와 "Comfort women," *Encyclopedia of Rape*, 46~48쪽과 Amnesty International 보고서 "Liberia: No impunity for rape" (2004)와 Louise Taylor가 Human Rights Watch를 위해 쓴 보고서, "'We'll kill you if you cry': Sexual violence in the Sierra Leone conflict" (2003)을 참조하라.

118 Human Rights Watch 보고서 "Sexual violence and its consequences among displaced persons in Darfur and Chad" (2005)에서 인용함.

119 "Rape of Nanking," *Encyclopedia of Rape*, 194~196쪽 참조.

120 Robert Trumball, "Dacca raising the status of women while aiding rape victims," *New York Times* (12 May 1972)와 Aubrey Menen, "The rapes of Bangladesh," *New York Times* (23 July 1972)와 Susan Brownmiller, *Against Our Will* (1976), 78~86쪽 참조.

121 Helena Smith, "Rape victims' babies pay the price of war," *Observer* (16 April 2000)에서 재인용함.

122 Andrea Stiglmayer가 편집하고 Marion Faber가 번역한 *Mass Rape: The War against Women in Bosnia-Herzegovina* (1994)에 들어 있는Alexandra Stiglmayer, "The rapes in Bosnia-Herzegovina," 131쪽에서 인용함.

123 Helena Smith, "Rape victims' babies pay the price of war," *Observer* (16 April 2000) 참조.

124 이 구절은 2004년에 마리안 무카마나와 가진 인터뷰를 바탕으로 했다.

125 Susan Harris Rimmer, "'Orphans' or veterans?: Justice for children born of war in East Timor," *Texas International Law Journal* 42, no. 2 (Spring 2007), 337쪽에 나오는 말로 Ruth Rubio-Marín이 편집한 *Engendering Reparations: Recognising and Compensating Women Victims of Human Rights Violations* (2006)에 들어 있는 Galuh Wandita et al., "Learning to engender reparations in Timor-Leste: Reaching out to female victims"에서 인용한 것이다.

126 Elisabeth Rehn와 Ellen Johnson Sirleaf가 유엔 여성 개발 기금을 위해 쓴 보고서 *Women, War and Peace: The Independent Experts' Assessment on the Impact of*

Armed Conflict on Women and Women's Role in Peace-Building (2002), 16쪽에서 인용함.

127 Zahra Ismail, "Emerging from the shadows: Finding a place for children born of war" (2008), 18쪽에서 인용함.

128 Robert McKelvey, *The Dust of Life: America's Children Abandoned in Vietnam* (1999) 참조.

129 Joana Daniel, "No man's child: The war rape orphans" (2003)와 R. Charli Carpenter가 편집한 *Born of War: Protecting Children of Sexual Violence Survivors in Conflict Zones* (2007)에 들어 있는 "Children born of war rape in Bosnia-Herzegovina and the Convention on the Rights of the Child," 21~39쪽 참조. 또한 UNICEF Innocenti Research Centre 보고서 *Birth Registration and Armed Conflict* (2007)를 참조하라.

130 Kathy Evans, "Kuwait's rape children offer bitter reminder," *Guardian* (29 July 1993) 참조.

131 이스마일을 인용한 부분들은 그녀의 논문 "Emerging from the shadows: Finding a place for children born of war" (2008), 13~14쪽에서 가져왔다.

132 유엔 아동 권리 협약 제 7조 1항에 따르면 (전문은 http://www2.ohchr.org/english/law/crc.htm 참조) 아동은 〈출생 후 즉시 등록되어야 하며, 이름과 국적을 가져야 하며, 가능한 한 부모가 누구인지 알고 부모에 의해 양육받아야 한다.〉

133 발칸반도에서 강간으로 태어난 아기들에 대한 영국의 입양 정책에 대한 논의는 R. Charli Carpenter, "War's impact on children born of rape and sexual exploitation: Physical, economic and psychosocial dimensions" 참조. 이 논문은 2005년 4월 캐나다 에드먼튼에 있는 알버타 대학에서 열린 The Impact of War on Children 회의에서 발표되었다.

134 이 구절은 2004년에 마르셀린 니욘센가와 가진 인터뷰를 바탕으로 했다.

135 벨로 주교를 인용한 부분과 수전 해리스 럼머의 논평은 그녀의 논문 "'Orphans' or veterans?: Justice for children born of war in East Timor," *Texas International Law Journal* 42, no. 2 (Spring 2007), 332쪽에서 가져왔다.

136 헬름 개정안의 기술적인 명칭은 1961년 대외 원조법 104(f) 수정조항이다. 개정안의 전문은 http://www.law.cornell.edu/uscode/text/22/2151b 참조. 이 개정안이 끼치는 영향에 관한 포괄적인 논의는 The Global Justice Centre 보고서 *The Right to an Abortion for Girls and Women Raped in Armed Conflict* (2011)을 참조하라.

137 The Global Justice Centre 보고서 *The Right to an Abortion for Girls and Women Raped in Armed Conflict* (2011), 10쪽 참조.

138 재닛 벤슈프를 인용한 부분은 모두 2011년에 그녀와 가진 인터뷰에서 가져왔다.

139 이 구절은 2004년에 알퐁신 무카마쿠자와 가진 인터뷰를 바탕으로 했다.

140 로마 규정은 1998년 7월 17일에 채택되었고 2002년 7월 1일에 발효되었다. 전문을 보려면 United Nations, Treaty Series, vol. 2187, 3쪽 (http://treaties.un.org/pages/ViewDetails.aspx?src=TREATY&mtdsg_no=XVIII-10&chapter=18&lang=en) 참조. 또한 로마 규정의 웹사이트(http://untreaty.un.org/cod/icc/index.html) 참조.

141 International Criminal Tribunal for Rwanda, *The prosecutor versus Jean-Paul Akayesu*, Case No. ICTR-96-4-T, Judgment 688, 2 September 1998 참조. 판결문 요약본은 http://www.uniurb.it/scipol/pretelli/9%20Akayesu.pdf. 참조.

142 이라크 여성부의 2004년 보고서에 따르면 미국의 침공 이후로 보고된 400건의 강간 사건 피해자 중 반 이상이 자신의 가족들에 의해 살해되었다. Yifat Susskind, "The murder of Du'a Aswad," *Madre* (22 May 2007) 참조.

143 Susan Harris Rimmer, "'Orphans' or veterans?: Justice for children born of war in East Timor," *Texas International Law Journal* 42, no. 2 (Spring 2007), 324쪽에서 인용함.

144 Danielle Shapiro, "Mothers in Congo get help in raising children of rape," *Christian Science Monitor* (9 May 2010) 에서 인용함.

145 이 구절은 2004년에 크리스틴 우와마호로와 가진 인터뷰를 바탕으로 했다.

10장 범죄

1 투옥의 제지 효과에 대한 일반적인 과대평가는 Peter W. Greenwood et al., *Diverting Children from a Life of Crime: Measuring Costs and Benefits* (1996) 에서 논의된다.

2 Fight Crime의 공식 견해 "Investments in children prevent crime and save money" (2003), 2쪽에서 인용함(http://www.fightcrime.org/wp-content/uploads/sites/default/files/reports/Cost-Bft%20Br%20FINAL%204-30-03.pdf).

3 재활 프로그램과 재범과의 상호 관계에 관한 연구들의 메타 분석을 보려면 Rolf

Loeber와 David P. Farrington이 편집한 *Serious and Violent Juvenile Offenders: Risk Factors and Successful Interventions* (1998)에 들어 있는 Mark W. Lipsey 와 David B. Wilson, "Effective interventions for serious juvenile offenders: A synthesis of research," 313~366쪽 참조.

4 청소년 범죄 감소를 위한 겁주기 전략의 무용에 대한 미국 국립 보건원으로부터 의 인용 출처는 보고서 *Preventing Violence and Related Health-Risking Social Behaviours in Adolescents* (2004), 7쪽.

5 컬럼비아 대학 국립 약물중독 및 남용 센터의 보고서 *Criminal Neglect: Substance Abuse, Juvenile Justice and the Children Left Behind* (2004), 20쪽에서 인용함.

6 청소년이 석방 후 다시 체포되는 비율에 관한 통계는 Patrick A. Langan과 David J. Levin이 법무부에 제출한 보고서 "Recidivism of prisoners released in 1994" (2002), 7쪽 참조.

7 범죄 피해자들이 가해자의 처형 후 느끼는 만족감의 부족에 대한 탐구는 Scott Vollum and Dennis R. Longmire, "Covictims of capital murder: Statements of victims' family members and friends made at the time of execution," *Violence & Victims* 22, no. 5 (October 2007)와 Thomas J. Mowen and Ryan D. Schroed-er, "Not in my name: An investigation of victims' family clemency movements and court appointed closure," *Western Criminology Review* 12, no. 1 (January 2011) 참조.

8 이 구절은 2003년에서 2006년에 걸쳐 코라 넬슨, 피터 마카, 제니퍼 스타일스, 맨 디 스타일스, 에단 하인즈, 마르셀라 스미스와 가진 인터뷰와 그 후의 대화를 바탕 으로 했다. 이 구절에 사용된 이름은 가명이다.

9 청소년 보건에 관한 국립 종적 연구에서 가늠한 청소년 무기 휴대 실태는 다수 의 보고서에 실려 있다. Robert W. Blum et al., "The effects of race/ethnicity, income, and family structure on adolescent risk behaviors," *American Journal of Public Health* 90, no. 12 (December 2000)와 John Hagan and Holly Foster, "Youth violence and the end of adolescence," *American Sociological Review* 66 (December 2001) 참조.

10 Robert Agnew and Sandra Huguley, "Adolescent violence toward parents," *Journal of Marriage & the Family* 51, no. 3 (August 1989)와 Charles W. Peek, Judith L. Fischer and Jeannie S. Kidwell, "Teenage violence toward parents: A neglected dimension of family violence," *Journal of Marriage & the Family* 47

(1985) 참조.

11 청소년 체포율에 관한 통계 수치는 Dean John Champion, *The Juvenile Justice System: Delinquency, Processing, and the Law* (2004), 5쪽 참조.

12 청소년 용의자와 성인 용의자의 상대적인 체포 가능성은 Monique M. Matherne and Adrian Thomas, "Family environment as a predictor of adolescent delinquency," *Adolescence* 36, no. 144 (Winter 2001)에서 논의된다.

13 Jennifer L. Truman, *Criminal Victimization, 2010*, Bureau of Justice Statistics Special Report NCJ 235508 (2011) 참조. 또한 Charles Puzzanchera 와 Melissa Sickmund가 미 법무부에 제출한 보고서 *Juvenile Court Statistics 2005* (2008), 29~57쪽에서 법원 회부, 수감, 보호관찰에 관한 통계를 참조하라. 또 Charles Puzzanchera, *Juvenile Arrests 2007* (2009) 참조.

14 Sara Rimer, "Unruly students facing arrest, not detention," *New York Times* (4 January 2004)에서 인용함.

15 청소년이 살인으로 체포되는 비율의 감소에 관한 통계치는 Charles Puzzanchera, *Juvenile Arrests 2007* (2009), 1쪽 참조.

16 웨이버에 관한 내용은 Dean John Champion, *The Juvenile Justice System: Delinquency, Processing, and the Law* (2004) 9장(297~342쪽)에서 논의된다.

17 웨이버 제도의 확산에 대한 정보를 보려면 *Juvenile Offenders and Victims: 2006 National Report* (2006), 113~114쪽과 Melissa Sickmund, "Juveniles in court," *National Report Series Bulletin* (June 2003) (https://www.ncjrs.gov/html/ojjdp/195420/page4.html) page 4를 참조하라.

18 청소년 재판에서 사형선고를 금한 미 대법원 판결 출처는 〈로퍼 대 시몬스 *Roper v. Simmons*, 543 U.S. 551〉(1 March 2005) 사건 참조(http://www.supremecourt.gov/opinions/04pdf/03-633.pdf). 판결에 대한 언론 보도를 보려면 David Stout, "Supreme Court bars death penalty for juvenile killers," *New York Times* (1 March 2005)을 참조하라. 로퍼 대 시몬스 사건 이전의 청소년 사형 비율에 대한 통계치는 Dean John Champion, *The Juvenile Justice System: Delinquency, Processing, and the Law* (2004), 187쪽 참조.

19 미국의 청소년 범죄와 사법 역사에 관한 권위 있는 현대 자료는 Dean John Champion, *The Juvenile Justice System: Delinquency, Processing, and the Law* (2004) 와 Clemens Bartollas, *Voices of Delinquency* (2003)이다. 19세기 견해를 보려면 Bradford Kinney Pierce, *A Half Century with Juvenile Delinquents: The New*

York House of Refuge and Its Times (1869)을 보라. 토머스 그레인저의 비극적 이야기는 매사추세츠 베이콜로니 총독 William Bradford가 쓴 일기에 실려 있다. Samuel Eliot Morison이 편집한 William Bradford, *Of Plymouth Plantation, 1620~1647* (1957), 320~321쪽 참조.

20 빈곤 예방 협회 인용문 출처는 Bradford Kinney Pierce, *A Half Century with Juvenile Delinquents: The New York House of Refuge and Its Time* (1869), 37~39쪽. 〈단순한 노동〉이라는 표현은 같은 책 62쪽. 그 단체의 제안에 대한 토론은 같은 책 62~74쪽에 나온다.

21 시카고 판사 줄리언 맥을 인용한 출처는 그가 쓴 기사 "The juvenile court," *Harvard Law Review* 23 (1909), 119~120쪽.

22 Ben Lindsey and Harvey O'Higgins, *The Beast* (1970), 133쪽에 나오는 말로서 Rachel Aviv, "No remorse: Should a teenager be given a life sentence?," *New Yorker* (2 January 2012)에 인용되어 있다.

23 골트 사건에 대한 대법원 판결문 전문은 Cornell University Legal Information Institute website(http://www.law.cornell.edu/supct/html/historics/USSC_CR_0387_0001_ ZS.html) 참조. 〈캥거루 재판〉에 대한 언급은 판결문의 27~28쪽 참조.

24 소년 사법 및 비행 방지법의 전문은 미국 사법부 웹사이트(http://www.ojjdp.gov/about/ojjjact.txt) 참조. 법의 조항에 관한 토의를 보려면 Dean John Champion, *The Juvenile Justice System: Delinquency, Processing, and the Law* (2004), 36~39쪽을 참조하라.

25 Merrill Hartson, "Juvenile court system too soft on criminals, U.S. official says," *Associated Press* (4 September 1985)에서 인용함.

26 법원을 거친 청소년에 대한 치료 프로그램의 부족은 Columbia University National Centre on Addiction and Substance Abuse report, *Criminal Neglect: Substance Abuse, Juvenile Justice and the Children Left Behind* (2004), 7쪽에서 논의됨.

27 예로 Mark Ensalaco와 Linda C. Majka가 편집한 *Children's Human Rights: Progress and Challenges for Children Worldwide* (2005)에 들어 있는 Rosemary Sarri and Jeffrey Shook, "Human rights and juvenile justice in the United States"를 보라.

28 청소년 피고인 중 3분의 1만이 자신의 변호사가 도움이 되었다고 생각했다고 발표

한 연구에 관한 토의를 보려면 Thomas Grisso and Robert G. Schwartz, *Youth on Trial: A Developmental Perspective on Juvenile Justice* (2000), 126쪽 참조. 청소년 피고인의 미란다 원칙에 대한 이해에 관해 같은 책 114쪽에서 논의됨.

29 Thomas Grisso and Robert G. Schwartz, *Youth on Trial: A Developmental Perspective on Juvenile Justice* (2000), 31쪽에서 인용함.

30 뇌의 발달과 비행 행동에 관한 더 많은 정보를 보려면, Daniel R. Weinberger, "A brain too young for good judgment," *New York Times* (10 March 2001)와 Laurence Steinberg and Elizabeth Cauffman, "Maturity of judgment in adolescence: Psychosocial factors in adolescent decision making," *Law & Human Behaviour* 20, no. 3 (June 1996) 참조.

31 약물 및 알코올중독과 범죄를 저지르는 행위와의 연관에 관한 통계치는 컬럼비아 대학 국립 약물중독 및 남용 센터의 보고서 *Criminal Neglect: Substance Abuse, Juvenile Justice and the Children Left Behind* (2004), 11쪽 참조. 청소년 형사피고인의 약물과 알코올 남용 비율은 같은 보고서 2쪽 참조. 약물 남용 치료 비율은 같은 보고서 56쪽 참조. 교정 기관에서 약물 남용을 치료하는 수준에 대해서는 HHS 보고서 *Drug and Alcohol Treatment in Juvenile Correctional Facilities: The DASIS Report* (2002)을 참조하라.

32 이 구절은 2004년에 소피아와 조시아 맥필리 부부와 가진 인터뷰와 그 후의 대화를 바탕으로 했다. 사용된 이름은 모두 가명이다.

33 정신 건강진단을 받은 청소년 피고인의 수는 Linda A. Teplin et al., "Psychiatric disorders in youth in juvenile detention," *Archives of General Psychiatry* 59, no. 12 (2002)와 컬럼비아 대학 국립 약물중독 및 남용 센터의 보고서 *Criminal Neglect: Substance Abuse, Juvenile Justice and the Children Left Behind* (2004), 35쪽 참조.

34 학습 장애를 지닌 청소년 수감인의 비율은 Ronald D. Stephens and June Lane Arnette, "From the courthouse to the schoolhouse: Making successful transitions," *OJJDP: Juvenile Justice Bulletin* NCJ-178900 (2000), 5쪽 참조.

35 〈쉬운〉 아기와 〈어려운〉 아기와 이후의 범죄 행동에 대한 연구는 Michael Rutter와 Dale F. Hay가 편집한 *Development through Life: A Handbook for Clinicians* (1994)에 들어 있는 Rolf Loeber and Dale F. Hay, "Developmental approaches to aggression and conduct problems," 488~515쪽 참조.

36 아동기의 〈문제아〉와 청소년 범죄와의 관계에 관한 연구는 David P. Farrington,

"The development of offending and antisocial behaviour from childhood: Key findings from the Cambridge Study in Delinquent Development," *Journal of Child Psychology & Psychiatry* 36, no. 6 (September 1995) 참조.

37 이른 나이에 비행을 시작하는 아이들이 범죄자가 될 위험이 높다는 내용은 Richard Dembo et al., "Predictors of recidivism to a juvenile assessment centre: A three year study," *Journal of Child & Adolescent Substance Abuse* 7, no. 3 (1998) 참조. 또한 Patrick Tolan and Peter Thomas, "The implications of age of onset for delinquency risk II: Longitudinal data," *Journal of Abnormal Child Psychology* 23, no. 2 (April 1995): 157~181참조.

38 캐럴 캐러더스가 전미 정신 질환자 협회를 대표하여 2004년 7월 7일에 미 상원 정무 위원회에서 청소년 감옥에 대해 한 증언 "Juvenile detention centres: Are they warehousing children with mental illnesses?"에서 인용함.

39 이 구절은 2003년에 브리아나 간디와 가진 인터뷰를 바탕으로 했다. 사용된 이름은 모두 가명이다.

40 이 구절은 2003년에 잭슨 심슨, 알렉사 심슨, 잭슨의 아버지와 가진 인터뷰를 바탕으로 했다. 사용된 이름은 모두 가명이다.

41 David M. Halbfinger, "Care of juvenile offenders in Mississippi is faulted," *New York Times* (1 September 2003)에서 인용함.

42 〈D.W. et al. 대 미시시피 주 해리슨 카운티〉 사건 (Case 1:2009cv00267, US District Court for the Southern District of Mississippi) 고소장(Complaint filed 20 April 2009; Memorandum of Agreement filed 24 June 2009)에서 인용함. 또한 남부 빈곤법 센터(SPLC) 언론 보도 자료 "SPLC sues Mississippi county to stop 'shocking' abuse of children at detention centre," (20 April 2009)참조.

43 소녀 수감인의 옷을 벗기고 독방에 감금하는 행위는 David Halbfinger, "Care of juvenile offenders in Mississippi is faulted," *New York Times* (1 September 2003) 참조.

44 〈믹서 식사〉는 John Broder, "Dismal California prisons hold juvenile offenders," *New York Times* (15 February 2004) 참조.

45 John Broder, "Dismal California prisons hold juvenile offenders," *New York Times* (15 February 2004)에서 인용함.

46 네바다 청소년 훈련 센터의 상태는 Ralph F. Boyd, *Investigation of Nevada Youth Training Centre, Elko, Nevada* (2005)에 묘사되어 있고, 컬럼비아 대학 국립 약물

중독 및 남용 센터의 보고서 *Criminal Neglect: Substance Abuse, Juvenile Justice and the Children Left Behind* (2004), 20쪽에 인용되어 있다.

47   열일곱 살짜리 수감인의 죽음과 개탄할 만한 마이애미-데일 지역소년원의 상태 는 The Miami-Dade County Grand Jury report, *Investigation into the death of Omar Paisley and the Department of Juvenile Justice, Miami-Dade Regional Juvenile Detention Centre* (27 January 2004) 참조.

48   컬럼비아 대학 국립 약물중독 및 남용 센터의 보고서 *Criminal Neglect: Substance Abuse, Juvenile Justice and the Children Left Behind* (2004), 20쪽에서 인용함.

49   홈스쿨 직원과 수감인들을 인용한 부분은 2003년과 2005년 사이에 진행한 인터 뷰와 사적인 대화 및 그 후의 대화에서 발췌하였다.

50   Stephen DiMenna의 웹사이트(http://www.stephendimenna.com/) 참조.

51   이 구절은 2003년에서 2007년에 걸쳐 다숀테 말콤, 오드리 말콤, 포브스 감독, 마더 포브스, 다리우스 스튜어트와 가진 인터뷰와 그 후의 대화를 바탕으로 했다. 사용된 이름은 모두 가명이다.

52   갱에 대한 포괄적인 자료는 James C. Howell et al., "U.S. gang problem trends and seriousness," *National Gang Centre Bulletin* 6 (May 2011)와 James C. Howell, *Gangs in America's Communities* (2011) 참조. 블러즈에 관한 구체적 인 배경지식은 Virginia Fusion Centre, *Bloods Street Gang Intelligence Report* (2008) 참조.

53   "Interview with Leslie Van Houten," *CNN Larry King Weekend*, Cable News Network (29 June 2002) 참조.

54   Suzanne Daley's interview with Aicha el-Wafi, mother of Zacarias Moussaoui, "Mysterious life of a suspect from France," *New York Times* (21 September 2001) 참조.

55   이 구절은 2004년에 댄 패터슨과 가진 인터뷰를 바탕으로 했다. 사용된 이름은 모두 가명이다.

56   Lionel Dahmer, *A Father's Story* (1994) 참조.

57   Lionel Dahmer, *A Father's Story* (1994), 127~128쪽에서 인용함. 인용문은 요약 되었다.

58   Rachel King, *Capital Consequences: Families of the Condemned Tell Their Stories* (2005) 참조. 킹의 작품과 결론을 요약한 내용은 그녀가 쓴 "The impact of capital punishment on families of defendants and murder victims," *Judicature*

89, no. 5 (March~April 2006)을 보라.

59   데이브 허먼과 그의 가족 이야기는 Rachel King, *Capital Consequences* (2005), 7 장 221~245쪽 참조. 에스더 허먼의 인용문 출처는 각각 같은 책 223쪽과 231쪽. 인용문은 요약되었다.

60   이 구절은 2003년에 노엘 마시, 펠리시티 톰킨스, 스티브 톰킨스와 가진 인터뷰를 바탕으로 했다. 사용된 이름은 모두 가명이다.

61   원숭이의 공격성에 관한 연구들은 Maribeth Champoux et al., "Serotonin transporter gene polymorphism, differential early rearing, and behaviour in rhesus monkey neonates," *Molecular Psychiatry* 7, no. 10 (2002) 와 Allyson Bennett et al., "Early experience and serotonin transporter gene variation interact to influence primate CNS function," *Molecular Psychiatry* 7, no. 1 (2002) 참조.

62   Avshalom Caspi et al., "Role of genotype in the cycle of violence in maltreated children," *Science* 297, no. 5582 (August 2002) 참조. 이 분야의 연구에 대한 일 반적인 검토는 Terrie E. Moffitt, "Genetic and environmental influences on antisocial behaviours: Evidence from behavioural-genetic research," *Advances in Genetics* 55 (2005)를 보라.

63   Karol L. Kumpfer and Rose Alvarado, "Family-strengthening approaches for the prevention of youth problem behaviours," *American Psychologist* 58, nos 6-7 (June~July 2003), 457쪽에서 인용함. 인용문은 요약되었다.

64   Jill Leslie Rosenbaum, "Family dysfunction and female delinquency," *Crime & Delinquency* 35, no. 1 (January 1989), 32쪽에서 인용함. 또한 Joseph H. Rankin and Roger Kern, "Parental attachments and delinquency," *Criminology* 32, no. 4 (November 1994)도 참조하라.

65   이 구절은 2003년과 2004년에 카리나 로페즈, 에마 로페즈와 가진 인터뷰를 바탕 으로 했다. 가명을 사용한 〈세자르 마렝고〉를 제외하고 모두 실명이다.

66   루이스 알베르토 아나야의 살해와 호세 몬로이 베가, 후안 카를로스 오르티즈-멘도자, 라미로 몬토야 피네다에 대한 기소는 미니애폴리스 스타 트리뷴지에서 포괄적으로 다루어졌다. 예로 Paul Gustafson, "Gang member found not guilty of St Paul killing," (6 May 2004)와 "Doubts about witness lead to acquittal in murder case," (24 July 2004)와 "Gang member sentenced for shooting death of rival," (20 August 2004) 가 있다. 일명 수레노스 13인 수레노스는 1970년대 에 캘리포니아 남부에서 유래되어 점차 미국 전역으로 확산된 멕시코계 미국인 거

리 갱들의 연합이다. 2009년에 미네소타 경찰 갱 기동 타격대는 수레노스 13이 그 지역에서 가장 빠르게 성장하는 갱이며 미니애폴리스/세인트폴 지역에 106명이 거주하는 것으로 추정했다. Metro Gang Strike Force, "2008 Annual Report" (2009) 참조.

67 편부모 가정에 관한 통계치는 Howard Snyder and Melissa Sickmund, *Juvenile Offenders and Victims* (2006), 10~11쪽 참조. 또한 Stephen Demuth and Susan L. Brown, "Family structure, family processes, and adolescent delinquency: The significance of parental absence versus parental gender," *Journal of Research in Crime & Delinquency* 41, no. 1 (February 2004) 도 참조하라.

68 이 구절은 2003년에 자말 카슨, 브리첼 카슨과 가진 인터뷰를 바탕으로 했다. 사용된 이름은 모두 가명이다.

69 존 볼비의 인용은 John Bowlby, Margery Fry and Mary D. Salter Ainsworth, *Separation: Anxiety and Anger*, vol. 2: *Attachment and Loss* (1973), 208쪽에서 가져왔다. 학대와 방치가 비행의 원인 요소라는 논의를 보다 자세히 보려면, Frank J. Elgar et al., "Attachment characteristics and behavioural problems in rural and urban juvenile delinquents," *Child Psychiatry & Human Development* 34, no. 1 (Fall 2003)을 참조하라. 학대받고 방치된 아이들이 저지르는 범죄의 증가에 대해서 Cathy Widom and Michael G. Maxfield, *An Update on the 'Cycle of Violence'* (2001), 3쪽 참조.

70 이 구절은 2003년에 후아즈 규현과 가진 인터뷰를 바탕으로 했다. 사용된 이름은 모두 가명이다.

71 폭력에의 노출이 비행을 저지를 위험 요소라는 논의를 보려면 Cathy Widom and Michael G. Maxfield, *An Update on the 'Cycle of Violence'* (2001)와 Karol L. Kumpfer, *Strengthening America's Families* (1999)와 Sally Preski and Deborah Shelton, "The role of contextual, child, and parent factors in predicting criminal outcomes in adolescence," *Issues in Mental Health Nursing* 22 (March 2001)와 Carolyn Hilarski, "Victimization history as a risk factor for conduct disorder behaviours," *Stress, Trauma & Crisis* 7, no. 1 (January 2004) 참조.

72 폭력에 노출된 아이들이 과격한 행동을 할 위험이 증가한다는 조사 결과를 얻은 연구 보고서로 Terence P. Thornberry, *Violent Families and Youth Violence* (1994)를 보라. 또한 범죄학자 James C. Howell의 *Preventing and Reducing Juvenile Delinquency: A Comprehensive Framework* (2003), 113~114쪽에 나오는

Thornberry의 연구에 대한 논의와 분석 참조.

73 컬럼비아 대학 국립 약물중독 및 남용 센터의 보고서 *Criminal Neglect: Substance Abuse, Juvenile Justice and the Children Left Behind* (2004), 32쪽에서 인용함.

74 이 구절은 2004년에 라이언 노드스트롬과 그의 부모와 가진 인터뷰를 바탕으로 했다. 사용된 이름은 모두 가명이다.

75 적어도 한 연구가 어린 나이에 포르노에 노출되는 것과 공격 성향 사이의 연관을 발견했다. David L. Burton, George Stuart Leibowitz and Alan Howard, "Comparison by crime type of juvenile delinquents on pornography exposure: The absence of relationships between exposure to pornography and sexual offense characteristics," *Journal of Forensic Nursing* 6, no. 3 (September 2010) 참조.

76 데이비드 패링턴이 청소년의 고위험 행동에 관한 주요 탐구를 요약한 David P. Farrington, "The development of offending and antisocial behaviour from childhood: Key findings from the Cambridge Study in Delinquent Development," *Journal of Child Psychology & Psychiatry* 36, no. 6 (September 1995) 참조.

77 Judith Rich Harris, *The Nurture Assumption: Why Children Turn Out the Way They Do* (1998) 참조. 특히 〈집단성〉에 대해서는 같은 책 128쪽 참조. 청소년들이 집단으로 범죄를 저지르는 경향은 Rolf Loeber와 David P. Farrington이 편집한 *Child Delinquents: Development, Intervention, and Service Needs*, (2001), 370쪽을 참조하라.

78 사회 환경이 청소년 비행을 조장하는 것에 관한 논의는 Kenneth C. Land, "Influence of neighbourhood, peer, and family context: Trajectories of delinquent/criminal offending across the life course" (2000) 참조.

79 미성년 여성이 저지르는 범죄의 비율에 관한 통계치는 Charles Puzzanchera, *Juvenile Arrests 2007* (2009), 4쪽 참조.

80 여성 범죄의 전조에 대한 보다 자세한 논의는 Leslie D. Leve and Patricia Chamberlain, "Female juvenile offenders: Defining an early-onset pathway for delinquency," *Journal of Child & Family Studies* 13, no. 4 (December 2004)와 Jill Leslie Rosenbaum, "Family dysfunction and female delinquency," *Crime & Delinquency* 35, no. 1 (January 1989)을 보라.

81 아동 성추행을 겪은 여성 피고인의 통계치는 George Calhoun et al., "The neophyte female delinquent: A review of the literature," *Adolescence* 28, no. 110

(Summer 1993)와 Margaret A. Zahn et al., "Causes and correlates of girls' delinquency," US Department of Justice (April 2010)에서 가져옴.

82 갱 조직원들이 만성적인 청소년 범죄를 저지르는 비율에 관한 통계치는 James C. Howell이 미국 소년 사법 및 비행 방지국(OJJDP)에 제출한 보고서 *Youth Gang Programs and Strategies* (2000)에서 가져옴.

83 갱 조직원에 대한 통계치는 The National Youth Gang Centre, *National Youth Gang Survey Analysis* (2011) (http://www.nationalgangcentre.gov/Survey-Analysis/Measuring-the-Extent-of-Gang-Problems) 참조.

84 이 구절은 2003년에서 2009년까지 크리슈나 미라도르, 캐럴 말로이, 라울 미라도르와 가진 인터뷰와 그 후의 대화를 바탕으로 했다. 사용된 이름은 모두 가명이다.

85 아난다 마르가가 푸르리아 무기 수송 사건에서 무기 수송의 수취인이라고 판단한 인도 법원 판결을 보려면 *State v. Peter James Gifran von Kalkstein Bleach et al.*, Purulia arms dropping case, Sessions Trial No. 1, Calcutta Court of Session, judgment issued June 1997 (http://www.cbi.gov.in/dop/judgements/padc.pdf) 참조.

86 크리슈나의 언급대로 많은 갱은 동네 야구팀에서 시작되었다. Robert Chow, "Barrios' rivalry began with sports, cars," *Orange County Register* (6 August 1990) 참조.

87 Elizabeth Bishop, "Questions of Travel," *Questions of Travel* (1965) 참조.

88 이 구절은 2003년에 틴들 윌키와 가진 인터뷰를 바탕으로 했다. 사용된 이름은 모두 가명이다.

89 이 구절은 2004년에 소년원 직원이 내게 들려준 미트 에베츠의 이야기를 바탕으로 했다. 이 구절에 나오는 이름은 가명이다.

90 공식 연구에 따르면 캐스팅턴 수감인의 거의 절반이 석방 후 구직에 어려움을 겪을 거라고 예상한다. Her Majesty's Young Offender Institution, Castington and Oswald Unit, "Summary of questionnaires and interviews," (16 February 2010) (http://www.justice.gov.uk/downloads/publications/inspectoratereports/hmi-pris/2010_CASTINGTON_YJB_survey_rps.pdf) 참조.

91 비행 청소년 전문 사회복지사들에 대한 설문 조사는 Rolf Loeber and David P. Farrington, *Child Delinquents: Development, Intervention, and Service Needs* (2001), 387쪽 참조.

92 청소년 구금에 드는 비용에 관한 수치는 Peter W. Greenwood et al., RAND Cor-

poration report *Diverting Children from a Life of Crime: Measuring Costs and Benefits* (1996), 16쪽에서 연간 2만 1천 달러 추산. 또 Karol Kumpfer, *Strengthening America's Families: Exemplary Parenting and Family Strategies for Delinquency Prevention* (1999), 32쪽에서 연간 3만4천~6만 4천 달러 추산.

93 교도소 갱생 프로그램과 재발 감소 역할에 관한 보다 많은 정보는 James C. Howell, *Preventing and Reducing Juvenile Delinquency* (2003), 210~211쪽 대화와 Cole Barton et al., "Generalizing treatment effects of functional family therapy: Three replications," *American Journal of Family Therapy* 13, no. 3 (Fall 1985) 와 Roger Przybylski's report to the Colorado Division of Criminal Justice, *What Works: Effective Recidivism Reduction and Risk-Focused Prevention Programs* (2008) 참조.

94 컬럼비아 대학 국립 약물중독 및 남용 센터의 보고서 *Criminal Neglect: Substance Abuse, Juvenile Justice and the Children Left Behind* (2004), 9쪽에서 인용함.

95 가족 기반의 개입이 끼치는 긍정적 영향은 William Shadish et al., "Effects of family and marital psychotherapies: A meta-analysis," *Journal of Consulting & Clinical Psychology* 61, no. 6 (December 1993) 참조.

96 Susan R. Woolfenden, Katrina Williams and Jennifer K. Peat, "Family and parenting interventions for conduct disorder and delinquency: A meta-analysis of randomized controlled trials," *Archives of Disease in Childhood* 86, no. 4 (April 2002)에서 인용함.

97 예비 부모 방문이 청소년 범죄 감소에 유효하다는 논의에 대해서는 미국 공중위생국 보고서 *Youth Violence* (2001) 참조. 예방 프로그램에 대한 보다 많은 정보는 Peter W. Greenwood et al., *Diverting Children from a Life of Crime: Measuring Costs and Benefit* (1996), 90쪽을 보라.

98 비행 예방 프로그램을 〈치아 관리〉에 비유한 논문은 Robert Nix, "Preschool intervention programs and the process of changing children's lives," *Prevention & Treatment* 6, no. 1 (December 2003) 참조.

99 반항하는 아이들의 양육에 관한 앨런 카즈딘의 최근 출간물로 *Parent Management Training: Treatment for Oppositional, Aggressive, and Antisocial Behaviour in Children and Adolescents* (2005) 와 Alan E. Kazdin, P. L. Marciano and M. Whitley, "The therapeutic alliance in cognitive-behavioural treatment of children referred for oppositional, aggressive, and antisocial behaviour," *Jour-*

nal of Consulting and Clinical Psychology 73, no. 4 (August 2005) 참조.

100 행동 및 커뮤니케이션 프로그램이 재범률을 반으로 줄일 수 있다는 연구는 Patrick Tolan et al., "Family therapy with delinquents: A critical review of the litera-ture," *Family Processes* 25, no. 4 (December 1986) 참조.

101 가족 치료 참가자들이 상당한 재범률 감소를 보였다는 두 개의 연구는 William H. Quinn and David J. Van Dyke, "A multiple family group intervention for first-time juvenile offenders: Comparisons with probation and dropouts on recidivism," *Journal of Community Psychology* 32, no. 2 (February 2004)와 Cole Barton et al., "Generalizing treatment effects of functional family therapy: Three replications," *American Journal of Family Therapy* 13, no. 3 (Fall 1985) 을 보라.

102 조기 치료를 받지 않은 가정의 아이들이 폭력 범죄로 체포되는 경우의 증가에 관한 통계치는 Arthur J. Reynolds et al., "Long-term effects of an early childhood intervention on educational achievement and juvenile arrest," *Journal of the American Medical Association* 285, no. 18 (9 May 2001) 참조.

103 소년원이 가족 치료를 충분히 시행하지 않는다는 내용은 Karol L. Kumpfer and Rose Alvarado, "Family-strengthening approaches for the prevention of youth problem behaviours," *American Psychologist* 58, nos. 6-7 (June~July 2003), 457쪽 참조.

104 가족 교육에 예산을 투입함으로써 얻는 비용 절감에 대한 증거는 Lawrence J. Schweinhart, Helen V. Barnes and David P. Weikart, *Significant Benefits: The High/Scope Perry Preschool Study through Age 27* (1993) 참조. 이후 단계에 개입하는 경우와 비교한 보다 큰 비용 절감에 관한 문서는 Robert Barnoski, *Outcome Evaluation of Washington State's Research-Based Programs for Juvenile Offenders* (2004) 참조.

105 범죄학자 피터 그린우드가 〈삼진 아웃〉법의 비용을 가석방 및 부모 교육 비용과 비교한 내용은 The RAND Corporation report *Diverting Children from a Life of Crime: Measuring Costs and Benefits* (1996) 참조. 구체적인 수치는 같은 보고서 25쪽 참조.

106 적정한 예방 서비스 제공에 실패함으로써 발생하는 총 비용 추정치는 Lawrence J. Schweinhart et al., *Lifetime Effects: The HighScope Perry Preschool Study through Age 40* (2005), 6쪽 참조.

107 이 구절은 2005년에서 2007년까지 톰과 수 클리볼드 부부와 가진 인터뷰와 그 후의 대화를 바탕으로 했다. 콜럼바인 비극에 관해 내가 사용한 자료들은 Lynn Bartels, Dan Luzadder, Kevin Vaughan의 *Denver Rocky Mountain News* 보도들 (기사 제목은 참고 문헌란 참조)과 David Cullen's articles on *Salon* and his subsequent book, *Columbine* (2009)와 coverage in the *New York Times* by David Brooks and Judith Warner; Nancy Gibbs and Timothy Roche, "The Columbine tapes," *Time* (20 December 1999)와 Michael Paterniti, "Columbine never sleeps," *GQ*, April 2004와 Brooks Brown and Rob Merritt, *No Easy Answers: The Truth behind Death at Columbine* (2002)와 Ralph Larkin, *Comprehending Columbine* (2007)와 Susan Klebold, "I will never know why," *O, The Oprah Magazine* (November 2009)이다.

108 Nathan Dykeman이 ABC *Good Morning America* 인터뷰 "More insight on Dylan Klebold" (1999년 4월 30일에 방송됨)에서 한 말이다.

11장 트랜스젠더

1   2011년에 리처드 프리드먼과 나눈 사적인 대화에서 인용함.

2   Amy Bloom, *Normal: Transsexual CEOs, Crossdressing Cops, and Hermaphrodites with Attitude* (2002), 18쪽에서 인용함.

3   Jan Morris, *Conundrum* (2006), 8쪽과 7쪽에서 인용함.

4   때때로 논쟁이 있지만 일반적으로 수용되는 이 용어들의 목록은 Stephanie Brill and Rachel Pepper, *The Transgender Child: A Handbook for Families and Professionals* (2008), 4~6쪽 참조.

5   2009년에 에이든 키와 가진 인터뷰에서 인용함.

6   2009년에 진행한 개인적인 인터뷰에서 인용함.

7   Richard Green, *The 'Sissy Boy Syndrome' and the Development of Homosexuality* (1987) 참조.

8   고용 차별 금지 법안ENDA과 전미 게이 레즈비언 태스크포스 재단(NGLTF)에 대해 내가 사용한 자료는 David Herszenhorn, "House approves broad protections for gay workers," *New York Times* (8 November 2007) 와 Rea Carey가 2009년 11월 5일에 건강 교육 노동 교육에 관한 미국 상원 위원회에서 한 증언이다(나는

태스크포스 이사회의 구성원이고, 이 장에 관한 조사를 시작한 후에 가입했다).

9   성 정체성 장애에 관한 진단 기준은 *Diagnostic and Statistical Manual of Mental Disorders, DSM-IV-TR*, 4th ed. (2000), 576~580쪽 참조.

10 성 고정관념 행동 출현에 관한 논의는 Stephanie Brill and Rachel Pepper, *The Transgender Child* (2008), 3장, 61~72쪽 참조.

11 별도로 명시되지 않는 경우, 스테퍼니 브릴을 인용한 문장은 모두 내가 2009년에 그녀와 가진 인터뷰와 그 후의 대화에서 가져온 것이다.

12 Simona Giordano, "Lives in a chiaroscuro: Should we suspend the puberty of children with gender identity disorder?," *Journal of Medical Ethics* 34, no. 8 (August 2008) 참조.

13 성전환 수술에 관한 〈공식적인〉 통계치는 *Diagnostic and Statistical Manual of Mental Disorders, DSM-IV-TR* (2000), 579쪽 참조. 나는 이 비율을 미국 인구 추정치에 적용했다.

14 린 콘웨이가 트랜스젠더 인구 통계를 분석한 내용은 그녀가 쓴 "The numbers don't add; transsexual prevalence," GID Reform Advocates (2008) (http://gidreform.org/gid30285.html) 참조

15 바버라 월터스의 인용은 ABC News 보도 "Transgender children face unique challenges," *20/20*, (27 April 2007) 참조.

16 전미 트랜스젠더 평등 센터는 0.25~1퍼센트의 인구가 트랜스 섹슈얼이라고 추산한다. 이 기관의 안내 책자 "Understanding Transgender" (2009), 1쪽 참조.

17 Holly Devor, *FTM: Female-to-Male Transsexuals in Society* (1997), xxvi쪽에서 인용함.

18 시스 젠더라는 용어는 신생어라서 아직 옥스퍼드 영어 사전에는 등록되지 않았지만, 위키피디아에 등록될 만큼 충분히 알려졌다(http://en.wikipedia.org/wiki/Cisgender). 1991년에 독일의 성과학자 폴크마르 지구슈가 자신의 논문에서 zissexuelle이라는 새로운 표현을 설명했고, 1994년 Usenet 게시물에서 시스 젠더라는 말을 찾아볼 수 있다.

19 이 구절은 2009년에 바네시아, 조지프, 조시, 제이드 로메로와 가진 인터뷰와 그 후의 대화를 바탕으로 했다.

20 TransYouth Family Allies 웹사이트(http://imatyfa.org/) 참조.

21 조시는 2010년에 내셔널 지오그래픽 다큐멘터리 *Sex, Lies and Gender*에 소개되는데 동의했고 Stephanie Innes, "Meet Josie, 9: No secret she's transgender,"

Arizona Star (25 July 2010)에 특집으로 다루어졌다.

22   최근 연구에 따르면 쥐의 뇌에서 활발하게 전사된 4508개의 유전자 중에서 수컷의 경우 257개, 암컷에서는 335개가 보다 많이 발현되었다. Xia Yang et al., "Tissue-specific expression and regulation of sexually dimorphic genes in mice," *Genome Research* 16, no. 8 (August 2006) 참조. 이 수치들은 생식샘의 차이에 연관된 유전자의 수보다 훨씬 크다. 인간의 뇌가 더 크고 더 복잡한 점을 고려할 때 훨씬 더 많은 수의 유전자가 생식을 제외한 행동과 기질 같은 성적 이형성 과정에 연관될 가능성이 있다. 행동에서 나타나는 성적 차이에 유전자와 후생 유전자가 끼치는 영향에 대한 최근의 연구에 관해 유용한 리뷰를 보려면 Irfan A. Qureshi and Mark F. Mehler, "Genetic and epigenetic underpinnings of sex differences in the brain and in neurological and psychiatric disease susceptibility," *Progress in Brain Research* 186 (2010)을 참조하라. 성 정체성에 끼치는 유전적이고 생물학적 영향에 대해 더 자세히 알아보려면 Louis Gooren, "The biology of human psychosexual differentiation," *Hormones & Behaviour* 50 (2006), 589~601쪽과 Dick F. Swaab, "Sexual differentiation of the brain and behaviour," *Best Practice & Research Clinical Endocrinology & Metabolism* 21, no. 3 (September 2007)와 Lauren Hare et al., "Androgen receptor repeat length polymorphism associated with male-to-female transsexualism," *Biological Psychiatry* 65, no. 1 (1 January 2009)을 참조하라.

23   별도로 명시되지 않는 경우, 노먼 스팩을 인용한 문장은 모두 2009년에 그와 가진 인터뷰에서 가져온 것이다.

24   합성 에스트로겐이 성별 위화감의 발달에 끼치는 영향은 Deborah Rudacille, *The Riddle of Gender: Science, Activism and Transgender Rights* (2005), 226~227쪽 참조. 설문 조사는 17쪽에 기술되어 있다.

25   내분비교란물질과 성별화된 행동의 차이에 관한 보다 많은 정보는 David Crews and John A. McLachlan, "Epigenetics, evolution, endocrine disruption, health, and disease," *Endocrinology* 147, no. 6 (June 2006) 참조. 니컬러스 크리스토프가 이 주제에 관해 쓴 보고서로 "It's time to learn from frogs," New York Times, 27 June 2009와 "Chemicals and our health," *New York Times* (16 July 2009)가 있다.

26   Georges Canguilhem, *The Normal and the Pathological* (1991), 137쪽에서 인용함(한국어 판은 『정상과 병리』, 이광래 역, 한길그레이트북스, 1996).

27 성 정체성 장애에 대한 진단 기준은 *Diagnostic and Statistical Manual of Mental Disorders, DSM-IV-TR*, 4th ed. (2000), 576~580쪽 참조. 성 정체성 장애를 지닌 아이에게 흔한 성별 이례적인 행동에 대한 깊이 있는 논의는 Kenneth J. Zucker and Susan J. Bradley, *Gender Identity Disorder and Psychosexual Problems in Children and Adolescents* (1995) 와 Deborah Rudacille, *The Riddle of Gender* (2005)에 있는 "Childhood, interrupted," 192~255쪽 참조.

28 성 정체성 장애를 지닌 아이들이 전형적인 성별 행동에서 벗어난 통계적 분산을 하이노 메이어-발부르그가 분석한 내용은 "Gender identity disorder of childhood: Introduction," *Journal of the American Academy of Child Psychiatry* 24, no. 6 (November 1985) 참조.

29 성 정체성 장애를 지닌 아이가 사춘기까지 크로스 젠더 정체성을 보이는 비율에 대한 수치의 근거는 Richard Green, *The 'Sissy Boy Syndrome' and the Development of Homosexuality* (1987) 와 Kelley D. Drummond et al., "A follow-up study of girls with gender identity disorder," *Developmental Psychology* 44, no. 1 (January 2008)와 M. S. Wallien and Peggy T. Cohen-Kettenis, "Psychosexual outcome of gender-dysphoric children," *Journal of the American Academy of Child & Adolescent Psychiatry* 47, no. 12 (December 2008) 참조.

30 Kelly Winters, "Issues of GID diagnosis for transsexual women and men" (2007)에서 인용함.

31 제럴드 말론과 테레사 드크레센조가 〈스포츠 교육〉과 〈예절 교육〉을 언급한 곳으로 각각 *Social Services with Transgendered Youth* (1999), 58쪽과 "Transgender children and youth: A child welfare practice perspective," *Child Welfare* 85, no. 2 (March~April 2006), 230쪽 참조.

32 Lois Wingerson, "Gender identity disorder: Has accepted practice caused harm?," *Psychiatric Times* (19 May 2009)에서 인용함.

33 Deborah Rudacille, *The Riddle of Gender* (2005), 216쪽에서 인용함.

34 Susan Jeffrey, "APA 2009: DSM-V on track for 2019, but difficult decisions lie ahead," *Medscape Medical News* (26 May 2009)에서 인용함.

35 성전환 수술은 일반적으로 보험 환급의 대상이 아니지만 2011년 11월에 미국 국세청은 연방세 공제를 허가하는 2010년 조세 재판소의 판결에 대한 이의 제기를 중단했다. Jonathan Berr, "Sex change surgery is now tax deductible," *Time* (10 November 2011) 참조.

36 미셸 앤절로의 인용은 모두 2009년에 내가 그녀와 가진 인터뷰와 그 후의 대화에서 가져왔다.

37 "AMA policy regarding sexual orientation" (2007) (http://www.ama-assn .org/ama/pub/about-ama/our-people/member-groups-sections/glbt-advisory-committee/ama-policy-regarding-sexual-orientation.page) 참조.

38 Patricia Leigh Brown, "Supporting boys or girls when the line isn't clear," *New York Times* (2 December 2006)에서 인용함.

39 페기 코언-케테니스의 연구에 대한 설명은 Alice Dreger, "Gender identity disorder in childhood: Inconclusive advice to parents," *Hastings Centre Report* 39, no. 1 (January~February 2009), 29쪽 참조.

40 아리스토텔레스의 인용은 *A New Aristotle Reader* (1987)에 들어 있는 *Metaphysics*, Book VII, pt 17, 311쪽 참조(한국어 판은 『아리스토텔레스의 형이상학』, 조대호 역, 문예출판사, 2004).

41 존 로크의 표현은 *The Works of John Locke, Esq., in Three Volumes*, vol. 1 (1727)에 들어 있는 "Mr Locke's reply to the Bishop of Worcester," 419쪽에 나온다.

42 이 구절은 2009년에 베티나와 그렉 베르디와 가진 인터뷰와 그 후의 대화를 바탕으로 했다. 사용된 이름은 모두 가명이다.

43 이 두 단락에 나오는 트랜스인 자녀를 둔 두 명의 부모와 트랜스아들의 인용은 2007년과 2010년 사이에 이뤄진 개인적인 인터뷰에서 가져왔다.

44 Richard Green and John Money, *Transsexualism and Sex Reassignment* (1969)를 보라. 머니가 처음으로 〈John/Joan〉 사례를 공개적으로 언급한 책은 *Man and Woman, Boy and Girl* (1972)이다.

45 데이비드 라이머가 들려준 이야기를 들은 존 콜라핀토는 이것을 먼저 "The true story of John/Joan," *Rolling Stone*, (11 December 1997)에 실었고, 3년 후에 *As Nature Made Him: The Boy Who Was Raised as a Girl* (2000)으로 출판했다. 콜라핀토가 라이머의 죽음에 대해 언급한 기사는 "Gender gap: What were the real reasons behind David Reimer's suicide?," *Slate* (3 June 2004) 참조.

46 존스 홉킨스 연구에 관한 보고서는 William G. Reiner and John P. Gearhart, "Discordant sexual identity in some genetic males with cloacal exstrophy assigned to female sex at birth," *New England Journal of Medicine* 350, no. 4 (22 January 2004)와 William G. Reiner, "Gender identity and sex-of rearing in children with disorders of sexual differentiation," *Journal of Pediatric Endocri-*

nology & Metabolism 18, no. 6 (June 2005) 참조.

47 A Johns Hopkins University 언론 보도 자료, "Hopkins research shows nature, not nurture, determines gender," (12 May 2000)에서 인용함.

48 여성스러운 소년에 관한 UCLA연구는 George Rekers, O. Ivar Lovaas and B. Low, "Behavioural treatment of deviant sex role behaviours in a male child," *Journal of Applied Behavioural Analysis* 7 (1974)와 Richard Green, *The 'Sissy Boy Syndrome' and the Development of Homosexuality* (1987) 참조.

49 동성애에 대항하는 학문적인 기수였던 조지 레커스의 공적인 경력을 끝장낸 사건의 최초 보도는 Penn Bullock and Brandon K. Thorp, "Christian right leader George Rekers takes vacation with 'rent boy'," *Miami New Times*, (4 May 2010) 참조.

50 Scott Bronstein와 Jesse Joseph의 2011년 6월 10일자 Cable News Network 보도 "Therapy to change 'feminine' boy created a troubled man, family says"에서 인용함.

51 Phyllis Burke, *Gender Shock: Exploding the Myths of Male and Female* (1996) 참조.

52 이 구절은 2008년에 토니 페라이올로와 앤 페라이올로와 가진 인터뷰와 그 후의 대화를 바탕으로 했다.

53 Jim Collins Foundation 웹사이트(http://jimcollinsfoundation.org) 참조.

54 성전환을 위해 필요한 교차 성 호르몬의 양에 관한 정보는 2009년에 노먼 스팩과 가진 인터뷰에서 가져왔다. 호르몬 치료에 관한 자세한 논의는 Wylie C. Hembree et al., "Endocrine treatment of transsexual persons: An Endocrine Society clinical practice guideline," *Journal of Clinical Endocrinology & Metabolism* 94, no. 9 (September 2009)와 Louis J. Gooren, Erik J. Giltay and Mathijs C. Bunck, "Long-term treatment of transsexuals with cross-sex hormones: Extensive personal experience," *Journal of Clinical Endocrinology & Metabolism* 93, no. 1 (January 2008) 참조.

55 World Professional Association for Transgender Health, Harry Benjamin International Gender Dysphoria Association's Standards of Care for Gender Identity Disorders, 6th version (2001) 참조.

56 성전환과 연관된 다양한 수술에 관한 매우 자세한 서술은 Mildred L. Brown and Chloe Ann Rounsley, *True Selves: Understanding Transsexualism* (1996)에 있

는 "Medical and surgical options," 196~211쪽 참조. 또한 TS Roadmap(http://www.tsroadmap.com/physical/hair/zapidx.html) 도 보라.

57 호르몬 차단제에 관한 학술 자료는 Norman Spack, "An endocrine perspective on the care of transgender adolescents," *Journal of Gay & Lesbian Mental Health* 13, no. 4 (October 2009) 참조. 이 주제에 관한 보도는 Lauren Smiley, "Girl/boy interrupted," *SF Weekly* (11 July 2007)와 Hanna Rosin, "A boy's life," *Atlantic Monthly* (November 2008) 참조.

58 네덜란드 코호트에 대한 후속 연구로 Peggy T. Cohen-Kettenis and Stephanie H. van Goozen, "Sex reassignment of adolescent transsexuals: A follow-up study," *Journal of the American Academy of Child & Adolescent Psychiatry* 36 (1997)와 Yolanda L. Smith, Stephanie H. van Goozen and Peggy T. Cohen-Kettenis, "Adolescents with gender identity disorder who were accepted or rejected for sex reassignment surgery: A prospective follow-up study," *Journal of the American Academy of Child & Adolescent Psychiatry* 40 (2001)와 Yolanda L. Smith et al., "Sex reassignment: Outcomes and predictors of treatment for adolescent and adult transsexuals," *Psychological Medicine* 35 (2005) 참조. 이 작업에 대한 간편한 요약으로는 Peggy Cohen-Kettenis, H. A. Delemarre-van de Waal and L. J. Gooren, "The treatment of adolescent transsexuals: Changing insights," *Journal of Sexual Medicine* 5, no. 8 (August 2008)을 참조하라.

59 호르몬 차단 치료에 대한 영국의 정책에 관한 논의는 Simona Giordano, "Lives in a chiaroscuro: Should we suspend the puberty of children with gender identity disorder?," *Journal of Medical Ethics* 34, no. 8 (August 2008)와 Naomi Coleman, "Boys will be girls," *Guardian* (20 August 2003)와 Viv Groskop, "My body is wrong," *Guardian* (14 August 2008) 참조.

60 도메니코 디 첼리에가 자신의 환자 중 20 퍼센트가 성전환을 하지 않기로 결정한다고 보고한 내용은 Lauren Smiley, "Girl/boy interrupted," *SF Weekly* (11 July 2007) 참조.

61 섀넌 민터를 인용한 부분은 모두 2009년에 그와 가진 인터뷰와 그 후의 대화에서 가져왔다.

62 이 구절은 2007년에 제니퍼 피니 보일런과 힐데가르드 보일런과 가진 인터뷰를 바탕으로 했다. 추가적으로 Jennifer Finney Boylan, *She's Not There: A Life in Two Genders* (2003)을 참조했다.

63 Alice Domurat Dreger, "Trans advocates (at least where genderqueer kids are concerned)," *Stranger (The Queer Issue: You're Doing It Wrong)* (21 June 2011)에서 인용함.

64 Just Evelyn, Mom, *I Need to Be a Girl* (1998), 6쪽에서 인용함.

65 Jonathan Ames가 편집한 *Sexual Metamorphosis: An Anthology of Transsexual Memoirs* (2005)에 들어 있는 Aleshia Brevard, "The woman I was not born to be," 242~243쪽에서 인용함.

66 크리스 빔의 〈애리얼〉에 관한 이야기는 *Transparent: Love, Family, and Living the T with Transgendered Teenagers* (2007), 77쪽 참조.

67 이 구절은 2009년에 헨드릭과 알렉시아 쿠스와 가진 인터뷰를 바탕으로 했다. 사용된 이름은 모두 가명이다.

68 이 구절은 2009년에 렉스와 캐런 버트, 케이던스 케이스와 가진 인터뷰와 그 후의 대화를 바탕으로 했다.

69 이 구절은 2008년과 2009년에 조나와 릴리 마르크스와 가진 인터뷰를 바탕으로 했다. 이 구절에 사용된 이름은 가명이며 신분을 알 수 있을 만한 세부 사항은 변경되었다.

70 미국 정신의학회(APA)의 2000년 입장 표명 〈Position statement on therapies focused on attempts to change sexual orientation (reparative or conversion therapies).〉 참조. 또한 The American Psychological Association Task Force on Appropriate Therapeutic Responses to Sexual Orientation의 2009년 8월 언론 보도 자료, "Insufficient evidence that sexual orientation change efforts work" 참조. 트랜스인에 대한 회복 치료에 관한 〈열띤 논쟁〉을 보려면 다음 주(註)를 참조하라.

71 케네스 주커의 출판물들은 Kenneth J. Zucker and Susan J. Bradley, *Gender Identity Disorder and Psychosexual Problems in Children and Adolescents* (1995)와 Susan J. Bradley and Kenneth J. Zucker, "Gender identity disorder: A review of the past 10 years," *Journal of the Academy of Child & Adolescent Psychiatry* 36, no. 7 (July 1997)와 Susan J. Bradley and Kenneth J.Zucker, "Children with gender nonconformity: Drs. Bradley and Zucker reply," *Journal of the American Academy of Child & Adolescent Psychiatry* 42, no. 3 (March 2003) 참조. 주커의 연구에 관한 언론 보도는 Alix Spiegel, "Q&A: Therapists on gender identity issues in kids," *NPR broadcast* (7 May 2008)

와 Daniel Goleman, "The wrong sex: A new definition of childhood pain," *New York Times* (22 March 1994) 참조. 주커의 입장에 대한 대표적인 비판으로는 Simon D. Pickstone-Taylor's letter "Children with gender nonconformity," *Journal of the American Academy of Child & Adolescent Psychiatry* 42, no. 4 (March 2003)와 Y. Gavriel Ansara and Peter Hegarty, "Cisgenderism in psychology: Pathologising and misgendering children from 1999 to 2008," *Psychology & Sexuality* 2 (2011)와 Stephanie Wilkinson, "Drop the Barbie! If you bend gender far enough, does it break?," *Brain, Child: The Magazine for Thinking Mothers* (Fall 2001)을 참조하라.

72 두 단체의 웹사이트는 NARTH (National Association for Research and Therapy of Homosexuality) (http://www.narth.com/); Catholic Education Resource Centre (http://www.catholiceducation.org/) 참조. CERC와 NARTH 회장들의 의뢰로 주커의 연구를 인용한 출판물과 홍보물은 Richard Fitzgibbons Jr and Joseph Nicolosi, "When boys won't be boys: Childhood gender identity disorder," *Lay Witness* (June 2001)와 Joseph Nicolosi and Linda Ames Nicolosi, *A Parent's Guide to Preventing Homosexuality* (2002)와 A. Dean Byrd and the NARTH Scientific Advisory Committee, "Gender identity disorders in childhood and adolescence: A critical inquiry and review of the Kenneth Zucker research" (March 2007) 참조. 회복 치료에 대한 또 다른 지지자로는 Orthodox Jews, e.g., Susan L. Rosenbluth, "Help for Jewish homosexuals that is consistent with Torah principles," *Jewish Voice & Opinion* 13, no. 4 (December 1999) 참조.

73 Alix Spiegel's NPR report "Two families grapple with sons' gender preferences: Psychologists take radically different approaches in therapy," *All Things Considered*, (7 May 2008)에서 인용함.

74 주커의 환자들에 대한 후속 연구는 Kelley D. Drummond et al., "A follow-up study of girls with gender identity disorder," *Developmental Psychology* 44, no. 1 (January 2008) 참조.

75 딸이 자신보다 오래 살지 의문이라는 어머니에 관한 소개는 Hanna Rosin, "A boy's life," *Atlantic Monthly* (November 2008) 참조. 로진이 보도한 주커의 말에 따르면 〈반대의 성으로 살아야 한다고 느끼는 어린이들은 건강한 사지를 절단하고 싶어 하는 사람, 또는 자신이 고양이라고 믿는 사람, 또는 인종 정체성 장애라고 불리는 증상을 지닌 사람에 비유될 수 있다. 그는 내게 말했다.《만일 다섯 살

짜리 흑인 소년이 병원에 들어와서 백인이 되고 싶다고 말한다면, 우리는 그의 의견을 지지해줄까요? 난 그렇지 않을 거라고 생각해요. 우리는 이렇게 말하겠죠. 「이 소년에게 무슨 일이 있길래 자신이 백인이 되는 게 더 나을 거라고 느끼는 것일까?」》〉

76 트랜스젠더 아이들이 융통성 없고 즐거움을 느끼지 못한다는 주커의 말은 Stephanie Wilkinson, "Drop the Barbie! If you bend gender far enough, does it break?," *Brain, Child: The Magazine for Thinking Mothers* (Fall 2001) 참조.

77 성 불쾌감이 불변성을 지닌다는 믿음에 대해 〈어리석은 생물학적 환원주의〉라고 표현한 주커의 말은 Susan J. Bradley and Kenneth J. Zucker, "Children with gender nonconformity: Drs. Bradley and Zucker reply," *Journal of the American Academy of Child & Adolescent Psychiatry* 42, no. 3 (March 2003), 267쪽 참조. 그리고 〈자유주의적 실재론〉이라는 표현은 Alix Spiegel의 2008년 5월 7일 NPR 보도, "Q&A: Therapists on gender identity issues in kids" 참조.

78 성 불쾌감을 느끼는 어린이들이 지닌 창의성과 불안에 대한 수전 코츠의 논평은 2008년에 그녀와 가진 인터뷰와 그 후의 대화에서 가져왔다.

79 이 구절은 2009년에 돌로레스 마르티네즈, 타일러 홈스와 가진 인터뷰와 그 후의 대화를 바탕으로 했다. 이 구절에 사용된 이름은 가명이다.

80 부모가 아이의 크로스 젠더 정체성에 영향을 끼친다는 에이미 블룸의 논의는 *Normal: Transsexual CEOs, Crossdressing Cops, and Hermaphrodites with Attitude* (2002), 38쪽 참조.

81 성 정체성 장애가 〈순전히 과학적인 근거〉로 분류될 수 없다는 하이노 메이어-발부르그의 주장은 "From mental disorder to iatrogenic hypogonadism: Dilemmas in conceptualizing gender identity variants as psychiatric conditions," *Archives of Sexual Behaviour* 39, no. 2 (April 2010), 461쪽 참조.

82 별도의 명시가 없는 경우 에드가르도 멘비엘을 인용한 부분은 모두 2009년에 그와 가진 인터뷰에서 가져왔다.

83 성전환 수술 후 불만족 비율이 1퍼센트라는 조사 결과는 Mildred L. Brown and Chloe Ann Rounsley, *True Selves: Understanding Transsexualism* (1996), 211쪽 참조.

84 〈벼랑에서 뛰어내림〉에 대한 대니얼 베리의 유감 표명은 Lynn Conway, "A warning for those considering MtF sex reassignment surgery (SRS)" (2005, 2007년에 개정됨) (http://ai.eecs.umich.edu/people/conway/TS/Warning .html) 참조.

85 Helen Weathers, "A British tycoon and father of two has been a man and a woman ⋯⋯ and a man again ⋯⋯ and knows which sex he'd rather be," *Daily Mail Online* (4 January 2009)에서 인용함.

86 킴 피어슨의 모든 인용과 일화는 2007년에서 2012년 사이에 킴과 가진 인터뷰에서 가져왔다.

87 이 구절은 2007년과 2008년에 스콧 얼, 린 루긴불, 모리스 얼, 찰리 얼과 가진 인터뷰를 바탕으로 했다. 린과 모리스는 실명 사용에 기꺼이 동의했지만 스콧은 가명 사용을 요청했고 나는 그에 따랐다. 찰리의 이름 역시 가명이다.

88 트랜스들의 동성애 성향에 관해 좀 더 알아보려면 Autumn Sandeen을 참조하라. 그녀는 2009년 6월 11일에 KRXQ 라디오 방송국에 출연해서 〈트랜스 우먼의 53퍼센트가 자신이 레즈비언 또는 양성애자라고 밝히고, 트랜스 맨의 10~30퍼센트가 게이〉라고 말했다. Brett Genny Beemyn과 Sue Rankin이 그들의 책 *Understanding Transgender Lives*의 작업을 위한 웹사이트(http://www.umass.edu/stonewall/uploads/listWidget/9002/Understanding%20Transgender%20Lives.pdf)에 공개한 조사 자료에 따르면 〈응답자의 3분의 1(32%, 1,120명)이 자신의 성적 성향이 양성애자라고 말했고, 30%(1,029명)가 이성애자라고 밝혔다. 16%(567명)가 《기타》라고 답했는데, 이는 《섹스에 무관심한 사람, 게이, 이성애자의 혼합》, 《양면적인 감정을 지닌 사람》, 《젠더퀴어에게 끌리는 사람》, 《양성애자》, 《여자 옷을 입었을 때는 양성애자이고 그 외에는 이성애자》, 《범성욕주의자》, 《퀴어》, 《트랜스젠더 레즈비언》을 포함하고 있지만 그것에만 국한되지는 않는다. 12%는 자신을 레즈비언으로, 4%는 게이로, 5%는 섹스에 무관심하다고 답했다. 응답자의 1%(26명)는 이 질문에 답하지 않았다.〉

89 이 구절은 2007년에 킴, 존, 숀 피어슨과 가진 인터뷰와 그 후의 대화를 바탕으로 했다.

90 이 구절은 2009년에 섀넌, 킬리 가르시아와 가진 인터뷰와 그 후의 대화를 바탕으로 했다.

91 전국 트랜스젠더 평등 센터와 전미 게이 레즈비언 태스크포스 재단(NGLTF)이 후원한 2011년 조사에 따르면 〈57%가 자신의 가족에게 어느 정도 거부당했고 43%는 받아들여졌다.〉 Jaime M. Grant et al., *Injustice at Every Turn* (2011), 101쪽 참조.

92 자신의 트랜스 자녀가 에이즈로 죽었으면 좋겠다는 어머니에 대한 크리스 빔의 말은 *Transparent: Love, Family, and Living the T with Transgendered Teenagers*

(2007), 36쪽 참조.

93 분노한 어머니가 자신의 트랜스 자녀에게 보낸 편지 발췌는 Mildred L. Brown and Chloe Ann Rounsley, *True Selves* (1996), 175~176쪽 참조.

94 출근 시간에 트랜스젠더 혐오를 드러낸 허풍쟁이 라디오 진행자의 장광설과 그 여파는 지역 일간지 새크라멘토비에 시간순으로 기록되었다. Carlos Alcalá, "Radio segment on transgender kids raises hackles," *21Q: A Bee Entertainment Blog* (2 June 2009)와 Carlos Alcalá, "Under fire, radio host says transgender comments were 'a joke'," *Sacramento Bee* (4 June 2009)(이 자료를 인용했다) 와Matthew Keys, "Local radio show takes heat, loses advertisers over transgender comments," *Sacramento Press* (5 June 2009)와 Bill Lindelof, "Transgender controversy," *Sacramento Bee* (9 June 2009)와 Carlos Alcalá, "On-air controversy: Radio show back today with transgender advocates," *Sacramento Bee* (11 June 2009)와 Bill Lindelof, "Broadcasters apologise on air for transgender remarks," *Sacramento Bee* (12 June 2009) 참조.

95 이 구절은 2009년에 헤일리 크리거와 제인 리터와 가진 인터뷰를 바탕으로 했다. 사용된 이름은 모두 가명이다.

96 전미 트랜스젠더 평등 센터와 전미 게이 레즈비언 태스크포스 재단의 연구 *Injustice at Every Turn: A Report of the National Transgender Discrimination Survey* (2011) 참조. 아이들에 대한 유사한 조사를 보려면 Michael Bochenek와 A. Widney Brown이 Human Rights Watch를 위해 쓴 보고서 *Hatred in the Hallways: Violence and Discrimination against Lesbian, Gay, Bisexual, and Transgender Students in U.S. Schools* (2001)를 참조하라.

97 트랜스 아이들의 노숙과 매춘에 관한 통계는 Nicholas Ray가 2007년에 전미 게이 레즈비언 태스크포스 재단에 제출한 보고서, "Lesbian, gay, bisexual and transgender youth: An epidemic of homelessness" 와 David Kihara, "Giuliani's suppressed report on homeless youth," *Village Voice* (24 August 1999) 참조.

98 Corey Kilgannon, "After working the streets, bunk beds and a Mass," *New York Times* (2 May 2007(에서 인용함.

99 이 구절은 2009년에 앨버트 캐논, 록산느 그린, 단테 헤인즈와 가진 인터뷰를 바탕으로 했다.

100 테이시 그린 살인 사건과 드와이트 드리의 재판은 일간지 *Syracuse Post-Standard* 에 자세하게 기록되었다. 관련된 모든 기사의 색인을 보려면 http://www.syracuse.

com의 Moses Cannon 항목을 참고하라. 이 구절에서 참고한 기사들은 Matt Michael, "Syracuse man was killed for being gay, police say," *Syracuse Post-Standard* (16 November 2008)와 Jim O'Hara, "Syracuse man indicted on hate-crime murder charge," *Syracuse Post-Standard* (3 April 2009)와 Jim O'Hara, "Dwight DeLee gets the maximum in transgender slaying," *Syracuse Post-Standard* (18 August 2009) 참조.

101 드와이트 드리의 재판에 관한 마이클 실버맨의 인용은 2009년에 그와 가진 인터 뷰에서 가져왔다.

102 트랜스젠더 살해 사건 통계치는 Gwendolyn Ann Smith의 정보 제공 웹사이트 Remembering Our Dead(http://www.gender.org/remember) 참조. 증오 범죄에 대한 보호 정책을 트랜스젠더까지 확장하자는 제안에 대한 논의는 David Stout, "House votes to expand hate-crime protection," *New York Times* (4 May 2007) 참조. 또한 http://www.transgenderdor.org/도 참조하라.

103 Carsten Balzer, "Preliminary results of Trans Murder Monitoring Project," *Liminalis* 3 (July 2009), 156~157쪽 참조. 같은 보고서 157쪽에서 발처가 Thomas Hammarberg의 "Discrimination against transgender persons must no longer be tolerated," Office of the Commissioner for Human Rights, 2009을 인용하여 포르투갈의 사건을 언급한다.

104 트랜스젠더 살해 사건에 대한 최근의 뉴스 보도들은 다음과 같다. 〈크리시 베이츠〉: Abby Simons, "〈The killing of one of our own〉," *Minneapolis Star Tribune* (22 January 2011)와 Abby Simons, "Man guilty of murdering transgender victim," *Minneapolis Star Tribune* (24 November 2011). 〈타이라 트렌트〉: Jessica Anderson, "Vigil remembers transgender murder victim," *Sun* (5 March 2011). 〈마르칼 카메로 타이〉: Jeannie Nuiss, "FBI may investigate dragging death as hate crime," *Commercial Appeal* (20 March 2011). 〈네이트 네이트〉: Dale Lezon, "HPD releases suspect sketch in cross-dresser's killing," *Houston Chronicle* (14 June 2011). 〈라샤이 매클린〉: Pat Collins, "Transgender person slain in northeast," *NBC Washington* (21 July 2011). 〈카밀라 구즈먼〉: Steven Thrasher, "Camila Guzman, transgender murder victim, remembered in East Harlem vigil," *Village Voice* (12 August 2011). 〈고라브 고팔란〉: Trey Graham, "The final days of Gaurav Gopalan," *Washington City Paper* (21 September 2011). 〈셸리 힐리어드〉: Gina Damron, "Mom waits for answers in transgender

teen's death," *Detroit Free Press* (12 November 2011).

105 이 구절은 2009년에 앤 오하라, 마샬 카마초, 글렌 스티븐스, 케리 아다히와 가진 인터뷰를 바탕으로 했다. 사용된 이름은 모두 가명이다.

106 Judith Butler, *Gender Trouble: Feminism and the Subversion of Identity* (1999) 개정판 viii쪽에서 인용함.

107 이 구절은 2009년에 브리짓, 맷 맥코트와 가진 인터뷰를 바탕으로 했다. 사용된 이름은 모두 가명이다.

108 이 구절은 2009년에 니콜, 벤, 안네케 오스만과 가진 인터뷰를 바탕으로 했다.

109 이 구절은 2007년에 비키 피어설과 가진 인터뷰와 그 후의 대화를 바탕으로 했다. 사용된 이름은 모두 가명이다.

110 젠더 유연성을 지닌 아이들에 대한 에미 워너의 언급은 1996년 4월 29일에 방송된 호주의 라디오 방송 Open Mind에서 〈회복탄력성〉을 주제로 그녀가 로빈 휴즈와 인터뷰한 내용에서 가져왔다.

111 Debra Rosenberg, "Rethinking gender," *Newsweek* (21 May 2007)와 Maureen Dowd, "Between torment and happiness," *New York Times* (26 April 2011)에서 인용함.

112 Mike Albo, "The official Justin Bond," *Out* (11 April 2011)에서 인용함.

113 이 구절은 2007년에 엘리, 조애나, 케이트 루드와 가진 인터뷰와 그 후의 대화를 바탕으로 했다. 또한 엘리의 블로그(http://translocative.blogspot.com/)도 참조했다.

114 Kate Rood, "The sea horse: Our family mascot," *New York Times* (2 November 2008)에서 인용함.

115 Kate Rood, "Not quite a beginning," *Eli's Coming* (3 February 2006) (http://translocative.blogspot.com/2006/02/notquite-beginning.html)에서 인용함.

116 David Smith, "Gender row athlete Caster Semenya wanted to boycott medal ceremony," *Guardian* (21 August 2009) 참조.

117 Debra Rosenberg, "Rethinking gender," *Newsweek* (21 May 2007)에서 인용함.

118 세메냐는 남아프리카공화국 잡지 *YOU* 의 2009년 9월호 커버스토리에서 이 말을 했고 *Independent Online* (8 September 2009)에도 보도되었다.

119 이 구절은 2009년에 섀넌 민터와 가진 인터뷰를 바탕으로 했다.

120 *In re the marriage of Michael J. Kantaras v. Linda Kantaras* (Case 98-5375CA, Circuit Court of the Sixth Judicial Circuit in and for Pasco County, Florida, February 2003) 사건에 대한 판결문 전문은 http://www.transgenderlaw.org/

cases/kantarasopinion.pdf 참조. 판사의 인용은 774쪽 참조.

121 창세기 5장 2절.

122 이 구절은 2009년에 캐럴 맥케로, 돈 해리엇, 킴 리드 그리고 그들 가족의 다른 구성원들과 가진 인터뷰와 그 후의 인터뷰와 대화를 바탕으로 했다. 또한 킴의 영화 *Prodigal Sons* (2009)와 킴과 캐럴이 2010년에 *Oprah*에 출연한 내용도 참조했다.

123 Martin J. Kidston, "Helena prodigal son returning as woman," *Independent Record* (24 September 2009) 참조. 또한 이틀 후의 영화 상영에 관한 키스튼의 보도는 "250 pack church for transgender documentary," *Independent Record* (26 September 2009)을 참조하라.

124 앨프리드 테니슨 경의 시구는 *The Complete Works of Alfred Lord Tennyson* (1891), 155쪽에 실린 "In memoriam A.H.H." (1849) 참조(한국어 판은 『테니슨 시선』, 윤명옥 역, 지식을 만드는 지식, 2011).

125 러시아 예술에 관한 내 책은 *The Irony Tower: Soviet Artists in a Time of Glasnost* (1991) 이다.

12장 아버지

1 브리 워커와 토크쇼 진행자를 인용한 부분의 출처는 Daniel Corone, "Bree Walker blasts KFI's Baby Talk," *Los Angeles Times* (17 August 1991).

2 브리 워커의 두 번째 인용 출처는 from Steven A. Holmes, "Radio talk about TV anchor's disability stirs ire in Los Angeles," *New York Times* (23 August 1991).

3 Bill Holt, Daniel Corone, "Bree Walker blasts KFI's Baby Talk," *Los Angeles Times* (17 August 1991)에서 인용함..

4 조애나 쿼파시아-존스를 인용한 부분은 모두 그녀가 쓴 기사 "Daring disabled parenting," *Mothering* (November~December 2007) 참조.

5 Adrienne Asch, "Prenatal diagnosis and selective abortion: A challenge to practice and policy," *American Journal of Public Health* 89, no. 11 (November 1999), 1650~1651쪽에서 인용함. 인용문은 요약되었다.

6 Laura Rothenberg, *Breathing for a Living* (2004)와 내가 쓴 기사 "The Amazing Life of Laura," *Glamour* (July 2003) 참조.

7 Lindsey Tanner, "Physicians could make the perfect imperfect baby," *Los Ange-*

les Times (31 December 2006)에서 인용함.

8 사전 이식 유전자 진단법을 사용하는 병원 중 3 퍼센트가 장애를 선호했다는 결과를 얻은 조사는 Susannah Baruch, David Kaufman, and Kathy L. Hudson, "Genetic testing of embryos: Practices and perspectives of US in vitro fertilization clinics," *Fertility & Sterility* 89, no. 5 (May 2008) 참조.

9 Darshak Sanghavi, "Wanting babies like themselves, some parents choose genetic defects," *New York Times* (5 December 2006)에서 인용함.

10 Michael Bérubé, *Life as We Know It: A Father, a Family and an Exceptional Child* (1996), 86쪽에서 인용함.

11 2008 인간 배아 및 수정에 관한 법은 1990년에 제정된 법률을 개정하고 갱신한 것이다. 전문을 보려면 http://www.legislation.gov.uk/ukpga/2008/22/contents 참조. 장애와 관련된 조항들에 관한 논쟁은 Steven D. Emery, Anna Middleton and Graham H. Turner, "Whose deaf genes are they anyway?: The Deaf community's challenge to legislation on embryo selection," *Sign Language Studies* 10, no. 2 (Winter 2010)을 참조하라. 가명 블로거 Mishka Zena의 게시물 "Eugenics too close to home: Tomato Lichy, U.K. activist," *Endless Pondering* (10 March 2008) (http://www.mishkazena.com/2008/03/10/eugenics-too-close-to-home-tomato-livy-uk-activist) 참조.

12 섀런 더시스노와 캔디스 맥컬로의 이야기는 Liz Mundy, "A world of their own," *Washington Post Magazine* (31 March 2002) 참조. 이 경우를 다룬 학술 논문을 보려면 Humphrey-Dirksen Bauman, "Designing deaf babies and the question of disability," *Journal of Deaf Studies & Deaf Education* 10, no. 3 (Summer 2005) 참조.

13 Wendy McElroy, "Victims from birth: Engineering defects in helpless children crosses the line," FOX News (9 April 2002) 참조.

14 섀런 더시스노와 캔디스 맥컬로가 청각 장애인 아이를 낳고 싶어 하는 데 대한 경악을 드러내며 존 스프로스턴이 편집자에게 보낸 편지는 2004년 6월 9일자 *Washington Post* 참조. 이 편지는 Judith F. Daar, "ART and the search for perfectionism: On selecting gender, genes, and gametes," *Journal of Gender, Race and Justice* 9, no. 2 (Winter 2005)에 인용되어 있다.

15 John Corvino, "Why Baby Gauvin is not a victim," *Gay & Lesbian Review Worldwide* 9, no. 6 (2002)에서 인용함..

16 2008년에 패트릭 부드로와 나눈 사적인 대화에서 인용했다.

17 숀 팁턴의 말과 그에 대한 새런과 캔디의 반응은 Liza Mundy, "A world of their own," *Washington Post Magazine* (31 March 2002) 참조.

18 Carina Dennis, "Genetics: Deaf by design," *Nature* 431 (21 October 2004), 894 쪽에서 인용함.

19 William Saletan, "Deformer babies: The deliberate crippling of children," *Slate* (21 September 2006) 참조.

20 사전 이식 유전자 진단법을 실시하는 병원에 관한 존스 홉킨스 대학의 조사는 Susannah Baruch, David Kaufman and Kathy L. Hudson, "Genetic testing of embryos: Practices and perspectives of US in vitro fertilization clinics," *Fertility & Sterility* 89, no. 5 (May 2008) 참조.

21 Gautam Naik, "A baby, please. Blond, freckles, hold the colic: Laboratory techniques that screen for diseases in embryos are now being offered to create designer children," *Wall Street Journal* (12 February 2009)를 보라.

22 University College London의 언론 보도 자료 "First baby tested for breast cancer form BRCA1 before conception born in UK," 9 January 2009 와 2009년 1월 9일자 CNN 보도 "'Cancer-free' baby born in London"을 보라.

23 로스앤젤레스 불임 연구소가 성별, 머리카락과 눈동자 색의 선택을 가능하게 하려던 계획은 Gautam Naik, "A baby, please. Blond, freckles, hold the colic: Laboratory techniques that screen for diseases in embryos are now being offered to create designer children," *Wall Street Journal* (12 February 2009) 참조.

24 존스 홉킨스 대학이 유전자 검사에 대한 대중의 견해를 조사한 결과는 Aravinda Chakravarti et al., *Reproductive Genetic Testing: What America Thinks* (2004) 참조.

25 Michael J. Sandel, *The Case Against Perfection* (2007) 참조.

26 마르크 라페의 인용은 유전적 선택에 관한 그의 선구적인 논문 "How much do we want to know about the unborn?," *Hastings Centre Report* 3, no. 1 (February 1973)에서 가져왔다.

27 Patricia Baue, "The abortion debate no one wants to have," *Washington Post* (18 October 2005)에서 인용함.

28 Scott Winship, "Mobility impaired," *National Review* (14 November 2011)에서 인용함.

29 Gurinder Osan, "Baby with two faces born in North India," Associated Press/ MSNBC (9 April 2008) 참조. 모든 인용은 이 보도에서 가져왔다.

30 라리가 심장마비로 사망한 보도는 2008년 9월 16일자 The Channel 4 programme, *Body Shock* 참조.

31 뉴 헤이븐의 수목들이 겪은 비극과 도시의 회복 노력은 Charlotte Libov, "New Haven holding on to 'Elm City' nickname," *New York Times* (24 April 1988)와 Bruce Fellman, "The Elm City: Then and now," *Yale Alumni Magazine* (September/October 2006)와 David K. Leff, "Remaining elms hint at tree's elegant past," *Hartford Courant* (27 October 2011) 참조.

32 우리의 여정과 보조 생식 기술을 통해 가족을 이루려는 또 다른 동성애자 부모들의 여정은 Emma Brockes, "Gay parenting: It's complicated," *Guardian*, (20 April 2012) 참조. 우리의 경험에 대해 내가 쓴 기사는 "Meet my real modern family," *Newsweek* (30 January 2011) 참조.

33 로저 펜로즈의 인류 원리에 대한 논의는 *The Emperor's New Mind: Concerning Computers, Minds, and the Laws of Physics* (1989), 433~434쪽 참조.

34 Edith Wharton, *A Backward Glance* (1934), 147쪽에서 인용함.

35 에릭 에릭슨(1959년에 쓴 선집 *Identity and the Life Cycle* 참조) 같은 심리학자들이 옹호하는 직관 지향적인 접근법과 마틴 셀리그만이 *Leaned Optimism* (1991)에서 서술한 인지적인 기술을 비교해 보라. 한국어 판은 『아이덴티티』, 조대경 역, 삼성출판사(1976)와 『마틴 셀리그만의 낙관성 학습』, 우문식/최호영 역, 물푸레 (2012) 참조.

저자에 관하여

      앤드루 솔로몬의 저서 『한낮의 우울*The Noonday Demon*』(민음사, 2004)
은 2001년 논픽션 분야의 전미도서상을 수상했고, 2002년에 퓰리처상 최
종 후보에 올랐으며, 『타임』 지에서 선정한 지난 10년간 최고의 책 100권
중 하나에 포함되었다. 양장본과 문고판 둘 다 「뉴욕 타임스」의 베스트셀
러인 이 책은 미국을 제외한 7개의 나라에서도 베스트셀러를 기록하였으
며, 24개의 다른 언어로 출간되었다. 또한 「뉴욕 타임스」와 미국 도서관 협
회에서 〈올해의 주목할 만한 책〉으로 선정되었으며, 국제 다발성 경화증
협회로부터 〈베터 라이프 어워드〉와, 정신질환 전미연합 뉴욕지부로부터
2002년 〈켄 북 어워드〉, 〈올해의 마인드 북〉, 〈람다 문학상〉, 퀄러티 페이
퍼백 북 클럽의 〈뉴 비전스 어워드〉 등을 수상했다. 아울러 저자 앤드루 솔
로몬은 펠로쉽 플레이스의 〈앨버트 J. 솔닛 메모리얼 어워드〉, 제드 재단
과 국립 정신 건강 협회(현재는 멘탈 헬스 아메리카)의 〈보이스 오브 멘탈 헬
스 어워드〉, 전국 우울증 및 조울증 협회의 〈프리즘 어워드〉, 디디 허시 자
살 예방 센터의 〈낙인 지우기 리더십 어워드〉, 칼라 스미스 재단의 〈찰스
T. 루비 L.O.S.S. 어워드〉, 윌리엄 엘란슨 화이트 연구소의 〈실바노 아리에

티 어워드〉를 수상했다.

　뉴욕 토박이인 앤드루 솔로몬은 호러스 맨 학교를 다녔으며 1981년에 우등 3등급으로 졸업했다. 1985년에는 예일 대학교에서 영문학 문학사 학위를 받으면서 우등 2등급으로 졸업했으며, 후에 케임브리지 대학교 지저스 칼리지에서 영문학 석사 학위를 받았다. 케임브리지 대학에 다니는 동안에는 외국인 학생으로는 유일하게 영문학 최우수 등급 학위를 받았을 뿐 아니라 동 대학의 작문 상을 수상했다. 현재는 케임브리지 대학에서 심리학 박사 과정을 밟고 있다.

　그는 1988년에 러시아 예술가들에 관한 연구를 시작했고, 이 연구는 『역설의 탑The Irony Tower: Soviet Artists in a Time of Glasnost』(Knopf, 1991)이라는 책으로 결실을 맺었다. 1993년에는 국가 안전 보장 회의로부터 러시아 문제 자문 위원에 위촉되었다. 한 남자가 암과 사투를 벌이는 어머니의 모습을 보면서 정체성의 변화를 겪는다는 내용을 다룬 그의 첫 번째 소설 『스톤 보트A Stone Boat』(Faber, 1994)는 전국적으로 베스트셀러가 되었고, 『LA 타임스』에서 선정한 최고의 픽션에도 포함되었다. 이 소설은 이후 5개의 언어로 발간되었다.

　1993년부터 2001년까지 솔로몬은 『뉴욕 타임스 매거진』의 기고 작가로 활동하면서 광범위한 주제에 관한 글을 썼다. 아울러 『뉴요커』에도 정기적으로 글을 썼다. 그의 저널리즘은 우울증과 소비에트 예술가, 아프가니스탄의 문화적 재탄생, 리비아의 정치 현안 등 많은 주제로 확장되었다. 그는 명시 선집과 비평서에 관한 다수의 소론들을 발표했고, 그의 글은 내셔널 퍼블릭 라디오의 「모쓰 라디오 아워」 프로그램에서 소개되었다.

　솔로몬은 성적 소수자들의 권리와 정신 건강, 교육과 예술에 관심이 많은 행동주의자이며 박애주의자다. 게이 간의 결혼 문제를 다룬 그의 기사들은 『뉴요커』와, 『뉴스위크』, 『애드버킷Advocate』『앤더슨 쿠퍼 360°Anderson Cooper 360°』 등에 소개되었다.

다양한 분야에서 강연을 해오고 있는 그는 현재 웨일코넬 의학 대학원의 정신 의학 강사이고, 예일 대학교 정신 연구소 레즈비언과 게이, 양성애자, 트랜스젠더의 정신 건강 문제 특별 자문이며, 미시간 주립 대학교 우울증 센터와 컬럼비아 대학 정신 연구소, 콜드 스프링 하버 연구소의 관리자이고, 컬럼비아 대학 메디컬 스쿨과 우울증과 조울증 지원 연맹의 이사회 위원이다. 2008년에 솔로몬은 정신 건강 분야에 기여한 공로를 인정받아 생물학적 정신의학 협회의 〈휴머니테리언 어워드〉를 수상했고, 2010년에는 두뇌와 행동 연구 재단에서 수여하는 〈프로덕티브 라이브스 어워드〉를 수상했다. 또한 예일 대학교 버클리 칼리지의 선임 연구원이며, 뉴욕 휴머니티 연구소와 외교 협회 회원이기도 하다.

그는 현재 남편과 아들과 함께 뉴욕과 런던을 오가면서 살고 있으며, 미국과 영국 국적을 가지고 있다.

참고문헌

Abbott, Douglas A., and William H. Meredith. "Strengths of parents with retarded children." *Family Relations* 35, no. 3 (July 1986): 371~75.

Abbott, Jack Henry. *In the Belly of the Beast: Letters from Prison.* New York: Random House, 1981.

Abi-Dargham, Anissa, and Holly Moore. "Prefrontal DA transmission at D1 receptors and the pathology of schizophrenia." *Neuroscientist* 9, no. 5 (2003).

Abi-Dargham, Anissa, et al. "Increased baseline occupancy of D2 receptors by dopamine in schizophrenia." *Proceedings of the National Academy of Sciences* 97, no. 14 (July 2000): 8104~9.

Ablon, Joan. "Dwarfism and social identity: Self-help group participation." *Social Science & Medicine* 15B (1981): 25~30.

_____. *Little People in America: The Social Dimension of Dwarfism.* New York: Praeger, 1984.

_____. *Living with Difference: Families with Dwarf Children.* New York: Praeger, 1988.

_____. "Ambiguity and difference: Families with dwarf children." *Social Science & Medicine* 30, no. 8 (April 1990): 879~87.

_____. "Personality and stereotype in osteogenesis imperfecta: Behavioral phenotype or response to life's hard challenges." *American Journal of Medical Genetics* 122A (October 15, 2003): 201~14.

_____. *Brittle Bones, Stout Hearts and Minds: Adults with Osteogenesis Imperfecta.* Sudbury, MA: Jones and Bartlett Publishers, 2010.

Abraham, Willard. *Barbara: A Prologue.* New York: Rinehart, 1958.

Abrahams, Brett S., and Daniel H. Geschwind. "Advances in autism genetics: On the threshold of a new neurobiology." *Nature Review Genetics* 9, no. 5 (May 2008): 341~55.

Abramsky, Sasha, and Jamie Fellner. *Ill-Equipped: U.S. Prisons and Offenders with Mental Illness.* New York: Human Rights Watch, 2003.

Accardo, Pasquale J., Christy Magnusen, and Arnold J. Capute, eds. *Autism: Clinical and Research Issues.* Baltimore: York Press, 2000.

Ackerman, Elise, et al. "Who gets abortions and why." *U.S. News & World Report*, January 19, 1998.

Adams, Paul, and Kristine Nelson, eds. *Reinventing Human Services.* New York: Aldine de Gruyter, 1996.

Addington, Jean, et al. "The first episode of psychosis: The experience of relatives." *Acta Psychiatrica Scandinavica* 108, no. 4 (October 2003): 285~89.

Adelson, Betty M. *Dwarfism: Medical and Psychosocial Aspects of Profound Short Stature.* Baltimore: Johns Hopkins University Press, 2005.

_____. *The Lives of Dwarfs: Their Journey from Public Curiosity Toward Social Liberation.* New Brunswick, NJ: Rutgers University Press, 2005.

Adelson, Betty, and Joe Stramondo. Unpublished letter to the editor of the *New York Times*, 2005.

Adoption.com Forums. "Children born of rape." Public discussion. Mesa, AZ: Adoption Media, 2004~06.

Advanced Bionics. "The Reason to Choose AB." Valencia, CA: Advanced Bionics, 2009.

_____. "Hear Your Best." Valencia, CA: Advanced Bionics, 2011.

Advertising Standards Authority. "ASA adjudication on the Option Institute and Fellowship." Complaint Reference 104067. London: Advertising Standards Authority, March 3, 2010.

Affleck, Glenn, and Howard Tennen. "Appraisal and coping predictors of mother and child outcomes after newborn intensive care." *Journal of Social & Clinical Psychology* 10, no. 4 (1991): 424~47.

Affleck, Glenn, Howard Tennen, and Jonelle Rowe, eds. *Infants in Crisis: How Parents Cope with Newborn Intensive Care and Its Aftermath.* New York: Springer, 1991.

African Commission on Human and Peoples' Rights International Work Group for Indigenous Affairs. *Report of the African Commission's Working Group on Indigenous Populations/ Communities: Research and Information Visit to the Republic of Gabon, 15~30 September 2007.* Copenhagen: International Work Group for Indigenous Affairs, 2010.

Agnew, Robert, and Sandra Huguley. "Adolescent violence toward parents." *Journal of Marriage & the Family* 51, no. 3 (August 1989): 699~711.

Ahmad, Waqar, Karl Atkin, and Lesley Jones. "Being deaf and being other things: Young Asian people negotiating identities." *Social Science & Medicine* 55. no. 10 (2002): 1757~69.

Akter, K., et al. "A review of the possible role of the essential fatty acids and fish oils in the aetiology, prevention or pharmacotherapy of schizophrenia." *Journal of Clinical Pharmacy & Therapeutics* 37, no. 2 (April 2012): 132~39.

Alatzoglou, Kyriaki S., and Mehul T. Dattani. "Genetic causes and treatment of isolated growth hormone deficiency: An update." *Nature Reviews Endocrinology* 6, no. 10 (October 2010): 562~76.

Albl, Martin. "Abortion false solution: Support, protect life." *Aberdeen American News*, October 19, 2006.

Albo, Mike. "The official Justin Bond." *Out*, April 11, 2011.

Alborz, Alison. "Transitions: Placing a son or daughter with intellectual disability and challenging behaviour in alternative residential provision." *Journal of Applied Research in Intellectual*

Disabilities 16, no. 1 (March 2003): 75~88.

Albrecht, Gary L. *The Disability Business: Rehabilitation in America.* London: Sage, 1992.

Alcalá, Carlos. "Radio segment on transgender kids raises hackles." *21Q: A Bee Entertainment Blog*, June 2, 2009. .

————. "Under fire, radio host says transgender comments were 'a joke..'" *Sacramento Bee*, June 4, 2009.

————. "On-air controversy: Radio show back today with transgender advocates." *Sacramento Bee*, June 11, 2009.

Aleccia, JoNel. "Emerging from silence: Deaf community divided over cochlear implants." *Spokesman-Review*, April 23, 2006.

Alexander Graham Bell Association. "The cost of cochlear implants." Washington, DC: Alexander Graham Bell Association, 2011.

Alisky, Joseph M., and Kenneth A. Iczkowski. "Barriers to housing for deinstitutionalized psychiatric patients." *Hospital & Community Psychiatry* 41, no. 1 (January 1990): 93~95.

Allan, Clare. "Misplaced pride." *Guardian*, September 27, 2006.

Allanson, Judith E., and Judith G. Hall. "Obstetric and gynecologic problems in women with chondrodystrophies." *Obstetrics & Gynecology* 67, no. 1 (January 1986): 74~78.

Allday, Erin. "UCSF, Stanford autism study shows surprises." *San Francisco Chronicle*, July 5, 2011.

Allegretti, Christina M. "The effects of a cochlear implant on the family of a hearing-impaired child." *Pediatric Nursing* 28, no. 6 (November 2002): 614~20.

Allen, Ann Taylor. "The kindergarten in Germany and the United States, 1840~1914: A comparative perspective." *History of Education* 35, no. 2 (March 2006): 173~88.

Allen, Arthur . . "Inoculated into oblivion." *Salon*, April 13, 2000.

————. "Sound and fury." *Salon*, May 24, 2000.

————. "A recipe for disaster." *Salon*, August 2, 2000.

————. *Vaccine: The Controversial Story of Medicine's Greatest Lifesaver.* New York: W. W. Norton, 2007.

Allen, Joseph, and Susan Philliber. "Who benefits most from a broadly targeted prevention program? Differential efficacy across populations in the teen outreach program." *Journal of Community Psychology* 29, no. 6 (November 2001): 637~55.

Allen, Marietta Pathy. *Transformations: Crossdressers and Those Who Love Them.* New York: Dutton, 1989.

Allen, Woody. *The Complete Prose of Woody Allen.* New York: Random House, 1991.

Allison, Rebecca. "Does a cleft palate justify an abortion? Curate wins right to challenge doctors." *Guardian*, December 2, 2003.

————. "Aligning bodies with minds: The case for medical and surgical treatment of gender dysphoria." *Journal of Gay & Lesbian Mental Health* 14, no. 2 (April 2010): 139~44.

Allport, Susan. *A Natural History of Parenting: A Naturalist Looks at Parenting in the Animal World and Ours.* New York: Three Rivers Press, 1997.

Alvarez, Norberto. "Alzheimer disease in individuals with Down syndrome." *eMedicine Medical Reference.* Medscape, January 10, 2008.

Amador, Xavier Francisco. *I Am Not Sick, I Don't Need Help! How to Help Someone with Mental*

Illness Accept Treatment. Peconic, NY: Vida Press, 2007.

American Academy of Pediatrics Policy Committee on Children with Disabilities. "Auditory integration training and facilitated communication for autism." *AAP Policy Committee on Children with Disabilities* 102, no. 2 (1998): 431~33.

American College of Medical Genetics. Genetic Evaluation of Congenital Hearing Loss Expert Panel. "Genetics evaluation guidelines for the etiologic diagnosis of congenital hearing loss." *Genetics in Medicine* 4, no 3 (May~June 2002): 162~71.

American College of Neuropsychopharmacology. "Vagus nerve 'pacemaker' seems to work for depression." *UniSci Daily University Science News*, December 11, 2001.

American College of Obstetricians and Gynecologists. "New recommendations for Down syndrome: Screening should be offered to all pregnant women." Press release. Washington, DC: American College of Obstetricians and Gynecologists, January 2, 2007.

_____. "Screening for fetal chromosomal abnormalities." *ACOG Practice Bulletin* 77 (January 2007): 1~11.

American Medical Association. "Pregnancy from rape does not justify abortion." *Journal of the American Medical Association* 43 (August 6, 1904): 413.

_____. "AMA policy regarding sexual orientation." Chicago: American Medical Association, 2007.

American Psychiatric Association. *Psychiatric Services in Jails and Prisons: A Task Force Report of the American Psychiatric Association.* 2nd ed. Washington, DC: American Psychiatric Association, 2000.

American Psychiatric Association. "Position statement on therapies focused on attempts to change sexual orientation (reparative or conversion therapies)." Washington, DC: American Psychiatric Association, 2000.

American Psychological Association Task Force on Appropriate Therapeutic Responses to Sexual Orientation. "Insufficient evidence that sexual orientation change efforts work, says APA." Press release. Washington, DC: American Psychological Association, August 5, 2009.

Ames, Jonathan, ed. *Sexual Metamorphosis: An Anthology of Transsexual Memoirs.* New York: Vintage, 2005.

Ames, Lynne. "The view from White Plains: Down syndrome proves no match for volunteer." *New York Times*, October 26, 1997.

Amir, Menachem. *Patterns in Forcible Rape.* Chicago: University of Chicago Press, 1971.

Ammerman, Robert T., and Michel Hersen. *Treatment of Family Violence: A Sourcebook.* New York: Wiley, 1990.

Amnesty International. "Liberia: No impunity for rape." New York: Amnesty International, 2004.

Anderson, Glenn B., and Cynthia A. Grace. "Black deaf adolescents: A diverse and underserved population." *Volta Review* 95, no. 5 (September 1991): 73~86.

Anderson, Jenny. "Fidelity is fined $8 million over improper gifts." *New York Times*, March 6, 2008.

Anderson, Jessica. "Vigil remembers transgender murder victim." *Sun*, March 5, 2011.

Ando, Yoichi, and Hiroaki Hattori. "Effects of intense noise during fetal life upon postnatal adaptability (statistical study of the reactions of babies to aircraft noise)." *Journal of the Acoustical Society of America* 47, no. 4, pt. 2 (1970): 1128~30.

_____. "Statistical study of the effects of intense noise during human fetal life." *Journal of Sound & Vibration* 27, no. 1 (March 1973): 101~10.

Andreasen, Nancy C. "Schizophrenia: The characteristic symptoms." *Schizophrenia Bulletin* 17, no. 1 (1991): 27~49.

_____. *Brave New Brain: Conquering Mental Illness in the Era of the Genome*. Oxford, UK, and New York: Oxford University Press, 2001.

_____. *The Creating Brain: The Neuroscience of Genius*. New York: Dana Press, 2005.

Andrews, Jean F., Irene Leigh, and Tammy Weiner, eds. *Deaf People: Evolving Perspectives from Psychology, Education and Sociology*. Boston: Allyn & Bacon, 2004.

Andrews, Nigel. "Glowing wonder of an Anatolian epiphany." *Financial Times*, March 15, 2012.

Andrews, Suzanna. "Arthur Miller's missing act." *Vanity Fair*, September 2007.

Angermeyer, Matthias C., Beate Schulze, and Sandra Dietrich. "Courtesy stigma: A focus group study of relatives of schizophrenia patients." *Social Psychiatry & Psychiatric Epidemiology* 38, no. 10 (October 2003): 593~602.

Angier, Natalie. "Study links brain to transsexuality." *New York Times*, November 2, 1995.

_____. "Short men, short shrift: Are drugs the answer." *New York Times*, June 22, 2003.

_____. "The cute factor." *New York Times*, January 3, 2005.

Ani, Cornelius, Sally Grantham-McGregor, and David Muller. "Nutritional supplementation in Down syndrome: Theoretical considerations and current status." *Developmental Medicine & Child Neurology* 42, no. 3 (March 2000): 207~13.

Anonymous parents of Ashley X. "The 'Ashley treatment..'" Blog. Established January 2, 2007; last updated May 18, 2008.

Ansara, Y. Gavriel, and Peter Hegarty. "Cisgenderism in psychology: Pathologising and misgendering children from 1999 to 2008." *Psychology & Sexuality* 2 (2011): 1~24.

Ansberry, Clare. "Parents devoted to a disabled child confront old age." *Wall Street Journal*, January 7, 2004.

Antonetta, Susanne. *A Mind Apart: Travels in a Neurodiverse World*. New York: Jeremy P. Tarcher/ Penguin, 2005.

Antonovsky, Aaron. *Health, Stress, and Coping*. San Francisco: Jossey-Bass, 1980.

Aos, Steve. *Washington State's Family Integrated Transitions Program for Juvenile Offenders*. Olympia: Washington State Institute for Public Policy, 2004.

Apajasalo, M., et al. "Health-related quality of life of patients with genetic skeletal dysplasias." *European Journal of Pediatrics* 157, no. 2 (February 1998): 114~21.

Appelbaum, Paul S. "Law and psychiatry: Insanity, guilty minds, and psychiatric testimony." *Psychiatric Services* 57, no. 10 (October 2006): 1370~72.

Applebaum, Samuel. *The Way They Play*. Neptune, NJ: Paganiniana Publications, 1984.

Appleton, William S. "Mistreatment of patients' families by psychiatrists." *American Journal of Psychiatry* 131, no. 6 (June 1974): 655~57.

Arana-Ward, Marie. "As technology advances, a bitter debate divides the deaf." *Washington Post*, May 11, 1997.

Arguello, P. Alexander, and Joseph A. Gogos. "Cognition in mouse models of schizophrenia susceptibility genes." *Schizophrenia Bulletin* 36, no. 2 (March 2010): 289~300.

Ariel, Cindy N., and Robert A. Naseef, eds. *Voices from the Spectrum: Parents, Grandparents, Siblings, *People with Autism, and Professionals Share Their Wisdom.* London: Jessica Kingsley Publishers, 2006.

Arisi, Elena, et al. "Cochlear implantation in adolescents with prelinguistic deafness." *Archives of Otolaryngology—Head & Neck Surgery* 142, no. 6 (June 2010): 804~8.

Aristotle, and Jonathan Barnes, ed. *The Complete Works of Aristotle: The Revised Oxford Translation.* Oxford, UK, and New York: Oxford University Press, 1984.

_____. *The New Aristotle Reader.* Princeton, NJ: Princeton University Press, 1987.

Armstrong, Felicity, and Len Barton, eds. *Disability, Human Rights and Education: Cross-Cultural Perspectives.* Buckingham and Philadelphia: Open University Press, 1999.

Arndt, Tara L., Christopher J. Stodgell, and Patricia M. Rodier. "The teratology of autism." *International Journal of Developmental Neuroscience* 23, nos. 2~3 (April~May 2005): 189~99.

Arnone, Danilo, et al. "Magnetic resonance imaging studies in bipolar disorder and schizophrenia: Meta-analysis." *British Journal of Psychiatry* 195, no. 3 (September 2009): 194~201.

Arnos, Kathleen S. "Genetics and deafness: Impacts on the deaf community." *Sign Language Studies* 2, no. 2 (Winter 2002): 150~68.

Arnos, Kathleen S., et al. "A comparative analysis of the genetic epidemiology of deafness in the United States in two sets of pedigrees collected more than a century apart." *American Journal of Human Genetics* 83, no. 2 (August 2008): 200~207.

Arnsten-Russell, Susan. "Intentional switch activation to achieve functional outcomes for girls with Rett syndrome." *OT Practice,* May 8, 2006.

_____. "Switch use for students with profound and complex learning difficulties." *OT Practice,* January 22, 2007.

Aronowitz, Paul. "About men: A brother's dreams." *New York Times Magazine,* January 24, 1988.

Arthur, Joyce. "Psychological aftereffects of abortion: The rest of the story." *Humanist* 57, no. 2 (March~April 1997): 7~9.

Asarnow, Robert F., and Joan Rosenbaum Asarnow. "Childhood-onset schizophrenia: Editors' introduction." *Schizophrenia Bulletin* 20, no. 4 (October 1994): 591~97.

Asch, Adrienne. "Prenatal diagnosis and selective abortion: A challenge to practice and policy." *American Journal of Public Health* 89, no. 11 (November 1999): 1649~57.

_____. "Disability equality and prenatal testing: Contradictory or compatible." *Florida State University Law Review* 30, no. 2 (Winter 2003): 315~42.

Ashliman, D. L. "Changelings." *Folklore & Mythology Electronic Texts.* University of Pittsburgh, 1997.

Asperger, Hans. "'Autistic psychopathy' in childhood." Trans. Uta Frith. In *Autism and Asperger Syndrome,* ed. Uta Frith, 37~92. Cambridge: Cambridge University Press, 1991.

Atkinson, Jacqueline M., and Denise A. Coia. *Families Coping with Schizophrenia: A Practitioner's Guide to Family Groups.* New York: John Wiley & Sons, 1995.

Atkinson, Rebecca. "'I hoped our baby would be deaf..'" *Guardian,* March 21, 2006.

Atmaca, M., et al. "The effect of extract of ginkgo biloba addition to olanzapine on therapeutic effect and antioxidant enzyme levels in patients with schizophrenia." *Psychiatry & Clinical Neurosciences* 59, no 6. (December 2005): 652~56.

Attwood, Tony. *Asperger's Syndrome: A Guide for Parents and Professionals.* London: Jessica

Kingsley Publishers, 1998.

_____. *The Complete Guide to Asperger's Syndrome*. London: Jessica Kingsley Publishers, 2006.

Ault, Alicia. "Federal panel hears testimony on vaccinations and autism." *New York Times*, February 10, 2004.

Aunos, M., and M. A. Feldman. "Attitudes towards sexuality, sterilization and parenting rights of persons with intellectual disabilities." *Journal of Applied Research in Intellectual Disabilities* 15, no. 4 (December 2002): 285~96.

"Author wades through 'mental health madness..'" Radio broadcast. Interview with Pete Earley. Dave Davies, correspondent. *Fresh Air*, WHYY Philadelphia/National Public Radio, April 17, 2006. .

Autism Every Day. Documentary film. Directed by Lauren Thierry. New York: Autism Speaks/ Milestone Video, 2006.

"Autism is a world." Television news broadcast. Interview with Julianna Margulies, Sue Rubin, Rita Rubin, and Bob Rubin. Cable News Network, November 26, 2006.

"'Autism left me hollow,' says mother accused of murder." Associated Press, June 6, 2007.

The Autism Puzzle. Documentary film. Written, produced, and directed by Saskia Baron and Lynn Alleway. London: BBC Education & Training, 2003.

Autism Speaks. "Autism Speaks and Cure Autism Now Complete Merger." Press release. February 5, 2007.

Autistic Self Advocacy Network. "An urgent call to action: Tell NYU Child Study Center to abandon stereotypes against people with disabilities." Washington, DC: Autistic Self Advocacy Network, December 7, 2007.

Auyeung, Bonnie, et al. "Foetal testosterone and autistic traits in 18- to 24-month-old children." *Molecular Autism* 1, no. 11 (July 2010): 1~8.

Aviv, Rachel. "God knows where I am: What should happen when patients reject their diagnosis." *New Yorker*, May 30, 2011.

_____. "No remorse: Should a teenager be given a life sentence." *New Yorker*, January 2, 2012.

Axtman, Kris. "Baby case tests rights of parents." *Christian Science Monitor*, March 27, 2003.

Aylward, Elizabeth H., et al. "Cerebellar volume in adults with Down syndrome." *Archives of Neurology* 54, no. 2 (February 1997): 209~12.

Ayres, Chris. "Death of a sacrificial lamb." *Times*, August 29, 2003.

Ayres, Chris, and Chris Lackner. "Father defends decision to stunt disabled girl's growth." *Ottawa Citizen*, January 4, 2007.

Bâ, Amadou Hampaté. *The Fortunes of Wangrin.* Introduction by Aina Pavolini Taylor. Bloomington: Indiana University Press, 1999.

Babel, Isaac. *The Complete Works of Isaac Babel.* Trans. Cynthia Ozick. New York: Norton, 2002.

"Babies with made-to-order defects." Associated Press, December 21, 2006.

Bachem, A. "Absolute pitch." *Journal of the Acoustical Society of America* 27, no. 6 (1955): 1180~85.

Backlar, Patricia. *The Family Face of Schizophrenia: Practical Counsel from America's Leading Experts.* New York: Putnam, 1994.

Badinter, Elisabeth. *Mother Love: Myth and Reality.* New York: Macmillan, 1981.

Baek, Kwan-Hyuck, et al. "Down's syndrome suppression of tumour growth and the role of the calcineurin inhibitor DSCR1." *Nature* 459 (June 25, 2009): 1126~30.

Bagenstos, Samuel R. "The future of disability law." *Yale Law Journal* 114, no. 1 (October 2004): 1~84.

_____. *Law and the Contradictions of the Disability Rights Movement*. New Haven: Yale University Press, 2009.

Baggs, Amanda. *Autism Demonized*. February 12, 2006.

Bailey, Anthony, et al. "Autism as a strongly genetic disorder: Evidence from a British twin study." *Psychological Medicine* 25 (1995): 63~77.

Bailey, J. Michael. *The Man Who Would Be Queen: The Science of Gender-Bending and Transsexualism*. Washington, DC: Joseph Henry Press, 2003.

Bain, Lisa, Sam Scott, and Annie Steinberg. "Socialization experiences and coping strategies of adults raised using spoken language." *Journal of Deaf Studies & Deaf Education* 9, no. 1 (Winter 2004): 120~28.

Baio, Jon. "Prevalence of autism spectrum disorders: Autism and Developmental Disabilities Monitoring Network, 14 sites, United States, 2008." *Morbidity & Mortality Weekly Report*, March 30, 2012.

Baird, Gillian, et al. "Prevalence of disorders of the autism spectrum in a population cohort of children in South Thames: The Special Needs and Autism Project (SNAP)." *Lancet* 368, no. 9531 (July 15, 2006): 210~15.

Baker, Al, and Leslie Kaufman. "Autistic boy is slashed to death and his father is charged." *New York Times*, November 23, 2006.

Baker, Bruce L., and Jan Blacher. "Out-of-home placement for children with mental retardation: Dimensions of family involvement." *American Journal on Mental Retardation* 98, no. 3 (November 1993): 368~77.

_____. "Out-of-home placement for children with retardation: Family decision making and satisfaction." *Family Relations* 43, no. 1 (January 1994): 10~15.

_____. "For better or worse? Impact of residential placement on families." *Mental Retardation* 40, no. 1 (February 2002): 1~13.

Baker, Charlotte, and Robbin Battison, eds. *Sign Language and the Deaf Community: Essays in Honor of William C. Stokoe*. Silver Spring, MD: National Association of the Deaf, 1980.

Baldi, Pierre. *The Shattered Self: The End of Natural Evolution*. Cambridge, MA: MIT Press, 2001.

Baldwin, Stephen. *Pictures in the Air: The Story of the National Theatre of the Deaf*. Washington, DC: Gallaudet University Press, 1994.

Bálint, Alice. "Love for the mother and mother-love." *International Journal of Psychoanalysis* 30 (1949): 251~59.

Bálint, Michael, ed. *Primary Love and Psycho-Analytic Technique*. London: Hogarth Press, 1952.

Ball, Aimee Lee. "A family's cause takes root." *Departures*, November~December 2008.

Ball, James. *Early Intervention and Autism: Real-Life Questions, Real-Life Answers*. Arlington, TX: Future Horizons, 2008.

Ball, Robert H., et al. "First- and second-trimester evaluation of risk for Down syndrome." *Obstetrics & Gynecology* 110, no. 1 (July 2007): 10~17.

Ballock, R. Tracy. "Chondrodysplasias." *Current Opinion in Orthopedics* 11, no. 5 (October

2000): 347~52.

Balzer, Carsten. "Preliminary results of Trans Murder Monitoring Project." *Liminalis* 3 (July 2009): 147~59.

Ban, Thomas A. "Fifty years chlorpromazine: A historical perspective." *Neuropsychiatric Disease & Treatment* 3, no. 4 (August 2007): 495~500.

Bandman, Bertram. "A friendly critique of a child's right to an open future." *Philosophy of Education Yearbook 2001* (2002): 438~45.

Banks, Martha E. "Disability in the family: A life span perspective." *Cultural Diversity & Mental Health* 9, no. 4 (November 2003): 367~84.

Bard, Bernard, and Joseph Fletcher. "The right to die." *Atlantic Monthly*, April 1968.

Barnes, Colin, and Geof Mercer. *Disability*. Cambridge, UK: Polity Press, 2003.

Barnes, Colin, Geof Mercer, and Tom Shakespeare, eds. *Exploring Disability: A Sociological Introduction*. Cambridge, UK: Polity Press, 1999.

Barnes, Colin, Mike Oliver, and Len Barton. *Disability Studies Today*. Cambridge, UK: Polity Press, 2002.

Barnes, Grace M., and Michael P. Farrell. "Parental support and control as predictors of adolescent drinking, delinquency, and related problem behaviors." *Journal of Marriage & the Family* 54, no. 4 (November 1992): 763~76.

Barnett, W. Steven, and Glenna C. Boyce. "Effects of children with Down syndrome on parents' activities." *American Journal on Mental Retardation* 100, no. 2 (September 1995): 115~27.

Barnoski, Robert. *Washington State's Implementation of Functional Family Therapy for Juvenile Offenders: Preliminary Findings*. Olympia: Washington State Institute for Public Policy, 2002.

_____. *Outcome Evaluation of Washington State's Research-Based Programs for Juvenile Offenders*. Olympia: Washington State Institute for Public Policy, 2004.

Baron, Grace, et al., eds. *Stress and Coping in Autism*. Oxford, UK, and New York: Oxford University Press, 2006.

Baron-Cohen, Simon. *Mindblindness: An Essay on Autism and Theory of Mind*. Cambridge, MA: MIT Press, 1995.

_____. "The extreme male brain theory of autism." *Trends in Cognitive Science* 6, no. 6 (June 2002): 248~54.

_____. "The hyper-systemizing, assortative mating theory of autism." *Progress in Neuropsychopharmacology & Biological Psychiatry* 30, no. 5 (July 2006): 865~72.

_____. "Autism: The empathizing-systemizing (E-S) theory." *Annals of the New York Academy of Sciences* 1156 (March 2009): 68~80.

_____. "Empathizing, systemizing, and the extreme male brain theory of autism." *Progress in Brain Research* 186 (2010): 167~75.

Baron-Cohen, Simon, Jane Allen, and Christopher Gillberg. "Can autism be detected at 18 months? The needle, the haystack, and the CHAT." *British Journal of Psychiatry* 161 (December 1992): 839~43.

Baronet, Anne-Marie. "Factors associated with caregiver burden in mental illness: A critical review of the research literature." *Clinical Psychology Review* 19, no. 7 (November 1999): 819~41.

Barrere, T., et al. *Enquête Démographique et de Santé. Rwanda 1992.* Kigali and Calverton, MD: République Rwandaise/Macro International, 1992.

Barringer, Felicity. "Pride in a soundless world: Deaf oppose a hearing aid." *New York Times*, May 16, 1993.

Barrington, Daines. "Account of a very remarkable young musician." ("Reprinted from the LXth volume of the Philosophical Transactions for the year 1770.") In *Miscellanies.* London: J. Nichols, 1781. Repr., Malden, MA: Mozart Society of America, 2008.

Barrowclough, Christine, and Nicholas Tarrier. *Families of Schizophrenic Patients: Cognitive Behavioural Intervention.* London: Stanley Thornes, 1997.

Bartel, Paul. "The art of Susan Weinreich." *Provocateur*, February 1996.

Bartels, Lynn. "Klebold's father to give deposition." *Denver Rocky Mountain News*, July 30, 2003.

_____. "Columbine parents outraged: Families of victims lash out at Klebolds' interview comments." *Denver Rocky Mountain News*, May 17, 2004.

Bartollas, Clemens. *Voices of Delinquency.* Boston: Allyn & Bacon, 2003.

Barton, Cole, et al. "Generalizing treatment effects of functional family therapy: Three replications." *American Journal of Family Therapy* 13, no. 3 (Fall 1985): 16~26.

Barton, Russell. *Institutional Neurosis.* Bristol: Wright, 1959.

Baruch, Susannah, David Kaufman, and Kathy L. Hudson. "Genetic testing of embryos: Practices and perspectives of US in vitro fertilization clinics." *Fertility & Sterility* 89, no. 5 (May 2008): 1053~58.

Baruzzini, Michael. "Justice or comfort?: Conservatives and the rape exception." *Catholic Lane*, June 16, 2011.

Bassin, Donna, Margaret Honey, and Meryle Mahrer Kaplan, eds. *Representations of Motherhood.* New Haven: Yale University Press, 1994.

Bat-Chava, Yael, and Elizabeth Deignan. "Peer relationships of children with cochlear implants." *Journal of Deaf Studies & Deaf Education* 6, no. 3 (Summer 2001): 186~99.

Bat-Chava, Yael, and Daniela Martin. "Sibling relationships of deaf children: The impact of child and family characteristics." *Rehabilitation Psychology* 47, no. 1 (February 2002): 73~91.

Bat-Chava, Yael, Daniela Martin, and Joseph G. Kosciw. "Longitudinal improvements in communication and socialization of deaf children with cochlear implants and hearing aids: Evidence from parental reports." *Journal of Child Psychology & Psychiatry* 46, no. 12 (December 2005): 1287~96.

Bateson, Gregory, et al. "Toward a theory of schizophrenia." *Behavioral Science* 1, no. 4 (1956): 251~64.

Bauer, Ann. "The monster inside my son." *Salon,* March 26, 2009.

Bauer, Patricia. "The abortion debate no one wants to have." *Washington Post*, October 18, 2005.

Baum, L. Frank. *The Marvelous Land of Oz.* 1904. New York: HarperCollins, 1985.

Bauman, Humphrey-Dirksen. "Audism: Exploring the metaphysics of oppression." *Journal of Deaf Studies & Deaf Education* 9, no. 2 (Spring 2004): 239~46.

_____. "Designing deaf babies and the question of disability." *Journal of Deaf Studies & Deaf Education* 10, no. 3 (Summer 2005): 311~15.

_____, ed. *Open Your Eyes: Deaf Studies Talking.* Minneapolis: University of Minnesota Press, 2008.

Baumrind, Diana. "The influence of parenting style on adolescent competence and substance abuse." *Journal of Early Adolescence* 11, no. 1 (February 1991): 56~95.

Bavolek, Stephen J., Christine M. Comstock, and J. A. McLaughlin. "The nurturing program: A validated approach to reducing dysfunctional family interactions." Final report, Grant No. 1R01MH34862. Rockville, MD: National Institute of Mental Health, 1983.

Baxter, Arla J., and Edward P. Krenzelok. "Pediatric fatality secondary to EDTA chelation." *Clinical Toxicology* 46, no. 10 (December 2008): 1083~84.

Baxter, Christine, Robert A. Cummins, and Lewi Yiolitis. "Parental stress attributed to family members with and without disability: A longitudinal study." *Journal of Intellectual & Developmental Disability* 25, no. 2 (June 2000): 105~18.

Bayer, Ronald. *Homosexuality and American Psychiatry: The Politics of Diagnosis*. New York: Basic Books, 1981.

Baynton, Douglas C. *Forbidden Signs: American Culture and the Campaign Against Sign Language*. Chicago: University of Chicago Press, 1996.

_____. "'The undesirability of admitting deaf mutes': U.S. immigration policy and deaf immigrants, 1882-1924." *Sign Language Studies* 6, no. 4 (Summer 2006): 391~415.

Baynton, Douglas, Jack R. Gannon, and Jean Lindquist Bergey. *Through Deaf Eyes: A Photographic History of an American Community*. Washington, DC: Gallaudet University Press, 2001.

Bazelon, Emily. "Is there a post-abortion syndrome." *New York Times Magazine*, January 21, 2007.

_____. "What autistic girls are made of." *New York Times Magazine*, August 5, 2007.

Bazzana, Kevin. *Wondrous Strange: The Life and Art of Glenn Gould*. Oxford, UK, and New York: Oxford University Press, 2005.

_____. *Lost Genius: The Curious and Tragic Story of an Extraordinary Musical Prodigy*. New York: Carroll & Graf, 2007.

Beals, Rodney K., and Greg Stanley. "Surgical correction of bowlegs in achondroplasia." *Journal of Pediatric Orthopedics* 14, no. 4 (July 2005): 245~49.

Beam, Cris. *Transparent: Love, Family, and Living the T with Transgendered Teenagers*. New York: Harcourt, 2007.

Bear, Mark F., Kimberly M. Huber, and Stephen T. Warren. "The mGluR theory of fragile X mental retardation." *Trends in Neurosciences* 27, no. 7 (July 2004): 370~77.

Beard, Jean. J., and Peggy Gilespie. *Nothing to Hide: Mental Illness in the Family*. New York: New Press, 2002.

Beck, Allen J., and Laura M. Maruschak. "Mental health treatment in state prisons, 2000." Washington, DC: US Department of Justice, Bureau of Justice Statistics, July 2001.

Beck, Martha Nibley. *Expecting Adam: A True Story of Birth, Rebirth and Everyday Magic*. New York: Times Books, 1999.

_____. *Leaving the Saints: How I Lost the Mormons and Found Faith*. New York: Crown Publishers, 2005.

Beck, Melinda. "Toe the line: Doctors fight cosmetic foot surgery." *Wall Street Journal*, July 27, 2010.

Beemyn, Brett Genny, and Sue Rankin. *Understanding Transgender Lives*. New York: Columbia

University Press, forthcoming.

University Press, forthcoming.

Begun, Audrey Lynne. "Sibling relationships involving developmentally disabled people." *American Journal on Mental Retardation* 93, no. 5 (March 1989): 566~74.

Behr, Shirley Kharasch. "Underlying Dimensions of the Construct of Positive Contributions That Individuals with Developmental Disabilities Make to Their Families: A Factor Analytic Study." PhD diss. Ann Arbor, MI: University Microfilms, 1989.

Behr, Shirley Kharasch, Douglas L. Murphy, and Jean Ann Summers. *User's Manual: Kansas Inventory of Parental Perceptions*. Lawrence: University of Kansas, Beach Center on Disability, 1992.

Behrman, Andy. "Mental health recovery: A personal perspective." About.com, December 29, 2011.

Belkin, Lisa. "Parents blaming parents." *New York Times*, October 31, 1999.

Bell, Alan P. *The Mind and Heart in Human Sexual Behavior: Owning and Sharing Our Personal Truths*. Northvale, NJ: Jason Aronson, 1997.

Bell, Alan P., Martin S Weinberg, and Sue Kiefer Hammersmith. *Sexual Preference, Its Development in Men and Women*. Bloomington: Indiana University Press, 1981.

Bell, Alexander Graham. "Memoir upon the formation of a deaf variety of the human race." Paper presented to the National Academy of Sciences, November 13, 1883. *Memoirs of the National Academy of Sciences* (1884): 1~86.

_____. "Historical notes concerning the teaching of speech to the deaf." *Association Review* 2 (February 1900): 33~68.

Bell, Sonya. "Dwarf-tossing: Controversial event at Windsor strip club draws 1,000 fans." *Toronto Star*, January 29, 2012.

Belluck, Pam. "Living with love, chaos and Haley." *New York Times*, October 22, 2006.

Bellus, Gary A. "Achondroplasia is defined by recurrent G380R mutations of FGFR3." *American Journal of Human Genetics* 56 (1995): 368~73.

Belzner, Kate A., and Brenda C. Seal. "Children with cochlear implants: A review of demographics and communication outcomes." *American Annals of the Deaf* 154, no. 3 (Summer 2009): 311~33.

Benard, Bonnie. *Fostering Resiliency in Kids: Protective Factors in the Family, School, and Community*. Portland, OR: Northwest Regional Educational Laboratory, 1991.

_____. *Resiliency: What We Have Learned*. San Francisco: WestEd, 2004.

Benda, Clemens E. *Down's Syndrome: Mongolism and Its Management*. New York: Grune & Stratton, 1969.

Bender, Kenneth J. "Transcranial magnetic stimulation reduces auditory hallucinations." *Psychiatric Times* 17, no. 7 (July 2000).

Bender, Lauretta. "Childhood schizophrenia." *Nervous Child* 1 (1941): 138~40.

_____. "Childhood schizophrenia." *American Journal of Orthopsychiatry* 17, no. 1 (January 1947): 40~56.

Bender, Ruth E. *The Conquest of Deafness: A History of the Long Struggle to Make Possible Normal Living to Those Handicapped by Lack of Normal Hearing*. Cleveland, OH: Press of Case Western Reserve University, 1970.

Benderly, Beryl Lieff. *Dancing Without Music: Deafness in America*. Washington, DC: Gallaudet

University Press, 1990.

Benedict, Helen. "The private war of women soldiers." *Salon*, March 7, 2007.

Benes, Francine M. "Amygdalocortical circuitry in schizophrenia: From circuits to molecules." *Neuropsychopharmacology* 35, no. 1 (January 2010): 239~57.

Benjamin, Melanie. *The Autobiography of Mrs. Tom Thumb: A Novel.* New York: Delacorte, 2011.

Bennett, Allyson, et al. "Early experience and serotonin transporter gene variation interact to influence primate CNS function." *Molecular Psychiatry* 7, no. 1 (2002): 118~22.

Bentley, John Edward. *Superior Children: Their Physiological, Psychological and Social Development.* New York: Norton, 1937.

Beresford, Bryony A. "Resources and strategies: How parents cope with the care of a disabled child." *Journal of Child Psychology & Psychiatry* 35, no. 1 (January 1994): 171~209.

Berg, Abbey L., Alice Herb, and Marsha Hurst. "Cochlear implants in children: Ethics, informed consent, and parental decision-making." *Journal of Clinical Ethics* 16, no. 3 (Fall 2005): 239~50.

Berg, Abbey L., et al. "Cochlear implants in young children: Informed consent as a process and current practices." *American Journal of Audiology* 16, no. 1 (June 2007): 13~28.

Berg, Joseph M., and Marika Korossy. "Down syndrome before Down: A retrospect." *American Journal of Medical Genetics* 102, no. 22 (August 2001): 205~11.

Bergen, Raquel Kennedy. *Wife Rape: Understanding the Response of Survivors and Service Providers.* Thousand Oaks, CA: Sage Publications, 1996.

_____. "Studying wife rape: Reflections on the past, present, and future." *Violence Against Women* 10, no. 12 (December 2004): 1407~16.

Bergen, Raquel Kennedy, and Elizabeth Barnhill. *Marital Rape: New Research and Directions.* Applied Research Forum of the National Network on Violence Against Women. Harrisburg, PA: National Resource Center on Domestic Violence, February 2006.

Bergey, Jean Lindquist, and Jack R. Gannon. "Creating a national exhibition on deaf life." *Curator* 41, no. 2 (June 1998): 82~89.

Berkowitz, Ivor D., et al. "Dwarfs: Pathophysiology and anesthetic implications." *Anesthesiology* 7, no. 4 (October 1990): 739~59.

Berlin, Isaiah. *The Hedgehog and the Fox: An Essay on Tolstoy's View of History.* London: Weidenfeld & Nicolson, 1953.

Berman, Judy. "Are transgender people mentally ill." *Salon*, May 20, 2009.

Bernard, Tara Siegel. "As same-sex marriage becomes legal, some choices may be lost." *New York Times*, July 8, 2011.

Bernstein, Fred A. "On campus, rethinking Biology 101." *New York Times*, March 7, 2004.

Bernstein, Susan David. "Transparent." *WSQ: Women's Studies Quarterly* 36, 3~4 (Fall/Winter 2008): 271~78.

Berr, Jonathan. "Sex change surgery is now tax deductible." *Time*, November 10, 2011.

Berreby, David. "Up with people: Dwarves meet identity politics." *New Republic*, April 29, 1996.

Bersani, Hank, Jr. *Responding to the Challenge: Current Trends and International Issues in Developmental Disabilities.* Cambridge, MA: Brookline Books, 1999.

Bertling, Tom. *A Child Sacrificed to the Deaf Culture.* Wilsonville, OR: Kodiak Media Group, 1994.

Bérubé, Michael. *Life as We Know It: A Father, a Family and an Exceptional Child*. New York: Pantheon, 1996.

Bettelheim, Bruno. "Schizophrenia as a reaction to extreme situations." *American Journal of Orthopsychiatry* 26, no. 3 (July 1956): 507~18.

_____. "Feral children and autistic children." *American Journal of Sociology* 64, no. 5 (1959): 455~67.

_____. *The Empty Fortress: Infantile Autism and the Birth of the Self*. New York: Free Press, 1967.

_____. *The Uses of Enchantment: The Meaning and Importance of Fairy Tales*. New York: Knopf, 1976.

"Biden praises Special Olympic athletes." *Spokesman-Review*, February 19, 2009.

Biderman, Beverly. *Wired for Sound: A Journey into Hearing*. Toronto: Trifolium, 1998.

Big Enough. Documentary film. Directed by Jan Krawitz. *Point of View*, Public Broadcasting Service (PBS), originally broadcast June 28, 2005. Boston: Fanlight Productions, 2004.

Biklen, Douglas. *Communication Unbound: How Facilitated Communication Is Challenging Traditional Views of Autism and Ability/Disability*. New York: Teachers College Press, 1993.

Biklen, Douglas, et al. *Autism and the Myth of the Person Alone*. New York: New York University Press, 2005.

Binkert, Franz, Michael Mutter, and Albert Schinzel. "Impact of prenatal diagnosis on the prevalence of live births with Down syndrome in the eastern half of Switzerland, 1980-1996." *Swiss Medical Weekly* 132 (2002): 478~84.

Birenbaum, Arnold. "The mentally retarded child in the home and the family cycle." *Journal of Health & Social Behavior* 12, no. 1 (March 1971): 55~65.

Birenbaum, Arnold, and Herbert J. Cohen. "On the importance of helping families: Policy implications from a national study." *Mental Retardation* 31, no. 2 (April 1993): 67~74.

Bishop, Dorothy V., et al. "Autism and diagnostic substitution: Evidence from a study of adults with a history of developmental language disorder." *Developmental Medicine & Child Neurology* 50, no. 5 (May 2008): 341~45.

Bishop, Elizabeth. *Questions of Travel*. New York: Farrar, Straus & Giroux, 1965.

Bishop, Michele, and Sherry L. Hicks. "Orange eyes: Bimodal bilingualism in hearing adults from deaf families." *Sign Language Studies* 5, no. 2 (Winter 2005): 188~230.

_____, eds. *Hearing, Mother Father Deaf*. Washington, DC: Gallaudet University Press, 2009.

Blacher, Jan, ed. *Severely Handicapped Young Children and Their Families: Research in Review*. Orlando, FL: Academic Press, 1984.

_____. "Sequential stages of parental adjustment to the birth of a child with handicaps: Fact or artifact." *Mental Retardation* 22, no. 2 (April 1984): 55~68.

_____. *When There's No Place Like Home: Options for Children Living Apart from Their Natural Families*. Baltimore: Paul H. Brookes, 1994.

Blacher, Jan, and Bruce L. Baker. "Out-of-home placement for children with retardation: Family decision making and satisfaction." *Family Relations* 43, no. 1 (January 1994): 10~15.

_____. "Family involvement in residential treatment of children with retardation: Is there evidence of detachment." *Journal of Child Psychology & Psychiatry* 35, no. 3 (March 1994): 505~20.

_____, eds. *Families and Mental Retardation: The Best of AAMR.* Thousand Oaks, CA: Sage Publications, 2002.

Blacher, Jan, Bruce L. Baker, and Kristin Abbott Feinfield. "Leaving or launching? Continuing family involvement with children and adolescents in placement." *American Journal on Mental Retardation* 104, no. 5 (September 1999): 452~65.

Blacher, Jan, et al. "Depression in Latino mothers of children with mental retardation: A neglected concern." *American Journal on Mental Retardation* 101, no. 5 (September 1997): 483~96.

Black, Cherie. "Children's Hospital admits it broke state law with girl's surgery." *Seattle Post-Intelligencer*, May 9, 2007.

Black, Edwin. *War Against the Weak: Eugenics and America's Campaign to Create a Master Race.* New York: Thunder's Mouth Press, 2004.

Blacking, John. *How Musical Is Man?* Seattle: University of Washington Press, 1973.

Blair, James, Derek Mitchell, and Karina Blair. *The Psychopath: Emotion and the Brain.* Malden, MA: Blackwell, 2005.

Blakeslee, Sandra. "Study shows increase in autism." *New York Times*, January 1, 2003.

_____. "Panel finds no evidence to tie autism to vaccines." *New York Times*, May 19, 2004.

_____. "Focus narrows in search for autism's cause." *New York Times*, February 8, 2005.

Blanchard, Ray. "Fraternal birth order and the maternal immune hypothesis of male homosexuality." *Hormones & Behavior* 40, no. 2 (September 2001): 105~14.

Blanchfield, Theodora A., et al. "The winners and losers of 2006." *Campaigns & Elections*, December 1, 2006.

Blastland, Michael. *The Only Boy in the World: A Father Explores the Mysteries of Autism.* New York: Marlowe, 2007.

Blauner, Susan Rose. *How I Stayed Alive When My Brain Was Trying to Kill Me: One Person's Guide to Suicide Prevention.* New York: William Morrow, 2002.

Bleuler, Eugen P. "Autistic thinking." *American Journal of Insanity* 69 (April 1913): 873.

Block, Pamela. "Sexuality, fertility, and danger: Twentieth-century images of women with cognitive disabilities." *Sexuality & Disability* 18, no. 4 (December 2000): 239~54.

Bloom, Amy. *Normal: Transsexual CEOs, Crossdressing Cops, and Hermaphrodites with Attitude.* New York: Random House, 2002.

Bloom, Benjamin, ed. *Developing Talent in Young People.* New York: Ballantine, 1985.

"'Bluejay' Spreads His Wings." Television news report. Daniel Schorn, correspondent. *60 Minutes*, CBS News, November 24, 2004.

Blum, Robert W., et al. "The effects of race/ethnicity, income, and family structure on adolescent risk behaviors." *American Journal of Public Health* 90, no. 12 (December 2000): 1879~84.

Blume, Harvey. "Neurodiversity." *Atlantic Monthly*, September 30, 1998.

Board of Education v. Rowley. 458 US 176 (1982).

"Bobby's story: A family copes with childhood onset schizophrenia." *Reintegration Today*, Spring 2002.

Bochenek, Michael, and A. Widney Brown. *Hatred in the Hallways: Violence and Discrimination Against Lesbian, Gay, Bisexual, and Transgender Students in U.S. Schools.* New York: Human Rights Watch, 2001.

Boehnke, Klaus, and Dagmar Bergs-Winkels. "Juvenile delinquency under conditions of rapid social change." *Sociological Forum* 17, no. 1 (March 2002): 57~79.

Bond, M., et al. "The effectiveness and cost-effectiveness of cochlear implants for severe to profound deafness in children and adults: A systematic review and economic model." *Health Technology Assessment* 13, no 44 (2009): 1~330.

Bonvillian, John D., Michael D. Orlansky, and Lesley Lazin Novack. "Developmental milestones: Sign language acquisition and motor development." *Child Development* 54, no. 6 (December 1983): 1435~45.

Bor, Jonathan. "Stature of surgeon is not about height: Dr. Michael Ain's genes put a stop to his growth but not to his determination to excel in medicine." *Baltimore Sun*, September 6, 1998.

Bornstein, David. "For some with autism, jobs to match their talents." *New York Times Opinionator*, June 30, 2011.

Bornstein, Marc H., ed. *Handbook of Parenting*. Vol. 2, *Biology and Ecology of Parenting*. 2nd ed. Mahwah, NJ: Erlbaum, 2002.

Borthwick, Chris. "The proof of the vegetable." *Journal of Medical Ethics* 21, no. 4 (August 1995): 205~8.

_____. "Racism, IQ, and Down's syndrome." *Disability & Society* 11, no. 3 (September 1996): 403~10.

Boswell, John. *The Kindness of Strangers: The Abandonment of Children in Western Europe from Late Antiquity to the Renaissance*. Chicago: University of Chicago Press, 1998.

Boudreault, Patrick, et al. "Deaf adults' reasons for genetic testing depend on cultural affiliation: Results from a prospective, longitudinal genetic counseling and testing study." *Journal of Deaf Studies & Deaf Education* 15, no. 3 (Summer 2010): 209~27.

Bowden, David. "Sex, violence and dwarf tossing." *Spiked Online*, December 11, 2009.

Bowen, Murray. *Family Therapy in Clinical Practice*. New York: J. Aronson, 1978.

Bowen, Murray, Robert H. Dysinger, and Betty Basamania. "The role of the father in families with a schizophrenic patient." *American Journal of Psychiatry* 115, no. 11 (May 1959): 1017~20.

Bowlby, John. *Maternal Care and Mental Health*. WHO Monograph Series, no. 2. Geneva: World Health Organization, 1952.

Bowlby, John, Margery Fry, and Mary D. Salter Ainsworth. *Child Care and the Growth of Love*. Baltimore: Penguin Books, 1965.

_____. *Separation: Anxiety and Anger*. Vol. 2, *Attachment and Loss*. New York: Basic Books, 1973.

_____. *Loss: Sadness and Depression*. Vol. 3, *Attachment and Loss*. New York: Basic Books, 1980.

_____. *Attachment*. 2nd ed. Vol. 1, *Attachment and Loss*. New York: Basic Books, 1982.

Bowler, Dermot M. *Autism Spectrum Disorders: Psychological Theory and Research*. Chichester, West Sussex, and Hoboken, NJ: John Wiley & Sons, 2007.

Bowman-Kruhm, Mary. *Everything You Need to Know About Down Syndrome*. New York: Rosen Publishing Group, 2000.

Boyd, Ralph F. *Investigation of Nevada Youth Training Center, Elko, Nevada*. US Department of Justice, Civil Rights Division, May 2005.

Boylan, Jennifer Finney. *She's Not There: A Life in Two Genders.* New York: Broadway, 2003.

Boys Don't Cry. Feature film. Directed by Kimberly Peirce. Performances by Hilary Swank, Chloë Sevigny, Peter Sarsgaard, Brenden Sexton III. Beverly Hills, CA: Hart-Sharp Entertainment/Twentieth Century Fox Home Entertainment, 2000.

Braddock, David. "Aging and developmental disabilities: Demographic and policy issues affecting American families." *Mental Retardation* 37, no. 2 (April 1999): 155~60.

Braddock, David, et al. "Living circumstances of children and adults with mental retardation or developmental disabilities in the United States, Canada, England and Wales, and Australia." *Mental Retardation & Developmental Disabilities Research Reviews* 7, no. 2 (June 2001): 115~21.

Bradford, William. *Of Plymouth Plantation, 1620~1647.* Ed. Samuel Eliot Morison. New Brunswick, NJ: Rutgers University Press, 1957.

Bradley, Susan J., and Kenneth J. Zucker. "Gender identity disorder: A review of the past 10 years." *Journal of the American Academy of Child & Adolescent Psychiatry* 36, no. 7 (July 1997): 872~80.

_____. "Children with gender nonconformity: Drs. Bradley and Zucker reply." *Journal of the American Academy of Child & Adolescent Psychiatry* 42, no. 3 (March 2003): 266~68.

Bragg, Lois, ed. *Deaf World: A Historical Reader and Primary Sourcebook.* New York: New York University Press, 2001.

"Brainteaser: Scientists dissect mystery of genius." Television news report. Sanjay Gupta, correspondent. Cable News Network, September 12, 2006.

Bramen, Lisa. "Class helps parents of mentally ill children help themselves." *Post Star*, December 4, 2006.

Bramlett, Matthew D., Laura F. Radel, and Stephen J. Blumberg. "The health and well-being of adopted children." *Pediatrics* 119, suppl. 1 (February 1, 2007): S54~S60.

Branson, Jan, and Don Miller. *Damned for Their Difference: The Cultural Construction of Deaf People as "Disabled."* Washington, DC: Gallaudet University Press, 2002.

Brasel, Kenneth E., and Stephen P. Quigley. "Influence of certain language and communication environments in early childhood on the development of language in Deaf individuals." *Journal of Speech & Hearing Research* 20, no. 1 (March 1977): 95~107.

Braslow, Joel T. "History and evidence-based medicine: Lessons from the history of somatic treatments from the 1900s to the 1950s." *Mental Health Services Research* 1, no. 4 (December 1999): 231~40.

Braunschweiger, Jennifer. "My father was a rapist." *Glamour*, August, 1999.

Bray, Isabelle C., and David E. Wright. "Estimating the spontaneous loss of Down syndrome fetuses between the times of chorionic villus sampling, amniocentesis and live birth." *Prenatal Diagnosis* 18, no. 10 (October 1998): 1045~54.

Brazelton, T. Berry, and Bertrand G. Cramer. *The Earliest Relationship.* Reading, MA: Addison-Wesley, 1989.

Bregani, P., et al. "Emotional implications of limb lengthening in adolescents and young adults with achondroplasia." *Life-Span & Disability* 1, no. 2 (July~December 1998): 6.

Breggin, Peter Roger. *Psychiatric Drugs: Hazards to the Brain.* New York: Springer, 1983.

_____. *Toxic Psychiatry: Why Therapy, Empathy, and Love Must Replace the Drugs, Electro-*

shock, and Biochemical Theories of the "New Psychiatry." New York: St. Martin's Press, 1991.

Bregman, Joel D. "Current developments in the understanding of mental retardation. Part II: Psychopathology." *Journal of the American Academy of Child & Adolescent Psychiatry* 30, no. 6 (November 1991): 861~72.

Breivik, Jan-Kåre. *Deaf Identities in the Making: Local Lives, Transnational Connections.* Washington, DC: Gallaudet University Press, 2005.

Brenner, Hans Dieter, Wolfgang Böker, and Ruth Genner, eds. *The Treatment of Schizophrenia: Status and Emerging Trends.* Paper presented at the Fifth International Schizophrenia Symposium, Bern, Switzerland, June 5~7, 1997. Göttingen, Germany: Hogrefe & Huber, 2001.

Breslau, Naomi, et al. "Siblings of disabled children: Effects of chronic stress in the family." *Archives of General Psychiatry* 44, no. 12 (December 1987): 1040~46.

Breslin, Meg McSherry. "Daughter's murder puts focus on toll of autism." *Chicago Tribune*, June 9, 2006.

Brewster, Albert L., et al. "Victim, perpetrator, family, and incident characteristics of 32 infant maltreatment deaths in the United States Air Force." *Child Abuse & Neglect* 22, no. 2 (February 1998): 91~101.

Brickman, P., D. Coates, and R. Janoff-Bulman. "Lottery winners and accident victims: Is happiness relative." *Journal of Personal & Social Psychology* 36, no. 8 (August 1978): 917~27.

Brigande, John V., and Stefan Heller. "Quo vadis, hair cell regeneration." *Nature Neuroscience* 12, no. 6 (June 2009): 679~85.

Brill, Stephanie, and Rachel Pepper. *The Transgender Child: A Handbook for Families and Professionals.* San Francisco: Cleis Press, 2008.

Brindley, Madeleine. "Fears over fertilisation and embryology bill clause." *Western Mail*, April 7, 2008.

Brink, Susan. "Is taller better." *Los Angeles Times*, January 15, 2007.

_____. "When average fails to reach parents' expectations." *Los Angeles Times*, January 15, 2007.

Brinkmann, G., et al. "Cognitive skills in achondroplasia." *American Journal of Medical Genetics* 47, no. 5 (October 1993): 800~804.

Brison, Susan J. *Aftermath: Violence and the Remaking of a Self.* Princeton, NJ: Princeton University Press, 2002.

Bristol, Marie M. "Mothers of children with autism or communication disorders: Successful adaptation and the double ABCX model." *Journal of Autism & Developmental Disorders* 17, no. 4 (December 1987): 469~86.

Bristol, Marie M., James J. Gallagher, and Eric Schopler. "Mothers and fathers of young developmentally disabled and nondisabled boys: Adaptation and spousal support." *Developmental Psychology* 24, no. 3 (May 1988): 441~51.

Britner, Preston, et al. "Stress and coping: A comparison of self-reported measures of functioning in families of young children with cerebral palsy or no medical diagnosis." *Journal of Child & Family Studies* 12, no. 3 (September 2003): 335~48.

Brocke, Emma. "Gay parenting: It's complicated." *Guardian*, April 20, 2012.

Broder, John M. "Dismal California prisons hold juvenile offenders." *New York Times*, February

15, 2004.

Brodoff, Ami S. "First person account: Schizophrenia through a sister's eyes: The burden of invisible baggage." *Schizophrenia Bulletin* 14, no. 1 (1988): 113~16.

Brody, Jane E. "Cochlear implant supports an author's active life." *New York Times*, February 26, 2008.

Bromley, Barbara E., and Jan Blacher. "Factors delaying out-of-home placement of children with severe handicaps." *American Journal on Mental Retardation* 94, no. 3 (November 1989): 284~91.

_____. "Parental reasons for out-of-home placement of children with severe handicaps." *Mental Retardation* 29, no. 5 (October 1991): 275~80.

Bronson, Peter. "For deep-end families, lack of hope can kill." *Cincinnati Enquirer*, October 9, 2005.

Brooks, David. "The Columbine killers." *New York Times*, April 24, 2004.

_____. "Columbine: Parents of a killer." *New York Times*, May 15, 2004.

_____. "Genius: The modern view." *New York Times*, May 1, 2009.

Brooks, Robert, and Sam Goldstein. *Raising Resilient Children: Fostering Strength, Hope, and Optimism in Your Child*. Chicago: Contemporary Books, 2001.

_____. *Nurturing Resilience in Our Children*. Chicago: Contemporary Books, 2003.

_____. *The Power of Resilience: Achieving Balance, Confidence, and Personal Strength in Your Life*. Chicago: Contemporary Books, 2004.

Brown, Alan S. "The environment and susceptibility to schizophrenia." *Progress in Neurobiology* 93, no. 1 (January 2011): 23~58.

Brown, Alan S., and Ezra S. Susser. "In utero infection and adult schizophrenia." *Mental Retardation & Developmental Disabilities Research Reviews* 8, no. 1 (February 2002): 51~57.

Brown, B. Bradford, and L. Steinberg. "Academic achievement and social acceptance: Skirting the 'brain-nerd' connection." *Education Digest* 55, no. 7 (1990): 55~60.

Brown, Barbara. "Mother begins trial for death of her son: Johnny Churchi was 13, autistic, and found strangled in his family apartment Oct. 2001." *Hamilton Spectator*, May 5, 2003.

Brown, Brooks, and Rob Merritt. *No Easy Answers: The Truth Behind Death at Columbine*. New York: Lantern Books, 2002.

Brown, Ian. *The Boy in the Moon*. Toronto: Random House Canada, 2008.

Brown, Kevin D., et al. "Incidence and indications for revision cochlear implant surgery in adults and children." *Laryngoscope* 119, no. 1 (January 2009): 152~57.

Brown, Mildred L., and Chloe Ann Rounsley. *True Selves: Understanding Transsexualism*. San Francisco: Jossey-Bass, 1996.

Brown, Patricia Leigh. "Supporting boys or girls when the line isn't clear." *New York Times*, December 2, 2006.

Brown, Peter, et al. "A new small-bodied hominin from the Late Pleistocene of Flores, Indonesia." *Nature* 431, no. 7012 (October 27, 2004): 1055~61.

Brownback, Sam. "Brownback, Kennedy introduce prenatally diagnosed conditions awareness act." Press release. Washington, DC: United States Senate Office of Sam Brownback, March 16, 2005.

Brownlee, Kimberley. *Disability and Disadvantage*. Oxford, UK, and New York: Oxford University Press, 2009.

Brownmiller, Susan. *Against Our Will: Men, Women, and Rape*. New York: Simon & Schuster, 1975.

Bruce, Vicki, and Andy Young. *In the Eye of the Beholder: The Science of Face Perception*. Oxford, UK, and New York: Oxford University Press, 1998.

Brueggemann, Brenda Jo. *Lend Me Your Ear: Rhetorical Constructions of Deafness*. Washington, DC: Gallaudet University Press, 2002.

―――. *Deaf Subjects: Between Identities and Places*. New York: New York University Press, 2009.

Brueggemann, Brenda Jo, and Susan Burch, eds. *Women and Deafness: Double Visions*. Washington, DC: Gallaudet University Press, 2006.

Brueggemann, Brenda Jo, Sharon L. Snyder, and Rosemarie Garland Thomson, eds. *Disability Studies: Enabling the Humanities*. New York: Modern Language Association of America, 2002.

Brugner, Jeanne Weir, et al. "Parental attitudes toward genetic testing for pediatric deafness." *American Journal of Human Genetics* 67, no. 6 (December 2000): 1621~25.

Bruni, Maryanne. *Fine Motor Skills in Children with Down Syndrome: A Guide for Parents and Professionals*. Bethesda, MD: Woodbine House, 2006.

Bruns, Deborah. "Leaving home at an early age: Parents' decisions about out-of-home placement for young children with complex medical needs." *Mental Retardation* 38, no. 1 (February 2000): 50~60.

Brust, James S., et al. "Psychiatric aspects of dwarfism." *American Journal of Psychiatry* 133, no. 2 (February 1976): 160~64.

Buber, Martin. *I and Thou*. New York: Scribner, 2000.

Buchanan, Allen E., et al. *From Chance to Choice: Genetics and Justice*. Cambridge, UK: Cambridge University Press, 2000.

Buchanan, Robert W., et al. "Recent advances in the development of novel pharmacological agents for the treatment of cognitive impairments in schizophrenia." *Schizophrenia Bulletin* 33, no. 5 (2007): 1120~30.

Buck v. Bell. 274 US 200 (1927).

Bull, Thomas H. *On the Edge of Deaf Culture: Hearing Children, Deaf Parents*. Alexandria: Deaf Family Research Press, 1998.

Bullock, Penn, and Brandon K. Thorp. "Christian right leader George Rekers takes vacation with 'rent boy..' *Miami New Times*, May 4, 2010.

Bunyan, John. *The Miscellaneous Works of John Bunyan*. Ed. Richard L. Greaves and Robert Sharrock. Oxford, UK: Clarendon Press, 1979.

Burch, Rebecca, and George Gallup. "Perceptions of paternal resemblance predict family violence." *Evolution & Human Behavior* 21, no. 6 (November 2000): 429~35.

Burch, Susan. *Signs of Resistance: American Deaf Cultural History, 1900 to World War II*. New York: New York University Press, 2004.

Burke, Phyllis. *Gender Shock: Exploding the Myths of Male and Female*. New York: Anchor, 1996.

Burkhart, Alan. "The Ashley treatment." *Burkhart's Blog*, January 6, 2007.

Burns, Elizabeth. *Tilt: Every Family Spins on Its Own Axis: A Novel*. Naperville, IL: Sourcebooks,

2003.

Burns, Yvonne, and Pat Gunn. *Down Syndrome: Moving Through Life*. New York: Chapman & Hall, 1993.

Burr, Wesley R., et al. *Reexamining Family Stress*. Thousand Oaks, CA: Sage Publications, 1994.

Burton, David L., George Stuart Leibowitz, and Alan Howard. "Comparison by crime type of juvenile delinquents on pornography exposure: The absence of relationships between exposure to pornography and sexual offense characteristics." *Journal of Forensic Nursing* 6, no. 3 (September 2010): 121~29.

Burton, Humphrey. *Yehudi Menuhin: A Life*. Ithaca, NY: Northeastern University Press, 2001.

Burton, Sally L., and A. Lee Parks. "Self-esteem, locus of control, and career aspirations of college-age siblings of individuals with disabilities." *Social Work Research* 18, no. 3 (September 1994): 178~85.

Busnel, Marie-Claire, Carolyn Granier-Deferre, and Jean-Pierre Lecanuet. "Fetal audition." *Annals of the New York Academy of Sciences* 662 (October 1992): 118~34.

Buten, Howard. *Through the Glass Wall: Journeys into the Closed-Off Worlds of the Autistic*. New York: Bantam Books, 2004.

Butler, Judith. *Bodies That Matter: On the Discursive Limits of "Sex."* London and New York: Routledge, 1993.

_____. *Gender Trouble: Feminism and the Subversion of Identity*. London and New York: Routledge, 1999.

Butterfield, Fox. "Prisons brims with mentally ill, study finds." *New York Times*, July 12, 1999.

_____. "Hole in gun control law lets mentally ill through." *New York Times*, April 11, 2000.

Byne, William. "The biological evidence challenged." *Scientific American*, May 1994.

_____. "The question of psychosexual neutrality at birth." In *Principles of Gender Specific Medicine*, ed. M. J. Legato, 155~66. San Diego: Elsevier Science, 2004.

Byrd, A. Dean, and the NARTH Scientific Advisory Committee. "Gender identity disorders in childhood and adolescence: A critical inquiry and review of the Kenneth Zucker research." Encino, CA: National Association for Research and Therapy of Homosexuality, March 2007.

Byrd, Todd. "Recipients of cochlear implants tell of their experiences." *On the Green* 29, no. 12. Washington, DC: Gallaudet University Press, 1999.

Byrne, Rhonda. *The Secret*. New York: Atria Books, 2006.

Byrom, Brad. "Deaf culture under siege." *H-Net Reviews*, March 2003.

Cady, Marlene. "The pure joy of being alive." *People*, July 3, 1989, 64~71.

Cahill, Ann J. "Foucault, rape, and the construction of the feminine body." *Hypatia* 15, no. 1 (Winter 2000): 43~63.

Cahill, Brigid M., and Laraine Masters Glidden. "Influence of child diagnosis on family and parental functioning: Down syndrome versus other disabilities." *American Journal on Mental Retardation* 101, no. 2 (September 1996): 149~60.

Caldwell, Bettye, and Samuel Guze. "A study of the adjustment of parents and siblings of institutionalized and non-institutionalized retarded children." *American Journal of Mental Deficiency* 64 (1960): 845~61.

Calhoun, George, et al. "The neophyte female delinquent: A review of the literature." *Adolescence*

28, no. 110 (Summer 1993): 461~71.

Callahan, Amy. "Autistic students' musical memorial reflective of teacher's dedication." *Boston Globe*, January 27, 1989.

Callahan, Joan C., ed. *Reproduction, Ethics, and the Law: Feminist Perspectives*. Bloomington and Indianapolis: Indiana University Press, 1995.

Callison, Jill. "Emergency contraception." *Argus Leader*, January 22, 2006.

Calmels, Marie-Noëlle, et al. "Speech perception and speech intelligibility in children after cochlear implantation." *International Journal of Pediatric Otorhinolaryngology* 68, no. 3 (March 2004): 347~51.

Cambra, Cristina. "Acceptance of deaf students by hearing students in regular classrooms." *American Annals of the Deaf* 147, no. 1 (March 2002): 38~45.

Campbell, Daniel B., et al. "A genetic variant that disrupts MET transcription is associated with autism." *Proceedings of the National Academy of Sciences* 103, no. 45 (November 7, 2006): 16834~39.

_____. "Genetic evidence implicating multiple genes in the MET receptor tyrosine kinase pathway in autism spectrum disorder." *Autism Research* 1, no. 3 (June 2008): 159~68.

_____. "Distinct genetic risk based on association of MET in families with co-occurring autism and gastrointestinal conditions." *Pediatrics* 123, no. 3 (March 2009): 1018~24.

Campbell, Jacquelyn C., and Peggy Alford. "The dark consequences of marital rape." *American Journal of Nursing* 89, no. 7 (July 1989): 946~49.

Campbell, Jacquelyn C., et al. "The influence of abuse on pregnancy intention." *Women's Health Issues* 5, no. 4 (Winter 1995): 214~22.

Campbell, Jean, and Ron Schraiber, eds. *The Well-Being Project: Mental Health Clients Speak for Themselves: A Report of a Survey Conducted for the California Department of Mental Health, Office of Prevention*. In *Pursuit of Wellness*, vol. 6. Sacramento, CA: California Network of Mental Health Clients, 1989.

Campbell, Joanna, and Nina Dorren. *It's a Whole New View: A Guide for Raising Children with Dwarfism*. Washington, DC: Little People of America, 2006.

Campbell, Susan. "Family redefined." *Hartford Courant*, June 9, 2002.

Campo-Flores, Arian, and Evan Thomas. "Living with evil." *Newsweek*, January 29, 2007.

Canfield, Jack, et al. *Chicken Soup for the Soul: Children with Special Needs: Stories of Love and Understanding for Those Who Care for Children with Disabilities*. Deerfield Beach, FL: Health Communications, 2007.

Canguilhem, Georges. *The Normal and the Pathological*. Introduction by Michel Foucault. Trans. Carolyn R. Fawcett and Robert S. Cohen. New York: Zone Books, 1991.

Cantor, Rita M., et al. "Paternal age and autism are associated in a family-based sample." *Molecular Psychiatry* 12 (2007): 419~23.

Cantor-Graae, Elizabeth, and Jean-Paul Selten. "Schizophrenia and migration: A meta-analysis and review." *American Journal of Psychiatry* 162, no. 1 (January 2005): 12~24.

Cao, Zhengyu, et al., "Clustered busrt firing in FMR1 premutation hippocampal neurons: Amelioration with allopregnanolone." *Human Molecular Genetics* (published online ahead of print, April 6, 2012).

Caplan, Arthur. "Is 'Peter Pan' treatment a moral choice." MSNBC, January 5, 2007.

Caplan, Paula J., and Ian Hall-McCorquodale. "The scapegoating of mothers: A call for change." *American Journal of Orthopsychiatry* 55, no. 4 (October 1985): 610~13.

Carbone, Vincent J., and Emily J. Sweeney-Kerwin. "Increasing the vocal responses of children with autism and developmental disabilities using manual sign mand training and prompt delay." *Journal of Applied Behavior Analysis* 43, no. 4 (Winter 2010): 705~9.

Cardno, Alastair G., et al. "Heritability estimates for psychotic disorders: The Maudsley twin psychosis series." *Archives of General Psychiatry* 56, no. 2 (February 1999): 162~68.

"Care for carers." *Daily Telegraph*, August 16, 2003.

Carey, Benedict. "Too much stress may give genes gray hair." *New York Times*, November 30, 2004.

_____. "Revisiting schizophrenia: Are drugs always needed." *New York Times*, March 21, 2006.

_____. "Mixed result in drug trial on pretreating schizophrenia." *New York Times*, May 1, 2006.

_____. "Criticism of a gender theory, and a scientist under siege." *New York Times*, August 21, 2007.

_____. "New definition of autism will exclude many, study suggests." *New York Times*, January 19, 2012.

_____. "Psychiatry manual drafters back down on diagnoses." *New York Times*, May 8, 2012.

Carey, Rea. "Testimony of the National Gay and Lesbian Task Force Action Fund, Rea Carey, Executive Director, Committee on Health, Education, Labor, and Pensions, United States Senate, November 5, 2009." Washington, DC: National Gay and Lesbian Task Force Action Fund, 2009.

Carmichael, Mary. "Do we really need a law to protect fat workers." *Boston Globe*, August 5, 2007.

_____. "New era, new worry: New tests for Down syndrome could lead to more abortions and less support for families." *Newsweek*, December 15, 2008.

Carnegie Council on Adolescent Development. *A Matter of Time: Risk and Opportunity in the Out-of-School Hours*. New York: Carnegie Foundation, 1994.

Caron, M. J., et al. "Cognitive mechanisms, specificity and neural underpinnings of visuospatial peaks in autism." *Brain* 129, no. 7 (July 2006): 1789~802.

Carothers, Carol. "Juvenile detention centers: Are they warehousing children with mental illnesses." Statement of Carol Carothers on behalf of the National Alliance on Mental Illness before the Governmental Affairs Committee, United States Senate on Juvenile Detention Centers, July 7, 2004. Richmond, VA: National Alliance for Mental Illness, 2004.

Carpenter, R. Charli. "War's impact on children born of rape and sexual exploitation: Physical, economic and psychosocial dimensions." Paper presented at the Impact of War on Children Conference, University of Alberta, Edmonton, April 2005.

_____. *Born of War: Protecting Children of Sexual Violence Survivors in Conflict Zones*. Sterling, VA: Kumarian Press, 2007.

Carr, Janet H. *Down's Syndrome: Children Growing Up*. Cambridge, UK, and New York: Cambridge University Press, 1995.

Carroll, Rory. "Christmas charity appeal: Healing the most intimate scars of war." *Guardian*, December 24, 2003.

Cashwell, Craig S., and Nicholas A. Vacc. "Family functioning and risk behaviors: Influences on adolescent delinquency." *School Counselor* 44 (November 1996): 105~14.

Casper, Monica J. *The Making of the Unborn Patient: A Social Anatomy of Fetal Surgery*. New Brunswick, NJ: Rutgers University Press, 1998.

Caspi, Avshalom, et al. "Role of genotype in the cycle of violence in maltreated children." *Science* 297, no. 5582 (August 2002): 851~54.

Cassidy, Jude, and Phillip R. Shaver, eds. *Handbook of Attachment: Theory, Research, and Clinical Applications*. New York: Guilford Press, 1999.

Castells, Salvador, and Krystyna E. Wiesniewski, eds. *Growth Hormone Treatment in Down's Syndrome*. New York: John Wiley & Sons, 1993.

Catalano, Robert A. "Down syndrome." *Survey of Ophthalmology* 34, no. 5 (March~April 1990): 385~98.

Cave, Damien. "City drops plan to change definition of gender." *New York Times*, December 6, 2006.

Cazador, Jenifer Ann. "Lost souls of polygamy central." *The Wrecking Machine*, April 2008.

Ceci, Stephen J., and Wendy M. Williams, eds. *The Nature-Nurture Debate: The Essential Readings*. Oxford, UK, and Malden, MA: Blackwell, 1999.

Cernkovich, Stephen A., and Peggy C. Giordano. "Family relationships and delinquency." *Criminology* 25, no. 2 (March 1987): 295~321.

Chadwick, Oliver, et al. "Respite care for children with severe intellectual disability and their families: Who needs it? Who receives it." *Child & Adolescent Mental Health* 7, no. 2 (May 2002): 66~72.

Chaikof, Melissa, et al. "Like mother, like child." Letters in response to "A world of their own." by Liza Mundy (March 31, 2002). *Washington Post Magazine*, June 9, 2002.

Chakravarti, Aravinda, et al. *Reproductive Genetic Testing: What America Thinks*. Washington, DC: Genetics & Public Policy Center, 2004.

Challacombe, D. N. "Coeliac disease and schizophrenia." *Lancet* 1, no. 7689 (January 9, 1971): 897~98.

Challem, Jack. "The Down syndrome debate." *Alive: Canadian Journal of Health & Nutrition* 287 (September 2006): 66~69.

Chamberlain, Patricia, and Julie Gilbert Rosicky. "The effectiveness of family therapy in the treatment of adolescents with conduct disorders and delinquency." *Journal of Marital & Family Therapy* 21, no. 4 (June 1995): 441~59.

Chamberlin, Judi. *On Our Own: Patient-Controlled Alternatives to the Mental Health System*. New York: Hawthorn Books, 1978.

Champion, Dean John. *The Juvenile Justice System: Delinquency, Processing, and the Law*. 4th ed. New Jersey: Pearson Prentice Hall, 2004.

Champoux, Maribeth, et al. "Serotonin transporter gene polymorphism, differential early rearing, and behavior in rhesus monkey neonates." *Molecular Psychiatry* 7, no. 10 (2002): 1058~63.

Chancellor, Alexander. "Guide to age." *Guardian*, November 6, 2004.

Chang, Yahlin. "An American prodigy grows up." *Newsweek*, August 9, 1999.

Chapman, Paul. "Mom who strangled autistic child tried to get her to jump off bridge." *Vancouver Sun*, July 11, 1998.

Charlton, James I. *Nothing About Us Without Us: Disability Oppression and Empowerment.* Berkeley: University of California Press, 2000.

Charney, Dennis S. "Psychobiological mechanisms of resilience and vulnerability: Implications for successful adaptation to extreme stress." *American Journal of Psychiatry* 161, no. 2 (February 2004): 195~216.

Charon, Rita, and Maura Spiegel. "Framing the conversation on speechlessness, testimony, and indifference." *Literature & Medicine* 24, no. 2 (Fall 2005): 250~52.

Chase, Clifford. *The Hurry-Up Song: A Memoir of Losing My Brother.* San Francisco: Harper San Francisco, 1995.

Chatzky, Jean. "Want to be rich? Don't get too happy." *Money*, June 2, 2008.

Chaucer, Geoffrey. *The Riverside Chaucer.* Ed. Larry Dean Benson. Oxford, UK, and New York: Oxford University Press, 2008.

Chawarska, Katarzyna, Ami Klin, and Fred Volkmar. "Automatic attention cueing through eye movement in 2-year-old children with autism." *Child Development* 74, no. 4 (July~August 2003): 1108~22.

_____. "Limited attentional bias for faces in toddlers with autism spectrum disorders." *Archives of General Psychiatry* 67, no. 2 (February 2010): 178~85.

Cheek, D. B. *Human Growth.* Philadelphia: Lea and Febiger, 1968.

Chekhov, Anton. *The Cherry Orchard.* Trans. David Mamet. New York: Grove Press, 1987.

Chemers, Michael M. "Le freak, c'est chic: The twenty-first century freak show as theatre of transgression." *Modern Drama* 46, no. 2 (Summer 2003): 285~304.

_____. "Jumpin' Tom Thumb: Charles Stratton Onstage at the American Museum." *Nineteenth Century Theatre & Film* 31 (2004): 16~27.

Chen, Wei, et al. "Human fetal auditory stem cells can be expanded in vitro and differentiate into functional auditory neurons and hair cell-like cells." *Stem Cells* 2, no. 5 (May 2009): 1196~1204.

Chen, Zu-Pei, and Basil S. Hetzel. "Cretinism revisited." *Best Practice & Research Clinical Endocrinology & Metabolism* 24, no. 1 (February 2010): 39~50.

Cheng, André K., et al. "Cost-utility analysis of the cochlear implant in children." *Journal of the American Medical Association* 274, no. 7 (August 2000): 850~56.

Cherney, James L. "Deaf culture and the cochlear implant debate: Cyborg politics and the identity of people with disabilities." *Argumentation & Advocacy* 36, no. 1 (Summer 1999): 22~34.

Chew, Kristina. "I don't have a title for this post about Katherine McCarron's mother." *Autism Vox*, June 8, 2006.

Chez, Michael, et al. "Memantine as adjunctive therapy in children diagnosed with autistic spectrum disorders: An observation of clinical response and maintenance tolerability." *Journal of Child Neurology* 22, no. 5 (May 2007): 574~79.

Chiang, Ming-Chang, et al. "Genetics of brain fiber architecture and intellectual performance." *Journal of Neuroscience* 29, no. 7 (February 2009): 2212~24.

Chibbaro, Lou. "Activists alarmed over APA." *Washington Blade*, May 30, 2008.

Chigier, Emanuel. *Down's Syndrome: A Cross-Culture Study of a Child and Family in Israel.* Lexington, MA: Lexington Books, 1972.

"The child is father." *Time*, July 25, 1960.

"Child prodigy, 14, commits suicide." Television news broadcast. David Hancock, correspondent. CBS News, March 18, 2005.

"Child prodigy's time to 'do something great,' Mom says." *Washington Post*, March 20, 2005.

Children of a Lesser God. Feature film. Directed by Randa Haines. Performances by William Hurt, Piper Laurie, and Marlee Matlin. Los Angeles, CA: Paramount Home Entertainment, 1986, 2009.

Children of Rape. Documentary film. Featuring Phil Donahue. Princeton, NJ: Films for the Humanities & Sciences, 1994.

Chinen, Nate. "Gabriel Kahane, *Where Are the Arms.*" *New York Times*, September 19, 2011.

Chisholm, Dan, et al. "Schizophrenia treatment in the developing world: An interregional and multinational cost-effectiveness analysis." *Bulletin of the World Health Organization* 86, no. 7 (July 2008): 542~51.

Chorost, Michael. *Rebuilt: My Journey Back to the Hearing World.* New York: Mariner Books, 2006.

Chow, Robert. "Barrios' rivalry began with sports, cars." *Orange County Register*, August 6, 1990.

Christensen, Jen. "Transpositions." *Advocate*, May 20, 2008.

Christiansen, John B., and Irene W. Leigh. *Cochlear Implants in Children: Ethics and Choices.* Washington, DC: Gallaudet University Press, 2002.

_____. "Children with cochlear implants: Changing parent and deaf community perspectives." *Archives of Otolaryngology—Head & Neck Surgery* 130, no. 5 (May 2004): 673~77.

Christiansen, John B., and Sharon N. Barnartt. *Deaf President Now! The 1988 Revolution at Gallaudet University.* Washington, DC: Gallaudet University Press, 2003.

Church, Michael. "He plays to win." *BBC Music Magazine*, June 2001.

_____. "Yefim Bronfman: Reasons to be cheerful ." *Independent*, September 21, 2001.

Church of Jesus Christ of Latter Day Saints. "The law of chastity." Gospel Principles, 2012.

Cicchetti, Dante, and Marjorie Beeghly, eds. *Children with Down Syndrome: A Developmental Perspective.* Cambridge, UK, and New York: Cambridge University Press, 1990.

Cipani, Ennio. *Triumphs in Early Autism Treatment.* New York: Springer, 2008.

City of Cleburne v. Cleburne Living Center. 473 US 432 (1985).

Clairmont, Susan. "'Sending you to heaven' said mom: She put a belt around Johnny's neck and then held a pillow over his face." *Hamilton Spectator*, May 6, 2003.

Clark, Daniel O. "U.S. trends in disability and institutionalization among older blacks and whites." *American Journal of Public Health* 87, no. 3 (March 1997): 438~40.

Clark, Richard D., and Glenn Shields. "Family communication and delinquency." *Adolescence* 32, no. 125 (Spring 1997): 81~92.

Clark, Sarah, et al. "Fluoxetine rescues deficient neurogenesis in hippocampus of the Ts65Dn mouse model for Down syndrome." *Experimental Neurology* 200, no. 1 (July 2006): 256~61.

Clayton, Bruce. *Forgotten Prophet: The Life of Randolph Bourne.* Baton Rouge: Louisiana State University Press, 1984.

Clayton, Victoria. "Coping with autism: Families connect to deal with the diagnosis." MSNBC, February 24, 2005.

Clines, Francis X. "Maryland is latest of states to rethink youth 'boot camps..'" *New York Times*,

December 19, 1999.

Cling, B. J., ed. *Sexualized Violence Against Women and Children: A Psychology and Law Perspective.* New York: Guilford Press, 2004.

Cloud, John. "His name is Aurora." *Time*, September 25, 2000.

_____. "Are we failing our geniuses." *Time*, August 16, 2007.

Clover Johnson, Robert. "Gallaudet forum addresses cochlear implant issues." *Research at Gallaudet* 9 (Spring 2000).

Coalition for Juvenile Justice. "Summary of CJJ positions on key juvenile justice issues." Washington, DC: Coalition for Juvenile Justice, 2003.

Cobb, Heather C. "Schizophrenia: A reality check." *NAMI Advocate*, Summer 2008.

Cocchi, Guido, et al. "International trends of Down syndrome, 1993~2004: Births in relation to maternal age and terminations of pregnancies." *Birth Defects Research Part A: Clinical & Molecular Teratology* 88, no. 6 (June 2010): 474~79.

"The cochlear implant controversy." Television news broadcast. CBS News, June 2, 1998.

Coco, Adrienne Phelps. "Diseased, maimed, mutilated: Categorizations of disability and an ugly law in late nineteenth-century Chicago." *Journal of Social History* 44, no. 1 (Fall 2010): 23~37.

Coetzee, J. M. *Disgrace.* New York: Viking, 1999.

Cohen, Elizabeth. "Disability community decries 'Ashley treatment..'" Cable News Network, January 12, 2007; updated March 12, 2008.

Cohen, Leah Hager. *Train Go Sorry: Inside a Deaf World.* New York: Vintage, 1995.

_____. "Signs of revolution." *New York Times*, October 31, 2006.

Cohen, Mark A. "The monetary value of saving a high-risk youth." *Journal of Quantitative Criminology* 14, no. 1 (March 1998): 5~33.

Cohen, Shirley. *Targeting Autism: What We Know, Don't Know, and Can Do to Help Young Children with Autism Spectrum Disorders.* 3rd ed. Berkeley: University of California Press, 2006.

Cohen, William I., Lynn Nadel, and Myra E. Madnick, eds. *Down Syndrome: Visions for the 21st Century.* New York: Wiley-Liss, 2003.

Cohen-Kettenis, Peggy T. "Gender identity disorder in DSM." *Journal of the American Academy of Child & Adolescent Psychiatry* 40, no. 4 (April 2001): 391.

_____. "Psychosexual outcome of gender-dysphoric children." *Journal of the American Academy of Child & Adolescent Psychiatry* 47, no. 12 (December 2008): 1413~23.

Cohen-Kettenis, Peggy T., and Stephanie H. van Goozen. "Sex reassignment of adolescent transsexuals: A follow-up study." *Journal of the American Academy of Chinld & Adolescent Psychiatry* 36, no. 2 (February 1997): 263~71.

Cohen-Kettenis, Peggy, H. A. Delemarre~van de Waal, and L. J. Gooren. "The treatment of adolescent transsexuals: Changing insights." *Journal of Sexual Medicine* 5, no. 8 (August 2008): 1892~97.

Cohn, Meredith. "Lupron therapy for autism at center of embattled doctor's case." *Baltimore Sun*, June 16, 2011.

Colangelo, Nicolas. *A Nation Deceived: How Schools Hold Back America's Brightest Students.* Iowa City: Institute for Research and Policy on Acceleration, University of Iowa, 2004.

Colapinto, John. "The true story of John/Joan." *Rolling Stone*, December 11, 1997.

———. *As Nature Made Him: The Boy Who Was Raised as a Girl*. New York: HarperCollins, 2000.

———. "Gender gap: What were the real reasons behind David Reimer's suicide." *Slate*, June 3, 2004.

Colburn, Don. "Commitment often not an option for the mentally ill." *Oregonian*, November 20, 2006.

Cold Spring Harbor Laboratory. "A striking link is found between the Fragile-X gene and mutations that cause autism." Press release, April 25, 2012.

Cole, Wendy. "How to save a troubled kid." *Time*, November 22, 2004.

Coleman, Diane. *Testimony of Diane Coleman Before the Constitution Subcommittee of the Judiciary Committee of the U.S. House of Representatives in Support of H.R. 4006, the Lethal Drug Abuse Prevention Act of 1998, July 14, 1998*. Washington, DC: Judiciary Committee, US House of Representatives, 1998.

Coleman, Naomi. "Boys will be girls." *Guardian*, August 20, 2003.

Collins, Paul. *Not Even Wrong: A Father's Journey into the Lost History of Autism*. New York: Bloomsbury, 2005.

———. "The vanishing boy." *New York Times*, October 30, 2005.

Columbia University. National Center on Addiction and Substance Abuse. *Criminal Neglect: Substance Abuse, Juvenile Justice and the Children Left Behind*. New York: National Center on Addiction and Substance Abuse at Columbia University, 2004.

Colvin, Geoff. *Talent Is Overrated: What Really Separates World-Class Performers from Everybody Else*. New York: Portfolio, 2010.

Connors, Clare, and Kirsten Stalker. *The Views and Experiences of Disabled Children and Their Siblings*. London: Jessica Kingsley Publishers, 2003.

Conover, Ted. *Newjack: Guarding Sing Sing*. New York: Random House, 2000.

Conrad, Peter. *Deviance and Medicalization: From Badness to Sickness*. St. Louis: C. V. Mosby Company, 1980.

Constantino, John N., et al. "Autism recurrence in half siblings: Strong support for genetic mechanisms of transmission in ASD." *Molecular Psychiatry*. Epub ahead of print, February 28, 2012.

Conway, Lynn. "A warning for those considering MtF sex reassignment surgery (SRS)." Ann Arbor, MI: Lynn Conway, April 9, 2005; updated March 16, 2007.

———. "The numbers don't add: Transsexual prevalence." GID Reform Advocates, 2008.

Cook, J. A., and Razzano, L. "Vocational rehabilitation for persons with schizophrenia: Recent research and implications for practice." *Schizophrenia Bulletin* 26, no. 1 (January 2000): 87~103.

Coole, Maria. "Report recommendations could put Pa. at forefront in autism services." *Lancaster Intelligencer-Journal*, April 23, 2005.

Cooper, Huw, and Louise Craddock. *Cochlear Implants: A Practical Guide*. 2nd ed. London: Whurr, 2006.

Cooper, Janice L., et al. *Unclaimed Children Revisited: The Status of Children's Mental Health Policy in the United States*. New York: National Center for Children in Poverty, Mailman

School of Public Health, Columbia University, 2008.

Cooper, T. "Transamerican dream." *Out*, October 2009.

Corbett, Sara. "The women's war." *New York Times Magazine*, March 18, 2007.

Corcoran, Cheryl M., Michael B. First, and Barbara Cornblat,. "The psychosis risk syndrome and its proposed inclusion in the DSM-V: A risk-benefit analysis." *Schizophrenia Research* 120 (July 2010).

Corker, Mairian. *Deaf and Disabled, or Deafness Disabled? Towards a Human Rights Perspective.* Buckingham: Open University Press, 1998.

Cornell, Christoph U., et al. "Research in people with psychosis risk syndrome: A review of the current evidence and future directions." *Journal of Child Psychology & Psychiatry* 51, no. 4 (April 2010): 390~431.

Cornwell, Tim. "Playing with the future." *Scotsman*, February 4, 2006.

Corone, Daniel. "Bree Walker blasts KFI's *Baby Talk.*" *Los Angeles Times*, August 17, 1991.

Corvino, John. "Why Baby Gauvin is not a victim." *Gay & Lesbian Review Worldwide* 9, no. 6 (2002): 25.

Corwin, Jeffrey T. "Postembryonic production and aging in inner ear hair cells in sharks." *Journal of Comparative Neurology* 201, no. 4 (October 1981): 541~43.

_____. "Postembryonic growth of the macula neglecta auditory detector in the ray, *Raja clavata*: Continual increases in hair cell number, neural convergence, and physiological sensitivity." *Journal of Comparative Neurology* 217, no. 3 (July 1983): 345~56.

_____. "Perpetual production of hair cells and maturational changes in hair cell ultrastructure accompany postembryonic growth in an amphibian ear." *Proceedings of the National Academy of Sciences* 82, no. 11 (June 1985): 3911~15.

Costa, Albert C. S., Jonah J. Scott-McKean, and Melissa R. Stasko. "Acute injections of the NMDA receptor antagonist memantine rescue performance deficits of the Ts65Dn mouse model of Down syndrome on a fear conditioning test." *Neuropsychopharmacology* 33, no. 7 (June 2008): 1624~32.

Costa, Marie. *Abortion: A Reference Handbook.* 2nd ed. Santa Barbara, CA: ABC-CLIO, 1996.

Costello, Victoria. "Reaching children who live in a world of their own." *Psychology Today*, December 9, 2009.

Cotanche, Douglas A. "Regeneration of hair cell stereociliary bundles in the chick cochlea following severe acoustic trauma." *Hearing Research* 30, nos. 2~3 (1987): 181~95.

Coughlin, Chris, and Samuel Vuchinich. "Family experience in preadolescence and the development of male delinquency." *Journal of Marriage & the Family* 58, no. 2 (May 1996): 491~501.

Council of State Administrators of Vocational Rehabilitation. "Statement of Council of State Administrators of Vocational Rehabilitation." In *The Social Security Administration's Employment Support Programs for Disability Beneficiaries.* Hearing before the Subcommittee on Social Security of the Committee on Ways & Means, US House of Representatives, One Hundred Eleventh Congress, 1st sess., May 19, 2009. Serial No. 111~21. Washington, DC: US Government Printing Office, 2011.

Council of State Governments. *Criminal Justice / Mental Health Consensus Project.* New York: Council of State Governments Eastern Regional Conference, 2002.

Courchesne, Eric, et al. "Evidence of brain overgrowth in the first year of life in autism." *Journal of the American Medical Association* 290, no. 3 (July 2003): 337~44.

Courchesne, Eric, Kathleen Campbell, and Stephanie Solso. "Brain growth across the life span in autism: Age-specific changes in anatomical pathology." *Brain Research* 1380 (March 2011): 138~45.

Courtman-Davies, Mary. *Your Deaf Child's Speech and Language.* London: Bodley Head, 1979.

Couser, Thomas, ed. "The empire of the 'normal': A forum on disability and self-representation." *American Quarterly* 52, no. 2 (June 2000): 305~43.

Cowell, Alan. "In his father's path — and beyond: Crime and conversion came naturally to suspect in shoe-bomb incident." *International Herald-Tribune,* September 29~30, 2001.

Cowen, Perle Slavik, and David A. Reed. "Effects of respite care for children with developmental disabilities: Evaluation of an intervention for at risk families." *Public Health Nursing* 19, no. 4 (July~August 2002): 272~83.

Cowley, Geoffrey. "Girls, boys and autism." *Newsweek,* September 8, 2003.

Cox, Catherine. *The Early Mental Traits of Three Hundred Geniuses.* Stanford, CA: Stanford University Press, 1926.

Cox-Chapman, Mally. "Who will care for Jamie." *Hartford Courant,* November 20, 1988.

Coyle, Daniel. *The Talent Code: Greatness Isn't Born, It's Grown.* New York: Bantam, 2009.

Craig-Olsden, Heather, J. Ann Craig, and Thomas Morton. "Issues of shared parenting of LGBTQ children and youth in foster care: Preparing foster parents for new roles." *Child Welfare* 85, no. 2 (March~April 2006): 267~81.

Crandall, Richard, and Thomas Crosson, eds. *Dwarfism: The Family and Professional Guide.* Irvine, CA: Short Stature Foundation & Information Center, 1994.

Crary, David. "Campaign 2006: South Dakota nears abortion ban vote: Opposing groups flood the state for November 7 referendum." *Houston Chronicle,* October 9, 2006.

Creer, Clare, and John K. Wing. *Schizophrenia at Home.* London: Institute of Psychiatry, 1974.

Crews, David, and John A. McLachlan. "Epigenetics, evolution, endocrine disruption, health, and disease." *Endocrinology* 147, no. 6 (June 2006): S4~S10.

"Critics slam Boston doctor who offers sex change treatment to kids." Television news report. Hillary Viders and Joseph Abrams, correspondents. FOX News, May 19, 2008.

Crockett, Jean B., and James M. Kaufmann. *The Least Restrictive Environment: Its Origins and Interpretations in Special Education.* London and New York: Routledge, 1999.

Croen, Lisa A., et al. "The changing prevalence of autism in California." *Journal of Autism & Developmental Disorders* 32, no. 3 (June 2002): 207~15.

_____."Antidepressant use during pregnancy and childhood autism spectrum disorders." *Archives of General Psychiatry.* Epub ahead of print, July 4, 2011.

Crookshank, Francis Graham. *The Mongol in Our Midst: A Study of Man and His Three Faces.* New York: Dutton, 1924.

Cross, Tracy L. *The Social and Emotional Lives of Gifted Kids: Understanding and Guiding Their Development.* Waco, TX: Prufrock Press, 2005.

Cross, William E., Jr. "The Negro to Black conversion experience." *Black World* 20, no. 9 (July 1971): 13~27.

Crouch, Robert A. "Letting the deaf be deaf: Reconsidering the use of cochlear implants in prelingually deaf children." *Hastings Center Report* 27, no. 4 (July~August 1997): 14~21.

Csikszentmihalyi, Mihaly. *Creativity: Flow and the Psychology of Discovery and Invention.* New York: HarperCollins, 1996.

_____. "Gray anatomies: Can neuroscience really explain our deepest thoughts and emotions." *Washington Post*, February 26, 2006.

Csikszentmihalyi, Mihaly, Kevin Rathunde, and Samuel Whalen. *Talented Teenagers: The Roots of Success and Failure.* Cambridge, UK, and New York: Cambridge University Press, 1993.

Cuajungco, Math P., Christian Grimm, and Stefan Heller. "TRP channels as candidates for hearing and balance abnormalities in vertebrates." *Biochimica et Biophysica Acta (BBA)—Molecular Basis of Disease* 1772, no. 8 (August 2007): 1022~27.

Cullen, David. "Inside the Columbine High investigation." *Salon*, September 23, 1999.

_____. "'Kill mankind. No one should survive..'" *Salon*, September 23, 1999.

_____. *Columbine.* New York: Twelve, 2009.

Curlender v. BioScience Laboratories. 106 Cal. App. 3d 811, 165 Cal. Rptr. 477 (California, 1980).

Curran, L. K., et al. "Behaviors associated with fever in children with autism spectrum disorders." *Pediatrics* 120, no. 6 (December 2007): E1386~E1392.

Cuskelly, Monica, and Pat Gunn. "Maternal reports of behavior of siblings of children with Down syndrome." *American Journal on Mental Retardation* 97, no. 5 (March 1993): 521~29.

_____. "Sibling relationships of children with Down syndrome: Perspectives of mothers, fathers, and siblings." *American Journal on Mental Retardatio* n 108, no. 4 (July 2003): 234~44.

Cuskelly, Monica, Anne Jobling, and Susan Buckley, eds. *Down Syndrome Across the Life-Span.* Seventh World Congress on Down Syndrome, Sydney, 2000. London: Whurr, 2002.

Cutler, Eustacia. *A Thorn in My Pocket: Temple Grandin's Mother Tells the Family Story.* Arlington, TX: Future Horizons, 2004.

Cutter, Natela. "'Anne Smith': A rape victim found relief in the abortion." *U.S. News & World Report* 124, no. 2 (January 19, 1998): 29~30.

Cyrulnik, Boris. *The Whispering of Ghosts: Trauma and Resilience.* New York: Other Press, 2003.

Daar, Judith F. "ART and the search for perfectionism: On selecting gender, genes, and gametes." *Journal of Gender, Race & Justice* 9, no. 2 (Winter 2005): 241~73.

Dadds, Mark R., and Therese A. McHugh. "Social support and treatment outcome in behavioral family therapy for child conduct problems." *Journal of Consulting & Clinical Psychology* 60, no. 2 (April 1992): 252~59.

Dahmer, Lionel. *A Father's Story.* New York: William Morrow, 1994.

Dailey, Kate. "Trans panic in a Colorado town." *Advocate*, October 21, 2008.

Daley, Suzanne. "Mysterious life of a suspect from France." *New York Times*, September 21, 2001.

Damiani, Victoria B. "Responsibility and adjustment in siblings of children with disabilities: Update and review." *Families in Society* 80, no. 1 (January~February1999): 34~40.

Damron, Gina. "Mom waits for answers in transgender teen's death." *Detroit Free Press*, November 12, 2011.

Daniel, Caroline. "Every baby a perfect baby." *New Statesman* 9, no. 414 (August 2, 1996): 20~22.

Daniel, Joana. "No man's child: The war rape orphans." Master's thesis, Ludwig Boltzmann Institute for Human Rights, Vienna, 2003.

D'Anna, Eddie. "Staten Island nightspot cancels dwarf-bowling event for Saturday." *Staten Island Advance*, February 27, 2008.

Darnovsky, Marcy. "Public interest group calls for Congressional hearings on fertility industry." Berkeley, CA: Center for Genetics and Society, March 3, 2009.

Darrow, Clarence S. "Closing argument for the defense in the Leopold-Loeb murder trial, Criminal Court of County, Chicago, Illinois, August 22, 23, and 25, 1924." In *Famous American Jury Speeches: Addresses Before Fact-Finding Tribunals*, ed. Frederick C. Hicks, 992~1089. St. Paul, MN: West Publishing, 1925.

Davey, Monica. "As town for deaf takes shape, debate on isolation re-emerges." *New York Times*, March 21, 2005.

David, Henry P., Jochen Fleischhacker, and Charlotte Hohn. "Abortion and eugenics in Nazi Germany." *Population & Development Review* 13, no. 1 (March 1988): 81~112.

Davidson, Jan, Bob Davidson, and Laura Vanderkam. *Genius Denied: How to Stop Wasting Our Brightest Young Minds*. New York: Simon & Schuster, 2004.

Davidson, Larry. "Phenomenological research in schizophrenia: From philosophical anthropology to empirical science." *Journal of Phenomenological Psychology* 25, no. 1 (1994): 104~30.

Davidson, Larry, and David Stayner. "Loss, loneliness, and the desire for love: Perspectives on the social lives of people with schizophrenia." *Psychiatric Rehabilitation Journal* 20, no. 3 (Winter 1997): 3~12.

Davidson, Lisa S., Ann E. Geers, and Christine A. Brenner. "Cochlear implant characteristics and speech perception skills of adolescents with long-term device use." *Otology & Neurology* 31, no. 8 (October 2010): 1310~14.

Davies, Paul. "Deaf culture clash." *Wall Street Journal*, April 25, 2005.

Davis, Bill, and Wendy Goldband Schunick. *Breaking Autism's Barriers: A Father's Story*. London: Jessica Kingsley Publishers, 2001.

_____. *Dangerous Encounters: Avoiding Perilous Situations with Autism: A Streetwise Guide for All Emergency Responders, Retailers and Parents*. London: Jessica Kingsley Publishers, 2002.

Davis, David. "Losing the mind." *Los Angeles Times*, October 26, 2003.

Davis, Dena S. "Genetic dilemmas and the child's right to an open future." *Hastings Center Report* 27, no. 2 (March~April 1997): 7~15.

_____. *Genetic Dilemmas: Reproductive Technology, Parental Choices, and Children's Futures*. New York: Routledge, 2001.

_____. "A thoughtful look at disability." *Hastings Center Report* 38, no. 2 (March~April 2008): 54~56.

Davis, Lennard. *Enforcing Normalcy: Disability, Deafness, and the Body*. London: Verso, 1995.

_____. *My Sense of Silence: Memoirs of a Childhood with Deafness*. Urbana: University of Illinois Press, 2000.

_____. *Bending over Backwards: Essays on Disability and the Body*. New York: New York University Press, 2002.

_____, ed. *The Disability Studies Reader*. 2nd ed. London and New York: Routledge, 2006.

Davis, Morris Joseph, and Eva Weintrobe Davis. *Shall I Say a Kiss? The Courtship Letters of a*

Deaf Couple, 1936~1938. Ed. Lennard J Davis. Washington DC: Gallaudet University Press, 1999.

Dawson, Geraldine. "Early behavioral intervention, brain plasticity, and the prevention of autism spectrum disorder." *Developmental Psychopathology* 20, no. 3 (Summer 2008): 775~803.

Dawson, Michelle. "The misbehaviour of behaviourists." Montreal: Michelle Dawson, 2004.

Day, Steven M., et al. "Mortality and causes of death in persons with Down syndrome in California." *Developmental Medicine & Child Neurology* 47, no. 3 (March 2005): 171~76.

Deacy, Susan, and Karen F. Pierce, eds. *Rape in Antiquity*. London: Duckworth, 2002.

Deafness Research Foundation. "The cochlear implant timeline." Deafness Research Foundation, 2009.

Deakin, Michael. *Children on the Hill: One Family's Bold Experiment with a New Way of Learning and Growing*. Indianapolis: Bobbs-Merrill, 1972.

Dearth, Nona, and Families of the Mentally Ill Collective. *Families Helping Families: Living with Schizophrenia*. New York and London: W. W. Norton, 1986.

de Bruyn, Maria. *Violence, Pregnancy and Abortion: Issues of Women's Rights and Public Health*. 2nd ed. Chapel Hill, NC: Ipas, 2003.

de Courcy, G. I. C. *Paganini the Genoese*. Norman: University of Oklahoma Press, 1957.

Deer, Brian. "MMR doctor Andrew Wakefield fixed data on autism." *Sunday Times*, February 8, 2009.

DeKeseredy, Walter S., McKenzie Rogness, and Martin D. Schwartz. "Separation/divorce sexual assault: The current state of social scientific knowledge." *Aggression & Violent Behavior* 9, no. 6 (September~October 2004): 675~91.

Dekker, Thomas. *The Honest Whore*. London: Nick Hern Books, 1998.

Deleuze, Gilles, and Félix Guattari. *Anti-Oedipus: Capitalism and Schizophrenia*. Minneapolis: University of Minnesota Press, 2008.

Delisle, James. "Death with honors: Suicide among gifted adolescents." *Journal of Counseling & Development* 64, no. 9 (May 1986): 558~60.

de Manzano, Örjan, et al. "Thinking outside a less intact box: Thalamic dopamine D2 receptor densities are negatively related to psychometric creativity in healthy individuals." *PLoS One* 5, no. 5 (May 17, 2010): E10670.

De Marneffe, Daphne. *Maternal Desire: On Children, Love and the Inner*. New York: Little, Brown, 2004.

Dembo, R., et al. "Predictors of recidivism to a juvenile assessment center: A three year study." *Journal of Child & Adolescent Substance Abuse* 7, no. 3 (1998): 57~77.

Demuth, Stephen, and Susan L. Brown. "Family structure, family processes, and adolescent delinquency: The significance of parental absence versus parental gender." *Journal of Research in Crime & Delinquency* 41, no. 1 (February 2004): 58~81.

Denizet-Lewis, Benoit. "About a boy who isn't." *New York Times*, May 26, 2002.

Dennis, Carina. "Deaf by design." *Nature*, October 20, 2004.

Derbyshire, David. "Lancet was wrong to publish MMR paper, says editor." *Telegraph*, February 21, 2004.

Deselle, Debra D. "Self-esteem, family climate, and communication patterns in relation to deafness." *American Annals of the Deaf* 139, no. 3 (July 1994): 322~28.

Des Forges, Alison Liebhafsky. *"Leave None to Tell the Stor.": Genocide in Rwanda*. New York: Human Rights Watch; Paris: International Federation of Human Rights, 1999.

DeSoto, Mary Catherine, and Robert T. Hitlan. "Sorting out the spinning of autism: Heavy metals and the question of incidence." *Acta Neurobiologiae Experimentalis* 70, no. 2 (2010): 165~76.

Dettman, Shani J., et al. "Communication development in children who receive the cochlear implant younger than 12 months: Risks versus benefits." *Ear & Hearing* 28, suppl. no. 2 (April 2007): 11S~18S.

de Unamono, Miguel. *The Tragic Sense of Life in Men and Nations*. Princeton, NJ: Princeton University Press, 1977.

Deutsch, Albert. *The Shame of the States*. New York: Harcourt, Brace, 1948.

Deutsch, Diana, et al. "Absolute pitch among American and Chinese conservatory students: Prevalence differences, and evidence for a speech-related critical period." *Journal of the Acoustical Society of America* 199, no. 2 (February 2006): 719~22.

_____. "Absolute pitch among students in an American music conservatory: Association with tone language fluency." *Journal of the Acoustical Society of America* 125, no. 4 (April 2009): 2398~403.

Deutsch, Helene. *The Psychology of Women: A Psychoanalytic Interpretation*. Vol. 2, *Motherhood*. New York: Grune & Stratton, 1945.

Devor, Holly. *FTM: Female-to-Male Transsexuals in Society*. Bloomington and Indianapolis: Indiana University Press, 1997.

Diagnostic and Statistical Manual of Mental Disorders, DSM-IV-TR. 4th ed. Arlington, VA: American Psychiatric Association, 2000.

Diament, Michelle. "Down syndrome takes center stage on Fox's 'Glee..'" *Disability Scoop*, April 12, 2010.

Dickinson, Emily. *The Complete Poems of Emily Dickinson*. Boston: Little, Brown, 1960.

Di Domenico, Marina, et al. "Towards gene therapy for deafness." *Journal of Cellular Physiology* 226, no. 10 (October 2011): 2494~99.

di Giovanni, Janine. *Madness Visible: A Memoir of War*. New York: Alfred A. Knopf, 2003.

Ditton, Paula. *Mental Health and Treatment of Inmates and Probationers*. Washington, DC: US Department of Justice, Office of Justice Programs, Bureau of Justice Statistics, 1999.

Dixon, Robyn. "Dwarf carves a niche in spotlight." *Los Angeles Times*, June 17, 2007.

Dixon, Roz. "A framework for managing bullying of students who are deaf or hearing-impaired." *Deafness & Education International* 8, no. 1 (2006): 11~32.

Dodge, K. A., et al. "Social information processing patterns partially mediate the effect of early physical abuse on later conduct problems." *Journal of Abnormal Psychology* 104, no. 4 (November 1995): 632~43.

Doerr, Adam. "The wrongful life debate." *Genomics Law Report*, September 22, 2009.

Dohan, F. C. "Coeliac disease and schizophrenia." *Lancet* 1, no. 7652 (April 25, 1970): 897~98.

Dolnick, Edward. "Deafness as culture." *Atlantic Monthly*, September 1993.

_____. *Madness on the Couch: Blaming the Victim in the Heyday of Psychoanalysis*. New York: Simon & Schuster, 1998.

Dominus, Susan. "Remembering the little man who was a big voice for causes." *New York Times*,

May 1, 2010.

Dongala, Emmanuel. "The genocide next door." *New York Times*, April 6, 2004.

Douglas, John E., et al. *Crime Classification Manual: A Standard System for Investigating and Classifying Violent Crimes.* San Francisco: Jossey-Bass, 1992.

Dowd, Maureen. "Between torment and happiness." *New York Times*, April 26, 2011.

Down, John Langdon H. "Observations on an ethnic classification of idiots." *London Hospital, Clinical Letters & Reports* 3 (1886): 259~62. Reprinted in *Mental Retardation* 33, no. 1 (February 1995): 54~56.

Downey, Douglas B. "The school performance of children from single-mother and single-father families: Interpersonal or economic deprivation." *Journal of Family Issues* 15, no. 1 (March 1994): 129~47.

Drake, Stephen. "Disability advocates call for restraint and responsibility in murder coverage." Press release. Forest Park, IL: Not Dead Yet, June 22, 2006.

Drapkin, Martin, William C. Collins, and David Vernon Mays. *Management and Supervision of Jail Inmates with Mental Disorders.* Kingston, NJ: Civic Research Institute, 1999.

Dreger, Alice Domurat. "'Ambiguous sex' or ambivalent medicine." *Hastings Center Report* 28, no. 3 (May~June 1998): 24~35.

_____. *Intersex in the Age of Ethics.* Hagerstown, MD: University Pub. Group, 1999.

_____. *One of Us: Conjoined Twins and the Future of Normal.* Cambridge, MA: Harvard University Press, 2004.

_____. "Lavish dwarf entertainment." *Hastings Center Bioethics Forum*, March 25, 2008.

_____. "The controversy surrounding the man who would be queen: A case history of the politics of science, identity and sex in the Internet age." *Archives of Sexual Behavior* 37, no. 3 (June 2008): 366~421.

_____. "Womb gay." *Hastings Center Bioethics Forum*, December 4, 2008.

_____. "Gender identity disorder in childhood: Inconclusive advice to parents." *Hastings Center Report* 39, no. 1 (January~February 2009): 26~29.

_____. "Attenuated thoughts." *Hastings Center Report* 40, no. 6 (November~December 2010): 3.

_____. "Trans advocates (at least where genderqueer kids are concerned)." *The Stranger (The Queer Issue: You're Doing It Wrong)*, June 21, 2011.

Dreger, Alice, Ellen K. Feder, and Anne Tamar-Mattis. "Preventing homosexuality (and uppity women) in the womb." *Hastings Center Bioethics Forum*, June 29, 2010.

Dreifus, Claudia. "A conversation with William Reiner: Declaring with clarity, when gender is ambiguous." *New York Times*, May 31, 2005.

Drescher, Jack. "From bisexuality to intersexuality: Rethinking gender categories." *Contemporary Psychoanalysis* 43, no. 2 (April 2007): 204~28.

Driscoll, Deborah A., and Susan J. Gross. "Screening for fetal aneuploidy and neural tube defects." *Genetic Medicine* 11, no. 11 (November 2009): 818~21.

Drummond, James. "Inglorious cult of the suicide bomber." *Financial Times,* June 22~23, 2002.

Drummond, Kelley D., et al. "A follow-up study of girls with gender identity disorder." *Developmental Psychology* 44, no. 1 (January 2008): 34~45.

Dubinsky, Karen. *Improper Advances: Rape and Heterosexual Conflict in Ontario, 1880~1929.* Chicago: University of Chicago Press, 1993.

Duckworth, Angela Lee, and Martin E. P. Seligman. "Self-discipline outdoes IQ in predicting academic performance of adolescents." *Psychological Science* 16, no. 12 (December 2005): 939~44.

Dufresne, Chris. "Amazing feat: Toledo's Wallace began life in pain and braces because of club feet, but his mother's 'miracle' made it a Gump-like success story." *Los Angeles Times*, October 8, 1997.

Dumaret, Annick-Camille, et al. "Adoption and fostering of babies with Down syndrome: A cohort of 593 cases." *Prenatal Diagnosis* 18, no. 5 (May 1998): 437~45.

Duncan, Martha Grace. "'So young and so untender': Remorseless children and the expectations of the law." *Columbia Law Review* 102, no. 6 (October 2002): 1469~1526.

Duo: The True Story of a Gifted Child with Down Syndrome. Documentary film. Directed by Alexandre Ginnsz. New York: Warner Bros. Pictures/AG Productions (distributor), 1996.

du Pré, Hilary, and Piers du Pré. *A Genius in the Family: An Intimate Memoir of Jacqueline du Pré.* London: Chatto & Windus, 1997.

Durai, Melvin. "India produces so many child prodigies." *News India*, August 24, 2001.

Durkin, Maureen S., et al. "Advanced parental age and the risk of autism spectrum disorder." *American Journal of Epidemiology* 168, no. 11 (December 2008): 1268~76.

du Toit, Louise. "A phenomenology of rape: Forging a new vocabulary for action." In *(Un)thinking Citizenship: Feminist Debates in Contemporary South Africa*, ed. Amanda Gouws, 253~74. Aldershot, Hampshire: Ashgate, 2005.

Dvorak, Petula. "From Gallaudet to Capitol, a march in step with history." *Washington Post*, October 22, 2006.

"Dwarf left paralysed after being thrown by drunken Rugby fan." *Telegraph*, January 12, 2012.

Dwarfs: Not a Fairy Tale. Documentary film. Produced and directed by Lisa Abelow Hedley and Bonnie Strauss. New York: HBO Home Video, 2001.

"Dwarf tossing ban challenged." United Press International, November 29, 2001.

D.W., et al. v. Harrison County, Mississippi. Case 1:2009cv00267. US District Court for the Southern District of Mississippi, filed April 20, 2009.

Dykens, Elisabeth M. "Psychopathology in children with intellectual disability." *Journal of Child Psychology & Psychiatry* 41, no. 4 (May 2000): 407~17.

_____. "Psychiatric and behavioral disorders in persons with Down syndrome." *Mental Retardation & Developmental Disabilities Research Reviews* 13, no. 3 (October 2007): 272~78.

Eamon, Mary Keegan. "Institutionalizing children and adolescents in private psychiatric hospitals." *Social Work* 39, no. 5 (September 1994): 588~94.

Earhart, Eileen M., and Michael John Sporakowski, eds. *The Family with Handicapped Members.* St. Paul, MN: National Council on Family Relations, 1984.

Earley, Pete. *The Hot House: Life Inside Leavenworth Prison.* New York: Bantam Books, 1992.

_____. *Crazy: A Father's Search Through America's Mental Health Madness.* New York: G. P. Putnam's Son, 2006.

_____. "Thank you, detective: Vicky Armel took up for my son when the system wouldn't." *Washington Post*, May 12, 2006.

East Community. "Family and friends." Salem, OR: Early Assessment and Support Team, 2003.

Easteal, Patricia Weiser, and Louise McOrmond-Plummer. *Real Rape, Real Pain: Help for Women*

Sexually Assaulted by Male Partners. Melbourne, Victoria, Australia: Hybrid, 2006.

Eaton, Leslie, Daniel Gilbert, and Ann Zimmerman. "Suspect's downward spiral." *Wall Street Journal*, January 13, 2011.

Eaton, Lynn. "France outlaws the right to sue for being born." *British Medical Journal* 324, no. 7330 (January 19, 2002): 129.

Eberly, Susan Schoon. "Fairies and the folklore of disability: Changelings, hybrids and the solitary fairy." *Folklore* 99, no. 1 (1988): 58~77.

Eckert, Richard Clark. "Toward a theory of deaf ethnos: Deafnicity ≈ D/deaf (Hómaemon • Homóglosson • Homóthreskon)." *Journal of Deaf Studies & Deaf Education* 15, no. 4 (Fall 2010): 317~33.

"Educating Bobby: Follow-up." *Reintegration Today*, Autumn 2002.

Educating Peter. Documentary film. Directed by Thomas Goodwin and Gerardine Wurzberg. Home Box Office Project Knowledge. New York: Ambrose Video, 1993.

Egan, James F. X., et al. "Efficacy of screening for fetal Down syndrome in the United States from 1974 to 1997." *Obstetrics & Gynecology* 96, no. 6 (December 2000): 979~85.

Egan, Timothy. "Idaho governor vetoes measure intended to test abortion ruling." *New York Times*, March 31, 1990.

Egley, Arlen, Jr., James C. Howell, and John P. Moore. "Highlights of the 2008 National Youth Gang Survey." Washington, DC: US Department of Justice, Office of Justice Programs, Office of Juvenile Justice & Delinquency Prevention, March 2010.

Ehninger, Dan, et al. "Reversal of learning deficits in a Tsc2+/- mouse model of tuberous sclerosis." *Nature Medicine* 14, no. 8 (August 2008): 843~48.

Ehrbar, Randall, Kelly Winters, and Nicholas Gorton. "Revision suggestions for gender related diagnoses in the DCM and ICD." Synopsis of presentation to the World Professional Association for Transgender Health, Oslo, Norway, June 19, 2009. San Diego, CA: GID Reform Advocates, 2009.

"81 Words." Radio broadcast. Ira Glass and Alix Spiegel, correspondents. *This American Life*, WBEZ Chicago/National Public Radio, January 18, 2002.

Einhorn, Bruce. "Listen: The sound of hope." *BusinessWeek*, November 14, 2005.

Eisenberg, Laurie, et al. "Siblings of children with mental retardation living at home or in residential placement." *Journal of Child Psychology & Psychiatry* 39, no. 3 (March 1998): 355~63.

Eisenberg, Leon. "The autistic child in adolescence." *American Journal of Psychiatry* 112, no. 8 (February 1956): 607~12.

_____. "The fathers of autistic children." *American Journal of Orthopsychiatry* 27, no. 4 (October 1957): 715~24.

Eisenberg, Leon, and Leo Kanner. "Childhood schizophrenia." *American Journal of Orthopsychiatry* 26, no. 3 (July 1956): 556~66.

Eisler, Edith. "Wunderkind." *Andante*, June 2001.

Elbert, Thomas, et al. "Increased cortical representation of the fingers of the left hand in string players." *Science* 270, no. 5234 (October 13, 1995): 305~7.

Eldridge, Sherrie. "Unexpected rejection: The subject no one wants to talk about." *Jewel Among Jewels Adoption News*, Winter 1999.

Elgar, Frank J., et al. "Attachment characteristics and behavioural problems in rural and urban juvenile delinquents." *Child Psychiatry & Human Development* 34, no. 1 (Fall 2003): 35~48.

Eliot, Stephen. *Not the Thing I Was: Thirteen Years at Bruno Bettelheim's Orthogenic School.* New York: St. Martin's Press, 2003.

Elliott, Delbert S., David Huizinga, and Scott Menard. *Multiple Problem Youth: Delinquency, Drugs and Mental Health Problems.* New York: Springer, 1989.

Ellis, Bob. "South Dakota abortion task force studies rape exceptions." *Dakota Voice*, January 20, 2006.

_____. "Rape and the abortion question: Should children conceived of rape be treated differently than other children." *Dakota Voice*, August 2, 2006.

Ellison, Brooke, and Jean Ellison. *Miracles Happen: One Mother, One Daughter, One Journey.* New York: Hyperion, 2001.

Emery, Steven D., Anna Middleton, and Graham H. Turner. "Whose deaf genes are they anyway?: The Deaf community's challenge to legislation on embryo selection." *Sign Language Studies* 10, no. 2 (Winter 2010): 155~69.

Engeler, Amy. "I can't hate this baby." *Redbook* 192, no. 4 (February 1999): 108~12.

English, Cynthia. "Global wellbeing surveys find nations worlds apart." Washington, DC: Gallup Surveys, March 25, 2010.

English, Rebecca. "After World Cup shame, a £25,000 fine and humiliation for Tindall (and Zara's face says it all)." *Daily Mail*, January 12, 2012.

Ensalaco, Mark, and Linda C. Majka, eds. *Children's Human Rights: Progress and Challenges for Children Worldwide.* New York: Rowman & Littlefield, 2005.

Epel, Elissa, et al. "Accelerated telomere shortening in response to life stress." *Proceedings of the National Academy of Sciences* 101, no. 49 (December 2004): 17312~15.

Epstein, Steven. *Impure Science: AIDS, Activism, and the Politics of Knowledge.* Berkeley: University of California Press, 1996.

_____. *Inclusion: The Politics of Difference in Medical Research.* Chicago: University of Chicago Press, 2007.

Ericsson, K. Anders, Ralph T. Krampe, and Clemens Tesch-Romer. "The role of deliberate practice in the acquisition of expert performance." *Psychological Review* 100 (1993): 363~406.

Ericsson, K. Anders, Michael J. Prietula, and Edward T. Cokel. "The making of an expert." *Harvard Business Review*, July~August 2007.

Ericsson, K. Anders, Roy W. Roring, and Kiruthiga Nandagopal. "Giftedness and evidence for reproducibly superior performance." *High Ability Studies* 18, no. 1 (June 2007): 3~56.

Erikson, Erik. *Identity and the Life Cycle: Selected Papers.* New York: International Universities Press, 1959.

Eriksson, Per. *The History of Deaf People: A Source Book.* Örebro, Sweden: Daufr/SIH Läromedel, 1993.

Essex, Elizabeth Lehr, et al. "Residential transitions of adults with mental retardation: Predictors of waiting list use and placement." *American Journal of Mental Retardation* 101, no. 6 (May 1997): 613~29.

"Ethicist in Ashley case answers questions." Television news report. Amy Burkholder, correspondent. Cable News Network, January 11, 2007.

Evans, Kathy. "Kuwait's rape children offer bitter reminder." *Guardian*, July 29, 1993.

Evans, Nicholas. *Dying Words: Endangered Languages and What They Have to Tell Us.* New York: Wiley-Blackwell, 2009.

Evans, Nicholas, and Stephen C. Levinson. "The myth of language universals: Language diversity and its importance for cognitive science." *Behavioral & Brain Sciences* 32 (2009): 429~92.

Exkorn, Karen Siff. *The Autism Sourcebook: Everything You Need to Know About Diagnosis, Treatment, Coping, and Healing.* New York: Collins, 2006.

Eyman, Richard K., et al. "Survival of profoundly disabled people with severe mental retardation." *American Journal of Diseases of Childhood* 147, no. 3 (March 1993): 329~36.

Eysenck, Hans. *Genius: The Natural History of Creativity.* Cambridge, UK, and New York: Cambridge University Press, 1995.

Fadden, G., P. Bebbington, and L. Kuipers. "The burden of care: The impact of functional psychiatric illness on the patient's family." *British Journal of Psychiatry* 150 (March 1987): 285~92.

Fadiman, Clifton. *The Little, Brown Book of Anecdotes.* New York: Little, Brown, 1985.

Faiq, Mazin. "Tortured and killed in Iraq for being gay." ABC News, May 28, 2009.

Fairchild, Tierney. "Rising to the occasion: Reflections on choosing Naia." *Leadership Perspectives in Developmental Disability* 3, no. 1 (Spring 2003). Waltham: Developmental Disabilities Leadership Forum, Shriver School of the University of Massachusetts Medical School, 2003.

_____. "The choice to be pro-life." *Washington Post*, November 1, 2008.

Fallon, James B., Dexter R. F. Irvine, and Robert K. Shepherd. "Cochlear implants and brain plasticity." *Hearing Research* 238, nos. 1~2 (April 2008): 110~17.

Faludi, Gábor, and Károly Mirnics. "Synaptic changes in the brain of subjects with schizophrenia." *International Journal of Developmental Neuroscience* 29, no. 3 (May 2011): 305~9.

Farach-Colton, Andrew. "The other famous five." *Gramophone*, April 2005.

Farber, Bernard. "Effects of a severely mentally retarded child on family integration." *Monographs of the Society for Research in Child Development* 24, no. 2 (May 1959): 1~112.

_____. "Family organization and crisis: Maintenance of integration in families with a severely mentally retarded child." *Monographs of the Society for Research in Child Development* 25, no. 1 (January 1960): 1~95.

_____. "Interaction with retarded siblings and life goals of children." *Marriage & Family Living* 25, no. 5 (February 1963): 96~98.

Farber, Bernard, and William C. Jenné. *Family Organization and Parent-Child Communication: Parents and Siblings of a Retarded Child.* Monographs of the Society for Research in Child Development 28, no. 7. Lafayette, IN: Child Development Publications of the Society for Research in Child Development, 1963.

Farber, Bernard, William C. Jenné, and Romolo Toigo. *Family Crisis and the Decision to Institutionalize the Retarded Child.* Council for Exceptional Children, Research Monograph Series A, no. 1. Washington, DC: Council for Exceptional Children, 1960.

Farber, Bernard, and David B. Ryckman. "Effects of severely mentally retarded children on family relationships." *Mental Retardation Abstracts* 2, no. 1 (1965): 1~17.

Farrington, David P. "The development of offending and antisocial behaviour from childhood: Key findings from the Cambridge Study in Delinquent Development." *Journal of Child Psychology & Psychiatry* 36, no. 6 (September 1995): 929~64.

Fausto-Sterling, Anne. *Myths of Gender: Biological Theories About Women and Men.* New York: Basic Books, 1985.

_____. *Sexing the Body: Gender Politics and the Construction of Sexuality.* New York: Basic Books, 2000.

Featherstone, Heather. *A Difference in the Family: Life with a Disabled Child.* New York: Basic Books, 1980.

Feder, Lynette. "A comparison of the community adjustment of mentally ill offenders with those from the general prison population (an 18-month followup)." *Law & Human Behavior* 15, no. 5 (October 1991): 477~93.

Federal Interagency Forum on Child and Family Statistics. *America's Children: Key National Indicators of Well-Being, 2009.* Report NCJ 226963. Washington, DC: US Government Printing Office, April 2009.

"Federal judge throwing dwarf-tossing lawsuit out of court." *Florida Times-Union*, February 26, 2002.

"Feet, dollars and inches: The intriguing relationship between height and income." *Economist*, April 3, 2008.

Feinberg, Irving. "Schizophrenia: Caused by a fault in programmed synaptic elimination during adolescence." *Journal of Psychiatric Research* 17, no. 4 (1982~83): 319~34.

Feinberg, Leslie. *Stone Butch Blues.* Ithaca, NY: Firebrand Books, 1993.

Feldman, David Henry, ed. *Developmental Approaches to Giftedness and Creativity.* San Francisco: Jossey-Bass, 1982.

Feldman, David Henry, and Lynn T. Goldsmith. *Nature's Gambit: Child Prodigies and the Development of Human Potential.* New York: Teachers College Press, 1991.

_____. "Child prodigies: A distinctive form of giftedness." *Gifted Child Quarterly* 37, no. 4 (Fall 1993): 188~93.

Felien, Ed. "A child, or a certifiable adult." *Twin Cities Pulse*, April 24, 2002.

Fellman, Bruce. "The Elm City: Then and now." *Yale Alumni Magazine*, September/October 2006.

Feminist Response in Disability Activism. "Feminist Response in Disability Activism (FRIDA) to lead 'Ashley Treatment Action' at the American Medical Association Headquarters." Press release, January 10, 2007.

Ferguson, Philip M. "A place in the family: An historical interpretation of research on parental reactions to having a child with a disability." *Journal of Special Education* 36, no. 3 (Fall 2002): 124~31.

Fernald, Anne. "Four month olds prefer to listen to motherese." *Infant Behavior & Development* 8 (1985): 181~95.

Fernald, Anne, and Patricia Kuhl. "Acoustic determinants of infant preference for motherese speech." *Infant Behavior & Development* 10 (1987): 279~93.

Fernandes, Jane K. "Many ways of being deaf." *Washington Post*, October 14, 2006.

Fernandes, Jane K., and Shirley Shultz Myers. "Inclusive Deaf studies: Barriers and pathways." *Journal of Deaf Studies & Deaf Education* 15, no. 1 (Winter 2010): 17~29.

Fernandez, Ellen Highland. *The Challenges Facing Dwarf Parents: Preparing for a New Baby.* Tamarac, FL: Distinctive Publishing, 1989.

Fernandez, Manny. "Turning the volume down: Hearing student at Gallaudet blossoms in deaf culture." *Washington Post*, February 6, 2005.

Ferrall, John A. "Floating on the wings of silence with Beethoven, Kitto, and Edison." *Volta Review* 23 (1921): 295~96.

Ferriman, Annabel. "The stigma of schizophrenia." *British Medical Journal* 320, no. 7233 (February 19, 2000): 522.

Ferriter, Michael, and Nick Huband. "Experiences of parents with a son or daughter suffering from schizophrenia." *Journal of Psychiatric & Mental Health Nursing* 10, no. 5 (October 2003): 552~60.

Ferster, Charles B. "Positive reinforcement and behavioral deficits of autistic children." *Child Development* 32 (1961): 437~56.

Ferster, Charles B., and Marian K. DeMyer. "The development of performances in autistic children in an automatically controlled environment." *Journal of Chronic Diseases* 13, no. 4 (April 1961): 312~14.

Festa, Paul. "Yehudi Menuhin, 1916~1999." *Salon*, March 16, 1999.

"Fiddler Paganini's ways: Stories and facts in the great man's life." *New York Times*, July 27, 1891.

Fidler, Deborah J. "Parental vocalizations and perceived immaturity in Down syndrome." *American Journal on Mental Retardation* 108, no. 6 (November 2003): 425~34.

Fidler, Deborah J., and Robert M. Hodapp. "Craniofacial maturity and perceived personality in children with Down syndrome." *American Journal on Mental Retardation* 104, No. 5 (1999): 410~21.

Fiduccia, Barbara Waxman. "Current issues in sexuality and the disability movement." *Sexuality & Disability* 18, no. 3 (September 2000): 167~74.

Field, Marilyn J. *The Future of Disability in America.* Washington, DC: National Academies Press, 2007.

Fight Crime: Invest in Kids. "Investments in children prevent crime and save money." Washington, DC: Fight Crime: Invest in Kids, 2005.

Fillat, Cristina, and Xavier Altafaj. "Gene therapy for Down syndrome." *Progress in Brain Research* 197 (2012): 237~47.

Fine, Michelle, and Adrienne Asch, eds. *Women with Disabilities: Essays in Psychology, Culture, and Politics.* Philadelphia: Temple University Press, 1988.

Fink, Max. *Electroshock: Restoring the Mind.* Oxford, UK, and New York: Oxford University Press, 1999.

Finkelhor, David, and Kersti Yllö. *License to Rape: Sexual Abuse of Wives.* New York: Holt, Rinehart & Winston, 1985.

Finkler, Kaja. *Experiencing the New Genetics: Family and Kinship on the Medical Frontier.* Philadelphia: University of Pennsylvania Press, 2000.

Firestone, David. "Deaf students protest new school head." *New York Times*, April 27, 1994.

_____. "Chief executive to step down at deaf center." *New York Times*, June 22, 1994.

Fisher, Lawrence, and S. Shirley Feldman. "Familial antecedents of young adult health risk behavior: A longitudinal study." *Journal of Family Psychology* 12, no. 1 (1998): 66~80.

Fisher, Renee B. *Musical Prodigies: Masters at an Early Age.* New York: Association Press, 1973.

Fisher, Tamara. "Goodbye, M.B." *Unwrapping the Gifted,* Education Week Teacher Blogs, September 2008.

Fitzgerald, Michael. *The Genesis of Artistic Creativity: Asperger's Syndrome and the Arts.* London: Jessica Kingsley Publishers, 2005.

Fitzgibbons, Richard, Jr., and Joseph Nicolosi. "When boys won't be boys: Childhood Gender Identity Disorder." *Lay Witness,* June 2001.

Fitzpatrick, Michael. *Defeating Autism: A Damaging Delusion.* London and New York: Routledge, 2009.

Flannery, Daniel J., L. L. Williams, and A. T. Vazsonyi. "Who are they with and what are they doing? Delinquent behavior, substance use, and early adolescents' after-school time." *American Journal of Orthopsychiatry* 69, no. 2 (1999): 247~53.

Fleischer, Doris Zames, and Frieda Zames. *The Disability Rights Movement: From Charity to Confrontation.* Philadelphia: Temple University Press, 2001.

Fleischmann, Carly. "You asked, she answered: Carly Fleischmann, 13, talks to our viewers about autism." ABC News, February 20, 2008.

Fleisher, Leon, and Anne Midgette. *My Nine Lives.* New York: Doubleday, 2010.

Fletcher, Anne C., Laurence Steinberg, Meeshay Williams-Wheeler. "Parental influences on adolescent problem behavior: Revisiting Stattin and Kerr." *Child Development* 75, no. 3 (May~June 2004): 781~96.

Flewelling, Robert L., and Karl E. Bauman. "Family structure as a predictor of initial substance use and sexual intercourse in early adolescence." *Journal of Marriage & the Family* 52, no. 1 (February 1990): 171~81.

Florian, Victor, and Liora Findler. "Mental health and marital adaptation among mothers of children with cerebral palsy." *American Journal of Orthopsychiatry* 71, no. 3 (July 2001): 358~67.

Floyd, Fran J., and Derek E. Zmich. "Marriage and the parenting partnership: Perceptions and interactions of parents with mentally retarded and typically developing children." *Child Development* 62, no. 6 (December 1991): 1434~48.

Flynn, Maureen A., and Richard M. Pauli. "Double heterozygosity in bone growth disorders: Four new observations and review." *American Journal of Medical Genetics* 121A, no. 3 (2003): 193~208.

Foderaro, Lisa W. "The mentally ill debate what to call themselves: F.B.I., seeking sensitive language, finds anger and suspicion but little consensus." *New York Times,* June 16, 1995.

Folkman, Susan. "Personal control and stress and coping processes: A theoretical analysis." *Journal of Personality & Social Psychology* 46, no. 4 (April 1984): 839~52.

Folkman, Susan, and Judith Tedlie Moskowitz. "Positive affect and the other side of coping." *American Psychologist* 55, no. 6 (June 2000): 647~54.

Ford, Anne, and John-Richard Thompson. *Laughing Allegra: The Inspiring Story of a Mother's Struggle and Triumph Raising a Daughter with Learning Disabilities.* New York: Newmarket Press, 2003.

Fordham, Brigham A. "Dangerous bodies: Freak shows, expression, and exploitation." *UCLA En-*

tertainment Law Review 14, no. 2 (2007): 207~45.

Forgeard, Marie, et al. "Practicing a musical instrument in childhood is associated with enhanced verbal ability and nonverbal reasoning." *PLoS One* 3, no. 10 (October 2008): 3566.

Fortier, Laurie M., and Richard L. Wanlass. "Family crisis following the diagnosis of a handicapped child." *Family Relations* 33, no. 1 (January 1984): 13~24.

Fost, Norman. "Offense to third parties." *Hastings Center Report* 40, no. 6 (November~December 2010): 30.

Foster, R. Daniel. "Deaf, hearing youngsters teach each other." *Los Angeles Times*, May 16, 1991.

Foster, Sarah. "Speaking in hands, not tongues." *Northern Echo*, April 25, 2006.

Foster, Susan, and Waithera Kinuthia. "Deaf persons of Asian American, Hispanic American, and African American backgrounds: A study of intraindividual diversity and identity." *Journal of Deaf Studies & Deaf Education* 8, no. 3 (Summer 2003): 271~90.

Foucault, Michel. *Madness and Civilization: A History of Insanity in the Age of Reason.* New York: Vintage, 1988 .

_____. *Politics, Philosophy, Culture: Interviews and Other Writings, 1977~1984.* London: Routledge, 1988.

_____. *The History of Sexuality, Vol. 1: An Introduction.* New York: Vintage, 1990.

_____. *Abnormal: Lectures at the Collège de France, 1974~1975.* London: Verso, 2003.

Fowle, Carolyn F. "The effect of the severely mentally retarded child on his family." *American Journal of Mental Deficiency* 73, no. 3 (November 1968): 468~73.

Fox, Douglas. "The insanity virus." *Discover*, June 2010.

Fox, James Alan. *Uniform Crime Reports: Supplementary Homicide Reports, 1976~1994.* Data from Federal Bureau of Investigation Uniform Crime Reporting Program. Ann Arbor: Institute for Social Research, University of Michigan, 1996.

Fox, James Alan, and Marianne W. Zawitz. "Homicide trends in the United States." Washington, DC: US Department of Justice, Bureau of Justice Statistics, 2007.

Fox, Margalit. *Talking Hands: What Sign Language Reveals About the Mind.* New York: Simon & Schuster, 2007.

Frances, allen. "Psychosis risk syndrome: Far too risky." *Australian & New Zealand Journal of Psychiatry* 45, no. 10 (October 2011).

Francomano, Clair A. "The genetic basis of dwarfism." *New England Journal of Medicine* 332, no. 1 (January 5, 1995): 58~59.

Francomano, Clair A., et al. "Localization of the achondroplasia gene to the distal 2.5 Mb of human chromosome 4p." *Human Molecular Genetics* 3, no. 5 (May 1994): 787~92.

Frank, Arthur W. *At the Will of the Body: Reflections on Illness.* Boston: Houghton Mifflin Harcourt, 1991, 2002.

_____. *The Wounded Storyteller: Body, Illness, and Ethics.* Chicago: University of Chicago, 1998.

_____. "Emily's scars: Surgical shapings, technoluxe, and bioethics." *Hastings Center Report* 34, no. 2 (March~April 2004): 18~29.

Frankel, Susannah. "Body beautiful: Alexander McQueen asked some of fashion's leading designers to dress people with physical disabilities. His aim? Not to change the world, but to challenge our perceptions of beauty." *Guardian*, August 29, 1998.

Frankfurt, Harry G. *The Reasons of Love*. Princeton, NJ: Princeton University Press, 2004.

Frankl, Viktor E. *Man's Search for Meaning: An Introduction to Logotherapy*. Boston: Beacon Press, 1992, 1959.

Franklin, Deanna. "The art of Susan Weinreich." *Clinical Psychiatry News*, August 2004.

Franklin, Jennifer. *Persephone's Ransom*. Georgetown, KY: Finishing Line Press, 2011.

Fraser, John, and Arthur Mitchell. "Kalmuc idiocy: Report of a case with autopsy with notes on 62 cases." *Journal of Mental Science* 22 (1876): 161.

FRAXA Research Foundation. "Clinical trials of three experimental new treatments for Fragile X are accepting participants." Press release, March 22, 2012.

Freud, Anna. *The Harvard Lectures*. Madison, CT: International Universities Press, 1992.

Freud, Sigmund. *Mourning and Melancholia*. In *The Standard Edition of the Complete Psychological Works of Sigmund Freud*. Trans. Joan Riviere. Ed. James Strachey . Vol. 14, *1914~1916*. London: Hogarth Press, 1955.

_____. *On Narcissism: An Introduction*. In *The Standard Edition of the Complete Psychological Works of Sigmund Freud*. Trans. Joan Riviere. Ed. James Strachey. Vol. 14, *1914~1916*. London: Hogarth Press, 1955.

_____. "Femininity." In *The Standard Edition of the Complete Psychological Works of Sigmund Freud*. Trans. Joan Riviere. Ed. James Strachey. Vol. 22,*1932~1936*. *New Introductory Lectures on Psycho-Analysis and Other Works*, 112~35. London: Hogarth Press, 1956.

_____. *The Ego and the Id*. In *The Standard Edition of the Complete Psychological Works of Sigmund Freud*. Trans. Joan Riviere. Ed. James Strachey. Vol. 19, *1923~1925*. New York: Norton, 1960, 1989.

_____. *Civilization and Its Discontents*. Trans. Joan Riviere. Ed. James Strachey. Vol. 14, *1914~1916*. London: Hogarth Press, 1955; New York: W. W. Norton, 1961.

_____. *Introductory Lectures on Psychoanalysis*. Trans. James Strachey. New York: W. W. Norton, 1966.

_____. *Dora: An Analysis of a Case of Hysteria* (1905). Ed. David Rieff. New York: Touchstone: 1997.

_____. "Three essays on sexual theor." (1905). In *The Psychology of Love*, trans. Shaun Whiteside. New York: Penguin, 2006.

Friedman, Alfred S., et al. *Psychotherapy for the Whole Family: Case Histories, Techniques, and Concepts of Family Therapy of Schizophrenia in the Home and Clinic*. New York: Springer, 1965.

Friedman, Jan Marshall, S. A. Rasmussen, and Q. Yang. "Racial disparities in median age at death of persons with Down syndrome: United States, 1968~1997." *Morbidity & Mortality Weekly Report* 50, no. 22 (June 8, 2001): 463~65.

Friedman, Lawrence J. *Identity's Architect: A Biography of Erik H. Erikson*. London: Free Association Books, 1999.

Friedman, Lilach M., and Karen B. Avraham. "MicroRNAs and epigenetic regulation in the mammalian inner ear: Implications for deafness." *Mammalian Genome* 20, nos. 9~10 (September~October 2009): 581~603.

Friedman, Michelle. *Everything You Need to Know About Schizophrenia*. New York: Rosen Publishing Group, 2000.

Friedman, Reva C., and Karen B. Rogers. ed. *Talent in Context: Historical and Social Perspectives on Giftedness.* Washington, DC: American Psychological Association, 1998.

Friedman, Richard C. *Male Homosexuality: A Contemporary Psychoanalytic Perspective.* New Haven, CT: Yale University Press, 1990.

Friedman, Richard C., and Jennifer I. Downey. *Sexual Orientation and Psychoanalysis: Sexual Science and Clinical Practice.* New York: Columbia University Press, 2002.

Frith, Christopher, and Eve Johnstone. *Schizophrenia: A Very Short Introduction.* Oxford, UK, and New York: Oxford University Press, 2003.

Frith, Uta, ed. *Autism and Asperger Syndrome.* Cambridge, UK: Cambridge University Press, 1991.

_____. *Autism: Explaining the Enigma.* 2nd ed. Oxford, UK, and Malden, MA: Blackwell, 2003.

Fritz, Thomas, et al. "Universal recognition of three basic emotions in music." *Current Biology* 19, no. 7 (April 2009): 573~76.

Fromm-Reichmann, Frieda. "Notes on the development of treatment of schizophrenics by psycho-analytic psychotherapy." *Psychiatry* 11, no. 3 (August 1948): 263~73.

Fujiura, Glenn T., Jennifer A. Roccoforte, and David Braddock. "Costs of family care for adults with mental retardation and related developmental disabilities." *American Journal of Mental Retardation* 99, no. 3 (November 1994): 250~61.

Fukuyama, Francis. *Our Posthuman Future: Consequences of the Biotechnology Revolution.* New York: Farrar, Straus & Giroux, 2002.

Fulcher, Tim, et al. "Diabetic retinopathy in Down's syndrome." *British Journal of Ophthalmology* 82, no. 4 (April 1998): 407~9.

Furey, Eileen M., James M. Granfield, and Orv C. Karan. "Sexual abuse and neglect of adults with mental retardation: A comparison of victim characteristics." *Behavioral Interventions* 9, no. 2 (April 1994): 75~86.

Furey, Eileen M., and Jill J. Niesen. "Sexual abuse of adults with mental retardation by other consumers." *Sexuality & Disability* 12, no. 4 (1994): 285~95.

Furth, Hans G. *Deafness and Learning: A Psychosocial Approach.* Belmont, CA: Wadsworth, 1973.

Fusar-Poli, Paolo, and Pierluigi Politi. "Paul Eugen Bleuler and the birth of schizophrenia (1908)." *American Journal of Psychiatry* 165, no. 11 (2008): 1407.

Futrelle, David. "Can money buy happiness." *Money*, July 18, 2006.

Gallaudet Research Institute. *Regional and National Summary Report of Data from the 1999~2000 Annual Survey of Deaf and Hard of Hearing Children and Youth.* Washington, DC: Gallaudet University Press, 2001.

Gallimore, Ronald, et al. "Family responses to children with early developmental delays II: Accommodation intensity and activity in early and middle childhood." *American Journal on Mental Retardation* 101, no. 3 (November 1996): 215~32.

Galloway, Terry. *Mean Little Deaf Queer: A Memoir.* Boston: Beacon Press, 2009.

Galton, Francis. *Hereditary Genius.* London: Macmillan, 1869.

Gannon, Jack. *The Week the World Heard Gallaudet.* Washington, DC: Gallaudet University Press, 1989.

Ganz, Michael. "The lifetime distribution of the incremental societal costs of autism." *Archives of*

Pediatric & Adolescent Medicine 161, no. 4 (April 2007): 343~49.

Garbarino, James, and Claire Bedard. *Parents Under Siege: Why You Are the Solution, Not the Problem, in Your Child's Life.* New York: Free Press, 2001.

Garber, Marjorie. "Our genius problem: Why this obsession with the word, with the idea, and with the people on whom we've bestowed the designation." *Atlantic Monthly*, December 2002.

Garcia, Joseph. *Signing with Your Baby: How to Communicate with Infants Before They Can Speak.* Seattle: Northlight Communications, 2002.

Gardner, Howard. *Creating Minds: An Anatomy of Creativity Seen Through the Lives of Freud, Einstein, Picasso, Stravinsky, Eliot, Graham, and Gandhi.* New York: Basic Books, 1993.

Gardner, R. J. M. "A new estimate of the achondroplasia mutation rate." *Clinical Genetics* 11, no. 1 (April 2008): 31~38.

Garfias, Robert. "Thoughts on the process of language and music acquisition." *Music and Child Development: Proceedings of the 1987 Biology of Music Making Conference.* Ed. F. Wilson and R. Roehmann. St. Louis: MMB Music, 1989.

Garmezy, Norman. "Vulnerability research and the issue of primary prevention." *American Journal of Orthopsychiatry* 41, no. 1 (January 1971): 101~16.

———. "Resiliency and vulnerability to adverse developmental outcomes associated with poverty." *American Behavioral Scientist* 34, no. 4 (1991): 416~30.

Gately, Gary. "Maryland site offers hope for crippling condition." *New York Times*, December 11, 1988.

Gath, Ann. "The school-age siblings of mongol children." *British Journal of Psychiatry* 123, no. 2 (August 1973): 161~67.

———. "Sibling reactions to mental handicap: A comparison of the brothers and sisters of mongol children." *Journal of Child Psychology & Psychiatry* 15, no. 3 (July 1974): 187~98.

———. *Down's Syndrome and the Family: The Early Years.* New York: Academic Press, 1978.

Gath, Ann, and Dianne Gumley. "Retarded children and their siblings." *Journal of Child Psychology & Psychiatry* 28, no. 5 (September 1987): 715~30.

"'Gay exorcism' on YouTube causes controversy." Television news broadcast. Laurie Perez and Burchell Henry, correspondents. FOX News Connecticut, June 25, 2009.

Geddes, Linda. "Delaying puberty could help gender-confused teens." *New Scientist*, December 5, 2008.

Geers, Ann E. "Speech, language, and reading skills after early cochlear implantation." *Archives of Otolaryngology—Head & Neck Surgery* 130, no. 5 (May 2004): 634~38.

Geertz, Hildred, and Clifford Geertz. *Kinship in Bali.* Chicago: University of Chicago Press, 1975.

Geidner, Chris. "ACLU sues to stop Michigan law that ends public employer same-sex partner benefits." *Metro Weekly*, January 5, 2012.

Geier, Mark R., and David A. Geier. "A comparative evaluation of the effects of MMR immunization and mercury doses from thimerosal-containing childhood vaccines on the population prevalence of autism." *Medical Science Monitor* 10, no. 3 (March 2004): 13~14.

Geller, Andy. "Docs' designer defect baby: Disabled by choice." *New York Post*, December 22, 2006.

Gengarelly, Tony, and Adria Weatherbee, eds. *Exploring Nirvana: The Art of Jessica Park.* Foreword by Oliver Sacks. North Adams: Massachusetts College of Liberal Arts, 2008.

Genocchio, Benjamin. "Troubled imaginings that erupt in the night." *New York Times*, January 16, 2005.

Gerace, Laina M., Dorothy Camilleri, and Lioness Ayres. "Sibling perspectives on schizophrenia and the family." *Schizophrenia Bulletin* 19, no. 3 (January 1993): 637~47.

Geralis, Elaine, ed. *Children with Cerebral Palsy: A Parents' Guide*. 2nd ed. Bethesda, MD: Woodbine House, 1998.

Gernsbacher, Morton Ann. "Toward a behavior of reciprocity." *Journal of Developmental Processes* 1 (2006): 139~51.

Gernsbacher, Morton Ann, et al. "Infant and toddler oral- and manual-motor skills predict later speech fluency in autism." *Journal of Child Psychology & Psychiatry* 49, no. 1 (2008): 43~50.

Gernsbacher, Morton Ann, Heather M. Geye, and Susan Ellis Weismer. "The role of language and communication impairments within autism." In *Language Disorders and Developmental Theory*, ed. P. Fletcher and J. F. Miller, 73~93. Amsterdam, Netherlands: John Benjamins, 2005.

Gershman, Carl. "Psychiatric abuse in the Soviet Union." *Society* 21, no. 5 (July 1984): 54~59.

Geschwind, Daniel H. "Autism: Many genes, common pathways." *Cell* 135, no. 3 (October 31, 2008): 391~95.

_____. "The genetics of autism spectrum disorders." *Trends in Cognitive Sciences* 15, no. 9 (September 2011): 409~16.

Geschwind, Daniel H., and Pat Levitt. "Autism spectrum disorders: Developmental disconnection syndromes." *Current Opinion in Neurobiology* 17, no. 1 (February 2007): 103~11.

Geschwind, Norman. "The biology of cerebral dominance: Implications for cognition." *Cognition* 17, no. 3 (August 1984): 193~208.

Geschwind, Norman, and Albert M. Galaburda. *Cerebral Lateralization*. Cambridge, MA: MIT Press, 1987.

"'Get tough' youth programs are ineffective, panel says." *New York Times*, October 17, 2004.

Gever, John. "APA: Major changes loom for bible of mental health." *MedPageToday*, May 19, 2009.

Ghaziuddin, Mohammad. "A family history study of Asperger syndrome." *Journal of Autism & Developmental Disorders* 35, no. 2 (2005): 177~82.

_____. "Should the DSM V drop Asperger syndrome." *Journal of Autism & Developmental Disorders* 40, no. 9 (September 2010): 1146~48.

"Giants and dwarfs." *Strand Magazine* 8 (July~December 1894): 432~38.

Gibbons, John J., and Nicholas deBelleville Katzenbach. *Confronting Confinement: A Report of the Commission on Safety and Abuse in America's Prisons*. New York: Vera Institute of Justice, 2006.

Gibbs, Nancy. "Pillow angel ethics." *Time*, January 7, 2007.

Gibbs, Nancy, and Timothy Roche. "The Columbine tapes." *Time*, December 20, 1999.

Gibson, David. *Down's Syndrome: The Psychology of Mongolism*. Cambridge, UK, and New York: Cambridge University Press, 1978.

Gifts of Love. Documentary film. New York: National Down Syndrome Society, 1982.

Gil, Ana Milena, Ana Maria Jaramillo, and Bertha Ortiz. "Pregnancy resulting from rape: Breaking the silence of multiple crises." *Women's Health Collection*, January 1, 2001.

Gilbert, Daniel. *Stumbling on Happiness.* New York: Knopf, 2006.

Gillam, Lynn. "Prenatal diagnosis and discrimination against the disabled." *Journal of Medical Ethics* 25, no. 2 (April 1999): 163~71.

Gillberg, Christopher, and E. Billstedt. "Autism and Asperger syndrome: Coexistence with other clinical disorders." *Acta Psychiatrica Scandinavica* 102, no. 5 (November 2000): 321~30.

Gilligan, Carol. *The Birth of Pleasure.* New York: Alfred A. Knopf, 2002.

Gilovich, Thomas, and Victoria Husted Medvec. "The experience of regret: What, when, and why." *Psychological Review* 102, no. 2 (April 1995): 379~95.

Giordano, Simona. "Gender atypical organisation in children and adolescents: Ethico-legal issues and a proposal for new guidelines." *International Journal of Children's Rights* 15, nos. 3~4 (2007): 365~90.

_____. "Lives in a chiaroscuro: Should we suspend the puberty of children with gender identity disorder." *Journal of Medical Ethics* 34, no. 8 (August 2008): 580~85.

Gitterman, Alex. *Handbook of Social Work Practice with Vulnerable and Resilient Populations.* 2nd ed. New York: Columbia University Press, 2001.

Giuliano, Ryan J., et al. "Native experience with a tone language enhances pitch discrimination and the timing of neural responses to pitch change." *Frontiers in Psychology* 2, no. 146 (August 2011): 1~12.

Glaberson, William. "Terror in Littleton: Responsibility; case against parents would be hard to prove." *New York Times,* April 27, 1999.

Gladwell, Malcolm. *Outliers: The Story of Success.* New York: Little, Brown, 2008.

_____. "Late bloomers: Why do we equate genius with precocity." *New Yorker*, October 20, 2008.

Glannon, Walter. *Genes and Future People: Philosophical Issues in Human Genetics.* Boulder, CO: Westview Press, 2002.

Glascher, Jan, et al. "Lesion mapping of cognitive abilities linked to intelligence." *Neuron* 61, no. 5 (March 2009): 681~91.

Glaser, Gabrielle. "'Mad pride' fights a stigma." *New York Times*, May 11, 2008.

Glasson, Emma J., et al. "Perinatal factors and the development of autism." *Archives of General Psychiatry* 61, no. 6 (June 2004): 618~27.

Glessner, Joseph T., et al. "Autism genome-wide copy number variation reveals ubiquitin and neuronal genes." *Nature* 459 (May 28, 2009): 569~73.

Glidden, Laraine Masters. "What we do not know about families with children who have developmental disabilities: Questionnaire on resources and stress as a case study." *American Journal on Mental Retardation* 97, no. 5 (March 1993): 481~95.

Glidden, Laraine Masters, and Frank J. Floyd. "Disaggregating parental depression and family stress in assessing families of children with developmental disabilities: A multisample analysis." *American Journal on Mental Retardation* 102, no. 3 (November 1997): 250~66.

Glidden, Laraine Masters, and Sarah A. Schoolcraft. "Depression: Its trajectory and correlates in mothers rearing children with intellectual disability." *Journal of Intellectual Disability Research* 47, nos. 4~5 (May~June 2003): 250~63.

Glied, Sherry A., and Richard G. Frank. "Better but not best: Recent trends in the well-being of the mentally ill." *Health Affairs* 28, no. 3 (May~June 2009): 637~48.

Global Justice Center. *The Right to an Abortion for Girls and Women Raped in Armed Conflict.* New York: Global Justice Center, 2011.

Glover, Jonathan, et al. *Ethics of New Reproductive Technologies: The Glover Report to the European Commission.* DeKalb: Northern Illinois University Press, 1989.

Goddard, Henry Herbert. *Feeble-Mindedness: Its Causes and Consequences.* New York: Macmillan, 1914.

Goertzel, Mildred George, Victor Goertzel, and Ted George Goertzel. *Three Hundred Eminent Personalities: A Psychosocial Analysis of the Famous.* San Francisco: Jossey-Bass, 1978.

Goertzel, Victor, and Mildred George Goertzel. *Cradles of Eminence: Childhoods of More Than 700 Famous Men and Women.* Boston: Little, Brown, 1962.

Goffman, Erving. "The insanity of place." *Psychiatry: Journal of Interpersonal Relations* 32, no. 4 (November 1969): 357~87.

_____. *Stigma: Notes on the Management of Spoiled Identity (1963).* New York: Simon & Schuster, 1986.

Golan, Lew. *Reading Between the Lips: A Totally Deaf Man Makes It in the Mainstream.* Chicago: Bonus Books, 1995.

Gold, Marc W. *"Did I Say That.": Articles and Commentary on the Try Another Way System.* Champaign, IL: Research Publishing, 1980.

Gold, Rachel Benson. "Hierarchy crackdown clouds future of sterilization, EC provision at Catholic hospitals." *Guttmacher Report on Public Policy* 5, no. 2 (May 2002): 11~13.

Goldberg, Carey. "Could mental illness be written in a face." *Boston Globe*, January 22, 2007.

Goldberg, Jeffrey. *Prisoners: A Muslim and a Jew Across the Middle East Divide.* New York: Knopf, 2006.

Goldenberg, Suzanne. "'Not deaf enough' university head is forced out." *Guardian*, October 31, 2006.

"Golden Globes: Peter Dinklage cites Martin Henderson case." *Los Angeles Times*, January 16, 2012.

Goleman, Daniel. "Left vs. right: Brain function tied to hormone in the womb." *New York Times*, September 24, 1985.

_____. "The wrong sex: A new definition of childhood pain." *New York Times*, March 22, 1994.

Gollust, Sarah E., et al. "Living with achondroplasia in an average-sized world: An assessment of quality of life." *American Journal of Medical Genetics* 120A, no. 4 (August 2003): 447~58.

_____. "Community involvement in developing policies for genetic testing: Assessing the interests and experiences of individuals affected by genetic conditions." *American Journal of Health* 95, no. 1 (January 2005): 35~41.

Gong, Xiaohong, et al. "Association between the FOXP2 gene and autistic disorder in Chinese population." *American Journal of Medical Genetics, Part B: Neuropsychiatric Genetics* 127B, no. 1 (May 2004): 113~16.

Gonnerman, Jennifer. *Life on the Outside: The Prison Odyssey of Elaine Bartlett.* New York: Farrar, Straus & Giroux, 2004.

Goode, Erica. "What provokes a rapist to rape?: Scientists debate notion of an evolutionary drive."

New York Times, January 15, 2000.

_____. "Disparities seen in mental care for minorities." New York Times, August 27, 2001.

_____. "The uneasy fit of the precocious and the average." New York Times, March 12, 2002.

_____. "Autism cases up; cause is unclear." New York Times, January 26, 2004.

_____. "Lifting the veils of autism, one by one." New York Times, February 24, 2004.

Goodman, Peter. "Sparks fly from his fingertips." Newsday, October 2, 1990.

Goodstein, Laurie. "Vatican declined to defrock U.S. priest who abused boys." New York Times, March 25, 2010.

_____. "Words of a victim." New York Times, March 26, 2010.

Goodstein, Laurie, and David Callender. "For years, deaf boys tried to tell of priest's abuse." New York Times, March 27, 2010.

Gooren, Louis. "The biology of human psychosexual differentiation." Hormones & Behavior 50 (2006): 589~601.

Gooren, Louis J., Erik J. Giltay, and Mathijs C. Bunck. "Long-term treatment of transsexuals with cross-sex hormones: Extensive personal experience." Journal of Clinical Endocrinology & Metabolism 93, no. 1 (January 2008): 19~25.

Gopinath, P. S., and Santosh K. Chaturvedi. "Distressing behaviour of schizophrenics at home." Acta Psychiatrica Scandinavica 86, no. 3 (September 1992): 185~88.

Gordon, Melanie Apel. Let's Talk About Down Syndrome. New York: PowerKids Press, 1999.

Gordon, Peter, and Kate Crehan. Dying of Sadness: Gender, Sexual Violence and the HIV Epidemic. New York: U.N. Development Program HIV & Development Programme, 1998.

Gorman, Christine. "The importance of resilience." Time, January 17, 2005.

Gotkin, Janet, and Paul Gotkin. Too Much Anger, Too Many Tears: A Personal Triumph over Psychiatry. New York: HarperPerennial, 1992.

Gottlieb, Anthony. "A nervous splendor ." New Yorker, April 6, 2009.

Gottlieb, Benjamin H., ed. Social Networks and Social Support. Beverly Hills, CA: Sage Publications, 1981.

Gottlieb, Eli. The Boy Who Went Away. New York: Bantam Books, 1997.

Gottlieb, Jennifer, and Corinne Cather. "Cognitive behavioral therapy (CBT) for schizophrenia: An in-depth interview with experts." San Francisco: Schizophrenia.com, February 3, 2007.

Gottlieb, Robert. "A critic at large: A lost child ." New Yorker, November 6, 2006.

Gottschall, Jonathan A., and Tiffani A. Gottschall. "Are per-incident rape-pregnancy rates higher than per-incident consensual pregnancy rates." Human Nature: An Interdisciplinary Biosocial Perspective 14, no. 1 (March 1, 2003): 1~20.

Gourevich, Philip. We Wish to Inform You That Tomorrow We Will Be Killed with Our Families: Stories from Rwanda. New York: Picador, 1999.

"Gov. Rick Snyder signs domestic partner benefits ban." Associated Press, December 22, 2011.

Gowen, Jean W., et al. "Feelings of depression and parenting competence of mothers of handicapped and nonhandicapped infants: A longitudinal study." American Journal on Mental Retardation 94, no. 3 (November 1989): 259~71.

Grady, Denise. "Gene identified as major cause of deafness in Ashkenazi Jews." New York Times, November 19, 1998.

Graffman, Gary. I Really Should Be Practicing: Reflections on the Pleasures and Perils of Playing *the Piano in Public.* New York, Doubleday 1981.

Graham, Peter W., and Fritz H. Oehlschlaeger. *Articulating the Elephant Man: Joseph Merrick and His Interpreters.* Baltimore: Johns Hopkins University Press, 1992.

Graham, Trey. "The final days of Gaurav Gopalan." *Washington City Paper*, September 21, 2011.

Grandin, Temple . *Thinking in Pictures: And Other Reports from My Life with Autism.* New York: Doubleday, 1995.

_____. *The Way I See It: A Personal Look at Autism and Asperger's.* Arlington, TX: Future Horizons, 2008.

Grant, Gordon, and Bridget Whittell. "Differentiated coping strategies in families with children or adults with intellectual disabilities: The relevance of gender, family composition and the life span." *Journal of Applied Research in Intellectual Disabilities* 13, no. 4 (December 2000): 256~75.

Grant, Jaime M., et al. *Injustice at Every Turn: A Report of the National Transgender Discrimination Survey.* New York: National Center for Transgender Equality, 2011.

Grass Amenta, Marie. "Understanding those with autism." *Chicago Tribune*, June 15, 2006.

Gray, David E. "Ten years on: A longitudinal study of families of children with autism." *Journal of Intellectual & Developmental Disability* 27, no. 3 (September 2002): 215~22.

Gray, Francine du Plessix. *Simone Weil.* New York: Viking, 2001.

Gray, Katti. "Juvenile injustice: The tragic case of Miriam White." *Essence*, September 2001.

Gray, Richard. "Couples could win right to select deaf baby in embryo bill change." *Sunday Telegraph*, April 13, 2008.

Grealy, Lucy. *Autobiography of a Face.* Boston: Houghton Mifflin, 1994.

Green, Joanne. "The reality of the miracle: What to expect from the first surgery." Wide Smiles, 1996.

Green, Jesse. "The leap." *New York*, May 30, 2010.

Green, Kevin M. J., et al. "Cortical plasticity in the first year after cochlear implantation." *Cochlear Implants International* 9, no. 2 (2008): 103~17.

Green, Michael Foster. *Schizophrenia Revealed: From Neurons to Social Interactions.* New York and London: W. W. Norton, 2001.

Green, Richard. *The "Sissy Bo." Syndrome and the Development of Homosexuality.* New Haven, CT: Yale University Press, 1987.

Green, Richard, and John Money. *Transsexualism and Sex Reassignment.* Baltimore: Johns Hopkins University Press, 1969.

Green, Saul. "Chelation therapy: Unproven claims and unsound theories." *Quackwatch*, July 24, 2007.

Green, Wayne H., Magda Campbell, and Raphael David. "Psychosocial dwarfism: A critical review of the evidence." *Journal of the American Academy of Child Psychiatry* 23, no. 1 (January 1984): 39~48.

Greenberg, Jan Steven. "The other side of caring: Adult children with mental illness as supports to their mothers in later life." *Social Work* 40, no. 3 (May 1995): 414~23.

Greenberg, Jan Steven, Marsha Mailick Seltzer, and J. R. Greenley. "Aging parents of adults with disabilities: The gratifications and frustrations of later-life caregiving." *Gerontologist* 33, no. 4 (1993): 542~50.

Greenberg, Jan Steven, et al. "Siblings of adults with mental illness or mental retardation: Current involvement and expectation of future caregiving." *Psychiatric Services* 50, no. 9 (September 1999): 1214~19.

_____. "The effect of quality of the relationship between mothers and adult children with schizophrenia, autism, or Down syndrome on maternal well-being: The mediating role of optimism." *American Journal of Orthopsychiatry* 74, no. 1 (January 2004): 14~25.

Greenberg, William M. "Treatment resistance in schizophrenia: The role of alternative therapies." *Psychiatric Times* 23, no. 11 (October 15, 2006): 37.

Greene, Arin K., et al. "Risk of vascular anomalies with Down syndrome." *Pediatrics* 121, no. 1 (January 2008): 135~40.

Greenfeld, Karl Taro. *Boy Alone: A Brother's Memoir.* New York: Harper, 2009.

Greenspan, Stanley I., and Serena Weider. *Engaging Autism: Using the Floortime Approach to Help Children Relate, Communicate, and Think.* New York: Da Capo, 2006.

Greenwald, Brian H., and John Vickrey Van Cleve, eds. *A Fair Chance in the Race of Life: The Role of Gallaudet University in Deaf History.* Washington, DC: Gallaudet University Press, 2010.

Greenwood, Peter W., et al. *Diverting Children from a Life of Crime: Measuring Costs and Benefits.* Santa Monica, CA: RAND, 1996.

Gregg, Robin. *Pregnancy in a High-Tech Age: Paradoxes of Choice.* New York: New York University Press, 1995.

Gregory, Susan, Juliet Bishop, and Lesley Sheldon. *Deaf Young People and Their Families: Developing Understanding.* Cambridge, UK, and New York: Cambridge University Press, 1995.

Grelotti, David J., et al. "fMRI activation of the fusiform gyrus and amygdala to cartoon characters but not to faces in a boy with autism." *Neuropsychologia* 43, no. 3 (February 2005): 373~85.

Greytak, Emily A., Joseph G. Kosciw, and Elizabeth M. Diaz. *Harsh Realities: The Experiences of Transgender Youth in Our Nation's Schools.* New York: Gay, Lesbian and Straight Education Network, 2009.

Grieg, Kai. *The War Children of the World.* Bergen, Norway: War and Children Identity Project, 2001.

Grimes, Andrea. "Paint by numbers: Inside the life of Southlake's child prodigy artist, 15-year-old Olivia Bennett." *Dallas Observer* 23, no. 92 (September 30, 2004).

Grinker, Roy Richard. *Unstrange Minds: Remapping the World of Autism.* New York: Basic Books, 2007.

Grisso, Thomas, and Robert G. Schwartz, eds. *Youth on Trial: A Developmental Perspective on Juvenile Justice.* Chicago: University of Chicago Press, 2000.

Grissom, Maureen, and John Borkowski. "Self-efficacy in adolescents who have siblings with or without disabilities." *American Journal on Mental Retardation* 107, no. 2 (March 2002): 79~90.

Groce, Nora Ellen. *Everyone Here Spoke Sign Language: Hereditary Deafness on Martha's Vineyard.* Cambridge, MA: Harvard University Press, 1985.

Grohol, John. "DSM-V major changes." *PsychCentral*, May 26, 2009.

Groopman, Jerome. "Hurting all over." *New Yorker*, November 13, 2000.

Groskop, Viv. "My body is wrong." *Guardian*, August 14, 2008.

Gross, Jane. "Nudging toward normal." *New York Times*, April 13, 2003.

_____. "As autism cases rise, parents run frenzied race to get help." *New York Times*, January 30, 2004.

_____. "For families of autistic, the fight for ordinary." *New York Times*, October 22, 2004.

_____. "For siblings of the autistic, a burdened youth." *New York Times*, December 10, 2004.

_____. "As autistic children grow, so does social gap." *New York Times*, February 26, 2005.

Gross, Jane, and Stephanie Strom. "Autism debate strains a family and its charity." *New York Times*, June 18, 2007.

Gross, Miraca. *Exceptionally Gifted Children*. London and New York: Routledge, 1993.

Grossman, Frances Kaplan. *Brothers and Sisters of Retarded Children: An Exploratory Study*. Syracuse, NY: Syracuse University Press, 1972.

Grossman, Lev. "The trouble with genius." *Time*, March 15, 2004.

Grotberg, Edith. *Resilience for Today: Gaining Strength from Adversity*. Westport, CT: Praeger, 2003.

"Groundbreaking exhibition charts 'History Through Deaf Eyes.." *USA Today*, February 2006.

Gubbels, Samuel P., et al. "Functional auditory hair cells produced in the mammalian cochlea by in utero gene transfer." *Nature* 455, no. 7212 (August 27, 2008): 537~41.

Guernsey, Diane. "Autism's angels." *Town & Country*, August 1, 2006.

Guillemin, Marilys, and Lynn Gillam. "Attitudes to genetic testing for deafness: The importance of informed choice." *Journal of Genetic Counseling* 15, no. 1 (February 2006): 51~59.

Gumley, Andrew, et al. "Early intervention for relapse in schizophrenia: Results of a 12-month randomized controlled trial of cognitive behavioural therapy." *Psychological Medicine* 33, no. 3 (April 2003): 419~31.

Gunther, Daniel F., and Douglas S. Diekema. "Attenuating growth in children with profound developmental disability: A new approach to an old dilemma." *Archives of Pediatric & Adolescent Medicine* 260, no. 10 (October 2006): 1013~17.

Gur, Raquel E., and Ann Braden Johnson. *If Your Adolescent Has Schizophrenia: An Essential Resource for Parents*. Oxford, UK, and New York: Oxford University Press, 2006.

Guralnick, Michael J., et al. "Family factors associated with the peer social competence of young children with mild delays." *American Journal on Mental Retardation* 108, no. 4 (July 2003): 272~87.

Gureje, Oye, and Rotimi Bamidele. "Thirteen-year social outcome among Nigerian outpatients with schizophrenia." *Social Psychiatry & Psychiatric Epidemiology* 34, no. 3 (March 1999): 147~51.

Gurewitsch, Matthew. "Early works of a new composer (very early, in fact)." *New York Times*, August 13, 2006.

Gustafson, Paul. "Gang member found not guilty of St. Paul killing." *Minneapolis Star Tribune*, May 6, 2004.

_____. "Doubts about witness lead to acquittal in murder case." *Minneapolis Star Tribune*, July 24, 2004.

_____. "Gang member sentenced for shooting death of rival." *Minneapolis Star Tribune*, August 20, 2004.

Gutek, Gerald Lee. *The Montessori Method: The Origins of an Educational Innovation: Including an Abridged and Annotated Edition of Maria Montessori's The Montessori Method.* Lanham, MD: Rowman & Littlefield, 2004.

Gutner, Toddi. "Special needs, crushing costs." *BusinessWeek*, May 31, 2004.

Guyer, Paul, ed. *The Cambridge Companion to Kant.* Cambridge, UK, and New York: Cambridge University Press, 1992.

Habib, Mirette B., et al. "Speech production intelligibility of early implanted pediatric cochlear implant users." *International Journal of Pediatric Otorhinolaryngology* 74, no. 8 (August 2010): 855~59.

Haddon, Mark. *The Curious Incident of the Dog in the Night-Time.* New York: Doubleday, 2003.

Hagan, John, and Holly Foster. "Youth violence and the end of adolescence." *American Sociological Review* 66 (December 2001): 874~99.

Hagerman, Randi, et al. "Fragile X syndrome and targeted treatment trials." *Results & Problems in Cell Differentiation* 54 (2012): 297~335.

Hagerman, Randi, Gry Hoem, and Paul Hagerman. "Fragile X and autism: Intertwined at the molecular level leading to targeted treatments." *Molecular Autism* 1, no. 12 (September 2010): 1~14.

Haggerty, Robert J., et al., eds. *Stress, Risk, and Resilience in Children and Adolescents.* Cambridge, UK, and New York: Cambridge University Press, 1996.

Hahn, Harlan D., and Todd L. Belt. "Disability identity and attitudes toward cure in a sample of disabled activists." *Journal of Health & Social Behavior* 45, no. 4 (December 2004): 453~64.

Haier, Richard J., et al. "Structural brain variation and general intelligence." *NeuroImage* 23, no. 1 (2004): 425~33.

Hakak, Yaron, et al. "Genome-wide expression analysis reveals dysregulation of myelination-related genes in chronic schizophrenia." *Proceedings of the National Academy of Sciences* 98, no. 8 (April 2001): 4746~51.

Hakim, Danny. "A disabled boy's death, and a system in disarray." *New York Times*, June 6, 2010.
_____. "At state-run homes, abuse and impunity." *New York Times*, March 12, 2011.

Hakim, Danny, Thomas Kaplan, and Michael Barbaro. "After backing gay marriage, 4 in G.O.P. face voters' verdict." *New York Times*, July 4, 2011.

Halbfinger, David M. "Care of juvenile offenders in Mississippi is faulted." *New York Times*, September 1, 2003.

Haldy, Mary, and Jodie Reditti Hanzlik. "A comparison of perceived competence in child-rearing between mothers of children with Down syndrome and mothers of children without delays." *Education & Training in Mental Retardation* 25, no. 2 (June 1990): 132~41.

Hall, Jeremy, et al. "Hippocampal function in schizophrenia and bipolar disorder." *Psychological Medicine* 40, no. 5 (May 2010): 761~70.

Hall, Rob. *Rape in America: A Reference Handbook.* Santa Barbara, CA: ABC-CLIO, 1995.

Hall, Will. *Harm Reduction Guide to Coming Off Psychiatric Drugs.* New York and Northampton, MA: Icarus Project & Freedom Center, 2007.

Haller, Beth A. "Paternalism and protest: Coverage of deaf persons in the *Washington Post* and *New York Times*." *Mass Communication Review* 20, nos. 3~4 (Winter 1993): 169~79.

Hallmayer, Joachim, et al. "Genetic heritability and shared environmental factors among twin pairs with autism." *Archives of General Psychiatry* 68, no. 11 (November 2011): 1095~102.

Hamada, Yoshito, Yasuyuki Ohta, and Yoshibumi Nakane. "Factors affecting the family support system of patients with schizophrenia: A survey in the remote island of Tsushima." *Psychiatry & Clinical Neurosciences* 57, no. 2 (April 2003): 161~68.

Hambleton, Else L. *Daughters of Eve: Pregnant Brides and Unwed Mothers in Seventeenth-Century Massachusetts*. London and New York: Routledge, 2004.

Hammarberg, Thomas. "Discrimination against transgender persons must no longer be tolerated." Strasbourg, France: Council of Europe, Office of the Commissioner for Human Rights, 2009.

Hannah, Mary E., and Elizabeth Midlarsky. "Competence and adjustment of siblings of children with mental retardation." *American Journal on Mental Retardation* 104, no. 1 (January 1999): 22~37.

Hanneman, Robert, and Jan Blacher. "Predicting placement in families who have children with severe handicaps: A longitudinal analysis." *American Journal on Mental Retardation* 102, no. 4 (January 1998): 392~408.

Hansen, Robin L. "Regression in autism: Prevalence and associated factors in the CHARGE study." *Ambulatory Pediatrics* 8, no. 1 (January 2008): 25~31.

Hanson, Marci J. *Teaching Your Down's Syndrome Infant: A Guide for Parents*. Baltimore: University Park Press, 1977.

_____. "Twenty-five years after early intervention: A follow-up of children with Down syndrome and their families." *Infants & Young Children* 16, no. 4 (November ~December 2003): 354~65.

Happé, Francesca. *Autism: An Introduction to Psychological Theory*. Cambridge, MA: Harvard University Press, 1995.

Haraway, Donna. *Simians, Cyborgs, and Women: The Reinvention of Nature*. New York: Routledge, 1991.

Hare, Lauren, et al. "Androgen receptor repeat length polymorphism associated with male-to-female transsexualism." *Biological Psychiatry* 65, no. 1 (January 2009): 93~96.

Harland, Kelly. *A Will of His Own: Reflections on Parenting a Child with Autism*. Rev. ed. London: Jessica Kingsley Publishers, 2007.

Harmanci, Reyhan. "They didn't wait until middle age to question their birth sex: They are the 'transgeneration..' *San Francisco Chronicle*, September 15, 2005.

Harmon, Amy. "Finding out: Adults and autism; an answer, but not a cure, for a social disorder." *New York Times*, April 29, 2004.

_____. "Neurodiversity forever: The disability movement turns to brains." *New York Times*, May 9, 2004.

_____. "In new tests for fetal defects, agonizing choices." *New York Times*, June 20, 2004.

_____. "As gene test menu grows, who gets to choose." *New York Times*, July 21, 2004.

_____. "How about not 'curing' us, some autistics are pleading." *New York Times*, December 20, 2004.

_____. "The problem with an almost-perfect genetic world." *New York Times*, November 20, 2005.

_____. "The DNA age: Prenatal test puts Down syndrome in hard focus." *New York Times*, May 9, 2007.

_____. "Nominee to disability council is lightning rod for dispute on views of autism." *New York Times*, March 28, 2010.

Harrington, Tom. "FAQ: Helen Keller quotes." Washington, DC: Gallaudet University Library, 2000.

_____. "American Sign Language: Ranking and number of users." Washington, DC: Gallaudet University Library, 2004.

Harrington, Tom, and Sarah Hamrick. "FAQ: Sign languages of the world by country." Washington, DC: Gallaudet University Library, no date.

Harris, Jeffrey P., John P. Anderson, and Robert Novak. "An outcomes study of cochlear implants in deaf patients: Audiologic, economic, and quality-of-life changes." *Archives of Otolaryngology—Head & Neck Surgery* 121, no. 4 (April 1995): 398~404.

Harris, Judith Rich. *The Nurture Assumption: Why Children Turn Out the Way They Do*. New York: Free Press, 1998.

Harris, Laura W., et al. "Gene expression in the prefrontal cortex during adolescence: Implications for the onset of schizophrenia." *BMC Medical Genomics* 2 (May 2009): 28.

Harris, Lynn. "Who you calling a 'midget'." *Salon*, July 16, 2009.

Harris, Ron. "Scars of war." *St. Louis Post-Dispatch*, April 25, 2005.

Harrison, Jill, Matthew Henderson, and Rob Leonard, eds. *Different Dads: Fathers' Stories of Parenting Disabled Children*. London: Jessica Kingsley Publishers, 2007.

Harrison, Paige M., and Allen J. Beck. *Prisoners in 2002*. Bureau of Justice Statistics Bulletin 00248. Washington, DC: US Department of Justice, Bureau of Justice Statistics, June 2003.

Harrison, Paul J. "Schizophrenia susceptibility genes and neurodevelopment." *Biological Psychiatry* 61, no. 10 (2007): 1119~20.

Harrison, Paul J., and Daniel R. Weinberger. "Schizophrenia genes, gene expression, and neuropathology: On the matter of their convergence." *Molecular Psychiatry* 10, no. 1 (January 2005): 40~68.

Hart, Carol. "Who's deficient, who's just plain short? Despite advances, growth hormone decision tough." *AAP News* 13, no. 6 (June 1997): 14~15.

Hartigan, Patti. "Young + brilliant, blessed + cursed." *Boston Globe Magazine*, March 6, 2005.

Hartson, Merrill. "Juvenile court system too soft on criminals, U.S. official says." Associated Press, September 4, 1985.

Hasbrouck, Amy. "Misplaced mercy: Prosecution and sentencing of parents who kill their disabled children." Privately published, 1997.

Hasle, H., I. H. Clemmensen, and M. Mikkelsen. "Risks of leukaemia and solid tumors in individuals with Down's syndrome." *Lancet* 355 (2000): 165~69.

Hassold, Terry, and David Patterson. *Down Syndrome: A Promising Future, Together*. New York: Wiley-Liss, 1999.

Hästbacka, Johanna, et al. "The diastrophic dysplasia gene encodes a novel sulfate transporter: Positional cloning by fine-structure linkage disequilibrium mapping." *Cell* 78, no. 6 (September 23, 1994): 1073~87.

Hastings, Richard P. "Parental stress and behavior problems of children with developmental disability." *Journal of Intellectual & Developmental Disability* 27, no. 3 (September 2002): 149~60.

Hastings, Richard P., and Tony Brown. "Functional assessment and challenging behaviors: Some future directions." *Journal of the Association for Persons with Severe Handicaps* 25, no. 4 (Winter 2000): 229~40.

_____. "Behavior problems of children with autism, parental self-efficacy, and mental health." *American Journal on Mental Retardation* 107, no. 3 (May 2002): 222~32.

Hastings, Richard P., and Helen M. Taunt. "Positive perceptions in families of children with developmental disabilities." *American Journal on Mental Retardation* 107, no. 2 (March 2002): 116~27.

Hastings, Richard P., et al. "Factors related to positive perceptions in mothers of children with intellectual disabilities." *Journal of Applied Research in Intellectual Disabilities* 15, no. 3 (September 2002): 269~75.

Hatfield, Agnes B. "The expressed emotion theory: Why families object." *Hospital & Community Psychiatry* 38, no. 4 (1987): 341.

_____. *Family Education in Mental Illness.* New York: Guilford Press, 1990.

Hatfield, Agnes B., and Harriet P. Lefley. *Surviving Mental Illness: Stress, Coping, and Adaptation.* New York: Guilford Press, 1993.

Hatfield, Agnes B., Leroy Spaniol, and Anthony M. Zipple. "Expressed emotion: A family perspective." *Schizophrenia Bulletin* 13, no. 2 (1987): 221~26.

Hatzfeld, Jean. *Machete Season: The Killers in Rwanda Speak.* New York: Farrar, Straus & Giroux, 2005.

Hauser-Cram, Penny, et al. *Children with Disabilities: A Longitudinal Study of Child Development and Parent Well-Being.* Boston: Blackwell, 2001.

Hawkins, Keith A., et al. "Neuropsychological course in the prodrome and first episode of psychosis: Findings from the PRIME North America Double Blind Treatment Study." *Schizophrenia Research* 105, nos. 1~3 (October 2008): 1~9.

Hawkins, Larry, and Judy Brawner. "Educating children who are deaf or hard of hearing: Total Communication." ERIC Digest 559. Reston, VA: ERIC Clearinghouse on Disabilities and Gifted Education, Council for Exceptional Children, 1997.

Hay, William. *Deformity: An Essay.* London: Printed for R. and J. Dodsley, and sold by M. Cooper, 1754.

Healy, Patrick. "Hearing man in deaf role stirs protests in New York." *New York Times*, October 14, 2009.

"Health care: E. Fuller Torrey on mental illness." Radio broadcast. Interview with E. Fuller Torrey. Dave Davies, correspondent. *Fresh Air*, WHYY Philadelphia/National Public Radio, April 17, 2006.

Hecht, Jacqueline T., et al. "Mortality in achondroplasia." *American Journal of Human Genetics* 41, no. 43 (September 1987): 454~64.

_____. "Obesity in achondroplasia." *American Journal of Medical Genetics* 31, no. 3 (November 1988): 597~602.

_____. "Mutations in exon 17B of cartilage oligomeric matrix protein (COMP) cause pseudoachondroplasia." *Nature Genetics* 10, no. 3 (July 1995): 325~29.

Heckers, Stephan. "Neuroimaging studies of the hippocampus in schizophrenia." *Hippocampus* 11, no. 5 (October 2001): 520~28.

Hedley, Lisa Abelow. "A child of difference." *New York Times Magazine*, October 12, 1997.

Heffernan, Virginia. "The challenges of a oversized world." *New York Times*, March 4, 2006.

_____. "Narrow-minded." *New York Times*, May 25, 2008.

Heinkel-Wolf, Peggy. *See Sam Run: A Mother's Story of Autism*. Denton, TX: University of North Texas Press, 2008.

Helff, Cynthia M., and Laraine Masters Glidden. "More positive or less negative? Trends in research on adjustment of families rearing children with developmental disabilities." *Mental Retardation* 36, no. 6 (December 1998): 457~64.

Heller, Tamar. *Development of a Transition Plan for Older Adults with Developmental Disabilities Residing in the Natural Home*. Report to the Illinois Governor's Planning Council on Developmental Disabilities. Chicago: Evaluation and Public Policy Program, Institute for the Study of Developmental Disabilities, University of Illinois, Chicago, 1988.

_____. "Aging family caregivers: Support resources and changes in burden and placement desire." *American Journal on Mental Retardation* 98, no. 3 (November 1993): 417~26.

Heller, Tamar, and Alan Factor. "Permanency planning for adults with mental retardation living with family caregivers." *American Journal on Mental Retardation* 96, no. 2 (September 1991): 163~76.

Heller, Tamar, Kelly Hsieh, and Louis Rowitz. "Maternal and paternal caregiving of persons with mental retardation across the lifespan." *Family Relations* 46, no. 4 (October 1997): 407~15.

Heller, Tamar, Alison B. Miller, and Alan Factor. "Adults with mental retardation as supports to their parents: Effects on parental caregiving appraisal." *Mental Retardation* 35, no. 5 (October 1997): 338~46.

Heller, Tamar, Alison B. Miller, and Kelly Hsieh. "Impact of a consumer directed family support program on adults with developmental disabilities and their family caregivers." *Family Relations* 48, no. 4 (October 1999): 419~27.

Hembree, Wylie C., et al. "Endocrine treatment of transsexual persons: An Endocrine Society clinical practice guideline." *Journal of Clinical Endocrinology & Metabolism* 94, no. 9 (September 2009): 3132~54.

Henderson, Helen. "Earthly injustice of 'pillow angels..'" *Toronto Star*, June 27, 2009.

Henderson, Nick. "Attack on wife: Mental health system blamed; man avoids jail after 'tragic' case." *Advertiser*, October 13, 2006.

Henggeler, Scott W., et al. "Family preservation using multisystemic therapy: An effective alternative to incarcerating serious juvenile offenders." *Journal of Consulting & Clinical Psychology* 60, no. 6 (December 1992): 953~61.

Henry, David B., et al. "Longitudinal family and peer group effects on violence and nonviolent delinquency." *Journal of Clinical Child Psychology* 20, no. 1 (June 2001): 172~86.

Herbert, Martha R., et al. "Localization of white matter volume increase in autism and developmental language disorder." *Annals of Neurology* 55, no. 4 (April 2004): 530~40.

_____. "Autism and environmental genomics." *NeuroToxicology* 27, no. 5 (September 2006): 671~84.

Herdt, Gilbert H. *Third Sex, Third Gender: Beyond Sexual Dimorphism in Culture and History.* New York: Zone Books, 1994.

Her Majesty's Young Offender Institution. HMYOI Castington and Oswald Unit. "Summary of questionnaires and interviews." Acklington, Northumberland: HMYOI Castington and Oswald Unit, February 16, 2010.

Hermelin, Beate. *Bright Splinters of the Mind: A Personal Story of Research with Autistic Savants.* London: Jessica Kingsley Publishers, 2001.

Herrera, Camilla. "Survivor: Neither mental illness nor fear could keep artist from her work." *Advocate & Greenwich Time*, May 4, 2003.

Hershenson, Roberta. "Playing piano recitals and skipping fifth grade." *New York Times*, July 9, 2009.

Hershey, Laura. "Choosing disability." *Ms. Magazine*, July 1994.

Herszenhorn, David M. "House approves broad protections for gay workers." *New York Times*, November 8, 2007.

Hertzberg, Hendrik. "The Narcissus survey." *New Yorker*, January 5, 1998.

Hevey, David. *The Creatures Time Forgot: Photography and Disability Imagery.* New York: Routledge, 1992.

Hewetson, Ann. *The Stolen Child: Aspects of Autism and Asperger Syndrome.* Westport, CT: Bergin & Garvey, 2002.

Hickock, Gregory, et al. "Discourse deficits following right hemisphere damage in deaf signers." *Brain & Language* 66 (1999): 233~48.

Hickock, Gregory, Tracy Love-Geffen, and Edward S. Klima. "Role of the left hemisphere in sign language comprehension." *Brain & Language* 82, no. 2 (August 2002): 167~78.

Hicks, Ann. "Symphony's Russian birthday bash full of fun (Natasha Paremski)." *Greenville News*, April 13, 2003.

Hikida, Takatoshi, et al. "Dominant-negative DISC1 transgenic mice display schizophrenia-associated phenotypes detected by measures translatable to humans." *Proceedings of the National Academy of Sciences* 104, no. 36 (September 4, 2007): 14501~6.

Hilarski, Carolyn. "Victimization history as a risk factor for conduct disorder behaviors: Exploring connections in a national sample of youth." *Stress, Trauma & Crisis* 7 (2004): 47~59.

Hilgers, Thomas W., Dennis J. Horan, and David Mall, eds. *New perspectives on human abortion.* Frederick, MD: University Publications of America, 1981.

Hill, Amelia. "Science shows up Supernanny ." *Observer*, November 7, 2004.

Hill, Victoria, et al. "Experiences at the time of diagnosis of parents who have a child with a bone dysplasia resulting in short stature." *American Journal of Medical Genetics* 122A, no. 2 (October 2003): 100~107.

Hillman, James. *Re-Visioning Psychology.* New York: Harper Perennial, 1977.

Hilsum, Lindsey. "Rwanda's time of rape returns to haunt thousands." *Guardian*, February 26, 1995.

———. "Don't abandon Rwandan women again." *New York Times*, April 11, 2004.

Hines, Stefani, and Forrest Bennett. "Effectiveness of early intervention for children with Down syndrome." *Mental Retardation & Developmental Disabilities Research Reviews* 2, no. 2 (1996): 96~101.

Hintermair, Manfred, and John A. Albertini. "Ethics, deafness, and new medical technologies." *Journal of Deaf Studies & Deaf Education* 10, no. 2 (Spring 2005): 184~92.

Hinton, W. Jeff, Carl Sheperis, and Pat Sims. "Family-based approaches to juvenile delinquency: A review of the literature." *Family Journal: Counseling & Therapy for Couples & Families* 11, no. 2 (April 2003): 167~73.

Ho, Eugenia, et al. "Initial study of rh-IGF1 (Mecasermin

Hoare, Peter, et al. "A community survey of children with severe intellectual disability and their families: Psychological adjustment, carer distress and the effect of respite care." *Journal of Intellectual Disability Research* 42, no. 3 (June 1998): 218~27.

Hobson, R. Peter. *Autism and the Development of Mind.* Hove, East Sussex: Lawrence Erlbaum Associates, 1998.

_____. *The Cradle of Thought.* Oxford, UK, and New York: Oxford University Press, 2004.

Hockenberry, John. *Moving Violations: War Zones, Wheelchairs and Declarations of Independence.* New York: Hyperion, 1996.

Hodapp, Robert M., and Diane V. Krasner. "Families of children with disabilities: Findings from a national sample of eighth-grade students." *Exceptionality* 5, no. 2 (1995): 71~81.

Hoek, Hans W., Alan S. Brown, and Ezra S. Susser. "The Dutch famine and schizophrenia spectrum disorders." *Social Psychiatry & Psychiatric Epidemiology* 33, no. 8 (July 1998): 373~79.

Hoenig, J., and Marian W. Hamilton. "The schizophrenic patient in the community and his effect on the household." *International Journal of Social Psychiatry* 12, no. 3 (Summer 1966): 165~76.

Hoffman, Jan. "Can a boy wear a skirt to school." *New York Times*, November 8, 2009.

Hoffman Baruch, Elaine, Amadeo F. D'Adamo, and Joni Seager Jr., eds. *Embryos, Ethics and Women's Rights: Exploring the New Reproductive Technologies.* New York: Harrington Park Press, 1988.

Hoffmann, H., Z. Kupper, and B. Kunz. "The impact of 'resignation' on rehabilitation outcome in schizophrenia." Poster, International Congress on Schizophrenia Research, April 17~21, 1999. *Schizophrenia Research* 36 (1999): 325~26.

Holland, Bernard. "Young, gifted and energetic." *New York Times*, February 24, 2006.

Hollander, Julia. "'Why is there no one to help us?.'" *Guardian*, May 28, 2003.

_____. *When the Bough Breaks: A Mother's Story.* London: John Murray, 2008.

_____. "'I had to give my baby away'—a mother's moving story of caring for her disabled child." *Daily Mail*, March 1, 2008.

_____. "A tale of two mothers." *Guardian*, March 8, 2008.

Holley, Andrea. *Sexual Violence and Its Consequences Among Displaced Persons in Darfur and Chad.* New York: Human Rights Watch, 2005.

Hollingworth, Leta Stetter. *Gifted Children: Their Nature and Nurture.* New York: Macmillan, 1926.

Holmbeck, Grayson N., et al. "Observed and perceived parental overprotection in relation to psychosocial adjustment in preadolescents with a physical disability: The mediational role of behavioral autonomy." *Journal of Consulting & Clinical Psychology* 70, no. 1 (February 2002): 96~110.

Holmes, Amy S., Mark F. Blaxill, and Boyd E. Haley. "Reduced levels of mercury in first baby haircuts of autistic children." *International Journal of Toxicology* 22, no. 4 (July~August 2003): 277~85.

Holmes, Melissa M., et al. "Rape-related pregnancy: Estimates and descriptive characteristics from a national sample of women." *American Journal of Obstetrics & Gynecology* 175, no. 2 (August 1996): 320~25.

Holmes, Steven A. "Radio talk about TV anchor's disability stirs ire in Los Angeles." *New York Times*, August 23, 1991.

Holt, Rachael F., and Mario A. Svirsky. "An exploratory look at pediatric cochlear implantation: Is earliest always best." *Ear & Hearing* 29, no. 4 (August 2008): 492~511.

"The homosexual in America." *Time*, January 21, 1966.

Hoover-Fong, Julie E., et al. "Weight for age charts for children with achondroplasia." *American Journal of Medical Genetics Part A* 143A, no. 19 (October 2007): 2227~35.

Hor, Kahyee, and Mark Taylor. "Suicide and schizophrenia: A systematic review of rates and risk factors." *Journal of Psychopharmacology* 24, no. 4 suppl. (November 2010): 81~90.

Horner, Robert H., Luanna H. Meyer, and H. D. Bud Fredericks. *Education of Learners with Severe Handicaps: Exemplary Service Strategies*. Baltimore: Paul H. Brookes, 1986.

Horton, Richard. "A statement by the editors of The Lancet." *Lancet* 363, no. 9411 (March 2004): 820~21.

Horton, Trudi Venters, and Jan L. Wallander. "Hope and social support as resilience factors against psychological distress of mothers who care for children with chronic physical conditions." *Rehabilitation Psychology* 46, no. 4 (November 2001): 382~99.

Horton, William. "Recent milestones in achondroplasia research." *American Journal of Medical Genetics* 140A (2006): 166~69.

Horton, William A., Judith G. Hall, and Jacqueline T. Hecht. "Achondroplasia." *Lancet* 370 (July 14, 2007): 162~72.

Horwitz, Allan V., Susan C. Reinhard, and Sandra Howell-White. "Caregiving as reciprocal exchange in families with seriously mentally ill members." *Journal of Health & Social Behavior* 37, no. 2 (June 1996): 149~62.

Horwitz, Sarah M., Mark D. Simms, and R. Farrington. "Impact of developmental problems on young children's exits from foster care." *Journal of Developmental & Behavioral Pediatrics* 15, no. 2 (April 1994): 105~10.

Hough, Jack. "The cochlear implant: Oklahoma group experience to date ." *Laryngoscope* 92, no. 8 (August 1982): 863~72.

Houston, Rab A., and Uta Frith. *Autism in History: The Case of Hugh Blair of Borgue*. Oxford and Malden, MA: Blackwell, 2000.

Howe, Michael J. A., Jane W. Davidson, and John A. Sloboda. "Innate talents: Reality or myth." *Behavioural & Brain Sciences* 21, no. 3 (June 1998): 399~442.

Howe, Samuel Gridley. *Report Made to the Legislature of Massachusetts, Upon Idiocy*. Boston: Coolidge & Wiley, 1848.

Howell, James C. *Youth Gang Programs and Strategies*. Washington, DC: US Office of Juvenile Justice and Delinquency Prevention, 2000.

_____. *Preventing and Reducing Juvenile Delinquency: A Comprehensive Framework*. Thousand

Oaks, CA: Sage Publications, 2003.

_____. *Gangs in America's Communities.* Thousand Oaks, CA: Sage Publications, 2011.

Howell, James C., et al. "U.S. gang problem trends and seriousness." *National Gang Center Bulletin* 6 (May 201R1): 1~23.

Howells, John G., ed. *The Concept of Schizophrenia: Historical Perspectives.* Washington, DC: American Psychiatric Press, 1991.

Howells, John G., and Waguih R. Guirguis. *The Family and Schizophrenia.* Madison, CT: International Universities Press, 1985.

Hoyt, Clark. "Consistent, sensitive and weird." *New York Times*, April 18, 2009.

Hrdy, Sarah Blaffer. *Mother Nature: Maternal Instincts and How They Shape the Human Species.* New York: Ballantine Books, 1999.

Huet, Marie-Hélène. *Monstrous Imagination.* Cambridge, MA: Harvard University Press, 1993.

Huget, Jennifer. "Down syndrome 101." *Washington Post*, September 5, 2008.

Hughes, Dana. "Life as an albino in Africa." ABC News, July 9, 2008.

Hughes, Robert. *Running with Walker: A Memoir.* London: Jessica Kingsley Publishers, 2003.

Hughes, Virginia. "An ear for poetry." *Johns Hopkins Magazine*, June 2006.

Hulbert, Ann. "The prodigy puzzle." *New York Times*, November 20, 2005.

Hunt, Linda. Letter in response to "A child of differenc." by Lisa Abelow Hedley (October 12, 1997). *New York Times Magazine*, November 2, 1997.

Hunt, Nigel. *The World of Nigel Hunt: The Diary of a Mongoloid Youth.* New York: Garrett Publications, 1967.

Hunter, Alasdair G. W. "Some psychosocial aspects of nonlethal chondrodysplasias, I: Assessment using a life-styles questionnaire." *American Journal of Medical Genetics* 78, no. 1 (June 1998): 1~8.

_____. "Some psychosocial aspects of nonlethal chondrodysplasias, II: Depression and anxiety." *American Journal of Medical Genetics* 78, no. 1 (June 1998): 9~12.

_____. "Some psychosocial aspects of nonlethal chondrodysplasias, III: Self-esteem in children and adults." *American Journal of Medical Genetics* 78 (June 1998): 13~16.

Hurley, A. D., et al. "Patients with and without intellectual disability seeking outpatient psychiatric services: Diagnoses and prescribing pattern." *Journal of Intellectual Disability Research* 47, no. 1 (January 2003): 39~50.

Hurley, Dan. "A drug for Down syndrome." *New York Times*, July 29, 2011.

Hutchins, Vince L., and Merle McPherson. "National agenda for children with special needs." *American Psychologist* 46, no. 2 (February 1991): 141~43.

Hutson, Matthew. "Rewriting history: Swapping sexes without surgery." *Psychology Today*, March~April 2007.

Hutt, Corinne, et al. "Arousal and childhood autism." *Nature* 204 (November 28, 1964): 908~9.

Huttunen, Matti O., and Pekka Niskanen. "Prenatal loss of father and psychiatric disorders." *Archives of General Psychiatry* 35, no. 4 (1978): 429~31.

Hyde, Mervyn Bruce, and Des Power. "Informed parental consent for cochlear implantation of young deaf children: Social and other considerations in the use of the 'bionic ear.." *Australian Journal of Social Issues* 35, no. 2 (May 2000): 117~27.

_____. "Some ethical dimensions of cochlear implantation for deaf children and their families."

Journal of Deaf Studies & Deaf Education 11, no. 1 (Winter 2006): 102~11.

Ikezuki, Yumiko, et al. "Determination of bisphenol A concentrations in human biological fluids reveals significant early prenatal exposure." *Human Reproduction* 17, no. 11 (November 2002): 2839~41.

"I Love My Baby Who Was Conceived by Rape." Documentary film. Sioux Falls, SD: Vote Yes For Life, 2006.

"Implants help child emerge from silent world." *Casper Star-Tribune*, April 24, 2006.

Inglis, Angela, Catriona Hippman, and Jehannine C. Austin. "Views and opinions of parents of individuals with Down syndrome: Prenatal testing and the possibility of a 'cure'." Abstract in Courtney Sebold, Lyndsay Graham, and Kirsty McWalter. "Presented abstracts from the Twenty-Eighth Annual Education Conference of the National Society of Genetic Counselors (Atlanta, Georgia, November 2009)." *Journal of Genetic Counseling* 18, no. 6 (November 2009): 622~91.

Ingstad, Benedicte, and Susan Reynolds Whyte, eds. *Disability and Culture.* Berkeley: University of California Press, 1995.

In My Language. Documentary film. Directed by Amanda Baggs. Privately produced, January 14, 2007.

Innes, Stephanie. "Meet Josie, 9: No secret she's transgender." *Arizona Star*, July 25, 2010.

In re: Gill. Third District Court of Appeals, State of Florida (September 22, 2010).

In re the marriage of Michael J. Kantaras v. Linda Kantaras. Case no. 98-5375CA, Circuit Court of the Sixth Judicial Circuit in and for Pasco County, Florida, February 2003.

Institute of Medicine (US). Board on Health Promotion and Disease Prevention. *Immunization Safety Review: Vaccines and Autism.* Washington, DC: National Academies Press, 2004.

International Federation of Red Cross and Red Crescent Societies. *Through Albino Eyes: The Plight of Albino People in Africa's Great Lakes Region and a Red Cross Response.* Geneva: International Federation of Red Cross and Red Crescent Societies, 2009.

"Interview with Leslie Van Houten." Television news report. Larry King, correspondent. *Larry King Weekend*, Cable News Network, June 29, 2002.

"Interview with Tom Shakespeare." Radio broadcast. *Belief*, British Broadcasting Corporation, December 30, 2005.

Iossifov, Ivan, et al. "De novo gene disruptions in children on the autistic spectrum." *Neuron* 74, no. 2 (April 2012): 285~99.

Iozzio, Mary Jo. "Genetic anomaly or genetic diversity: Thinking in the key of disability on the human genome." *Theological Studies* 66, no. 4 (December 2005): 862~81.

Irvin, Cass. *Home Bound: Growing Up with a Disability in America.* Philadelphia: Temple University Press, 2003.

Irving, Claire B., Roger Mumby-Croft, and L. A. Joy. "Polyunsaturated fatty acid supplementation for schizophrenia: Intervention review." *Cochrane Library* 9 (January 20, 2010): 1~64.

Isaac, Rael Jean, and Virginia Armat. *Madness in the Streets: How Psychiatry and the Law Abandoned the Mentally Ill.* New York: Free Press, 1990.

Isaacson, Rupert. *The Horse Boy: A Father's Quest to Heal His Son.* New York: Little, Brown, 2009.

Isacoff, Stuart. "The perils of child prodigies." *Wall Street Journal*, May 4, 2006.

Ishikawa, Sharon S., and Adrian Raine. "Behavioral genetics and crime." In *The Neurobiology of Criminal Behavior*, ed. J. Glicksohn, 81~110. Norwell: Kluwer Academic Publishers, 2002.

Ishizuka, Koko, et al. "Evidence that many of the DISC1 isoforms in C57BL/6J mice are also expressed in 129S6/SvEv mice." *Molecular Psychiatry* 12, no. 10 (October 2007): 897~99.

Ismail, Zahra. "Emerging from the shadows: Finding a place for children born of war." Thesis, European University Center for Peace Studies, Stadtschlaining, Austria, 2008.

Israel, Gianna E., and Donald E. Tarver. *Transgender Care: Recommended Guidelines, Practical Information, and Personal Accounts*. Philadelphia: Temple University Press, 1998.

Israel, Pat. "Pro-choice and disabled: A contradiction." *Off Our Backs* 33, nos. 1~2 (January~February 2003): 33~34.

Itard, Jean Marc Gaspard. *The Wild Boy of Aveyron*. Trans. George and Muriel Humphrey. New York: Meredith, 1962.

Iversen, Portia. *Strange Son: Two Mothers, Two Sons, and the Quest to Unlock the Hidden World of Autism*. New York: Riverhead Books, 2006.

Jablow, Martha Moraghan. *Cara: Growing with a Retarded Child*. Philadelphia: Temple University Press, 1982.

Jackson, Carla Wood, and Ann Turnbull. "Impact of deafness on family life: A review of the literature." *Topics in Early Childhood Education* 24, no. 1 (April 2004): 134~48.

Jacobs, Janet Liebman. *Victimized Daughters: Incest and the Development of the Female Self*. London and New York: Routledge, 1994.

Jacobs, Jill, and Madelyn Freundlich. "Achieving permanency for LGBTQ youth." *Child Welfare* 85, no. 2 (March~April 2006): 299~316.

Jacobs, Patricia, et al. "The somatic chromosomes in mongolism." *Lancet* 1, no. 7075 (April 1959): 710.

Jacobson, Kristen C., and Lisa J. Crockett. "Parental monitoring and adolescent adjustment: An ecological perspective." *Journal of Research on Adolescence* 10, no. 1 (March 2000): 65~97.

Jacoby, J. E., and B. Kozie-Peak. "The benefits of social support for mentally ill offenders: Prison-to-community transitions." *Behavioral Sciences & the Law* 15, no. 4 (Autumn 1997): 483~501.

Jaeger, Paul T., and Cynthia Ann Bowman. *Understanding Disability: Inclusion, Access, Diversity, and Civil Rights*. Westport, CT: Praeger, 2005.

Jaffe, Harold. "K & K." *Submodern Fiction* 1 (2003).

Jal l al-D n R m (Maulana). *The Essential Rumi*. Versions by Coleman Barks and John Moyne. New York: HarperCollins, 1995.

James, Andrea. "Wannabees? The fetishization of transsexualism." *Transsexual Roadmap*, January 1, 2009.

_____. "Anne Lawrence on transsexualism." *Transsexual Roadmap*, January 4, 2009.

James, Oliver. "Think again: New research on schizophrenia suggests that the drugs won't always work." *Guardian*, October 22, 2005.

James, William. *The Varieties of Religious Experience: A Study in Human Nature*. London: Longmans, Green, 1905.

Janicki, Matthew P., et al. "Mortality and morbidity among older adults with intellectual disability: Health services considerations." *Disability & Rehabilitation* 21, nos. 5~6 (May~June 1999): 284~94.

Jankowski, Katherine A. *Deaf Empowerment: Emergence, Struggle, and Rhetoric.* Washington, DC: Gallaudet University Press, 1997.

"Jan Morris: A profile." Television news report. Directed by Caroline Frost. *BBC Four*, British Broadcasting Corporation, March 21, 2002.

Jardine, Cassandra. "I love my baby, but I had to give her up." *Telegraph*, May 19, 2004.

_____. "GMC brands Dr Andrew Wakefield 'dishonest, irresponsible and callous..'" *Telegraph*, January 29, 2010.

Jarvik, Elaine. "The (Deaf) culture wars: What is it like to be Deaf with a capital D." *Deseret News*, February 4, 2007.

Jeffrey, Susan. "APA 2009: DSM-V on track for 2019, but difficult decisions lie ahead." *Medscape Medical News*, May 26, 2009.

Jenson, Jeffrey M., and Matthew O. Howard. "Youth crime, public policy, and practice in the juvenile justice system: Recent trends and needed reforms." *Social Work* 43, no. 4 (July 1998): 324~34.

Jepson, Barbara. "The perils of being a child prodigy." *Wall Street Journal*, October 24, 2007.

Jöchle, Wolfgang. "Coitus-induced ovulation." *Contraception* 7, no. 6 (1973): 527~64.

Joesch, Jutta, and Ken R. Smith. "Children's health and their mothers' risk of divorce or separation." *Social Biology* 44, nos. 3~4 (Fall~Winter 1997): 159~69.

Johns Hopkins Medical Institution. "Hopkins research shows nature, not nurture, determines gender." Press release, May 12, 2000.

Johnson, Ann Braden. *Out of Bedlam: The Truth About Deinstitutionalization.* New York: Basic Books, 1990.

Johnson, C. Plauché, Scott M. Meyers, and the Council on Children with Disabilities. "Identification and evaluation of children with autism spectrum disorders." *Pediatrics* 120, no. 5 (November 2007): 1183~215.

Johnson, Harriet McBryde. "Unspeakable conversations, or, How I spent one day as a token cripple at Princeton University." *New York Times Magazine*, February 16, 2003.

Johnson, Jane, and Anne Van Rensselaer, eds. *Families of Adults with Autism: Stories and Advice for the Next Generation.* London: Jessica Kingsley Publishers, 2008.

Johnson, John. "Investing in kids." *Cincinnati Enquirer*, November 2, 2007.

Johnson, Julie Tallard. *Hidden Victims, Hidden Healers: An Eight-Stage Healing Process for Family and Friends of the Mentally Ill.* Edina, MN: PEMA Publications, 1994.

Johnson, Kristen L. *Ideology and Practice of Deaf Goodbyes.* PhD diss., Department of Anthropology, University of California at Los Angeles, 1994.

Johnson, M. H., ed. *Brain Development and Cognition.* Cambridge, MA: Blackwell, 1993.

Johnson, Mary. *Make Them Go Away: Clint Eastwood, Christopher Reeve and the Case Against Disability Rights.* Louisville, KY: Advocado Press, 2003.

Johnson, Michael. "The dark side of piano competitions." *New York Times*, August 8, 2009.

Johnson, William G., et al. "Maternally acting alleles in autism and other neurodevelopmental disorders: The role of HLA-DR4 within the major histocompatibility complex." In *Maternal*

Influences on Fetal Neurodevelopment, ed. Andrew W. Zimmerman and Susan L. Connors, 137~60. New York: Springer, 2010.

Johnston, Basil. *Crazy Dave.* St. Paul: Minnesota Historical Society Press, 2000.

Johnston, Trevor. "W(h)ither the deaf community?: Population, genetics, and the future of Australian Sign Language." *American Annals of the Deaf* 148, no. 5 (Winter 2004): 358~75.

Jones, Allison K. "Born different: Surgery can help children with craniofacial anomalies, but it can't heal all of the pain." *Telegram & Gazette*, May 23, 1995.

Jones, R. B. "Parental consent to cosmetic facial surgery in Down's syndrome." *Journal of Medical Ethics* 26, no. 2 (April 2000): 101~42.

Joseph, Jay. *The Gene Illusion: Genetic Research in Psychiatry and Psychology Under the Microscope.* New York: Algora, 2004.

Joseph, Robert M., et al. "Why is visual search superior in autism spectrum disorder." *Developmental Science* 12, no. 6 (December 2009): 1083~96.

Joshi, Gagan, et al. "The heavy burden of psychiatric comorbidity in youth with autism spectrum disorders: A large comparative study of a psychiatrically referred population." *Journal of Autism & Developmental Disorders* 40, no. 11 (November 2010): 1361~70.

"Joshua Bell, violinist." *People*, May 2, 2000.

Jost, Alison. "Mad pride and the medical model." *Hastings Center Report* 39, no. 4 (July~August 2009): 49.

Joynt, Jen, and Vasugi Ganeshananthan. "Abortion decisions." *Atlantic Monthly*, April 2003.

Judge, Sharon Lesar. "Parental coping strategies and strengths in families of young children with disabilities." *Family Relations* 47, no. 3 (July 1998): 263~68.

Judge, Timothy A., and Daniel M. Cable. "The effect of physical height on workplace success and income: Preliminary test of a theoretical model." *Journal of Applied Psychology* 89, no. 3 (2004): 428~41.

"Judge allows forced medication for Arizona shooting suspect." *New York Times*, August 28, 2011.

Juette, Melvin, and Ronald J. Berger. *Wheelchair Warrior: Gangs, Disability, and Basketball.* Philadelphia: Temple University Press, 2008.

Julian, Valerie, and Cynthia Mohr. "Father-daughter incest: Profile of the offender." *Victimology* 4, no. 4 (1979): 348~60.

Jung, Carl Gustav. "Commentary on the secret of the golden flower." In *Alchemical Studies: The Collected Works of C. G. Jung.* Vol. 13 . Trans. Gerhard Adler and R. F. C. Hull. Princeton: Bollingen, 1929.

Jung, Rex E., and Richard J. Haier. "The parieto-frontal integration theory (P-FIT) of intelligence: Converging neuroimaging evidence." *Behavioral & Brain Sciences* 30, no. 2 (April 2007): 135~54.

Just Evelyn. *"Mom, I Need to Be a Girl."* Imperial Beach, CA: Walter Trook, 1998.

Kahneman, David, et al. "Would you be happier if you were richer? A focusing illusion." *Science* 312 (June 30, 2006): 1908~10.

Kaiser, Jocelyn. "Prenatal diagnosis: An earlier look at baby's genes." *Science* 309, no. 5740 (September 2, 2005): 1476~78.

_____. "Blood test for mom picks up Down syndrome in fetus." *Science NOW Daily News*, October 6, 2008.

Kalasky, Denise (pseud.). "Accomplices in incest." *Post-Abortion Review* 2, no. 1 (Winter 1993).

Kalb, Claudia. "When does autism start." *Newsweek*, February 28, 2005.

_____. "Erasing autism." *Newsweek*, May 25, 2009.

Kalichman, Miriam A. "Replies to growth-attenuation therapy: Principles for practice." Letter to the editor. *Pediatrics*, June 18, 2009.

Kamil, Amos. "Prep-school predators: The Horace Mann School's secret history of sexual abuse." *New York Times Magazine*, June 6, 2012.

Kandel, Denise B. "Parenting styles, drug use, and children's adjustment in families of young adults." *Journal of Marriage & the Family* 52, no. 1 (February 1990): 183~96.

Kandel, Eric. "Interview: Biology of the mind." *Newsweek*, March 27, 2006.

Kanner, Leo. "Autistic disturbances of affective contact." *Nervous Child* 2 (1943): 217~50. Reprinted in Leo Kanner, *Childhood Psychosis: Initial Studies and New Insights,* New York: Wiley, 1973, 1~43.

_____. "Problems of nosology and psychodynamics in early childhood autism." *American Journal of Orthopsychiatry* 19, no. 3 (July 1949): 416~26.

_____. *Childhood Psychosis: Initial Studies and New Insights.* Washington, DC: V. H. Winston & Sons, 1973.

Kanner, Leo, and Leon Eisenberg. "Early infantile autism, 1943~1955." *American Journal of Orthopsychiatry* 26 (1956): 55~65. Reprinted in Leo Kanner. *Childhood Psychosis: Initial Studies and New Insights.* New York: Wiley, 1973, 91~103.

Kant, Emmanuel. *Critique of Judgment.* Trans. Werner S. Pluhar. Indianapolis, IN: Hackett Publishing, 1987.

_____. *Practical Philosophy.* Trans. Mary J. Gregor. New York: Cambridge University Press, 1999.

Kantrowitz, Barbara, and Julie Scelfo. "What happens when they grow up." *Newsweek*, November 27, 2006.

Kaplan, Arline. "DSM-V controversies." *Psychiatric Times* 26, no. 1 (January 1, 2009): 1~5.

Kaplan, Karen. "Some Down syndrome parents don't welcome prospect of cure." *Los Angeles Times*, November 22, 2009.

Karasik, Paul, and Judy Karasik. *The Ride Together: A Brother and Sister's Memoir of Autism in the Family.* New York: Washington Square Press, 2004.

Karen, Robert. *Becoming Attached: First Relationships and How They Shape Our Capacity to Love.* Oxford, UK, and New York: Oxford University Press, 1998.

Karoutzou, G., H. M. Emrich, and D. E. Dietrich. "The myelin-pathogenesis puzzle in schizophrenia: A literature review." *Molecular Psychiatry* 13, no. 3 (March 2008): 245~60.

Karp, David A. *The Burden of Sympathy: How Families Cope with Mental Illness.* Oxford, UK, and New York: Oxford University Press, 2001.

Karpasea-Jones, Joanna. "Daring dis-abled parenting." *Mothering*, November~December 2007.

Kass, Leon. "Implications of prenatal diagnosis for the human right to life." In *Intervention and Reflection: Basic Issues in Medical Ethics*, ed. Ronald Munson, 617~24. Belmont, CA: Wadsworth, 2000.

Katz, Abram. "The bionic ear: Cochlear implants: Miracle or an attack on 'deaf culture'." *New Haven Register*, March 18, 2007.

Katz, Brooke. *I Think I Scared Her: Growing Up with Psychosis.* Philadelphia: Zlibris, 2004.

Katz, Nancie L. "Guilty in autistic's drowning." *New York Daily News*, February 19, 2005.

Kaufman, Barry. *Son-Rise.* New York: Harper & Row, 1976.

_____. *Son-Rise: The Miracle Continues.* Tiburon, CA: H. J. Kramer, 1995.

Kaufman, David. "Tensions between black and gay groups rise anew in advance of anti-gay marriage vote in N.C." *Atlantic Monthly*, May 4, 2012.

Kaufman, Joanne. "Campaign on childhood mental illness succeeds at being provocative." *New York Times*, December 14, 2007.

_____. "Ransom-note ads about children's health are canceled." *New York Times*, December 20, 2007.

Kaufman, Marc. "FDA approves wider use of growth hormone." *Washington Post*, July 26, 2003.

Kaufman, Scott Barry. "The truth about the Termites." *Psychology Today*, September 2009.

Kawabata, Maik. "Virtuosity, the violin, the devil . . . what really made Paganini 'demonic'." *Current Musicology*, March 22, 2007.

Kawamoto, Kohei, et al. "Math1 gene transfer generates new cochlear hair cells in mature guinea pigs in vivo." *Journal of Neuroscience* 23, no. 11 (June 2003): 4395~400.

Kazak, Anne E., and Robert S. Marvin. "Differences, difficulties and adaptation: Stress and social networks in families with a handicapped child." *Family Relations* 33, no. 1 (January 1984): 67~77.

Kazdin, Alan E. "Treatment of antisocial behavior in children: Current status and future directions." *Psychological Bulletin* 102 (September 1987): 187~203.

_____. *Parent Management Training: Treatment for Oppositional, Aggressive, and Antisocial Behavior in Children and Adolescents.* Oxford, UK, and New York: Oxford University Press, 2005.

Kazdin, E., L. Marciano, and M. Whitley. "The therapeutic alliance in cognitive-behavioral treatment of children referred for oppositional, aggressive, and antisocial behavior." *Journal of Consulting and Clinical Psychology* 73, no. 4 (August 2005).

Kazerouni, N. Neely, et al. "Triple-marker prenatal screening program for chromosomal defects." *Obstetrics & Gynecology* 114, no. 1 (July 2009): 50~58.

Kebbell, Mark, and Graham Davies. "People with intellectual disabilities in the investigation and prosecution of crime." *Legal & Criminological Psychology* 8, no. 2 (September 2003): 219~22.

Keefe, Richard S. E., and Philip D. Harvey. *Understanding Schizophrenia: A Guide to New Research on Causes and Treatment.* New York: Free Press, 1994.

Keehner, Madeleine, and Susan E. Gathercole. "Cognitive adaptations arising from nonnative experience of sign language in hearing adults." *Memory & Cognition* 35, no. 4 (June 2007): 752~61.

Keenan, Julian Paul, et al. "Absolute pitch and planum temporale." *Neuroimage* 14, no. 6 (December 2001): 1402~8.

Keiper, Glenn L., Jr., Bernadette Koch, and Kerry R. Crone. "Achondroplasia and cervicomedullary compression: Prospective evaluation and surgical treatment." *Pediatric Neurosurgery* 31, no. 2 (August 1999): 78~83.

Kellendonk, Christoph, Eleanor H. Simpson, and Eric R. Kandel. "Modeling cognitive endophenotypes of schizophrenia in mice." *Trends in Neurosciences* 32, no. 6 (June 2009): 347~58.

Kelley, Matthew W., et al. "The developing organ of Corti contains retinoic acid and forms super-numerary hair cells in response to exogenous retinoic acid in culture." *Development* 119, no. 4 (December 1993): 1041~53.

Kelly, Liz. *Surviving Sexual Violence*. Minneapolis: University of Minnesota Press, 1988.

Kelly, Morgan. "'It just happens': Cleft palate, lip is most common birth defect but little is known about cause." *Knight Ridder Tribune Business News*, March 20, 2006.

Kelly, Tom. "Writer Jan Morris remarries wife she wed as a man." *Daily Mail*, June 4, 2008.

Kelsell, David P., et al. "Connexin 26 mutations in hereditary non-syndromic sensorineural deaf-ness." *Nature* 357, no. 6628 (1997): 80~83.

Kemp, Joan. "Abortion: The second rape." *Sisterlife*, Winter 1990.

Kendler, Kenneth S., et al. "The Roscommon Family Study. I. Methods, diagnosis of probands, and risk of schizophrenia in relatives." *Archives of General Psychiatry* 50, no. 7 (July 1993): 527~40.

Kennedy, Dan. *Little People: Learning to See the World Through My Daughter's Eyes*. Emmaus, PA: Rodale, 2003.

_____. "Little people, big world: Will TLC's new reality show change our perception of dwarfs." *Slate*, March 24, 2006.

Kennedy, Peter. "Dying wish forges a link with life for 'lost children': Britain to get its own US~style school for autism." *Evening Standard*, December 9, 1997.

Kenneson, Claude, ed. *Musical Prodigies: Perilous Journeys, Remarkable Lives*. New York: Amadeus Press, 1993.

Kenney, Susan. "A marshmallow and a song." *General Music Today* 22, no. 2 (January 2009): 27~29.

Kent, Raymond D., ed. *The MIT Encyclopedia of Communication Disorders*. Cambridge, MA: MIT Press, 2004.

Kephart, Beth. *A Slant of Sun: One Child's Courage*. New York: Norton, 1998.

Kern, Robert S., et al. "Psychosocial treatments to promote functional recovery in schizophrenia." *Schizophrenia Bulletin* 35, no. 2 (March 2009): 347~61.

Kerr, Sue. *Schizophrenia: Aspects of Care*. London: Whurr, 2003.

Kevles, Daniel J. *In the Name of Eugenics: Genetics and the Uses of Human Heredity*. New York: Knopf, 1985.

Keyes, Ralph. *The Height of Your Life*. Boston: Little, Brown, 1980.

Keys, Matthew. "Local radio show takes heat, loses advertisers over transgender comments." *Sacramento Press*, June 5, 2009.

Khashan, Ali S., et al. "Higher risk of offspring schizophrenia following antenatal maternal exposure to severe adverse life events." *Archives of General Psychiatry* 65, no. 2 (2008): 146~52.

Khoshnood, Babak, et al. "Advances in medical technology and creation of disparities: The case of Down syndrome." *American Journal of Public Health* 96, no. 12 (December 2006): 2139~44.

Kidder, Cynthia S., and Brian Skotko. *Common Threads: Celebrating Life with Down Syndrome*. Rochester Hills, MI: Band of Angels Press, 2001.

Kids Like These. Documentary film. Written by Emily Perl Kingsley and Allan Sloane; directed by George Stanford Brown; featuring Martin Balsam, Tyne Daly. Originally broadcast November 8, 1987. New York: Nexus Productions/Taft Entertainment Television, 1997.

Kidston, Martin J. "Helena prodigal son returning as woman." *Independent Record,* September 24, 2009.

_____. "250 pack church for transgender documentary." *Independent Record,* September 26, 2009.

Kiessling, Rebecca. "Conceived in Rape: A Story of Hope." Snowflake, AZ: Heritage House, no date.

Kihara, David. "Giuliani's suppressed report on homeless youth." *Village Voice,* August 17, 1999.

Kilgannon, Corey. "After working the streets, bunk beds and a Mass." *New York Times,* May 2, 2007.

Kim, H. W., et al. "The role of coping in maintaining the psychological well~being of mothers of adults with intellectual disability and mental illness." *Journal of Intellectual Disability Research* 47, nos. 4~5 (May~June 2003): 313~27.

Kim, Yunjung, et al. "Schizophrenia genetics: Where next." *Schizophrenia Bulletin* 37, no. 3 (May 2011): 456~63.

Kimmelman, Michael. "Musical prodigies strive for harmony onstage and off." *New York Times,* July 24, 1987.

Kindlon, Daniel J. *Too Much of a Good Thing: Raising Children of Character in an Indulgent Age.* New York: Hyperion, 2001.

_____. *Tough Times, Strong Children: Lessons from the Past for Your Children's Future.* New York: Miramax Books/Hyperion, 2003.

King, Marissa, and Peter Bearman. "Diagnostic change and the increased prevalence of autism." *International Journal of Epidemiology* 38, no. 5 (October 2009): 1224~34.

King, Rachel. *Don't Kill in Our Names: Families of Murder Victims Speak Out Against the Death Penalty.* New Brunswick, NJ: Rutgers University Press, 2003.

_____. *Capital Consequences: Families of the Condemned Tell Their Stories.* New Brunswick, NJ: Rutgers University Press, 2005.

_____. "The impact of capital punishment on families of defendants and murder victims." *Judicature* 89, no. 5 (March~April 2006): 292~96.

King, Suzanne. "Is expressed emotion cause or effect in the mothers of schizophrenic young adults." *Schizophrenia Research* 45, nos. 1~2 (September 2000): 65~78.

Kingsep, Patrick, Paula Nathan, and David Castle. "Cognitive behavioural group treatment for social anxiety in schizophrenia." *Schizophrenia Research* 63, nos. 1~2 (September 2003): 121~29.

Kingsley, Emily Perl. "Welcome to Holland." Essay, privately published, 1987.

Kingsley, Jason, and Mitchell Levitz. *Count Us In: Growing Up with Down Syndrome.* New York: Harcourt, Brace, 1994.

Kinney, Dennis K., et al. "Prenatal stress and risk for autism." *Neuroscience & Biobehavioral Reviews* 32, no. 8 (October 2008): 1519~32.

Kirby, David. *Evidence of Harm: Mercury in Vaccines and the Autism Epidemic.* New York: St. Martin's Press, 2005.

Kirby, Emma Jane. "Appeal for 'dwarf-tossing' thrown out." British Broadcasting Corporation, September 27, 2002.

Kirov, G., et al. "Support for the involvement of large copy number variants in the pathogenesis of schizophrenia." *Human Molecular Genetics* 18, no. 8 (April 2009): 1497~503.

Kisor, Henry. *What's That Pig Outdoors? A Memoir of Deafness.* New York: Hill & Wang, 1990.

Kitson, Robert. "Mike Tindall defended by England after incident at 'dwarf-throwing' bash." *Guardian*, September 15, 2011.

Kittay, Eva Feder. "Discrimination against children with cognitive impairments." *Hastings Center Report* 40, no. 6 (November~December 2010): 32.

Kivy, Peter. *The Possessor and the Possessed: Handel, Mozart, Beethoven, and the Idea of Musical Genius.* New Haven, CT: Yale University Press, 2001.

Kjellberg, Heidrun, Martin Beiring, and Kerstin Albertsson Wikland. "Craniofacial morphology, dental occlusion, tooth eruption, and dental maturity in boys of short stature with or without growth hormone deficiency." *European Journal of Oral Sciences* 108, no. 5 (October 2000): 359~67.

Klebold, Susan. "I will never know why." *O, The Oprah Magazine*, November 2009.

Klein, Jessie. *The Bully Society: School Shootings and the Crisis of Bullying in America's Schools.* New York: NYU Press, 2012.

Kliewer, Christopher. *Schooling Children with Down Syndrome: Toward an Understanding of Possibility.* New York: Teacher's College Press, 1998.

Klin, Ami, Fred Volkmar, and Sara S. Sparrow. *Asperger Syndrome.* New York: Guilford Press, 2000.

Klin, Ami, et al. "Defining and quantifying the social phenotype in autism." *American Journal of Psychiatry* 159, no. 6 (June 2002): 895~908.

———. "Visual fixation patterns during viewing of naturalistic social situations as predictors of social competence in individuals with autism." *Archives of General Psychiatry* 59, no. 9 (September 2002): 809~16.

Knight, Will, and Rachel Nowak. "Meet our new human relatives." *New Scientist*, October 30, 2004.

Knight Ridder Newspapers. "Rape victims in Yugoslav war abandoning babies." *St. Louis Post-Dispatch*, January 31, 1993.

Knoll, Carrie. "In parents' eyes, the faintest signs of hope blur the inevitable." *Los Angeles Times*, October 28, 2002.

Knowlson, James R. "The idea of gesture as a universal language in the XVIIth and XVIIIth centuries." *Journal of the History of Ideas* 26, no. 4 (October~December 1965): 495~508.

Koch, Tom. "Is Tom Shakespeare disabled." *Journal of Medical Ethics* 34 (2008): 18~20.

Koegel, Lynn Kern, and Claire LaZebnik. *Overcoming Autism.* New York: Viking, 2004.

Kogan, Judith. *Nothing but the Best: The Struggle for Perfection at the Juilliard School.* New York: Random House, 1987.

Kogan, Michael D., et al. "Prevalence of parent-reported diagnosis of autism spectrum disorder among children in the U.S., 2007." *Pediatrics* 124, no. 5 (November 2009): 1395~403.

Kolbert, Elizabeth. "On deadline day, Cuomo vetoes 2 bills opposed by Dinkins." *New York Times*, July 24, 1990.

Komesaroff, Linda R. *Surgical Consent: Bioethics and Cochlear Implantation.* Washington, DC: Gallaudet University Press, 2007.

Komlos, John, ed. *Stature, Living Standards, and Economic Development: Essays in Anthropometric History.* Chicago: University of Chicago Press, 1994.

Konigsburg, Eric. "Blood relation ." *New Yorker*, August 6, 2001.

_____."Prairie fire: The death of a gifted child ." *New Yorker*, January 16, 2006.

Kopits, Steven E. "Orthopedic complications of dwarfism." *Clinical Orthopedics & Related Research* 114 (January~February 1976): 153~79.

Korbel, Jan O., et al. "The current excitement about copy-number variation: How it relates to gene duplication and protein families." *Current Opinion in Structural Biology* 18, no. 3 (June 2008): 366~74.

Korman, Cheryl. "Judge: Autistic's mom to serve 10 years for 'torture of her vulnerable child..'" *Tucson Citizen*, September 19, 2008.

Kornak, Uwe, and Stefan Mundlos. "Genetic disorders of the skeleton: A developmental approach." *American Journal of Human Genetics* 73, no. 3 (September 2003): 447~74.

Kozinn, Allen. "Recital by Yevgeny Kissin, a young Soviet pianist." *New York Times*, October 2, 1990.

_____. "An enigmatic virtuoso keeps audience guessing." *New York Times*, April 13, 2004.

_____. "Music festival review: Masters of the keyboard, courtesy of a 12~year old." *New York Times*, July 16, 2004.

Kraft, Ulrich. "Unleashing creativity: Moments of brilliance arise from complex cognitive processes." *Scientific American*, April 2005.

Krasnegor, Norman A., and Robert S. Bridges, eds. *Mammalian Parenting: Biochemical, Neurobiological, and Behavioral Determinants.* Oxford, UK, and New York: Oxford University Press, 1990.

Kras, Joseph F. "The 'Random Notes' affair: When the neurodiversity movement came of age." *Disability Studies Quarterly* 30, no. 1 (January 2010).

Krauss, Marty Wyngaarden. "Child~related and parenting stress: Similarities and differences between mothers and fathers of children with disabilities." *American Journal on Mental Retardation* 97, no. 4 (January 1993): 393~404.

Krauss, Marty Wyngaarden, Marsha Mailick Seltzer, and S. J. Goodman. "Social support networks of adults with mental retardation who live at home." *American Journal on Mental Retardation* 96, no. 4 (January 1992): 432~41.

Krauss, Marty Wyngaarden, et al. "Binding ties: The roles of adult siblings of persons with mental retardation." *Mental Retardation* 34, No. 2 (April 1996): 83~93.

Kreytak, Steven. "Tickets issued for dwarf-tossing." *Newsday*, March 11, 2002.

Kristeva, Julia. "Stabat mater." *Poetics Today* 6, no. 1~2 (1985): 133~52.

Kristiansen, Kristjana, Simo Vehmas, and Tom Shakespeare, eds. *Arguing About Disability: Philosophical Perspectives.* London and New York: Routledge, 2009.

Kristof, Nicholas. "It's time to learn from frogs." *New York Times*, June 27, 2009.

_____. "Chemicals and our health." *New York Times*, July 16, 2009.

Kroeber, Alfred Louis. *Configurations of Culture Growth.* Berkeley: University of California Press, 1944.

Kroese, Biza Stenfert, et al. "Social support networks and psychological well-being of mothers with intellectual disabilities." *Journal of Applied Research in Intellectual Disabilities* 15, no. 4 (December 2002): 324~40.

Kron, Josh. "Resentment toward the West bolsters Uganda's anti-gay bill." *New York Times*, February 29, 2012.

Krueger, Mary M. "Pregnancy as a result of rape." *Journal of Sex Education & Therapy* 14, no. 1 (1988): 23~27.

Kuübler-Ross, Elizabeth. *On Death and Dying.* New York: Macmillan, 1969.

Kumpfer, Karol L. *Strengthening America's Families: Exemplary Parenting and Family Strategies for Delinquency Prevention.* Washington, DC: US Department of Justice, Office of Juvenile Justice and Delinquency Prevention, 1999.

Kumpfer, Karol L., and Rose Alvarado. "Family-strengthening approaches for the prevention of youth problem behaviors." *American Psychologist* 58, nos. 6~7 (June~July 2003): 457~65.

Kunc, Norman, and Michael F. Giangreco. "The stairs don't go anywhere! A disabled person's reflections on specialized services and their impact on people with disabilities." Burlington: University of Vermont, September 7, 1995.

Kupperman, Miriam, et al. "Procedure-related miscarriages and Down syndrome-affected births: Implications for prenatal testing based on women's preferences." *Obstetrics & Gynecology* 96, no. 4 (October 2000): 511~16.

_____. "Beyond race or ethnicity and socioeconomic status: Predictors of prenatal testing for Down syndrome." *Obstetrics & Gynecology* 107, no. 5 (May 2006): 1087~97.

Kusters, Annelies. "Deaf utopias? Reviewing the sociocultural literature on the world's 'Martha's Vineyard situations..'" *Journal of Deaf Studies & Deaf Education* 15, no. 1 (January 2010): 3~16.

Kutchins, Herb, and Stuart A. Kirk. *Making Us Crazy: DSM: The Psychiatric Bible and the Creation of Mental Disorders.* New York: Free Press, 2003.

Lacey, Mark. "After being removed from court, Loughner is ruled incompetent." *New York Times*, May 25, 2011.

_____. "Lawyers for defendant in Giffords shooting seem to be searching for illness." *New York Times*, August 16, 2011.

Ladd, Paddy. *Understanding Deaf Culture: In Search of Deafhood.* Clevedon, Avon, UK: Multilingual Matters, 2003.

Ladd, Paddy, and Mary John. "Deaf people as a minority group: The political process." In *Constructing Deafness: Social Constructions of Deafness: Deaf People as a Minority Group—the Political Process.* Course syllabus. Milton Keynes, Buckinghamshire, UK: Open University, 1992.

LaFraniere, Sharon. "A miniature world magnifies dwarf life." *New York Times*, March 3, 2010.

Laidler, James R. "The 'refrigerator mother' hypothesis of autism." *Autism Watch*, September 15, 2004.

Laing, Ronald David. *The Divided Self.* New York: Pantheon, 1960.

_____. *The Politics of Experience.* New York: Pantheon, 1967.

_____. *The Politics of the Family and Other Essays.* New York: Pantheon, 1971.

Laing, Ronald David, and A. Esterson. *Sanity, Madness and the Family.* New York: Basic Books, 1964.

Lainhart, Janet, et al. "Autism, regression, and the broader autism phenotype." *American Journal of Medical Genetics* 113, no. 3 (December 2002): 231~37.

Lakin, K. Charlie, Lynda Anderson, and Robert Prouty. "Decreases continue in out-of-home residential placements of children and youth with mental retardation." *Mental Retardation* 36, no. 2 (April 1998): 165~67.

_____. "Change in residential placements for persons with intellectual and developmental disabilities in the USA in the last two decades." *Journal of Intellectual & Developmental Disability* 28, no. 2 (June 2003): 205~10.

Lalumière, Martin L., et al. *The Causes of Rape: Understanding Individual Differences in Male Propensity for Sexual Aggression.* Washington, DC: American Psychological Association, 2005.

Lalwani, Nikita. "Too much, too young: Being labeled as gifted can be a source of pride, but often just proves a burden for some children." *Guardian*, September 23, 2008.

Lamb, Michael E., and Ann L. Brown, eds. *Advances in Developmental Psychology.* Vol. 2. Hillsdale, NJ: Lawrence Erlbaum Associates, 1982.

Lamb, Wally, and the women of York Correctional Institution. *Couldn't Keep It to Myself: Testimonies from Our Imprisoned Sisters.* New York: ReganBooks, 2003.

Lamont, Elizabeth. "The flawless foot." *Vogue*, March 2003.

LaMothe, John D. *Controlled Offensive Behavior: USSR.* Report ST-CS-01-169-72. Washington, DC: Defense Intelligence Agency, 1972.

Lancet, editors of. "Retraction — ileal-lymphoid-nodular hyperplasia, non-specific colitis, and pervasive developmental disorder in children." *Lancet* 375, no. 9713 (February 2010): 445.

Land, Kenneth C. "Influence of neighborhood, peer, and family context: Trajectories of delinquent/criminal offending across the life course." Durham, NC: Department of Sociology, Duke University, 2000.

Landsman, Gail H. *Reconstructing Motherhood and Disability in the Age of "Perfec." Babies.* New York: Routledge, 2009.

Lane, Harlan. *The Deaf Experience: Classics in Language and Education.* Trans. Franklin Philip. Cambridge, MA: Harvard University Press, 1984.

_____. "Cultural and infirmity models of deaf Americans." *Journal of the American Academy of Rehabilitative Audiology* 23 (1990): 11~26.

_____. *The Mask of Benevolence: Disabling the Deaf Community.* New York: Alfred A. Knopf, 1992.

_____. "Do deaf people have a disability." *Sign Language Studies* 2, no. 4 (Summer 2002): 356~79.

_____. "Ethnicity, ethics and the deaf-world." *Journal of Deaf Studies & Deaf Education* 10, no. 3 (Summer 2005): 291~310.

Lane, Harlan, Robert Hoffmeister, and Ben Bahan. *A Journey into the Deaf-World.* San Diego, CA: DawnSignPress, 1996.

Langan, Patrick A., and David J. Levin. "Recidivism of prisoners released in 1994." Bureau of Justice Statistics Special Report NCJ 193427. Washington, DC: US Department of Justice,

Bureau of Justice Statistics, 2002.

Lang Lang and David Ritz. *Journey of a Thousand Miles: My Story.* New York: Spiegel & Grau, 2008.

Lang Lang and Michael French. *Lang Lang: Playing with Flying Keys.* New York: Delacorte Press, 2008.

Lang Lang and Yuanju Liu ， . *Ba ba de xin jiu zhe mo gao: Gang qin tian cai Lang Lang he ta de fu qin* (Dad's Aspirations Are So High) ． Beijing: (Zuo jia chu ban she), 2001. Private translation.

Lankester, Benedict J. A., et al. "Morquio syndrome." *Current Orthopaedics* 20, no. 2 (April 2006): 128~31.

Lappé, Marc. "How much do we want to know about the unborn." *Hastings Center Report* 3, no. 1 (February 1973): 8~9.

Laqueur, Thomas Walter. *Making Sex: Body and Gender from the Greeks to Freud.* Cambridge, MA: Harvard University Press, 1990.

Lardieri, Leigh A., et al. "Sibling relationships and parent stress in families of children with and without learning disabilities." *Learning Disability Quarterly* 23, no. 2 (Spring 2000): 105~16.

Larkin, Ralph. *Comprehending Columbine.* Philadelphia: Temple University Press, 2007.

LaSalle, Barbara. *Finding Ben: A Mother's Journey Through the Maze of Asperger's.* Chicago: Contemporary Books, 2003.

LaSasso, Carol. "Research and theory support cued speech." *Odyssey,* Fall 2003.

LaSasso, Carol, and Jana Lollis. "Survey of residential and day schools for deaf students in the United States that identify themselves as bilingual-bicultural programs." *Journal of Deaf Studies & Deaf Education* 8, no. 1 (January 2003): 79~91.

Lathrop, Anthony. "Pregnancy resulting from rape." *Journal of Obstetric, Gynecologic & Neonatal Nursing* 27, no. 1 (January 1998): 25~31.

Latimer, Jeff. "A meta~analytic examination of youth delinquency, family treatment, and recidivism." *Canadian Journal of Criminology* 43, no. 2 (April 2001): 237~53.

Lavin, Judith Loseff. *Special Kids Need Special Parents: A Resource for Parents of Children with Special Needs.* New York: Berkley, 2001.

Lawrence, Susan. "Solving big problems for little people." *Journal of the American Medical Association* 250, no. 3 (July 15, 1983): 323~30.

Lawson, Karen L. "Contemplating selective reproduction: The subjective appraisal of parenting a child with a disability." *Journal of Reproductive & Infant Psychology* 19, no. 1 (February 2001): 73~82.

_____. "Perceptions of deservedness of social aid as a function of prenatal diagnostic testing." *Journal of Applied Social Psychology* 33, no. 1 (January 2003): 76~90.

Lawson, Karen L., and Sheena A. Walls-Ingram. "Selective abortion for Down syndrome: The relation between the quality of intergroup contact, parenting expectations, and willingness to terminate." *Journal of Applied Social Psychology* 40, no. 3 (March 2010): 554~78.

Lazarus, Richard S., and Susan Folkman. *Stress, Appraisal and Coping.* New York: Springer, 1984.

Leaming, Colgan. "My brother is not his disability." *Newsweek Web Exclusive,* June 1, 2006.

Ledray, Linda E. *Recovering from Rape.* New York: Henry Holt & Company, 1986.

Lee, Brendan, et al. "Identification of the molecular defect in a family with spondyloepiphyseal dysplasia." *Science*, n.s., 244, no. 4907 (May 26, 1989): 978~80.

Lee, Ellie. *Abortion, Motherhood, and Mental Health: Medicalizing Reproduction in the United States and Great Britain.* New York: Aldine de Gruyter, 2003.

Lee, Felicia R. "Documenting a family that comes in two sizes." *New York Times*, March 2, 2006.

Leete, Esso. "The treatment of schizophrenia: A patient's perspective." *Hospital & Community Psychiatry* 38, no. 5 (May 1987): 486~91.

_____. "How I perceive and manage my illness." *Schizophrenia Bulletin* 15, no. 2 (1989): 197~200.

Lefebvre, Philippe P., et al. "Retinoic acid stimulates regeneration of mammalian auditory hair cells." *Science* 260, no. 108 (April 30, 1993): 692~95.

Leff, David K. "Remaining elms hint at tree's elegant past." *Hartford Courant*, October 27, 2011.

Leff, Julian P., et al. "A controlled trial of social intervention in the families of schizophrenic patients: Two-year follow up." *British Journal of Psychiatry* 146 (June 1985): 594~600.

_____. "The international pilot study of schizophrenia." *Psychological Medicine* 22, no. 1 (February 1992): 131~45.

Lefley, Harriet P. "Aging parents as caregivers of mentally ill adult children: An emerging social problem." *Hospital & Community Psychiatry* 38, no. 10 (October 1987): 1063~70.

_____. *Family Caregiving in Mental Illness.* Thousand Oaks, CA: Sage Publications, 1996.

Lehmann, Jean P., and Karen A. Roberto. "Comparison of factors influencing mothers' perceptions about the futures of their adolescent children with and without disabilities." *Mental Retardation* 34, no. 1 (February 1996): 27~38.

Lehrer, Jonah. "Don't! The secret of self-control." *New Yorker*, May 18, 2005.

Leiby, Michele L. "Wartime sexual violence in Guatemala and Peru." *International Studies Quarterly* 53, no. 2 (June 2009): 445~68.

Leigh, Irene. *A Lens on Deaf Identities.* Oxford, UK, and New York: Oxford University Press, 2009.

Leigh, Irene W., et al. "Correlates of psychosocial adjustment in deaf adolescents with and without cochlear implants: A preliminary investigation." *Journal of Deaf Studies & Deaf Education* 14, no. 2 (Spring 2009): 244~59.

Leimbach, Marti. *Daniel Isn't Talking.* New York: Nan A. Talese, 2006.

Lejeune, Jérôme, et al. "Étude des chromosomes somatiques de neuf enfants mongoliens." *Comptes rendus hebdomadaires des séances de l'Académie des sciences* 248, no. 11 (1959): 1721~22.

Lemley, Brad. "Dr. Steven Kopits: The little people's god." *Washington Post Magazine*, December 9, 1984.

Leshin, Len. "Nutritional supplements for Down syndrome: A highly questionable approach." *Quackwatch*, October 18, 1998.

Leshner, Alan I. *Outcasts on Main Street: Report of the Federal Task Force on Homelessness and Severe Mental Illness.* Washington, DC: Interagency Council on the Homeless, 1992.

Leung, Rebecca. "Prodigy, 12, compared to Mozart." CBS News, February 18, 2009.

Leve, Leslie D., and Patricia Chamberlain. "Female juvenile offenders: Defining an early-onset pathway for delinquency." *Journal of Child & Family Studies* 13, no. 4 (December 2004): 439~52.

Leventhal, Tama, and Jeanne Brooks~Gunn. "Moving to opportunity: An experimental study of neighborhood effects on mental health." *American Journal of Public Health* 93, no. 9 (September 2003): 1576~82.

Levi, Jennifer L., Esq. "Brockton court rules in favor of transgender student." Press release. Boston: Gay and Lesbian Advocates and Defenders, October 12, 2000.

Levinson, Douglas F., et al. "Copy number variants in schizophrenia: Confirmation of five previous findings and new evidence for 3q29 microdeletions and VIPR2 duplications." *American Journal of Psychiatry* 168, no. 3 (March 2011): 302~16.

Levitin, Daniel J. "Absolute memory for musical pitch: Evidence from the production of learned melodies." *Perception & Psychophysics* 56, no. 4 (1994): 414~23.

_____. *This Is Your Brain on Music: The Science of a Human Obsession.* New York: Dutton, 2006.

Levitin, Daniel J., and Susan E. Rogers. "Absolute pitch: Perception, coding, and controversies." *Trends in Cognitive Sciences* 9, no. 1 (January 2005): 26~33.

Levy, Ariel. "Either/or: Sports, sex, and the case of Caster Semenya ." *New Yorker*, November 30, 2009.

Levy, Dan, et al. "Rare de novo and transmitted copy-number variation in autistic spectrum disorders." *Neuron* 70, no. 5 (June 2011): 886~97.

Levy, Deborah L. "Identifying schizophrenia genes using copy number variants and endophenotypes." PowerPoint presentation. Belmont, MA: McLean Hospital, no date.

Levy, Marissa. "Little people reframe story of their lives." *USA Today*, October 3, 2006.

Levy~Wasser, Nitza, and Shlomo Katz. "The relationship between attachment style, birth order and adjustment in children who grow up with a sibling with mental retardation." *British Journal of Developmental Disabilities* 50, no. 2 (July 2004): 89~98.

Lewis, David A. *Pathfinder Village: Milestones, Miracles and Magic: 20th Anniversary Story, 1980~2000.* Edmeston, NY: Pathfinder Village, 2000.

Lewis, Susan, et al. "Economic and psychological benefits from employment: The experiences and perspectives of mothers of disabled children." *Disability & Society* 14, no. 4 (July 1999): 561~75.

Lewis, Thomas, Fari Amini, and Richard Lannon. *A General Theory of Love.* New York: Vintage Books, 2001.

Lezon, Dale. "HPD releases suspect sketch in cross-dresser's killing." *Houston Chronicle*, June 14, 2011.

Li, Hongli, and Lei Chang. "Paternal harsh parenting in relation to paternal versus child characteristics: The moderating effect of paternal resemblance belief." *Acta Psychologica Sinica* 39, no. 3 (2007): 495~501.

Li, Huawei, et al. "Generation of hair cells by stepwise differentiation of embryonic stem cells." *Proceedings of the National Academy of Sciences* 100, no. 23 (November 11, 2003): 13495~500.

Liberman, Robert Paul, et al. "Operational criteria and factors related to recovery from schizophrenia." *International Review of Psychiatry* 14, no. 4 (November 2002): 256~72.

Libov, Charlotte. "New Haven holding on to 'Elm City' nickname." *New York Times*, April 24, 1988.

Lidz, Ruth Wilmanns, and Theodore Lidz. "The family environment of schizophrenic patients." *American Journal of Psychiatry* 106 (November 1949): 332~45.

Lidz, Theodore, et al. "The intrafamilial environment of schizophrenic patients. II. Marital schism and marital skew." *American Journal of Psychiatry* 114, no. 3 (September 1957): 241~48.

_____. "The intrafamilial environment of the schizophrenic patient. I. The father." *Psychiatry* 20, no. 4 (November 1957): 329~42.

_____. "The intrafamilial environment of the schizophrenic patient. II. Interaction between hospital staff and families." *Psychiatry* 20, no. 4 (November 1957): 343~50.

Lidz, Theodore, Stephen Fleck, and Alice R. Cornelison. *Schizophrenia and the Family.* 2nd ed. New York: International Universities Press, 1985.

Lidz, Victor, and Charles Lidz. Letter in response to "Schizophrenia's most zealous fo." by Michael Winerip (February 22, 1998). *New York Times Magazine*, March 15, 1998.

Lieberman, Alicia, and Robert DeMartino, eds. *Interventions for Children Exposed to Violence.* Skillman, NJ: Johnson & Johnson Pediatric Institute, 2006.

Lieberman, Jeffrey A. "A beacon of hope: Prospects for preventing and recovering from mental illness." *NARSAD Research Quarterly* 2, no. 1 (Winter 2009): 23~26.

Lieberman, Jeffrey A., Bruce J. Kinon, and Antony D. Loebel. "Dopaminergic mechanisms in idiopathic and drug~induced psychoses." *Schizophrenia Bulletin* 16, no. 1 (1990): 97~110.

Lieberman, Jeffrey A., and Robin M. Murray, eds. *Comprehensive Care of Schizophrenia: A Textbook of Clinical Management.* London: Martin Dunitz, 2001.

Lieberman, Jeffrey A., and Allan Z. Safferman. "Clinical profile of clozapine: Adverse reactions and agranulocytosis." *Psychiatry Quarterly* 63, no. 1 (Spring 1992): 51~70.

Lieberman, Jeffrey A., and T. Scott Stroup. "The NIMH-CATIE schizophrenia study: What did we learn." *American Journal of Psychiatry* 168, no. 8 (August 2011): 770~75.

Lieberman, Jeffrey A., et al. "Science and recovery in schizophrenia." *Psychiatric Services* 59 (May 2008): 487~96.

Lieberman, Mark. "Dwarves vs. dwarfs." *Language Log* (University of Pennsylvania), January 3, 2004.

Life Goes On: The Complete First Season. Television series. Directed by Michael Braverman. Performances by Bill Smitrovich, Patti LuPone, Kellie Martin, Chris Burke. Burbank, CA: Warner Home Video, 2006 (originally broadcast 1989~90).

Lily: A Sequel. Documentary film. Directed by Elizabeth Grace. Davis, CA: Davidson Films, 1988.

Lily: A Story About a Girl Like Me. Documentary film. Directed by Elizabeth Grace. Davis, CA: Davidson Films, 1976, 1989.

Lily at Thirty. Documentary film. Directed by Elizabeth Grace. Davis, CA: Davidson Films, 1996.

Linabery, Amy M., et al. "Congenital abnormalities and acute leukaemia among children with Down syndrome: A children's oncology group study." *Cancer Epidemiology: Biomarkers & Prevention* 17, no. 10 (October 2008): 2572~77.

Lindelof, Bill. "Transgender controversy: Radio hosts to respond to critics on air Thursday: Letter from DJ says remarks were 'hateful..'" *Sacramento Bee*, June 9, 2009.

_____. "Broadcasters apologize on air for transgender remarks." *Sacramento Bee*, June 12, 2009.

Lindenbaum, Shirley, and Margaret Lock. *Knowledge, Power, and Practice: The Anthropology of Medicine and Everyday Life*. Berkeley: University of California Press, 1993.

Lindgren, Kristin A., Doreen DeLuca, and Donna Jo Napoli, eds. *Signs and Voices: Deaf Culture, Identity, Language, and Arts*. Washington, DC: Gallaudet University Press, 2008.

Linton, Simi. *Claiming Disability: Knowledge and Identity*. New York: New York University Press, 1998.

_____. *My Body Politic: A Memoir*. Ann Arbor: University of Michigan, 2006.

Linton, Simi, Susan Mello, and John O'Neill. "Disability studies: Expanding the parameters of diversity." *Radical Teacher* 47 (Fall 1995): 4~10.

Lipsey, Mark W. "Effective correctional treatment enhances public safety." *ICCA Journal on Community Corrections*, February 2003.

Liptack, Adam. "Jailed for life after crimes as teenagers." *New York Times*, October 3, 2004.

"The little boy who was neglected so badly by his mother that he became a dwarf." *Daily Mail*, August 28, 2010.

Little People of America. "The individual with dwarfism as parent: A position statement." Tustin, CA: Little People of America, 2001.

_____. "Little People of America on pre-implantation genetic diagnosis." Tustin, CA: Little People of America, 2005.

Lively, Scott. *Redeeming the Rainbow: A Christian Response to the "Ga." Agenda*. Springfield, MA: MassResistance, 2009.

Lobato, Debra, et al. "Psychosocial characteristics of preschool siblings of handicapped and non-handicapped children." *Journal of Abnormal Child Psychology* 15, no. 3 (September 1987): 329~38.

Lobaugh, Nancy J., et al. "Piracetam therapy does not enhance cognitive functioning in children with Down syndrome." *Archives of Pediatric & Adolescent Medicine* 155, no. 4 (April 2001): 442~48.

LoBue, Vanessa, and Judy S. DeLoache. "Pretty in pink: The early development of gender-stereotyped colour preferences." *British Journal of Developmental Psychology* 29, no. 3 (September 2011): 656~67.

"Local elections, national politics." Radio broadcast. Neal Conan, correspondent. *Talk of the Nation*, National Public Radio, November 9, 2006.

Locke, John. *Some Thoughts Concerning Education*. Cambridge, UK: Printed for A. & J. Churchill, 1695.

_____. *The Works of John Locke, Esq., in Three Volumes*. London: Printed for Arthur Bettesworth et al., 1727.

LoConto, David G., and Richard A. Dodder. "The right to be human: Deinstitutionalization and wishes of people with developmental disabilities." *Education & Training in Mental Retardation & Developmental Disabilities* 32, no. 2 (June 1997): 77~84.

Loeber, Rolf. "Development and risk factors of juvenile antisocial behavior and delinquency." *Clinical Psychology Review* 10, no. 1 (1990): 1~41.

Loeber, Rolf, and David P. Farrington, eds. *Serious and Violent Juvenile Offenders: Risk Factors and Successful Interventions*. Thousand Oaks, CA: Sage Publications, 1998.

_____. "Young children who commit crime: Epidemiology, developmental origins, risk factors, early interventions, and policy implications." *Development & Psychopathology* 12 (Autumn 2000): 737~62.

_____, eds. *Child Delinquents: Development, Intervention, and Service Needs.* Thousand Oaks, CA: Sage Publications, 2001.

Loeber, Rolf, and Dale F. Hay. "Developmental approaches to aggression and conduct problems." In *Development Through Life: A Handbook for Clinicians*, ed. Michael Rutter and Dale F. Hay, 488~515. Oxford, UK: Blackwell Scientific Publications, 1994.

Loftus, Tom. "Virtual world teaches real-world skills: Game helps people with Asperger's practice socializing." MSNBC, February 25, 2005.

Lombardi, Kate Stone. "For an artist, life reborn after a battle with psychosis." *New York Times*, June 8, 2003.

Lombardo, Paul. *Three Generations, No Imbeciles: Eugenics, the Supreme Court, and Buck v. Bell.* Baltimore: Johns Hopkins University Press, 2008.

Lombroso, Cesare. *The Man of Genius.* London: Walter Scott Publishing, 1888.

Lon ar, Mladen, et al. "Psychological consequences of rape on women in 1991~1995 war in Croatia and Bosnia and Herzegovina." *Croatian Medical Journal* 47, no. 1 (February 2006): 67~75.

Longinus. *On the Sublime.* Trans. Thomas R. R. Stebbing. Oxford, UK: Shrimpton, 1867.

Longmore, Paul K. *Why I Burned My Book and Other Essays on Disability.* Philadelphia: Temple University Press, 2003.

Longmore, Paul K., and Lauri Umansky, eds. *The New Disability History: American Perspectives.* New York: New York University Press, 2001.

Looking Back, Pushing Forward. Documentary film. Michael Billy, host. New York: In the Life Media, April 2009.

López, S. R., et al. "Ethnicity, expressed emotion, attributions, and course of schizophrenia: Family warmth matters." *Journal of Abnormal Psychology* 113, no. 3 (August 2004): 428~39.

Lorch, Donatella. "Rape used as a weapon in Rwanda: Future grim for genocide orphans." *Houston Chronicle*, May 15, 1995.

Lord, Catherine, et al. "Trajectory of language development in autistic spectrum disorders." In *Developmental Language Disorders: From Phenotypes to Etiologies*, ed. Mabel L. Rice and Steven F. Warren, 7~30. New York: Taylor & Francis, 2004.

Lord, Catherine, and James McGee, eds. *Educating Children with Autism.* Washington, DC: National Academies Press, 2001.

Losh, Molly, et al. "Neuropsychological profile of autism and the broad autism phenotype." *Archives of General Psychiatry* 66, no. 5 (May 2009): 518~26.

Lothell Tate v. State of South Carolina. South Carolina Supreme Court, April 13, 1992.

Lott, Ira, and Ernest McCoy. *Down Syndrome: Advances in Medical Care.* New York: Wiley~Liss, 1992.

Loudon, Mary. *Relative Stranger: Piecing Together a Life Plagued by Madness.* New York: Canongate, 2006.

Louise. "My story of partner rape." Minneapolis, MN: Aphrodite Wounded/Pandora's Aquarium, 2006.

Lovaas, O. Ivar. "Behavioral treatment and normal educational and intellectual functioning in young autistic children." *Journal of Consulting & Clinical Psychology* 55, no. 1 (February 1987): 3~9.

_____. "The development of a treatment-research project for developmentally disabled and autistic children." *Journal of Applied Behavior Analysis* 26, no. 4 (Winter 1993): 617~30.

Lovaas, O. Ivar, Benson Schaeffer, and James Q. Simmons. "Building social behavior in autistic children by use of electric shock." *Journal of Experimental Research in Personality* 1 (1965): 99~105.

Lovely, Shawn. *I've Lost My What??? A Practical Guide to Life After Deafness*. New York: iUniverse, 2004.

Lowyck, Benedicte, et al. "Can we identify the factors influencing the burden family-members of schizophrenic patients experience." *International Journal of Psychiatry in Clinical Practice* 5 (2001): 89~96.

Lucas, Ceil, ed. *Sociolinguistics in Deaf Communities*. Washington, DC: Gallaudet University Press, 1995.

Luciano, Phil. "Case doesn't make sense." *Peoria Journal Star*, May 17, 2006.

_____. "Helping everyone but herself." *Peoria Journal Star*, May 18, 2006.

_____. "This was not about autism." *Peoria Journal Star*, May 24, 2006.

Luckner, John L., and Christine Cooke. "A summary of the vocabulary research with students who are deaf or hard of hearing." *American Annals of the Deaf* 155, no. 1 (Spring 2010): 38~67.

Luckner, John L., and Ann Velaski. "Healthy families of children who are deaf." *American Annals of the Deaf* 149, no. 4 (2004): 324~35.

Lucksted, Alicia. "Family psychoeducation vs. family-to-family education program." Arlington, VA: National Alliance on Mental Illness, 2003.

Lucretius. *On the Nature of Things*. London: H. G. Bohn, 1851.

Luke, Sunny, Swati Gandhi, and Ram S. Verma. "Conservation of the Down syndrome critical region in humans and great apes." *Gene* 161, no. 2 (1995): 283~85.

Lumley, Vicki A., and Joseph R. Scotti. "Supporting the sexuality of adults with mental retardation: Current status and future directions." *Journal of Positive Behavior Interventions* 3, no. 2 (Spring 2001): 109~19.

Lunsky, Yona. "Depressive symptoms in intellectual disability: Does gender play a role." *Journal of Intellectual Disability Research* 47, no. 6 (September 2003): 417~27.

_____. "Suicidality in a clinical and community sample of adults with mental retardation." *Research in Developmental Disabilities* 25, no. 3 (May~June 2004): 231~43.

Lunsky, Yona, and Anna M. Palucka. "Depression in intellectual disability." *Current Opinion in Psychiatry* 17, no. 5 (September 2004): 359~63.

Luthar, Suniya S. *Resilience and Vulnerability: Adaptation in the Context of Childhood Adversities*. Cambridge, UK: Cambridge University Press, 2003.

Luzadder, Dan, and Kevin Vaughan. "Biggest question of all: Detectives still can't fathom teenage killers' hatred." *Denver Rocky Mountain News*, December 12, 1999.

_____. "Journey into madness." *Denver Rocky Mountain News*, December 12, 1999.

_____. "Amassing the facts: Bonded by tragedy, officers probe far, wide for answers." *Denver*

Rocky Mountain News, December 13, 1999.

Lydgate, Chris. "Dwarf vs. dwarf: The Little People of America want respect—and they're fighting each other to get it." *Willamette Week*, June 30, 1999.

Lynn, Richard. *Eugenics: A Reassessment.* Westport, CT: Praeger, 2001.

Lyons, Demie, et al. *Clinical Practice Guideline: Report of the Recommendations: Down Syndrome Assessment and Intervention for Young Children (Age 0~3 Years).* Albany: New York State Department of Health, 2005.

Lyons, Viktoria, and Michael Fitzgerald. *Asperger Syndrome: A Gift or a Curse?* New York: Nova Biomedical Books, 2005.

Lysiak, Matthew, and Lukas I. Alpert. "Gabrielle Giffords shooting: Frightening, twisted shrine in Arizona killer Jared Lee Loughner's yard." *New York Daily News*, January 10, 2011.

Maalouf, Amin. *In the Name of Identity: Violence and the Need to Belong.* New York: Penguin, 2003.

MacDonald, John M. *Rape: Offenders and Their Victims.* Springfield, IL: Charles C. Thomas, 1971.

MacDonald, Kevin. "Warmth as a developmental construct: An evolutionary analysis." *Child Development* 63, no. 4 (August 1992): 753~73.

MacGregor, John M. *Metamorphosis: The Fiber Art of Judith Scott: The Outsider Artist and the Experience of Down's Syndrome.* Oakland, CA: Creative Growth Art Center, 1999.

Mack, Julian. "The juvenile court." *Harvard Law Review* 23 (1909): 104~22.

MacNaughton, M. "Ethics and reproduction." *American Journal of Obstetrics & Gynecology* 162, no. 4 (April 1990): 879~82.

"'Mad Pride' activists say they're unique, not sick." Television news report. I. A. Robinson and Astrid Rodrigues, correspondents. ABC News, August 2, 2009.

Maess, Burkhard, et al. "Musical syntax is processed in Broca's area: An MEG study." *Nature Neuroscience* 4, no. 5 (May 2001): 540~45.

Maestripieri, Dario. "The biology of human parenting: Insights from nonhuman primates." *Neuroscience & Biobehavioral Reviews* 23, no. 3 (January 1999): 411~22.

_____. "Is there mother-infant bonding in primates." *Developmental Review* 21, no. 1 (March 2001): 93~120.

Magliano, Lorenzo, et al. "The effect of social network on burden and pessimism in relatives of patients with schizophrenia." *American Journal of Orthopsychiatry* 73, no. 3 (July 2003): 302~9.

Mahomed, Nizar N., et al. "Functional health status of adults with achondroplasia." *American Journal of Medical Genetics* 78 (June 1998): 30~35.

Mahoney, Patricia, and Linda M. Williams. "Sexual assault in marriage." In *Partner Violence: A Comprehensive Review of 20 Years of Research*, ed. Jana L. Jasinski and Linda M. Williams, 113~57. Thousand Oaks, CA: Sage Publications, 1998.

Mainwaring, George. *Memoirs of the Life of the Late George Frederic Handel.* New York: Da Capo, 1980.

Mairs, Nancy. *Waist-High in the World: A Life Among the Nondisabled.* Boston: Beacon Press, 1996.

Malard, Jeffrey. *Focus on Down's Syndrome Research.* New York: Nova Biomedical Books, 2004.

Malaspina, Dolores, et al. "Acute maternal stress in pregnancy and schizophrenia in offspring: A cohort prospective study." *BMC Psychiatry* 8 (2008): 71.

Mall, David, and Walter F. Watts, eds. *The Psychological Aspects of Abortion.* Washington, DC: University Publications of America, 1979.

Mallon, Gerald P. *Social Services with Transgendered Youth.* Binghamton, NY: Harrington Park Press, 1999.

Mallon, Gerald P., and Teresa DeCrescenzo. "Transgender children and youth: A child welfare practice perspective." *Child Welfare* 85, no. 2 (March~April 2006): 215~42.

"Man gets five years in prison for killing autistic son." Associated Press, September 8, 1999.

Mann, Susan B. "First person account: Talking through medication issues: One family's experience." *Schizophrenia Bulletin* 25, no. 2 (1999): 407~9.

Manning, Anita. "The changing deaf culture." *USA Today*, May 2, 2000.

"Man pleads guilty to lesser charge." *Aiken Standard*, August 7, 2003.

Mansfield, Caroline, Suellen Hopfer, and Theresa M. Marteau. "Termination rates after prenatal diagnosis of Down syndrome, spina bifida, anencephaly, and Turner and Klinefelter syndromes: A systematic literature review." *Prenatal Diagnosis* 19, no. 9 (September 1999): 108~12.

Marano, Hara Estroff. "Genius and madness, creativity and mood: The myth that madness heightens creative genius." *Psychology Today*, May 7, 2007.

Maranto, Gina. *Quest for Perfection: The Drive to Breed Better Human Beings.* New York: Lisa Drew/Scribner, 1996.

Marbella, Jean. "Doctor soothes little people." *Orlando Sun-Sentinel,* February 3, 1985.

March, David K. "The real Town Hall." *dkmnow*, February 27, 2008.

Marcus, Amy Dockser. "Agonizing choice: A brother's survey touches a nerve in abortion fight." *Wall Street Journal*, October 3, 2005.

_____. "Eli's choice." *Wall Street Journal*, December 31, 2005.

_____. "New prenatal tests offer safer, early screenings." *Wall Street Journal*, June 28, 2011.

Marcus, Dave. *What It Takes to Pull Me Through: Why Teenagers Get in Trouble and How Four of Them Got Out.* Boston: Houghton Mifflin, 2005.

Mardell, Danny. *Danny's Challenge: The True Story of a Father Learning to Love His Son.* London: Short Books, 2005.

Marks, Deborah. *Disability: Controversial Debates and Psychosocial Perspectives.* London and New York: Routledge, 1999.

Marler, Regina. "Reading, writing, cross-dressing." *Advocate*, October 23, 2007.

Marsa, Linda. "Still, the stigma remains; people who have overcome schizophrenia and regained their mental health have to contend with society's negative perception of the illness." *Los Angeles Times*, March 19, 2001.

Marsaja, I Gede. *Desa Kolok: A Deaf Village and Its Sign Language in Bali, Indonesia.* Nijmegen, Netherlands: Ishara Press, 2008.

Marschark, Marc. *Raising and Educating a Deaf Child: A Comprehensive Guide to the Choices, Controversies, and Decisions Faced by Parents and Educators.* Oxford, UK, and New York: Oxford University Press, 2007.

Marschark, Marc, and Patricia Elizabeth Spencer, eds. *Oxford Handbook of Deaf Studies, Lan-*

guage & Education. Oxford, UK, and New York: Oxford University Press, 2003.

Marsh, Denise. "Abortion rate affected by Down syndrome test." *Disaboom*, October 2010.

Marsh, Diane T., and Rex Dickens. *How to Cope with Mental Illness in Your Family: A Self-Care Guide for Siblings, Offspring, and Parents.* New York: Tarcher Putnam, 1998.

Marshall, Andrew. "Small wonders: Can you create child prodigies, or are they simply miracles of nature." *Time*, February 10, 2003.

Marshall, Max, and John Rathbone. "Early intervention in psychosis." *Cochrane Library* 15, no. 6 (June 2011): 1~161.

Martens, Frederick Herman. *Violin Mastery: Talks with Master Violinists and Teachers.* New York: Frederick A. Stokes, 1919.

Martens, Laurie, and Jean Addington. "The psychological well~being of family members of individuals with schizophrenia." *Social Psychiatry & Psychiatric Epidemiology* 36, no. 3 (March 2001): 128~33.

Martin, Daniela, et al. "Peer relationships of deaf children with cochlear implants: Predictors of peer entry and peer interaction success." *Journal of Deaf Studies & Deaf Education* 16, no. 1 (January 2011): 108~20.

Martin, François, and Jennifer Farnum. "Animal-assisted therapy for children with pervasive developmental disorders." *Western Journal of Nursing Research* 24, no. 6 (October 2002): 657~70.

Marui, Tetsuya, et al. "No association of FOXP2 and PTPRZ1 on 7q31 with autism from the Japanese population." *Neuroscience Research* 53, no. 1 (September 2005): 91~94.

Marzuk, Peter M. "Violence, crime, and mental illness: How strong a link." *Archives of General Psychiatry* 53, no. 6 (June 1996): 481~86.

Masland, Molly. "Children in the grip of autism: More families faced with a difficult diagnosis." MSNBC, February 23, 2005.

Masri, Bernard, et al. "Antagonism of dopamine D2 receptor/beta-arrestin 2 interaction is a common property of clinically effective antipsychotics." *Proceedings of the National Academy of Sciences* 105, no. 36 (September 9, 2008): 13656~61.

Masten, Ann S. "Ordinary magic: Resilience processes in development." *American Psychologist* 56, no. 3 (March 2001): 227~38.

Matherne, Monique M., and Adrian Thomas. "Family environment as a predictor of adolescent delinquency." *Adolescence* 36, no. 144 (Winter 2001): 655~64.

Maurice, Catherine. *Let Me Hear Your Voice: A Family's Triumph over Autism.* New York: Knopf, 1993.

Ma Vie en Rose (My Life in Pink). Feature film. Directed by Alain Berliner. Performances by Michèle Laroque, Jean-Philippe Écoffey, Hélène Vincent, Georges Du Fresne. Produced by Freeway Films/Canal +/Sony Pictures Home Entertainment. Culver City, CA: Columbia TriStar Home Video, 1997, 1999.

Mayberry, Rachel I., et al. "Age of acquisition effects on the functional organization of language in the adult brain." *Brain & Language* 119, no. 1 (October 2011): 16~29.

Mayhew, James F., et al. "Anaesthesia for the achondroplastic dwarf." *Canadian Anaesthetists' Journal* 33, no. 2 (March 1986): 216~21.

Maynard, Joyce. "Prodigy, at 13." *New York Times*, March 4, 1973.

McAdams, Dan P. *The Redemptive Self: Stories Americans Live By.* Oxford, UK, and New York: Oxford University Press, 2006.

McAllester, Matt. "The hunted." *New York*, October 4, 2009.

McAuliffe, Kathleen. "How your cat is making you crazy." *Atlantic*, March 2012.

McCabe, Linda L., and Edward R. B. McCabe. *DNA: Promise and Peril.* Berkeley: University of California Press, 2008.

McCabe, Marita P. "Sexual knowledge, experience and feelings among people with disability." *Sexuality & Disability* 17, no. 2 (February 1999): 157~70.

McCarthy, Jenny. *Louder Than Words: A Mother's Journey in Healing Autism.* New York: Dutton Adult, 2007.

_____. *Mother Warriors: A Nation of Parents Healing Autism Against All Odds.* New York: Dutton Adult, 2008.

McCarthy, Shane E., et al. "Microduplications of 16p11.2 are associated with schizophrenia." *Nature Genetics* 41 (October 2009): 1223~27.

McClure, Harold M., et al. "Autosomal trisomy in a chimpanzee: Resemblance to Down's syndrome." *Science* 165, no. 3897 (September 5, 1969): 1010~13.

McCubbin, Hamilton I., A. Elizabeth Cauble, and Joan M. Patterson, eds. *Family Stress, Coping and Social Support.* Springfield, IL: Charles C. Thomas, 1982.

McCubbin, Hamilton I., et al., eds. *Stress, Coping, and Health in Families: Sense of Coherence and Resiliency.* Thousand Oaks, CA: Sage Publications, 1998.

McCullough, Marie. "Abortion, rape debate." *Chicago Tribune*, September 26, 1995.

McDaniel, Jobeth. "Chris Burke: Then and now." *Ability Magazine*, February 2007.

McDonald, Anne. "The other story from a 'pillow angel': Been there. Done that. Preferred to grow." *Seattle Post-Intelligencer*, June 15, 2007.

McDonald, Lynn, et al. "Families and schools together: An innovative substance abuse prevention program." *Social Work in Education* 13, no. 2 (1991): 188~28.

McDonnell, John J. J., et al. *Introduction to Persons with Severe Disabilities: Educational and Social Issues.* New York: Allyn & Bacon, 1995.

McElroy, Wendy. "Victims from birth: Engineering defects in helpless children crosses the line." FOX News, April 9, 2002.

McFarlane. Judith, and Ann Malecha. "Sexual assault among intimates: Frequency, consequences and treatments." Research Report, National Institute of Justice Grant No. 2002-WG-BX-0003. Washington, DC: National Criminal Justice Reference Service, October 2005.

McFarlane, William R., et al. "From research to clinical practice: Dissemination of New York State's family psychoeducation project." *Hospital & Community Psychiatry* 44, no. 3 (March 1993): 265~70.

_____. "Multiple family groups and psychoeducation in the treatment of schizophrenia." *Archives of General Psychiatry* 52, no. 8 (August 1995): 679~87.

McFarlane, William R. *Multifamily Groups in the Treatment of Severe Psychiatric Disorders.* New York: Guilford Press, 2002.

McGee, Glenn. *The Perfect Baby: Parenthood in the New World of Cloning and Genetics.* Lanham, MD: Rowman & Littlefield Publishers, 2000.

McGee, Robert W. "If dwarf tossing is outlawed, only outlaws will toss dwarfs: Is dwarf tossing a victimless crime." *American Journal of Jurisprudence* 38 (1993): 335~58.

McGlashan, Thomas H., et al. "Randomized, double-blind trial of olanzapine versus placebo in patients prodromally symptomatic for psychosis." *American Journal of Psychiatry* 163, no. 5 (May 2006): 790~99.

McGlashan, Thomas H., and Ralph E. Hoffman. "Schizophrenia as a disorder of developmentally reduced synaptic connectivity." *Archives of General Psychiatry* 57, no. 7 (July 2000): 637~48.

McGlashan, Thomas, and Scott Woods. "Early antecedents and detection of schizophrenia: Understanding the clinical implications." *Psychiatric Times* 28, no. 3 (March 2011).

McGorry, Patrick D., et al. "Randomized controlled trial of interventions designed to reduce the risk of progression to first-episode psychosis in a clinical sample with subthreshold symptoms." *Archives of General Psychiatry* 59, no. 10 (October 2002): 921~28.

McGough, Robert. "Disorder hints at how brain learns to read." *Wall Street Journal*, May 12, 2004.

McGovern, Cammie. *Eye Contact: A Novel.* New York: Viking, 2006.

_____. "Autism's parent trap." *New York Times*, June 5, 2006.

McGrath, John J. "Myths and plain truths about schizophrenia epidemiology: The NAPE lecture 2004." *Acta Psychiatrica Scandinavica* 111, no. 1 (2005): 4~11.

_____. "Variations in the incidence of schizophrenia: Data versus dogma." *Schizophrenia Bulletin* 32, no. 1 (January 2006): 195~97.

_____. "The surprisingly rich contours of schizophrenia epidemiology." *Archives of General Psychiatry* 64, no. 1 (January 2007): 14~16.

McGrother, Catherine W., et al. "Community care for adults with learning disability and their carers: Needs and outcomes from the Leicestershire Register." *Journal of Intellectual Disability Research* 40, no. 2 (April 1996): 183~90.

McGuire, Dennis Eugene, and Brian A. Chicoine. *Mental Wellness in Adults with Down Syndrome: A Guide to Emotional and Behavioral Strengths and Challenges.* Bethesda, MD: Woodbine House, 2006.

McGurk, Susan R., et al. "A meta-analysis of cognitive remediation in schizophrenia." *American Journal of Psychiatry* 164, no. 12 (2007): 1791~802.

McHale, Susan, and Wendy Gamble. "Sibling relationships of children with disabled and nondisabled brothers and sisters." *Developmental Psychology* 25, no. 3 (May 1989): 421~29.

McHugh, Mary. *Special Siblings: Growing Up with Someone with a Disability.* New York: Hyperion, 1999.

McIntyre, Laura Lee, et al. "Behaviour/mental health problems in young adults with intellectual disability: The impact on families." *Journal of Intellectual Disability Research* 46, no. 3 (March 2002): 239~49.

McKee, Rachel L., and Bruce Connew. *People of the Eye: Stories from the Deaf World.* Wellington, New Zealand: Bridget Williams Books, 2001.

McKelvey, Robert. *The Dust of Life: America's Children Abandoned in Vietnam.* Seattle: University of Washington Press, 1999.

McKenzie, John. "Autism breakthrough: Girl's writings explain her behavior and feelings." ABC News, February 19, 2008.

McKibben, Bill. *Enough: Staying Human in an Engineered Age.* New York: Times Books, 2003.

McKusick, Victor Almon. "Ellis~van Creveld syndrome and the Amish." *Nature Genetics* 24 (March 2000): 203~4.

McKusick, Victor Almon, et al. "Dwarfism in the Amish: The Ellis~van Creveld syndrome." *Bulletin of the Johns Hopkins Hospital* 115 (1964): 307~36.

McLaughlin, Janice. "Screening networks: Shared agendas in feminist and disability movement challenges to antenatal screening and abortion." *Disability & Society* 18, no. 3 (2003): 297~310.

McMorris Rodgers, Cathy. "Congresswoman Cathy McMorris Rodgers: Touched by Down syndrome." *Northwest Woman*, April/May 2008.

McNeil, Donald G., Jr. "Child mortality at record low: Further drop seen." *New York Times*, September 13, 2007.

_____. "Autism rates are higher for US-born Somali children in Minneapolis." *New York Times*, March 31, 2009.

McPheeters, Melissa L., et al. "A systematic review of medical treatments for children with autism spectrum disorders." *Pediatrics* 127, no. 5 (May 2011): E1312~E1321.

McPherson, Gary E. "Diary of a child musical prodigy." In *Proceedings of the International Symposium on Performance Science*, ed. Aaron Williamon and Daniela Coimbra, 213~18. Utrecht: European Association of Conservatoires, 2007.

McRuer, Robert. *Crip Theory: Cultural Signs of Queerness and Disability.* New York: New York University Press, 2006.

Mead, Margaret. "The gifted child in the American culture of today." *Journal of Teacher Education* 5, no. 3 (1954): 211~14.

Mead, Rebecca. "Eerily composed: Nico Muhly's sonic magic." *New Yorker*, February 11, 2008.

Meadow, Kathryn P. *Deafness and Child Development.* Berkeley: University of California Press, 1980.

_____. "Early manual communication in relation to the deaf child's intellectual, social, and communicative functioning." *Journal of Deaf Studies & Deaf Education* 10, no. 4 (Fall 2005): 321~29.

Meadows, Bob, and Margaret Nelson. "Building a town for the deaf." *People*, May 2, 2005.

"Medical mystery: Ectrodactyly." Interview with Bree Walker. Jim Jensen, correspondent. ABC News, January 29, 2007.

Medugno, Richard. *Deaf Daughter, Hearing Father.* Washington, DC: Gallaudet University Press, 2005.

Meers, Erik. "Transgendered and in first grade: Case of boy who wants to be recognized as a girl." *Advocate*, October 10, 2000.

Mehler, Jacques, et al. "A precursor of language acquisition in young infants." *Cognition* 29, no. 2 (July 1988): 143~78.

Mehler, Mark F., and Dominick P. Purpura. "Autism, fever, epigenetics and the locus coeruleus." *Brain Research Reviews* 59, no. 2 (March 2009): 388~92.

Meier, Peg. "Cassee Cannata: Small wonder." *Minneapolis Star Tribune*, April 24, 2006.

Meijer, Karin, et al. "Needs for care of patients with schizophrenia and the consequences for their informal caregivers: Results from the EPSILON multi centre study on schizophrenia." *So-*

cial Psychiatry & Psychiatric Epidemiology 39, no. 4 (April 2004): 251~58.

Meloy, J. Reid. *The Mark of Cain: Psychoanalytic Insight and the Psychopath.* Hillsdale, NJ: Analytic Press, 2001.

Menen, Aubrey. "The rapes of Bangladesh." *New York Times*, July 23, 1972.

Menuhin, Yehudi. *Unfinished Journey.* New York: Knopf, 1977.

_____. *Unfinished Journey: Twenty Years Later.* New York: Fromm International, 1997.

Menvielle, Edgardo J. "Parents struggling with their child's gender issues." *Brown University's Child & Adolescent Behavior Letter* 20, no. 7 (July 2004): 2~4.

Menvielle, Edgardo J., Ellen Perrin, and Catherine Tuerk. "To the beat of a different drummer: The gender-variant child." *Contemporary Pediatrics* 22, no. 2 (May 2005): 38~46.

Mercer, David. "Mom convicted in autistic girl's death." Associated Press, January 17, 2008.

Mercer, Jean. "Coercive restraint therapies: A dangerous alternative mental health intervention." *Medscape General Medicine* 7, no. 3 (August 9, 2005): 3.

Mesko, Bertalan. "Dr. Steven E. Kopits, a modern miracle maker." *Science Roll*, January 27, 2007.

Metro Gang Strike Force. *2008 Annual Report.* Report 09-0568. New Brighton, MN: Metro Gang Strike Force, 2009.

Mettler, Angela. "Speakers rally on issues." *Aberdeen American News*, October 18, 2006.

Meyer-Bahlburg, Heino F. L. "Gender identity disorder of childhood: Introduction." *Journal of the American Academy of Child Psychiatry* 24, no. 6 (November 1985): 681~83.

_____. "From mental disorder to iatrogenic hypogonadism: Dilemmas in conceptualizing gender identity variants as psychiatric conditions." *Archives of Sexual Behavior* 39, no. 2 (April 2010): 461~76.

Meyerding, Jane. "Thoughts on finding myself differently brained." Privately published, 1998. .

Meyerowitz, Joanne. *How Sex Changed: A History of Transsexuality in the United States.* Cambridge, MA: Harvard University Press, 2004.

Miami-Dade County Grand Jury. *Investigation into the Death of Omar Paisley and the Department of Juvenile Justice Miami-Dade Regional Juvenile Detention Center.* Miami: Circuit Court of the Eleventh Judicial Circuit of Florida in and for the County of Miami-Dade, January 27, 2004.

Micali, Nadia, et al. "The broad autism phenotype: Findings from an epidemiological survey." *Autism* 8, no. 1 (March 2004): 21~37.

Michael, Jason A. "Ode to Ian." *Between the Lines News*, November 2007.

Michael, Matt. "Syracuse man was killed for being gay, police say." *Syracuse Post-Standard*, November 16, 2008.

Michael Chorost, Electronic Listener. Documentary film. San Francisco, CA: Exploratorium, 2006.

Michalko, Rod. *The Difference That Disability Makes.* Philadelphia: Temple University Press, 2002.

Michaux, William W. *The First Year Out: Mental Patients After Hospitalization.* Baltimore, MD: Johns Hopkins University Press, 1969.

Michigan Legislature. House Bill 4770 (now Public Act 297 of 2011), the Public Employee Domestic Partner Benefit Restriction Act. Effective December 22, 2011.

Middleton, Anna. "Frequently asked questions on the Human Fertilisation and Embryology Bill and how it relates to deafness." London: Royal National Institute for Deaf People, accessed

July 2, 2009.

Middleton, Anna, Jenny Hewison, and Robert Mueller. "Prenatal diagnosis for inherited deafness: What is the potential demand." *Journal of Genetic Counseling* 10, no. 2 (April 2001): 121~31.

"Midget mother: 37-inch-tall Oklahoma woman gives birth to normal baby by Caesarean." *Ebony*, December 1950.

Midgette, Anne. "Young and gifted: Our age-old fascination with prodigies." *Town & Country*, September 2006.

_____. "Pinch-hitting at Caramoor: Young pianist and Rachmaninoff." *New York Times*, June 25, 2007.

_____. "A star who plays second fiddle to music." *New York Times*, December 15, 2007.

_____. "Kissin is dextrous but lacking in emotion." *Washington Post*, March 2, 2009.

Miles, Judith. "Autism spectrum disorders: A genetics review." *Genetics in Medicine* 13, no. 4 (April 2011): 273~362.

Miles, M. "Hittite deaf men in the 13th century B.C." Stockholm, Sweden: Independent Living Institute, 2008.

Miller, Alice. *Prisoners of Childhood: The Drama of the Gifted Child.* New York: Basic Books, 1981.

Miller, Jonathan. "Charles DeGaulle's way." *Rants, Raves & Runes*, May 30, 2007.

Miller, Katrina. "Population management strategies for deaf and hard-of-hearing offenders." *Corrections Today* 64, no. 7 (December 2002): 90~95.

Miller, Katrina, and McKay Vernon. "Deaf sex offenders in a prison population." *Journal of Deaf Studies & Deaf Education* 8, no. 3 (July 2003): 357~62.

Miller, Leon K. *Musical Savants: Exceptional Skill in the Mentally Retarded.* Hillsdale, NJ: Lawrence Erlbaum, 1989.

Miller, Lisa. "He can't forgive her for killing their son but says spare my wife from a jail cell." *Daily Telegraph*, May 26, 2004.

Miller, Rachel, and Susan Elizabeth Mason. *Diagnosis Schizophrenia: A Comprehensive Resource for Patients, Families, and Helping Professionals.* New York: Columbia University Press, 2002.

Miller, Stanford. "Transcranial magnetic stimulation (TMS)." Arlington, VA: National Alliance on Mental Illness, 2004.

Miller, Tandy J., et al. "The PRIME North America randomized double-blind clinical trial of olanzapine versus placebo in patients at risk of being prodromally symptomatic for psychosis II: Baseline characteristics of the 'prodromal' sample." *Schizophrenia Research* 61, no. 1 (March 2003): 19~30.

Miller v. HCA, Inc. 118 S.W.3d 758 (Texas, 2003).

Mills, Steve, and Patricia Callahan. "Md. autism doctor's license suspended." *Baltimore Sun*, May 4, 2011.

Milne, A. A. *The House at Pooh Corner.* New York: Dutton, 1961.

Minorities Under Siege: Pygmies Today in Africa. Nairobi: IRIN News Service, April 2006.

Minshew, Nancy J., and Timothy A. Keller. "The nature of brain dysfunction in autism: Functional brain imaging studies." *Current Opinion in Neurology* 23, no. 2 (April 2010): 124~30.

Minton, Carol, et al. "The wishes of people with developmental disabilities by residential placement and age." *Journal of Disability Policy Studies* 13, no. 3 (Winter 2002): 13~70.

Mirfin-Veitch, Brigit, Anne Bray, and Nicola Ross. "'It was the hardest and most painful decision of my life!': Seeking permanent out-of-home placement for sons and daughters with intellectual disabilities." *Journal of Intellectual & Developmental Disability* 28, no. 2 (2003): 99~111.

Mischel, Walter, E. B. Ebbesen, and A. R. Zeiss. "Cognitive and attentional mechanisms in delay of gratification." *Journal of Personality & Social Psychology* 21, no. 2 (February 1972): 204~18.

Mischel, Walter, Yuichi Shoda, and Philip K. Peake. "The nature of adolescent competencies predicted by preschool delay of gratification." *Journal of Personality & Social Psychology* 54, no. 4 (April 1988): 687~96.

"The mistreatment of Ashley X." *Family Voyage*, January 4, 2007.

Mitchell, David T., and Sharon L. Snyder, eds. *The Body and Physical Difference: Discourses of Disability.* Ann Arbor: University of Michigan Press, 1997.

Mitchell, Jonathan. "Neurodiversity: Just say no." Los Angeles: Jonathan Mitchell, 2007.

Mitchell, Juliet. *Mad Men and Medusas: Reclaiming Hysteria.* New York: Basic Books, 2000.

Mitchell, Ross E., and Michael A. Karchmer. "Chasing the mythical ten percent: Parental hearing status of deaf and hard of hearing students in the United States." *Sign Language Studies* 4, no. 2 (Winter 2004): 138~63.

_____. "Demographics of deaf education: More students in more places." *American Annals of the Deaf* 151, no. 2 (2006): 95~104.

Mithen, Steven. *The Singing Neanderthals: The Origins of Music, Language, Mind and Body.* Boston: Harvard University Press, 2006.

Miyake, Nobumi, et al. "Presynaptic dopamine in schizophrenia." *CNS Neuroscience & Therapeutics* 17, no. 2 (April 2011): 104~9.

Moffitt, Terrie E. "Genetic and environmental influences on antisocial behaviors: Evidence from behavioral-genetic research." *Advances in Genetics* 55 (2005): 41~104.

Moldin, Steven O., and John L. R. Rubenstein. *Understanding Autism: From Basic Neuroscience to Treatment.* Boca Raton, FL: CRC/Taylor & Francis, 2006.

Möller, Birgit, et al. "Gender identity disorder in children and adolescents." *Current Problems in Pediatric & Adolescent Health Care* 39, no. 5 (May~June 2009): 117~34.

Molloy, Charlene, et al. "Is traumatic brain injury a risk factor for schizophrenia?: A meta-analysis of case-controlled population-based studies." *Schizophrenia Bulletin* (August 2011): epub ahead of print.

Monaghan, Leila, et al., eds. *Many Ways to Be Deaf: International Variation in Deaf Communities.* Washington, DC: Gallaudet University Press, 2003.

Monahan, John. "Mental disorder and violent behavior: Perceptions and evidence." *American Psychologist* 47, no. 4 (April 1992): 511~21.

Monahan, John, et al. "An actuarial model of violence risk assessment for persons with mental disorders." *Psychiatric Services* 56, no. 7 (July 2005): 810~15.

Money, John. "Dwarfism: Questions and answers in counseling." *Rehabilitation Literature* 28, no. 5 (May 1967): 134~38.

Money, John, Richard Clopper, and Jan Menefee. "Psychosexual development in postpubertal males with idiopathic panhypopituitarism." *Journal of Sex Research* 16, no. 3 (August 1980): 212~25.

Money, John, and Anke Ehrhardt. *Man and Woman, Boy and Girl.* Baltimore: Johns Hopkins University Press, 1972.

Montgomery, Cal. "A defense of genocide." *Ragged Edge Magazine*, July~August 1999.

Mookherjee, Nayanika. "'Remembering to forget': Public secrecy and memory of sexual violence in the Bangladesh war of 1971." *Journal of the Royal Anthropological Institute* 12, no. 2 (June 2006): 433~50.

Moon, Christine, Robin Panneton Cooper, and William P. Fifer. "Two-day-olds prefer their native language." *Infant Behavior & Development* 16, no. 4 (October~December 1993): 495~500.

Moon, Elizabeth. *The Speed of Dark.* New York: Ballantine Books, 2003.

Moore, Charlotte. *George and Sam.* London: Viking, 2004.

Moore, David. *The Dependent Gene: The Fallacy of "Nature vs. Nurture."* New York: Henry Holt, 2001.

Moore, David R., and Robert V. Shannon. "Beyond cochlear implants: Awakening the deafened brain." *Nature Neuroscience* 12, no. 6 (June 2009): 686~91.

Moorman, David. "Workshop report: Fever and autism." New York: Simons Foundation for Autism Research, April 1, 2010.

Moorman, Margaret. "A sister's need." *New York Times Magazine*, September 11, 1988.

Mór, Caiseal. *A Blessing and a Curse: Autism and Me.* London: Jessica Kingsley Publishers, 2007.

Moran, Mark. "Schizophrenia treatment should focus on recovery, not just symptoms." *Psychiatric News* 39, no. 22 (November 19, 2004): 24.

"More insight on Dylan Klebold." Interview with Nathan Dykeman. Charles Gibson, correspondent. *Good Morning America*, ABC News, April 30, 1999.

Morris, Allison, and Gabrielle Maxwell, eds. *Restorative Justice for Juveniles.* Portland, OR: Hart, 2001.

Morris, Esther Marguerite. "Missing vagina monologue." *Sojourner* 26, no. 7 (March 2001).

Morris, Jan. *Conundrum.* New York: New York Review of Books, 2006.

Morris, Joan K., and Eva Alberman. "Trends in Down's syndrome live births and antenatal diagnoses in England and Wales from 1989 to 2008: Analysis of data from the National Down Syndrome Cytogenetic Register." *British Medical Journal* 339 (2009): B3794.

Morris, Joan K., N. J. Wald, and H. C. Watt. "Fetal loss in Down syndrome pregnancies." *Prenatal Diagnosis* 19, no. 2 (1999): 142~45.

Morris, Ron. "Parental development of critical building blocks in the successful dwarf." Little People of America, Los Angeles Chapter, March 1983.

Morrison, Gale M., and Andrea Zetlin. "Perceptions of communication, cohesion, and adaptability in families of adolescents with and without learning handicaps." *Journal of Abnormal Child & Psychology* 16, no. 6 (December 1988): 675~85.

Morrison, Richard. "The prodigy trap." *Sunday Times*, April 15, 2005.

Morton, David L., Jr. *Sound Recording: The Life Story of a Technology.* Baltimore: Johns Hopkins University Press, 2006.

Morton, R., et al. "Disability in children from different ethnic populations." *Child: Care, Health & Development* 28, no. 1 (January 2002): 87~93.

Morwood, Michael J., et al. "Archaeology and age of a new hominin from Flores in eastern Indonesia." *Nature* 431, no. 7012 (October 27, 2004): 1087~91.

———. "Further evidence for small-bodied hominins from the Late Pleistocene of Flores, Indonesia." *Nature* 437, no. 7061 (October 13, 2005): 1012~17.

Morwood, Michael J., and Penny van Oosterzee. *A New Human: The Startling Discovery and Strange Story of the "Hobbit." of Flores, Indonesia.* New York: Smithsonian Books, 2007.

Mosher, Loren R. "Schizophrenogenic communication and family therapy." *Family Processes* 8, no. 1 (March 1969): 43~63.

Moskovitz, Sarah. *Love Despite Hate: Child Survivors of the Holocaust and Their Adult Lives.* New York: Schocken Books, 1983.

Moss, Kathryn. "The 'Baby Doe' legislation: Its rise and fall." *Policy Studies Journal* 15, no. 4 (June 1987): 629~51.

Moss, Stephen. "At three he was reading the Wall Street Journal." *Guardian*, November 10, 2005.

Mosse, Hilde L. "The misuse of the diagnosis childhood schizophrenia." *American Journal of Psychiatry* 114, no. 9 (March 1958): 791~94.

"Mother of 9/11 conspirator: I was blind to son's extremism." Interview with Aicha el-Wafi. Peter Wilkinson, correspondent. Cable News Network, September 2, 2011.

Mottron, Laurent, et al. "Enhanced perceptual functioning in autism: An update, and eight principles of autistic perception." *Journal of Autism & Developmental Disorders* 36, no. 1 (January 2006): 27~43.

Movius, Kate. "Autism: Opening the window." *Los Angeles*, September 2010.

Mowen, Thomas J., and Ryan D. Schroeder. "Not in my name: An investigation of victims' family clemency movements and court appointed closure." *Western Criminology Review* 12, no. 1 (January 2011): 65~81.

Mozart, Wolfgang Amadeus. *The Letters of Wolfgang Amadeus Mozart.* London: Hurd & Houghton, 1866.

Mueller, Gillian. "Extended limb-lengthening: Setting the record straight." *LPA Online*, 2002.

Mueser, Kim Tornvall, and Susan Gingerich. *The Complete Family Guide to Schizophrenia: Helping Your Loved One Get the Most out of Life.* New York: Guilford Press, 2006.

Mukhopadhyay, Tito Rajarshi. *The Mind Tree: A Miraculous Child Breaks the Silence of Autism.* New York: Arcade, 2003.

Mulligan, Kate. "Recovery movement gains influence in mental health programs." *Psychiatric News* 38, no. 1 (January 2003): 10.

Mullins, June B. "Authentic voices from parents of exceptional children." *Family Relations* 36, no. 1 (1987): 30~33.

Mundy, Liza. "A world of their own." *Washington Post Magazine*, March 31, 2002.

Muñoz, Alfredo Brotons. "Más que un prodigio." *Levante EMV*, May 7, 2007.

Muñoz-Plaza, Corrine, Sandra Crouse Quinn, and Kathleen A. Rounds. "Lesbian, gay, bisexual and transgender students: Perceived social support in the high school environment." *High School Journal* 85, no. 4 (April~May 2002): 52~63.

Munro, Janet C., et al. "IQ in childhood psychiatric attendees predicts outcome of later schizophrenia at 21 year follow-up." *Acta Psychiatrica Scandinavica* 106, no. 2 (August 2002): 139~42.

"Murder accused at 'end of her tether.." *Evening Post*, July 14, 1998.

Murfitt, Nikki. "The heart-breaking moment I realised my mother had cut me off forever, by violin virtuoso Vanessa-Mae." *Daily Mail*, August 7, 2008.

Murphy, Tim. "Gay vs. trans in America." *Advocate*, December 18, 2007.

Murray, Joseph N., and Charles J. Cornell. "Parentalplegia." *Psychology in the Schools* 18, no. 2 (1981): 201~7.

Murray, Karen. "Family embraces a child's challenges." *Charlotte Observer*, September 23, 2007.

Murray, Mrs. Max A. "Needs of parents of mentally retarded children." *American Journal of Mental Deficiency* 63 (1959): 1078~88.

Murray, Penelope, ed. *Genius: The History of an Idea.* Oxford, UK, and New York: Blackwell, 1989.

Murray, Stuart. *Representing Autism: Culture, Narrative, Fascination.* Liverpool: Liverpool University Press, 2008.

Murray-Slutsky, Carolyn, and Betty A. Paris. *Exploring the Spectrum of Autism and Pervasive Developmental Disorders: Intervention Strategies.* Tucson, AZ: Therapy Skill Builders, 2000.

Murtaugh, Michael, and Andrea Zetlin. "Achievement of autonomy by nonhandicapped and mildly learning handicapped adolescents." *Journal of Youth & Adolescence* 17, no. 5 (October 1988): 445~60.

"Music: Prodigies' progress." *Time*, June 4, 1973.

Mutton, David, et al. "Cytogenetic and epidemiological findings in Down syndrome, England and Wales, 1989 to 1993." *Journal of Medical Genetics* 33, no. 5 (May 1996): 387~94.

Myers, Beverly A., and Siegfried M. Pueschel. "Psychiatric disorders in persons with Down syndrome." *Journal of Nervous & Mental Disease* 179 (1991): 609~13.

Myers, Leslie. "Children with disabilities need advocates, not exorcists." Milwaukee, WI: Independence First, 2004.

Myers, Megan. "Panel OKs abortion ban." *Argus Leader*, February 18, 2006.

———. "Rape victims speak out on abortion ban." *Argus Leader*, September 14, 2006.

Myers, Shirley Shultz, and Jane K. Fernandes. "Deaf studies: A critique of the predominant U.S. theoretical direction." *Journal of Deaf Studies & Deaf Education* 15, no. 1 (Winter 2010): 30~49.

My Four Children. Documentary film. Directed by Nitza Gonen. Jerusalem: Gon Productions/Ruth Diskin Films Ltd. (distributor), 2002.

Myhill, Andy, and Jonathan Allen. *Rape and Sexual Assault of Women: Findings from the British Crime Survey.* Home Office Research Findings 159. London: Home Office Research, Development and Statistics Directorate, 2002.

"'My plans for a baby': *The Amazing Race*'s Charla Faddoul opens up about her life, her new show, and her dream to start a family." *In Touch Weekly*, August 22, 2005.

Nadel, Lynn, ed. *The Psychobiology of Down Syndrome.* Cambridge, MA: MIT Press, 1988.

Nadel, Lynn, and Dona Rosenthal, eds. *Down Syndrome: Living and Learning in the Community.* New York: Wiley~Liss, 1995.

Naik, Gautam. "A baby, please. Blond, freckles, hold the colic: Laboratory techniques that screen for diseases in embryos are now being offered to create designer children." *Wall Street Journal*, February 12, 2009.

Najarian, Cheryl. *Between Worlds: Deaf Women, Work, and Intersections of Gender and Ability.* London and New York: Routledge, 2006.

Nakamura, Karen. *Deaf in Japan: Signing and the Politics of Identity.* Ithaca, NY: Cornell University Press, 2006.

Nance, Walter J., and Michael J. Kearsey. "Relevance of connexin deafness (DFNB1) to human evolution." *American Journal of Human Genetics* 74, no. 6 (June 2004): 1081~87.

Nass, Martin L. "Some considerations of a psychoanalytic interpretation of music." *Psychoanalytic Quarterly* 90, no. 2 (1971): 303~16.

_____. "On hearing and inspiration in the composition of music." *Psychoanalytic Quarterly* 94, no. 3 (July 1975): 431~49.

_____. "The development of creative imagination in composers." *International Review of Psychoanalysis* 11 (1984): 481~91.

_____. "The composer's experience: Variations on several themes." In *Psychoanalytic Explorations in Music*, vol. 2, ed. S. Feder, R. Karmel, and G. Pollock, 21~42. Madison, CT: International Universities Press, 1993.

National Alliance on Mental Illness. "Understanding schizophrenia and recovery: What you need to know about this medical illness." Arlington, VA: National Alliance on Mental Illness, 2008.

National Association for Down syndrome. *A Baby First.* Wilmette, IL: National Association for Down Syndrome, no date.

National Association of the Deaf. "NAD position statement on cochlear implants." Silver Spring, MD: National Association of the Deaf, 1993.

_____. "NAD position statement on cochlear implants." Silver Spring, MD: National Association of the Deaf, 2000.

National Center for Transgender Equality . "Understanding Transgender: Frequently Asked Questions About Transgender People." Washington, DC: National Center for Transgender Equality, 2009.

National Center for Transgender Equality and the National Gay and Lesbian Task Force. *The Prevalence of Discrimination Against Transgender People in the US: Preliminary Findings.* Washington, DC: National Center for Transgender Equality and the National Gay and Lesbian Task Force, 2009.

National Dissemination Center for Children with Disabilities. "Severe and/or multiple disabilities." Washington, DC: National Dissemination Center for Children with Disabilities, no date.

National Down Syndrome Society. "Cosmetic surgery for children with Down syndrome." Position paper. New York: National Down Syndrome Society, no date.

National Down Syndrome Society. *This Baby Needs You Even More.* New York: National Down Syndrome Society, 1980.

National Youth Gang Center. *National Youth Gang Survey Analysis.* Tallahassee, FL: National Gang Center, 2011.

Natoli, Jaime L., et al. "Prenatal diagnosis of Down syndrome: A systematic review of termination rates (1995~2011)." *Prenatal Diagnosis* 32, no. 2 (February 2012): 142~53.

Naudie, Douglas, et al. "Complications of limb-lengthening in children who have an underlying bone disorder." *Journal of Bone & Joint Surgery* 80, no. 1 (January 1998): 18~24.

Navarro, Lillibeth. "People don't want a child like me." *Los Angeles Times*, September 4, 1991.

Nazeer, Kamran (pseud. Emran Mian). *Send in the Idiots: Stories from the Other Side of Autism.* London: Bloomsbury, 2006.

Need, Anna C., et al. "A genome-wide investigation of SNPs and CNVs in schizophrenia." *PLoS Genetics* 5, no. 2 (February 2009): e1000373.

Ne'eman, Ari. "Dueling narratives: Neurotypical and autistic perspectives about the autism spectrum." 2007 SAMLA Convention, Atlanta, GA, November 2007.

Neighbors, H., et al. "Ethnic minority mental health service delivery: A review of the literature." *Research in Community & Mental Health* 7, no. 1 (1992): 55~71.

Neihart, Maureen, et al. *The Social and Emotional Development of Gifted Children: What Do We Know?* Waco, TX: Prufrock Press, 2002.

Neimark, Jill. "Autism: It's not just in the head." *Discover*, April 2007.

Nelson, Barnaby, and Alison R. Yung. "Should a risk syndrome for first episode psychosis be included in the DSM-5?" *Current Opinion in Psychiatry* 24, no. 2 (March 2011).

Nelson, Barry. "Born with just a little difference." *Northern Echo*, December 2, 2003.

Nelson, Geoffrey, et al. "A meta-analysis of longitudinal research on preschool prevention programs for children." *Prevention & Treatment* 6, no 1 (December 2003): 1~34.

Nelson, Karin B., and Margaret L. Bauman. "Thimerosal and autism." *Pediatrics* 111, no. 3 (March 2003): 674~79.

Netzer, William J., et al. "Lowering β-amyloid levels rescues learning and memory in a Down syndrome mouse model." *PLoS One* 5, no. 6 (2010): E10943.

Neuffer, Elizabeth. *The Key to My Neighbour's House: Seeking Justice in Bosnia and Rwanda.* London: Bloomsbury, 2002.

Neugeboren, Jay. *Imagining Robert: My Brother, Madness, and Survival: A Memoir.* New Brunswick, NJ: Rutgers University Press, 2003.

_____. "Infiltrating the enemy of the mind." *New York Review of Books*, April 17, 2008.

Nevala, Amy E. "Not everyone is sold on the cochlear implant." *Seattle Post-Intelligencer*, September 28, 2000.

Neville, Helen, and Daphne Bavelier. "Human brain plasticity: Evidence from sensory deprivation and altered language experience." *Progress in Brain Research* 138 (2002): 177~88.

Newbury, Dianne F., et al. "FOXP2 is not a major susceptibility gene for autism or specific language impairment." *American Journal of Human Genetics* 75, no. 5 (May 2002): 1318~27.

Newman, Aaron J., et al. "A critical period for right hemisphere recruitment in American Sign Language processing." *Nature Neuroscience* 5, no. 1 (January 2002): 76~80.

Newton, Isaac. *The Correspondence of Isaac Newton.* Vol. 3. Cambridge, UK: Cambridge University Press, 1961.

New York State Department of Health, Division of Family Health, Bureau of Early Intervention . *The Early Intervention Program: A Parent's Guide.* Albany: New York State Department of Health, no date.

New York University Child Study Center. "Transcript: Town hall meeting on child and teen mental health." New York: New York University Child Study Center, February 26, 2008.

Nichelle v. Villa Grove Community Unit School District No. 302, Board of Education 302. Appellate Court of Illinois, Fourth District, decided August 4, 2010.

Ni Chonghaile, Clar. "Uganda anti-gay bill resurrected in parliament." *Guardian*, February 8, 2012.

Nickel, Regina, and Andrew Forge. "Gap junctions and connexins: The molecular genetics of deafness." In *Encyclopedia of Life Sciences (ELS)*. Chichester, UK: John Wiley & Sons, 2010.

Nicolosi, Joseph, and Linda Ames Nicolosi. *A Parent's Guide to Preventing Homosexuality.* Downer's Grove, IL: InterVarsity Press, 2002.

Nielsen, Diane Corcoran, Barbara Luetke, and Deborah S. Stryker. "The importance of morphemic awareness to reading achievement and the potential of signing morphemes to supporting reading development." *Journal of Deaf Studies & Deaf Education* 16, no. 3 (Summer 2011): 275~88.

Nietzsche, Friedrich Wilhelm. *The Gay Science* (1910). Mineola, NY: Dover, 2006.

Niles, Laurie. "Violinist.com interview with Joshua Bell." *Violinist*, October 7, 2009.

Nimura, Janice P. "Prodigies have problems too." *Los Angeles Times*, August 21, 2006.

Nisse, Jason. "SEC probes dwarf-tossing party for Fidelity trader." *Independent*, August 14, 2005.

Nix, Robert L. "Preschool intervention programs and the process of changing children's lives." *Prevention & Treatment* 6, no. 1 (December 2003): Article 33.

Nixon, Charisse L., and E. Mark Cummings. "Sibling disability and children's reactivity to conflicts involving family members." *Journal of Family Psychology* 13, no. 2 (June 1999): 274~85.

No Bigger Than a Minute. Documentary film. Directed by Steve Delano. Produced by Denver Center Media. *Point of View*, Public Broadcasting Service, originally broadcast October 3, 2006. Oley, PA: Bullfrog Films, 2006.

Noble, Vicki. *Down Is Up for Aaron Eagle: A Mother's Spiritual Journey with Down Syndrome.* New York: HarperCollins, 1993.

Noh, Samuel, and R. Jay Turner. "Living with psychiatric patients: Implications for the mental health of family members." *Social Science & Medicine* 25, no. 3 (1987): 262~72.

Noh, Samuel, et al. "Delineating sources of stress in parents of exceptional children." *Family Relations* 38, no. 4 (October 1989): 458~61.

Noll, Richard. "The blood of the insane." *History of Psychiatry* 17, no. 4 (December 2006): 395~418.

Noll, Steven. *Feeble-Minded in Our Midst: Institutions for the Mentally Retarded in the South, 1900~1940.* Chapel Hill: University of North Carolina Press, 1995.

Noll, Steven, and James W. Trent Jr., eds. *Mental Retardation in America: A Historical Reader.* New York: New York University Press, 2004.

No Myths. Documentary film. Directed by Jon Kent. Produced by Dan Marino Foundation. Featuring Ari Ne'eman, Dena Gassner, Ben Liske, and Jacob Pratt. Nashville: Kent Creative Media, 2008.

Norden, Martin. *The Cinema of Isolation: A History of Physical Disability in the Movies.* New Brunswick, NJ: Rutgers University Press, 1994.

Nordentoft, Merete. "Prevention of suicide and attempted suicide in Denmark: Epidemiological studies of suicide and intervention studies in selected risk groups." *Danish Medical Bulletin* 54, no. 4 (November 2007): 306~69.

Nordland, Rod. "Rape and aftermath." *Newsweek*, May 24, 1999.

Nordström, Annika, Lars Dahlgren, and Gunnar Kullgren. "Victim relations and factors triggering homicides committed by offenders with schizophrenia." *Journal of Forensic Psychiatry & Psychology* 17, no. 2 (June 2006): 192~203.

Nordström, Annika, and Gunnar Kullgren. "Victim relations and victim gender in violent crimes committed by offenders with schizophrenia." *Social Psychiatry & Psychiatric Epidemiology* 38, no. 6 (June 2003): 326~30.

Norman, Margaret E. *"There Goes the Neighborhood . . .": A Summary of Studies Addressing the Most Often Expressed Fears About the Effects of Group Homes on Neighborhoods in Which They Are Placed.* White Plains, NY: Community Residences Information Services Program, 1986.

Norquay, Kevin. "Autism: Coping with the impossible." *Waikato Times*, July 17, 1998.

Norris, W. Virginia, et al. "Does universal newborn hearing screening identify all children with GJB2 (Connexin 26) deafness?: Penetrance of GJB2 deafness." *Ear & Hearing* 27, no. 6 (December 2006): 732~41.

North Central Regional Educational Laboratory. "Resilience research: How can it help city schools." Naperville, IL: North Central Regional Educational Laboratory, 1994.

Not Dead Yet. "NDY Fact Sheet Library: Pete Singer."

Not Dead Yet, et al. "Brief of amici curiae in support of respondents." *Miller v. HCA, Inc.* Civil Action No. 01-0079 (Supreme Court of Texas, filed March 21, 2002).

Nowak, Rachel. "Ear implant success sparks culture war." *New Scientist* 2579 (November 23, 2006).

Nowrojee, Binaifer. *Shattered Lives: Sexual Violence During the Rwandan Genocide and Its Aftermath.* New York: Human Rights Watch, 1996.

Noy, Pinchas. "The development of musical ability." *Psychoanalytic Study of the Child* 23 (1968): 332~47.

Nugent, Benjamin. *American Nerd: The Story of My People.* New York: Scribner, 2008.

Nuiss, Jeannie. "FBI may investigate dragging death as hate crime." *Commercial Appeal*, March 20, 2011.

Nunes, Rui. "Deafness, genetics and dysgenics." *Medicine, Health Care & Philosophy* 9, no. 1 (March 2006): 25~31.

Nye, F. Ivan. *Family Relationships and Delinquent Behavior.* New York: John Wiley & Sons, 1958.

Oberman, Lindsay M., et al. "EEG evidence for mirror neuron dysfunction in autism spectrum disorders." *Cognitive Brain Research* 24, no. 2 (July 2005): 190~98.

Oberti v. Board of Education of Borough of Clementon School District. 995 F.2d 1204 (Third Circuit Court of Appeals, May 28, 1993).

O'Connor, Anahad. "In autism, new goal is finding it soon enough to fight it." *New York Times*, December 14, 2004.

O'Connor, Anahad, and Gardiner Harris. "Health agency splits program amid vaccination dispute." *New York Times*, February 25, 2005.

O'Connor, John J. "TV: Willowbrook State School, 'the Big Town's leper colony..'" *New York Times*, February 2, 1972.

O'Connor, William, and Jane R. Madell. "Choosing babies' genes." Letters in response to Darshak Sanghavi, "Wanting babies like themselves, some parents choose genetic defects." December 5, 2006. *New York Times*, December 12, 2006.

O'Driscoll, Bill. "Turning the tables." *Pittsburgh City Paper*, March 29, 2007.

Ōe, Kenzaburō. *Teach Us to Outgrow Our Madness: Four Short Novels.* New York: Grove Press, 1977.

Oestreich, James. "The violin odyssey of an all-American boy: Joshua Bell, a prodigy who became a star, takes on some unusual projects." *New York Times*, August 31, 1998.

O'Farrell, Peggy. "Pacemakers send a rhythm to the brain." *Cincinnati Enquirer*, July 8, 2002.

Office of the President. "President Obama announces more key administration posts." Press release, December 16, 2009.

Offit, Paul A. *Autism's False Prophets: Bad Science, Risky Medicine, and the Search for a Cure.* New York: Columbia University Press, 2008.

_____. "Vaccines and autism revisited: The Hannah Poling case." *New England Journal of Medicine* 358, no. 20 (May 15, 2008): 2089~91.

Ohaeri, Jude U. "The burden of caregiving in families with a mental illness: A review of 2002." *Current Opinions in Psychiatry* 16, no. 4 (July 2003): 457~65.

O'Hara, Jim. "Syracuse man indicted on hate-crime murder charge." *Syracuse Post-Standard*, April 3, 2009.

_____. "Dwight DeLee gets the maximum in transgender slaying." *Syracuse Post-Standard*, August 18, 2009.

Ohlson, Kristin. "Faith in the baby." *Salon*, April 5, 2000.

O'Keefe, Ed. "Congress declares war on autism." ABC News, December 6, 2006.

Olbrisch, Rolf R. "Plastic and aesthetic surgery on children with Down's syndrome." *Aesthetic Plastic Surgery* 9, no. 4 (December 1985): 241~48.

Oldham, John, et al. "How budget cuts affect the mentally ill." Letter to the editor. *New York Times*, June 25, 2011.

Oliver, Chris. "Self-injurious behavior in children with learning disabilities: Recent advances in assessment and intervention." *Journal of Child Psychology & Psychiatry* 30, no. 6 (September 1995): 909~27.

Oliver, Michael. *Understanding Disability: From Theory to Practice.* New York: St. Martin's, 1996.

Olshansky, Simon. "Chronic sorrow: A response to having a mentally defective child." *Social Casework* 43, no. 4 (1962): 190~94.

Olsson, Malin Broberg, and C. P. Hwang. "Depression in mothers and fathers of children with intellectual disability." *Journal of Intellectual Disability Research* 45, no. 6 (December 2001): 535~43.

O'Neill, Jasmine Lee. *Through the Eyes of Aliens: A Book About Autistic People.* London and Philadelphia: Jessica Kingsley Publishers, 1999.

Onwudiwe, Ihekwoaba. "Theoretical perspectives on juvenile delinquency: Root causes and control." *Corrections Today* 6, no. 666 (October 2004): 153~56.

Opportunities to Grow. Documentary film. New York: National Down Syndrome Society, 1992.

Ordoñez, Anna E., and Nitin Gogtay. "Phenomenology and neurobiology of childhood onset schizophrenia." *Current Psychiatry Reviews* 2, no. 4 (November 2006): 463~72.

O'Rourke, Anne, et al. "Satisfaction with living arrangements of older adults with intellectual disability." *Journal of Learning Disabilities* 8, no. 1 (March 2004): 12~29.

Orsmond, Gael, and Marsha Mailick Seltzer. "Brothers and sisters of adults with mental retardation: The gendered nature of the sibling relationship." *American Journal on Mental Retardation* 105, no. 6 (November 2000): 486~508.

Osan, Gurinder. "Baby with two faces born in North India." Associated Press, April 9, 2008.

Osborne, Lawrence. "Little professor syndrome." *New York Times*, June 18, 2000.

"Oscar Pistorius hopes to have place at London Olympics." British Broadcasting Corporation, March 17, 2012.

"Oscar Pistorius: the 'Blade Runner' who is a race away from changing the Olympics." Associated Press, May 15, 2012.

Ospina, Maria B., et al. "Behavioural and developmental interventions for autism spectrum disorder: A clinical systematic review." *PLoS One* 3, no. 11 (November 2008): E3755.

Osteen, Mark, ed. *Autism and Representation.* London and New York: Routledge, 2008.

Owens, E., and D. Kessler, ed. *Cochlear Implants in Young Deaf Children.* Boston: Little, Brown, 1989.

Owens, Pamela L., et al. "Vision and oral health needs of individuals with intellectual disability." *Mental Retardation & Developmental Disabilities Research Reviews* 12, no. 1 (January~February 2006): 28~40.

Owens, Sarah E., et al. "Lack of association between autism and four heavy metal regulatory genes." *NeuroToxicology* 32, no. 6 (December 2011): 769~75.

Ozonoff, Sally, Geraldine Dawson, and James McPartland. *A Parent's Guide to Asperger Syndrome and High Functioning Autism.* New York: Guilford Press, 2002.

Padden, Carol, and Tom Humphries. *Deaf in America: Voices from a Culture.* Cambridge, MA: Harvard University Press, 1988.

_____. *Inside Deaf Culture.* Cambridge, MA: Harvard University Press, 2005.

Page, S. "Effects of the mental illness label in attempts to obtain accommodation." *Canadian Journal of Behavioral Sciences* 9, no. 2 (April 1977): 84~90.

Pagelow, Mildred. *Woman-Battering: Victims and Their Experiences.* Beverly Hills, CA: Sage Publications, 1981.

Pagels, Elaine H. *Beyond Belief: The Secret Gospel of Thomas.* New York: Random House, 2003.

Palencia, Elaine Fowler. *Taking the Train: Poems.* Middletown, KY: Grex Press, 1997.

_____. *The Dailiness of It: Poems.* Louisville, KY: Grex Press, 2002.

Palermo, Mark T. "Preventing filicide in families with autistic children." *International Journal of Offender Therapy & Comparative Criminology* 47, no. 1 (February 2003): 47~57.

Palmer, Greg. *Adventures in the Mainstream: Coming of Age with Down Syndrome.* Bethesda, MD: Woodbine House, 2005.

Pantelis, Christos, et al. "Structural brain imaging evidence for multiple pathological processes at different stages of brain development in schizophrenia." *Schizophrenia Bulletin* 31, no. 3 (July 2005): 672~96.

Papineni, Padmasayee. "Children of bad memories." *Lancet* 362, no. 9386 (September 6, 2003): 825~26.

Paradiz, Valerie. *Elijah's Cup: A Family's Journey into the Community and Culture of High-Functioning Autism and Asperger's Syndrome.* London and Philadelphia: Jessica Kingsley Publishers, 2002.

Parasnis, Ila, ed. *Cultural and Language Diversity and the Deaf Experience.* Cambridge, UK, and New York: Cambridge University Press, 1996.

Pardo, Carlos A., and Charles G. Eberhart. "The neurobiology of autism." *Brain Pathology* 17, no. 4 (October 2007): 434~47.

Paré, Ambroise. *On Monsters and Marvels.* Trans. Janis L. Pallister. Chicago: University of Chicago Press, 1982.

Parens, Erik, ed. *Surgically Shaping Children: Technology, Ethics, and the Pursuit of Normality.* Baltimore: Johns Hopkins University Press, 2006.

Parens, Erik, and Adrienne Asch, eds. *Prenatal Testing and Disability Rights.* Washington, DC: Georgetown University Press, 2000.

"Parents consider treatment to delay son's puberty: New therapy would buy time to resolve gender crisis." Radio broadcast. Alix Spiegel, correspondent. *All Things Considered*, National Public Radio, May 8, 2008.

Parish, Robert. *Embracing Autism: Connecting and Communicating with Children in the Autism Spectrum.* San Francisco: Jossey-Bass, 2008.

Paris Is Burning. Feature film. Directed by Jennie Livingston. Performances by Pepper LaBeija, Dorian Corey, Anji Xtravaganza, Willi Ninja. Burbank, CA: Miramax Home Entertainment/Buena Vista Home Entertainment, 2005.

Park, Alice. "A genetic clue to why autism affects boys more." *Time*, May 19, 2009.

Park, Clara Claiborne. *The Siege.* New York: Harcourt, Brace & World, 1967.

_____. *Exiting Nirvana: A Daughter's Life with Autism.* Boston: Little, Brown, 2001.

Park, Hui-Wan, et al. "Correction of lumbosacral hyperlordosis in achondroplasia." *Clinical Orthopaedics & Related Research* 12, no. 414 (September 2003): 242~49.

Park, Jiyeon, et al. "Impacts of poverty on quality of life in families of children with disabilities." *Exceptional Children* 68, no. 2 (Winter 2002): 151~70.

Parker, Rozsika. *Torn in Two: The Experience of Maternal Ambivalence.* London: Virago, 1995, 2005.

Parlett, Kate, and Kylie-Maree Weston-Scheuber. "Consent to treatment for transgender and intersex children." *Deakin Law Review* 9, no. 2 (July 2004): 375~97.

Parnes, Aaron, and Nechama Parnes. "Celebrating the miracle of the cochlear implant: Recount of Cochlear Celebration 2007." Brooklyn, NY: Hearing Pocket, 2007.

Parr, Jeremy R. "Clinical evidence: Autism." *Clinical Evidence Online* 322 (January 2010).

Parr, Jeremy R., et al. "Early developmental regression in autism spectrum disorder: Evidence from an international multiplex sample." *Journal of Autism & Developmental Disorders* 41, no. 3 (March 2011): 332~40.

Paterniti, Michael. "Columbine never sleeps." *GQ*, April 2004.

Paterson, Lindsey. "Mother's rape prompts author's abortion views." *Michigan Daily*, January 15, 2004.

Pathfinder. Documentary film. Directed by Mary Steele. *Visionaries*, show 703, Public Broadcasting Service, originally broadcast July 12, 2000. Braintree, MA: Visionaries, 2000.

Patja, Kristiina, et al. "Cancer incidence of persons with Down syndrome in Finland: A population-based study." *International Journal of Cancer* 118 (2006): 1769~72.

Patterson, David. "Genetic mechanisms involved in the phenotype of Down syndrome." *Mental Retardation & Developmental Disabilities Research Reviews* 13, no. 3 (October 2007): 199~206.

Paul, Pamela. "The power to uplift." *Time*, January 17, 2005.

Pauli, Richard M., et al. *To Celebrate: Understanding Developmental Differences in Young Children with Achondroplasia.* Madison: Midwest Regional Bone Dysplasia Clinic, University of Wisconsin, Madison, 1991.

_____. "The natural histories of bone dysplasias in adults: Vignettes, fables and just-so stories." *American Journal of Medical Genetics Part C: Seminars in Medical Genetics* 145C, no. 3 (August 2007): 309~21.

Peek, Charles W., Judith L. Fischer, and Jeannie S. Kidwell. "Teenage violence toward parents: A neglected dimension of family violence." *Journal of Marriage & the Family* 47 (1985): 1051~58.

Peet, Malcolm, and Caroline Stokes. "Omega-3 fatty acids in the treatment of psychiatric disorders." *Drugs* 65, no. 8 (2005): 1051~59.

Penadés, Rafael, et al. "Cognitive remediation therapy for outpatients with chronic schizophrenia: A controlled and randomized study." *Schizophrenia Research* 87, nos. 1~3 (October 2006): 323~31.

Penrose, L. S. "The blood grouping of Mongolian imbeciles." *Lancet* 219, no. 5660 (February 20, 1932): 394~95.

_____. "On the interaction of heredity and environment in the study of human genetics (with special reference to Mongolian imbecility)." *Journal of Genetics* 25, no. 3 (April 1932): 407~22.

_____. "Maternal age, order of birth and developmental abnormalities." *British Journal of Psychiatry* 85, n.s., 323, no. 359 (1939): 1141~50.

Penrose, Roger. *The Emperor's New Mind: Concerning Computers, Minds, and the Laws of Physics.* Oxford, UK: Oxford University Press, 1989.

People First. *People First Chapter Handbook and Toolkit.* Parkersburg: People First of West Virginia, 2010.

Peoples, Susan J. *Understanding How Children with Down Syndrome Learn: Proven and Effective Instructional Techniques for Parents and Professionals.* Fort Wayne, IN: Pocket Guide, 2003.

Peres, Judy. "In South Dakota, abortion the issue: Referendum on ban roils low-key state." *Chicago Tribune*, October 21, 2006.

Peretz, Isabelle, and Robert J. Zatorre. "Brain organization for music processing." *Annual Review of Psychology* 56 (February 2005): 89~114.

Perlo, Laura. "Families with Down's syndrome children." Honors thesis, Wellesley College Department of Sociology, 1980.

Pernick, Martin S. *The Black Stork: Eugenics and the Death of "Defectiv." Babies in American*

Medicine and Motion Pictures Since 1915. Oxford, UK, and New York: Oxford University Press, 1996.

Perry, Ronen. "It's a wonderful life." *Cornell Law Review* 93 (2008): 329~99.

Persico, Nicola, Andrew Postlewaite, and Dan Silverman. "The effect of adolescent experience on labor market outcomes: The case of height." *Journal of Political Economy* 112, no. 5 (2004): 1019~53.

Person, Ethel Spector. *The Sexual Century.* New Haven, CT: Yale University Press, 1999.

Peters, Julie Anne. *Luna: A Novel.* New York: Little, Brown, 2004.

Peters, Ray D., and Robert Joseph McMahon. *Preventing Childhood Disorders, Substance Use, and Delinquency.* Thousand Oaks, CA: Sage Publications, 1996.

Petersilia, Joan, J. Foote, and N. A. Crowell, eds. *Crime Victims with Developmental Disabilities: Report of a Workshop.* Committee on Law and Justice, Commission on Behavioral and Social Sciences and Education, (US) National Research Council. Washington, DC: National Academy Press, 2001.

Peterson, Paul E. "Technology to reach everyone." *New York Times,* October 4, 2011.

Pfeiffer, David, Anna Ah Sam, and Martha Guinan. "Ethnic and religious perspectives on disability and the helping professions ." *Social Science Journal* 41, no. 4 (October 2004): 683~87.

Phillips, Helen. "The gender police." *New Scientist* 170, no. 2290 (May 12, 2001): 38~41.

Pickell, Herbert, et al. "Sign language aphasia following right hemisphere damage in a left-hander: A case of reversed cerebral dominance in a deaf signer." *Neurocase* 11, no. 3 (June 2005): 194~203.

Pickett, Susan A., et al. "Positive parent/adult child relationships: Impact of severe mental illness and caregiving burden." *American Journal of Orthopsychiatry* 67, no. 2 (April 1997): 220~30.

Pickstone-Taylor, Simon. "Children with gender nonconformity: Author's reply." *Journal of the American Academy of Child & Adolescent Psychiatry* 42, no. 3 (March 2003): 266~68.

Picoult, Jodi. *Nineteen Minutes: A Novel.* New York: Atria Books, 2007.

Pierce, Bradford Kinney. *A Half Century with Juvenile Delinquents: The New York House of Refuge and Its Times.* New York: D. Appleton, 1869.

Pilkington, Ed. "Frozen in time: The disabled nine-year-old girl who will remain a child all her life." *Guardian,* January 4, 2007.

"'Pillow angel' parents answer CNN's questions." Television news report. Cable News Network, March 12, 2008.

Pilowsky, Tammy, et al. "Social and emotional adjustment of siblings of children with autism." *Journal of Child Psychology & Psychiatry* 45, no. 4 (May 2004): 855~65.

Pinfold, Vanessa. "Don't blame mothers and fathers for this mental illness." *Guardian,* November 4, 2005.

Pinker, Steven. "Why they kill their newborns." *New York Times,* November 2, 1997.

Pinter, Joseph D., et al. "Neuroanatomy of Down's syndrome: A high-resolution MRI study." *American Journal of Psychiatry* 158, no. 10 (October 2001): 1659~65.

Piven, Joseph, et al. "Broader autism phenotype: Evidence from a family history study of multiple-incidence autism families." *American Journal of Psychiatry* 154 (February 1997): 185~90.

Piven, Joseph, and Pat Palmer. "Psychiatric disorder and the broad autism phenotype: Evidence from a family study of multiple-incidence autism families." *American Journal of Psychiatry* 156, no. 14 (April 1999): 557~63.

Plann, Susan. *A Silent Minority: Deaf Education in Spain, 1550~1835.* Berkeley: University of California Press, 1997.

Ploeger, Annemarie, et al. "The association between autism and errors in early embryogenesis: What is the causal mechanism." *Biological Psychiatry* 67, no. 7 (April 2010): 601~7.

Plotkin, Stanley A. "Rubella eradication." *Vaccine* 19, nos. 25~26 (May 2001): 3311~19.

Plotkin, Stanley, Jeffrey S. Gerber, and Paul A. Offit. "Vaccines and autism: A tale of shifting hypotheses." *Clinical Infectious Diseases* 48, no. 4 (February 15, 2009): 456~61.

Plotz, David. "The 'genius babies' grow up: What happened to 15 children from the Nobel Prize sperm bank." *Slate*, May 30, 2001.

Plum, Frederick. "Prospects for research on schizophrenia. 3. Neurophysiology: Neuropathological findings." *Neurosciences Research Program Bulletin* 10, no. 4 (November 1972): 384~88.

Pogrebin, Abigail. "Autism: 'Don't ignore my son!.'" *Parents*, December 2008.

Poirier, Michael P. "Care of the female adolescent rape victim." *Pediatric Emergency Care* 18, no. 1 (February 2002): 53~58.

Polkinghorne, John. *Science and Theology: An Introduction.* Minneapolis: Fortress Press, 1998.

Pollack, Andrew. "Trials end parents' hopes for autism drug." *New York Times*, January 6, 2004.

_____. "Blood tests ease search for Down syndrome." *New York Times*, October 6, 2008.

Pompili, Maurizio, et al. "Suicide risk in schizophrenia: Learning from the past to change the future." *Annals of General Psychiatry* 6 (March 16, 2007): 10.

Popenoe, Paul . *The Child's Heredity.* Baltimore: Williams & Wilkins, 1930.

Porter, Roy, ed. *The Faber Book of Madness.* London: Faber & Faber, 1991.

Postrel, Virginia. "Going to great lengths." *New York Times*, August 31, 2003.

Pothier, Dianne, and Richard Devlin, eds. *Critical Disability Theory: Essays in Philosophy, Politics, Policy, and Law.* Vancouver: University of British Columbia Press, 2006.

Potter, Maximillian. "Second nature." *5280: Denver's Magazine*, March 2008.

Praetorius, Mark, et al. "Adenovector-mediated hair cell regeneration is affected by promoter type." *Acta Otolaryngologica* 130, no. 2 (February 2010): 215~22.

Preski, Sally, and Deborah Shelton. "The role of contextual, child, and parent factors in predicting criminal outcomes in adolescence." *Issues in Mental Health Nursing* 22 (March 2001): 197~205.

Preston, Paul. *Mother Father Deaf: Living Between Sound and Silence.* Cambridge, MA: Harvard University Press, 1994.

Prince-Hughes, Dawn. *Songs of the Gorilla Nation: My Journey Through Autism.* New York: Harmony Books, 2004.

Prodigal Sons. Documentary film. Directed by Kimberly Reed. Produced by Big Sky Film Productions, Inc., 2009.

"Prodigy at 60." *Time*, February 17, 1936.

"Prodigy, 12, compared to Mozart." Television news report. CBS News, November 28, 2004.

"Profiles in courage: Dealing with autism every day." Television news report. Bill Weir, correspondent. Interviews with Alison Singer and Lauren Thierry. *Good Morning America*, ABC News, August 8, 2006.

Prokhorov, Vadim. "The prodigy (Evgeny Kissin)." *Guardian*, January 2, 2004.

A Promising Future Together: A Guide for New Parents of Children with Down Syndrome. Instructional film. New York: National Down Syndrome Society, no date.

Prouty, Robert W., et al., eds. "Residential services for persons with developmental disabilities: Status and trends through 2004." Research and Training Center on Community Living Institute on Community Integration/UCEDD College of Education and Human Development, University of Minnesota, July 2005.

Pryce, Christopher R., Robert D. Martin, and David Skuse, eds. *Motherhood in Human and Non-human Primates: Biosocial Determinants*. Basel: Karger, 1995.

Przybylski, Roger. *What Works: Effective Recidivism Reduction and Risk-Focused Prevention Programs*. Denver: Colorado Division of Criminal Justice, 2008.

Pueschel, Siegfried M. *Down Syndrome: A Comprehensive Bibliography*. New York: Garland STPM Press, 1980.

————. *The Young Child with Down Syndrome*. New York: Human Sciences Press, 1984.

————. "Facial plastic surgery for children with Down syndrome." *Developmental Medicine & Child Neurology* 30, no. 4 (August 1988): 540~43.

————. *Adolescents with Down Syndrome: Toward a More Fulfilling Life*. Baltimore, MD: Paul H. Brookes, 1997.

————. *A Parent's Guide to Down Syndrome: Toward a Brighter Future*. Rev. ed. Baltimore: Paul H. Brookes, 2001.

Pueschel, Siegfried M., L. A. Monteiro, and Marji Erickson. "Parents' and physicians' perceptions of facial plastic surgery in children with Down syndrome." *Journal of Mental Deficiency Research* 30, no. 1 (March 1986): 71~79.

Punch, Renée, and Merv Hyde. "Social participation of children and adolescents with cochlear implants: A qualitative analysis of parent, teacher, and child interviews." *Journal of Deaf Studies & Deaf Education* 16, no. 4 (Fall 2011): 474~93.

Purdy, Laura M. *Reproducing Persons: Issues in Feminist Bioethics*. Ithaca, NY: Cornell University Press, 1996.

Puzzanchera, Charles. *Juvenile Arrests 2007*. OJJDP: Juvenile Justice Bulletin NCJ-225344. Washington, DC: US Department of Justice, Office of Justice Programs, Office of Juvenile Justice and Delinquency Prevention, April 2009.

Puzzanchera, Charles, and Melissa Sickmund. *Juvenile Court Statistics 2005*. OJJDP: Juvenile Justice Bulletin NCJ-224619. Washington, DC: Bureau of Justice Assistance, Office of Juvenile Justice and Delinquency Prevention, 2008.

Qaisar, Sultana. "IDEA 1997—'Inclusion is the law..'" Paper presented at the Annual Convention of the Council for Exceptional Children, Kansas City, MO, April 18~21, 2001.

"Q&A: Therapists on gender identity issues in kids." Radio interview with Dr. Ken Zucker and Dr. Diane Ehrensaft. Alix Spiegel, correspondent. Washington, DC: National Public Radio, May 7, 2008.

Quart, Alissa. *Hothouse Kids: The Dilemma of the Gifted Child*. New York: Penguin, 2006.

Quartararo, Anne T. "The perils of assimilation in modern France: The Deaf community, social status, and educational opportunity, 1815~1870." *Journal of Social History* 29, no. 1 (Autumn 1995): 5~23.

Quartz, Steven, and Terrence J. Sejnowski. *Liars, Lovers, and Heroes: What the New Brain Science Reveals About How We Become Who We Are.* New York: William Morrow, 2002.

Quayson, Ato. *Aesthetic Nervousness: Disability and the Crisis of Representation.* New York: Columbia University Press, 2007.

Quinn, Justin. "For mother and son, life lessons as death nears: Woman ravaged by cervical cancer prepares autistic son for her passing." *Lancaster Intelligencer Journal*, August 20, 2003.

_____. "Local parents get scholarships to attend conference on autism." *Lancaster Intelligencer Journal*, July 30, 2004.

Quinn, William H., and David J. Van Dyke. "A multiple family group intervention for first-time juvenile offenders: Comparisons with probation and dropouts on recidivism." *Journal of Community Psychology* 32, no. 2 (February 2004): 177~200.

Qureshi, Irfan A., and Mark F. Mehler. "Genetic and epigenetic underpinnings of sex differences in the brain and in neurological and psychiatric disease susceptibility." *Progress in Brain Research* 186 (2010): 77~95.

Rabin, Roni. "Screen all pregnancies for Down syndrome, doctors say." *New York Times*, January 9, 2007.

Radetzky, Peter. "Silence, signs, and wonder." *Discover*, August 1994.

Radford, John. *Child Prodigies and Exceptional Early Achievers.* New York: Free Press, 1990.

Radiguet, Raymond. *Count d'Orgel's Ball.* Trans. Annapaola Cancogni. Introduction by Jean Cocteau. New York: New York Review Books, 1989.

Raine, Adrian. "Biosocial studies of antisocial and violent behavior in children and adults: A review." *Journal of Abnormal Child Psychology* 30, no. 4 (August 2002): 311~26.

Raj, Lok, Parmanand Kulhara, and Ajit Avasthi. "Social burden of positive and negative schizophrenia." *International Journal of Social Psychiatry* 37, no. 4 (1991): 242~50.

Randerson, James. "Yes, it's a Hobbit. The debate that has divided science is solved at last (sort of)." *Guardian*, September 21, 2007.

Rankin, Joseph H., and Roger Kern. "Parental attachments and delinquency." *Criminology* 32, no. 4 (November 1994): 495~515.

Raphael-Leff, Joan. "Psychotherapy and pregnancy." *Journal of Reproductive & Infant Psychology* 8, no. 2 (April 1990): 119~35.

Rapley, Mark. *The Social Construction of Intellectual Disability.* Cambridge, UK, and New York: Cambridge University Press, 2004.

Rapoport, Judith L., and Nitin Gogtay. "Childhood onset schizophrenia: Support for a progressive neurodevelopmental disorder." *International Journal of Developmental Neuroscience* 29, no. 3 (May 2011): 251~58.

Rashad, Inas. "Height, health and income in the United States, 1984~2005." W. J. Usery Workplace Research Group Paper Series. Working Paper 2008-3-1. Atlanta: Andrew Young School of Policy Studies, Georgia State University, 2008.

Rathbone, John, et al. "Chinese herbal medicine for schizophrenia." *Cochrane Database System* 19, no. 4 (October 2005): CD003444.

Ray, Nicholas. "Lesbian, gay, bisexual and transgender youth: An epidemic of homelessness."

Washington, DC: National Gay & Lesbian Task Force, January 30, 2007.

Reagan, Leslie J. *When Abortion Was a Crime: Women, Medicine, and Law in the United States, 1867~1973.* Berkeley: University of California Press, 1997.

Reardon, David C. "Rape, incest and abortion: Searching beyond the myths." *Post-Abortion Review* 2, no. 1 (Winter 1994).

Reardon, David C., Julie Makimaa, and Amy Sobie, eds. *Victims and Victors: Speaking Out About Their Pregnancies, Abortions, and Children Resulting from Sexual Assault.* Springfield, IL: Acorn Books, 2000.

Reed, B. W. D., et al. "Medical care for gender variant young people: Dealing with the practical problems." *Sexologies* 17, no. 4 (October~December 2008): 258~64.

Reeg, Andreas. *Menschen mit Down-Syndrom*

Regalado, Antonio. "A hedge-fund titan's millions stir up research into autism ." *Wall Street Journal*, December 15, 2005.

Rehn, Elisabeth, and Ellen Johnson Sirleaf. *Women, War and Peace: The Independent Experts' Assessment on the Impact of Armed Conflict on Women and Women's Role in Peace-Building.* New York: UNIFEM, 2002.

Reich, Nancy B. *Clara Schumann: The Artist and the Woman.* Ithaca, NY: Cornell University Press, 1985.

Reichenberg, Abraham, et al. "Advancing paternal age and autism." *Archives of General Psychiatry* 63, no. 9 (September 2006): 1026~32.

Reid, Cheryl S. "Breathing problems among little people: When to be concerned." *LPA Today*, December 1991~February 1992.

———. "Handling the newborn and young infant with achondroplasia." Tustin, CA: Little People of America, 1993.

Reid, Cheryl S., et al. "Cervicomedullary compression in young patients with achondroplasia: Value of comprehensive neurologic and respiratory evaluation." *Journal of Pediatrics* 110, no. 4 (April 1987): 522~30.

Reinberg, Steven. "Fragile X syndrome corrected in mice." *U.S. News & World Report*, September 19, 2007.

Reinders, Hans S. *The Future of the Disabled in a Liberal Society: An Ethical Analysis.* Notre Dame, IN: University of Notre Dame Press, 2000.

Reiner, William G. "Gender identity and sex-of-rearing in children with disorders of sexual differentiation." *Journal of Pediatric Endocrinology & Metabolism* 18, no. 6 (June 2005): 549~53.

Reiner, William G., and John P. Gearhart. "Discordant sexual identity in some genetic males with cloacal exstrophy assigned to female sex at birth." *New England Journal of Medicine* 350, no. 4 (January 22, 2004): 333~41.

Reisler, Jim, ed. *Voices of the Oral Deaf: Fourteen Role Models Speak Out.* Jefferson, NC: McFarland & Company, 2002.

Rekers, George A., and O. Ivar Lovaas. "Behavioral treatment of deviant sex-role behaviors in a male child." *Journal of Applied Behavior Analysis* 7, no. 2 (Summer 1974): 173~90.

Remnick, David. "The Olympian: How China's greatest musician will win the Beijing Games." *New Yorker*, August 4, 2008.

Renaud, Lucie. "Child prodigies: A poisoned paradise." *La Scena Musicale* 6, no. 2 (October 1, 2000): 40~41.

Renoir, Jean. *Renoir: My Father.* New York: New York Review of Books, 2001.

"Resilience." Radio broadcast. Robin Hughes, correspondent. Interviews with Henry Szeps and Emmy Werner. *Open Mind,* Radio National, Australian Broadcasting Corporation, April 29, 1996.

Resnick, Michael D., et al. "Protecting adolescents from harm: Findings from the national longitudinal study on adolescent health." *Journal of the American Medical Association* 278, no. 10 (September 1997): 823~32.

Resnick, Phillip J. "Child murder by parents: A psychiatric review of filicide." *American Journal of Psychiatry* 126, no. 3 (September 1969): 73~82.

Reston, James. *Fragile Innocence: A Father's Memoir of His Daughter's Courageous Journey.* New York: Harmony Books, 2006.

Révész, Géza. *The Psychology of a Musical Prodigy.* New York: Harcourt, Brace, 1925.

Reynolds, Arthur J., ed. "Promoting well being in children and youth: Findings from the Chicago Longitudinal Study." *Children & Youth Services Review* 26, no. 1 (January 2004): 1~120.

Reynolds, Arthur J., Suh-Ruu Ou, and James W. Topitzes. "Paths of effects of early childhood intervention on educational attainment and delinquency: A confirmatory analysis of the Chicago Child-Parent Centers." *Child Development* 75, no. 5 (September 2004): 1299~328.

Reynolds, Arthur J., Judy A. Temple, and Suh-Ruu Ou. "School-based early intervention and child well-being in the Chicago Longitudinal Study." *Child Welfare* 82, no. 5 (September~October 2003): 633~56.

Reynolds, Arthur J., et al. "Long-term effects of an early childhood intervention on educational achievement and juvenile arrest: A 15-year follow-up of low-income children in public school." *Journal of the American Medical Association* 285, no. 18 (May 9, 2001): 2339~46.

Reynolds, Dave. "Who has the right to decide when to save the sickest babies." *Inclusion Daily Express,* June 14, 2002.

_____. "Sidney Miller 'wrongful life' case overturned by state Supreme Court." *Inclusion Daily Express,* October 1, 2003.

Reynolds, Gretchen. "The stuttering doctor's 'monster study..'" *New York Times,* March 16, 2003.

Reynolds, Susan Salter. "Mom's in the clear this time: Three authors blame the commercial world, technology and the government for all that ails today's children." *Los Angeles Times,* June 4, 2008.

Reynolds, Tim. "The triple test as a screening technique for Down syndrome: Reliability and relevance." *International Journal of Women's Health* 9, no. 2 (August 2010): 83~88.

Rhode, Maria, and Trudy Klauber, eds. *The Many Faces of Asperger's Syndrome.* London and New York: Karnac, 2004.

Ribas, Denys. *Autism: Debates and Testimonies.* Trans. Sophie Leighton. London: Free Association Books, 2006.

Ricci, L. A., and Robert M. Hodapp. "Fathers of children with Down's syndrome versus other types of intellectual disability: Perceptions, stress and involvement." *Journal of Intellectual Disability Research* 47, nos. 4~5 (May~June 2003): 273~84.

Rice, Catherine, et al. "Changes in autism spectrum disorder prevalence in four areas of the United States." *Disability & Health Journal* 3, no. 3 (July 2010): 186~201.

Richard, Nancy. *Siblings as Communication Trainers for Prelinguistic Infants with Down Syndrome.* Washington, DC: Special Education Programs, 1986.

Richardson, Guy P., Jacques Boutet de Monvel, and Christine Petit. "How the genetics of deafness illuminates auditory physiology." *Annual Review of Physiology* 73 (March 2011): 311~34.

Richardson, John. *In the Little World: A True Story of Dwarfs, Love, and Trouble.* New York: HarperCollins, 2001.

Richardson, Martin Paul, et al. "Hearing loss during bacterial meningitis." *Archives of Disease in Childhood* 76 (1997): 134~38.

Richman, Shira. *Raising a Child with Autism: A Guide to Applied Behavior Analysis for Parents.* London: Jessica Kingsley Publishers, 2001.

Ridley, Matt. *Nature via Nurture: Genes, Experience, and What Makes Us Human.* New York: HarperCollins, 2003.

Riley, Charles. *Disability and the Media: Prescriptions for Change.* Hanover, NH: University Press of New England, 2005.

Rimer, Sara. "Unruly students facing arrest, not detention." *New York Times,* January 4, 2004.

Rimland, Bernard. *Infantile Autism: The Syndrome and Its Implications for a Neural Theory of Behavior.* New York: Appleton-Century-Crofts, 1964.

Rimland, Bernard, et al. "Autism, stress, and ethology." *Science,* n.s., 188, no. 4187 (May 2, 1975): 401~2.

Rimmer, Susan Harris. "'Orphans' or veterans? Justice for children born of war in East Timor." *Texas International Law Journal* 42, no. 2 (Spring 2007): 323~44.

Rimmerman, Arie, and Ilana Duvdevani. "Parents of children and adolescents with severe mental retardation: Stress, family resources, normalization, and their application for out-of-home placement." *Research in Developmental Disabilities* 17, no. 6 (November~December 1996): 487~94.

Rimoin, David Lawrence. "Limb lengthening: Past, present, and future." *Growth, Genetics & Hormones* 7, no. 3 (1991): 4~6.

Rimoin, David Lawrence, et al. "The skeletal dysplasias." *Annals of the New York Academy of Sciences* 1117 (December 2007): 302~9.

Ringen, P. A., et al. "The level of illicit drug use is related to symptoms and premorbid functioning in severe mental illness." *Acta Psychiatrica Scandinavica* 118, no. 4 (October 2008): 297~304.

Risdal, Don, and George H. S. Singer. "Marital adjustment in parents of children with disabilities: A historical review and meta-analysis." *Research & Practice for Persons with Severe Disabilities* 29, no. 2 (Summer 2004): 95~103.

Roach, Mary A., Gael I. Orsmond, and Marguerite S. Barratt. "Mothers and fathers of children with Down syndrome: Parental stress and involvement in childcare." *American Journal on Mental Retardation* 104, no. 5 (September 1999): 422~36.

Roan, Shari. "Young and alone: With only 7,500 child psychiatrists in the US, millions who need treatment are left desperate for care." *Los Angeles Times,* February 27, 2006.

_____. "Cochlear implants open deaf kids' ears to the world." *Los Angeles Times,* August 3,

2009.

_____. "Medical treatment carries possible side effect of limiting homosexuality." *Los Angeles Times*, August 15, 2010.

Robbins, Michael S., and José Szapocznik. *Brief Strategic Family Therapy.* Juvenile Justice Bulletin NCJ 179285. Washington, DC: US Department of Justice Office of Juvenile Justice and Delinquency Prevention, 2000.

Robert, Amanda. "School bars autistic child and his service dog." *Illinois Times*, July 23, 2009.

Roberts, Geneviève. "Brain-damaged girl is frozen in time by parents to keep her alive." *Independent*, January 4, 2007.

Robillard, Albert. *Meaning of a Disability: The Lived Experience of Paralysis.* Philadelphia: Temple University Press, 1999.

Robison, John Elder. *Look Me in the Eye: My Life with Asperger's.* New York: Crown, 2007.

Rochester Institute of Technology. "Bilingual bicultural deaf education." Rochester, NY: Rochester Institute of Technology, no date.

Rochman, Sue. "Life in the T zone." *Advocate*, April 11, 2006.

_____. "What's up, Doc? Would removing transgender from the list of mental disorders do more harm than good." *Advocate*, November 20, 2007.

Rockwell, John. "Erwin Nyiregyhazi dies at 84: Pianist regained fame in 70's." *New York Times*, April 16, 1987.

_____. "Music, every which way." *New York Times*, August 16, 1987.

Rodgers, Joseph Lee, et al. "Genetic and environmental influences on delinquency: DF analysis of NLSY kinship data." *Journal of Quantitative Criminology* 17, no. 2 (June 2001): 145~68.

Roesel, Rosalyn, and G. Frank Lawlis. "Divorce in families of genetically handicapped/mentally retarded individuals." *American Journal of Family Therapy* 11, no. 1 (Spring 1983): 45~50.

Rogers, John G., and Joan O. Weiss. *My Child Is a Dwarf.* Owatonna, MN: Little People of America Foundation, 1977.

Rogers, Paul T., and Mary Coleman. *Medical Care in Down Syndrome: A Preventive Medicine Approach.* New York: Marcel Dekker, 1992.

Rogers, Sally J. "Developmental regression in autism spectrum disorders." *Mental Retardation & Developmental Disabilities Research Review* 10, no. 2 (May 2004): 139~43.

Rogers, Sally J., and Justin H. G. Williams, eds. *Imitation and the Social Mind: Autism and Typical Development.* New York: Guilford Press, 2006.

Rohan, Tim. "In first for Olympics, amputee will run." *New York Times,* July 4, 2012.

Roizen, Nancy J. "Complementary and alternative therapies for Down syndrome." *Mental Retardation & Developmental Disabilities Research Reviews* 11, no. 2 (April 2005): 149~55.

Rolnick, Harry. "Joshua Bell: A genuinely nice genius." *Symphony Magazine*, December~January 2004.

Roloff, Matt. *Against Tall Odds: Being a David in a Goliath World.* Sisters, OR: Multnomah Publishers, 1999.

Romney, Stephanie C., et al. "The relationship between child disability and living arrangement in child welfare." *Child Welfare* 85, no. 6 (November~December 2006): 965~84.

Rondal, Jean A., Alberto Rasore-Quartino, and Salvatore Soresi, eds. *The Adult with Down Syn-*

drome: A New Challenge for Society. London: Whurr, 2004.

Rondal, Jean A., et al. *Intellectual Disabilities: Genetics, Behaviour and Inclusion.* London: Whurr, 2004.

Rood, Eli. "Not quite a beginning." *Eli's Coming,* February 3, 2006.

Rood, Kate. "The sea horse: Our family mascot." *New York Times,* November 2, 2008.

Roots, James. *The Politics of Visual Language: Deafness, Language Choice, and Political Socialization.* Ottawa: Carleton University Press, 1999.

Rosa, Shannon des Roches, et al. *The Thinking Person's Guide to Autism.* New York: Deadwood City Publishing, 2011.

Rose, David. "Lancet journal retracts Andrew Wakefield MMR scare paper." *The Times,* February 3, 2010.

Rosenbaum, Jill Leslie. "Family dysfunction and female delinquency." *Crime & Delinquency* 35, no. 1 (January 1989): 31~44.

Rosenberg, Charles. *No Other Gods: On Science and American Social Thought.* Baltimore: Johns Hopkins University Press, 1976.

Rosenberg, Debra. "Rethinking gender." *Newsweek,* May 21, 2007.

Rosenberg, Howard. "There's more to 'Life' than ratings." *Los Angeles Times,* April 18, 1992.

Rosenbluth, Susan L. "Help for Jewish homosexuals that is consistent with Torah principles." *Jewish Voice & Opinion* 13, no. 4 (December 1999).

Rosenfarb, Irwin S., Alan S. Bellack, and Nahid Aziz. "Family interactions and the course of schizophrenia in African-American and white patients." *Journal of Abnormal Psychology* 115, no. 1 (February 2006): 112~20.

_____. "A sociocultural stress, appraisal, and coping model of subjective burden and family attitudes toward patients with schizophrenia." *Journal of Abnormal Psychology* 115, no. 1 (February 2006): 157~65.

Rosin, Hanna. "A boy's life." *Atlantic Monthly,* November 2008.

Rosita: A Documentary. Documentary film. Produced and directed by Barbara Attie and Janet Goldwater. Oley, PA: Bullfrog Films (distributor), 2005.

Ross, Alan O. *The Exceptional Child in the Family: Helping Parents of Exceptional Children.* 5th printing. New York & London: Grune & Stratton, 1972.

Ross, David A., John C. Gore, and Lawrence E. Marks. "Absolute pitch: Music and beyond." *Epilepsy & Behavior* 7 (2005): 578~601.

Ross, David A., and Lawrence E. Marks. "Absolute pitch in children prior to the beginning of musical training." *Annals of the New York Academy of Sciences,* 1169 (2009): 199~204.

Ross, David A., Ingrid R. Olson, and John C. Gore. "Absolute pitch does not depend on early musical training." *Annals of the New York Academy of Sciences,* 999 (2003): 522~26.

_____. "Cortical plasticity in an early blind musician: An fMRl study." *Magnetic Resonance Imaging* 21 (2003): 821~28.

Ross, David A., et al. "A nonmusical paradigm for identifying absolute pitch possessors." *Journal of the Acoustical Society of America* 116, no. 3 (September 2004): 1793~99.

Ross, Emma. "Childhood vaccine-autism study retracted." *Washington Post,* March 3, 2004.

Ross, Jeffrey Ian, and Stephen C. Richards. *Behind Bars: Surviving Prison.* Indianapolis: Alpha Books, 2002.

Ross, Julie A., et al. "Epidemiology of leukaemia in children with Down syndrome." *Pediatric Blood & Cancer* 44, no. 1 (2005): 8~12.

Rossiter, Lucille, and Donald Sharpe. "The siblings of individuals with mental retardation: A quantitative integration of the literature." *Journal of Child & Family Studies* 10, no. 1 (March 2001): 65~84.

Rotem, Michael. "Mother found guilty of killing her autistic son." *Jerusalem Post*, February 22, 1991.

_____. "Mother who killed autistic son sent to prison for one year." *Jerusalem Post*, March 22, 1991.

Roth, Philip. *The Human Stain.* Boston: Houghton Mifflin, 2000.

Rothenberg, Laura. *Breathing for a Living: A Memoir.* New York: Hyperion, 2003.

Rothman, David J., and Sheila M. Rothman. *The Willowbrook Wars.* New York: Harper & Row, 1984.

Rothstein, Edward. "Connections: Myths about genius." *New York Times*, January 5, 2002.

Rowitz, Louis, ed. *Mental Retardation in the Year 2000.* New York: Springer, 1992.

Roy, Alec, and Maurizio Pompili. "Management of schizophrenia with suicide risk." *Psychiatric Clinics of North America* 32, no. 4 (December 2009): 863~83.

Royte, Elizabeth. "The outcasts." *New York Times Magazin* e, January 19, 1997.

Rozbruch, S. Robert, and Svetlana Ilizarov. *Limb Lengthening and Reconstructive Surgery.* Boca Raton, FL: CRC Press, 2007.

Ruben, Robert J. "A time frame of critical/sensitive periods of language development." *Acta Oto-laryngologica* 117, no. 2 (March 1997): 202~5.

Rubin, Lorry G., and Blake Papsin. "Cochlear implants in children: Surgical site infections and prevention and treatment of acute otitis media and meningitis." *Pediatrics* 126, no. 2 (August 2010): 381~91.

Rubinstein, Arthur. *My Young Years.* New York: Knopf, 1973.

Rudacille, Deborah. *The Riddle of Gender: Science, Activism and Transgender Rights.* New York: Pantheon, 2005.

Ruddick, Sara. *Maternal Thinking: Toward a Politics of Peace.* Boston: Beacon Press, 1995.

Rudge, Trudy, and Kristy Morse. "Did anything change? Caregivers and schizophrenia after medication changes." *Journal of Psychiatry & Mental Health Nursing* 11, no. 1 (February 2004): 3~11.

Russell, Diana E. H. *The Secret Trauma: Incest in the Lives of Girls and Women.* New York: Basic Books, 1986.

_____. *Rape in Marriage.* Bloomington and Indianapolis: Indiana University Press, 1990.

Russell, Diane E. H., and Rebecca M. Bolen. *The Epidemic of Rape and Child Sexual Abuse in the United States.* Thousand Oaks, CA: Sage Publications, 2000.

Russo, Maria. "Teen transsexuals: When do children have a right to decide their gender." *Salon*, August 28, 1999.

Rust, Amy. "Chicago economist links abortion to falling crime rates." *University of Chicago Chronicle* 18, no. 20 (August 12, 1999).

Rutherford, Susan D. "The culture of American deaf people." *Sign Language Studies* 59 (Summer 1998): 129~47.

Rutter, Michael, et al. "Are there biological programming effects for psychological development? Findings from a study of Romanian adoptees." *Developmental Psychology* 40, no. 1 (2004): 81~94.

Ryan, Mandy, et al. "Genetic information but not termination: Pregnant women's attitudes and willingness to pay for carrier screening for deafness genes." *Journal of Medical Genetics* 40, no. e80 (2003): 1~5.

Ryan, Richard. "Deafness." *Poetry* 167, nos. 1~2 (October~November 1995): 30.

Ryback, Timothy. *Hitler's Private Library.* New York: Random House, 2010.

Ryff, Carol, and Marsha Mailick Seltzer, eds. *The Parental Experience in Midlife.* Chicago: University of Chicago Press, 1996.

Rzucidlo, Susan F. "Welcome to Beirut." Privately published, no date.

Sacks, Oliver. *Seeing Voices: A Journey into the World of the Deaf.* Berkeley: University of California Press, 1989.

_____. *An Anthropologist on Mars: Seven Paradoxical Tales.* New York: Alfred A. Knopf, 1995.

_____. *Musicophilia: Tales of Music and the Brain.* New York: Knopf, 2007.

Sadetzki, Siegal, et al. "Relinquishment of infants with Down syndrome in Israel: Trends by time." *American Journal on Mental Retardation* 105, no. 6 (November 2000): 480~85.

Safer, Jeanne. *The Normal One: Life with a Difficult or Damaged Sibling.* New York: Delta Trade Paperbacks, 2003.

Safire, William. "On language: Dwarf planet." *New York Times*, September 10, 2006.

Saha, Sukanta, et al. "A systematic review of the prevalence of schizophrenia." *PLoS Medicine* 2, no. 5 (June 2005): E141.

St. Clair, David, et al. "Rates of adult schizophrenia following prenatal exposure to the Chinese famine of 1959~1961." *Journal of the American Medical Association* 294, no. 5 (2005): 557~62.

St. John, Kelly. "Jack Thompson: Teen's journey to transgender identity." *San Francisco Chronicle*, November 4, 2002.

Saks, Elyn R. *Refusing Care: Forced Treatment and the Rights of the Mentally Ill.* Chicago: University of Chicago Press, 2002.

_____. *The Center Cannot Hold: My Journey Through Madness.* New York: Hyperion, 2007.

Salehi, Ahmad, et al. "Restoration of norepinephrine-modulated contextual memory in a mouse model of Down syndrome." *Science Translational Medicine* 1, no. 7 (November 2009): 7ra17.

Saletan, William. *Bearing Right: How Conservatives Won the Abortion War.* Berkeley: University of California Press, 2003.

_____. "Deformer babies: The deliberate crippling of children." *Slate*, September 21, 2006.

Salisbury, Christine L. "Characteristics of users and nonusers of respite care." *Mental Retardation* 28, no. 5 (October 1990): 291~97.

Salkever, David S., et al. "Measures and predictors of community-based employment and earnings of persons with schizophrenia in a multisite study." *Psychiatric Services* 58, no. 3 (March 2007): 315~24.

Salois, Rebecca, and Joi Officer. "A different perspective; 'little people' hope to make big mark on world." *Indianapolis Star*, January 28, 2007.

Salzman, Mark. *True Notebooks.* New York: Knopf, 2003.

Samson, Fabienne, et al. "Enhanced visual functioning in autism: An ALE meta-analysis." *Human Brain Mapping* (April 4, 2011): epub ahead of print.

Sand, Barbara Lourie. *Teaching Genius: Dorothy DeLay and the Making of a Musician.* Portland, OR: Amadeus Press, 2000.

Sandel, Michael J. "The case against perfection." *Atlantic Monthly*, April 2004.

_____. *The Case Against Perfection: Ethics in the Age of Genetic Engineering.* Cambridge, MA: Harvard University Press, 2009.

Sanders, Stephen, et al. "De novo mutations revealed by whole-exome sequencing are strongly associated with autism." *Nature* 485, no. 7397 (May 10, 2012): 237~41.

Sandler, Allen G., and Lisa A. Mistretta. "Positive adaptation in parents of adults with disabilities." *Education & Training in Mental Retardation & Developmental Disabilities* 33, no. 2 (June 1998): 123~30.

Saner, Emine. "It is not a disease, it is a way of life." *Guardian*, August 7, 2007.

Sanghavi, Darshak. "Wanting babies like themselves, some parents choose genetic defects." *New York Times*, December 5, 2006.

Santos, Fernanda. "Life term for gunman after guilty plea in Tucson killings." *New York Times,* August 7, 2012.

Sara, Sally. "For people with Down syndrome, longer life has complications." *New York Times*, June 1, 2008.

Sartorius, Norman, Assen Jablensky, and Robert Shapiro. "Two-year follow-up of the patients included in the WHO International Pilot Study of Schizophrenia." *Psychological Medicine* 7, no. 3 (August 1977): 529~41.

Satel, Sally L. "Prime-time psychosis." *New York Times*, April 3, 2000.

_____. "Prescriptions for psychiatric trouble and the DSM-V." *Wall Street Journal*, February 19, 2010.

Satgé, D., et al. "An excess of testicular germ cell tumours in Down's syndrome: Three case reports and a review of the literature." *Cancer* 80, no. 5 (September 1997): 929~35.

_____. "A lack of neuroblastoma in Down syndrome: A study from 11 European countries." *Cancer Research* 58 (1998): 448~52.

Sato, Mitsumoto, Yohtaro Numachi, and Takashi Hamamura. "Relapse of paranoid psychotic state in metamphetamine model of schizophrenia." *Schizophrenia Bulletin* 18, no. 1 (1992): 115~22.

Saunders, Debra J. "Children who deserve to die." *San Francisco Chronicle*, September 23, 1997.

Savarese, Ralph James. *Reasonable People: A Memoir of Autism and Adoption: On the Meaning of Family and the Politics of Neurological Difference.* New York: Other Press, 2007.

Sayers, Janet. *Mothers of Psychoanalysis: Helene Deutsch, Karen Horney, Anna Freud, Melanie Klein.* New York and London: Norton, 1991.

Scaramella, Laura V., et al. "Evaluation of a social contextual model of delinquency: A cross-study replication." *Child Development* 73, no. 1 (January~February 2002): 175~95.

Scarry, Elaine. *The Body in Pain: The Making and Unmaking of the World.* Oxford, UK, and New York: Oxford University Press, 1985.

_____. *On Beauty and Being Just.* Princeton, NJ: Princeton University Press, 1999.

Schaller, Susan. *A Man Without Words.* Berkeley: University of California Press, 1995.

Scheerenberger, Richard C. *A History of Mental Retardation: A Quarter Century of Promise.* Baltimore: Paul H. Brookes, 1987.

Schell, L. M. and Ando, Yoichi. "Postnatal growth of children in relation to noise from Osaka International Airport." *Journal of Sound & Vibration* 151, no. 3 (December 1991): 367~83.

Schellenberg, Glenn, and Sandra E. Trehub. "Good pitch memory is widespread." *Psychological Science* 14, no. 3 (2003): 262~66.

Schemo, Diana Jean. "Parts of special-ed bill would shift more power to states and school districts." *New York Times*, November 22, 2004.

Schiavetti, Nicholas, Robert L. Whitehead, and Dale Evan Metz. "The effects of Simultaneous Communication on production and perception of speech." *Journal of Deaf Studies & Deaf Education* 9, no. 3 (June 2004): 286~304.

"Schizophrenia: Second chances." Radio broadcast. Fred Goodwin, host. Commentary by John Hockenberry. Produced by Lichtenstein Creative Media. Interviews with Dr. Linda Brzustowicz, Edith Shuttleworth, Dr. Nancy Andreasen, Dr. Herbert Meltzer, Dr. Xavier Amador. *The Infinite Mind*, WNYC New York, April 11, 2001.

"Schizophrenia: Treatment, access, hope for the future." Radio broadcast. Dan Gottlieb, host. *Voices in the Family*, WHYY Philadelphia/National Public Radio, May 6, 2002.

Schlaug, Gottfried, et al. "In vivo evidence of structural brain asymmetry in musicians." *Science*, n.s., 267, no. 5198 (February 3, 1995): 699~701.

Schoeneman, Deborah. "Little people, big biz: Hiring dwarfs for parties a growing trend." *New York Post*, November 8, 2001.

Scholinski, Dylan, and Jane Meredith Adams. *The Last Time I Wore a Dress.* New York: Riverhead, 1998.

Schonberg, Harold C. "Russian soul gets a new voice at the keyboard." *New York Times*, October 7, 1990.

Schopenhauer, Arthur. *Essays of Schopenhauer.* London and New York: Walter Scott, 1897.

_____. *The World as Will and Representation.* Trans. E. F. J. Payne. New York: Dover, 1958.

Schopler, Eric, Stella Chess, and Leon Eisenberg. "Our memorial to Leo Kanner." *Journal of Autism & Developmental Disorders* 11, no. 3 (September 1981): 257~69.

Schopler, Eric, and Gary B. Mesibov, eds. *The Effects of Autism on the Family.* New York: Plenum Press, 1984.

Schopler, Eric, Gary B. Mesibov, and Linda J. Kunce. *Asperger Syndrome or High-Functioning Autism?* New York: Plenum Press, 1998.

Schopler, Eric, Robert J. Reichler, and Barbara R. Renner. *The Childhood Autism Rating Scale (CARS) for Diagnostic Screening and Classification of Autism.* New York: Irvington Press, 1986.

Schreibman, Laura Ellen. *The Science and Fiction of Autism.* Cambridge, MA: Harvard University Press, 2005.

Schultz, Robert T., et al. "Abnormal ventral temporal cortical activity during face discrimination among individuals with autism and Asperger syndrome." *Archives of General Psychiatry* 57, no. 4 (April 2000): 331~40.

Schwartz, I. M., and P. AuClaire, eds. *Home-Based Services for Troubled Children.* Lincoln: University of Nebraska Press, 1995.

Schweik, Susan M. *The Ugly Laws: Disability in Public.* New York: New York University Press, 2009.

Schweinhart, Lawrence J., Helen V. Barnes, and David P Weikart. *Significant Benefits: The High/ Scope Perry Preschool Study Through Age 27.* Ypsilanti, MI: High Scope Press, 1993.

Schweinhart, Lawrence J., et al. *Lifetime Effects: The HighScope Perry Preschool Study Through Age 40.* Ypsilanti, MI: High Scope Press, 2005.

Scocca, Tom. "Silly in Philly." *Metro Times*, August 9, 2000.

Scorgie, Kate, and Dick Sobsey. "Transformational outcomes associated with parenting children who have disabilities." *Mental Retardation* 38, no. 3 (June 2000): 195~206.

Scorgie, Kate, Lorraine Wilgosh, and Linda McDonald. "Transforming partnerships: Parent life management issues when a child has mental retardation." *Education & Training in Mental Retardation & Developmental Disabilities* 34, no. 4 (December 1999): 395~405.

Scott, Brian S., et al. "Psychological distress of parents of infants with Down syndrome." *American Journal on Mental Retardation* 102, no. 2 (September 1997): 161~71.

Scott, Joyce. *EnTWINed: Secrets from the Silent World of Judith Scott.* Oakland, CA: Judith Scott Foundation, 2006.

Scully, Jackie Leach. *Disability Bioethics: Moral Bodies, Moral Difference.* Lanham, MD: Rowman & Littlefield, 2008.

Sea, Scott. "Planet autism." *Salon*, September 27, 2003.

Sean's Story: A Lesson in Life. DVD. Directed by Roger Goodman. Meredith Vieira, correspondent. *ABC News: Turning Point*, originally broadcast September 7, 1994. Princeton, NJ: Films for the Humanities & Sciences, 1994.

Sebat, Jonathan. "Relating copy-number variants to head and brain size in neuropsychiatric disorders." Press release. New York: Simons Foundation Autism Research Initiative, no date.

Sebat, Jonathan, et al. "Strong association of de novo copy number mutations with autism." *Science* 316, no. 5823 (April 20, 2007): 445~49.

Sechehaye, Marguerite. *Autobiography of a Schizophrenic Girl: The True Story of "Renee."* New York: Grune & Stratton, 1951.

Seeman, Philip, et al. "Dopamine supersensitivity correlates with D2High states, implying many paths to psychosis." *Proceedings of the National Academy of Sciences* 102, no. 9 (March 2005): 3513~18.

Segal, David. "Financial fraud is focus of attack by prosecutors." *New York Times*, March 11, 2009.

Séguin, Édouard. *Idiocy and Its Treatment by the Physiological Method.* Originally published in 1866. Reprint, New York: Columbia University Educational Reprints, 1907.

Seidel, Kathleen. "Evidence of venom: An open letter to David Kirby." Neurodiversity.com, May 2005.

Seligman, Martin E. P. *Learned Optimism.* New York: Knopf, 1991.

Selikowitz, Mark. *Down Syndrome: The Facts.* Oxford, UK, and New York: Oxford University Press, 1997.

Sells, Michael. *The Bridge Betrayed: Religion and Genocide in Bosnia.* Berkeley: University of California Press, 1996.

Selten, Jean-Paul, Elizabeth Cantor-Graae, and Rene S. Kahn. "Migration and schizophrenia." *Current Opinion in Psychiatry* 20, no. 2 (March 2007): 111~15.

Selvini, Mara. "Schizophrenia as a family game: Posing a challenge to biological psychiatry." *Family Therapy Networker* 16, no. 3 (May~June 1992): 81~86.

Seltzer, Gary, et al. "Adults with mental retardation and their aging mothers: Impacts of siblings." *Family Relations* 40, no. 3 (July 1991): 310~17.

Seltzer, Marsha Mailick, and Marty Wyngaarden Krauss. "Aging parents with adult mentally retarded children: Family risk factors and sources of support." *American Journal on Mental Retardation* 94 (November 1989): 303~12.

_____. "A comparison of coping strategies of aging mothers of adults with mental illness or mental retardation." *Psychology & Aging* 10, no. 1 (March 1995): 64~75.

_____. "Quality of life of adults with mental retardation/developmental disabilities who live with family." *Mental Retardation & Developmental Disabilities Research Reviews* 7, no. 2 (May 2001): 105~14.

Seltzer, Marsha Mailick, Marty Wyngaarden Krauss, and Matthew P. Janicki, eds. *Life Course Perspectives on Adulthood and Old Age*. Washington, DC: American Association on Mental Retardation, 1999.

Seltzer, Marsha Mailick, et al. "Predictors and outcomes of the end of co-resident caregiving in aging families of adults with mental retardation or mental illness." *Family Relations* 46, no. 1 (January 1997): 13~22.

_____. "Life course impacts of parenting a child with a disability." *American Journal on Mental Retardation* 106, no. 3 (May 2001): 265~86.

_____. "Accommodative coping and well-being of midlife parents of children with mental health problems or developmental disabilities." *American Journal of Orthopsychiatry* 74, no. 2 (April 2004): 187~95.

"Semenya: I accept myself." *Independent Online*, September 8, 2009.

Senator, Susan. *Making Peace with Autism: One Family's Story of Struggle, Discovery, and Unexpected Gifts*. Boston: Trumpeter, 2005.

Senghas, Ann, and Marie Coppola. "Children creating language: How Nicaraguan sign language acquired a spatial grammar." *Psychological Science* 12, no. 4 (July 2001): 323~28.

Serano, Julia. *Whipping Girl: A Transsexual Woman on Sexism and the Scapegoating of Femininity*. Emeryville, CA: Seal Press, 2007.

Serketich, Wendy J., and Jean E. Dumas. "The effectiveness of behavioral parent training to modify antisocial behavior in children: A meta-analysis." *Behavior Therapy* 27, no. 2 (Spring 1996): 171~86.

Serlin, David. *Replaceable You: Engineering the Body in Postwar America*. Chicago: University of Chicago Press, 2004.

Seroussi, Karyn. *Unraveling the Mystery of Autism and Pervasive Developmental Disorder: A Mother's Story of Research and Recovery*. New York: Simon & Schuster, 2000.

Sessions, Laura. "New study questions teen risk factors." *Washington Post*, November 30, 2000.

Seung, Sebastian. "Connectomics: Tracing the wires of the brain." New York: Dana Foundation, November 3, 2008.

Sewell, R. Andrew, Mohini Ranganathan, and Deepak Cyril D'Souza. "Cannabinoids and psychosis." *International Review of Psychosis* 21, no. 2 (April 2009): 152~62.

Sex, Lies and Gender. Documentary film. Directed by David Elisco. Washington, DC: National Geographic Television, 2010.

Shadish, William R., et al. "Effects of family and marital psychotherapies: A meta-analysis." *Journal of Consulting & Clinical Psychology* 61, no. 6 (December 1993): 992~1002.

Shakespeare, Tom. *Disability Rights and Wrongs.* New York: Routledge, 2006.

_____. "Antonio Gramsci: The dead man on holiday." *Ouch! It's a Disability Thing.* London: British Broadcasting Corporation, October 14, 2009.

Shakespeare, Tom, Kath Gillespie-Sells, and Dominic Davies. *The Sexual Politics of Disability: Untold Desires.* London: Cassell, 1996.

Shakespeare, Tom, Michael Wright, and Sue Thompson. *A Small Matter of Equality: Living with Restricted Growth.* Yeovil, Somerset, UK: Restricted Growth Association, May 2007.

Shapiro, Danielle. "Mothers in Congo get help in raising children of rape." *Christian Science Monitor*, May 9, 2010.

Shapiro, Joseph P. *No Pity: People with Disabilities Forging a New Civil Rights Movement.* New York: Times Books, 1993.

Shaw, Julie. "Woman says pregnancy angered rape suspect." *Knight Ridder Tribune Business News*, May 25, 2007.

Shawn, Allen. *Twin: A Memoir.* New York: Viking, 2010.

Shearer, A. Eliot, et al. "Deafness in the genomics era." *Hearing Research* 282, nos. 1~2 (December 2011): 1~9.

Sheehan, Susan. "The autism fight ." *New Yorker*, December 1, 2003.

Shenk, David. *The Genius in All of Us: The New Science of Genes, Talent and Human Potential.* London: Icon, 2010.

Sherer, Michelle R., and Laura Schreibman. "Individual behavioral profiles and predictors of treatment effectiveness for children with autism." *Journal of Consulting & Clinical Psychology* 73, no. 3 (June 2005): 525~38.

Sheridan, Martha. *Inner Lives of Deaf Children: Interviews and Analysis.* Washington, DC: Gallaudet University Press, 2001.

Sherman, Stephanie L., et al. "Epidemiology of Down syndrome." *Mental Retardation & Developmental Disabilities Research Reviews* 13, no. 3 (October 2007): 221~27.

Shiang, R., et al. "Mutations in the transmembrane domain of FGFR3 cause the most common genetic form of dwarfism, achondroplasia." *Cell* 78, no. 2 (July 29, 1994): 335~42.

Shin, Mikyong, et al. "Prevalence of Down syndrome among children and adolescents in 10 regions." *Pediatrics* 124, no. 6 (December 2009): 1565~71.

Shining Light in the Shadows: An Original Play, Short Version. VHS video. February 2004.

Shirley, Eric D., and Michael C. Ain. "Achondroplasia: Manifestations and treatment." *Journal of the American Academy of Orthopedic Surgeons* 17, no. 4 (April 2009): 231~41.

Shockley, Paul. "Grabe gets life in son's murder." *Daily Sentinel*, March 31, 2010.

Shoda, Yuichi, Walter Mischel, and Philip K. Peake. "The nature of adolescent competencies predicted by preschool delay of gratification." *Journal of Personality & Social Psychology* 54, no. 4 (1988): 687~96.

_____. "Predicting adolescent cognitive and self-regulatory competencies from preschool delay of gratification: Identifying diagnostic conditions." *Developmental Psychology* 26, no. 6 (1990): 978~86.

Shonkoff, Jack P., and Samuel J. Meisels, eds. *Handbook of Early Childhood Intervention.* Cambridge, UK: Cambridge University Press, 2000.

Shorter, Edward. *The Kennedy Family and the Story of Mental Retardation.* Philadelphia: Temple University Press, 2000.

Shrestha, Laura B. "Life expectancy in the United States." Washington, DC: Congressional Research Service, 2006.

Shriqui, Christian L., and Henry A. Nasrallah, eds. *Contemporary Issues in the Treatment of Schizophrenia.* Washington, DC: American Psychiatric Press, 1995.

Shriver, Eunice Kennedy. "Hope for retarded children." *Saturday Evening Post*, September 22, 1962.

Shriver, Lionel. *We Need to Talk About Kevin.* New York: Counterpoint, 2003.

Shriver, Timothy. "Silent eugenics: Abortion and Down syndrome." *Commonweal* 134, no. 19 (November 9, 2007): 10~11.

Shufeit, Lawrence J., and Stanley R. Wurster. "Frequency of divorce among parents of handicapped children." ERIC Document Reproduction Service No. ED 113 909. Washington, DC: National Institute of Education, 1975.

Shulman, Lee P., David Muram, and Patricia Speck. "Counseling sexual assault victims who become pregnant after the assault." *Journal of Interpersonal Violation* 7, no. 2 (June 1992): 205~10.

Shulman, Robin. "Child study center cancels autism ads." *Washington Post*, December 19, 2007.

Sickmund, Melissa. "Juveniles in court." National Report Series Bulletin. Rockville, MD: Office of Juvenile Justice and Delinquency Prevention, June 2003.

Siebers, Tobin. *Disability Theory.* Ann Arbor: University of Michigan Press, 2008.

Siebert, Charles. "The DNA we've been dealt." *New York Times Magazine*, September 17, 1995.

Siegel, Bryna. *The World of the Autistic Child.* New York: Oxford University Press, 1996.

_____. *Helping Children with Autism Learn: Treatment Approaches for Parents and Professionals.* Oxford, UK, and New York: Oxford University Press, 2003.

Silberman, Steve. "The geek syndrome." *Wired*, December 2001.

Silver, Larry B. *The Misunderstood Child: Understanding and Coping with Your Child's Learning Disabilities.* 3rd ed. New York: Three Rivers Press, 1998.

Simon, Clea. *Mad House: Growing Up in the Shadow of Mentally Ill Siblings.* New York: Doubleday, 1997.

Simons, Abby. "'The killing of one of our own': More than 200 honored Krissy Bates, hours after a Blaine man was charged in her killing." *Minneapolis Star Tribune*, January 22, 2011.

_____. "Man guilty of murdering transgender victim." *Minneapolis Star Tribune*, November 24, 2011.

Simons, Ronald L., Christine Johnson, and Rand D. Connor. "Harsh corporal punishment versus quality of parental involvement as an explanation of adolescent maladjustment." *Journal of Marriage & the Family* 56, no. 3 (August 1994): 591~607.

Simonton, Dean Keith. "The emergence and realization of genius: The lives and works of 120 classical composers." *Journal of Personality & Social Psychology* 61, no. 5 (1991):

829~40.

_____. *Greatness: Who Makes History and Why.* New York: Guilford Press, 1994.

_____. *Origins of Genius: Darwinian Perspectives on Creativity.* Oxford, UK, and New York: Oxford University Press, 1999.

Simonton, Dean Keith, and Anna V. Song. "Eminence, IQ, physical and mental health, and achievement domain: Cox's 282 geniuses revisited." *Psychological Science* 20, no. 4 (April 2009): 429~34.

Sinclair, Jim. "Don't mourn for us." *Our Voice* 1, no. 3. Syracuse, NY: Autism Network International, 1993.

_____. "Why I dislike 'person-first' language." Syracuse, NY: Jim Sinclair, 1999.

Singal, Daniel. "The other crisis in American education." *Atlantic Monthly*, November 1991.

Singer, George H. S., and Larry K. Irvin, eds. *Support for Caregiving Families: Enabling Positive Adaptation to Disability.* Baltimore: Paul H. Brookes, 1989.

Singer, Judy. "Why can't you be normal for once in your life: From a 'problem with no name' to a new kind of disability." In *Disability Discourse*, eds. M. Corker and S. French. Maidenhead, UK: Open University Press, 1999.

Singer, Lynn, and Katherine J. Farkas. "The impact of infant disability on maternal perception of stress." *Family Relations* 38, no. 4 (October 1989): 444~49.

Singer, Peter. "Sanctity of life or quality of life." *Pediatrics* 72, no. 1 (July 1983): 128~29.

_____. *Practical Ethics.* 2nd ed. Cambridge, UK: Cambridge University Press, 1993.

_____. *Rethinking Life and Death: The Collapse of Our Traditional Ethics.* New York: St. Martin's Griffin, 1994.

_____. "A convenient truth." *New York Times*, January 26, 2007.

Sinha, Gunjan. "The identity dance." *Psychology Today*, March~April 2004.

Sisk, Elisabeth A., et al. "Obstructive sleep apnea in children with achondroplasia: Surgical and anesthetic considerations." *Archives of Otolaryngology—Head & Neck Surgery* 120, no. 2 (February 1999): 248~54.

Skinner, Debra, et al. "Narrating self and disability: Latino mothers' construction of identities vis-à-vis their child with special needs." *Exceptional Children* 65, no. 4 (Summer 1999): 481~95.

Skotara, Nils, et al. "The influence of language deprivation in early childhood on L2 processing: An ERP comparison of deaf native signers and deaf signers with a delayed language acquisition." *BMC Neuroscience* 13, no. 44 (provisionally published May 3, 2012).

Skotko, Brian. "Mothers of children with Down syndrome reflect on their postnatal support." *Pediatrics* 115, no. 1 (January 2005): 64~77.

_____. "Prenatally diagnosed Down syndrome: Mothers who continued their pregnancies evaluate their health care providers." *American Journal of Obstetrics & Gynecology* 192, no. 3 (March 2005): 670~77.

Skotko, Brian, and Susan P. Levine. "What the other children are thinking: Brothers and sisters of persons with Down syndrome." *American Journal of Medical Genetics, Part C: Seminars in Medical Genetics* 142C, no. 3 (August 2006): 180~86.

Slenczynska, Ruth, and Louis Biancolli. *Forbidden Childhood.* New York: Doubleday, 1957.

Sloan, Richard P. "Virtue and vice in health and illness." *InPsych*, Spring 2011.

Sloboda, John. "Musical ability." In *Ciba Foundation Symposium 178: The Origins and Development of High Ability*, 106~18. New York: John Wiley & Sons, 1993.

Slomski, Anita J., and Arthur L. Caplan. "Think today's ethical issues are tough? Just wait." *Medical Economics* 71, no. 8 (April 25, 1994): 38~39.

Sluming, Vanessa, et al. "Broca's area supports enhanced visuospatial cognition in orchestral musicians." *Journal of Neuroscience* 27, no. 14 (April 4, 2007): 3799~806.

Small, Meredith F. *Our Babies, Ourselves: How Biology and Culture Shape the Way We Parent.* New York: Anchor Books, 1998.

Smiley, Lauren. "Girl/boy interrupted: A new treatment for transgender kids puts puberty on hold so that they won't develop into their biological sex." *SF Weekly*, July 11, 2007.

Smith, Bonnie G., and Beth Hutcison, eds. *Gendering Disability.* New Brunswick, NJ: Rutgers University Press, 2004.

Smith, Daniel B. "Can you live with the voices in your head." *New York Times Magazine*, March 25, 2007.

Smith, David. "Gender row athlete Caster Semenya wanted to boycott medal ceremony." *Guardian*, August 21, 2009.

Smith, David J. "Theory and method in the Edinburgh study of youth transitions and crime." *British Journal of Criminology* 43, no. 1 (Winter 2003): 169~95.

Smith, David W., and Ann Asper Wilson. *The Child with Down's Syndrome (Mongolism): Causes, Characteristics and Acceptance, for Parents, Physicians and Persons Concerned with His Education and Care.* Philadelphia: Saunders, 1973.

Smith, Dylan M., et al. "Happily hopeless: Adaptation to a permanent, but not to a temporary, disability." *Health Psychology* 28, no. 6 (November 2009): 787~91.

Smith, Gregory C. "Aging families of adults with mental retardation: Patterns and correlates of service use, need, and knowledge." *American Journal on Mental Retardation* 102, no. 1 (July 1997): 13~26.

Smith, Gwendolyn Ann. *Remembering Our Dead.* Informational website. Gender Education & Advocacy, 2005.

Smith, Helena. "Rape victims' babies pay the price of war." *Observer*, April 16, 2000.

Smith, Joel. "Murder of autistics." *This Way of Life*, no date.

Smith, Melinda J. *Teaching Playskills to Children with Autistic Spectrum Disorder: A Practical Guide.* New York: DRL Books, 2001.

Smith, Merrill D. *Sex Without Consent: Rape and Sexual Coercion in America.* New York: New York University Press, 2001.

———, ed. *Encyclopedia of Rape.* Westport, CT: Greenwood Press, 2004.

Smith, Nicholas A., and Mark A. Schmuckler. "Dial A440 for absolute pitch: Absolute pitch memory by non-absolute pitch possessors." *Journal of the Acoustical Society of America* 123, no. 4 (April 2008): 77~84.

Smith, Richard J. H., et al. "Deafness and hereditary hearing loss overview." *GeneReviews* (Internet) (1999~2012): 1~22.

Smith, Russell. "The impact of hate media in Rwanda." BBC News, December 3, 2003.

Smith, Steve. "A singer-songwriter ignores musical boundaries." *New York Times*, April 26, 2009.

Smith, Timothy B., et al. "Parenting stress in families of children with disabilities." *American*

Journal of Orthopsychiatry 71, no. 2 (April 2001): 257~61.

Smith, Yolanda L. S., Stephanie H. M. van Goozen, and Peggy T. Cohen-Kettenis. "Adolescents with gender identity disorder who were accepted or rejected for sex reassignment surgery: A prospective follow-up study." *Journal of the American Academy of Child & Adolescent Psychiatry* 40, no. 4 (April 2001): 472~81.

Smith, Yolanda L. S., et al. "Sex reassignment: Outcomes and predictors of treatment for adolescent and adult transsexuals." *Psychological Medicine* 35, no. 1 (January 2005): 89~99.

Sneyd, Ross. "Bill protects from gender discrimination." *Rutland Herald*, February 28, 2006.

Snyder, Howard, and Melissa Sickmund. *Juvenile Offenders and Victims: 2006 National Report.* Bureau of Justice Statistics Special Report NCJ 212906. Washington, DC: US Department of Justice, Office of Justice Programs, Office of Juvenile Justice & Delinquency Prevention, 2006.

Snyder, Sharon, and David T. Mitchell. *Cultural Locations of Disability.* Chicago: University of Chicago Press, 2006.

Sobsey, Dick. "Altruistic filicide: Bioethics or criminology." *Health Ethics Today* 12, no. 1 (November 2001): 9~11.

Solinger, Rickie, ed. *Abortion Wars: A Half Century of Struggle, 1950~2000.* Berkeley: University of California Press, 1998.

_____. *Wake Up Little Susie: Single Pregnancy and Race Before Roe v. Wade.* London and New York: Routledge, 2000.

_____. *Beggars and Choosers: How the Politics of Choice Shapes Adoption, Abortion, and Welfare in the United States.* New York: Hill & Wang, 2001.

_____. *Pregnancy and Power: A Short History of Reproductive Politics in America.* New York: New York University Press, 2005.

Solnit, Albert J., and Mary H. Stark. "Mourning and the birth of a defective child." *Psychoanalytic Study of the Child* 16 (1961): 523~37.

Solomon, Andrew. *The Irony Tower: Soviet Artists in a Time of Glasnost.* New York: Knopf, 1991.

_____. "Defiantly deaf." *New York Times Magazine*, August 29, 1994.

_____. "Questions of genius." *New Yorker*, August 26, 1996.

_____. "The amazing life of Laura." *Glamour*, July 2003.

_____. "The pursuit of happiness." *Allure*, September 2004.

_____. "The autism rights movement." *New York*, May 25, 2008.

_____. "Meet my real modern family." *Newsweek*, January 30, 2011.

Solomon, Maynard. *Mozart: A Life.* New York: HarperCollins, 1995.

Solomon, Olga. "What a dog can do: Children with autism and therapy dogs in social interaction." *Ethos* 38, no. 1 (March 2010): 143~66.

Solow, Razel, and Celeste Rhodes. *College at 13: Young, Gifted and Purposeful.* Tucson, AZ: Great Potential Press, 2012.

Som, Peter M., et al. "Mondini defect: A variant." *American Journal of Roentgenology* 129, no. 6 (December 1977): 1120~22.

Someya, Shinichi, et al. "Age-related hearing loss in C57BL/6J mice is mediated by Bak-dependent mitochondrial apoptosis." *Proceedings of the National Academy of Sciences* 106, no. 46 (November 17, 2009): 19432~37.

Sommerville, Diane Miller. *Rape and Race in the Nineteenth-Century South.* Chapel Hill: University of North Carolina Press, 2004.

Sontag, Deborah. "Women asking US asylum expand definition of abuse." *New York Times*, September 27, 1993.

_____. "A schizophrenic, a slain worker, troubling questions." *New York Times*, June 17, 2011.

Sontag, Susan . *Illness as Metaphor; and AIDS and Its Metaphors.* New York: Picador, 2001.

Soper, Kathryn Lynard. *Gifts: Mothers Reflect on How Children with Down Syndrome Enrich Their Lives.* Bethesda, MD: Woodbine House, 2007.

Sound and Fury: A Story About Deafness. Documentary film. Directed by Josh Aronson. New York: Aronson Film Associates, 2000.

Sound and Fury: 6 Years Later. Documentary film. Directed by Josh Aronson. New York: Aronson Film Associates, 2006.

South Dakota Task Force to Study Abortion. *Report of the South Dakota Task Force to Study Abortion.* Submitted to the Governor and Legislature of South Dakota, December 2005.

Southern Poverty Law Center. "SPLC sues Mississippi county to stop 'shocking' abuse of children at detention center." Press release. Montgomery, AL: Southern Poverty Law Center, April 20, 2009.

Spack, Norman. "An endocrine perspective on the care of transgender adolescents." *Journal of Gay & Lesbian Mental Health* 13, no. 4 (October 2009): 309~19.

Sparrow, Robert. "Defending deaf culture: The case of cochlear implants." *Journal of Political Philosophy* 13, no. 2 (June 2005): 135~52.

Speake, Jennifer, ed. *The Oxford Dictionary of Proverbs.* Oxford, UK, and New York: Oxford University Press, 2009.

Spencer, Patricia Elizabeth, and Marc Marschark, eds. *Advances in the Spoken Language Development of Deaf and Hard-of-Hearing Children.* Oxford, UK, and New York: Oxford University Press, 2006.

Sperry, Raphael. "No more prisons." *Architect's Newspaper*, February 16, 2005.

Spikes, Bonnita. "A mother's story: Hate crime brings new bond with transgender child." *Grio*, October 2009.

Spiro, Pamela Wagner, and Carolyn S. Spiro. "We both live here." *New York Times Magazine*, August 7, 2005.

Spitzer, Walter. "The real scandal of the MMR debate." *Daily Mail*, December 20, 2001.

Spranger, Jürgen, Andreas Winterpacht, and Bernhard Zabel. "Kniest dysplasia: Dr. W. Kniest, his patient, the molecular defect." *American Journal of Medical Genetics* 69, no. 1 (March 1997): 79~84.

Spreat, Scott, and James W. Conroy. "The impact of deinstitutionalization on family contact." *Research in Developmental Disabilities* 23, no. 3 (May~June 2002): 202~10.

Springen, Karen. "Eyes of the beholders." *Newsweek*, June 3, 1996.

Spungen, Deborah. *And I Don't Want to Live This Life.* New York: Ballantine, 1983, 1994.

Spurbeck, Jared. "NY senator's grandkids made him realize 'gay is OK..." *Yahoo! News*, June 26, 2011.

Squire, Caroline. *The Social Context of Birth.* London: Radcliffe, 2003.

Stafford, Ned. "Germany debates change to law on late abortions." *British Medical Journal* 337, no. 7672 (September 27, 2008): 715.

Stainton, Tim, and Hilde Besser. "The positive impact of children with an intellectual disability on the family." *Journal of Intellectual & Developmental Disability* 23, no. 1 (March 1998): 57~70.

Stancliffe, Roger, and J. K. Charlie Lakin, eds. *Cost and Outcomes of Community Services for People with Intellectual Disabilities*. Baltimore: Paul H. Brookes, 2005.

"Standing tall: Experts debate the cosmetic use of growth hormones for children." Television news report. Jamie Cohen, correspondent. ABC News, June 19, 2003.

Stanford, Craig B. "Darwinians look at rape, sex and war." *American Scientist* 88, no. 4 (July~August 2000): 360.

Startup, Mike, M. C. Jackson, and S. Bendix. "North Wales randomized controlled trial of cognitive behaviour therapy for acute schizophrenia spectrum disorders: Outcomes at 6 and 12 months." *Psychological Medicine* 34, no. 3 (April 2004): 413~422.

Startup, Mike, et al. "North Wales randomized controlled trial of cognitive behaviour therapy for acute schizophrenia spectrum disorders: Two-year follow-up and economic evaluation." *Psychological Medicine* 35, no. 9 (2005): 1307~16.

State v. Peter James Gifran von Kalkstein Bleach et al. (Purulia arms dropping case.) Sessions Trial No. 1, Calcutta Court of Session, judgment issued June 1997.

Stattin, Håkan, and Margaret Kerr. "Parental monitoring: A reinterpretation." *Child Development* 71, no. 4 (July~August 2000): 1072~85.

Steadman, Henry J., and Joseph J. Cocozza. "Public perceptions of the criminally insane." *Hospital & Community Psychiatry* 29, no. (July 1978): 457~59.

Steadman, Henry J., et al. "Violence by people discharged from acute psychiatric inpatient facilities and by others in the same neighborhoods." *Archives of General Psychiatry* 55, no. 5 (May 1998): 393~401.

Stearns, David Patrick. "Former prodigy's new passage: Pianist Ruth Slenczynska, now 82, has a DVD out, and a following in Japan." *Philadelphia Inquirer*, August 12, 2007.

Steele, Ken, and Claire Berman. *The Day the Voices Stopped: A Memoir of Madness and Hope.* New York: Basic Books, 2001.

Stefanatos, Gerry A. "Regression in autistic spectrum disorders." *Neuropsychology Review* 18 (December 2008): 305~19.

Stefanatos, Gerry A., and Ida Sue Baron. "The ontogenesis of language impairment in autism: A neuropsychological perspective." *Neuropsychology Review* 21, no. 3 (September 2011): 252~70.

Stefansson, Hreinn, et al. "Large recurrent microdeletions associated with schizophrenia." *Nature* 455, no. 7210 (September 11, 2008): 232~36.

Stein, Allen. "Stoughton cop resigns after he left beat to see dwarf porn star." *Enterprise News*, July 20, 2010.

Stein, Catherine H., and Virginia A. Wemmerus. "Searching for a normal life: Personal accounts of adults with schizophrenia, their parents and well-siblings." *American Journal of Community Psychology* 29, no. 5 (October 2001): 725~46.

Stein, Martin T., et al. "Responding to parental concerns after a prenatal diagnosis of Trisomy 21." *Pediatrics* 107, no. 4 (April 2001): 878~82.

Stein, Rob. "New safety, new concerns in tests for Down syndrome." *Washington Post*, February 24, 2009.

Steinberg, Laurence, and Elizabeth Cauffman. "Maturity of judgment in adolescence: Psychosocial factors in adolescent decision making." *Law & Human Behavior* 20, no. 3 (June 1996): 249~72.

Stephens, Ronald D., and June Lane Arnette. "From the courthouse to the schoolhouse: Making successful transitions." OJJDP: Juvenile Justice Bulletin NCJ-178900. Washington, DC: US Department of Justice, Office of Justice Programs, Office of Juvenile Justice & Delinquency Prevention, 2000.

Stern, S. J., et al. "Attitudes of deaf and hard of hearing subjects towards genetic testing and prenatal diagnosis of hearing loss." *Journal of Medical Genetics* 39 (June 2002): 449~53.

Sternberg, Robert J., and Janet E. Davidson. *Conceptions of Giftedness*. New York: Cambridge University Press, 1986.

Stevens, Wallace. *The Collected Poems of Wallace Stevens*. New York: Vintage, 1990.

Stewart, Barbara. "My sister's unbeautiful mind." *New York Times Magazine*, May 5, 2002.

Stewart, Felicia H., and James Trussell. "Prevention of pregnancy resulting from rape: A neglected preventive health measure." *American Journal of Preventive Medicine* 19, no. 4 (November 2000): 228~29.

Stewart, Mary White. *Ordinary Violence: Everyday Assaults Against Women*. Westport, CT: Bergin & Garvey, 2002.

Stiglmayer, Alexandra, ed. *Mass Rape: The War Against Women in Bosnia-Herzegovina*. Trans. Marion Faber. Lincoln: University of Nebraska Press, 1994.

Stock, Gregory. *Redesigning Humans: Our Inevitable Genetic Future*. Boston: Houghton Mifflin, 2002.

Stokes, Dennis C., et al. "Respiratory complications of achondroplasia." *Journal of Pediatrics* 102, no. 4 (April 1983): 534~41.

Stokoe, William. *Sign Language Structure: An Outline of the Visual Communication Systems of the American Deaf*. Studies in Linguistics, Occasional Papers, No. 8. Buffalo, NY: University of Buffalo Department of Anthropology and Linguistics, 1960. Reprinted in *Journal of Deaf Studies & Deaf Education* 10, no. 1 (Winter 2005): 3~37.

_____. "Dimensions of difference: ASL and English based cultures." In *American Deaf Culture: An Anthology*, ed. S. Wilcox, 49~60. Burtonsville, MD: Linstock Press, 1989.

Stone, Carole. "First person: Carole Stone on life with her schizophrenic brother." *Guardian*, November 12, 2005.

Stoneman, Zolinda. "Supporting positive sibling relationships during childhood." *Mental Retardation & Developmental Disability Research Reviews* 7, no. 2 (May 2001): 134~42.

Stoneman, Zolinda, and Phyllis Waldman Berman, eds. *The Effects of Mental Retardation, Disability, and Illness on Sibling Relationships*. Baltimore: Paul H. Brookes, 1993.

Stoneman, Zolinda, and John M. Crapps. "Mentally retarded individuals in family care homes: Relationships with the family-of-origin." *American Journal on Mental Retardation* 94, no. 4 (January 1990): 420~30.

Stoneman, Zolinda, et al. "Childcare responsibilities, peer relations, and sibling conflict: Older siblings of mentally retarded children." *American Journal on Mental Retardation* 93, no. 2

(September 1988): 174~83.

_____. "Ascribed role relations between children with mental retardation and their younger siblings." *American Journal on Mental Retardation* 95, no. 5 (March 1991): 537~50.

Stopper, Michael J., ed. *Meeting the Social and Emotional Needs of Gifted and Talented Children.* London: David Fulton, 2000.

Stores, R., et al. "Daytime behaviour problems and maternal stress in children with Down's syndrome, their siblings, and non-intellectually disabled and other intellectually disabled peers." *Journal of Intellectual Disability Research* 42, no. 3 (June 1998): 228~37.

Story, Louise. "A business built on the troubles of teenagers." *New York Times*, August 17, 2005.

Stout, David. "Supreme Court bars death penalty for juvenile killers." *New York Times*, March 1, 2005.

_____. "House votes to expand hate-crime protection." *New York Times*, May 4, 2007.

Stouthamer-Loeber, Magda, et al. "Which family and demographic factors are related to both maltreatment and persistent serious juvenile delinquency." *Children's Services: Social Policy, Research & Practice* 5, no. 4 (October 2002): 261~72.

Strahl, Brian D., and C. David Allis. "The language of covalent histone modification." *Nature* 403, no. 6765 (January 6, 2000): 41~45.

Stratton, Charles Sherwood. *Sketch of the Life: Personal Appearance, Character and Manners of Charles S. Stratton, the Man in Miniature, Known as General Tom Thumb, and His Wife, Lavinia Warren Stratton, Including the History of Their Courtship and Marriage, With Some Account of Remarkable Dwarfs, Giants, & Other Human Phenomena, of Ancient and Modern Times, Also, Songs Given at Their Public Levees.* New York: Samuel Booth, 1874.

Strauch, Barbara. *The Primal Teen: What the New Discoveries About the Teenage Brain Tell Us About Our Kids.* New York: Doubleday, 2003.

Strauss, David, and Richard K. Eyman. "Mortality of people with mental retardation in California with and without Down syndrome, 1986~1991." *American Journal on Mental Retardation* 100, no. 6 (May 1996): 643~51.

Stray-Gundersen, Karen, ed. *Babies with Down Syndrome: A New Parents Guide.* 2nd ed. Bethesda, MD: Woodbine House, 1995.

Streitfeld, L. P. "An artist's journey to hell and back spans 'erotica.." *Advocate & Greenwich Time*, December 26, 2004.

Striano, Tricia, and Vincent Reid. *Social Cognition: Development, Neuroscience, and Autism.* Chichester, West Sussex, UK, and Malden, MA: Wiley-Blackwell, 2009.

Stroman, Duane F. *The Disability Rights Movement: From Deinstitutionalization to Self-Determination.* Lanham, MD: University Press of America, 2003.

Strong-Boag, Veronica. "Children of adversity: Disabilities and child welfare in Canada from the nineteenth to the twenty-first century." *Journal of Family History* 32, no 4 (October 2007): 413~32.

Stryker, Susan. "Why the T in LGBT is here to stay." *Salon*, October 11, 2007.

Stuckless, E. Ross, and Jack W. Birch. "The influence of early manual communication on the linguistic development of deaf children." *American Annals of the Deaf* 142, no. 3 (July 1997): 71~79.

Sullivan, Patrick F., Kenneth S. Kendler, and Michael C. Neale. "Schizophrenia as a complex trait:

Evidence from a meta-analysis of twin studies." *Archives of General Psychiatry* 60, no. 12 (December 2003): 1187~92.

Summers, Carl R., K. R. White, and M. Summers. "Siblings of children with a disability: A review and analysis of the empirical literature." *Journal of Social Behavior & Personality* 9, no. 5 (1994): 169~84.

Sunday, Suzanne R., and Ethel Tobach, eds. *Violence Against Women: A Critique of the Sociobiology of Rap* e. New York: Gordian Press, 1985.

"Suspended jail term for French mother who killed autistic son." *BBC Monitoring International Reports*, March 2, 2001.

Susser, Ezra S., and Shang P. Lin. "Schizophrenia after prenatal exposure to the Dutch Hunger Winter of 1944~1945." *Archives of General Psychiatry* 49, no. 12 (December 1992): 983~88.

Susskind, Yifat. "The murder of Du'a Aswad." *Madre*, May 22, 2007.

Sutter, John David. "Area officials debate term 'schizophrenia..'" *Daily Oklahoman*, October 11, 2006.

Suwaki, Hiroshi, Susumi Fukui, and Kyohei Konuma. "Methamphetamine abuse in Japan." In *Methamphetamine Abuse: Epidemiologic Issues and Implications*, ed. Marissa J. Miller and Nicholas J. Kozel, 84~98. Research Monograph 115. Washington, DC: National Institute on Drug Abuse, 1991.

Swaab, Dick F. "Sexual differentiation of the brain and behavior." *Best Practice & Research Clinical Endocrinology & Metabolism* 21, no. 3 (September 2007): 431~44.

Swados, Elizabeth. "The story of a street person." *New York Times Magazine*, August 18, 1991.

Sweeting, Adam. "In tune with today: Adam Sweeting meets violinist Joshua Bell." *Gramophone*, December 1998.

Swiller, Josh. *The Unheard: A Memoir of Deafness and Africa*. New York: Macmillan, 2007.

Swinyard, Chester A. *Limb Development and Deformity: Problems of Evaluation and Rehabilitation*. Springfield, IL: Charles C. Thomas, 1969.

Swofford, C. D., et al. "Substance use: A powerful predictor of relapse in schizophrenia." *Schizophrenia Research* 20, no. 2 (May 1996): 145~51.

Swoyer, Chris. "The linguistic relativity hypothesis." In *The Stanford Encyclopedia of Philosophy*, ed. Edward N. Zalta. Stanford, CA: Stanford University, 2003.

"Syracuse: Woman who killed autistic son is freed." *New York Times*, May 12, 2005.

Szapocznik, José, et al. "Structural family versus psychodynamic child therapy for problematic Hispanic boys." *Journal of Consulting & Clinical Psychology* 57, no. 5 (October 1989): 571~78.

Szasz, Thomas Stephen. *The Myth of Mental Illness: Foundations of a Theory of Personal Conduct*. New York: Harper & Row, 1974.

_____. *Insanity: The Idea and Its Consequences*. New York: Wiley, 1987.

Szatmari, Peter. *A Mind Apart: Understanding Children with Autism and Asperger Syndrome*. New York: Guilford Press, 2004.

Szigeti, Joseph. *Szigeti on the Violin*. New York: Dover, 1979.

Taanila, Anja, Jorma Kokkonen, and Marjo-Riitta Jarvelin. "The long term effects of children's early onset disability on marital relationships." *Developmental Medicine & Child Neurol-*

ogy 38, no. 7 (July 1996): 567~77.

Taanila, Anja, et al. "Coping of parents with physically and/or intellectually disabled children." *Child: Care, Health & Development* 28, no. 1 (January 2002): 73~86.

Tabatabainia, Mohammad Mehdi. "Listening to families' views regarding institutionalization and deinstitutionalization." *Journal of Intellectual & Developmental Disability* 28, no. 3 (September 2003): 241~59.

Tackett, Patricia, Nancy Kerr, and Gerald Helmstadter. "Stresses as perceived by children with physical disabilities and their mothers." *Journal of Rehabilitation* 56, no. 3 (July~September 1990): 30~34.

Tager-Flusberg, Helen. *Neurodevelopmental Disorders.* Cambridge, MA: MIT Press, 1999.

Tai, Sara, and Douglas Turkington. "The evolution of cognitive behavior therapy for schizophrenia: Current practice and recent developments." *Schizophrenia Bulletin* 35, no. 5 (September 2009): 865~73.

Takeuchi, Annie H., and Stewart H. Hulse. "Absolute pitch." *Psychological Bulletin* 113, no. 2 (1993): 345~61.

Talents That Inspire. Video documentary. Wilmette, IL: National Association for Down Syndrome, 2003.

Tammet, Daniel. *Born on a Blue Day: Inside the Extraordinary Mind of an Autistic Savant.* New York: Free Press, 2007.

Tanner, Lindsey. "Physicians could make the perfect imperfect baby." *Los Angeles Times*, December 31, 2006.

Tarín, Juan J., Toshio Hamatani, and Antonio Cano. "Acute stress may induce ovulation in women." *Reproductive Biology & Endocrinology* 8 (May 26, 2010): 53.

Tarkan, Laurie. "New study implicates environmental factors in autism." *New York Times*, July 4, 2011.

Taylor, Louise. "'We'll kill you if you cry': Sexual violence in the Sierra Leone conflict." New York: Human Rights Watch, 2003.

Taylor, Steven, et al. "Permanency planning for children and youth: Out-of-home placement decisions." *Exceptional Children* 55, no. 6 (April 1989): 541~49.

Taylor, William, and Clive Jones. "William Hay, M.P. for Seaford (1695~1755)." *Parliamentary History* 29, suppl. s1 (October 2010): lxi~lxxxvii.

Teichroeb, Ruth. "As allegations fly, School for Deaf finds itself at crossroads." *Seattle Post-Intelligencer*, April 26, 2001.

Tekin, Mustafa. "Genomic architecture of deafness in Turkey reflects its rich past." *International Journal of Modern Anthropology* (2009): 39~51.

Tekin, Mustafa, Kathleen S. Arnos, and Arti Pandya. "Advances in hereditary deafness." *Lancet* 358 (September 29, 2001): 1082~90.

Temple Grandin. Feature film. Santa Monica, CA: HBO Films, 2010.

Temple-Raston, Dina. *Justice on the Grass.* New York: Free Press, 2005.

Templeton, Sarah-Kate. "Deaf ask for right to have deaf children." *Sunday Times*, December 23, 2007.

Tennyson, Alfred. *The Complete Works of Alfred Lord Tennyson.* London: Frederick Stokes, 1891.

Teplin, Linda A., et al. "Psychiatric disorders in youth in juvenile detention." *Archives of General*

Psychiatry 59, no. 12 (2002): 1133~43.

Tereszcuk, Alexis. "The little couple slam dwarf tossing." *Radar Online*, March 20, 2012.

Terkelsen, Kenneth G. "Schizophrenia and the family: II. Adverse effects of family therapy." *Family Process* 22, no. 2 (June 1983): 191~200.

Terman, Lewis M. "A new approach to the study of genius." *Psychological Review* 29, no. 4 (1922): 310~18.

_____. *Genetic Studies of Genius.* Vol. 1. *Mental and Physical Traits of a Thousand Gifted Children.* Stanford, CA: Stanford University Press, 1926.

_____. *The Gifted Group at Mid-Life: Thirty-Five Years Follow-Up of the Superior Child.* Stanford, CA: Stanford University Press, 1959.

Tevenal, Stephanie, and Miako Villanueva. "Are you getting the message? The effects of SimCom on the message received by deaf, hard of hearing, and hearing students." *Sign Language Studies* 9, no. 3 (Spring 2009): 266~86.

Tharinger, Deborah, Connie Burrows Horton, and Susan Millea. "Sexual abuse and exploitation of children and adults with mental retardation and other handicaps." *Child Abuse & Neglect* 14, no. 3 (1990): 301~12.

"Therapy to change 'feminine' boy created a troubled man, family says." Television news report. Scott Bronstein and Jessi Joseph, correspondents. Cable News Network, June 8, 2011.

Thompson, Sue, Tom Shakespeare, and Michael J. Wright. "Medical and social aspects of the life course for adults with a skeletal dysplasia: A review of current knowledge." *Disability & Rehabilitation* 30, no. 1 (January 2008): 1~12.

Thomson, Rosemarie Garland. *Extraordinary Bodies: Figuring Physical Disability in American Culture and Literature.* New York: Columbia University Press, 1997.

Thomson, Virgil. "Greatest music teacher, at 75." *Music Educators Journal,* September/October 1962.

Thornberry, Terence P. *Violent Families and Youth Violence.* Fact Sheet 21. Washington, DC: US Department of Justice, Office of Justice Programs, Office of Juvenile Justice and Delinquency Prevention, 1994.

Thorne-Finch, Ron. *Ending the Silence: The Origins and Treatment of Male Violence Against Women.* Toronto: University of Toronto Press, 1992.

Thornhill, Randy, and Craig T. Palmer. *A Natural History of Rape: Biological Bases of Sexual Coercion.* Cambridge, MA: MIT Press, 2000.

Thrasher, Steven. "Camila Guzman, transgender murder victim, remembered in East Harlem vigil." *Village Voice*, August 12, 2011.

Through Deaf Eyes. Documentary film. Directed by Lawrence Hott and Diane Garey. Washington, DC: WETA-TV/Florentine Films/Hott Productions in association with Gallaudet University, 2007.

Tinbergen, Elisabeth A., and Nikolaas Tinbergen. "Early childhood autism: An ethological approach." *Advances in Ethology, Journal of Comparative Ethology*, suppl. no. 10 (1972): 1~53.

Tjaden, Patricia, and Nancy Thoennes. *Full Report of the Prevalence, Incidence, and Consequences of Violence Against Women: Findings from the National Violence Against Women Survey.* Report NCJ 183781. Washington, DC: National Institute of Justice, 2000.

_____. *Extent, Nature, and Consequences of Rape Victimization: Findings from the National Violence Against Women Survey.* National Institute of Justice Report NCJ 210346. Washington, DC: US Department of Justice, Office of Justice Programs, 2006.

Tolan, Patrick, ed. *Multi-Systemic Structural-Strategic Interventions for Child and Adolescent Behavior Problems.* New York: Haworth, 1990.

Tolan, Patrick, et al. "Family therapy with delinquents: A critical review of the literature." *Family Processes* 25, no. 4 (December 1986): 619~50.

Tolan, Patrick, and Peter Thomas. "The implications of age of onset for delinquency risk II: Longitudinal data." *Journal of Abnormal Child Psychology* 23, no. 2 (April 1995): 157~81.

Tolstoy, Leo. *Anna Karenina.* Trans. Constance Garnett. New York: Spark Educational Publishing, 2004.

Tomanik, Stacey, Gerald E. Harris, and Jacqueline Hawkins. "The relationship between behaviours exhibited by children with autism and maternal stress." *Journal of Intellectual & Developmental Disability* 29, no. 1 (March 2004): 16~26.

Tomaselli, Sylvana, and Roy Porter, eds. *Rape: An Historical and Cultural Enquiry.* Oxford, UK: Blackwell, 1986.

Tommasini, Anthony. "A showman revs up the classical genre." *New York Times*, November 10, 2003.

_____. "Bell, in homage to Mozart, plays a subtle Tchaikovsky." *New York Times*, August 18, 2005.

_____. "Views back (and forward) on an outdoor stage." *New York Times*, July 17, 2008.

Toppo, Greg. "10 years later, the real story behind Columbine." *USA Today*, April 14, 2009.

Torfs, Claudine P., and Roberta E. Christianson. "Anomalies in Down syndrome individuals in a large population-based registry." *American Journal of Medical Genetics* 77, no. 5 (June 1998): 431~38.

Torgovnik, Johnathan. *Intended Consequences: Rwandan Children Born of Rape.* New York: Aperture, 2009.

Torrance, Ellis Paul. *Education and the Creative Potential.* Minneapolis: University of Minnesota Press, 1962.

Torrey, E. Fuller. *The Death of Psychiatry.* Radnor, PA: Chilton, 1974.

_____. *Nowhere to Go: The Tragic Odyssey of the Homeless Mentally Ill.* New York: Harper and Row, 1988.

_____. *Out of the Shadows: Confronting America's Mental Illness Crisis.* New York: Wiley, 1997.

_____. *Surviving Schizophrenia: A Manual for Families, Patients and Providers.* 5th ed. New York: HarperCollins, 2006.

Torrey, E. Fuller, et al. *Criminalizing the Seriously Mentally Ill: The Abuse of Jails as Mental Hospitals.* Joint report of the National Alliance for the Mentally Ill and Public Citizen's Health Research Group. Arlington, VA: National Alliance for the Mentally Ill, 1992.

_____. "Paternal age as a risk factor for schizophrenia: How important is it." *Schizophrenia Research* 114, nos. 1~3 (October 2009): 1~5.

Townsend, Aloen, et al. "Longitudinal impact of interhousehold caregiving on adult children's mental health." *Psychology & Aging* 4, no. 4 (December 1989): 393~401.

Toyota Motor Manufacturing v. Williams. 534 US 184 (2002).

Tracey, Patrick Austin. *Stalking Irish Madness: Searching for the Roots of My Family's Schizophrenia.* New York: Bantam Dell, 2008.

Transamerica. Feature film. Directed by Duncan Tucker. Performances by Felicity Huffman, Kevin Zegers. New York: Weinstein Company/Belladonna Productions, 2006.

"Transgender children face unique challenges." Television news report. Produced by Joneil Adriano. Barbara Walters, correspondent. *20/20*, ABC News, April 27, 2007.

"Transgender person slain in northeast." Television news report. Pat Collins, correspondent. NBC Washington, July 21, 2011.

Travis, Cheryl Brown, ed. *Evolution, Gender and Rape.* Cambridge, MA: MIT Press, 2003.

Travis, John. "Genes of silence: Scientists track down a slew of mutated genes that cause deafness." *Science News*, January 17, 1998.

"Treating 'first-episode' schizophrenia." *Harvard Mental Health Letter* 25, no. 5 (November 2008): 1~3.

"Treatment keeps girl child-sized." Television news report. BBC News, January 4, 2007.

"Treatment not jail: A plan to rebuild community mental health." *Sacramento Bee*, March 17, 1999.

Treesberg, Judith. "Conspiracy of silence? The death of a 'strong deaf..'" *Nation* 252, no. 5 (February 11, 1991): 155.

Treffert, Darold A. "The savant syndrome: An extraordinary condition." *Philosophical Transactions of the Royal Society*, pt. B 364, no. 1522 (May 2009): 1351~57.

Tregaskis, Claire. *Constructions of Disability: Researching the Interface Between Disabled and Non-Disabled People.* New York: Routledge, 2004.

Tremain, Shelley. *Foucault and the Government of Disability.* Ann Arbor: University of Michigan Press, 2005.

Trent, James W., Jr. *Inventing the Feeble Mind: A History of Mental Retardation in the United States.* Berkeley: University of California Press, 1995.

Tretter, Anne E., et al. "Antenatal diagnosis of lethal skeletal dysplasias." *American Journal of Medical Genetic* s 75, no. 5 (December 1998): 518~22.

Tringo, John L. "The hierarchy of preference toward disability groups." *Journal of Special Education* 4, no. 3 (Summer~Fall 1970): 295~306.

Trivers, Robert. *Social Evolution.* Menlo Park, CA: Benjamin/Cummings Publishing Company, 1985.

Trotter, Tracy L., Judith G. Hall, and the American Academy of Pediatrics Committee on Genetics. "Health supervision for children with achondroplasia." *Pediatrics* 116, no. 3 (2005): 771~83.

Truman, Jennifer L. *Criminal Victimization, 2010.* Bureau of Justice Statistics Special Report NCJ 235508. Washington, DC: US Department of Justice, Bureau of Justice Statistics, 2011.

Trumball, Robert. "Dacca raising the status of women while aiding rape victims." *New York Times*, May 12, 1972.

Tsai, Luke. "Comorbid psychiatric disorders of autistic disorder." *Journal of Autism & Developmental Disorders* 26, no. 2 (April 1996): 159~63.

Tsiouris, John A., et al. "Treatment of previously undiagnosed psychiatric disorders in persons with developmental disabilities decreased or eliminated self-injurious behavior." *Journal of Clinical Psychiatry* 64, no. 9 (September 2003): 1081~90.

———. "Symptoms of depression and challenging behaviours in people with intellectual disability: A Bayesian analysis." *Family Relations* 29, no. 1 (March 2004): 65~69.

Tsouderos, Trine. "'Miracle drug' called junk science." *Chicago Tribune*, May 21, 2009.

Tucker, Bonnie Poitras. "Deaf culture, cochlear implants, and elective disability." *Hastings Center Report* 28, no. 4 (July 1, 1998): 6~14.

Turkel, Henry. "Medical amelioration of Down's syndrome incorporating the orthomolecular approach." *Journal of Orthomolecular Psychiatry* 4, no. 2 (2nd quarter 1975): 102~15.

Turnbull, Ann P., Joan M. Patterson, and Shirley K. Behr, eds. *Cognitive Coping, Families, and Disability.* Baltimore: Paul H. Brookes, 1993.

Turnbull, H. Rutherford, III, Doug Guess, and Ann P. Turnbull. "Vox populi and Baby Doe." *Mental Retardation* 26, no. 3 (June 1988): 127~32.

Turner, David M., and Kevin Stagg, eds. *Social Histories of Disability and Deformity: Bodies, Images and Experiences.* London and New York: Routledge, 2006.

Turpin v. Sortini, 31. Cal.3d 220, 643 P.2d 954 (California, 1982).

"Two families grapple with sons' gender preferences: Psychologists take radically different approaches in therapy." Radio broadcast. Alix Spiegel, correspondent. *All Things Considered*, National Public Radio, May 7, 2008.

Tyre, Peg. "Another broken barrier: For intellectually disabled kids, college has finally become an option." *Newsweek*, April 13, 2006.

Tyson, Ann Scott. "Reported cases of sexual assault in military increase." *Washington Post*, May 7, 2005.

Uddin, Lucina Q., et al. "Neural basis of self and other representation in autism: An fMRI study of self-face recognition." *PLoS ONE* 3, no. 10 (2008): E3526.

Uhlberg, Myron. *Hands of My Father: A Hearing Boy, His Deaf Parents, and the Language of Love.* New York: Bantam, 2009.

UK Health Protection Agency. "Measles notifications and deaths in England and Wales, 1940~2008." London: Health Protection Agency, 2010.

UK Parliament. "Human Fertilisation and Embryology Act 2008." Enacted November 13, 2008.

"U.N. event focuses on autism." Television news report. Christiane Amanpour, correspondent. Cable News Network, October 1, 2008.

Unforgotten: Twenty-Five Years After Willowbrook. Documentary film. Directed by Danny Fisher. Includes "Willowbrook: The last great disgrace." documentary film by Geraldo Rivera for ABC News (1972). New York: City Lights Pictures, 2008.

UNICEF Innocenti Research Centre. *Birth Registration and Armed Conflict.* Siena: Innocenti Research Centre, 2007.

United Nations Human Rights Committee. *Views of the Human Rights Committee Under Article 5, Paragraph 4, of the Optional Protocol to the International Covenant on Civil and Political Rights, Seventy-Fifth Session, Communication No. 854/1999, Submitted by Manuel Wackenheim.* Geneva: United Nations Human Rights Committee, July 15, 2002.

United Nations Office for the Coordination of Humanitarian Affairs. "Our bodies, their battleground: Gender-based violence in conflict zones." *IRIN News*, September 1, 2004.

University College of London. "First baby tested for breast cancer form BRCA1 before conception born in U.K." Press release, January 9, 2009.

University of California, Los Angeles. "Drug reverses mental retardation in mice." Press release. Los Angeles: University of California Health Sciences Center, June 20, 2008.

University of Miami School of Medicine. "Costs associated with cochlear implants." Miami: University of Miami, 2009.

University of Toronto Faculty of Law Human Rights Program. "Brazil: Country report for use in refugee claims based on persecution relating to sexual orientation and gender identity." Toronto: University of Toronto Faculty of Law Human Rights Program, 2010.

Unruh, John. *Down Syndrome: Successful Parenting of Children with Down Syndrome.* Eugene, OR: Fern Ridge Press, 1994.

US Bureau of the Census. "About the ACS: What is the survey." American Community Survey (ACS). Washington, DC: US Department of Commerce, Economics and Statistics Administration, Bureau of the Census, 2001.

US Congress. Americans with Disabilities Act (42 USC § 12101).

_____. House Committee on Education and the Workforce. Subcommittee on Education Reform. *Individuals with Disabilities Education Act (IDEA): Guide to Frequently Asked Questions.* Washington, DC: US Government Printing Office, February 2005.

US Department of Energy. Office of Science, Office of Biological and Environmental Research, Human Genome Program. *Gene Testing.* Human Genome Project Information. Oak Ridge, TN: Oak Ridge National Laboratory, 2008.

_____. House Committee on Government Reform. *Autism: Present Challenges, Future Needs: Why the Increased Rates?* Hearing before the Committee on Government Reform, April 6, 2000. Washington, DC: US Government Printing Office, 2001.

_____. House Committee on Government Reform. *Autism: Why the Increased Rates? A One-Year Update.* Hearing before the Committee on Government Reform, April 25~26, 2001. Washington, DC: US Government Printing Office, 2001.

_____. House Committee on Government Reform. *The Autism Epidemic: Is the NIH and CDC Response Adequate?* Hearing before the Committee on Government Reform, April 18, 2002. Washington, DC: US Government Printing Office, 2002.

_____. House Committee on Government Reform. Subcommittee on Human Rights and Wellness. *Autism Spectrum Disorders: An Update of Federal Government Initiatives and Revolutionary New Treatment of Neurodevelopmental Diseases.* Hearing before the Subcommittee on Human Rights and Wellness of the Committee on Government Reform, May 6, 2004. Washington, DC: US Government Printing Office, 2004.

_____. House Committee on Government Reform. Subcommittee on Human Rights and Wellness. *Truth Revealed: New Scientific Discoveries Regarding Mercury in Medicine and Autism.* Hearing before the Subcommittee on Human Rights and Wellness of the Committee on Government Reform, September 8, 2004. Washington, DC: US Government Printing Office, 2004.

_____. House Committee on Government Reform. Subcommittee on Human Rights and Wellness. *Special Education: Children with Autism.* Report GAO-05-220. Washington, DC: United States Government Accountability Office, January 2005.

_____. Office of Science, Office of Biological and Environmental Research, Human Genome

Program. *Genetics Privacy and Legislation.* Human Genome Project Information. Oak
Ridge, TN: Oak Ridge National Laboratory, 2008

_____. Senate Committee on the Judiciary. *Drugs in Institutions.* Hearings Before the Subcom-
mittee to Investigate Juvenile Delinquency of the Committee on the Judiciary, July 31 and
August 18, 1975. Washington, DC: US Government Printing Office, 1977.

_____. US Rehabilitation Act of 1973 (29 USC § 701).

US Department of Health and Human Services, Agency for Healthcare Research and Quality.
Preventing Violence and Related Health-Risking Social Behaviors in Adolescents. National
Institutes of Health State-of-the-Science Conference Statement, October 13~15, 2004.
Rockville, MD: Agency for Healthcare Research and Quality, 2004.

US Department of Health and Human Services, Centers for Disease Control and Prevention.
"Sexual Assault Awareness Month, April 2005." *Morbidity & Mortality Weekly Report* 54,
no. 12 (April 1, 2005): 311.

_____. *Sexual Violence Fact Sheet.* Atlanta, GA: US Centers for Disease Control and Prevention,
2007. http://www.cdc.gov/ncipc/pub-res/images/SV%20Factsheet.pdf.

_____. "Prevalence of autism spectrum disorders: Autism and Developmental Disabilities Moni-
toring Network, United States, 2006." *Morbidity & Mortality Weekly Report* 58, no. SS-10
(December 18, 2009): 1~28.

_____. "Down syndrome cases at birth increased." Atlanta, GA: US Centers for Disease Control
and Prevention, 2009.

_____. *Suicide: Facts at a Glance.* Atlanta, GA: US Centers for Disease Control and Prevention,
2009.

US Department of Health and Human Services, National Institute of Mental Health. *Schizophre-
nia.* NIH Publication No. 06-3517. Washington, DC: National Institute of Mental Health,
2007.

US Department of Health and Human Services, National Institute of Neurological Disorders and
Stroke. *Meningitis and Encephalitis Fact Sheet.* NIH Publication No. 04-4840. Bethesda,
MD: National Institute of Neurological Disorders and Stroke, April 2004.

_____. *Autism Fact Sheet.* NIH Publication No. 09-1877. Bethesda, MD: National Institute of
Neurological Disorders and Stroke, April 2009.

US Department of Health and Human Services, National Institute on Deafness and Other Com-
munication Disorders. *Cochlear Implants.* NIH Publication No. 09-4798. Bethesda, MD:
National Institute on Deafness and Other Communication Disorders, April 2008; updated
August 2009.

_____. *Newborn Hearing Screening.* Washington, DC: National Institutes of Health, 2010.

_____. "Quick statistics." Bethesda, MD: National Institute on Deafness and Other Communica-
tion Disorders, 2010.

US Department of Health and Human Services, Office of the Surgeon General. *Youth Violence: A
Report of the Surgeon General.* Washington, DC: Office of the Surgeon General, 2001.

US Department of Health and Human Services, Substance Abuse and Mental Health Services
Administration. *Drug and Alcohol Treatment in Juvenile Correctional Facilities: The DA-
SIS Report.* Rockville, MD: Substance Abuse and Mental Health Services Administration,
2002.

_____. *Criminal Victimization 2002.* Bureau of Justice Statistics National Crime Victimization Survey. Publication NCJ 199994. Washington, DC: Government Printing Office, 2003.

_____. "Rape trends." Washington, DC: US Department of Justice, September 10, 2006.

_____. *Results from the 2008 National Survey on Drug Use and Health: National Findings.* Rockville, MD: Substance Abuse and Mental Health Services Administration, 2008.

Vadasy, Patricia F., et al. "Siblings of handicapped children: A developmental perspective on family interactions." *Family Relations* 33, no. 1 (January 1984): 155~67.

Valenstein, Elliot S. *Great and Desperate Cures: The Rise and Decline of Psychosurgery and Other Radical Treatments for Mental Illness.* Basic Books, 1986.

Valenstein, Marcia et al. "Poor antipsychotic adherence among patients with schizophrenia: Medication and patient factors." *Schizophrenia Bulletin* 30, no. 2 (2004): 255~64.

Valenzano, Joseph M., et al. "When the slippery slope becomes a mudslide: EP states its position on 'Ashley's Treatment,' The Groningen Protocol, and the Swiss assisted suicide issue." *EP Magazine*, March 2007.

Van, John. "Little people veto a miniaturized village." *Chicago Tribune*, June 16, 1989.

Van Buren, Abigail. "A fable for parents of a disabled child." *Chicago Tribune*, November 5, 1989.

Vandenburg, Martina, and Kelly Askin. "Chechnya: Another battleground for the perpetration of gender based crimes." *Human Rights Review* 2, no. 3 (April 2001): 140~49.

Vanderkam, Laura. "A civil abortion debate." *USA Today*, November 7, 2006.

Van Dyke, Don C., et al., eds. *Medical and Surgical Care for Children with Down Syndrome: A Guide for Parents.* Bethesda, MD: Woodbine House, 1995.

Vanelli, Mark, Philip Burstein, and Joyce Kramer. "Refill patterns of atypical and conventional antipsychotic medications at a national retail pharmacy chain." *Psychiatric Services* 52, no. 9 (September 2001): 1248~50.

Van Etten, Angela Muir. *Dwarfs Don't Live in Doll Houses.* Rochester, NY: Adaptive Living, 1988.

_____. "Dwarf tossing and exploitation." *Huffington Post*, October 19, 2011.

van Gulden, Holly. "Talking with children about difficult history." Oakland, CA: Pact, An Adoption Alliance, 1998.

van Os, Jim, and Jean-Paul Selten. "Prenatal exposure to maternal stress and subsequent schizophrenia: The May 1940 invasion of The Netherlands." *British Journal of Psychiatry* 172, no. 4 (April 1998): 324~26.

Vargas Barreto, Bernardo, et al. "Complications of Ilizarov leg lengthening: A comparative study between patients with leg length discrepancy and short stature." *International Orthopaedics* 31, no. 5 (October 2007): 587~91.

Vaughan, A. Elaine. "The association between offender socioeconomic status and victim-offender relationship in rape offenses." *Psychology, Evolution & Gender* 3, no. 2 (August 2001): 121~36.

Vaughan, Kevin. "Questions for killers' families: In suit, Rohrboughs seeking to interview Harrises, Klebolds." *Denver Rocky Mountain News*, October 12, 2004.

Vaughan, Kevin, and Jeff Kass. "Columbine cover-up alleged: Released reports conclude officials hid damaging evidence." *Denver Rocky Mountain News*, September 16, 2004.

Vaughan, Susan C. *Half Empty, Half Full: How to Take Control and Live Life as an Optimist.* New

York: Harcourt Brace, 2000.

Venter, Craig, and Daniel Cohen. "Genome research: Out of the frying pan or into the fire." *Los Angeles Times*, June 26, 2000.

Verhovek, Sam Howe. "Parents defend decision to keep disabled girl small." *Los Angeles Times*, January 3, 2007.

Vernon, McCay. "The horror of being Deaf and in prison." *American Annals of the Deaf* 155, no. 3 (Summer 2010): 311~21.

Vernon, McKay, and Katrina Miller. "Obstacles faced by deaf people in the criminal justice system." *American Annals of the Deaf* 150, no. 3 (Summer 2005): 283~91.

Verrengia, Joseph B. "Scientists find prehistoric dwarf skeleton." Associated Press, October 27, 2004.

Verstraeten, Thomas, et al. "Safety of thimerosal-containing vaccines: A two-phased study of computerized health maintenance organization databases." *Pediatrics* 112, no. 5 (November 2003): 1039~48.

Vickrey Van Cleve, John, ed. *Deaf History Unveiled: Interpretations from the New Scholarship.* Washington, DC: Gallaudet University Press, 1999.

_____. *Genetics, Disability, and Deafness.* Washington, DC: Gallaudet University Press, 2004.

_____. *The Deaf History Reader.* Washington, DC: Gallaudet University Press, 2007.

Vickrey Van Cleve, John, and Barry A. Crouch. *A Place of Their Own: Creating a Deaf Community in America.* Washington, DC: Gallaudet University Press, 1989.

Vidal, Gore. *Matters of Fact and Fiction.* London: Heinemann, 1977.

Virginia Fusion Center. *Bloods Street Gang Intelligence Report.* Richmond, VA: Commonwealth of Virginia Department of State Police, November 2008.

Vitruvius. *The Ten Books on Architecture (De Architectura).* New York: Dover, 1960.

Volkmar, Fred R., ed. *Autism and Pervasive Developmental Disorders.* Cambridge, UK, and New York: Cambridge University Press, 2007.

Vollmann, William T. *Poor People.* New York: Ecco, 2007.

Vollum, Scott, and Dennis R. Longmire. "Covictims of capital murder: Statements of victims' family members and friends made at the time of execution." *Violence & Victims* 22, no. 5 (October 2007): 601~19.

Volta, Alessandro. "On the electricity excited by the mere contact of conducting substances of different kinds." *Philosophical Transactions of the Royal Society* 90 (1800): 403~31.

von Rhein, John. "Bend the rules, but don't break the bond." *Chicago Tribune*, August 18, 2002.

Vrana, Debora. "Prodigies and the push to excel." *Los Angeles Times*, September 30, 2006.

Vygotsky, L. S. *Thought and Language.* Cambridge, MA: MIT Press, 1962.

Wada, Karen. "A hand fate dealt him." *Los Angeles Times*, February 18, 2007.

Wade, Nicholas. "A genomic treasure hunt may be striking gold." *New York Times*, June 18, 2002.

_____. "Gene-mappers take new aim at diseases." *New York Times*, October 30, 2002.

Wadler, Joyce. "The lady regrets." *New York Times*, February 1, 2007.

Wagner, Pamela Spiro, and Carolyn S. Spiro. *Divided Minds: Twin Sisters and Their Journey Through Schizophrenia.* New York: St. Martin's, 2005.

Wahl, Otto F. *Media Madness: Public Images of Mental Illness.* New Brunswick, NJ: Rutgers University Press, 1995.

Wahlberg, Karl-Erik, et al. "Gene-environment interaction in vulnerability to schizophrenia: Findings from the Finnish Adoptive Family Study of Schizophrenia." *American Journal of Psychiatry* 154, no. 3 (March 1997): 355~62.

Wakefield, Andrew J., et al. "Ileal-lymphoid-nodular hyperplasia, non-specific colitis, and pervasive developmental disorder in children." *Lancet* 351, no. 9103 (February 28, 1998): 637~41.

Wakefield, Georgina. "My son is no 'nutter.." *Community Care* 1643 (October 5~11, 2006): 24.

Wakefield, Jerome C. "Disorder as harmful dysfunction: A conceptual critique of DSM-III-R's definition of mental disorder." *Psychological Review* 99, no. 2 (1991): 232~47.

Wakin, Daniel J. "Burned out at 14, Israeli concert pianist is back where he 'really belongs.." *New York Times*, November 2, 2007.

Walker, Elaine, et al. "Schizophrenia: Etiology and course." *Annual Review of Psychology* 55 (February 2004): 401~30.

Walker, Elaine, Vijay Mittal, and Kevin Tessner. "Stress and the hypothalamic pituitary adrenal axis in the developmental course of schizophrenia." *Annual Review of Clinical Psychology* 4 (January 2008): 189~216.

Walker, Lou Ann. "Losing the language of silence." *New York Magazine*, January 13, 2008.

Walker, Matt. "Insult to injury." *New Scientist* 170, no. 2296 (June 23, 2001): 10.

Wallace, Cameron, et al. "Serious criminal offending and mental disorder: Case linkage study." *British Journal of Psychiatry* 172, no. 6 (June 1998): 477~84.

Wallace, Marjorie. "Hope for the shadow children." *London Times Sunday Magazine*, March 13, 1988.

Wallander, Jan L., Lisa C. Pitt, and Claude A. Mellins. "Child functional independence and maternal psychosocial stress as risk factors threatening adaptation in mothers of physically or sensorially handicapped children." *Journal of Consulting & Clinical Psychology* 58, no. 6 (December 1990): 818~24.

Wallis, Claudia. "The new science of happiness." *Time*, January 17, 2005.

_____. "Inside the autistic mind." *Newsweek*, May 15, 2006.

_____. "A powerful identity, a vanishing diagnosis." *New York Times*, November 2, 2009.

Walsh, Maryellen. *Schizophrenia: Straight Talk for Family and Friends.* New York: Quill/William Morrow, 1985.

Walsh, Michael, and Elizabeth Rudulph. "Evgeni Kissin, new kid." *Time*, October 29, 1990.

Walter, Natasha. "Terror at Dol Dol. For 20 years, say the residents of a town in Kenya, soldiers from the nearby British army camp have been systematically raping its women. Now they're not going to take it anymore." *Guardian*, May 23, 2003.

Waltzman, Susan B., et al. "Open-set speech perception in congenitally deaf children using cochlear implants." *American Journal of Otology* 18, no. 3 (1997): 342~49.

Wang, Shirley S. "NYU bows to critics and pulls ransom-note ads." *Wall Street Journal Health Blog*, December 19, 2007.

Warfield, Marji Erickson, et al. "Adaptation during early childhood among mothers of children with disabilities." *Journal of Developmental & Behavioral Pediatrics* 20, no. 1 (February 1999): 9~16.

Warman, Debbie M., and Aaron T. Beck. "Cognitive behavioral therapy." Arlington, VA: National

Alliance on Mental Illness, 2003.

Warner, Judith. "The Columbine syndrome." *New York Times*, August 4, 2007.

Warner, Michael. *The Trouble with Normal: Sex, Politics, and the Ethics of Queer Life.* New York: Free Press, 1999.

Warner, Richard. *The Environment of Schizophrenia: Innovations in Practice, Policy, and Communications.* London and Philadelphia: Brunner-Routledge, 2000.

Wasserman, Robert, Jr. "Oh my aching back." Los Angeles: Short Stature Clinic, Harbor-UCLA Medical Center, no date.

Wassink, Thomas H., et al. "Evaluation of FOXP2 as an autism susceptibility gene." *American Journal of Medical Genetics* 114, no. 5 (July 2002): 566~69.

Wax, Emily. "Rwandans are struggling to love children of hate." *Washington Post*, March 28, 2004.

Weathers, Helen. "A British tycoon and father of two has been a man and a woman . . . and a man again . . . and knows which sex he'd rather be." *Daily Mail Online*, January 4, 2009.

Weathers, Robert R., II. "A guide to disability statistics from the American Community Survey." Ithaca, NY: Employment and Disability Institute, Cornell University, May 2005.

Weaver, David D. *Catalog of Prenatally Diagnosed Conditions.* Baltimore: Johns Hopkins University Press, 1989.

Webb, James T., Elizabeth A. Meckstroth, and Stephanie S. Tolan. *Guiding the Gifted Child: A Practical Source for Parents and Teachers.* Scottsdale, AZ: Gifted Psychology Press, 1994.

Weber, Wim. "France's highest court recognizes 'the right not to be born..'" *Lancet* 358, no. 9297 (December 8, 2001): 1972.

Websdale, Neil. *Rural Women Battering and the Justice System: An Ethnography.* Thousand Oaks, CA: Sage Publications, 1998.

Wechsler, James Arthur, Nancy F. Wechsler, and Holly W. Karpf. *In a Darkness.* New York: Irvington, 1983.

Wehmeyer, Michael L., and James R. Patton, eds. *Mental Retardation in the 21st Century.* Austin, TX: Pro-Ed, 2000.

Weicker, Lowell, and Camille Weicker. "A Senate family wages its toughest campaign with Down's syndrome." *People*, December 1, 1980.

Weijers, Ido, and Antony Duff, eds. *Punishing Juveniles: Principle and Critique.* Portland, OR: Hart, 2002.

Weil, Elizabeth. "A wrongful birth." *New York Times*, March 12, 2006.

———. "What if it's (sort) a boy and (sort of) a girl." *New York Times*, September 24, 2006.

Weinberg, Martin S. "The problems of midgets and dwarfs and organizational remedies: A study of the Little People of America." *Journal of Health & Social Behavior* 9, no. 1 (March 1968): 65~71.

Weinberger, Daniel R. "A brain too young for good judgment." *New York Times*, March 10, 2001.

Weinreich, Susan. "Reflections on a childhood before the onset of schizophrenia." *Mental Health News*, Fall 2005.

Weintraub, Kit. "A mother's perspective." Crosswicks, NJ: Association for Science in Autism Treatment, 2007.

Weiss, Jonathan, et al. "Parent stress and adaptive functioning of individuals with developmental disabilities." *Journal on Developmental Disabilities* 10, no. 1 (2003): 129~35.

Weiss, Meira. *Conditional Love: Parents' Attitudes Toward Handicapped Children.* Westport, CT: Bergin & Garvey, 1994.

Weisz, Victoria, and Alan J. Tomkins. "The right to a family environment for children with disabilities." *American Psychologist* 51, no. 12 (December 1996): 1239~1245.

Welborn, Larry. "Mom who drugged son gets deal: She pleads guilty to child endangerment for giving boy pills during suicide try." *Orange County Register*, May 24, 2003.

Welch, Killian A., et al. "The impact of substance use on brain structure in people at high risk of developing schizophrenia." *Schizophrenia Bulletin* 37, no. 5 (September 2011): 1066~76.

Welles, Elizabeth B. "Foreign language enrollments in United States institutions of higher education, Fall 2002." *Profession* (2004): 128~53.

Wendell, S. *The Rejected Body: Feminist Perspectives on Disability.* New York: Routledge, 1996.

Werker, Janet F. "Becoming a native listener." *American Scientist* 77, no. 1 (January~February 1989): 54~59.

_____. "Infant-directed speech supports phonetic category learning in English and Japanese." *Cognition* 103, no. 1 (April 2007): 147~62.

Werker, Janet F., and Richard C. Tees. "Cross-language speech perception: Evidence for perceptual reorganization during the first year of life." *Infant Behavior & Development* 25, no. 1 (January~March 2002): 121~33.

Werner, Emily, and Geraldine Dawson. "Validation of the phenomenon of autistic regression using home videotapes." *Archives of General Psychiatry* 62, no. 8 (August 2005): 889~95.

Werner, Emmy, and Ruth Smith. *Journeys from Childhood to Midlife: Risk, Resilience, and Recovery.* Ithaca, NY: Cornell University Press, 2001.

Wetzler, Cynthia Magriel. "Meeting the challenge of Down syndrome." *New York Times*, August 24, 1997.

Wharton, Edith. *A Backward Glance.* New York: D. Appleton-Century, 1934.

Wheeler, Alexandra, et al. "Cochlear implants: The young people's perspective." *Journal of Deaf Studies & Deaf Education* 12, no. 3 (Summer 2007): 303~16.

Wheeler, John. "Let's Talk About Conquering Deafness. Join the Dialogue: Introduction." Washington, DC: Deafness Research Foundation, 2000.

Wheeler, Patricia G., et al. "Short stature and functional impairment: A systematic review." *Archives of Pediatric & Adolescent Medicine* 158, no. 3 (March 2004): 236~43.

Whitaker, Robert. *Mad in America: Bad Science, Bad Medicine, and the Enduring Mistreatment of the Mentally Ill.* Cambridge, MA: Perseus, 2002.

Whitcher-Gentzke, Ann. "Dalai Lama brings message of compassion to UB." *UB Reporter*, September 21, 2006.

White, Meagan G. "Dubious benefits: Cochlear implants in question." *Stellar Words*, April 30, 2006.

White, Richard. "Mike Tindall gropes blonde." *Sun*, September 15, 2011.

Whorf, Benjamin Lee. *Language, Thought, and Reality: Selected Writings of Benjamin Lee Whorf.* Cambridge, MA: MIT Press, 1956.

Widom, Cathy. *The Cycle of Violence.* National Institute of Justice, Research in Brief, NCJ 136607. Washington, DC: US Department of Justice, Office of Justice Programs, National

Institute of Justice, September 1992.

Widom, Cathy, and Michael G. Maxfield. *An Update on the "Cycle of Violence."* National Institute of Justice, Research in Brief, NCJ 184894. Washington, DC: US Department of Justice, Office of Justice Programs, National Institute of Justice, February 2001.

Wiener, Norbert. *Ex-Prodigy: My Childhood and Youth.* New York: Simon & Schuster, 1953.

_____. *I Am a Mathematician: The Later Life of a Prodigy.* Garden City, NY: Doubleday, 1956.

Wilbur, Richard. *Collected Poems 1943~2004.* Orlando, FL: Harcourt, 2004.

Wilbur, Ronnie B. "What does the study of signed languages tell us about 'language'." *Sign Language & Linguistics* 9, nos. 1~2 (2006): 5~32.

Wilcox, Allen J., et al. "Likelihood of conception with a single act of intercourse: Providing benchmark rates for assessment of post-coital contraceptives." *Contraception* 63, no. 4 (April 2001): 211~15.

Wilfond, Benjamin S., et al. "Navigating growth attenuation in children with profound disabilities: Children's interests, family decision-making, and community concerns." *Hastings Center Report* 40, no. 6 (November~December 2010): 27~40.

Wilkinson, Stephanie. "Drop the Barbie! If you bend gender far enough, does it break." *Brain, Child: The Magazine for Thinking Mothers*, Fall 2001.

Will, George. "Jon Will's aptitudes." *Newsweek*, May 3, 1993.

_____. "Golly, what did Jon do." *Newsweek*, January 29, 2007.

Willard, Tom. "N.Y. Times reports on proposed signing town." *DeafWeekly*, March 23, 2005.

Williams, Charmaine C., and Magnus Mfoafo M'Carthy. "Care: Giving, receiving and meaning in the context of mental illness." *Psychiatry: Interpersonal & Biological Processes* 69, no. 1 (Spring 2006): 26~46.

Williams, Donna. *Nobody Nowhere: The Extraordinary Autobiography of an Autistic.* New York: Times Books, 1992.

_____. *Somebody Somewhere: Breaking Free from the World of Autism.* New York: Times Books, 1994.

Williams, Katie R. "The Son-Rise Program intervention for autism: Prerequisites for evaluation." *Autism* 10, no. 1 (January 2006): 86~102.

Williams, Katie R., and J. G. Wishart. "The Son-Rise Program intervention for autism: An investigation into family experiences." *Journal of Intellectual Disability Research* 47, nos. 4~5 (May~June 2003): 291~99.

Williams, Katrina, et al. "Selective serotonin reuptake inhibitors (SSRIs) for autism spectrum disorders (ASD)." *Evidence-Based Child Health: A Cochrane Review Journal* 6, no. 4 (July 2011): 1044~78.

Williams, Lena. "College for deaf is shut by protest over president." *New York Times*, March 8, 1988.

Willke, John C., and Barbara Willke. *Why Can't We Love Them Both?* Cincinnati: Hayes Publishing, 2000.

Willoughby, Jennifer C., and Laraine Masters Glidden. "Fathers helping out: Shared child care and marital satisfaction of parents of children with disabilities." *American Journal on Mental Retardation* 99, no. 4 (January 1995): 399~406.

Wilson, Judith, et al. "Siblings of children with severe handicaps." *Mental Retardation* 27, no. 3

(June 1989): 167~73.

Wilson, Wendy, and Roxanne Green. "Gone too soon: The Lateisha Green story." *Essence*, August 13, 2009.

Winata, Sunaryana, et al. "Congenital non-syndromal autosomal recessive deafness in Bengkala, an isolated Balinese village." *Journal of Medical Genetics* 32 (1995): 336~43.

Winerip, Michael. "A home for Anthony." *New York Times Magazine*, June 5, 1994.

_____. "Schizophrenia's most zealous foe." *New York Times Magazine*, February 22, 1998.

Winfield, Nicole. "Vatican warns of ethical risks with gene progress." Associated Press, February 17, 2009.

Wing, Lorna. *The Autistic Spectrum: A Guide for Parents and Professionals.* London: Constable, 1996.

Wing, Lorna, Judith Gould, and Christopher Gillberg. "Autism spectrum disorders in the DSM-V: Better or worse than the DSM-IV." *Research in Developmental Disabilities* 32, no. 2 (March~April 2011): 768~73.

Wingerson, Lois. "Gender identity disorder: Has accepted practice caused harm." *Psychiatric Times*, May 19, 2009.

Winner, Don. "Panama's Indian albinos a revered elite." Reuters News Service, March 14, 2006.

Winner, Ellen. *Gifted Children: Myths and Realities.* New York: Basic Books, 1996.

Winnicott, Donald Woods. *Through Paediatrics to Psycho-Analysis.* London: Hogarth Press, 1958, 1975.

_____. *The Child, the Family, and the Outside World.* Reading, MA: Addison-Wesley, 1987.

Winship, Scott. "Mobility impaired." *National Review*, November 14, 2011.

Winterdyk, John A., ed. *Juvenile Justice Systems: International Perspectives.* Toronto: Canadian Scholars' Press, 1997.

Winters, Kelly. "Issues of GID diagnosis for transsexual women and men." San Diego, CA: GID Reform Advocates, September 30, 2007.

Winters, Kelly, and Randall Ehrbar. "Beyond conundrum: Strategies for diagnostic harm reduction." Abstract presented at the American Psychiatric Association Annual Meeting, San Francisco, May 18, 2009. San Diego, CA: GID Reform Advocates, 2009.

Wirt, Gary L. "Institutionalism revisited: Prevalence of the institutionalized person." *Psychiatric Rehabilitation Journal* 22, no. 3 (Winter 1999): 302~4.

Wise, Liz, and Chris Glass. *Working with Hannah: A Special Girl in a Mainstream School.* New York: Routledge/Falmer, 2000.

Wisely, Dale W., Frank T. Masur, and Sam B. Morgan. "Psychological aspects of severe burn injuries in children." *Health Psychology* 2, no. 1 (Winter 1983): 45~72.

Withers, Paul, and Lara Bennett. "Myths and marital discord in a family with a child with profound physical and intellectual disabilities." *British Journal of Learning Disabilities* 31, no. 2 (June 2003): 91~95.

Wittgenstein, Ludwig. *Tractatus Logico-Philosophicus.* Trans. C. K. Ogden. London: Routledge & Kegan Paul, 1922.

Wolf, Ken. "Big world, little people." *Newsday*, April 20, 1989.

Wolff, Konrad. *The Teaching of Artur Schnabel.* New York: Praeger, 1972.

Wolfthal, Diane. *Images of Rape: The "Heroi." Tradition and Its Alternatives.* Cambridge, UK, and New York: Cambridge University Press, 1999.

Wolfson, Jeanie. "Cognitive remediation therapy effective in patients with schizophrenia." *Schizophrenia Daily News Blog*, October 27, 2006.

Wolin, John. "Dwarf like me." *Miami Herald*, January 24, 1993.

Wolin, Steven, and Sybil Wolin. *The Resilient Self: How Survivors of Troubled Families Rise Above Adversity.* New York: Villard Books, 1993.

Woloson, Eliza. *My Friend Isabelle.* Bethesda, MD: Woodbine House, 2003.

"Woman charged with trying to kill son." *Milwaukee Journal Sentinel*, May 14, 1998.

The Woman Who Thinks Like a Cow. Documentary film. Directed by Emma Sutton. Interviews with Temple Grandin, Eustacia Cutler, Chloe Silverman, Douglas Hare, Bernard Rimland, Nancy Minshew, Francesca Happe. *Horizon*, originally broadcast June 8, 2006. London: British Broadcasting Corporation, 2006.

Women for Women International. *Beyond Darfur: War's Impact on Sudanese Women and Their Hopes for a Peaceful Future.* Washington, DC: Women for Women International, 2006.

"Women serve Serbian leader with rape lawsuit." *Off Our Backs*, April 1993.

Wong, Sophia Isako. "At home with Down syndrome and gender." *Hypatia* 17, no. 3 (Summer 2002): 89~119.

Woods, Judith. "I only felt loved when I played well." *Telegraph*, February 21, 2005.

Woods, Scott W., et al., "The case for including Attenuated Psychotic Symptoms Syndrome in DSM-5 as a psychosis risk syndrome." *Schizophrenia Research* 123, nos. 2-3 (November 2010).

Woodward, James. *How You Gonna Get to Heaven If You Can't Talk with Jesus: On Depathologizing Deafness.* Silver Spring, MD: T. J. Publishers, 1982.

Wooldredge, John D. "Differentiating the effects of juvenile court sentences on eliminating recidivism." *Journal of Research in Crime & Delinquenc* y 25, no. 3 (August 1988): 264~300.

Woolf, Virginia. *On Being Ill.* 1930. Reprint, Ashfield, MA: Paris Press, 2002.

Woolfenden, Susan R., Katrina Williams, and Jennifer K. Peat. "Family and parenting interventions for conduct disorder and delinquency: A meta-analysis of randomized controlled trials." *Archives of Disease in Childhood* 86, no. 4 (April 2002): 251~56.

World Professional Association for Transgender Health. *Harry Benjamin International Gender Dysphoria Association's Standards of Care for Gender Identity Disorders.* 6th version . Minneapolis: World Professional Association for Transgender Health, 2001.

Worrell, Frank. C., William E. Cross Jr., and Beverly J. Vandiver. "Nigrescence theory: Current status and challenges for the future." *Journal of Multicultural Counseling & Development* 29, no. 3 (July 2001): 201~13.

Wren, Bernadette. "'I can accept my child is transsexual but if I ever see him in a dress I'll hit him': Dilemmas in parenting a transgendered adolescent." *Clinical Child Psychology & Psychiatry* 7, no. 3 (2002): 377~97.

Wright, David. *Mental Disability in Victorian England: The Earlswood Asylum, 1847~1901.* Oxford, UK, and New York: Oxford University Press, 2001.

Wright, Karen. "Musical ability seems to be 50 percent genetic: Beethovens of the world may have innate advantages like better signaling from inner-ear hair cells." *Discover*, January 2009.

Wrigley, Owen. *The Politics of Deafness*. Washington, DC: Gallaudet University Press, 1996.

Writers Reading at Sweetwaters Anthology. Ann Arbor, MI: Word'n Woman Press, 2007.

Wu, Eric Q., et al. "The economic burden of schizophrenia in the United States in 2002." *Journal of Clinical Psychiatry* 66, no. 9 (September 2005): 1122~29.

Wu, Judy Tzu~Chun. "Hiding the scars: History of breast prostheses after mastectomy since 1945." In *Beauty and Business: Commerce, Gender, and Culture in Modern America*, ed. Philip Scranton, 309~28. New York: Routledge, 2001.

Wyden, Peter. *Conquering Schizophrenia: A Father, His Son, and a Medical Breakthrough.* New York: Alfred A. Knopf, 1998.

Wynn, Jennifer. *Inside Rikers: Stories from the World's Largest Penal Colony.* New York: St. Martin's Press, 2001.

Wynn, Julia, et al. "Mortality in achondroplasia study: A 42-year follow-up." *American Journal of Medical Genetics* 143A, no. 21 (November 2007): 2502~11.

Xiang, Yun, et al. *Do High Flyers Maintain Their Altitude? Performance Trends of Top Students.* New York: Fordham Institute, 2011.

Xiong, Wei, et al. "Family-based intervention for schizophrenic patients in China: A randomised controlled trial." *British Journal of Psychiatry* 165, no. 2 (August 1994): 239~47.

Yang, Quanhe, et al. "Mortality associated with Down's syndrome in the U.S.A. from 1983 to 1997: A population-based study." *Lancet* 359 (2002): 1019~25.

Yang, Xia, et al. "Tissue-specific expression and regulation of sexually dimorphic genes in mice." *Genome Research* 16, no. 8 (August 2006): 995~1004.

Yeagle, Patrick. "Dog fight ends with hall pass." *Illinois Times*, September 9, 2010.

Yeh, Peter. "Accuracy of prenatal diagnosis and prediction of lethality for fetal skeletal dysplasias." *Prenatal Diagnosis* 31, no. 5 (May 2011): 515~18.

Yong, Amos. *Theology and Down Syndrome: Reimagining Disability in Late Modernity.* Waco, TX: Baylor University Press, 2007.

Young, Carl R., Malcolm B. Bowers Jr., and Carolyn M. Mazure. "Management of the adverse effects of clozapine." *Schizophrenia Bulletin* 24, no. 3 (1998): 381~90.

Young, Cathy. "Radicalism in the deaf culture." *Boston Globe*, November 6, 2006.

Young, Edward. *Conjectures on Original Composition.* London: Printed for A. Millar, R. & J. Dosdley, 1754.

Young, Heather. "Mr. Holland's Opus: An interview with Carl Kirchner." Carthage, IL: Hands & Voices, 1995.

Young, John L., et al. "Medication adherence failure in schizophrenia: A forensic review of rates, reasons, treatments, and prospects." *Journal of the American Academy of Psychiatry & the Law* 27, no. 3 (1999): 426~44.

Young, Louise, et al. "Deinstitutionalisation of persons with intellectual disabilities: A review of Australian studies." *Journal of Intellectual & Developmental Disability* 23, no. 2 (June 1998): 155~70.

Zahn, Margaret A., et al. "Causes and correlates of girls' delinquency." US Department of Justice, Office of Justice Programs, Office of Juvenile Justice & Delinquency Prevention, April 2010.

Zammit, Stanley, et al. "Self reported cannabis use as a risk factor for schizophrenia in Swedish conscripts of 1969: Historical cohort study." *British Medical Journal* 325, no. 7374 (November 23, 2002): 1199.

Zeitler, Daniel M., Cameron L. Budenz, and John Thomas Roland Jr. "Revision cochlear implantation." *Current Opinion in Otolaryngology & Head & Neck Surgery* 17, no. 5 (October 2009): 334~38.

Zeitler, Daniel M., et al. "The effects of cochlear implant electrode deactivation on speech perception and in predicting device failure." *Otology & Neurotology* 30, no. 1 (January 2009): 7~13.

Zena, Mishka (pseud. Elizabeth Gillespie). "Eugenics too close to home: Tomato Lichy, U.K. activist." *Endless Pondering*, March 10, 2008.

Zeng, Fan~Gang. "Trends in cochlear implants." *Trends in Amplification* 8, no. 1 (2004): 1~34.

Zeng, Fan-Gang, et al. "Cochlear implants: System design, integration and evaluation." *IEEE Review of Biomedical Engineering* 1, no. 1 (January 2008): 115~42.

Zeng, Ling-Hui, et al. "Rapamycin prevents epilepsy in a mouse model of tuberous sclerosis complex." *Annals of Neurology* 63, no. 4 (April 2008): 444~53.

Zetlin, Andrea. "Mentally retarded adults and their siblings." *American Journal of Mental Deficiency* 91, no. 3 (November 1986): 217~25.

Zetlin, Andrea, and J. L. Turner. "The transition from adolescence to adulthood: Perspectives of retarded individuals and their family." *American Journal of Mental Deficiency* 89, no. 6 (May 1985): 570~79.

Zhang, Xiang Yang, et al. "A double-blind, placebo-controlled trial of extract of ginkgo biloba added to haloperidol in treatment-resistant patients with schizophrenia." *Journal of Clinical Psychiatry* 62, no. 11 (November 2001): 878~83.

Zhao, Hong-Bo, et al. "Gap junctions and cochlear homeostasis." *Journal of Membrane Biology* 209, nos. 2~3 (May 2006): 177~86.

Zigler, Edward, and Sally J. Styfco. *The Hidden History of Head Start.* Oxford, UK, and New York: Oxford University Press, 2010.

Zigler, Edward, Cara Taussig, and Kathryn Black. "Early childhood intervention: A promising preventative for juvenile delinquency." *American Psychologist* 47, no. 8 (August 1992): 997~1006. [Full text by subscription

Zigman, Warren B., and Ira T. Lott. "Alzheimer's disease in Down syndrome: Neurobiology and risk." *Mental Retardation & Developmental Disabilities Research Reviews* 13, no. 3 (March 2007): 237~46.

Zimmerman, Andrew W. *Autism: Current Theories and Evidence.* Totowa, NJ: Humana Press, 2008.

Zimmerman, Rachel. "Treating the body vs. the mind." *Wall Street Journal*, February 15, 2005.

Zimonjic, Peter. "Church supports baby euthanasia." *The Times*, November 12, 2006.

Zipursky, P. "Susceptibility to leukaemia and resistance to solid tumors in Down syndrome." *Pediatric Research* 47, no. 6 (June 2000): 704.

Zirinsky, William. "Sam's story." *Exceptional Parent*, June 1997.

_____. "Saying goodbye to our cherished boy, Sam Zirinsky." *Crazy Wisdom Community Journal*, May~August 2004.

_____. "Life with my two little girls." *Crazy Wisdom Community Journal*, January~April 2006.

_____. "If you could see her through my eyes: A journey of love and dying in the fall of 2007." *Crazy Wisdom Community Journal*, January~April 2008.

Zirkel, Perry A. "Does *Brown v. Board of Education* play a prominent role in special education law." *Journal of Law & Education* 34, no. 2 (April 2005).

Zola, Irving Kenneth. *Missing Pieces: A Chronicle of Living with Disability.* Philadelphia: Temple University Press, 2003.

Zorn, Eric. "At 15, Lauren is coming forward for kids like her." *Chicago Tribune*, April 24, 2003.

Zucker, Kenneth J., and Susan J. Bradley. *Gender Identity Disorder and Psychosexual Problems in Children and Adolescents.* New York: Guilford Press, 1995.

Zuckoff, Mitchell. *Choosing Naia: A Family's Journey.* Boston: Beacon Press, 2002.

Zyman, Samuel. "New music from a very new composer." *Juilliard Journal*, May 2003.

역자 후기

　　부모에게 자식이란 어떤 존재일까? 우리는 자식에 대한 부모의 사랑을 이야기할 때 절대적인 가치를 부여하면서 〈무조건적〉이나 〈희생적〉이라는 수식어를 사용한다. 왜 부모는 자식에게 무조건적인 사랑을 말 그대로 쏟아부을까? 저자는 자식을 또 다른 나, 즉 분신으로 생각하는 만연한 인식에 주목한다. 그리고 재생산 즉 자기 분신의 생산이라는 것은 없다고 단언한다. 자식은 부모가 바람직한 어떤 특징들을 인위적으로 조합해서 〈낳는〉 존재가 아니라 있는 그대로 〈태어나는〉 존재다. 요컨대 자식은 모두 부모를 닮는다. 다만 부모가 닮기를 원했던 부분을 닮거나, 부모 자신도 몰랐던 또는 닮지 않기를 바랐던 부모의 특징을 닮는 차이가 있을 뿐이다. 자식을 또 다른 내가 아닌 독립적인 인격체로 보아야 하는 이유다. 이 책은 그렇게 시작된다.

　　『부모와 다른 아이들』은 장애에 대한 책이라기보다는 다름에 관한 책이다. 특히 부모와 자식 간의 다름에 집중한다. 그럼에도 장애에 관한 이야기가 주를 이룬다. 장애가 가장 확연한 차이이기도 하지만 장애가 아닌 그 밖의 사소한 차이는 개성이라는 이름으로 수용되기 때문이다. 장애란 무엇일까? 정의에 따르면 장애란 〈질병이나 사고 등에 의해 지적, 정신적, 청각, 시각, 내장, 골격, 기형적인 면에 결함이 생겨, 이로 인해 정상적인 생활이 곤란하거나 불가능한 상태〉이다. 저자는 특히 〈결함〉과 〈정상적인 생활〉이라는 요건에 불만이 많다. 선천적으로 없는 것은 그냥 없는 것이지 결함이 아니며, 〈정상적인 생활〉역시 소위 정상인들의 관점에 따라 정해진 기준이라는 주장이다. 장애를 둘러싼 일반적인 정의에서 확실한 것은 주변인이 볼 때 장애가 불편해 보인다는 점이며 바로 이 대목에서 감동적인 첫 번째 단어가 등장한다. 바로 〈정체성〉이다. 예컨대 지구에는 절대로 철이 들지 않는 장애를 가지고 태어나는 족속이 있다. 바로 남자다. 그리고 한 달에 일주일씩 평소와 다른 다양한 증상을 유발하는 특별한 불편을 겪는 족속도 있다. 여자다. 하지만 우리는 이런 특징들 때문에 이성을 장애인이라고 말하지 않는다. 어쩔 수 없는 그런 부분들이 안타깝고 불편하지만 서로의 정체성을 인정하는 것이다. 같은 맥락에서 장애를 다른 말로 바꾼다면 대다수 사람들이 갖지 않은 특별한 정체성 쯤 되지 않을까? 우리는 〈장애〉나 〈장애인〉이라는 단어를 사용할 때 지나치게 신중하지 말아야 한다. 역자는 한때 생면부지의 사람을 장애가 있다는 이유로 〈장애우〉라고 불러야 한다는 사실을 알고 무척 분개했다. 입장을 바꾸어 생각해도 나 같은 사람을 다짜고짜 친구라고 불러야 한다면 상대방도 기분이 썩 좋지는 않을 것이다.

  이 책을 번역하는 동안 한 가지 답답증이 생겼다. 왜 우리는 난쟁이를 난쟁이라고, 벙어리를 벙어리라고 부르면 안 되는 것일까? 국어 사전을 보면 난쟁이란 〈기형적으로 키가 작은 사람을 낮잡아 이르는 말〉이라고 되어 있다. 그렇다면 난쟁이를 지칭하는 바람직한 말은 무엇일까? 바른 단어만 사용한다면 얼굴에 잔뜩 비열함을 담은 채 〈소인〉이나 〈키가 작은 사람〉이라고 말해도 되는 것일까? 또한 자신의 장애를 정체성으로 받아들이지 못하는 누군가에게는 우리가 아무리 호의적으로 〈장애우〉 또는 〈소인〉

같은 호칭을 사용하더라도 결국은 〈난쟁이〉라고 들릴 것이다. 요컨대 일반인과 장애인 모두가 장애를 하나의 정체성으로 인정하고 받아들이지 않는 한 우리 사회는 털갈이를 하듯이 매번 장애를 지칭하는 새로운 단어를 개발해야 할 것이다.

　　장애를 정체성으로 인정한다고 해서 가족의 역할이 끝나는 것은 아니다. 예컨대 자폐나 정신분열증, 중도 중복 장애 같은 질환은 주변 가족들에게 평생에 걸쳐 영향을 주고 그들의 헌신을 요구한다. 장애에 대처하는 부모나 형제자매가 구도자처럼 살아야 되는 이유이며 그들 앞에서 우리가 겸손해야 하는 이유이다. 통속적인 기준에서 흔히 장애로 간주되지 않는, 이를테면 강간으로 잉태된 자녀나 신동, 트랜스젠더, 범죄를 저지른 자녀도 부모와 다르기는 마찬가지다. 그리고 그들 앞에서 부모들은 혼란스럽다. 다름을 대하는 사회의 관용적인 태도가 중요해지는 순간이다. 일반적이지 않은 구성원들을 포용하는 문제가 어찌 그 부모들만의 문제일 수 있을까.

　　작년 여름이었다. 어느 날 부모님 댁에서 가족 모임이 있었고 오후가 되어 다른 식구들이 나른해졌을 즈음 나는 여섯 살짜리 조카의 간택을 받아 함께 가장 가까운 놀이터를 찾았다. 아파트 단지에서 가장 외진 곳에 있는 놀이터라서 불량한 목적이 있는 학생들을 제외하면 평소 사람들이 찾지 않는 곳이었다. 2분 정도만 더 가면 조카가 주로 가는 놀이터가 있었지만 게으른 번역가에게는 너무 멀었다. 예상대로 놀이터에는 아무도 없었다. 조카의 이기적인 요구를 영혼 없이 받아 주고 있을 때 한 젊은 어머니가 아들로 보이는 남자아이를 데리고 왔다. 보통은 사람들이 찾지 않는 장소였기에 나는 호기심이 생겼고 곧 남자아이가 자폐라는 사실을 알게 되었다. 남자아이의 익숙함으로 보건대 그들은 자주 그 놀이터를 찾는 모양이었다. 그 어머니가 근처에 아이들이 더 좋아하는 놀이터가 있다는 사실을 모를 리 없었다. 나처럼 게을러서 우범지대나 다름없는 그곳을 찾았을 리는 더더욱 없었다. 우리 사회가 그들에게 허락한 가슴이 딱 그 정도처럼 느껴졌다.

이 책에는 전문적인 지식이 들어 있지 않다. 워낙에 무지한 역자에게 약간 버거운 정도의 상식적인 내용을 제외하면 자신과 다른, 또는 자신의 기대와 다른 자식을 둔 부모들의 성공담이나 실패담이 대부분이다. 따라서 1년 여를 작업하고 후기를 쓰는 이 순간에도 역자는 혹시라도 자랑 삼아 이 책에 대해 아는 체할 것이 없다. 대신, 가슴 한켠에 먹먹한 무언가를 담았을 뿐이다. 그리고 감히 그 무언가에 공감이라는 단어를 살짝 포개어 볼 뿐이다.

끝으로 책이 두꺼워서 부담스럽게 느낄 독자가 있다면 주제넘지만 다만 이렇게 조언하고 싶다. 「두꺼운 만큼 오래 읽고, 오래 생각하고, 아주 오래 공감하세요. 그럴 가치가 충분한 이야기입니다.」

찾아보기

옮긴이 **고기탁** 한국외국어대학교 불어과를 졸업했으며, 펍헙 번역그룹에서 전업 번역가로 일한다. 옮긴 책으로는 『이노베이터의 탄생』, 『속임수에 대한 거의 모든 것』, 『공감의 진화』, 『사회 참여 예술이란 무엇인가』, 『멋지게 나이 드는 기술』, 『유혹하는 책 읽기』 등이 있다.

부모와 다른 아이들 열두 가지 사랑 2

발행일 2015년 1월 2일 초판 1쇄
        2022년 1월 30일 초판 6쇄

지은이   앤드루 솔로몬
옮긴이   고기탁
발행인   홍예빈 · 홍유진
발행처   주식회사 열린책들

경기도 파주시 문발로 253 파주출판도시
전화 031-955-4000 팩스 031-955-4004
www.openbooks.co.kr

Copyright (C) 주식회사 열린책들, 2015, *Printed in Korea.*
ISBN 978-89-329-1688-0 978-89-329-1686-6 (세트)

이 도서의 국립중앙도서관 출판시도서목록(CIP)은 서지정보유통지원시스템 홈페이지
(http://seoji.nl.go.kr)와 국가자료 공동목록시스템 (http://www.nl.go.kr/kolisnet)에서 이용
하실 수 있습니다.(CIP제어번호 : 2014035325)